UTB **1082**

Eine Arbeitsgemeinschaft der Verlage

Böhlau Verlag · Wien · Köln · Weimar
Verlag Barbara Budrich · Opladen · Farmington Hills
facultas.wuv · Wien
Wilhelm Fink · München
A. Francke Verlag · Tübingen und Basel
Haupt Verlag · Bern · Stuttgart · Wien
Julius Klinkhardt Verlagsbuchhandlung · Bad Heilbrunn
Mohr Siebeck · Tübingen
Orell Füssli Verlag · Zürich
Ernst Reinhardt Verlag · München · Basel
Ferdinand Schöningh · Paderborn · München · Wien · Zürich
Eugen Ulmer Verlag · Stuttgart
UVK Verlagsgesellschaft · Konstanz, mit UVK/Lucius · München
Vandenhoeck & Ruprecht · Göttingen · Oakville
vdf Hochschulverlag AG an der ETH Zürich

Grundwissen der Ökonomik

Betriebswirtschaftslehre

Herausgegeben von

F. X. Bea, Tübingen
M. Schweitzer, Tübingen

Allgemeine Betriebswirtschaftslehre
Band 1: Grundfragen
Band 2: Führung
Band 3: Leistungsprozess

Allgemeine Betriebswirtschaftslehre

Herausgegeben von
F. X. Bea und M. Schweitzer

Band 2: Führung

Mit Beiträgen von

Prof. Dr. Franz Xaver Bea, Eberhard-Karls-Universität Tübingen
Prof. Dr. Marcell Schweitzer, Eberhard-Karls-Universität Tübingen
Prof. Dr. Wilfried Krüger, Justus-Liebig-Universität Gießen
Prof. Dr. Peter Lorson, Universität Rostock
Prof. Dr. Bernd Erichson, Universität Magdeburg
Prof. Dr. Peter Hammann, Ruhr-Universität Bochum
Prof. Dr. Hans-Georg Kemper, Universität Stuttgart
Dr. Heiner Lasi, Universität Stuttgart
Prof. Dr. Erich Zahn, Universität Stuttgart
Prof. Dr. Wolfgang Eisele, Universität Hohenheim, Stuttgart
Prof. Dr. Norbert Kratz, Duale Hochschule Baden-Württemberg, Villingen-Schwenningen
Prof. Dr. Gerhard Scherrer, Universität Regensburg
Prof. Dr. Dr. h.c. Klaus Brockhoff, Wissenschaftliche Hochschule für Unternehmensführung, Vallendar

10., überarbeitete und erweiterte Auflage

UVK Verlagsgesellschaft mbH · Konstanz
mit UVK/Lucius · München

Prof. Dr. Franz Xaver Bea war Inhaber des Lehrstuhls für Betriebswirtschaftslehre, insbesondere Planung und Organisation an der Eberhard-Karls-Universität Tübingen.

Prof. Dr. Marcell Schweitzer war Inhaber des Lehrstuhls für Betriebswirtschaftslehre, insbesondere Industriebetriebslehre und Unternehmensforschung an der Eberhard-Karls-Universität Tübingen.

1. Auflage 1983
2. Auflage 1985
3. Auflage 1987
4. Auflage 1989
5. Auflage 1991
6. Auflage 1993
7. Auflage 1997
8. Auflage 2001
9. Auflage 2005

Bibliographische Information der Deutschen Nationalbibliothek

Die Deutsche Nationalbibliothek verzeichnet diese Publikation in der Deutschen Nationalbibliographie; detaillierte bibliographische Daten sind im Internet über <http://dnb.ddb.de> abrufbar.

ISBN 978-3-8252-3617-5

Das Werk einschließlich aller seiner Teile ist urheberrechtlich geschützt. Jede Verwertung außerhalb der engen Grenzen des Urheberrechtsgesetzes ist ohne Zustimmung des Verlags unzulässig und strafbar. Das gilt insbesondere für Vervielfältigungen, Übersetzungen, Mikroverfilmungen und die Einspeicherung und Verarbeitung in elektronischen Systemen.

10., überarbeitete und erweiterte Auflage 2011

© UVK Verlagsgesellschaft mbH, Konstanz und München 2011

Einbandgestaltung: Atelier Reichert, Stuttgart
Satz und Layout: Claudia Rupp, Stuttgart
Druck und Bindung: fgb · freiburger graphische betriebe, Freiburg

UVK Verlagsgesellschaft mbH
Schützenstr. 24 · 78462 Konstanz
Tel. 07531-9053-0 · Fax 07531-9053-98
www.uvk.de

Vorwort der Herausgeber

Das Wissen zur Allgemeinen Betriebswirtschaftslehre ist in den letzten Jahren so stark angewachsen, dass es nur wenige Wissenschaftler gibt, die das gesamte Fach beherrschen. Ein Lehrbuch zur Allgemeinen Betriebswirtschaftslehre, das den Ansprüchen auf Kompetenz, Systematik, Vollständigkeit und Gründlichkeit genügen will, lässt sich daher in der Regel nur durch ein Team von Experten verfassen. Diese Erkenntnis hat uns veranlasst, von der ersten Auflage an eine Gruppe von Fachkollegen mit der Bearbeitung einzelner Kapitel bzw. Abschnitte zu betrauen, die auf dem entsprechenden Gebiet als Autoren und Dozenten reiche Erfahrung gesammelt haben. Der anhaltende Erfolg des Lehrbuchs bestätigt die Richtigkeit dieser Entscheidung.

Als Herausgeber haben wir uns von dem Ziel leiten lassen, einen systematischen und umfassenden Überblick über den gegenwärtigen Wissensstand der Allgemeinen Betriebswirtschaftslehre zu vermitteln. Dass diesem Vorhaben vom Umfang her, selbst eines dreibändigen Werkes, Grenzen gesetzt sind, ist nahe liegend. Auf einige Randgebiete der Allgemeinen Betriebswirtschaftslehre wird deshalb verzichtet.

Band 1 führt in die **Grundfragen** der Allgemeinen Betriebswirtschaftslehre ein. Er beginnt mit einer Darstellung des Gegenstands, der Methoden und der Wissenschaftsprogramme der Betriebswirtschaftslehre. Da sich die Betriebswirtschaftslehre hauptsächlich mit Entscheidungen in Unternehmen befasst, werden anschließend die Rahmenbedingungen (Wirtschaftsordnung, Steuersystem, Unternehmensordnung, Globalisierung) und die theoretischen Grundlagen des Entscheidens sowie die konstitutiven Entscheidungen erörtert. Fragen der Wirtschafts- und Unternehmensethik binden die behandelten Grundfragen des Faches in die sittliche Wertediskussion ein.

Band 2 ist den Instrumenten der **Unternehmensführung** gewidmet. Von diesen werden zunächst die Planung und Steuerung, die Organisation und das Controlling behandelt. Danach wird die Information zum Gegenstand gewählt, d. h., es werden die Grundlagen der Informationsbeschaffung, der Informationstechnologie, des Rechnungswesens (Bilanzen und Kostenrechnung) sowie der Prognosen und Prognoseverfahren dargestellt.

Band 3 führt in das Gebiet des **Leistungsprozesses** ein. Ausgangspunkt ist das Innovationsmanagement, an welches die Erörterung der Beschaffung anschließt. Auf diese folgen die Darstellungen von Produktion, Marketing, Investition, Finanzierung und Personalwirtschaft.

Für jeden am Wissen der Betriebswirtschaftslehre Interessierten ist es eine große Hilfe, wenn ihm die Materie in einer überschaubaren, systematischen und prägnanten Weise dargeboten wird. Diesem Ziel fühlen sich Autoren und Herausgeber in besonderem Maße verpflichtet. Erfreulicherweise ist es gelungen, für unser Projekt Hochschullehrer zu gewinnen, die dank ihrer Verschiedenheit von Alter, Herkunft und Wissenschaftsauffassung die Gewähr dafür bieten, dass keine bestimmte

Schulrichtung den Charakter der drei Bände dominiert, sondern bei allem Streben nach Einheitlichkeit in der Darstellung ein möglichst getreues Abbild der Wissenschaftsvielfalt vermittelt und damit der pluralistische Charakter der Ideen und Ansätze dokumentiert wird.

Zur 10. Auflage dieses Bandes wurden alle Kapitel gründlich überarbeitet und inhaltlich auf den neuesten Stand gebracht. Dies gilt insbesondere für die Abschnitte zum Jahresabschluss und zum Konzernabschluss. Die gänzliche Neufassung ist begründet durch die neue Rechtslage, die mit dem In-Kraft-Treten des Bilanzrechtsmodernisierungsgesetzes (BilMoG) zum 29.5.2009 und dem aktuellen Stand der internationalen Rechnungslegung auf Basis der IAS/IFRS sowie der DRS entstanden ist.

Wie bisher legen wir besonderes Gewicht auf eine gute Lesbarkeit unserer Einführung. Ein typographischer Schritt zu ihrer Verbesserung wird von der 10. Auflage an mit dem Übergang auf Mehrfarbendruck getan. Ebenso sollen unterschiedliche Hervorhebungen die visuelle Aufnahme erleichtern. Zentrale Begriffe bzw. Aussagen sind im fortlaufenden Text durch Umrahmungen markiert. Weitere Hervorhebungen werden durch Fett- oder Kursivdruck in einer Weise vorgenommen, dass der Lesefluss gefördert und die Effektivität der Wissensaufnahme erhöht wird. Außerdem erleichtert diese Textgestaltung das Suchen und Finden von Begriffen und Sachfragen, wodurch wirkungsvolles Lernen deutlich unterstützt wird. Demselben Zweck dient das umfangreiche Stichwortverzeichnis am Ende des Bandes, das für alle drei Bände angelegt ist.

Außerdem weisen wir den Leser darauf hin, dass er sich bei offenen betriebswirtschaftlichen Fragen auf kürzestem Wege ergänzend zur Allgemeinen Betriebswirtschaftslehre im neuen BWL-Lexikon kundig machen kann. In über 2000 Stichwörtern werden in diesem Nachschlagewerk in straffer und präziser Form Begriffsdefinitionen, Problembeschreibungen und -lösungen, Analysen, theoretische Grundlagen, Prognose- und Entscheidungsinstrumente und methodische Fragen erörtert.

Unsere dreibändige Allgemeine Betriebswirtschaftslehre ist in den letzten Jahren auch international auf Interesse gestoßen. So freuen wir uns über die Übersetzungen ins Chinesische durch *Prof. Dr. Sanduo Zhou*, Nanjing, ins Russische durch *Prof. Dr. Anatolij Pavlov*, Moskau, mit *Prof. Dr. Knut Richter*, Frankfurt/Oder, als Evaluator, ins Japanische durch ein Kollegenteam, koordiniert von *Prof. Dr. Akio Mori* und *Prof. Dr. Tetsuo Kobayashi*, beide Kobe, sowie *Prof. Dr. Susumu Tabuchi*, Osaka.

Mehrere Hochschullehrer und Studierende, die mit der Allgemeinen Betriebswirtschaftslehre arbeiten, haben uns wiederum wertvolle Ratschläge für Verbesserungen gegeben. Wir konnten sie weitgehend berücksichtigen. Ihnen sei an dieser Stelle herzlich gedankt.

Tübingen, Juli 2011
F. X. Bea
M. Schweizer

Allgemeine Betriebswirtschaftslehre

Kurzübersicht über das Gesamtwerk

Band 1: Grundfragen

Einleitung: Grundfragen (Schweitzer)
1. Kapitel: Gegenstand und Methoden der Betriebswirtschaftslehre (Schweitzer)
2. Kapitel: Wissenschaftsprogramme der Betriebswirtschaftslehre (Schanz)
3. Kapitel: Rahmenbedingungen des Wirtschaftens
    1. Wirtschaftsordnung (Bea)
    2. Steuersystem (Kußmaul)
    3. Unternehmensordnung (Gerum/Mölls)
    4. Globalisierung des Unternehmens (Schweitzer)
4. Kapitel: Entscheidungen des Unternehmens
    1. Entscheidungstheoretische Grundlagen (Bea)
    2. Konstitutive Entscheidungen (Bea)
5. Kapitel: Wirtschafts- und Unternehmensethik (Koslowski)

Band 2: Führung

Einleitung: Führung (Bea)
1. Kapitel: Planung und Steuerung (Schweitzer)
2. Kapitel: Organisation (Krüger)
3. Kapitel: Controlling (Lorson)
4. Kapitel: Information
    1. Beschaffung und Aufbereitung von Informationen (Erichson/Hamann)
    2. Informationstechnologie und Informationsmanagement (Kemper/Lasi/Zahn)
    3. Rechnungswesen
        3.1 Rechnungswesen als Informationssystem (Eisele/Kratz)
        3.2 Bilanzen (Eisele/Kratz)
        3.3 Kostenrechnung (Scherrer)
    4. Prognosen (Brockhoff)

Band 3: Leistungsprozess

Einleitung: Leistungsprozess (Bea/Schweitzer)
1. Kapitel: Innovationsmanagement (Schweitzer/Schweitzer)
2. Kapitel: Beschaffung und Logistik (Troßmann)
3. Kapitel: Produktionswirtschaft (Bloech/Lücke)
4. Kapitel: Marketing (Helm)
5. Kapitel: Investition (Seelbach)
6. Kapitel: Finanzierung (Drukarczyk)
7. Kapitel: Personalwirtschaft (Kossbiel)

Inhalthaltsverzeichnis

Einleitung: Führung
(Franz Xaver Bea)

1	Begriff der Führung	23
2	Theorien der Führung	24
3	Funktionen der Führung	26
4	Modelle der Führung	29
5	Instrumente der Unternehmensführung	35
	Literaturhinweise	37

1. Kapitel
Planung und Steuerung
(Marcell Schweitzer)

1	Planung und Steuerung als Führungsinstrumente	38
1.1	Begriffe und Zwecke der Planung und Steuerung	38
1.1.1	Begriffe der Planung und des Planes	38
1.1.2	Bestandteile eines Planes	40
1.1.3	Begriff der Steuerung	42
1.1.4	Zwecke der Planung und Steuerung	42
1.2	Phasen und Aufgaben des Planungs- und Steuerungsprozesses	45
1.3	Abgrenzung der Planung zur Budgetierung	49
1.4	Bedeutung der Information für Planung und Steuerung	51
1.4.1	Begriff der Information	51
1.4.2	Informationsverarbeitung im Planungs- und Steuerungsprozess	51
1.4.3	Planung und Steuerung bei verschiedenen Informationsständen	52
1.5	Grundannahmen der Planung	53
2	Arten und Phasen der Planung	56
2.1	Arten der Planung	56
2.1.1	Arten der Planung nach Bezugsobjekten	56
2.1.1.1	Kurz-, Mittel- und Langfristplanung	56
2.1.1.2	Funktionsbereichsplanungen	57
2.1.1.3	Unternehmens-, Bereichs- und Stellenplanung	57
2.1.1.4	Strategische, taktische und operative Planung	57
2.1.1.5	Outside-In- und Inside-Out-Planung	58
2.1.1.6	Potenzial-, Programm- und Prozessplanung	59
2.1.2	Arten der Planung nach Abstimmungsformen	60

2.1.2.1	Kennzeichnung der Abstimmungsformen	60
2.1.2.2	Zeitlich sukzessive und zeitlich simultane Planung	61
2.1.2.3	Sachlich sukzessive und sachlich simultane Planung	61
2.1.2.4	Retrograde, progressive und zirkuläre Planung	63
2.1.3	Arten der Planung nach Anpassungsformen	68
2.1.3.1	Kennzeichnung der Anpassungsformen	68
2.1.3.2	Flexible und starre Planung	69
2.1.3.3	Rollende und nichtrollende Planung	70
2.2	Aufgaben der Planungsphasen	71
2.2.1	Aufgaben der Zielbildung	71
2.2.2	Aufgaben der Problemfeststellung	75
2.2.3	Aufgaben der Alternativensuche	77
2.2.4	Aufgaben der Prognose	79
2.2.5	Aufgaben der Alternativenbewertung und Entscheidung	81
2.3	Zuordnung von Planungstechniken zu Planungsphasen	84
3	**Arten und Phasen der Steuerung**	88
3.1	Arten der Steuerung	88
3.2	Aufgaben der Steuerungsphasen	93
3.2.1	Aufgaben der Durchsetzung	93
3.2.2	Aufgaben der Kontrolle	95
3.2.3	Aufgaben der Sicherung	103
3.3	Zuordnung von Steuerungsinstrumenten zu Steuerungszielen	105
4	**Betriebliche Planungs- und Steuerungssysteme**	105
4.1	Begriff und Bestandteile eines Planungs- und Steuerungssystems	105
4.2	Organisation angewandter Planungssysteme	106
4.2.1	Organisation der Planung der Volkswagen AG (VW AG)	106
4.2.2	Organisation der Advanced Planning und Scheduling Systeme (APS-Systeme)	114
4.2.2.1	Entwicklung der APS-Systeme	114
4.2.2.2	Module eines APS-Systems der Sachgüterproduktion	116
4.2.2.3	Stärken der APS-Systeme	120
4.2.2.4	Defizite der APS-Systeme	120
4.2.2.5	Entwicklungsperspektiven für APS-Systeme	122
4.3	Beurteilung betrieblicher Planungs- und Steuerungssysteme	123
4.3.1	Eigenschaften betrieblicher Planungs- und Steuerungssysteme	123
4.3.2	Beschreibung betrieblicher Planungs- und Steuerungssysteme	126
4.3.3	Wirtschaftlichkeit betrieblicher Planungs- und Steuerungssysteme	127

5	**Anwendungen hierarchisch differenzierter Planungen**	**131**
5.1	Anwendung der strategischen Planung	131
5.1.1	Fragestellungen der strategischen Planung	131
5.1.2	Beispiel zur strategischen Planung des Absatzprogramms	138
5.2	Anwendung der taktischen Planung	143
5.2.1	Fragestellungen der taktischen Planung	143
5.2.2	Beispiel zur taktischen Planung des Investitions- und Absatzprogramms	144
5.3	Anwendung der operativen Planung	148
5.3.1	Fragestellungen der operativen Planung	148
5.3.2	Beispiel zur operativen Planung des Fertigungs- und Absatzprogramms	150
6	**Planungs- und Steuerungssysteme als Bezugsobjekte für Rechnungssysteme**	**164**
6.1	Planungssystem als Bezugsobjekt eines zahlungsbasierten Kostenrechnungssystems	165
6.2	Produktionsplanungssystem als Bezugsobjekt eines periodenbezogenen Kostenrechnungssystems	167
6.3	Steuerungssystem als Bezugsobjekt eines kostenbasierten Kostenrechnungssystems	169
6.4	Abschließende Bemerkungen	171
	Literaturhinweise	173

2. Kapitel
Organisation
(Wilfried Krüger)

1	**Organisation als Führungsinstrument**	**178**
1.1	Instrumentelle Sichtweise der Organisation	178
1.2	Theoretische Grundlagen	179
1.2.1	Systemtheorie als Orientierungsrahmen	179
1.2.2	Strukturtechnischer und entscheidungslogischer Ansatz der Organisationstheorie	180
1.2.3	Relevante Fragestellungen der strukturtechnischen Organisationstheorie	181
1.3	Begriff und Formen organisatorischer Regelungen	181
1.3.1	Organisationsbegriff	181
1.3.2	Präsituative und situative Regelungen	183
1.3.3	Formale und informale Regelungen	184
1.3.4	Strukturelle und kulturelle Regelungen	184
1.3.5	Fremdregelung und Selbstregelung	185
1.3.6	Hierarchische und marktliche Regelungen	185
1.4	Wahrnehmung und Akzeptanz von Regelungen	186
1.5	Anforderungen an die Organisation	187

2	**Grundfragen der Bildung und Integration organisatorischer Subsysteme**	188
2.1	Arbeitsteilung und Stellenbildung als Kern der Subsystembildung	188
2.1.1	Effiziente Aufgabenerfüllung durch Arbeitsteilung	188
2.1.1.1	Horizontale Arbeitsteilung	188
2.1.1.2	Vertikale Arbeitsteilung	189
2.1.1.3	Job Enlargement und Job Enrichment	189
2.1.2	Externe Arbeitsteilung	190
2.1.3	Stellen und Stellenbildung	191
2.1.3.1	Stellenbegriff und Prinzipien der Stellenbildung	191
2.1.3.2	Aufgabenstrukturierung nach dem SOS-Konzept	192
2.1.3.3	Kompetenz und Verantwortung	193
2.1.3.4	Merkmale einer Instanz	194
2.2	Hierarchie als Mechanismus der Subsystemintegration	195
2.2.1	Begriff und Notwendigkeit der Hierarchie	195
2.2.2	Konfiguration: Äußere Form der Hierarchie	196
2.2.3	Inhaltsmuster: Inhaltliche Ausgestaltung der Hierarchie	197
2.3	Organisatorische Gestaltungstrends	199
2.3.1	Entwicklung zur strategiefokussierten Organisation	199
2.3.2	Organisationswandel durch Abbau, Umbau, Aufbau	201
2.3.3	Alternative Hierarchie- und Laufbahnformen	203
2.3.4	Organisation externer Kopplungen (Netzwerke)	205
2.4	Grundbausteine der Organisation als Formen von Subsystemen	206
2.4.1	Primär- und Sekundärorganisation	206
2.4.2	Formen von Stellenmehrheiten	207
2.4.2.1	Abteilungen	207
2.4.2.2	Arbeitsgruppen	208
2.4.2.3	Teams	209
2.4.2.4	Ausschüsse	210
2.4.2.5	Stabsstellen	210
2.4.2.6	Dienstleistungs- und Unterstützungsstellen	211
2.4.3	Kooperations- und Kommunikationsplattformen	212
3	**Prozessorganisation**	213
3.1	Bedeutung und Charakteristik der Prozessorganisation	213
3.1.1	Prozessorganisation als dominierender Gestaltungsansatz	213
3.1.2	Merkmale der Prozessorganisation	215
3.1.3	Organisation und Management von Prozessen	217
3.2	Prozessanalyse	218
3.2.1	Identifikation von kritischen Prozessen	218
3.2.2	Ebenen der Prozessanalyse	218
3.2.3	Instrumente der Prozessanalyse	219
3.2.3.1	Wertschöpfungskette	219

3.2.3.2	SOS-Prozesse	220
3.2.3.3	Wertzyklus	220
3.2.3.4	Wertnetz	223
3.3	Maßnahmen der Prozessgestaltung	224
3.3.1	Veränderungen der Konfiguration (externe Prozessorganisation)	224
3.3.2	Unternehmungsinterne Prozessgestaltung	226
3.3.3	Prozessverantwortung und Prozesssteuerung	227
4	**Aufbauorganisation**	**230**
4.1	Gestaltungsparameter aufbauorganisatorischer Grundmodelle	230
4.2	Aufbauorganisatorische Grundmodelle	230
4.2.1	Funktionale Organisation	230
4.2.2	Divisionale Organisation	233
4.2.3	Matrix- und Tensor-Organisation	237
4.3	Spezialprobleme der Aufbauorganisation	240
4.3.1	Center-Organisation	240
4.3.2	Steuerungskonzepte	242
4.3.3	Konzernorganisation	243
5	**Organisation und Unternehmungsentwicklung**	**248**
5.1	Organisation als Entwicklungsprozess	248
5.2	Projektmanagement als Instrument der Unternehmungsentwicklung	250
5.2.1	Begriffe des Projektmanagements	250
5.2.2	Allgemeine Vorgehensprinzipien	250
5.3	Ablauf einzelner Projekte (Projektprozesse)	252
5.3.1	Objektorientierte Arbeitsteilung organisieren	252
5.3.2	Phasenkonzepte als Basis der Projektablauforganisation	252
5.3.2.1	Darstellung des Phasenkonzeptes	252
5.3.2.2	Modifikationen des Phasenkonzepts	254
5.3.2.3	Überlappende Projektabläufe	256
5.3.3	Versionenkonzept zur evolutorischen Systementwicklung	257
5.4	Projektorganisation	259
5.4.1	Projektabwicklung durch Projektteams	259
5.4.2	Steuerung und Unterstützung von Projekten und Programmen	260
5.4.3	Kopplung von Primär- und Sekundärorganisation	262
5.5	Ausgewählte Organisationstechniken	264
	Literaturhinweise	267

3. Kapitel
Controlling
(Peter Lorson)

1	**Gegenstand des Controlling**	270
1.1	Controlling, Controller und Controllership	270
1.2	Sekundärkoordination als Kern des Controlling	272
1.3	Abgrenzungen zu anderen Funktionen und Bereichen	274
1.4	Organisation des Controlling	277
1.5	Systematisierungen von Controlling	280
2	**Informationssystem, Berichtswesen und Budgetierung**	280
2.1	Zum Informationssystem	280
2.2	Zum Berichtswesen	283
2.3	Zur Budgetierung	286
3	**Strategisches Controlling**	295
3.1	Zur Abgrenzung von strategischem und operativem Controlling	295
3.2	Prozess des Strategischen Controlling	298
3.3	Instrumente des Strategischen Controlling	301
4	**Bilanzorientiertes Controlling**	313
4.1	Bilanzorientierte Controlling-Instrumente	313
4.2	Bilanzkennzahlen	314
4.3	Wertorientierte Kennzahlen(systeme)	321
4.3.1	Grundlagen	321
4.3.2	DCf-Verfahren nach Rappaport	323
4.3.3	Residualgewinnbasierte (Übergewinn-) Verfahren	326
4.4	Weitere Anwendungsfelder	331
4.4.1	Wertlückenmanagement	331
4.4.2	Balanced Scorecard	333
4.4.3	Anreizorientierte Vergütungssysteme	336
5	**Kostenrechnung und Kostenmanagement**	341
5.1	Kostenrechnung	341
5.1.1	Plankostenrechnung	341
5.1.2	Prozesskostenrechnung	347
5.2	Abweichungsanalysen	351
5.2.1	Produktkostenabweichungen	351
5.2.2	Projektkostenabweichungen	354
5.2.3	Erlösabweichungen	359
5.2.4	Preisgrenzen	362
5.2.4.1	Absatzpreisuntergrenzen	362
5.2.4.2	Beschaffungspreisobergrenzen	366
5.3	Kostenmanagement	366

5.3.1	Gemeinkostenmanagement	366
5.3.1.1	Benchmarking	366
5.3.1.2	Zero-Base-Budgeting	369
5.3.1.3	Gemeinkostenwertanalyse	371
5.3.2	Target Costing	373
5.3.3	Life Cycle Costing (LCC)	380
5.3.3.1	Product Life Cycle Costing (Product LCC)	380
5.3.3.2	Customer Life Cycle Costing (Customer LCC)	382
	Literaturhinweise	386

4. Kapitel
Information

1	**Beschaffung und Aufbereitung von Informationen** (Bernd Erichson und Peter Hammann)	392
1.1	Begriff und Bedeutung der Information	392
1.1.1	Unternehmensführung und Information	393
1.1.2	Die zunehmende Bedeutung von Information	393
1.1.3	Information, Daten und Kommunikation	397
1.2	Entscheidung und Information	401
1.2.1	Das Grundmodell der Entscheidungstheorie	402
1.2.1.1	Die Wirkungsfunktion	402
1.2.1.2	Die Zielfunktion	403
1.2.1.3	Die Ergebnismatrix	404
1.2.1.4	Ungewissheitssituationen	406
1.2.2	Entscheidungsprozess und Informationsbedarf	407
1.2.2.1	Formulierung des Entscheidungsproblems	408
1.2.2.2	Festlegung der Zielgröße(n)	408
1.2.2.3	Definition der Handlungsalternativen	409
1.2.2.4	Definition der Umweltzustände	410
1.2.2.5	Ermittlung der Handlungskonsequenzen	412
1.2.2.6	Auffinden einer Lösung	414
1.2.2.7	Lösung bei mehrfacher Zielsetzung	415
1.2.2.8	Umsetzung und Kontrolle	415
1.2.2.9	Zusammenfassung	416
1.2.3	Strategische Entscheidungen und Situationsanalyse	416
1.2.3.1	Strategische Planung	417
1.2.3.2	Situationsanalyse	418
1.2.4	Qualität von Information	421
1.3	Organisation des betrieblichen Informationswesens	423
1.4	Informationsentscheidungen	426
1.4.1	Bedarfsentscheidungen	426
1.4.2	Beschaffungsentscheidung	427
1.4.3	Budgetentscheidung	428

1.5	Informationsbeschaffung	430
1.5.1	Primär- und Sekundärforschung	430
1.5.2	Planung und Durchführung von Erhebungen	432
1.5.2.1	Begriff und Formen der Erhebung	432
1.5.2.2	Planung von Erhebungen	434
1.5.2.3	Befragung	437
1.5.2.4	Beobachtung	438
1.6	Informationsverarbeitung	439
1.6.1	Datenreduktion	440
1.6.2	Analyse von Beziehungen	441
1.7	Informationssynthese	445
	Literaturhinweise	446
2	**Informationstechnologie und Informationsmanagement** (Hans-Georg Kemper, Heiner Lasi und Erich Zahn)	**448**
2.1	Unternehmenserfolg und IT-Einsatz – eine Reflektion	448
2.2	Technologische Rahmenbedingungen	450
2.2.1	Rechnersysteme	450
2.2.2	Software	452
2.2.2.1	Systemsoftware / systemnahe Software	452
2.2.2.2	Anwendungssoftware	453
2.2.3	Netzinfrastrukturen	454
2.3	Informationssystem	458
2.3.1	Kommunikationssysteme	459
2.4	Anwendungssysteme	461
2.4.1	Operative Systeme	461
2.4.2	Querschnittssysteme	464
2.4.3	Business Intelligence	465
2.5	Informationsmanagement	470
2.5.1	Historie	470
2.5.2	IM-Konzepte – Eine Einordnung	473
2.5.3	IM-Führungsaufgaben	476
2.5.3.1	IT-Strategie	477
2.5.3.2	IT-Organisation	478
2.5.3.3	IT-Sourcing Policies	481
2.5.3.4	IT-Controlling, IT-Sicherheitsmanagement	483
2.5.4	Unternehmerische Herausforderungen der Zukunft	485
	Literaturhinweise	487
3	**Rechnungswesen**	**489**
3.1	**Rechnungswesen als Informationssystem** (Wolfgang Eisele und Norbert Kratz)	**489**
3.1.1	Abbildung des Unternehmensprozesses im betrieblichen Rechnungswesen	489

3.1.2	Aufbau und Ziele des Rechnungswesens	492
3.1.2.1	Systematik des Rechnungswesens	492
3.1.2.2	Finanzbuchführung	494
3.1.2.3	Betriebsbuchführung	494
3.1.2.4	Planungsrechnungen	495
3.1.3	Organisation des Rechnungswesens	496
3.2	**Bilanzen**	**499**
	(Wolfgang Eisele und Norbert Kratz)	
3.2.1	Bilanzbegriff	499
3.2.2	Bilanzzwecke	502
3.2.2.1	Rechenschaft und Rechnungslegung	502
3.2.2.2	Informationszweck der Bilanz	504
3.2.2.3	Zahlungsbemessungszweck der Bilanz	508
3.2.3	Systematik der Bilanzen (Bilanzarten)	511
3.2.3.1	Bilanzkonzeptionen	512
3.2.3.1.1	Vermögensausweisbilanzen (statische Bilanztheorie)	512
3.2.3.1.2	Erfolgsausweisbilanzen (dynamische Bilanztheorie)	514
3.2.3.1.2.1	Dynamische Bilanz i. e. S.	514
3.2.3.1.2.2	Finanzwirtschaftliche Bilanz	515
3.2.3.1.2.3	Pagatorische Bilanz	516
3.2.3.1.3	Tageswertbilanzen (organische Bilanztheorie)	516
3.2.3.1.4	Kapitaltheoretische Bilanzen	517
3.2.3.1.5	Informationsbezogene Bilanzierungskonzepte	518
3.2.3.2	Bilanzierungshäufigkeit	519
3.2.3.3	Zeiträume und Zeitbezug der Bilanzierung	520
3.2.3.4	Bilanzinhalte	521
3.2.3.4.1	Beständebilanzen	522
3.2.3.4.2	Bewegungsrechnungen	522
3.2.3.4.3	Intensitätsrechnungen	530
3.2.3.5	Abrechnungskreise	532
3.2.3.6	Bilanzempfänger	533
3.2.3.7	Bilanzierungsanlässe	533
3.2.3.7.1	Sozialbilanzen	534
3.2.3.7.2	Ökobilanzen	535
3.2.4	Jahresabschluss und Bilanzierung	539
3.2.4.1	Rechtliche Grundlagen der Bilanzierung	539
3.2.4.1.1	Handelsrechtliche Vorschriften	539
3.2.4.1.1.1	Das Bilanzrechtsmodernisierungsgesetz (BilMoG)	539
3.2.4.1.1.2	Buchführungspflicht, Inventur und Inventar	539
3.2.4.1.1.3	Strukturmerkmale der Rechnungslegung nach HGB und Publizitätsgesetz	542
3.2.4.1.2	Grundsätze ordnungsmäßiger Buchführung und Bilanzierung (GoB)	548

3.2.4.1.3	Deutsche Rechnungslegungsstandards (DRS)	553
3.2.4.1.4	Steuerrechtliche Vorschriften	555
3.2.4.1.5	Internationale Standards (IAS/IFRS)	556
3.2.4.1.5.1	Internationalisierungsprozess in Deutschland	556
3.2.4.1.5.2	Strukturmerkmale der internationalen Rechnungslegungsstandards (IAS/IFRS)	558
3.2.4.1.5.3	Verpflichtung zur Anwendung der internationalen Standards für deutsche Unternehmen	561
3.2.4.2	Bilanzansatz	563
3.2.4.2.1	Bilanzierungsfähigkeit	563
3.2.4.2.2	Bilanzierungswahlrecht und Bilanzierungspflicht	565
3.2.4.2.3	Aktivierung und Ausschüttungssperre	565
3.2.4.3	Bewertungsmaßstäbe im Rahmen der Handels- und Steuerbilanz	566
3.2.4.3.1	Überblick über Bewertungsprinzipien und Wertmaßstäbe der Bilanzierung	566
3.2.4.3.2	Anschaffungskosten	567
3.2.4.3.3	Herstellungskosten	568
3.2.4.3.4	Erfüllungsbetrag	570
3.2.4.3.5	Tageswerte	571
3.2.4.3.6	Steuerlicher Teilwert	572
3.2.4.3.7	Abweichung vom Einzelbewertungsgrundsatz durch die Bildung von Bewertungseinheiten	572
3.2.4.4	Der Zusammenhang zwischen Handels- und Steuerbilanz	573
3.2.4.4.1	Maßgeblichkeit der Handels- für die Steuerbilanz	573
3.2.4.4.2	Grundzüge latenter Steuern	576
3.2.4.5	(Fremd-)Währungsumrechnung im Einzelabschluss	578
3.2.4.6	Formalaufbau der Bilanz (Bilanzgliederung)	579
3.2.4.7	Bilanzierung und Bewertung ausgewählter Bilanzpositionen	581
3.2.4.7.1	Anlagevermögen	581
3.2.4.7.1.1	Begriff und Ansatz	581
3.2.4.7.1.2	Bewertung	582
3.2.4.7.1.3	Spezieller Ausweisaspekt: der Anlagespiegel	590
3.2.4.7.2	Umlaufvermögen	590
3.2.4.7.3	Eigenkapital	596
3.2.4.7.4	Verbindlichkeiten	600
3.2.4.7.5	Rückstellungen	602
3.2.4.7.6	Rechnungsabgrenzungsposten	603
3.2.4.8	Gewinn- und Verlustrechnung	605
3.2.4.8.1	Formalaufbau der Gewinn- und Verlustrechnung	605
3.2.4.8.2	Erläuterungen zu ausgewählten Positionen der Gewinn- und Verlustrechnung	609
3.2.4.8.2.1	Ergebnis der gewöhnlichen Geschäftstätigkeit und außerordentliches Ergebnis	609

3.2.4.8.2.2	Jahresüberschuss/Jahresfehlbetrag	612
3.2.4.8.2.3	Bilanzgewinn/Bilanzverlust	612
3.2.4.9	Der Anhang sowie weitere Bestandteile des Jahresabschlusses	613
3.2.4.10	Lagebericht	614
3.2.4.11	Vergleichende Gegenüberstellung der wesentlichen Rechnungslegungsregeln nach HGB und IAS/IFRS zur Erstellung von Jahresabschlüssen	616
3.2.5	Konzernrechnungslegung	625
3.2.5.1	Konzernbegriff	625
3.2.5.2	Notwendigkeit der Vermeidung von Doppelzählungen durch Konsolidierung	627
3.2.5.3	Theoretische Einordnung der Minderheitsgesellschafter	630
3.2.5.4	Rechtliche Grundlagen der Konzernrechnungslegung	631
3.2.5.4.1	Relevantes Normensystem	631
3.2.5.4.2	Grundsätze der Konzernrechnungslegung	632
3.2.5.4.3	Pflicht zur Erstellung eines Konzernabschlusses	634
3.2.5.4.4	Abgrenzung des Konsolidierungskreises	637
3.2.5.5	Vollkonsolidierung	637
3.2.5.5.1	Kapitalkonsolidierung	638
3.2.5.5.1.1	Vollkonsolidierung mit Minderheitenausweis im einstufigen Konzern	638
3.2.5.5.1.2	Besonderheiten der Vollkonsolidierung mit Minderheitenausweis im mehrstufigen Konzern	644
3.2.5.5.1.3	Spezielle Aspekte der Erwerbsmethode im Zusammenhang mit Veränderungen der Beteiligungsquote	650
3.2.5.5.2	Schuldenkonsolidierung	651
3.2.5.5.3	Zwischenerfolgseliminierung	654
3.2.5.5.4	Latente Steuern im Konzernabschluss	658
3.2.5.5.5	Aufwands- und Ertragskonsolidierung	660
3.2.5.6	Das Stufenkonzept des HGB	662
3.2.5.7	Quotenkonsolidierung	664
3.2.5.8	Equity-Methode	667
3.2.5.9	Umrechnung von Fremdwährungsabschlüssen	670
3.2.5.10	Weitere Bestandteile der Konzern-Finanzberichterstattung	671
3.2.5.10.1	Konzernanhang	671
3.2.5.10.2	Kapitalflussrechnung	672
3.2.5.10.3	Konzerneigenkapitalspiegel	673
3.2.5.10.4	Segmentberichterstattung des Konzerns	677
3.2.5.10.5	Konzernlagebericht	678
3.2.5.11	Vergleichende Gegenüberstellung der wesentlichen Rechnungslegungsregeln nach HGB und IAS/IFRS zur Erstellung von Konzernabschlüssen	679
3.2.6	Prüfung, Offenlegung und Enforcement	681

3.2.6.1	Prüfung der Rechnungslegung	681
3.2.6.1.1	Gegenstand und Umfang der Prüfung	682
3.2.6.1.2	Prüfungsbericht und Bestätigungsvermerk	683
3.2.6.2	Offenlegung	686
3.2.6.3	Enforcement	687
	Abkürzungsverzeichnis	689
	Literaturhinweise zu 3.1 und 3.2	691
3.3	**Kostenrechnung**	**695**
	(Gerhard Scherrer)	
3.3.1	Grundlagen	695
3.3.1.1	Aufgaben der Kostenrechnung	695
3.3.1.1.1	Kostenrechnung als Lenkungsrechnung	696
3.3.1.1.2	Kostenrechnung als Dokumentationsrechnung	697
3.3.1.1.3	Kostenrechnung als Kontrollrechnung	698
3.3.1.2	Grundbegriffe der Kostenrechnung	698
3.3.1.2.1	Kostenbegriff	698
3.3.1.2.2	Kosten und Ausgaben	699
3.3.1.2.3	Kosten und Aufwand	701
3.3.1.2.4	Leistung, Einnahmen und Ertrag	703
3.3.1.3	Gliederung der Kosten	703
3.3.1.3.1	Einzelkosten und Gemeinkosten	703
3.3.1.3.2	Variable und fixe Kosten	705
3.3.1.3.3	Vollkosten und Teilkosten	706
3.3.1.3.4	Istkosten und Plankosten	707
3.3.1.3.5	Opportunitätskosten	709
3.3.2	Systeme der Kostenrechnung	709
3.3.2.1	Vergangenheitsbezogene Kostenrechnungssysteme	710
3.3.2.1.1	Vergangenheitsbezogene Vollkostenrechnungssysteme	710
3.3.2.1.1.1	Istkostenrechnung auf Vollkostenbasis	711
3.3.2.1.1.2	Normalkostenrechnung auf Vollkostenbasis	712
3.3.2.1.2	Vergangenheitsbezogene Teilkostenrechnungssysteme	714
3.3.2.1.2.1	Istkostenrechnung auf Grenzkostenbasis	715
3.3.2.1.2.2	Stufenweise Fixkostendeckungsrechnung	717
3.3.2.2	Zukunftsbezogene Kostenrechnungssysteme	719
3.3.2.2.1	Zukunftsbezogene Vollkostenrechnungssysteme	720
3.3.2.2.1.1	Starre Plankostenrechnung	720
3.3.2.2.1.2	Flexible Plankostenrechnung	722
3.3.2.2.1.3	Prozesskostenrechnung	725
3.3.2.2.1.4	Zielkostenrechnung	730
3.3.2.2.2	Zukunftsbezogene Teilkostenrechnungssysteme	737
3.3.2.2.2.1	Grenzplankostenrechnung	738
3.3.2.2.2.2	Einzelkosten- und Deckungsbeitragsrechnung	739

3.3.3	Teilgebiete der Kostenrechnung	741
3.3.3.1	Kostenartenrechnung	742
3.3.3.1.1	Kostenarten	742
3.3.3.1.2	Erfassung und Verrechnung einzelner Kostenarten	743
3.3.3.2	Kostenstellenrechnung	749
3.3.3.2.1	Kostenstellenbildung	749
3.3.3.2.2	Kostenverrechnungsprinzipien	750
3.3.3.2.3	Aufbau des Betriebsabrechnungsbogens	753
3.3.3.2.4	Verrechnung der primären Kostenstellenkosten	756
3.3.3.2.5	Verrechnung innerbetrieblicher Leistungen	759
3.3.3.3	Kostenträgerrechnung	765
3.3.3.3.1	Aufgaben der Kostenträgerrechnung	765
3.3.3.3.2	Kalkulationsverfahren	767
3.3.3.3.2.1	Divisionskalkulation	767
3.3.3.3.2.2	Zuschlagskalkulation	770
3.3.3.3.2.3	Kuppelproduktkalkulation	773
3.3.3.4	Kurzfristige Erfolgsrechnung	777
3.3.3.4.1	Aufgaben der kurzfristigen Erfolgsrechnung	777
3.3.3.4.2	Erfolgsgliederung und Bestimmung von Deckungsbeiträgen	777
3.3.3.4.3	Verfahren der kurzfristigen Erfolgsrechnung	778
	Literaturhinweise	784
4	**Prognosen**	**785**
	(Klaus Brockhoff)	
4.1	Begriff und Typen der Prognose	785
4.1.1	Begriff	785
4.1.2	Typen	788
4.2	Prognose und Entscheidung	792
4.2.1	Typen von Unternehmensrechnungen	792
4.2.2	Hauptschritte zur Abwicklung einer Prognose	793
4.3	Merkmale der Verfahrenswahl	795
4.3.1	Heuristische Merkmale	795
4.3.2	Ex post feststellbare statistische Merkmale	795
4.3.3	Ökonomische Merkmale	798
4.4	Ausgewählte Prognoseverfahren	799
4.4.1	Überblick	799
4.4.2	Prognosen aus Befragungen	800
4.4.2.1	Repräsentativbefragungen	800
4.4.2.2	Expertenbefragungen	801
4.4.2.3	Prognosen aus Märkten	804
4.4.3	Leitindikatoren	805
4.4.4	Zeitreihenanalysen	808
4.4.4.1	Begriff	808

4.4.4.2	Exponentielle Glättung	809
4.4.4.3	Box/Jenkins-Verfahren	813
4.4.4.4	Künstliche neuronale Netze	814
4.4.5	Regressionsmodelle	815
4.4.5.1	Ein-Gleichungs-Modelle	815
4.4.5.2	Mehr-Gleichungs-Modelle	818
4.5	Prognosen und elektronische Datenverarbeitung	819
	Literaturhinweise	824

Stichwortverzeichnis für Band 2 der ABWL 826

Einleitung: Führung

Franz Xaver Bea

1 Begriff der Führung

Wie in Band 1 dargelegt, besteht die Aufgabe eines Unternehmens darin, Güter zu erzeugen, die für die Deckung eines Bedarfes geeignet sind. Dieser Prozess darf in einer sich immer dynamischer und komplexer entwickelnden Unternehmensumwelt nicht dem Zufall überlassen bleiben, sondern ist auf Ziele auszurichten und so zu gestalten, dass diese Ziele erfüllt werden.

Als vorläufige Kennzeichnung der Führung lässt sich festhalten:

Führung ist zielorientierte Gestaltung.

Diese zielorientierte Gestaltung kann sich sowohl auf Personen als auch auf Unternehmen beziehen. Es ist daher zwischen Personalführung einerseits und Unternehmensführung andererseits zu unterscheiden. Bei der Personalführung wird der Begriff «Gestaltung» häufig durch «Beeinflussung» ersetzt, da die Personalführung auf die Beeinflussung des Verhaltens der im Unternehmen beschäftigten Personen ausgerichtet ist. Der Grad der Einflussnahme von Vorgesetzten (Führern) auf Untergebene (Geführte) bzw. der Grad der Partizipation der Mitarbeiter an den Maßnahmen der Führungsorgane kann unterschiedlich gestaltet werden. In den unterschiedlichen Verhaltensmustern kommen verschiedene Führungsstile zum Ausdruck (vgl. Abb. 1, S. 30).

Aus den bisherigen Ausführungen kann zusammenfassend folgende Definition abgeleitet werden:

> Führung ist zielorientierte Gestaltung von Unternehmen (= Unternehmensführung) bzw. zielorientierte Beeinflussung von Personen (= Personalführung).

Bei der Personalführung stehen verhaltensorientierte Aspekte im Vordergrund der Betrachtung. Eine wichtige Aufgabe ist z. B. die Motivierung der Mitarbeiter. Theoretische Grundlagen der Personalführung liefern die Sozialwissenschaften, insbesondere die Psychologie und die Soziologie.

Im Folgenden liegt der Schwerpunkt der Betrachtung auf der Unternehmensführung. Aspekte der Personalführung werden jedoch stets mit berücksichtigt.

Die **Unternehmensführung** bedient sich zur Sicherstellung des Führungserfolgs der sog. Führunginstrumente.

> **Führungsinstrumente** sind Hilfsmittel der Unternehmensführung bei der zielorientierten Gestaltung von Unternehmen

Wir unterscheiden folgende Führungsinstrumente:

- Planung und Steuerung (1. Kapitel),
- Organisation (2. Kapitel),
- Controlling (3. Kapitel),
- Information (4. Kapitel).

In Klammern sind jene Kapitel genannt, in denen die Führungsinstrumente im Rahmen dieses Bandes behandelt werden.

2 Theorien der Führung

Will man die Führungsinstrumente gezielt einsetzen, benötigt man eine Vorstellung von den Bedingungen, Strukturen, Prozessen und Konsequenzen von Führung. Diese Vorstellung wird als Führungstheorie bezeichnet.

> «**Führungstheorien** sollen Bedingungen, Strukturen, Prozesse und Konsequenzen von Führung beschreiben, erklären und vorhersagen.» (Wunderer/Grunwald [Führung] 112).

Eine allgemeine Führungstheorie, welche den genannten Anforderungen entspricht, ist bis heute noch nicht gefunden worden. Es gibt vielmehr eine Vielzahl vorläufiger Führungstheorien. Ihre Entwicklungsgeschichte kann verkürzt in **drei Phasen** zerlegt werden:

- Suche nach den Führungseigenschaften (eigenschaftstheoretischer Ansatz),
- Hinwendung zum Führerverhalten und zur Frage nach der Effizienz von Führung (verhaltenstheoretischer Ansatz),
- Berücksichtigung der Führungssituation (situationstheoretischer Ansatz).

(1) Eigenschaftstheoretischer Ansatz. Dieser älteste und lange Zeit vorherrschende Ansatz wurde schon von *Aristoteles* und später von *Machiavelli* vertreten. Nach ihnen ist der Führungserfolg abhängig von den Eigenschaften des Führers, die sowohl angeboren wie auch erworben sein können.

Die erste Phase der Führungsforschung zu Beginn dieses Jahrhunderts war geprägt von der Suche nach spezifischen Persönlichkeitsmerkmalen, die angeblich einen

Führer auszeichnen. Grundidee der Eigenschaftstheorie war die Überzeugung, dass Führungspersönlichkeiten einen Katalog idealer Eigenschaften besitzen müssen, um für Führungsaufgaben geeignet zu sein. Während in den 20er und 30er Jahren die Bedeutung physischer Eigenschaften, wie z. B. Alter und Körpergröße einer Führungsperson, erforscht wurde, wandte man sich in den späteren Untersuchungen vermehrt der Analyse geistiger Fähigkeiten, wie z. B. Intelligenz, Belastbarkeit, Kreativität, Selbstbewusstsein, Risikobereitschaft, Willensstärke zu.

Heute werden in der Praxis vor allem folgende **Führungseigenschaften** gefordert:

- Sozialkompetenz,
- Umweltsensibilität,
- Entscheidungsfreude,
- Flexibilität,
- Kreativität,
- kulturelle Anpassungsfähigkeit.

(2) Verhaltenstheoretischer Ansatz. Die Kritik an der eigenschaftstheoretischen Forschungsrichtung führte dazu, dass sich das Augenmerk der Untersuchungen zunehmend auf das Verhalten des Menschen im Rahmen der Führer-Geführten-Beziehung richtete. Die soziale Interaktion rückte in den Mittelpunkt der Führungsanalyse. Der Mitarbeiter wurde im Kontext seines Umfeldes, d. h. seiner Kollegen, seiner Vorgesetzten und Untergebenen betrachtet.

Grundlage der Forschungen waren Experimente mit Kleingruppen. Eine besondere Aufmerksamkeit erfuhr das Verhalten von Gruppenmitgliedern bei unterschiedlichen Führungsstilen. Die Frage nach der Effizienz von Führung gewann zunehmend an Bedeutung. Ihre Antwort setzte Erkenntnisse über die Auswirkungen des Führungsverhaltens auf die Reaktionen der Geführten voraus.

Vertreter des verhaltenstheoretischen Ansatzes sind *Lewin* 1939 («Iowa Studien») und *Roethlisberger/Dickson* 1939 («Hawthorne-Experimente»). Die an der Iowa Elementary School durchgeführten Untersuchungen waren auf die Ermittlung des Zusammenhanges von Führungsstil (autoritär bzw. partizipativ) und Zufriedenheit sowie Leistung gerichtet. Die mehrjährigen empirischen Untersuchungen in den Hawthorne-Werken der Western Electric Company (Chicago) befassten sich mit den Beziehungen zwischen der Arbeitszufriedenheit (likes and dislikes) und der Einstellung (attitude) bzw. Arbeitsmoral (morale).

(3) Situationstheoretischer Ansatz (auch als kontingenztheoretischer Ansatz bezeichnet). In den 70er und 80er Jahren rückte die Frage nach dem Einfluss der Unternehmensumwelt, d. h. der Führungssituation, auf die Führung in den Vordergrund der Betrachtung. Die Wurzeln dieser Kontingenz- bzw. Situationstheorien reichen weit in die Geschichte der Führungstheorien zurück. Bereits im Hegel'schen Weltgeist wurde die Führungssituation herausgestellt, die angeblich den jeweils geeigneten Führer hervorbringt. Die Grundidee der neueren unternehmensorientierten Situationstheorie besteht jedoch im Folgenden: Empirische Untersuchungen belegen die These, dass Planung und Organisation in unterschiedlichen Situationen unterschiedlich effizient sein können. In diesem Zusammenhang wurde deutlich, dass ein Unternehmen langfristig nur überleben kann, wenn es die unternehmensspezifischen Veränderungen der wirtschaftlichen, politisch-rechtlichen und gesellschaftlichen Unternehmensumwelt wahrnimmt und diese beim Einsatz der Führungsinstrumente berücksichtigt. Dieses Vorgehen kann als situative Führung bezeichnet werden. Wenn die Umweltveränderungen zudem bewusst und rechtzeitig wahrgenommen werden und aus dem Vergleich der Ergebnisse einer Umwelt- und Unternehmensanalyse langfristige Gestaltungsziele abgeleitet werden, liegt eine strategische Unternehmensführung vor. Die Analyse des Unternehmens und seiner Umwelt sowie der daraus abzuleitenden Strategien sind heute wesentliche Elemente der Führungsforschung.

Die beim situationstheoretischen Ansatz angewandte Methode kann als empirisch vergleichende Führungsforschung charakterisiert werden. Da man entdecken will, ob bestimmte Führungsstile in bestimmten Situationen erfolgreicher sind als andere, müssen Unternehmen in verschiedenen Situationen miteinander verglichen werden.

Im Rahmen des situationstheoretischen Ansatzes sind insbesondere das Kontingenzmodell von *Fiedler* (1967) und das *Vroom/Yetton-Modell* (1973) beachtet worden.

Die drei dargestellten Führungstheorien stellen lediglich eine Auswahl dar. In der neuesten Auflage des Handwörterbuchs der Unternehmensführung und Organisation (2004) werden annähernd zwanzig Führungstheorien beschrieben. Insofern darf aktuell von einem Theorienpluralismus ausgegangen werden. *Staehle, Conrad, Sydow* [Management 66 ff.] diagnostizieren gegenwärtig einen Trend zugunsten der sog. ökonomischen Theorie und zu Lasten der sozial- und verhaltenswissenschaftlichen Ansätze der Führungsforschung. Zu den ökonomischen Ansätzen zählen insbesondere institutionenökonomische und spieltheoretische Ansätze.

3 Funktionen der Führung

Begründungen für die Notwendigkeit von Führung lassen sich aus einer eher personalorientierten und einer eher unternehmerischen Sichtweise ableiten.

Die erste Begründung von Menschenführung entstammt der patriarchalischen Sichtweise zu Beginn dieses Jahrhunderts: Führung ist notwendig, weil Menschen geführt werden wollen. Dieses Menschenbild geht von unmündigen, sich unterordnenden, hilflosen und schutzsuchenden Personen aus, die einer «starken Hand» bedürfen.

In den 20er und 30er Jahren ging man von der patriarchalischen Führungsbegründung ab. Führung wurde nun mit der eher ideologischen Überzeugung begründet, **dass die Menschen geführt werden müssen**. Ohne eine «starke Hand» würden Egoismus, Orientierungslosigkeit und chaotische Selbstbestimmung um sich greifen. Diese Tendenz sollte durch Führung unterbunden werden. Eine notwendige Gleichschaltung oder verordnete Uniformiertheit passen zu dieser Sichtweise. Diese Führungsbegründung gipfelte in der heftig geführten Diskussion um die Existenz von Eliten, die eine Gesellschaft führen sollen und denen man sich zu unterwerfen habe.

Neuere Führungsbegründungen gehen vom elitären Menschenbild einer Über-/ Unterordnung ab und betonen ein notwendiges Miteinander von Menschen. Personalführung wird hier angesichts einer zunehmend aufgeklärten, informierten und freiheitlichen Gesellschaft zu einem **Motivationsinstrument**. Führung legitimiert sich in einer solchen Sichtweise kaum noch durch Macht, sondern vielmehr durch die Fähigkeit, andere zu motivieren.

Führungsbegründungen werden heute zunehmend sachlicher und auf das Unternehmen bezogen entwickelt. **Es gilt, ein Unternehmen in einer sich verändernden Unternehmensumwelt zu führen** und somit seinen Bestand oder seine Entwicklung zu gewährleisten.

Während in früheren Zeiten eine Unternehmung Güter weitgehend losgelöst von der Unternehmensumwelt, insbesondere von gesellschaftlichen Entwicklungen, erzeugen und dennoch auf eine gesicherte Nachfrage hoffen konnte, ist heute eine Unternehmensführung ohne die Berücksichtigung der Umweltveränderungen nicht mehr denkbar. Einige Beispiele von **Umweltveränderungen**, die sich immer dynamischer und komplexer vollziehen und die betriebliche Führung nachhaltig beeinflussen, seien hier kurz genannt:

Der technische Fortschritt führt dazu, dass sich Innovations- und Produktlebenszyklen immer mehr verkürzen. Die Wirtschaft ist gekennzeichnet durch eine zunehmende Internationalisierung und Konzentration der Märkte sowie der Unternehmen. Unternehmenskooperationen in Form von Allianzen und Netzwerken werden in verstärktem Maße gebildet. Der Trend zu Käufermärkten ist unverkennbar und das Konsumentenverhalten verändert sich u. a. durch den Wertewandel nachhaltig. Zunehmende Freizeit mit steigenden Ansprüchen an Lebenshaltung und -gestaltung sowie ein verändertes Arbeitsbewusstsein sind Beispiele sozio-kultureller Veränderungen. Weitere Beispiele ließen sich auf politisch-rechtlichem, demographischem und ökologischem Gebiet anführen.

Eine zielorientierte Gestaltung von Unternehmen und eine zielorientierte Einflussnahme auf Mitarbeiter müssen heute solche Umweltveränderungen berücksichtigen. Die Frage nach der «richtigen Führung» wird daher immer häufiger gestellt, sodass Kurse, Seminare und Studiengänge, die eine Orientierung und Hilfestellung bei Führungsproblemen versprechen, einen wahren Nachfrageboom erleben.

Wenn die **Notwendigkeit** von Führung **erkannt** ist, muss konsequenterweise nach den **Funktionen** der Führung gefragt werden:

1. Wer zielorientiert gestaltet, benötigt Ziele. Die Bildung und Vorgabe solcher Ziele oder gar Visionen ist vorderste Aufgabe der Führung. Man spricht in diesem Zusammenhang auch von der Lokomotionsfunktion der Führung. Ziele sind sowohl für Führende als auch für Ausführende wesentliche Leitlinien: **Führung gibt Ziele vor.**
2. Unternehmen bestehen u. a. aus Personen und Sachmitteln, die zur Erfüllung der Unternehmensaufgabe eingesetzt werden. Diese Elemente des Systems Unternehmen gilt es aufeinander abzustimmen und zu integrieren. Man bezeichnet diese Aufgabe auch als Koordinationsfunktion der Führung. Abstimmung, d. h. Koordination, setzt ganzheitliche Denkweisen und Übersicht voraus: **Führung koordiniert**
3. Ohne Personen ist eine Unternehmung nicht denkbar. Neben der persönlichen und fachlichen Qualifikation, d.h. der Leistungsfähigkeit, wird heute der Leistungswille von Mitarbeitern immer wichtiger. Je dynamischer die Umweltbedingungen, umso weniger ist eine Vorprogrammierung des Handelns möglich und sinnvoll. An ihre Stelle treten Flexibilität in Verbindung mit der Motivation. Die Motivierung der Mitarbeiter ist daher eine wesentliche Aufgabe der Führung. Insbesondere die Führung von Gruppen stellt hohe Anforderungen an die Fähigkeit von Führern zur Motivation: **Führung motiviert.**
4. Ein Betrieb muss auf vielfältige Weise nach außen hin vertreten werden. Gesetzliche Vorschriften regeln z. T. solche Vertretungrechte und -pflichten von führenden Personen. Diese und weitere repräsentative Vertretungsaufgaben (z. B. Begründung von Betriebsstilllegungen) sind meist nicht delegierbar: **Führung repräsentiert**

Aus den bisherigen Ausführungen kann zusammenfassend folgende Kennzeichnung von Führung abgeleitet werden.

Führung soll Ziele vorgeben, koordinieren, motivieren und repräsentieren.

Führung in dem oben verstandenen Sinne ist nicht Leitung oder Verwaltung. Leitung ist eine abgeleitete, d.h. derivative Führungsaufgabe. Sie sorgt dafür, dass durch konkrete Anweisungen die von der Führung vorgegebenen Richtlinien realisiert werden. Eine Verwaltung nimmt ausführende Aufgaben wahr.

«Führung» und «Management» sind eng verwandte Begriffe, gelegentlich werden sie auch synonym verwendet. Häufig wird der Begriff «Management» auch zur Bezeichnung der Führungsebene gebraucht; so ist dann die Rede von top-, middle- und lower-management. Ein Beispiel soll diesen Zusammenhang verdeutlichen: Der Vorstand einer Bank (top-management) beschließt, auf Grund veränderter Kundenwünsche verstärkt bestimmte Zielgruppen je Kundenbereich durch neue Anlageformen verbunden mit einer Werbekampagne anzusprechen und dadurch den Gewinn im nächsten Jahr um mindestens 10 % zu steigern. Diese Führungsentscheidung wird den Hauptabteilungsleitern der verschiedenen Kundensparten und dem Marketingleiter (middle-management) vermittelt. Die Hauptabteilungsleiter ihrerseits fordern ihre Abteilungsleiter (lower-management) auf, entsprechende Vorschläge zu entwickeln, um zusammen mit dem Marketingleiter ein Gesamtkonzept zu entwerfen. Schalterbedienstete und Werbesachbearbeiter führen schließlich entsprechende Anweisungen aus.

4 Modelle der Führung

Nachdem der Begriff und die Funktionen der Führung geklärt sind, können nun Modelle der Führung, wie sie in Theorie und Praxis entwickelt wurden, vorgestellt werden.

> **Führungsmodelle** (auch Führungskonzepte oder Führungsprinzipien genannt) sind Aussagensysteme, die theoretische und instrumentale Aussagen über die Struktur und die Funktion zielorientierter Gestaltungsprozesse enthalten.

Der Inhalt eines Führungsmodells wird wesentlich vom grundsätzlichen Verhalten der Führungspersonen bestimmt. Die **Verhaltensmuster der Führung** werden als Führungsstile bezeichnet (Wunderer/Grunwald [Führung] 218 ff.). Grundsätzlich können zwei konträre **Typen von Führungsstilen** unterschieden werden:

- Autoritärer Führungsstil,
- kooperativer Führungsstil.

Kennzeichen für den **autoritären** Führungsstil ist, dass die Führungspersonen anordnen, ohne die Betroffenen zu befragen. Im Gegensatz dazu findet beim **kooperativen** Führungsstil eine Mitwirkung der Geführten in Form von Willensbildungsprozessen und von Entscheidungsdelegation statt. Abb. 1, S. 30, enthält eine Beschreibung verschiedener Führungsstile (nach Tannenbaum/Schmidt, entnommen *Staehle/Conrad/Sydow* [Management] 337).

Das in einem Unternehmen praktizierte Führungsmodell und die im Rahmen dieses Führungsmodells angewandten Führungsstile werden in einzelnen Unternehmen in Form von **Führungsgrundsätzen** festgehalten. Sie stellen schriftlich formulierte Anweisungen an die Führungskräfte dar. Ein Beispiel für einen Führungsgrundsatz aus der Praxis wäre: «Aufgaben sollen möglichst dezentral gelöst werden.»

Systematische Darstellungen von **Führungsmodellen** finden sich in der Literatur kaum. Zum einen ist die Zahl der Modelle und ihrer Varianten inzwischen beinahe unübersehbar, zum anderen fehlen aussagekräftige Klassifikationsmöglichkeiten. Unterschiede im Führungsbegriff machen sich ebenfalls bemerkbar. Im Folgenden soll ein Eindruck von dieser Vielfalt der Führungsmodelle vermittelt werden.

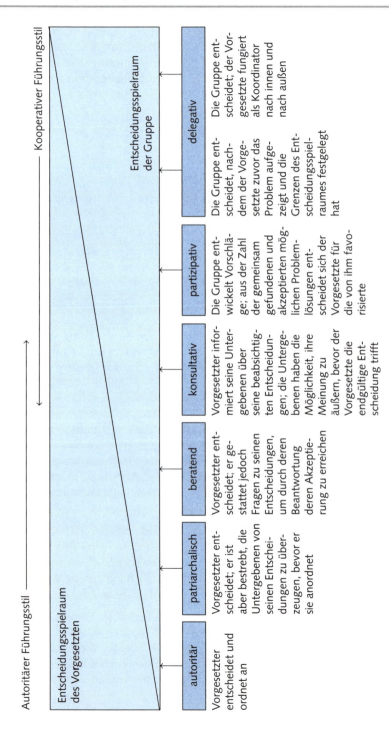

Abbildung 1: Führungsstile

Als **Führungsmodelle** sind vor allem zu nennen:

(1) Führung durch Eingriffe in Ausnahmefällen
 (Management by Exception – MbE)
(2) Führung durch Aufgabenübertragung
 (Management by Delegation – MbD)
 (a) Führung durch Vorgabe von Entscheidungsregeln
  (Management by Decision Rules – MbDR)
 (b) Führung durch Ergebnisüberwachung
  (Management by Results – MbR)
(3) Führung durch Zielvereinbarung
 (Management by Objectives – MbO)
(4) Das Harzburger Führungsmodell
 (Führung im Mitarbeiterverhältnis)
(5) Das St. Galler Führungsmodell
 (Systemansatz)
(6) Das Gruppenkonzept von Likert
 (integrierte Gruppenentscheidungen)

Führungsmodelle

(1) **Die Führung durch Abweichungskontrolle und Eingriffe in Ausnahmefällen (Management by Exception – MbE)** gehört sicherlich zu den bekanntesten Führungsmodellen. Dieses personalorientierte Modell versucht, die Arbeitsbelastung von Führungskräften dadurch zu vermindern, dass Mitarbeiter solange selbständig entscheiden können, bis vorgeschriebene Toleranzgrenzen überschritten werden oder unvorhersehbare Ereignisse, d. h. Ausnahmefälle, eintreten. Die Führungsinstanz legt Ziele und Richtlinien für die Einschätzung von Normal- und Ausnahmefällen fest. Für Normalfälle erhält der Mitarbeiter Entscheidungskompetenz und -verantwortung. Problematisch dürfte für die Mitarbeiter allerdings die Einteilung der Realität in Normalfälle und Ausnahmefälle sein. Ein Mitarbeiter, dem die Bewältigung eines Ausnahmefalles nicht zugetraut wird und der ständig mit plötzlichem «Eingreifen von oben» zu rechnen hat, büßt zudem an Motivation ein. Die alleinige Richtlinien- und Zielvorgabe durch die Führungsinstanz lässt außerdem Kreativität und Initiative bei den Mitarbeitern verkümmern. Diese Kritikpunkte sind den möglichen Vorteilen einer Zeitersparnis für die Führung und einer möglichen Motivation der Mitarbeiter durch begrenzte selbständige Entscheidungen in Normalfällen gegenüberzustellen.

(2) **Führung durch Aufgabenübertragung (Management by Delegation – MbD)**, d.h. Delegation auf untergeordnete Hierarchieebenen, ist ein allgemeines Führungsprinzip, das beinahe zwangsläufig aus der zunehmenden Arbeitsteilung und der Größe von Unternehmen erwächst. Eine konkrete Ausgestaltung erfährt dieses

Prinzip erst in weiteren Management-by-Prinzipien, so im Management by Decision Rules und im Management by Results.

(a) Das Prinzip der **Führung durch Vorgabe von Entscheidungsregeln** (Management by Decision Rules – MbDR) kombiniert den Grundgedanken positiver Anreize durch Delegation mit der Vorstellung, Mitarbeiter durch präzise Regeln steuern zu müssen. Die delegierten Aufgaben können nicht selbständig bewältigt, sondern müssen von dem betroffenen Mitarbeiter im Rahmen der genauen Regelvorgabe erfüllt werden. Fraglich ist, ob sich die Mitarbeiter durch die engen Regelvorgaben noch motivieren lassen. Eine allgemeine Zielausrichtung aller Teilaufgaben des Unternehmens ist dadurch jedoch gewährleistet.

(b) **Führung durch Ergebnisüberwachung (Management by Results – MbR)** bedeutet eine ergebnisorientierte Unternehmensführung, die dem Mitarbeiter klare Leistungsergebnisse, meist in Form von zu erreichenden Umsätzen, Stückzahlen oder einzuhaltenden Budgets vorgibt. Die Vorgaben werden von der Unternehmensführung festgelegt und unabhängig vom Weg der Erreichung mehr oder weniger ständig überwacht. Bereichsegoismus und Zahlenfetischismus können die Folge sein. Diesem Führungsprinzip liegt eine skeptische Grundhaltung gegenüber dem Leistungswillen untergebener Mitarbeiter zugrunde. Daraus wird die Notwendigkeit ständiger Kontrollen, verbunden mit autoritärem Führungsverhalten, abgeleitet.

(3) **Führung durch Zielvereinbarung (Management by Objectives – MbO)** ist sicherlich eines der bekanntesten und traditionsreichsten Führungskonzepte in Theorie und Praxis. Es wurde in der anglo-amerikanischen Führungspraxis entwickelt und geht auf theoretische Arbeiten von *Drucker* (1954) und *Odiorne* (1965) zurück. Durch die Betonung von Zielvereinbarungen im Gegensatz zu detaillierten Verhaltensregeln und -anweisungen wird dem einzelnen Mitarbeiter bewusst ein Ermessensspielraum bezüglich des Weges zur Zielerreichung eingeräumt.

Im Gegensatz zum Management by Results, bei dem die Führungsinstanz die Ziele vorgibt, sollen beim MbO Führungsinstanz und Mitarbeiter gemeinsam die Ziele festlegen. Das Ergebnis soll in präzisen Angaben zu Inhalt, Ausmaß und zeitlichem Geltungsbereich der Ziele bestehen. Die Ziele sind nicht nur vollständig zu formulieren, sondern den Fähigkeiten der jeweiligen Stelleninhaber anzupassen sowie als eine Herausforderung für diese zu interpretieren. Unterforderung ist auszuschließen. Die Ziele werden periodisch neu festgelegt und nicht einfach fortgeschrieben, um Situationsänderungen zu berücksichtigen. Führungstätigkeit «beschränkt» sich auf die Zielvereinbarung mit den Mitarbeitern und die Kontrolle der Ziele. Die Mitarbeiter werden nicht nach dem Weg der Zielerreichung beurteilt. Die Divisionale Organisation (insbesondere in Form der Holding) kann als strukturelle Ausprägung dieses Führungsmodells genannt werden.

Der Erfolg dieses Führungsmodells hängt sicher entscheidend von der Art der Mitarbeiterbeteiligung bei der Zielbildung und der Art der Zielkontrolle durch die Führungsinstanz ab. Unternehmensziele, die den persönlichen Zielen von Mitarbeitern entgegenkommen, sind ideale Voraussetzungen für Leistungswillen und

-bereitschaft. Die Bildung klarer, exakter, realistischer und doch möglichst flexibler Ziele stellt aber ein Problem an sich dar. Wenn ausschließlich die Leistung und nicht die Kreativität der Maßnahmen zur Zielerreichung beurteilt wird, kann dies zu Motivationsproblemen führen, insbesondere wenn die Leistung nicht exakt den Zielvorgaben entspricht. Es ist daher wichtig, dass Vorgesetzte und Mitarbeiter die Abweichungen der Ergebnisse von den Zielen gemeinsam erörtern.

(4) Als «Harzburger Führungsmodell» wird das von *Reinhard Höhn*, Gründer und Leiter der Führungsakademie in Bad Harzburg, entwickelte Konzept der «Führung im Mitarbeiterverhältnis» bezeichnet. Es ist von ihm in der Nachkriegszeit als Gegenstück zum autoritär-patriarchalischen Führungsstil entwickelt worden. Das Harzburger Führungsmodell lässt sich von dem Grundgedanken leiten, dass die Motivation von Mitarbeitern durch Delegation von Verantwortung und die Übertragung selbständiger Aufgabenbereiche gefördert werden kann. Jeder Mitarbeiter erhält ein festumgrenztes Aufgabengebiet mit Kompetenzen und eigenverantwortlicher Entscheidungs- und Handlungsbefugnis. Für diesen Aufgabenbereich trägt er aber die volle Verantwortung. Der Vorgesetzte darf in den jeweiligen Aufgabenbereich – abgesehen von extremen Ausnahmesituationen – nicht eingreifen.

Hauptbestandteil des Modells sind umfangreiche Führungsanweisungen und Stellenbeschreibungen. Die Führungsanweisungen enthalten detaillierte Rechte und Pflichten eines Vorgesetzten bezüglich der Information, Kontrolle und Bewertung von Mitarbeitern. Diese Detailliertheit drückt sich beispielsweise in mehrseitigen Anweisungen zur Gestaltung von Mitarbeitergesprächen aus. Die Stellenbeschreibungen beinhalten umfangreiche Aussagen zu den jeweiligen Kompetenzen und Verantwortungsbereichen des Stelleninhabers.

Dem Harzburger Modell wird vorgeworfen, einerseits den Mitarbeitern zu viel Freiraum und Selbständigkeit bei Entscheidungen und Handlungen einzuräumen und andererseits durch vielfältige Vorschriften ein bürokratisches Betriebsklima zu schaffen. Ein Indiz für das Argument der Bürokratisierung mag in der Präferenz für dieses Modell bei Kommunalverwaltungen und anderen öffentlichen Institutionen gesehen werden.

(5) Anfang der 70er Jahre entwickelte *Hans Ulrich* mit seinem Schüler *Walter Krieg* vor dem Hintergrund des sich ausbreitenden Systemansatzes das «St. Galler Managementmodell». Es soll Probleme der Personalwirtschaft und Unternehmensführungsaspekte integrieren, einen klaren Begriffsapparat zur Verfügung stellen und in der Praxis leicht implementierbar sein. Tatsächlich liefert es eine Vielzahl systemtheoretisch geprägter und im Rahmen des Modells konsistenter Begriffe, die Führung in all ihren Aspekten beleuchten. Die besondere Bedeutung der Interdependenzen eines Unternehmens als sozio-technisches System mit seinen Umsystemen wird hervorgehoben. Das Modell leistet damit eine Sensibilisierung für Probleme, die sich aus Veränderungen der Unternehmensumwelt ergeben; es ermöglicht auch einen umfassenden Überblick über alle Instrumente des Führungssystems (Planungs-, Kontroll-, Organisations-, Informations- und Personalentwicklungssystem). Das

St. Galler Managementmodell enthält im Gegensatz zu den bisher genannten Konzepten jedoch keine normativen Aussagen über Verhaltensweisen oder Handlungen und ist insofern eher als komprimierte Inhaltsübersicht über eine bestimmte Sicht der Führungslehre zu verstehen. Unter den Arbeiten, die der Weiterentwicklung des St. Galler Managementmodells gewidmet sind, sind zu nennen: *Bleicher* [Integriertes Management] und *Müller-Stewens/Lechner* [Management].

(6) Das «Gruppenkonzept von Likert» (1961) stellt ein Modell sich überlappender Personengruppen dar, bei dem Entscheidungen grundsätzlich in der Gruppe getroffen werden. Abgesehen von den Personen auf unterster Hierarchieebene ist jeder Mitarbeiter Mitglied zweier Gruppen (linking pin). In der einen Gruppe ist die jeweilige Person untergeordnetes Mitglied, in der anderen Gruppe übergeordnetes Mitglied. Abb. 2 verdeutlicht diesen Zusammenhang.

Entscheidungen sollen soweit nach unten verlagert werden, dass gerade noch der nötige Sachverstand in der Gruppe vorhanden ist, um die Entscheidung treffen zu können (Prinzip der Subsidiarität). Durch ein Netzwerk ineinander verflochtener Gruppen sollen die Kommunikation und Integration verbessert werden.

Gruppenarbeit muss jedoch nicht immer motivierend wirken. Gruppenentscheidungen benötigen viel Zeit, werden aber bei Mehrheitsbeschlüssen von den Mitgliedern gemeinsam getragen und evtl. effizienter realisiert. Der Erfolg des Konzeptes hängt entscheidend von der Fähigkeit der Mitglieder zur Zusammenarbeit in einer Gruppe und deren Willen zu gemeinsamen Entscheidungen ab. Ein nachteiliger Konformismus ist mit positiven Motivationswirkungen durch eine teamorientierte Organisation abzuwägen. Praktische Anwendungen des Modells sind selten.

Abschließend sei noch erwähnt, dass die Einführung eines Führungsmodells oder einer Kombination von Modellelementen in der Praxis erhebliche Implementierungsprobleme mit sich bringen kann. Bestehende Organisationsstrukturen, Macht- und Interessenverhältnisse sowie persönliche Beziehungen machen jedes theoretisch

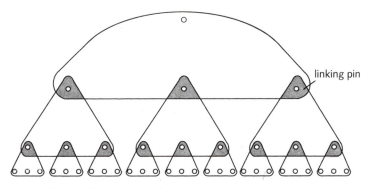

Abbildung 2: Das Gruppenkonzept von Likert

noch so fundierte Konzept wirkungslos, wenn die beteiligten Personen sich mit ihm nicht identifizieren. Die Auswahl eines geeigneten Führungsmodells stellt damit ein komplexes Entscheidungsproblem dar, das umfassend zu planen ist. Häufig werden zur Bewältigung dieser Aufgabe externe Unternehmensberater engagiert.

5 Instrumente der Unternehmensführung

Um Führungsentscheidungen treffen zu können, sind – wie eingangs gezeigt – Planung und Steuerung, Organisation, Controlling und Information notwendig. Sie werden als Instrumente der Unternehmensführung bezeichnet.

Planung und Steuerung

Die Planung kann in die Teilphasen der Zielbildung, Problemanalyse, Prognose, Alternativensuche, Bewertung und Entscheidung eingeteilt werden. Die Aufgabe der Planung besteht darin, Entwürfe zu erstellen, durch welche Größen für das Erreichen von Zielen vorausschauend festgelegt werden. Durch diese Entwürfe sollen die Chancen und Risiken der Zielerreichung rechtzeitig erkannt sowie geeignete gestaltende Maßnahmen ergriffen werden können. Der Planung folgen i. d. R. die Durchsetzung der Pläne und sinnvollerweise deren Kontrolle. Die Kontrolle soll Plan-Ist-Abweichungen feststellen, eine Abweichungsanalyse die Ursachen der ermittelten Abweichungen untersuchen. Die Ergebnisse der Kontrolle und Analyse sind wiederum wesentliche Informationen für den weiteren Planungsprozess.

Welche Aufgaben Planung und Steuerung aufwerfen und wie diese erfüllt werden können, wird im 1. Kapitel beschrieben.

Organisation

Die Aufgabe der Organisation besteht darin, die Beziehungen zwischen den Aktivitäten im Unternehmen, den Personen und den Sachmitteln eines Unternehmens so zu gestalten (zu strukturieren), dass eine optimale Zielerfüllung gewährleistet ist. Dafür steht eine Reihe von Gestaltungsalternativen zur Verfügung: Die klassischen Modelle der Aufbauorganisation wie Funktionale Organisation, Divisionale Organisation und Matrixorganisation sowie die Prozessorganisation. Sie sind jeweils mit Vorteilen und Nachteilen verbunden und müssen daher zielorientiert unter Berücksichtigung der jeweiligen Umweltbedingungen ausgewählt und ggf. auch modifiziert werden.

Das 2. Kapitel ist der Organisation gewidmet.

Controlling

Unternehmensführung ist eine sehr komplexe Aufgabe. Um die Komplexität von Führungsentscheidungen zu reduzieren, findet i. d. R. eine Zerlegung in Teilentscheidungen statt. So kann die Führungsaufgabe in Beschaffungs-, Produktions- und Absatzentscheidungen differenziert und in strategische, taktische und operative Entscheidungen untergliedert werden. Mit der Delegation findet i. d. R. eine Verlagerung von Kompetenz auf die unteren Hierarchieebenen statt. Das Controlling hat die Aufgabe, die Führungsentscheidungen in den verschiedenen Unternehmensbereichen zu koordinieren.

Das 3. Kapitel befasst sich mit dem Controlling.

Information

Information ist zweckgerichtetes Wissen, das für den Führungsprozess notwendig ist. Planung und Kontrolle stellen informationsverarbeitende Prozesse dar. Die Organisation befasst sich mit der Strukturierung von Informationsbeziehungen im Unternehmen. Das Controlling übernimmt neben der Koordinationsfunktion die Sicherstellung der Informationsversorgung der Unternehmensführung. Die betriebliche Informationswirtschaft stellt gleichzeitig das Bindemittel zur Verfügung für die Integration der Führungsentscheidungen sowie für die Verkettung des Führungssystems mit dem Ausführungssystem.

Die Informationswirtschaft kann unter einer Vielzahl verschiedener Aspekte betrachtet werden. Neben der Beschaffung und Aufbereitung von Informationen ist heute vor allem die technologische Unterstützung der Informationswirtschaft von praktischer Bedeutung (z. B. Internet, Intranet). Kernstück der betrieblichen Informationswirtschaft ist das Rechnungswesen mit seinen Teilgebieten der Bilanz und der Kostenrechnung. Mit Informationen über die für die Unternehmungsführung relevante Zukunft befassen sich die Prognosen.

Das 4. Kapitel ist der Information gewidmet.

In Abb. 3 wird die Gesamtkonzeption des Bandes vorgestellt.

1. Kapitel: **Planung und Steuerung**
2. Kapitel: **Organisation**
3. Kapitel: **Controlling**
4. Kapitel: **Information**
   1. Beschaffung und Aufbereitung von Informationen
   2. Informationstechnologie und Informationsmanagement
   3. Rechnungswesen
      - Rechnungswesen als Informationssystem
      - Bilanzen
      - Kostenrechnung
   4. Prognosen

Abbildung 3: Die Konzeption dieses Bandes

Literaturhinweise

Bea, F. X., E. Göbel: Organisation, 4. Aufl., Stuttgart 2010.
Bea, F. X., J. Haas: Strategisches Management, 5. Aufl., Stuttgart 2009.
Bleicher, K.: Das Konzept [Integriertes Management]. Visionen, Missionen, Programm. 5. Aufl., Frankfurt, New York 1999.
Göbel, E.: Das Management der sozialen Verantwortung, Berlin 1992.
Höhn, R.: Führungsbrevier der Wirtschaft, 12. Aufl., Bad Harzburg 1986.
Korndörfer, W.: [Unternehmensführungslehre], 9. Aufl., Wiesbaden 1999.
Macharzina, K., J. Wolf: Unternehmensführung. Das internationale Managementwissen, 6. Aufl., Wiesbaden 2008.
Müller-Stewens, G., C. Lechner: Strategisches [Management], 2. Aufl., Stuttgart 2003.
Neuberger, O.: Führen und führen lassen, 6. Aufl., Stuttgart 2002.
Scholz, Ch.: Personalmanagement. Informationsorientierte und verhaltenstheoretische Grundlagen. 5. Aufl., München 2000.
Schreyögg, G., A. v. Werder (Hrsg.): Handwörterbuch der Unternehmensführung und Organisation, 4. Aufl., Stuttgart 2004.
Staehle, W. H., P. Conrad, J. Sydow: [Management]. Eine verhaltenswissenschaftliche Perspektive. 8. Aufl., München 1999.
Steinmann, H., G. Schreyögg: Management, Grundlagen der Unternehmensführung, 6. Aufl., Wiesbaden 2005.
Ulrich, H., W. Krieg: Das St. Galler Management-Modell, 3. Aufl., Berlin und Stuttgart 1974.
Welge, M. K., A. Al-Laham: Strategisches Management, 4. Aufl., Wiesbaden 2003.
Wunderer, R., W. Grunwald: Führungslehre, Bd. I: Grundlagen der [Führung], Bd. II: Kooperative Führung, Berlin 1980.

Planung und Steuerung

Marcell Schweitzer

Kapitel 1

1 Planung und Steuerung als Führungsinstrumente

1.1 Begriffe und Zwecke der Planung und Steuerung

1.1.1 Begriffe der Planung und des Planes

Die Aufgabe eines Unternehmens besteht darin, Güter zu erzeugen und diese für die Deckung der Nachfrage in den Märkten bereitzustellen. Alle Prozesse, die der Erfüllung dieser Aufgabe dienen, sind so zu organisieren, zu planen und zu steuern, dass die gewählten ökonomischen, technischen, ökologischen und sozialen Ziele auf dem jeweils angestrebten Niveau erreicht werden. In der sozialen Marktwirtschaft sollten die genannten Ziele eines Unternehmens koordiniert verfolgt werden. Außerdem ist für diese Form der Marktwirtschaft kennzeichnend (vgl. Band 1; Einleitung, Abschnitt 2), dass Planung und Steuerung dezentral in den einzelnen Unternehmen erfolgen, der Markt als Koordinationsinstrument operiert, das Eigentum in privaten Händen liegt und der Gewinn einen wichtigen Motivator darstellt. Das Erreichen der sozialen Ziele teilen sich die Unternehmen und der Staat, wobei der größere Anteil der Soziallast beim Staat liegt.

In einer Gesellschaft mit einem hohen technischen, kulturellen und wirtschaftlichen Entwicklungsstand ist Planung eine unverzichtbare Gestaltungshilfe. Demographische Strukturen, technischer Fortschritt, knappe Ressourcen, Umweltprobleme, soziale Probleme sowie eine Fülle in Niveau und Umfang steigender Ansprüche stellen die verantwortlichen Institutionen in Politik, Wirtschaft und Wissenschaft vor Probleme, die nach nachhaltigen und wirkungsvollen Lösungen für Individuen, Familien, Unternehmen, Kommunen, Länder, Staaten sowie für die gesamte Menschheit verlangen. Wohlhabende wie arme Völker erwarten von der Zukunft gute Überlebenschancen und nach Möglichkeit eine Wohlfahrtssteigerung für alle. Es bedarf menschlicher Denkanstrengung und Gestaltungshandlungen, um diese komplizierten und risikoreichen Zukunftsprobleme zu meistern. Insbesondere sind ordnende Entwürfe und Konzepte erforderlich, durch welche die gewünschten Ziele und die Maßnahmen zu deren Erreichen rechtzeitig bewusst gemacht und analysiert werden. Je knapper die Mittel der Bedürfnisbefriedigung werden, desto wirkungsvoller müssen die Instrumente sein, mit welchen eine rationale Planung und Steuerung der zugehörigen technischen, wirtschaftlichen, sozialen und kulturellen Prozesse realisiert wird. Eines der Instrumente, an welche diese Erwartung geknüpft wird, ist die Planung.

Sowohl staatliche als auch private Einrichtungen müssen für komplexe Probleme ihre Ziele und Aktivitäten planen. So betreibt in Deutschland der Bund die verschiedensten Planungen für soziale Sicherung, rechtliche Ordnung, Wirtschaftsförderung, Verkehrswesen, Verteidigung, zwischenstaatliche Beziehungen sowie für Bundessteuern und anteilige Einkommen-, Körperschaft- und Umsatzsteuern. Auf Landesebene werden u. a. Schul- und Hochschulstrukturen, teilweise Maßnahmen der Infrastruktur, Maßnahmen der gesundheitlichen Versorgung und Maßnahmen der polizeilichen Sicherung geplant. Auf Gemeindeebene beziehen sich Planungen auf Bauvorhaben, Straßenführungen, Nutzungsbestimmungen und öffentliche Versorgung sowie Entsorgung im kommunalen Bereich, auf Kindergärten, Schulen, Altenheime usw. In privaten Unternehmen werden beispielsweise Planungen für Absatz, Fertigung, Lagerhaltung, Beschaffung, Investition, Finanzierung und Personal durchgeführt. Schließlich kann ein privater Haushalt das Einkommen, den Konsum, das Sparen, die Bildung, die Altersvorsorge, das Vermögen, den Hausbau, die Reisen u. a. als Planungsgegenstände wählen.

Planungen können in ihrer zeitlichen Reichweite, Präzision, Revidierbarkeit und Koordination sehr verschieden ausgeprägt sein. Die Verschiedenheit der Panungen legt es nahe, zunächst festzulegen, was überhaupt unter Planung zu verstehen ist. In der Betriebswirtschaftslehre wird eine Reihe von Planungsdefinitionen vorgeschlagen, die im Kern sehr ähnlich sind. Einige Beispiele seien dafür genannt:

- Planung ist «gestaltendes Denken für die Zukunft» (Adam [Planung] 3).
- Planung (im weiteren Sinne) «beinhaltet das Fällen von Führungsentscheidungen auf der Basis systematischer Entscheidungsvorbereitung zur Bestimmung künftigen Geschehens» (Hahn [PuK] 45).
- Planung ist «Antizipationsentscheidung», d. h., «als Planung wird eine Entscheidung dann bezeichnet, wenn diese (nebst dem zugehörigen Entscheidungsinformationsprozess) zeitlich vor Eintritt jener Datenkonstellation oder jener Periode getroffen wird, auf die sie bezogen ist» (Koch [Unternehmensplanung] 12).
- Planung «ist im Kern als prospektives Denkhandeln aufzufassen, in dem eine geistige Vorwegnahme und Festlegung zukünftigen Tathandelns erfolgt» (Kosiol [Planung] 79).
- «Planung ist ein systematisch-methodischer Prozess der Erkenntnis und Lösung von Zukunftsproblemen» (Wild [Unternehmungsplanung] 13).
- «Planung ist ein willensbildender, informationsverarbeitender, prinzipiell systematischer und rationaler Problemlösungsprozess mit dem Ziel, zukünftige Handlungsspielräume einzugrenzen und zu strukturieren.» (Berens/Delfmann [Planung] 12).

Diese Definitionen sind einander in folgenden Merkmalen ähnlich:

- Planungen sind (weitestgehend) **rationale** Prozesse.
- Planungen sind **informationsverarbeitende** Prozesse.
- Planungen führen zu **Entwürfen**.
- Planungen sind auf das **Erreichen von Zielen** gerichtet.
- Planungen sind **zukunftsbezogen**.
- Planungen werden von **Personen** durchgeführt.

Mit diesen Merkmalen lässt sich folgende Definition der Planung formulieren:

> **Planung** ist ein von Personen getragener, rationaler, informationsverarbeitender Prozess zum Erstellen eines Entwurfs, welcher Maßnahmen für das Erreichen von Zielen vorausschauend festlegt.

Das Ergebnis der Planung ist ein Plan oder ein System von Plänen (Planungssystem). In Entsprechung zur getroffenen Definition der Planung lässt sich der Begriff des Planes festlegen:

> Ein **Plan** ist als Ergebnis eines rationalen, informationsverarbeitenden Prozesses ein Entwurf, welcher Maßnahmen für das Erreichen von Zielen vorausschauend festlegt.

Auf der Basis dieses Planbegriffes lässt sich ein Planungssystem wie folgt definieren:

> Ein **Planungssystem** ist ein strukturiertes Gefüge abgestimmter Einzelpläne.

Welche **Ordnungsbeziehungen** beim Erstellen eines Planes und Planungssystems zu gestalten sind, wird bei der Darstellung dieser Problemkreise später dargestellt.

1.1.2 Bestandteile eines Planes

Ein Plan sollte folgende **Bestandteile** enthalten (Wild [Unternehmungsplanung] 49):

- Problemstellung,
- Zielvorstellungen (Planziele),
- prognostizierte Wirkungen,
- verfügbare Ressourcen (Kapazitäten, Personal, Liquidität u. a.),
- Einzelmaßnahmen und deren Kombination,
- Planungsträger und Planverantwortliche,
- zeitliche Bedingungen und Termine,
- Prämissen und Daten,
- Angaben über Schnittstellen zu anderen Plänen.

Die Pläne der Wirtschaftspraxis enthalten in ihrer endgültigen Form meist nicht alle der hier aufgezählten Planbestandteile. Jedoch findet man in Einzelplänen die skizzierten Planbestandteile weitestgehend wieder.

Der Produktionsplan eines Werkes der ALCATEL SEL AG umfasst z. B. folgende Bestandteile (Solaro [Kontrollsystem] 873 ff.):

«• Kapazität, aufgegliedert nach Erzeugnisgebieten;
- Erlösfähiger Ausstoß/Werksleistung, d. h.
  - Erlösfähiger Ausstoß, aufgegliedert nach Erzeugnisgebieten,
  - Innerbetrieblicher Ausstoß, Halbfabrikateänderung, Werksleistung, Werksergebnis;
- Kosteneinsatz, aufgegliedert nach Kostenelementen und Erzeugnisgebieten;
- Kostensteigerungen/Kostensenkungsmaßnahmen, aufgegliedert nach Erzeugnisgebieten;
- Vergabe von Unteraufträgen;
- Anlagevermögen (Brutto-, Nettoanlagevermögen, Wertberichtigung), aufgegliedert nach Erzeugnisgebieten;
- Investitionen, aufgegliedert nach Objekten (Grundstücke, Maschinen usw.) und Kategorien (z. B. Ersatz, Qualitätsverbesserung, Kostensenkung);
- Fabrikumlaufvermögen, aufgegliedert nach Erzeugnisgebieten;
- Beschäftigte, aufgegliedert nach Bereichen und Erzeugnisgebieten;
- Fläche, aufgegliedert nach Erzeugnisgebieten;
- Kennzahlen.»

Eine Überprüfung zeigt, dass in diesem Werksproduktionsplan folgende der postulierten Planbestandteile enthalten sind:

- Zielvorstellung:
  kostengünstige Durchführung der Herstellung und der sonstigen Maßnahmen;
- prognostizierte Daten:
  Kapazitäten, Beschäftigte, Flächen;
- prognostizierte Wirkungen:
  Werksergebnis, Kosten (einschließlich Kostensteigerungen und -senkungen), Erlöse, Kennzahlen;
- verfügbare Ressourcen:
  Anlagevermögen, Umlaufvermögen;
- Einzelmaßnahmen und deren Kombination:
  Realisation der Ausstoßarten, Vergabe von Unteraufträgen, Durchführung von Investitionen;
- zuständige Planungsträger:
  Werksleitung;
- zeitliche Bedingungen und Termine:
  Bezug auf eine Planperiode.

1.1.3 Begriff der Steuerung

Sobald ein Plan festgelegt und damit der Prozess der Planung abgeschlossen ist, folgt die Planrealisation. Jeder Prozess der Planrealisation bedarf der Steuerung. Ebenso wie die Planung ist auch die Steuerung ein Führungsinstrument. Der Bedarf an Steuerung ergibt sich auf allen hierarchischen Ebenen, für die Pläne erstellt werden. In der Regel werden Pläne nicht reibungslos realisiert, sondern es treten Störungen, Fehler und Abweichungen verschiedenster Art auf, welchen durch korrigierende Eingriffe begegnet werden muss. Sollen die in den Plänen vorgegebenen Ziele möglichst gut erreicht werden, ist es unvermeidbar, die Planrealisation zu steuern.

> **Steuerung** ist der geordnete, informationsverarbeitende Prozess zielführender Eingriffe (Anpassungsmaßnahmen) in die Planrealisation.

Steuernde Korrektur- und Anpassungsmaßnahmen können sich auf alle Planbestandteile beziehen (z. B. Zielvorstellung, Ressourcen, Planungsträger, Termine).

1.1.4 Zwecke der Planung und Steuerung

Ein einfaches Beispiel aus der Seefahrt möge helfen, die Aufgabenstellungen der Planung und Steuerung besser zu verstehen. Dieses Beispiel soll verdeutlichen, wie die Planung und Steuerung auf Sachverhalten und Problemlösungen der Vergangenheit und Gegenwart aufbauen und Problemlösungen für die Zukunft entwerfen. Es soll auch klar werden, welche Bedeutung Planung und Steuerung für das tägliche Denken, Handeln und Verhalten der Menschen haben.

> **Beispiel:**
> Ein Kapitän habe den Auftrag, mit seinem Schiff eine bestimmte Ladung vom Heimathafen A sicher und pünktlich in einem genau bekannten Zielhafen B anzulanden. Dabei will er Kosten und Risiken für Besatzung, Schiff und Ladung niedrig halten, möglichst die kürzeste Route wählen sowie Schäden an Menschen, Schiff, Fracht und Umwelt vermeiden. Um seine Ziele zu erreichen, muss sich der Kapitän Gedanken darüber machen, welche Probleme bzw. Risiken durch die beabsichtigte Fahrt aufgeworfen werden. So muss er abschätzen bzw. prognostizieren, wie Wetter und Meer sich während seiner Fahrt verhalten werden. Er muss wissen, welche Sperrgebiete, Untiefen und Klippen auf seiner Route liegen, ob andere Schiffe seine Route kreuzen können und ob mit Strömungen, Treibholz, Eis oder anderen Behinderungen zu rechnen ist. Weiterhin muss er wissen, was Schiff und Mannschaft zu leisten im Stande sind. Mit diesem Wissen muss er sodann über eine Reihe von Größen Entscheidungen treffen, von welchen das Gelingen des Unternehmens (der Schifffahrt) abhängt. Hierzu sind u. a. zu rechnen: Die Stärke und Qualifikation der Mannschaft, der Umfang der Ladung, die Art der Verstauung, die Navigationshilfen, der Zeitpunkt der Abreise, die zweckmäßigste Route, die anzulaufenden Häfen. Der Kapitän muss aber auch

Vorkehrungen dafür treffen, dass während der Fahrt **neu auftretende Probleme** im Zusammenhang mit Schiff, Ladung, Mannschaft oder Route adäquat gelöst werden können. Dies kann bedeuten, dass vorab getroffene Entscheidungen revidiert bzw. modifiziert oder nur grob festgelegte Größen in der fraglichen Situation präzisiert oder angepasst werden (müssen). Er trifft seine Entscheidungen also stets unter Risiken. Daher muss er lernen, Risiken frühzeitig zu erkennen, zu analysieren, zu bewerten und bei seinen Entscheidungen zu berücksichtigen. Zu einer adäquaten Lösung aller angesprochenen Aufgaben und Probleme, die im Zusammenhang mit der Schiffsfahrt auftreten, bedarf es einer hinreichend präzisen **Planung** und **Steuerung**.

Überträgt man die Sachverhalte, die im erwähnten Beispiel der Schiffsfahrt Bezug zur Planung und Steuerung haben, auf ein beliebiges Unternehmen, dann lässt sich für dessen Planung und Steuerung generell folgender Hauptzweck formulieren:

Der **Hauptzweck** der **Planung** und **Steuerung** besteht darin, **wirkungsvolle Instrumente zum Erreichen von Zielen** zu sein.

Aus diesem Hauptzweck ergibt sich eine Reihe einzelner **Teilzwecke** der Planung und Steuerung. In Anlehnung an Wild ([Unternehmungsplanung] 19), der in diesem Zusammenhang von «speziellen Funktionen der Planung» spricht, lassen sich folgende **Zwecke der Planung** unterscheiden:

- **Zielausrichtung**: Durch Planung werden Unterziele und Vorgehensweisen von Personen sowie Institutionen auf Oberziele abgestimmt.
- **Frühwarnung**: Planung ermöglicht es, durch das Erkennen prognostizierter Problemlagen rechtzeitig Lösungsalternativen zu analysieren bzw. Gegenmaßnahmen zu ergreifen.
- **Koordination und Integration von Einzelplänen**: Durch Planung werden Lösungen voneinander abhängiger Teilprobleme sowohl horizontal (Koordination) als auch vertikal (Intergration) aufeinander abgestimmt, eine unvorhergesehene wechselseitige Beeinträchtigung ihrer Realisierung wird vermieden.
- **Entscheidungsvorbereitung**: Im Planungsprozess werden die erkannten Probleme analysiert und diejenigen Alternativen untersucht, welche zu einer Problemlösung (Zielerreichung) führen können. Auf diese Weise wird die Entscheidung über eine optimale Alternative zweckmäßig und systematisch vorbereitet. Für alle Folgeentscheidungen wird gleichzeitig ein Entscheidungsrahmen fixiert.
- **Grundlegung der Steuerung**: Durch Planung wird es insbesondere möglich, Abweichungen zwischen vorgegebenen Plangrößen (Soll- oder Wird-Größen) und Vergleichs-Größen (häufig Ist-Größen) zu ermitteln sowie zugleich Prämissen der Planung zu überwachen. Planung wird so zur Grundlage einer aussagefähigen Kontrolle und damit einer wirkungsvollen Steuerung von Potenzialen, Programmen und Prozessen.

- **Mitarbeiterinformation:** Die Mitarbeiter können durch Pläne über Ziele, Probleme, Alternativen sowie Mittelverwendungen, Restriktionen, Termine usw. angemessen unterrichtet werden.
- **Mitarbeitermotivation:** Durch Mitwirkung am Prozess der Planerstellung sowie durch Akzeptanz von Planvorgaben können Mitarbeiter zu plankonformer Verhaltensweise, d. h. zur Erreichung der Unternehmensziele, angeregt werden.

Planung birgt aber auch Gefahren in sich, auf die Koch ([Beiträge] 22 ff.) besonders hinweist:

- Planung kann untere Instanzen zu typischem Etatdenken verleiten.
- Durch Planung kann bei unteren Instanzen partikularistisches Denken bzw. egoistisches oder separatistisches Verhalten gefördert werden.
- Detaillierte Planungen der Geschäftsbereiche können zu kurzfristig ausgelegt werden, sodass langfristig erforderliche Maßnahmen unterlassen werden.

Unter Führungsgesichtspunkten lassen sich neben den bisher genannten Zwecken ergänzend führungstechnische, verhaltenssteuernde und materielle Zwecke der Planung unterscheiden (in Anlehnung an Rühli [Planung] 567 ff.):

1. **Führungstechnische Zwecke der Planung**
   a) Prozessuale Zwecke
      aa) Entscheidungsfindung,
      bb) Zielgerichtete Anordnung,
      cc) Koordination bzw. Integration,
      dd) Zielführende Steuerung.
   b) Führungsunterstützende Zwecke
      aa) Methoden- und Ablaufunterstützung,
      bb) Unterstützung bei der Erarbeitung von Planungsinhalten.
   c) Instrumentale Zwecke der Planung
      aa) Heuristische Zwecke,
      bb) Vorgabezwecke.

2. **Verhaltenssteuernde Zwecke der Planung**
   a) Darstellung und Vermittlung von Wertvorstellungen,
   b) Interessenausgleich zwischen Personen und Gruppen,
   c) Unterstützung der Kommunikation,
   d) Förderung der Kooperation,
   e) Förderung der sozialen Integration,
   f) Ausgleich von Rollenpressionen.

3. **Materielle Zwecke der Planung**
   a) Nach außen gerichtete Zwecke der Planung
      aa) Förderung von Akzeptanz und Legitimation,
      bb) Förderung der Marktattraktivität.

b) Nach innen gerichtete Zwecke der Planung
   aa) Förderung unternehmenspolitischen Denkens,
   bb) Förderung des Erkennens von Ursache-Wirkungs-Beziehungen und von Problemen,
   cc) Förderung eines umweltbezogenen Denkens,
   dd) Förderung strategischen, taktischen und operativen Denkens,
   ee) Förderung effizienten und effektiven Denkens bzw. Handelns,
   ff) Vorbereitung der Realisation (Leistungserstellung, Produktion).

Die Zwecke der Steuerung korrespondieren mit den Zwecken der Planung und lauten:

- Zielausrichtung der Planrealisation,
- Früherkennung und Beseitigung von Störungen bei der Planrealisation,
- Koordination einzelner Steuerungsmaßnahmen,
- Grundlegung von Plananpassungen,
- Mitarbeiterinformation,
- Mitarbeitermotivation.

Wie die Planung ist auch die Steuerung ein Instrument zur informatorischen Unterstützung der Unternehmensführung auf strategischer, taktischer und operativer Ebene.

1.2 Phasen und Aufgaben des Planungs- und Steuerungsprozesses

Aus den genannten Zwecken der Planung ergeben sich Anforderungen an die Planungsträger, die sich wie folgt skizzieren lassen:

- Wer plant, muss Klarheit über seine Ziele herbeiführen, d. h. darüber,
  - welche Zielvorstellungen überhaupt verfolgt werden sollen,
  - aus welchen Unterzielen sich Oberziele zusammensetzen,
  - welche Beziehungen zwischen einzelnen Unterzielen bestehen,
  - welchen Vorrang einzelne Ziele haben sollen,
  - für welche Dauer Ziele gewählt werden.
- Wer plant, muss wissen, welche externen Daten (Umweltgrößen), die er nicht beeinflussen kann (z. B. natürliche Gegebenheiten, Gesetze, Marktformen), auf seine Vorgehensweise Einfluss nehmen. Dieser Einfluss liegt darin, dass Umweltdaten den Freiraum der Handlungsmöglichkeiten des Planers beschränken.
- Wer plant, muss sich einen Überblick über alle internen Daten, Begrenzungen und Unabänderlichkeiten seines eigenen Unternehmens (z. B. Standort, Mitarbeiter, Techniken, Maschinenkapazitäten, Marktgrenzen, Vertriebssystem) verschaffen, die während der (kurzfristigen) Planperiode als feste Gegebenheiten zu betrachten sind. Deren Einfluss liegt ebenfalls darin, dass sie den Freiraum der Handlungsmöglichkeiten einschränken.

- Wer plant, muss möglichst umfassend über alle Größen informiert sein, die innerhalb der Planperiode von ihm verändert werden können. Diese Entscheidungsvariablen sind seine zentralen Aktionsgrößen, die er zu Entscheidungsalternativen kombinieren kann. Die Menge der zulässigen bzw. realisierbaren Entscheidungsalternativen macht den Freiraum der Handlungsmöglichkeiten, den sog. zulässigen Bereich, aus.
- Wer plant, muss sich fundiertes Wissen über wahrscheinliche Zielwirkungen der Entscheidungsalternativen verschaffen. Erst wenn absehbar ist, welchen Beitrag Alternativen zum Erreichen gesetzter Haupt- und Nebenziele, Ober- und Unterziele bzw. Anfangs-, Zwischen- und Endziele erbringen, kann darüber befunden werden, welche Alternative bzw. Alternativenkette (Alternativenpfad) letztlich gewählt werden soll.
- Wer plant, benötigt Informationen über die Revisionsmöglichkeit getroffener Entscheidungen. Er muss wissen, in welchem Umfang Entscheidungen, die er in der gegenwärtigen Planperiode trifft, in dieser bzw. späteren Planperioden revidiert, modifiziert und präzisiert werden können. Nicht revidierbare Entscheidungen führen bei unsicherer Voraussicht häufig zu (langfristigen) Konsequenzen, die erhebliche Erfolgsrisiken nach sich ziehen.

Umfassende und systematische Analysen von Zielen, externen und internen Daten, Entscheidungsvariablen, Zielwirkungen einzelner Alternativen sowie deren Revisionsmöglichkeiten sollen letztlich dazu beitragen, Pläne zu erstellen, welche sowohl Risiken von Fehlentscheidungen senken als auch die Chancen einer guten Zielerreichung erhöhen.

Auch für die Steuerungsträger lassen sich mehrere Anforderungen formulieren:

- Wer steuert, muss präzise Vorgaben aus einem Plan besitzen.
- Wer steuert, muss die Flexibilität der Planvorgaben kennen.
- Wer steuert, muss über Instrumente verfügen, die eine zielführende Veranlassung, Kontrolle und Sicherung erlauben.
- Wer steuert, muss Störungen im Prozess der Planrealisation erkennen, mindern und/oder beseitigen können.
- Wer steuert, muss die Quellen möglicher Störungen kennen bzw. erkennen.
- Wer steuert, muss wissen, welche Zielwirkungen seine Anpassungsmaßnahmen für den eigenen und für andere Pläne sowie für parallel laufende und nachfolgende Steuerungsprozesse nach sich ziehen.
- Wer steuert, muss über Erkenntnisse und Erfahrungen verfügen, in welchem Umfang und wann er seine getroffenen Anpassungsentscheidungen zielführend revidieren kann (bzw. muss).
- Wer steuert, muss für Anpassungsentscheidungen qualifiziert und kompetent sein.

Betrachtet man den Ablauf eines Planungs- und Steuerungsprozesses, so kann festgestellt werden, dass er sich in mehreren Phasen vollzieht. Jede dieser Phasen ist durch besondere Aufgabenstellungen gekennzeichnet und mit anderen Phasen durch Folge- und Informationsbeziehungen systematisch verknüpft. Die Phasen und ihre

Aufgaben können unterschiedlich abgegrenzt und detailliert gekennzeichnet werden (Fandel [Unternehmensplanung] 481 f.). In einer ersten Abgrenzung kann gesagt werden, dass Planungs- und Steuerungsprozesse die Phasen Problemformulierung, Problemlösung, Durchführung, Überwachung und Sicherung umfassen sollten. Werden diese Phasen verfeinert, gelangt man zu folgenden Phasen der Planung und Steuerung (Wild [Unternehmungsplanung] 33 ff.; Schweitzer [Fertigungswirtschaft] 581 ff.; Stölzle [Planung] 1384 f.; Hahn [PuK] 32 ff. und 45 ff.):

- Zielbildung,
- Problemfeststellung,
- Alternativensuche,
- Prognose,
- Bewertung und Entscheidung,
- Durchsetzung (Veranlassung),
- Vorgabe von Sollwerten,
- Ermittlung von Istwerten,
- Soll-Ist-Vergleich (Ermittlung der Soll-Ist-Abweichung),
- Abweichungsanalyse,
- Sicherung (Auslösung von Anpassungsmaßnahmen).

Den Grundaufbau eines Planungs- und Steuerungsprozesses unter Berücksichtigung vor- und rückgekoppelter Informationsströme vermittelt Abb. 1.1. In dieser Darstellung wird davon ausgegangen, dass die Phasen Zielbildung, Problemfeststellung, Alternativensuche, Prognose, Bewertung und Entscheidung den Planungsprozess des Unternehmens bilden. Maßnahmen, die nach der Planauswahl und -vorgabe getroffen werden, d. h. die Durchsetzung, Kontrolle und Sicherung, werden zum Steuerungsprozess zusammengefasst. Mehrere der besprochenen Phasen können innerhalb eines Planungs- und Steuerungsprozesses wiederholt auftreten und damit u. a. Vorentscheidungen (niederer Ordnung) in allen Phasen zulassen. Außerdem können einzelne Phasen in Form von Unterzyklen mehrfach durchlaufen werden und dazu führen, dass bis dahin gefundene Phasenergebnisse revidiert werden. Diese Sachverhalte der Periodizität und des Mehrfachdurchlaufs wiederholen sich zwischen allen Planungs- und Steuerungsphasen und führen zur Koordination bzw. Integration von Einzelplänen (Witte [Phasen-Theorem] 625 ff. und [Organisation] 581 ff.).

Da Planungs- und Steuerungsprozesse von Menschen getragen werden, nimmt menschliches Verhalten Einfluss auf die Struktur und Wirtschaftlichkeit bzw. Leistungsfähigkeit dieser Prozesse. Planungsprozesse werden beispielsweise durch eine große Zahl von Planungsträgern, durch eine subjektive Wahrnehmung der zu lösenden Probleme, durch individuelle Wertvorstellungen der Planungsträger, durch begrenzte Lernfähigkeit, durch begrenzte Freiräume für Aktionen und Reaktionen im System, durch eine hohe Zahl der Entscheidungsvariablen und schließlich durch unvollkommenes Wissen über Entwicklungen in der Zukunft beeinflusst. Zusätzlich steigt mit zunehmender Dezentralisierung der Planungskompetenzen die Gesamtzahl der Faktoren, die im Planungsprozess berücksichtigt werden müssen.

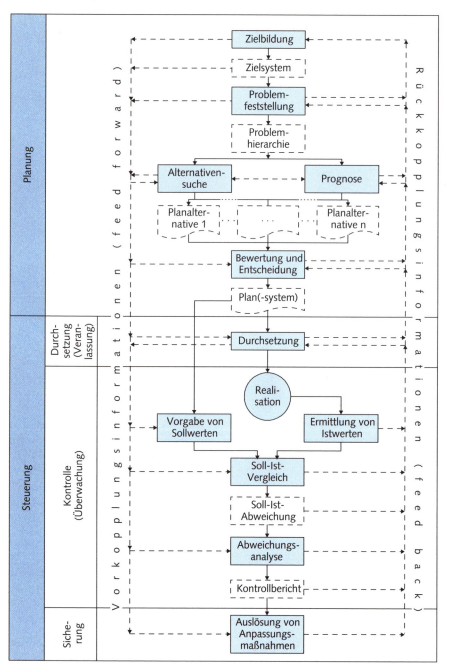

Abbildung 1.1: Stellung der Planung und Steuerung im Führungsprozess des Unternehmens

Planung lässt sich außerdem nur wirkungsvoll durchführen, wenn die in der Zukunft liegenden, isolierten und verbundenen **Wirkungen** aller beteiligten Faktoren mit hinreichender Genauigkeit vorausberechnet (prognostiziert) bzw. abgeschätzt werden können. Zur angeschnittenen Problematik können verhaltenswissenschaftliche Analysen einen positiven Beitrag leisten, wobei die Phasen der Planungs- und Steuerungsprozesse sowohl einzeln als auch kombiniert mit ihren Wechselbeziehungen untersucht werden können (Pfohl/Stölzle [Planung] 219 ff.; Stölzle [Planung] 1388 ff.). Im Vordergrund stehen die Aufdeckung, Analyse und Gestaltung von Konflikt- und Motivationspotenzialen sowie der Versuch, generelle Aussagen (Theorien) über Ursache- und Wirkungsbeziehungen des menschlichen Verhaltens zu formulieren.

1.3 Abgrenzung der Planung zur Budgetierung

Nachdem die Begriffe der Planung und Steuerung definiert sind, ist es zweckmäßig, den Begriff der Planung zum Begriff der **Budgetierung** abzugrenzen, da beiden Begriffen in Wissenschaft und Wirtschaftspraxis häufig unterschiedliche Inhalte zugeordnet werden.

> **Budgetierung** ist ein geordneter, informationsverarbeitender Prozess zur Erstellung eines Entwurfs (Budgets), welcher wertmäßige Ergebnisvorgaben eines Planes für einen Verantwortungsbereich vorausschauend festlegt.

Der Begriff des **Budgets** stammt aus dem Fiskalbereich und bezeichnet dort den Voranschlag öffentlicher Einnahmen und Ausgaben für ein Haushaltsjahr (bzw. auch als **Doppelhaushalt** für zwei Haushaltsjahre). Nach der Übernahme des Budgetbegriffs in die betriebswirtschaftliche Fachsprache ist er mit unterschiedlichen Begriffsinhalten ausgestattet worden. Die engste Anlehnung des Begriffsinhalts an den fiskalischen Sprachgebrauch liegt dann vor, wenn das Budget ausschließlich Einnahmen- und Ausgabengrößen enthält, die bestimmte Bezugsobjekte betreffen. Dabei können als **Bezugsobjekte** in Frage kommen: das ganze Unternehmen, Tochtergesellschaften, Werke, Bereiche, Stellen, Projekte, Einzelmaßnahmen bzw. einzelne Pläne. Für jedes Budget, das für ein Bezugsobjekt vorgegeben wird, muss organisatorisch ein Budgetverantwortlicher bestimmt werden, der im Rahmen seines Budgets über finanzielle Einzelmaßnahmen eigenverantwortlich entscheidet.

Neben dem fiskalischen ist für das Budget noch ein anderer Begriffsinhalt möglich. Dieser umfasst für Einzelmaßnahmen der kurz- und mittelfristigen Planung neben Finanzgrößen auch Mengengrößen der jeweiligen Planperiode. Auch bei dieser Abgrenzung liegt das Gewicht des Begriffsinhalts bei den Finanzgrößen, sodass ein derartiges Budget zur finanzwirtschaftlichen Steuerung aller Instanzen eines Unternehmens herangezogen werden kann. Die Steuerung selbst erfolgt in Bezug auf ein übergeordnetes **finanzwirtschaftliches Ziel**, das für das ganze Unternehmen vorgegeben und auf alle betroffenen Instanzen heruntergebrochen wird. Die Mengenkomponente hat dabei rudimentären Charakter und dient der Erläuterung zulässiger Maßnahmen der Planrealisation. Je tiefer ein derartiges Budget in der Leitungshierarchie angesiedelt wird, desto eher ist zu erwarten, dass es neben Finanzgrößen auch erläuternde Mengengrößen umfasst.

Eine **Variante der ersten Festlegung** des Budgetbegriffs liegt vor, wenn z. B. in einem divisionalisierten Konzern die Planungskompetenz auf einzelne Sparten delegiert wird, der Rahmen der Spartenplanung jedoch durch finanzielle Ergebnisvorgaben der Konzernspitze, d. h. durch Budgets, begrenzt (und koordiniert) wird. Jede Sparte darf dann ihre Programme dezentral eigenverantwortlich planen, realisieren und steuern, dieses jedoch nur mit dem Finanzvolumen des vorgegebenen Budgets.

Am Beispiel der Investitionen lässt sich nach dem letzteren Budgetverständnis der Unterschied zwischen Investitionsplan und Investitionsbudget anschaulich erläutern. Im **Investitionsplan** werden alle Einzelmaßnahmen der Investition bzw. Desinvestition nach Art und Menge für eine oder mehrere Planperioden festgelegt. Im **Investitionsbudget**, das zu diesem Investitionsplan gehört, werden dagegen lediglich die Finanzmittel ausgewiesen, welche den Finanzierungsspielraum für die geplante Investition ausdrücken. Sowohl der Investitionsplan als auch das Investitionsbudget enthalten **Vorgabegrößen**, deren Erreichen durch Steuerungsprozesse abgesichert werden muss. Das Investitionsbudget kann hier auch so verstanden werden, dass es die finanziellen Ergebnisvorgaben des materiellen Investitionsplans enthält und seine Vorgabe dazu dient, den Investitionsplan wirtschaftlich **durchzusetzen**. Dann wird das Budget zum Steuerungsinstrument der Planrealisation und gehört in den Aufgabenbereich der Steuerung (Wild [Unternehmungsplanung] 41 f.).

Als grundlegende **Budgetfunktionen** können genannt werden:

- Umsetzung übergeordneter Pläne,
- Koordination der Pläne und Maßnahmen,
- Steuerung (Durchsetzung, Kontrolle, Sicherung) der Planrealisation,
- Information und Kommunikation,
- Motivation der Planungsträger.

Häufig werden Budgets für ein Jahr formuliert und vorgegeben. Sie können aber auch auf einzelne Monate bezogen werden. Die sowohl hierarchisch als auch zeitlich untergeordneten Budgets dienen stets als Steuerungsinstrumente zum Erreichen der zugehörigen Pläne sowie zum Einhalten der übergeordneten Budgets. Soweit einzelne Planinhalte noch nicht exakt festgelegt sind, sollte auch das zugehörige Budget **flexibel** aufgestellt werden. Die einzelnen Budgetposten werden dann in Abhängigkeit vom Planerfüllungsgrad konkretisiert. Nach diesem Prinzip ist beispielsweise die **flexible Plankosten- und Grenzplankostenrechnung** aufgebaut. Betreibt ein Unternehmen **Alternativplanung**, d. h., stellt es für verschiedene Zukunftsentwicklungen bzw. Szenarien unterschiedliche Pläne auf, dann können für diese Pläne auch zugehörige Alternativbudgets formuliert werden. Sowohl Pläne als auch Budgets dienen außerdem dem Zweck der Information und Motivation der Mitarbeiter zu effizienter und effektiver Leistungserstellung. Soweit sie realisierbare Vorgaben enthalten, können sie zu hoher Akzeptanz bei den Planungsträgern führen. Zu weiteren Begriffsfestlegungen der Budgetierung bzw. des Budgets vgl. beispielsweise Koch ([Budgetierung] 222 f.).

1.4 Bedeutung der Information für Planung und Steuerung

1.4.1 Begriff der Information

Da Planung und Steuerung informationsverarbeitende Prozesse sind, ist für sie umfassendes Wissen unerlässlich. Wissen über Gesetzmäßigkeiten, Beziehungen, Ziele, Restriktionen, Handlungsalternativen, Konsequenzen, Märkte, Güter oder Personen kann als eine begründete Erkenntnis über diese Größen verstanden werden. Wissen steht damit im Gegensatz zur bloßen Vermutung oder zur persönlichen Meinung. Das Wissen, das zur Erstellung von Plänen erforderlich ist, muss stets vor der Realisation dieser Pläne verfügbar sein und es ermöglichen, beabsichtigtes Handeln gedanklich vorwegzunehmen, es zu analysieren und zielorientiert zu strukturieren.

> Information ist Wissen, welches der Vorbereitung zielorientierter Handlungen dient; kurz: Information ist entscheidungsrelevantes Wissen (vgl. Wittmann [Unternehmung] 14).

In Unternehmen gibt es zahlreiche Bereiche, die planungs- und steuerungsrelevante Informationen systematisch gewinnen, bearbeiten und bereitstellen. Dazu sind in erster Linie die Forschung, Entwicklung sowie Konstruktion, die Dokumentation, die Marktforschung, das Controlling bzw. das Rechnungswesen zu zählen. Die durch diese Bereiche bereitgestellten Informationen werden von anderen Bereichen nachgefragt und als «Wiedereinsatzgut» u.a. beim Erstellen betrieblicher Pläne benutzt. Zur Informationsbereitstellung tritt eine Informationsdistribution, -speicherung sowie -nutzung hinzu.

1.4.2 Informationsverarbeitung im Planungs- und Steuerungsprozess

Alle Phasen des Planungs- und Steuerungsprozesses in Abb. 1.1 lassen erkennen, dass sie im Kern informationsverarbeitende Prozesse sind. Die Phasen der Planung und Steuerung kann man daher als informationsverarbeitende Input-Output-Prozesse interpretieren. Eingangsinformationen (Input) werden in mehreren Bearbeitungsstufen (Throughput) arbeitsteilig mittels bestimmter Techniken in Ausgangsinformationen (Output) transformiert. In diesem Sinne stellen Planung und

Steuerung einen Umwandlungsprozess von Eingangs-, in Zwischen- und Ausgangsinformationen dar. Die strikte Zielorientierung bzw. Rationalität dieses Prozesses wird durch systematische Koordination bzw. Integration auf der Basis einer umfassenden Vorkopplung (feed forward) und Rückkopplung (feed back) aller Prozessphasen sichergestellt (vgl. Abb. 1.1).

Der Planungs- und Steuerungsprozess, wie er in der Realität abläuft, hat neben der formal-strukturellen Seite, die bisher beschrieben wurde, auch eine sozial-verhaltensbestimmte Seite. Letztere umfasst Fragen, die bei der arbeitsteiligen Planerstellung und Planrealisation durch Menschen aufgeworfen werden. Menschen als Individuen oder als Mitglieder von Gruppen zeigen bei Prozessen der Informationsverarbeitung und Kommunikation bzw. bei ihrem Lernen bestimmte Verhaltensweisen, durch welche der Planungs- und Steuerungsprozess beeinflusst wird. So können durch Mitarbeiter unterschiedliche persönliche Erfahrungen sowie Wert- und Zielvorstellungen in den Arbeitsprozess eingebracht werden. Daneben kann eine gegebene Problemlage von unterschiedlichen Mitarbeitern durchaus subjektiv verschieden wahrgenommen werden und zu einer abweichenden Entscheidung führen (Pfohl/Stölzle [Planung] 34). Nachwuchskräfte können außerdem im Planungs- und Steuerungsprozess gezielt Techniken des Verhandelns, der Konsensbildung und der Konfliktlösung einüben. Diese Verhaltensweisen können zu Wirkungen führen, die den Planungs- und Steuerungsprozess in seiner Rationalität relativieren.

1.4.3 Planung und Steuerung bei verschiedenen Informationsständen

Der Sicherheitsgrad der verarbeiteten Informationen wirkt sich stets auf den Sicherheitsgrad der Planung und Steuerung aus. Planung und Steuerung können in diesem Sinne bei vollkommener Information (Sicherheit) oder unvollkommener Information (Ungewissheit) betrieben werden.

- Ein Planer erstellt seine Pläne bei vollkommener Information (deterministischer Fall), wenn er davon ausgehen kann, dass sein Wissen über die Planinhalte (Ziele, Problemstellungen, Entscheidungsvariablen, Wirkungen, Daten, Planungsträger, Termine) vollständig, sicher und bestimmt ist.
- Der erste Fall eines unvollkommenen Informationsstandes ist der bei Risiko. Von Planung und Steuerung bei Risiko ist zu sprechen, wenn der Planer damit rechnen muss, dass z. B. für jede realisierbare Alternative sowohl positive als auch negative Wirkungen mit jeweils zugehörigen (objektiven oder subjektiven) Wahrscheinlichkeiten eintreten können. Dasselbe gilt für Entscheidungsvariablen, Daten, Termine usw.
- Als zweiter Fall eines unvollkommenen Informationsstandes ist der bei Unsicherheit zu nennen. Hier muss der Planer davon ausgehen, dass z. B. jede realisierbare Alternative zu mehreren Wirkungen führen kann, deren Eintrittswahrscheinlichkeiten unbekannt sind. Über die Umweltzustände, welche eine Alternativenwahl beeinflussen, können ebenfalls keine Wahrscheinlichkeitsaussagen gemacht werden.

Obwohl in der Planungspraxis in der Regel Risiko- und Unsicherheitssituationen gegeben sind, kommt den Planungs- und Steuerungsprozessen unter Sicherheit, die mit der Annahme vollkommener Information arbeiten, große Bedeutung zu. Die Gründe dafür sind darin zu suchen, dass die Planungs- und Steuerungspraxis

- (stark) vereinfachendem Modelldenken verhaftet ist,
- bereits bei der Informationsgewinnung mehrwertige (ungewisse) Erwartungen durch Risikozuschläge bzw. -abschläge auf einwertige (sichere) zurückführt,
- für verschiedene Zukunftserwartungen Planalternativen durchrechnet sowie
- generell vermutet, die explizite Berücksichtigung unvollkommener Informationen über zukünftige Entwicklungen würde die deterministisch gefundenen Planungsergebnisse nur unwesentlich verbessern.

Unabhängig von diesem Verhalten der Planungs- und Steuerungspraxis ist das Bemühen der neueren Entscheidungstheorie sowie der Planungslehre auf eine zunehmende explizite Erfassung unvollkommener Informationen und unscharfer Planungsgrößen gerichtet.

1.5 Grundannahmen der Planung

Die ältere Betriebswirtschaftslehre ging bei ihrem Versuch, eine Planungslehre zu konzipieren, von einem Betrachtungsgegenstand aus, der den heutigen Ansprüchen an die Betriebswirtschaftslehre als Realwissenschaft nicht mehr standhalten kann. Dieser ältere Ansatz lässt sich rückblickend durch folgende Grundannahmen kennzeichnen:

(1) Träger der Planung (Planer) ist eine einzige Person (der Unternehmer).
(2) Der Planungsprozess berücksichtigt nur wenige zeitliche Komponenten.
(3) Die Planung dient dem Erreichen einer einzigen Zielvorstellung, die eindeutig formuliert ist (meist Gewinnmaximierung).
(4) Dem Planer ist die Menge der realisierbaren Alternativen vollständig bekannt.
(5) Die Prognose der für die Planung erforderlichen Parameter (Daten) kann einwertig (sicher) getroffen werden.
(6) Die Prognose der Zielwirkungen jeder Alternative ist einwertig (sicher) möglich.
(7) Eine Alternative gilt als optimal, wenn sie zu einer extremalen Zielwirkung führt.
(8) Zum Bestimmen der Problemlösung existiert ein effizientes (Rechen-)Verfahren (Algorithmus), das zum Optimum führt.

Sehr deutlich spiegeln sich diese Annahmen u. a. in einer größeren Zahl von Planungsmodellen (bzw. Entscheidungsmodellen) wider, die für Planungs- und Steuerungszwecke konzipiert wurden.

Die gegenwärtigen Bemühungen um die Weiterentwicklung der Planungslehre gehen im Gegensatz zum älteren Ansatz davon aus, dass die Grundannahmen der Planung für die überwiegende Zahl der Anwendungsfälle (insbesondere für Unternehmen) lauten müssen:

(1′) Träger der Planung ist eine Personenmehrheit, die den Planungsprozess arbeitsteilig und hierarchisch differenziert vollzieht. Dabei kann die Informationsverteilung zwischen den Planungsträgern symmetrisch oder in beiden Richtungen asymmetrisch sein.
(2′) Der Planungsprozess besteht aus einer Abfolge verschieden strukturierter Teilprozesse (Planungsphasen) mit Beanspruchung von Zeit und mit unterschiedlicher zeitlicher Reichweite.
(3′) Planung dient dem Erreichen eines Zielsystems, das eine geordnete Menge von Einzelzielen mit unterschiedlichem Zeitbezug und Konfliktgehalt sowie mit unterschiedlicher Priorität, Zielausprägung, Präzision, Akzeptanz usw. umfasst.
(4′) Jede realisierbare Alternative zur Problemlösung ist i. d. R. eine Kombination von Entscheidungsvariablen, deren Anzahl und Beziehungszusammenhänge den Planern nicht immer bekannt sind. Das bedeutet für die Menge der realisierbaren Alternativen (den zulässigen Bereich), dass sie unvollständig oder offen sein kann.
(5′) Die Prognose der für die Planung erforderlichen Parameter (Daten) kann in vielen Fällen nur mehrwertig (ungewiss) getroffen werden.
(6′) Die Prognose der Zielwirkungen jeder Alternative ist in vielen Fällen nur mehrwertig (ungewiss) möglich.
(7′) Eine Alternative wird als optimal (extremierend, satisfizierend oder fixierend) bezeichnet, wenn sie nach einer akzeptierten Entscheidungsregel (bei Sicherheit, Risiko oder Unsicherheit) gewählt wird, wobei die extremierende Alternative nur ein Sonderfall ist.
(8′) Für bestimmte Problemstellungen existieren effiziente, systematische (Rechen-) Verfahren (Algorithmen), die zur optimalen Lösung führen; für andere gibt es keine entsprechenden Algorithmen oder, soweit vorhanden, führen sie nicht zu einer optimalen Lösung. Planung muss sich daher auch vorhandener bzw. neu zu entwickelnder Heuristiken bedienen und komplexe Planungsprobleme mit Hilfe von Simulationen näherungsweise lösen.

In der Planungsliteratur werden in Bezug auf einige der hier formulierten Grundannahmen der Planung wohlstrukturierte und defekte Planungsprobleme (Entscheidungsprobleme) unterschieden (Adam [Planung] 10 ff.). Zu deren Kennzeichnung werden insbesondere die Annahmen (3), (4), (6) und (8) herangezogen.

> Planungsprobleme mit eindeutiger Zielvorstellung, mit bekanntem und geschlossenem Lösungsraum, bekannten Wirkungen der Alternativen sowie einem verfügbaren, effizienten Lösungsalgorithmus gelten als wohlstrukturiert.

Alle anderen Planungsprobleme, die in einer oder in mehreren dieser vier Annahmen Strukturmängel aufweisen, gelten als defekt, was im Allgemeinen für praktische Planungsprobleme zutrifft. Im Einzelnen werden dann zielsetzungsdefekte, wirkungsdefekte, bewertungsdefekte und lösungsdefekte Planungsprobleme unterschieden.

Bei einer Orientierung an einer größeren Menge von Grundannahmen der Planung, z. B. an den hier formulierten Grundannahmen (1′) bis (8′), lässt sich zeigen, dass praktische Planungsprobleme unter einer noch größeren Zahl von «Defektarten» leiden können (Berens/Delfmann [Planung] 19 ff.; Klein/Scholl [Planung] 50 ff.). Es darf nicht übersehen werden, dass bei praktischen Planungsproblemen verschieden große Informationsmängel auftreten können, die bei der Entwicklung von Planungstechniken bzw. -rechnungen und Planungssystemen beachtet werden müssen. Desgleichen müssen die möglichen Informationsmängel beim Stellen von Anforderungen an Pläne bzw. Planungssysteme sowie bei der Beurteilung ihrer Wirtschaftlichkeit berücksichtigt werden.

> Planungsmodelle als formale Abbildungen eines realen Sachproblems sollen die gleiche Struktur wie das Sachproblem besitzen, d. h., sie sollen isomorphe Abbildungen des zugrunde liegenden Sachproblems sein.

In allen Fällen, in welchen Planungsmodelle nur ähnliche Strukturen wie die des Sachproblems erreichen, bezeichnet man sie als homomorphe Abbildungen. Faktisch sind die meisten Planungsmodelle nur ähnliche Abbildungen des realen Sachproblems, was ihre Aussagekraft und Brauchbarkeit zur Unterstützung der Planung relativiert. Da es häufig unmöglich ist, reale Sachprobleme in ihrer Totalität zu erkennen und zu erklären (Popper [Logik] 379), wird die Struktur des Sachproblems durch Abstraktionen und Vereinfachungen zum Zwecke der Modellierung in einer vorweggenommenen Adjustierung an bekannte Sprach- und Modellstrukturen erst abbildbar gemacht. Auf diese Weise bringt der Mensch als Planungsträger und Modellkonstruktor in die Modellierung, häufig sogar unbewusst, subjektive Vorstellungen und Interpretationen von dem ein, was er selbst als Sachproblem wahrnimmt (Bunge [Treatise] 83; Bretzke [Problembezug] 35; Berens/Delfmann [Planung] 26 f.). Daher liegt bei jeder Modellierung zwischen dem realen Sachproblem (Original) und seiner formalen Abbildung (Modell) eine individuelle Probleminterpretation und zwar unabhängig davon, ob es sich um die Formulierung eines Beschreibungsmodells, eines Erklärungs- und Prognosemodells (Theorie) oder eines Entscheidungsmodells (Planungsmodells) handelt. Streng genommen tritt dieser interpretationsbedingte «Grunddefekt der Modellierung» in jeder Wissenschaft und Kunst auf, die sich bei der Modellierung einer Sprache (Fachsprache, Mathematik, Programmiersprache u. a.) oder eines anderen Mediums (z. B. Tonstrukturen in der Musik oder Stein in der Bildnerei) als Abbildungsmittel bedient. Häufig tritt dieser Grunddefekt bereits in der täglichen Umgangssprache auf, wenn einem Gesprächspartner zum (richtigen) Verständnis des Gesagten eine Interpretationshilfe gegeben werden muss.

Der Grunddefekt der Modellierung kann u. a. durch den Einsatz von Experten und Beratern, durch die Schulung der Planungsträger sowie durch die Vorgabe von Planungshandbüchern und Planungsgrundsätzen sowie –regeln mehr oder weniger gemindert werden. Bei Mitarbeitern drückt sich die Wahrnehmung dieses Grunddefekts im unterschiedlichen Vertrauen aus, das sie Planungsmodellen und Plänen entgegenbringen. Vergleichbar liegen diese Probleme auf der gesamtwirtschaftlichen bzw. wirtschaftspolitischen Ebene. Zu weiteren Analysen syntaktischer, semantischer und pragmatischer Interpretationsstufen des Modellierungsprozesses sei auf Troßmann ([Finanzplanung] 14 ff.) verwiesen.

2 Arten und Phasen der Planung

2.1 Arten der Planung

2.1.1 Arten der Planung nach Bezugsobjekten

In Unternehmen kommen verschiedene Arten von Planungen bzw. Plänen vor. Über diese Arten wird nachfolgend ein Überblick gegeben. Arten der Planung (Pläne) lassen sich nach einer Reihe von Merkmalen unterscheiden. Bezugsobjekte bilden eine erste Möglichkeit zur Klassifikation der Planungen. Als Bezugsobjekte können auftreten (vgl. dazu auch die Differenzierung bei Kolisch [Planungsverfahren] 1395 ff.):

- der Bezugszeitraum,
- der Funktionsbereich,
- die Leitungshierarchie,
- die Planungshierarchie,
- die Beeinflussbarkeit der Umwelt,
- die Planungsgegenstände.

2.1.1.1 Kurz-, Mittel- und Langfristplanung

Die Zeitdauer, auf die sich Planung (ein Plan) bezieht, heißt Bezugszeitraum. Nach dem Bezugszeitraum (B) lassen sich trennen:

- kurzfristige Planung (Pläne) (B $\leq$ 1 Jahr),
- mittelfristige Planung (Pläne) (1 < B $\leq$ 5 Jahre),
- langfristige Planung (Pläne) (B > 5 Jahre).

Die Fristigkeit der Pläne ist von der Qualität der Prognosen, vom Planungsgegenstand, vom planenden Unternehmen und von der Branche abhängig. Aber auch die Produktlebenszyklen, der Stand von Forschung und Entwicklung sowie mögliche Produktsubstitutionen haben Einfluss auf die Fristigkeit der Pläne (Kreikebaum / Grimm [Unternehmensplanung] 36).

2.1.1.2 Funktionsbereichsplanungen

Nach dem Merkmal des erfassten Funktionsbereichs, auf den sich die Planung (ein Plan) bezieht, lassen sich beispielsweise unterscheiden: Absatzplanung, Fertigungsplanung, Lagerhaltungsplanung, Beschaffungsplanung, Finanzplanung, Investitionsplanung.

2.1.1.3 Unternehmens-, Bereichs- und Stellenplanung

Das Merkmal der Leitungshierarchie führt zur Unterscheidung von Unternehmensplanung, Bereichsplanung, Stellenplanung bzw. -plänen sowie zu weiteren Unterteilungen nach aufbauorganisatorischen Gesichtspunkten.

2.1.1.4 Strategische, taktische und operative Planung

Die Planungshierarchie drückt aus, dass einzelne Pläne des Unternehmens in einem Über-/Unterordnungsverhältnis zueinander stehen. Dabei gilt ein Plan einem anderen als übergeordnet, wenn er den Handlungsrahmen absteckt, in welchem der untergeordnete Plan formuliert werden muss. In der Planungslehre hat es sich durchgesetzt, nach dem Merkmal der Planungshierarchie drei Planungsarten (Pläne) zu unterscheiden (vgl. dazu die Anwendungsfälle in Abschnitt 5):

- strategische (oberste) Planung (Pläne),
- taktische (mittlere) Planung (Pläne),
- operative (unterste) Planung (Pläne).

Gelegentlich werden diese drei Hierarchieebenen den drei Planungsarten nach dem Bezugszeitraum (langfristig, mittelfristig und kurzfristig) gleichgesetzt. Diese Zuordnung ist jedoch bedenklich, weil die strategische, taktische und operative Planung jeweils durch mehrere Merkmale gekennzeichnet sind. Neben dem Bezugszeitraum kommen zu ihrer Kennzeichnung als weitere Merkmale der Differenziertheitsgrad, der Detailliertheitsgrad, die Präzision der verwendeten Informationen sowie die Strukturmängel der Planungsprobleme hinzu (vgl. Abb. 1.2).

In einer Planhierarchie stehen die Pläne tieferer Ebenen in einem «Ableitungsverhältnis» zu den Plänen übergeordneter Ebenen. Formal wird ein taktischer Plan aus einem strategischen «abgeleitet» und entsprechend ein operativer aus einem taktischen Plan. Beachtet man, dass über diese drei Hierarchieebenen der Pläne gleichzeitig eine zunehmende Präzision, Detailliertheit, Differenziertheit usw. auftritt, so ist der Inhalt dieser «Ableitung» als allgemeine Plankonkretisierung bzw. als Planintegration zu interpretieren. Eine ähnliche Untergliederung der Planung nach der Planungshierarchie schlägt Frese ([Unternehmungsführung] 174 ff.) in Anlehnung an Anthony ([Planning]) vor:

- strategische Unternehmensplanung,
- operative Unternehmensplanung,
- realisationsbezogene Prozessplanung.

Ebene der Planung (Pläne) \ Merkmale der Planungsprobleme	Differenziertheitsgrad (Aufgliederung in Teilpläne)	Detailliertheitsgrad (Erfassung von Einzelheiten)	Präzision (Feinheit der Information über zu erfassende Größen)	Bezugszeitraum (Planungshorizont/ Prognosereichweite)	Strukturmängel (Abgrenzung des Suchraums für zulässige Lösungen)
strategisch	wenig differenziert (Gesamtplan)	globale Größen (Problemfelder)	grobe Informationen über Größen	langfristig	schlecht definierte Probleme
taktisch	↓	↓	↓	↓	↓
operativ	stark differenziert (viele Teilpläne)	detaillierte Größen (Detailprobleme)	feine («exakte») Informationen über Größen	kurzfristig	wohldefinierte Probleme

Abbildung 1.2: Kennzeichnung strategischer, taktischer und operativer Planung (Pläne) (nach Pfohl [Planung] 123)

2.1.1.5 Outside-In- und Inside-Out-Planung

Planung kann nach der Beeinflussbarkeit der Unternehmensumwelt (bzw. nach ihrer Planungsrichtung) in zwei Unterfälle unterteilt werden. Geht man davon aus, dass sich die Planung (ein Plan) an die Umwelt anzupassen hat, weil die Umwelt der bestimmende Faktor ist, muss Planung von außen nach innen (Outside-In-Approach) erfolgen. Im zweiten Fall, in welchem man davon ausgeht, dass die Umwelt durch das Unternehmen beeinflusst werden kann, d.h., dass sich die Umwelt an die Planung des Unternehmens anpasst, spricht man von einer Planung von innen nach außen (Inside-Out-Approach). Diese Unterscheidung der Planungsrichtung ist erforderlich, weil die Planung in beiden Fällen auf unterschiedlichen Strategien aufgebaut wird. Bei einer Planung von außen nach innen sind Anpassungsstrategien und im Falle der Planung von innen nach außen Beeinflussungsstrategien (Autonomie-Strategien) zu unterstellen. Welche dieser Strategien mit der zugehörigen Planungsrichtung gewählt wird, hängt von der Selbsteinschätzung des Unternehmens in Bezug auf seine Marktposition und Marktmacht ab.

Bei einer Planung von außen nach innen sind Strukturen der Umwelt mit ihren Chancen und Risiken dominierend. In diesem Falle bestimmen die Strukturen der Umwelt die wichtigsten Prämissen, Restriktionen und Variablen der Planung. Auf diese Weise erhält die Planung die Aufgabe, den betrieblichen Leistungserstellungsprozess so zu gestalten, dass er bestmöglich an die Anforderungen der Märkte angepasst werden kann. Kunden- und Kostenbewusstsein sind für diese Planungsart Leitmotive. Maßnahmen des Lean Management, des Continuous Improvement und der Qualitätsverbesserung liegen in der Denkweise dieser Planungsart. Bei der Planung von innen nach außen hat das Unternehmen dagegen eine starke Marktposition und in gewissem Umfang die Macht, die Märkte zu beeinflussen oder sogar zu beherrschen. Grundlage der Planung sind in diesem Fall eigene Stärken und Schwächen. Die Variablen, Restriktionen und Prämissen der Planung orientieren sich hier an der eigenen Leistungskraft. Aus dieser Sicht werden die wichtigsten Planinhalte autonom festgelegt, die sich an frei wählbaren Zielvorstellungen orientieren. Hier herrscht die Tendenz vor, erst die Planungsinhalte zu optimieren und dann nach ihrer Realisierbarkeit in den Märkten zu fragen. Dabei ist die Gefahr gegeben, dass die eigene Marktposition überschätzt und nachträglich Planrevisionen durchgeführt sowie Werbekampagnen gestartet werden müssen, um die vorab optimierten Pläne im Markt wirtschaftlich zu erfüllen.

Eine Planung von außen nach innen steht umgekehrt unter einem dauernden Anpassungsdruck vom Markt her. Sie muss daher äußerst flexibel sein. Die Planungsverantwortlichen müssen vorausschauende, durchsetzungsfreudige und anpassungsfähige Führungskräfte bzw. Mitarbeiter sein. Marktveränderungen müssen fortlaufend systematisch beobachtet bzw. prognostiziert und Frühwarnsysteme eingerichtet werden. Der Anpassungsdruck verlangt eine fortwährende Innovationsfähigkeit und -bereitschaft. Die erforderliche Anpassungsfähigkeit muss alle Unternehmenspotenziale, -programme und -prozesse umfassen. Sie kann zu sehr hohen Anpassungskosten (Flexibilitätskosten) führen. Dazu gehören hohe Forschungs- und Entwicklungskosten, hohe Lohn- und Gehaltskosten für qualifizierte Mitarbeiter und hohe Kosten für Markterforschung. Bei der Planung von innen nach außen liegt der wichtigste Vorteil darin, dass Planinhalte vom Unternehmen weitgehend selbständig bestimmt und im Markt durchgesetzt werden können. In der Regel wird in Unternehmen, welche diesem Planungsansatz folgen, den Mitarbeitern eine große Entwicklungsmöglichkeit geboten. Dadurch steigen Motivation und Zufriedenheit. Die Gefahr liegt hier jedoch in einer Überschätzung der eigenen Stärken und in einer Unterschätzung der eigenen Schwächen. Da der Marktdruck zu laufenden Anpassungen fehlt, können leicht Marktentwicklungen verkannt und Innovationen zu spät angestoßen werden. Anpassungen von Potenzialen, Programmen und Prozessen unterbleiben häufig oder werden zu spät veranlasst (Bea/Haas [Management] 73 ff.; Gaitanides [Planung] 1330 ff.).

2.1.1.6 Potenzial-, Programm- und Prozessplanung

Nach den Planungsgegenständen lassen sich Potenzial-, Programm- und Prozessplanung (-pläne) unterscheiden. Als Potenziale werden dabei Größen aufgefasst, die ein Leistungsvermögen ausdrücken. Im Einzelnen lassen sich dazu das Anlagen-, das Personal-, das Materialversorgungs-, das Informations- sowie das Energiepotenzial rechnen.

Unter Programmen versteht man produktbezogen Fertigungs- und Absatzprogramme, d. h. diejenigen Arten, Qualitäten und Mengen von materiellen und immateriellen Gütern, die in einer Planperiode hergestellt bzw. in Märkten abgesetzt werden sollen. Schließlich subsumiert man unter Prozessen alle Aktivitäten bzw. deren Verknüpfungen, welche Erfüllungshandlungen vorgegebener Aufgaben darstellen. Zwischen Potenzial-, Programm- und Prozessplänen bestehen wechselbezügliche Abhängigkeiten, die bei der Planung zu berücksichtigen sind.

2.1.2 Arten der Planung nach Abstimmungsformen

2.1.2.1 Kennzeichnung der Abstimmungsformen

Entschließt sich ein Unternehmen, für einen bestimmten Bezugszeitraum alle seine beabsichtigten Aktivitäten in einem einzigen Gesamtplan festzulegen, so ist dieser Entwurf ein sehr komplexes Gebilde. Darin müssen alle Ziele und Aktivitäten in den Teilperioden des Bezugszeitraums spezifiziert sein, zudem müssen die Aktivitäten aller betrieblichen Funktionsbereiche (Beschaffung, Lagerung, Fertigung, Absatz, Investition, Finanzierung usw.) bestimmt werden, und schließlich muss der Gesamtplan für alle Leitungsebenen konkretisiert sein. Diese Teilperioden, Teilbereiche und Teilhierarchien sind interdependent. Z. B. sind bei Planungen (Plänen), die sich auf mehrere Perioden beziehen, folgende Interdependenzen zu beachten:

- Eine in Periode 1 getroffene Ausgangsentscheidung engt den Lösungsbereich für spätere Folgeentscheidungen in den Perioden 2, 3 usw. ein.
- Eine für die Periode 1 zu treffende Entscheidung hängt davon ab, welche Folgeentscheidungen in den Perioden 2, 3 usw. geplant sind.
- Die in einer Periode zu wählende Alternative hängt selbst vom Eintreten einer bestimmten Situation (Bedingungskonstellation) in den Folgeperioden ab, deren Prognose nur unsicher getroffen werden kann.

Ein realisierbarer Gesamtplan muss das Geflecht einseitiger und wechselseitiger Beziehungen zwischen allen Einzelplänen möglichst wirklichkeitsgetreu berücksichtigen und alle Einzelpläne sachlich untereinander sowie formal mit dem Zielsystem des Unternehmens abstimmen, d. h. koordinieren und integrieren (Frese [Unternehmungsführung] 170 ff.).

> Unter Plankoordination ist die horizontale Abstimmung von Einzelplänen zu verstehen, während Planintegration deren vertikale Abstimmung bedeutet.

Die Koordinations- und Integrationsproblematik kann auf zwei Wegen gelöst werden: Entweder plant man die einzelnen Teilperioden, Teilbereiche usw. schrittweise und verdichtet die entstehenden Einzelpläne unter Berücksichtigung erforderlicher

Abstimmungen zum Gesamtplan des Unternehmens, oder man plant die einzelnen Teilperioden, Teilbereiche usw. gleichzeitig in einem einzigen Planungsansatz unter Berücksichtigung aller bestehenden Interdependenzen. Während die erste Art der Planung sukzessive Planung genannt wird, heißt die zweite Art simultane Planung.

Da die Unterscheidung in sukzessive und simultane Planung die Frage betrifft, wie verschiedene Einzelpläne abgestimmt werden, können Sukzessivität und Simultaneität als die beiden grundsätzlichen Abstimmungsformen der Planung bezeichnet werden. Dem besseren Verständnis ist es dienlich, nur ein einziges dieser Merkmale zur Differenzierung des Planungsbezugs zu betrachten. Dann können drei Ausprägungen der beiden Abstimmungsformen auseinandergehalten werden:

- Nach dem Merkmal der zeitlichen Koordination wird zeitlich sukzessive und zeitlich simultane Planung unterschieden.
- Nach dem Merkmal der sachlichen Koordination wird sachlich sukzessive von sachlich simultaner Planung getrennt.
- Nach dem Merkmal der hierarchischen Integration wird hierarchisch sukzessive und hierarchisch simultane Planung unterschieden.

2.1.2.2 Zeitlich sukzessive und zeitlich simultane Planung

Unabhängig von seiner absoluten Länge kann ein Bezugszeitraum der Planung in mehrere Perioden unterteilt werden. Werden Pläne für mehrere Perioden in der Weise erstellt, dass ein Periodenplan als Grundlage für die folgenden Periodenpläne betrachtet wird, handelt es sich um zeitlich sukzessive Planung. Sie liegt beispielsweise dann vor, wenn bei einem Bezugszeitraum von fünf Jahren nacheinander fünf Einjahrespläne erstellt werden, wobei zunächst der Plan für das erste Jahr erstellt wird, auf dessen Ergebnissen und Vorgaben der Plan für das zweite Jahr aufbaut usw. Die Koordination der Periodenpläne erfolgt zeitlich sukzessiv.

Werden dagegen in einem umfassenden Planungsansatz alle fünf Jahre (Perioden) gleichzeitig erfasst und ein Gesamtplan für diese unter Berücksichtigung der zeitlichen Interdependenzen zwischen den Periodenplänen erstellt, handelt es sich um zeitlich simultane Planung. Sie kann auch als simultane Mehrperiodenplanung bezeichnet werden; die zeitlich sukzessive Planung lässt sich demgegenüber als eine Kette von Einperiodenplanungen auffassen.

2.1.2.3 Sachlich sukzessive und sachlich simultane Planung

Die sachliche Koordination der Planung betrifft die Frage, inwieweit in einem geschlossenen Planungsansatz mehrere (im Grenzfall alle) betrieblichen Planungsgegenstände (Funktionsbereiche, Programme, Prozesse u.a.) erfasst und gemeinsam geplant werden. Bei sachlich sukzessiver Planung sind mehrere Planungsdurchgänge mit veränderten Einzelplanungen für die zuerst geplanten Bereiche erforderlich. Damit wird angestrebt, zulässige, koordinierte und zielgünstige Gesamtpläne zu erhalten. Um die Zahl der Planungsdurchgänge möglichst klein zu halten, bietet es sich an, für den Funktionsbereich mit dem geringsten Leistungsgrad, dem sog. Leistungsengpass, mit der Planung zu beginnen und mit einem Plan fortzufahren, der sachlich auf dem Engpassplan aufbaut. Schritt für Schritt plant man auf diese Weise alle Funktionsbereiche und kann dann die entstandenen Pläne zu einem Gesamtplan verdichten. Sobald bei sachlich sukzessiver Planung zwei oder mehr Engpässe auftreten, sind Mehrfachdurchgänge der Pläne unumgänglich.

> Die Abstimmung der Pläne auf einen Engpass (Minimumsektor) nennt Gutenberg das «Ausgleichsgesetz der Planung» (vgl. Gutenberg [Produktion] 163 ff.).

Zweckmäßiger wäre es, in diesem Zusammenhang den Ausdruck «Gesetz» zu vermeiden und von einem «Abstimmungsprinzip oder Koordinationsprinzip» der Pläne zu sprechen, weil das Streben des Unternehmens mittel- und langfristig dahin gehen wird, den fraglichen Engpass und damit das «Gesetz» zu beseitigen.

Bei sachlich sukzessiver Planung sind nach abstimmenden Mehrfachdurchgängen der Pläne die sachliche Koordination und die Realisierbarkeit des Gesamtplanes meist gewährleistet. Ob jedoch der auf diese Weise entstehende Gesamtplan zu einer besten Lösung des Gesamtproblems führt, bleibt offen.

Aufgabe der sachlich simultanen Planung ist das Aufstellen eines Gesamtplans bei gleichzeitiger Erfassung aller Funktionsbereiche mit ihren Interdependenzen über eine oder mehrere Perioden. Die simultane Planung wird meist zentral in einer Planungsabteilung oder in einem Planungsstab durchgeführt und erfordert ein simultanes Planungsmodell, das alle ökonomischen sowie technischen Daten, Variablen, Restriktionen und Ziele erfasst. Dieses Planungsmodell kann ein exaktes Optimierungsmodell oder ein Näherungsmodell sein. Informationen über auftretende Leistungsengpässe werden hier systematisch zum «zulässigen Bereich» verarbeitet, der die Menge der realisierbaren Alternativen umfasst. Damit wird vom Ansatz her sichergestellt, dass die unter einer (bzw. mehreren) Zielvorstellung(en) gewählte Planalternative tatsächlich realisierbar ist. Das bedeutet, dass die sachliche Koordination über die abgebildeten Funktionsbereiche umfassend gewährleistet ist.

Der Gesamtplan des Unternehmens, der durch sachlich simultane Planung aufgestellt wird, kann zu einer besten Lösung des Gesamtproblems führen. Jedoch ist dieser Planungsweg außerordentlich aufwändig, was die Informationsbereitstellung und -verarbeitung betrifft. Häufig sind die erforderlichen Planungsmodelle noch nicht soweit entwickelt, dass ihre Anwendung für viele Unternehmen mittlerer und kleinerer Größe unter wirtschaftlichen Gesichtspunkten angebracht erscheint. Tatsächlich wenden auch größere Unternehmen nur in wenigen Fällen simultane Planungsmodelle an. Die übrigen Unternehmen bedienen sich aus Tradition bzw. notgedrungen sukzessiver Planungsansätze. Gegenwärtig sind insbesondere zahlreiche lineare Planungsmodelle verfügbar, welche den Investitions-, Finanzierungs-, Produktions-, Beschaffungs-, Absatz- und den Personalbereich in Ausschnitten simultan über eine oder mehrere Perioden erfassen können. Auch bei simultaner Planung sind Mehrfachdurchrechnungen dann erforderlich, wenn einzelne Parameter geändert werden und festgestellt werden soll, wie diese Änderungen auf die optimale Planalternative wirken. Zweckmäßig bedient man sich in diesem Falle der parametrischen Planungsrechnung, die dieser Aufgabenstellung besonders entspricht.

Die Unterscheidung zeitlich sukzessiver und zeitlich simultaner Planung ist unabhängig davon, auf welchen sachlichen Umfang und auf wie viele und welche Hierarchieebenen sich die Planung inhaltlich bezieht. So kann z. B. sowohl ein Beschaffungsplan (sachlich sukzessive Planung) als auch ein Plan über alle betrieblichen Funktionsbereiche (sachlich simultane Planung) in den beiden Versionen der zeitlichen Sukzessivplanung und der zeitlichen Simultanplanung erstellt werden. Soweit sich Sukzessivplanung und Simultanplanung auf die horizontale Abstimmung von Einzelplänen beziehen, nehmen sie eine Koordinationsfunktion wahr, bei vertikaler Abstimmung dagegen eine Integrationsfunktion.

Koordination sachlich \ zeitlich	sukzessiv	simultan
sukzessiv	einperiodige Beschaffungsplanung für das erste Jahr im Rahmen einer gesamtbetrieblichen Fünfjahresplanung	simultane mehrperiodige Beschaffungsplanung für alle fünf Jahre im Rahmen einer gesamtbetrieblichen Fünfjahresplanung
simultan	einperiodige Gesamtplanung des Betriebs für das erste Jahr im Rahmen einer gesamtbetrieblichen Fünfjahresplanung	simultane mehrperiodige Gesamtplanung des Betriebs für alle fünf Jahre im Rahmen einer gesamtbetrieblichen Fünfjahresplanung

Abbildung 1.3: Beispiele für zeitlich-sachliche Koordination

2.1.2.4 Retrograde, progressive und zirkuläre Planung

Bei der hierarchischen Integration von Plänen stehen insbesondere in der praktischen Anwendung die sukzessiven Verfahren im Vordergrund. Für diese Abstimmungsform haben sich drei Verfahren herauskristallisiert:

- das retrograde Verfahren (auch retrograde Planung oder Top-Down-Planung genannt),
- das progressive Verfahren (auch progressive Planung oder Bottom-Up-Planung genannt),

- das zirkuläre Verfahren (auch zirkuläre Planung, Gegenstromplanung oder kombinierte **Top-Down-Vorlauf- und Bottom-Up-Rücklauf-Planung** genannt).

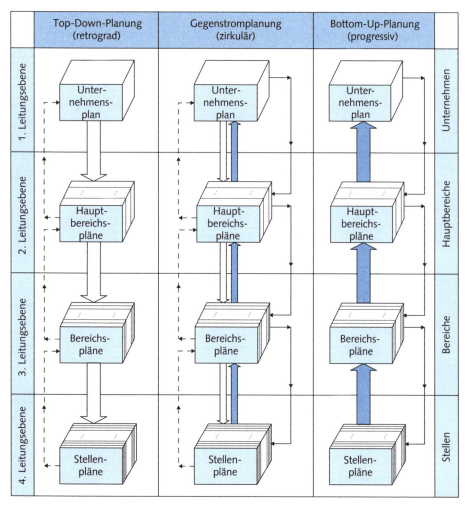

Abbildung 1.4: Planungsarten nach der hierarchisch sukzessiven Koordination für vier Leitungsebenen

Im Kern stellen alle drei Integrationsverfahren eine **sukzessive Abstimmung** hierarchisch differenzierter Pläne dar. Dies wird im Folgenden am Beispiel der Planerstellung verschiedener Leitungsebenen erläutert. Während das **retrograde** Verfahren von einem Gesamtplan des Unternehmens ausgeht und daraus die Bereichs- und Stellenpläne herleitet, geht das **progressive** Verfahren umgekehrt von den Stellenplänen aus und integriert diese schrittweise zu den übergeordneten Bereichsplänen sowie zum Gesamtplan des Unternehmens. Das **zirkuläre** Verfahren verbindet das retrograde und das progressive Verfahren mit dem Zweck, die Vorteile beider Verfahren dem gesamten Planungsprozess dienstbar zu machen. Begonnen wird hier der Planungsprozess in einem ersten Durchgang retrograd mit einem globalen Rahmenplan (Planungsvorlauf), der bis zu Stellenplänen aufgespalten wird. Dann werden in einem zweiten Durchgang die konkretisierten Stellenpläne progressiv zu Bereichsplänen und diese wiederum zum Gesamzplan integriert (Planungsrücklauf).

Die drei genannten Integrationsverfahren führen bei ihrer praktischen Anwendung zu Vor- und Nachteilen, die daran gemessen werden können, welche **Anforderungen** sie an die beteiligten Planungsträger (persönliche Anforderungen) oder an das Planungssystem (sachliche Anforderungen) stellen (Wild [Unternehmungsplanung] 191 ff.; Pfohl/Stölzle [Planung] 139 ff.).

- Als **persönliche Anforderungen** sind zu nennen:
  fachliche Eignung, Wissensstand, Zuständigkeit, angemessener Informationsstand, Leistungsbereitschaft, Kooperationsbereitschaft u. a.
- Zu den **sachlichen Anforderungen** sind zu rechnen:
  Abstimmbarkeit der Pläne, Abstimmungsnotwendigkeiten, latente Konfliktpotenziale, erforderliche Dokumentations- und Organisationsgrade, Kommunikationsbedarfe, Steuerungsverluste u. a.

Bei **retrograder Planung** von der Unternehmensspitze bis zu den untersten Stellen zeigt sich häufig die Schwäche, dass die Unternehmensleitung nur begrenzt Ausgangsziele und andere Planinhalte eines Rahmenplans festlegen kann, bevor sie deren Realisierbarkeit in unteren Plänen überprüft hat. Diese Schwäche der Konkretisierung und Präzisierung der Unternehmensleitung führt zur Einrichtung von Planungsabteilungen bzw. -stäben auf oberster Ebene mit der Tendenz zur Zentralplanung. Daraus ergibt sich wiederum, dass die zentral erstellten Pläne für die unteren Leitungsebenen definitiv vorgegeben werden und nur eine geringe Planungsbeteiligung unteren Ebenen zulassen. Auf diese Weise werden weder die fachliche Eignung noch ein guter Wissensstand untergeordneter Ebenen angemessen gefordert. Das Gleiche gilt für deren Leistungs- und Kooperationsbereitschaft. Die zentralen Planungsabteilungen arbeiten zudem in großer Entfernung von den tatsächlichen Planungsproblemen der unteren Ebenen und haben daher auf Dauer hohe Informationsbedarfe, während die unteren Ebenen nur eine geringe Motivation zur Kooperation und Informationsweitergabe verspüren. Aus diesen Gründen begnügt man sich bei retrograder Planung in der Unternehmensspitze häufig mit der Erstellung globaler Rahmenpläne oder Budgetvorgaben, die im Ablauf der Planungsperiode schrittweise durch Einzelentscheidungen konkretisiert werden. Für nachgeordnete Einzelpläne steigt bei diesem Vorgehen der Integrationsbedarf, während die Motivation nach wie vor schwach ausgeprägt ist. Um bei retrograder Planung den vertikalen Interdependenzen aller Pläne weitestgehend Rechnung zu tragen und um den Gesamtplan mit präzisen Planinhalten auszustatten, ist es unumgänglich, den gesamten Planungsprozess zu zentralisieren und damit hohe Planungskosten hinzunehmen.

Bei progressiver Planung von den untersten Stellen bis zur Unternehmensspitze ist zu erwarten, dass mehrere Nachteile der retrograden Planung weitgehend vermieden werden. Dafür sprechen die Beteiligung aller Ebenen «von unten nach oben» sowie deren Motivation, eine größere Problemnähe der Planungsträger, die stufenweise horizontale Koordination und vertikale Integration der Pläne in Richtung Unternehmensspitze, eine größere Vollständigkeit und Präzision der Planinhalte usw. Jedoch treten hier andere Nachteile auf, die sich wie folgt kennzeichnen lassen:

Wegen der vertikalen Integration der Pläne von der Basis zur Unternehmensspitze, d.h. von unteren Stellenplänen zum Gesamtplan, treten Schwächen bei der horizontalen Plankoordination auf. Außerdem muss eingegriffen werden, um die Zielvorstellungen (Ausgangsziele) der unteren Pläne auf eine Gesamtzielvorstellung abzustimmen, woraus ein komplizierter Zielabstimmungsprozess in Gestalt von Unterzyklen resultieren kann. Dieser Abstimmungsprozess der Teilziele verschiedener Ebenen mit dem Gesamtziel auf oberster Ebene kann nur vermieden werden, wenn zunächst retrograd von der Unternehmensspitze bis zur untersten Ebene ein realisierbares Zielsystem vorgegeben wird und dann im Rücklauf von der untersten Ebene an progressiv zielkonforme Pläne erstellt werden. Andererseits kann ein realisierbares Zielsystem zentral nur formuliert werden, wenn bis zur untersten Ebene bekannt ist, dass alle Teilziele auch tatsächlich realisiert werden können. Obwohl bei progressiver Planung die persönlichen Anforderungen an die Planungsträger besser erfüllt werden als bei retrograder Planung, liegen die Schwächen der progressiven Planung bei den sachlichen Anforderungen: die horizontale Plankoordination, die Abstimmung von Teilzielen mit dem Gesamtziel sowie der erforderliche Kommunikationsumfang werfen zahlreiche Probleme auf.

Die zirkuläre Planung (Gegenstromplanung) kann durch eine Kombination von Elementen der retrograden und der progressiven Planung die Schwächen dieser Planungen teilweise überwinden. Sie baut auf folgenden drei Elementen auf:

(1) Jeder Planungsträger plant für seinen Verantwortungsbereich selbst. Außerdem integriert und koordiniert er die Pläne seiner untergeordneten Instanzen.
(2) Es ist zu unterscheiden zwischen Planerstellung und Konkretisierung der Planinhalte auf der einen Seite sowie zwischen Plankoordination bzw. Planintegration und Steuerung der Planrealisation auf der anderen Seite.
(3) Der Planungsprozess ist gekennzeichnet durch einen retrograden Planungsvorlauf und einen progressiven Planungsrücklauf. Bei Bedarf können Unterzyklen zwischen hierarchischen Ebenen durchlaufen werden.

Die zirkuläre Planung beginnt mit einem retrograden Vorlauf und schließt an diesen einen progressiven Rücklauf an. Im retrograden Vorlauf (Top-Down-Planung) wird zunächst für das gesamte Unternehmen ein globaler Rahmenplan basierend auf vorläufigen bzw. gewünschten Oberzielen erstellt. Sowohl der Rahmenplan als auch die Oberziele werden dann schrittweise über die einzelnen Leitungsebenen in Einzelpläne und Unterziele «heruntergebrochen», wobei sich zunehmend herausstellt, ob und wie die übergeordneten Pläne und Ziele erfüllt bzw. erreicht werden können. Diese Top-Down-Planung reicht bis zu den untersten Stellenplänen. Dann setzt der progressive Rücklauf (Bottom-Up-Planung) von den Stellen bis zur Unternehmensspitze ein, dessen Aufgabe darin liegt, die Pläne der jeweils unteren Ebene zu koordinieren und zu einem Plan der darüber liegenden Ebene zu integrieren. Der Planungsprozess gilt als abgeschlossen, wenn der koordinierende bzw. integrierende Rücklauf zu einem detaillierten Gesamtplan und zu präzisen und realisierbaren Oberzielen (Planzielen) geführt hat. Der Planungszyklus ist dann beendet. In manchen Fällen erweist sich jedoch, dass die nach dem Rücklauf präzisierten Oberziele nicht den Vorstellungen der Unternehmensspitze entsprechen und/oder der detaillierte Gesamtplan nicht verabschiedungsreif ist. Dann setzt ein zweiter Planungszyklus ein, welchem die Unternehmensspitze nunmehr den detaillierteren (Rahmen-) Gesamtplan und die präziseren Oberziele als Ausgangsziele vorgibt. Sowohl im Vorlauf als auch im Rücklauf können dabei verschieden lange Unterzyklen auftreten. Dieser zirkuläre Planungsprozess wird abgeschlossen, sobald der Gesamtplan und die Oberziele als Planziele von der Unternehmensspitze als zufrieden stellend akzeptiert und verabschiedet, d. h. durch eine Entscheidung als verbindliche Handlungsvorgaben für den Planungszeitraum festgelegt werden.

Eine formale Weiterentwicklung der zirkulären Planung ist die hierarchische Planung. Sie wird hierarchisch genannt, weil sie Integrationsprobleme von Einzelplänen hierarchisierter Planungsprozesse behandelt. Ihre besondere Fragestellung ist das Integrationsdilemma zwischen zentraler und dezentraler Planung, das sie durch eine Kombination zentraler und dezentraler Planungselemente zu lösen versucht, wozu sie einen entscheidungstheoretischen Weg wählt. Im Einzelnen bildet sie Teilpläne nach der Methode der hierarchischen Dekomposition, d. h., sie spaltet ein komplexes Gesamtplanungsproblem in Teilprobleme bzw. Teilpläne verschiedener Planungsebenen (Hierarchieebenen). Dabei nimmt der Abstraktionsgrad der Teilpläne von der obersten bis zur untersten Planungsebene schrittweise ab bzw. der Konkretisierungsgrad zu. Auf die Dekomposition des Gesamtplanungsproblems folgt die Integration der Teilpläne mittels Vor- und Rückkopplungsverfahren (Adam [Planung] 378 ff.).

Die Arbeitsweise der hierarchischen Planung lässt sich relativ einfach am Beispiel der Produktionsprogrammplanung erläutern. Bei drei Ebenen dieser Planung erfolgt die Dekomposition des Gesamtplanungsproblems wie folgt (Adam [Planung] 380 ff.):

Planungsebene 1: Produkttypen (Entscheidungsvariablen) werden simultan geplant. Das Abstraktionsniveau der Problemstruktur ist sehr hoch, die Modelldaten sind sehr grob, auftretende Interdependenzen werden hoch aggregiert erfasst.

Planungsebene 2: Jeder Produkttyp wird in Produktfamilien (Entscheidungsvariablen) gespalten. Der Abstraktionsgrad der Teilpläne nimmt ab, die Modelldaten werden konkreter, auftretende Interdependenzen werden präziser erfasst.

Planungsebene 3: Jede Produktfamilie wird in Varianten (Entscheidungsvariablen) gespalten. Der Abstraktionsgrad der Teilpläne nimmt weiter ab, die Modelldaten werden noch konkreter, auftretende Interdependenzen werden noch präziser erfasst.

Die Integration der hierarchisch differenzierten Teilpläne erfolgt entweder durch Verfahren der Vorkopplung oder durch Verfahren der Rückkopplung.

Die hierarchische Planung ist ein allgemeiner Ansatz zur Integration von Einzelplänen. Art, Umfang und Komplexität des Gesamtplanungsproblems bestimmen die Zahl der erforderlichen Planungsebenen. Das Planungsergebnis jeder Planungsebene gilt als Vorgabe für die Planung der jeweils nachgeordneten Planungsebene. Die Hierarchisierung der Planungsprozesse kann sich an Leitungsebenen (Unternehmensebene, Bereichsebene, Stellenebene), an Planungsebenen (strategische, taktische, operative Ebene), wie im beschriebenen Fall an Erzeugnisebenen (Produkttyp-, Produktfamilien-, Produktvariantenebene) – allgemein an Problemebenen – orientieren.

Erfahrungen mit der zirkulären Planung zeigen, dass durch dieses Koordinations- und Integrationsverfahren den persönlichen Anforderungen an die Planungsträger und den sachlichen Anforderungen an das Planungssystem in hohem Umfang Rechnung getragen wird. Die fachliche Eignung und der Wissensstand der Planungsträger werden umfassend in den Planungsprozess eingebracht. Die Motivation zu Leistung und Kooperation wird durch die partizipative Struktur des gesamten Abstimmungs- und Zielbildungsprozesses positiv beeinflusst. Vertikale und horizontale Abstimmungsnotwendigkeiten werden erkannt, und Konfliktpotenziale werden abgebaut. Planungskompetenz und Planungsverantwortlichkeit werden zweckmäßig abgegrenzt und respektiert. Allerdings sind die Kosten für die Organisation, Dokumentation und Kommunikation meist höher als bei isolierter retrograder oder progressiver Planung. Letztlich bleibt die Schwäche bestehen, dass auch die zirkuläre Planung ein sukzessiver Planungsansatz ist, dessen Ergebnis nur ausnahmsweise ein Gesamtplan mit höchstem Zielerreichungsgrad ist. Vielmehr ist ein Gesamtplan zu erwarten, der den Zielvorstellungen der Unternehmensspitze eher zufrieden stellend entspricht.

2.1.3 Arten der Planung nach Anpassungsformen

2.1.3.1 Kennzeichnung der Anpassungsformen

Da die Umwelt des Unternehmens veränderlich ist und sich auch das eigene Aktionsfeld im Zeitablauf ändert, müssen die Pläne des Unternehmens an eingetretene bzw. zu erwartende Änderungen anpassungsfähig, d. h. flexibel sein. Anpassungsmaßnahmen hängen weitgehend von Informationen über die Zukunft ab, deren Unvollkommenheit bereits beschrieben wurde. Der Planer hätte den besten Informationsstand, wenn er mit seiner Planerstellung bzw. Plananpassung bis kurz vor Beginn der Planperiode wartete. Da jedoch jede Planung einen zeitlichen Vorlauf erfordert, muss der Planer notgedrungen mit unvollkommenen Informationen über die Planperioden arbeiten. Andererseits würde der Planer seinen Plan während der Planperiode sofort anpassen müssen, sobald er eine präzisere Information über einen Planinhalt erhält. Dies ist jedoch kaum möglich, weil in kurzer Sicht eine kontinuierliche Planrevision meist unwirtschaftlich ist.

Von den möglichen Wegen zu einer **flexiblen Planung** werden nachfolgend einige beschrieben, die in Wissenschaft und Wirtschaftspraxis Bedeutung bzw. eine angemessene Bewährung erfahren haben. Anknüpfungspunkte für diese Erörterung der Planungsflexibilität sind die **Verbindlichkeit** und der **Anpassungsrhythmus** von Einzelplänen.

2.1.3.2 Flexible und starre Planung

Das Merkmal der **Verbindlichkeit** von Plänen in einer mehrperiodigen Planungskette drückt aus, dass eine Trennung zwischen verbindlichen (definitiven) und unverbindlichen (bedingten) Plänen getroffen wird.

> Eine Planfortschreibung, die eine Anpassung von Plänen nach dem Muster verbindlicher und unverbindlicher Pläne vorschreibt, wird **flexible Planung** genannt.

Die **flexible Planung** ist auf Risiko- und Ungewissheitssituationen zugeschnitten (Hax/Laux [Flexible Planung] 318 ff.), welchen sie dadurch genügt, dass der erste Jahresplan in der Planungskette als verbindlicher Plan vorgegeben wird, während die nachfolgenden Jahrespläne bis zum Planungshorizont zwar formuliert, aber unverbindlich sind. Die **Anpassungsfähigkeit** der flexiblen Planung besteht darin, dass vor Beginn einer Teilperiode über diejenige Teilalternative verbindlich (definitiv) entschieden wird, die in der bevorstehenden Periode realisiert werden soll. Dies geschieht bei Kenntnis aller Folgealternativen der späteren Teilperioden. Über die Folgealternativen wird, wie bereits gesagt, lediglich unverbindlich (bedingt) entschieden, sodass von Periode zu Periode in Abhängigkeit von der eingetretenen Situation und Risikoeinschätzung genau einer der möglichen Eventualpläne gewählt werden kann.

Voraussetzung für den Aufbau eines flexiblen Planungssystems ist ein hoher Informationsstand über realisierbare Teilalternativen, mögliche Situationen mit ihren Eintrittswahrscheinlichkeiten, Wirkungen der Alternativen, Restriktionen u. a. Zudem muss ein **effizienter Algorithmus** vorliegen, um die optimale Folge von Plänen bestimmen zu können. Besonders geeignet zur Lösungsfindung sind hier Verfahren der **dynamischen Planungsrechnung**. Diese Verfahren ermöglichen die Aufspaltung eines mehrperiodigen Gesamtplans in Einzelpläne, die zur optimalen Lösung des mehrperiodigen Gesamtproblems führen. In der Wirtschaftspraxis finden die Verfahren der dynamischen Planungsrechnung bei der Lösung von Planungsproblemen bisher nur begrenzt Anwendung. In ihrer Struktur sind diese Verfahren jedoch an sehr unterschiedliche Planungsprobleme anpassbar und stellen die sachliche Koordination und die Realisierbarkeit der Einzelpläne bzw. des Planungssystems sicher (Schneeweiß [Planung] 100 ff.).

Bei starrer Planung werden im Gegensatz zur flexiblen Planung keine bedingten, sondern stets nur definitive Entscheidungen getroffen. Die starre Planung lässt sich wie folgt kennzeichnen:

> Eine starre Planung liegt vor, wenn zu Beginn der ersten Periode nicht nur über die Planalternative dieser Teilperiode, sondern bereits über die geschlossene Planalternativenkette aller Folgeperioden definitiv entschieden wird.

Streng genommen ist eine starre Planung nur vertretbar, wenn die Gesamtplanung des Unternehmens bei vollkommener Information über die zukünftige Entwicklung aller Planungsdaten erfolgt. Da diese Informationsannahme wirklichkeitsfremd ist, besitzt die starre Planung für die Planungspraxis die strukturelle Schwäche, dass man sich bei Nichteintreten einer erwarteten Situation in den Folgeplänen bereits festgelegt hat und keine zielführenden Anpassungsentscheidungen mehr treffen kann. Die Periodenpläne können bei starrer Planung mit Hilfe eines deterministischen Optimierungsmodells oder nach Erfahrungsprinzipien erstellt werden. Im praktischen Vollzug der starren Planung ist eine optimale Lösung des Gesamtproblems im Sinne einer besten Zielerreichung kaum zu erwarten. Die sachliche Koordination und die Realisierbarkeit der Einzelpläne bzw. des Planungssystems sind bei dieser Planungsweise teilweise gegeben.

2.1.3.3 Rollende und nichtrollende Planung

Das Merkmal des Anpassungsrhythmus bezieht sich auf die Art und Weise der Planfortschreibung zeitlich aufeinander folgender, flexibler Pläne (Troßmann [Finanzplanung] 391 ff.). Am Beispiel einer Fünfjahresplanung sei der betrachtete Sachverhalt erläutert (vgl. Abb. 1.5). Unterteilt ein Unternehmen seinen Fünfjahresplan in fünf einzelne Jahrespläne, die als Grobpläne erstellt werden, und schreibt es diese Jahrespläne nicht oder nur unregelmäßig fort, dann wird diese Fortschreibungsart als nichtrollende (nichtrollierende, sprunghafte) Planung bezeichnet. Wird dagegen der erste Jahresplan als Feinplan formuliert und sind die nachfolgenden vier Jahrespläne Grobpläne, wobei der erste Jahresplan nochmals in Monats-, Dreimonats-, Viermonats- oder Sechsmonatspläne (als Feinpläne) unterteilt werden kann, dann wird diese Planfortschreibung als rollende (rollierende, gleitende) Planung bezeichnet Dabei werden die Feinpläne regelmäßig nach Ablauf eines Einzelplans und die Grobpläne regelmäßig in Jahresabständen fortgeschrieben (Troßmann [Prinzipien] 123 ff.).

> Eine rollende Planung liegt vor, wenn die Feinpläne unterjährig nach Ablauf eines Einzelplans und die Grobpläne in Jahresabständen fortgeschrieben werden.

In Abb. 1.5 wird dieser Zusammenhang für den Fall einer unterjährigen Sechsmonatsplanung in der Feinplanung und insgesamt für eine Fünfjahresplanung

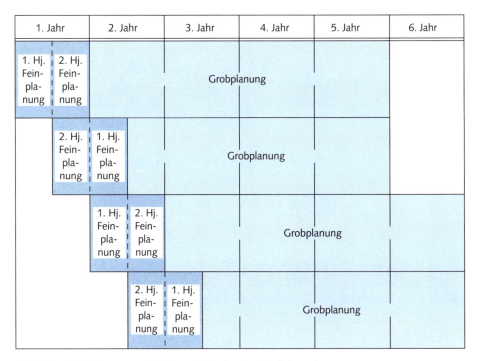

Abbildung 1.5: Anpassungsrhythmen bei rollender Fünfjahresplanung

dargestellt. Durch die rollende Planfortschreibung können neu gewonnene Informationen, insbesondere unvorhergesehene Ereignisse, in die Mehrperiodenplanung adäquat einbezogen werden. Die sachliche Koordination und die Realisierbarkeit aller Einzelpläne werden durch die rollende Planung i. d. R. gewährleistet. Praktisch ist die rollende Planung eine Fortschreibungstechnik für flexible Pläne mit einer unterjährigen Erfassung realisierter Risiken. Wird das Augenmerk auf die jeweilige Neuberechnung der Daten mit einem konstanten Bezugszeitraum von mindestens vier Quartalen gerichtet und erfasst diese Rechnung zentrale Eckpunkte in aggregierter Form, wird diese Fortschreibungstechnik auch «Rolling Forecast» genannt (Colsman [Erfolgsfaktoren] 195).

2.2 Aufgaben der Planungsphasen

2.2.1 Aufgaben der Zielbildung

Zum besseren Verständnis und zur leichteren Analyse seiner Struktur- und Gestaltungsprobleme wird der Planungsprozess in mehrere Phasen gegliedert (Wild [Unternehmungsplanung] 36 ff.; Delfmann [Planungs- und Kontrollprozesse] 3237 ff.; Horvath (Controlling] 176 ff.) (vgl. Abb. 1.6):

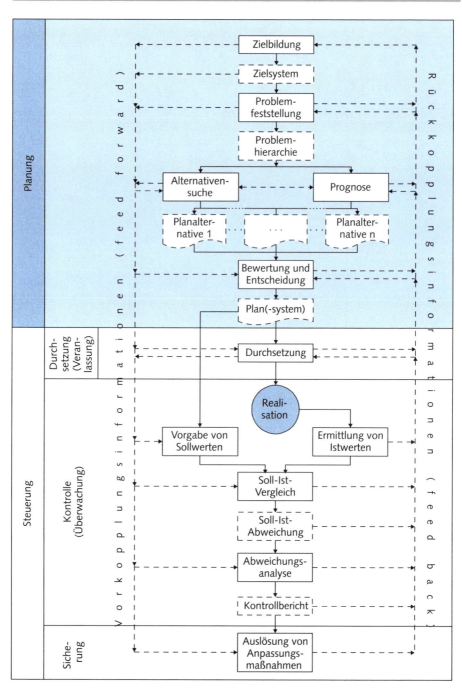

Abbildung 1.6: Stellung der Planung im Führungsprozess des Unternehmens

- Zielbildung,
- Problemfeststellung,
- Alternativensuche,
- Prognose,
- Bewertung und Entscheidung.

Die Phasen des Planungsprozesses sind grob gegliederte Umschreibungen der jeweiligen **Phasenaufgaben**. Sie sind zu ungenau, um detailliert nachvollziehen zu können, welche Aufgaben und Einzelfragen ein Planungsprozess tatsächlich aufwirft. Daher müssen sie opertionalisiert (präzisiert) werden.

Die erste Phase des Planungsprozesses ist die **Zielbildung**.

> **Zielbildung** bedeutet das Festlegen eines präzisen, strukturierten und realisierbaren Systems von Handlungsnormen.

Für die gesamte Planung des Unternehmens hat die Phase der Zielbildung besonderes Gewicht, wenn im Unternehmen kein formuliertes Zielsystem existiert. Das Zielsystem verhilft dem Unternehmen zu einer präzisen Darstellung seiner Handlungsnormen. Besteht dagegen bereits ein Zielsystem, kann die erste Phase des Planungsprozesses verkürzt bzw. übersprungen werden.

Einzelne **Aufgaben der Zielbildung** sind:

- Zielfindung,
- Zielpräzisierung (Zieloperationalisierung),
- Zielstrukturierung,
- Realisierbarkeitsprüfung der Ziele,
- Zielauswahl (Entscheidung über Ziele).

(1) Als **Zielfindung** werden alle Maßnahmen bezeichnet, durch welche oberste **Ausgangsziele** ermittelt, untere Teilziele verschiedener Ordnung aus den Ausgangszielen abgeleitet bzw. diesen als verträglich und erfüllungswirksam zugeordnet sowie mögliche Ziele systematisch auf ihre Beziehungen zu den Ausgangszielen überprüft werden.

(2) Die **Zielpräzisierung** (Zieloperationalisierung) bedeutet eine möglichst genaue Kennzeichnung von Inhalt, Anspruchsniveau, Terminen, Trägern und Begrenzungen einzelner Ziele. Zielpräzisierung und Zielfindung sind sehr eng miteinander verknüpft. Ziele, die präzise formuliert werden, ermöglichen eine genaue Planung sowie Steuerung und erhöhen damit die Wirksamkeit dieser Instrumente der Unternehmensführung.

(3) Bei der **Zielstrukturierung** wird danach gestrebt, die Menge der in Betracht kommenden Ziele hierarchisch zu ordnen. Hierbei können verschiedene Zielhierarchien entstehen: Eine **teleologische Zielhierarchie** wird aufgebaut, wenn Ober- und Unterziele nach ihren Zweck-Mittel-Beziehungen geordnet werden. Dagegen ergibt sich eine **definitionslogische Zielhierarchie** durch die Struktur

des verwendeten Begriffsnetzes. Wird beispielsweise der Periodenüberschuss P definiert als P = Periodenertrag – Periodenaufwand, so gilt der Periodenüberschuss im Verhältnis zu Periodenertrag und Periodenaufwand als definitionslogisch übergeordnetes Ziel. Als eine weitere Zielhierarchie ist die nach Prioritäten strukturierte zu nennen. In ihr sind diejenigen Ziele als Oberziele anzusehen, denen eine hohe Dringlichkeit des Erreichens (Priorität) zugeordnet wird. Eine entscheidungsbezogene Zielhierarchie kann nach der Bedeutung einzelner Ziele für Entscheidungsfälle(-modelle) formuliert werden. Dabei gelangt man zur Unterscheidung von Hauptzielen (Zielfunktionen) und Nebenzielen (Nebenbedingungen). Schließlich sei noch die organisatorische Zielhierarchie erwähnt, die nach Ebenen des Leitungssystems eines Unternehmens gebildet wird und zur Unterscheidung von Unternehmenszielen, Bereichszielen, Abteilungszielen und Stellenzielen führt. Diese Hierarchie der Ziele rückt dann in den Vordergrund der Betrachtung, wenn eine weitgehende Deckungsgleichheit von Leitungssystem und Zielsystem herbeigeführt werden soll (Kongruenzprinzip).

(4) In der Realisierbarkeitsprüfung von Zielen ist nach der Zielpräzierung und -strukturierung zu prüfen, welche Ziele unter zielstrukturellen, wirtschaftlich-technischen und personellen Gesichtspunkten erreichbar (realisierbar) sind. Der zielstrukturelle Aspekt umfasst die Analyse der Beziehungen zwischen einzelnen Zielen in Bezug auf ihre Verträglichkeit. Dabei können sich Ziele als verträglich oder als unverträglich erweisen. Verträgliche Ziele können im Verhältnis zueinander neutral oder komplementär, im Grenzfall identisch sein. Bei unverträglichen Zielen handelt es sich um konkurrierende (konfliktäre), im Extremfall um antinomische (unvereinbare, sich ausschließende) Ziele. Unverträgliche Ziele werfen größere Probleme auf, die gelöst werden müssen. Mittels einer Konkurrenzanalyse muss festgestellt werden, welche Ziele unverträglich sind, in welchen Bereichen ihre Unverträglichkeit auftritt, wie hoch der Konfliktgrad der betroffenen Ziele im Entscheidungsfeld ist und wie der Zielkonflikt gelöst werden kann. Besonders schwierig ist die Lösung von Zielkonflikten in Gruppen von Entscheidungsträgern (Kollegien, Ausschüssen), weil es hier nicht genügt, nur einen Kompromiss für die konkurrierenden Zielwirkungen zu finden, sondern auch einen Kompromiss für die beteiligten Entscheidungsträger (Reiter [Zielkonflikte] 265 ff.). Unter wirtschaftlich-technischem Aspekt ist herauszufinden, ob die vorgesehene Zielausprägung (der Grad der Zielerreichung, das Anspruchsniveau) bei gegebenen Bedingungen der Märkte, Kapazitäten, Kapitalausstattung usw. realistisch gewählt wurde. Die Zielanalyse unter personellem Aspekt soll zeigen, in welchem Umfang Eignung, Zeit und Kompetenz sowie Motivation der beteiligten Mitarbeiter ausreichen, um die gewünschten Zielausprägungen zu erreichen.

(5) Als Zielauswahl (Zielentscheidung) ist schließlich die Handlung zu verstehen, durch die der Entschluss über das tatsächlich zu verfolgende Zielsystem getroffen wird. Wurden mehrere alternative Zielsysteme erarbeitet, muss dasjenige Zielsystem ausgewählt werden, das die optimale Eignung zum Erreichen der

Oberziele besitzt. Für den Fall, dass nur ein Zielsystem erstellt wurde, sind bei alternativ möglichen Unterzielen diejenigen Unterziele bzw. deren Kombination auszuwählen, welche mit hoher Wahrscheinlichkeit die gewünschten Beiträge zum Erreichen der Oberziele erbringen. Das gewählte Zielsystem gilt für die nachfolgenden Planungsphasen als vorläufig verbindlich. Im Zuge der Erfüllung der übrigen Phasenaufgaben der Planung kann es durchaus noch zu Änderungen oder zu völligen Neuformulierungen von Zielen kommen. Solange ein Zielsystem nicht alle Phasen des Planungsprozesses durchlaufen hat, besitzen seine Einzelziele noch den Charakter von (vorläufig verbindlichen) Ausgangszielen. Erst nach der Verabschiedung des Gesamtplans durch die oberste Geschäftsführung werden auch die Einzelziele verbindlich und zu Planzielen. Für Planziele ist damit abgesichert, dass sie unter Berücksichtigung vorhandener Ressourcen, wählbarer Maßnahmen und sonstiger Restriktionen realisierbare Handlungsvorgaben darstellen. Darüber hinaus wird erkennbar, dass in der Planungsphase der Zielbildung bereits Aufgaben der Alternativensuche, der Prognose sowie der Bewertung und Entscheidung auftreten (vgl. dazu Abb. 1.6).

In der Phase der Zielbildung können u. a. folgende Techniken zum Einsatz gelangen (vgl. Abb. 1.8): Relevanzbäume, Kennzahlensysteme, Zielbeziehungsmatrizen.

2.2.2 Aufgaben der Problemfeststellung

Die zweite Phase des Planungsprozesses ist die Problemfeststellung.

> Problemfeststellung bedeutet die Ermittlung der Lücke zwischen der Zielvorstellung und der erwarteten Lage bzw. Entwicklung (ohne das Ergreifen zielführender Maßnahmen).

Diese Phase der Problemfeststellung hängt eng mit Phase der Zielbildung zusammen. Ohne eine Zielvorgabe kann keine Problemstellung der Planung formuliert werden. Erst wenn ein Ziel präzise formuliert und als Handlungssoll vorgegeben wird, kann als Problem festgestellt werden, welche Maßnahmen ergriffen werden müssen, um die spätere Zielerreichung abzusichern bzw. Zielabweichungen möglichst niedrig zu halten.

In der Forschung wird unter einem Problem eine ungelöste wissenschaftliche Frage verstanden. Für den Erkenntnisfortschritt der Wissenschaften sind Probleme entscheidende Antriebe. Im Zusammenhang mit Planungen lässt sich ein Problem als Abweichung zwischen der erwarteten Lage (ohne zielführende Maßnahmen) und dem beabsichtigten Soll-Zustand (Zielvorgabe) kennzeichnen. Gelingt für eine beliebige Planungsperiode z. B. die Prognose der für diese Periode erwarteten Lage und weicht diese von der gesetzten Zielvorstellung ab, so verkörpert die gemessene Zielabweichung das aufgeworfene Planungsproblem. Die Höhe dieser Zielabweichung kennzeichnet die Problemlücke. Fragt man nach den einzelnen Schritten, die zur Feststellung der Problemlücke führen, können diese wie folgt beschrieben werden:

(1) Zunächst wird eine Beschreibung und Analyse der gegenwärtigen Situation vorgenommen (Lageanalyse).
(2) Danach wird vorausschauend festgestellt (prognostiziert), welche Lage bzw. Entwicklung im betrachteten Planungszeitraum bei erwarteten Umweltveränderungen eintreten würde, wenn keine zielführenden Maßnahmen zur Gestaltung des Geschehens vorgesehen werden (Lageprognose).
(3) Schließlich wird die Zielvorstellung (Soll-Zustand) mit der Lageprognose der Planungsperiode verglichen, und es wird die Problemlücke, das ‹Gap› festgestellt.

> Die Abweichung der erwarteten Lage (Lageprognose) vom Soll-Zustand ist die Problemlücke, die durch zielführende Maßnahmen der Planungsträger geschlossen werden soll.

Verfolgt man die Vorgabe des Soll-Zustandes (des Zieles) im Zeitablauf, führt dies zu einer Zielkurve, die Lageprognose führt entsprechend zu einer Entwicklungskurve. Die Differenz zwischen beiden Kurven zeigt die Veränderung der Problemlücke im Zeitablauf (vgl. Abb. 1.7).

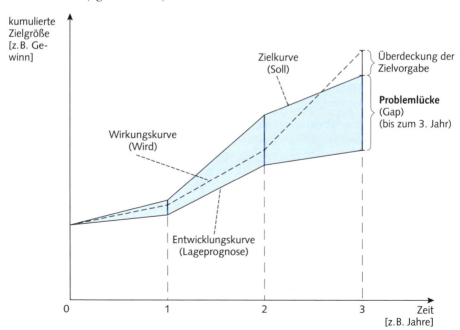

Abbildung 1.7: Problemlücken und ihre Deckung im Zeitablauf (Planzeitraum drei Jahre)

Eine festgestellte Problemlücke kann nicht nur dadurch geschlossen werden, dass nach Maßnahmen gesucht wird, welche die Lageprognose an den Soll-Zustand (Zielvorgabe) annähern. Vielmehr kann auch der Soll-Zustand an die Lageprognose angeglichen werden. Dies gilt besonders dann, wenn die Zielvorgabe überzogen formuliert wurde und keine Maßnahmen gefunden werden können, welche die Lageprognose verbessern. Für die Planung bedeutet dieses Vorgehen eine Zielrevision oder im äußersten Fall den Übergang auf eine neue Zielvorstellung. Für das bisher formulierte Zielsystem ist dann eine entsprechende Anpassung vorzunehmen.

Die Problemlücke in Abb. 1.7 kann geschlossen werden, soweit zielführende Maßnahmen zur Verfügung stehen. Durch eine Wirkungsprognose (vgl. Abschnitt 2.2.4) lassen sich die Konsequenzen nach dem Ergreifen einzelner Maßnahmen (Wird) vorausberechnen. In Abb. 1.7 werden diese Konsequenzen durch die Wirkungskurve dargestellt, die zeigt, dass nach dem Ergreifen zielführender Maßnahmen die Problemlücke nach dem ersten Jahr fast geschlossen, nach dem zweiten Jahr wieder größer und nach dem dritten Jahr geschlossen (hier sogar überdeckt) wird. Dabei ist von Bedeutung, dass die Bedingungen der Lageprognose als zukunftsbezogene Prämissen für die zu ergreifenden Maßnahmen der Problemlösung zu verstehen sind (Wild [Unternehmungsplanung] 67). Je früher und präziser Problemlücken festgestellt werden, desto höher ist die Wahrscheinlichkeit des Findens wirkungsvoller Alternativen (bzw. Maßnahmen) zu ihrem Schließen, d. h. zur Lösung der Probleme.

Ein besonderer Planungsfall liegt beim Auftreten eines komplexen Problems vor. Dieses gibt häufig Anlass zur Problemaufspaltung, zur Analyse der Teilprobleme im Hinblick auf ihre Komponenten sowie zur Untersuchung der Beziehungen zwischen den Teilproblemen. Die darauf folgende Verknüpfung von Teilproblemen nach ihren Abhängigkeiten oder Prioritäten führt schließlich zu einer überschaubaren und gestaltbaren Problemhierarchie als Anknüpfungspunkt für eine zielführende Lösung des komplexen Gesamtproblems.

Problemlücken können mit Methoden der Ursachenanalyse untersucht werden (vgl. Abb. 1.8). Hierzu zählen: Kepner-Tregoe-Techniken, Systemanalysen, SOFT-Analysen u. a.

2.2.3 Aufgaben der Alternativensuche

Die dritte Phase des Planungsprozesses ist die Alternativensuche. Eine Alternative ist eine Vorgehensweise zum Erreichen eines vorgegebenen Zieles, die von anderen möglichen Vorgehensweisen unabhängig ist. Meist besteht eine Alternative aus einer Kombination von Entscheidungsvariablen bestimmter Ausprägung, die Maßnahmen genannt werden. Wird diese Variablenausprägung verändert, gelangt man zu einer neuen Alternative, wobei zu beachten ist, dass unterschiedliche Alternativen meist auch zu unterschiedlichen Graden der Zielerreichung und damit der Problemlösung führen.

In Fällen, in welchen für die Lösung eines Problems mehrere Alternativen zulässig sind, kann für jede Alternative ein **Alternativplan** aufgestellt werden. Will man eine Problemlösung systematisch und umfassend angehen, ist es von Bedeutung zu wissen, welche Alternativen unter wirtschaftlichen, technischen, sozialen, rechtlichen sowie ökologischen Bedingungen überhaupt realisierbar sind. Die Menge der realisierbaren Alternativen macht den **zulässigen Bereich** aus.

> Ein **zulässiger Bereich** (Lösungsraum) ist diejenige Menge an realisierbaren Alternativen, die dem Entscheidungsträger zum Zeitpunkt der Entscheidung zur Auswahl steht. Diese Alternativen sind so zu formulieren, dass sie sich gegenseitig ausschließen.

Ein zulässiger Bereich kann **endlich** oder **unendlich viele** Alternativen enthalten.

Bevor der Planer einen problemspezifischen, zulässigen Bereich abgrenzt, hat er die schwierige Aufgabe, die wichtigsten Alternativen aufzuspüren, zu formulieren und zu analysieren. Eine vorzeitige und voreilige Beschränkung auf einige wenige Alternativen oder gar auf eine einzige Alternative, auf die der Planer zufällig stößt, kann zu schwerwiegenden Fehlentscheidungen führen. Eine ausgeprägte Kreativität und eine reiche Berufserfahrung des Planers stellen daher einen guten Wegbereiter zum Entdecken wirkungsvoller Alternativen dar.

Nach ihrem Verbund lassen sich einfache und kombinierte (komplexe) Alternativen unterscheiden. **Einfache Alternativen** sind weder hierarchisch noch zeitlich in Teilalternativen oder Maßnahmen gegliedert, sie sind kein Element einer Alternativenkette, sie bleiben im Zeitablauf unveränderlich und hängen nicht von der Entscheidung über nachfolgende Alternativen ab. Im Regelfalle hängen sie jedoch vom Eintritt bestimmter Ereignisse oder Bedingungen (Prämissen) ab, die selbst ungewiss sind, sodass auch eine einfache Alternative für verschiedene Bedingungen zu unterschiedlichen Wirkungen führen kann. Anders liegt dagegen der Sachverhalt bei **komplexen Alternativen.** Diese können in hierarchisch über- bzw. untergeordnete und zeitlich vor- bzw. nachgeordnete Teilalternativen gliederbar oder als Glied einer Alternativenkette von vorangehenden und nachfolgenden Alternativen abhängig sein. Sie hängen aber – wie die einfachen Alternativen – vom Eintreten ungewisser Ereignisse oder Bedingungen ab, sodass auch sie für verschiedene Bedingungen unterschiedliche Wirkungen herbeiführen können. Die Teilalternativen sind dabei durch unsichere Ereignisse bedingt, über deren Eintreten nur mehrwertige Erwartungen bestehen. Eine derartige Gesamtalternative kann daher als komplexe, mehrstufig bedingte Vorgehensweise gekennzeichnet werden.

> Unter **Alternativensuche** versteht man das systematische Aufspüren, Formulieren und Analysieren von Vorgehensweisen zur Zielerreichung.

Zur Bewältigung dieser Aufgabe ist ein Suchprozess zu durchlaufen, der aus folgenden Aufgaben besteht (Wild [Unternehmungsplanung] 85 f.):

(1) systematische und umfassende Suche nach Einzelideen (Hinweise, Ansätze und Einfälle zur Lösung des Problems),
(2) Kombination der Einzelideen zu (unabhängigen) Alternativen,
(3) präzise Kennzeichnung der gefundenen Alternativen,
(4) Analyse des Alternativenaufbaus und der Beziehungen zwischen den Alternativen,
(5) Abgrenzung der Alternativen zu einem zulässigen Bereich (insbesondere Aussonderung der bei den zu beachtenden Nebenbedingungen nicht realisierbaren Alternativen),
(6) Überprüfung der «Vollständigkeit» des zulässigen Bereichs.

Mit der Feststellung des zulässigen Bereichs ist die Alternativensuche abgeschlossen. Der zulässige Bereich (Lösungsbereich) bildet die Grundlage für die nachfolgenden Planungsphasen.

Als Methoden der Ideenfindung gelangen u. a. zur Anwendung (vgl. Abb. 1.8): Brainstorming-Techniken, morphologische und synektische Techniken.

2.2.4 Aufgaben der Prognose

Die vierte Phase des Planungsprozesses ist die Prognose. Für die Planung haben diejenigen Informationen besondere Bedeutung, die über Sachverhalte in der Zukunft sprechen; sie sind ihrer Art nach prognostische Informationen. Sowohl die prognostische Information selbst als auch der Vorgang ihrer Gewinnung bzw. Herleitung werden Prognose genannt.

> Prognosen sind Wahrscheinlichkeitsaussagen über das Auftreten von Ereignissen (Wirkungen, Daten) in der Zukunft, die auf Beobachtungen und theoretischen Aussagen beruhen.

Zur Durchführung einer Prognose benötigt man eine theoretische Aussage (Gesetz, Funktion) sowie eine Reihe von Randbedingungen, mit deren Hilfe bestimmte Konsequenzen vorhergesagt werden können (Schweitzer/Küpper [Produktions- und Kostentheorie] 6 f.). Diese Konsequenzen sind die oben genannten Ausprägungen einzelwirtschaftlicher Sachverhalte, die durch singuläre Aussagen beschrieben werden. Entscheidungslogisch handelt es sich bei den prognostizierten Konsequenzen um die Ausprägungen abhängiger Entscheidungsvariablen. Diese Ausprägungen sind Konsequenzen (Wirkungen) der unabhängigen Entscheidungsvariablen.

Nach der Beeinflussbarkeit durch einzelne Entscheidungsträger eines Unternehmens lassen sich beeinflussbare und nicht beeinflussbare Konsequenzen unterscheiden:

- Die **beeinflussbaren** Konsequenzen sind stets Ausprägungen abhängiger Variablen, auf die ein Entscheidungsträger durch seine Entscheidung, d.h. durch eine bestimmte Kombination unabhängiger Variablen, einwirken kann. Diese abhängigen Variablen heißen auch «endogene Erwartungsvariablen». Eine Vorhersage ihrer Ausprägung(en) wird **Wirkungsprognose** genannt. In Kurzform bezeichnet man die Wirkungsprognose als «Wird», da sie mit einer bestimmten Wahrscheinlichkeit auftreten **wird**.
- Bei den **nicht beeinflussbaren** Konsequenzen handelt es sich um Ausprägungen abhängiger Variablen, auf die ein Entscheidungsträger durch seine Entscheidung (zumindest für den jeweiligen Prognosezeitraum) nicht einwirken kann. Die in diesem Zusammenhang auftretenden abhängigen Variablen tragen auch die Bezeichnung «exogene Erwartungsvariablen». Die Vorhersage ihrer Ausprägungen heißt **Lage-** oder **Entwicklungsprognose**.

Während die durch eine Wirkungsprognose vorhergesagten Konsequenzen (Wird-Größen) darüber informieren, zu welchen Auswirkungen, Ergebnissen oder **Zielerreichungen** ergriffene bzw. ergreifbare Alternativen, Variablen oder Maßnahmen führen, liefert eine Lageprognose Informationen über Konstanten, Parameter oder allgemein **Daten,** die im Prognosezeitraum ohne das Eingreifen zielführender Maßnahmen zu erwarten sind und die den zulässigen Bereich der Alternativenwahl begrenzen.

Eine Vorhersage wird **Prognose** genannt, wenn sie wissenschaftlich begründet ist. Als wissenschaftlich begründet gelten im Allgemeinen **realwissenschaftliche Theorien**, die ihre **Fundierung** im Erfahrungsmaterial der Wirtschaftspraxis finden. Dazu rechnet man objektive Sachverhalte wie Vergangenheitserfahrungen, Beobachtungen und Messungen, sodass Prognosen, die mittels realwissenschaftlicher Theorien getroffen werden, auf objektiven Grundlagen beruhen und daher als **objektiv begründete Vorhersagen** anzusehen sind. Durch diese empirische Fundierung unterscheiden sich Prognosen von allen anderen Vorhersagearten, insbesondere von solchen, die nur subjektiv begründet oder unbegründet sind. **Subjektiv begründete Vorhersagen** stützen sich nur auf persönliche Erfahrungen, Einstellungen, Überzeugungen, Hoffnungen oder Befürchtungen und haben den Charakter von **Erwartungen** ohne empirische Fundierung. Bei den **unbegründeten Vorhersagen** handelt es sich schließlich um zukunftsbezogene Aussagen, die ihre Fundierung in spekulativen, wirklichkeitsunverbindlichen und -neutralen **Annahmen** finden. Derartige Annahmen werden gelegentlich in Ermangelung objektiv begründeter Aussagen fiktiv unterstellt, um überhaupt zu einer Vorhersage zu gelangen. Damit reicht die Spannweite möglicher Vorhersagen von Prognosen über Erwartungen bis zu Annahmen, wobei nur die objektive Begründung für Prognosen als wissenschaftlich zu charakterisieren ist. Jedoch ist anzumerken, dass der gegenwärtige Bestand an realwissenschaftlichen Theorien (und damit der Bestand an objektiv begründeten Prognosen) in der Betriebswirtschaftslehre noch relativ klein ist, sodass Erwartungen und Annahmen häufig an die Stelle von Prognosen treten (müssen).

Neben der Begründung hängt die Qualität betriebswirtschaftlicher Prognosen auch vom **Bestätigungsgrad** der verwendeten theoretischen Aussagen ab. Die zutreffendsten Prognosen können nach aller Erfahrung mit Hypothesen bzw. Theorien gewonnen werden, die wissenschaftlich begründet und empirisch gut bestätigt sind. Diese Hypothesen haben den Charakter **betriebswirtschaftlicher Gesetzmäßigkeiten** oder bei raum-zeitlicher Begrenzung den Charakter von **Quasi-Gesetzen**. Sie können deterministische oder nicht-deterministische Aussagen machen.

Die Phase der Prognose kann in folgende **Aufgaben** zerlegt werden (Wild [Unternehmungsplanung] 99 f.):

(1) **Kennzeichnung der Prognose** nach Gegenstand, Genauigkeit, Qualität und zeitlicher Reichweite.
(2) **Analyse der Vergangenheitserfahrungen** und deren Ursache-Wirkungs-Zusammenhänge sowie Prognose der Ursachenkonstellation für den Prognosezeitpunkt bzw. -zeitraum.
(3) **Herleitung der Prognose** nach Auswahl einer geeigneten Hypothese bzw. Theorie und Vorgabe der unabhängigen Entscheidungsvariablen sowie Formulierung der sonstigen Bedingungen für die Geltung der Prognose einschließlich einer Angabe über die Prognosewahrscheinlichkeit (zu Fragen des optimalen Prognoseverfahrens vgl. Brockhoff [Prognoseverfahren] 22 ff.).
(4) Überprüfung aller durchgeführten Einzelprognosen auf ihre **Widerspruchsfreiheit**.
(5) Durchführung von **Alternativprognosen**; diese können sich auf einen einzelnen Plan oder auf mehrere Alternativpläne beziehen. Bei einem einzelnen Plan können für denselben Sachverhalt auch alternative Teilprognosen erstellt werden. Über diese ist eine Auswahl und Kombination so zu treffen, dass sie verträglich sind und einem aufgestellten Gütekriterium entsprechen. Analoge Überlegungen sind für den Fall der Erstellung mehrerer Alternativpläne durchzuführen.

Die **resultierende Gesamtprognose** ist in einen Entwurf (Plan) einzubringen, der alle für die Zielerreichung erforderlichen Größen festlegt. Zur **Durchführung von Prognosen** können qualitative Methoden (z. B. Befragungen von Experten in Form der Delphi-Technik, Repräsentativbefragungen) oder quantitative Methoden (z. B. Indikatorenmodelle, Zeitreihenanalysen, Box-Jenkins-Techniken) herangezogen werden. (vgl. Abb. 1.8).

2.2.5 Aufgaben der Alternativenbewertung und Entscheidung

Die fünfte Phase des Planungsprozesses umfasst die **Bewertung** und **Entscheidung**. Nach der systematischen Abwicklung der Zielbildung, Problemfeststellung, Alternativensuche und Prognose ist der Planer (oder eine Planungsgruppe) in der Lage, eine begrenzte Anzahl unabhängiger Planalternativen (Alternativpläne) zu formulieren und auf ihre Zielwirksamkeit (Wirtschaftlichkeit, Leistungsfähigkeit) zu überprüfen. Da jeweils nur ein Plan für die Realisation vorgegeben werden kann, ist über die erarbeiteten Alternativpläne eine Bewertung und Entscheidung herbeizuführen.

Die Entscheidung für einen bestimmten Alternativplan ist ein rationaler Wahlakt, bei dem Wertfeststellungen und -zuordnungen, also Bewertungen, unumgänglich sind. In entscheidungslogischem Sinne ist Wert die Maßgröße für den Grad der Zielerreichung durch eine Alternative.

> Bewertung ist die Zuordnung einer Zielwirkung zu einer Alternative.

Als Ergebnis der Bewertung kann über alle berücksichtigten Alternativen eine Rangordnung erzeugt werden, welche die rationale Wahl einer Alternative ermöglicht. In einigen Fällen, so z. B. beim Verfolgen mehrerer Zielvorstellungen, kann es sich jedoch als notwendig erweisen, durch besondere Verfahren eine eindeutige Rangordnung der Alternativen überhaupt erst zu erzeugen. Auf welche Alternative dann letztlich die Wahl fällt, hängt zusätzlich von der verwendeten Entscheidungsregel ab.

Die grundlegende Maßgröße für die Bewertung einer Planalternative liefert die Wirkungsprognose. Als Ergebnis dieser Prognose werden die Haupt- und alle Nebenwirkungen einer Alternative aufgedeckt. Für alle Wirkungsprognosen gilt in der Wirtschaftspraxis, dass sie bei unvollkommener Information erfolgen und daher nicht sicher sind. Die Bewertung einer Alternative ist deshalb schwierig, weil bei ihrer Lösung mehrere unsichere Wirkungsprognosen berücksichtigt werden müssen. Auf jeden Fall ist die zu prognostizierende Gesamtwirkung, die man einer Planalternative letztlich als Wert zuordnet, stets nur ein wahrscheinlicher Wert.

> Eine Entscheidung ist die Wahl einer Alternative bei gegebener Zielvorstellung unter Nebenbedingungen.

Soweit Alternativpläne erarbeitet werden, ist bei rationaler Entscheidung nach dem Abwägen aller positiven und negativen Wirkungen der im jeweiligen Plan unterstellten Handlungsalternative derjenige Alternativplan auszuwählen, welcher eine optimale (extremale, satisfizierende oder fixierende) Gesamtwirkung verspricht und somit ein optimales Erreichen des gewählten Zieles (Planzieles) bzw. Zielsystems vorhersagt.

Bewertung und Entscheidung lassen sich in die nachfolgenden Aufgaben gliedern (Wild [Unternehmungsplanung] 111 ff.):

(1) Festlegung der Bewertungskriterien und der Kriteriengewichte

Bei der Festlegung eines Bewertungskriteriums handelt es sich um die Bestimmung der Maßgröße, durch welche ein Zielerreichungsgrad ausgedrückt wird. Durch diese Maßgröße sollen alle Alternativenwirkungen möglichst präzise und einfach entweder direkt oder indirekt gemessen werden können. Sobald mehrere Bewertungskriterien verwendet werden, können sie untereinander verschiedenes Gewicht haben, was damit zusammenhängt, dass auch die Teilziele, auf welche sich die einzelnen Bewertungskriterien beziehen, verschieden gewichtet sein können.

(2) Ermittlung der Kriterienwerte

Steht fest, welche Alternativenwirkung durch welches Bewertungskriterium gemessen werden soll, sind für jede Alternative die Kriterienwerte (Wird-Größen), zu ermitteln (zu prognostizieren).

(3) Ermittlung des Gesamtwertes der Alternative

Aus den einzelnen Kriterienwerten, die verschiedene Wirkungen einer Alternative angeben, ist im nächsten Schritt ein Gesamtwert der betrachteten Alternative zu ermitteln (zu prognostizieren). Der Gesamtwert (Wird) drückt aus, zu welchem Erreichungsgrad der übergeordneten Zielvorstellung die bewertete Alternative zu führen verspricht. Diese Erwägungen gelten sowohl für das Verfolgen einer einzigen als auch mehrerer Zielvorstellungen. Da es in der Wirtschaftspraxis häufig darum geht, ordinale und kardinale Kriterienwerte zu einem Gesamtwert einer Alternative zu verdichten, begnügt man sich häufig bereits mit ordinalen Gesamtwerten und folglich mit ordinal skalierten Rangordnungen der betrachteten Alternativen.

(4) Wahl des optimalen Alternativplans

Mit Hilfe der prognostizierten Gesamtwerte der Alternativpläne gelingt es, eine Reihung der Alternativpläne, d. h. eine Rang- oder Präferenzordnung, nach steigenden bzw. fallenden Gesamtwerten herzustellen. Auf der Grundlage dieser Rangordnung kann derjenige Alternativplan gewählt werden, welcher nach der Vorstellung des Entscheidungsträgers zur optimalen Zielerreichung führt. Der gewählte Plan muss keineswegs immer diejenige Alternative mit dem besten Gesamtwert sein, sondern diejenige, welche dem Anspruchsniveau sowie der Grundeinstellung des Entscheidungsträgers zu Chance und Risiko am besten entspricht. Ihren Niederschlag finden diese Merkmale in einer Auswahlvorschrift für Alternativen, die Entscheidungsregel genannt wird.

Als Bewertungsmethoden können zur Anwendung kommen: Nutzenzuordnungstechniken (z. B. Investitionsrechnungen, Kosten-Nutzen-Analysen, Nutzwertanalysen) und Techniken der Bewertungsstabilisierung (z. B. Sensitivitätsanalysen, Risikoanalysen). Beispiele für Entscheidungstechniken sind lineare, nichtlineare, dynamische, parametrische, stochastische Planungsrechnungen, Simulationen sowie Entscheidungsregeln bei verschiedenen Informationsständen (vgl. Abb. 1.8).

Erfüllt ein Planer die Aufgaben der Zielbildung, Problemfeststellung, Alternativensuche, Prognose sowie Alternativenbewertung und Entscheidung, gelangt er zu einem Plan als einem wirkungsvollen Instrument zur Führung des Unternehmens. In der Wirtschaftspraxis ist das Planungssystem mit dem Steuerungssystem, dem Organisationssystem und dem Informationssystem derart wechselseitig abzustimmen, dass der Einsatz dieser Instrumente zum optimalen Erreichen des gesamten Zielsystems des Unternehmens führt. Diese Aufgabe übernimmt das Controlling (Küpper [Controlling] 111 ff.; Horvath [Controlling] 168 ff.). Das Controlling zielt auf eine umfassende Versorgung der Führungskräfte mit aufgaben- und zielrelevanten Informationen sowie auf eine systematische Entscheidungskoordination. Damit stellt das Controlling eine führungsunterstützende Aufgabe dar, die sich auch auf die Führungsinstrumente der Planung und Steuerung bezieht.

Der praktische Vollzug des Planungsprozesses verlangt die Klärung einer Fülle weiterer Gestaltungsfragen, von welchen einige genannt werden sollen: Einsatz von Methoden, Modellen, Verfahren und Techniken in den einzelnen Planungsphasen; Einsatz von Planungsinstrumenten; Berücksichtigung prozessualer Einflussgrößen im Planungsprozess; Dokumentierung von Planungsinformationen u. a. Tatsächlich existiert bei jedem Planungsprozess ein komplexes Beziehungsgefüge von Einflussgrößen, Gestaltungsmerkmalen der Planung und Konsequenzen der Planungsgestaltung (vgl. die empirische Untersuchung von Rau [Unternehmungsplanung] 155 ff.).

2.3 Zuordnung von Planungstechniken zu Planungsphasen

Zur Unterstützung der verschiedenen Phasenaufgaben steht eine Reihe von Planungstechniken zur Verfügung. Einen Überblick über diese Planungstechniken und deren Zuordnung(en) zu den Planungsphasen gibt Abb. 1.8. (Wild [Unternehmungsplanung] 148 ff.; Klein/Scholl [Planung] 65 ff.).

Planungstechnik \ Planungsphase	Zielbildung	Problemfeststellung	Alternativensuche	Prognose	Bewertung	Entscheidung
Techniken der Zielbildung						
Relevanzbaum (PATTERN)	x	x	x		x	x
Kennzahlensysteme	x	x			x	
Zielbeziehungsmatrix	x			x		
Techniken der Problemfeststellung						
Frühwarnsysteme		x	x			
Szenario-Technik		x		x		
Checklisten	x	x	x	x		
Wertanalyse		x				
Systemanalyse		x				
Ablaufdiagramme		x				
Portfolio-Analyse		x	x			
Lückenanalyse (gap analysis)		x		x		
Kepner-Tregoe-Technik		x				
Branchenstrukturanalyse		x	x	x	x	
Produktlebenszyklusanalyse		x		x		
Analyse der Wertschöpfungskette		x	x			
Verpflechtungsmatrix		x	x	x		
SOFT-Analyse		x				
Erfahrungskurvenanalyse		x	x			
ABC-Analyse		x				
Techniken der Alternativensuche						
Brainstorming-Techniken:						
- Klassisches Brainstorming		x	x	x	x	
- Anonymes Brainstorming		x	x	x	x	
- Didaktisches Brainstorming		x		x	x	
- Destruktiv-konstruktives Brainstorming		x	x	x	x	
- Creative Collaboration Technique		x	x	x	x	
- Diskussion 66		x	x	x	x	
- Imaginäres Brainstorming		x		x	x	
- SIL-Technik				x		

Abbildung 1.8: Zuordnung von Planungstechniken zu Planungsphasen

Planungstechnik \ Planungsphase	Zielbildung	Problemfeststellung	Alternativensuche	Prognose	Bewertung	Entscheidung
Brainwriting-Techniken:						
- Technik 635	x		x	x		
- Brainwriting-Pool	x		x	x		
- Kärtchen-Befragung	x	x	x	x		
- Idea Engineering		x	x			
- CNB-Technik			x	x		
- Trigger-Technik	x		x	x		
- BBB-Technik			x			
Morphologische Techniken:						
- Morphologischer Kasten		x	x			
- Funktionsanalyse		x	x			
- Attribute Listing			x			
- Problemfeld-Darstellung		x	x			
- Sequentielle Morphologie		x	x			
Synektische Techniken:						
- Klassische Synektik			x			
- Synektische Konferenz			x			
- Visuelle Synektik			x			
- Bionik		x	x			
- Force-Fit-Spiel			x			
- Suchfeldauflockerung			x			
- Nebenfeldintegration		x	x			
- Semantische Intuition			x			
- Forced Relationship			x			
- Katalog Technik			x			
- NM-Technik		x	x			
- TILMAG-Technik		x	x			
Progressive Abstraktion		x	x			
Epistemologische Analyse		x	x			
KJ-Technik		x	x			
Hypothesen-Matrix		x	x			
Metaplan-Technik			x			
Zustandsbaum		x	x			
SYRA			x			

Abbildung 1.8 (Fortsetzung): Zuordnung von Planungstechniken zu Planungsphasen

Planungstechnik \ Planungsphase	Zielbildung	Problemfeststellung	Alternativensuche	Prognose	Bewertung	Entscheidung
Techniken der Prognose						
Delphi-Technik	x	x	x	x		
Repräsentativbefragung				x		
Indikatorenmodelle				x		
Zeitreihenanalyse		x		x		
Transformations- u. Produktionsfunktionen				x		
Kostenfunktionen				x		
Gozintograph				x		
Box-Jenkins-Technik				x		
Regressionsanalyse		x	x	x		
Wachstums- und Sättigungsmodelle				x		
Prognosekostenrechnung				x		
Durchlaufkurven				x		
Netzplantechnik		x	x	x	x	x
Cross-Impact-Analyse				x		
Techniken der Bewertung						
Break-even-Analyse					x	
Investitionsrechnung					x	x
Kosten-Nutzen-Analyse					x	
Nutzwertanalyse					x	x
Multi-Attribute-Nutzentheorie					x	
Risikoanalyse					x	x
Sensitivitätsanalyse		x	x	x	x	x
SEER	x			x	x	x
Produktbewertungsprofil		x			x	
Techniken der Entscheidung						
Lineare Programmierung			x		x	x
Nichtlineare Programmierung			x		x	x
Heuristiken			x		x	x
Simulation		x	x	x	x	x
Entscheidungsbaum			x		x	x

Abbildung 1.8 (Fortsetzung): Zuordnung von Planungstechniken zu Planungsphasen

Planungstechnik \ Planungsphase	Zielbildung	Problemfeststellung	Alternativensuche	Prognose	Bewertung	Entscheidung
Entscheidungsregeln bei Sicherheit:						
- Zielrangordnung	x				x	x
- Zielgewichtung	x				x	x
- Goal Programming					x	x
Entscheidungsregeln/-prinzipien bei Risiko:						
- μ-Regel					x	x
- μσ-Prinzip					x	x
- Bernoulli-Prinzip					x	x
Entscheidungsregeln/-prinzipien bei Unsicherheit:						
- Wald-Regel					x	x
- Maximax-Regel					x	x
- Hurwicz-Regel					x	x
- Laplace-Regel					x	x
- Savage-Niehans-Regel					x	x
- Krelle-Prinzip					x	x

Abbildung 1.8 (Fortsetzung): Zuordnung von Planungstechniken zu Planungsphasen

3 Arten und Phasen der Steuerung

3.1 Arten der Steuerung

In Abschnitt 1.1.3 wird definitorisch festgelegt, dass Steuerung einen geordneten, informationsverarbeitenden Prozess zielführender Eingriffe (Anpassungsmaßnahmen) in den Prozess der Planrealisation darstellt. Bei dieser Definition wird davon ausgegangen, dass ein vorgegebener Plan durch konkrete Prozesse (Beschaffen, Lagern, Transportieren, Fertigen, Absetzen, Beraten, Versichern u. a.) möglichst genau erfüllt werden soll. Soweit beim Vollzug dieser Prozesse keine Störungen oder Fehler auftreten, kann die Planvorgabe voll erreicht werden, und es bedarf keiner korrigierenden Eingriffe, d.h. die Planrealisation bedarf keiner Steuerung. In der Wirtschaftspraxis kommt eine reibungslose und risikofreie Planrealisation jedoch so gut wie nie vor. Dies liegt unter anderem daran, dass eingeplante Kundenaufträge gestrichen bzw. geändert werden, Maschinen ausfallen, Mitarbeiter erkranken, Materiallieferungen verspätet eintreffen u. a. Da fast immer **unvorhergesehene Störungen** auftreten, bedarf fast jeder Prozess der Steuerung. Wenn Planung als Instrument zur Schließung der Problemlücke angesehen wird, kann die nachfolgende Steuerung als **Sicherungsprozess** dafür angesehen werden, dass die Planvorgaben durch Realisationsprozesse möglichst gut erreicht werden. Dabei ist wiederum eine präzise Erreichung der Planvorgaben (der Planziele) in der Wirtschaftspraxis eher die Ausnahme. Steuernde Maßnahmen müssen daher als Instrumente angesehen werden, mit deren Hilfe alle erforderlichen Prozesse zielführend angepasst und in ihren Ergebnissen möglichst nahe an die Planvorgaben herangeführt werden.

Steuerung kann sich auf alle möglichen Prozesse beziehen. Hier wird sie nur auf den Prozess der Planrealisation bezogen, was nicht bedeutet, dass der gesamte Prozess der Planerstellung selbst keiner Steuerung bedarf. Auch im Prozess der Planerstellung können erhebliche Störungen (z. B. fehlende oder falsche Informationen, Überschreiten von Terminen, Ausfall von Planungsträgern) auftreten, sodass auch hier mit geeigneten Maßnahmen zielführend eingegriffen werden muss. Auf diese **ablauforganisatorischen Fragestellungen** der Planung wird in Abschnitt 4.2 näher eingegangen. Nachfolgend wird Steuerung stets auf den **Prozess der Planrealisation** bezogen.

In Wissenschaft und Wirtschaftspraxis sind für unterschiedliche Planungsarten auch zugehörige **Steuerungsarten** entwickelt worden. Um die Überschneidungen zum Abschnitt 3.2.2 (Aufgaben der Kontrolle) niedrig zu halten, wird hier lediglich ein Überblick über mögliche Steuerungsarten gegeben, während im genannten Gliederungspunkt bei der Behandlung der wichtigsten Kontrollarten die zugehörigen Steuerungsarten mit erfasst werden. Dieses Vorgehen soll u. a. dazu beitragen, das Bewusstsein dafür zu schärfen, dass es nicht genügt, jeder Planungsart eine zugehörige Kontrollart zuzuordnen, sondern diese Kontrollart in eine Steuerungsart einzubinden. Viele Autoren begnügen sich damit, im Zusammenhang mit der Planung lediglich die Kontrolle zu behandeln. Fragen der Veranlassung und der Sicherung werden damit aus den Konzepten ausgeklammert. Für eine Umsetzung der Planung in der Wirtschaftspraxis genügt es jedoch nicht, für die Planrealisation lediglich Kontrollfragen zu beantworten. Diese müssen vielmehr in einem geschlossenen Steuerungszusammenhang gesehen werden, damit Planvorgaben zielführend umgesetzt und Pläne selbst zielführend den geänderten Wirtschaftsbedingungen angepasst werden können. Dieser Prozess wird durch die **Veranlassung** ausgelöst und durch die **Sicherung** systematisch in ein Planfortschreibungskonzept eingebunden.

Prinzipiell lassen sich **Steuerungsarten** in Entsprechung zu den Planungsarten entwickeln:

- Nach dem **Bezugszeitraum** der Steuerung (und damit nach dem Bezugszeitraum der Planung) lassen sich trennen:
  - kurzfristige Steuerung,
  - mittelfristige Steuerung,
  - langfristige Steuerung.

- Nach dem Funktionsbereich, auf den sich Planung und Steuerung beziehen, lassen sich trennen:
  - Absatzsteuerung,
  - Fertigungssteuerung,
  - Lagerhaltungssteuerung,
  - Beschaffungssteuerung,
  - Finanzsteuerung,
  - Investitionssteuerung u. a.
- Nach dem Merkmal der Leitungshierarchie gelangt man zur Unterscheidung von:
  - Unternehmenssteuerung,
  - Bereichssteuerung,
  - Stellensteuerung.
- Wählt man zur Unterscheidung der Steuerungsarten die Steuerungshierarchie als Merkmal, lassen sich drei Steuerungsebenen unterscheiden:
  - strategische Steuerung,
  - taktische Steuerung,
  - operative Steuerung.
- Beim Heranziehen des Kriteriums Steuerungsrichtung können zwei unterschiedliche Fälle unterschieden werden:
  - Steuerung von außen nach innen (Outside-In-Control),
  - Steuerung von innen nach außen (Inside-Out-Control).
- Unter Berücksichtigung der Gegenstände, auf die sich Steuerungsmaßnahmen beziehen, sind zu unterscheiden:
  - Potenzialsteuerung,
  - Programmsteuerung,
  - Prozesssteuerung.
- Nach den Abstimmungsformen können unterschieden werden:
  - zeitliche sukzessive Steuerung,
  - zeitlich simultane Steuerung,
  - sachlich sukzessive Steuerung,
  - sachlich simultane Steuerung,
  - retrograde Steuerung,
  - progressive Steuerung,
  - zirkuläre Steuerung.
- Eine entsprechende Gliederung der Steuerungsarten nach Anpassungsformen führt zu den Steuerungsarten:
  - flexible Steuerung,
  - starre Steuerung,
  - rollende Steuerung,
  - nichtrollende Steuerung.
- Nach der Steuerungskompetenz, die Mitarbeitern im Steuerungsprozess übertragen wird, lassen sich unterscheiden:
  - Fremdsteuerung,
  - Eigensteuerung.

Arten und Phasen der Steuerung   91

- Nach dem Träger der Steuerungsaufgabe lassen sich trennen:
  - maschinelle Steuerung,
  - manuelle (persönliche) Steuerung.
- Nach dem Detailliertheitsgrad der Planinhalte lassen sich unterscheiden:
  - globale Steuerung (bezogen auf ganze Problemfelder),
  - detaillierte Steuerung (bezogen auf Teilproblemfelder).
- Nach der Präzision der Planinhalte können getrennt werden:
  - Grobsteuerung (bei groben Informationen über Steuerungsgrößen),
  - Feinsteuerung (bei exakten Informationen über Steuerungsgrößen).
- Nach dem Zentralisierungsgrad können unterschieden werden:
  - zentrale Steuerung,
  - dezentrale Steuerung.

Kriterium	Steuerungsarten			
Bezugszeitraum	langfristige Steuerung	mittelfristige Steuerung	kurzfristige Steuerung	
Funktionsbereich	Beschaffungssteuerung	Fertigungssteuerung	Absatzsteuerung	usw.
Leitungshierarchie	Unternehmenssteuerung	Bereichssteuerung	Stellensteuerung	
Steuerungshierarchie	strategische Steuerung	taktische Steuerung	operative Steuerung	
Steuerungsrichtung	Steuerung von außen nach innen		Steuerung von innen nach außen	
Steuerungsgegenstände	Potenzialsteuerung	Programmsteuerung	Prozesssteuerung	
zeitliche Koordination	zeitlich sukzessive Steuerung		zeitlich simultane Steuerung	
sachliche Koordination	sachlich sukzessive Steuerung		sachlich simultane Steuerung	
hierarchisch sukzessive Koordination	retrograde Steuerung	progressive Steuerung	zirkuläre Steuerung	
Anpassungsform	starre Steuerung	flexible Steuerung	rollende Steuerung	nichtrollende Steuerung
Steuerungskompetenz	Eigensteuerung		Fremdsteuerung	
Träger der Steuerungsaufgabe	maschinelle Steuerung		manuelle (persönliche) Steuerung	
Detailliertheitsgrad der Planinhalte	globale Steuerung		detaillierte Steuerung	
Präzision der Planinhalte	Grobsteuerung		Feinsteuerung	
Zentralisationsgrad	zentrale Steuerung		dezentrale Steuerung	
Sicherungsart	vorsorgende Steuerung		nachsorgende Steuerung	

Abbildung 1.9: Systematisierung von Steuerungsarten

Steuerungsziele \ Steuerungsgegenstände	Potenziale (z.B. Personal, Anlagen, Materialversorgung, Informationen, Energie)	Programme (z.B. Beschaffungs-, Fertigungs- bzw. Absatz-, Finanzierungsprogramm)	Prozesse (z.B. Beschaffungs-, Fertigungs-, Absatz-, prozess)
Wertmäßige Ziele	Potenzialkostensteuerung	Produktkostensteuerung, Produktgruppenkostensteuerung, Variantenkostensteuerung, Programmerlössteuerung	Prozesskostensteuerung (Reihenfolgekostensteuerung, Gruppierungskostensteuerung usw.)
Mengenziele	Potenzialmengensteuerung	Produktmengensteuerung	Prozessmengensteuerung
Qualitätsziele	Potenzialqualitätssteuerung	Produktqualitätssteuerung	Prozessqualitätssteuerung
Zeitziele	Zeitsteuerung für Potenziale	Produktzeitsteuerung	Prozesszeitsteuerung
	Terminsteuerung für Potenziale	Produkt- (Auftrags-) terminsteuerung	Prozessterminsteuerung

Abbildung 1.10: Systematisierung von Steuerungsarten (Beispielen) nach Steuerungszielen und Steuerungsgegenständen

- Auch eine Unterscheidung von Steuerungsarten nach der Sicherungsart ist denkbar. Hier sind zu trennen:
  - vorsorgende Steuerung (Preventive Control bzw. Feed-Forward-Control),
  - nachsorgende Steuerung (Corrective Control bzw. Feed-Back-Control).

Steuerung ist in ihren unterschiedlichsten Ausprägungen sowohl ein adaptiver als auch ein kreativer Lernvorgang. Bei den Steuerungsträgern führt er zu neuem Wissen und wachsender Erfahrung über Störungen und Fehler in der Planrealisation, zu ihrer Analyse und Handhabung sowie zu Verhaltensänderungen der Steuerungsträger im Sinne eines möglichst guten Erreichens vorgegebener Pläne (Ziele).

Abb. 1.9 gibt eine Zusammenfassung der dargestellten Steuerungsarten. Abb. 1.10 zeigt ergänzend zu den bisher dargestellten Steuerungsarten, welche weiteren Steuerungsarten auftreten können, wenn Steuerung sowohl durch Steuerungsgegenstände als auch durch Steuerungsziele gekennzeichnet wird.

3.2 Aufgaben der Steuerungsphasen

Wie in Abschnitt 1.2 bereits erwähnt wurde, können folgende Phasen des Steuerungsprozesses unterschieden werden (vgl. Abb. 1.11):

- Durchsetzung (Veranlassung),
- Kontrolle,
- Sicherung (Auslösung von Anpassungsmaßnahmen).

Analog zu den Phasen der Planung werden anschließend die Aufgaben der Steuerungsphasen näher beschrieben.

3.2.1 Aufgaben der Durchsetzung

Nach der Entscheidung für einen aufgestellten Plan und seine Freigabe durch die Unternehmensleitung muss der Plan über alle organisatorischen Einheiten durchgesetzt werden.

> Die Plandurchsetzung (Veranlassung) umfasst alle Maßnahmen der Information, Beratung und Motivation betroffener Mitarbeiter zur Planrealisation.

Für die Planrealisation ist kennzeichnend, dass kaum ein Plan exakt umgesetzt wird. Es besteht daher stets ein Realisationsrisiko des Planes. Dieses kann darin bestehen, dass sich die vorgegebenen Planinhalte nachträglich als nicht realisierbar erweisen, dass die verantwortlichen Planungsträger die Planvorgaben nicht exakt befolgen oder dass sonstige innerbetriebliche und außerbetriebliche Störgrößen und Fehler das Erreichen der Planvorgaben beeinträchtigen. Für die Unternehmensführung gibt es jedoch ein ausgeprägtes Durchsetzungsinteresse an den aufgestellten Plänen, weil durch diese sichergestellt werden soll, dass die vorgegebenen ökonomischen, technischen, sozialen und ökologischen Ziele möglichst gut erreicht werden. Aufgestellte und von der Geschäftsführung verabschiedete Pläne implizieren stets das Grundpostulat nach effektiver Planrealisation. Diese kann durch die Vorgabe eines Budgets, das die finanziellen Ergebnisse des Planes umfasst, zielführend unterstützt werden.

Durchsetzungsprobleme eines Planes treten nicht nur nach seiner Erstellung und vor Beginn der tatsächlichen Planrealisation auf, sondern bereits in allen vorangehenden Phasen der Planerstellung selbst. Dennoch gibt es einen Problemschwerpunkt der Plandurchsetzung, der nach der Verabschiedung und Freigabe des Gesamtplanes liegt. Für diese Plandurchsetzung, mit welcher der Steuerungsprozess der Planrealisation einsetzt, müssen organisatorische Regelungen getroffen werden. Unter dem Aspekt der Verhaltenssteuerung muss vor allem dafür gesorgt werden, dass die verabschiedeten Pläne von den Planungsträgern akzeptiert werden. Diese Akzeptanz kann u. a. durch eine angemessene Mitwirkung bei der Planerstellung

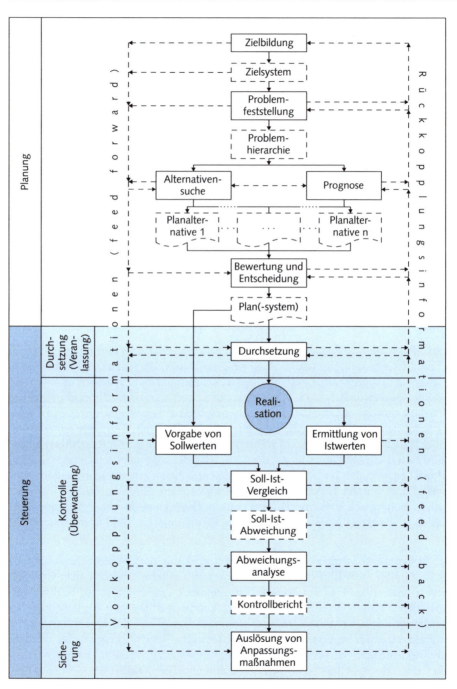

Abbildung 1.11: Stellung der Steuerung im Führungsprozess des Unternehmens

erreicht werden (vgl. Bottom-Up-Planung oder Zirkuläre Planung). Unter dem **Aspekt der Planrealisation** muss dafür Sorge getragen werden, dass bei den Planungsträgern alle erforderlichen Informationen, Mittel und Instrumente pünktlich und vollständig bereitgestellt werden. Außerdem muss sichergestellt werden, dass die Qualifikationen der Mitarbeiter dem jeweiligen Anforderungsprofil von der Planungsaufgabe her genügen. Sonstige technische, soziale und ökologische Störungen müssen rechtzeitig erkannt und beseitigt bzw. reduziert werden. Wichtigstes Ziel der Plandurchsetzung ist es damit, die Planrealisation vorzubereiten und sie anzustoßen bzw. auszulösen. Um dieses Ziel zu erreichen, können verschiedene **Durchsetzungsmaßnahmen** ergriffen werden (Wollnik [Plandurchsetzung] 1392):

(1) **Kontinuitätsmaßnahmen**

- Erzeugen des Bewusstseins für eine geordnete Planfortschreibung,
- Befolgen bewährter Prinzipien, Methoden und Verfahren bei der Planrealisation und ihrer Steuerung,
- Anknüpfen an die Planinhalte der Vorperiode.

(2) **Ausstattungsmaßnahmen**

- Bereitstellung angemessener Ausstattungen (finanziell, personell, maschinell),
- Bereitstellung von Informationen, Software, Datenbanken, Internet-Zugang.

(3) **Führungsmaßnahmen**

- Vorgabe eines (Kosten-)Budgets,
- Abgleich von persönlichen und Managementinteressen,
- Gewährung von Belohnungen bei Planerfüllung,
- Erläuterung, Beratung, Anweisung, Verwarnung, Drohung, Bestrafung,
- Solidaritätsappell, persönliche Förderung,
- Fortbildungsmaßnahmen,
- Abgrenzung des Kompetenz- und Verantwortungsbereichs der Planrealisation.

3.2.2 Aufgaben der Kontrolle

Auf die Durchsetzung folgt im Steuerungsprozess die **Kontrolle (Überwachung)** (vgl. Abb. 1.11). Sie ist auf das Engste mit der Planung verbunden, was durch eine umfassende Abstimmung ihrer Schwerpunkte und Inhalte zum Ausdruck kommt. «Nach Abschluss des Realisationsvorganges oder sogar gleichzeitig mit der Realisation setzt die Kontrollphase ein. Erst durch eine solche Kontrolle erhält die Planung volle Wirksamkeit und Sinn, indem Mängel im Vollzug oder Unstimmigkeiten in Planung und Planübermittlung erkannt werden können» (Kosiol [Betriebswirtschaftslehre] 230). Betrachtet man die einzelnen Zwecke der Planung (vgl. Abschnitt 1.1.4), wird ersichtlich, dass die Kontrolle für das Erreichen der Planziele und für die Beurteilung von Prognosen eine wichtige Rolle spielt. Noch klarer tritt die **Bedeutung der Kontrolle** hervor, wenn berücksichtigt wird, dass die meisten Prognosen und Vorgaben bzw. Handlungsvorschriften der Pläne mit Unsicherheiten verknüpft sind und außerdem subjektive Zielvorstellungen der Planungsträger zu

Abweichungen von diesen Vorgaben führen können. Für die Unternehmensführung ist es in dieser Situation wichtig zu erfahren, welche Planabweichungen auftreten und wo deren Ursachen liegen. Mit diesen Informationen kann eine **plankonforme Steuerung** des gesamten Unternehmensgeschehens verfolgt werden (Schweitzer [Fertigungswirtschaft] 578 ff.).

Zur Feststellung einer Planabweichung bedarf es eines Vergleichs zwischen einer **Plangröße** und einer **Vergleichsgröße**. Dabei kann die Plangröße Prognosecharakter oder Vorgabecharakter (Normcharakter) haben. Meist ist die Plangröße ein Ziel (Soll) und die Vergleichsgröße ein realisiertes Ergebnis (Ist), sodass die Kontrolle auf einem **Soll-Ist-Vergleich** beruht. Dies muss jedoch nicht in allen Fällen zutreffen. Insbesondere können in den Größenvergleich neben Zielen (Soll) und Ergebnissen (Ist) auch Prognosen (Wird) einbezogen werden. Unterstellt man, dass als Plangrößen sowohl Soll- als auch Wird-Größen auftreten können, ergeben sich die möglichen Kontrollarten (Vergleichsarten) nach Abbildung 1.12.

Plangröße \ Vergleichsgröße	Soll	Wird	Ist
Soll	Zielkontrolle (Soll-Soll-Vergleich)	Planfortschrittskontrolle (Soll-Wird-Vergleich)	Ergebniskontrolle (Soll-Ist-Vergleich)
Wird	–	Prognosekontrolle (Wird-Wird-Vergleich)	Prämissenkontrolle (Wird-Ist-Vergleich)

Abbildung 1.12: Kontrollarten (Vergleichsarten) nach verschiedenen Plan- und Vergleichsgrößen

Neben der **Ermittlung** der Abweichung zwischen Plangröße und Vergleichsgröße umfasst die Kontrolle auch die **Analyse** dieser Abweichung, denn ohne eine Ursachenanalyse der Planabweichung bleibt jede Kontrolle als Führungsinstrument unfruchtbar.

Die im Rahmen der Kontrolle durchzuführenden Vergleiche und Abweichungsanalysen müssen geordnet und laufend erledigt werden. Kontrolle lässt sich wie folgt definieren:

> **Kontrolle** ist ein geordneter, laufender, informationsverarbeitender Prozess zur Ermittlung und Analyse von Abweichungen zwischen Plangrößen (Prognose- oder Vorgabegrößen) und Vergleichsgrößen.

Verschiedene **Kontrollarten** können danach unterschieden werden, auf welche Plan- und Vergleichsgrößen sich die Kontrolle bezieht. Wie bereits gezeigt, kommen als Plan- und Vergleichsgrößen grundsätzlich in Frage: Soll-Größen, Wird-Größen und Ist-Größen. Während Soll-Größen stets Planziele darstellen, handelt es sich bei Wird-Größen um Wirkungsprognosen über die spätere Realisierung eines zugehörigen Planes. Ist-Größen sind schließlich Maßausdrücke über tatsächlich realisierte Werte, Mengen, Zeiten usw. Aus der Kombination dieser drei Größen lassen sich die fünf Kontrollarten der Abb. 1.12 entwickeln (vgl. Wild [Unternehmungsplanung] 44 f.; Pfohl/Stölzle [Planung] 59 ff.; Frese [Unternehmungsführung] 187 ff.):

(1) Zielkontrolle (Soll-Soll-Vergleich)

Bei der Zielkontrolle werden verschiedene Planziele (Soll-Größen) auf ihre Verträglichkeit überprüft. Dies geschieht vor der Zielrealisation im Rahmen der Realisierbarkeitsprüfung (vgl. Abschnitt 2.2.1).

(2) Planfortschrittskontrolle (Soll-Wird-Vergleich)

Eine Planfortschrittskontrolle vergleicht bereits während der Planperiode auf Grund gemachter Erfahrungen das vorgegebene Ziel (Soll) mit Wirkungsprognosen (Wird-Größen) der späteren Zielerreichung. Zweck dieses Vergleichs ist die frühzeitige Aufdeckung möglicher Störgrößen bzw. Fehler und damit potenzieller Soll-Ist-Abweichungen. Planungs- und kontrolltechnisch geht man dabei so vor, dass ein bestimmter Plan in einzelne Planabschnitte (milestones) aufgelöst wird, die Wird-Aussagen (Wirkungsprognosen) über die zu erwartende Planrealisierung zulassen. Soll-Wird-Informationen sind eine wesentliche Komponente der Vorkopplung und ermöglichen eine Alternativenbewertung.

(3) Ergebniskontrolle (Soll-Ist-Vergleich)

In Wissenschaft und Praxis wird der Begriff Kontrolle sehr oft im Sinne eines Soll-Ist-Vergleichs verwendet. Bei dieser Gegenüberstellung wird eine Soll-Größe (z. B. ein geplanter Gewinn) mit der realisierten Ist-Größe derselben Planperiode (dem Ist-Gewinn) verglichen, um den erreichten Grad der Planerfüllung zu ermitteln. Da dieser Vergleich im Kern ein Ziel-Ergebnis-Vergleich ist, wird er Ergebniskontrolle genannt. Die durch eine Ursachenanalyse aufbereiteten Resultate der Ergebniskontrolle stellen wichtige Informationen für die Rückkopplung des Führungsprozesses dar.

In der Wirtschaftspraxis wird häufig auch ein Ist-Ist-Vergleich als «Kontrollart» angewendet. Der reine Vergleich realisierter Ist-Größen hat jedoch keinen unmittelbaren Bezug zur Planung. Von einem reinen Ist-Ist-Vergleich kann gesprochen werden, wenn z. B. die realisierten Stromkosten vom Januar mit denjenigen vom Februar desselben Jahres verglichen werden. Die Differenz zwischen diesen zwei Kostenbeträgen liefert bei konstanten Preisen zwar eine Information über den Mehr- oder Minderverbrauch an elektrischem Strom in den betreffenden Monaten, jedoch handelt es sich dabei um keine Kontrollinformation im Sinne des hier entwickelten Planungs- und Kontrollzusammenhangs, da alle Ursachen der Verbrauchsschwankung unentdeckt bleiben. Die Information über die Abweichung im Stromverbrauch wird erst dann zu einer relevanten Kontrollinformation, wenn eine der beiden Vergleichsgrößen Vorgabe-, Plan- oder Normcharakter bekommt. Vergleicht man also die Stromkosten vom Januar mit den durchschnittlichen Stromkosten der Branche, die man zukünftig als Planziel anstrebt, stellt man tatsächlich einen Soll-Ist-Vergleich an, bei dem jedoch die Besonderheit vorliegt, dass die Soll-Größe aus realisierten Ist-Größen ermittelt wird. Somit liegt in diesem Fall eigentlich ein verdeckter Soll-Ist-Vergleich vor.

(4) Prognosekontrolle (Wird-Wird-Vergleich)

Der Wird-Wird-Vergleich dient der Konsistenzüberprüfung prognostizierter Größen bei Wirkungsprognosen. Werden z. B. die Konsequenzen (Wirkungen) mehrerer Alternativen prognostiziert und diese Wirkungen auf ihre Verträglichkeit (Konsistenz) überprüft, handelt es sich um eine Prognosekontrolle. Hier wird der Wird-Wird-Vergleich auf die Kontrolle von Wirkungsprognosen möglicher Alternativen (Maßnahmen) bezogen. Formal ist auch bei Lageprognosen ein Wird-Wird-Vergleich möglich.

(5) Prämissenkontrolle (Wird-Ist-Vergleich)

Jede Planung baut auf bestimmten Prämissen(Annahmen, Bedingungen) über einzelne Plangrößen auf, die in der Prämissenkontrolle überwacht werden. Die Planung eines optimalen Fertigungsprogramms fußt u. a. auf einer Prämisse über die in der Planperiode zur Verfügung stehende Fertigungskapazität. Diese Fertigungskapazität wird vor der Planrealisation für die Planperiode prognostiziert und bei der Planformulierung als Lageprognose (Datum) berücksichtigt. Sobald die Planrealisation begonnen hat, ist es von Bedeutung, nach der Abwicklung bestimmter Planabschnitte zu erfahren, ob die prognostizierte Kapazität auch wirklich noch zur Verfügung steht. Es wird also danach gefragt, ob die formulierte Kapazitätsprämisse noch zutrifft. Dies stellt man durch einen zugehörigen Vergleich der Lageprognose (die hier als Wird-Größe interpretiert wird) relativ einfach fest. Erweisen sich Planprämissen zwischenzeitlich als von der Wirklichkeit überholt, wird der betroffene Plan anpassungsbedürftig. Informationen, die aus der Prämissenkontrolle fließen, haben in erster Linie für die strategische Steuerung und für die Vorkopplung Bedeutung.

Die Kontrolle in dem hier definierten Sinne ist von der Revision zu trennen. Bei der Revision handelt es sich auch um einen Vergleich zwischen Plangrößen und Vergleichsgrößen, jedoch erfolgt dieser Vergleich nicht laufend (wie bei der Kontrolle), sondern nur fallweise. Eine nähere Abgrenzung der Kontrolle zur Prüfung und zum Auditing findet sich bei Thom ([Kontrolle] 1141 ff.).

Die Unterteilung der Kontrollarten nach Bezugsobjekten entspricht derjenigen der Planung und Steuerung nach demselben Merkmal (vgl. Abschnitt 2.1.1). Zur Gliederung der Kontrollarten sollen hier folgende Merkmale herangezogen werden:

- der Bezugszeitraum,
- der Funktionsbereich,
- die Leitungshierarchie,
- die Kontrollhierarchie,
- die Kontrollgegenstände.

(1) Nach dem Bezugszeitraum können getrennt werden:
- kurzfristige Kontrolle,
- mittelfristige Kontrolle,
- langfristige Kontrolle.

(2) Nach dem erfassten Funktionsbereich lassen sich z. B. unterscheiden:
- Absatzkontrolle,
- Fertigungskontrolle,
- Lagerungskontrolle,
- Beschaffungskontrolle,
- Finanzkontrolle,
- Investitionskontrolle.

(3) Das Merkmal der Leitungshierarchie ermöglicht die Unterscheidung von:
- Unternehmenskontrolle,
- Bereichskontrolle,
- Stellenkontrolle.

(4) Das Merkmal der Kontrollhierarchie führt zur Gliederung in:
- strategische Kontrolle,
- taktische Kontrolle,
- operative Kontrolle.

(5) Das Merkmal der Kontrollgegenstände führt zur Gliederung in:
- Potenzialkontrolle,
- Programmkontrolle,
- Prozesskontrolle.

Der Vergleich der Kontrollarten mit den Planungsarten nach den verschiedenen Bezugsobjekten zeigt, dass hier eine Zuordnung von Planungsart und Kontrollart nach demselben Gliederungsmerkmal möglich ist. Dieser Grundsatz der Zuordnungsfähigkeit von Planungsart und Kontrollart gilt ebenfalls für die Gliederungen nach der Abstimmungsform (vgl. Abschnitt 2.1.2) und nach der Anpassung (vgl. Abschnitt 2.1.3).

Auch die Kontrolle läuft in abgrenzbaren Prozessphasen ab. Jede dieser Phasen ist durch besondere Aufgabenstellungen gekennzeichnet. Außerdem sind die Phasen der Kontrolle durch Folge- und Informationsbeziehungen miteinander und mit den Phasen der Planung systematisch verknüpft. Nach Abb. 1.11 umfasst die Kontrolle vier Prozessphasen mit ihren Teilaufgaben, dargestellt am Beispiel des Soll-Ist-Vergleichs (Ergebniskontrolle) (Brink [Kontrolle] 1147; Frese [Kontrolle] 57 ff.):

- Vorgabe von Sollwerten,
- Ermittlung von Istwerten,
- Soll-Ist-Vergleich (Ermittlung der Soll-Ist-Abweichung),
- Abweichungsanalyse.

(1) Die Vorgabe von Sollwerten erfolgt durch die Handlungsvorschrift des Planes. Dies gilt sowohl für den Fall des Bestehens eines geschlossenen Planungssystems als auch für den Fall der Formulierung eines Einzelplans zu einem isolierten Problem. Durch die Vorgabe einer Sollgröße (Planziels) wird in erster Linie das Erreichen dieses Zieles angestrebt. Ob dieses Soll durch die Realisation des Planes auch tatsächlich erreicht wird bzw. wie hoch der Zielerreichungsgrad (Planerfüllungsgrad) jeweils ist, kann nur durch einen Ziel-Ergebnis-Vergleich, d. h. durch eine Ergebniskontrolle, festgestellt werden. Instrumente zur Vorgabe von Sollgrößen sind u. a. Pläne, Kostenbudgets, Deckungsbudgets und Kennzahlen.

(2) Die Ermittlung von Istwerten ist neben der Vorgabe der Sollwerte das zweite Element zur Durchführung des Vergleichs. Die ermittelten Istwerte messen das Ergebnis der Planrealisation und dienen der Feststellung, ob und wie die Planvorgabe (das Ziel) erreicht wurde. Um diesen Zielerreichungsgrad messen zu können, müssen die verwendeten Maßstäbe des Istwertes und des Zielwertes (Sollwertes) dieselbe Dimension haben und möglichst präzise sein. Bei unpräziser Formulierung der Ziele in den Plänen und/oder bei Verwendung unpräziser Maßstäbe zur Ergebnisfeststellung muss damit gerechnet werden, dass die abgeleiteten Kontrollinformationen ebenfalls unpräzise bzw. im Grenzfall unbrauchbar sind. Bei der Ermittlung von Istwerten können folgende Instrumente zur Anwendung gelangen: Kostenrechnung, Betriebsdatenerfassung, Befragung u. a.

(3) Im Soll-Ist-Vergleich werden, wie es bereits gesagt wurde, den Sollwerten des Planes die Istwerte der Planrealisation gegenübergestellt, und es werden die Soll-Ist-Abweichungen ermittelt. Durch den Soll-Ist-Vergleich wird damit der Planerfüllungsgrad faktisch festgestellt. Als Beispiele für Instrumente des Soll-Ist-Vergleichs können Balkendiagramme, Profilvergleiche sowie Fortschrittszahlenkonzepte genannt werden. Ist der Planerfüllungsgrad hoch, wird meist keine Anpassungs- oder Korrekturmaßnahme erwogen. Dagegen wird bei Planabweichungen, die einen bestimmten Umfang überschreiten, nach den Abweichungsursachen geforscht (Küpper [Controlling] 229 ff.).

(4) Die Abweichungsanalyse verfolgt den Zweck, herauszufinden, auf welche Ursachen (Störgrößen, Fehler) die ermittelten Planabweichungen zurückzuführen sind. Erlaubt es der Planungsgegenstand und sind die Verfahren der Abweichungsanalyse exakt, lässt sich häufig für eine spezifische Ursache (Ursachengruppe) auch eine zugehörige Abweichungsart (bzw. Teilabweichung) herausfinden.

Störgrößen bzw. Fehler, die in der Planung und in der Planrealisation auftreten, können vom Standpunkt des Unternehmens aus externe (exogene) oder interne (endogene) Größen sein. Mögliche externe Störgrößen, die vom einzelnen Unternehmen nicht beeinflusst werden können, müssen für die Planung als Planprämissen (konstant) angenommen werden. Mit welchem Wert dies geschieht, hängt davon ab, ob es sich um eine operative, taktische oder strategische Planung handelt. Insbesondere bei strategischer Planung spielt eine regelmäßig durchgeführte Prämissenanalyse eine besondere Rolle. Nachfolgend wird ein Überblick über Störgrößen (Fehler) gegeben, die als Ursachen für Planabweichungen auftreten können:

I. Fehler bei der Planung

(1) Fehler bei der Zielbildung
- Überzogene Zielvorgaben,
- Fehler bei der Ableitung von Teilzielen aus den obersten Zielen,
- unzureichende Zielpräzisierungen hinsichtlich Inhalt, Anspruchsniveau, Terminen, Trägern und Begrenzungen,
- unzutreffende Strukturierung von Zielhierarchien,
- Unstimmigkeiten bei der Prüfung der Zielrealisierbarkeit,
- Zielauswahlfehler.

(2) Fehler der Problemfeststellung
- Fehlerhafte Festlegung der Zielgröße,
- fehlerhafte Lageprognosen und Planprämissen,
- fehlerhafte Bestimmung der Problemlücke.

(3) Fehler bei der Alternativensuche
- Unsystematische und unvollständige Ideensuche,
- fehlerhafte Ideenkombination,
- mangelhafter Präzisionsgrad der Planalternativen,
- Fehler bei der Analyse von Alternativenbeziehungen,
- falsche Abgrenzung des zulässigen Bereichs.

(4) Fehler bei der Prognose
- Wahl eines falschen Prognoseverfahrens,
- Verarbeitung fehlerhafter Ursache-Wirkungszusammenhänge (Hypothesen),
- Theoriedefizit der Prognose,
- unzureichender (fehlerhafter, unvollständiger) Informations-Input für die Prognosen,
- Widersprüche zwischen einzelnen Prognosen,
- falsche (unvollständige, ungenaue) Ableitung der Vorhersagen (Lage- und Wirkungsprognosen).

(5) Fehler bei der Bewertung und Entscheidung
- Unvollständige Kriterienbestimmung,
- Fehler bei der Kriteriengewichtung,
- fehlerhafte Wirkungsprognosen,
- Fehler bei der Wertaggregation,
- falsches Entscheidungsverfahren.

II. Fehler bei der Steuerung

(1) Fehler bei der Plandurchsetzung
- Fehlerhafte Durchsetzung (Terminierung, Inhalt usw.),
- mangelhafte Motivation der Aufgabenträger,
- unzureichende (unpünktliche, unvollständige, ungenaue) Informations-, Mittel- und Instrumentenbereitstellung.

(2) Fehler bei der Ausführung (Realisationsfehler)
- Persönliche Ausführungsfehler,
- arbeitsmittel- und verfahrensbedingte Ausführungsfehler,
- werkzeug- und materialbedingte Fehler.

(3) Fehler bei der Kontrolle
- Einsatz fehlerhafter Sollgrößen (Niveau, Größe, Wert),
- unzureichende (unpünktliche, unvollständige, ungenaue) Ermittlung der Vergleichsgröße,
- falsche Betriebsdatenerfassung,
- fehlerhafte Bestimmung der Abweichungshöhe,
- fehlerhafte Identifikation von Störgrößen,
- mangelhafte Präzision des Kontrollberichts.

(4) Fehler bei der Sicherung
- Unzureichende (unpünktliche, ungeeignete) Sicherungsmaßnahmen,
- Fehlen vor- und nachsorgender Sicherungsmaßnahmen.

(5) Fehler bei den Steuerungsprämissen
- Rechtsänderungen,
- Störung des Arbeitsfriedens (Streik, Aussperrung),
- Änderungen volkswirtschaftlicher Daten (Handelsregelungen, Preisniveau, Währungsrelationen, Wettbewerbs-bedingungen usw.).

Diese Aufzählung der Störgrößen bzw. Fehler ist keineswegs vollständig, sie zeigt jedoch, dass sowohl bei der Planerstellung als auch bei der Planrealisation Störgrößen bzw. Fehler einzeln oder kombiniert auftreten und zu Planabweichungen führen können. Für die Steuerung ist es daher eine wichtige Aufgabe, mögliche Störgrößen bzw. Fehler frühzeitig und vollständig zu erkennen, damit Maßnahmen ergriffen werden können, die eine realitätsnahe Planerstellung und zielführende Steuerung der Planrealisation ermöglichen. Zu den Verfahren der Abweichungsanalyse zählen u. a. die Methoden zur Aufspaltung von Kostenabweichungen sowie eine Reihe von Methoden der Problemfeststellung (vgl. Abb. 1.8).

Im Kontrollbericht werden schließlich die Abweichungsursachen und die Abweichungsarten erläutert, systematisiert bzw. verdichtet, sodass Ansatzpunkte erkennbar werden, wie durch Einzelmaßnahmen zielführend in die Planung, Realisation oder in die Steuerung selbst eingegriffen werden kann. Die Kontrollinformationen gelangen auf dem Wege der Rückkopplung in die jeweiligen Funktionsbereiche bzw. zu den zuständigen Planungsträgern und lösen dort entsprechende Maßnahmen zur Anpassung bzw. Korrektur der bisherigen Vorgehensweise aus.

3.2.3 Aufgaben der Sicherung

Neben der Durchsetzung und der Kontrolle umfasst die Steuerung auch die **Sicherung**. In der Regel ergibt die Kontrolle, dass Pläne in den verschiedensten Planinhalten verändert und die Planrealisation verbessert, d. h. angepasst werden müssen. Der Kontrollbericht gibt bereits Hinweise bzw. empfiehlt Maßnahmen, die zum Zwecke der Anpassung ergriffen werden sollten. Es ist also rechtzeitig dafür zu sorgen, dass Maßnahmen zur Verhinderung, Minderung oder zur Beseitigung der festgestellten Störungen und Fehler bzw. der daraus resultierenden Abweichungen ergriffen werden. Diese sind die Aufgabenstellungen der Sicherung.

> Die **Sicherung** umfasst alle Maßnahmen zur vorherigen Abwehr bzw. zur nachträglichen Beseitigung von Störungen bzw. Fehlern im Prozess der Planungsrealisation. Dabei lassen sich **vorsorgende** und **nachsorgende** Sicherungsmaßnahmen unterscheiden.

Voraussetzung für die zügige Durchführung von Anpassungsmaßnahmen ist eine **sicherungsbezogene Denkhaltung** aller Planungsträger. Deren Planverantwortung darf nicht nur darin bestehen, Anpassungsempfehlungen umzusetzen, sondern auch darin, vorab Anpassungsnotwendigkeiten initiativ und kreativ zu erkennen. Diese Denkhaltung macht jedoch nur dann Sinn, wenn alle Planungsträger davon überzeugt sind, dass die Anpassungsmaßnahmen der unterschiedlichsten Unternehmensbereiche voll auf das Zielsystem koordiniert sind. Mit einer zügigen Durchführung der Anpassungsmaßnahmen werden Planungsrisiken vermieden oder gesenkt und damit neue Chancen der Zielerreichung wahrgenommen. Bei der Durchführung von Anpassungsmaßnahmen sollten aus der Kontrolle die wesentlichen **Abweichungsursachen** bekannt sein, über deren Veränderung man die Planabweichungen schnell und wirksam beeinflussen kann. Das **Sicherungsbewusstsein** der Planungsträger muss außerdem implizieren, dass jeder Wirtschaftsprozess einer Dynamik und Unsicherheit unterliegt, aus welchen für das Unternehmen stets eine Bedrohung erwachsen kann.

Die **Sicherung** hat dafür zu sorgen, dass die erforderlichen **Anpassungsmaßnahmen** auch tatsächlich durchgeführt werden. Von einzelnen Anpassungsmaßnahmen ist keine Phase der Planung ausgenommen. Anpassungsmaßnahmen können sich daher neben der Planrealisation auch auf die Planerstellung, d. h. auf die Zielbildung, Problemfeststellung, Alternativensuche, Prognose, Bewertung und Entscheidung beziehen. Unter Umständen kann sogar ein Anpassungsbedarf in den Steuerungsphasen der Durchsetzung, Kontrolle und Sicherung entstehen. Planung und Steuerung werden damit in den Dienst einer flexiblen Unternehmensführung gestellt. Sie

Steuerungsziele	Beispiele für Steuerungsinstrumente

Wertmäßige Ziele (z. B. Stück- oder Periodenerfolge, Deckungsbeiträge, Stück- und Periodenerlöse, Stück- und Periodenkosten, Return on Investment, Umsatzrentabilitäten)	– Pagatorische Erfolgsrechnungen
	– Kosten- und Erlösrechnungen
	  • Plankosten- und -erlösrechnungen
	    (z. B. Prognosekostenrechnung, Konstruktionsbegleitende Kostenrechnung, Grenzplankosten- und Deckungsbeitragsrechnung, prozessorientierte Kostenrechnung)
	  • Verhaltenssteuerungsorientierte Kosten- und Erlösrechnungen
	    (z. B. Standardkostenrechnung, Target Costing)
	– Kalkulationsarten
	  • Mitlaufkalkulationen
	  • Kurz- und Suchkalkulationen
	– Budgets
	– Kennzahlensysteme (z. B. DuPont-Kennzahlensystem)
	– Benchmarking-Konzepte
	– Wertzuwachskurven

Mengenziele (z. B. Herstellmengen, Kapazitäten, Anzahl der Mitarbeiter)	– Fortschrittszahlen – Kanban – Modelle der Auftragsfreigabe
Qualitätsziele (z. B. Kundenanforderungen wie, Fehlerfreiheit, Ästhetik, Zuverlässigkeit; technische Qualitätsgrößen wie Maßhaltigkeit, Festigkeit)	– SPC (Statistische Prozessregelungen) – Prozessfähigkeitsuntersuchungen – Kontrollkarten – Design Review – FMEA (Fehler-Möglichkeits- und Einfluss-Analyse zur Steuerung des Konstruktionsprozesses) – Qualitätssicherungssysteme (z. B. nach DIN ISO 9001) – Qualitätsbewertungen (durch Audits, Erstmusterprüfungen usw.)
Zeitziele (z. B. Durchlaufzeit, Bearbeitungszeit, Liefertermine, Bearbeitungstermine)	– Netzplantechnik – Balkendiagramme – Terminkarten – Terminisierungsmodelle – Prioritätsregeln (Ein- und Durchschleusungsregeln)
Verhaltensziele (z. B. Motivation, Zielbewusstsein, Identifikation)	– Finanzielle Anreizmechanismen (z. B. Prämien, Beteiligungen) – Nichtfinanzielle Anreizmechanismen (z. B. Arbeitsfeld- und -umfeldstrukturierung) – Kontrollen – Verhaltenssteuernde Kostenrechnung – Führungsstile – Mitwirkungsregelungen

Abbildung 1.13: Zuordnung ausgewählter Steuerungsinstrumente zu Steuerungszielen

tragen zur Existenzsicherung und Verbesserung der Wirtschaftlichkeit des Unternehmens bei.

> Planung wird erst in der Ergänzung durch die Steuerungsphasen «Durchsetzung», «Kontrolle» und «Sicherung» zum wirkungsvollen **Instrument der Unternehmensführung**.

3.3 Zuordnung von Steuerungsinstrumenten zu Steuerungszielen

Abb. 1.13 gibt einen Überblick über die Zuordnung von Steuerungsinstrumenten zu Steuerungszielen (Planzielen).

4 Betriebliche Planungs- und Steuerungssysteme

4.1 Begriff und Bestandteile eines Planungs- und Steuerungssystems

Das Planungs- und Steuerungssystem ist ein Teilsystem der Unternehmensführung. Neben dem Organisationssystem, Zielsystem u. a. ist es ein wichtiges Instrument zur Erfüllung von Führungsaufgaben. Wenn von diesem Instrument als System gesprochen wird, bedeutet dies, dass darunter alle Planungs- und Steuerungsaufgaben, -träger, -informationen, -methoden und Berichte sowie alle Prinzipien zu subsumieren sind, welche dieses Instrument konstituieren und funktionsfähig machen. Um diese Systembestandteile durch den Begriff des Planungs- und Steuerungssystems einfangen zu können, wird dieser zunächst abstrakt im Sinne des Systembegriffs definiert und dann in seinen Merkmalen interpretiert.

> Ein **Planungs- und Steuerungssystem** ist ein koordiniertes und integriertes Gefüge von Plänen und Steuerungsinstrumenten, das die Erfüllung vorausschauender und anpassender Aufgaben in wirtschaftlicher Weise ermöglicht.

Die Gestaltung eines Planungs- und Steuerungssystems obliegt in der Wirtschaftspraxis dem Controlling, das alle konkreten Systembestandteile konzeptionell festlegen und in der Form eines Planungshandbuchs dokumentieren kann. Elemente (Bestandteile) eines angewandten Planungssystems werden in Abb. 1.14 zusammengestellt. Die jeweiligen Bestandteile sind durch Beziehungsarten (z. B. Informations-, Kommunikations-, Koordinationsbeziehungen) so zu koordinieren und zu integrieren, dass das resultierende Planungssystem, auch bei unsicherer Informationslage, effizient und effektiv als Führungsinstrument eingesetzt werden kann

(Wild [Unternehmungsplanung] 153 ff.; Töpfer [Planungssystemkonzeptionen] 1516; Troßmann/Baumeister [Risikocontrolling] 76).

Bestandteile eines Planungssystems
- Planungsträger,
- Planungsaufgaben (einschließlich Kompetenz- und Verantwortungsabgrenzung),
- Pläne (einschließlich Ziele und Planungsgegenstände),
- Planungs- und Organisationsprinzipien,
- planungsrelevante Informationen (Informationssystem),
- Planungsinstrumente (Modelle, Architekturen, Software u. a.)

Abbildung 1.14: Bestandteile eines Planungssystems

Ein Handbuch zum Planungs- und Steuerungssystem enthält Informationen darüber, wie ein derartiges System aufgebaut ist, wie Planungs- und Steuerungsprozesse abzuwickeln sind sowie welche Prinzipien bzw. Regelungen dabei einzuhalten sind und wie die Instrumente eingesetzt werden sollen. Im Zusammenhang mit der wissenschaftlichen Analyse und der praktischen Gestaltung eines Planungs- und Steuerungssystems ist es unverzichtbar, das Planungssystem und das Steuerungssystem stets in einem geschlossenen Zusammenhang zu betrachten, da nur die Koppelung beider Systeme im Zeitablauf eine zielführende Planung und Steuerung ermöglicht. Diese Koppelung entspricht der Dynamik und Komplexität, die Planungs- und Steuerungssystemen immanent sind. Einen Überblick zu verschiedenen Ansätzen (Denkmodellen) von Planungssystemen gibt Töpfer ([Planungssystemkonzeptionen] 1519 ff.). Aufbau- und ablauforganisatorische Fragen der Planung erörtern Hahn/Hungenberg [Planungsorganisation] 1460 ff. und 1464 ff.).

4.2 Organisation angewandter Planungssysteme

4.2.1 Organisation der Planung der Volkswagen AG (VW AG)

In diesem Abschnitt werden Fragen der Gesamtplanung (des gesamten Planungs- und Steuerungssystems) in einem Automobil-Konzern am Beispiel der Volkswagen AG (VW AG) behandelt. Die in der VW AG arbeitsteilig durchgeführte Planung bedarf der Strukturierung aller Aufgaben, die im Planungsprozess erfüllt werden müssen. Dabei werden aufbauorganisatorische und ablauforganisatorische Strukturierungsfragen unterschieden.

Die Aufbauorganisation der Planung behandelt Probleme der

- Planungsorgane (wer sind die Träger der Planung?),
- der Aufgabendifferenzierung (sollen Planungsaufgaben verrichtungsbezogen oder produktbezogen differenziert werden?),

- der Aufgabenabgrenzung (wie sollen die Aufgaben von der Zielfeststellung bis zur Planverabschiedung und von der Durchsetzung (Veranlassung) bis zur Sicherung zueinander abgegrenzt werden?),
- der Qualifikation und Motivation (welchem Anforderungsprofil muss ein Planer genügen, und wie kann dieser zu effizienter sowie effektiver Erfüllung seiner Planungsaufgaben gebracht werden?) und
- der einzusetzenden Planungsinstrumente (welche Techniken, Modelle und Instrumente sollen bei der Informationsgewinnung bzw. -verarbeitung zum Zwecke der Planung und Steuerung eingesetzt werden?). Außerdem müssen informale Sachverhalte berücksichtigt werden.

Die Ablauforganisation der Planung behandelt Probleme der

- Reihenfolge der Planerstellung (welcher Plan soll vor bzw. nach welchem anderen Plan erstellt werden?),
- Terminierung (wann soll welche Planung frühestens bzw. spätestens begonnen werden, wie lange darf eine Planungsaufgabe dauern, wann muss der Gesamtplan von der Geschäftsführung verabschiedet werden?) und
- Richtung, in welche der Planungsprozess zu vollziehen ist (Top-Down-Planung, Bottom-Up-Planung, zirkuläre Planung bzw. Outside-In- oder Inside-Out-Planung?).

In der VW AG sind alle Ressorts im Rahmen ihrer Aufgabenstellung für Planung verantwortlich. Die Aufbauorganisation der Planung ist verrichtungsorientiert, wobei die Koordination und Integration der Einzelpläne im Rahmen der Gesamtplanung durch Controller, Planungskonferenzen und diverse Ausschüsse bzw. Komitees erfolgt. Die strategische, operative und finanzielle Gesamtplanung wird von der Produktplanung und von der Beteiligungsplanung flankiert (vgl. Abb. 1.15).

Nach der Fristigkeit bzw. nach der Planungshierarchie werden in der VW AG folgende Planungsstufen (-arten) unterschieden (Adelt [Überlegungen] 455 ff.); (Selowsky/Müllmann/Höhn [Planungsrechnung] 739 ff.):

- Strategische Rahmenplanung,
- Langfristplanung,
- Mittelfristplanung,
- Budgetplanung,
- Revolvierende Kurzfristplanung.

Die Strategische Rahmenplanung steckt nur globale Ziele und Strategien ab, die auf einen Zeitraum von 10 bis 20 Jahren bezogen sind; sie dient der Abschätzung langfristiger Entwicklungsmöglichkeiten auf der Basis unsicherer Prognosen über volkswirtschaftliche Tendenzen, Bevölkerungsentwicklungen, technologische Entwicklungen usw. In diesem Entwurf können allenfalls Diversifikationsabsichten zu Produktgruppen in groben Zügen markiert werden. Der Rahmenplan wird als Zentralplan kontinuierlich bzw. als Objektplan (zentral oder dezentral) diskontinuierlich erstellt.

108 Planung und Steuerung

Abbildung 1.15: Aufbauorganisation der Gesamtplanung der Volkswagen AG (nach VW AG [Konzern-Controlling])

Die Langfristplanung konkretisiert Investitions- und Produktprogramme bis zum branchenspezifischen Planungshorizont, der bis zu 10 Jahren reicht. Das Branchenspezifische des Planungshorizonts wird in der Entwicklungszeit für ein neues Kraftfahrzeug gesehen, welche nach Erfahrung gegenwärtig eine Größenordnung von ca. drei Jahren hat. Hinzu kommt die anschließende (durchschnittliche) Laufzeit des Produktes von ca. 7 Jahren. Dabei kann die Investitionsplanung im Einzelfall den genannten Planungshorizont überschreiten. Die besondere Bedeutung der Langfristplanung liegt darin begründet, dass sie für die Planung der Produktprogramme hierarchisch die höchste Einordnung erfährt, d. h., sie hat den Charakter einer strategischen Planung. Die Aufstellung eines Langfristplanes erfolgt mindestens einmal im Jahr.

Die Mittelfristplanung hat die Aufgabe, die Voraussetzungen zur Realisierung der Programme der Langfristplanung unter finanziellen, wirtschaftlichen und technischen Aspekten zu schaffen. Ihr Bezugszeitraum liegt bei fünf Jahren, die in erster

Linie durch die Überschaubarkeit der Marktentwicklung in der Absatzplanung sowie durch die Zeitbedarfe der Investition, insbesondere der Anlagen- und Gebäudeerrichtung, Spezialwerkzeugherstellung usw. bestimmt werden. Die Fünfjahresfrist wird auch als angemessen für die Investitionsentscheidungen sowie für die Kontrollbefugnis des Aufsichtsrats erachtet. Die Mittelfristplanung wird mindestens einmal im Jahr als Dezentralplanung durchgeführt.

Das Budget (besser: operative Planung) legt die Handlungsalternative mit ihren Einzelmaßnahmen für ein Geschäftsjahr fest. Es ist ein detaillierter, präziser Entwurf, der als Vollzugsplan der lang- und mittelfristigen Zielvorstellungen betrachtet wird. Steuerungsziele sind in erster Linie die Renditeziele des Kapitals unter Beachtung günstiger Erlös-Kosten-Relationen und hoher Kapazitätsauslastungsgrade. Das Budget wird als Steuerungsinstrument im Sinne des «management by exception» eingesetzt und zu diesem Zwecke in Monate bzw. Quartale gegliedert. Die Ermittlung und Analyse der auftretenden Abweichungen erfolgt mittels flexibler Plankostenrechnung in «controller-check-lists».

Die Revolvierende Kurzfristplanung («Voraussichtliches Ist») deckt einen Zeitraum von 15 Monaten bei einer Aufteilung in Monatspläne oder Quartalspläne ab. Eine Fortschreibung der Pläne erfolgt monatlich und quartalsweise, deren Koordination in der Hand des Controllers liegt. «Absicht der kurzfristigen Planung ist es, die vorausschaubaren Geschäftsentwicklungen monatlich aktualisiert auf die genannten Zeiträume ‹hochgerechnet› disponibel und steuerungsfähig zu halten. Die technische und wirtschaftliche Anpassung der laufenden Operationen steht also im Mittelpunkt dieser Planung. Gleichzeitig wird sie zum ständigen Korrektiv der jeweiligen Budget-, Mittel- und Langfristplanung» (Selowsky/Müllmann/Höhn [Planungsrechnung] 741). Das rollierende (revolvierende) Merkmal liegt in der fortlaufenden Korrektur der nachfolgenden Pläne durch die aktualisierten vorausgehenden Monats- oder Quartalspläne.

Abb. 1.16 zeigt die ablauforganisatorische Gestaltung des Gesamtplanungsprozesses im Volkswagen-Konzern. Hier wird gleichsam der «Arbeitsplan» für die Abfolge der einzelnen Planungsschritte (Steuerung der Planerstellung) festgelegt. Alle Terminaspekte bleiben außer Betracht. Diese Planungsschritte werden zweimal durchlaufen, wobei im ersten Durchlauf eine Grobauswahl von Alternativen und im zweiten Durchlauf die Feinplanung der Mittelfristplanungen und des Budgets erfolgt. Außerdem ist der Planungsprozess in einen konzernbezogenen und einen gesellschaftsbezogenen Abschnitt gegliedert.

Im konzernbezogenen Planungsabschnitt erfolgt zunächst die Planung und Verabschiedung eines Konzern-Produktprogramms. Dieses ist die Grundlage für zentrale Konzernabsatzprognosen, für dezentrale Absatzprognosen und für die Ermittlung von Kapazitäten, die in den Tochtergesellschaften bereits vorhanden oder noch im Aufbau sind. Aus den zentralen und den dezentralen Absatzprognosen entsteht durch deren Abstimmung ein Konzernabsatzplan, welcher die Entscheidung über die Kapazitäten und Fertigungsabläufe in den Tochtergesellschaften sowie die Ob-

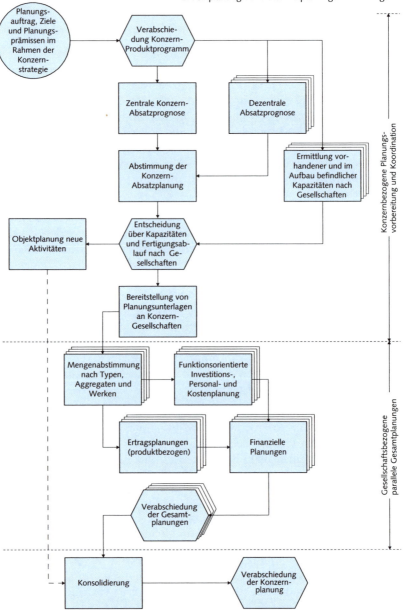

Abbildung 1.16: Ablauf der Gesamtplanung im Volkswagen-Konzern (nach Selowski / Müllmann / Höhn [Planungsrechnung] 777)

jektplanung neuer Aktivitäten nach sich zieht. Mit diesen Planungen ist die «konzernbezogene Planungsvorbereitung und Koordination» abgeschlossen, und die in der Konzernspitze erstellten Planungsunterlagen können anschließend an die Tochtergesellschaften weitergegeben werden.

Der gesellschaftsbezogene Planungsabschnitt in den Tochtergesellschaften greift auf die Planungsunterlagen der Konzernspitze zurück und plant Mengen nach Typen, Aggregaten sowie Werken. Außerdem werden auf der Grundlage dieser Mengenplanungen funktionsorientierte Investitions-, Personal- und Kostenplanungen sowie produktbezogene Ertragsplanungen durchgeführt, die nachfolgend zu finanziellen Planungen führen. In einem letzten Schritt werden dann die gesellschaftsbezogenen Gesamtplanungen durchgeführt und verabschiedet, an die Konzernspitze zur Plankonsolidierung sowie zur Verabschiedung der Konzernplanung weitergereicht. Nach einem zweimaligen Durchlauf der beschriebenen Planungsschritte kann davon ausgegangen werden, dass die Gesamtplanung für den Konzern allen Anforderungen der Konzernleitung entspricht und verabschiedungsreif ist.

Abb. 1.16 lässt erkennen, dass die ablauforganisatorische Gestaltung des konzernumfassenden Gesamtplanungsprozesses im Volkswagen-Konzern die Struktur einer zirkulären Planung (Gegenstromplanung) besitzt. Die Integration der konzern- und gesellschaftsbezogenen Pläne erfolgt hierarchisch sukzessiv, wobei der gesamte Planungsprozess durch einen retrograden Vorlauf und einen progressiven Rücklauf gekennzeichnet ist. Zwischen einzelnen hierarchischen Ebenen können bei Bedarf zum Zwecke der Koordination und Integration der Pläne auch Unterzyklen durchlaufen werden.

Auch für den Steuerungsbereich soll gezeigt werden (VW AG [Konzern-Controlling]), wie eine gewinnzentrenbezogene Planungs- und Steuerungsrechnung praktisch gestaltet wird. Bezugsbereich dieser Rechnung ist in der VW AG das Profit-Center.

> Als Profit-Center ist ein Bereich des Unternehmens zu verstehen, dessen Aufgaben nach dem Objektprinzip (produktbezogen) abgegrenzt werden und dessen Verantwortlichkeit am Erfolg orientiert wird (Schweitzer [Profit-Center] 2078).

«Die Planungs- und Kontrollrechnung der Profit-Center führt die jeweils abgestimmten Teilplanungen der Subsysteme zu Gesamtplänen zusammen und prüft, ob diese rentable und finanzierbare Entwicklungen der Unternehmenseinheiten versprechen und inwieweit auf dieser Basis die Zielvorstellungen des Konzerns realisiert werden können. Die Planungs- und Kontrollrechnung für ein Profit-Center bildet damit als finanzielle Planung den vorletzten Schritt in der Erstellung und Beurteilung des Unternehmens-Gesamtplans. Dieser Schritt ist entscheidend im Hinblick auf die finanzwirtschaftlichen Ziele des Unternehmens, Rentabilität und Liquidität» (Selowsky/ Müllmann/Höhn [Planungsrechnung] 771). Das Zielsystem des Konzerns wird aktuell um ein Kapitalrendite-Ziel (ROI) ergänzt.

112 Planung und Steuerung

Zur Steuerung aller Planrealisationen der Konzerngesellschaften wird ein «Planungs- und Kontrollbericht» erstellt, der in zusammengefasster Form die Komponenten der Abb. 1.17a enthält. Er ist die Grundlage für die monatliche Berichterstattung an Vorstand und Aufsichtsrat.

Wesentliche Zahlen	Juni		Januar – Juni			Juli	Aug.	Sept.	Gesamtjahr		
	Ist	besser/ schlechter) Budget	Ist	besser/ schlechter) Budget	besser/ schlechter) Vorjahr	Schätzung			Vorschau	besser/ schlechter) Budget	besser/ schlechter) Vorjahr
Absatz Fzg. (Tsd. Stück) Produktion Belegschaft (Stand Tsd.)											
Umsatz (Mio.€) Ergebnisbeitrag – in % vom Umsatz Fixkosten – in % vom Umsatz Aktivierung / AfA Entwicklungskosten Sonstige Kosten / Berichtigungen Risikovorsorge											
Operatives Ergebnis – in % vom Umsatz											
Beteiligungsergebnis Zinsergebnis Sonstiges Finanzergebnis											
Ergebnis vor Steuern – in % vom Umsatz **Ergebnis nach Steuern**											
Brutto-Cash-Flow Veränderung Working Capital **Cash-Flow laufendes Geschäft**											
Investitionstätigkeit											
Netto-Cash-Flow Selbstfinanzierung											
Brutto-Liquidität Kreditstand **Netto-Liquidität**											
Investiertes Vermögen Operatives Ergebnis nach Steuern Kapitalkosten (bei 9 %)											
Economic Value Added (EVA®) **Kapitalrendite (RoI)** (%)											

Abbildung 1.17a: Planungs- und Kontrollbericht (nach VW AG [Steuerungsgrößen] 28)

Die Erweiterung des Planungs- und Kontrollberichts zum Budget und zur Mittelfristplanung zeigt Abb. 1.17b:

Wesentliche Zahlen		VS 2010	Budget 2011	Budget 2012	Planung 2013	Planung 2014	Planung 2015
Absatz (FBU/CKD)	Tsd. Stck. b/(s)	0	0	–	–	–	–
Produktion (FBU/CKD)	Tsd. Stck. b/(s)	0	0	–	–	–	–
Belegschaft (Jahresendstand)	Tsd. MA b/(s)	0,0	0,0	–	–	–	–
Produktivität	Fzg./MA b/(s)	0,0	0,0	–	–	–	–
Umsatz	Mio. € b/(s)	0	0	–	–	–	–
Ergebnisbeitrag	Mio. € b/(s)	0	0	–	–	–	–
– in % vom Umsatz	Prozent b/(s)	#DIV/0! #DIV/0!	#DIV/0! #DIV/0!	#DIV/0! –	#DIV/0! –	#DIV/0! –	#DIV/0! –
Fixkosten	Mio. € b/(s)	0	0	–	–	–	–
Aktivierung / AFA Entw. Kosten	Mio. € b/(s)	0	0	–	–	–	–
Sonstige Kosten / Berichtigungen	Mio. € b/(s)	0	0	–	–	–	–
Risikovorsorge	Mio. € b/(s)	0	0	–	–	–	–
Operatives Ergebnis	Mio. € b/(s)	0 0	0 0	0 –	0 –	0 –	0 –
– in % vom Umsatz	Prozent b/(s)	#DIV/0! #DIV/0!	#DIV/0! #DIV/0!	#DIV/0! –	#DIV/0! –	#DIV/0! –	#DIV/0! –
Beteiligungsergebnis	Mio. € b/(s)	0	0	–	–	–	–
Zinsergebnis	Mio. € b/(s)	0	0	–	–	–	–
Sonstiges Finanzierungsergebnis	Mio. € b/(s)	0	0	–	–	–	–
Ergebnis vor Steuern	Mio. € b/(s)	0 –	0 –	0 –	0 –	0 –	0 –
– in % vom Umsatz	Prozent b/(s)	#DIV/0! #DIV/0!	#DIV/0! #DIV/0!	#DIV/0! –	#DIV/0! –	#DIV/0! –	#DIV/0! –
Ergebnis nach Steuern	Mio. € b/(s)	0	0	–	–	–	–
Cash-Flow lfd. Geschäft	Mio. € b/(s)	0	0	–	–	–	–
Investitionstätigkeit	Mio. € b/(s)	0	0	–	–	–	–
davon: Investitionen in Sachanlagen	Mio. € b/(s)	0	0	–	–	–	–
Zugänge aktivierte Entwicklungskosten	Mio. € b/(s)	0	0	–	–	–	–
Netto-Cash-Flow	Mio. € b/(s)	0 0	0 0	0 –	0 –	0 –	0 –
Selbstfinanzierung	Mio. € b/(s)	0	0	–	–	–	–
Brutto-Liquidität	Mio. € b/(s)	0	0	–	–	–	–
Kreditstand	Mio. € b/(s)	0	0	–	–	–	–
Netto-Liquidität	Mio. € b/(s)	0 0	0 0	0 –	0 –	0 –	0 –
Break-Even (Ergebnis vor St./Kapazität)	Prozent b/(s)	0,0	0,0	–	–	–	–
Kapitalrendite (RIO)	Prozent b/(s)	0,0	0,0	–	–	–	–

Abbildung 1.17 b: Budget und Mittelfristplanung (nach VW AG [Konzern-Controlling])

4.2.2 Organisation der Advanced Planning und Scheduling Systeme (APS-Systeme)

4.2.2.1 Entwicklung der APS-Systeme

In diesem Abschnitt wird die Organisaton eines zweiten angewandten Planungs- und Steuerungssystems dargestellt, das nicht wie das System der Volkswagen AG (VW AG) ein Gesamtplanungs- und Steuerungssystem ist, sondern ein engeres System (Teilsystem), das bevorzugt zur Gestaltung von Güterflüssen in Versorgungsketten bzw. Wertschöpfungsnetzen (Supply Chains [SC]) der Industrie herangezogen wird. Es handelt sich um das Advanced Planning und Scheduling System (APS-System). Sein Charakter als Teilsystem eines angewandten Planungs- und Steuerungssystems beruht auf dem Umstand, dass es betont auf die Gestaltung von materiellen Güterflüssen orientiert ist und beispielsweise Probleme der Investitions-, Finanz-, Personal- und Ertragsplanung aus der Planung ausklammert (Stadtler/Kilger [Advanced Planning]).

Während die Organisation des Gesamtplanungs- und Steuerungssystems der VW AG in Probleme der Aufbauorganisation und Ablauforganisation des Systems gegliedert ist, wird in der Organisation des APS-Systems zwischen Problemen der Planung (Supply Chain Planning) und Steuerung (Supply Chain Execution) unterschieden. Dementsprechend sind die Aufgaben der Planung im APS-System nicht nach den Ebenen des Leitungssystems differenziert, sondern nach den Ebenen der Planungshierarchie in Long-term Planning (strategische Planung), Mid-term Planning (taktische Planung) und Short-term Planning (operative Planung) (Fleischmann/Meyr/Wagner [Planning] 81 ff.; Meyr/Wagner/Rohde [Structure] 114).

Auch für die Bereiche der Dienstleistungsproduktion und des eBusiness werden zunehmend APS-Systeme entwickelt.

In Industrieunternehmen haben sich die APS-Systeme aus mehreren Vorgänger-Systemen entwickelt. Da in diesem Unternehmenstyp Fragen der Fertigungsplanung und -steuerung seit Jahrzehnten mit Vorrang behandelt werden, liegen die Wurzeln dieser Entwicklung unverkennbar in der Fertigung (Produktion). Die Entwicklung der APS-Systeme vollzog sich hier in mehreren Etappen:

(1) Konzipierung von Verfahren für Teilaufgaben der Fertigungsplanung und -steuerung (PPS), z. B. Stücklistenprozessoren (BOMP) sowie die Planungs- und Steuerungssysteme PICS und COPICS von IBM.
(2) Konzipierung von Verfahren der Produktions- und Absatzprogrammplanung, Materialbedarfsplanung, Termin- und Kapazitätsplanung sowie Auftragsveranlassung als Material Requirements Planning (z. B. MRP II). In diesem System erfolgen die Material- und Kapazitätsplanung sukzessiv, die Neuaufwurfplanung ist sehr schwerfällig, zur Terminplanung werden feste Durchlaufzeiten verwendet, und die Kapazitäten sowie Bestände einzelner Werke werden isoliert geplant.

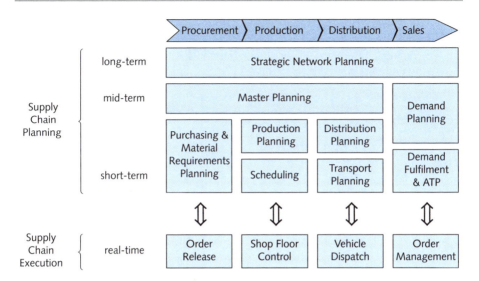

Abbildung 1.18: Relation between APS and Supply Chain Execution Systems (entnommen aus: Meyr / Wagner / Rohde [Structure] 114)

(3) Konzipierung erweiterter Planungsansätze (unter Einschluss der Logistikmodule) für die Nachfrageplanung, Fertigungsplanung und -steuerung, Vertriebsplanung und Transportplanung als Enterprise Resource Planning (ERP-Systeme).

(4) Konzipierung integrierter APS-Systeme als Erweiterung/Ergänzung bisheriger ERP-Systeme unter Austausch mit der ERP-Datenbasis und unter Formulierung neuer Algorithmen sowie (Meta-) Heuristiken. APS-Systeme integrieren in ERP-Systeme neu entwickelte Lösungen, die Planungsergebnisse für Produktion und Lager, für standortorientierte Kapazitätsplanung, für standortorientierte Teilelagerplanung sowie für Kapazitäts- und Einsatzplanung von Transportmitteln unter Berücksichtigung mehrerer Standorte umfassen. Bevorzugtes Anwendungsgebiet der APS-Systeme sind gegenwärtig wirtschaftliche Versorgungssysteme, d. h. unternehmensbezogene (interne) und unternehmensübergreifende (regionale, nationale und internationale) Wertschöpfungsketten bzw. Wertschöpfungsnetzwerke. Hier unterstützen sie das Supply Chain Management (SCM) bei seinen strategischen Gestaltungsentscheidungen zum Aufbau von Ketten und Netzwerken sowie bei seinen taktisch/operativen Planungs- und Steuerungsentscheidungen. Diese Anwendung der APS-Systeme steht in der Entwicklungstradition der produktionsorientierten Planungs- und Steuerungsverfahren. Sie integriert jedoch schrittweise neue Phasen des Güterflusses in den Systemzusammenhang. Zunehmend rücken, wie es bereits gesagt wurde, auch das eBusiness und die Dienstleistungsproduktion als Anwendungsoptionen in das Blickfeld der APS-Systeme. Bekannte Anbieter von Softwaretools auf dem APS-Markt sind u. a. *SAP* (Deutschland), *i2 Technologies* (USA), *Manugistics* (USA) und *Numetrix* (Canada).

APS-Systeme ergänzen bzw. erweitern ERP-Systeme. Beide Systeme haben daher sowohl gemeinsame als auch unterschiedliche Elemente. Einen Überblick über die Unterschiede in einigen Einzelplanungen von ERP und APS/SCM (APS in der SCM-Anwendung) gibt Abb. 1.19:

	ERP	APS-SCM
Approach	Transactional systems	Interactive/simulative system
Analysis	What is – what was	What is – what will be
Frequencies	Batch run	Real time analyss
Focus on	Data management and integration	Shop floor simulation, material availability check, etc.
Production capacity	Infinite (indirect management by means of lead times)	Finite and detailed; each kind of production resource
Programs	Rough plans	Operational
Model	Company's business model parameterisation	Logistic and productive resources detailed model
Paradigm	Hierarchical top – down	Distributed with integrated control; bottom-up approach available
Computation logic	Easy (e.g. MRP computation	AI, heuristics, optimisation algorithms

Abbildung 1.19: ERP vs. APS-SCM key distinguishing elements (entnommen aus: Caridi/Sianesi [SCM-ERP Integration] 1127)

4.2.2.2 Module eines APS-Systems der Sachgüterproduktion

Für abgegrenzte Funktionen einer Versorgungskette der Sachgüterproduktion enthält ein APS-System Software-Module, die das Erstellen unternehmensinterner und unternehmensübergrifender Einzelpläne ermöglichen. Der wesentliche Fortschritt eines APS-Systems liegt in der umfassenden Koordination und Integration von Einzelplänen zu einem «Gesamtplan». Alle Module eines APS-Systems lassen sich zweidimensional nach Funktionen (Purchasing, Production, Distribution, Demand) und nach Planungsebenen (strategisch, taktisch, operativ bzw. long-, mid- und shortterm) präzisieren. In diesem System liegt die Koordinations- und Integrationsaufgabe in der präzisen Erfassung und zielführenden Gestaltung der planungsrelevanten Beziehungsarten zwischen den Modulen.

Die in Abbildung 1.18 wiedergegebenen Module eines APS-Systems umfassen Software zur Erfüllung folgender Aufgaben:

(1) **Strategic Network Planning/Network Design:** Die strategische Gestaltung einer SC hat folgende Fragen zu beantworten: Welche globale Struktur soll die SC haben? Wie viele Partner (Kunden und Zulieferer) sollen in die SC vertraglich eingebunden werden? An welchen Standorten sollen die SC-Partner Kapa-

zitäten für Produktion und Lager bereitstellen? Wie ist der gesamte Güterfluss auf die Partner zu verteilen? Welche Lieferkanäle zwischen den Partnern sind zu benutzen? Welche neuen Standorte sind in der SC vorgesehen? Welche Struktur soll der Informationsfluss in der SC erhalten? Wie sind die Informationsinstrumente (z. B. das Controlling) der Partner zu vereinheitlichen? Welcher Partner ist der SC-Führer (SC-Leader)? - Diese Auswahl an Fragen lässt erkennen, wie komplex und risikoreich die strategische Gestaltung einer SC ist. Dennoch wird schon auf der strategischen Planungsebene versucht, durch die Beantwortung der formulierten Fragen die Struktur des gesamten Wertschöpfungssystems zu «optimieren». Die Bedeutung der gefundenen Struktur liegt darin, dass sie den Rahmen für alle nachfolgenden taktischen und operativen Planungs- und Steuerungsentscheidungen vom «Master Planning» bis zum «Available to Promise» bildet.

(2) **Master Planning:** Die taktische Aufgabe des Master Plannings besteht in der Koordination von Kapazitäten und von in der Regel aggregierten Produktionsmengen der gesamten SC für eine Planperiode (meist 1 Jahr). Als Fragen sind hier zu beantworten: Welche Engpässe, Endprodukte und kritischen Komponenten sind als Schwerpunkte der Planung zu berücksichtigen?. Wie gelangt man zu einer SC-weiten, kostengünstigen Struktur der Güter- und Informationsflüsse als Grundlage der Materialbedarfsplanung, der Produktionsplanung und der Distributionsplanung? Wie lauten die taktischen Vorgaben für die operative Planung und Steuerung von Produktionskapazitäten, Personaleinsatz, Materialbeschaffung, Produktionsmengen, Transportmengen und Lagerbeständen für alle SC-Partner und deren Werke?

(3) **Purchasing & Material Requirements Planning:** Das Material Requirements Planning umfasst die Aufgaben der periodischen Materialbedarfsplanung für Rohstoffe, Baugruppen, Elemente usw., die Generierung einzelner Bestellaufträge an einzelne SC-Partner und Informationen über die Verfügbarkeit einzelner Materialien. Diese Planung soll u. a. folgende Fragen beantworten: Mittels welcher Verfahren (programmorientiert, verbrauchsorientiert) soll der Materialbedarf an A-, B- und C-Gütern prognostiziert werden? Wie wirken Produktionsengpässe auf die Materialbedarfsplanung? Wie ist eine Bestellpolitik zu präzisieren, um Unsicherheiten in der Materialbereitstellung aufzufangen? Nach welchem Verfahren soll die Bestellmengenplanung erfolgen? Soll die Bestellauslösung beim Lieferanten (Vendor System) oder traditionell beim Kunden liegen? Wie soll das Informationssystem zur Prüfung der Materialverfügbarkeit organisiert werden?

(4) **Production Planning:** Die Aufgaben des Production Plannings bestehen in der Präzisierung der groben Daten des Master Plannings für kürzere Teilperioden (Wochen, Tage, Schichten) bei einem Planungshorizont von durchschnittlich zwei bis drei Monaten und für unterschiedliche Produktionsstandorte. Das taktisch grob vorgegebene Produktionsprogramm wird in einzelne Produktionsaufträge der Produktionsstandorte aufgelöst. Auch hier ergeben sich zahlreiche Einzelfragen: Wie ist das grobe Produktionsprogramm in einzelne Produktions-

aufträge aufzuspalten? Welche Produktionsaufträge werden an bestimmte Produktionsstandorte vergeben? Wie ist bei dieser Zuordnung die Auslastung des jeweiligen Standorts zu berücksichtigen? In welchem Umfang sollen die genannten Aufgaben produktionsnahe (dezentral) oder produktionsfern (zentral) erfüllt werden? Welche technischen, personellen, ökonomischen und ökologischen Besonderheiten eines Produktionsauftrags bzw. Standorts sind bei der Auftragszuordnung zu beachten?

(5) **Scheduling:** Die Aufgaben des Schedulings umfassen operative Steuerungsfragen der Produktion. Zu ihnen zählen die Terminierung, die Maschinenbelegung und der Personaleinsatz. An Einzelfragen ergeben sich dabei: Nach welchem Prinzip (Push- oder Pull-Prinzip) soll der Materialfluss gesteuert werden? Wie müssen einzelne Teilaufträge terminiert werden, um (alle) an Kunden zugesagten Liefertermine einzuhalten? Wie ist das Terminierungsproblem bei Fremdvergabe und separaten Entwicklungs- und Konstruktionsaufträgen zu lösen? Welches Ziel soll für die Reihenfolge der Auftragsbearbeitung an einzelnen Maschinen gewählt werden? Nach welchem Verfahren (simultane Optimierung, Prioritätsregeln) sollen die Probleme der Maschinenbelegung und der Terminierung gelöst werden? Wie sollen Eilaufträge, Nachbestellungen und Sonderaufträge in die Produktion eingeschleust werden? Welche Wechselbeziehungen bestehen zwischen Fertigungslosgrößen und Bearbeitungsreihenfolgen? Wie sind Überstunden, Kurzarbeit und Springereinsatz zu regeln?

(6) **Distribution Planning:** Als Aufgabe des Distribution Plannings wird die Planung des Weges (bzw. des Liefernetzes) verstanden, auf welchem Produkte vom Lieferanten an den Kunden gelangen. Das Distribution Planning behandelt sowohl die taktischen Fragen der Liefernetzgestaltung (einschl. des Transportsystems) als auch die operativen Fragen der Bestandsplanung im Liefernetz. An Fragen seien genannt: Wie viele Lager sollen im Liefernetz eingerichtet werden? Welche Standorte sind für die einzelnen Lager unter Berücksichtigung der erforderlichen Transporte zu wählen? Wie hängt die Bestandsführung der Lager vom gewünschten Servicegrad ab? Wie flexibel soll der Güteraustausch zwischen den Lagern bei auftretenden Fehlmengen sein? Welche Lagerhaltung soll für spezielle Kunden übernommen werden? Welchen Beitrag soll das Liefernetz zur Planung des Kundenbedarfs leisten?

(7) **Transport Planning:** Die Aufgabe des Distribution Plannings lässt erkennen, dass die räumliche Verteilung der Lagerstandorte auch von den im Liefernetz durchzuführenden Transporten abhängt. Genau genommen sind auf der taktischen Ebene die Lagerstandorte, die Bestände und die Transporte simultan zu planen. Ergänzend werden im Transport Planning operative Fragen der Transportplanung angesprochen: Mit welcher Feinheit (tages- oder stundengenau) sollen die Transportpläne erstellt werden? Nach welchen Verfahren sollen die Tourenplanung (Routing), die Umladeplanung (Transshipment) und die Ladeplanung (Loading) der Fahrzeuge durchgeführt werden? Wie und in welchem Umfang sind Eiltransporte, Rücktransporte und Fahrzeugausfälle zu berücksichtigen?

(8) **Demand Planning:** Unter Demand Planning wird die Aufgabe verstanden, für die gesamte SC erwartete Absatzmengen periodenbezogen vorauszuberechnen (zu prognostizieren bzw. zu schätzen). Bei absatzorientierten Marktstrukturen sind die erwarteten Absatzmengen die Grundlage einer sukzessiven Outside-in-Planung. Zur Prognose von Absatzmengen sind bereits zahlreiche Prognoseverfahren entwickelt worden. An Fragen werden hier gestellt: Nach welchen qualitativen und/oder quantitativen Prognoseverfahren sollen die Vorhersagen getroffen werden? Wie werden Prognosewahrscheinlichkeiten zweckmäßig erfasst? Wie viele mögliche Zukunftsentwicklungen (Szenarien) sind für Alternativprognosen zu analysieren? Sollen die Absatzprognosen gesamtwirtschaftlich durch ökonometrische Prognosemodelle abgesichert werden? Welche Nachfrageveränderungen können sich im Absatzmarkt ergeben? Wie wird sich die Zahl und das Verhalten der Wettbewerber verändern? Wie kann der Absatz durch Werbung beeinflusst werden?

(9) **Demand Fulfilment & Available to Promise (ATP):** Die Aufgabe des Available to Promise verlangt die Bereitstellung wichtiger Informationen für den Verkäufer im Kundengespräch. Dieses Instrument gibt dem Verkäufer online die Möglichkeit, in allen Lagern der SC abzufragen, welche Bestände des Produkts und seiner Komponenten vorhanden sind, welche Kapazitäten seinen Auftrag bis zu welchem Zeitpunkt erledigen können und welcher Liefertermin daher als realistisch zugesagt werden kann.

Die letzte Zeile in Abb. 1.18 zeigt die nach procurement, production, distribution und sales abgegrenzten Phasen der Execution (praktische Planrealisation) mit den Aufgaben Order Release (Bestellabwicklung, Handling), Shop Floor Control (Prozesssteuerung), Vehicle Dispatch (Auslieferung, Versand) und Order Management (Bearbeitung von Kundenanfragen). Für diese Phasen sind Softwaremodule unter der Bezeichnung «Supply Chain Execution System» (SCES) entwickelt worden, deren Aufgaben sich zu den Aufgaben der operativen Planungsmodule nicht präzise abgrenzen lassen. Im Wesentlichen handelt es sich beim SCES um eine anwendungsbezogene Präzisierung der operativen Aufgaben des APS.

Für das schnelle Erfassen unvorhergesehener Ereignisse (events) während der Planrealisation ist zusätzlich das «Supply Chain Event Management» (SCEM) konzipiert worden. Bei rollierender Planfortschreibung wird durch das SCEM die in der rollierenden Planung bereits installierte Flexibilität weiter erhöht. Damit kann auf unvorhergesehene Störungen und Fehler zügig reagiert und der Prozess der Planrealisation effektiv gesteuert werden. Aus dem Blickwinkel der Flexibilität ist das SCEM ein Instrument der Flexibilitätserhöhung, aus dem Blickwinkel der Unsicherheit ein Instrument der Risikosteuerung.

4.2.2.3 Stärken der APS-Systeme

Aus instrumentaler Sicht leisten APS-Systeme einen wesentlichen Beitrag zur informationtechnologischen Unterstützung angewandter Planungs- und Steuerungssysteme. Dies drückt sich u.a in der Fähigkeit der APS-Systeme aus, durch minimales Laden von Daten große Datenbanken zu verwalten. Zusätzlich werden hohe Rechengeschwindigkeiten erreicht, wodurch zur Lösung von Planungs- und Steuerungsproblemen rechenintensive Optimierungsverfahren und Heuristiken eingesetzt werden können. Letztere Verfahren werden zentral im APS-System hinterlegt, sodass alle APS-Module auf sie zugreifen können. Gleichzeitig können zahlreiche Daten über Restriktionen simultan verarbeitet werden.

Neben einer effizienten Datenverwaltung können im APS-System besondere Analysen durchgeführt werden. Beispielsweise können Wirkungszusammenhänge über die gesamte Supply Chain systematisch analysiert werden. Auch Änderungen dieser Zusammenhänge können schnell und präzise parametrisch untersucht bzw. simuliert werden. Ebenso können Planfortschreibungen schnell durchgeführt werden. Aus der Sicht der Datenpflege und Planung ist eine transparente Arbeitsteilung vorgesehen: Die Pflege der Stammdaten ist Aufgabe des ERP-Systems, dagegen obliegen die Aufgaben der Planung und Steuerung dem APS-System. APS-Systeme lösen schließlich zahlreiche konzeptbedingte Probleme der ERP-Systeme und leisten gleichzeitig einen fruchtbaren Beitrag zur optimalen Gestaltung angewandter Planungs- und Steuerungssysteme (Brehm/Ferencak [SCM-Software] 11 ff.).

4.2.2.4 Defizite der APS-Systeme

Trotz der beschriebnen Stärken und des relativ hohen Koordinations- und Integrationsgrades der in Abb. 1.18 dargestellten Module eines APS-Systems zu einer «Gesamtplanung» und trotz der euphorisch als Revolution gepriesenen Leistungsfähigkeit der APS-Systeme («APS…..is a new technology…..revolutionary breakthrough…..greatest innovation since the assembly line») lassen sich bei einer systematischen Analyse auch mehrere Defizite dieses Planungssystems aufdecken, die beseitigt werden müssen (Knolmayer [Advanced Planning] 145 ff.; Tempelmeier [Planning] 2 ff.), wenn man zu einem wissenschaftlich fundierten «Gesamtplanungs- und Steuerungssystem» gelangen will:

(1) Theoriedefizit. Die größte Schwäche eines APS liegt in seiner schwachen theoretischen Fundierung. Seine Entwicklung ist in erster Linie von Unternehmensberatern, Software-Unternehmen und großen Industriekonzernen vorangetrieben worden, deren Anliegen es nicht war, ihr System auf theoretisch gut bestätigten Hypothesen (Theorien) aufzubauen, sondern unter Verwendung einfacher Annahmen möglichst schnell zu plausiblen und realisierbaren Lösungen ihrer praktischen Planungsrobleme zu gelangen.

(2) Transparenzdefizit. Die Beurteilung des wirtschaftlichen Nutzens eines APS hängt aus wissenschaftlicher Sicht davon ab, wie transparent dieses System ist. Gerade in diesem Punkt geben sich jedoch viele System-Anbieter bedeckt

(vermutlich aus Wettbewerbsgründen). Transparenz bedeutet für den Wissenschaftler die Möglichkeit zur Überprüfung der Problemabgrenzung und der verwendeten Problemlösungsmethoden, zur Abschätzung des Aufwands für die Datenbereitstellung und für die Modellkonstruktion, zur Bewertung des Innovationspotenzials und der Synergieeffekte sowie zur Beurteilung der Lösungsqualität und der Lösungsgeschwindigkeit. Aus dem Transparenzdefizit ergeben sich Probleme für unzureichend geschulte APS-Anwender insbesondere dann, wenn der Rechenaufwand für Systemanpassungen und Modelländerungen nicht abgeschätzt werden kann. Ein Beispiel dafür stellt u. a. die bewusste oder unbewusste Einfügung von Ganzzahligkeitsbedingungen in die verwendeten Modelle dar.

(3) **Differenzierungsdefizit.** Spezifische Strukturen industrieller Programm- und Organisationstypen der Fertigung werden in den Einzelplanungen und Modulen nur schwach berücksichtigt. Unter dem Aspekt der Systemanwendung ist diese Differenzierung jedoch unverzichtbar. Sie muss in der Regel durch aufwändiges Customizing des Anwenders nachgetragen werden.

(4) **Wissensdefizit.** APS-Entwickler sind häufig mit MRP- und ERP-Strukturen nicht hinreichend vertraut. So werden fälschlich Materialbedarfsplanungen der Beschaffungsphase und nicht der Produktionphase zugeordnet, Abhängigkeiten zwischen Materialbedarfsplanung und Losgrößenplanung werden vollständig ausgeklammert usw.

(5) **Interdependenzdefizit.** Wichtige Probleminterdependenzen werden verletzt. APS-Systeme koordinieren Einzelpläne in der Regel sukzessiv. Beispielsweise werden Transportplanungen pauschal der operativen Planungsebene zugeordnet, während nur Fragen des Routings, Transshipments und des Loadings operativen Charakter haben. Probleme der Gestaltung des Transportsystems sind dagegen in der Regel simultan mit der Lagerstandortplanung, mit der Bestandsplanung und mit der Produktionsplanung auf der taktischen Planungsebene zu lösen.

(6) **Sicherheitsdefizit.** Grundlegende Produktionsstrukturen werden meist deterministisch modelliert. Stochastische Probleme der Produktion werden auf mengenmäßige Risiken reduziert, denen durch die Vorgabe von Sicherheitsbeständen begegnet wird. Zeitliche oder durch Störfälle bedingte Risiken, z. B. unvorhergesehene Lieferverzögerungen, Maschinenausfälle, Grippewellen oder zufallsabhängige Fertigungszeiten werden explizit nicht berücksichtigt. Diese Störungen können erst in einem weiteren Planungslauf der rollierenden Planung erfasst werden. Die fortschrittlichere Lösung läge in der Einführung eines SCEM, wobei auch dieses System nur eine Näherungslösung der Unsicherheitsprobleme bietet.

(7) **Schärfedefizit.** Zwischen einzelnen Modulen des APS sind Aufgaben teilweise unscharf abgegrenzt. Einzelne Teilaufgaben können verschiedenen Modulen zugeordnet werden, wodurch unscharfe Mengen an Teilaufgaben entstehen. Auch die oben bereits angesprochene schwache Erfassung spezifischer Strukturen industrieller Programm- und Organisationstypen der Fertigung wirft Unschärfeprobleme auf.

Allgemein ist festzuhalten, dass die bisher entwickelten APS-Systeme trotz ihres wichtigen Beitrags zur Koordination und Integration von Einzelplänen und trotz ihrer Problemerweiterungen unter systematisch-strukturellen, theoretischen und modellierungstechnischen Defiziten leiden. Eine Analyse dieser Defizite und eine transparente Modellstruktur sind jedoch die Grundlage für eine weitere Vervollkommnung dieser Planungs- und Steuerungssysteme.

4.2.2.5 Entwicklungsperspektiven für APS-Systeme

Die in Punkt 4.2.2.4 festgestellten Defizite geben Hinweise, wie APS-Systeme theoretisch besser fundiert, im Aufgabenumfang erweitert und in der Anwendung benutzerfreundlicher gestaltet werden können. Über diese Defizite hinaus lassen sich einige Entwicklungsperspektiven aufzeigen, die Anregungen zur weiteren Steigerung der Leistungsfähigkeit dieser Systeme geben:

(1) Am Anfang der Systemkonstruktion sollte ein Anforderungskatalog erstellt werden, der die realen Planungsbedarfe der Unternehmen abdeckt. Hier kann eine Differenzierung nach Programm- und Organisationstypen, Betriebsgrößen, Zentralisierungs- bzw. Dezentralisierungsgraden, Branchen, Globalisierungsstufen usw. getroffen werden.

(2) Es sollte eine umfassende Bestandsaufnahme und Analyse der bisher erreichten Leistungsfähigkeit der vorgestellten APS-Systeme durchgeführt werden. Diese Analyse kann nach Abbildungsumfang, Aufgaben, Struktur der Systemkomponenten, Beschreibungs-, Prognose- und Optimierungsverfahren, Präzision der Problemerfassung, Abbildung wichtiger Interdependenzen, Koordinations- und Integrationsgrad der Teilmodelle ((bzw.Einzelpläne) usw. differenzieren. Auf diese Weise können die Determinanten der Leistungsfähigkeit der APS-Systeme systematisch aufgedeckt werden.

(3) Der Aufbau einer Plattform für benötigte Hypothesen, Zielfunktionen, Modelltypen und Algorithmen wäre ein weiterer wichtiger Schritt.

(4) Danach sollte eine Abschätzung des Standardisierungspotenzials von Verfahren und Methoden sowie eine Überprüfung des Interaktionsbedarfs und der Flexibilisierungsnotwendigkeiten im Planungs- und Steuerungssystem durchgeführt werden.

(5) Außerdem wären die Sprachverwirrung, die unterschiedlichen Systemumfänge und die teilweise unscharfen Aufgabenabgrenzungen zu beseitigen.

(6) In das Blickfeld sollten noch intensiver eine Abschätzung des Frühwarnbedarfs und eine vorsorgliche Installation zulässiger Reaktionsalternativen für ungeplante Ereignisse (events) gerückt werden. Ebenso wäre in diesem Zusammenhang das Einrichten eines Risikocontrollings zu prüfen.

(7) Für die weitere Verbreitung und Durchsetzung der APS-Systeme in der Wirtschaftspraxis sind Einfachheit und Visualisierung zwei wichtige Determinanten. Unter Anwendungsgesichtspunkten wäre es für die Gestaltung der APS-Systeme erforderlich, möglichst zweckmäßige Verfahren zur Beschreibung (Metamodel-

le), Prognose und Optimierung zu wählen. Vorteilhaft wäre beispielsweise eine Entscheidungserleichterung (Planungsunterstützung) durch eine vertretbare Reduktion der «guten Lösungen» mittels eines Short-Listing-Verfahrens und eine übersichtliche, leicht fassliche Visualisierung von Daten, Alternativen, Wirkungen und Lösungen. Dies gilt insbesondere für den Alternativenvergleich bei multikriteriellen Entscheidungen über Organisationsalternativen.

Zusammenfassend kann gesagt werden, dass die Entwicklungschancen der APS-Systeme (insbesondere unter Koordinations- und Integrationsgesichtspunkten) im Sinne der Erhöhung ihrer Leistungsfähigkeit positiv zu bewerten sind. Durch die zweckmäßig aufbereitete Datenbasis und die bereits entwickelten Werkzeuge (Verfahren, Modelle, Algorithmen) wird diese positive Einschätzung bestärkt. Die an die Leistungsfähigkeit der APS-Systeme gestellten Erwartungen richten sich sowohl auf ihre theoretische Fundierung als auch auf ihren Nutzen für die Wirtschaftspraxis:

(1) Für die Wissenschaft haben bisher entwickelte APS-Systeme u.a. eine heuristische Funktion, da sie zahlreiche Anstöße zur Weiterentwicklung integrierter Planungs- und Steuerungssysteme für unterschiedliche Problemtypen sowie zur Entwicklung vergleichbarer Systeme für weitere Bereiche in Wirtschaft und öffentlicher Verwaltung geben. Trotz ihres erweiterten Abbildungsumfangs auf ganze Wertschöpfungsnetzwerke sind die bisher vorgestellten APS-Syteme noch «Insellösungen» mit einer starken Produktionsorientierung. Eine mögliche Erweiterung des Aufgabenumfangs läge bei den Planungen im Rechnungswesen und im Finanzwesen. Zu diesen Planungen ergeben sich aus den Aufgabenstellungen der APS-Systeme teilweise direkte Beziehungen, die nach einer Weiterentwicklung verlangen. Bis zum Erreichen einer integrierten Struktur und Funktion eines flächendeckenden Planungssystems für ein ganzes Unternehmen sind jedoch noch mehrere Entwicklungsschritte zu tun.

(2) Für die Wirtschaftspraxis lassen APS-Systeme nach der beschriebenen Weiterentwicklung und nach ihrer zunehmenden praktischen Bewährung eine wesentlich bessere Entscheidungs-, Planungs- und Steuerungsunterstützung des Managements erwarten. Auch wenn ihr Beitrag zur Wirtschaftlichkeit des Unternehmens aus Zurechnungsgründen nicht präzise gemessen werden kann, liegt dennoch ihr Nutzen für das Management auf der Hand.

4.3 Beurteilung betrieblicher Planungs- und Steuerungssysteme

4.3.1 Eigenschaften betrieblicher Planungs- und Steuerungssysteme

Die zentrale betriebswirtschaftliche Frage, die im Zusammenhang mit dem Einrichten und Anwenden eines komplexen Planungs- und Steuerungssystems zu beantworten ist, ist die Frage der Leistungsfähigkeit des Planungssystems. Sie lautet: Welchen Beitrag leistet ein Planungssystem zum Erreichen eines vorgegebenen Zielsystems? Diese Frage nach der Leistungsfähigkeit ist zu stellen, obwohl partielle Zielbeiträge einzelner Führungsinstrumente nur bedingt kardinal gemessen werden können. Ersatzweise kann nach Eigenschaften (Merkmalen) gesucht werden, mit denen sich Planungssysteme und ihre Einzelpläne auf zielabhängige Vorteile oder Nachteile beschreiben und beurteilen lassen. Gelangt man über die Eigenschaften der Systeme zu nachprüfbaren Wertansätzen, wird es möglich, rational fundierte Entscheidugen darüber zu treffen, ob ein Planungssystem überhaupt eingerichtet oder ob es in der entwickelten Form beibehalten bzw. umgestaltet werden soll. Im Einzelnen werden zu diesem Zweck folgende Eigenschaften von Planungssystemen vorgeschlagen (Wild [Unternehmungsplanung] 157 ff.; ähnlich Hahn [PuK] 79 ff.; Hamann/Günther [Planungssystem] 158 f. und Küpper [Controlling] 108 f.):

(1) Dokumentationsgrad

Eine erste Eigenschaft des Planungssystems ist sein Dokumentationsgrad. Für die Abstimmung, Fortschreibung und Steuerung von Plänen ist es bedeutsam, dass ihre wichtigsten Bestandteile schriftlich niedergelegt (dokumentiert) werden. Gute Dokumentierung der Planbestandteile und Pläne erleichtert die Erfüllung der erwähnten Aufgabenstellungen und wirkt sich vorteilhaft auf die Zielerreichung aus; zu beachten ist, dass diese Vorteile nicht durch hohe Dokumentationskosten aufgehoben werden. Der Dokumentationsgrad ist in jedem Fall eine Eigenschaft, welche auf einen positiven Beitrag zur Leistungsfähigkeit des Planungssystems schließen lässt.

(2) Organisationsgrad

Eine zweite Eigenschaft des Planungssystems ist sein Organisationsgrad. Darunter ist die Strenge der Festlegung von Ordnungsstrukturen im Planungsaufbau sowie im Planungsablauf zu verstehen (zur Organisation der Planung vgl. Frese [Unternehmungsführung] 198 ff.). Überzogene Organisation und fehlende Improvisation schmälern die Anpassungsfähigkeit des Planungssystems. Dagegen genügen Planungssysteme mit ausgewogenem Organisationsgrad hohen Anforderungen im Hinblick auf die Belastbarkeit, Anpassungsfähigkeit und Austauschbarkeit. Der Organisationsgrad ist ebenfalls eine Eigenschaft, welche auf einen positiven Beitrag zur Leistungsfähigkeit des Planungssystems schließen lässt.

(3) Standardisierungsgrad

Eine weitere Eigenschaft des Planungssystems ist sein Standardisierungsgrad. Im Zusammenhang mit Planung und Steuerung bedeutet Standardisierung die Vereinheitlichung von Plänen, Planungsprozessen, Planungstechniken, Planungshilfsmitteln usw. Ihre Vereinheitlichung stellt sicher, dass gleiche Planungsprobleme in verschiedenen Tochtergesellschaften oder in demselben Unternehmen für verschiedene Planperioden bzw. Bereiche nach demselben Konzept gelöst werden. Auch der Standardisierungsgrad ist eine Eigenschaft, die auf einen positiven Beitrag des Planungssystems zur Leistungsfähigkeit des Planungssystems schließen lässt.

(4) Vollständigkeitsgrad

Auch der Vollständigkeitsgrad des Planungssystems ist eine relevante Eigenschaft. In Abschnitt 2.2.2 über die Problemfeststellung wird gesagt, dass komplexe Problemstellungen in Teilprobleme aufgelöst und die Beziehungen zwischen diesen analysiert werden müssen, um zu einer Problemhierarchie zu gelangen. Planung kann einerseits nur für die in der Hierarchie als hochrangig ausgewiesenen Problemstellungen betrieben werden, während die untergeordneten Problembereiche mit gröberen Lösungstechniken an die Inhalte der übergeordneten Pläne angepasst werden. Andererseits kann Planung nur auf wichtige Schnittstellen zwischen Funktionsbereichen oder nur auf chronische Engpässe bezogen werden. Diese zwei Arten der Abdeckung von Problembereichen durch Planung gelten als unvollständig und werden als «Schwerpunktplanung» bezeichnet. Hingegen wird im Zusammenhang mit Planungsansätzen, welche eine Problemhierarchie vollständig erfassen, von «Flächenplanung» gesprochen. Gelegentlich werden im beschriebenen Zusammenhang auch die entsprechenden Prinzipien der «Schwerpunktbildung» sowie der «Flächendeckung» formuliert. Von Bedeutung ist im hier diskutierten Zusammenhang, dass auch der Grad der Abdeckung möglicher Problemfelder durch Pläne eine Eigenschaft ist, die auf einen positiven Beitrag des Planungssystems zur Leistungsfähigkeit des Planungssystems schließen lässt.

(5) Präzisionsgrad

Eine weitere Eigenschaft des Planungssystems ist sein Präzisionsgrad. Die Forderung nach Präzision bei Planungen bedeutet eine angemessen genaue Kennzeichnung (Messung) der Planungsgegenstände, Planbestandteile und der Planinhalte. Der Grad der Präzision muss jedoch nicht für alle Einzelpläne eines Planungssystems derselbe sein. Er richtet sich ganz danach, ob ein Plan als Grobplan mit weniger präzisen Planinhalten oder als Feinplan mit präziseren Planinhalten erstellt wird. Auch der Präzisionsgrad ist eine Eigenschaft, die auf einen positiven Beitrag des Planungssystems zur Leistungsfähigkeit des Planungssystems schließen lässt.

(6) Planabstimmungsgrad

Eine weitere Eigenschaft des Planungssystems ist sein Planabstimmungsgrad. Alle Einzelpläne eines Planungssystems müssen umfassend koordiniert und integriert werden, um zu verhindern, dass fehlende oder fehlerhafte Abstimmung zu schwachen Zielerreichungsgraden führt. Die Planabstimmung bezieht sich auf Planbestandteile oder Beziehungen zwischen den Einzelplänen. Unter dem Gesichtspunkt der Planinhalte lassen sich Ziel-, Prognose-, Problem-, Maßnahmen-, Mittel-, Planungsträger- sowie Terminabstimmungen durchführen. Dagegen können unter dem Aspekt der Beziehungen zwischen einzelnen Plänen Dringlichkeits-, Fristigkeits-, Hierarchie-, Reihenfolge-, Bedingtheits- und Flexibilitätsabstimmungen erforderlich werden. Auch der Grad der Abstimmung von Planbestandteilen und Planbeziehungen ist eine Eigenschaft, die auf einen positiven Beitrag des Planungssystems zur Leistungsfähigkeit des Planungssystems schließen lässt.

(7) Sonstige Eigenschaften von Planungssystemen

Schließlich ist ein Planungssystem noch durch weitere Eigenschaften gekennzeichnet, die kurz skizziert werden sollen. Zu nennen ist zunächst seine Flexibilität (Anpassungsfähigkeit), die bereits im Zusammenhang mit der flexiblen Planung im Abschnitt 2.1.3.2 unter Anpassungsgesichtspunkten erwähnt wurde. Es kommt die Übersichtlichkeit der Plandarstellung hinzu, die das Verstehen der Planzusammenhänge, die Anwendung der Pläne sowie deren Fortschreibung erleichtert. Außerdem müssen gewisse Übereinstimmungen zwischen Planungsprinzipien und Führungsprinzipien (Führungsstil, Umfang der Entscheidungsdelegation) herbeigeführt werden. Auch diese Eigenschaften, die einem Planungssystem verliehen werden, dienen als Maßgrößen des Beitrags zur Leistungsfähigkeit des Planungssystems. Erstrebenswert ist die Gestaltung aller Eigenschaften des Planungssystems derart, dass seine Einsatz- und Leistungsfähigkeit, d.h. sein Beitrag zur Wirtschaftlichkeit des gesamten Unternehmensprozesses, mit großer Wahrscheinlichkeit positiv beurteilt werden kann. In diesem Sinne kann die Leistungsfähigkeit eines Planungssystems gesteigert werden, wenn sowohl seine Eigenschaften auch auch sein Aufbau (Ordnungsgerüst) und seine Funktion (Ablauf) unter Berücksichtigung der betrieblichen Gegebenheiten zielführend gestaltet werden. Letztlich findet eine gesteigerte Leistungsfähigkeit des Planungssystems ihren Ausdruck in effizienten Planungsprozessen und in einer hohen Qualität der erstellten Pläne.

4.3.2 Beschreibung betrieblicher Planungs- und Steuerungssysteme

Von Betriebswirten wird relativ oft der Erkenntnisstand auf dem Gebiete der Planung und Steuerung bemängelt. Insbesondere werden der unbefriedigende Stand der empirischen Forschung zu Planungssystemen, die geringe Vergleichbarkeit und Generalisierbarkeit von Forschungsergebnissen hervorgehoben (Chenhall [Management control systems design] 130); Hamann/Günther [Planungssystem] 145 f.). Hamann/Günther ([Planungssystem] 150 ff.) nehmen diesen Zustand zum Anlass, einen allgemeinen Bezugsrahmen für die Beschreibung von Planungssystemen zu entwerfen. Von den bisher vorgeschlagenen Bezugsrahmen, die als unzweckmäßig beurteilt werden, soll sich der neue Bezugsrahmen durch Ganzheitlichkeit und Operationalisierbarkeit unterscheiden. Diese Beurteilung ist berechtigt, weil empirische Forschung mindestens eine einheitliche, vollständige und präzise Beschreibung der Forschungsobjekte (Planungssysteme) leisten muss. Alle unterstützenden Modelle, die der Beschreibung der Planungssysteme dienen, sind Metamodelle. Leistungsfähige Metamodelle können auf der Grundlage unterschiedlicher Forschungsprogramme entwickelt werden. Stehen für ein Unternehmen beispielsweise die Wirkungen interner und externer Faktoren auf die Struktur des Planungssystems und dessen Wirkungen auf das Mitarbeiterverhalten und auf den Unternehmenserfolg im Focus der Analyse, bietet sich als Grundlage des Metamodells das kontingenztheoretische Programm an. Stehen dagegen Prozesse mit dynamisch interaktiven Elementen, komplexen Beziehungsarten und Subsystemen im Focus der Analyse, kann als Grundlage des Metamodells das systemtheoretische Programm gewählt werden (Hamann/Günther [Planungssystem] 148 ff.). Das ganzheitliche Metamodell von Hamann/Günther wird auf der Grundlage der (leistungsfähigeren) Systemtheorie formuliert und wird durch Integration relevanter Komponenten aus sechs verschiedenen (bereits bekannten) Metamodellen entwickelt. Es soll sicherstellen, dass bereits zu Beginn eines empirischen Forschungsprojekts auf ein einheitliches, allgemeines Beschreibungsmodell zurückgegriffen werden kann, das fachsprachliche Klarheit schafft. Das Metamodell umfasst letztlich fünf formale Subsysteme: (1) Plan- und Berichtssystem, (2) Planungs- und Kontrollträger, (3) Planungs- und Kontrollinstrumente, (4) Planungs- und Kontrollaktivitäten sowie (5) ein Formalisierungssystem (Hamann/Günther [Planungssystem] 157/158). Mittels dieser Subsysteme lassen sich sowohl die Strukturen des Planungssystems als auch die Strukturen der Planungsprozesse deskriptiv erfassen. Zur Beschreibung zählen dabei nicht nur Begriffsdefinitionen, sondern auch die Kennzeichnung von Eigenschaften, Elementen, Beziehungen und Indikatoren. Dabei dienen Indikatoren der Operationalisierung aller Subsysteme des Metamodells. Ein Teil der Indikatoren wird sich bei der Hypothesenformulierung und bei Optimierungsmaßnahmen als Einflussgrößen (Determinanten) des Planungssystems erweisen.

4.3.3 Wirtschaftlichkeit betrieblicher Planungs- und Steuerungssysteme

In einer frühen empirischen Untersuchung (1980) gelangen Poensgen/Hort ([Determinanten] 70) zur Formulierung der folgenden Optimumhypothese über den Zusammenhang zwischen Planung und Erfolg:

> «Im Durchschnitt planen die Firmen **in dem Ausmaß, das für ihren Erfolg optimal** ist (diesen Durchschnitt nennen wir die ‹Standardpraxis›). Ein Weggehen von der Standardpraxis beeinträchtigt den Erfolg progressiv.»

Diese Hypothese sehen Poensgen/Hort von Muth ([Expectations]) und Bowman ([Consistency]) bestätigt, wenn sie ihre Behauptung mit folgendem Graph ausdrücken (vgl. Abb. 1.20):

Die Erfolgskurven E_1 und E_2 in Abb. 1.20 informieren darüber, dass die Unternehmen 1 und 2 mit Erfolgseinbußen rechnen müssen, wenn sie das Planungsausmaß P_0 (Standardpraxis) verlassen. Da die Erfolgskurven im näheren Bereich um P_0 relativ flach verlaufen, führt eine geringe Abweichung von P_0 nur zu kleineren Erfolgsminderungen. Größere Abweichungen von P_0 führen dagegen zu größeren Erfolgsminderungen.

Poensgen/Hort sind sich der Beschränkung ihrer Aussage auf folgende Anwendungsbedingungen bewusst:

(1) Das Planungsausmaß wird durch eine einzige unabhängige Variable gemessen.
(2) Beide Unternehmen verfolgen nur ein einziges Ziel (hier: Erfolg).

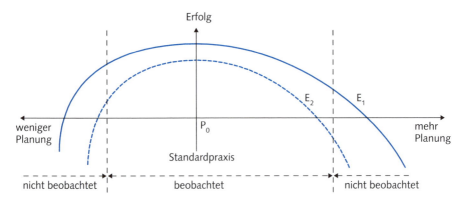

Abbildung 1.20: Verlauf des Erfolgs in Abhängigkeit vom Ausmaß der Planung

(3) Die Unternehmensgröße ist gegeben.
(4) Die Umweltstruktur ist gegeben.

Diese Anwendungsbedingungen bedeuten, dass sich z. B. bei einem Zielaustausch oder bei Vermehrung der Ziele und deren Integration zu einem Zielsystem die Standardpraxis der Planung (P_0), die Dimension, die Form sowie die Lage der Kurven verändern können. Entsprechendes gilt auch für die übrigen Anwendungsbedingungen.

Die Optimumhypothese von Poensgen/Hort ist eine sehr grobe und abstrakte generelle Aussage über die Beziehung zwischen Planung und Erfolg. Ihr Schwachpunkt liegt in der präzisen Festlegung des Planungsausmaßes P_0. Diese Standardpraxis der Planung ist kaum operationalisierbar und erschwert daher jede Überprüfung der empirischen Geltung der Hypothese. Soweit Forscher die Zurechnungsschwierigkeiten von Erfolgen auf das Planungs- und Steuerungssystem erkennen, weichen sie auf **Ersatzfragestellungen der Effektivitäts- bzw. Effizienzmessung** aus. So wird nach der Effizienz einzelner Planungs- und Steuerungsprozesse (Gzuk [Effizienz]), nach der Effizienz von Planungs- und Kontrolltechniken (Pfohl [Entscheidungsfindung]), nach Beziehungen zwischen Problemkomplexität und Systemkomplexität (Kirsch/Mayer [Handhabung]), nach dem Zusammenhang von Planungsdauer und Erfolg (Poensgen/Hort [Determinanten]) sowie nach der Abhängigkeit der Zielerreichung und der Planungskosten von den verschiedenen Gestaltungsmerkmalen der Planung (Rau [Unternehmungsplanung]) geforscht. Es erscheint dennoch plausibel, dass eine umfassende und schlanke Planung die Wirtschaftlichkeit eines Unternehmens sichert und verbessert. In diese Richtung geht auch die praktische Vorstellung, dass eine Verbesserung der Integration von Einzelplänen, Flexibilität und Harmonisierung zu einem Optimum des Planungssystems führt (Colsman [Erfolgsfaktoren] 197). Durch eine gut bestätigte realwissenschaftliche Hypothese (Realtheorie) kann diese Aussage aber noch nicht belegt werden. Dennoch gehen die neueren Untersuchungen auf dem Wege zu einer **Planungstheorie** in die richtige Richtung. Letztlich muss eine Theorie der Planung zu empirisch gut bestätigten Hypothesen über den Beitrag der Planung (der Planungs- und Steuerungssysteme) zum Erreichen eines Zielsystems (mit ökonomischen, sozialen, technischen und ökologischen Zielen) gelangen. Auf diesen Hypothesen kann die **optimale Gestaltung des Planungssystems** eines betrachteten Unternehmens aufbauen. Voraussetzung für die Formulierbarkeit derartiger Hypothesen ist jedoch, dass ein separierbarer Beitrag der Planung und ihrer Determinanten auf das Erreichen von Unternehmenszielen beobachtbar ist und gemessen werden kann.

Weitere **Empirische Untersuchungen**, die über die Beziehung zwischen dem Planungssystem und seiner Wirtschaftlichkeit bzw. Leistungsfähigkeit durchgeführt wurden, vermitteln kein klares funktionales Ergebnis, was nicht überrascht, wenn man es unter dem Aspekt der Bewertung, d. h. unter dem Aspekt der Zurechnung von Werten auf das Planungssystem betrachtet. Allgemein tritt das beschriebene Zurechnungs- und Bewertungsproblem bei allen Instrumenten auf, die zur Beschreibung, Erfassung, Transformation, Speicherung, Distribution usw. von Daten bzw. von Wissen herangezogen werden. Der Grund dieses Problems liegt im Fehlen einer empirisch gut bewährten Theorie zum Beziehungszusammenhang zwischen Planungssystem und seiner Wirtschaftlichkeit. Vielfach wird daher auf dem Gebiet der Planung und Steuerung, ohne über eine Theorie der Planung und ohne über ein Gestaltungsmodell für Planungssysteme zu verfügen, vermutet, dass beispielsweise Langfristplanung eine **positive Wirkung auf die Wirtschaftlichkeit** des Unternehmens hat. Demgegenüber formulieren Grinyer/Norburn ([Strategic Planning] 84 ff.) nach ihren empirischen Untersuchungen die Behauptung, dass kein Zusammenhang zwischen (formaler) Planung und Wirtschaftlichkeit (in der Form von Eigenkapitalrendite) nachgewiesen werden kann. Karger/Malik ([Long Range Planning] 60 ff.) wiederum behaupten, zumindest für die von ihnen untersuchten Branchen (Elektronik, Maschinenbau, Chemie, Pharmazie), eine positive Beziehung zwischen der strukturierten Langfristplanung und dem Umsatzwachstum, den Renditen und dem Wachstum der Gewinn besteht.

Einen Überblick über empirische Forschungsprojekte zum Thema «Planung und Unternehmenserfolg» im deutschsprachigen Raum zwischen 1990 und 2007 geben Weißenberger/Löhr ([Planung] 343 ff.). Sie diskutieren verschiedene Methoden der empirischen Forschung, beschreiben mehrere Forschungsprojekte und leiten belastbare Aussagen (stylized facts) über den Zusammenhang zwischen Planung und Unternehmenserfolg durch eine «Literatursynthese» her.

Exemplarisch werden zwei empirische Untersuchungen kurz skizziert:

(1) In einer empirischen Untersuchung in deutschen Unternehmen kommen Schäffer/Willauer ([Kontrolle] 73 ff.) zum Ergebnis, dass eine **positiven Beziehung zwischen Planung und ihrer Effektivität** besteht. Im Einzelnen gelangen sie zu folgenden Aussagen, die dieses Ergebnis bestätigen: (a) Die Effektivität der Willensbildungs- und Willensdurchsetzungsfunktion der Planung werden durch eine enge Verbindung von Planung und Kontrolle sowie durch die Kontrollintensität positiv beeinflusst. (b) Der Markterfolg und die Adaptivität der

strategischen Geschäftseinheiten werden durch die Güte der Planung positiv beeinflusst, wobei sich dieser Einfluss auch auf den wirtschaftlichen Erfolg der Einheit positiv auswirkt. (c) Eine enge Verbindung von Planung und Kontrolle und eine intensive Plankontrolle wirken (indirekt) positiv auf die Adaptivität, den Markterfolg sowie den wirtschaftlichen Erfolg der Geschäftseinheiten.

(2) Nachdem zahlreiche Unternehmen seit Jahren weltweit sehr hohe Geldbeträge in das Marketing «investiert» haben, wird mit zunehmender Intensität die Frage gestellt, welchen Beitrag das Marketing zur Wirtschaftlichkeit des Unternehmens erbringt. Das Problem der Wirtschaftlichkeit des Marketing kennzeichnen Rust/Ambler/Carpenter/Kumar/Srivastava ([Marketing Productivity] 76) mit der einfachen Frage: «...how (do) marketing expenditures add to shareholder value?» und die Messproblematik der involvierten Größen mit der Frage: «...how (do) nonfinancial measures of marketing effectivness drive the financial performance measures such as sales, profits, and shareholder value in both the short and long term?» ([Marketing Productivity] 77). Beide Fragen werden von Homburg/Artz/Wieseke/Schenkel ([Absatzplanung] 640 ff.) in einer empirischen Untersuchung der Beziehungen zwischen der kurzfristig marktbezogenen Planung und dem Unternehmenserfolg aufgegriffen. Ihr Forschungsergebnis kann mit folgenden Aussagen zusammengefasst werden: (a) Der Planungserfolg ist umso höher, je höher die Interaktion im Planungsprozess, die Formalisierung des Planungsprozesses, die wahrgenommene Qualität des Planinhaltes, die Marktorientierung des Planinhaltes, die Integration der Absatzplanung in das Planungs- und Kontrollsystem und je stärker die Kopplung der Absatzplanung mit Anreizsystemen ist. (b) Der Markterfolg und die interne Effizienz in den marktnahen Bereichen sind umso höher, je höher der Planungserfolg ist. Der Markterfolg und der wirtschaftliche Erfolg sind umso höher, je höher die interne Effizienz in den marktnahen Bereichen ist. (c) Der Zusammenhang zwischen dem Planungserfolg und dem Markterfolg ist umso stärker bzw. der Zusammenhang zwischen dem Planungserfolg und der internen Effizienz in den marktnahen Bereichen ist umso schwächer, je höher die Marktdynamik ist. Der Zusammenhang zwischen dem Planungserfolg und dem Markterfolg sowie der Zusammenhang zwischen dem Planungserfolg und der internen Effizienz in den marktnahen Bereichen sind umso stärker, je höher der Grad an Dezentralisierung ist.

Wird die Betriebswirtschaftslehre als angewandte Realwissenschaft begriffen (vgl. Band 1, Abschnitt 3.2.3.), darf empirische Forschung nicht bei einem deskriptiven Metamodell stehen bleiben. Dieses Modell ist lediglich der erste wichtige Schritt auf dem Wege zur Optimierung des Planungssystems. Das Metamodell muss laufend auf seine Zweckmäßigkeit überprüft werden. Vor allem muss sichergestellt werden, dass es für die nachfolgende Hypothesenformulierung eine präzise Beschreibung der Einflussgrößen und Wirkungen eines Planungssystems leistet. Aus wissenschaftlicher Sicht genügt die präziseste Beschreibung eines Planungssystems nicht, um dieses System optimal zu gestalten. Vielmehr müssen nach der Beschreibung in einem zweiten Schritt Regelmäßigkeiten (Gesetzmäßigkeiten) formuliert werden, welche die Beziehungen zwischen ermittelten Einflussgrößen (Determinanten) und Wirkungen (Konsequenzen) des Planungssystems in der Form genereller Hypothesen sowohl erklären als auch für alternative Einflussgrößenkombinationen und Gestaltungsbedingungen Wirkungsprognosen erlauben. Mit diesem zweiten Schritt wird der Weg zu einer Theorie der Planung betreten. Diesen Schritt gehen die Untersuchungen von Schäffer/Willauer und Homburg/Artz/Wieseke/Schenkel. Auf der Grundlage der erwähnten Prognosen kann dann in einem dritten Schritt dazu übergegangen werden, (mittels eines Gestaltungsmodells) ein otimales Planungssystem zu entwerfen bzw. optimierende Gestaltungsempfehlungen abzuleiten. Im Mittelpunkt der Optimierung des Planungssystems steht die betriebswirtschaftliche Frage, wie das Planungssystem gestaltet werden muss, um einen optimalen Beitrag zum Zielsystem des Unternehmens zu leisten. Mindestens sollte das Planungssystem aber so flexibel gestaltet werden, dass es ein satisfizierendes Erreichen des Zielsystems nicht behindert. Erweist sich, dass ein Planungssystem nur Kosten verursacht oder völlig zielindifferent ist, kann Planung aus rationalen Erwägungen reduziert oder unterlassen werden. In allen anderen Fällen ist nach derjenigen Einflussgrößenkombination (Struktur) des Planungssystems zu suchen, welche das gewählte Zielsystem optimal unterstützt. Bei der Gestaltung eines Planungssystems für ein konkretes Unternehmen gewinnt man häufig bereits bei der Analyse der Gestaltungsbedingungen und der Beziehungen zwischen Einflussgrößen und Wirkungen so viele Erkenntnisse, dass auf die explizite Formulierung von Planungshypothesen und Gestaltungsmodellen verzichtet wird. Das Ergebnis ist dann meist eine im Hinblick auf das Zielsystem satisfizierende Struktur des Planungssystems. Aus wissenschaftlicher Sicht sollte jedoch ein optimales Planungssystem das Ergebnis präziser Beschreibung, theoretischer Fundierung und optimierender Modellierung sein (zu Methoden der Datenauswertung in der empirischen Forschung vgl. Backhaus/Weiber [Forschungsmethoden] 524 ff.).

5 Anwendungen hierarchisch differenzierter Planungen

5.1 Anwendung der strategischen Planung

5.1.1 Fragestellungen der strategischen Planung

Die strategische Planung wird in Abb. 1.2 durch einen geringen Differenziertheitsgrad, einen globalen Detailliertheitsgrad, eine geringe Präzision der verarbeiteten Informationen, einen langfristigen Bezugszeitraum und durch schlecht definierte Probleme gekennzeichnet. Unter Verwendung des allgemeinen Planungsbegriffs, der in Abschnitt 1.1.1 formuliert wird, lässt sich strategische Planung wie folgt definieren:

Strategische Planung ist ein geordneter, informationsverarbeitender Prozess zum Erstellen eines Entwurfs, welcher Maßnahmen für das Erreichen strategischer Ziele vorausschauend festlegt.

Der strategische Planungsprozess läuft im Wesentlichen in den Phasen ab, wie sie im Abschnitt 1.2 dargestellt werden, nämlich: Zielbildung, Problemfeststellung, Alternativensuche, Prognose sowie Bewertung und Entscheidung. In der Literatur zur strategischen Planung und in empirischen Untersuchungen wird jedoch häufig ein Phasenschema verwendet, das vom genannten in einigen Punkten abweicht. Es umfasst die Phasen: Strategische Zielplanung, Strategische Analyse und Prognose (Umweltanalyse, Unternehmungsanalyse, Prognose und strategische Frühaufklärung), Strategieformulierung und -bewertung, Strategieimplementierung (und Strategie-Kontrolle) (Welge/Al-Laham [Strategisches Management] 189 ff.; Al-Laham/Welge [State-of-the-Art] 227 f.; Bea/Haas [Management] 56 ff.; Grünig/Kühn [Strategic Planning] 45 ff.). Bei empirischen Untersuchungen in deutschen Unternehmen hat sich dieses Schema als Beschreibungs- und Gliederungsschema strategischer Planungsprozesse bewährt. Daraus wird geschlossen, dass das deutsche Management eher von einem rationalen und strukturorientierten Verständnis getragen wird (Al-Laham/Welge [State-of-the-Art] 241/242). Im Gegensatz zu diesem Befund stehen Befunde angloamerikanischer empirischer Untersuchungen, die besagen, dass Strategieprozesse eher unstrukturiert und evolutionär verlaufende Prozesse sind, die sich einer aktiven Prozessgestaltung weitgehend entziehen (Al-Laham/Welge [State-of-the-Art] 241).

(1) Im strategischen Planungsprozess ist die erste Phase die Zielplanung (Zielplanung). Welches Leitziel für die strategische Planung im Einzelfall gewählt wird, hängt davon ab, ob es sich um ein gewinnorientiertes Unternehmen oder ein sachzielorientiertes Unternehmen (Nonprofit-Unternehmen) handelt. In gewinnorientierten Unternehmen geht es im Rahmen der strategischen Planung darum, vorausschauend herauszufinden, welche realistischen Möglichkeiten (Potenziale) ein Unternehmen besitzt bzw. aufbauen kann, um sein Erfolgsziel (Gewinnziel) mit Hilfe bestimmter Maßnahmenbündel (Strategien) möglichst gut zu erreichen. Das strategische Ziel ist für jedes Unternehmen im Rahmen der Vorgaben durch seine Satzung frei wählbar. Zur Verfügung stehen als strategische Ziele verschiedene Cashflow-Größen, der Return on Investment (ROI), der Economic Value Added (EVA), der Shareholder oder Stakeholder Value, die Umsatzrentabilität, das kalkulatorische Ergebnis u. a. Welches strategische Leitziel tatsächlich gewählt wird, hängt auch davon ab, durch welches Unternehmensleitbild und durch welche Vision ein Unternehmen sein Selbstverständnis (Identität) festlegt. Das ausgewählte strategische Ziel sollte nach Möglichkeit präzise formuliert werden. Außerdem sollte an die Zielfindung so herangegangen werden, dass ein vorgegebenes Ziel/Zielsystem realisierbar ist. Utopische Zielvorgaben können völlig falsche Signale für die taktische und

operative Planung auslösen und damit zum Risikofaktor werden. Eng verbunden mit der Zielplanung ist die Problemfeststellung. In der Problemfeststellung wird versucht, die Lücke (Problemlücke) zu ermitteln, die sich zwischen der gewählten Zielvorstellung und der erwarteten Lage ergeben kann (vgl. Abb. 1.7). Die sich zwischen diesen Größen auftuende Problemlücke muss durch eine Strategie möglichst nachhaltig geschlossen werden, um im Ergebnis zu einer minimalen Zielabweichung zu gelangen. Bei einer überzogenen Zielvorgabe kann die Problemlücke auch durch eine Zielrevision geschlossen werden. In besonderen Fällen kann es sich als notwendig erweisen, die alte Zielvorstellung aufzugeben und auf eine neue überzugehen. Ein wichtiger Grund für die Durchführung der strategischen Planung liegt darin, Problemlücken vorausschauend möglichst früh zu erkennen und nach Strategien zu suchen, durch welche diese Problemlücken im Zeitablauf zielführend geschlossen werden. Beim Auftreten komplexer Probleme kann häufig durch eine Problemaufspaltung und durch eine Analyse der abgeleiteten Teilprobleme eher eine Lösung gefunden werden als ohne Aufspaltung des Gesamtproblems. Außerdem können zur Lösung der abgeleiteten Teilprobleme situationsabhängige Prioritäten festgelegt und unterschiedliche Instrumente eingesetzt werden.

(2) Die zweite Phase des strategischen Planungsprozesses ist die strategische Analyse und Prognose. Bevor eine Entscheidung für eine Strategie bzw. Strategienkombination getroffen werden kann, ist eine umfassende Analyse der Umwelt des Unternehmens durchzuführen. Die für die strategische Planung relevante Umwelt des Unternehmens sind seine Märkte. Dabei steht im Mittelpunkt der Analyse der Absatzmarkt. Durch die Umweltanalyse soll herausgefunden werden, welche Größen aus dem Absatzmarkt bei der Entscheidung über eine Wettbewerbsstrategie und bei der Strategieumsetzung zu beachten sind. Die Analyse bezieht sich im Einzelnen auf potenzielle Nachfrager sowie konkurrierende Anbieter. Sie soll zeigen, welche Absatz- und Erfolgschancen (Renditen) der untersuchte Markt zukünftig bieten kann. Diese Erfolgschancen werden Marktattraktivität genannt. Die Marktattraktivität wird durch Marktanalysen und Branchenstrukturanalysen ermittelt. In Bezug auf das Erreichen des gewählten strategischen Ziels drückt die Marktattraktivität aber nicht nur die Chancen, sondern auch die Risiken aus. Diese Chancen und Risiken rechtzeitig zu identifizieren, ist ein wichtiges Anliegen der Umweltanalyse.

Bevor eine Strategie zum Erreichen des strategischen Ziels gewählt werden kann, muss auch Klarheit darüber gewonnen werden, welche eigenen Möglichkeiten (Potenziale) das Unternehmen besitzt, um das gesetzte Ziel tatsächlich zu erreichen bzw. die Umwelt zu beeinflussen oder auf Umweltänderungen zügig und wirtschaftlich zu reagieren. Zur Beantwortung dieser Fragen wird eine Unternehmensanalyse durchgeführt. Diese zielt auf die Ermittlung der eigenen Stärken und Schwächen des Unternehmens in Bezug auf die geplante Zielerreichung. Die Stärken und Schwächen selbst werden von den sog. strategischen Erfolgsfaktoren bestimmt.

Ein **strategischer Erfolgsfaktor** ist eine Einflussgröße, die eine Stärke oder Schwäche des Unternehmens bewirken kann, je nachdem, in welcher Wettbewerbssituation sich das Unternehmen befindet.

Zur Feststellung der Wettbewerbssituation muss eine **Konkurrentenanalyse** durchgeführt werden. Um eine Unternehmensanalyse erfolgreich durchführen zu können, ist es besonders wichtig zu erforschen, welche Beziehungen zwischen den strategischen Erfolgsfaktoren und dem strategischen Erfolg bestehen. Diese Beziehungen sollten durch allgemein gültige, gut bestätigte und raum-zeitlich unbegrenzte **Hypothesen** erfasst werden, um brauchbare **Prognosen** zu erstellen. Soweit sich diese Prognosen auf quantitative Ziele beziehen, werfen sie geringe Messprobleme auf. Bei qualitativen Zielen führen sie dagegen zu größeren Messproblemen. Für die strategische Planung ist kennzeichnend, dass sie häufig qualitative Ziele behandelt und damit Mess- und Prognoseprobleme des strategischen Erfolgs aufwirft. Werden außerdem zur Zielerreichung nicht nur einzelne Maßnahmen, sondern ganze Maßnahmenbündel eingesetzt, ist es sehr schwierig, den Erfolgsbeitrag einer einzelnen Maßnahme zu prognostizieren bzw. abzuschätzen. Einzelne Instrumente, die in der Unternehmensanalyse zu Prognosen eingesetzt werden, sind **Regressionen, Input-Output-Analysen, Produktlebenszyklen, Erfahrungskurven** und **Portfolioanalysen**.

Strategische Analysen müssen umfassend durch zahlreiche Informationen begleitet werden, die frühzeitig kritische interne und externe Entwicklungen aufzeigen. Diese Aufgabe wird **Frühwarnung** oder Frühaufklärung genannt.

Unter einem **Frühwarnsystem** wird ein Instrument verstanden, das die Aufgaben der systematischen und rechtzeitigen Suche, Aufbereitung und Bereitstellung entscheidungsrelevanter Informationen für das strategische Management erfüllt.

Die **Frühwarninformationen** beziehen sich in erster Linie auf Chancen und Risiken, die aus langfristigen Veränderungen in der Umwelt und aus dem Unternehmen selbst resultieren. Sie sind für die Planung und die Sicherung strategischer Erfolgspotenziale von Bedeutung. Basis einer umfassenden Früherkennung von Risiken sind die Zielsetzungen des Unternehmens und die kritischen Erfolgsfaktoren. Die Bereitstellung der Frühwarninformationen gilt als **frühzeitig**, wenn für die strategische Planung bzw. für das strategische Management ein ausreichender Reaktionszeitraum zum Entwickeln und Implementieren von Gestaltungsmaßnahmen verbleibt. **Teilaufgaben der Frühwarnung** sind: Abgrenzung der Analysefelder, Auswahl strategisch relevanter Signale, Erkennen von Strukturbrüchen in der Umwelt, Analyse der Ursachen, Prognose möglicher Entwicklungspfade, Analyse von Abweichungen und Beurteilung der Reaktionsdringlichkeit. Frühwarninformationen bilden für alle Planungs- und Steuerungsprozesse Basisinformationen und haben daher für alle Phasen dieser Prozesse Bedeutung (Krystek [Früherkennung] 135 ff.).

(3) Im strategischen Planungsprozess ist die dritte Phase die **Strategieformulierung und -bewertung**. Die Umweltanalyse und die Unternehmensanalyse lassen erkennen, welche **Chancen** und **Risiken** bzw. welche **Stärken** und **Schwächen** für das Unternehmen zur Zielerreichung gegeben sind. Genau genommen muss bei der Wahl der strategischen Ziele bereits eine Grobvorstellung darüber entwickelt worden sein, wie die Ergebnisse der Umweltanalyse und der Unternehmensanalyse lauten können. Außerdem kennt das Unternehmen bereits aus der Lückenanalyse die Ziellücke, die geschlossen werden soll. Hier wird nochmals deutlich, welche Bedeutung die oben angesprochenen Hypothesen über die Beziehung zwischen strategischen Erfolgsfaktoren und dem strategischen Erfolg besitzen. Sollte sich herausstellen, dass eine Zielvorstellung zu ehrgeizig formuliert wurde, muss schrittweise eine **Zielrevision** (-reduktion) vorgenommen werden, bis eine Strategie gefunden wird, die zielführend eingesetzt werden kann. Je nachdem, auf welcher hierarchischen Leitungsebene die strategische Planung behandelt wird, lassen sich Unternehmens-, Geschäftsbereichs- und Funktionsbereichsstrategien unterscheiden. Als **Unternehmensstrategien** sind die Wachstums-, Stabilisierungs- und Desinvestitionsstrategie zu betrachten. Zu den **Geschäftsbereichsstrategien** werden die Kostenführerschafts-, Produktdifferenzierungs- und Nischenstrategie gerechnet. Letztlich umfassen die **Funktionsbereichsstrategien** die Beschaffungs-, Produktions-, Absatz-, Finanzierungs-, Personal- und Technologiestrategie.

Ist für die Zielerreichung nur eine einzige Strategie formuliert worden, erweist sich das Problem der **Strategiebewertung** als relativ einfach. Stehen dagegen mehrere Strategien zur Wahl, ist die Strategiebewertung komplex, weil die Erfolgsfaktoren, die das Erfolgspotenzial einer Strategie bestimmen, unterschiedliche **Wirkungsintensitäten** und **Wirkungsinteraktionen** besitzen. Zusätzlich haben sie verschiedene **Wirkungsdynamiken** und **heterogene Wirkungsweisen** in Abhängigkeit vom jeweils betroffenen Geschäftsbereich (Welge/Al-Laham [Strategisches Management] 730 ff.; Grünig/Kühn [Strategic Planning] 213 ff.).

> Der **Wert einer Strategie** gibt an, in welchem Umfang diese Strategie zur Zielerreichung (Veränderung des Erfolgspotenzials) beiträgt.

In der strategischen Planung wird i.d.R. sowohl das Ziel als auch die Entscheidungssituation unscharf beschrieben. Daraus ergibt sich für die einzelne Strategie eine **unscharfe Bewertung**. Ein Merkmal dieser Entscheidungssituation ist, dass bei der Strategiebewertung häufig (ersatzweise) auf Erfahrungswerte zurückgegriffen werden muss, mit welchen sich eine Strategie in vergleichbaren Situationen bisher als erfolgswirksam erwiesen hat. Auf diese Weise entstehen **Normstrategien**, die unter instrumentalen Gesichtspunkten nur eine schwache Aussagekraft besitzen. Sie geben für den konkreten Entscheidungsfall lediglich Hinweise, auf welche wirtschaftlichen Größen bei der Strategieformulierung zu achten ist. Effektiver als

Normstrategien sind für die zielabhängige Bewertung einer Strategie in die Zukunft schauende **Planungsmodelle** (optimierende und heuristische Verfahren). In der Regel sind heuristische Modelle mit ihren Näherungslösungen sogar bessere Bewertungsmodelle als Normstrategien.

(4) Die vierte Phase des strategischen Planungsprozesses ist die **Implementierung** der gewählten Strategie/Strategiekombination. Implementierung bedeutet die Umsetzung und Durchsetzung einer Strategie in taktische und operative Maßnahmenprogramme. Zum Aufgabenbereich der **Umsetzung** einer Strategie in die taktische und operative Planung gehören die präzise Formulierung von Teilstrategien und die Herleitung von Maßnahmen. Durch die Umsetzung soll sichergestellt werden, dass die strategische, taktische und operative Planung sachlich verzahnt werden und die Strategie die Entscheidungen auf allen drei Hierarchieebenen bestimmt. Parallel zu den Umsetzungsaufgaben sind mehrere Implementierungserfordernisse zu erfüllen. Vor allem sind alle betroffenen **Erfolgsfaktoren** (Organisationsstruktur, Unternehmenskultur, Managementsystem, Personal und Führungskräfte) untereinander und auf die Implementierungserfordernisse abzustimmen. Auf die Umsetzung folgt die **Durchsetzung** einer Strategie. Die Durchsetzung bedeutet im Einzelnen, dass Mitarbeiter über Ziele und Inhalte der Strategie informiert, sachgerecht in die neuen Aufgaben eingeführt und bei Bedarf geschult bzw. trainiert werden müssen. Sofern bei der Durchsetzung der Strategie Konflikte (Zielkonflikte, Ressourcenkonflikte, emotionale Spannungen) auftreten, sind diese zu analysieren und im Konsens mit den Betroffenen zu bereinigen.

(5) Als fünfte Phase des strategischen Planungsprozesses wird häufig die **Strategische Kontrolle** genannt. Diese Zuordnung ist nicht zutreffend, weil die strategische Kontrolle alle Phasen des strategischen Planungsprozesses begleitet. Die strategische Kontrolle hat nicht den Charakter einer abschließenden Kontrolle eines Prozesses, sondern den Charakter einer mitlaufenden Kontrolle, die auftretende Schwächen und Fehler in jeder Planungsphase möglichst frühzeitig entdeckt und bereinigt. Wie für Produktionsprozesse gilt auch für den Planungsprozess, dass früh entdeckte und beseitigte Fehler geringere Kosten verursachen als erst am Prozessende entdeckte Fehler.

> Die **strategische Kontrolle** ist ein geordneter, informationsverarbeitender Prozess zur Ermittlung und Analyse von Abweichungen zwischen Plangrößen (Prognose- oder Vorgabegrößen) und Vergleichsgrößen, der parallel zum Prozess der strategischen Planung verläuft und dessen Vollzug und Richtigkeit in allen Phasen überprüft (Bea/Haas [Management] 251).

Im strategischen Management werden vier **strategische Kontrollarten** unterschieden (Bea/Haas [Management] 253 ff.; Schreyögg/Steinmann [Strategische Kontrolle] 391 ff.; Kreikebaum [Strategische Unternehmensplanung] 91 ff.]:

- Strategische Prämissenkonrolle,
- Strategische Planfortschittskontrolle,
- Strategische Überwachung,
- Strategische Potenzialkontrolle.

Eine strategische Prämissenkontrolle wird erforderlich, wenn zur Erfassung eines komplexen Entscheidungsfeldes Abstraktionen, Isolationen und Vereinfachungen vorgenommen werden müssen, um Planbarkeit und Transparenz herzustellen. Die Kriterien dieser Komplexitätsreduktion sind Prämissen (Voraussetzungen, Annahmen), die besagen, dass alle darauf aufbauenden Aussagen und Folgerungen nur richtig sind, wenn diese Annahmen eingehalten werden. Erst dann können vorhandene Planungs- und Kontrollinstrumente eingesetzt, Entscheidungen präzisiert und Strategien hergeleitet werden. Die Einführung einer Prämisse bedeutet das Beschneiden (Verletzen) des Entscheidungsfeldes. Die Aufgabe der strategischen Prämissenkontrolle besteht darin, laufend zu überprüfen, ob die unterstellten Prämissen (Kontrollobjekte) (noch) gültig sind bzw. eingehalten werden. In der strategischen Planfortschrittskontrolle (Durchführungskontrolle) wird überprüft, ob die Zwischenziele (Meilensteine), die für eine gewählte Strategie festgelegt wurden, erreicht werden oder welche Abweichungen von den Zwischenzielen auftreten. Zu beachten ist, dass auch für die vorgegebenen Zwischenziele die formulierten Prämissen gelten. Die Zielabweichungen geben Hinweise darauf, welche Steuerungsmaßnahmen ergriffen werden müssen, um auf den gewählten Strategiekurs zurückzukehren. Sofern die Formulierung von Zwischenzielen relativ einfach ist, ist auch die Planfortschrittkontrolle einfach und umgekehrt. Die strategische Überwachung befasst sich mit den Risiken, die durch das Beschneiden des Entscheidungsfeldes entstehen. Da von den abgeschnittenen Teilen des Entscheidungsfeldes Gefährdungen für die gesamte Planung des Unternehmens ausgehen können, müssen die abgeschnittenen Teile einer kontinuierlichen, allgemeinen Beobachtung unterzogen werden (Hasselberg [Strategische Kontrolle] 97). Diese Beobachtungsaufgabe ist der Kern der strategischen Überwachung. Sie gilt in besonderem Maße für ein dynamisches Entscheidungsfeld, das durch kurzfristig erfolgende Änderungen seiner Teilfelder gekennzeichnet ist. Durch die strategische Überwachung werden Bedrohungen vermieden, die aus der getroffenen Komplexitätsreduktion des Entscheidungsfeldes resultieren können (Bea/Haas [Management] 253 ff.). Die Kontrolle strategischer Potenziale befasst sich mit der Überwachung der Entwicklungsfähigkeit des Unternehmens. Im Blickpunkt der Entwicklungsfähigkeit stehen die einzelnen Potenziale (Fähigkeiten, Qualitäten, Kapazitäten, Leistungsvermögen oder deren Kriterien) des Unternehmens mit ihren Beständen und Veränderungen (Wachstum, Schrumpfung). Das besondere Interesse gilt hier dem Beitrag des einzelnen Potenzials bzw. seiner Kriterien zur Entwicklungsfähigkeit und deren Beziehung zu finanziellen Kennzahlen. Die Entwicklungsfähigkeit selbst ist eine schillernde Eigenschaft des Unternehmens, die schwierige Messprobleme aufwirft. Ebenso schwierig ist das Herstellen einer Beziehung zwischen Entwicklungsfähigkeit und finanziellen Kennzahlen. Die Gründe dafür liegen sowohl in der Heterogenität der Maße einzelner

Potenziale und deren Beiträgen zur gesamten Entwicklungsfähigkeit als auch in der Mehrdeutigkeit der Beziehung zwischen der Entwicklungsfähigkeit und finanziellen Größen. Zur Veranschaulichung der Messprobleme seien vereinfachend einige Potenziale mit ihren Maßeinheiten genannt:

(1) Leistungspotenziale:
- Produktion (Maßeinheit: Maschinenstunden)
- Personal (Maßeinheit: Kopfzahl)
- Kapital (Maßeinheit: Geld)

(2) Führungspotenziale:
- Planung (Maßeinheit: Fristigkeit der Pläne)
- Kontrolle (Maßeinheit: Kontrollhäufigkeit)
- Organisation (Maßeinheit: Zahl der Leitungsebenen)

Ebenso heterogen wie die Maßeinheiten der Potenziale bzw. der einzelnen Potenzialkriterien sind die Maßeinheiten ihrer Beiträge zur Entwicklungsfähigkeit des Unternehmens. Die Aggregation von Maschinenstunden, Kopfzahlen, Geld usw. bzw. deren Kriterien zu einer Kennzahl ist ein sog. semi-quantitatives Messproblem, zu dessen grober Lösung Scoring-Modelle (Nutzwertanalysen, Punktebewertungsverfahren) geeignet sind. Nach diesen Modellen wird jedem Potenzial bzw. seinen Kriterien durch subjektive Schätzung ein Punktwert zugeordnet, der ausdrücken soll, welchen Beitrag dieses Potenzial bzw. Kriterium zur Entwicklungsfähigkeit des Unternehmens leistet. Die Summe der Punktewerte (Gesamtpunktewert) misst die Entwicklungsfähigkeit des Unternehmens. Eine Verfeinerung der subjektiven Punktebewertung kann durch Sensitivitätsanalysen vorgenommen werden. Diese Analysen bieten die Möglichkeit, Bewertungsfehler dadurch zu beschränken, dass für die Punktewerte wahrscheinlichste Werte oder untere und obere Schrankenwerte eingeführt werden. Prinzipiell ist für den Übergang von der geschätzten Entwicklungsfähigkeit zu finanziellen Kennzahlen ein vergleichbares Scoring-Modell einzusetzen.

5.1.2 Beispiel zur strategischen Planung des Absatzprogramms

Als ein Verfahren zur Unterstützung der strategischen Programmplanung ist die Portfolio-Analyse entwickelt worden. Voraussetzung für die Anwendung der Portfolio-Analyse ist die Abgrenzung der Planungsobjekte, die als strategische Geschäftseinheiten bezeichnet werden.

> Unter einer strategischen Geschäftseinheit ist eine Zusammenfassung von Produkt-Marktkombinationen zu verstehen, die gemeinsam eine von anderen Produkt-Marktkombinationen klar abgrenzbare Funktion erfüllen (Hinterhuber [Unternehmungsführung 1] 111f.).

Zur Bildung von Produkt-Marktkombinationen kann beispielsweise das Produktfeld «Fliesen» in Bodenfliesen und Wandfliesen gegliedert werden. Bei dem zugehörigen Absatzmarkt kann weiter nach den Abnehmergruppen zwischen dem Markt für Handwerker und dem Markt für Endabnehmer unterschieden werden. Aus dieser Untergliederung ergeben sich vier Produkt-Marktkombinationen, die Bestandteile gleicher oder verschiedener strategischer Geschäftseinheiten sein können.

In der Portfolio-Analyse geht man davon aus, dass es möglich ist, jeweils zwei Gütermerkmale (z. B. Wettbewerbsvorteile und Marktattraktivität) zu finden, durch welche es gelingt, den Erfolgsbeitrag einer strategischen Geschäftseinheit zu bestimmen. Die einzelnen Einflussfaktoren der beiden Gütermerkmale müssen dabei umfassend und überschneidungsfrei bestimmbar sein. In der Regel begnügt man sich bei der Portfolio-Analyse mit der Verwendung komparativer Maßausdrücke. Bei Zuordnung der gewählten Gütermerkmale auf ein rechtwinkliges Koordinatensystem und Verwendung der komparativen Maßausdrücke «hoch», «mittel», «niedrig» entsteht eine Portfolio-Matrix mit neun Feldern (vgl. Abb. 1.21).

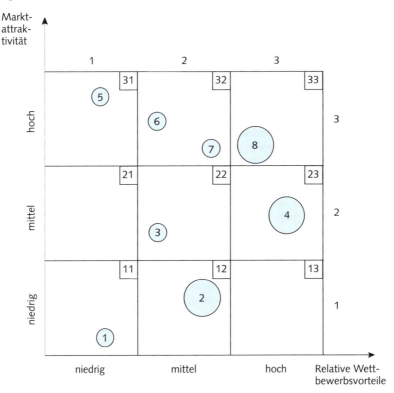

Abbildung 1.21: Positionierung von acht strategischen Geschäftseinheiten eines Unternehmens in einem Ist-Portfolio

Am Beispiel einer **Marktattraktivitäts-Wettbewerbsvorteils-Matrix** soll gezeigt werden, welche Hinweise für strategische Maßnahmen (Strategien) hergeleitet werden können. Dieser Ansatz zielt darauf ab, mögliche Chancen in den Märkten und Stärken im Wettbewerb auszudrücken bzw. zu prognostizieren. Durch die **relativen Wettbewerbsvorteile** soll die eigene Leistungskraft des Unternehmens im Vergleich zum stärksten Konkurrenten ausgedrückt werden. Die **Marktattraktivität** soll Kräfte erkennen lassen, die aus der Umwelt und aus dem Wettbewerb auf das Unternehmen einwirken. Soweit es nach diesem Ansatz gelingt, die untersuchten strategischen Geschäftseinheiten in die entstehende Matrix einzuordnen, kann abgeleitet werden, wie vorteilhaft es ist, den einzelnen Geschäftseinheiten finanzielle Ressourcen (Finanzmittel, Investitionen) zuzuweisen. Dabei wird angenommen, dass eine Zuweisung von Ressourcen die Chance einer Realisierung des Erfolgspotenzials erhöht. Die **Marktattraktivität**, welche die Gewinn- und Wachstumspotenziale eines Marktes für die betrachteten strategischen Geschäftseinheiten des Unternehmens ausdrückt, lässt sich durch folgende vier Merkmale näher kennzeichnen:

(1) Marktwachstum und Marktgröße,
(2) Marktqualität,
(3) Versorgung mit Energie und Rohstoffen,
(4) Umweltsituation.

Die **Wettbewerbsvorteile**, welche die eigenen Stärken des Unternehmens ausdrücken, lassen sich ebenfalls durch vier Merkmale kennzeichnen:

(1) relative Marktposition,
(2) relatives Produktionspotenzial,
(3) relatives Forschungs- und Entwicklungspotenzial,
(4) relative Qualifikation der Führungskräfte.

Will man die Position einer strategischen Geschäftseinheit in der **Portfolio-Matrix** ausdrücken, sind alle genannten Merkmale zu bewerten und in jeweils einen Einzelwert für die Marktattraktivität und die relativen Wettbewerbsvorteile zu überführen. Mit Hilfe dieser zwei Koordinatenwerte lässt sich jede strategische Geschäftseinheit in der Portfolio-Matrix positionieren. Beabsichtigt man außerdem, den Zielbeitrag einer strategischen Geschäftseinheit zu «messen», kann man die Kreisdarstellung wählen, wobei der Kreisdurchmesser die Höhe des Zielbeitrags ausdrückt. Auf diese Weise lässt sich für ein ganzes Unternehmen ein Gesamtportfolio erstellen. Dieses macht deutlich, wie die strategischen Geschäftseinheiten des Unternehmens in den Märkten positioniert sind und welche Zielbeiträge aus ihnen zu erwarten sind. Man nennt diese Darstellung «Ist-Portfolio».

Mit einem Ist-Portfolio, wie es in Abb. 1.21 dargestellt wird, hat das Unternehmen einen Überblick über die gegenwärtige Marktlage ihrer strategischen Geschäftseinheiten. Die Frage, die sich in dieser Situation ergibt, lautet: Wie sind die positionierten strategischen Geschäftseinheiten mittels Finanzressourcen zu bewirtschaften, sodass langfristig Existenz, Wachstum und Wirtschaftlichkeit gesichert werden? Erfahrungen und empirische Untersuchungen haben dazu geführt, dass für alle Felder des Ist-Portfolios in einer ersten Annäherung sog. **Norm-Strategien** formuliert werden können. Im Einzelfall müssen diese Norm-Strategien durch strategische Alternativen, Einzelpolitiken und Aktionsprogramme präzisiert werden. Im Wesentlichen lassen sich drei Klassen von Norm-Strategien auseinanderhalten (vgl. Abb. 1.22):

(1) Investitions- und Wachstumsstrategien,
(2) Abschöpfungs-/Desinvestitionsstrategien,
(3) selektive Strategien.

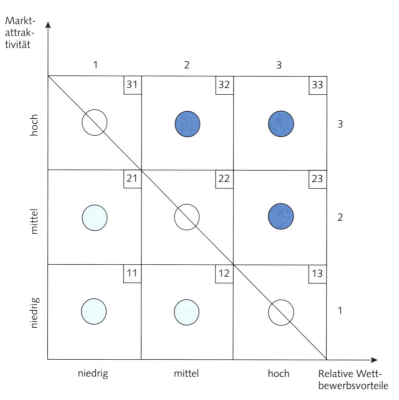

Abbildung 1.22: Normstrategien für Geschäftseinheiten

Die **Investitions- und Wachstumsstrategien** sind in Abb. 1.22 den dunkelblau gekennzeichneten Feldern 32, 33 und 23 zuzuordnen. Diese Positionierungen lassen sich als expandierende Marktsegmente oder als Wachstumsmärkte in einer Reifephase des Produkt-Lebenszyklus interpretieren. Um hier die relativen Wettbewerbsvorteile zu sichern, sind im Allgemeinen Zuordnungen hoher finanzieller Ressourcen erforderlich. Diese Investitionszuweisungen sollen sicherstellen, dass die betroffenen strategischen Geschäftseinheiten bei wachsendem Markt mitwachsen können und auf diese Weise hohe Zielbeiträge erbringen. Die strategischen Erwartungen aus diesen Feldern sind daher mit Investitionen und Wachstumsüberlegungen verknüpft.

Andersartige strategische Überlegungen sind dagegen für die hellblauen Felder 21, 11 und 12 in Abb. 1.22 anzustellen. Diese Felder sind dadurch gekennzeichnet, dass ihre Marktattraktivität niedrig bzw. mittelmäßig ist. Auch ihre Wettbewerbsvorteile sind relativ klein bzw. mittelmäßig. Für diese strategischen Geschäftseinheiten ergeben sich erfahrungsgemäß Abschöpfungs- oder Desinvestitionsstrategien. Meist handelt es sich bei diesen strategischen Geschäftseinheiten im Produkt-Lebenszyklus um ältere Produkte, die durch neue und ertragskräftige Produkte abgelöst werden sollten. Soweit diese Produkte doch noch zufrieden stellende Zielbeiträge erbringen, wird das Unternehmen versuchen, diese Beiträge abzuschöpfen, ohne zusätzliche Finanzallokationen vorzunehmen. Sinken die Chancen der Zielbeiträge weiter, so ist an Desinvestitionen zu denken. Für alle involvierten Ressourcen ist es dann mittelfristig bzw. langfristig vorteilhafter, sie in andere Verwendungsbereiche des Unternehmens zu bringen. Unternehmen, die in diesen Feldern viele strategische Geschäftseinheiten ausweisen, haben in der Vergangenheit strategisch schlecht geplant.

Geschäftseinheiten, die sich in Abb. 1.22 auf der Hauptdiagonale von links oben nach rechts unten befinden, d. h. in den Feldern 31, 22 bzw. 13, sind durch weiße Kreise gekennzeichnet. Sie verlangen nach sog. selektiven Strategien. An selektiven Strategien sind folgende drei Arten zu unterscheiden:

(1) Offensivstrategien,
(2) Übergangsstrategien,
(3) Defensivstrategien.

Für strategische Geschäftseinheiten, die im Feld 31 positioniert sind, bieten sich in der Regel Offensivstrategien an. d. h., es müssen Maßnahmen getroffen werden, welche die relativen Wettbewerbsvorteile stärken. Im Einzelnen bedeutet dies eine Stärkung der Wachstumsprodukte durch Investitionen. Die Positionierung strategischer Geschäftseinheiten im Feld 22 verlangt in der Regel nach einer Übergangsstrategie. Häufig wird in diesem Feld eine Abwarteposition bezogen. Je nach Entwicklung der relativen Wettbewerbsvorteile wird man bei deren Verringerung eine Konsolidierungsstrategie wählen und hinnehmen, in das Feld 21 zurückzufallen. Zeigen sich dagegen Chancen für die Erhöhung der relativen Wettbewerbsvorteile, wird man eine Expansionsstrategie wählen und versuchen, in das Feld 23 überzugehen. Für alle strategischen Geschäftseinheiten, die in Feld 13 positioniert sind, bieten sich Defensivstrategien an. Meist sind Defensivstrategien Durchhaltestrategien. Durch gezielte Rationalisierungsmaßnahmen und eine geeignete Preispolitik kann in dieser Marktposition ein Zielbeitrag abgeschöpft werden. Ein besonderes finanzielles Engagement ist dazu nicht erforderlich.

Zur Unterstützung der strategischen Managemententscheidungen kann man noch einen Schritt weiter gehen und ein Ziel-Portfolio entwickeln. In einem Ziel-Portfolio wird für strategische Geschäftseinheiten diejenige Veränderung der Positionierung festgelegt, die über längere Frist erreicht werden soll, d. h., es ist für jede Geschäftseinheit ein Pfad festzulegen, auf welchem man die gewählte Position im Ziel-Portfolio erreichen will. Auf diese Weise wird ein **strategischer Pfad** geplant, der einzelne Felder in der Matrix der Abb. 1.22 durch Pfeile verbindet. Die Portfolio-Analyse erweist sich damit als geeignetes Instrument, zwei Fragen zu beantworten, die in der strategischen Programmplanung Bedeutung haben:

(1) Wie ist die gegenwärtige Positionierung aller Geschäftseinheiten in den Märkten?
(2) Welche Strategien sind zu wählen, um auf lange Sicht die Zielbeiträge und das Unternehmenswachstum mit möglichst niedrigen Risiken zu sichern?

Diese zwei Fragen führen zur **strategischen Programmplanung,** in der jedes Unternehmen bemüht sein wird, ein **ausgewogenes strategisches Ziel-Portfolio** zu formulieren und zu verfolgen. Die Erfahrung hat gezeigt, dass trotz aller subjektiven Bewertungen in der Portfolio-Analyse das Formulieren umfassender Ziel-Portfolios das strategische Denken und Verhalten in Unternehmen fördert. Umfassende Portfolio-Analysen können langfristig zu einer Zielstabilisierung, zum Erkennen von Risiken und zu einem Risikoausgleich führen. Außerdem ist die Portfolio-Analyse eine wichtige Grundlage für Politiken und Aktionsprogramme einzelner Unternehmensbereiche. Nicht zu übersehen ist, dass die Konzeption strategischer Geschäftseinheiten die Organisation des ganzen Unternehmens beeinflussen kann.

Die Portfolio-Analyse hat zahlreiche **Schwächen**, zu welchen zählen: Bildung heterogener Geschäftseinheiten, Unschärfe der Erfolgsfaktoren und -hypothesen, falsche Gewichtung der Erfolgsfaktoren, zahlreiche subjektive Bewertungen, Fehlen einer Planungsdynamik u. a. (Bea/Haas [Management] 172 ff.). Neben der hier dargestellten ist eine Reihe verwandter Portfolio-Analysen entwickelt worden (Bea/Haas [Management] 158 ff.):

(1) **Absatzmarktorientierte Portfolios** (Marktwachstum-Marktanteil-Portfolio; Marktattraktivität-Wettbewerbsvorteil-Portfolio; Wettbewerbsposition-Marktlebenszyklus-Porfolio),
(2) **Ressourcenorientierte Portfolios** (Geschäftsfeld-Ressourcen-Portfolio; Technologie-Portfolio).

5.2 Anwendung der taktischen Planung

5.2.1 Fragestellungen der taktischen Planung

Mit der Positionierung strategischer Geschäftseinheiten hat das Unternehmen noch keine präzisen Vorstellungen über die tatsächlich anzubietenden Produkte bzw. die einzusetzenden technischen Verfahren. In der **taktischen Programmplanung** muss daher systematisch nach Ideen gesucht werden, die zu konkreten Produktkomponenten, ganzen Produkten bzw. Produktgruppen führen. Im Zusammenhang mit der Präzisierung der gefundenen Produktideen müssen Forschungs-, Entwicklungs-, Konstruktions- und Berechnungsaufgaben durchgeführt werden. Darüber hinaus muss das Unternehmen bemüht sein, präzisere Vorstellungen über Produkt-Lebenskurven (Lebenszyklen von Produkten) zu formulieren. Außerdem ist taktisch festzulegen, welche Produkte in welcher Menge und in welchem Zeitabschnitt (mittelfristig) hergestellt und abgesetzt werden sollen. Das Unternehmen muss also bereits taktisch in Bezug auf eine Zielfunktion und unter Beachtung von Restriktionen eine Optimierung des Fertigungs- und Absatzprogramms planen.

Entscheidungen, die im Rahmen der taktischen Planung des Absatzprogramms anfallen, können sich in verschiedener Form stellen:

(1) Entscheidung über die Hereinnahme eines Produkts in das Fertigungs- und Absatzprogramm bzw. seine Aussonderung,
(2) Entscheidung über die Art und Menge der Produkte innerhalb eines Produktfelds (Programm-Dichte),
(3) Entscheidung über die Art und Menge von Produkten über alle Produktfelder eines Unternehmens (Programm-Breite).

5.2.2 Beispiel zur taktischen Planung des Investitions- und Absatzprogramms

Die Optimierung des taktischen Fertigungs- und Absatzprogramms ist ein dynamisches Planungsproblem, d.h. eine planerische Fragestellung, die in ihrer Grundstruktur zeitliche mehrstufig ist. Die zugehörigen Planungsmodelle sind daher dynamische Optimierungsmodelle. Mit Blick auf die Produkte bedeutet dies, dass von der Absatzseite her ihre Produkt-Lebenskurven berücksichtigt werden müssen. Für die Fertigungskapazitäten ist zu fordern, dass ihre Veränderungen (Kapazitätsaufbau, Kapazitätsersatz, Kapazitätsabbau) in den einzelnen Teilperioden des gesamten taktischen Planungsintervalls entsprechend berücksichtigt werden müssen. Soweit bei der Produktbearbeitung im Zeitablauf Lerneffekte auftreten, sind diese angemessen zu beachten. Von Bedeutung ist ebenfalls, dass alle zwischen den Modellgrößen auftretenden Interdependenzen über alle Teilperioden möglichst präzise erfasst werden müssen.

Da die Frage nach der Einführung neuer Produkte (Aussonderung alter Produkte) und die Frage nach der optimalen Gestaltung einer Produktgruppe als Sonderfälle des allgemeinen Planungsansatzes zur Optimierung des taktischen Fertigungsprogramms angesehen werden können, soll hier lediglich auf die allgemeine Fragestellung der Planung näher eingegangen werden (Schweitzer [Fertigungswirtschaft] 621 ff.).

Eines der umfassendsten Modelle zur Optimierung des taktischen Fertigungsprogramms ist von Zäpfel ([Programmplanung] 1709 ff.) vorgelegt worden. Trotz einiger Vereinfachungen, die für dieses Modell getroffen wurden (z.B. wird von Desinvestitionen und Rationalisierungsinvestitionen abgesehen; zudem werden alle

Absatzwerte als deterministisch angenommen), handelt es sich um ein komplexes **gemischt-ganzzahliges Planungsmodell**, welches folgende Einzelentscheidungen unterstützt:

(1) Weiterführung oder Aussonderung von Produkten, wobei jedes Produkt in Varianten produziert werden kann,
(2) Aufnahme oder Nichtaufnahme von Produkten,
(3) Eigenfertigung oder Fremdbezug,
(4) Fortführung bzw. Veränderung von Kapazitäten,
(5) Berücksichtigung eines Finanzierungsbudgets.

Symbole

Variable

x_{Ejvt}: Produktionsmenge des Erzeugnisses (jv) bei Eigenfertigung in Periode t
x_{Fjvt}: Beschaffungsmenge des Erzeugnisses (jv) bei Fremdbezug in Periode t
x_{pt}: Produktionsmenge des neuen Produkts p in Periode t
v_{it}: Anzahl der Anlage i, über deren Beschaffung in Periode t entschieden wurde

Indizes

$j = 1\,(1)\,n$: Index der Leistungsart
$p = 1\,(1)\,\bar{n}$: Index für neue Produkte
$v = 1\,(1)\,V_j$: Index der Ausführungsformen
  (V_j: Anzahl der Ausführungsformen für Art j)
$t = 1\,(1)\,T$: Periodenindex
$i = 1\,(1)\,m$: Index für Anlagen

Konstante (Daten)

t'_p Entwicklungsdauer für neues Produkt p
t_p Dauer des Marktzyklus für neues Produkt
w_i bzw. n_i: Beschaffungsfrist bzw. Nutzungsdauer der neuen Anlage i
d_{Ejvt}: produktproportionale Einnahmen abzüglich Ausgaben je Einheit der Leistungsart j, die in der Variante v vorliegt in der Periode t bei Eigenfertigung
d_{Fjvt}: produktproportionale Einnahmen abzüglich Ausgaben je Einheit für Erzeugnis (jv) in der Periode t bei Fremdbezug
d_{pt}: produktproportionale Einnahmen abzüglich Ausgaben je Einheit für neues Produkt p in Periode t
U_{Ejvt}: fixe Ausgaben für Erzeugnis (jv) bei Eigenfertigung in der Periode t
U_{pt}: fixe Ausgaben für das neue Produkt p in t
A_{it}: anteilige Anschaffungsausgaben einer Anlage i in der Periode t

$F_{it}^{(k)}$: laufende Ausgaben für eine Anlage i in Periode t, sofern die Entscheidung zur Beschaffung in Periode k gefallen ist

$E_{pk}^{(t)}$: Entwicklungsausgaben für neues Produkt p in Periode k, sofern die Entscheidung zur Entwicklung in t gefallen ist

a_{ijv}: Bearbeitungszeit für Erzeugnis (jv) bzw.

a_{ip}: Produkt p auf der Anlage i

C_{it}: verfügbare Kapazität einer Anlage i in der Periode t

$\overline{K}_t, \overline{E}_t$: Budget in der Periode t für Ausgaben von Investitionen bzw. neue Produkte

h_{jvt}: Absatzobergrenze in der Periode t für (jv)

$h_{pt}(k)$: Absatzobergrenze in der Periode t für neues Produkt p, sofern die Entscheidung zur Entwicklung in Periode k gefallen ist

M: beliebig große Zahl, die sichert, dass bei u_{Ejvt} bzw. $u_{pt} = 1$ die rechten Seiten von (8) und (9) nicht kleiner als die linken Seiten werden

Modellformulierung

Im taktischen Planungsmodell wird davon ausgegangen, dass alle Marktchancen, die im Planungszeitraum gegeben sind, möglichst gut ausgenutzt werden sollen. Die Zielfunktion (1) wird formuliert als der auf den Beginn des Planungszeitraums (abgezinste) Überschuss der Einnahmen über die Ausgaben. Dieser Überschuss soll maximiert werden.

Zielfunktion:

$$\sum_j \sum_t \sum_v \{x_{Ejvt} \cdot d_{Ejvt} + x_{Fjvt} \cdot d_{Fjvt}\} \quad (1)$$

$$+ \sum_p \sum_{t=t'_p+1} x_{pt} \cdot d_{pt} - \sum_j \sum_t \sum_v u_{Ejvt} \cdot U_{Ejvt}$$

$$- \sum_p \sum_{t=t'_p+1} u_{pt} \cdot U_{pt} - \sum_i \sum_t v_{i,t-w_i} \cdot A_{it}$$

$$- \sum_i \sum_t \sum_{t=t-w_l-n_l+1}^{t-w_l} v_{ik} \cdot F_{it}^{(k)}$$

$$- \sum_i \sum_{t=1}^{T-t'_p} y_{pt} \cdot \sum_{k=t}^{t+t'_p-1} E_{pk}^{(t)} \to \text{Max!}$$

Kapazitätsbedingungen:

$$\sum_j \sum_v a_{ijv} \cdot x_{Ejvt} + \sum_p a_{ip} \cdot x_{pt} \leq \sum_{k=t-w_l-n_{i+1}}^{t-w_l} v_{ik} \cdot C_{it} \quad (2)$$
$$(i = 1 \text{ bis } m; \ t = 1 \text{ bis } T)$$

Budgetbedingungen:

$$\sum_i v_{i,t-W_i} \cdot A_{it} \leq K_t \quad (t = 1 \text{ bis } T) \qquad (3)$$

$$\sum_p \sum_{k=t-t'_p+1} y_{pk} \cdot E_{pt}^{(k)} \leq \overline{E}_t \quad (t = 1 \text{ bis } T - t'_p) \qquad (4)$$

Marktbedingungen:

$$x_{Ejvt} + x_{Fjvt} \leq h_{jvt} \quad (j = 1 \text{ bis } n; v = 1 \text{ bis } v_j; t = 1 \text{ bis } T) \qquad (5)$$

$$\sum_{k=t-t''_p-t'_p+1} h_{pt}(k) \cdot y_{pk} \geq x_{pt} \quad (p = 1 \text{ bis } \overline{n}; t = t_p + 1 \text{ bis } T) \qquad (6)$$

$$\sum_{t-1}^{T-t'_p} y_{pt} \leq 1 \quad (p = 1 \text{ bis } \overline{n}) \qquad (7)$$

Bedingungen für fixe Ausgaben:

$$x_{Ejvt} \leq u_{Ejvt} \cdot M \quad \text{(für alle } j, v, t) \qquad (8)$$
$$x_{pt} \leq u_{pt} \cdot M \quad \text{(für alle } p, t) \qquad (9)$$

Nichtnegativitätsbedingungen:

$$x_{Ejvt} \geq 0 \quad \text{(für alle } j, v, t) \qquad (10)$$
$$x_{Fjvt} \geq 0 \qquad (11)$$
$$x_{pt} \geq 0 \quad \text{(für alle } p, t) \qquad (12)$$

Ganzzahligkeitsbedingungen:

$$v_{it} \, \varepsilon \, \{0, 1, 2, 3, \ldots\} \quad \text{(für alle } i, t) \qquad (13)$$
$$u_{Ejvt}, u_{pt}, y_{pt} \, \varepsilon \, \{0, 1\} \qquad (14)$$

Dieses Planungsmodell, dessen Lösbarkeit und Datenerhebungsprobleme hier nicht diskutiert werden, gibt auf folgende Fragen eine Antwort, die in der taktischen Programmplanung gestellt werden:

(1) Welche Produkte und ihre Varianten sind mit welcher Menge in welcher Periode selbst zu fertigen oder fremd zu beziehen?
(2) Welche neuen Produkte sind in welcher Menge in welcher Periode in das Programm aufzunehmen?
(3) Welche Anlagenart ist in welcher Zahl in welcher Periode neu zu beschaffen?
(4) Welches Produkt soll in welcher Periode entwickelt werden?
(5) Wie ist ein gegebenes Finanzbudget für Investitionen bzw. neue Produkte auszuschöpfen?
(6) Werden die Absatzobergrenzen für Produkte und deren Varianten in der jeweiligen Periode erreicht oder unterschritten?

Mit den Antworten auf diese Fragen leistet das formulierte Planungsmodell einen Beitrag zur Lösung wichtiger Probleme der taktischen Programmplanung. Vergleichbar zur taktischen Programmplanung von Sachgütern, wie sie oben nach Zäpfel modelliert wird, lassen sich auch Probleme der **taktischen Planung von Dienstleistungen** durch mathematische Modelle abbilden. Modellanalysen zur taktischen Kapazitätsplanung für unterschiedliche Typen der Dienstleistungsproduktion unter deterministischen sowie stochastischen Produktions- und Absatzbedingungen, unter Berücksichtigung von Produktions- und Nachfrageänderungen, Hilfsprozessen, externen Faktoren, Lerneffekten, Qualitäts- und Flexibilitätsproblemen usw. führen u. a. Haksever/Render/Russel/Murdick ([Service Management] 299 ff.), Corsten/Stuhlmann ([Kapazitätsmanagement] 3 ff.), Kleinaltenkamp/Marra ([Kapazitätsplanung] 54 ff.) und Schweitzer, Marcus ([Taktische Planung] 86 ff. und 105 ff.) durch.

5.3 Anwendung der operativen Planung

5.3.1 Fragestellungen der operativen Planung

Die zentrale Fragestellung der operativen Programmplanung liegt darin, für eine einzige Planperiode (Jahr) bzw. deren Unterteilungen (Monate) die Art und Menge der Produkte zu planen, die in dieser Periode gefertigt und abgesetzt werden sollen. Gesucht ist unter Beachtung von Nebenbedingungen und in Ausrichtung auf ein Ziel das **optimale Fertigungs- und Absatzprogramm**. Für die operative Programmplanung sind im Allgemeinen folgende Größen als gegeben und konstant zu betrachten:

(1) die Fertigungskapazitäten,
(2) die Fertigungsverfahren,
(3) alle Produktionskoeffizienten,
(4) die Produktstrukturen,
(5) die Koeffizienten der Zielfunktion (hier Deckungsbeiträge),
(6) die Lagerkapazitäten,
(7) die Absatzhöchstmengen,
(8) die Beschaffungshöchstmengen sowie
(9) das Kapitalbudget.

Die Fragestellung der operativen Programmplanung kann durch ein **lineares Planungsmodell** abgebildet werden. In der Regel wird dieses Modell als statisches, deterministisches Entscheidungsmodell formuliert. Die Alternativenwahl orientiert sich meist an einer einzigen Zielfunktion. Dieses Modell lässt sich für die Zielfunktion der kurzfristigen **Deckungsbeitragsmaximierung** wie folgt formulieren:

Zielfunktion:

$$D = \sum_{j=1}^{n} d_j \cdot x_j \to \text{Max!}$$

Kapazitätsbedingungen:

$$\sum_{j=1}^{n} a_{ij} \cdot x_j \leq b_i \quad i = 1, \ldots, m$$

Nichtnegativitätsbedingungen:

$$x_j \geq 0$$

Symbole

i: Einsatzgüterart bzw. Fertigungsstufe
j: Produktart
a_{ij}: Produktionskoeffizient des i-ten Einsatzgutes für das j-te Produkt
b_i: Kapazität der Fertigungsstufe i
d_j: Stückdeckungsbeitrag des Produkts j
D: Gesamtdeckungsbeitrag der Planperiode

Das formulierte lineare Planungsmodell ist in der Lage, die Fragestellung der operativen Programmplanung abzubilden und zu beantworten. Dieses Grundmodell der Programmplanung kann in einer Reihe von Modellkomponenten der Realität weiter angenähert werden (Schweitzer [Fertigungswirtschaft] 631 ff.; Zäpfel [Produktionswirtschaft] 98 ff.). So ist z. B. eine Annäherung in dem Sinne möglich, dass mehrere Teilperioden eingeführt werden. Sollten außerdem für die Herstellung einer bestimmten Produktart mehrere Verfahren zur Verfügung stehen, so kann das Modell um die Verfahrenswahl erweitert werden. Auch eine Kontinuitätsbedingung für den Produktdurchlauf durch mehrere Fertigungsstufen kann berücksichtigt werden. Die Frage nach Eigenfertigung oder Fremdbezug kann (operativ) erneut aufgegriffen werden. In vergleichbarer Weise lässt sich die Frage nach optimalen Anpassungsformen (Variationsformen) in das Modell integrieren. Bei Unternehmen mit mehreren Zweigwerken kann die Zuordnung der zu produzierenden Produkte auf diese Zweigwerke berücksichtigt werden. Desgleichen ist es möglich, spezifische Prozessbedingungen (z.B. bei Kuppelproduktion) im Modell abzubilden. Eine zusätzliche Modellerweiterung besteht in der Berücksichtigung der zeitlichen Abstimmung zwischen Fertigungs- und Absatzprogramm. Das Modell kann außerdem um Reihenfolge- und Terminprobleme erweitert werden. Schließlich lassen sich auch Fragen des Recycling in das Modell integrieren. In der Praxis stoßen derartige Modellversionen jedoch sehr schnell an die Grenzen ihrer Lösbarkeit.

Die operative Programmplanung ist, wie es bereits gesagt wurde, ein bevorzugter Anwendungsbereich linearer Planungsmodelle. Befragungen in industriellen Unternehmen haben gezeigt, dass ca. 25–30 % dieser Unternehmen auf dem Gebiet der operativen Programmplanung mit linearen Planungsmodellen arbeiten. Die Schwerpunkte der Anwendungen liegen in den Bereichen chemische Industrie, Fertigungsindustrie, Erdölindustrie sowie Montanindustrie.

5.3.2 Beispiel zur operativen Planung des Fertigungs- und Absatzprogramms

Nachfolgend wird gezeigt, wie für einen vereinfachten praktischen Fall ein optimales operatives Fertigungs- und Absatzprogramm geplant wird. Nach der Problembeschreibung wird das zugehörige lineare Planungsmodell formuliert und mit Hilfe des Simplexverfahrens gelöst. In einer Modellerweiterung wird dann der Sachverhalt der Eigenfertigung für Einzelteile und Baugruppen in das Modell eingefügt. Durch diese Erweiterung wird erkennbar, wie sich eine planungshierarchische Vorentscheidung aus der taktischen Programmplanung in der operativen Programmplanung unter Produktions- und Kapazitätsgesichtspunkten auswirkt und wie ein lineares Planungsmodell koordinierende Wirkung entfaltet.

Zur Planung des Fertigungs- und Absatzprogramms sind zahlreiche zukunftsbezogene Informationen erforderlich. Bei diesen handelt es sich teilweise um Ergebnisse anderer Einzelplanungen, wie z. B. des Finanzierungsbudgets. Andere Daten, z. B. Deckungsbeiträge und Absatzhöchstmengen, sind ebenfalls zu prognostizieren. Die Prognosen liefern Wahrscheinlichkeitsaussagen über das Auftreten von Daten, die im Prognosezeitraum zu erwarten sind. Als Demonstration wurd das Prognoseverfahren der exponentiellen Glättung 2. Ordnung am Beispiel einer Absatzhöchstmenge erläutert. Dieses Verfahren beruht auf einer Zerlegung von Zeitreihen. Grundlage dieses Vorgehens bildet eine in der Vergangenheit beobachtete Zeitreihe der Absatzhöchstmengen:

t	1	2	3	4	5	6	7	8	9	10
y_t	87	103	105	108	111	125	129	135	–	–

t = betrachtete Periode (t = 1, ..., 8)
y_t = Absatzmenge in der Periode t (beobachtete, realisierte Werte)

An Komponenten der Zeitreihen unterscheidet man eine Trendkomponente (einschließlich konjunktureller Einflüsse), eine Saisonkomponente und eine Zufallskomponente. In der hier vorliegenden Zeitreihe sind eine Trend- und Zufallskomponente zu erkennen, saisonale Schwankungen liegen nicht vor (vgl. Abbildung 1.23). Damit kommen als Prognoseverfahren die Methode der gleitenden Durchschnitte 2. Ordnung, die Methode der kleinsten Quadrate, die exponentielle Glättung mit Trendkorrektur oder die exponentielle Glättung 2. Ordnung in Frage.

Bei der exponentiellen Glättung 2. Ordnung, die hier herangezogen wird, handelt es sich um ein approximatives Prognosemodell, welches die zukünftige Absatzmenge aus den exponentiell geglätteten Mittelwerten 1. und 2. Ordnung der Absatzmengen vergangener Perioden berechnet. Grundidee der exponentiellen Glättung ist, dass für die Mittelwertberechnung einem Wert der beobachteten Zeitreihe umso mehr Gewicht beigemessen wird, je näher er an der Planungsperiode liegt. Der zuletzt beobachtete Wert (hier die Absatzmenge der 8. Periode) wird mit einem Faktor α gewichtet ($0 < \alpha < 1$), während die in der i-ten Periode davor liegenden Werte mit $\alpha(1-\alpha)^i$ gewichtet werden. Dabei ist α eine Glättungskonstante, die

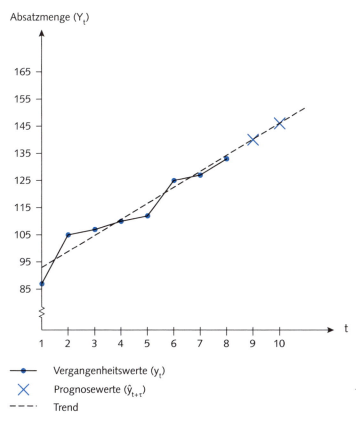

Abbildung 1.23: Absatzprognose mittels exponentieller Glättung 2. Ordnung

je nach Art der Zeitreihe eine schnelle Anpassung des berechneten Wertes an die aktuelle Entwicklung (α nahe 1) oder den Ausgleich von Zufallsschwankungen der beobachteten Absatzmengen (α nahe 0) bewirken soll. Der Mittelwert 1. Ordnung der Periode t wird definiert als:

$$\bar{y}_t^{(1)} = \alpha \cdot y_t + (1 - \alpha) \cdot \bar{y}_{t-1}^{(1)}$$

Entsprechend wird der Mittelwert 2. Ordnung $\bar{y}_t^{(2)}$ definiert aus den Mittelwerten erster Ordnung mit:

$$\bar{y}_t^{(2)} = \alpha \cdot \bar{y}_t^{(1)} + (1 - \alpha) \cdot \bar{y}_{t-1}^{(2)}$$

Die verwendete lineare Prognosefunktion lautet:

$$\hat{y}_{t+\tau} = a_t + b_t \cdot \tau$$

Unter Vernachlässigung zufälliger Schwankungen der Messwerte um die Prognosefunktion lassen sich die Parameter a_t und b_t der Prognosefunktion als Schätzwerte aus den besprochenen Mittelwerten erster und zweiter Ordnung bestimmen:

$$a_t = 2\bar{y}_t^{(1)} - \bar{y}_t^{(2)}$$
$$b_t = \bar{y}_t^{(2)} - \bar{y}_{t-1}^{(2)}$$

Setzt man diese Ausdrücke in die Prognosefunktion ein, ergibt sich:

$$\hat{y}_{t+\tau} = 2\bar{y}_t^{(1)} - \bar{y}_t^{(2)} + (\bar{y}_t^{(2)} - \bar{y}_{t-1}^{(2)}) \cdot \tau$$

Symbole

$\hat{y}_{t+\tau}$ = Prognosewert für die Periode t + τ auf der Basis der Zeitreihe bis t

$\bar{y}_t^{(1)}$ = Mittelwert 1. Ordnung für Periode t

$\bar{y}_t^{(2)}$ = Mittelwert 2. Ordnung für Periode t

y_t = Absatzmenge in der Periode t

α = Glättungsparameter

τ = auf t folgende Periode(n)

a_t = Grundwert, welcher der Prognose zum Zeitpunkt t für den Zeitpunkt (Zeitraum) t entspricht

b_t = Steigungsmaß je zukünftiger Zeiteinheit τ

Zur Berechnung der Prognosewerte für die Perioden t = 9 und t = 10 mit Hilfe der exponentiellen Glättung 2. Ordnung lässt sich folgende Arbeitstabelle entwickeln (Initialisierungswerte: $\bar{y}_0^{(1)} = 84$, $\bar{y}_0^{(2)} = 81$, $\alpha = 0{,}3$):

t	1	2	3	4	5	6	7	8	9	10
y_t	87	103	105	108	111	125	129	135	–	–
$\bar{y}_t^{(1)}$	84,9	90,3	94,7	98,7	102,4	109,2	115,1	121,1	–	–
$\bar{y}_t^{(2)}$	82,2	84,6	87,6	90,9	94,4	98,8	103,7	108,9	–	–
$\hat{y}_{8+1}$	–	–	–	–	–	–	–	–	138,5	–
$\hat{y}_{8+2}$	–	–	–	–	–	–	–	–	–	143,7

Durch Einsetzen der entsprechenden Werte in die Prognosefunktion erhält man für τ = 1 bzw. τ = 2 die **Prognosewerte** für die Perioden 9 und 10 auf der Basis der Zeitreihe bis t = 8. Die Prognose führt zu $\hat{y}_{8+1} = \hat{y}_9 = 138{,}5$ und $\hat{y}_{8+2} = \hat{y}_{10} = 143{,}7$. Verfahren der exponentiellen Glättung sind für Absatzprognosen nur dann verwendbar, wenn für die Prognoseperiode(n) keine strukturellen Verschiebungen im Absatzprogramm zu erwarten sind (bei Gültigkeit der Zeitstabilitätshypothese).

Der Prognose für die Perioden t = 9 und t = 10 gehen folgende Aufgaben der Planungsphase «Prognose» voraus (vgl. Abschnitt 2.2.4): Kennzeichnung der gewünschten Prognose und Analyse der Vergangenheitserfahrungen. Im Anschluss an die Prognose sonstiger Daten erfolgt eine Überprüfung aller durchgeführten Einzelprognosen auf ihre Widerspruchsfreiheit und bei Bedarf eine Durchführung von

Alternativprognosen. Eine ausführliche Beschreibung der Prognoseverfahren findet sich im 4. Kapitel, Abschnitt 4.4.

Nach dem hier dargestellten Verfahren der exponentiellen Glättung 2. Ordnung lassen sich beide Absatzhöchstmengen prognostizieren, die im nachfolgenden Beispiel mit 1550 Stück für Produkt 1 und mit 1300 Stück für Produkt 2 auftreten.

Planungsbeispiel

In einem **zweistufigen Fertigungsprozess** mit den Fertigungsstufen I und II werden **zwei Produkte** (1 und 2) erstellt, deren Mengen für die Planungsperiode von einem Jahr so zu bestimmen sind, dass sie zu einem **Maximum an Deckungsbeiträgen** führen. Die in beiden Fertigungsstufen zur Verfügung stehenden **Kapazitäten sind begrenzt** und werden zur Fertigung der zwei Produkte unterschiedlich beansprucht. Für beide Produkte wird die Fertigungsmenge durch einen **Beschaffungsengpass** begrenzt. Ferner sind für beide Produkte durch Marktforschung **Absatzhöchstmengen** (s. o.) prognostiziert worden, über die hinaus ein Verkauf nicht möglich ist. Das für die Fertigung erforderliche Kapital unterliegt keiner Begrenzung. Absatzpolitische Instrumente, wie Preispolitik, Absatzformen, Werbung, Kundendienst u. a. werden in diesem Modell nicht explizit berücksichtigt.

In der **Fertigungsstufe I** stehen drei Maschinen zur Verfügung, die bei einer Laufzeit von wöchentlich 40 Stunden unter Berücksichtigung von Ausfallzeiten 48 Wochen pro Periode eingesetzt werden können.

In der **Fertigungsstufe II** steht zunächst nur ein Aggregat für die Nutzung zur Verfügung. Es kann 50 Wochen mit wöchentlich 42 Stunden eingesetzt werden. Ein zweites Aggregat, das während der betrachteten Periode geliefert wird, steht nur 32 Wochen bei einer wöchentlichen Nutzungszeit von 40 Stunden zur Verfügung.

Das **Produkt 1** beansprucht die Kapazität der Fertigungsstufe I mit drei und die der Fertigungsstufe II mit eineinhalb Stunden pro Produkteinheit. Für **Produkt 2** sind analog zweieinhalb bzw. zwei Stunden erforderlich. Diese Produktionskoeffizienten sind für alle Produktionsniveaus konstant. Für die Beziehung zwischen Einsatzgütermengen und Ausbringungsgütermengen werden somit **Leontief-Transformationsfunktionen** unterstellt (Schweitzer/Küpper [Produktions- und Kostentheorie] 59 ff.).

Eine **Baugruppe** kann für die Planungsperiode nur mit 2950 Einheiten beschafft werden. Für Produkt 1 wird davon eine Einheit und für Produkt 2 werden davon zwei Einheiten pro Produkteinheit benötigt. Außerdem werden für die Fertigung der Produkte 1 und 2 **Einzelteile** gebraucht, die in beliebiger Menge beschafft werden können. Die prognostizierten Absatzhöchstmengen betragen 1550 Stück für Produkt 1 und 1300 Stück für Produkt 2.

Die Deckungsbeiträge der beiden Produkte werden wie folgt berechnet:

	Produkt 1	Produkt 2
Variable Kosten der Fertigungsstufe I	60,–	50,–
Variable Kosten der Fertigungsstufe II	15,–	20,–
Variable Beschaffungskosten	70,–	100,–
Variable Absatzkosten	10,–	10,–
Variable Kosten pro Produkteinheit	155,–	180,–
Nettoerlöse pro Produkteinheit	250,–	285,–
Deckungsbeitrag pro Produkteinheit	95,–	105,–

Alle relevanten Planungsdaten sind in Abb. 1.24 zusammengestellt.

		Produkt 1	Produkt 2	Kapazitäten bzw. Mengen
(I)	Fertigungsstufe I	3	$2\frac{1}{2}$	5760 Std.
(II)	Fertigungsstufe II	$1\frac{1}{2}$	2	3380 Std.
(III)	Beschaffungsengpass	1	2	2950 Stck.
(IV)	Absatzengpass (1)	1	–	1550 Stck.
(V)	Absatzengpass (2)	–	1	1300 Stck.
(Z)	Deckungsbeiträge	95,– € / Stück	105,– € / Stück	–

Abbildung 1.24: Tabelle der Modelldaten

Modellformulierung

Sind x_1 und x_2 die zu bestimmenden Fertigungs- und Absatzmengen von Produkt 1 bzw. 2 und stellen x_3 bis x_7 Leerlauf- oder Schlupfvariable dar, so gelten für die Normalform des Modells folgende Beziehungen:

Nebenbedingungen

$$
\begin{array}{llrrrrrl}
\text{(I)} & 3x_1 & + & 2\frac{1}{2}x_2 & + & x_3 & & = 5760 \\
\text{(II)} & 1\frac{1}{2}x_1 & + & 2x_2 & + & & x_4 & = 3380 \\
\text{(III)} & x_1 & + & 2x_2 & + & & x_5 & = 2950 \\
\text{(IV)} & x_1 & + & & + & & x_6 & = 1550 \\
\text{(V)} & & & x_2 & + & & x_7 & = 1300 \\
\end{array}
$$

Zielvorstellung

$$Z = 95x_1 + 105x_2 \rightarrow \text{Max!}$$

Das Gleichungssystem der Nebenbedingungen legt eine Menge von Lösungspunkten ($x_1 - x_2$-Kombinationen) fest, die für das gestellte Problem als zulässig gelten. Die Menge aller zulässigen Punkte bezeichnet man als den zulässigen Bereich. In

Abb. 1.25 ist es das Vieleck (Polyeder) mit den Eckpunkten $P_0, ..., P_6$. Dieser Bereich wird in Bezug auf die Fertigung auch als fertigungswirtschaftlicher **Lösungsraum** bezeichnet. Durch Parallelverschiebung der Zielfunktionsgeraden Z wird der Punkt P_4 ($1364\frac{4}{9}$; $666\frac{2}{3}$) mit einem Gesamtdeckungsbeitrag von € $199\,622\frac{2}{9}$ als **optimale Lösung** des Planungsproblems bestimmt.

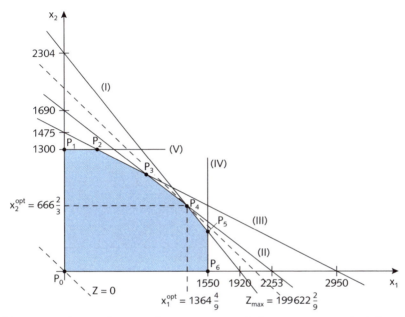

Abbildung 1.25: Planung des optimalen Fertigungs- und Absatzprogramms mittels linearer Planungsrechnung

Diese grafisch gefundene Optimallösung lässt sich durch eine algebraische Rechnung nach dem **Simplexverfahren** der linearen Planungsrechnung bestätigen. Vom Punkt P_0 aus werden im vorliegenden Falle für die Punkte P_1, P_2, P_3 und P_4 iterativ Tabellen (Simplextableaus) aufgestellt und berechnet, bis das Simplexkriterium ($Z - c \geq 0$) erfüllt wird.

An der **Optimallösung** ist störend, dass die Variablenwerte ($x_1^{opt} = 1364\,4/9$; $x_2^{opt} = 666\,2/3$) gebrochen sind. Eine **ganzzahlige Lösung** wird gefunden, indem man im Anschluss an das Endtableau den Rechengang z.B. nach dem *Gomory-Verfahren* fortsetzt. Nimmt man in dem hier formulierten Modell eine einfache Abrundung auf $x_1 = 1364$ und $x_2 = 666$ Einheiten vor, so erhält man einen Gesamtdeckungsbeitrag von 199 510,– €. Die abgerundeten Lösungswerte für die Produktmengen decken sich fast mit der ganzzahligen Lösung nach dem *Gomory-Verfahren*, das zu den ganzzahligen Werten $x_1 = 1365$ und $x_2 = 666$ Einheiten bei einem Gesamtdeckungsbeitrag von 199 605,– € führt. Das Rundungsverfahren kann jedoch nicht empfohlen werden, wenn die Wertausprägung der Variablen (z.B. bei Großprojekten) im Optimum relativ klein ist. Die ganzzahlige Optimallösung kann dann erheblich von der nicht-ganzzahligen abweichen.

Ausgangstableau

P_0			$c_1=95$	$c_2=105$	$c_3=0$	$c_4=0$	$c_5=0$	$c_6=0$	$c_7=0$
c^B	Basis	Lösung	x_1	x_2	x_3	x_4	x_5	x_6	x_7
0	x_3	5760	3	$5/2$	1	0	0	0	0
0	x_4	3380	$3/2$	2	0	1	0	0	0
0	x_5	2950	1	2	0	0	1	0	0
0	x_6	1150	1	0	0	0	0	1	0
0	x_7	1300	0	①	0	0	0	0	1
0	Z	0	0	0	0	0	0	0	0
	Z−c		−95	−105	0	0	0	0	0

1. Iteration (Von P_0 nach P_1)

P_1			$c_1=95$	$c_2=105$	$c_3=0$	$c_4=0$	$c_5=0$	$c_6=0$	$c_7=0$
c^B	Basis	Lösung	x_1	x_2	x_3	x_4	x_5	x_6	x_7
0	x_3	2510	3	0	1	0	0	0	$-5/2$
0	x_4	780	$3/2$	0	0	1	0	0	−2
0	x_5	350	①	0	0	0	1	0	−2
0	x_6	1550	1	0	0	0	0	1	0
105	x_2	1300	0	1	0	0	0	0	1
	Z	136500	0	105	0	0	0	0	105
	Z−c		−95	0	0	0	0	0	105

Anwendungen hierarchisch differenzierter Planungen   157

2. Iteration (Von P_1 nach P_2)

P_2			$c_1=95$	$c_2=105$	$c_3=0$	$c_4=0$	$c_5=0$	$c_6=0$	$c_7=0$
c^B	Basis	Lösung	x_1	x_2	x_3	x_4	x_5	x_6	x_7
0	x_3	1460	0	0	1	0	-3	0	$7/2$
0	x_4	255	0	0	0	1	$-3/2$	0	① →
95	x_1	350	1	0	0	0	1	0	-2
0	x_6	1200	0	0	0	0	-1	1	2
105	x_2	1300	0	1	0	0	0	0	1
	Z	169750	95	105	0	0	95	0	-85
	$Z-c$		0	0	0	0	95	0	-85 ↑

3. Iteration (Von P_2 nach P_3)

P_3			$c_1=95$	$c_2=105$	$c_3=0$	$c_4=0$	$c_5=0$	$c_6=0$	$c_7=0$
c^B	Basis	Lösung	x_1	x_2	x_3	x_4	x_5	x_6	x_7
0	x_3	$567 1/2$	0	0	1	$-7/2$	⑨/₄	0	0 →
0	x_7	255	0	0	0	1	$-3/2$	0	1
95	x_1	860	1	0	0	2	-2	0	0
0	x_6	690	0	0	0	-2	2	1	0
105	x_2	1045	0	1	0	-1	$3/2$	0	0
	Z	191425	95	105	0	85	$-32 1/2$	0	0
	$Z-c$		0	0	0	85	$-32 1/2$ ↑	0	0

4. Iteration (Von P_3 nach P_4) – Endtableau

P_4			$c_1=95$	$c_2=105$	$c_3=0$	$c_4=0$	$c_5=0$	$c_6=0$	$c_7=0$
c^B	Basis	Lösung	x_1	x_2	x_3	x_4	x_5	x_6	x_7
0	x_5	$252 2/9$	0	0	$4/9$	$-14/9$	1	0	0
0	x_7	$633 1/3$	0	0	$2/3$	$-4/3$	0	0	1
95	x_1	$1364 4/9$	1	0	$8/9$	$-10/9$	0	0	0
0	x_6	$185 5/9$	0	0	$-8/9$	$10/9$	0	1	0
105	x_2	$666 2/3$	0	1	$-2/3$	$4/3$	0	0	0
	Z	$199622 2/9$	95	105	$14 4/9$	$34 4/9$	0	0	0
	$Z-c$		0	0	$14 4/9$	$34 4/9$	0	0	0

Bei der Planung des deckungsbeitragsmaximalen Fertigungs- und Absatzprogramms wird unterstellt, dass die zur Fertigung der Produkte 1 und 2 erforderlichen Einzelteile und Baugruppen ohne Schwierigkeiten durch Fremdbezug beschafft werden können. Im nachfolgenden Beispiel soll dagegen angenommen werden, dass die benötigten Einzelteile 4, 5, 6 sowie die Baugruppe 3 in Eigenfertigung hergestellt werden. Die dann entstehende Produktionsverflechtung zeigt der Gozintograph in Abb. 1.26 (Schweitzer [Fertigungswirtschaft] 672 ff.).

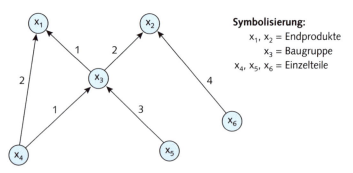

Abbildung 1.26: Gozintograph der Produktionsverflechtung

Der Gozintograph in Abb. 1.26 gibt an, dass für ein Stück von Produkt 1 zwei Einzelteile 4 und eine Baugruppe 3 erforderlich sind, während in ein Stück von Produkt 2 zwei Baugruppen 3 und vier Einzelteile 6 eingehen. Ein Stück der Baugruppe 3 setzt sich aus einem Einzelteil 4 und drei Einzelteilen 5 zusammen. Die zugehörige Verflechtungsmatrix V lautet:

$$V = \begin{bmatrix} 1 & 0 \\ 0 & 1 \\ 1 & 2 \\ 3 & 2 \\ 3 & 6 \\ 0 & 4 \end{bmatrix} \begin{matrix} x_1 \\ x_2 \\ x_3 \\ x_4 \\ x_5 \\ x_6 \end{matrix} \quad \begin{matrix} x_1 & x_2 \end{matrix}$$

Alle Baugruppen und Einzelteile werden auf denselben Aggregaten gefertigt wie die Produkte 1 und 2. Die Beanspruchung der Kapazitäten kann Abb. 1.27 entnommen werden.

Die Baugruppe 3 unterliegt keiner Mengenbegrenzung. Der Teileengpass in Abb. 1.27 bezieht sich auf das Einzelteil 4, das in der Planungsperiode wegen Beschaffungsschwierigkeiten der zugehörigen Rohstoffe mit maximal 3750 Stück hergestellt werden kann. Von diesem sind insgesamt für eine Einheit von Produkt 1 drei Stück und für eine Einheit von Produkt 2 zwei Stück einzusetzen. Die Absatzrestriktionen (-engpässe) der Produkte 1 und 2 sind dieselben wie im vorangehenden Beispiel, d. h. $x_1 \leq 1550$ und $x_2 \leq 1300$ Stück.

Anwendungen hierarchisch differenzierter Planungen 159

		x_1	x_2	x_3	x_4	x_5	x_6	Kapazitäten bzw. Mengen
(I)	Fertigungsstufe I	3	$2\frac{1}{2}$	$\frac{1}{8}$	$\frac{1}{8}$	0	0	5760 Std.
(II)	Fertigungsstufe II	$1\frac{1}{2}$	2	$\frac{1}{4}$	0	$\frac{1}{12}$	$\frac{1}{4}$	3380 Std.
(III)	Teileengpass (Einzelteil 4)	3	2	0	0	0	0	3750 Stck.
(IV)	Absatzengpass (1)	1	0	0	0	0	0	1550 Stck.
(V)	Absatzengpass (2)	0	1	0	0	0	0	1300 Stck.
(Z)	Deckungsbeiträge	120,–	135,–	0	0	0	0	–

Abbildung 1.27: Tabelle der Modelldaten

Stellt man die zwei ersten Zeilen der Abb. 1.27 zu einer Matrix zusammen, so ergibt sich die **Zeitbedarfsmatrix** B:

$$B = \begin{bmatrix} 3 & 2\frac{1}{2} & \frac{1}{8} & \frac{1}{8} & 0 & 0 \\ 1\frac{1}{2} & 2 & \frac{1}{4} & 0 & \frac{1}{12} & \frac{1}{4} \end{bmatrix}$$

Die Multiplikation der Zeitbedarfsmatrix B mit der Verflechtungsmatrix V führt zu einer **aggregierten technologischen Matrix** A, welche die neuen Produktionskoeffizienten bei Eigenfertigung der Baugruppe und der Einzelteile enthält:

$$A = B \cdot V$$

$$A = \begin{bmatrix} 3 & 2\frac{1}{2} & \frac{1}{8} & \frac{1}{8} & 0 & 0 \\ 1\frac{1}{2} & 2 & \frac{1}{4} & 0 & \frac{1}{12} & \frac{1}{4} \end{bmatrix} \begin{bmatrix} 1 & 0 \\ 0 & 1 \\ 1 & 2 \\ 3 & 2 \\ 3 & 6 \\ 0 & 4 \end{bmatrix} = \begin{bmatrix} 3\frac{1}{2} & 3 \\ 2 & 4 \end{bmatrix}$$

Unter Berücksichtigung der Fertigungs- und Absatzrestriktionen lässt sich damit für alle Problemrestriktionen folgendes Ungleichungssystem angeben:

(I) $3\frac{1}{2}x_1 + 3x_2 \leqq 5760$
(II) $2x_1 + 4x_2 \leqq 3380$
(III) $3x_1 + 2x_2 \leqq 3750$
(IV) $x_1 \leqq 1550$
(V) $x_2 \leqq 1300$

Wegen der übernommenen Eigenfertigung der Einzelteile und der Baugruppe müssen die **Deckungsbeiträge** der Produkte 1 und 2 neu berechnet werden:

160 Planung und Steuerung

	Alte Rechnung		Neue Rechnung	
	x_1	x_2	x_1	x_2
Variable Kosten der Stufe I	60,–	50,–	70,–	60,–
Variable Kosten der Stufe II	15,–	20,–	20,–	40,–
Variable Beschaffungskosten	70,–	100,–	30,–	40,–
Variable Absatzkosten	10,–	10,–	10,–	10,–
Variable Kosten pro Produkteinheit	155,–	180,–	130,–	150,–
Nettoerlöse pro Produkteinheit	250,–	285,–	250,–	285,–
Deckungsbeiträge pro Produkteinheit	95,–	105,–	120,–	135,–

Tauscht man die alten Deckungsbeiträge gegen die neuen aus und überführt man das Ungleichungssystem der Problemrestriktionen durch Einführen der Schlupfvariablen x_7 bis x_{11} in ein Gleichungssystem, dann nimmt das modifizierte Planungsmodell die **Normalform** an:

Nebenbedingungen

$$(I) \quad 3\tfrac{1}{2}x_1 + 3x_2 + x_7 = 5760$$
$$(II) \quad 2x_1 + 4x_2 + x_8 = 3380$$
$$(III) \quad 3x_1 + 2x_2 + x_9 = 3750$$
$$(IV) \quad x_1 + x_{10} = 1550$$
$$(V) \quad x_2 + x_{11} = 1300$$

Zielvorstellung

$$Z = 120x_1 + 135x_2 \to \text{Max}!$$

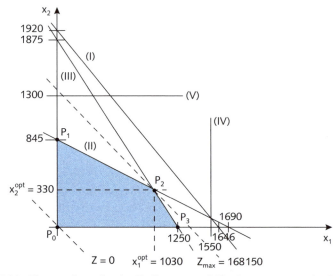

Abbildung 1.28: Planung des optimalen Fertigungs- und Absatzprogramms unter Berücksichtigung eigener Baugruppen- und Teilefertigung mittels linearer Planungsrechnung

Anwendungen hierarchisch differenzierter Planungen 161

In Abb. 1.28 wird die Lösung dieses linearen Planungsproblems grafisch bestimmt.

Die **optimale Lösung** des Fertigungsprogramms unter Berücksichtigung von Eigenfertigung liegt jetzt in Punkt P_2. Unter den gegebenen technischen und ökonomischen Bedingungen werden im Optimum von Produkt 1: $x_1^{opt} = 1030$ und von Produkt 2: $x_2^{opt} = 330$ Stück gefertigt und abgesetzt. Der maximal zu erwirtschaftende Gesamtdeckungsbeitrag beträgt 168150,- €. Außerdem ist in Abb. 1.28 abzulesen, dass die Restriktion der Fertigungsstufe I sowie die beiden Absatzengpässe (IV und V) den zulässigen Bereich nicht begrenzen. Für den Rechengang der Optimumbestimmung stellen sie **überflüssige Nebenbedingungen** dar.

Die graphisch bestimmte Lösung des Planungsproblems lässt sich wiederum durch den algebraischen Rechengang des **Simplexverfahrens** bestätigen:

Ausgangstableau

P_0			$c_1 = 120$	$c_2 = 135$	$c_7 = 0$	$c_8 = 0$	$c_9 = 0$	$c_{10} = 0$	$c_{11} = 0$
c^B	Basis	Lösung	x_1	x_2	x_7	x_8	x_9	x_{10}	x_{11}
0	x_7	5760	$3\frac{1}{2}$	3	1	0	0	0	0
0	x_8	3380	2	④	0	1	0	0	0
0	x_9	3750	3	2	0	0	1	0	0
0	x_{10}	1550	1	0	0	0	0	1	0
0	x_{11}	1300	0	1	0	0	0	0	1
	Z	0	0	0	0	0	0	0	0
	Z−c		−120	−135	0	0	0	0	0
				↑					

1. Iteration (Von P_0 nach P_1)

P_1			$c_1 = 120$	$c_2 = 135$	$c_7 = 0$	$c_8 = 0$	$c_9 = 0$	$c_{10} = 0$	$c_{11} = 0$
c^B	Basis	Lösung	x_1	x_2	x_7	x_8	x_9	x_{10}	x_{11}
0	x_7	3225	2	0	1	$-\frac{3}{4}$	0	0	0
135	x_2	845	$\frac{1}{2}$	1	0	$\frac{1}{4}$	0	0	0
0	x_9	2060	②	0	0	$-\frac{1}{2}$	1	0	0
0	x_{10}	1550	1	0	0	0	0	1	0
0	x_{11}	455	$-\frac{1}{2}$	0	0	$-\frac{1}{4}$	0	0	1
	Z	114075	$\frac{135}{2}$	135	0	$\frac{135}{4}$	0	0	0
	Z−c		$-\frac{105}{2}$	0	0	$\frac{135}{4}$	0	0	0
			↑						

2. Iteration (Von P_1 nach P_2) – Endtableau

P_2			$c_1=120$	$c_2=135$	$c_7=0$	$c_8=0$	$c_9=0$	$c_{10}=0$	$c_{11}=0$
c^B	Basis	Lösung	x_1	x_2	x_7	x_8	x_9	x_{10}	x_{11}
0	x_7	1165	0	0	1	$-1/4$	-1	0	0
135	x_2	330	0	1	0	$3/8$	$-1/4$	0	0
120	x_1	1030	1	0	0	$-1/4$	$1/2$	0	0
0	x_{10}	520	0	0	0	$1/4$	$-1/2$	1	0
0	x_{11}	970	0	0	0	$-3/8$	$1/4$	0	1
	Z	168150	120	135	0	$165/8$	$105/4$	0	0
	Z−c		0	0	0	$165/8$	$105/4$	0	0

Mit Hilfe der gefundenen Optimallösung $x_1^{opt} = 1030$ Stück und $x_2^{opt} = 330$ Stück kann in einer Nebenrechnung prognostiziert werden, wie viel Stück der Baugruppe 3 und der Einzelteile 4, 5 und 6 gefertigt werden müssen, damit das optimale Fertigungs- und Absatzprogramm realisiert werden kann.

Es gilt die Gleichung:

$$t^* = V \cdot x^*$$

Symbolisierung

t^* = Verktor des optimalen Fertigungs- und Absatzprogramms einschließlich der Baugruppe und Einzelteile
V = Verflechtungsmatrix
x^* = Vektor des optimalen Fertigungs- und Absatzprogramms

$$t^* = \begin{bmatrix} 1 & 0 \\ 0 & 1 \\ 1 & 2 \\ 3 & 2 \\ 3 & 6 \\ 0 & 4 \end{bmatrix} \cdot \begin{bmatrix} 1030 \\ 330 \end{bmatrix} = \begin{bmatrix} 1030 \\ 330 \\ 1690 \\ 3750 \\ 5070 \\ 1320 \end{bmatrix} \begin{matrix} \to x_1^{opt} \\ \to x_2^{opt} \\ \to x_3 \text{ (Baugruppe 3)} \\ \to x_4 \text{ (Einzelteil 4)} \\ \to x_5 \text{ (Einzelteil 5)} \\ \to x_6 \text{ (Einzelteil 6)} \end{matrix}$$

Dieses Modell kann bei Bedarf um zusätzliche Restriktionen erweitert werden. Dazu zählen u. a. Liquiditäts-, Personal- und Verfahrensbedingungen.

Der Vergleich der Abb. 1.25 und 1.28 lässt erkennen, um wie viel Stück und in welchem Verhältnis die Fertigung des Produkts 1 (von 1364 auf 1030) und des Produkts 2 (von 666 auf 330) bei in beiden Fällen gleichen Kapazitäten reduziert werden muss, wenn die benötigte Baugruppe und die Einzelteile in Eigenfertigung hergestellt werden. Die Eigenfertigung führt im Ergebnis zu einer Senkung des maximalen Deckungsbeitrags von 199 622,– € auf 168 150,– €. Unter der Zielvorstellung der Deckungsbeitragsmaximierung erweist sich damit die Eigenfertigung der Baugruppe und Einzelteile als unzweckmäßig. Dennoch kann sie unter den Zielen der Unabhängigkeit von den Beschaffungsmärkten, des Schutzes von Produktions-Know-how und in anderen Fällen des Durchhaltens von Fachkräften in Krisenzeiten beibehalten werden.

Die bisher formlierten linearen Planungsmodelle der operativen Programmplanung gehen davon aus, dass Marktproduktion vorliegt. Darunter ist zu verstehen, dass für das betroffene Unternehmen das Fertigungs- bzw. Absatzprogramm Entscheidungsvariable ist. Unter technischen, personellen und marktlichen Bedingungen wird das Fertigungsprogramm also so geplant, dass die zieloptimale Alternative dem Markt vorgegeben wird (Inside-Out-Planung). Es wird erwartet, dass die Nachfrage (der Markt) dieses Programm unter Beachtung der berücksichtigten Absatzobergrenzen vollständig abnimmt.

Anders liegt der Sachverhalt bei Kundenproduktion. Man spricht dann auch von auftragsorientierter Fertigung und meint damit, dass die einzelnen Produkte (Aufträge) stark von Kundenwünschen abhängig sind und ein Fertigungsprozess erst dann ausgelöst wird, wenn ein Kundenauftrag vertraglich fest vereinbart ist (Outside-in-Planung). Soweit keine Verpflichtung vorliegt, die hereinkommenden Kundenaufträge anzunehmen, liegen die Entscheidungen des herstellenden Unternehmens zum einen in der Annahme oder Ablehnung eines Kundenauftrags und zum anderen in erforderlichen Kapazitätsreservierungen bzw. -belegungen. Bei Unterbeschäftigung der Fertigungskapazitäten können Teilkapazitäten für noch erwartete, ertragskräftigere Kundenaufträge reserviert werden. Dieses Vorgehen ist jedoch mit der Unsicherheit behaftet, ob spätere Aufträge auch tatsächlich eingehen und ertragskräftig sein werden. Bei der jeweiligen Entscheidung über die Annahme/Ablehnung eines Kundenauftrags wird man sich in der Regel nach dem erwarteten Deckungsbeitrag dieses Auftrags richten. Je mehr sich dabei die Beschäftigung der Vollauslastung der vorhandenen Kapazitäten nähert, gewinnt das Kapazitätsproblem an Bedeutung. In dieser Situation wird man danach fragen, in welchem Umfang Überstunden möglich sind bzw. Mehrschichtbetrieb gefahren werden kann. Zu fragen ist auch, ob die Kapazität einzelner Fertigungsstufen durch Intensitätserhöhung aufgestockt werden kann. Dieselbe Frage ist in Bezug auf einen möglichen Verfahrenswechsel zu stellen. Außerdem ist zu prüfen, ob nicht einzelne Teile, Baugruppen oder ganze Produkte (vorübergehend oder auf Dauer) in Fremdfertigung verlagert werden können. Ist der erhöhte Auftragseingang auf Dauer zu erwarten und will das Unternehmen die gesamte Fertigung in eigener Regie und Verantwortung durchführen, ist für die taktische Kapazitätsplanung zu prüfen, in welchem Umfang Erweiterungsinvestitionen durchgeführt werden müssen. Bei Kundenproduktion ist also nicht das Fertigungs- und Absatzprogramm der primäre Planungsgegenstand, sondern eine Fülle von Anpassungsmaßnahmen des Unternehmens von der Einsatzseite her. Betroffen sind durch diese Planung nicht nur technische Kapazitäten, sondern auch Finanzbudgets, Personalkapazitäten, Lagerkapazitäten, Forschung & Entwicklung, Standorte, Fertigungstiefe, Kooperationen, Globalisierung von Kapazitäten usw.

Diese taktischen Fragestellungen sind typisch für die Auftragsabwicklung bei Großprojekten im Anlagenbau (Höffken/Schweitzer [Beiträge] 4ff.).

6 Planungs- und Steuerungssysteme als Bezugsobjekte für Rechnungssysteme

Nachdem in den vorangehenden Abschnitten 1 bis 5 Grundfragen der Planungssysteme und der Steuerungssysteme behandelt wurden, wird abschließend in diesem Abschnitt 6 die Koordination der Beziehungen zwischen einzelnen Führungsinstrumenten und dem Planungssystem und sowie Steuerungssystem analysiert. Dabei spielen die Strukturen des Planungssystems und des Steuerungssystems eine besondere Rolle.

Jede Führung bedient sich einer Reihe von Instrumenten, um die wirtschaftlichen, technischen, sozialen und ökologischen Ziele möglichst erfolgreich zu realisieren. Zu den Führungsinstrumenten gehören u.a. das Zielsystem, das Planungssystem, das Steuerungssystem, das Organisationssystem, das Informationssystem, das Berichtssystem, das Kostenrechnungssystem und das Budgetierungssystem. Da im konkreten Fall alle Führungsinstrumente dasselbe Zielsystem unterstützen, müssen ihre Strukturen (Elemente und Beziehungen) zielführend koordiniert werden, wobei das Planungssystem und das Steuerungssystem als Bezugsobjekte zu den anderen Führungsinstrumenten in einer besonderen Beziehung stehen. Diese Beziehung ist dadurch gekennzeichnet, dass der Planung und der Steuerung eine originäre und den übrigen Instrumenten eine derivative Führungsfunktion zugeschrieben wird (Delfmann/Reihlen [Planung] 1448). Da davon auszugehen ist, dass sich die planenden und die steuernden Führungsentscheidungen in den Plänen und Steuerungsmaßnahmen niederschlagen, wird gefordert, dass sich die übrigen Führungsinstrumente – also auch das Kostenrechnungssystem – mit ihren Strukturen und Funktionen am Informationsbedarf des Planungssystems und des Steuerungssystems zu orientieren haben und daher mit diesen koordiniert werden müssen.

An drei Rechnungssystemen wird nachfolgend exemplarisch erläutert, welche Koordinationsprobleme einerseits zwischen dem Planungssystem und dem Kostenrechnungssystem sowie andererseits zwischen dem Steuerungssystem und dem Kostenrechnungssystem zu lösen sind. Bei dem ersten Kostenrechnungssystem handelt es sich um einen Modul eines umfassenden Rechnungssystems für das ganze Unternehmen, das sich schwerpunktmäßig am Planungssystem des Unternehmens orientiert. Das zweite Kostenrechnungssystem ist ein Modul einer periodischen Prognoseerfolgsrechnung, das sich schwerpunktmäßig am Produktionsplanungssystem des Unternehmens orientiert. Das dritte Kostenrechnungssystem ist ein Modul eines Rechnungssystems für flexible Fertigungssysteme, das sich schwerpunktmäßig am Steuerungssystem des Fertigungsprozesses orientiert.

6.1 Planungssystem als Bezugsobjekt eines zahlungsbasierten Kostenrechnungssystems

Das erste Rechnungssystem, für das die Koordination zwischen dem Planungssystem und dem Kostenrechnungssystem erläutert wird, ist die **investitionstheoretische Kostenrechnung** (Küpper [Fundierung] 26 ff. und [Ansätze] 43 ff.). Sie ist ein Rechnungssystem, das sich am Planungssystem des Unternehmens orientiert. Obwohl diese Rechnung den Term «Kostenrechnung» im Namen führt, ist sie ein Rechnungssystem des ganzen Unternehmens. Lediglich der operative Teil dieses Rechnungssystems ist ein **Kostenrechnungssystem.** Die investitionstheoretische Kostenrechnung ist jedoch kein anwendbares Rechnungssystem, sondern ein **formaler Gestaltungsrahmen** (Denkmodell) zur Entwicklung von Verfahren und Techniken anwendbarer Rechnungssysteme. Diese formale Eigenschaft teilt folglich auch das Kostenrechnungssystem.

Anwendungsgebiete des Gestaltungsrahmens sind Unternehmen, deren Aktivitäten langfristig optimal geplant werden sollen. Zur Lösung dieser Aufgabe benötigt die Unternehmensführung geeignete Führungsinstrumente. Die **Führungsinstrumente**, die für die nachfolgenden Überlegungen Gewicht haben, sind das Zielsystem, das Planungssystem und das Kostenrechnungssystem. Da die genannten Instrumente dieselben Pläne und Ziele unterstützen, müssen ihre Strukturen (Elemente und Beziehungen) zielführend koordiniert werden. Die planenden Führungsentscheidungen schlagen sich in den Plänen nieder, sodass sich die Führungsinstrumente – also auch das Kostenrechnungssystem – mit ihren Strukturen und Funktionen am Informationsbedarf des Planungssystems orientieren müssen. Damit wird das Planungssystem zum Bezugsobjekt des Kostenrechnungssystems.

Der formale Gestaltungsrahmen umfasst folgende **Module**:

- Eine vereinfachte operativ und strategisch verknüpfte Investitionsplanung,
- Ein Prognosemodell für Zahlungsreihen,
- Ein Kapitalwertmodell für die Bewertung zukünftiger Zahlungen und Investitionsalternativen,
- Ein zahlungsorientiertes operatives Kostenrechnungssystem,
- Ein oberstes Erfolgsziel (Zielsystem),
- Regeln zur Transformation von Zahlungen in Erfolge.

In der bisher vorgestellten Version werden einzelne Module des Gestaltungsrahmens bereits auf konkrete Anwendungsbedingungen bezogen. Insbesondere wird aus dem Kapitalmarkt als oberste Zielvorstellung des Unternehmens die **Marktwertmaximierung des Eigenkapitals** hergeleitet. Die Marktwertorientierung bedeutet eine Ausrichtung des Rechnungssystems am **Shareholder Value**. Unter dieser Zielvorstellung wird das Rechnungssystem zum Instrument einer kapitalmarktorientierten Information und Beurteilung der Unternehmensführung. In diesem Zusammenhang wird das einperiodige operative Kostenrechnungssystem so strukturiert, dass es relevante Informationen für die Bewertung mehrperiodiger Erfolgswirkungen längerfristiger Entscheidungen liefert.

Neben dem Marktwert des Eigenkapitals orientiert sich der Gestaltungsrahmen an der Investitionsplanung des Unternehmens. D. h., sie interpretiert die Gesamtplanung des Unternehmens als Investitionsplanung. Unter diesen beiden Bedingungen werden für ein Kostenrechnungssystem folgende Gestaltungsprinzipien formuliert: (a) Verbindung der kurz- und langfristigen Planung zu einer «einheitlichen Planung», (b) Ausrichtung aller Teilplanungen auf dasselbe langfristige Erfolgsziel (Marktmaximierung des Eigenkapitals), (c) Verbindung der Kostenrechnung mit der Investitionsrechnung auf der Basis der Investitionstheorie, (d) Wahl von Zahlungen als gemeinsames Grundrechnungsmaß einschl. Formulierung von Regeln zur Transformation von Zahlungen in Erfolge, (e) theoretische Fundierung der Rechnung über Aussagen der Investitionstheorie, (f) Einrichten der Rechnung als Teilsystem der erfolgszielorientierten Rechnung des Unternehmens, (g) Generieren relevanter Informationen für kurzfristige Entscheidungen.

Streng genommen ist die investitionstheoretische Kostenrechnung ein Gestaltungsrahmen, in dem das Kostenrechnungssystem ein Modul neben anderen ist. In der vorgestellten Version wird die operative Kostenrechnung als eine unter den Bedingungen der operativen (einperiodigen) Planung vereinfachte Investitionsrechnung betrachtet, die für die Rechnung namengebend ist. Sie ist der operative Teil der Investitionsrechnung, die unter den (wirklichkeitsfremden) Annahmen des Kapitalwertmodells formuliert wird (Schweitzer [Rechnungsrisiken] 138f.). Diese Kostenrechnung ist jedoch kein offener formaler Gestaltungsrahmen bzw. kein offenes Experimentiermodell, sondern bereits in Teilen eine spezielle «anwendungsorientierte Kostenrechnung» unter den Bedingungen der Marktwertmaximierung des Eigenkapitals und der Orientierung an einer vereinfachten Investitionsplanung. Ein Gestaltungsrahmen, in welchem anwendbare Verfahren und Techniken der Kostenrechnung experimentell entwickelt, präzisiert und analysiert werden sollen, muss dagegen für alle Anforderungen des realen Wirtschaftens offen sein. Vor allem muss er in seinen Modulen folgenden Anforderungen an praktikable Kostenrechnungssysteme genügen (Schweitzer [Fundierung] 57f. und 64f.):

(1) Offenheit für alle empirisch erhobenen Ziele und Zielsysteme,
(2) Offenheit für alle abgeleiteten Rechnungsziele eines angewandten Kostenrechnungssystems,
(3) Offenheit für die Orientierung an alternativen Planungssystemen,
(4) Offenheit für alle möglichen Koordinations- und Integrationsformen der Pläne,
(5) Offenheit für unterschiedliche Bewertungsmodelle,
(6) Offenheit für realtheoretische Hypothesen,
(7) Offenheit für unsichere Erwartungen,
(8) Offenheit für strukturelle Besonderheiten verschiedener Wirtschaftsbranchen.

Obwohl die investitionstheoretische Kostenrechnung noch kein praktikables Kostenrechnungssystem enthält, gibt sie Hinweise dafür, welche Fragen die Koordination von Planungssystem, Zielsystem und Kostenrechnungssystem aufwirft und welcher Weg zur systematischen Entwicklung praktikabler Kostenrechnungssysteme für das ganze Unternehmen und einzelne Funktionsbereiche führt.

6.2 Produktionsplanungssystem als Bezugsobjekt eines periodenbezogenen Kostenrechnungssystems

Das zweite Rechnungssystem, für das die Koordination zwischen dem Planungssystem und dem Kostenrechnungssystem erläutert wird, ist die Betriebsplankostenrechnung. Als Betriebsplankostenrechnung wird ein operatives Rechnungssystem bezeichnet, das der Prognose des periodischen (monatlichen, quartalsbezogenen) Erfolgs dient (Laßmann [Betriebsplankostenrechnung] 168 ff.). Sie ist ein Rechnungssystemsystem auf der Basis wirtschaftlich-technischer Einflussgrößen unter Beachtung wirtschaftlich-technischer Nebenbedingungen. Ihr Bezugsobjekt ist die operative Produktionsplanung in Industrieunternehmen mit kurzzeitiger Sorten- und Serienfertigung. Dieses flexible Rechnungssystem kann für Betriebe, Teilbetriebe, Betriebsprozesse und Absatzsegmente eingerichtet werden, deren periodische Produktionspläne bzw. Absatzpläne unter Einsatz von Einflussgrößenfunktionen erstellt werden.

Auch das Rechnungssystem der Betriebsplankostenrechnung ist modular aufgebaut. Es umfasst folgende Module:

(1) Ein Zielsystem,
(2) Eine periodische Produktionsplanung,
(3) Ein operatives Prognosekostenrechnungssystem (als Voll- bzw. Teilkostenrechnung),
(4) Kostenmodelle (Prognosesysteme),
(5) Erlösmodelle (Prognosesysteme),
(6) Periodenerfolgsmodelle (Prognosesysteme).

In der Betriebsplankostenrechnung übernimmt die periodische Produktionsplanung eine originäre Führungsfunktion, während das Prognosekostenrechnungssystem, die Kostenmodelle, die Erlösmodelle und die Periodenerfolgsmodelle derivative Führungsfunktionen wahrnehmen. Da die Betriebsplankostenrechnung ein praktikables Planungssystem darstellt, sind ihre Module mit derivativer Führungsfunktion bereits mit dem Produktionsplanungsmodell koordiniert. Die Koordination der Module wird dadurch erleichtert, dass das Kostenrechnungssystem zur Deckung des Informationsbedarfs der Produktionsplanung als Voll- oder Teilkostenrechnung gestaltet werden kann. Auch die Prognosen der periodischen Planbruttoerlöse und Planprimärkosten als grundlegende Bewertungskategorien der Programmplanung orientieren sich strikt am Informationsbedarf der periodischen Produktionsplanung. Da die Produktionsplanung die «Optimierung» des Periodenerfolgs verfolgt, ist das primäre Rechnungsziel des Kostenrechnungssystems die Berechnung (Prognose) des Periodenerfolgs. Aus diesem Grund treten im Kostenrechnungssystem die Kostenstellenrechnung und die Kalkulation (Kostenträgerstückrechnung) in den Hintergrund, während das Rechnungsziel der Prognose des Periodenerfolgs (Kostenträgerzeitrechnung) dominiert. Den besonderen wirtschaftlich-technischen Eigenschaften der Eisen- und Stahlindustrie genügt die Kostenrechnung zudem durch die Bereitstellung zahlreicher wirtschaftlich-technischer Daten für **auswertende Sonderrechnungen**.

Die **Kostenmodelle** der Betriebsplankostenrechnung erfassen auf der Einsatzseite des Unternehmens die Kosten einschl. der Kostenfunktionen. Die **Erlösmodelle** bilden auf der Ausbringungsseite die marktliche Verwertung der Produkte mittels Erlösfunktionen für unterschiedliche Marktsegmente ab. Durch eine Verknüpfung der Kosten- und der Erlösmodelle gelangt man zu **Periodenerfolgsmodellen**, die Prognoseinstrumente des operativen Periodenerfolgs darstellen. Der Periodenerfolg bildet die zentrale Zielgröße des gesamten Rechnungssystems. Im Kostenrechnungssystem hängen die Kosten und Erlöse von zahlreichen (unterschiedlichen) **Einflussgrößen** ab. Die verwendeten mehrvariabligen Einflussgrößenfunktionen werden linear approximiert und fortlaufend empirisch überprüft. Daher ist das Kostenrechnungssystem produktions- und kostentheoretisch gut fundiert. Einen Überblick über die Rechengrößen (Zielgrößen, Einflussgrößen, Nebenbedingungen) des Systems der Periodenerfolgsrechnungsmodelle gibt Abb. 1.29:

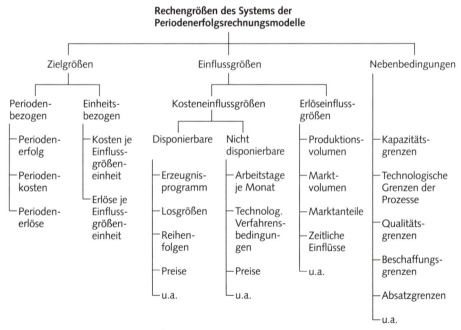

Abbildung 1.29: Rechengrößen des Systems der periodischen Planerfolgsrechnungsmodelle (Laßmann [Gestaltungsformen] 6)

Besonderheiten des Kostenrechnungssystems sind: Mengen und Preise werden erst in einer späten Rechnungsstufe zu Werten verknüpft. Einflussgrößen können Begrenzungen (Nebenbedingungen) unterworfen und sehr differenziert erfasst werden. Außerdem kann die Rechnung zu einer flexiblen Plankostenrechnung erweitert werden. Als **Prognosekostenrechnung** hat die Rechnung enge Beziehungen zur Produktionsplanung. Ebenso können unter Verwendung problemspezifischer Zielfunktionen auf der Basis der Modelldaten und -funktionen **kurzfristige Optimierungsmodelle** für abgegrenzte Entscheidungsprobleme konzipiert werden. Beispielsweise werden zur Optimierung der Produktionspläne wegen ihrer Orientierung an Perioden keine herkömmlichen Stückdeckungsbeiträge berechnet, sondern periodische Planbruttoerlöse und Planprimärkosten (Laßmann [Betriebsplankostenrechnung] 169). Schließlich können mit Hilfe der Einflussgrößenfunktionen präzise mengen- und wertmäßige **Abweichungsanalysen** sowie **parametrische Analysen** durchgeführt werden. In Unternehmen der **Eisen- und Stahlindustrie** hat sich die Betriebsplankostenrechnung international mehrfach bewährt.

Wie schon gesagt, sind in der Betriebsplankostenrechnung die Module mit derivativer Führungsfunktion bereits mit der Produktionsplanung koordiniert. Dennoch zeigt dieses Rechnungssystem, welche Anforderungen an ein **Kostenrechnungssystem** – in Abhängigkeit vom jeweiligen Planungsproblem – gestellt werden und wie diese Rechnung zu gestalten ist, damit ihre Informationen den Informationsbedarf der Produktionsplanung decken.

Weiterentwicklungen der Betriebsplankostenrechnung liegen in der zusätzlichen Integration der Beschaffungsplanung, der Lagerbestandsplanung, der Planung von Eigenfertigung und Fremdbezug und im Ausbau des Fertigungscontrollings durch ein operatives Kennzahlensystem für beeinflussbare Mengen-, Zeit- und Kostengrößen. Eine Dynamisierung des Rechnungssystems wird außerdem durch die explizite Einführung der zeitlichen Disponibilität der Inputmengen in den Einflussgrößenfunktionen erreicht. Zur Resonanz der Betriebsplankostenrechnung in den USA und in Japan hat eine Modifikation des Matrizenansatzes beigetragen (Toyama [Structure Matrix]). Auf diese Weise wurden die Koordination («synchronization») der monatlichen Produktionsplanung, die Kostenplanung, die Präsentation, die interaktive Strukturierung und die Flexibilität des Rechnungssystems weiter verbessert.

6.3 Steuerungssystem als Bezugsobjekt eines kostenbasierten Kostenrechnungssystems

Das dritte Rechnungssystem ist ein operatives System, für das die Koordination zwischen dem **Steuerungssystem** und dem Kostenrechnungssystem erläutert wird. In diesem Fall ist nicht das Planungssystem das Bezugsobjekt des Kostenrechnungssystems, sondern das Steuerungssystem. Das Rechnungssystem trägt die Bezeichnung «Prozessorientierte Kostenrechnung». Anwendungsgebiete des Rechnungssystems sind **flexible Fertigungssysteme** der industriellen Produktion, deren Belegung mit Aufträgen bzw. Werkstücken tagesgenau und kostenminimal gesteuert werden soll.

Das Rechnungssystem umfasst folgende Module (Knoop [Kostenrechnung] 47 ff.):
(1) Eine spezielle Grenzplankostenrechnung,
(2) Ein Online-Betriebsdatenerfassungssystem,
(3) Eine Mitlaufkalkulation,
(4) Ein Simulationsmodell.

Der erste Modul des Rechnungssystems ist eine spezielle Grenzplankostenrechnung auf der Basis variabler bzw. proportionaler Kosten. In der Kostenartenrechnung dieses Kostenrechnungssystems werden bereits für verschiedene Bezugsgrößen Einzel- und Gemeinkosten unterschieden. Die Kostenstellenrechnung begreift das flexible Fertigungssystem als eine geschlossene Kostenstelle, die in einzelne Kostenplätze gegliedert wird. Für jeden Kostenplatz wird dessen Inanspruchnahmezeit als homogene Kosteneinfluss- bzw. -bezugsgröße definiert. Für die Einheit der Inanspruchnahmezeit werden in der Kostenträgerrechnung Plankalkulationssätze berechnet. Diese Rechnung wird sowohl als Vor- als auch als Mitlaufkalkulation realisiert.

Der zweite Modul des Rechnungssystems ist ein maschinell betriebenes Online-Betriebsdatenerfassungssystem, das eine präzise und schnelle Erfassung des Mengengerüsts der Kosten, eine zielabhängige Bewertung der Güterverbräuche sowie eine Abgrenzung von Kostenabweichungen erlaubt.

Der dritte Modul des Rechnungssystems ist eine für die Steuerung der Aufträge wichtige Mitlaufkalkulation (prozessbegleitende Kalkulation). Sie erfasst «verursachungsgerecht» für alle Kostenplätze die relevanten Kosten pro Auftrag bzw. Werkstück und schreibt diese im Sinne des jeweiligen Arbeitsplanes online fort. Damit kann für jeden Bearbeitungszustand der Kostenstatus eines Auftrags abgefragt werden. Die Mitlaufkalkulation kann zu einem Prognoseinstrument der erwarteten Kosten einzelner Aufträge ausgebaut werden.

Der vierte Modul des Rechnungssystems ist ein Simulationsmodell, das alternative Belegungspläne unter Kapazitäts- und Reihenfolgebedingungen auf ihre Kostenwirkungen durchspielt (testet). Die wichtigsten Instrumente des Simulationsmodells sind Prioritätsregeln für die zeitliche Strukturierung der Bearbeitungsreihenfolgen der Aufträge an allen Kostenplätzen. Ergebnis der Simulationsläufe ist ein tagesgenauer kostengünstiger bzw. kostenminimaler Belegungsplan des flexiblen Fertigungssystems, der sehr sensibel auf Fehler und Störungen reagiert. Sobald eine Störung auftritt (z.B. ein Maschinenausfall oder Ausschuss), kann unverzüglich ein neuer, kostenminimaler Belegungsplan für das flexible Fertigungssystem erstellt werden. Das Simulationsmodell ist der Kernteil des Steuerungssystems für das flexible Fertigungssystem.

Die spezielle Grenzplankostenrechnung ist nicht das Ergebnis eines Experiments auf der Grundlage eines formalen Gestaltungsrahmens, wie er weiter oben für die Entwicklung der investitionstheoretischen Kostenrechnung beschrieben wird. Vielmehr ist diese flexible Grenzplankostenrechnung eine Sonderentwicklung für flexible Fertigungssysteme, deren Bezugsobjekt zwar das Steuerungssystem ist, die sich aber in wesentlichen Teilen am Simulationsmodell orientiert. Das Simulationsmodell erstellt zwar alternative tagesgenaue Belegungspläne, die für die Ermittlung der Kostenabweichungen und zur Optimierung des Produktionsprozesses benötigt werden, sein zentraler Aufgabenschwerpunkt liegt aber in der Unterstützung der Prozesssteuerung.

Zusammenfassend kann gesagt werden, dass die prozessorientierte Kostenrechnung aus mehreren Modulen aufgebaut ist, von welchen das Simulationsmodell die originäre Führungsfunktion übernimmt, während die spezielle Grenzplankostenrechnung, das Online-Betriebsdatenerfassungssystem und die Mitlaufkalkulation derivative Führungsfunktionen wahrnehmen. Im dargestellten Beispiel des kurzfristigen Steuerungssystems sind die Module mit derivativer Führungsfunktion bereits mit dem Simulationsmodell koordiniert. Dieses Beispiel zeigt jedoch, welche Anforderungen an ein steuerungsorientiertes Kostenrechnungssystem – in Abhängigkeit vom jeweiligen Steuerungsproblem – gestellt werden und wie diese Rechnung zu gestalten ist, um sich mit seinen Informationen (entscheidungsrelevanten Kosten) in das gesamte Steuerungssystem einzufügen: Im vorliegenden Fall muss das Kostenrechnungssystem als Grenzplankostenrechnung formuliert werden, die als grundlegende Kostenkategorie spezielle Grenzkosten generiert. Die Spezialität der Grenzkosten liegt darin, dass als ihre Bezugsgrößen Inanspruchnahmezeiten ermittelt werden müssen, die nach Kostenplätzen differenziert sind. Damit wird die Frage beantwortet, wie die Koordination der Module Simulationsmodell, Datenerfassungssystem und Kostenrechnung (einschl. Mitlaufkalkulation) durchgeführt werden muss, um zu einem praktikablen operativen Rechnungssystem für flexible Fertigungssysteme zu gelangen. Das Zielsystem wird in diesem Ansatz nicht als besonderer Modul erfasst, weil es im Modul der Grenzplankostenrechnung implizite als «Kostenminimierung» enthalten ist.

Ähnliche Rechnungssysteme wie die prozessorientierte Kostenrechnung werden in den Bereichen Entwicklung und Konstruktion als «Konstruktionsbegleitende Kalkulation» und im Anlagenbau als «Mitlaufende Auftragskalkulation» eingesetzt. Für beide Steuerungsmodelle gibt es mehrere Spielarten (Ehrlenspiel/Kiewert/Lindemann [Konstruieren] 449 ff.; Pickel [Kostenmodelle] 45 ff.; Schweitzer/Küpper [Systeme] 336 ff.; Höffken/Schweitzer [Beiträge] 147 ff.).

6.4 Abschließende Bemerkungen

Unterschiedliche Planungssysteme und Steuerungssysteme verlangen nach unterschiedlichen Rechnungssystemen und (systemorientierten) Modulen, die koordiniert werden müssen. An den Beispielen zweier Planungssysteme und eines Steuerungssystems werden in den Abschnitten 6.1 und 6.2 und 6.3 die Systemorientierung des Moduls «Kostenrechnung» und die auftretenden Koordinationsprobleme dargestellt. Neben den Erkenntnissen zur Koordination der Planungs- bzw. Steuerungssysteme und der Kostenrechnungssysteme lässt sich aus der Darstellung der Kostenrechnungssysteme folgern, dass es unzweckmäßig ist, ein historisch gewachsenes Kostenrechnungssystem wiederholt zu ändern und neu zu interpretieren, bis man meint, für unterschiedliche planungs- und steuerungsorientierte Entscheidungen eine adäquate Rechnungsstruktur gefunden zu haben. Vielmehr liegt es nahe, so viele Kostenrechnungssysteme zu entwickeln, wie planungs- und steuerungsorientierte Entscheidungsprobleme zu lösen sind. Es genügt auch, für abgegrenzte Typen planungs- und steuerungsorientierter Entscheidungen leistungsfähige Typen von Kostenrechnungssystemen zu entwickeln. Zur Entwicklung eines neuen Kostenrechnungssystems sollte daher zunächst dessen Bezugsobjekt abgegrenzt werden. D. h., es ist zu klären, ob das neue Kostenrechnungssystem schwerpunktmäßig ein Planungssystem oder ein Steuerungssystem untersützen soll, welche Struktur die anstehenden Entscheidungen haben und welcher Bedarf an entscheidungsrelevanten Kosteninformationen besteht. Danach ist zu prüfen, welche Module zu entwickeln sind, um den identifizierten Informationsbedarf zu decken. Schließlich wären die entwickelten Module zielführend zu einem leistungsfähigen Rechnungssystem zu koordinieren.

Abschließend sei der Leser noch darauf hingewiesen, dass das Kapitel 1 Sachfragen der «Planung und Steuerung» aus betriebswirtschaftlicher Sicht (mikroskopisch) behandelt. Da die Wirtschaftswissenschaft neben der Betriebswirtschaftslehre die Volkswirtschaftslehre umfasst, liegt es nahe zu fragen, ob Probleme der Planung und Steuerung auch aus volkswirtschaftlicher Sicht (makroskopisch) analysiert werden. Diese Frage kann mit einem «Ja» beantwortet werden. Seit mehreren Jahren diskutieren Volkswirte die Fragen, was unter einheitlicher Planung zu verstehen ist, wie Inhalt und Umfang einer Planungstheorie abzugrenzen sind und wie eine Planungswissenschaft strukturiert werden kann. Interessanterweise wird auch die Frage behandelt, in welcher Beziehung eine nationale Planung und ein nationales Rechnungswesen zueinander stehen. Obwohl diese Frage parallel auch in der Betriebswirtschaftslehre diskutiert wird (hier in Abschnitt 6), haben die Forscher beider Disziplinen so gut wie keine Vorstellung über die Projekte und Forschungsergebnisse der jeweils anderen Seite. Hier besteht für beide Seiten ein deutlicher Nachholbedarf.

Einen guten Überblick über die Entwicklung und den Stand der Planungsdiskussion in der Volkswirtschaftslehre gibt Franco Archibugi. Als Einblick in diese Diskussion werden nachfolgend die Integrationspostulate skizziert, die Archibugi ([Planning Theory] 47 ff.) für eine volkswirtschsftliche Planungsdiziplin erfüllt sehen will. Sie lassen in groben Zügen Ähnlichkeiten zwischen betriebs- und volkswirtschaftlichen Integrationsproblemen der Planung erkennen:

(1) Integration between systems of economic accounting and systems of social accounting,
(2) Integration between planning systems and technological forecasting,

(3) Integration between socio-economic planning and physical (environmental) planning,
(4) Integration between socio-economic-physical planning and institutional public planning,
(5) Integration between insitutional public planning and collective barbaining with private and indipendent planning and projecting.

Literaturhinweise

Adam, D.: [Planung] und Entscheidung. Modelle – Ziele – Methoden. 4. Aufl., Wiesbaden 1996.
Adelt, B.: [Überlegungen] zur Weiterentwicklung der Unternehmensplanung bei Volkswagen. In: Neugestaltung der Unternehmensplanung. Hrsg. v. P. Horvth und R. Gleich, Stuttgart 2003, S. 451–467.
Al-Laham, A. und M. K. Welge: [State-of-the-Art] der strategischen Planung in der Unternehmenspraxis. In: Neugestaltung der Unternehmensplanung. Hrsg. v. P. Horvth und R. Gleich, Stuttgart 2003, S. 225–245.
Anthony, R. N.: [Planning] and Control Systems. A Framework for Analysis. Boston 1965.
Archibugi, F.: [Planning Theory]: From the Political Debate to the Methodological Reconstruction. Milano, Berlin u. a. 2008.
Backhaus, K. und R. Weiber: [Forschungsmethoden] der Datenauswertung. In: Handwörterbuch der Betriebswirtschaft. Hrsg. v. R. Köhler, H.-U. Küpper und A. Pfingsten. 6. Aufl., Stuttgart 2007, Sp. 524–535.
Bea, F. X. und J. Haas: Strategisches [Management]. 5. Aufl., Stuttgart 2009.
Berens, W. und W. Delfmann: Quantitative [Planung]. 3. Aufl., Stuttgart 2001.
Bowman, E. H.: [Consistency] and Optimality of Managerial Decision Making. In: Management Science, 9. Jg. (1963), pp. 310–325.
Brehm, L. und R. Ferencak: Potenziale von [SCM-Software] für das Management unternehmensübergreifender Prozesse. Arbeitspapier Wirtschaftsinformatik 13/2000. Hrsg. v. A. Heinzl, Bayreuth 2001.
Bretzke, W.: Der [Problembezug] von Entscheidungsmodellen. Tübingen 1980.
Brink, H.-J.: [Kontrolle], Organisation der. In: Handwörterbuch der Organisation. Hrsg. v. E. Frese. 3. Aufl., Stuttgart 1992, Sp. 1143–1151.
Brockhoff, K.: [Prognoseverfahren] für die Unternehmensplanung. Wiesbaden 1977.
Bunge, M.: [Treatise] on Basic Philosophy. Vol. 7, Dortrecht 1985.
Caridi, M. and A. Sianesi: [SCM-ERP Integration]: Organisational, Managerial and Technological Issues. In: 1st International Conference on Systems Thinking in Management 2000, pp. 124–129.
Chenhall, R. H.: [Management control systems design] within its organizational context: findings from contingency-based research and directions for the future. In: Accounting, Organizations and Society 2003, 28 (2–3), pp. 127–168.
Colsman, B.: [Erfolgsfaktoren] und Verbesserungspotenziale in der praktischen Umsetzung des Planungsprozesses. In: Zeitschrift für Controlling und Management 2007, S. 194–199.
Corsten, H. und S. Stuhlmann: Das GAP-Modell als Orientierungsrahmen für ein [Kapazitätsmanagement] in Dienstleistungsunternehmungen. In: Kapazitätsmanagement in Dienstleistungsunternehmungen. Hrsg. v. H. Corsten und S. Stuhlmann. Wiesbaden 1997, S. 3–54.

Delfmann, W. und M. Reihlen: [Planung]. In: Handwörterbuch Unternehmensrechnung und Controlling. Hrsg. v. H.-U. Küpper und A. Wagenhofer. 4. Aufl., Stuttagart 2002, Sp. 1439–1449.
Delfmann, W.: [Planungs- und Kontrollprozesse]. In: Handwörterbuch der Betriebswirtschaft. Hrsg. v. W. Wittmann u. a., 5. Aufl., Stuttgart 1993, Sp. 3232–3251.
Ehrlenspiel, K., A. Kiewert und U. Lindemann: Kostengünstig Entwickeln und [Konstruieren]: Kostenmanagement bei der integrierten Produktentwicklung. 3. Aufl., Berlin u. a. 2000.
Fandel, G.: Begriff, Ausgestaltung und Instrumentarium der [Unternehmensplanung]. In: Zeitschrift für Betriebswirtschaft 1983, S. 479–508.
Fleischmann, B., H. Meyr, and M. Wagner: Advanced [Planning]. In: Stadtler, H./ Kilger, Chr. (Ed.): Supply Chain Management and Advanced Planning. Concepts, Models, Software and Case Studies. 3rd ed., Berlin, Heidelberg, New York 2004, pp. 81–106.
Frese, E.: [Kontrolle] und Unternehmensführung. Wiesbaden 1968.
Frese, E. unter Mitarbeit v. *H. Mensching* und *A. v. Werder:* [Unternehmungsführung]. Landsberg a. Lech 1987.
Gaitanides, M.: Out/in- vs. In/out-[Planung]. In: Handwörterbuch der Planung. Hrsg. v. N. Szyperski. Stuttgart 1989, Sp. 1330–1336.
Grinyer, P. H. and D. Norburn: [Strategic Planning] in 21 U.K. Companies. In: Long Range Planning, 7. Jg. (1974), pp. 80–88.
Grünig, R. and R. Kühn: Process-based [Strategic Planning]. 5. ed., Berlin u. a 2008.
Gutenberg, E.: Grundlagen der Betriebswirtschaftslehre. Bd. I. Die [Produktion]. 24. Aufl., Berlin, Heidelberg und New York 1983.
Gzuk, R.: Messung der [Effizienz] von Entscheidungen. Beitrag zu einer Methodologie der Erfolgsfeststellung betriebswirtschaftlicher Entscheidungen. Tübingen 1975.
Hahn, D., H. Hungenberg und E. Cordes: [PuK] Planung und Kontrolle. Planungs- und Kontrollsysteme. Planungs- und Kontrollrechnung. Wertorientierte Controllingkonzepte. (3. Aufl. 1985), 6. Aufl., Wiesbaden 2001.
Hahn, D. und H. Hungenberg: [Planungsorganisation]. In: Handwörterbuch Unternehmensrechnung und Controlling. Hrsg. v. H.-U. Küpper und A. Wagenhofer, 4. Aufl., Stuttgart 2002, Sp. 1457–1468.
Haksever, C., B. Render, R. S. Russel and R. G. Murdick: [Service Management] and Operations. 2. ed., Upper Saddle River 2000.
Hamann, M. und T. W. Günther: Was ist ein [Planungssystem]? – Ein Metamodell zur Beschreibung von Planungssystemen als Basis für die empirische Planungsforschung. In: Zeitschrift für Planung & Unternehmenssteuerung 2009, S. 143–173.
Hasselberg, F.: [Strategische Kontrolle] im Rahmen strategischer Unternehmensführung. Frankfurt/M. 1989.
Hax, H. und H. Laux: [Flexible Planung]. Verfahrensregeln und Entscheidungsmodelle für die Planung bei Ungewißheit. In: Zeitschrift für betriebswirtschaftliche Forschung, 24. Jg. (1972), S. 318–340.
Hinterhuber, H. H.: Strategische [Unternehmungsführung 1]. Band 1: Strategisches Denken. Band 2: Strategisches Handeln.7. Aufl., Berlin/New York 2004.
Höffken, E. und M. Schweitzer: [Beiträge] zur Betriebswirtschaft des Anlagenbaus. Sonderheft 28/91 der Zeitschrift für betriebswirtschaftliche Forschung . Hrsg. v. E. Höffken und M. Schweitzer. Düsseldorf/Frakfurt 1991.
Homburg, C., M., Artz, J. Wieseke, und B. Schenkel: Gestaltung und Erfolgsauswirkungen der [Absatzplanung]: Eine branchenübergreifende empirische Analyse. In: Zeitschrift für betriebswirtschaftliche Forschung 2008, S. 634–670.
Horváth, P.: [Controlling]. 11. Aufl., München 2009.

Karger, D. W. and Z. A. Malik: [Long Range Planning] and Organizational Performance. In: Long Range Planning, 8. Jg., Dezember 1975, pp. 60–64.
Kirsch, W. und G. Mayer: Die [Handhabung] komplexer Probleme in Organisationen. In: Entscheidungsverhalten und Handhabung von Problemen. Hrsg. v. W. Kirsch. München 1976, S. 99–219.
Klein, R. und A. Scholl: [Planung] und Entscheidung. Konzepte, Modelle und Methoden einer modernen betriebswirtschaftlichen Entscheidungsanalyse. München 2004.
Kleinaltenkamp, M. und A. Marra: [Kapazitätsplanung] bei Integration externer Faktoren. In: Kapazitätsmanagement in Dienstleistungsunternehmungen. Hrsg. v. H. Corsten und S. Stuhlmann. Wiesbaden 1997, S. 54–80.
Knolmayer, G.: [Advanced Planning] and Scheduling Systems: Optimierungsmethoden als Entscheidungskriterium für die Beschaffung von Software-Paketen? In: Zum Erkenntnisstand der Betriebswirtschaftslehre am Beginn des 21. Jahrhunderts. Hrsg. v. U. Wagner. Berlin 2001, S. 135–155.
Knoop, J.: Prozeßorientierte [Kostenrechnung]. Ein Instrument zur Planung flexibler Fertigungssysteme. In: Kostenrechnungspraxis 1987, S. 47–58.
Koch, H.: [Budgetierung]. In: Handwörterbuch der Finanzwirtschaft. Hrsg. v. H. E. Büschgen. Stuttgart 1976, Sp. 222–232.
Koch, H.: Aufbau der [Unternehmensplanung]. Wiesbaden 1977.
Koch, H.: Neuere [Beiträge] zur Unternehmensplanung. Wiesbaden 1980.
Kolisch, R.: [Planungsverfahren]. In: Handwörterbuch der Betriebswirtschaft. Hrsg. v. R. Köhler, H.-U. Küpper und A. Pfingsten. 6. Aufl., Stuttgart 2007, Sp. 1394–1403.
Kosiol, E.: Zur Problematik der [Planung] in der Unternehmung. In: Zeitschrift für Betriebswirtschaft, 37. Jg. (1967), S. 77–96.
Kosiol, E.: Einführung in die [Betriebswirtschaftslehre]. Die Unternehmung als wirtschaftliches Aktionszentrum. Wiebaden 1968.
Kreikebaum, H. und U. Grimm: Strategische [Unternehmensplanung]. Ergebnisse einer empirischen Untersuchung. Seminar für Industriewirtschaft der Johann-Wolfgang-Goethe-Universität Frankfurt a. M. 1978.
Kreikebaum, H.: [Strategische Unternehmensplanung]. 6. Aufl., Stuttgart u. a. 1997.
Krystek, U.: Bedeutung der [Früherkennung] für Unternehmensplanung und Kontrolle. In: Neugestaltung der Unternehmensplanung. Hrsg. v. P. Horvth und R. Gleich, Stuttgart 2003, S. 121–148.
Küpper, H.-U.: Investitionstheoretische [Fundierung] der Kostenrechnung. In: ZfbF 1985, S. 26–46.
Küpper, H.-U.: Gegenstand und [Ansätze] einer dynamischen Theorie der Kostenrechnung. In: Zeitaspekte in betriebswirtschaftlicher Theorie und Praxis. Hrsg. v. H. Hax u. a. Stuttgart 1989, S. 43–59.
Küpper, H.-U.: [Controlling]: Konzeption, Aufgaben und Instrumente. 5. Aufl., Stuttgart 2008.
Laßmann, G.: [Gestaltungsformen] der Kosten- und Erösrechnung im Hinblick auf Planungs- und Kontrollaufgaben. In: Die Wirtschaftsprüfung 1973, S. 4–17.
Laßmann, G.: [Betriebsplankostenrechnung]. In: Hanwörterbuch des Rechnungswesens. Hrsg. v. K. Chmielewicz und M. Schweitzer. 3. Aufl. Stuttgart 1993, Sp. 168–183.
Meyr, H., M. Wagner and J. Rohde: [Structure] of Advanced Planning Systems. In: Stadtler, H./Kilger, Chr. (Ed.): Supply Chain Management and Advanced Planning. Concepts, Models, Software and Case Studies. 3rd ed., Berlin, Heidelberg, New York 2004, pp. 109–115.
Muth, J. F.: Rational [Expectations] and the Theory of Price Movements. In: Econometrica, 29. Jg. (1961), S. pp. 315–335.
Pfohl, H.-Ch.: Problemorientierte [Entscheidungsfindung] in Organisationen. Berlin und New York 1977.

Pfohl, H.-Ch. und W. Stölzle: [Planung] und Kontrolle. 2. Aufl., München 1997.
Pickel, H.: [Kostenmodelle] als Hilfsmittel zum kostengünstigen Konstruieren. München, Wien 1989.
Poensgen, O. H. und H. Hort: [Determinanten] der Planung und ihre Wirkung auf den Erfolg. Stuttgart 1980.
Popper, K. R.: [Logik] der Forschung. 10. Aufl., Tübingen 1994.
Rau, K.-H.: Gestaltung der [Unternehmungsplanung]. Berlin 1985.
Reiter, G.: [Zielkonflikte] und ihre Operationalisierung im unternehmerischen Entscheidungsfeld. In: WiSt 1995, Heft 5, S. 262–267.
Rühli, E.: Funktionen der [Planung]. In: Handwörterbuch der Planung. Hrsg. v. N. Szyperski. Stuttgart 1989, Sp. 566–578.
Rust, R. T., T. Ambler, G. S. Carpenter, V. Kumar and R. K. Srivastava: Measuring [Marketing Productivity]: Current Knowledge and Future Directions. In: Journal of Marketing 2004, No.4, pp. 76–89.
Schäffer, U. und B. Willauer: [Kontrolle], Effektivität der Planung und Erfolg von Geschäftseinheiten. Ergebnisse einer empirischen Erhebung. In: Zeitschrift für Planung 2002, Heft 1, S. 73–97.
Schneeweiß, Ch.: [Planung]. Band 2: Konzepte der Prozess- und Modellgestaltung. Berlin u.a. 1992.
Schreyögg, G. und H. Steinmann: [Strategische Kontrolle]. In: Zeitschrift für betriebswirtschaftliche Forschung 1985, S. 391–410.
Schweitzer, M.: [Profit-Center]. In: Handwörterbuch der Organisation. Hrsg. v. E. Frese. 3. Aufl., Stuttgart 1992, Sp. 2078–2089.
Schweitzer, M.: Industrielle [Fertigungswirtschaft]. In: Industriebetriebslehre. Hrsg. v. M. Schweitzer. 2. Aufl., München 1994, S. 569–746.
Schweitzer, M.: Die theoretische [Fundierung] der internen Erfolgsrechnung im Widerstreit der Ansätze. In: Jahrbuch für Controlling und Rechnungswesen 2006. Hrsg. v. G. Seicht, Wien 2006, S. 43–68.
Schweitzer, M.: Wirtschaftsunruhe und [Rechnungsrisiken]. In: Rechnungslegung und Unternehmensführung in turbulenten Zeiten. Festschrift für Gerhard Seicht. Hrsg. v. H. Haeseler und F. Hörmann. Wien 2009, S. 127–149.
Schweitzer, M. und H.-U. Küpper: [Produktions- und Kostentheorie]. 2. Aufl., Wiesbaden 1997.
Schweitzer, M. und H.-U. Küpper: [Systeme] der Kosten- und Erlösrechnung. 9. Aufl., München 2008.
Schweitzer, Marcus: [Taktische Planung] von Dienstleistungskapazitäten. Ein integrierter Ansatz. Berlin 2003.
Selowsky, R.; H. Müllmann und S. Höhn: Integrierte [Planungsrechnung] im Planungssystem des Volkswagen-Konzerns. In: Planungs- und Kontrollrechnung – PuK. Hrsg. v. D. Hahn. 3. Aufl., Wiesbaden 1986, S. 715–789.
Solaro, D.: Das integrierte Planungs- und [Kontrollsystem] der Standard Elektrik Lorenz AG (SEL), Stuttgart. In: Planungs- und Kontrollrechnung – PuK. Hrsg. v. D. Hahn. 3. Aufl., Wiesbaden 1986, S. 829–890.
Stadtler, H. and C. Kilger (Ed.): Supply Chain Management and [Advanced Planning]. Concepts, Models, Software and Case Studies. 3rd ed., Berlin 2004.
Stölzle, W.: [Planung]. In: Handwörterbuch der Betriebswirtschaft. Hrsg. v. R. Köhler, H.-U. Küpper und A. Pfingsten. 6. Aufl., Stuttgart 2007, Sp. 1382–1393.
Tempelmeier, H.: Supply Chain [Planning] with Advanced Planning Systems. In: Proceedings of the 3rd Aegean International Conference on Design and Analysis of Manufacturing Systems. Tinos (Greece), 19.–21. May 2001, pp. 1–10.

Thom, N.: [Kontrolle]. In: Handwörterbuch des Rechnungswesens. Hrsg. v. K. Chmielewicz und M. Schweitzer. 3. Aufl., Stuttgart 1993, Sp. 1140–1145.
Töpfer, A.: [Planungssystemkonzeptionen]. In: Handwörterbuch der Planung. Hrsg. v. N. Szyperski. Stuttgart 1989, Sp. 1515–1528.
Toyama, T.: A Study of Business Structure Modelling Based on [Structure Matrix].Tokyo 2000.
Troßmann, E.: [Finanzplanung] mit Netzwerken. Konzeption eines Netzwerkmodells und einer Datenbank für die betriebliche Finanzplanung. Berlin 1990.
Troßmann, E.: [Prinzipien] der rollenden Planung. In: Wirtschaftswissenschaftliches Studium 1992, S. 123–130.
Troßmann, E. und A. Baumeister: [Risikocontrolling] in kleinen und mittleren Unternehmungen mit Auftragsfertigung. In: Controlling & Management 2004, Sonderheft 3, S. 74–85.
VW AG: Finanzielle [Steuerungsgrößen] des Volkswagen-Konzerns. Wolfsburg 2003.
VW AG: Unterlagen des [Konzern-Controlling]. Wolfsburg 2004.
Weißenberger, B. und B. W. Löhr: [Planung] und Unternehmenserfolg: Stylized Facts aus der empirischen Controllingforschung im deutschsprachigen Raum 1990–2007. In: Zeitschrift für Planung und Unternehmenssteuerung 2008, Heft 4, S. 335–363.
Welge, M. K. und A. Al-Laham: [Strategisches Management]. Grundlagen, Prozess, Implementierung. 5. Aufl., Wiesbaden 2008.
Welge, M. K. und D. Rüth: Empirische [Studien] zur Planungseffizienz. In: Handwörterbuch der Planung. Hrsg. v. N. Szyperski. Stuttgart 1989, Sp. 348–360.
Wild, J.: Grundlagen der [Unternehmungsplanung]. 4. Aufl., Opladen 1982.
Witte, E.: Die [Organisation] komplexer Entscheidungsverläufe. Ein Forschungsbericht. In: Zeitschrift für betriebswirtschaftliche Forschung 1968, S. 581–599.
Witte, E.: [Phasen-Theorem] und Organisation komplexer Entscheidungsverläufe. In: Zeitschrift für betriebswirtschaftliche Forschung 1968, S. 625–647.
Wittmann, W.: [Unternehmung] und unvollkommene Information. Unternehmerische Voraussicht, Ungewißheit und Planung. Köln und Opladen 1959.
Wollnik, M.: [Plandurchsetzung]. In: Handwörterbuch der Planung. Hrsg. v. N. Szyperski. Stuttgart 1989, Sp. 1381–1397.
Zäpfel, G.: [Programmplanung], mittelfristige. In: Handwörterbuch der Produktionswirtschaft. Hrsg. v. W. Kern. Stuttgart 1979, Sp. 1700–1713.
Zäpfel, G.: [Produktionswirtschaft]: Operatives Produktionsmanagement. Berlin 1982.

Organisation

Kapitel 2

Wilfried Krüger

1 Organisation als Führungsinstrument

1.1 Instrumentelle Sichtweise der Organisation

Im Rahmen des hier vertretenen Organisationsverständnisses ist die Organisation ein Führungsinstrument: Die Unternehmung hat eine Organisation. Diese Auffassung entspricht der instrumentellen Sichtweise der Organisation (vgl. vor allem Kosiol [Organisation], Grochla [Unternehmungsorganisation], Bleicher [Organisation], Frese [Organisation]). Dazu im Gegensatz steht die institutionelle Sichtweise, nach der organisierte Sozialsysteme als Ganzes als Organisation zu bezeichnen sind. Die Unternehmung ist eine Organisation (vgl. Kieser/Walgenbach [Organisation]).

Die Organisation zu gestalten, zählt seit jeher zu den Aufgaben jeder Führungskraft. Dies gilt unabhängig davon, dass selbstverständlich auch für dieses Aufgabengebiet spezialisierte Stellen existieren, die, als Stäbe oder Zentralbereiche organisiert, den Führungskräften diese Aufgabe abnehmen oder sie bei der Aufgabenerfüllung unterstützen. Organisation als Tätigkeit des Organisierens ist eine Führungsaufgabe. Organisation als Ergebnis dieser Tätigkeit, als Gesamtheit der geschaffenen Regelungen, ist ein Führungsinstrument. Die Gesamtheit dieser Aufgaben wird als Organisationsmanagement bezeichnet (vgl. Frese [Organisationsmanagment]).

Der Instrumentalcharakter der Organisation wird deutlich, wenn man den Zusammenhang zu den Zielen und Strategien der Unternehmung herstellt. Oberstes Unternehmungsziel ist seit einigen Jahren typischerweise die Steigerung des Unternehmungswerts. Um dieses Ziel zu erreichen, sind verschiedene Strategien einzuschlagen, von denen die Konzentration auf Kerngeschäfte und -fähigkeiten eine besondere Bedeutung besitzt. Einige Geschäfte und Funktionen werden aufgegeben, andere werden verkauft oder verselbstständigt, neue Geschäfte werden entwickelt oder zugekauft. Zur Realisierung dieser (und anderer) Strategien ist vielfach ein weit reichender Umbau der Strukturen und Prozesse erforderlich. So entstehen z. B. aus historisch gewachsenen, breit aufgestellten Konzernen «schlanke» und strategiefokussierte Unternehmungen (betr.: «Strukturen»). Vertikal tiefgestaffelte Wertketten werden entflochten, der Anteil der Eigenfertigung geht zurück, und die unternehmungsübergreifende Koordination gewinnt an Bedeutung (betr.: «Prozesse»).

Eine flexible und zugleich schlagkräftige Organisation stellt in jedem Fall einen wesentlichen Erfolgsfaktor dar. In der Führungspraxis gibt es also einen engen Zusammenhang («strategic fit») zwischen Strategien einerseits, Strukturen und Prozessen (beides zusammen bildet «die Organisation») andererseits.

Von dem gewählten Organisationsverständnis und den sich daraus ergebenden Fragestellungen hängt es ab, welche Theorien benötigt werden bzw. geeignet sind, die realen Phänomene zu erfassen und zu erklären. Dabei zeigt sich, dass nur wenige allgemein gehaltene Theorien durchgehend verwendbar sind. Für spezifische Einzelprobleme liefern sie vor allem einen Orientierungsrahmen, der aber durch differenzierte Theorieansätze aufzufüllen ist. Mit der instrumentellen Sichtweise der Organisation korrespondieren vor allem die Systemtheorie sowie der strukturtechnische und der entscheidungslogische Ansatz.

1.2 Theoretische Grundlagen

1.2.1 Systemtheorie als Orientierungsrahmen

Die allgemeine Systemtheorie ist einer der Grundbausteine wissenschaftlichen Denkens und Arbeitens (vgl. dazu Schanz [Programme] 122 ff.). Sie liefert aus einem interdisziplinären Ansatz heraus auch der Organisationslehre die Möglichkeit, komplexe Sachverhalte und Zusammenhänge ganzheitlich darzustellen, zu analysieren und zu erklären.

Ein System wird hier verstanden als eine der Systemumwelt gegenüber abgegrenzte, geordnete Gesamtheit von Elementen. Elemente sind dabei die kleinsten zu unterscheidenden Einheiten. Diese Elemente können sich innerhalb des Systems wiederum zu Subsystemen zusammenfinden. Und zwischen diesen Elementen und Subsystemen bestehen natürlich auch Verbindungen, sog. Beziehungen. Die Summe der Beziehungen in einem System wird als ihre Struktur bezeichnet (vgl. Willke [System], Ulrich [Unternehmung]).

Die Unternehmung und ihre Organisation können als sozio-technische, ökonomische, offene Systeme interpretiert werden. Der Bezug zur Organisation liegt in der Ordnung, die in einem sozialen System von organisatorischen Regelungen überhaupt erst hergestellt wird. Die Entstehung von Ordnung ist ein gemeinsamer Ausgangspunkt der Systemtheorie und Organisationstheorie.

Es existieren aber auch Regelungen, die die Grenze der Unternehmung nach außen konstituieren. Diese Abgrenzung ist von besonderer Bedeutung, weil ein System nur so seine Identität finden und seine Existenz erhalten kann. In der jüngeren Systemtheorie (dargestellt bei Schreyögg [Organisation] 90 ff.) geht man nicht mehr von einer einseitigen Abhängigkeit des Systems von seiner Umwelt aus, sondern von einer ständigen System-Umwelt-Interaktion (auch als «Koevolution» bezeichnet).

Dies hat – wie dieser Beitrag an mehreren Stellen zeigen wird – auch Auswirkungen auf die Organisation als Führungsinstrument.

1.2.2 Strukturtechnischer und entscheidungslogischer Ansatz der Organisationstheorie

Die Ansätze der Organisationstheorie sind außerordentlich vielfältig [vgl. Frese [Organisationstheorie], Kieser [Organisationstheorien]). Sie reichen von empirischen Forschungsbemühungen, in die auch psychologische und soziologische Ergebnisse einfließen, über entscheidungslogische und gestaltungsorientierte Ansätze bis hin zu mikroökonomischen Theorien. Für die hier zu diskutierenden Grundfragen sind vor allem zwei Ansätze von Bedeutung: der strukturtechnische und der entscheidungslogische Ansatz.

Die Organisationstheorie wurde schon in einem frühen Stadium durch das Gegensatzpaar «Teilung und Einung» geprägt (vgl. Nicklisch [Der Weg]). Dieses Organisationsverständnis ist in der deutschen Organisationsliteratur bis heute als **strukturtechnischer Ansatz** vorzufinden (vgl. Bea/Göbel [Organisation] 87). Hier werden insbesondere die Arbeiten von *Kosiol* eingeordnet. Es geht auf der einen Seite darum, die Systemaufgaben bzw. ein System als Ganzes zur effizienten Aufgabenerfüllung in Teilaufgaben und -prozesse bzw. Subsysteme zu gliedern **(Subsystembildung)**. Dadurch wird Arbeitsteilung und Spezialisierung organisiert. Zugleich muss das Zusammenwirken dieser Teile und Teilaufgaben sichergestellt werden, also Koordination und Integration **(Subsystemintegration)**. In einem dritten Schritt ist auch regelmäßig die **Zuordnung** der (Teil-)Aufgaben **auf Aufgabenträger** zu organisieren. Dadurch entsteht eine Struktur, die der Idee des «Strukturierens von Ganzheiten» (Kosiol) entspricht und damit namensprägend für den strukturtechnischen Ansatz ist. Dieser Ansatz zeichnet sich besonders durch eine pragmatisch-gestalterische Vorgehensweise aus.

Organisieren impliziert Entscheidungen für einzelne organisatorische Regelungen oder vorbestimmte Regelungssysteme in Form von Organisationsmodellen. Die **entscheidungslogischen Ansätze** stellen ein Theoriegerüst zur Verfügung, um «optimale» Entscheidungen zu treffen. Ein solches Vorgehen folgt eher einer **normativen Entscheidungstheorie** (vgl. Bea/Göbel [Organisation] 114). Zur Herbeiführung einer Entscheidung werden bestimmte Ziele und/oder Anforderungen festgelegt, anhand derer die Alternativen unter Berücksichtigung der Ausgangssituation (Umweltzustände) im Hinblick auf ihre Zielerreichung beurteilt werden können. In weiterentwickelten Modellen finden ergänzend Eintrittswahrscheinlichkeiten für die möglichen Umweltzustände Beachtung. Die Diskussion der Anforderungen an die Organisation (vgl. Abschn. 1.5) ist Ausdruck des entscheidungslogischen Ansatzes.

1.2.3 Relevante Fragestellungen der strukturtechnischen Organisationstheorie

Aus Sicht der Systemtheorie und der strukturtechnischen Organisationstheorie ergeben sich fünf Fragestellungen der Organisationstheorie und -praxis:

(1) **Externe Systemabgrenzung:** Wie sieht die Wertschöpfungskette insgesamt aus? Welche Aufgaben/Prozesse will die Unternehmung selbst erfüllen, welche soll sie dem Markt überlassen, welche sollen gemeinsam mit Partnern bewältigt werden?
(2) **Externe Systemkopplung:** In welchen Wechselwirkungen steht die Unternehmung und ihre Organisation zu ihrem Umfeld? Wie ist die Interaktion mit der generellen Umwelt zu regeln? Wie ist die Zusammenarbeit mit der Aufgabenumwelt zu regeln?
(3) **Subsystembildung und Subsystemintegration:** Wie soll das System in Subsysteme (z. B. Abteilungen oder Prozesse) zur effizienten Aufgabenerfüllung gegliedert werden? Welche Formen unterschiedlicher Subsysteme gibt es und wofür eignen sie sich? Wie kann das Zusammenwirken der arbeitsteiligen Einheiten und unterschiedlichen Prozesse sichergestellt werden?
(4) **Subsysteminterne Organisation:** Wie sieht die interne Arbeitsteilung und Koordination von Subsystemen aus?
(5) **Systementwicklung:** Wie entsteht und entwickelt sich das System Unternehmung und seine Organisation? Welches sind die Bedingungen für das langfristige Überleben? Wie kommt es zum Vergehen einer Unternehmung? Wie ist der Wandel der Organisation zu bewerkstelligen?

Das Schwergewicht dieses Beitrags liegt nach einer Klärung von begrifflichen und konzeptionellen Grundfragen (Abschn. 1) auf den eher deskriptiven Fragen der **internen Systemstrukturierung, also den Fragen 3–4** (Abschn. 2, 3, 4). Die **externe Systemabgrenzung** wird im Rahmen der Grundfragen (2.1.2) sowie der Prozessgestaltung kurz gestreift (3.3.1), die **externe Systemkopplung** greift Abschnitt 2.3.4 auf. Die Abschnitte 2 bis 4 weisen somit einen direkten Bezug zum **strukturtechnischen Ansatz** auf. Ergänzend erfolgt in Abschn. 5 ein geraffter Überblick über ausgewählte Probleme der **Systementwicklung**. Zweck dieser Auswahl ist es zum einen, Basiswissen der Organisation zu vermitteln. Zum anderen soll beim Leser, auch mit Hilfe der eingestreuten Beispiele, ein Grundverständnis für organisatorische Sachverhalte und Probleme erzeugt werden.

1.3 Begriff und Formen organisatorischer Regelungen

1.3.1 Organisationsbegriff

Eine optimale Aufgabenerfüllung kann nur dann gewährleistet werden, wenn Regeln existieren, die ein arbeitsteiliges Vorgehen und Zusammenwirken der Personen möglichst zielwirksam gestalten.

Organisation als Gestaltungsprozess bedeutet das Formulieren dieser Regeln, Organisation als Gestaltungsergebnis stellt die Gesamtheit der aufgestellten Regeln dar. Die betriebswirtschaftliche Organisationslehre befasst sich mit der wirtschaftlichen Seite dieser Regelungen und besitzt ihr Hauptanwendungsgebiet innerhalb des Systems Unternehmung. Viele ihrer Ergebnisse werden allerdings mittlerweile auch auf andere Institutionen (z. B. öffentliche Verwaltung, Krankenhäuser) erfolgreich übertragen, da auch dort die Wirtschaftlichkeit eine wachsende Bedeutung besitzt.

Die Objekte der organisatorischen Regelung sind Aufgaben, Menschen, Informationen und Sachmittel. Diese werden auch als die Elemente der Organisation bezeichnet. Sie sind durch die organisatorische Gestaltung zu verknüpfen. Organisieren bedeutet daher, bestimmte Beziehungen zwischen diesen Elementen zu knüpfen. Es entsteht eine Struktur: Organisieren ist Strukturieren. Diese gestaltende Tätigkeit ist der Ausführung der Aufgaben vorgelagert, sie ist planerisch (präsituativ). Wie erläutert, lassen sich beliebige Aufgabengebiete in sämtlichen Institutionen einer organisatorischen Gestaltung unterziehen. Die Gesamtheit der zur jeweiligen Aufgabenerfüllung notwendigen Beziehungen und Elemente stellt ein sog. Aktionsfeld dar. Organisieren bedeutet also, allgemein betrachtet, das Strukturieren von Aktionsfeldern. Aus diesen Überlegungen leitet sich der hier verwendete Organisationsbegriff ab.

Organisation ist die präsituative Strukturregelung von Aktionsfeldern.

Traditionell wird, zumindest in der deutschsprachigen Organisationslehre, die Unterscheidung in Aufbau- und Ablauforganisation getroffen. Die Aufbauorganisation befasst sich mit der Gliederung von Unternehmungen in aufgabenteilige, funktionsfähige Teileinheiten sowie mit der Regelung von Kompetenz- und Unterstellungsverhältnissen. Diese statische Sicht wird ergänzt durch die dynamische Sicht der Ablauforganisation. Sie regelt die Aufgabenerfüllungsprozesse einer Unternehmung in sachlogischer, zeitlicher, räumlicher und mengenmäßiger Hinsicht.

Die Ablauforganisation hat heute in Form der Prozessorganisation eine weitreichende Veränderung erfahren und eine überragende Bedeutung erlangt. Prozesse und ihre Regelungen gehen über die Grenzen der Organisationseinheiten und über die Unternehmungsgrenzen hinaus, beziehen also Marktpartner, vor allem Kunden und Lieferanten, aber auch Banken, teilweise sogar Wettbewerber, in die Gestaltung mit ein (vgl. Abschn. 3).

Der wichtigste Anknüpfungspunkt organisatorischer Regelungen sind die jeweils durchzuführenden Aufgaben. In einer Industrieunternehmung sind dies z. B. die großen Gebiete Beschaffung, Produktion, Absatz, Forschung und Entwicklung und nicht zuletzt der weite Bereich der Verwaltungsaufgaben. Aufgaben lassen sich im Kern durch die Art und Menge der durchzuführenden Verrichtungen (z. B. «Fertigen», «Montieren», «Buchen») und der zu bearbeitenden Objekte (z. B. «Pkw», «Kundenaufträge») bestimmen. Verrichtungen und Objekte stellen zentrale Kriterien einer Gliederung und Ordnung der Aufgaben dar (sog. Aufgabenanalyse).

1.3.2 Präsituative und situative Regelungen

Organisatorische Strukturen entstehen durch das Formulieren von Regeln und haben das Ziel, Ordnung herzustellen. Im Hinblick auf den Regelungszeitpunkt sind präsituative Regelungen (ex-ante-Regelungen) und situative Regelungen (ad-hoc-Regelungen) zu unterscheiden.

> **Organisatorische Regelungen** sind **präsituativ**, d.h., Aufgabenverteilung und -erledigung werden vorab geklärt und zielwirksam gestaltet.

Wiederkehrende Aufgaben werden so einer verallgemeinerten, einheitlichen Vorgehensweise zugeführt, es entstehen **generelle Regelungen**. Sie können durch hierarchische Eingriffe (Weisungen, Pläne, Programme) entstehen (Fremdregelung) oder durch Abstimmung der Beteiligten (Selbstregelung). Im Falle innovativer Aufgaben, bei hoher Umweltdynamik und stark unterschiedlichen Aufgaben stößt jede **präsituative** Regelung jedoch an unüberwindbare Grenzen. Ein zu hoher Regelungsumfang führt zu Schematismus und Bürokratismus und behindert dadurch die Flexibilität und Anpassungsfähigkeit des Systems sowie die Motivation der Systemmitglieder, denen ein zu geringer Handlungsspielraum verbleibt.

Im Falle **situativer** Regelungen werden daher die Einzelheiten der Aufgabenverteilung und -erfüllung erst bei Handlungsbeginn bestimmt. Es entstehen fallweise Regelungen. Man spricht üblicherweise von Disposition oder Improvisation. **Disposition** ist fallweise, punktuelle Einzelentscheidung, **Improvisation** – wertneutral verstanden – kurzfristig vorübergehendes Regeln (vgl. Kosiol [Organisation]).

> **Beispiel**
> Ein überraschend eingehender Auftrag eines wichtigen Kunden wird «zwischengeschoben» (Disposition). Daraus kann sich ein vorläufiges Verfahren für die Vorzugsbehandlung eines wichtigen Kunden entwickeln (Improvisation). Werden schließlich unterschiedliche Vorgehensweisen für bestimmte Kundengruppen auf Dauer festgelegt, dann ist eine organisatorische Regelung geschaffen. Zu sehen ist dies z.B. anhand der Einrichtung so genannter Key-Account-Manager, die sich der Betreuung von Schlüsselkunden widmen.

Einzelanweisungen eines Vorgesetzten kommen hier ebenso in Betracht wie die Selbstabstimmung der Beteiligten oder aber der Versuch, Marktmechanismen zu nutzen (interne Märkte). Wesentliche Vorteile liegen in der Anpassung an akute Erfordernisse, in der situationsgerechten Bewältigung neu auftauchender Probleme und in der Möglichkeit zur motivationsfördernden Ausweitung der Handlungsspielräume. Nachteilig sind Reibungsverluste, organisatorischer Leerlauf («slack») und insgesamt eine Tendenz zur Suboptimierung («Jeder macht das, was er für richtig hält»).

Damit stellt sich das Problem des **optimalen Regelungsumfangs** oder auch **Organisationsgrades**, womit das Ausmaß präsituativer Regelung im Verhältnis zu situativen Regelungen gemeint ist. Es gilt, zwischen «Überorganisation», in der Kritik an der Bürokratisierung oft beklagt, und «Unterorganisation», mit der «Schlamperei» und «Chaos» assoziiert werden, die jeweils angemessene Mitte zu halten.

1.3.3 Formale und informale Regelungen

Als **formal** werden Regelungen üblicherweise dann bezeichnet, wenn sie bewusst gestaltet, personenunabhängig formuliert und schriftlich dokumentiert sind. Man denke an Anweisungen («Erlasse»), Richtlinien, Standards, Pläne und Programme. Die Gesamtheit der formalen Regelungen bildet die sog. **bürokratischen Mechanismen**.

Informale Regelungen und Beziehungen beruhen dagegen auf individuellen Einstellungen und Motiven sowie auf persönlicher Sympathie bzw. fachlicher Nähe und sind nicht Ausdruck bewusster organisatorischer Gestaltung. Mit ihrer Hilfe werden solche Fragen geklärt, die nicht «offiziell» geregelt sind, oder Probleme «vorgeklärt», die erst anschließend «offiziell» behandelt werden. Informale Regelungen können also formale Regelungen ergänzen oder auf Ineffizienzen hinweisen. Nicht selten werden sie jedoch gerade zu dem Zweck formuliert, formale Strukturen zu unterlaufen oder zu konterkarieren, etwa so, wie der «Trampelpfad» mitten über den Rasen führt, obwohl der Fußgängerweg außen herum verläuft.

1.3.4 Strukturelle und kulturelle Regelungen

An die Stelle fehlender oder abgebauter formaler Regelungen treten heute in steigendem Maße die Elemente der Unternehmungskultur. In ihrem Mittelpunkt steht ein stark ausgeprägtes gemeinsames Wertesystem der Beteiligten. Aufbau und Pflege von «shared values» sowie gemeinsame Aktivitäten, Symbole und Verhaltensweisen übernehmen dann die koordinierende und integrierende Funktion expliziter struktureller Regelungen. Da es sich dabei auch um bewusst gestaltete, «offizielle» Leitbilder und Normen handelt, kann von **kulturellen Regelungen** gesprochen werden. Als Regelungsmechanismen mit koordinierender und integrierender Kraft lassen sich Selektion und Sozialisation ausmachen (vgl. Ouchi [Framework]). **Selektion** bedeutet die Auswahl passender Systemmitglieder bzw. Transaktionspartner. **Sozialisation** ist die Übertragung bzw. Angleichung von Verhaltensmustern und Werten durch Erziehung, Ausbildung und Einübung.

Die Unternehmungskultur steht in der Praxis regelmäßig in einem Austauschverhältnis zur **strukturellen Regelung**. Sie nimmt in dem Maße zu, wie die strukturellen Regelungen abnehmen. Dabei bleibt der Gesamtumfang vorhandener Regelungen c. p. gleich, nur die Zusammensetzung der Regelungen, das Regelungsobjekt, ändert sich. Die Tatsache, dass sich die Unternehmungskultur vorwiegend auf «soft facts» stützt, darf nicht zu dem Urteil verführen, dass ihre Regelungen weniger verbindlich seien. Hier gilt – wie übrigens auch für die informale Organisation – dass Regelverletzungen teils rigide geahndet werden.

1.3.5 Fremdregelung und Selbstregelung

Strukturelle Regelungen werden meist entweder von hierfür spezialisierten Stellen (z. B. Organisationsabteilung) oder von den jeweiligen Führungskräften formuliert. Sie stellen dann aus der Sicht der Betroffenen eine Form der Fremdregelung dar. Maßnahmen der Deregulierung und Entbürokratisierung führen zu einer Erweiterung des Handlungsspielraums in den betroffenen Bereichen, und sie schaffen zugleich die Möglichkeit der Selbstregelung (vgl. Göbel [Selbstorganisation]). Das bedeutet, dass Mitglieder einer Einheit innerhalb vorgegebener Rahmen in Selbstabstimmung oder Selbststeuerung dauerhafte Handlungsmuster für ihre Einheit etablieren dürfen (vgl. Göbel [Selbstorganisation] 177). Dies bewirkt eine höhere Flexibilität, fördert die Motivation und verbessert die Akzeptanz der jeweiligen Handlungsanweisungen. Ein Trend zu mehr Selbstregelung ist in der Praxis unverkennbar. Damit sollen sowohl die Motivation der Mitarbeiter wie die Anpassungsfähigkeit der betreffenden Einheiten erhöht werden.

Das Problem «Fremd- vs. Selbstregelung» betrifft die Frage der Regelungskompetenz sowie der Autonomie von Untereinheiten. Wer ist wem gegenüber berechtigt, Vorschriften zu formulieren? Interessanterweise stellt sich dieses Problem nicht nur bei strukturellen Regelungen, sondern auch bei der Unternehmungskultur. Den möglichen Stärken einer einheitlichen Kultur stehen auch Schwächen gegenüber, sodass ein bestimmtes Maß an kultureller Selbstregelung zuzulassen wäre. Die damit verbundenen Subkulturen dürfen andererseits nicht so stark ausgeprägt sein, dass die ohnehin vorhandenen Abschottungstendenzen und Zentrifugalkräfte überhand nehmen.

1.3.6 Hierarchische und marktliche Regelungen

Aus institutionenökonomischer Sicht wird das Regelungsproblem auf das Gegensatzpaar «Hierarchie» und «Markt» konzentriert. Unternehmungen sind danach, bei allen Unterschieden im Detail, mehr oder minder durch Über- und Unterordnungsbeziehungen, also asymmetrische Beziehungen, gekennzeichnet. Hierarchische Regelungen sind (überwiegend) formal und sie sind Fremdregelungen. Dies kommt in Kategorien wie Befehl, Anordnung, Weisung als den typischen hierarchischen Koordinationsmechanismen zum Ausdruck. Das Handlungssystem Markt dagegen sieht selbstständige, gleichberechtigte Interaktionspartner, deren symmetrische Austauschbeziehung sich über den Preis als Koordinationsmechanismus regelt. Die Transaktionskostentheorie geht davon aus, dass Hierarchien immer dann entstehen, wenn das Tauschobjekt so beschaffen ist, dass eine interne Koordination effizienter (geringere Anbahnungs-, Suchkosten etc.) ist als ein Tausch über den externen Markt (vgl. Picot/Dietl/Franck [Organisation]).

Genauso wie die hierarchische, strukturelle Regelung durch kulturelle Regelungen (Selektion, Sozialisation) ergänzt oder ersetzt werden kann, halten auch marktliche Regelungen in Unternehmungen Einzug. Die Idee, Marktelemente in die Organisationsstrukturen zu integrieren, um dadurch die Effizienz und Handlungsfähigkeit zu steigern, ist nicht neu (vgl. Frese [Marktwirtschaft] 78). Mit der Einführung eines Marktmechanismus wird versucht, solche Einheiten zu steuern, die keine unmittelbare Beziehung zum Markt auf der Absatz- oder Nachfrageseite der Unternehmung haben. Vorteile sind z. B. der Ausgleich zwischen angebotenen und nachgefragten Leistungen, eine bessere (optimale) Ressourcenverteilung und -verwendung, dies alles ohne steuernden zentralen Eingriff. Daraus resultiert dann für die «Marktpartner» mehr Autonomie. Wichtig sind vor allem die Informationen (Signale), die ein Markt aussendet. Diese gilt es bei der organisatorischen Umsetzung in geeigneter Weise mit einer entsprechenden Zuweisung von Kompetenzen und Verantwortungen zu kombinieren. Der Einsatz kleinerer Einheiten und Teams geht dann Hand in Hand mit der Möglichkeit, diese über «Verträge» zu steuern.

1.4 Wahrnehmung und Akzeptanz von Regelungen

Organisation wird nicht bereits durch die Formulierung von Regeln wirksam (z. B. durch Anweisungen), sondern erst nach deren Wahrnehmung und Befolgung durch die handelnden Personen. Nur wenn eine gemeinsame, geteilte Vorstellung von Organisation in den Köpfen vorhanden ist und danach gehandelt wird, «existiert Organisation». Die tatsächlich realisierte Organisation und die eigentlich beabsichtigte (intendierte) Organisation können durchaus auseinanderfallen. Grundvoraussetzung für eine Deckungsgleichheit oder Annäherung von intendierter und

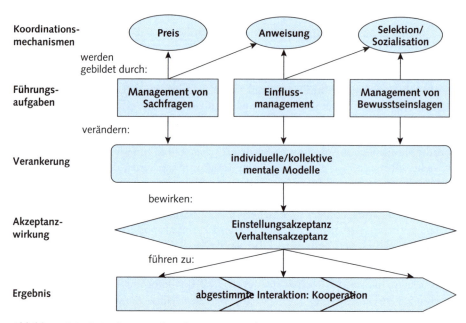

Abbildung 2.1: Entstehung und Wirkung von Regelungen

realisierter Organisation ist, dass die beabsichtigten Regelungen auch von den Betroffenen wahrgenommen werden. Hinzukommen muss sodann die Befolgung, also die sichtbare Verhaltensakzeptanz der Regelungen und im günstigsten Fall auch eine positive innere Einstellung, die sog. Einstellungsakzeptanz. In letzter Konsequenz verlangt die «Führungsaufgabe Organisation» also, die Wahrnehmungen und Einstellungen der Transaktionspartner zu verändern, oder, anders formuliert, kollektive mentale Modelle zu beeinflussen (vgl. Bach [Modelle]).

Dies geht über die unmittelbaren Sachaufgaben der Formulierung hierarchischer oder marktlicher Regelungen (z. B. Preise aushandeln, Entscheiden, Anweisen, Informieren, Kontrollieren) hinaus. Neben die sach-rationale Dimension der Führung («Management von Sachfragen») tritt eine politisch-verhaltensorientierte Dimension («Einflussmanagement») und eine wertmäßig-kulturelle Dimension («Management von Bewusstseinslagen») (vgl. Krüger [Topmanagement]). Das Einflussmanagement zielt mit Hilfe von Anreizen, Belohnungen und Bestrafungen, also im Kern mit Motivation und Machtausübung, auf die Befolgung von Regelungen, seien sie struktureller oder kultureller Natur. Das Management von Bewusstseinslagen (weitgehend synonym: normatives Management, kognitive Führung) bemüht sich um kulturelle Regelungen und setzt dabei die erwähnten Mechanismen der Selektion und Sozialisation ein. Alle drei Geschehensdimensionen zusammen führen im Erfolgsfall zu einer Verankerung der Regelungen in den mentalen Modellen und bewirken die notwendige Regelungsakzeptanz. Diese wiederum führt zu dem angestrebten Ergebnis, der abgestimmten, zielwirksamen Kooperation der Beteiligten (vgl. Abb. 2.1)

1.5 Anforderungen an die Organisation

Je nach Zielsetzung und Strategie der Unternehmung hat das «Instrument Organisation» unterschiedliche Anforderungen zu erfüllen. Die folgende Aufzählung spiegelt die Vielfalt aktueller Unternehmungsziele und macht deutlich, wie fordernd und spannungsreich organisatorische Gestaltungsfragen sein können.

(1) Außengerichtete Anforderungen
- Markt- und Wettbewerbsorientierung: Die Ausrichtung auf den Markt und Wettbewerb sowie die Nähe zum Kunden ermöglichen, einschließlich der ggf. notwendigen Internationalisierung bis hin zur Globalisierung.
- Flexibilität: Die Aktionsfähigkeit der Unternehmung sicherstellen, zugleich aber Anpassungsfähigkeit und Flexibilität erhöhen.
- Innovationsfähigkeit: Die Entwicklung und Durchsetzung neuartiger Produkte, Dienste, Verfahren und Strukturen begünstigen.
- Netzwerkfähigkeit: Die organisatorische Fähigkeit, unternehmungsübergreifende Kooperationen einzugehen (sog. Wertschöpfungspartnerschaften). Dazu zählen sowohl vertikale (Abnehmer-Zulieferer-Kooperationen) als auch horizontale Partnerschaften (Allianzen).

(2) Innengerichtete Anforderungen

- **Führungsprozesseffizienz**: Eine rasche, kostengünstige und gut fundierte Planung, Steuerung, Kontrolle und Koordination erlauben.
- **Human Ressourcen-Orientierung**: Die Qualifikation und Motivation des Managements und der Mitarbeiter ausschöpfen und weiterentwickeln, insbesondere auch selbstständiges unternehmerisches Handeln fördern.
- **Finanz- und Sachressourceneffizienz**: Eine möglichst günstige Ausschöpfung der finanziellen und materiellen Ressourcen und Kapazitäten (Rohstoffe, Maschinen, Technologie) sichern.
- **Geschäftsprozesseffizienz**: Eine rasche, spezialisierte, hochwertige Aufgabenerfüllung in allen Geschäfts- bzw. Kernprozessen (Operative Prozesse und Unterstützungsprozesse) bewirken.

Auf der Basis dieser Anforderungen können einerseits Organisationsformen einer kritischen Würdigung unterzogen werden. Andererseits sind sie als Orientierungshilfe für die praktische Organisationsgestaltung gedacht. Letztlich geht es immer darum, die Zielwirksamkeit („Effizienz") alternativer Organisationsformen zu beurteilen. Die Organisationstheorie bemüht sich zwar um eine Effizienzbewertung. Allerdings lässt sich die Vorteilhaftigkeit alternativer Strukturen empirisch nicht zweifelsfrei belegen, dies vor allem, weil die (Nicht-)Erreichung von Zielen von einer Fülle von Faktoren abhängt und nicht nur von der Organisation einer Unternehmung (vgl. v. Werder [Effizienzbewertung]).

2 Grundfragen der Bildung und Integration organisatorischer Subsysteme

2.1 Arbeitsteilung und Stellenbildung als Kern der Subsystembildung

2.1.1 Effiziente Aufgabenerfüllung durch Arbeitsteilung

2.1.1.1 Horizontale Arbeitsteilung

Wie erwähnt besteht das Organisationsproblem aus strukturtechnischer Sicht in «Teilung und Einung». In modernerer, systemtheoretischer Formulierung: die Systemaufgaben sind zur effizienten Aufgabenerfüllung in Teilaufgaben und -prozesse zu gliedern (Subsystembildung). Zugleich muss aber das Zusammenwirken dieser Teile sichergestellt werden, also Koordination und Integration (Subsystemintegration).

Betrachtet man den Umfang und die Vielfalt der zu bewältigenden Unternehmungsaufgaben, so ergibt sich Arbeitsteilung nach Art und Menge als unumgänglicher Sachzwang. Besondere Bedeutung besitzen dabei Produktivitätsvorteile der artmäßigen Arbeitsteilung (Spezialisierung).

> **Beispiel**
> Schon *Adam Smith* ([Wealth of Nations],) machte im Jahre 1776 mit seinem klassischen Beispiel der Stecknadelfertigung die enormen Produktivitätsgewinne der Arbeitsteilung deutlich. Ohne Arbeitsteilung fertigten zehn Arbeiter ca. 200 Stecknadeln pro Tag, während nach der Aufteilung der Fertigung in 18 Einzelschritte (Spezialisierung) die gefertigte Anzahl um den Faktor 240 erhöht wurde.

Diese Spezialisierungseffekte durch **horizontale Arbeitsteilung** werden auch unter dem Begriff der «Economies of Scale» diskutiert. Auf der Gesamtunternehmungsebene führt diese verrichtungsorientierte Arbeitsteilung zur sog. funktionalen Organisation. Sie ist geprägt durch Organisationseinheiten bzw. Stellen mit gleichartigen Verrichtungen, z.B. Beschaffung, Produktion, Vertrieb und Verwaltung.

2.1.1.2 Vertikale Arbeitsteilung

Frederick Winslow *Taylor* (1856–1917) erweiterte den Gedanken der Arbeitsteilung in seinem 1911 erschienenen Buch «Principles of Scientific Management» (Taylor [Principles]). In diesem bahnbrechenden Werk, das die wissenschaftliche Betriebsführung begründete, stellte er die Grundregeln für einen effizient arbeitenden Industriebetrieb dar. Seine Lösung zur Steigerung der Effizienz besteht in einer strengen Trennung der **Planung** der Aufgaben von ihrer **Ausführung (vertikale Arbeitsteilung)**. Indem Manager alle notwendigen Arbeitsschritte analysieren, soll es gelingen, die jeweils beste Methode der Aufgabenerledigung herauszufinden und Standardabläufe festzulegen, welche ein Höchstmaß an Effizienz sicherstellen. Die einzelnen Aufgaben sind sodann den Arbeitern zu übertragen, die sie regelgerecht erledigen müssen. *Taylors* Prinzipien waren der Ursprung einer Revolution des Managements, der Arbeitsorganisation und der Entlohnung (Akkordsystem). Sie trugen in den folgenden Jahren zu einer erheblichen Produktivitätssteigerung und der damit verbundenen Steigerung des Lebensstandards bei. Die weitgetriebene Form **tayloristischer Arbeitsteilung** ist in entwickelten Industriegesellschaften und bei einem qualifizierten Mitarbeiterstamm überholt. Dennoch besitzen die Grundgedanken nach wie vor Gültigkeit und somit auch Relevanz für die organisatorische Gestaltung (vgl. Rohm [Prozeßmanagement]).

2.1.1.3 Job Enlargement und Job Enrichment

Eine zu weit getriebene Arbeitsteilung (vertikal wie horizontal) kann zu Unterforderung und Monotonie führen und die Produktivitätsgewinne durch Motivationsverluste, Fehler, Absentismus, Fluktuation zunichte machen. Aus diesen Erfahrungen resultiert der Gedanke der **integrierten Bearbeitung** bzw. **Rundumsachbearbeitung**. Es wird eine Rücknahme der horizontalen und vertikalen Arbeitszerlegung angestrebt – Teilprozesse werden integriert, Schnittstellen werden aufgelöst. Gleichzeitig muss tendenziell ein Übergang von der Fremdregelung zur Selbstregelung erfolgen, um sowohl Entscheidungs- als auch Ausführungsspielräume für den Bearbeiter zu schaffen. Neben das Job Enlargement als Erweiterung des Ausführungsspielraums tritt die Reduzierung von vertikalen Schnittstellen im Job Enrichment, das auch Entscheidungs- und Kontrollspielräume vergrößert. Erweitert man diese Sichtweise von einer Einzelperson auf die Gruppenebene, so liegen sog. Prozessteams vor, die eine umfassende Aufgabe, einen Teilprozess oder ganzen Prozess vollständig und mit interner Selbstabstimmung bearbeiten. Realisiert ist dieser Ansatz im technischen Bereich in Fertigungsinseln. Organisatorisch betrachtet sind dies teilautonome Arbeitsgruppen, die eine integrierte Vorgangsbearbeitung betreiben. Nicht zuletzt die mit diesem Konzept verbundene, aus der Aufgabe resultierende, intrinsische Motivation lässt es nahe liegend erscheinen, mit der Einrichtung von Prozessteams in Form so genannter Quality Circles den relevanten Prozess kontinuierlich zu verbessern.

2.1.2 Externe Arbeitsteilung

Die Arbeitsteilung zwischen Unternehmungen führte vertikal z. B. zu den Abgrenzungen von Industrie, Großhandel, Einzelhandel. Horizontal ergaben sich die bekannten Branchenabgrenzungen, z. B. Maschinenbau, Automobilindustrie, Werkzeugindustrie im Industriebereich, Banken und Versicherungen im Bereich der Finanzdienstleister. Diese lange Zeit als selbstverständlich angenommenen Einteilungen werden in letzter Zeit mehr und mehr in Frage gestellt. Vielfach kommt es zu einer stärkeren Arbeitsteilung – also einer Verkürzung von Wertketten – und damit zu einer Veränderung der Strategie und des Selbstverständnisses einer Unternehmung. Ein Hersteller reduziert seine Fertigungstiefe (z. B. in der Automobilindustrie) oder trennt sich von der Produktion und konzentriert sich auf das Design und die Vermarktung seiner Produkte (z. B. Puma). Zugleich sind Fälle zu beobachten, in denen über herkömmliche Branchengrenzen hinweg eine Integration erfolgt (z. B. die Kombination von Planung, Finanzierung, Bau und Betrieb von Gebäuden im sog. Betreibermodell). In jedem Fall sind der Aufgabenumfang und die Wertschöpfungsgrenzen nicht mehr als dauerhaft gegeben anzusehen, sondern vielfältigen Veränderungen unterworfen. Daraus ergeben sich direkte Konsequenzen für die interne Organisation, aber auch für die Regelung der externen Beziehungen, insbesondere mit den Marktpartnern. Die Notwendigkeit, durchgehende Geschäftsprozesse über die Unternehmungsgrenzen hinweg zu gestalten, führt dazu, dass sich das Gebiet der Organisation mittlerweile auch auf die externe Organisation erstreckt. Für die erforderliche externe Koordination und Integration werden häufig Kooperationen eingegangen (vertikale oder horizontale Netzwerke). Sie stellen Zwischenlösungen zwischen «Markt» und «Hierarchie» dar und kombinieren demgemäß auch unterschiedliche Regelungsformen miteinander.

2.1.3 Stellen und Stellenbildung

2.1.3.1 Stellenbegriff und Prinzipien der Stellenbildung

Durch personenorientierte Bündelung von Aufgaben und damit durch die Beantwortung der Frage «Wer macht was?» entstehen Stellen bzw. durch deren Zusammenfassung Stellenmehrheiten (z. B. Abteilungen) als strukturelle Subsysteme.

> **Stellen** sind die kleinsten aufbauorganisatorischen Einheiten und insofern als Basiseinheiten (Elemente) zu bezeichnen. Nach *Kosiol* soll unter einer Stelle ein personenbezogener Aufgabenbereich verstanden werden, der vom Personenwechsel unabhängig ist.

Damit sind drei **Begriffsmerkmale** angesprochen:

(1) **Aufgabenbündelung**: Verteilungsfähige Teilaufgaben werden zu einem Aufgabenbündel für eine Stelle zusammengefasst. Die Stelle grenzt aufgabenmäßig, nicht dagegen räumlich (Arbeitsplatz), die Zuständigkeitsbereiche ab.

(2) **Personenbezug**: Die Aufgabenbündelung orientiert sich hinsichtlich Umfang und Anspruchsniveau an der quantitativen und qualitativen Kapazität einer Person. Wenn mehrere Personen gemeinsam eine gleichartige Aufgabe erfüllen, bilden sie eine Stellenmehrheit, so z. B. die Mitarbeiter einer selbststeuernden Arbeitsgruppe. In der Praxis existieren Fälle, in denen eine Person mehrere Stellen innehat, z. B. bei der Personalunion von Vorstand und Teilbereichsleitung. Genauso ist es umgekehrt möglich, dass sich mehrere Personen eine Stelle teilen (sog. Job Sharing).

(3) **Versachlichung**: Traditionell erfolgt die Stellenbildung versachlicht, also durch Orientierung an einer gedachten Person mit Normaleignung. Berufstypologische Aufgaben und Anforderungen bilden dabei wesentliche Orientierungshilfen. Dadurch wird die Organisation vom Personenwechsel unabhängig.

Versachlichung bei der Stellenbildung wird als **Stellenbildung ad rem** bezeichnet. Der große Vorteil dieser Art von Stellenbildung ist eine Objektivierung und Personenunabhängigkeit der Struktur. Der Nachteil ist, dass auf Unterschiede individueller Qualifikation und Motivation keine Rücksicht genommen wird. In den oberen Rängen einer Unternehmung sowie beim Einsatz hochqualifizierter Spezialisten hat die personenunabhängige Stellenbildung daher schon traditionell ihre Grenzen gefunden. In den letzten Jahren sind diese Grenzen durch den Hierarchieabbau sowie die Bemühungen um Individualisierung noch enger geworden. Aufgaben (und Ziele) werden vermehrt auf den konkreten Aufgabenträger zugeschnitten. Man spricht dann von **Stellenbildung ad personam**.

> **Beispiel**
> Beim Wechsel im Vorstand werden die Ressorts auf die individuelle Erfahrung und Qualifikation neuer Vorstandsmitglieder ausgerichtet. Im Zuge der Bemühungen um eine Individualisierung der Organisation nimmt die Bedeutung von Persönlichkeitsvariablen bei der Stellenbildung generell zu. Dies bedeutet zumindest, dass einer die Motivation und Qualifikation fördernden Aufgabengestaltung größere Aufmerksamkeit gilt.

Stellen müssen in den Informations- und Kommunikationsprozess eingebunden werden, um den Stelleninhaber (Aufgabenträger) mit den zur Ausführung seiner Aufgabe nötigen Informationen zu versorgen. Außerdem sind Sachmittel zur Aufgabenausführung zur Verfügung zu stellen (z. B. PC, Fertigungsmaschinen). Bei besonderer Bedeutung von Art und Arbeitsanteil der Sachmittel kann eine Orientierung an den Sachmitteln bei der Stellenbildung sinnvoll sein. Diese Stellen werden dann **ad instrumentum** gebildet. So ist z. B. die Aufgabenbündelung und Personenzuordnung in einem Rechenzentrum stark von DV-technischen Restriktionen geprägt.

2.1.3.2 Aufgabenstrukturierung nach dem SOS-Konzept

Um moderne Formen und Probleme der Subsystembildung zu verstehen, ist es zweckmäßig, drei Arten von Aufgaben und Prozessen zu unterscheiden, abgekürzt als SOS-Konzept bezeichnet (vgl. Krüger [Organisation]):

- **Steuerung**: Damit gemeint sind alle **Führungsaufgaben** in einem System bzw. Subsystem. Sie beinhalten unter Sachgesichtspunkten Tätigkeiten der Willensbildung (Planung und Entscheidung), Willensdurchsetzung (Veranlassung der Durchführung) und Willenssicherung (Steuerung und Kontrolle). Neben diesen sachbezogenen Aufgaben sind zahlreiche personenbezogene Aufgaben wahrzunehmen, die insgesamt das Gebiet der Personalführung (im Ggs. zur Fachführung) ausmachen (z. B. Motivation, Instruktion, Beeinflussung, Konflikthandhabung).
- **Operation**: So werden **Ausführungsaufgaben** bezeichnet, die Pläne und Entscheidungen realisieren. Dazu zählen alle Aufgaben der Erstellung bzw. Bereitstellung, Verwertung und ggf. Entsorgung marktfähiger Produkte oder Leistungen. Im Industriebetrieb ergeben sich Funktionsbereiche wie Beschaffung, Lagerung, Transport, Produktion, Absatz, Forschung und Entwicklung.
- **Support** (**Service**): Mit diesem Schlagwort wird die Gesamtheit der **Unterstützungsaufgaben** bezeichnet (Service im weitesten Sinne). Zur Aufrechterhaltung und Bewältigung der Führungsaufgaben wie der operativen Aufgaben werden spezielle Dienstleistungen benötigt, die in ihrer Gesamtheit die Unterstützungsaufgaben ausmachen. Zu nennen wären hier bspw. personenbezogene Dienste (z. B. Aus- und Weiterbildung, Kantine, Fahrbereitschaft), objektbezogene Dienste (z. B. Wartung und Instandhaltung, Reinigung, Wach- und Schließ-

dienst), Informations- und Beratungsdienstleistungen (z. B. Rechnungswesen, Informatik, Organisation, Revision, Recht) sowie auch Finanzdienstleistungen (z. B. Investitions- und Finanzabteilung, Corporate Banking).

Die Trennung der Steuerungsaufgaben von den operativen Aufgaben ist eine Form der vertikalen Arbeitsteilung, die Abgrenzung der Serviceaufgaben eine Form der horizontalen Arbeitsteilung. In historisch gewachsenen (Groß-) Unternehmungen, insbesondere in Konzernen, ist ein Wandlungsprozess im Gange, der dazu führt, die vielfältig verflochtenen Einheiten im Sinne dieser Aufgaben zu entflechten.

Nicht nur Unternehmungen, sondern beliebige sozioökonomische Systeme müssen zur langfristigen Existenzsicherung diese Aufgaben erfüllen. Nur wenn «Steuerung», «Operation» und «Support» in einem angemessenen Verhältnis zueinander stehen, sind die Überlebens- und Entwicklungsfähigkeit des Systems gewährleistet.

2.1.3.3 Kompetenz und Verantwortung

Die Bündelung von Ausführungsaufgaben führt zu **Ausführungsstellen**, die Zusammenfassung von Führungsaufgaben zu Leitungs- bzw. Führungsstellen **(Instanzen)**. Die Bewältigung von Aufgaben setzt Handlungsrechte voraus. Stellenbezogene Handlungsrechte werden **Kompetenzen** genannt. Dieser organisatorische Kompetenzbegriff ist von dem auch weit verbreiteten personenbezogenen Kompetenzbegriff zu unterscheiden, der sich auf persönliche Fähigkeiten bezieht. Ausführungsstellen benötigen Ausführungs- und ggf. Verfügungskompetenzen (z. B. Verfügung über Kostenbudgets). Insbesondere Entscheidungs- und Anordnungsrechte kennzeichnen eine Leitungsstelle (Instanz). Eine Instanz kann sich daneben die Informations- und Beratungskompetenzen vorbehalten, sie kann sich aber auch hiervon entlasten, indem sie diese Aufgaben und Kompetenzen auf Stabsstellen oder Dienstleistungsstellen überträgt.

Zu den organisatorischen Grundtatbeständen und -begriffen zählt neben der Kompetenz die **Verantwortung**. Sie stellt sich dar als «die Pflicht einer Person ..., für die zielentsprechende Erfüllung einer Aufgabe persönlich Rechenschaft abzulegen» (Hauschildt [Verantwortung]). Das Recht, Verantwortung zu verlangen, ist als Kontrollaufgabe Teil der Führungsaufgabe und damit der Definition einer Instanz. Organisatorisch bedeutsam sind vor allem drei Formen der Verantwortung:

(1) **Handlungsverantwortung**: Rechenschaftspflicht hinsichtlich der regelgerechten Ausführung übertragener Aufgaben.
(2) **Ergebnisverantwortung**: Rechenschaftspflicht hinsichtlich der Erreichung vorgegebener bzw. vereinbarter Ziele.
(3) **Führungsverantwortung**: Rechenschaftspflicht hinsichtlich der Erledigung sachbezogener und personenbezogener Führungsaufgaben.

Handlungs- und Ergebnisverantwortung kann ein Vorgesetzter delegieren, Führungsverantwortung dagegen nicht.

Als eine wesentliche Gestaltungsempfehlung der Stellenbildung ist das **Kongruenzprinzip** zu erwähnen. Aufgaben, Kompetenzen und Verantwortung sollen möglichst deckungsgleich sein.

Um Aufgaben wirkungsvoll erfüllen zu können, sind Aufgabenträger mit den notwendigen Rechten (Kompetenzen) auszustatten, z. B. Informations-, Beratungs-, Entscheidungs-, Weisungsrechten. Um die anschließende Kontrolle sicherzustellen, ist eine angemessene Rechenschaftspflicht (Verantwortung) vorzusehen.

Beispiel
Markante Fälle, in denen vom Kongruenzprinzip abgewichen wird, illustrieren seine Bedeutung. Zu nennen sind z. B. der sog. «Frühstücksdirektor» (Aufgaben ohne Kompetenz und Verantwortung), die «Amtsanmaßung» (Kompetenzausübung außerhalb des eigenen Aufgabengebietes) und der «Sündenbock» (Verantwortung ohne Aufgaben und Kompetenzen).

2.1.3.4 Merkmale einer Instanz

Stellen, die überwiegend oder ausschließlich Führungsaufgaben wahrnehmen, werden als **Instanzen** (Leitungsstellen) bezeichnet.

Sie unterscheiden sich von Ausführungsstellen durch drei Merkmale:

(1) **Fremdentscheidung**: Leitungsbeziehungen entstehen durch eine stellenbezogene Trennung von Entscheidung und Ausführung. Eine Leitungsstelle steckt durch ihre Entscheidungen die Handlungsspielräume für andere Stellen soweit wie erforderlich ab. Leiten heißt also, Entscheidungen für andere zu treffen. Entscheidungen im Rahmen der eigenen Aufgabenausführung sind keine Leitungsentscheidungen.
(2) **Anordnung**: Um Entscheidungen wirksam werden zu lassen, muss das Durchsetzungsproblem geregelt werden. Hierzu dient das der Instanz übertragene Recht, nachgelagerten Stellen Anordnungen (Weisungen) zu erteilen. Auf die Weise wird die Ausführung von Entscheidungen vollzugsverbindlich.
(3) **Fremdkontrolle**: Der Vorgesetzte hat die Pflicht, sich von der regelgerechten Ausführung der angewiesenen Entscheidung zu überzeugen. Um dieser Pflicht nachzukommen, muss er das Recht eingeräumt bekommen, andere zu kontrollieren (Fremdkontrolle). Die Mitarbeiter haben sich vor dem Vorgesetzten zu verantworten (Rechenschaftspflicht).

Als Instanz werden auch ganze Leitungsebenen bezeichnet. Die Gesamtheit der Leitungsbeziehungen macht das Leitungssystem (die Hierarchie) aus, bestehend aus oberen Leitungsebenen (z. B. Geschäftsführer, Hauptabteilungsleiter), mittleren Ebenen (insbesondere Abteilungsleiter) und unteren Ebenen (z. B. Gruppenleiter, Meister). Besteht eine Instanz aus mehreren Personen, so wird sie als Mehrpersoneninstanz oder Kollegialinstanz im Unterschied zur Direktorialinstanz bezeichnet.

> **Beispiel**
> Der Mehrpersonenvorstand einer AG nach dem deutschen AktG ist als Kollegialinstanz zu bezeichnen. Im Unterschied dazu ist der Chief Executive Officer des US-Amerikanischen Board-Systems eine Direktorialinstanz.

Das logische Gegenstück zu Instanzen bilden die Ausführungsstellen als Stellen mit Ausführungsaufgaben. Ihnen fehlen die Merkmale einer Instanz, und sie sind demgemäß nur mit Ausführungskompetenz, ggf. auch Verfügungskompetenz, ausgestattet. Eindeutig zu den Ausführungsstellen zählt die unterste Ebene der Hierarchie, im kaufmännischen Bereich z. B. durch den Begriff Sachbearbeiter gekennzeichnet, im technischen Bereich durch ungelernte, angelernte oder gelernte Arbeiter (Werker). Die Bandbreite der Tätigkeiten und Anforderungen ist erheblich. Ausführungsstellen sind also keineswegs ausschließlich als Stellen minderer Qualität einzustufen. Auch junge Akademiker fangen regelmäßig als Sachbearbeiter an.

2.2 Hierarchie als Mechanismus der Subsystemintegration

2.2.1 Begriff und Notwendigkeit der Hierarchie

Um das Zusammenwirken der durch Arbeitsteilung und Stellenbildung entstandenen Subsysteme bestmöglich zu organisieren, bedarf es geeigneter Koordinations- bzw. Integrationsmechanismen. Der traditionelle und bekannteste Ansatz zur integrativen Abstimmung von organisatorischen Subsystemen ist die Hierarchie.

> Die **Hierarchie** ist ein universelles Ordnungsmuster komplexer Systeme, das dadurch gekennzeichnet ist, dass eine Gesamtheit von Elementen durch Über- und Unterordnungsbeziehungen miteinander verbunden ist.

Hierarchische Strukturen sind dazu geeignet, die hohe Eigenkomplexität eines Systems zu bewältigen. Dies ist auch der Grund, warum Hierarchien in sämtlichen komplexen Systemen zu finden sind. Komplexe biologische Systeme (z. B. Bienenstaat) und stellare Systeme (z. B. Sonnensysteme, Milchstraße) können als Beispiele dienen.

Die Organisationshierarchie lässt sich als spezieller Anwendungsfall begreifen, bei dem es um die Über- und Unterordnung von Organisationseinheiten (Stellen, Abteilungen usw.) geht. Sie stellt das Ergebnis der vertikalen Arbeitsteilung dar. Ihre

Elemente sind die jeweiligen Leitungsebenen bzw. Ausführungsebenen. Die Beziehung, die sie verbindet, ist die Leitungsbeziehung (Weisungsbeziehung), charakterisiert durch Fremdentscheidung, Anordnung und Fremdkontrolle. Die genannten Merkmale machen keine Aussage über die inhaltliche Aufgabenverteilung zwischen Instanz und nachgelagerter Stelle. Es können Entscheidungen teilweise oder vollständig delegiert werden, oder die Mitarbeiter der nachgelagerten Stellen partizipieren an der Entscheidungsfindung. Auch die Art der Entscheidungsdurchsetzung kann unterschiedlich sein. Die Skala reicht vom strikten Befehl ohne Begründung über den argumentativ vorgetragenen Auftrag bis zum Entscheidungsvorschlag mit Widerspruchsmöglichkeit. Der sich ergebende vertikale Handlungsspielraum wird bestimmt durch Führungsstil und -verhalten des Vorgesetzten. Um diese Unterschiede sichtbar zu machen, ist zwischen äußerer Form **(Konfiguration)** und inhaltlicher Ausgestaltung **(Inhaltsmuster)** der Hierarchie zu unterscheiden.

Im Fahrwasser aktueller Entwicklungstrends wie Teamarbeit und Selbststeuerung hegen Kritiker mitunter sogar Zweifel an der Notwendigkeit der Hierarchie und fordern im gleichen Atemzuge den Übergang zu anderen Regelungsformen. Dabei wird jedoch schlichtweg übersehen, dass Hierarchiefreiheit in komplexen arbeitsteiligen Organisationen zu einem unproduktiven Anstieg der Zahl an Abstimmungsbeziehungen führt. Völlige Hierarchiefreiheit kann sich demnach nur auf kleine, überschaubare Systeme oder aber auf einzelne Subsysteme eines komplexen Systems beziehen. Dies gilt unabhängig von den vielfältigen Möglichkeiten der Auflockerung, der Abflachung und des Abbaus von Hierarchien bis hin zu einer Hierarchie von Teams.

2.2.2 Konfiguration: Äußere Form der Hierarchie

Vertikale Arbeitsteilung führt zur stufenweisen Schaffung von Leitungsstellen (Instanzen), woraus sich das bekannte Bild der Pyramide ergibt. Mit diesem Bild ist jedoch die Bandbreite denkbarer äußerer Formen der Hierarchie, der **Hierarchiekonfigurationen**, nur sehr grob und unvollständig wiedergegeben. Im Einzelfall unterscheiden sich die Leitungssysteme der Betriebe, deren graphische Dokumentation üblicherweise in Organisationsschaubildern, sog. **Organigrammen**, erfolgt, ganz erheblich. Drei Merkmale bestimmen die Konfiguration der Hierarchie:

(1) Leitungsbreite (Leitungsspanne)

> Die Anzahl der Stellen, die einer Instanz (Leitungsstelle) direkt untergeordnet sind, wird allgemein als **Leitungsspanne** («span of control») bezeichnet.

Von dieser Größe hängt die Breite der Hierarchie ab. Je größer die Anzahl der Mitarbeiter ist, die einzelnen Vorgesetzten direkt unterstellt sind, desto weniger Leitungsebenen müssen c. p. gebildet werden. Die Bestimmung der Leitungsspanne hat sich im Einzelfall vor allem am Aufgabencharakter, der Qualifikation der Beteiligten, der Unterstützung durch Sachmittel sowie an der Unternehmungs- und Gesellschaftskultur auszurichten.

(2) Leitungstiefe

Die **Leitungstiefe** wird bestimmt durch die **Anzahl** der Hierarchiestufen.

Flache Hierarchien sind ebenso möglich wie sehr steile, in denen lange Instanzenwege auftreten. Leitungsbreite und Leitungstiefe stehen in negativer Korrelation zueinander. Je größer die Leitungsbreite (d. h. die Anzahl der einer Instanz direkt untergeordneten Stellen), desto geringer ist die Leitungstiefe (d. h. die Anzahl der Leitungsebenen) und umgekehrt. Je nachdem wie Leitungsbreite und Leitungstiefe ausgeprägt sind, können sich neben dreieckigen Hierarchieformen auch andere geometrische Figuren ergeben. Maßgeblicher Parameter für die Leitungstiefe einer Hierarchie ist ein adäquates Informations- und Kommunikationssystem, das die notwendigen Führungsinformationen für die jeweilige Leitungsebene liefert.

(3) Struktur der Weisungsbeziehungen

Die traditionelle Hierarchie ist ein **Einliniensystem**, d. h. die Mitarbeiter unterstehen jeweils nur einem Vorgesetzten. Dies entspricht dem von *Fayol* (Fayol [Administration]) formulierten Grundsatz der **Einheit der Auftragserteilung**, d. h. die Weisungskompetenzen sind ungeteilt. Eine Aufteilung der Weisungsbefugnisse bedeutet die Unterstellung einzelner Mitarbeiter unter mehrere Vorgesetzte. Es kommt zu einem **Mehrliniensystem**. Dieses Konzept wurde von *Taylor* zur Spezialisierung der Vorgesetzten auf der Meisterebene entwickelt. Es wird als **Funktionsmeisterprinzip** bezeichnet. Heutige Ausprägungen dieses Konzepts sind die – zweidimensionale – Matrixorganisation sowie die – seltenere – Tensororganisation, in der mehr als zwei Dimensionen existieren.

2.2.3 Inhaltsmuster: Inhaltliche Ausgestaltung der Hierarchie

Innerhalb des formalen Rahmens, der durch die Konfiguration vorgegeben wird, verbleiben breite Spielräume, die der inhaltlichen Ausgestaltung bedürfen. Selbst bei gleichartiger äußerer Form können Hierarchien hinsichtlich inhaltlicher Merkmale erheblich variieren.

Ob und in welchem Ausmaß in einem System z. B. Delegation oder Partizipation betrieben wird, bestimmt die Tagesarbeit der Vorgesetzten und ihrer Mitarbeiter wohl in stärkerem Maße als Leitungsbreite und Leitungstiefe. Diese inhaltlichen Modifikationen, die sich im Organigramm nicht erkennen lassen, sollen hier mit Hilfe der Inhaltsmuster der Hierarchie erfasst werden. Drei Gestaltungsparameter prägen die Inhaltsmuster, die auf Grund inhaltlicher Überschneidungen oft miteinander vermengt werden, sich analytisch jedoch eindeutig voneinander abgrenzen lassen.

(1) **Entscheidungs(de)zentralisation**: Die zentrale oder dezentrale Verteilung von Entscheidungen in der Hierarchie stellt einen Spezialfall des generellen aufbauorganisatorischen Gestaltungsproblems der Aufgabenzentralisation bzw. -dezentralisation dar. Mit Entscheidungsdezentralisation wird allgemein eine generelle Tendenz zur Verteilung von Entscheidungsaufgaben – sowie entsprechender Kompetenzen und Verantwortung – auf untere Hierarchieebenen bezeichnet. Dieser Gestaltungstrend umschließt also das gesamte Stellengefüge. Entscheidungszentralisation beinhaltet umgekehrt die Tendenz zur Bündelung von Entscheidungsbefugnissen auf oberen Hierarchieebenen. Völlige Zentralisation bzw. Dezen-tralisation sind Extreme, die in der Praxis nicht realisierbar sind. Auch bei einer weitestgehenden Zentralisation wird ein Mindestmaß von Routineentscheidungen bei den Ausführungsstellen liegen. Ebenso muss selbst bei weitestgehender Dezentralisation oberen Ebenen ein Mindestmaß an Steuerungsentscheidungen bleiben.
(2) **Delegation**: Handelt es sich bei der Entscheidungs(de)zentralisation um einen umfassenden Verteilungstrend, so ist die Delegation hinsichtlich dieses Aspekts begrifflich enger zu fassen. Sie erstreckt sich lediglich auf zwei Ebenen eines Leitungsstrangs und umschließt inhaltlich die vertikale Abtretung von Aufgaben,

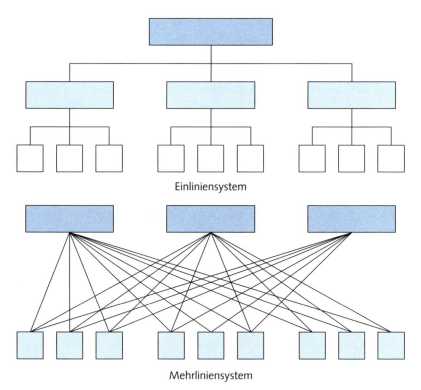

Abbildung 2.2: Struktur der Weisungsbeziehungen

Kompetenzen und Verantwortung an nachgelagerte Stellen. Der Delegationsbegriff betrifft also unmittelbar die vertikale Autonomie von Mitarbeitern im Verhältnis zu ihren Vorgesetzten. Wenn sich ein Vorgesetzter von bestimmten Aufgaben entlasten will, kann er sie an seine Mitarbeiter übertragen. Im Gegensatz zu dem alltäglichen Vorgang der Auftragserteilung handelt es sich dabei um eine dauerhafte Änderung der Aufgabenverteilung. Delegiert werden können beliebige Aufgaben, also nicht nur Entscheidungen. Das hier verwendete Delegationsverständnis soll sich jedoch weniger auf reine Ausführungsaufgaben beziehen. Es interessieren vielmehr vorrangig vertikale Übertragungen von Planungs-, Entscheidungs- und Kontrollaufgaben. Nur wenn alle Instanzen in einer Unternehmung Entscheidungsdelegation betreiben, führt Delegation zur Entscheidungsdezentralisation.

(3) Partizipation: Als gänzlich unabhängig von den beiden obigen Kriterien ist der dritte Parameter, die Partizipation, anzusehen. Sie soll hier verstanden werden als «Beteiligung der Mitarbeiter an der Willensbildung einer hierarchisch höheren Ebene» (Hill/Fehlbaum/Ulrich [Organisationslehre]) der Unternehmung. Dabei geht es hier nicht um die formale, juristisch-institutionelle Partizipation, sondern um die nicht gesetzlich vorgeschriebene, organisatorisch geregelte Teilnahme am Willensbildungsprozess. Eine inhaltliche Abstufung des Partizipationskriteriums ist nach fortschreitender Bedeutung der Anteile der Mitarbeiter am Prozess der Willensbildung des Vorgesetzten möglich.

Wie diese Überlegungen deutlich machen, sind sehr unterschiedliche Inhaltsmuster der Hierarchie möglich. «Die» Hierarchie gibt es nicht. Dies sollte man vor allem bei einer pauschalen Hierarchiekritik bedenken. Die denkbaren Inhaltsmuster umschließen eine militärisch straffe Befehlsorganisation ebenso wie eine delegations- und partizipationsbetonte aufgelockerte Struktur. Im Grenzfall ist eine Hierarchie von Teams bzw. Arbeitsgruppen denkbar, die durch «linking pins» (Mehrfachmitgliedschaften/Vermaschung) untereinander verbunden sind.

2.3 Organisatorische Gestaltungstrends

2.3.1 Entwicklung zur strategiefokussierten Organisation

Die Organisationsstrukturen vor allem großer Unternehmungen sind in den letzten Jahren einem weitreichenden und tiefgehenden Wandel unterworfen (vgl. Krüger [Konzernentwicklung]). Das Gesicht selbst traditionsreicher Konzerne und sogar ganzer Branchen ist nach wenigen Jahren oft kaum wieder zu erkennen. Teils durch externe Treiber, teils durch aktive, interne Impulse wird die Konzernlandschaft umgestaltet. Analysiert man diese Entwicklung aus theoretischer Sicht, dann wird durchgehend ein Thema erkennbar, das erstmals in den 60er Jahren von *Chandler* behandelt und seither viel diskutiert wurde, der Zusammenhang von Strategie und Struktur: «structure follows strategy» (vgl. Chandler [Strategy]). So gerne diese am Beispiel von General Motors empirisch abgeleitete Aussage von Theoretikern als

Gestaltungsempfehlung vertreten wurde, so oft wurde sie von Praktikern mit dem Hinweis auf die strukturellen Barrieren in Zweifel gezogen oder sogar belächelt. Der Druck der Wandlungsimpulse ist nun mittlerweile so groß geworden, dass immer mehr Barrieren eingerissen werden und dass sich genau diese Verbindung zwischen strategischer Neuorientierung und daraus folgender struktureller Veränderung überall bemerkbar macht.

Bei allen Unterschieden im Detail und im Einzelfall lassen sich dabei hinsichtlich des Faktors «Strategie» zwei große Entwicklungslinien ausmachen. Zum einen gibt es ein anhaltendes Bemühen um eine (noch) stärkere **kosten- und ergebnisorientierte Strukturierung und Steuerung** der Geschäfte und Organisationseinheiten. Die Werthaltigkeit aller Aktivitäten, Prozesse und Geschäfte steht zur Diskussion. Dies bedeutet zwar keine inhaltlich neue Ausrichtung der Unternehmung, verschärft aber die Konsequenzen eines strategischen Kurswechsels. Zum anderen wird die geschäftspolitische Ausrichtung der Unternehmungen hinterfragt. Im Mittelpunkt steht die Frage, worin denn die Kernfähigkeiten und Kerngeschäfte der Unternehmung/des Konzerns bestehen. Die Definition und **Entwicklung unternehmungsweiter Kernkompetenzen** und die Konzentration auf entsprechende Geschäfte stehen im Zentrum des Managementhandelns (vgl. Krüger/Homp [Kernkompetenz]). Daraus resultiert in vielen Fällen ein Strategiewandel, insbesondere gegenüber den vielfältigen Diversifikationsbemühungen der Vergangenheit. Und diesem strategischen Kurswechsel («Strategie») folgen weitreichende und tiefgreifende Veränderungen der «Struktur» (genauer: Prozesse und Strukturen). Eine Konsequenz hiervon ist die Entflechtung, also die **Desintegration von Wertketten** (vgl. Heuskel [Industriegrenzen]).

> **Beispiel**
> Die vormalige Hoechst AG, seinerzeit einer der größten Pharma- und Chemiekonzerne der Welt, hat sich seit ca. 1994 selbst entflochten, teils durch Verselbstständigung einzelner Geschäftsfelder, teils durch Verkauf. Aus einem integrierten Konzern entstanden u. a. kompetenzfokussierte Gesellschaften für Basischemikalien (Ticona, Celanese), Spezialchemie (Clariant) und Pharma (zunächst Aventis, später mit der französischen Sanofi-Synthelabo zu Sanofi-Aventis fusioniert).

Derartige Transformationsprozesse sind Ausdruck und Ergebnis von Wettbewerbsstrategien. Davon betroffen sind nicht nur die Wertketten einzelner Unternehmungen, sondern zugleich diejenigen der Marktpartner, auf der Beschaffungs- wie der Absatzseite. Es geht daher nicht mehr nur um die Umgestaltung der eigenen Wertkette, sondern um die **Konfiguration einer übergreifenden Wertschöpfungsarchitektur** (vgl. Krüger [Wertschöpfungsorientierung]).

Strategische Neuausrichtung und organisatorische Umgestaltung gehen also Hand in Hand. Damit verbunden ist eine Neuregelung der Führungsbeziehung zwischen Konzernspitze bzw. Zwischeneinheiten und den nachgelagerten Einheiten. Kenn-

Grundfragen der Bildung und Integration organisatorischer Subsysteme 201

zeichnend hierfür ist eine straffere und transparentere Führung, in der monetäre Steuerungsgrößen eine tragende Rolle spielen. Dahinter steht in vielen Fällen ein starkes Maß an Dezentralisierung, verbunden mit der Übertragung von Ergebnisverantwortung, so insbesondere beim Übergang vom Stammhauskonzern zur Management- oder Finanzholding (vgl. Abschnitt 4.3.3).

Diese Tendenzen der Organisationsänderung (vgl. Abb. 2.3) führen im Ergebnis zu einer strategiefokussierten Organisation.

Abbildung 2.3: Tendenzen der Organisationsänderung

Klar gegliederte, entflochtene Organisationseinheiten konzentrieren sich auf je unterschiedliche Aufgaben- und Fähigkeitsschwerpunkte. Die Makrostruktur dieser Unternehmungen lässt sich anhand des oben erläuterten SOS-Konzepts charakterisieren. Randaufgaben werden aufgegeben oder abgegeben. Die operativen Einheiten können sich auf die Leistungserbringung und -verwertung konzentrieren. Übergreifende Steuerungsaufgaben werden in einem Corporate Center gebündelt, Mehrfachaufgaben der Unterstützung in speziellen Service Centern (vgl. Abschnitt 4.3.1).

2.3.2 Organisationswandel durch Abbau, Umbau, Aufbau

Die strategischen Veränderungen und ihre organisatorischen Konsequenzen lassen sich nach ihrer Stoßrichtung in Programme des Abbaus, Umbaus und Aufbaus einteilen.

Abbau. Mit diesem Begriff ist die Zurückführung oder Aufgabe von Positionen oder Potenzialen gemeint, gleichgültig, ob dies freiwillig oder gezwungenermaßen geschieht. Herkömmliche Ziele waren und sind Kostensenkung, Rationalisierung, Flexibilisierung oder gar Sanierung. Sie betreffen vorwiegend Schwächen in den Potenzialen (z.B. Personalüberhang, veraltete Anlagen, ineffiziente Abläufe), stellen aber die seitherigen Positionen (z.B. angestrebte Marktstellung vorhandener Geschäfte) nicht grundsätzlich in Frage. Es geht um «doing things right». In aufbauorganisatorischer Hinsicht bedeutet dies z.B. Stellenabbau, Abflachung der Hierarchie, Dezentralisierung von Verantwortung.

Unter dem Stichwort «Lean Management» wurde und wird die Verringerung der Leitungstiefe bei gleichzeitiger Erhöhung der Leitungsbreite verstanden, also eine Abflachung und Verbreiterung der Hierarchie. Zur Aufrechterhaltung der Führbarkeit wird dadurch i.d.R. die (teilweise) Substitution hierarchischer Koordination durch nichthierarchische Koordinationsmechanismen erforderlich. Daneben können Informations- und Kommunikationssysteme die Steuerungs- und Leitungstätigkeiten der Instanzen wirksam unterstützen.

Eine weitere Veränderung in diesem Zusammenhang ist die Schaffung kleinerer Einheiten sowie der Abbau von zentralen Einheiten. Dadurch wird ein Teil der hierarchischen Koordinationsleistung der Selbstregelung der betreffenden Einheiten überlassen. Beide Maßnahmen tangieren Konfigurations- und Inhaltsaspekte gleichermaßen, denn sie erfordern das Einräumen von Handlungsspielräumen für untere Hierarchieebenen durch verstärkte Delegation und Dezentralisation.

Umbau. Damit geht der Abbau in einen Umbau über. Von Umbau wird gesprochen, wenn vorhandene Potenziale oder Positionen umgruppiert und erneuert werden, ohne sie dabei allerdings grundsätzlich in Frage zu stellen. Umbau als strategische Maßnahme betrifft den zukünftig als erfolgskritisch angesehenen Kern der Unternehmung, der gestärkt und verbessert werden soll (Kerngeschäfte, Kernprozesse, Kernfunktionen). Solche Programme sind für die betroffenen Bereiche typischerweise eine Kombination aus Elementen des Abbaus und des Aufbaus. Delegation und Dezentralisation führen dazu, dass statt vielfach verbundener und geschachtelter Einheiten autonome Subsysteme entstehen, innerhalb derer relativ überschaubare und möglichst abgeschlossene Aufgabenfelder zu bearbeiten sind. Auf der Mikroebene ist dieser Gedanke z.B. in teilautonomen Arbeitsgruppen, auf der Makroebene in eigenverantwortlichen Sparten oder Geschäftsfeldern verwirklicht, die als Profit Center geführt werden. Hierarchische Abstimmung wird hier weitgehend von einer marktlichen Abstimmung abgelöst (vgl. Abschn. 4.3.2). Die in der Wertschöpfungskette nachgelagerten Organisationseinheiten sind als Kunden zu interpretieren. In letzter Konsequenz soll sich jeder Mitarbeiter wie ein Unternehmer verhalten. Die Organisation hat dann die Rahmenbedingungen für ein möglichst breites internes Unternehmertum zu schaffen. Dazu dienen personelle Konzepte und Maßnahmen der Mitarbeiterbefähigung.

Aufbau. Ein Aufbau liegt vor, wenn eine Unternehmung für sie neue Potenziale oder Positionen mit eigenen Mitteln schafft (entspricht internem Wachstum) oder durch M&A-Aktivitäten erwirbt (entspricht externem Wachstum). Entweder werden im Rahmen vorhandener Kompetenzen neue Produkte/Leistungen angeboten, neue Regionen oder neue Kundengruppen erschlossen. Oder es entstehen neue Kompetenzen, die in vorhandenen oder neuen Geschäften zu Wettbewerbsvorteilen führen. Aufbau ist also auf das «doing right things» konzentriert. Je modularer und flexibler der Ausgangszustand organisiert ist, desto leichter lassen sich solche Maßnahmen verwirklichen. Besondere Probleme bereitet in aller Regel die Integration übernommener Unternehmungen, wenn sie – ganz abgesehen von personellen und kulturellen Unterschieden – einen anderen organisatorischen Aufbau als die übernehmende Unternehmung aufweisen. Der Verwirklichung der Integrationsziele, die letztlich dem Aufbau dienen, geht regelmäßig ein Abbau und Umbau voraus. An diesem Beispiel wird deutlich, dass «Abbau, Umbau, Aufbau» keine in sich abgeschlossenen Prozesse, sondern Sequenzen des Unternehmungswandels darstellen (vgl. Abschn. 5.1).

2.3.3 Alternative Hierarchie- und Laufbahnformen

Ein Trend zu flacheren Hierarchien ist unverkennbar. Problematisch können sehr flache Strukturen im Hinblick auf die Karrieremotivation sein, denn sie stellen zumindest optisch sehr wenige Aufstiegsmöglichkeiten bereit. Das traditionelle Karrieremuster ist an die Übernahme von größeren Einheiten (Abteilung, Hauptabteilung, Ressort etc.) und damit an Personalverantwortung gekoppelt. Um einen Mitarbeiter zu befördern, mussten nicht selten entsprechende Einheiten geschaffen werden. Dieses Karrieremuster der Leitungshierarchie kann heute durch alternative Laufbahnformen ergänzt oder abgelöst werden. Zu nennen wären hier die Funktions-, die Projekt- sowie die Fachhierarchie (vgl. Abb. 2.4).

Ein erster Ansatz betrifft die unterschiedliche Wertigkeit der jeweilgen Funktionen. Die Mitglieder einer hierarchischen Ebene (z. B. Abteilungsleiter) unterscheiden sich dann nicht mehr im Titel und anderen Statussymbolen, sehr wohl aber in der sachlichen Bedeutung der ihnen übertragenen Aufgaben. Große Unternehmungen (z. B. Daimler, BMW) schaffen Regelungen, die unterschiedliche Funktionsstufen und ggf. ein entsprechendes Gehaltsband für die einzelnen Hierarchieebenen vorsehen. Die Rang- und Titelhierarchie tritt an Bedeutung zurück, die Funktionshierarchie rückt in den Vordergrund.

Beispiel

Die Siemens AG führte zum 1. Oktober 1996 für 30.000 Führungskräfte das EFA-Konzept (Entwicklung, Förderung, Anerkennung) ein. Danach werden alle bestehenden hierarchischen Ränge und Titel (z. B. Direktor) abgeschafft. Die Führungskräfte werden in 5 Funktionsstufen vom «Teamchef» bis zum «Geschäftsgebietsleiter» mit relativ großen Bandbreiten eingeordnet. Die Eingruppierung und damit auch die Vergütung erfolgen nach der Wertschöpfung, d. h. der individuellen Leistung, der jeweiligen Funktion.

204 Organisation

Zum Zweiten ist auf die Mitarbeit in Projekten als Form der Aufgabenanreicherung und als Karrierechance hinzuweisen. Der Anreiz und die Bewährungsmöglichkeit liegen in der Bewältigung neuartiger, anspruchsvoller Aufgaben. Dies setzt ein Umdenken vor allem der Vorgesetzten voraus, die ihre «besten Leute» ungern für ein Projekt «hergeben». Projektmanagement, nebenamtlich betrieben, kann in die Funktionsstufen Eingang finden. Auch eine mehrfache Abstufung von Projektarbeit ist möglich (Teilprojekt, Projekt, Programm etc.). Dies wäre vor allem für das hauptamtliche Projektmanagement von Bedeutung. Insgesamt kann man sich auch eine Karriere vorstellen, die – ganz oder teilweise – durch eine Projekthierarchie führt.

Drittens bietet auch eine konventionelle Hierarchie durchaus die Möglichkeit, unterschiedliche Karrierepfade anzulegen. Ein lange bekanntes Karrieremuster, das noch stärker genutzt werden könnte, ist die sog. Parallelhierarchie. Darunter versteht man im Kern die Parallelität von Leitungs- und Fachlaufbahn. Das Problem stellt sich besonders deutlich im Funktionsbereich «Forschung». Einem Wissenschaftler, der innerhalb dieses Bereichs bleiben will, können durch Titel, Gehalt, Verbesserung der Arbeitsmöglichkeiten, Sabattical (Freistellungszeiten) Anreize geboten werden, die an die Stelle des hierarchischen Aufstiegs treten. Was für den Stabsangehörigen das Sabattical, kann für den Linienangehörigen eine zeitlich be-

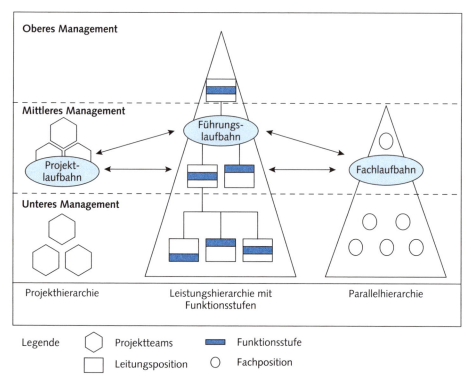

Abbildung 2.4: Alternative Hierarchie- und Laufbahnformen

fristete Tätigkeit in einer Stabsfunktion bedeuten. Befreit von den Zwängen des Tagesgeschäfts, kann er sich dort stärker auf Grundsatzfragen und konzeptionelle Arbeiten konzentrieren, sein Wissen erweitern und aktualisieren. Auf die Weise bereitet er sich auf die Übernahme einer höheren Linienposition vor, die von ihm stärkeres Querschnittsdenken i.S. einer Generalistenperspektive verlangt. Diese besondere Form von Job Rotation führt zu einem **Wendeltreppeneffekt**, der von fortschrittlichen Firmen offenbar gerne genutzt wird. Sie profitieren davon in dreifacher Hinsicht. Die Qualifikation der Führungskräfte erhöht sich, das gegenseitige Verständnis von Stab und Linie mit der Konsequenz einer besseren Zusammenarbeit nimmt zu, und schließlich erweitern sich die Karrierealternativen, die eine Unternehmung ihren Führungskräften offerieren kann.

2.3.4 Organisation externer Kopplungen (Netzwerke)

Die Entflechtung von Wertketten und die Konzentration auf Kernkompetenzen führen u.a. dazu, dass vorher hierarchisch integrierte Aufgaben nunmehr auf Marktpartner übertragen werden. Um die damit einhergehende Unsicherheit und Komplexität zu beherrschen, werden vielfältige Kooperationen eingegangen, also dauerhafte Wertschöpfungspartnerschaften, seien sie vertikal (Abnehmer-Zulieferer-Kooperation) oder horizontal (Strategische Allianzen). Diese externen Netzwerke (vgl. Sydow [Netzwerke]) stellen eine Zwischenform («Hybrid») von Markt und Hierarchie dar. Demgemäß werden zur Koordination und Integration marktliche und hierarchische Mechanismen kombiniert. Es hängt vom Einzelfall ab, ob eine einzelne Unternehmung ein solches Netzwerk dominiert und damit Hierarchieeffekte die Markteffekte überwiegen. In jedem Fall tritt die Organisation externer Arbeitsteilung gleichberechtigt neben die interne Organisation.

> **Beispiel**
> Eine Abnehmer-Zulieferer-Partnerschaft verbindet die BASF im Bereich der Lackierung und Oberflächenbehandlung z.B. mit Automobilherstellern. BASF Coatings übernimmt als Systempartner den kompletten Lackierungsvorgang im Produktionsprozess des Kunden. Bezahlt wird nicht mehr die eingekaufte Lackmenge, sondern in Cost per Unit, also auf der Basis der «i.O. lackierten Karosserie».

> **Beispiel**
> Der Smart wird in einem strategisch von Daimler geführten Netzwerk von Systempartnern entworfen und gebaut (smart alliance). Die Fertigungstiefe beträgt 8%. Hauptmodule wie Karosserie, Cockpit, Heck- und Frontmodul werden von den Partnern vor Ort gefertigt und just-in-sequence angeliefert. Die Systempartner stimmen sich regelmäßig untereinander ab und diskutieren die Weiterentwicklung. An die Stelle der vertikal integrierten Kette eines Autoherstellers ist ein horizontales Netzwerk getreten.

Regelungsbasis eines Netzwerks ist die Beschreibung und Übertragung der zu erfüllenden Aufgaben. In Prozesskategorien gesprochen, liefern Input, Throughput und Output mögliche Ansatzpunkte der Regelung. «Cost per Unit»-Abrechnung bedeutet z. B. eine outputbezogene Regelung. Kosten und Preise werden am externen Markt orientiert, ggf. können auch netzwerkinterne Ausschreibungen stattfinden. Je zahlreicher die Partner sind, desto stärker kommen Mechanismen der Selektion und Sozialisation ins Spiel. Eine vertrauensvolle Zusammenarbeit ist für alle Beteiligten wesentlich, da sie einen Teil ihrer unternehmerischen Selbstständigkeit aufgeben und sich in Abhängigkeiten begeben.

Einen Grenzfall eines Netzwerks stellt die sog. virtuelle Unternehmung dar. Diese «Als-ob»-Unternehmung existiert nicht als physische Einheit, sondern besteht aus einer Gemeinschaft selbstständiger Unternehmungen, die sich für Einzelaufträge zusammentun und gegenüber dem Kunden wie eine Einheit auftreten. Derartige Kooperationen werden insbesondere für mittelständische Unternehmungen empfohlen und als Alternative zur Konzernbildung angesehen (vgl. Wüthrich/Philipp/Frentz [Virtualisierung], Scholz [Vitalisierung und Virtualisierung]).

2.4 Grundbausteine der Organisation als Formen von Subsystemen

2.4.1 Primär- und Sekundärorganisation

Zur Systematisierung der im Folgenden zu behandelnden Stellenarten ist zunächst die Unterscheidung in Primär- und Sekundärorganisation sinnvoll. Auch hierfür kann die Art der zu erfüllenden Aufgaben als Abgrenzungskriterium herangezogen werden.

Zu unterscheiden ist zwischen Daueraufgaben und befristeten Spezialaufgaben sowie demgemäß zwischen Organisationseinheiten auf Dauer und auf Zeit.

Daueraufgaben sind unbefristet und lassen sich auf Grund der Wiederholung standardisieren und routinisieren. Sie sind daher überwiegend Routineaufgaben. Spezialaufgaben sind dagegen entweder einmalig oder wiederholen sich nur selten in gleicher Weise. Spezialaufgaben sind daher überwiegend neuartig, haben also innovativen Charakter. Traditionell dominieren in einem System die dauerhaften Routineaufgaben, und es herrscht eine klare Trennung zwischen Organisationseinheiten, die «Routine» und solchen, die «Innovation» bewerkstelligen.

Die Gesamtheit der Organisationseinheiten zur Erfüllung von Daueraufgaben wird im Folgenden als Primärorganisation bezeichnet. Sie umfasst insbesondere die jeweilige Abteilungsstruktur sowie dauerhaft eingerichtete Ausschüsse. Alle Einheiten, die der Bewältigung von (komplexen und neuartigen) Spezialaufgaben dienen, bilden die Sekundärorganisation. Sie umfasst vor allem die vielfältigen Projektteams. In dem Maße, wie Innovieren zu einem Dauerthema wird, kann auch diese Arbeitsteilung reduziert werden. Die Geltungsdauer organisatorischer Lösungen hat sich stark verkürzt, wodurch das Merkmal Dauerhaftigkeit zunehmend an Bedeutung verliert. Es geht demgemäß verstärkt darum, Wandel zu organisieren, d. h. die Organisation flexibel zu halten. «Dauerhafte Strukturen» werden in immer kürzeren Intervallen geändert und die «Organisation auf Zeit» erhält eine immer größere Bedeutung. Ein Projektteam kann als «Organisationseinheit auf Zeit» durchaus 2–3 Jahre zusammenarbeiten, eine Abteilung als «Organisationseinheit auf Dauer» im gleichen Zeitraum organisatorischen Wandel erleben. Für die Leiter und Mitglieder wechselnder Projekte wird die Veränderung des Bestehenden von einer befristeten Spezialaufgabe zur Daueraufgabe.

Dies führt dazu, dass auch die Trennung zwischen Primär- und Sekundärorganisation zunehmend schwieriger wird. Denn in «Zeiten permanenten Wandels» bedarf es zur Handhabung der Veränderungen einer Primärorganisation mit integrierter Sekundärorganisation (vgl. Krüger [Organisationsmanagement] 290 ff., Brehm/Hackmann/Jantzen-Homp [Organisation]).

Die verwendeten Begriffe «Primär- und Sekundärorganisation» sind auf keinen Fall wertend zu verstehen. Bezogen auf die Unternehmungsstrategie hat die Primärorganisation vor allem die Aufgabe, für eine effiziente und hochwertige Bewältigung des Kerngeschäfts sowie für eine Sicherstellung der Kernkompetenzen zu sorgen. Die Sekundärorganisation richtet ihr Hauptaugenmerk dagegen auf die Weiterentwicklung vorhandener sowie die Identifizierung und Entwicklung neuer Geschäfte und Fähigkeiten. Ein erheblicher Teil der Innovationsfähigkeit und auch der Flexibilität einer Unternehmung steckt in der Sekundärorganisation. So gesehen ist das Ausmaß an Einrichtungen der Sekundärstruktur ein möglicher Gradmesser für Innovationsfähigkeit und Flexibilität und damit für einen höchst bedeutsamen Aspekt des Unternehmungsgeschehens.

Ein weiteres Unterscheidungskriterium stellt der Bezugsbereich für die jeweilige Aufgabenerfüllung dar. Aufgaben, die nur für die jeweilige Organisationseinheit zu erfüllen sind (bereichsbezogene Aufgaben), sind von solchen abzugrenzen, die über einzelne Subsysteme hinwegreichen (bereichsübergreifende Aufgaben). Bereichsbezogene Aufgaben werden von einzelnen Abteilungen oder Arbeitsgruppen wahrgenommen. Stäbe, Dienstleistungsstellen und auch Ausschüsse haben hingegen eher bereichsübergreifenden Charakter.

Sowohl bereichsbezogene als auch bereichsübergreifende Aufgaben können von Teams, als wichtigstem Grundbaustein der Sekundärorganisation, wahrgenommen werden. Die genannten Formen von Stellenmehrheiten werden im Folgenden im Detail erläutert.

2.4.2 Formen von Stellenmehrheiten

2.4.2.1 Abteilungen

> Mit dem Begriff **Abteilung** werden hierarchisch gegliederte Subsysteme zur arbeitsteiligen Erfüllung von bereichsbezogenen Daueraufgaben bezeichnet.

Im einfachsten Fall bestehen Abteilungen aus einer Instanz (z. B. Abteilungsleiter) und den ihr zugeordneten Ausführungsstellen (z. B. Sachbearbeiter). Abteilungen können einerseits wieder aus Untereinheiten bestehen (z. B. Unterabteilungen, Gruppen), andererseits zu größeren Einheiten gebündelt werden (z. B. Hauptabteilungen, Geschäftsbereichen, Ressorts). Wenn die Aufgabengebiete einer Abteilung vielfach wechseln und damit auch ein hoher Anteil innovativer Aufgaben einhergeht, ist es zweckmäßig, auch innerhalb von einzelnen Abteilungen Teams einzusetzen, so z. B. im F&E-Bereich oder im Organisations- und DV-Bereich. Als Dauereinrichtungen fungieren dann die jeweiligen Instanzen (z. B. Abteilungsleiter, Projektgruppenleiter, Projektleiter) sowie die Unterstützungseinheiten (z. B. Sekretariate, Projektassistenten). Als zeitlich befristete Einheiten arbeiten die jeweiligen Projektteams, die sich aus den Fachkräften der Abteilung rekrutieren.

Die Abteilungsbildung ist eine Form der Subsystembildung und dient der Komplexitätsbewältigung. Die Mitgliedschaft in einer Abteilung führt für den Einzelnen zu einem überschaubaren Bezugssystem und entsprechenden Identifikationsmöglichkeiten, also einer «organisatorischen Heimat». Die Entstehung von Subsystemen geht allerdings regelmäßig auch mit der Entstehung von Subzielen und Subkulturen einher, die dem Gesamtinteresse zuwiderlaufen können. Ressortdenken und Abteilungsegoismus kennzeichnen das – oft gar nicht bewusst gelebte – Verhalten. Abteilungszäune behindern die Kommunikation: «Abteilungen teilen ab».

2.4.2.2 Arbeitsgruppen

Da in den letzten Jahren in immer mehr Ebenen und Bereichen der Hierarchie eine Auflockerung der Weisungsbindung erfolgt, wird die Koordination innerhalb einer Mehrpersoneneinheit stärker von der Instanz auf die Beteiligten selbst verlagert. Das entstehende Gebilde einer sich – teilweise – selbststeuernden Einheit wird als **selbststeuernde (teilautonome) Arbeitsgruppe** bezeichnet.

> Eine **Arbeitsgruppe** erfüllt überwiegend routinehafte, bereichsbezogene Daueraufgaben. Sie ist eigenverantwortlich und verfügt über (vormals auf höheren hierarchischen Ebenen angesiedelte) Entscheidungs- und Kontrollkompetenzen.

Ursprünglich ist dieses Konzept als eine besondere Form des **Job Enrichment** entstanden und fand seine Hauptanwendung auf der Ausführungsebene, vor allem in industriellen Montageprozessen. Das Fließband und seine negativen Auswirkungen sollten auf diese Weise überwunden werden. Motivations- und Humanisierungsaspekte und ihre Effizienzwirkungen standen im Vordergrund der Diskussion. Im Prinzip lässt sich Selbststeuerung aber als allgemeines Konzept interpretieren, und (teilautonome) Arbeitsgruppen sind daher auch als ein allgemein verwendbares Subsystem anzusehen. Im Vordergrund der Autonomie stehen Fragen der Binnenstruktur der Gruppe sowie der Arbeitsorganisation (Aufgabenverteilung, Reihenfolgen, Zeiten). Die Gruppe entscheidet also im Rahmen gegebener Ziele über die Maßnahmen der Zielerreichung. Außerdem wirkt sie aktiv an der Zielbildung sowie an Verbesserungsvorschlägen mit. In dem Maße, wie aus der Arbeitsgruppe heraus auch Verfahrens- und Produktverbesserungen entstehen, übernimmt sie Aufgaben, die eigentlich in der Sekundärorganisation verankert sind. Vorzugsweise werden hierfür allerdings spezielle Teams gebildet, z. B. Qualitätszirkel. Dennoch ist zu beobachten, dass die Aufgaben von Primär- und Sekundärorganisation enger zusammenrücken und die betreffenden Organisationseinheiten teils Team-, teils Arbeitsgruppencharakter tragen. Die Multifunktionalität von Stellen und Personen macht sich mehr und mehr bemerkbar. Das Prinzip der Arbeitsgruppe ist also durch eine starke Reduzierung der traditionellen Arbeitsteilung gekennzeichnet sowie durch ein erhöhtes Maß an Selbststeuerung und auch Selbstkontrolle. Die Qualifikationsanforderungen steigen zwar erheblich, aber auch die Entfaltungsmöglichkeiten wachsen.

2.4.2.3 Teams

Teams haben ihren Anwendungsschwerpunkt als befristete Organisationseinheiten in der Sekundärorganisation.

> Ein Team ist eine zeitlich befristete Mehrpersoneneinheit zur Erfüllung von innovativen Spezialaufgaben.

Die Befristung und die Innovationsorientierung unterscheiden «Teams» und «Arbeitsgruppen». Wesentlich für die Charakteristik und damit den Begriff des Teams sind die enge Zusammenarbeit der Mitglieder, das Entstehen eines ausgeprägten Teamgeistes («Wir-Gefühl») sowie die weitgehende Status- und Hierarchiefreiheit. Der Teamleiter agiert im Innenverhältnis als Moderator, im Außenverhältnis nimmt er die Rolle eines Sprechers ein. Die Teammitglieder werden für die Dauer ihrer Tätigkeit von ihrer Stammfunktion vollständig oder zeitweilig freigestellt, und das Team ist dann durch ständige Zusammenarbeit der Beteiligten gekennzeichnet. Da sich die Anzahl der zur Abstimmung von Entscheidungen notwendigen Kommunikations- und Informationsprozesse mit steigender Mitgliederzahl exponentiell entwickelt, sollte die Gruppengröße klein sein. Diese kritische Gruppenstärke ist zwar nicht allgemeingültig bestimmbar. Gruppendynamische Forschungen haben aber schon früh herausgefunden, dass ein Mittelwert von fünf Mitgliedern als optimal anzusehen ist.

Für die Effizienz der Teamarbeit ist neben der Binnenstruktur die externe Organisation von großer Bedeutung. Teams dürfen nicht «freischwebend» organisiert werden. Die Anbindung an die Hierarchie kann über eine Instanz, einen Stab oder auch einen Ausschuss (z. B. Lenkungsausschuss) gewährleistet werden. Einsatzgebiete von Teams sind komplexe, neuartige Spezialaufgaben, die das Zusammenwirken von Spezialisten aus verschiedenen Bereichen erfordern (z. B. Betreuung strategischer Geschäftsfelder, Bauvorhaben, Neuproduktentwicklungen, Reorganisation). Aber auch innovationsträchtige Aufgaben einzelner Bereiche werden teilweise im Team erarbeitet (z. B. F&E-Vorhaben, Qualitätszirkel in der Produktion). Werden in einer

Unternehmung mehrere Teams eingesetzt, deren Aufgabeninhalte eine enge Koordination und Kommunikation erforderlich machen, so kann dies durch die Doppelmitgliedschaft einzelner Teammitglieder in mehreren Teams sichergestellt werden. Dies führt zu Modellen sich überlappender, vermaschter Teams. Ein weiteres Beispiel für die Anwendung des Teamgedankens bilden Qualitätszirkel. Ihr Boom begann in Japan, wo man nach Methoden und Techniken der Qualitätsverbesserung suchte. Insbesondere das Konzept der kontinuierlichen Verbesserungsprozesse (KAIZEN) basiert sehr stark auf dieser organisatorischen Gestaltungslösung.

2.4.2.4 Ausschüsse

> Ein Ausschuss ist eine Mehrpersoneneinheit zur Erfüllung übergreifender Daueraufgaben oder Spezialaufgaben durch nicht-ständige Zusammenarbeit.

In der Praxis häufig verwendete Bezeichnungen sind Kollegium, Gremium, Kommission, Task Force. Dabei kommen die Mitglieder aus sachlich unterschiedlichen Bereichen, es werden abteilungs- oder bereichsübergreifende Aufgaben erfüllt, und die Aufgabenerfüllung verlangt keine ständige Zusammenarbeit, sondern konzentriert sich auf die Sitzungstermine.

Ausschüsse können Dauereinrichtungen sein, z. B. ein Investitionsausschuss, der dem Vorstand zuarbeitet. Sie können aber auch auf Zeit eingerichtet werden, z. B. um Projekte zu bearbeiten. Diese Form wird vielfach auch Kommission genannt. Allerdings ist für komplexe und neuartige Vorhaben die konventionelle Ausschuss- bzw. Kommissionsarbeit im Allgemeinen zu starr und zu wenig kreativ. Projektteams sind daher vorzuziehen.

Bezüglich der Aufgaben lassen sich Informations-, Beratungs- bzw. Planungs- und Entscheidungsausschüsse unterscheiden. Entsprechend der genannten Aufgaben sind die jeweiligen Ausschüsse mit den notwendigen Kompetenzen auszustatten. Die Stärke von Ausschüssen kann in der Querschnittskoordination und Entscheidungsvorbereitung liegen. Reine Informationsgremien sind dagegen häufig unproduktiv. Bei komplexen und neuartigen Aufgaben ist Gremienarbeit auf Grund der hierarchischen Arbeitsweise und der nicht-ständigen Zusammenarbeit der Teamarbeit unterlegen.

2.4.2.5 Stabsstellen

> Stabsstellen sind Leitungshilfsstellen ohne Entscheidungs- und Weisungsbefugnis. Sie dienen der Entlastung von Instanzen.

Je nach Aufgabenschwerpunkt geht es um Entscheidungsvorbereitungsaufgaben (Planungsstäbe) und/oder um Kontrollaufgaben (Kontrollstäbe), bei denen Stäbe informierend und beratend mitwirken. Der Einsatz von Stäben ist nicht auf die oberste Hierarchieebene begrenzt. Vielmehr können auch zur Entlastung der Führung verschiedener Funktionsbereiche oder Sparten Stäbe eingesetzt werden.

Es lassen sich die Arten generalisierter, adjutantiver und spezialisierter Stab unterscheiden. Ein **generalisierter Stab** (z. B. Geschäftsführungsassistent) soll durch Koordinations- und Entscheidungsvorbereitungsaufgaben zur umfassenden Entlastung einer Instanz beitragen. Ist der Stab auf einen einzelnen Aufgabenträger einer Instanz ausgerichtet (z. B. der persönliche Referent eines Vorstandsmitgliedes), so kann man diesen als **adjutantiven Stab** bezeichnen. Der **spezialisierte Stab** besteht aus einem oder mehreren Experten für einzelne Fachgebiete des Führungsprozesses, wie z. B. die Entscheidungsvorbereitung der strategischen Geschäftsfeldplanung. Durch Stäbe wird eine Entlastung der Spitze erreicht und damit der Klage von Führungskräften begegnet, sie seien zu sehr mit Tagesarbeit beschäftigt und könnten sich zu wenig um die eigentlichen Führungsaufgaben kümmern. Stabslösungen sind auch für die Betreuung von Projekten oder von Produkten möglich. Stäbe vergrößern in jedem Fall die Problemlösungskapazität der jeweiligen Führungsebene, teils in quantitativer, teils aber auch in qualitativer Hinsicht. Sie wirken im letzteren Fall als «Intelligenzverstärker».

2.4.2.6 Dienstleistungs- und Unterstützungsstellen

Die Begriffe **Dienstleistungs-, Unterstützungs- und Servicestelle** werden im Folgenden synonym gebraucht. Dies sind alle Stellen, die spezifizierte Dienstleistungen für andere Einheiten erbringen.

Werden mehrere Dienstleistungsstellen unter einer Instanz zusammengefasst, so entstehen entsprechende Dienstleistungseinheiten (Service- oder Unterstützungseinheiten). Der analytische Unterschied zu Stäben liegt zum einen darin, dass i. d. R. keine direkte Erarbeitung von Entscheidungsvorlagen bzw. Mitwirkung an Entscheidungen erfolgt. Zum anderen erfolgt die Aufgabenerfüllung i. d. R. nicht nur für eine Instanz, sondern für mehrere Ebenen oder Bereiche. Im Grenzfall arbeitet eine Serviceeinheit für die gesamte Unternehmung.

Stabstätigkeiten und Unterstützungstätigkeiten lassen sich zwar auf die Weise analytisch klar abgrenzen, die Aufgabenbündelung in einzelnen Stellen oder ganzen Abteilungen kann in der Praxis aber keineswegs immer so eindeutig erfolgen, u. a. auf Grund von Auslastungsgesichtspunkten. Daher existieren nicht wenige Organisationseinheiten, in denen sich Stabsfunktionen und Unterstützungsfunktionen mischen. Es wäre allerdings verfehlt, daraus auf die Fragwürdigkeit der Trennung von Stabs- und Unterstützungsfunktionen zu schließen. Einzelne Stellen oder Abteilungen sind nicht nur Instanz oder Stab oder Dienstleistungsstelle, sondern vereinigen mehrere Funktionen mit je unterschiedlichen Kompetenzen in sich. In bestimmten Aufgabengebieten kommt eine eher weisungsgebende, in anderen Belangen eine eher beratende oder unterstützende Rolle zum Tragen. Diese Multifunktionalität ist besonders deutlich bei den sog. **Zentralbereichen** (Zentralabteilungen) zu sehen, über die vor allem größere Unternehmungen mit einer divisionalen Aufbauorganisation (Spartenorganisation) typischerweise verfügen.

2.4.3 Kooperations- und Kommunikationsplattformen

Die tägliche Zusammenarbeit zwischen den genannten Stellen und Einheiten folgt zunächst den formalen Regelungen. Unterstellungsverhältnisse zum einen, Ablaufregelungen zum andern bestimmen das Bild. Es wurde und wird durch die Vielfalt der informalen Beziehungen ergänzt und überlagert. Für die Bedarfe der kurzfristigen oder punktuellen übergreifenden Kooperation und Kommunikation, die mit den gestiegenen Flexibilisierungsanforderungen zunehmen, haben sich in der Praxis besondere Formen der Zusammenarbeit herausgebildet. Zu nennen sind vor allem Konferenzen, Workshops und Wissensgemeinschaften. Sie bilden organisierte Plattformen für Informationsaustausch, Meinungsbildung und Lernen.

> Konferenzen fassen eine große Zahl von Beteiligten für wenige Stunden oder Tage zusammen. Sie sind veranstalterzentriert und dienen der Information sowie der Meinungsbildung.

Konferenzen in Form sog. Town Meetings oder Road Shows nutzt das Top Management dazu, eine große Zahl von Mitarbeitern an verschiedenen Standorten persönlich anzusprechen und ihnen wesentliche unternehmungspolitische Entwicklungen zu erläutern. Kommuniziert werden also typischerweise Ergebnisse von Führungsentscheidungen, die zur Akzeptanz gebracht werden sollen.

> Workshops bringen eine kleine, begrenzte Zahl von Personen für einen Zeitraum von 1–2 Tagen zusammen. Es sind teilnehmerzentrierte Veranstaltungen, die dazu dienen, ein gemeinsames Problem genauer zu bestimmen, zu strukturieren sowie Lösungsrichtungen festzulegen.

Ein Workshop soll die Erfahrungen und Kenntnisse unterschiedlicher Teilnehmer zur Analyse eines komplexen, neuartigen und bedeutsamen Problems nutzen. Workshops stehen typischerweise am Beginn eines Projektprozesses. Die Lösung des Problems wird anschließend (Teil-)Teams übertragen.

> Wissensgemeinschaften (Communities of Practice) führen Mitglieder aus verschiedenen internen oder externen Einheiten mit einem gemeinsamen Wissensbedarf zusammen. Sie dienen dem Wissens- und Erfahrungsaustausch sowie dem individuellen und organisationalen Lernen.

Besonders flexibel, da nicht an Ort und Zeit gebunden, sind Wissensgemeinschaften. Sie können sich zu beliebigen Themen bilden und haben solange Bestand, wie die Mitglieder einen gegenseitigen Nutzen im Informationsaustausch sehen. Herkömmliche Beispiele sind Selbsthilfegruppen oder Erfahrungsaustauschgruppen (Erfa-Gruppen). Ihre Organisation kann eher lose und selbststeuernd oder hierarchienah gestaltet sein. Wissens- und fähigkeitsbasierte Dienstleistungsfirmen wie z.B. Beratungen beauftragen häufig einzelne Manager im Nebenamt mit der Betreuung und Entwicklung spezieller Wissensgebiete (sog. Practices) und deren Trägern. Das Internet und darauf basierende Programme und Einrichtungen wie Foren und Blogs (zusammengefasst als Web 2.0 bezeichnet) haben derartige Arbeitsformen teils erst ermöglicht, teils erheblich erleichtert. Eine Wissensgemeinschaft, aber auch andere Mehrpersoneneinheiten, können heute als rein virtuelle Gruppierung zusammenarbeiten. Für diese Art der elektronischen Kooperation, z.B. von virtuellen Teams, wird zunehmend der Begriff der Collaboration benutzt.

3 Prozessorganisation

3.1 Bedeutung und Charakteristik der Prozessorganisation

3.1.1 Prozessorganisation als dominierender Gestaltungsansatz

Als Teil der Entwicklung zu einer strategiefokussierten Organisation erfährt die traditionelle Ablauforganisation einen erheblichen Bedeutungswandel hin zur strategieinduzierten Prozessorganisation. Die Abläufe sind nicht, wie in der tradierten Sichtweise zugrunde gelegt, innerhalb der bereits bestehenden Aufbauorganisation zu gestalten. Die Grundidee ist vielmehr, dass zunächst die Kernprozesse einer Unternehmung zu identifizieren und zu optimieren sind. Auf dieser Basis erfolgt dann, zur Unterstützung der Kernprozesse, die Gestaltung der Aufbauorganisation («structure follows process follows strategy») (vgl. Buchholz [Time-to-Market-Management], Osterloh/Frost [Prozessmanagement]).

> **Beispiel**
> Für eine Geschäftsbank stellt der Prozess der Kreditbearbeitung einen Kernprozess dar. Für den Bankkunden ist die schnelle Abwicklung seines Kredits eine wichtige Anforderung. Um dies zu gewährleisten, richten Banken häufig mit weit reichenden Kompetenzen ausgestattete Kreditbearbeitungsteams ein, die für den gesamten Kreditabwicklungsprozess verantwortlich sind, reduzieren damit die Schnittstellen und beschleunigen den Prozess erheblich.

Zu Beginn des 21. Jahrhunderts hat zusätzlich die Betrachtung der Wertschöpfung von Branchen und Unternehmungen eine ganz neue Bedeutung erhalten.

Es sind neue Wettbewerbsformen entstanden, die sich nicht mehr in klassischen Industriegrenzen (Branchen) abbilden lassen. Ursache ist die so genannte **Dekonstruktion bestehender Wertschöpfungsketten**. Durch sie und durch innovative Kombination bisher getrennter Kettenglieder entstehen neue Wertschichten und damit über Branchengrenzen hinweg völlig neuartige **Wertschöpfungsarchitekturen** (vgl. Heuskel [Industriegrenzen]). Das Prozessmanagement und, als Teil davon, die Organisation von Prozessen ist als Management von Wertschöpfungsarchitekturen (Wertsystemen) zu begreifen.

> **Beispiel**
> Die «Biotechnologie» entsteht aus der Neukombination von Wertschöpfungsschritten aus der Agrar- und der Pharmaindustrie. «Catering» ist die Ausgliederung des Wertschöpfungsschrittes «Verpflegung» aus der Wertkette von Airlines, Krankenhäusern und großen Industriebetrieben. Einzelne Firmen haben sich auf diese branchenübergreifende Wertschicht «Catering» spezialisiert. Bei den Spezialisten entstehen dadurch natürlich wieder unternehmungsspezifische Wertschöpfungsketten.

Die Wertsysteme reichen sowohl auf der Input- als auch auf der Outputseite über die Unternehmungsgrenzen hinaus. Auf der Beschaffungsseite wird dies durch den Ansatz des **Supply Chain Managements** (SCM) umgesetzt. Dabei handelt es sich um die Integration aller Unternehmungsaktivitäten zur Versorgung und Entsorgung, inklusive der begleitenden Geld- und Informationsströme (vgl. Appelfeller/Buchholz [Supplier]). In der Praxis sind die Bereiche Einkauf/Beschaffung, Materialwirtschaft und Logistik Teil dieser Architektur. Ziel ist die Reduktion von Schnittstellen durch integrierte Prozesse, die sowohl die Lieferanten als auch Kunden einbeziehen («Order to Payment»).

Stärker auf der Outputseite, d.h. dem Kunden zugewandt, findet das **Customer Relationship Management** (CRM) Anwendung (vgl. z.B. Bruhn [Kundenorientierung]). Metaphorisch wird es auch als ein professionalisiertes «Tante-Emma-Prinzip» beschrieben. Darunter ist der informations- und kommunikationsunterstützte Aufbau nachhaltig profitabler Kundenbeziehungen («Customer Lifetime Value») durch ganzheitliche und individuelle Marketing-, Vertriebs- und Servicekonzepte zu verstehen. Aus strategischer Sicht sollen in diesem Konzept alle Geschäftsprozesse zum Kunden hin ausgerichtet werden (**strategisches CRM**). Die unterstützenden integrierten Informationssysteme erlauben die Zusammenführung aller kundenbezogenen Informationen und deren genaue Analyse hinsichtlich der Konsumgewohnheiten (**analytisches CRM**). Ziel ist es, dem Kunden möglichst individuell zum richtigen Zeitpunkt mit den richtigen Maßnahmen die richtigen Angebote zu präsentieren (**operatives CRM**).

Bei allen derartigen Maßnahmen wird versucht, die herkömmlichen Zielkonflikte (trade offs) zwischen Kosten, Qualität und Zeit zu überwinden. Konkret bedeutet dies, dass z.B. Kostensenkungen sowohl einhergehen müssen mit Qualitätsverbesserungen als auch mit Zeiteinsparungen (vgl. Frese/v. Werder [Organisation]).

Auch die in den 90er Jahren die Diskussion in Theorie und Praxis beherrschenden Management-Konzepte Lean Management, KAIZEN und Business Reengineering propagieren eine simultane Zielerreichung. Beleuchtet man diese Konzepte im Hinblick auf die dahinter stehenden organisatorischen Grundtatbestände, stößt man sehr schnell auf das Themengebiet der Prozessorganisation. Insbesondere der radikale Ansatz des Business Reengineering nach *Hammer/Champy* bezieht sich explizit auf die Neugestaltung der Unternehmungsprozesse, wobei er massive Verbesserungen hinsichtlich Kosten, Qualität und Zeit verspricht (vgl. Hammer/Champy [Business Reengineering]). Insgesamt ist der zunehmende Stellenwert, den die Prozess- gegenüber der Aufbauorganisation erhält, unverkennbar. Der Bedeutungswandel kann bis zur Dominanz der Prozessorganisation gegenüber der Aufbauorganisation reichen.

3.1.2 Merkmale der Prozessorganisation

Die analytischen und methodischen Hilfsmittel der Prozessorganisation sind die gleichen wie die der Ablauforganisation. Der Unterschied, der mit der begrifflichen Unterscheidung von «Ablauf» und «Prozess» gemacht wird, liegt in der Sichtweise und im Bezugsbereich.

Fünf wesentliche Unterscheidungsmerkmale lassen sich herausarbeiten:

(1) Strategische Ausrichtung: Allgemein bekannt ist, dass sich die Aufbauorganisation an der Strategie auszurichten hat. Auch die Gestaltung der Unternehmungsprozesse ist strategiegeprägt. In Abhängigkeit von der verfolgten Wettbewerbsstrategie sind die erforderlichen Kernprozesse zu identifizieren und entsprechend auszurichten. Die Anforderung an die Prozessorganisation lautet: «process follows strategy».

(2) Prozesse prägen Aufbaustrukturen: Für den bisherigen Denkansatz ist die Vorstellung typisch, dass erst die Aufbauorganisation existiert, in die die Abläufe sozusagen «hineinorganisiert» werden. Die Prozessorganisation geht umgekehrt vor. Die Unternehmungsprozesse passen sich nicht der bestehenden Aufbauorganisation an, sondern die Aufbauorganisation hat sich an den Kernprozessen zu orientieren und auszurichten. Dies führt zu dem Postulat: «structure follows process».

(3) Prozesse sind bereichsübergreifend: Die Prozessorganisation besitzt im Gegensatz zur Ablauforganisation einen umfassenderen Bezugsbereich, der sowohl bereichsübergreifend als auch unternehmungsübergreifend ausgeprägt sein kann. Traditionell findet die ablauforganisatorische Gestaltung innerhalb von Abteilungen bzw. Funktionsbereichen statt. Die bereichsbezogenen Ziele werden dadurch zwar erreicht, funktionsübergreifende Probleme aber nur unzureichend gelöst – es verbleiben die vielzitierten Abteilungszäune. Prozessorganisatorische Gestaltung hingegen geht von einem übergreifenden Ansatz aus, d.h. Kernprozesse sind nicht an den Bereichsgrenzen beendet, sondern sie umschließen alle erforderlichen Einheiten, ggf. einschließlich derjenigen von Marktpartnern (vgl. Abb. 2.5).

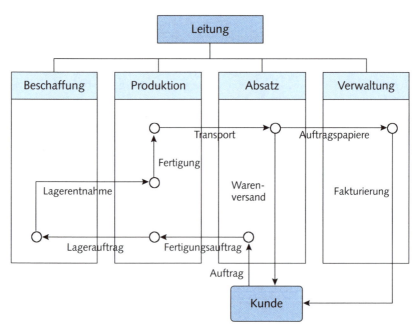

Abbildung 2.5: Funktionsübergreifender Prozess der Auftragsabwicklung

> **Beispiel**
> Die Zusammenarbeit von Autoherstellern zur Motorenentwicklung ist ein Beispiel für horizontale Prozesskopplung (F&E-Kooperation). Die vertikale Verbindung mit vorgelagerten Zuliefererwertschöpfungsketten ist ebenfalls in der Automobilindustrie sehr ausgeprägt (Just-in-Time-Lieferung). Die Konfiguration eines Fahrzeugs auf der Homepage eines Herstellers mit Online-Bestellung und Finanzierungsangebot ist ein Beispiel für eine kundenseitige vertikale Prozesskopplung.

(4) **Prozesse sind unternehmungsübergreifend:** Prozesse überschreiten die Unternehmungsgrenzen, beziehen also Marktpartner ein, vor allem Lieferanten und Kunden, aber auch andere (z. B. Logistik- und Finanzdienstleister). Schließlich muss sich die externe Prozesskopplung nicht nur auf das ökonomische Umsystem beziehen. Durchaus denkbar sind auch unternehmungsübergreifende Prozesse, die mit Elementen des sozio-kulturellen, politisch-rechtlichen, technologischen oder ökologischen Umsystems gekoppelt sind.

(5) **Prozesse benötigen Prozessverantwortung:** Die Bedeutung von effizienten und kontinuierlich zu verbessernden Prozessen drückt sich auch darin aus, dass hierfür gesonderte Zuständigkeiten zu schaffen sind. Die Verantwortung für Prozesse tritt als vorwiegend horizontal wirkende Verantwortung neben die vertikale, hierarchische Verantwortung.

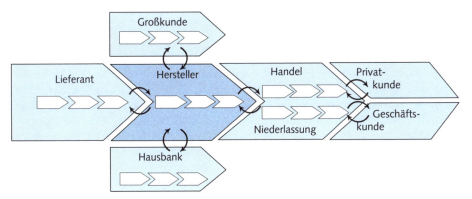

Abbildung 2.6: Unternehmungsübergreifende Prozessvernetzung

3.1.3 Organisation und Management von Prozessen

Die «Führungsaufgabe Organisation» findet heute ihren praktischen Ausdruck nicht zuletzt im Prozessmanagement, das im üblichen Sprachgebrauch die Organisation umschließt. Die Aufgaben des Prozessmanagements sind zum großen Teil organisatorischer Natur, verlangen also Prozessanalyse und -synthese (vgl. Abb. 2.7). Auf besonders markante Teilaufgaben wird im Folgenden eingegangen (vgl. Krüger [Organisation], Rohm [Prozeßmanagement], Picot/Dietl/Franck [Organisation], Fischermanns [Prozessmanagement].

- Kriterien für kritische Prozesse festlegen
- Kritische und unkritische Prozesse identifizieren

- Ist-Zustand der Prozessschritte erheben
- Stärken und Schwächen diagnostizieren
- Zielsetzungen für Soll-Zustand festlegen

- Entscheidungen über vertikale und horizontale Abgrenzungen der Wertkette treffen
- Kopplung mit externen Partnern regeln

- Detailanalyse der Prozessschritte
- Soll-Prozesse festlegen

- Verankerung der Prozessverantwortung
- Verknüpfung mit Ziel- und Anreizsystem

Abbildung 2.7: Organisation und Management von Prozessen

3.2 Prozessanalyse

3.2.1 Identifikation von kritischen Prozessen

Prozessmanagement konzentriert sich auf solche Prozesse, die für den Unternehmungserfolg von entscheidender Bedeutung sind. Aus Unternehmungssicht bilden sie die kritischen Prozesse, in der Praxis häufig auch als Kernprozesse bezeichnet. Besondere Aufmerksamkeit verdienen die sog. Geschäftsprozesse, bei denen sowohl der Ausgangspunkt des Prozesses (Prozessbeginn) als auch das Prozessende bei einem Marktpartner liegen. Da auch unternehmungsintern häufig marktähnliche Beziehungen herrschen (Bsp.: Profit Center, Verselbstständigung von Teilfunktionen), wird auch dort unternehmungsintern von «Lieferanten» und «Kunden» gesprochen.

Kernprozesse beziehen sich immer auf ein gemeinsames Bearbeitungsobjekt, umspannen dabei aber mehrere Funktionen bzw. Teilfunktionen. Mögliche Objekte können Produkte bzw. Teile, Aufträge oder Kunden sein. Welche Prozesse jeweils als Kernprozesse einzustufen sind, hängt von der Unternehmungsstrategie ab und ist im Einzelfall zu ermitteln. Hinweise für das Auffinden von Kernprozessen können u. a. folgende Kriterien bieten:

- Hohe Bedeutung für die Problemlösung oder Zufriedenheit externer und interner Kunden,
- hohe Bedeutung für die Kernkompetenzen der Unternehmung,
- hohe Kostenintensität und Kapitalbindung,
- hohe Bedeutung für die Produktqualität,
- lange Prozessdauer,
- hohe Bedeutung für die Sicherheit der Produktion.

Beispiel
Typische Kernprozesse für unterschiedliche Branchen sind:
- Auftragsabwicklungs- und Produktinnovationsprozess in der Automobilbranche,
- Kreditbearbeitung, Zahlungsverkehrsabwicklung und Vermögensverwaltung bei Geschäftsbanken,
- Energieversorgungs- und Verkaufsabrechnungsprozess bei Energieversorgern,
- Bestellabwicklungsprozess, Katalogerstellungsprozess und Retourenabwicklung im Versandhandel.

3.2.2 Ebenen der Prozessanalyse

Hinsichtlich der Prozessanalyse lassen sich die beiden Ebenen der Makro- und Mikroanalyse unterscheiden. Die Makroanalyse befasst sich mit der unternehmungsübergreifenden Prozessarchitektur sowie den Schnittstellen zwischen den identifizierten Kernprozessen. Zunächst ist hierbei die externe Prozessvernetzung zu analysieren, d. h. die möglichen Schnittstellen der Kernprozesse zu den relevanten Marktpartnern. Im nächsten Schritt sind die Kernprozesse der analysierten Unternehmungen und deren Schnittstellen untereinander zu beschreiben. Schließlich werden die Kernprozesse im Rahmen der Mikroanalyse mit zunehmendem Detaillierungsgrad weiter hierarchisiert, indem die vorher aufgezeigten Hauptprozesse in Teilprozesse, Vorgänge und Vorgangsschritte untergliedert und die Schnittstellen dazwischen analysiert werden.

Die Makroanalyse von Prozessen kann sich an unterschiedlichen Wertschöpfungsarchitekturen (Kette, Zyklus, Netz) orientieren, die Prozesskonfigurationen darstellen. Hinweise für die Mikroanalyse von Prozessen liefert die Betrachtung der sachlogischen, zeitlichen und räumlichen Struktur. Unabhängig von Zeit und Raum interessiert zunächst die logische Folge von Teilprozessen bzw. Vorgängen. Die Struktur eines Prozesses kann eine unverzweigte Folge (Kette) sein oder Verzweigungen aufweisen. Vorkopplungen sind ebenso möglich wie Rückkopplungen. Die zeitliche Struktur wird durch die Dauer, Lage, Termine, Häufigkeiten von Aktivitäten bestimmt. Zeit- und Mengenangabe gehören zwingend zusammen, denn Zeiten beziehen sich hier immer auf Messobjekte, wie z. B. die Bearbeitungsdauer für einen Vorgang oder die Auslastung einer Maschine. Schon die scheinbar einfache Unterscheidung von Bearbeitungs-, Transport- und Liegezeiten kann zu verblüffenden Erkenntnissen für die Prozessanalyse führen. Die Analyse räumlicher Folgestrukturen führt zur Dokumentation von Transportwegen. Die Standorte von Arbeitsplätzen, Abteilungen oder Sachmitteln sind schließlich ebenfalls ein Teil der räumlichen Prozessanalyse.

3.2.3 Instrumente der Prozessanalyse

3.2.3.1 Wertschöpfungskette

Als ein wertvolles Hilfsmittel für die Makroanalyse von Prozessen hat sich die Wertschöpfungskette (hier synonym: Wertkette) von *Porter* erwiesen. Dieses Konzept ist vom Grundansatz her eng mit der Prozessorganisation verwandt (vgl. Porter [Wettbewerbsvorteile]).

Porter unterteilt dabei in unmittelbar der Wertschöpfung dienende Aktivitäten (primäre Aktivitäten) und in unterstützende Aktivitäten, die mittelbaren Charakter aufweisen und der Aufrechterhaltung der Wertschöpfung dienen. Das gleiche gilt für horizontale und vertikale Kopplungen mit den Wertketten von Marktpartnern. Dabei kann die Zuordnung zu primären oder unterstützenden Aktivitäten – geprägt durch die jeweils wirksamen Rahmenbedingungen und die zugemessene Erfolgsrelevanz – unternehmungsindividuell unterschiedlich ausfallen. Zur Ermittlung der Stärken und Schwächen (z. B. hinsichtlich Kosten, Zeit, Qualität) sind die Aktivitäten der Wertschöpfungskette weiter zu untersuchen und zu unterteilen. Auch spielen bei *Porter* die Verknüpfungen innerhalb der Wertschöpfungskette und zwischen unterschiedlichen Wertschöpfungsketten eine wichtige Rolle.

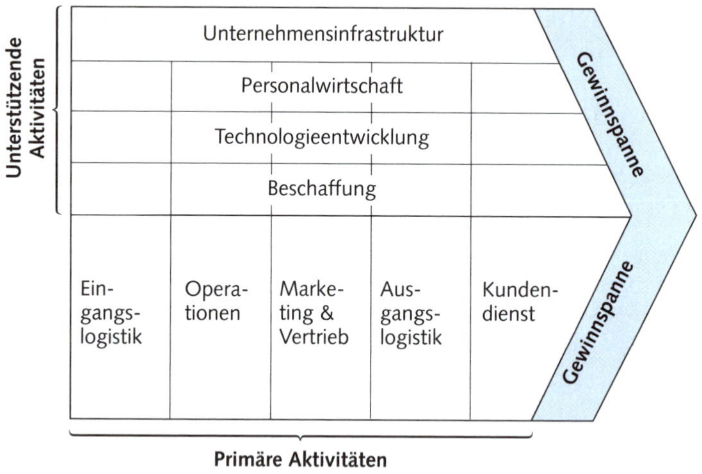

Abbildung 2.8: Wertschöpfungskette nach Porter

Unterstützende Aktivitäten:
- Unternehmensinfrastruktur
- Personalwirtschaft
- Technologieentwicklung
- Beschaffung

Primäre Aktivitäten:
- Eingangslogistik
- Operationen
- Marketing & Vertrieb
- Ausgangslogistik
- Kundendienst

Gewinnspanne

3.2.3.2 SOS-Prozesse

Einen weiterführenden Ansatz stellt das Prozessmodell nach dem SOS-Konzept dar. Es basiert auf der erwähnten Dreiteilung von Aufgaben und Prozessen in Steuerungsaufgaben, operative (wertsteigernde) Aufgaben und Serviceaufgaben. Die SOS-Prozesse beschreiben einen Analyseraster, der gezielt Ansatzpunkte für Maßnahmen der Prozessoptimierung liefern kann. Dabei kann die Dreiteilung auf unterschiedliche Aggregationsebenen angewendet werden. Der gesamte Unternehmungsprozess lässt sich mit Hilfe des SOS-Konzepts in Subprozesse einteilen (vgl. Abb. 2.9). In diesem Fall bewegt man sich auf der Ebene der Makroanalyse.

Der Unternehmungsprozess insgesamt oder einzelne Kernprozesse können über beliebig viele Stufen hinweg weiter zerlegt werden (Mikroanalyse). Der Prozess der Herstellung (Produktion i. e. S.) kann z. B. seinerseits in Teilprozesse (sog. Vorgänge bzw. Vorgangsschritte) zerlegt werden. Diese schrittweise Zerlegung eines Prozesses lässt sowohl vertikale als auch horizontale Schnittstellen deutlich erkennen. Dabei handelt es sich um Prozesspunkte, an denen Transport-, Liege- und Wartezeiten sowie Übertragungsfehler die Effizienz des Prozesses negativ beeinflussen können. Sie liefern Ansatzpunkte für prozessgestaltende Maßnahmen (vgl. Krüger [Arbeitszerlegung]).

3.2.3.3 Wertzyklus

Porters Kette ist an den Verhältnissen von Industriebetrieben orientiert. Viele Dienstleister, vom Reparatur- und Wartungsbetrieb über Banken und Versicherungen bis hin zu Trainern und Beratern erbringen zweifellos Werte, dies aber in einer Weise, die sich nur bei sehr grober Betrachtung und nur sehr unvollkommen als eine Input-

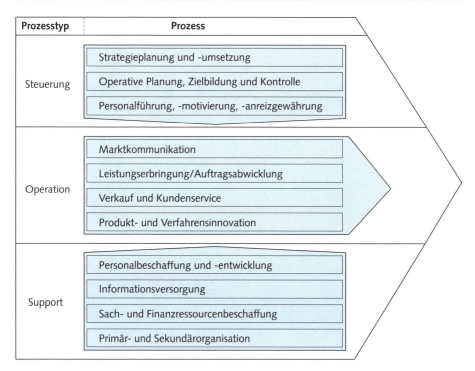

Abbildung 2.9: SOS-Konzept auf Gesamtunternehmungsebene

Output-Kettenbeziehung begreifen lässt. Überzeugende Vorschläge, dieses Manko zu überwinden, stammen von Stabell/Fjeldstad ([Configuring Value)]). In Weiterentwicklung der Ansätze dieser Autoren sollen im Folgenden neben der Wertkette zwei weitere Strukturmuster der Wertschöpfung unterschieden werden: der **Wertzyklus** (value shop) und das **Wertnetz** (value network). Das somit gegenüber *Porter* erheblich differenzierte Bild der Wertschöpfungsstruktur wird im Überblick in Abb. 2.10 demonstriert. Es zeigt die drei hier unterschiedenen Strukturmuster (vgl. hierzu und zum Folgenden Krüger [Wertschöpfungsorientierung]).

Von **Wertzyklus** wird hier gesprochen, wenn Wert dadurch geschaffen wird, dass die betreffende Unternehmung ein spezifisches Problem des Kunden erkennen, analysieren und lösen muss. Derartige Problemlösungsprozesse werden regelmäßig mehrfach durchlaufen, weisen also eine zyklische Struktur auf. Sei es, dass z. B. bei Wartungs- und Reparaturarbeiten ein wiederholter Werkstattbesuch in bestimmten Intervallen ansteht oder dass z. B. ein Berater seine Erfahrungen aus einem Kundenprojekt für interne Lernprozesse nutzt und seinerseits in die nächsten Projekte einfließen lässt. Die Rolle der Unternehmung im Wertzyklus lässt sich mit dem Begriff «**Problemlöser**» kennzeichnen, im Gegensatz zum «**Produzenten**» in der Wertkette.

222 Organisation

- **Wertkette**
- sequenzieller Be- und Verarbeitungsprozess («Produzent»)
- Wert entsteht durch Umwandlung von Inputs in marktfähige Outputs
- typisch für industrielle und landwirtschaftliche Produktionsprozesse aller Art

- **Wertzyklus**
- zyklischer Problemlösungsprozess («Problemlöser»)
- Wert entsteht durch Erkennung und Lösung von Kundenproblemen
- typisch für Projektmanagement, Engineering, Forschung, Werkstätten, Beratung, freie Berufe, Anwälte, Wartung und Service, Heilberufe, Krankenhäuser

- **Wertnetz**
- Vermittlungsprozess zwischen zwei oder mehr Teilnehmerseiten («Intermediär»)
- Wert entsteht durch Verbindung von Teilnehmern sowie das Angebot geeigneter Dienste
- typisch für Banken, Versicherungen, Kommunikationsdienste, Agenturen, Makler, Auktionshäuser, Marktplatzbetreiber

Abbildung 2.10: Strukturmuster der Wertschöpfung (Prozesskonfigurationen)

Die spezifischen operativen Prozesse des «Problemlösers» sind daher nichts anderes als die Teilprozesse eines Problemlösungsprozesses, die von der Problemerkennung und -analyse bis zur Realisation der Lösung und deren Kontrolle reichen (vgl. Abb. 2.11).

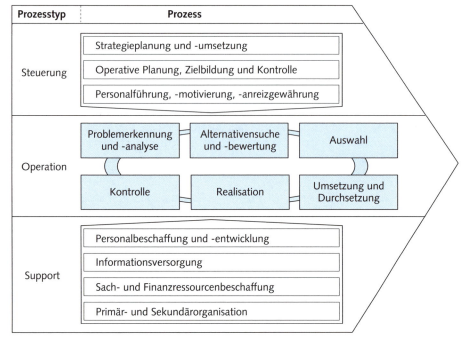

Abbildung 2.11: Prozesse im Wertzyklus

3.2.3.4 Wertnetz

Nicht zuletzt gibt es zahlreiche Branchen, deren Wertschöpfung weder durch Kette noch durch Zyklus, sondern durch eine Netzstruktur zu charakterisieren ist. Im Wertnetz besteht die Wertschöpfung darin, dass die betreffende Unternehmung eine Beziehung zwischen zwei oder mehr Teilnehmerseiten herstellt. Sie fungiert damit als «Intermediär». Der Wert entsteht durch die Verbindung von Teilnehmern sowie das Angebot geeigneter Dienste. Die entstehende Struktur ist netzförmig. Geschäftsbanken als ein wichtiger Anwendungsfall sind in diesem Sinne z. B. dadurch charakterisiert, dass sie Sparer und ihre Einlagen auf der einen Seite mit Kreditkunden auf der anderen Seite verbinden. Spareinlagen sind nicht als Input, Kredite nicht als Output zu begreifen. Sparer sind nicht Lieferanten, Kreditkunden nicht Abnehmer. Im Wertnetz existieren Kundenbeziehungen nach allen Seiten. Dabei spielt es keine Rolle, welcher Art die konkrete Leistung des Intermediärs ist bzw. welche Beziehung zwischen den Teilnehmerseiten aufgebaut wird.

Die spezifischen Prozesse, die ein Wertnetz charakterisieren, lassen sich ebenfalls typisieren (vgl. Stabell/Fjeldstad [Configuring Value] 420 ff.). Die Basis eines Intermediärs ist die Netzinfrastruktur, die er betreibt. Darauf aufbauend können spezielle Dienste erbracht werden, die ihrerseits durch Vertragsmanagement und Netzentwicklung geprägt und verändert werden (vgl. Abb. 2.12).

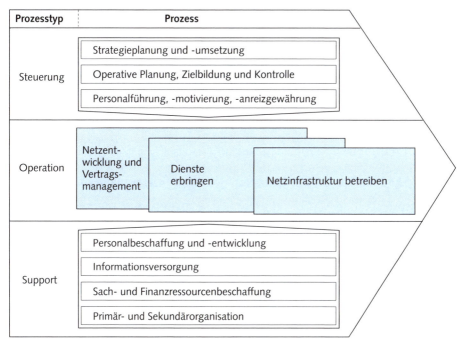

Abbildung 2.12: Prozesse im Wertnetz

Das Bezugssystem einer betriebswirtschaftlichen Analyse ist üblicherweise die Unternehmung im Ganzen. Zu prüfen ist also, ob der Unternehmungsprozess insgesamt eher Ketten-, Zyklus- oder Netzstruktur aufweist, um sodann festzustellen, aus welchen Teilprozessen er sich zusammensetzt. Dabei dürften sich die meisten Unternehmungen eindeutig oder zumindest schwerpunktartig einem Muster zuordnen lassen. Eine genauere Betrachtung zeigt allerdings, dass die drei Strukturmuster auch auf andere Systemebenen anwendbar sind, tiefere wie höhere. Eine weitere Verfeinerung wird zunächst erreicht, wenn man Teilprozesse einer Unternehmung untersucht. Dort sind unabhängig von der Zuordnung auf der Unternehmungsebene durchaus Unterschiede möglich. In einer insgesamt als «Kette» zu bezeichnenden Struktur z. B. können also einzelne Glieder/Teilprozesse netzartig oder zyklusartig aufgebaut sein.

In der Industrie, dem Kettenmuster schlechthin, sind Zykluselemente z. B. in Bereichen wie F&E, Produktentwicklung oder Inhouse-Consulting anzutreffen. Auch industrielle Dienstleistungen oder Finanzdienstleistungen, die teils ergänzend, teils als eigene Geschäfte neben dem Produktgeschäft betrieben werden, weisen Zykluscharakter auf. Derartige Zykluselemente sind oft zwar nicht gemessen am Umsatz, aber sehr wohl gemessen am Ergebnisbeitrag der in der Kette erbrachten Wertschöpfung ebenbürtig oder sogar überlegen. Konzernzentralen übernehmen teilweise für die einzelnen Geschäftsbereiche und Tochtergesellschaften Bankfunktionen. Insofern können auch Netzstrukturen auftreten.

Bei genauer Betrachtung des Einzelfalls werden sich also sehr unterschiedliche Realtypen der Struktur ergeben, die erheblich komplexer sind als die hier unterschiedenen drei Idealtypen. In der Praxis geht es darum, eine dem Einzelfall angemessene Lösung zu finden, also aus den verschiedenen Strukturmustern durch Variation und Kombination eine individuelle, strategieadäquate Wertschöpfungsarchitektur zu formen. Hierzu dienen die verschiedenen Maßnahmen der Prozessgestaltung.

3.3 Maßnahmen der Prozessgestaltung

3.3.1 Veränderungen der Konfiguration (externe Prozessorganisation)

Die Makrostruktur der Unternehmungsprozesse lässt sich durch verschiedene Maßnahmen verändern, sog. Konfigurationsmanöver (vgl. Krüger [Wertschöpfungsorientierung]). Abb. 2.13 zeigt anhand der Wertkette die Varianten im Überblick.

Charakteristisch für einen großen Teil praktischer Veränderungen sind „Fokussieren" und „Integrieren".

Bezogen auf die jeweilige Unternehmungsstrategie stellt sich die Frage, welche Teilprozesse bzw. Vorgänge in die eigenen Kernprozesse zu integrieren sind und welche ausgegliedert werden können.

Prozessorganisation 225

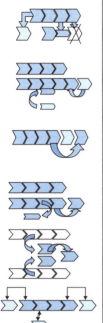

Fokussieren
Breite oder Tiefe der WS reduzieren; durch Verkleinerung, Aufgabe oder Abgabe von Kettengliedern
Beispiel: Fertigungstiefe reduzieren; Programmbreite/Leistungsangebot reduzieren; Konzentration auf Kerngeschäfte

Integrieren
Breite oder Tiefe der WS erhöhen; durch Übernahme externer Aktivitäten («externes Wachstum»)
also Eindringen in Bereiche bisheriger Kunden/Lieferanten (betr.: Tiefe) oder Konkurrenten (betr.: Breite)
Beispiel: vom Teilelieferanten zum Systemanbieter

Komprimieren
Erhöhung eigener WS durch Ausschalten bzw. Überbrücken nachgelagerter oder vorgelagerter Stufen (z.B. Einzelhandel)
begünstigt durch Internet
Beispiel: Direktvertrieb bzw. Direktbezug

Expandieren
zusätzliche, bisher nicht vorhandene Aktivität auf Basis eigener RuF aufbauen und in das bestehende Wertsystem einfügen («internes Wachstum»)
Beispiel: Industrielle Dienstleistungen; Integrierte Problemlösungen; BOT-Modelle

Neu konstruieren
Neudefinition des Geschäfts bzw. der Prozesslogik; neue Spielregeln des Marktes/der Transaktionen
Beispiel: vom Teilelieferanten zum Systemanbieter; elektronische Marktplätze

Koordinieren
enge Kopplung von Wertsystemen verschiedener selbständiger Kooperationspartner
Beispiel: Supply Chain Management; Strategische Allianzen

Abbildung 2.13: Konfigurationsmanöver

Die Ausgliederung von Aufgaben und damit verbunden die Verkürzung der Wertschöpfungskette durch Abgabe von Kettengliedern wird unter dem Begriff **Outsourcing** diskutiert.

Beispiel
BMW hat seinen Anteil an der Wertschöpfung auf 33 % gesenkt, im neuen Werk im US-Staat South Carolina entfällt sogar nur noch ein Fünftel der gesamten Wertschöpfung auf BMW, der Rest wird i. d. R. von Systemlieferanten zugekauft.

Die dazu gegenläufige Entwicklung, d.h. die Reintegration von Aufgaben, wird als Insourcing bezeichnet. Zwischen den Extrempunkten einer Wertschöpfungstiefe von 0 und 100 % liegen die unterschiedlichsten Varianten von Wertschöpfungspartnerschaften von Unternehmungen (z.B. Gemeinschaftsunternehmungen, gemeinsame Projekte, langfristige Lieferverträge).

Die wichtigsten Entscheidungskriterien für die Eigendurchführung bzw. Fremdvergabe von Aufgaben sind:

- Strategische Bedeutung des Teilprozesses und damit verbunden die Gefahr des Verlustes von Kernkompetenzen,
- Spezifität der Leistung/des Produkts,
- Kosten, Qualität und Zeit,
- Verfügbarkeit und Sicherheit externer Bezugsquellen.

Insbesondere die Kernkompetenzen, also die Ressourcen und Fähigkeiten, die einer Unternehmung Wettbewerbsvorteile verschaffen, spielen in der aktuellen Diskussion eine herausragende Rolle. Gerade bei technisch anspruchsvollen, komplexen Produkten und Produktionsverfahren besteht im Falle des Outsourcing die Gefahr, dass eine Unternehmung ihre Kernkompetenzen schwächt oder preisgibt.

Beispiel
Der «Sportartikler» Puma hat mittlerweile seinen gesamten Fertigungsprozess an Partnerunternehmungen fremdvergeben. Puma sieht seine Kernkompetenzen ausschließlich in der Produktentwicklung und im Marketing/Markenmanagement verankert und definiert diese als Kernprozesse. In diesem Fall hat sich ein industrieller Hersteller in eine Entwicklungs- und Marketingunternehmung verwandelt. Die Eckpfeiler der Unternehmung sind: virtuelle Unternehmungsstruktur, strategische Planung und Mitarbeiter (vgl. www.pumabiz.de).

Als Teil der Fokussierung ist auch zu überlegen, ob nicht auf einzelne Teilprozesse vollends verzichtet werden kann. Alle Aktivitäten, die nicht zur Generierung von Kundennutzen beitragen, sind daraufhin zu prüfen. Die Praxis spricht von «Entfeinerung», die dem «Overengineering» begegnen soll. Die Konsequenz dieser Prüfung kann die vollständige Eliminierung von Teilprozessen bedeuten.

Alle Konfigurationsveränderungen zusammen führen zu Wertsystemen, die sich von den herkömmlichen Unternehmungs- und Branchenstrukturen erheblich unterscheiden. An die Stelle einer vertikal integrierten Unternehmung tritt z. B. der Typ des «Orchestrators», der das Geschäftsmodell entwirft, es dann aber durch ein Netzwerk von Partnerfirmen realisieren lässt, so am Beispiel von Puma oder der smart-Produktion zu sehen.

3.3.2 Unternehmungsinterne Prozessgestaltung

Die Konfigurationsveränderungen schlagen teilweise auf die interne Prozessorganisation durch, so insbesondere auch die Fokussierung und die Integration. Die interne Prozessorganisation konfiguriert die verbleibenden Unternehmungsaufgaben in sachlogischer, zeitlicher und räumlicher Hinsicht. Primäre Ziele sind Prozesskosten, Durchlaufzeiten und Ergebnisqualität. Maßnahmen sind vor allem die Elimination, Parallelisierung, Neuordnung (Vor- oder Rückverlagerung) sowie die organisatorische Bündelung von Teilprozessen.

> **Beispiel**
> Ein Beispiel für die Parallelisierung von Prozessen bietet der Ansatz des **Simultaneous Engineering**. Die sequentielle Abfolge der Teilprozesse in der Produktentwicklung wird durch die simultane Realisierung abgelöst. Darüber hinaus sollen Produktions- und Marketingaktivitäten mit der Produktentwicklung zeitgleich durchgeführt werden.

Auch durch eine sinnvolle Anordnung von Standorten, Räumen, Arbeitsplätzen und Transportwegen können Prozesse optimiert werden. Einen nicht zu unterschätzenden Faktor für die Prozessgestaltung bildet damit die **Raumorganisation (räumliche Integration)**. Raumstrukturen sollten sich am relevanten Kernprozess, insbesondere aber am Informations- und Kommunikationsfluss innerhalb des Prozesses orientieren.

> **Beispiel**
> Das Forschungs- und Ingenieurzentrum (FIZ) bei BMW, in dem mehrere tausend Spezialisten neue Fahrzeuge entwickeln und Prototypen bauen, ist ein Beispiel dafür, wie sich die räumliche Anordnung am Produktentwicklungsprozess orientiert und – insbesondere durch die Förderung der Kommunikation – die Zeitdauer des Prozesses verkürzt werden kann.

Die bereits erwähnten Maßnahmen des Job Enrichment und Job Enlargement stellen prozessorganisatorisch Formen der Bündelung von Teilprozessen dar. In größerem Maßstab finden Bündelungsprozesse derzeit im Bereich der Unterstützungsaufgaben statt. Das Ergebnis sind sog. Shared Service Center, die bestimmte Verwaltungsaufgaben, z. B. Personalverwaltung, Buchhaltung, Treasury für mehrere oder alle Geschäftsbereiche bzw. Regionen an einem Standort zusammenfassen.

3.3.3 Prozessverantwortung und Prozesssteuerung

In jedem Fall ist die Klärung der Zuordnung von Kompetenz und Verantwortung innerhalb eines Kernprozesses notwendig. Dies geschieht durch die Bestimmung eines sog. **Prozessverantwortlichen («Process Owner»)**. Diese Einheiten übernehmen anstelle der unmittelbar Prozessbeteiligten sowohl die interne Koordination von Teilprozessen als auch die externe Abstimmung mit vor- und nachgelagerten Prozessen. Sie bilden gleichsam das Informationszentrum für den gesamten Prozess, sind also jederzeit in der Lage, internen oder externen Kunden kompetente Auskünfte zu erteilen. Wichtig erscheint, dass die Prozessverantwortung über die reine Rechenschaftspflicht hinausgeht. Ein Prozessverantwortlicher muss zwingend auch Kompetenzen erhalten, um sich gegenüber den Funktionsbereichen durchzusetzen. Die Prozessverantwortung kann bei einer Einzelperson verankert sein, sie kann aber auch bei einer Gruppe von Personen liegen. In diesem Fall spricht man von einem Prozessteam.

Beispiele für die praktische Umsetzung der Prozessverantwortung stellen das «Schwergewichts-Produktmanagement» und das «Vertriebsinselkonzept» dar. Der «Schwergewichts-Produktmanager» ist der Prozessverantwortliche für den Produktinnovationsprozess. Er besitzt umfangreiche fachliche und disziplinarische Weisungsrechte gegenüber der funktionalen Dimension, wobei sich seine Rechte nicht ausschließlich auf die Teilfunktionen der Produktentwicklung beziehen, sondern auch in die Bereiche Produktion und Marketing hineinreichen. Die in den Entwicklungsprozess eines Produkts eingebundenen Mitarbeiter arbeiten im Prinzip ausschließlich für das jeweilige Entwicklungsprojekt, sind jedoch räumlich weiterhin in ihren funktionalen Bereichen ansässig. Die Funktionsbereiche dienen dazu, das spezialisierte fachliche Know-how für den Entwicklungsprozess zur Verfügung zu stellen und besitzen den Charakter von Kompetenzzentren.

> **Beispiel**
> Bei BMW gibt es in der Produktentwicklung vier Baureihenverantwortliche für die 3er-, 5er- und 7er-Reihe sowie für Sondermodelle, die jeweils für den gesamten Produktentwicklungsprozess inklusive gewisser Marketing-Aktivitäten verantwortlich sind.

Bei der «Vertriebsinsel» handelt es sich um eine spezifische Form der Gruppenarbeit, die den Gedanken der Fertigungsinsel auf die Auftragsabwicklung überträgt. Die Prozessverantwortung liegt hier nicht bei einer Einzelperson, sondern beim Prozessteam. Alle Aufgaben innerhalb des Auftragsabwicklungsprozesses, von der Kundenanfrage bis zur Produktauslieferung, stehen unter der Verantwortung der drei bis zehn Mitglieder umfassenden Gruppe, die auch räumlich zentralisiert ist. Dadurch ist gewährleistet, dass der Kunde nicht von einem Ansprechpartner zum nächsten weitergereicht wird, sondern nur eine Anlaufstelle für seine Anliegen hat und somit eine «Rundumsachbearbeitung» stattfindet (vgl. Buchholz [Time-to-Market-Management]).

Wesentlicher Teil des Prozessmanagements ist die Koordination und Integration der (internen wie externen) Prozesse. Intern besitzt die Unternehmungskultur eine besondere Bedeutung. Vorrangig geht es um gemeinsame Werte, Normen und Verhaltensmuster im Hinblick auf Qualitätsbewusstsein, Kundenorientierung und internes Unternehmertum. Einen Ansatzpunkt zur kulturellen Prägung bilden vor allem spezifisch ausgestaltete Anreizsysteme. Beispielsweise kann am Entlohnungssystem angesetzt werden. So sind die Einführung von Zeit- und/oder Qualitätsprämien sowie Formen der Erfolgs- und Kapitalbeteiligung adäquate Mittel, sofern Prozessergebnisse als Bezugsgrößen herangezogen werden.

Modernes Prozessmanagement stellt jedoch auch veränderte Anforderungen an die **Führungsstile** und Führungsmodelle. Die Ergebniskontrolle tritt gegenüber der Verfahrenskontrolle in den Vordergrund. Der Vorgesetzte muss mehr durch Rahmenvorgaben, Ergebnisgrößen und Leistungsstandards führen. Seine Rolle ist die eines «Prozessmoderators», der sich als «Dienstleister» für seine «Untergebenen» sieht, die aus seiner Sicht als Kunden zu betrachten sind. Dieses Führungsverhalten ist in ein geeignetes Führungsmodell einzubetten. Zu denken wäre insbesondere an das **Management by Objectives** (MbO, Führung durch Ziele), das es erlaubt, Prozessmitarbeiter oder ganze Prozessteams auf übergeordnete Ziele auszurichten.

Die Ziele, die in ein MbO einfließen, müssen aus dem Gesamtunternehmungsgeschehen systematisch abgeleitet werden. Dazu dienen Ansätze des Performance Measurement. Zum Steuern eines komplexen Systems – eines Flugzeugs ebenso wie einer Unternehmung – in turbulenten Situationen reicht eine einseitige Ausrichtung auf eine Zielgröße (z. B. Ergebnis oder Unternehmungswert) nicht aus. Unter dem Schlagwort **Performance-Measurement** haben verschiedene Ansätze einer ganzheitlichen Bewertung der Unternehmungsleistung unter Einbezug aller Zielkategorien und auch qualitativer Kenngrößen Einzug in die Managementliteratur gefunden. Das neben unternehmungsspezifischen Eigenentwicklungen am häufigsten eingesetzte und sicherlich auch bekannteste Performance Measurement-Konzept ist die **Balanced Scorecard** (vgl. Kaplan/Norton [Scorecard]).

Die erläuterten organisatorischen und personellen Gestaltungsansätze sind durch geeignete IT-Systeme zu unterstützen. Dazu zählen administrative Systeme (z. B. Prozesskostenrechnung) ebenso wie technische Systeme (z. B. für die Produktionsplanung und -steuerung). Nicht zuletzt ist an die vielfältigen Möglichkeiten der Telekommunikation zu erinnern, die sich im Internet (z. B. Business to Customer), im sog. Extranet (z. B. Business to Business) und im Intranet (unternehmungsinterne Kommunikation) entfalten.

Die Vielfalt der dargestellten Gestaltungsansätze lässt erahnen, dass es keine allgemein verbindlichen Lösungen i. S. eines «Königswegs» gibt. Vielmehr muss unternehmungsspezifisch ein **Gestaltungs-Mix** realisiert werden, innerhalb dessen sich organisatorische, technische und auch personelle Maßnahmen optimal ergänzen. Der Erfolg hängt demnach auch in besonderer Weise von einem Fit der Gestaltungsmaßnahmen ab.

Für das externe Prozessmanagement gelten die getroffenen Aussagen analog. Dabei kommt es vielfach zu sog. hybriden Lösungen, da die externe Arbeitsteilung weithin durch Netzwerke (Wertschöpfungspartnerschaften) charakterisiert ist. Hierarchische Ansätze und der Aufbau einer speziellen Netzwerkkultur überlagern oder ersetzen die marktlichen Beziehungen. Träger des Wettbewerbs sind dann im Übrigen nicht mehr einzelne Unternehmungen, sondern ganze Netzwerke, die gegeneinander antreten.

4 Aufbauorganisation

4.1 Gestaltungsparameter aufbauorganisatorischer Grundmodelle

Die Grundbausteine der Organisation lassen sich in unterschiedlichster Art und Weise miteinander kombinieren, woraus sich die Aufbauorganisation einer Unternehmung ergibt. Um die vielfältigen Einzellösungen der Praxis überschaubar, vor allem aber verständlich zu machen, empfiehlt es sich, die Gestaltungsproblematik ausgehend von grundlegenden Strukturmodellen zu diskutieren. Diese Idealtypen zeigen charakteristische Gestaltungsparameter und besitzen je spezifische Stärken und Schwächen. Die unterschiedlichen Praxislösungen sind nichts anderes als der Versuch, unternehmungsbezogen die Schwächen der Grundmodelle zu reduzieren und ihre Stärken zu kombinieren.

Die Analyse wird durch die Tatsache erleichtert, dass es im Wesentlichen nur drei Gestaltungsparameter mit jeweils zwei Ausprägungen sind, aus denen sich die Typenbildung ergibt:

(1) Dominante Form der Aufgabenspezialisierung auf der zweiten Hierarchieebene: Verrichtungsgliederung oder Objektgliederung;
(2) Verteilung der Weisungsbefugnisse: Einlinien- oder Mehrliniensystem;
(3) Verteilung der Entscheidungsaufgaben: Entscheidungszentralisation oder -dezentralisation.

Im Prinzip sind acht Kombinationen möglich. Drei Strukturmodelle sind jedoch nur relevant: die funktionale Organisation (FO), die divisionale Organisation (DO) und die Matrixorganisation (MO). Diese drei aufbauorganisatorischen Grundmodelle werden im Folgenden in ihren Grundzügen dargestellt, bevor im dritten Abschnitt darauf aufbauend einige Spezialprobleme aufgezeigt werden (vgl. Krüger [Organisation]).

4.2 Aufbauorganisatorische Grundmodelle

4.2.1 Funktionale Organisation

> Bei der funktionalen Organisation (FO) handelt es sich um eine verrichtungsorientierte Einlinienorganisation mit einer Tendenz zur Entscheidungszentralisation.

Die Gliederung der zweiten Ebene erfolgt nach unterschiedlichen Verrichtungen (z. B. Beschaffung, Produktion, Absatz). Die Weisungskompetenzen sind ungeteilt, jeder Mitarbeiter erhält Weisungen nur von einem Vorgesetzten; dies entspricht dem auf *Fayol* zurückgehenden Prinzip der Einheit der Auftragserteilung. Da zwischen den Funktionen zahlreiche produkt- und marktbezogene Interdependenzen existieren, ergeben sich vielfältige Koordinationsaufgaben. Um eine Abstimmung der Teilprobleme und -ziele i. S. eines Gesamtoptimums vorzunehmen, muss die Unternehmungsspitze in starkem Maße eingreifen, woraus sich eine Tendenz zur Entscheidungszentralisation ergibt (vgl. Abb. 2.14).

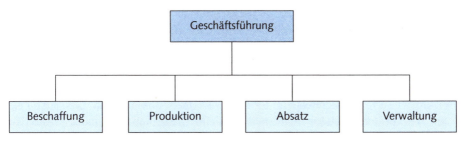

Abbildung 2.14: Funktionale Organisation

Die wichtigsten Stärken und Schwächen der FO lassen sich folgendermaßen charakterisieren:

(1) Stärken der FO

- Die Zusammenfassung gleicher Verrichtungsarten ermöglicht sowohl die Realisierung von Spezialisierungs-, Arbeitsteilungs- und Größenvorteilen (Economies of Scale) als auch von Lern- und Erfahrungseffekten (Finanz- und Sachressourceneffizienz).
- Die FO ist flexibel bezüglich quantitativer Umweltveränderungen, z. B. hinsichtlich der Anpassung der Produktionsmenge (Flexibilität).
- Die Zusammenfassung gleicher Verrichtungen unterstützt die Entstehung eines verrichtungsspezifischen Expertentums mit hoher Verfahrensinnovationsorientierung (Innovationsfähigkeit).
- Funktionsbezogene Kooperationen (z. B.) sind leicht und flexibel realisierbar (Netzwerkfähigkeit).

(2) Schwächen der FO

- Es besteht keine Marktverantwortung der nicht direkt am Verkauf beteiligten Funktionsbereiche, und mögliche Bereichsegoismen erschweren eine einheitliche Ausrichtung auf Markt und Kunden (Markt- und Wettbewerbsorientierung).
- Wegen starker horizontaler Interdependenzen und unterschiedlicher Interessenlagen in den Funktionsbereichen besteht nur schwache qualitative und strukturelle Anpassungsfähigkeit (Flexibilität, Netzwerkfähigkeit).
- Die fehlende Marktnähe erschwert eine einheitliche Ausrichtung auf Produktinnovationen (Innovationsfähigkeit).

- Durch die hohe Anzahl von Schnittstellen entsteht großer Koordinationsbedarf an der Spitze und damit die Gefahr der Überlastung der Unternehmungsspitze (Führungsprozesseffizienz).
- Funktionsübergreifende Prozesse werden durch funktionale Barrieren behindert, es kommt zu Schnittstellenproblemen (Geschäftsprozesseffizienz).

Um seine Schwächen zu reduzieren, kann das beschriebene Grundmodell um weitere Bausteine der Primär- oder Sekundärstruktur ergänzt werden oder aber in seinen strukturellen Eigenarten abgewandelt werden. Die Schwächen der FO im Hinblick auf die Markt- und Wettbewerbsorientierung werden in dem Maße zum Problem, in dem heterogene Produktprogramme, unterschiedliche Marktsegmente und differenzierte Kundenbedürfnisse zu bearbeiten sind. Wenn ein Übergang zu divisionalen oder Matrixstrukturen nicht möglich oder nicht sinnvoll ist, kommen **objektorientierte Teilbereiche** in Betracht. Je nach dominantem Gesichtspunkt kann z. B. für den Absatzbereich eine marktnahe Untergliederung nach Produkten, Kundengruppen oder Regionen erfolgen. Eine Einkaufsabteilung könnte nach Materialgattungen, eine Entwicklungsabteilung nach Baureihen gegliedert sein.

Beispiel
Ein Pumpenhersteller gliedert seinen Absatzbereich im Inland nach regionalen Niederlassungen. Er bündelt seine Exportaktivitäten daneben in einer Exportabteilung, die ihrerseits nach ausländischen Märkten unterteilt ist, die durch Tochtergesellschaften betreut werden.

Für eine weitergehende Marktorientierung müssen noch andere Funktionen als der Absatz einbezogen werden. Eine Möglichkeit hierzu liegt in der Bildung von sog. **Strategischen Geschäftseinheiten** (SGE). Als Grundlage sind zunächst Strategische Geschäftsfelder (SGF) zu identifizieren, also gedankliche Produkt-Markt-Kombinationen von hoher Erfolgsrelevanz. Für die Brauerei könnte ein wichtiges SGF z. B. die sog. Erlebnisgastronomie sein. Ein anspruchsvolles und auch zahlungskräftiges Publikum ist in besonders ausgestalteten Gaststätten mit Premiumprodukten zu erreichen. Die Beobachtung und Betreuung eines SGF wird einem hochrangigen Linienmanager als Nebenaufgabe übertragen, der darüber direkt an die Unternehmungsspitze berichtet. Ausgestattet mit angemessenen Kompetenzen bildet und leitet er Arbeitsgruppen oder Teams, die sich aus Mitgliedern der betroffenen Funktionsbereiche konstituieren. Werden mehrere solcher organisatorischen Einheiten (SGE) aufgebaut, so legen sie sich wie eine zweite Strukturdimension über die Funktionsdimension, ein Sachverhalt, der den Begriff «**Duale Organisation**» aufkommen ließ (vgl. Szyperski/Winand [Unternehmungsplanung]). Der Unterschied zur Matrixorganisation besteht darin, dass keine neuen Stellen zu schaffen sind. Die duale Organisation stellt eine besondere Variante der Sekundärstruktur dar und bietet die Möglichkeit, auch die strategische Anpassung einer Unternehmung mit funktionaler Grundstruktur zu verbessern.

Funktionale Organisationen findet man heute entweder noch bei Kleinunternehmungen, Einproduktunternehmungen (Bsp. Ruhrgas AG) oder Unternehmungen, die über ein relativ homogenes Produktprogramm verfügen, wie das Beispiel BMW in Abb. 2.15 zeigt (vgl. Schreyögg [Organisation]).

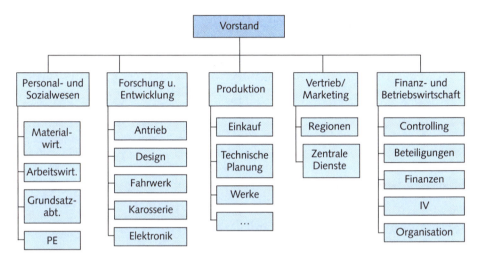

Abbildung 2.15: Beispiel für eine funktionale Organisation: BMW AG (1994)

4.2.2 Divisionale Organisation

Bei der **divisionalen Organisation (DO)** ist nicht das Verrichtungs-, sondern das **Objektprinzip** prägend. Man spricht hier von einer objektorientierten Einlinienorganisation mit Tendenz zur Entscheidungsdezentralisation.

Die Gliederung der zweiten Ebene kann nach unterschiedlichen Objekten erfolgen. Wenn hinsichtlich der bearbeiteten Märkte bzw. Marktsegmente, der Vertriebswege und der zugrundeliegenden Produkttechnologien ausreichende Unterschiede bestehen, ist eine Gliederung nach Produkten und Produktgruppen sinnvoll. Eine Gliederung nach Regionen bietet sich an, wenn bestimmte Regionen unter Ergebnisgesichtspunkten bedeutsam sind (z. B. Organisation über Niederlassungen), bei der qualitativen Nachfrage Besonderheiten aufweisen oder hohe Entfernungen eine Rolle spielen (z. B. Auslandsniederlassungen). Wenn es sich um unterschiedliche Kundengruppen mit jeweils spezifischen Bedürfnissen handelt (z. B. Privatkunden, Industriekunden), ist schließlich auch eine Gliederung nach Kundengruppen denkbar.

Die objektbezogenen Einheiten (engl.: divisions) werden als Sparten oder Geschäftsbereiche bezeichnet. Ihnen sind zumindest die Kernfunktionen Absatz und Produktion zuzuordnen. Andere Funktionen können als Center bzw. Zentralbereiche organisiert werden, was die Primärstruktur entsprechend verändert (vgl. Abschnitt 4.3).

Die Weisungskompetenzen sind im Grundmodell ungeteilt. Wenn Zentralbereiche Richtlinienkompetenzen gegenüber den operativen Einheiten besitzen (sog. funktionale Weisungsrechte), ergeben sich Formen einer reduzierten Matrixorganisation. Um spartenspezifische Politik machen zu können, ist ein relativ hoher Grad an Dispositionsfreiheit erforderlich; daher besitzt die DO eine Tendenz zur Entscheidungsdezentralisation.

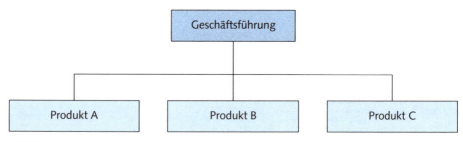

Abbildung 2.16: Divisionale Organisation

Bei einer Beurteilung der DO ergibt sich das folgende Bild:

(1) Stärken der DO

- Nach marktbezogenen Kriterien gebildete Sparten sind die beste Voraussetzung zur Umsetzung von Markt- und Wettbewerbsstrategien auf Geschäftsbereichsebene (Markt- und Wettbewerbsorientierung).
- Auf quantitative und qualitative Umweltveränderungen kann die DO angemessen reagieren, sie besitzt zudem eine relativ hohe strukturelle Anpassungsfähigkeit (Flexibilität).
- Durch die erhöhte Marktsensibilität können innovative Anregungen aus dem Markt (Produktinnovationen) gut aufgenommen und durch die objektorientierte Strukturierung und Verantwortungszuordnung mit ausreichendem Nachdruck umgesetzt werden (Innovationsfähigkeit).
- Durch die relativ hohe Selbstständigkeit der Teilbereiche ist der Koordinationsbedarf der Unternehmungsleitung gering und die Führbarkeit gut (Führungsprozesseffizienz).
- Auf der Ebene der Spartenleiter wird unternehmerisches Denken gefordert und gefördert, wodurch sich positive Motivationswirkungen ergeben (Human Ressourcen-Orientierung).
- Da sich Geschäftsprozesse typischerweise auf ein Geschäftsfeld beziehen (z.B. Auftragsabwicklung), kann die Prozessverantwortung den Spartenleitern übertragen werden (Geschäftsprozesseffizienz).
- Bereichsübergreifende Partnerschaften können bei entsprechendem Freiraum der Teilbereiche selbstständig eingegangen werden (Netzwerkfähigkeit).

(2) Schwächen der DO

- Das Autonomie- und Erfolgsstreben der Sparten kann der Umsetzung einer die gesamte Unternehmung betreffenden Strategie (Corporate Strategy) entgegenstehen und so ein Gesamtoptimum verhindern (Führungsprozesseffizienz, Anpassungsfähigkeit).
- Durch Doppelarbeit und Mehrfachaufgaben können sich Nachteile hinsichtlich der Ausnutzung von Größendegressionseffekten (Economies of Scale) ergeben, es entsteht Sachressourcen-Slack (Finanz- und Sachressourceneffizienz).

Damit die genannten Stärken der DO auch tatsächlich wirksam werden, müssen einige Voraussetzungen erfüllt sein:

(1) Jede Sparte/Division muss mindestens die Funktionen Produktion und Absatz umfassen, gegebenenfalls auch die produktbezogene Entwicklung (andere Funktionen können zentral angeordnet sein), andernfalls kann man nicht von selbstständigen Sparten und somit nicht von einer DO sprechen.
(2) Um dies zu gewährleisten, müssen sich die Absatzmärkte der Sparten nach eindeutigen Kriterien unterscheiden lassen und weitgehend unabhängig voneinander sein.
(3) Die Produktionsstruktur resp. Technologie muss sich entsprechend der für die Sparten vorgenommenen Abgrenzung in weitgehend unabhängige Teilbereiche zerlegen lassen; dies ist zum einen ein technisches Problem (z. B. Verbundproduktion), zum anderen ein wirtschaftliches Problem (Mindestbetriebsgröße).

Die divisionale Organisation ist die aktuell am weitesten verbreitete aufbauorganisatorische Gestaltungslösung bei Großunternehmungen. Im Idealfall agieren die Sparten wie Quasiunternehmungen. Im Negativfall treten vielfältige Probleme der Verflechtung auf, die zu spezifischen Koordinationsaufgaben führen (z. B. Verrechnungspreisproblematik). Mangelnde Markttrennbarkeit bedeutet, dass verschiedene Sparten mit ähnlichen Produkten die gleichen Distributionswege benutzen und die gleichen Kunden umwerben. Im Grenzfall ergibt sich ein Verdrängungswettbewerb. Derartige Überlappungen erscheinen nur sinnvoll, wenn zugleich eine einheitliche Wertorientierung gegeben ist. Sie führt dazu, dass die interne Konkurrenz als Ausdruck einer allgemein akzeptierten Unternehmungsphilosophie erlebt wird, in deren Mittelpunkt ein unternehmungsinterner Qualitätswettbewerb steht.

Im Übrigen ist auch für die Spartenorganisation auf spezifische Koordinations- und Flexibilitätsprobleme hinzuweisen. Die Führbarkeit aus der Sicht der Spitze lässt mit wachsender Anzahl der Sparten nach. Größenwachstum der Sparten führt zu internen Koordinationsproblemen und ist regelmäßig mit Anpassungs- und Flexibilitätsverlust verbunden. Strategie und Organisation müssen immer wieder überdacht und angepasst werden, um wettbewerbsfähig zu bleiben.

Dies lässt sich am Beispiel der Siemens AG verfolgen. Die breite Palette der Geschäftsgebiete und ihre Organisation in Sparten zeigt Abb. 2.17 mit dem Stand von 2001. In den letzten Jahren erfolgte eine strategische Neuausrichtung auf die

236 Organisation

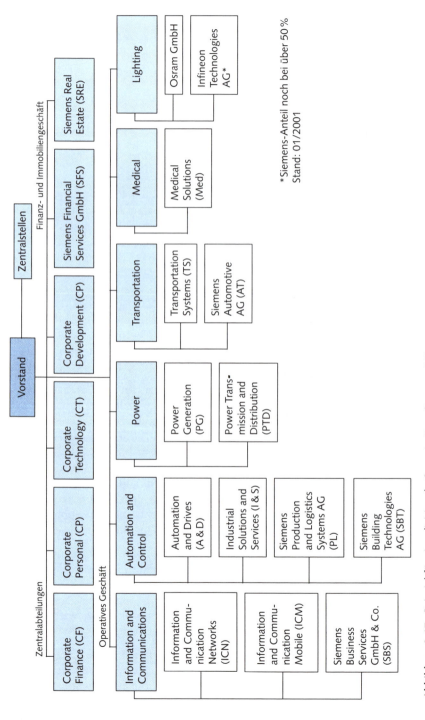

Abbildung 2.17: Beispiel für eine divisionale Organisation: Siemens AG

Themen «Demographie, Urbanisierung, Umwelt- und Klimaschutz». Das Geschäftsportfolio wurde demgemäß u. a. durch Verkäufe und Zukäufe stark verändert. Um anschließend die Organisation weniger komplex und transparenter zu machen, wurden die Geschäftsgebiete und Sparten 2008 zu drei sog. Sektoren zusammengefasst (Industry, Energy und Healthcare). Die Sektoren sind allerdings ihrerseits wiederum breit gefächert. Der Sektor Industry z. B. umfasst nunmehr sechs Sparten: Drive Technologies sowie Industry Automation (früher A&D), Building Technologies (früher SBT), Mobility (früher TS), Lighting (Osram) und Industry Solutions (früher I&S).

4.2.3 Matrix- und Tensor-Organisation

> Die **Matrixorganisation (MO)** ist eine Mehrlinienorganisation mit gleichzeitiger Verrichtungs- und Objektorientierung und einer Tendenz zur Entscheidungsdezentralisation.

Auf der zweiten Hierarchieebene werden gleichzeitig Objekt- und Verrichtungsgliederung angewendet. Typischerweise bildet eine funktionale Organisation die vertikale Grunddimension, über die eine z. B. nach Produkten oder Projekten gegliederte Objektdimension gelegt wird (vgl. Abb. 2.18). Es sind auch beliebige andere Objekte als Gliederungsmerkmal denkbar. Wird eine MO auf Dauer eingerichtet, so sind zusätzliche Stellen für Matrixmanager zu schaffen. Im Verhältnis erster zu zweiter Hierarchieebene herrscht Entscheidungsdezentralisation. Eine weitergehende Dezentralisation ist allerdings nicht möglich, ohne die Funktionsfähigkeit der Matrix zu gefährden.

Im Grundmodell spalten sich die ursprünglich ungeteilten Weisungsbefugnisse gleichberechtigt auf, es entsteht ein System von zwei sich kreuzenden Weisungslinien **(Mehrliniensystem)**. Die betroffenen Mitarbeiter erhalten gleichberechtigte Weisungen vom zuständigen Funktions- und vom Matrixmanager, der als **Querschnittsregler** fungiert. Dies stellt eine moderne Variante des **«Funktionsmeisterprinzips»** von *Taylor* dar. *Taylor* schwebte für die Meisterebene im Produktionsbereich eine Aufteilung der Vorgesetztenfunktion auf insgesamt sieben spezialisierte Meister vor (z. B. für Arbeitsverteilung, Instandhaltung, Kosten- und Zeitanalyse).

> Wird auf der zweiten Hierarchieebene eine gleichberechtigte Gliederung nach mehr als zwei Dimensionen vorgenommen, so spricht man von **Tensororganisation**. Denkbar wäre z. B. die dreidimensionale Gliederung nach Funktionen, Produkten und Regionen. Die Tensororganisation ist in ihren Stärken und Schwächen der Matrixorganisation vergleichbar.

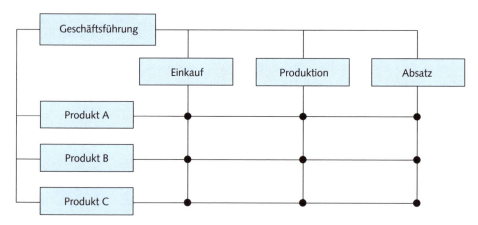

Abbildung 2.18: Matrixorganisation

(1) Stärken der MO

- Durch die Querschnittsregelung können sowohl Markt- und Kundennähe als auch verbesserte Geschäftsprozesse realisiert werden (Markt- und Wettbewerbsorientierung, Geschäftsprozesseffizienz).
- Der Wettbewerb der Querschnittsregler um knappe Ressourcen sowie die konstruktive Diskussion zwischen Objekt- und Funktionsdimension wirken sich positiv auf Produkt- und Verfahrensinnovationen aus und führen zu Effizienzverbesserungen (Innovationsfähigkeit, Finanz- und Sachressourceneffizienz).
- Die erweiterte Perspektive durch die beiden Dimensionen wird organisatorisch institutionalisiert, wodurch eine produktive Konfliktnutzung entstehen kann (Führungsprozesseffizienz).
- Die bestehende starke interne Vernetzung kann bezüglich externer Partnerschaften hinderlich sein (Netzwerkfähigkeit).

(2) Schwächen der MO

- Durch langwierige Diskussionen und Machtkämpfe zwischen den gleichberechtigten Dimensionen kann ein schnelles Reagieren verhindert werden, und Anpassungsentscheidungen können zu Kompromisslösungen und damit halbherzigen Entscheidungen führen (Flexibilität).
- Gegebenenfalls ergibt sich ein extrem hoher Koordinationsbedarf durch die Unternehmungsleitung, bedingt durch die Stellenvermehrung auf Grund des zusätzlichen Bedarfs an Produkt- oder Projektmanagern (Führungsprozesseffizienz).
- Durch die Gleichberechtigung der Dimensionen und ihre teilweise unterschiedliche Zielsetzung besteht die Gefahr von unproduktiven Konflikten in Form von Reibungsverlusten und Pattsituationen (Geschäftsprozesseffizienz/Führungsprozesseffizienz).

Das markanteste Problem der Matrix sind die vielfältigen Konfliktmöglichkeiten. Es kommt darauf an, produktive Konfliktwirkungen zu begünstigen, unproduktive zu vermeiden. Dies kann nur z.T. durch strukturelle Regelungen geschehen, also insbesondere Aufgaben- und Kompetenzabgrenzung mit Hilfe von Funktionendiagrammen und Kompetenzbildern. Ein offener, kooperativer Stil der Führung und Zusammenarbeit ist hierfür ebenso wichtig wie klare und differenzierte Ziele für alle Beteiligten. Querbeziehungen zum Führungskonzept des Managements by Objectives sind ebenso erkennbar wie die Bedeutung kultureller Regelungen.

Strukturelle Regelungen laufen darauf hinaus, abgestufte Kompetenzen zu definieren, die im Einzelfall die besonders unproduktiven Pattsituationen vermeiden sollen. Derartige «Vorfahrtsregeln» bedeuten eine Abkehr von gleichgewichtigen Weisungsrechten und bewirken eine kompetenzreduzierte Matrix. Außerdem kann sich die Querschnittsregelung auf ausgewählte Funktionen beschränken und muss nicht sämtliche Funktionsbereiche umspannen. Es kommt zu einer funktionsreduzierten Matrix. Insgesamt bedeutet dies, dass eine der beiden Dimensionen eine organisatorisch schwächere Stellung einnimmt. In aller Regel ist dies die zweite, horizontale Dimension der Querschnittsregelung.

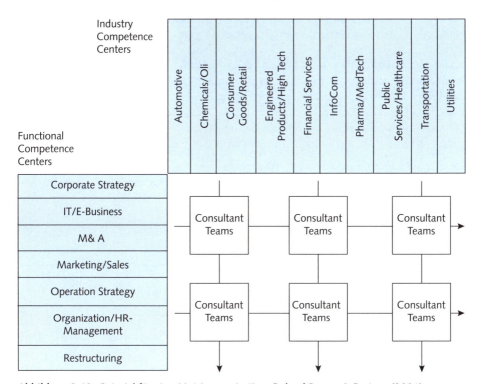

Abbildung 2.19: Beispiel für eine Matrixorganisation: Roland Berger & Partner (2001)

Beispiel
Abb. 2.19 zeigt die Struktur der Unternehmungsberatung Roland Berger und Partner GmbH. Als Primärorganisation wurde eine nach Funktionsbereichen (z. B. Strategie-, Organisations- oder Technologieberatung) und Branchen (z. B. Maschinenbau, Banken, Handel) gegliederte Matrixorganisation eingeführt. Diese dauerhafte Struktur wird von einer zweiten, zeitlich befristeten Projektorganisation überlagert, die je nach Aufgabenstellung auf das Potenzial der beiden Matrixdimensionen zurückgreifen kann.

4.3 Spezialprobleme der Aufbauorganisation

4.3.1 Center-Organisation

Die Aufbauorganisation vor allem großer Unternehmungen ist durch das intensive Bemühen um Flexibilisierung, Effizienzsteigerung und Konzentration auf Kernfähigkeiten gekennzeichnet. Zusammengenommen entsteht ein Trend zur strategiefokussierten Organisation (vgl. Abschn. 2.3.1). Die interne Organisation ist durch eine klarere Arbeitsteilung der verschiedenen Organisationseinheiten geprägt, dies insbesondere im Hinblick auf die drei SOS-Aufgabengebiete Steuerung, Operation und Service (Unterstützung). An die Stelle historisch gewachsener und vielfältig verflochtener Strukturen tritt eine straffe und transparente Gliederung kleinerer, flexiblerer Einheiten, eine strategiefokussierte Organisation. Die Organisation der Bayer AG bietet ein Beispiel hierfür (vgl. Abb. 2.22). Damit einher geht eine standortbezogene Optimierung der Organisation; im Grenzfall eine weltweite Dislozierung von spezialisierten Einheiten im Hinblick auf Kosten- und Leistungsvorteile.

Unterschiedliche Geschäfte bzw. Funktionen werden von – organisatorisch oder auch rechtlich – selbstständigen operativen Einheiten wahrgenommen (Sektoren, Sparten, Geschäftsbereiche/Business Units oder Funktionsbereiche). Übergreifende Aufgaben werden soweit wie möglich zusammengefasst, wodurch verschiedenartige Center entstehen (vgl. Krüger [Konzernentwicklung]; v. Werder/Grundei [Center-Organisation]).

> Center sind Organisationseinheiten der Primärorganisation, in denen bereichsübergreifende Aufgaben gebündelt werden.

Die Aufgabenbündelung verändert die vertikale und horizontale Arbeitsteilung (vgl. Abb. 2.20).

Im Rahmen der vertikalen Arbeitsteilung geht es dabei um das Verhältnis der Unternehmungsspitze (z. B. Konzernzentrale) zu den operativen Einheiten und den Unterstützungseinheiten. Bündelung bedeutet hier die Zentralisation von übergrei-

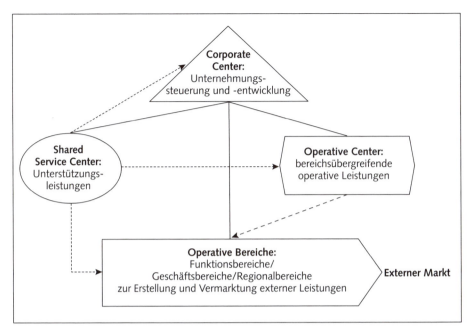

Abbildung 2.20: Schema einer strategiefokussierten Organisation (Center-Organisation)

fenden Steuerungsaufgaben und führt zu sog. Corporate Centern. Die operativen Einheiten sollen sich auf die wertsteigernden Funktionen und Geschäftsprozesse konzentrieren. Bei der Neugestaltung der horizontalen Arbeitsteilung steht das Herauslösen der vielfältigen Verwaltungsaufgaben aus den operativen Einheiten im Vordergrund, also eine Konzentration von Unterstützungsaufgaben und deren Zusammenfassung in sog. Shared Service Centern. Inhaltlich geht es um die Entwicklung und Pflege der Unternehmungsinfrastruktur (Bauten, Technologie, IT, Organisation) sowie die Bereitstellung der notwendigen materiellen, informationellen und personellen Ressourcen. Unterstützungsaufgaben sind, gemessen an der Unternehmungsstrategie, nicht unmittelbar wertsteigernd.

In der Praxis sind außerdem Einheiten zu finden, in denen operative Funktionen und Leistungen zusammengefasst werden, die an verschiedenen Stellen im Konzern gebraucht werden.

Beispiel
Ein operatives Center ist eine Motorenfabrik, die für unterschiedliche Produktsparten der Unternehmung produziert, oder ein Entwicklungszentrum, das neue Softwareprodukte für die Regionalsparten generiert (so bei SAP).

In herkömmlichen Konzernzentralen sind sowohl Steuerungs- wie Unterstützungsaufgaben zu finden, organisatorisch zusammengefasst in den sog. Zentralbereichen bzw. Zentralfunktionen. Im Rahmen der Fokussierungsbemühungen werden auch diese Einheiten auf den Prüfstand gestellt und entflochten.

4.3.2 Steuerungskonzepte

Mit der strategischen Neuausrichtung und organisatorischen Umgestaltung geht eine Neuregelung der Führungsbeziehungen Hand in Hand. Dabei spielen monetäre Steuerungsgrößen eine tragende Rolle. Sie sollen einerseits das starke Maß an Dezentralisierung und die Übertragung von Ergebnisverantwortung ermöglichen und andererseits dafür Sorge tragen, dass sich die Zentrifugalkräfte in Grenzen halten. Herkömmliche Steuerungskonzepte einer budget- oder kostenorientierten Steuerung (Budget oder Cost Center) werden mehr und mehr durch eine ergebnisorientierte Steuerung (Profit oder Investment Center) abgelöst. Davon betroffen sind keineswegs nur die Träger des operativen Geschäfts, sondern zunehmend auch die Unterstützungseinheiten.

In Theorie und Praxis lassen sich insbesondere die folgenden vier Steuerungskonzepte finden:

(1) **Cost Center**: Aufgaben, Kompetenz und Verantwortung sind vorrangig an Kostengrößen orientiert.
(2) **Leistungscenter**: Aufgaben, Kompetenz und Verantwortung sind am Erbringen bestimmter Leistungen orientiert, flankiert durch Budgeteinhaltung.
(3) **Profit Center**: Aufgaben, Kompetenz und Verantwortung sind an Erfolgsgrößen orientiert (z. B. Betriebsergebnis, Umsatzrentabilität, Return on Investment, Cash Flow).
(4) **Investment Center**: Aufgaben, Kompetenz und Verantwortung sind an Erfolgsgrößen und zusätzlich an der Gewinnverwendung orientiert.

Den geringsten Spielraum besitzt c. p. der Teilbereich, der als Cost Center geführt wird. Die Steuerung anhand von Kosten lässt sich hauptsächlich für die funktionalen Teilbereiche der FO realisieren oder findet für nach funktionalen Kriterien gebildete Zentralbereiche ihre Anwendung.

Um einen Bereich als Leistungscenter zu führen, sind zunächst die dort zu erbringenden Leistungen und Leistungsergebnisse zu bestimmen. Auf dieser Grundlage kann z. B. ein Zentralbereich zusätzlich zur kostenorientierten Überwachung anhand leistungsorientierter Zielgrößen (z. B. Menge, Qualität, Zeit) gesteuert werden. Existieren Marktpreise für die erbrachten Leistungen, bietet sich der Schritt zum Profit Center an.

Das Profit Center-Konzept korrespondiert am ehesten mit einer DO. Die Leistung der Teilbereiche wird dabei anhand von marktlichen Erfolgsgrößen erfasst und ausgewiesen. Daraus resultiert die organisatorische Voraussetzung, dass ein als Profit Center geführter Teilbereich einen unmittelbaren Zugang zum externen Markt besitzen muss. Bei einer FO gilt dies nur für den Absatzbereich, bei der DO für alle Sparten mit eigener Absatzfunktion. Ein Profit Center, das diesen Namen wirklich verdient, setzt voraus, dass alle gewinn- bzw. ergebnisbestimmenden Größen durch Maßnahmen des Centers beeinflusst werden können. Dazu zählen insbesondere Kosten, Leistung bzw. Produkt nach Art und Menge, Preis, Qualität und Zeit. Nur dann ist das erwähnte **Kongruenzprinzip, also die Abdeckung von Aufgaben durch Kompetenz und Verantwortung,** gewährleistet. Ein Spartenleiter, der nur über wenige Funktionen verfügt oder auf Vorlieferungen anderer Sparten angewiesen ist, kann nur einen Teil der Kosten und Leistungen beeinflussen (betr.: Kompetenzen) und ist demgemäß nur bedingt am Spartenergebnis zu messen (betr.: Ergebnisverantwortung).

> Durch den **Profit Center-Gedanken** entstehen relativ selbstständige «Quasi-Unternehmungen», durch die sich die positiven Aspekte der DO wie größere Marktnähe, mehr Flexibilität, schnellere Reaktionsmöglichkeiten und höhere Motivation der Teilbereiche in verstärktem Ausmaß realisieren lassen.

Anstatt des externen Marktzugangs kann auch ein unternehmungsinterner, fiktiver Markt die Grundlage für eine Profit Center-Steuerung darstellen (vgl. auch Abschn. 1.3.6). Diese Variante ist dann sinnvoll, wenn zwischen den Teilbereichen innerbetriebliche Leistungsverflechtungen existieren. Die gegenseitige Leistungserbringung der Teilbereiche füreinander wird dann mit Hilfe von internen Verrechnungspreisen abgewickelt. Die Gestaltung dieser Preise und die Zuweisung der Kompetenzen zur Beeinflussung der marktrelevanten Größen (z. B. Kosten, Preise, Qualität, Sortiment) sind die wichtigsten Punkte in diesem Konzept.

Im Normalfall wird das Teilbereichsergebnis an die Zentrale abgeführt. Die Zentrale betreibt auf dieser finanziellen Grundlage die notwendige Investitions- und Desinvestitionspolitik. Im **Investment Center** kann der Spartenleiter zumindest über einen Teil des Gewinns selbst verfügen. Er erhält damit das höchstmögliche Maß an Autonomie und wäre im Stande, z. B. neue Geschäftsfelder durch internes oder externes Wachstum aufzubauen.

Die Center-Konzepte setzen mit wachsender Selbstständigkeit der Sparten auch ein wachsendes Maß an Systemunterstützung voraus. Das beginnt bei einem aussagefähigen Rechnungswesen mit einer verursachungsgerechten Kosten- und Leistungszurechnung, setzt sich fort mit ausgebauten Planungs- und Kontrollsystemen und mündet schließlich in die notwendige Unterstützung durch ein Führungsmodell wie das Management by Objectives oder die Balanced Scorecard sowie adäquate Anreiz- und Personalentwicklungssysteme für Führungskräfte.

4.3.3 Konzernorganisation

Fragen der Konzernorganisation besitzen wegen der besonderen Relevanz von Konzernen in der Praxis ein erhebliches Gewicht und werden in der Organisationslehre verstärkt diskutiert (vgl. Bleicher et al. [Führung], v. Werder [Führungsorganisation], Bach [Führungsorganisation]). Nach der rechtlichen Kennzeichnung von §§ 17 ff. AktG handelt es sich bei einem **Konzern** um eine «Zusammenfassung von mehreren, rechtlich selbstständigen aber beherrschten Unternehmen unter einheitlicher Leitung des herrschenden Unternehmens». Der Begriff der «einheitlichen Leitung» lässt ein breites Feld zwischen zentraler und dezentraler Ausgestaltung der Leitung zu. In der Praxis sind dementsprechend verschiedene Konzernformen entstanden, die den unterschiedlichen Gestaltungsbedarfen Rechnung tragen. Dies bedeutet nichts anderes, als dass die wirtschaftliche Abhängigkeit der jeweiligen Konzerntöchter ein völlig unterschiedliches Ausmaß besitzen kann.

Die Grundlage der Konzernbildung stellt zunächst der Beteiligungserwerb dar. Die Beteiligungsquote bildet dann den Gradmesser für den de jure möglichen Einfluss des Erwerbers und damit für das Vorliegen eines Konzerns. Bei einer Mehrheitsbeteiligung (mehr als 50 % der Anteile) wird davon ausgegangen, dass die betreffenden Unternehmungen einen Konzern bilden (sog. Konzernvermutung). Es entsteht ein faktischer Konzern. Die einfache Mehrheit (zwischen 50 % und 75 %) kann die Besetzung der Anteilseignersitze im Aufsichtsrat und die Verabschiedung aller anderen Hauptversammlungsbeschlüsse, die der einfachen Mehrheit bedürfen, sichern. Erst die qualifizierte Mehrheit (> 75 %) gewährleistet einen umfassenden Einfluss, der erforderlich ist, um z. B. einen Abschluss von Beherrschungs- und Gewinnabführungsverträgen herbeizuführen oder die Satzung zu ändern (Vertragskonzern). Die intensivste Anbindung und Unterordnung ist im Falle der Eingliederung gegeben (> 95 %). Im Gegensatz zur Fusion bleibt jedoch die rechtliche Selbstständigkeit der Untergesellschaft erhalten.

Versucht man die Möglichkeiten einer rechtlichen Selbstständigkeit zu kategorisieren, so lassen sich die drei Fälle fehlender, teilweiser und vollständiger Teilbereichsselbstständigkeit unterscheiden (vgl. Abb. 2.21).

(1) Die Kategorie «fehlende Teilbereichsselbstständigkeit» betrifft vorwiegend den Fall der Einheitsunternehmung, die nur aus Teilbereichen ohne eigene Rechtsform besteht. Dabei kann es sich um funktional oder divisional gegliederte Teilbereiche handeln.
(2) Sowohl aus rechtlich unselbstständigen als auch aus rechtlich selbstständigen Teilbereichen besteht ein Stammhauskonzern. Dieser entwickelt sich häufig aus einer Einheitsunternehmung, die entweder zur Sicherung ihres angestammten Geschäfts oder auch zur Diversifikation in andere Geschäftsfelder Beteiligungen erwirbt. Eine solche Unternehmung, die ein operatives Stammgeschäft betreibt und darüber hinaus Beteiligungen an anderen Unternehmungen hält, wird als Stammhaus bezeichnet. Das Kerngeschäft dominiert, die Beteiligungen sind nur darauf bezogen, dieses Geschäft zu unterstützen oder abzusichern, ohne dass ein beherrschender Einfluss auf sie ausgeübt wird. In dem Maße, wie über Mehrheitsbeteiligungen Einfluss auf die Tochtergesellschaften ausgeübt und deren wirtschaftliche Selbstständigkeit eingeschränkt wird, entsteht aus dem Stammhaus ein Stammhauskonzern (z. B. Siemens). Das Stammhauskonzept ist für solche Unternehmungen zu empfehlen, deren angestammtes Geschäft das klare Übergewicht hat und auch behalten soll. Derartige Konstruktionen sind größenunabhängig und z. B. schon dann erforderlich, wenn der Export über

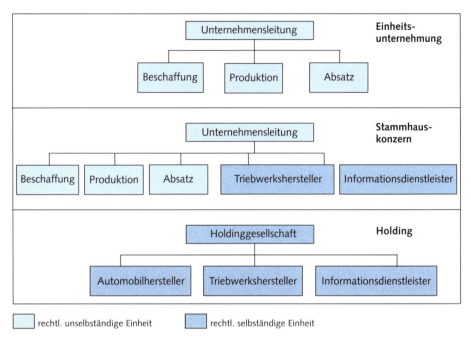

Abbildung 2.21: Formen rechtlicher Teilselbstständigkeit)

Auslandstöchter abgewickelt wird. Im weiteren Verlauf kommen dann z. B. Produktions- oder Montagewerke hinzu. Den Endpunkt der Entwicklung stellt eine netzwerkartige Konzernstruktur dar, die durch weltweit an optimalen Standorten angesiedelte Teilbereiche gekennzeichnet ist. Die Konzernzentrale nutzt Markt- und Wettbewerbseffekte, indem sie z. B. Entwicklungs- und Produktionsaufträge für neue Produkte im Konzernnetzwerk international ausschreibt.

Beispiel
Ein Hersteller von Basischemikalien (z. B. Farbpigmente) erwirbt eine Lackfabrik, um sein Farbengeschäft zu festigen. Außerdem werden Produzenten von Pflanzenschutzmitteln und Pharmaprodukten erworben, um in wachstumsstarken Geschäftsfeldern vertreten zu sein.

(3) Wachsen Breite, Unterschiedlichkeit oder Bedeutung der mit den Beteiligungen verbundenen Geschäfte weiter an, ist irgendwann der Punkt erreicht, an dem das angestammte Geschäft nur noch eines von mehreren Geschäftsfeldern repräsentiert. Dann reicht in aller Regel die Leitungskapazität der Konzernspitze nicht mehr aus für die Führung aller Geschäfte. An dieser Stelle bietet sich der Schritt zur **Holding** an. Dies bedeutet sowohl die vollständige rechtliche Verselbstständigung aller Teilbereiche als auch die organisatorische und rechtliche

Verselbstständigung der Konzernspitze, die sodann von der Durchführung der operativen Geschäfte getrennt ist. Die Holdinggesellschaft betreibt also im Gegensatz zum Stammhauskonzern keine eigenen operativen Geschäfte.

Beispiel
Für unsere Beispielunternehmung nimmt die Bedeutung der Geschäftsfelder Pharma und Pflanzenschutz weiter zu, sodass diese gleichberechtigt neben dem Chemiegeschäft stehen. Dieses wird jetzt nur noch als einer von drei rechtlich selbstständigen Geschäftsbereichen geführt, an deren Spitze eine Holdinggesellschaft steht.

Die Bildung einer Holding ist ein weiterer Schritt zur Erhöhung der Selbstständigkeit der Teilbereiche. Die beim Profit Center-Konzept realisierte Ergebnisverantwortung wird durch die nun auch rechtliche Selbstständigkeit der Teilbereiche noch stärker verankert. Daneben bieten Holdingstrukturen weitere Vorteile:

- Sowohl die Integration neuer Geschäftseinheiten als auch der Verkauf von Tochtergesellschaften sind einfacher möglich (strukturelle Anpassungsfähigkeit).
- Die Selbstständigkeit der Teilbereiche führt zu einer größeren Zahl potenzieller Anknüpfungspunkte für Partnerschaften (Netzwerkfähigkeit).
- Durch die hohe Selbstständigkeit der Teilbereiche steigert sich sowohl deren Motivation (Human Ressourcen-Orientierung) als auch die Innovationskraft (Innovationsfähigkeit).

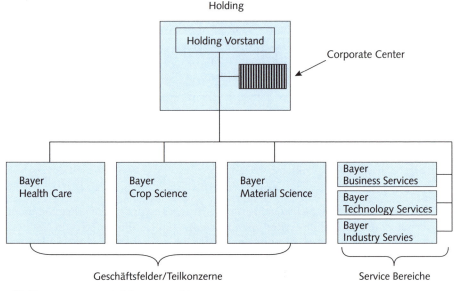

Abbildung 2.22: Beispiel für eine Holding: Bayer AG (2010)

- Innerhalb der Holding lassen sich Größenvorteile des Gesamtkonzerns mit den positiven Aspekten von kleinen, dezentralen Einheiten kombinieren (Finanz- und Sachressourceneffizienz).
- Die Ergebnisse der Töchter sind besser transparent zu machen als bei rechtlich unselbstständigen Teilbereichen (Führungsprozesseffizienz).

Für die praktische Umsetzung einer Holdingstruktur lassen sich unterschiedliche Abstufungen des Führungsanspruches der Muttergesellschaft konstatieren, die zu drei praxisrelevanten Holdingtypen führen:

(1) Bei der Finanzholding beschränkt sich die Muttergesellschaft auf Finanzinteressen, sieht also Beteiligungen als renditeorientierte Investitionen bzw. Desinvestitionen an. Inhaltliche Geschäftsinteressen treten demgegenüber zurück. Dies bedeutet in aller Regel, dass die Tochtergesellschaften nicht nur rechtlich, sondern auch organisatorisch und personell weitgehend selbstständig operieren. Maßgebliche Steuerungsgrößen sind konzernweite Finanz- und Erfolgsziele und entsprechende Kennzahlen wie Cash Flow oder RoI. Die Konzernspitze interessiert sich mehr für das «Wie viel» (z. B. Rendite, Dividende) als für das «Was» (z. B. Produkte, Kunden) oder gar das «Wie» des Geschäfts.

(2) Ein weitergehender Führungsanspruch, der auch inhaltliche, geschäftspolitische Interessen umschließt, herrscht bei der strategischen Managementholding vor. Die Holdinggesellschaft nimmt inhaltlichen Einfluss auf die Festlegung, Abgrenzung und Entwicklung von Geschäftsfeldern. Steuerungsgrößen sind daher geschäftsfeldorientierte Ziele. Neben Finanz- und Erfolgszielen zählen dazu Markt- und Wettbewerbsziele (z. B. Umsatz, Marktanteil, Sortiment) sowie Investitions- und Desinvestitionsziele. Die Konzernspitze konzentriert sich neben dem «Wie viel» also auf das «Was», wofür sie sich ein (Mit-)Entscheidungsrecht oder zumindest Genehmigungsrecht vorbehält.

(3) Im Falle der operativen Managementholding nimmt die Konzernspitze auch Eingriffe in das betriebliche Tagesgeschäft vor. Neben das «Was» treten das «Wie» und das «Wer bis Wann». Demgemäß prägen funktionsorientierte Ziele die Führungsbeziehung, also Steuerungsgrößen für die jeweiligen Funktionsbereiche. Leistungsziele (z. B. Mengen, Zeiten, Qualitäten) sowie Erfolgsziele (z. B. Budgets, Kosten, Deckungsbeiträge) stehen im Vordergrund.

Die Selbstständigkeit der Untereinheiten nimmt von der Finanzholding über die strategische bis zur operativen Managementholding ab, wogegen die Möglichkeiten der Synergieausschöpfung zunehmen. In der Tendenz bietet sich eine Finanzholding eher für heterogene Geschäftsaktivitäten an, eine operative Managementholding ist eher für homogene Geschäfte geeignet.

Beispiel
Als abschließendes Beispiel für eine strategische Managementholding dient die Konzernstruktur der Bayer AG. Aus einem breit gefächerten Stammhauskonzern ist eine Holding entstanden. Sie weist eine strategiefokussierte Organisation mit

drei Teilkonzernen als den operativen Einheiten auf, die von drei Servicebereichen flankiert werden. Im Corporate Center sind u. a. Funktionen wie Konzernkommunikation, Investor Relations, International Human Resources & Organisation, Konzernentwicklung, Rechte & Patente angesiedelt.

5 Organisation und Unternehmungsentwicklung

5.1 Organisation als Entwicklungsprozess

Unternehmungsentwicklung und Strukturentwicklung gehen Hand in Hand. Um die spezifischen Strukturprobleme sichtbar zu machen, ist es daher zweckmäßig, von einem Modell der Unternehmungsentwicklung auszugehen. Für die folgenden Überlegungen wird von fünf markt- und produktbezogenen Entwicklungsstadien einer Unternehmung ausgegangen (weiterentwickelt nach Greiner [Evolution], Bleicher [Organisation], Gomez/Zimmermann [Unternehmensorganisation]):

(1) Pionierphase: Markteintritt in einen regionalen (Teil-)Markt;
(2) Markterschließung: Marktausweitung auf nationaler Ebene;
(3) Programmerweiterung: Wachstumsimpulse durch Produktvariationen oder neue Produkte (Diversifikation);
(4) Internationalisierung: Marktausweitung über die nationalen Grenzen hinaus;
(5) Globalisierung: Etablierung weltweiter Aktivitäten, ggf. auch globaler Marken.

Die Stärke von Entwicklungsmodellen liegt darin, dass sie, wenn auch deduktiv und idealtypisch, eine Orientierungshilfe für die langfristige Unternehmungsentwicklung liefern. Auf die Weise lässt sich die statische Organisationsbetrachtung dynamisieren. Abb. 2.23 zeigt, welche der hier erläuterten Organisationsansätze typisch sind für die fünf Phasen. Selbstverständlich können diese Zuordnungen von Phasen und Organisationslösungen nur Tendenzaussagen liefern. Es existiert keine zwingende Korrelation i. S. eindeutiger Bestlösungen. Jede Phase hat, vor allem bei weiterem Wachstum, spezifische Risiken, die durch einen Übergang in eine andere Phase und, damit verbunden, in neue Organisationslösungen überwunden werden können.

Sofern eine Unternehmung nicht in einem Entwicklungsstadium verbleibt, liegt die Essenz der Unternehmungsentwicklung in dem Übergang von einer Entwicklungssequenz zu einer anderen, also darin, dass neue interne oder externe Bedingungen zu verarbeiten sind. Die fünf Stadien treten dabei in unterschiedlicher Kombination oder Reihenfolge auf. Wenn aus einem Kleinbetrieb, der sich in der Pionierphase befindet, ein Großbetrieb werden soll, führt dieser Weg typischerweise über Stadien wie Markterschließung und Programmerweiterung. Dabei sind vielfältige Hindernisse zu überwinden und auch Rückschläge möglich, wie das Beispiel der heutigen Daimler AG (s. unten) zeigt. Unternehmungsentwicklung ist also keinesfalls gleichbedeutend mit Aufwärtsentwicklung oder Wachstum, sondern kann

Organisation und Unternehmungsentwicklung 249

auch Abschwung oder Schrumpfung beinhalten, so z. B. bei der Konzentration auf Kerngeschäfte.

Beispiel
Daimler-Benz hat sich beginnend mit den 70er Jahren bemüht, von einem Automobilkonzern zu einem sog. integrierten Technologiekonzern zu werden. Dies geschah durch Zukauf von Luft- und Raumfahrtunternehmungen (z. B. MBB, MTU, Fokker), Elektro- und Elektronikgeschäften (z. B. AEG) und den Aufbau von Informations- und Finanzdienstleistungen (betr.: Programmerweiterung und Internationalisierung). Es gelang jedoch nicht, die Heterogenität der Geschäfte zu beherrschen und die angestrebten Synergieeffekte zu realisieren. In den 90er Jahren erfolgte ein teilweise dramatischer Rückzug aus verschiedenen Geschäftsfeldern (z. B. durch Auflösung und Verkauf von AEG und Fokker) und eine weitgehende Rückbesinnung auf das angestammte Automobilgeschäft. Durch die Fusion 1998 mit Chrysler zur DaimlerChrysler AG, vom seinerzeitigen Vortandsvorsitzenden als «Hochzeit im Himmel» bezeichnet, wurde das Kerngeschäft im Hinblick auf die globalen Herausforderungen weiter ausgebaut (betr.: Globalisierung). Diese Fusion hat sich nach einigen Jahren jedoch als nicht erfolgreich

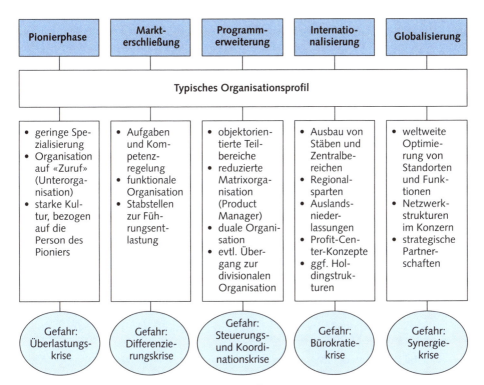

Abbildung 2.23: Phasen, Organisationsprofil und Übergangsstadien der Unternehmungsentwicklung

herausgestellt. Im Jahre 2007 wurde daher Chrysler mehrheitlich verkauft. Seither firmiert der Konzern als Daimler AG. Weltweit aufgebaute Produktionsstandorte für PKW, Vans, LKW und Busse dienen der Markterschließung, bis hin zur Globalisierung. Das gleiche gilt für die Bemühungen um strategische Partnerschaften sowie für Beteiligungen, z. B. an einem russischen LKW-Hersteller.

5.2 Projektmanagement als Instrument der Unternehmungsentwicklung

5.2.1 Begriffe des Projektmanagements

Die Unternehmungsentwicklung verlangt in jedem Fall umfangreiche Veränderungsvorhaben. Für die dabei anfallenden Aufgaben hat sich das Projektmanagement bewährt (vgl. zum Folgenden Madauss [Projektmanagement], Patzak/Rattay [Projektmanagement], Brehm/Hackmann/Jantzen-Homp [Organisation], Krüger [Programme]). Es gilt, die Entwicklungsstadien durch die Konzipierung und Umsetzung der erläuterten Maßnahmen des Abbaus, Umbaus und Aufbaus (vgl. Abschn. 2.3.2) zu bewältigen. Im Mittelpunkt steht das einzelne Projekt. Dabei handelt es sich um Aufgabengebiete besonderer Art, die im Rahmen der Primärorganisation nicht ohne weiteres zu bewältigen sind.

> **Projekte** sind Vorhaben mit definiertem Anfang und Abschluss, die durch die Merkmale zeitliche **Befristung**, **Einmaligkeit**, **Komplexität** und **Neuartigkeit** gekennzeichnet sind und einen **interdisziplinären** Querschnittscharakter aufweisen.

Darauf aufbauend soll im Folgenden Projektmanagement als Oberbegriff für alle willensbildenden und -durchsetzenden Aktivitäten im Zusammenhang mit der Abwicklung von Projekten definiert werden. Wichtig dabei ist allerdings die Erkenntnis, dass das Projektmanagement im Gegensatz zu den einzelnen durchzuführenden Projekten eine dauerhafte Führungskonzeption darstellt.

> **Projektmanagement** ist ein fortdauerndes, zeitlich nicht befristetes, innovatives **Führungskonzept** für **komplexe Vorhaben**.

5.2.2 Allgemeine Vorgehensprinzipien

Projektarbeit allgemein, Organisationsprojekte im Besonderen, sollten einem methodischen Vorgehen folgen. Hierfür haben sich einige Vorgehensprinzipien bewährt, deren Einhaltung helfen kann, die Effizienz der Organisations- und Projektarbeit und die Qualität der Projektergebnisse zu verbessern (vgl. Krüger [Organisationsmethodik] 1574f.):

(1) **Systemdenken anwenden:** Dem Vorgehen sollte das Systemdenken als allgemein verwendbarer Analyseraster zugrunde liegen. Ein System ist eine gegenüber der Umwelt abgegrenzte Gesamtheit von Elementen und Beziehungen. Wendet man diesen Systembegriff auf die Organisationsmethodik an, so stellt der jeweilige Gegenstandsbereich, in dem das zu lösende Problem angesiedelt ist, das relevante System dar. Im Rahmen der Untersuchung und Lösung des Problems wird dieses System dann schrittweise in Subsysteme, Elemente und Beziehungen zerlegt. Durch diese Strukturierung wird das Problem ganzheitlich analysiert (vernetztes Denken) und eine isolierte Betrachtung von Einzelaspekten vermieden («Zusammenhänge erkennen»).

(2) **Vom Groben zum Detail vorgehen:** Bei der Anwendung des Systemansatzes ist es erforderlich, dass nicht sofort mit der Analyse vordergründiger Probleme begonnen und bereits am Anfang Feinarbeit geleistet wird. Vielmehr ist zunächst eine «Problemlandkarte» zu erarbeiten, auf der die Schnittstellen und wichtigen Subsysteme erkennbar sind. Die generelle Lösbarkeit des Problems, auch unter Kosten-/Nutzengesichtspunkten, ist von den Rahmenbedingungen her zu analysieren. Es ist zunächst ein Rahmenkonzept zu entwickeln. Erst in weiteren Untersuchungsschritten ist dann auf Einzelheiten einzugehen, sind Detailprobleme und Detaillösungen zu klären («Übersicht behalten»).

(3) **Von außen nach innen vorgehen**: Um mögliche Problemursachen und -wirkungen, die von den Außenbeziehungen des relevanten Systems bzw. der einzelnen Subsysteme stammen, nicht zu übersehen, empfiehlt sich ein Vorgehen von außen nach innen. Das zu untersuchende System wird zunächst als «black box» behandelt, dessen interne Struktur noch nicht interessiert. Nur die Wechselwirkungen des «schwarzen Kastens» mit der Systemumwelt sind zu analysieren. Dadurch wird das Problem in größeren Zusammenhängen gesehen, und es werden die externen Wechselbeziehungen bei der Problemlösung berücksichtigt. Erst wenn die Systemschnittstellen untersucht worden sind, ist die Black box-Betrachtung zugunsten der Analyse der internen Systemstruktur aufzugeben («Insellösungen vermeiden»).

(4) **Phasenablauf festlegen und einhalten**: Die verschiedenen Analyseschritte sollen in zeitlich und sachlich getrennten Phasen behandelt werden. Durch überschaubare und kontrollierbare Abschnitte sind sachinhaltlich die Regeln «vom Groben zum Detail» und «von außen nach innen» problembezogen zu konkretisieren. Das einzuhaltende Phasenkonzept muss außerdem dem jeweiligen Problemtyp Rechnung tragen. Während bspw. einfache Routineprobleme mit Hilfe eines linearen Vorgehens bewältigt werden können, erfordern komplexe, neuartige Problemstellungen eher die Anwendung von zyklischen Vorgehensmodellen («Problemangepaßtes Vorgehen»).

5.3 Ablauf einzelner Projekte (Projektprozesse)

5.3.1 Objektorientierte Arbeitsteilung organisieren

Komplexe Vorhaben sind arbeitsteilig zu bewältigen. Die verschiedenen Projekte bzw. Teilprojekte sollten hierzu zweckmäßigerweise eine objektorientierte Spezialisierung anwenden. Zu diesem Zweck muss der Gegenstand des Programms gedanklich in trennbare Objektbereiche («Module») zerlegt werden, deren Bearbeitung dann jeweils auf separate Teams übertragen wird. Ist der Projektauftrag eine Reorganisation, so könnten z. B. organisatorische, DV-technische und personelle Maßnahmen getrennt bearbeitet werden.

Die Objektorientierung hat generell den Vorteil, dass durch die an einem Objekt ausgerichtete Bündelung von Verrichtungen eine Reduzierung der Schnittstellen möglich ist und damit die Prozesseffizienz steigt. Das angesprochene Beispiel der Baureihenverantwortlichen bei BMW (vgl. Abschn. 3.3.3) folgt diesem Prinzip durch Einrichtung sog. Modulteams, die sich der Entwicklung abgegrenzter Baugruppen bzw. Teile zuwenden.

Allerdings ist auch eine mengenmäßige Arbeitsteilung möglich, indem verschiedene Teams z. B. in der Einführungsphase parallel die gleichen Informations- und Trainingsaktivitäten in den unterschiedlichen Unternehmungseinheiten durchführen.

5.3.2 Phasenkonzepte als Basis der Projektablauforganisation

5.3.2.1 Darstellung des Phasenkonzeptes

Die Regelung des Projektablaufs stellt das Rückgrat jedes Projekts dar. Typisch sind sog. **Phasenkonzepte,** die sich dadurch auszeichnen, dass sie eine sachlogische Abfolge von Problemlösungsschritten der Planung, Realisierung und Kontrolle aufweisen. Diese **sachlogischen Sequenzen** werden dann mehr oder weniger zwingend als zeitliche Abfolge eines Projekts vorgeschrieben.

Grundsätzlich ist zwischen **linearen** und **zyklischen** Vorgehensmodellen zu unterscheiden. Lineare Modelle sehen einen einmaligen Durchlauf bestimmter Phasen vor (z. B. Analyse, funktionaler Entwurf, technischer Entwurf, Realisierung). Zyklische Modelle treten vor allem in teilzyklischer Form auf und enthalten dann einen mehrfachen Durchlauf der Planungsphasen (z. B. Zielbildung, Problemanalyse, Alternativensuche, Alternativenbeurteilung, Entscheidung) in zunehmender Detailliertheit. So erhält man die typische Gliederung der Projekt**planung** in **Vorstudie, Hauptstudie, Teilstudien.** Komplexe Probleme sollen dadurch entsprechend den Gestaltungsprinzipien «Vom Groben zum Detail» und «Von außen nach innen» stufenweise bearbeitet werden. An die Planung schließt sich die Realisierung i. w. S. an, die den **Systembau** und die **Einführung** umschließt. Vielfach gilt ein Projekt mit der Einführung als beendet. Das Projektteam löst sich in aller Regel mit oder nach der Einführung auf. Es folgt die Benutzung des Systems (der Lösung).

Organisation und Unternehmungsentwicklung 253

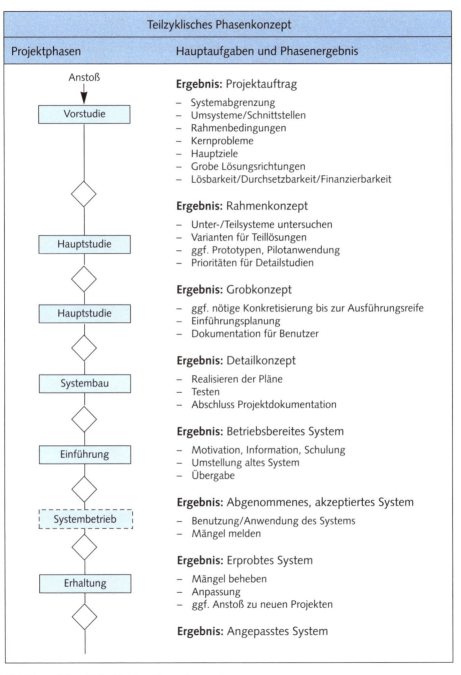

Abbildung 2.24: Teilzyklisches Phasenkonzept

Im Sinne einer Kontrolle und Wartung ist die Erhaltungsphase gemeint, bei Software oder physischen Produkten durch Service- und Wartungsspezialisten vorgenommen. Zumindest bei physischen Produkten ist außerdem an Aktivitäten der Außerdienststellung zu denken (Verschrottung, Entsorgung, Abschaffung, Recycling). Erst mit derartigen Phasen kann ein Projekt in letzter Konsequenz als abgeschlossen gelten.

Die Hauptaufgaben der beschriebenen Phasen sowie die jeweiligen Phasenergebnisse zeigt exemplarisch Abb. 2.24. Der jeweilige Projektgegenstand wird dabei zur sprachlichen Verallgemeinerung als «System» behandelt. Im Anschluss an jede Phase ist ein Entscheidungspunkt vorgesehen. Die Phasenergebnisse sind zu prüfen, ggf. auch zur Überarbeitung oder Ergänzung zurückzugeben. Im ungünstigsten Fall ist ein Projekt abzubrechen, eine Entscheidung, die allerdings mit zunehmender Projektdauer immer schwerer fällt.

Als Hauptstärken von Phasenkonzepten sind anzusehen:

- Transparenz des Projektablaufs,
- systematisches, geordnetes Vorgehen,
- erleichterte projektexterne wie -interne Steuerung und Kontrolle,
- unternehmungsweite Vereinheitlichung der Begriffe und Vorgehensweisen für Projektarbeit,
- klare Orientierung und Vorgehenssicherheit für den einzelnen Mitarbeiter.

Traditionelle Phasenkonzepte weisen allerdings in der Anwendung auch Nachteile auf:

- In der Anwendung vielfach zu starr,
- lange Planungsphasen gefährden die Realistik der Lösung,
- projektexterne Kommunikation unterentwickelt,
- Einbindung von Benutzern/Anwendern vielfach ungenügend,
- Fehlererkennung geschieht zu spät,
- erhebliche Durchhaltemotivation vom einzelnen Mitarbeiter gefordert.

Die Nachteile sind weitgehend Folgen des in den Phasenkonzepten zum Ausdruck kommenden «total system approach». Diese Denkhaltung geht von einer weitestgehenden Planbarkeit und plangenauen Realisierbarkeit von komplexen Systemen und Systemlösungen aus. Insbesondere muss bereits zu Beginn Klarheit über die gewünschten Ergebnisse und die Anforderungen an die Problemlösung herrschen. Hauptanwendungsfall der traditionellen Phasenkonzepte bilden daher Probleme «mittlerer» Schwierigkeit und Neuartigkeit und damit hinreichender Planbarkeit.

5.3.2.2 Modifikationen des Phasenkonzepts

Eine Gefahr der phasenorientierten Vorgehensweise, die den Gedanken des «total system approach» repräsentiert, liegt in einer möglichen Realitätsablösung, die sich u. a. in erheblichen Termin- und Kostenüberschreitungen oder gar im völligen

Scheitern des Projektes auswirken kann. Dies ist umso wahrscheinlicher, je länger das Projekt insgesamt dauert und je stärker sich das Projektumfeld verändert. Bedingt durch eine zu starre Anwendung, zu lange Planungsphasen und die unzureichende Einbindung der Benutzer kann es dazu kommen, dass «an der Realität vorbeigeplant wird». Durch Modifikationen und Ergänzungen des Phasenkonzepts können dessen Schwächen überwunden werden:

(1) **Modulares Verständnis der Phasen**: Wesentlich ist ein richtiges Verständnis von «Phasen». Es handelt sich dabei letztlich um **Aktivitätsgattungen** (z. B. Ist-Aufnahme, Lösungsentwurf), die wie **Module** in verschiedener Weise zusammengeführt werden können. Ein solches modulares Verständnis ist die Grundvoraussetzung für ein problemangepasstes Vorgehen.

(2) **Problemangepasste Ablaufstruktur:** Die Bedürfnisse des Einzelfalls können dazu führen, einzelne Phasen zu **überspringen**. Für unterschiedliche Problemklassen können unterschiedliche **Aufsetzpunkte** (Startphasen) sinnvoll sein. Ein **problemangepasstes Vorgehen** kann auch zu **Verzweigungen** im Ablauf (Vor- und Rückkopplungen) führen. Die Phasen können nicht zuletzt **zeitlich überlappend** organisiert werden, Kerngedanke des «Simultaneous Engineering». Auch die **Reihenfolge** lässt sich variieren.

So kann man u. U. sogar zwischen Planung und Realisation hin- und herspringen – plastisch als «Jo-Jo-Management» bezeichnet. Man denke an Bauvorhaben. An eine Vorstudie schließt sich oft der Grundstückskauf als erster Realisierungsschritt an. Darauf folgen Haupt- und ggf. Teilstudien, die die Pläne konkretisieren, ehe es ans Ausschachten geht. Schließlich wird der Bauherr regelmäßig im Rohbaustadium noch Veränderungsideen haben, die neue Plankorrekturen erfordern. Positiver Effekt dieses Vorgehens ist die größere Bedürfnisgerechtigkeit (Benutzernähe) der Lösung, nachteilig sind Unübersichtlichkeit im Ablauf, Verzögerungen und Kostenerhöhungen.

(3) **Qualitätssicherungsaktivitäten**: Um die Qualität der Projekt(teil)ergebnisse zu verbessern, werden in der Praxis vielfach sog. **Qualitätssicherungsaktivitäten** in das Phasenkonzept integriert, so insbesondere nach dem Abschluss von Hauptphasen. Durch Hinzuziehen von projektexternen Stellen, teils auch Beratern, soll ein Durchprüfen und gedankliches Austesten der Phasenergebnisse ermöglicht werden (z. B. sog. Reviews oder Walkthroughs bei DV-Projekten). So sehr dies im Einzelfall helfen mag, so sehr ist auch für nichtphysische Produkte auf die Erfahrung bei der Konstruktion physischer Produkte (z. B. Autos) zu verweisen: Qualität kann in ein Produkt nicht «hineingeprüft», sondern nur «hineinkonstruiert» werden.

(4) **Prototyping und Pilotanwendungen**: Um die Gefahr von Fehlentwicklungen zu reduzieren, sind vor allem innerhalb des «total system approach», aber auch im Versionenkonzept (s. u.), konkrete Realisierungsaktivitäten in möglichst frühe Stadien der Planung zu integrieren. Möglichkeiten hierzu bietet der Bau von **Prototypen,** der in technischen Projekten alltäglich ist und auch bei Hard- und Softwareentwicklungen angewendet wird. Der Prototyp ist ein Beispielsystem, das alle wesentlichen Merkmale des späteren Endprodukts aufweist. Die Betei-

ligten können unter realen Bedingungen die Funktionsfähigkeit des Systems studieren und ihre Anforderungen spezifizieren. Gegebenenfalls werden anschließend weitere Prototypversionen entwickelt. Prototypen werden also nicht in den laufenden Betrieb übernommen, sondern nur im Rahmen der Planung getestet.

Bei nichttechnischen Projekten wie z. B. Reorganisationsvorhaben kann man vor einer Gesamteinführung Pilotanwendungen realisieren, also versuchsweise Systemeinführungen in einem begrenzten Anwendungsbereich.

5.3.2.3 Überlappende Projektabläufe

Eine besonders wichtige Modifikation des Phasenkonzepts stellen die bereits erwähnten überlappenden Projektabläufe dar. Sie entsprechen dem Grundgedanken des «Simultaneous Engineering» und dienen vor allem einer Reduzierung der Projektgesamtdauer. Damit kann zugleich der Realitätsablösung begegnet werden.

Hierzu ist zu unterscheiden zwischen Projektabschnitten, die streng nacheinander (sequentiell) abzuwickeln sind, und solchen, die zeitlich überlappend bzw. sogar parallel gefahren werden können.

Zur Erläuterung soll hier beispielhaft der folgende dreiphasige Ablauf eines Vorhabens unterstellt werden: Konzipierung, Kommunikation und Umsetzung.

Wenn in einem Konzipierungs(teil)projekt absehbar ist, dass es zu einer grundsätzlichen Änderung kommen wird, können bereits die notwendigen Informationsveranstaltungen (Kommunikation) geplant werden. Mit ihrer Durchführung kann dann im direkten Anschluss an ein Konzipierungsprojekt begonnen werden. Durch diese Überlappung kann eine erste Zeitersparnis realisiert werden.

Die Kommunikationsprojekte selbst könnten grundsätzlich parallel ablaufen, da es sich um mengenmäßige Arbeitsteilung handelt, die schnittstellenarm ist. Dem steht evtl. entgegen, dass ein spezifisches Wissen erforderlich ist, über das nur die unmittelbar Beteiligten, z. B. Kernteammitglieder, verfügen. Im direkten Anschluss beginnt die Realisation der Umsetzungsprojekte, die parallel zu den Kommunikationsprojekten geplant worden sind.

Die Umsetzung unterscheidet zwischen prioritären Vorhaben (Basisprojekte) und Folgeprojekten. Die Basisprojekte sollen zeitlich überlappend mit Folgeprojekten ablaufen. Ausnahmen von dieser Regel bilden vor allem Pilotprojekte, deren Ergebnisse abzuwarten sind, ehe mit den Folgeprojekten angefangen wird. Folgeprojekte können weitgehend parallel organisiert werden, sofern sie unabhängig voneinander sind. Ansonsten ist zumindest ein überlappendes Vorgehen anzustreben.

Legt man dieses Verlaufsmuster zugrunde, so ergibt sich schematisch der in Abb. 2.25 dargestellte Gesamtablauf eines größeren Vorhabens. Er macht deutlich, dass auch tief greifender Wandel, dem Prinzip des «Simultaneous Engineering» folgend, zeitlich komprimiert werden kann. Insbesondere ist die lange Zeit, die üblicherweise zwischen der Konzipierung und der Umsetzung liegt, deutlich zu verkürzen.

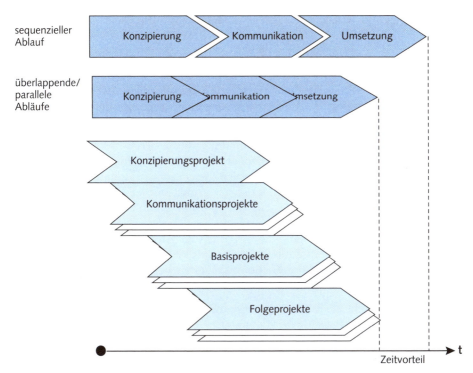

Abbildung 2.25: Überlappende Projektabläufe

5.3.3 Versionenkonzept zur evolutorischen Systementwicklung

Bei der Organisation stetigen Wandels und bei hochkomplexen Problemen stößt der «total system approach» an seine Grenzen. Ein alternatives Vorgehen ist die **inkrementelle** (schrittweise) **Systementwicklung**. Als Ergebnis eines Projekts wird nicht bereits eine vollkommene und endgültige Lösung angestrebt, sondern es werden aufeinander aufbauende Verbesserungen organisiert, die als Entwicklungsstadien eines Systems zu begreifen sind. Das Leitbild ist dann nicht mehr der hochdifferenzierte, abgeschlossene Planungsprozess, sondern der stufenweise, für Änderungen offene Evolutionsprozess.

Eine praktische Anwendung dieser Grundgedanken des «Slowly growing system» ist im Versionenkonzept zu sehen, wie es in vielfältiger Weise bei der Entwicklung z. B. von Hard- und Software oder im Automobilbau genutzt wird. Die einzelnen Versionen eines Produktes werden den Benutzern zur Verfügung gestellt. Ihnen wird somit Gelegenheit gegeben, Korrektur- und Erweiterungsanforderungen zu artikulieren, die gesammelt, geprüft und in eine neue Version eingearbeitet werden. Dem höheren Aufwand und dem gegebenenfalls auftretenden Änderungsverdruß beim Benutzer durch ständiges Umlernen stehen die Vorteile einer schnellen

Systementwicklung, frühzeitigen Fehlererkennung und flexiblen Systemanpassung gegenüber.

Im Rahmen von Projektarbeit lässt sich eine Version daher als einzuführendes und weiterzuentwickelndes Projektergebnis definieren. Das Projektergebnis kann aus verschiedenen Teilen bestehen, die ihrerseits in unterschiedlichen Versionen vorliegen. Dafür wird der Begriff Konfiguration verwendet, allgemein die mögliche oder tatsächliche Zusammenstellung eines Objektsystems.

Zwingend erforderlich ist eine Projektbibliothek, die alle Versionen vollständig dokumentiert, sowie ein Konfigurations- oder Versionenmanagement, das die Erfahrungen sammelt und in geordneter Form den Versionsentwicklungsprozess steuert. Das Konfigurationsmanagement umfasst alle Aufgaben der Bestimmung, Steuerung, Überwachung und Dokumentation von Konfigurationsänderungen. Für die Erstellung einer jeden Version kann entweder ein Phasenkonzept jeweils neu und vollständig durchlaufen werden, oder es besteht die Möglichkeit, nach der ersten Version nur noch in die Realisationsphasen zurückzuspringen, wenn die notwendigen Entscheidungs- und Koordinationsaktivitäten von einem Versionsmanagement geleistet werden.

Dieser Grundgedanke eines lernenden Systems lässt sich weithin anwenden, sofern man eine Version allgemein als ein Stadium der Evolution begreift. Selbst wenn sich ein angestrebter Idealzustand scheinbar eindeutig definieren lässt, kann es sinnvoll sein, ihn in mehreren Zwischenschritten zu organisieren, die sich jeweils rascher realisieren und zur Akzeptanz bringen lassen und Korrekturmöglichkeiten eröffnen. Die verschiedenen Entwicklungsstufen oder Etappen im Rahmen einer grundlegenden Reorganisation, die sich über mehrere Jahre erstreckt, könnten in diesem Sinne verstanden und projektiert werden. Bei technischen Projekten wie z.B. im Anlagenbau ist an eine Grundversion zu denken, die so zu konzipieren ist, dass sie Ausbaumöglichkeiten eröffnet.

Stärken des Versionenkonzepts:

- Erhöhte Realitäts- und Benutzernähe der Projektergebnisse,
- Beschleunigung der Entwicklungszeit,
- frühere Erfolgserlebnisse für Entwickler,
- bessere Anpassung an Umweltveränderungen,
- frühere Fehlererkennung.

Nachteile des Versionenkonzepts:

- Hoher Aufwand für Versions- und Konfigurationsmanagement,
- Unübersichtlichkeit von Versionen und Konfigurationen,
- begünstigt «Änderungsmanie» und chronisches Improvisieren der Entwickler,
- ggf. hoher Aufwand für Lagerhaltung, Wartung, Service älterer Versionen,
- erzeugt Änderungsverdruss beim Benutzer/Kunden durch ständiges Umdenken/Umlernen.

Anwendung wird das Versionenkonzept überall dort finden, wo eine hohe Änderungsrate zu verkraften ist, sei sie z. B. technologisch oder wettbewerblich bedingt. Für weite Bereiche der Wirtschaft gilt derzeit, dass sogar eine Organisationsstruktur, früher Inbegriff dauerhafter Ordnung, nur eine vorübergehende Version darstellt, die einem häufigen Wandel ausgesetzt ist.

5.4 Projektorganisation

5.4.1 Projektabwicklung durch Projektteams

Die Projektorganisation ist Teil der Sekundärorganisation. Im Mittelpunkt steht die operative Arbeit der Projektabwicklung, die durch hierfür gebildete Teams geleistet wird. Eine wichtige Voraussetzung für den Erfolg eines Projekts ist die richtige Auswahl und Zusammensetzung seiner Mitglieder. Basis hierfür ist die Art der Aufgaben und der daraus abgeleiteten Anforderungen. Es ist darauf zu achten, dass die individuellen Leistungsschwerpunkte der Teammitglieder heterogen sind und die spezialisierten Fähigkeiten sich ergänzen, also eine «diversity» entsteht. (vgl. Rosen/Brown [Leading People]). Dadurch sollen die Teams in die Lage versetzt werden, den zahlreichen unterschiedlichen Aufgabenstellungen kompetent zu begegnen.

Darauf aufbauend ist nun die Teamgröße zu untersuchen, die von der Komplexität der zu erfüllenden Aufgabe beeinflusst wird. In der Regel liegt die optimale Teamgröße bei drei bis fünf. Ist das Team größer, lassen Effizienz und Leistung merklich nach. Ferner ist zu klären, ob die Teammitglieder hauptamtlich oder nebenamtlich ihre Projektaufgaben erfüllen sollen und wer Projektleiter wird.

Mit der bewussten Zusammenstellung der einzelnen Personen entsteht jedoch noch nicht automatisch ein Team. Vielmehr durchlaufen Projektteams bei ihrer Entwicklung eine Art Lebenszyklus. Das bekannteste Modell ist der Entwicklungsprozess nach *Tuckman* (vgl. Tuckman [Developmental Sequence]). Hierbei werden im Zeitablauf vier typische Phasen der Teamentwicklung (Forming, Norming, Storming, Performing) unterschieden, welche von Team zu Team in unterschiedlichen Stärken auftreten können. Als fünfte Phase wird noch die Auflösungsphase hinzugenommen, um die Probleme bei Projektbeendigung zu verdeutlichen.

Während die Formierungsphase nur am Anfang bzw. die Teamauflösung nur am Ende einer Gruppenarbeit zu finden ist, können die übrigen Phasen immer wieder durchlaufen werden. Hat sich das Projektteam nach der Formierungsphase nicht aufgelöst, so entsteht Gruppenkohäsion. Dies ist ein Maß für die Stabilität einer Gruppe sowie für die Attraktivität, die die Gruppe auf alte und neue Mitglieder ausübt (vgl. Staehle [Management]). Eine hohe Gruppenkohäsion kann auf der einen Seite eine gute Ausgangsbasis für Lernprozesse sein. Auf der anderen Seite stellt eine hohe Gruppenkohäsion aber auch einen Risikofaktor dar, denn es entsteht ein relativ hoher Gruppendruck. Gruppenkonformes Verhalten wird gefördert, abweichende Problemsichten und Meinungsverschiedenheiten werden unterdrückt. Im Grenzfall entsteht eine gegenseitige Selbstbestätigung (sog. «group think»), die zu der erwähnten Realitätsablösung in Projekten beiträgt.

5.4.2 Steuerung und Unterstützung von Projekten und Programmen

Bei größeren Vorhaben bzw. in Situationen tief greifenden und weit reichenden Wandels sind mehrere Projekte bzw. Teilprojekte gleichzeitig zu bearbeiten. Daraus entsteht die Notwendigkeit, eine gesonderte Organisation zur Koordination und auch zur Unterstützung der verschiedenen Teams einzurichten. Nur so lassen sich komplexe Wandlungsprogramme bewältigen. Letztlich strukturiert sich damit auch die Sekundärorganisation nach dem SOS-Konzept. Die Teams als operative Einheiten werden koordiniert durch Steuerungseinheiten, und die gesamte Abwicklung wird durch spezielle Serviceeinheiten unterstützt.

> Die Gesamtheit aufeinander abgestimmter Projekte zur Erreichung unternehmungsweiter Veränderungsziele (Wandlungsziele) wird als ein Programm bezeichnet. Programme sind integrierte Projektmehrheiten.

Drei Aufgabenkomplexe stehen im Mittelpunkt der Steuerung und Unterstützung von Projekten bzw. Programmen:

- Die horizontale Koordination der zeitgleich und/oder nacheinander laufenden Projekte sowie
- die vertikale Koordination zwischen den Projektebenen und die Integration von Primär- und Sekundärorganisation.
- Die administrative und fachliche Unterstützung der koordinierenden Stellen und der Projektteams.

Die folgende Abb. 2.26 gibt einen schematischen Überblick über eine Programmorganisation und deren Bausteine, die im Folgenden darzustellen sind.

- Lenkungsausschuss. Der Lenkungsausschuss ist das hierarchisch höchste Organ der Projekt- oder Programmorganisation. Er konstituiert sich in der Regel mit der Formulierung des Projekt- bzw. Programmauftrages. Wichtige Mitglieder des Lenkungsausschusses sind je nach strategischer Bedeutung des Programms insbesondere Topmanager der ersten oder zweiten Führungsebene, dies sowohl in ihrer Funktion als Auftraggeber wie als Leiter betroffener Einheiten. Eine erste wichtige Aufgabe des Lenkungsausschusses ist die Auswahl der Programm- und Projektleitung. Darüber hinaus entwickelt der Lenkungsausschuss die Visionen und Leitbilder für das Programm und konkretisiert die für den Projektauftrag notwendigen Ziele des Programms. Der Lenkungsausschuss trifft programmbezogene strategische Entscheidungen, vertritt die Programminteressen nach außen und lässt die Interessen externer und interner Anspruchsgruppen mit einfließen. Auch die Berücksichtigung der Mitbestimmung ist von diesem Gremium zu leisten. Der Lenkungsausschuss muss die systemischen, strukturellen und personellen Barrieren und Engpässe im Auge haben und ggf. beseitigen Des weiteren überwacht der Lenkungsausschuss den Gesamtablauf auf Basis der Informationen des Programmcontrolling und löst im Ausnahmefall etwaige Konflikte.

- **Programmleitung** und **Kernteam**. Für die sachliche und zeitliche Koordination der vielfältigen Teams muss eine gesonderte Ebene bzw. Einheit eingeführt werden, als Programmleitung oder Multiprojektmanagement bezeichnet (vgl. zur Koordination von Projekten Jantzen-Homp [Projektportfolio-Management]). Die **Programmleitung** besteht im einfachsten Fall aus einer Person, dem so genannten **Programm-Manager**. Der Programm-Manager ist, wie aus Abb. 2.26 (s.o.) hervorgeht, eine zentrale Figur, da er sowohl horizontales wie vertikales Schnittstellenmanagement betreibt. Er überblickt alle Projekte und regelt ihr Zusammenwirken. Er ist dementsprechend mit der unternehmerischen Verantwortung und Kompetenz für das Programm auszustatten. Der Programm-Manager ist außerdem wesentlicher Träger der **Informations- und Kommunikationspolitik**. Seine Aufgaben umfassen zunächst das Herunterbrechen der Ziele aus dem Programmauftrag in einzelne Projektziele und -aufträge. In Abstimmung mit dem Lenkungsausschuss sind sodann die einzelnen Projektleiter auszuwählen. Ebenso entscheidet der Programm-Manager, welche externen Stellen, z. B. Berater, ausgewählte Kunden oder Lieferanten, zur Unterstützung und Abstimmung herangezogen werden sollen.

Da der Regelungsaufwand auf der Programmebene mitunter erheblich ist, bietet sich die Bildung einer Mehrpersoneneinheit an. Die Programmleitung setzt sich dann aus dem Programm-Manager und den Projektleitern zusammen, eventuell ergänzt um Vertreter von Unterstützungseinheiten oder beteiligten Beratern.

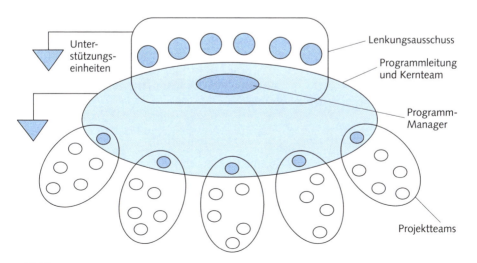

Abbildung 2.26: Programmorganisation

Üblicherweise wird eine solche Gruppierung auch als Kernteam bezeichnet. Je nach Anzahl der von der Programmleitung betreuten Projekte kann es sinnvoll sein, aus den Mitgliedern dieses Kreises ein 5–7-köpfiges Programm-Kernteam zusammenzustellen, welches sich in kürzeren Abständen trifft und damit die Reaktionsfähigkeit der Programmorganisation erhöht.

- Projektleiter und Projektteams. Die Projektleiter und ihre Teams bilden den Kern der Projektarbeit und bewerkstelligen das operative Geschäft des Wandlungsprozesses. Der Projektleiter erhält Weisungen von der Programmleitung, in der er ggf. selbst mitarbeitet. Der Projektleiter hat für sein Projekt die relevanten Schnittstellen zu identifizieren und abgeleitet aus dem Projektauftrag eine saubere Projektdefinition mit den wesentlichen Teilzielen zu erarbeiten. Darüber hinaus obliegt ihm die Zusammensetzung und Organisation seines Teams.

Das Team selbst besitzt im Rahmen des Projektauftrags in der Regel einen weiten Handlungsspielraum, der zum Entwurf innovativer und zugleich anwendernaher, akzeptierbarer Lösungen genutzt werden muss. Die Teammitglieder sind außerdem in die projektrelevanten Planungs- und Steuerungsprozesse einzubeziehen. Das Projektteam bereitet nicht zuletzt die Umsetzung vor. Dafür müssen Teammitglieder vorhanden sein, die sich durch selbstständiges, unternehmerisches Denken und Handeln auszeichnen. Dabei trägt der Projektleiter die Führungsverantwortung für sein Projektteam und die Ergebnisverantwortung für die Erreichung der vorgegebenen Projektziele.

- Programmunterstützungseinheiten. Bereiche, die hier im Besonderen zur Unterstützung notwendig scheinen, sind solche, die im weiteren Sinne der Projektinfrastruktur dienen. Im Einzelnen ist dabei an Dokumentation und Administration, Controlling, Kommunikation und Methodenberatung zu denken. Insbesondere die Funktionen Kommunikation und Controlling sind in ihrer Bedeutung so hoch einzuschätzen, dass sie als selbstständige, begleitende Teilprojekte mit in das Programm aufgenommen werden sollten. Für die Methodenberatung bietet sich ein (auch extern vorgehaltener) Expertenpool oder ein Projekt-Competence-Center (vgl. Jantzen-Homp [Projektportfolio-Management]) an, um im Bedarfsfall über geeignete Spezialisten wie z. B. Organisationsentwickler, Moderatoren, EDV-Spezialisten zu verfügen.

5.4.3 Kopplung von Primär- und Sekundärorganisation

Die Sekundärorganisation dient, allgemein gesprochen, der Generierung von Ideen, die in der Primärorganisation umzusetzen sind und diese damit zugleich verändern. Es ist klar, dass der Erfolg eines Programms entscheidend davon abhängt, wie beide Organisationsfelder miteinander gekoppelt werden.

Wesentliche Bausteine der Kopplung sind mit Lenkungsausschuss, Programmleitung und Kernteam bereits beschrieben. Diese Einheiten stellen Abstimmungsplattformen der projektinternen Koordination dar, sind aber durch die personelle Vermaschung mit der Primärorganisation (Mehrfachmitgliedschaften) zugleich das Bindeglied zur Hierarchie und sichern insofern die externe Koordination und Steuerung.

Die hierarchische Einordnung bzw. Zusammensetzung dieser Plattformen entscheidet einerseits darüber, wie stark die Programmorganisation auf das Projekt- bzw. Programmziel ausgerichtet wird. Sie ist andererseits maßgebend dafür, wie rasch und unverfälscht die Programmergebnisse in der Primärorganisation durchgesetzt und umgesetzt werden können. Bei strategisch bedeutsamen Programmen müssen Lenkungsausschuss und Programmleitung demgemäß mit hochrangigen Vertretern der Primärorganisation besetzt sein. Das Management durch Projekte wird zur Führungsaufgabe der Unternehmungsspitze. Wünschenswert ist es, eine professionelle und vollamtliche Programmleitung einzurichten. Abhängig von der Größe des Programms gilt dies auch für die Projektleiter.

In jedem Fall ist abzuwägen zwischen der Notwendigkeit, ein möglichst unabhängiges, innovatives Projektmanagement zu installieren, das frei von hierarchischen Zwängen agieren kann, und der unverzichtbaren Rückendeckung und Unterstützung durch eben diese Hierarchie.

Das Dilemma für die Anbindung besteht zum einen darin, dass der Programmorganisation, um ihr eine Arbeit möglichst entfernt von der Primärhierarchie zu ermöglichen, ein hohes Maß an Autonomie zugestanden werden muss. Zum anderen aber kann keine Programmorganisation im luftleeren Raum agieren. Veränderungen müssen ebenso in die Primärorganisation eingebunden werden, denn diese muss sich schließlich mit verändern. Abb. 2.27 zeigt das Zusammenspiel von Primär- und Sekundärorganisation.

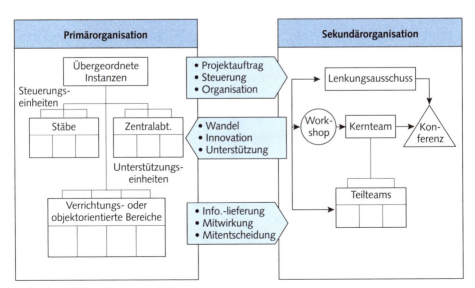

Abbildung 2.27: Zusammenspiel von Primär- und Sekundärorganisation

Mit dem gezielten Einsatz von Workshops und Konferenzen hat die Programmleitung weitere organisatorische Instrumente in der Hand, um die Implementierung und Akzeptanz von Projektaufgaben und Projektergebnissen abzusichern.

5.5 Ausgewählte Organisationstechniken

Zum Abschluss dieses Beitrages soll auf ausgewählte Methoden und Techniken des Organisierens eingegangen werden (vgl. zum Folgenden Schmidt [Organisation], Krüger [Organisationsplanung]). Sie sind sozusagen das Handwerkszeug des Organisators und instrumentieren die praktische Arbeit in Organisationsprojekten, sind aber auch für andere Vorhaben einsetzbar.

Techniken sind standardisierte Hilfsmittel, die zur Erfüllung von Teilaufgaben innerhalb eines gegebenen Problemlösungsprozesses benutzt werden (z. B. Netzplantechnik). Unter Tools (Werkzeuge) versteht man Software zur Unterstützung einzelner Techniken. Methoden hingegen regeln das Vorgehen bei der Lösung eines bestimmten Problems. Sie beschreiben also die notwendigen Schritte, um von einem gegebenen Ausgangszustand zu einem veränderten Zustand zu gelangen. Der Trend geht dahin, immer mehr Methoden und Techniken toolunterstützt einzusetzen.

Hinzuweisen ist auf die Anwendungen des Web 2.0, mit dessen Hilfe eine virtuelle Kooperation von Teams und Wissensgemeinschaften möglich geworden ist. Collaborative Formen der Zusammenarbeit im Unternehmungswandel sind vielfältig (vgl. Krüger [Programme], S. 102 ff.). Ihnen dürfte in Zukunft eine steigende Bedeutung zukommen.

Die instrumentelle Unterstützung des Projektmanagements durch Methoden, Techniken und Tools reicht von Zielformulierungs- und Planungstechniken über Problemanalyse- und Erhebungstechniken sowie Alternativsuch- und -beurteilungstechniken bis hin zu Techniken der Produktabnahme und Nachkalkulation sowie der Dokumentation.

Zur Vereinfachung werden im Folgenden die Begriffe «Methode» und «Technik» synonym verwendet. Analog zu den Vorgehensprinzipien sollte sich auch der Technikeinsatz an Einsatzprinzipien orientieren (vgl. Krüger [Organisationsmethodik]):

(1) Aus der Fülle in der Praxis existierender organisatorischer Techniken sind diejenigen Techniken auszuwählen, die geeignet sind, die Bewältigung der jeweiligen Teilschritte des Organisationsprozesses wirksam zu unterstützen (phasenadäquater Technikeinsatz). Vorgehen und Technik stehen somit in einer ähnlichen Beziehung zueinander wie Ziele und Mittel.

(2) Außer der phasenbezogenen Eignung ist auch von Bedeutung, dass das Gesamtspektrum an einzusetzenden Techniken aufeinander abgestimmt ist. Das Ergebnis der Anwendung einer Technik sollte möglichst die Basis für den Einsatz einer weiteren Technik sein (Sicherung des Technikverbundes).

Organisation und Unternehmungsentwicklung 265

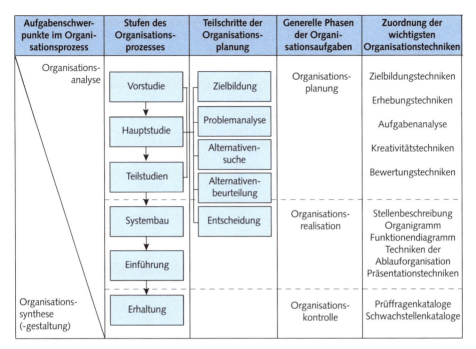

Abbildung 2.28: Teilzyklische Phasenkonzepte und ausgewählte Organisationstechniken

(3) Schließlich ist die Einsatzmöglichkeit von Tools zu prüfen. Insbesondere rechenintensive Techniken, deren Ergebnisse nur mit großem Aufwand darzustellen sind (bspw. Netzplantechnik), erfordern zwingend den Einsatz von unterstützender Software. In der Praxis existieren mittlerweile zahlreiche Tools unterschiedlicher Mächtigkeit, die teils einzelne Aufgabenstellungen unterstützen (z. B. Aufgabenanalyse), teils den gesamten Organisationsprozess abzudecken versuchen. Dadurch sind aktuelle Reorganisationskonzepte wie Business Reengineering toolunterstützt durchführbar.

Ausgewählte, wichtige organisatorische Techniken werden im Folgenden überblickartig dargestellt, wobei eine Zuordnung zu den Phasen des Organisationsprozesses vorgenommen wird (vgl. Abb. 2.28):

(1) Die zu Beginn des Organisationsplanungsprozesses durchzuführende Zielbildung kann durch ein Standardzielsystem – mit der Dreiteilung in wirtschaftliche, soziale und Leistungsziele – oder durch die Präferenzmatrix – zur Gewichtung der Ziele – instrumentell unterstützt werden.

(2) Im Rahmen der Problemanalyse ist die Aufnahme von Informationen über die bestehende Ist-Situation von zentraler Bedeutung. Hierzu ist eine weit reichende Palette von Erhebungstechniken einsetzbar. Die nach wie vor wichtigste Erhebungstechnik ist die mündliche Befragung in Form eines Interviews, das in standardisierter oder nicht-standardisierter Form durchgeführt werden kann.

Soll ein großer Adressatenkreis in standardisierter Form über hauptsächlich quantitative, d. h. zähl- oder messbare Sachverhalte befragt werden, eignen sich Fragebögen. Die Durchführung von Beobachtungen, insbesondere die Multimomentstudie, bei der aus einer begrenzten Anzahl von Beobachtungen auf die Grundgesamtheit hochgerechnet wird, das Dokumentenstudium und die Selbstaufschreibung wären weitere hier zu nennende Erhebungstechniken. Auch bei Erhebungstechniken hat der Organisator einen problemadäquaten Einsatz zu gewährleisten, ggf. auch eine Kombination verschiedener Erhebungstechniken vorzunehmen.

Sowohl für die prozess- als auch für die aufbauorganisatorische Gestaltung ist zunächst die inhaltliche Bestimmung und systematische Zerlegung und Ordnung der zugrundeliegenden Teilaufgaben zwingend notwendig. Die Technik der Aufgabenanalyse als zentrale Technik der organisatorischen Problemanalyse findet dazu ihre Anwendung.

(3) In der Alternativensuche liegt das hauptsächliche Anwendungsgebiet von Kreativitätstechniken, die zur Konzipierung von innovativen Problemlösungen eingesetzt werden. Brainstorming, Methode 635, morphologischer Kasten und Synektik sind die bekanntesten Techniken.

(4) Alternative Lösungsvarianten müssen beurteilt und ausgewählt werden. Eine an monetären Größen ausgerichtete Bewertung kann mit Hilfe von statischen und dynamischen Wirtschaftlichkeitsrechnungen geleistet werden. Sollen darüber hinaus auch nichtmonetäre Größen, vor allem der Nutzen einer Alternative, miteinbezogen werden, so bieten sich die Kosten-Wirksamkeits- oder die Nutzwertanalyse an.

(5) Die zahlreichen Techniken der Darstellung und Dokumentation organisatorischer Sachverhalte können der Realisationsphase zugeordnet werden. Die Stellenbeschreibung ist eine schriftliche Darstellung der auf eine Person (Stelleninhaber) bezogenen Aufgaben, Kompetenzen und Verantwortung. Daneben beinhaltet sie die instanzielle Einordnung des Stelleninhabers, das Anforderungsprofil der Stelle sowie die wichtigsten Informations- und Kommunikationsbeziehungen. Mit dem Begriff Organigramm werden sämtliche Organisationsschaubilder bezeichnet, in denen die Leitungs- und Abteilungsgliederung einer Unternehmung visualisiert wird. Das Funktionendiagramm zeigt das Zusammenwirken von Stellen bei der Aufgabenerfüllung. Die Zeilen des Diagramms nehmen die einzelnen Teilaufgaben, die Spalten die mitwirkenden Stellen auf. In den Matrixzellen werden die jeweiligen Teilkompetenzen (z. B. Initiative, Entscheidung, Kontrolle etc.) in Symbolen festgehalten.

Die Darstellung ablauforganisatorischer Sachverhalte erfolgt in erster Linie durch graphikorientierte Techniken wie Flussdiagramme, Aufgabenfolgepläne, Arbeitsablaufkarten und geblockte Texte.

Von entscheidender Bedeutung für die Einführung einer erarbeiteten Organisationslösung ist eine überzeugende Präsentation des Konzeptes. Durch den

Einsatz geeigneter Präsentationstechniken kann die Qualität der Lösungspräsentation und damit auch die Akzeptanz der Benutzer erhöht werden.

(6) Prüffragen- und Schwachstellenkataloge schließlich können innerhalb der Kontrollphase als Checklisten zum Auffinden von Nachbesserungsbedarf die Erhaltung einer implementierten Organisationslösung unterstützen.

Methodisches Vorgehen wird auch in Zukunft die Basis für eine erfolgreiche Organisationsarbeit darstellen. Allerdings haben sich nicht nur die Techniken und Tools, sondern mit dem Unternehmungswandel auch die Organisationsaufgaben selbst stark verändert. Manche Organisationsaufgaben werden dezentral erledigt. Organisation wird dann zur Aufgabe der Führungskräfte und Mitarbeiter der Teilbereiche («Selbstregelung»). Andere werden von externen Managementberatern oder von zentralen Stäben (z. B. Konzernentwicklung, Inhouse Consulting) übernommen. Alles dies kann jedoch kein Ersatz für eine professionalisierte, spezialisierte Organisationsarbeit sein. Um den geänderten Anforderungen gerecht zu werden, wandelt sich die Organisationsanalyse herkömmlichen Typs daher zu einer modernen Business Analysis. Diese Entwicklung – aus den USA kommend – wird z. B. von den berufsständischen Gesellschaften für Organisation im deutschsprachigen Raum aufgegriffen und in entsprechenden Ausbildungsgängen und Zertifizierungen nach international gültigen Standards umgesetzt. So entsteht eine Berufsgruppe, die dem Gedanken entspricht, dass Organisation ein Führungsinstrument ist und die zum Gesprächspartner und Berater des Managements werden kann.

Literaturhinweise

Appelfeller, W., W. Buchholz: [Supplier] Relationship Management, 2. Aufl., Wiesbaden 2010.
Bach, N.: Effizienz der [Führungsorganisation] deutscher Konzerne, Wiesbaden 2007.
Bach, N.: Mentale [Modelle] als Basis von Implementierungsstrategien, Wiesbaden 2000.
Bea, F. X., E. Göbel: [Organisation] – Theorie und Gestaltung, 4. Aufl. Stuttgart 2010.
Bleicher, K.: [Organisation]: Strategien – Strukturen – Kulturen, 2. Aufl., Wiesbaden 1991.
Bleicher, K. et al.: Unternehmungsverfassung und Spitzenorganisation: [Führung] und Überwachung von Aktiengesellschaften im internationalen Vergleich, Wiesbaden 1989.
Brehm, C., S. Hackmann, D. Jantzen-Homp: [Organisation] des Wandels, in: Krüger, W. (Hrsg.): Excellence in Change – Wege zur strategischen Erneuerung, 4. Auflage, Wiesbaden 2009, S. 231–271.
Bruhn, M.: [Kundenorientierung]. Bausteine für ein exzellentes Customer Relationship Management (CRM), 3. Aufl., München 2007.
Buchholz, W.: [Time-to-Market-Management] – Zeitorientierte Gestaltung von Produktinnovationsprozessen, Stuttgart 1996.
Chandler, A. D.: [Strategy] and Structures: Chapters in the History of the Industrial Enterprise, Cambridge (Mass.), London 1962.
Fayol, H.: [Administration] industrielle et générale, Paris 1916.
Fischermanns, G.: Praxishandbuch [Prozessmanagement], 8. Aufl., Gießen 2010.
Frese, E.: [Organisationstheorie], 2. Aufl., Wiesbaden 1992.
Frese, E.: Von der Planwirtschaft zur [Marktwirtschaft] auch in Unternehmen?, Heidelberg 1998.

Frese, E. (Hrsg.) : [Organisationsmanagement]: Neuorientierung der Organisationsarbeit, Stuttgart 2000.
Frese, E.: Grundlagen der [Organisation]: Konzept – Prinzipien – Strukturen, 9. Aufl., Wiesbaden 2005.
Frese, E., A. v. Werder, W. Maly (Hrsg.): [Zentralbereiche], Stuttgart 1993, S. 1-50.
Göbel, E.: Theorie und Gestaltung der [Selbstorganisation], Berlin 1998.
Gomez, P., T. Zimmermann: [Unternehmensorganisation]: Profile – Dynamik – Methodik, 4. Aufl., Frankfurt/Main 1999.
Greiner, L.: [Evolution] and Revolution as Organizations grow, in: Harvard Business Review (4/1972), S. 37–44.
Grochla, E.: [Unternehmungsorganisation], Reinbeck bei Hamburg 1972.
Hammer, M., J. Champy: [Business Reengineering], Frankfurt, New York 1994.
Hauschildt, J.: [Verantwortung], in: Grochla, E. (Hrsg.): Handwörterbuch der Organisation, 1. Aufl., Stuttgart 1969, Sp. 1693–1702.
Heuskel, D.: Wettbewerb jenseits von [Industriegrenzen] – Aufbruch zu neuen Wachstumsstrategien, New York 1999.
Hill, W., R. Fehlbaum, P. Ulrich: [Organisationslehre], 2 Bde., 5. Aufl., Bern, Stuttgart 1998.
Jantzen-Homp, D.: [Projektportfolio-Management] – Multiprojektarbeit im Unternehmungswandel, Wiesbaden 2000.
Kaplan, R., D. Norton: Balanced [Scorecard]: Strategien erfolgreich umsetzen, Stuttgart 1997.
Kieser, A.: [Organisationstheorien], 6. Aufl., Stuttgart 2006.
Kieser, A., P. Walgenbach: [Organisation], 5. Aufl., Berlin, New York 2007.
Kosiol, E.: [Organisation] der Unternehmung, Wiesbaden 1962.
Krüger, W.: Grundlagen der [Organisationsplanung], Gießen 1983.
Krüger, W.: [Organisationsmethodik]. In: Frese, E. (Hrsg.): Handwörterbuch der Organisation, 3. Aufl., Stuttgart 1992, Sp. 1572–1589.
Krüger, W.: [Organisation] der Unternehmung, 3. Aufl., Stuttgart 1994.
Krüger, W.: [Organisationsmanagement]: Vom Wandel der Organisation zur Organisation des Wandels, in: Frese, E. (Hrsg.): Organisationsmanagement: Neuorientierung der Organisationsarbeit, Stuttgart 2000, S. 271–304.
Krüger, W.: Center-Konzepte in der [Konzernentwicklung], in: v. Werder, A., H. Stöber (Hrsg.) (2004), Center-Organisation: Gestaltungskonzepte, Strukturentwicklung und Anwendungsbeispiele, Stuttgart 2004, S. 181–205.
Krüger, W.: Von der Wertorientierung zur [Wertschöpfungsorientierung] der Unternehmungsführung, in: Wildemann, H. (Hrsg.): Personal und Organisation (Festschrift zum 60. Geburtstag von Prof. Dr. Rolf Bühner), München 2004, S. 57–81.
Krüger, W.: Strategische Erneuerung: Probleme, [Programme] und Prozesse, in: Krüger, W. (Hrsg.): Excellence in Change – Wege zur strategischen Erneuerung, 4. Aufl., Wiesbaden 2009, S. 45–114.
Krüger, W.: [Topmanager] als Promotoren und Enabler des Wandels, in: Krüger, W. (Hrsg.): Excellence in Change – Wege zur strategischen Erneuerung, 4. Aufl., Wiesbaden 2009, S. 143–191.
Krüger, W., C. Homp: [Kernkompetenz]-Management, Wiesbaden 1997.
Laux, H., F. Liermann: Grundlagen der [Organisation]: Die Steuerung von Entscheidungen als Grundproblem der Betriebswirtschaftslehre, 6. Aufl., Berlin 2005.
Madauss, B. J.: Handbuch [Projektmanagement], Mit Handlungsanleitungen für Industriebetriebe, Unternehmensberater und Behörden, 7. Aufl., Stuttgart 2009.
Niklisch, H.: [Der Weg] aufwärts! Organisation: Versuch einer Grundlegung, 2. Aufl., Stuttgart 1922.
Osterloh, M., J. Frost: [Prozessmanagement] als Kernkompetenz, 5. Aufl., Wiesbaden 2006.

Ouchi, W. G.: A Conceptual [Framework] for the Design of the Organizational Control Mechanisms, in: Management Science, 25. Jg., Nr. 9/1979, S. 833–848.
Patzak, G., G. Rattay: [Projektmanagement]: Leitfaden zum Management von Projekten, Projektportfolios und projektorientierten Unternehmen, 5. Aufl., Wien 2008.
Picot, A., H. Dietl, E. Franck: [Organisation]: Eine ökonomische Perspektive, 3., Aufl., Stuttgart 2002.
Picot, A., R. Reichwald, R. T. Wigand: Die grenzenlose [Unternehmung], 5. Aufl., Wiesbaden 2003.
Porter, M. E.: [Wettbewerbsvorteile]: Spitzenleistungen erreichen und behaupten, 6. Aufl., Frankfurt/Main 2002.
Rohm, C.: [Prozeßmanagement] als Fokus im Unternehmungswandel, Gießen 1997.
Rosen, R. H., P. B. Brown: [Leading People], New York 1996.
Schanz, G.: Wirtschafts[programme] der Betriebswirtschaftslehre, in: Bea u. a. (Hrsg.) Allgemeine Betriebswirtschaftslehre, Bd. 1: Grundfragen, 10. Aufl., Stuttgart u. a. 2009, S. 81–162.
Schmidt, G.: [Organisation] und Business Analysis – Methoden und Techniken, 14. Aufl., Gießen 2009.
Scholz, C.: Strategische Organisationen: Prinzipien der [Vitalisierung und Virtualisierung], Landsberg/Lech 1997.
Schreyögg, G.: [Organisation]: Grundlagen moderner Organisationsgestaltung, 5. Aufl., Wiesbaden 2008.
Smith, A.: The [Wealth of Nations], London et al. 1977, Repr. von 1776
Stabell, C. B., O. D. Fjeldstad: [Configuring Value] For Competitive Advantage: On Chains, Shops, and Networks, in: Strategic Management Journal, Nr. 19/1998, S. 413–437.
Staehle, W. H.: [Management]. Eine verhaltenswissenschaftliche Perspektive, 8. Aufl., München 1999.
Sydow, J.: [Strategische Netzwerke]: Evolution und Organisation, Wiesbaden 1993.
Szyperski, N., U. Winand: Grundbegriffe der [Unternehmungsplanung], Stuttgart 1980.
Taylor, F. W.: The [Principles] of Scientific Management, New York 1911.
Tuckmann, B. W.: [Developmental Sequence] in Small Groups, in: Psychological Bulletin, Nr. 6/1965, S. 384–399.
Ulrich, H.: Die [Unternehmung] als produktives soziales System, 2. Aufl. Bern 1970.
v. Werder, A.: [Effizienzbewertung] organisatorischer Strukturen, in: WiSt, Nr. 8/1999, S. 412–417.
v. Werder, A., J. Grundei: Konzeptionelle Grundlagen der [Center-Organisation]: Gestaltungsmöglichkeiten und Effizienzbewertung, in: v. Werder, A., H. Stöber (Hrsg.): Center-Organisation: Gestaltungskonzepte, Strukturentwicklung und Anwendungsbeispiele, Stuttgart 2004, S. 11–54.
v. Werder, A.: [Führungsorganisation]. Grundlagen der Corporate Governance, Spitzen- und Leitungsorganisation, 2. Aufl., Wiesbaden 2008.
Willke, H.: [System]theorie I: Grundlagen, 7. Aufl., Stuttgart 2006.
Wüthrich, H. A., A. F. Philipp, M. H. Frentz: Vorsprung durch [Virtualisierung]: Lernen von virtuellen Unternehmen, Wiesbaden 1997.

Controlling

Kapitel 3

Peter Lorson
unter Mitarbeit von Christian Horn, Jörg Poller und Christina Wigger

1 Gegenstand des Controlling

1.1 Controlling, Controller und Controllership

Controlling hat sich als Fachgebiet in der Praxis entwickelt. Es bezeichnet so den «gesamte(n) Prozess der Zielfestlegung, der Planung und der Steuerung im finanz- und im leistungswirtschaftlichen Bereich» (IGC [Controller] 56). Die Wissenschaft hat diese Entwicklung erst spät aufgegriffen. Ein einheitliches Verständnis bezüglich des Gegenstands des Controlling existiert nicht. Konsens besteht dahingehend, dass

- es sich um eine Führungs(unterstützungs)funktion (Controller) handelt,
- die wichtigste Grundlage die (interne) Unternehmensrechnung bildet,
- die Hauptaufgabe in der Koordination der Teilsysteme der Führung besteht.

Diese funktionale Sicht des Controlling wird in der Theorie differenziert gesehen. Hervorhebenswert sind Unterschiede im Umfang der Koordinationsaufgabe sowie im Ausmaß der Führungsunterstützung. Während *Horváth* (vgl. Horváth [Controlling] 3 ff.) die Koordinationsfunktion auf ausgewählte Führungsteilsysteme beschränkt (Informations-, Planungs- und Kontrollsystem), betont *Küpper* (vgl. Küpper [Controlling] 28 ff.) – mit Bezug zur Agencytheorie – zudem den Einbezug der Organisation und des Personalführungssystems. Die Unterstützungsfunktion wird grundsätzlich als Zuarbeit und Beratung der Unternehmensführung verstanden. Einzelne Controllingvertreter gehen weiter. Beispielsweise erwarten *Weber/Schäffer* (vgl. Weber/Schäffer [Controlling] 26 f.) vom Controlling Prävention von Rationalitätsdefiziten bei Managemententscheidungen. *Ahn/Dyckhoff* (vgl. Ahn/Dyckhoff [Kern] 501 ff.) postulieren eine Effektivitäts- und Effizienzsicherung im Führungsprozess. Eine Darstellung ausgewählter Konzeptionen findet sich in Abb. 3.1.

Autor Kriterium	Horváth	Küpper	Weber / Schäffer	Ahn / Dyckhoff
Konzeption	Informations-, planungs- und kontrollsystemorientierte Konzeption	Koordinationsorientierte Konzeption	Rationalitätsorientierte Konzeption	Effektivitäts- und effizienzorientierte Konzeption
Ziele / Schwerpunkte des Controlling	Ergebniszielorientierte Koordination von Führungsteilsystemen; Führungsunterstützung	Koordination des Führungsgesamtsystems	Sicherung der Rationalität von Managemententscheidungen	Verbesserung der Entscheidungsfindung des Managements im Hinblick auf Effektivität und Effizienz
Aufgaben des Controlling	Informationsversorgung, Planung und Kontrolle sollen systembildend und -koppelnd koordiniert werden, um Adaption und Koordination des Gesamtsystems zu unterstützen	Analyse und Abbildung der Interdependenzen im Führungsgesamtsystem als Grundlage der Entwicklung von Koordinationsinstrumenten	Aufgabenbereiche anderer Konzeptionen werden eingeschlossen, zusätzlich sollen Rationalitätsdefizite der Führung identifiziert werden	Ausgangspunkt ist der Ansatz Weber / Schäffer, durch (effektivitäts- und effizienzsichernde) Überlegungen und Handlungen soll auf Entscheidungsfindung und -vollzug anderer Akteure eingewirkt werden
Bedeutung	Begründer der koordinationsorientierten Konzeption	Auf die Konzeption Horváths zurückzuführen, heute in der Lehre dominierend	Junger Ansatz, der Ende der 1990er Jahre begründet wurde, von Ahn / Dyckhoff weitergeführt	Siehe Weber / Schäffer
Literaturhinweis	Horváth [Controlling] 127 ff.	Küpper [Controlling] 39 ff.; Freidank [Corporate Governance und Controlling] 7	Weber / Schäffer [Controlling] 26	Ahn / Dyckhoff [Kern] 501 ff.

Abbildung 3.1: Synopse ausgewählter Controllingkonzeptionen

«Das Controlling ... entsteht durch Manager und Controller im Team.» (ICV [Controlling]). Während Controlling funktional zu verstehen ist, ist für die Begriffe Controller und Controllership eine institutionelle Sichtweise prägend: Controller sind Stelleninhaber. Wird auf die Summe der von Controllern für Manager zu erbringenden Aufgaben abgestellt, ist die Controllership gemeint. Folglich können Controlling und Controllership auseinanderfallen. Dies ist zum Beispiel dann der Fall, wenn in kleineren Unternehmen die Controllingfunktion nicht von Controllern wahrgenommen wird (vgl. Horváth [Controlling] 16 ff.; Weber/Schäffer [Controlling] 1 ff.).

1.2 Sekundärkoordination als Kern des Controlling

Küpper identifiziert als Kern seiner Controllingkonzeption die Koordination des Führungsgesamtsystems (siehe dazu Abb. 3.2) zur Sicherstellung einer zielgerichteten Lenkung. Die Gründe für diesen Koordinationsbedarf sind im Aufbau und der Verselbstständigung der Subsysteme der Unternehmensführung zu sehen. Dadurch entstehende Interdependenzen sollen durch das Controlling berücksichtigt werden. Bezweckt werden:

- eine Anpassungs- und Innovationsfunktion als Reaktion auf Umweltänderungen,
- eine konsequente Ausrichtung auf die Unternehmensziele (Zielausrichtungsfunktion),
- eine Bereitstellung adäquater Methoden und Instrumente zur Entscheidungsunterstützung sowie eine Versorgung mit relevanten Informationen (Servicefunktion) (vgl. Küpper [Controlling] 32 ff.).

Der Koordinationsbedarf erstreckt sich dabei zum einen auf die Koordination innerhalb der Führungsteilsysteme mithilfe isolierter Instrumente. Zum anderen soll die Koordination zwischen den Subsystemen der Führung mit übergreifenden Instrumenten erfolgen. Instrumente für eine isolierte Koordination sind z. B. im Planungssystem die Verfahren der sukzessiven Planabstimmung sowie Simultanplanungsmodelle. Ein übergreifendes Koordinationsinstrument stellen Zielvorgabesysteme dar. Exemplarisch könnte sich der Einsatz von Zielvorgabesystemen in den jeweiligen Führungsteilsystemen wie folgt niederschlagen:

- Organisationssystem: Entscheidungsrechte bestehen dezentral und sehen eine Partizipation vor. Weisungsrechte werden nach dem Ein-Linien-Prinzip organisiert.
- Planungssystem: Planungsaufgaben werden dezentral wahrgenommen. Die Planung vollzieht sich nach dem Top-Down-Prinzip bzw. nach dem Gegenstromverfahren.
- Kontrollsystem: Vorherrschend sind Ergebnis- und Eigenkontrollen.
- Personalführung: Der Führungsstil ist eher kooperativ. Das Belohnungssystem basiert auf der Zielerreichung.
- Informationssystem: Charakteristisch ist der Einsatz von Kennzahlensystemen (vgl. Küpper [Controlling] 40 ff. und 355 ff.).

Die Koordination wird also auf das Führungssystem beschränkt (Sekundärkoordination). Nicht einbezogen werden koordinierende Aktivitäten im eigentlichen Leistungs- bzw. Ausführungssystem (**Primärkoordination**). Dies veranschaulicht Abb. 3.2.

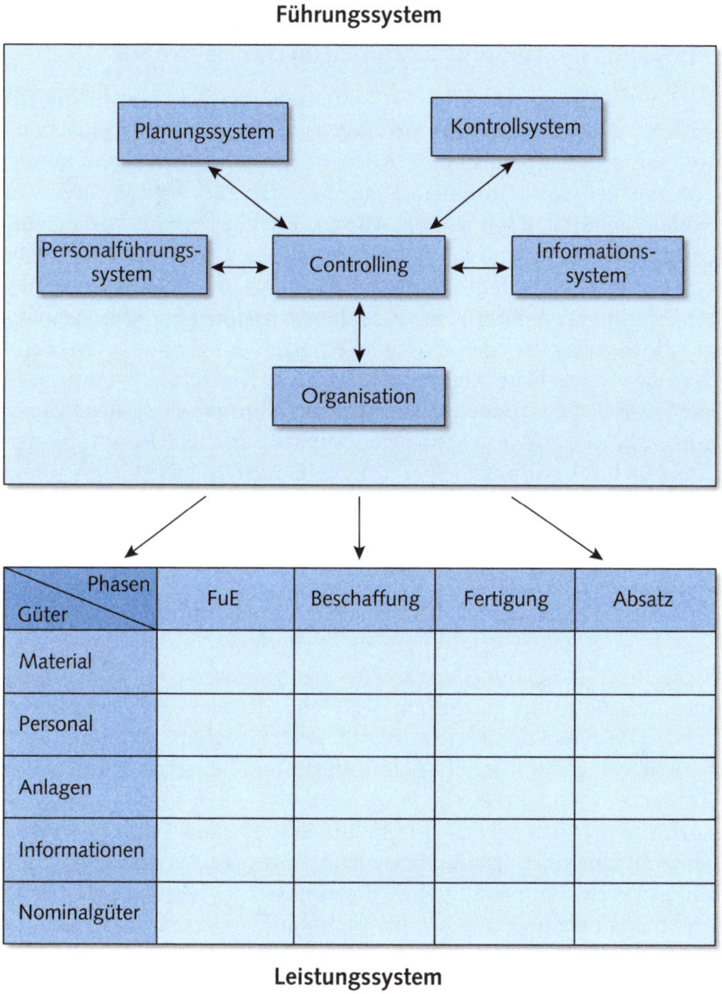
Führungssystem
Planungssystem
Kontrollsystem
Personalführungs-system
Controlling
Informations-system
Organisation
Phasen
Güter
FuE
Beschaffung
Fertigung
Absatz
Material
Personal
Anlagen
Informationen
Nominalgüter
Leistungssystem

Abbildung 3.2: Sekundärkoordination des Führungsgesamtsystems versus Primärkoordination im Leistungssystem (vgl. Küpper [Controlling] 30)

Somit sind für diese Controllingkonzeption **Aufgabenfelder** kennzeichnend, die:

- einen eigenständigen Charakter aufweisen,
- nicht zu umfassend sind,
- von anderen betriebswirtschaftlichen Funktionen abgegrenzt werden können (vgl. Küpper [Controlling] 36).

1.3 Abgrenzungen zu anderen Funktionen und Bereichen

Aus der Koordinationsfunktion resultierend, weist das Controlling enge Bezüge zu allen Führungsteilsystemen auf. Deshalb kann es unternehmensindividuell zweckmäßig sein, einzelne Führungsteilsysteme in die Controlling-Abteilung (Controllership) einzugliedern oder klar organisatorisch hiervon zu trennen.

(1) Für die Eingliederung der internen Unternehmensrechnung in die Controllership spricht, dass sie seit jeher den Kern der Informationsversorgung für die Controllership bildet. Gerade die Kosten- und Leistungsrechnung liefert einen wesentlichen Teil der benötigten Ausgangsdaten für das operative Controlling (vgl. Weber/Schäffer [Controlling] 165 f.). Darüber hinaus spricht für die Eingliederung der Kosten- und Leistungsrechnung in das Aufgabenbündel des Controlling vor allem die Bedeutung für das Planungs- und Kontrollsystem. Mit dem gleichen Argument ist der Einbezug der längerfristigen Investitionsrechnung und weiterer Informationssysteme, wie Betriebsdatenerfassung, Marktforschung oder volkswirtschaftliche Analysen, zu prüfen. Konzeptionell und in Bezug auf die Datenverfügbarkeit müssen diese für die Wahrnehmung der Koordinationsfunktion, z. B. in der Ausprägung der Anpassungs- und Informationsfunktion, bedeutenden Informationsquellen auf die Controlling-Bedürfnisse abgestimmt sein. Für eine organisatorische Trennung spricht indes die Prävention von einer Überbetonung der laufenden Tätigkeit in diesen Bereichen sowie etwa von deren technischen Problemen (vgl. Küpper [Controlling] 551 f.).

(2) Die externe Unternehmensrechnung stellt primär Informationen über die Vermögens-, Finanz- und Ertragslage eines Unternehmens für externe Adressaten zur Verfügung. Die Daten der externen Rechnungslegung orientieren sich an externen Normen und vermitteln weitgehend objektive Unternehmensinformationen. Die Finanzbuchhaltung und Jahresabschlussrechnung bzw. die Finanzberichterstattung können nicht aufgrund der gesetzlichen Zwänge so frei ausgestaltet werden, wie es die Wahrnehmung der Koordinations- und Steuerungsaufgabe erfordert. Dies spricht für eine organisatorische Trennung von der Controllership. Demgegenüber wird in jüngerer Zeit wieder die Einheit des Rechnungswesens betont und eine Harmonisierung von interner und externer Unternehmensrechnung angestrebt. Insbesondere in international agierenden Konzernen bildet die externe Konzernrechnungslegung gemäß den International Financial Reporting Standards (IFRS) die Basis des Konzernsteuerungssystems. Dies kann zweckmäßig sein, weil dieser Teilbereich des externen Rechnungswesens stärker betriebswirtschaftlich ausgestaltet werden kann als die einzelgesellschaftliche Rechnungslegung (Handelsbilanz nach HGB und Steuerbilanz) (vgl. Küpper [Controlling] 552).

(3) In der Praxis werden Controllership und Finanzbereich vielfach organisatorisch einem gemeinsamen Bereich, wie Finanz- und Rechnungswesen, zugeordnet. Allerdings sind die Tätigkeiten im Finanzbereich dem Vollzugssystem und

nicht dem Führungssystem zuzuordnen. Auch sind für die Abstimmung der Zahlungsströme (Kapitalbeschaffung und finanzielle Risikobegrenzung) andere spezialisierte Kenntnisse erforderlich als für eine zielgerichtete Koordination im Führungsteilsystem. Dies spricht für eine organisatorische Trennung von Controllership und Finanzbereich. Aber auch in diesem Bereich gibt es Überschneidungen. So gehört zum Controllership auch zunehmend die Auswertung finanzwirtschaftlicher Daten – insbesondere Cashflow-Rechnungen – im Rahmen des wertorientierten Controlling (vgl. Littkemann [Unternehmenscontrolling] 12 f.).

(4) Zu den Controllingaufgaben zählt die Koordination von Informations- und Planungssystem. Deshalb können dem Controllingbereich auch Planungsaufgaben übertragen werden. Allerdings muss in den Planungsprozess das fachliche Wissen aus Funktionsbereichen, wie Marketing und Produktion, einfließen. Deshalb ist es zweckmäßig, nicht alle Planungsaufgaben dem Controlling zuzuordnen, sondern nur solche ohne speziellen Funktionsbereichsbezug (z. B. Analyse- und Planungstechniken, EDV-Unterstützung der Planung und Überprüfung von Plänen). Abb. 3.3 zeigt exemplarisch, wie eine Aufgabenverteilung von Linienmanagern und Controllern konkret aussehen kann (vgl. Küpper [Controlling] 553).

Linienmanager	Controller
Problemanalyse	Bereitstellung und Pflege der planungsbezogenen Infrastruktur
Problemidentifikation	
Informationsbedarfsermittlung	Gestaltung des Planungssystems
Informationsbeschaffung / -erzeugung	Entwicklung / Auswahl der Planungstechniken
Informationsauswertung	
Entscheidungsvorbereitung	Sicherstellung der EDV-Unterstützung
Erarbeitung von Zielentwürfen	Schulung der Planungsträger
Ermittlung von Handlungsalternativen	Wahrnehmung der Koordinationsfunktion
Festlegung von Planprämissen	Überprüfung von Plänen
Bewertung von Handlungsalternativen	Konsolidierung von Einzelplänen
Konzipierung von Plänen	Ausübung der Kontrollfunktion
Genehmigung von Plänen	Prämissenkontrolle
Plananpassung / -modifikation	Planfortschrittskontrolle
	Realisationskontrolle
	Systemkontrolle

Abbildung 3.3: Aufgabenverteilung zwischen Linienmanagern und Controllern (vgl. Küpper [Controlling] 553)

(5) Der Einbezug des Kontrollsystems in die Controllership erfordert ebenfalls eine Abgrenzung von den Aufgaben der Linienmanager. Zudem ist das Verhältnis von Controlling und interner Revision zu betrachten. Funktionell soll die interne Revision ihre Kontrollen auf die Zuverlässigkeit, Ordnungsmäßigkeit und Richtigkeit in Bezug auf Handlungen, Ergebnisse und Systeme ausrichten.

Im Rahmen des Financial Auditing ist das Rechnungswesen das Prüfungsobjekt (z. B. Buchhaltung, Finanzplanung, Zahlungsverkehr, Kalkulation). Beim Operational Auditing erfolgt eine Ausweitung des Umfangs auf alle Funktionsbereiche (z. B. interne Kontrolleinrichtungen, Anweisungen und Richtlinien, Systeme und Organisation). Im Rahmen des Management Auditing wird der Umfang auf die Beurteilung von Entscheidungen, Ursachen- und Schwachstellenanalyse sowie Beratung der Unternehmensleitung und dergleichen ausgeweitet. Insoweit kommt es also nicht nur beim Management Auditing zu Überschneidungen mit den Controllingaufgaben. Dennoch bestehen gravierende Unterschiede. Unterschiede und Gemeinsamkeiten werden in der Abb. 3.4, mit Blick auf den zeitlichen Bezug, die Beziehung zu Linienmanagern, die Häufigkeit von Kontrollaktivitäten, das Hauptaugenmerk und den Aufgabenschwerpunkt, zusammenfassend dargestellt (vgl. Küpper [Controlling] 554 ff.).

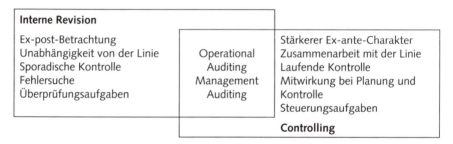

Abbildung 3.4: Unterschiede und Gemeinsamkeiten von Interner Revision und Controlling (vgl. Küpper [Controlling] 555)

(6) Grundsätzlich zu trennen ist die Controllership von den Führungsteilsystemen **Organisation** und **Personalführung**. Hier kommt es insbesondere in Bezug auf die Konzeption von Informations-, Planungs- und Kontrollsystem sowie von Anreizsystemen zu Überschneidungen. Indes erscheint im Allgemeinen ein Einbezug dieser Tätigkeiten in die Controllership nicht zweckmäßig.

Hieraus ergeben sich die in Abb. 3.5 gezeigten fachlichen **Anforderungen an Controller** in der Unterteilung nach deren Art und Inhalt.

Gegenstand des Controlling

Art der Fachkenntnisse und Erfahrungen	Inhaltliche Gegenstände

Betriebswirtschaftliche Theorien der Beziehungen im Führungs- und Leistungssystem
Koordinationsinstrumente
  Ziel- und Kennzahlensysteme
  Budgetierungssysteme
  Lenkungspreissysteme
Methoden der Erfolgsplanung
Verhaltenstheorien
Motivationsinstrumente
Früherkennungsmethoden
Kreativitätstechniken
	Informationssystem
	  Kosten- und Leistungsrechnung
	  Investitionsrechnung
	  (Externe Rechnungslegung)
	  (Sozialbilanzrechnung)
	  (Humanvermögensrechnung)
	  EDV
	Planung und Kontrolle
	  Systeme
	  Prozesse
	  Instrumente
	Zielsysteme
	  Lösung von Zielkonflikten
	  Zielbildung
	Personalführung
	Führungsstile
	  Anreizsysteme
	  Bestimmungsgrößen menschlichen Verhaltens
	Organisation
	Interdependenzen im Leistungssystem

Abbildung 3.5: Fachliche Anforderungen an Controller (vgl. Küpper [Controlling] 555)

Vor dem Hintergrund der Controllingaufgaben ist nun zu fragen, wie Controlling organisatorisch verankert werden kann (vgl. Küpper [Controlling] 556).

1.4 Organisation des Controlling

Im Hinblick auf die Organisation des Controlling sind Fragen nach der **Notwendigkeit** eigener Controllerstellen, deren **Kompetenzausstattung** sowie nach den hierarchischen Beziehungen zwischen zentralen und dezentralen **Controllingabteilungen** zu stellen.

Ausgehend von der Begründung der Koordinationsaufgabe ergeben sich als plausible **Gründe für die Schaffung eigener Controllerstellen** folgende Punkte:

- Mit zunehmender Unternehmensgröße werden mehr Interdependenzen zerschnitten und organisatorisch getrennt. Daher müsste auch die Zahl der Controller von der Unternehmensgröße abhängig sein.
- Je dynamischer die Unternehmensumwelt ist, umso wichtiger wird die Anpassungs- und Innovationsfunktion des Controlling. Mit einer größeren Dezentralisierung der Organisationsstruktur steigt der Koordinationsbedarf.

Diese Zusammenhänge konnten empirisch nicht eindeutig bestätigt werden. Es zeigt sich jedoch, dass in kleineren (Familien-)Unternehmen Controllingaufgaben überwiegend durch die Unternehmensleitung wahrgenommen werden und die verbleibenden nicht ausreichen, um die Schaffung eigener Controllerstellen zu rechtfertigen.

Ebenfalls nicht allgemeingültig kann die Frage danach beantwortet werden, ob Controller **Stabsstellen oder Linienstellen** innehaben sollten. Der führungsunterstützende Charakter des Controlling und die Servicefunktion sprechen für Stellen ohne die für Linienstellen charakteristische Entscheidungskompetenz. Andererseits kann die Koordinationsaufgabe, die sich immer auf andere Führungsteilsysteme bezieht, nicht konsequent durchgesetzt werden, ohne auf die in diesen Bereichen zuständigen Stelleninhaber Einfluss nehmen zu können. Je stärker die Querschnittsaufgabe der Koordination betont wird, umso bedeutsamer wird es, Controller auch mit Linienkompetenzen auszustatten. Letztlich kann es zweckmäßig sein, genaue Kompetenzabgrenzungen vorzunehmen und Controller mit einem spezifischen Mix an Linien- und Stabskompetenzen auszustatten, wie:

- Entscheidungs- und Weisungskompetenzen in konzeptionellen Fragen des Planungs- und Informationssystems,
- Vorschlags-, Beratungs- und Mitentscheidungskompetenzen im Rahmen der Plankoordination,
- Informations- und Beratungsfunktion bei der Ermittlung von Planabweichungen.

In kleineren Unternehmen mag die Etablierung von Controllern in Stabsstellen ausreichend sein, weil zentrale Controllingaufgaben durch die Unternehmensleitung selbst wahrgenommen werden. Indes sind Linienkompetenzen in Bezug auf die interne Organisation der Controllingabteilung unverzichtbar (vgl. Pohle [Controlling] 666).

In der **Unternehmenshierarchie** werden Controllingabteilungen überwiegend auf der zweiten Ebene angesiedelt (vgl. Horváth [Controlling] 811ff.) und dem Vorstandsressort Finanz- und Rechnungswesen zugeordnet. In größeren Unternehmen ist zudem zu beobachten, dass neben zentralen Controllingabteilungen dezentrale Controllerstellen in Funktionsbereichen, Sparten, Werken, Regionen oder Tochtergesellschaften geschaffen werden. Besonderes Augenmerk ist hierbei den formalen Beziehungen zwischen zentralem und dezentralem Controlling zu schenken.

Eine gesamtunternehmenszielorientierte Koordination erfordert die Unterstellung der dezentralen Controller unter den Zentralbereich Controlling. Die Einbindung in die Fachbereiche und die Akzeptanz der dezentralen Controller wird aber am ehesten durch die Einbindung der Controller in die hierarchische Struktur des Fachbereichs gewährleistet. Einen Kompromiss zwischen beiden Extremen bildet das Konzept der sog. **Dotted Line** (punktierte Linie). Dabei werden die Weisungsrechte in eine fachliche (z. B. Aufgabeninhalt und Methoden) und disziplinarische (z. B.

Arbeits- und Zeitregelung, Personalbeurteilung) Komponente aufgespalten. Damit erhalten beide Instanzen Einfluss. Hier erscheint es angemessener, den dezentralen Controller fachlich dem Zentralcontrolling und disziplinarisch – wegen der räumlichen Nähe – dem Bereichscontrolling zu unterstellen, als umgekehrt. Gleichwohl wird dadurch ein Dauerkonflikt etabliert. Die sachliche Abstimmung von zentralem und dezentralem Controlling wird nicht in jedem Fall gesichert, weil die Tendenz besteht, den Disziplinarvorgesetzten stärker zu beachten als den Fachvorgesetzten (vgl. Küpper [Controlling] 558 ff.). Vor- und Nachteile der alternativen Unterstellungsmöglichkeiten enthält die Abb. 3.6.

	Unterstellung Linieninstanz	Unterstellung Zentralcontroller	Dotted Line-Prinzip
Positiv	Gute und vertrauliche Zusammenarbeit mit Linieninstanz Schnelle Information der Zentrale Guter Zugang zu formellen und informellen Quellen Möglichkeit, Linieninstanz bei Entscheidungen zu unterstützen Starkes Eingehen auf Linienbedürfnisse	Einheitliche Durchführung des Controllingkonzepts Gegengewicht bei Beteiligungen an Entscheidungen der Linieninstanz Starke Betonung des integrativen Koordinationsaspekts Schnelle Durchsetzung neuer Konzepte Unabhängigkeit gegenüber Linieninstanz Schnelle Information der Zentrale	Kompromiss zwischen zwei Extremen Möglichkeit, Linienerkenntnisse mit Controllingnotwendigkeiten zu verbinden Flexible Einflussnahme auf Spezialcontroller
Negativ	Controlling-Gesamtkonzept wird vernachlässigt Verstärkung des Partikularismus Berichterstattung an Zentralcontroller wird vernachlässigt Mangelnde Distanz und Objektivität zu Linienaktivitäten	Spezialcontroller = Spion der Zentrale Informationsblockade der Linie Spezialcontroller wird isoliert Geringe Akzeptanz Wird nicht zur Entscheidungsunterstützung herangezogen Linienspezifische Besonderheiten werden wenig beachtet	Doppelunterstellung = Dauerkonflikt Wird weder von der Linie noch vom Zentralcontrolling akzeptiert Objektivität und Neutralität nicht gegeben

Abbildung 3.6: Vor- und Nachteile der alternativen Unterstellungsmöglichkeiten dezentraler Controller (vgl. Küpper [Controlling] 567)

1.5 Systematisierungen von Controlling

Controlling kann nach unterschiedlichen Kriterien systematisiert werden. Besondere Beachtung wird im Allgemeinen der Unterscheidung zwischen drei Perspektiven geschenkt:

- einer **funktionalen** (z. B. Koordinations-, Zielausrichtungs-, Anpassungs- und Servicefunktion; siehe oben),
- einer **institutionellen** (z. B. eigenständige Stellen, Einordnung in die Unternehmenshierarchie, Kompetenzausstattung; siehe oben) sowie
- einer **instrumentellen** (z. B. isolierte und übergreifende Koordinationsinstrumente, Entscheidungsunterstützungsinstrumente, Informationsversorgungsinstrumente).

Im Besonderen sind zudem Unterscheidungen nach zeitlichen, (funktions-)bereichsbezogenen und branchenbezogenen Kriterien verbreitet. **Zeitlich** wird unter anderem zwischen strategischem und operativem Controlling unterschieden. **Funktionsbereichsbezogene** Kriterien fokussieren auf die Besonderheiten betrieblicher Funktionsbereiche, wie Beschaffung, Produktion, Absatz, Forschung und Entwicklung, oder spezieller Aufgaben bzw. Kontexte, wie Investitions-, Projekt-, Kommunikations-, Sparten- oder unternehmenswertorientiertes Controlling. **Branchenbezogene** Kriterien fokussieren auf die Besonderheiten von Wirtschaftszweigen, die eng oder weit abgegrenzt sein können. Die branchenbezogene Einteilung im engeren Sinne führt zu Unterscheidungen zwischen Industrie-, Handels-, Dienstleistungs-, Verwaltungscontrolling usw. In einer weiteren Fassung könnte beispielhaft zwischen Controlling in gewinnorientierten (Profit-) und NonProfit-Unternehmen unterschieden werden.

2 Informationssystem, Berichtswesen und Budgetierung

2.1 Zum Informationssystem

Das Informationswesen, das Berichtswesen und die Budgetierung bilden drei Schwerpunkte der Controller-Tätigkeit in der Praxis. Diese drei Bereiche stehen nicht unverbunden nebeneinander. Sie werden daher nachstehend konzeptionell und instrumentell gekennzeichnet.

Information kann als zweckorientiertes Wissen definiert werden. Bezweckt wird eine **Verhaltensbeeinflussung** des Informationsadressaten. Folglich bildet das Informationssystem die Basis des Führungssystems bzw. aller anderen Führungsteilsysteme.

Dem Informationssystem kommt die **Aufgabe** zu, Informationen zu ermitteln und die Adressaten (formal geregelt) mit Informationen zu versorgen. Zur Prävention von Informationsüberlastung und aus Wirtschaftlichkeitsgründen sollte das Informationssystem nur Informationen enthalten, die die Informationsadressaten zur Aufgabenerfüllung benötigen. Demnach sind die erzeugten Informationen (Informationsangebot) und die von Entscheidungsträgern erwarteten bzw. nachgefragten Informationen (Informationsnachfrage) am Informationsbedarf auszurichten. Folglich besteht das **Koordinationsziel** im Informationssystem darin, die mit 1 gekennzeichnete Schnittmenge der drei Kreise in Abbildung 3.7 möglichst groß werden zu lassen. Die Felder 2 und 7 repräsentieren Unwirtschaftlichkeiten im Sinne zu viel erzeugter Information. Das Verhalten der Informationsadressaten (subjektiver Informationsbedarf) impliziert mit Blick auf die Flächen 2, 3, 5 und 6 die Gefahr von Fehlentscheidungen, weil zur Aufgabenerfüllung nicht benötigte Informationen (potenzielles künftiges Informationsüberangebot) sowie notwendige Informationen nicht nachgefragt werden. Für Defizite im Informationssystem – etwa aufgrund von veränderten Rahmenbedingungen – stehen die Felder 4 und 5. Aus einer solchen Analyse können also vielfältige Schlussfolgerungen gezogen werden, die von einem veränderten Instrumenteneinsatz bis hin zu Weiterbildungsbedarf reichen.

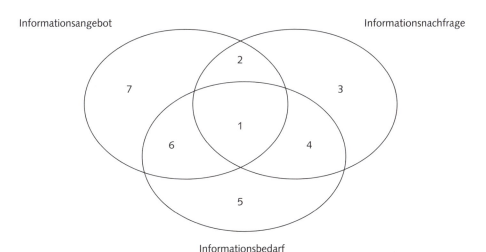

Abbildung 3.7: Gestaltung des Informationsangebots im Spannungsfeld von Nachfrage und Bedarf (vgl. Weber / Schäffer [Controlling] 86)

Als wichtigstes Instrument der **Informationserzeugung** fungiert die Unternehmensrechnung. Diese umfasst neben dem betrieblichen Rechnungswesen insbesondere auch die Finanzrechnung, die Investitionsrechnung und die Humanvermögens-, Wertschöpfungsrechnung sowie Sozialbilanzen. Die Informationsversorgung erfolgt vor allem durch Berichte. Deren Gegenstand können im Rahmen der Unternehmensrechnung ermittelte Budgets sein. Insofern ist es vertretbar, das Berichtswesen und die Unternehmensrechnung (inklusive der Budgetierung) unter den Begriff des Informationssystems zu subsumieren. Eine spezielle Controlling-Aufgabe im Informationssystem kann darin bestehen, eine Koordination zwischen bestimmten

Formen der Unternehmensrechnung herbeizuführen. Beispiele hierfür bilden die Harmonisierung von zwei kurzfristigen erfolgszielorientierten Unternehmensrechnungen (Kosten- und Bilanzrechnung) durch den weitgehenden Verzicht auf kalkulatorische Kosten und die Harmonisierung von kurz- und langfristigen erfolgszielorientierten Rechnungen (Kosten- und Investitionsrechnung) unter Nutzung des sog. *Preinreich/Lücke*-Theorems (vgl. unter 4.3.3).

Die Ermittlung des objektiven **Informationsbedarfs** kann **induktiv** oder **deduktiv** erfolgen. Die **induktive Vorgehensweise** ist durch die kombinierte Untersuchung von betrieblichen Dokumenten (Dokumentenanalyse), der betrieblichen Datenerfassung (datentechnische Analyse und Organisationsanalyse) sowie der Informationsverwender (Befragung) gekennzeichnet. Aus den tatsächlichen Gegebenheiten wird dann auf den Informationsbedarf geschlossen. Demgegenüber wird der Informationsbedarf mit **deduktiven Methoden** systematisch bestimmt. Hierzu sind die Aufgaben und Ziele der Unternehmung ebenso zu betrachten wie die Aufgaben- und Kompetenzverteilung der Entscheidungsträger, um auf die zu verwendenden Entscheidungsmodelle zu schließen. Der objektive Informationsbedarf ergibt sich somit als notwendiger Input für diese Entscheidungs- oder Planungsmodelle (z. B. betreffend die optimale Losgröße, das deckungsbeitragsmaximale Produktions- und Absatzprogramm, das kapitalwertmaximale Investitions- und Finanzierungsprogramm). Abbildung 3.8 verdeutlicht darüber hinaus, dass der Informationsbedarf externen Rahmenbedingungen, wie Wettbewerbssituation oder Finanzberichterstattungs-, Corporate Governance- und Compliance-Normen sowie den Verhaltenseigenschaften der Handlungsträger Rechnung tragen muss.

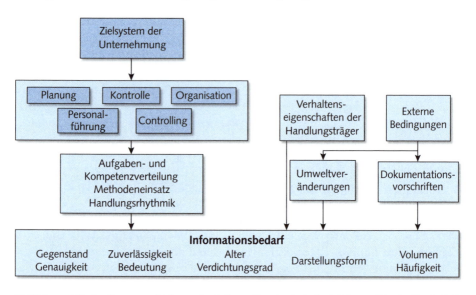

Abbildung 3.8: Bestimmungsfaktoren des Informationsbedarfs (vgl. Küpper [Controlling] 184)

Eine rein deduktive Vorgehensweise setzt insbesondere voraus, dass die Führungsteilsysteme zielkonform ausgestaltet sind, sich hieraus die individuellen Aufgaben der Entscheidungsträger sowie die zu verwendenden Planungsmodelle ableiten lassen. Unter Wirtschaftlichkeitsgesichtspunkten ist auf dieser Grundlage zu entscheiden, welche Informationen in welchen Zeitabständen vom Informationssystem routinemäßig und welche **Informationsangebote** nur anlassbezogen (unregelmäßig oder gar nicht) bereitgestellt werden sollen. Das Informationssystem ist so zu gestalten, dass der Informationsbedarf gut strukturierter Routine-Entscheidungen regelmäßig befriedigt wird und der Informationsbedarf gut sowie schlecht strukturierter Einzelentscheidungen im Bedarfsfall erzeugt werden kann (vgl. Friedl [Controlling] 128 ff.).

Schlecht strukturierte Entscheidungsprobleme, zu denen **strategische Entscheidungen**, wie die Erschließung neuer Märkte, zählen, weisen Lösungs-, Zielsetzungs-, Bewertungs- oder Wirkungsdefizite auf (vgl. Adam [Planung] 10 ff.). Ein **Lösungsdefekt** liegt vor, wenn eine effiziente Lösungsmethode fehlt. Bei einem **Zielsetzungsdefekt** fehlen eine Zielgröße oder die anzustrebende Zielgrößenausprägung. Unter Umständen werden auch konfliktäre Ziele verfolgt. Von einem **Bewertungsdefekt** ist auszugehen, wenn die wirtschaftlichen Konsequenzen der Entscheidungen nicht eindeutig konkretisiert bzw. quantifiziert werden können. Bei einem Wirkungsdefekt sind die Lösungsalternativen nicht bekannt oder die alternativenspezifischen Auswirkungen unterliegen Zufallsschwankungen.

In Fällen schlecht strukturierter Einzelentscheidungen gelangen in der Praxis kombinierte Methoden der Informationsbedarfsermittlung zum Einsatz. Deren Grundidee besteht in der Ermittlung genereller Einflussgrößen auf die Problemlage der Unternehmung durch Befragung und deduktiv-logische Auswertung der Befragung. Zu diesen kombinierten Methoden zählen die Methode der kritischen Erfolgsfaktoren (Critical Success Factor (CSF) Method) und die Methode des Business Systems Planning (BSP-Method auch IBM-Method) (vgl. Friedl [Controlling] 126 ff.; Küpper [Controlling] 191 ff.). Mittels der CSF-Method wird für jeden Entscheidungsträger ein **spezielles Informationsangebot** geschaffen. Ändern sich die individuellen Aufgaben bzw. die Organisation muss die CSF-Analyse wiederholt werden. Demgegenüber mündet die BSP-Method in ein umfangreiches Informationsangebot, das in eine sog. Prozess-Organisations-Matrix eingetragen wird und von den Entscheidungsträgern individuell auszuwerten ist. Offen bleibt, ob das nach Vollerhebung bei einer größeren Anzahl von Entscheidungsträgern angepasste Informationsangebot noch als zweckorientiertes Wissen anzusehen ist.

2.2 Zum Berichtswesen

Das **Berichtswesen** umfasst alle Personen, Einrichtungen, Regelungen, Daten und Prozesse der Erstellung und Weitergabe von Berichten im Sinne von zweckorientiert zusammengestellten Informationen zur Befriedigung eines spezifizierten Informationsbedarfs. Es verbindet das Informationssystem mit den übrigen Führungsteilsystemen. Berichtsadressaten können aber auch – wie bei der Finanzberichterstattung – Unternehmensexterne sein.

Berichte können **nach unterschiedlichen Merkmalen** gekennzeichnet bzw. differenziert werden, wie (vgl. Küpper [Controlling] 195):

- Berichtszweck (Dokumentation, Planung, Kontrolle usw.),
- Berichtsgegenstand (Gesamtunternehmung, Beschaffung, Produktion usw.),
- Informationsart (Istwerte, Prognosewerte, Vorgabewerte usw.),
- Erscheinungsweise (regelmäßig, unregelmäßig),
- Auslösendes Ereignis (Zeitablauf, Toleranzwertüberschreitung, individueller Bedarf),
- Datenträger (Schriftstück, Magnetband, Diskette, CD, DVD usw.),
- Verdichtungsgrad (Ursprungswerte, Kennzahlen usw.).

Orientiert am Merkmal des auslösenden Ereignisses lassen sich im Grunde drei Berichtstypen unterscheiden:

- in regelmäßigen Zeitabständen erzeugte **Standardberichte** zur Befriedigung eines vorab bestimmten Informationsbedarfs, aus denen die Berichtsadressaten die individuell benötigten Informationen selbst entnehmen,
- in unregelmäßigen Zeitabständen erzeugte
  - **Abweichungsberichte**, die nach dem Prinzip des Management by Exception die Berichtsadressaten zu Anpassungsmaßnahmen veranlassen sollen, und
  - **Bedarfsberichte**, die von speziellen Informationsbedürfnissen abhängen und deren Erstellung aufwändig und nur sehr grob planbar sein kann.

Die Effizienz der Bedarfsberichterstellung hängt vom Umfang ab, in dem Berichtsadressaten selbstständig Informationen abrufen können. Hieraus leitet sich ein anderes Merkmal zur Einteilung von Berichten ab, die zur Berichterstellung genutzte Technik. Hierbei können drei Klassen von sog. Berichtssystemen gebildet werden. **Generatoraktive Systeme** produzieren Berichte, die nach Art, Form und Inhalt vom Berichtswesen vorab festgelegt wurden und nicht (starre Systeme) oder nur begrenzt (flexible Systeme) veränderbar sind. Diese Technik eignet sich insbesondere für Standard- und Abweichungsberichte. **Benutzeraktive Systeme** erstellen Berichte aufgrund von Benutzeranfragen. Hiermit können Bedarfsberichte ausgelöst werden, die im Extrem entweder einen vorab genau bestimmten Inhalt haben oder auf freien Abfragemöglichkeiten basieren. Den Fall freier Abfragemöglichkeiten bezeichnet man als **Dialogsysteme**. Deren Leistungsfähigkeit basiert auf der Nutzung von Datenbanken. Dialogsysteme können neben Datenbanken auch Modellbanken enthalten. In diesem Fall mündet die Datenabfrage in die Nutzung eines vorgegebenen oder eines auszuwählenden Modells für Zwecke der Analyse, Prognose oder Entscheidung. Relationale Datenbanken, benutzerfreundliche Software und wissensbasierte Systeme haben wichtige Fortschritte in Bezug auf Benutzerakzeptanz, Bedien- und Ablaufsicherheit von Bedarfsberichten und Dialogsystemen gebracht. Indes kann ein wiederkehrender Bedarf wirtschaftlicher durch generatoraktive Systeme abgedeckt und durch Standardberichte gewährleistet werden, da eine regelmäßige Informationsaufnahme erfolgt (vgl. Küpper [Controlling] 198).

Abbildung 3.9 zeigt Merkmale zur **Kennzeichnung** und zur bestmöglichen **Gestaltung** von Berichten auf. Dabei werden die Merkmale nach inhaltlichen (Was?), formalen (Wie?) temporalen (Wann?) und personalen Kriterien (Wer?) systematisiert. Auf die grundsätzliche Relevanz der personalen Komponente ist bereits im Kontext der Bestimmungsfaktoren des Informationsbedarfs (Verhaltenseigenschaften der Empfänger) hingewiesen worden. Ein Berichtsempfänger muss bereit (Akzeptanz der Berichte) und dazu fähig sein (Aufnahmefähigkeit), einen Bericht wahrzunehmen und zu verstehen. Die konkrete **Verhaltenswirkung des Berichts** ist weitergehend davon abhängig, ob die Berichtsinhalte fachlich als Nachricht oder als Information wahrgenommen werden. Der Berichtsempfänger muss also die Zweckorientierung bzw. die individuelle Relevanz für die Entscheidungs- und Handlungsprobleme erkennen. Zusätzlich zu diesem aufgabenbezogenen Kennen muss der Adressat des Berichts willens sein, die Informationen für seine Entscheidungen zu nutzen. Dieses aufgabenbezogene Wollen setzt also eine motivationale Akzeptanz der erhaltenen Information voraus (vgl. Küpper [Controlling] 200 ff.).

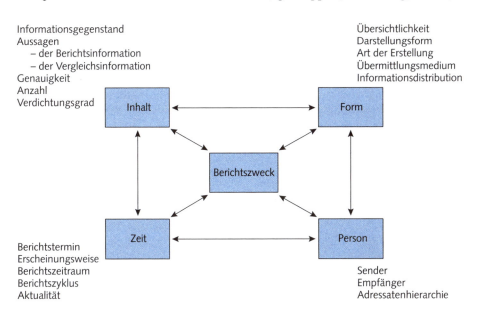

Abbildung 3.9: Merkmale zur Kennzeichnung und Gestaltung von Berichten (vgl. Küpper [Controlling] 200)

Sozio-emotionale Einflüsse auf die Wirkung von Berichten können inhaltlicher, formaler oder personengebundener Art sein. **Inhaltlich** ist die Gefahr der Zurückweisung des Berichts umso größer, je weiter die Information vom eigenen Standpunkt (der eigenen Voreinschätzung) abweicht und je einseitiger ein Bericht dem Adressaten erscheint. In **formaler** Hinsicht gefährden Unübersichtlichkeit, Uneindeutigkeit der Begriffe, die negative Voreinstellung zur Darstellungsform und zum Übermittlungsmedium die Akzeptanz von Berichtsinformationen. Schließlich können diese Gefahren durch eine Partizipation des Adressaten an der Berichtserstellung gemindert werden. **Personengebundene** Einflüsse gehen auf Persönlichkeitsmerkmale zurück. Glaubwürdigkeit und aus der Stellung in der Unternehmenshierarchie resultierende Macht des Senders können die Akzeptanz von Informationen steigern. Gleiches gilt, wenn der Adressat den Sender für attraktiv im Sinne von ähnlich, vertraut oder sympathisch findet. Demgegenüber sind Berichtsinhalte für den Empfänger umso weniger verhaltens- oder einstellungsrelevant, je höher dessen Selbsteinschätzung ist. Mit zunehmendem Grad an Selbsteinschätzung nimmt ein Abrücken vom bisherigen Standpunkt nach Berichterhalt ab (vgl. Küpper [Controlling] 206 ff.).

2.3 Zur Budgetierung

Budgetierung gehört in der Praxis zu den **Hauptaufgaben eines Controllers**. Allerdings gibt es in der Praxis und Literatur keine einheitliche Definition für den Begriff Budget. Nach *Horváth* sind Budgets schriftlich fixierte wertmäßige Plangrößen, die einem Verantwortungsbereich zur Umsetzung von Plänen für eine bestimmte Zeitperiode mit einem bestimmten Verbindlichkeitsgrad vorgegeben werden (vgl. Horváth [Controlling] 225). Diesem Verständnis wird auch hier gefolgt.

Als **Budgetierung** wird der Prozess der Budgeterstellung und Budgetüberwachung bezeichnet. Unternehmungen werden nicht nur zentralistisch geführt. Zumindest ein Teil der Entscheidungsrechte wird regelmäßig mit der Maßgabe delegiert, dass die gesamtzielorientierte Koordination der dezentralen Einheiten über Budgets erfolgt. Als **Budget** bezeichnet man einen schriftlich fixierten Geldbetrag, der auf einen Verantwortungsbereich und eine Periode bezogen ist.

Als Plangrößen ergeben sich die einzuhaltenden **Budgetvorgaben**, anders als bei einer zentralistischen Unternehmensführung, nicht aus konkret durchzuführenden Maßnahmen. Vielmehr werden Handlungsspielräume eröffnet. Die Bereichsleitung muss darüber entscheiden, durch welche Maßnahmen (-kombinationen) das Budget ausgeschöpft werden soll.

Budgets können also eine **besondere Art von kurzfristigen Plänen** sein, die der Koordination und der Motivation dienen und die Basis für Soll-Ist-Vergleiche bilden. Sie dienen nicht nur der Koordination der dezentralen Bereiche, sondern bilden die Schnittstelle zwischen kurz- und längerfristigen Plänen. So muss das Jahresbudget eines Bereichs mit dem hierauf bezogenen mehrjährigen Investitions- und Finanzierungsplan abgestimmt sein. Das meist nach Monaten differenzierte Jahresbudget muss der längerfristigen Maßnahmenplanung übergeordneter Pläne Rechnung tragen. Daher wird zunächst auf die Techniken der zeitlichen Planabstimmung eingegangen (vgl. hierzu ausführlich Schweitzer: Planung und Steuerung in diesem Band).

Totalplanungsmodelle im Sinne einer zentralistischen konkreten Maßnahmenplanung für alle Unternehmungsbereiche über einen mehrjährigen Zeitraum haben sich als unpraktikabel erwiesen. Zum Zwecke der Komplexitätsreduktion tritt an die Stelle eines Gesamtplanungsmodells ein einerseits horizontal und vertikal und andererseits zeitlich und sachlich differenziertes System von Teilplänen. **Horizontale (vertikale) Differenzierung** bezeichnet gleichrangige (über- bzw. untergeordnete) Pläne. Eine **horizontal-sachliche** Differenzierung liegt beispielsweise vor, wenn sich die Pläne auf unterschiedliche Funktionsbereiche beziehen. Werden Mittel-Zweck-Beziehungen abgebildet, wie Unternehmungs-, Bereichs- und Abteilungsbudgets, ist eine **vertikal-sachliche** Differenzierung gegeben. **Zeitliche Differenzierungen** können ebenfalls in horizontaler Hinsicht (z. B. Funktionsbereichsbudgets für unterschiedliche Perioden) oder in vertikaler Hinsicht erfolgen. Im letzten Fall werden Teilpläne mit unterschiedlicher zeitlicher Reichweite betrachtet (z. B. ein kurzfristiger Detailplan und ein langfristiger Globalplan).

Zeitlich-vertikal differenzierte Teilpläne können durch Reihung, Stufung oder Schachtelung zeitlich verkettet werden. **Reihung** bezeichnet eine lückenlose und überschneidungsfreie Aneinanderreihung der Planungszeiträume der kurz-, mittel- und langfristigen Planung. Schließt der längerfristige Plan den kurzfristigeren teilweise (vollständig) ein, liegt eine **Stufung** (Schachtelung) vor. Im letzten Fall ist der kurzfristige Plan ein konkretisierter Teil des langfristigen.

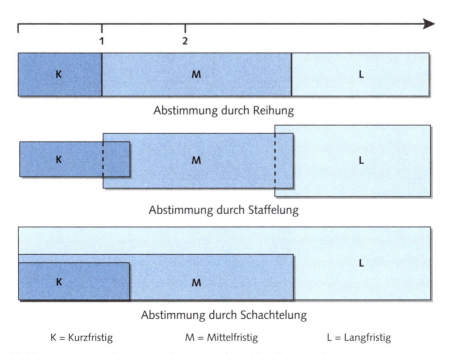

Abbildung 3.10: Koordination von kurz-, mittel- und langfristiger Planung

Erfolgt bei vertikaler Differenzierung eine kombinierte Anwendung zeitlicher und sachlicher Kriterien, resultiert hieraus eine **vierstufige Planungshierarchie**, bestehend aus langfristiger Rahmenplanung sowie strategischer, langfristig-operativer und kurzfristig-operativer Planung (siehe unten unter 3.1).

Die **inhaltliche Ableitung** vertikal differenzierter Teilpläne bzw. Budgets (sog. Hierarchiedynamik) kann **Top-down** (retrograd), **Bottom-up** (progressiv) oder im **Gegenstromverfahren** erfolgen. Letzteres nutzt die Vorteile der beiden anderen Verfahren unter weitgehender Vermeidung von deren Nachteilen. Es löst das logische Zirkelproblem, wonach die übergeordneten Pläne nicht ohne Kenntnis der untergeordneten erstellt werden können und ohne Kenntnis des übergeordneten Budgets nicht über die untergeordneten entschieden werden kann.

Erfolgt der Anstoß zur **Budgetplanung von oben**, wird ein Rahmenplan erstellt, der sukzessive auf den nachfolgenden Planungsstufen detailliert wird, wobei nicht erfüllbare Vorgaben an die höhere Ebene zurückgegeben werden. Die Detailpläne werden danach schrittweise an die höheren Planungsebenen zwecks Zusammenfassung und Gewährleistung weitergereicht, so dass keine Abweichungen von der Rahmenplanung vorliegen.

Im Ergebnis liegt die Hauptlast der Koordination nicht auf der obersten Planungsstufe, die Detailkenntnis unterer Planungsstufen wird genutzt und durch deren Partizipation eine Motivation zur Steigerung der Planungs- und Realisationsleistung erzielt. Zudem ist das Planungssystem zielorientiert (vertikal) abgestimmt. Allerdings können bei sequenzieller Erstellung der Teilpläne (Budgets) einer Planungsstufe in unterschiedlichen Linienzweigen (B1 und B2) arbeits- und zeitaufwendige Rückkopplungen erforderlich werden, um die horizontale Abstimmung (Verträglichkeit) zu gewährleisten. Dem kann durch eine parallele Planung (Gegenstromverfahren mit Pufferebene) entgegengetreten werden (vgl. hierzu ausführlich Schweitzer: Planung und Steuerung in diesem Band).

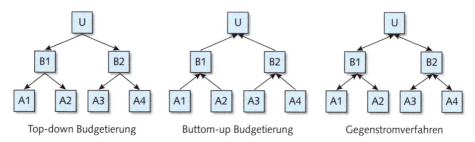

Abbildung 3.11: Budgetierungstechniken (vgl. Friedl [Controlling] 234 ff.)

Nach Abschluss der Planung liegt ein Planungssystem (Budgetsystem bzw. Master-Budget) vor, dessen Detaillierungsgrad mit zunehmendem Planungszeitraum abnimmt. Daraus resultiert für spätere Perioden die Notwendigkeit, die Planung künftiger Perioden zu detaillieren bzw. zu aktualisieren. Eine solche **Flexibilisierung der Planung** kann entweder als rollende oder als revolvierende Planung erfolgen. Bei der **rollenden Planung** wird jeweils nur ein Detailplan (Budget) für die nächste (bevorstehende) Periode erstellt, wobei neben der Detaillierung des aus der Vorperiode bestehenden Grobplans eine Anpassung an zwischenzeitlich eingetretene Umweltänderungen erfolgt. Hierin besteht der Unterschied zur **revolvierenden Planung**. Diese würde die Grobpläne (Rahmenbudgets) der späteren Perioden nicht unverändert lassen, sondern gleichsam an neue Entwicklungen bzw. an veränderte Rahmenbedingungen anpassen. Im Rahmen einer revolvierenden Planung wird also das gesamte Planungssystem (Budgetsystem) aktualisiert, bei einer rollenden Planung nur etwa das für die bevorstehende Periode bis dato grob geplante Budget detailliert und angepasst.

Budgets können in allen **Wertgrößen** der Unternehmung erstellt werden. So kommen Budgets in Leistungen und Kosten, Ertrag und Aufwand, Einnahme und Ausgabe, Einzahlung und Auszahlung sowie in Saldogrößen, wie Gewinn oder Deckungsbeitrag, in der Praxis vor.

Nach *Küpper* (Küpper [Controlling] 360) hängt die Erreichbarkeit bzw. Einhaltung von Budgets von den Merkmalen der Beeinflussbarkeit, des Zielausmaßes und der Flexibilität ab. Eine **Steuerungswirkung** von Budgets ist umso eher zu erwarten, je mehr Handlungsspielraum die festgelegten Größen den jeweiligen Bereichen (z. B. Beschaffung, Investition, Produktion, Verwaltung, Vertrieb) eröffnen. Darüber hinaus muss von Budgets ein angemessener Druck zur Budgeteinhaltung (Zielausmaß) ausgehen. Nicht erreichbare Budgets werden keine Steuerungswirkung entfalten. Ebenso kann es für die Verhaltenswirksamkeit bedeutsam sein, die geplanten Budgets an unerwartete Änderungen von Rahmenbedingungen, wie konjunkturelle Entwicklungen, anzupassen und insoweit nicht die Einhaltung starr vorgegebener, sondern flexibler Budgets zu erwarten. Ob die Budgetierung starr oder flexibel erfolgt, ist indes nicht allein eine Ressourcenfrage. Sie ist auch von der Kenntnis der Produktions-, Kosten- und Leistungsfunktionen abhängig.

Welches Budgetierungsverfahren angewandt werden kann, ist insbesondere von der **Art des Prozesses** abhängig. Bei **direkten** Prozessen des primären Leistungsbereichs (Produktionsbereich) besteht ein Marktbezug. Sie führen mittelbar oder unmittelbar zu Erlösen. Hierin besteht ein Unterschied zu Prozessen des Gemeinkostenbereichs. Dieser umfasst **indirekte** Prozesse des primären Leistungsbereichs; das sind Hilfsfunktionen in Bezug auf die Produktionsaufgabe (z. B. Beschaffung) sowie die Prozesse des sekundären Leistungsbereichs, die keinen Bezug zur Marktaufgabe haben (z. B. Rechnungswesen, Forschung und Entwicklung). Der Bezug zur Marktaufgabe ist dafür entscheidend, ob ein bewerteter Output (z. B. Erlöse) planbar ist oder nicht. Eine Output-Budgetierung ist also nur für direkte Prozesse des direkten Leistungsbereichs möglich.

Daneben müssen sowohl direkte als auch indirekte Prozesse nach ihrer Sicherheit unterschieden werden. **Sichere** Prozesse zeichnen sich dadurch aus, dass die Beziehung zwischen Input und Output bekannt ist (direkte Prozesse des primären Leistungsbereichs) oder sich die Prozesse zumindest häufig identisch wiederholen (Prozesse des sekundären Leistungsbereichs). Sicheren Prozessen (z. B. Produktionsaufgaben, Beschaffung von Normteilen, Rechnungswesen) kann ein relativ eindeutiger Input zugeordnet werden, unsicheren Prozessen (z. B. Verkaufsgespräch, Beschaffung von Spezialteilen, Forschung und Entwicklung) hingegen nicht.

Vor diesem Hintergrund lassen sich nun Budgetierungsverfahren den jeweiligen Prozessen zuordnen. Dabei kann – wie aus der Abbildung 3.12 ersichtlich – danach differenziert werden, ob das Budget aus den prognostizierten Wirkungen von eigens erstellten Maßnahmenplänen resultiert (sog. planbasierte Budgetierung) oder nicht (sog. Fortschreibungsbudgetierung). Zugleich wird deutlich, dass Kostenrechnungsverfahren als Ausprägungen der Unternehmensrechnung sowohl zum Informationssystem als auch als Budgetierungsverfahren zum Planungs- (und Kontroll-) System zählen. Bei den Verfahren der Fortschreibungsbudgetierung im Gemeinkostenbereich ist bei sicheren Prozessen danach zu unterscheiden, ob zwischen einem Grundbudget, einem speziellen Maßnahmenbudget und einem Anpassungsbudget unterschieden wird (differenzierte Fortschreibungsbudgetierung) oder nicht (undifferenzierte Fortschreibungsbudgetierung). Bei den unsicheren Prozessen kann eine Orientierung an dem Verhalten der Wettbewerber, den verfügbaren Finanzmitteln und der Umsatzentwicklung erfolgen. Insgesamt ist die Abbildung 3.12 nur auf periodisch anwendbare Budgetierungsverfahren sowie auf periodische Budgetierungsobjekte (keine speziellen Projekte) bezogen.

Budgetgröße	Budgetgrundlage	Planbasierte Budgetierung	Fortschreibungs-budgetierung
Sichere Prozesse	Primärer Leistungsbereich	Systeme der Plankostenrechnung (PKR), wie Flexible PKR	Flexible Normalkostenrechnung
Sichere Prozesse	Gemeinkostenbereich	Prozesskostenrechnung	• Undifferenzierte Fortschreibungsbudgetierung • Differenzierte Fortschreibungsbudgetierung
Unsichere Prozesse	Primärer Leistungsbereich	Erlösplanung	n/a (nicht anwendbar)
Unsichere Prozesse	Gemeinkostenbereich	n/a	• Finanzorientierte Budgetierung • Konkurrenzorientierte Budgetierung

Abbildung 3.12: Überblick über die Verfahren der Budgetierung (vgl. Friedl [Controlling] 302 f.)

Die Verfahren der Fortschreibungsbudgetierung sind leicht handhabbar. Sie weisen indes gravierende Nachteile auf und bedürfen einer mehrfachen Anwendung eines Korrektivs. So begünstigt die Fortschreibungsbudgetierung Budgetverschwendung und überdeckt die etwaige Existenz von Budgetreserven. Die Angemessenheit und Notwendigkeit eines in der Vorperiode gewährten und verausgabten Budgets wird nicht hinterfragt. Damit entsteht eine systematische Tendenz zur Budgeterhöhung, die mit Kostensteigerungen und Aufgabenausweitungen begründet werden kann.

Dieser Gefahr abnehmender Wirtschaftlichkeit kann aperiodisch durch Projekte zur Verbesserung der Wirtschaftlichkeit begegnet werden. Zu solchen **Gemeinkostenmanagementprojekten** zählen die Gemeinkostenwertanalyse, das Zero-Base-Budgeting sowie das wettbewerbsorientierte Benchmarking (vgl. hierzu unter 5.3.1.1).

Budgetobjekte können neben Prozessen auch **Projekte** sein, die um die begrenzten Investitionsmittel konkurrieren. Wurden die zu realisierenden unter Rückgriff auf Verfahren der Investitionsrechnung bzw. Investitionsprogrammplanung oder mittels Nutzwertanalyse ausgewählt, muss ein **Projektbudget** bestimmt werden. Die in diesem Fall vorliegenden Informationen (bis zur Entscheidungsreife aufbereiteter Projektantrag) reichen aus, um programmbasiert aus einem Maßnahmenkatalog den Ressourceneinsatz und das Budget abzuleiten.

Der geschilderte traditionelle **Prozess der Budgetierung** – bestehend aus Budgeterstellung (Budgetplanung) und Budgetsteuerung, wie z. B. die Budgetkontrolle durch Soll-Ist-Vergleiche (vgl. zu Abweichungsanalysen für Kosten, Erlöse und Projekte unter 5.2) – ist nicht ohne **Kritik** geblieben. Kritisiert werden der Zeitbedarf, die Kosten und die Qualität des Budgetierungsprozesses. Der Budgetierungsprozess ist zeitintensiv und fördert latent eine Kurzfristorientierung. Die – als bewerteter Ressourceneinsatz gemessenen – direkten und die – durch die ausgeprägte Fortschreibungsbudgetierung verursachten (Zementierung von Kostenniveaus) – indirekten Kosten der traditionellen Budgetierung sind hoch. Auch die Qualität wird kritisch gesehen. Budgetierung ist komplex, wenig transparent, eindimensional auf perioden- und bereichsbezogene Wertgrößen ausgerichtet und mündet häufig in ein starres Budgetsystem (Masterbudget), dessen Einhaltung – ungeachtet zwischenzeitlich veränderter Rahmenbedingungen – zu gewährleisten ist und wodurch letztlich auch der Strategiebezug verloren geht.

Abbildung 3.13 enthält ein Anwendungsbeispiel zur Budgetierung.

Die Druckflott AG stellt zwei Drucker mit den Namen «Altbacken» und «Modern» her, die seit Jahren erfolgreich am Markt abgesetzt werden. Erstellen Sie bitte für das folgende Jahr die budgetierte Erfolgsrechnung auf der Basis des Umsatzkostenverfahrens auf Vollkostenbasis! Im Folgenden sind die Tabellen mit den benötigten Angaben wiedergegeben:

Absatzbudget:

	Altbacken	Modern
Absatzmenge [Stück]	2.200	4.200
Preis [€ / Stück]	150	200

Produktionsplan:

	Altbacken	Modern
Soll-Endbestand [Stück]	200	400
Anfangsbestand [Stück]	400	600

Geplante Fertigungszeiten in drei Fertigungsstellen:

	Altbacken	Modern
Plastik [Std./Stück]	0,3	0,6
Siebbad [Std./Stück]	0,3	0,6
Montage [Std./Stück]	0,5	1,0

Normalkapazität	Plastik	Siebbad	Montage
Planzeiten [Std.]	5.000	5.000	5.000
Plankosten fix [€]	50.000	40.000	30.000
Plankosten var. [€]	40.000	60.000	40.000

Es werden 4 Materialsorten eingesetzt (zur Vereinfachung alle in kg); mit folgender Plankalkulation:

		Altbacken	Modern
Materialsorte	Planpreis [€/kg]	Planmenge [kg/Stück]	Planmenge [kg/Stück]
Plastik	1,0	1,0	2,0
Flüssig	1,0	0,5	0,5
Halbleiter	5,0	0,5	3,0
Kartusche	8,0	1,0	1,0

Verwaltungsbudget:

	Altbacken	Modern	Unternehmen	Summe
Plankosten fix [€]	40.000	50.000	60.000	150.000
Plankosten var [€]				150.000

Vertriebsbudget:

	Altbacken	Modern	Unternehmen	Summe
Plankosten fix [€]	50.000	100.000	70.000	220.000
Plankosten var [€]				180.000

F&E-Budget (Gesamtunternehmen):

Plankosten fix [€]	40.000

Lösungsvorschlag:

Zunächst sollte geprüft werden, mit welchen Stückzahlen die beiden Drucker-Varianten gefertigt werden sollen. Dazu sind neben den Absatz- auch die Bestandszahlen zu berücksichtigen.

	Altbacken	Modern
Absatzmenge	2.200	4.200
Anfangsbestand	400	600
./. Endbestand	200	400
= vom Lager	200	200
Produktionsmenge	2.000	4.000

Anschließend sind – zur Bestimmung der Herstellkosten – die Fertigungs- und Materialkosten zu ermitteln:

Fertigungskostenbudget (die Leerkosten in der letzten Spalte beziehen sich auf die Normalauslastung!):

Plastik	Altbacken	Modern	Summe	Normalkap.	Kalk.satz	Leerkosten
Planzeiten	600 h	2.400 h	3.000 h	5.000 h		
Plankosten f	6.000 €	24.000 €	30.000 €	50.000 €	10 €/h	20.000 €
Plankosten v	4.800 €	19.200 €	24.000 €	40.000 €	8 €/h	
Siebbad						
Planzeiten	600 h	2.400 h	3.000 h	5.000 h		
Plankosten f	4.800 €	19.200 €	24.000 €	40.000 €	8 €/h	16.000 €
Plankosten v	7.200 €	28.800 €	36.000 €	60.000 €	12 €/h	
Montage						
Planzeiten	1.000 h	4.000 h	5.000 h	5.000 h		
Plankosten f	6.000 €	24.000 €	30.000 €	30.000 €	6 €/h	0 €
Plankosten v	8.000 €	32.000 €	40.000 €	40.000 €	8 €/h	
Gesamt						
Plankosten f	16.800 €	67.200 €	84.000 €	120.000 €		36.000 €
Plankosten v	20.000 €	80.000 €	100.000 €	140.000 €		
Summe			184.000 €	260.000 €		

Da es sich hier um eine Vollkostenrechnung handeln soll, kann mit Planungssätzen sowohl für fixe als auch für variable Kosten gearbeitet werden. Die fixen und die variablen Kosten einer jeden Produktart ergeben sich entsprechend durch Multiplikation der benötigten Stunden mit den jeweiligen Kostensätzen der in Anspruch genommenen Kapazitäten. Der volle Ausweis der Fixkosten wird durch den Ansatz der Leerkosten in der Ergebnisrechnung gewährleistet.

Materialkostenbudget (Preis je Stück × benötigte Materialmenge je Stück × Gesamtstückzahl):

		Altbacken			Modern	
Materialsorte	Planpreis	Planmenge	Plankosten	Planpreis	Planmenge	Plankosten
Plastik	1,00 €/kg	1,0 kg/St.	1,00 €/St.	1,00 €/kg	2,0 kg/St.	2,00 €/St.
Flüssig	1,00 €/kg	0,5 kg/St.	0,50 €/St.	1,00 €/kg	0,5 kg/St.	0,50 €/St.
Halbleiter	5,00 €/kg	0,5 kg/St.	2,50 €/St.	5,00 €/kg	3,0 kg/St.	15,00 €/St.
Kartusche	8,00 €/kg	1,0 kg/St.	8,00 €/St.	8,00 €/kg	1,0 kg/St.	8,00 €/St.
Summe			12,00 €/St.			25,50 €/St.

Materialsorte	Altbacken			Modern		
	Plankosten/St.	Planmenge	Plankosten	Plankosten/St.	Planmenge	Plankosten
Plastik	1,00 €/St.	2.000 St.	2.000 €	2,00 €/St.	4.000 St.	8.000 €
Flüssig	0,50 €/St.	2.000 St.	1.000 €	0,50 €/St.	4.000 St.	2.000 €
Halbleiter	2,50 €/St.	2.000 St.	5.000 €	15,00 €/St.	4.000 St.	60.000 €
Kartusche	8,00 €/St.	2.000 St.	16.000 €	8,00 €/St.	4.000 St.	32.000 €
Summe			24.000 €			102.000 €

Werden im Anschluss die Fertigungs- und Materialkosten zusammengeführt, ergeben sich die Herstellkosten. Für den Fertigungsbereich werden die Planzeiten in den einzelnen Fertigungsschritten mit den Plankostensätzen (fix und variabel) multipliziert.

Fertigungs-schritt	Altbacken					
	Plankalkulationssätze		Planzeiten	Plankosten		Vollkosten
	fix	variabel		fix	variabel	
Plastik	10 €/h	8 €/h	0,3 h/St.	3,00 €/St.	2,40 €/St.	5,40 €/St.
Siebbad	8 €/h	12 €/h	0,3 h/St.	2,40 €/St.	3,60 €/St.	6,00 €/St.
Montage	6 €/h	8 €/h	0,5 h/St.	3,00 €/St.	4,00 €/St.	7,00 €/St.
					Fertigungskosten	18,40 €/St.
					Materialkosten	12,00 €/St.
					Herstellkosten	30,40 €/St.

Fertigungs-schritt	Modern					
	Plankalkulationssätze		Planzeiten	Plankosten		Vollkosten
	fix	variabel		fix	variabel	
Plastik	10 €/h	8 €/h	0,6 h/St.	6,00 €/St.	4,80 €/St.	10,80 €/St.
Siebbad	8 €/h	12 €/h	0,6 h/St.	4,80 €/St.	7,20 €/St.	12,00 €/St.
Montage	6 €/h	8 €/h	1,0 h/St.	6,00 €/St.	8,00 €/St.	14,00 €/St.
					Fertigungskosten	36,80 €/St.
					Materialkosten	25,50 €/St.
					Herstellkosten	62,30 €/St.

Nun sind diesen Herstellkosten die Verwaltungs- und Vertriebskosten zur Zuschlagssatzbildung gegenüberzustellen:

Verw./Vertr.	Altbacken	Modern	Summe
HK pro Stück	30,40 €/St.	62,30 €/St.	
Absatzmenge	2.200 St.	4.200 St.	
gesamte HK	66.880 €	261.660 €	328.540 €
		Verwaltung/Vertrieb	700.000 €
		Kalkulationssatz	213,06%

Damit sind nun alle Angaben vorhanden, um die Selbstkosten je Stück zu ermitteln.

SK	Altbacken	Modern
HK pro Stück	30,40 €/St.	62,30 €/St.
Verw./Vertr.	64,77 €/St.	132,74 €/St.
SK pro Stück	95,17 €/St.	195,04 €/St.

Abschließend werden diese Zahlen in einer Kostenträgerzeitrechnung / Betriebsergebnisrechnung zusammengefasst und um die unternehmensbezogenen Kosten (hier: F&E-Budget) sowie die Leerkosten ergänzt.

	Altbacken	Modern	Summe
Umsatzerlöse	330.000,00 €	840.000,00 €	1.170.000,00 €
volle Selbstkosten	−209.377,11 €	−819.162,89 €	−1.028.540,00 €
Zwischensumme	120.622,89 €	20.837,11 €	141.460,00 €
		F&E	−40.000,00 €
		Leerkosten	−36.000,00 €
		Betriebsergebnis	65.460,00 €

Abbildung 3.13: Masterbudget – ein Beispiel (vgl. Brühl [Controlling] 281)

Neuere Ansätze wollen die Budgetierung reformieren (Better Budgeting), die Bedeutung der Budgetierung zurückdrängen (Advanced Budgeting) oder abschaffen (Beyond Budgeting). Bei näherer Betrachtung erweist sich jedoch, dass in keinem Fall ein abgestimmtes Konzept vorliegt und sich die wesentliche Kritik – gerade der Vertreter des Beyond Budgeting – gegen zentralistische Budgetierungssysteme in Verbindung mit einfachen Formen der inputorientierten Budgetierung richtet (vgl. Küpper [Controlling] 382; Weber/Schäffer [Controlling] 272 ff.; Littkemann [Unternehmenscontrolling] 715 ff.; Schäffer [Bugetierung]).

3 Strategisches Controlling

3.1 Zur Abgrenzung von strategischem und operativem Controlling

Erfolgt bei vertikaler Differenzierung von Planungssystemen eine kombinierte Anwendung zeitlicher und sachlicher Kriterien, resultiert hieraus eine mehrstufige Planungshierarchie, die insbesondere zwischen strategischer und operativer Planung unterscheidet. Diese Planungsstufen sind namensgebend für die zugehörigen Aufgaben und Koordinations- bzw. Entscheidungs(unterstützungs)instrumente des Controlling.

Planung ist ein «systematisch-methodischer Prozeß der Erkenntnis und Lösung von Zukunftsproblemen», ein «systematisches zukunftsbezogenes Durchdenken und Festlegen von Zielen, Maßnahmen, Mitteln und Wegen zur künftigen Zielerreichung» (beide Zitate Wild [Grundlagen] 13). Der Planungsprozess besteht aus unterschiedlichen Phasen. Auf die Zielbildung und Problemerkenntnis folgt die Planung im engeren Sinne als Alternativensuche, Prognose, Bewertung bis hin zur Entscheidungsfindung. Hieran schließen sich die Durchsetzung und Realisation (unter anderem durch Budgetierung) und die Kontrolle (Abweichungsanalyse) an.

Die Koordination zwischen den Planungsstufen kann nach dem Prinzip eines kybernetischen Regelkreises veranschaulicht und gestaltet werden. Hierbei bleibt die Abweichungsanalyse nicht nur auf realisierte Ergebnisse beschränkt (Rückkopplung; Feedback). Vielmehr werden auch Störgrößen erfasst und deren Auswirkungen im

Rahmen einer Vorwärtskopplung (Feedforward) prognostiziert. Welche Arten von Kontrollen bei kombinierter Anwendung der Kriterien Normgehalt besitzen bzw. bei zeitlichem Bezug der Vergleichsobjekte insgesamt unterschieden werden können, zeigt Abbildung 3.14.

Plangröße \ Vergleichsgröße	Soll	Wird	Ist
Soll	Soll-Soll-Vergleich (Zielkontrolle)	Soll-Wird-Vergleich (Planfortschrittskontrolle)	Soll-Ist-Vergleich (Ergebniskontrolle)
Wird	–	Wird-Wird-Vergleich (Prognosekontrolle)	Wird-Ist-Vergleich (Prämissenkontrolle)

Abbildung 3.14: Kontrollarten (vgl. Schweitzer [Planung] 74)

Abbildung 3.15 beinhaltet exemplarisch eine Differenzierung des Planungssystems nach der Breite des Entscheidungsfeldes (kleinstes Organisationsobjekt der Planung) bei gleichzeitiger Variation des Planungshorizonts in

- langfristige Rahmenplanung für das Gesamtunternehmen (auch generelle Zielplanung, Grundsatzplanung oder Bestimmung der Unternehmungspolitik),
- strategische Planung für Strategische Geschäftseinheiten (SGEs),
- langfristig-operative Planung für Funktionsbereiche von SGEs (auch taktische Planung),
- kurzfristig-operative Planung für Teilbereiche von SGEs.

Horizont	Entscheidungen	Kleinste Organisationseinheit der Planung	Verfahren der Prognose (Bsp.)	Verfahren der Entscheidungsfindung (Bsp.)
Langfristige Rahmenplanung 5 bis 10 Jahre	Leit- und Oberziele	Gesamtunternehmen	Überwiegend qualitativ (z. B. Delphimethode und Szenariotechnik)	Intuitiv und kreativ
Strategische Planung 3 bis 5 Jahre	Planstrategien und strategische Ziele	Strategische Geschäftseinheit	Qualitativ und quantitativ (z. B. Trend- und Lebenszyklusmodelle, Kostenerfahrungskurve, Target Costing)	Shareholder Value-Konzepte, strategische Erfolgsfaktoren, Portfolio-Konzept, Wettbewerbsmatrizen

Langfristig-operative Planung 3 bis 5 Jahre	Langfristige Aktionsparameter; Zielgröße Netto-Einzahlungsüberschuss	Funktionsbereiche Strategischer Geschäftseinheiten	Überwiegend quantitativ (z. B. Trendmodelle und Regressionsanalysen)	Investitionsrechnung und Punktbewertungsmodelle
Kurzfristig-operative Planung 1 bis 2 Jahre (unterteilt nach Monaten)	Kurzfristige Aktionsparameter; Zielgröße Periodengewinn	Teilbereiche Strategischer Geschäftseinheiten	Wie langfristig-operative Planung	Auf Basis von variablen Kosten und Deckungsbeiträgen (Konzept der relevanten Kosten)

Abbildung 3.15: Sachliche und zeitliche Strukturierung der betrieblichen Planung (vgl. Kilger [Industriebetriebslehre I] 112)

Gegenstand der auf das Gesamtunternehmen bezogenen Rahmenplanung sind Art und Umfang der Arbeitsgebiete sowie die Festlegung der Leit- und Oberziele in Bezug auf Branchen, globale Ziele betreffend Produktion und Wachstum sowie Forschung und Entwicklung, die Grundeinstellung in Bezug auf Umweltveränderungen (Anpassung versus Beeinflussung) sowie das Führungsziel (zentral versus dezentral).

Die strategische Planung dient der «Schaffung und Erhaltung von Erfolgspotentialen» (Gälweiler [Unternehmenssicherung] 371) durch frühzeitige Reaktion auf (veränderte) umwelt- und unternehmensbezogene Bedingungen. Die kleinsten Planungsobjekte sind SGEs. Dabei handelt es sich nicht zwangsläufig um organisatorische Einheiten. Die SGEs werden regelmäßig durch die Kriterien des externen Marktes für ein (relativ homogenes) Produktionsprogramm und der (weitgehenden) Unabhängigkeit definiert, sodass sich hierfür eigene Ziele (Strategien) festlegen lassen.

Die «Konkretisierung der Kosten- und Ertragspotentiale, die [...] durch die Vorentscheidungen der strategischen Planung vorgegeben sind» (Szyperski/Winand [Duale Organisation] 195), erfolgt im Rahmen der langfristig-operativen Planung. Es handelt sich um organisatorische, systemgestaltende mehrperiodige Entscheidungen über betriebliche Teilkapazitäten, Personaleinsatz, Beschaffungssicherung, Werbemaßnahmen, Forschungs- und Entwicklungsprojekte usw.

Die kurzfristig-operative Planung konkretisiert die Vorgaben der übergeordneten Planungsstufen für die nächsten zwölf Monate. Sie nimmt insbesondere die Grundstruktur des Produktionsprogramms sowie die Betriebsmittelkapazitäten als gegeben an.

Zusammenfassend kann eine Abgrenzung zwischen strategischer und operativer Planung bzw. zwischen strategischem und operativem Controlling zunächst vereinfachend danach getroffen werden, ob die kleinsten Planungsobjekte SGE sind oder Teile von SGEs. Daraus resultieren Unterschiede in Bezug auf die Zielgrößen, den Methoden- und Instrumenteneinsatz (vgl. Abbildung 3.15).

Die obersten Zielgrößen sind bei gewinnorientierten Unternehmen das Erfolgspotenzial (strategische Planung), der Netto-Einzahlungsüberschuss bzw. ein projektspezifischer Kapitalwert (langfristig-operative Planung) sowie der Deckungsbeitrag (kurzfristig-operative Planung). Dabei ist jeweils die Liquidität der Unternehmung – als Fähigkeit, den fälligen Verpflichtungen nachkommen zu können – sicherzustellen. Das Erfolgspotenzial der strategischen Planung kann im Grunde mit dem nach SGEs differenzierten Unternehmenswert gleichgesetzt werden. Als Verfahren der Unternehmensbewertung werden insbesondere die outputorientierten Gesamtbewertungsverfahren zur Anwendung empfohlen. Hierzu zählen die Verfahren des Discounted Cashflow (DCf). Daraus ergibt sich, dass Bar- bzw. Kapitalwertmodelle sowohl im Rahmen der strategischen und langfristig-operativen Planung genutzt werden. Allein im Rahmen der kurzfristig-operativen Planung wird auf eine Diskontierung verzichtet. Folglich ist bei einer Quantifizierung der obersten Zielgrößen der jeweiligen Planungsstufen der Zusammenhang zwischen strategischer und langfristig-operativer Planung unmittelbar ersichtlich. Zudem ist es plausibel, dass die Maximierung des Deckungsbeitrags eine zur Unternehmenswert- bzw. Kapitalwertmaximierung kompatible Zielgröße ist, wenn hierbei auch eine kalkulatorische Verzinsung des eingesetzten Kapitals als Ressourcenverzehr berücksichtigt wird.

Diese engen Zusammenhänge können verloren gehen, wenn ersatzweise andere Zielgrößen auf den einzelnen Planungsstufen zum Einsatz gelangen, wie Marktanteile (strategische Planung), Kapitalrenditemodelle (langfristig-operative Planung) oder Umsatz (kurzfristig-operative Planung).

3.2 Prozess des strategischen Controlling

Controlling als die zur Entscheidungsunterstützung notwendige problemspezifische Informations- und Modellversorgung muss auf den Managementprozess ausgerichtet sein. Controller müssen daher den Prozess der strategischen Planung kennen (vgl. Abbildung 3.16).

Ein strategisches Planungsproblem entsteht mit der Erkenntnis, dass ein oder mehrere Ziele mit Mitteln der operativen Planung nicht erreichbar sind. Um diese sog. strategische Lücke zu schließen, muss eine neue Strategie – als grobe (Neu-)Ausrichtung (z. B. Verdopplung des Unternehmenswertes in fünf Jahren), die in mehreren Schritten (Meilensteinen) – bestehend aus einem Bündel von Einzelmaßnahmen (z. B. Markteinführung eines Kleinwagens, Ergänzung der Produktpalette durch Fusion und Nutzung von Synergieeffekten in Einkauf und Beschaffung) – erreicht werden soll, gefunden werden (vgl. Baum/Coenenberg/Günther [Strategisches Controlling] 18 f.).

Im Zuge der Analyse sind Stärken und Schwächen durch eine (interne) Analyse des Unternehmens sowie Chancen und Risiken durch eine Analyse der (externen) Umwelt zu identifizieren und miteinander abzugleichen (sog. Strengths Weaknesses

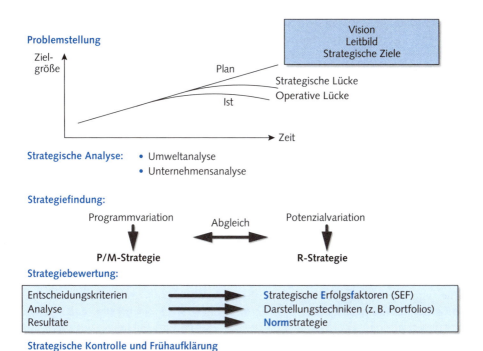

Abbildung 3.16: Prozess der strategischen Planung (vgl. Baum / Coenenberg / Günther [Strategisches Controlling] 19, 32)

Opportunities Threats [SWOT]-Analyse): Vereinfachend sind Chancen und Stärken zu nutzen sowie Risiken und Schwächen zu mindern.

Vor dem Hintergrund dieser Analyse sind grundsätzlich Variationen des Produktionsprogramms zu erarbeiten und zu bewerten (sog. Produkt-Markt- [P/M-] Strategien). Dabei ist auch die Verfügbarkeit der notwendigen Ressourcen an Sach-, Human- und Finanzkapital zu prüfen und gegebenenfalls ressourcenbasierte (R-) Strategien zur Umsetzung der P/M-Strategien zu entwickeln. Alternativ kann die Programmvariation auch die Folge einer primär verfolgten R-Strategie sein, die auf bestimmten Technologien oder besonderen Kompetenzen der Mitarbeiter basiert. Es besteht demnach eine wechselseitige Beziehung zwischen P/M- und R-Strategien, wobei die (knappen) Ressourcen(potenziale) in attraktive (z. B. unternehmenswertschaffende) Unternehmensbereiche gelenkt werden sollen.

Die Bestimmungsfaktoren eines potenziell attraktiven Erfolgspotenzials werden als strategische Erfolgsfaktoren bezeichnet. Im Rahmen der Erfolgsfaktorenforschung werden (in bestimmten Bereichen) erfolgreiche Unternehmen auf ihre Merkmale hin untersucht. Dabei erfolgt letztlich eine kausale Interpretation zwischen den identifizierten Merkmalen und dem konkretisierten Unternehmenserfolg. Es werden ex post die Fragen «Was zeichnet erfolgreiche Unternehmen aus?» und «Was unterscheidet erfolgreiche Unternehmen von weniger erfolgreichen?» beantwortet. Aus den möglichen Antworten, wie «hohe Aufwendungen für Forschung und Entwicklung (FuE) gemessen am Umsatz» und «hoher relativer Marktanteil», werden Handlungsempfehlungen (Wenn-Dann-Beziehungen) für einen zukünftigen Erfolg abgeleitet: «Budgetiere FuE-Aufwendungen umsatzbasiert mit einem hohen Prozentsatz!» und «Strebe Marktführerschaft an!» Problematisch hieran ist unter anderem, dass Erfolgsfaktoren nicht eindeutig identifizierbar, operationalisierbar, hierarchisierbar und prognostizierbar sind. (Die Auswirkungen von) Erfolgsfaktoren können sich ändern. Sie sind nicht generalisierbar (vgl. Nicolai/Kieser [Erfolgsfaktorenforschung] 579–596; Homburg/Krohmer [Erfolgsfaktorenforschung] 626–631; zur Erfolgsfaktorenforschung siehe auch: Trommsdorff [Erfolgsfaktorenforschung]; Rockart [Chief executives]).

Zentrale Instrumente zur Entscheidung über Strategien von SGEs sind die **Portfolio-Methode** und die Ermittlung des **Unternehmenswertzuwachses** im Rahmen eines Shareholder-Value-Konzepts. Ziel ist eine «gesamtunternehmensbezogene Beurteilung aller strategischen Geschäftseinheiten unter Berücksichtigung ihrer finanzwissenschaftlichen und risikomäßigen Interdependenzen» bzw. «die Schaffung und Erhaltung langfristiger Erfolgspotentiale unter Wahrung eines langfristigen Liquiditäts- und Risikogleichgewichts der strategischen Geschäftseinheiten» (Kilger [Industriebetriebslehre I] 115 – beide Zitate; im Original zum Teil hervorgehoben). Aus der Lage einer SGE im Portfolio ergeben sich potenzielle Handlungsempfehlungen (Normstrategien), die durch Beschluss des Managements zu Planstrategien werden können. Die ausgewählten Normstrategien (Planstrategien) sind etwa mittels einer **Balanced Scorecard** und in Verbindung mit unternehmenswertorientierten **Anreizmodellen** zu realisieren und zu kontrollieren.

Die **strategische Kontrolle** beinhaltet im engeren Sinne eine Zielerreichungs-, eine Prämissen- und eine Planfortschrittskontrolle sowie im weiteren Sinne auch eine strategische Frühaufklärung (vgl. hierzu und im Folgenden Baum/Coenenberg/Günther [Strategisches Controlling] 319 ff.) – m. w. N.). Ihre Kontrollgrößen sind quantitativer und qualitativer Natur sowie (eher) nicht-monetär. Die Kontrollaktivität ist als Rundumkontrolle (sog. **360°-Radar**) auf interne und externe Erfolgsfaktoren ausgerichtet und erfolgt kontinuierlich (parallel zu Planung und Realisation), also ex ante. Darin liegen die Unterschiede zu der traditionellen Kontrolle, die ex-post und unternehmensintern auf die Zielerreichung (Soll-Ist-Vergleich und Abweichungsanalyse) monetärer Größen ausgerichtet ist.

Im Einzelnen hat eine Kontrolle der Plangenerierung (**Prämissenkontrolle**) und eine Kontrolle der Planerreichung (**Durchführungskontrolle**) zu erfolgen. Letztere ist auf die Planinhalte und die Planrealisation (Fortschritt und Endergebnis) – ggf. gestützt auf eine Balanced Scorecard – ausgerichtet. Erstere betrifft das Leitbild (Formal-, Sach- und Sozialziele), die Ziele (z. B. Verdopplung des Unternehmenswertes in fünf Jahren), die Profitabilität (inhaltliche Konsistenz der strategischen Planung), das Planungssystem (z. B. die Verzahnung mit der operativen Planung im Rahmen einer revolvierenden Planung), die interne Machbarkeit (R-Strategien – auch in der Facette einer die Bonität sichernden bilanzorientierten Kapitalbedarfsplanung) und die externe Durchführbarkeit (P/M-Strategien).

Die strategische Kontrolle im weiteren Sinne umfasst zudem die **strategische Frühaufklärung** in Form einer permanenten Umfeld- und Unternehmensanalyse (vgl. hierzu und im Folgenden Baum/Coenenberg/Günther [Strategisches Controlling] 329 ff.; Krystek [Strategische Früherkennung] 50). Zeitlich ist sie auf latent Vorhandenes ausgerichtet. Inhaltlich sind die Begriffe Frühaufklärung, Früherkennung und Frühwarnung zu unterscheiden. **Frühwarnung** bezeichnet Systeme zur frühzeitigen Ortung von latent vorhandenen Risiken und Gefahren, welche die grundsätzliche Ausrichtung des Unternehmens prägen können. Darüber hinaus schließt **Früherkennung** auch die Ortung latent vorhandener Chancen und Stärken mit ein. Im Rahmen der **Frühaufklärung** wird der systematische Informationsverarbeitungsprozess der Früherkennung erweitert um die Stärkung der Anpassungsfähigkeit durch Absicherung, sodass Maßnahmen eingeleitet werden (können). Frühaufklärungssysteme können eigen- und fremdorientiert sein. Zu den **fremdorientierten Systemen** durch Unternehmensexterne zählen etwa Analysen zur Insolvenzprognose. Bei **eigenorientierten Systemen** werden drei Entwicklungsstufen unterschieden. Kennzahlen- und Planhochrechnungssysteme, Indikatorsysteme und Verfahren zur Analyse sog. schwacher Signale. Dabei nimmt die zeitliche Reichweite zu und gleichzeitig die Konkretisierung ab. Ein **Kennzahlensystem** stellt etwa den aufgrund der Entwicklung im ersten Halbjahr hochgerechneten Gesamtjahresumsatz dem geplanten Jahresumsatz gegenüber. **Indikatorsysteme** basieren auf um Vorstufen erweiterte Kausalketten. Hierbei werden etwa vorgelagerte Gründe für einen Auftragseingang als Grund für eine potenzielle Umsatzabweichung gesucht. **Schwache Signale** schließlich sind Informationsrudimente, die von Menschen initiierte Diskontinuitäten/Paradigmenwechsel frühzeitig und mit zunehmender Häufigkeit signalisieren (vgl. zum Konzept der weak signals Ansoff [Managing Surprise]). Je früher ein solches Signal identifiziert werden kann (z. B. zunehmende Leistungsfähigkeit und Standardisierung von Mikroprozessoren), umso früher können Maßnahmen (z. B. Ablösung von Großrechenanlagen durch Personalcomputer) eingeleitet werden. Es geht demnach um die Sicherstellung einer ausreichenden und ggf. Wettbewerbsvorteile sichernden Reaktionszeit.

3.3 Instrumente des strategischen Controlling

Von den Instrumenten, die für das strategische Controlling von zentraler Bedeutung sind (vgl. insbesondere Abbildung 3.15), werden hier **folgende herausgegriffen**:

- Lebenszyklusmodelle,
- Kostenerfahrungskurve,
- Portfolio-Analysen sowie

- qualitative Bewertungstechniken (z. B. Nutzwertanalyse bzw. Punktbewertungsmodell).

In anderen Kontexten dieses Beitrags werden darüber hinaus weitere Konzepte gekennzeichnet, wie Shareholder Value-Ermittlung bzw. -Orientierung, Wertkette, Balanced Scorecard, anreizorientierte Vergütung, Planung bzw. proaktive Überwachung der Bilanz, Life-Cycle Costing und Target Costing.

(1) Die klassischen Portfolio-Modelle, die gleichermaßen als Instrumente von strategischem Management, strategischem Marketing (vgl. Benkenstein/Uhrich [Marketing] 70 ff.) und strategischem Controlling diskutiert werden, basieren auf dem Lebenszykluskonzept (vgl. Benkenstein/Uhrich [Marketing] 52 ff.) und der Kostenerfahrungskurve (vgl. Benkenstein/Uhrich [Marketing] 64 ff.). Das Lebenszykluskonzept kennzeichnet als ein spezielles Diffusionsmodell, dass der Marktzyklus eines erfolgreich am Markt eingeführten Produktes aus

- Einführungsphase,
- Wachstumsphase (progressives Absatzwachstum),
- Reifephase (degressives Absatzwachstum),
- Sättigungsphase (stagnierende Absatzmengen) und
- Degenerationsphase (abnehmende Absatzmengen) ohne und mit Rumpfmarkterhaltung (über den Nachsorgezyklus bzw. das Wartungs-, Reparatur-, Ersatzteil- und Entsorgungsgeschäft [Sekundärmarkt] hinaus)

besteht. Der Marktphase zeitlich vorgelagert ist der sog. Entstehungszyklus. Darin werden die Produktidee entwickelt und konkretisiert, die Produktionsverfahren ausgewählt sowie die Markteinführung in Bezug auf Beschaffung, Produktion und Absatz vorbereitet. Das Produktlebenszyklusmodell ist im Schrifttum zu Recht fundamental kritisiert worden. Gleichwohl ist es als Denkraster für die Systematisierung von SGE (vgl. Abbildung 3.17) und der zugehörigen Cashflows brauchbar (vgl. Abbildung 3.18 sowie die Ausführungen zu Life-Cycle-Costing unter Kapitel 5.3.3). Ansatzpunkte zur Kritik sind folgende Argumente (vgl. Kilger [Industriebetriebslehre I] 127 ff.; Baum/Coenenberg/Günther [Strategisches Controlling] 88 f.):

- Fehlende Generalisierbarkeit: Wenig bedeutsam ist das Produktlebenszyklusmodell für Grundnahrungsmittel und Produkte mit unterjährigem Marktzyklus,
- unklarer und im Zeitablauf unterschiedlicher Produktbegriff,
- im Zeitablauf unterschiedliches Set an absatzpolitischen Instrumenten,
- im Zeitablauf unterschiedliche Konkurrenzsituationen,
- im Zeitablauf veränderliche Annahmen hinsichtlich des Nachfragerverhaltens,
- keine eindeutigen Kriterien zur Abgrenzung der Phasen.

Da also eine Produktlebenszyklus-Funktion nicht abgeleitet werden kann, handelt es sich nicht um ein Prognose-, sondern um ein Analyseverfahren.

Klassifikation der SGE	Produktlebenszyklusphase	Strategien (Bsp.)
Innovatorische SGE	Einführungsphase	Einführungs- und Anlaufstrategien Abwehrstrategien
Wachsende SGE	Wachstumsphase	Abwehrstrategien Marktanteilserhöhungsstrategien Verdrängungsstrategien
Reifende SGE	Reifephase	Verdrängungsstrategien Marktanteilssicherungsstrategien Segmentierungsstrategien
Stagnierende SGE	Sättigungsphase	Marktanteilssicherungsstrategien Segmentierungsstrategien Abschöpfungsstrategien
Schrumpfende SGE	Degenerationsphase	Anpassungsstrategien Desinvestitionsstrategien Rumpfmarkterhaltungsstrategien

Abbildung 3.17: Systematisierung strategischer Geschäftseinheiten nach Produktlebenszyklusphasen (vgl. Kilger [Industriebetriebslehre I] 130)

Kosten	Erlöse
Vorlaufkosten • Forschung • Entwicklung • Markterschließung • Produktverbesserung • etc.	Vorlauferlöse • Subventionen • Steuervergünstigungen • etc.
Begleitende Kosten • Einführungskosten • laufende Kosten • Auslaufkosten • etc.	Begleitende Erlöse • Aktionserlöse • laufende Erlöse • Abbauerlöse • etc.
Nachlaufkosten • Wartungskosten • Garantiekosten • Entsorgungskosten • Recyclingkosten • etc.	Nachlauferlöse • Wartungserlöse • Reparaturerlöse • Recyclingerlöse • etc.

Abbildung 3.18: Systematisierung von Cashflows nach Produktlebenszyklusphasen (vgl. Back-Hock [Produktlebenszyklusorientierte Ergebnisrechnung] 707)

(2) Das Produktlebenszyklusmodell charakterisiert für den Primärmarkt die **Marktphase** anhand der Entwicklung des mengen- oder wertmäßigen Absatzes. Fraglich bleibt, welche Auswirkung diese Entwicklung auf die Kostensituation des Herstellers hat. Eine Antwort hierauf gibt das **Konzept der Kostenerfahrungskurve**, das erstmals von *Henderson* (vgl. Henderson [Erfahrungskurve] 10 ff.) bzw. von der *Boston Consulting Group* beschrieben wurde. Es basiert auf der empirischen Beobachtung in schnell wachsenden Märkten von kurz aufeinanderfolgenden Preissenkungen in Verbindung mit steigenden Gewinnen und wurde in der Folge verallgemeinert. Demnach ist in allen Unternehmungen davon auszugehen, dass die inflationsbereinigten Stückkosten der Wertschöpfung bei jeder Verdopplung der kumulierten Produktionsmenge unter der Voraussetzung, dass alle Innovationsmöglichkeiten und Rationalisierungsreserven ausgeschöpft werden, um einen konstanten Prozentsatz sinken, der zwischen 20 und 30 % – in Einzelfällen aber auch höher oder niedriger – liegt.

Die Kostenerfahrungskurve repräsentiert unter Verzicht auf eine Detailplanung von Rationalisierungsmöglichkeiten eine **allgemeine Vorstellung** darüber, wie sich die **langfristigen Stückkosten** entwickeln. Dabei erfolgt eine Ausweitung des auf die Lohnkosten beschränkten **Lernkurven-Modells** auf die gesamten Kosten der Wertschöpfung (= volle Selbstkosten ohne Kosten für Einzelmaterial und Zukaufsteile). *Henderson* geht offensichtlich von stückbezogenen Kostenannuitäten aus, die anteilige Amortisationsraten (der Betriebsmittel) und (kalkulatorische) Zinsen enthalten (vgl. Kilger [Industriebetriebslehre I] 147 – m. w. N.).

Die Angaben zu realisierbaren Kostensenkungen umfassen sowohl **dynamische Kostensenkungspotenziale**, die bei Zunahme der periodenbezogenen Produktionsmenge erschlossen werden können, als auch **statische Kostensenkungspotenziale** (vgl. im Folgenden Kilger [Industriebetriebslehre I] 146 – m. w. N.):

- Rationellere **Produktionsverfahren** unter Ausnutzung des technischen Fortschritts und der Größendegression,
- rationellere **Organisationsformen** der Fertigung,
- niedrigere **Personalkosten** aufgrund von Lerneffekten bei zunehmenden Ausbringungsmengen und aufgrund von verbesserten Arbeitsmethoden,
- rationellere **Lagerung** von Einzelmaterial, Zukaufsteilen, Halb- und Fertigerzeugnissen bei wachsenden Stückzahlen,
- rationellere **Distributionsverfahren** bei steigenden Umsätzen,
- **Fixkostendegression** bei zunehmender Beschäftigung.

Angesichts der nachfolgenden **Kritikpunkte** erscheint es gleichwohl vorteilhaft, bereits im Rahmen der strategischen Planung die realisierbaren Kostensenkungen möglichst detailliert und genau zu planen, anstatt auf das Kostenerfahrungskurvenkonzept zu vertrauen (vgl. im Folgenden Kilger [Industriebetriebslehre I] 150 f. – m. w. N.):

- Die **Fokussierung auf eine Bezugsgröße** der Kostenverursachung erlaubt es z. B. nicht, die unterschiedlichen Rationalisierungsmöglichkeiten in einzelnen Fertigungskostenstellen abzubilden und negiert die speziellen Rationalisierungsmöglichkeiten in Gemeinkostenbereichen, wie Verwaltung und Vertrieb.
- Die Kostenerfahrungskurve unterstellt einen **Ein-Produktfall**. Im Mehrproduktfall werden sich die Rationalisierungsmöglichkeiten auf die einzelnen Produkte unterschiedlich auswirken, wobei zudem die Fixkosten nicht verursachungsgerecht auf die einzelnen Produkte aufgeteilt werden können.
- Der technische Fortschritt bewirkt regelmäßig eine **Substitution von Arbeitskräften** durch Betriebsmittel. Dadurch wird das Zusammenwirken von technischen Verfahrensänderungen und Lerneffekten zumindest begrenzt.
- Das Ursprungsmodell negiert die **möglichen Kosteneinsparungen** bei Einzelmaterial und Fremdteilen durch langfristige Lieferverträge, Mengenrabatte und materialsparende Produktvariation.
- Der Kostensenkungseffekt basiert allein auf einer **periodenübergreifenden Kumulation** der Produktmengen. Allerdings setzen alle angeführten Rationalisierungsmöglichkeiten im Grunde eine Zunahme der jährlichen Produktionsmenge voraus.
- Der Kostensenkungsprozentsatz bzw. die **Lernrate** ist a priori nicht bekannt.

Abbildung 3.19 enthält ein Anwendungsbeispiel zur Kostenerfahrungskurve.

Ein Unternehmen möchte für die Kostenplanung der kommenden Periode t_2 auf das Konzept der Erfahrungskurve zurückgreifen. Das Unternehmen stellt ausschließlich Produkt A her. Bislang wurden von Produkt A insgesamt 5.000 Stück hergestellt. Die Marketingabteilung geht nach Marktbeobachtungen und eigenen Erfahrungen von einem Marktwachstum von 10 % für die folgende Periode aus. In der aktuellen Periode t_1 wurden 150 Mengeneinheiten des Produkts hergestellt. Aus der Erfahrung des Unternehmens hat sich eine Lernrate von 80 % ergeben. Zusätzlich stellt die Rechnungswesenabteilung die Stückkosten für die letzte produzierte Mengeneinheit zur Verfügung:

Kostenart	€ je Stück
Materialeinzelkosten (MEK)	100,00
Materialgemeinkosten	50,00
Fertigungseinzelkosten	75,00
Fertigungsgemeinkosten	60,00
Verwaltungs- und Vertriebskosten	25,00
Selbstkosten (SK)	310,00

Welche Stückkosten sollten auf Grundlage des Erfahrungskurveneffektes in t_2 erreicht werden?

Formel Verdoppelungszeit: $t = \dfrac{\ln\left(\dfrac{Xkum \times MWR}{X} + 1\right)}{\ln(1 + MWR)}$

$t = 14{,}624\,267\,52$

Formel jährliche Kosteneinsparung: $= 100\,\% - \sqrt[t]{L}$

$= 1{,}51\,\%$

SK ohne MEK 210,00 €
Einsparung   3,18 €

«neue» Stückkosten t_2	306,82 €

Das durchschnittliche jährliche Kosteneinsparungspotenzial beträgt 1,51 %. Von den Daten der Stückkosten sind bis auf die Materialeinzelkosten (da zugekauft) alle Bestandteile zu berücksichtigen. Daher ergeben sich die wertschöpfungsbezogenen Stückkosten von 210,00 €. Bei einem Marktwachstum von 10 % ergibt sich damit ein Einsparungspotenzial i. H. v. 3,18 €. Die Stückkosten am Ende der nächsten Periode würden 306,82 € ergeben, sofern die nötigen Kostensenkungspotenziale erkannt und genutzt werden.

Abbildung 3.19: Kostenerfahrungskurve – ein Beispiel

(3) Eine Zusammenführung von Produktlebenszykluskonzept und Kostenerfahrungskurve erfolgt im Rahmen des Marktanteils-Marktwachstums-Portfolios. **Portfolio-Modelle der strategischen Planung** klassifizieren SGEs nach strategierelevanten Merkmalen auf Basis einer Erfolgs- und Risikoanalyse zumeist

zweidimensional, als Kombination aus einem internen (beeinflussbaren) und einem externen (nicht beeinflussbaren) strategischen Erfolgsfaktor, mittels Ordinalskalen (z. B. hoch, niedrig), wobei die jeweilige Klassifikation mit Handlungsempfehlungen (Normstrategien) verbunden ist. Sie haben ihren Ursprung in der **Portfolio Selection Theory**, der Theorie der optimalen Wertpapiermischung. Die Grundidee besteht darin, eine Unternehmung als möglichst vorteilhafte Mischung aus SGEs zu gestalten. Dies erfordert eine Ausgewogenheit (Risikoausgleich) in Bezug auf die (Kombination der individuellen) Lebenszyklusphasen und den Finanzstatus. Anzustreben ist ein Finanzausgleich zwischen den Netto-Einzahlungsüberschüssen/-defiziten der SGEs (statischer Finanzausgleich), wobei sich jede SGE über ihren Lebenszyklus unter Beachtung des Shareholder Value-Ziels selbst finanzieren muss (dynamischer Finanzausgleich) (vgl. Baum/Coenenberg/Günther [Strategisches Controlling] 188).

Im einstufig-zweidimensionalen **Marktanteils-Marktwachstums-Portfolio** (auch Boston-Consulting-Portfolio) werden SGEs nach dem durchschnittlichen zukünftigen realen Marktwachstum (externer Erfolgsfaktor) und dem relativen Marktanteil (interner Erfolgsfaktor) klassifiziert. Dabei wird das Marktwachstum auf der Ordinate abgetragen. Die Maßgröße ist in Übereinstimmung mit der Heterogenität des Unternehmungs-Portfolios zu messen (z. B. als Wachstum der Branche oder des Bruttosozialprodukts). Die Grenze zwischen einem hohen und einem niedrigen Marktwachstum kann im Übergang von der Wachstums- zur Reifephase gezogen werden. Strategierelevanz besitzt dieser Erfolgsfaktor im Hinblick auf den Investitionsbedarf bzw. den Finanzmittelstatus. Der auf der Abszisse abgetragene relative Marktanteil im Verhältnis zum größten, den beiden größten oder den drei größten Konkurrenten repräsentiert das Marktrisiko. Die Strategierelevanz basiert auf dem Kostenerfahrungskurvenkonzept. Mit zunehmendem relativem Marktanteil verbessert sich die Wettbewerbsposition aufgrund zunehmender Kostenvorteile. Die Trennlinie zwischen einem hohen und einem niedrigen relativen Marktanteil kann beim Erreichen der Marktführerschaft gesehen werden. Hier erreicht der relative Marktanteil im Verhältnis zu dem größten Konkurrenten den Wert 1 (vgl. Baum/Coenenberg/Günther [Strategisches Controlling] 192 ff.).

Trägt man in die so entstandene **Vier-Felder-Matrix** die SGEs als Kreise ein, kann deren Größe zudem durch die Fläche des Kreises repräsentiert werden. Abbildung 3.20 veranschaulicht, in welcher Weise eine erfolgreiche SGE im Laufe ihres Lebenszyklus die Vier-Felder-Matrix durchwandert. Hieraus sind zugleich vereinfachend die Normstrategien und die Finanzmittelbedarfe für Nachwuchsprodukte bzw. Question Marks, Star-Produkte, Milchkühe bzw. Cash Cows und Auslaufprodukte bzw. Poor Dogs ersichtlich. Durch die Besetzung aller Felder mit SGEs tragen die Normstrategien Sorge für den Finanzausgleich im Sinne eines Generationenvertrages.

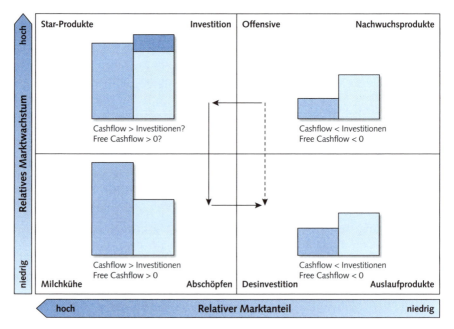

Abbildung 3.20: Lebenszyklus und Normstrategien im Boston-I-Portfolio (vgl. Baum / Coenenberg / Günther [Strategisches Controlling] 194 – m. w. N.)

Das Boston-Consulting-Portfolio wird vor allem wegen der rudimentären Beschränkung auf zwei Strategische Erfolgsfaktoren kritisiert. Um inhaltlich mehr als zwei Aspekte pro Dimension berücksichtigen zu können, wurde von McKinsey das **Marktattraktivitäts-Wettbewerbsstärken-Portfolio** entwickelt. Es handelt sich um ein **Mehr-Faktoren-System**, das qualitative und quantitative Faktoren berücksichtigt.

Die vom Unternehmen kaum beeinflussbare **Marktattraktivität** wird aus vier Faktoren gebildet:

- Marktwachstum (Marktpotenzial),
- Marktqualität (Marktstabilität),
- Energie- und Rohstoffversorgung sowie
- Umfeldsituation.

Die **relative Wettbewerbsstärke** repräsentiert den unternehmensspezifischen Erfolgsfaktor. Sie wird ebenfalls aus vier Kriterien ermittelt:

- relative Marktposition (z. B. Marktanteil(sentwicklung), Image),
- relatives Produktionspotenzial (z. B. Prozesswirtschaftlichkeit, Umweltbelastung, Standortvorteile),

- relatives Forschungs- und Entwicklungspotenzial (z.B. Innovationspotenzial, Stand der Forschung),
- relative Mitarbeiterqualität (z.B. Innovationsklima, Qualität der Führungssysteme).

Welche Kriterien konkret mit welchem Gewicht herangezogen, wie sie operationalisiert und bewertet werden, ist individuell zu bestimmen. Hierbei gelangen sog. Scoring-Modelle zum Einsatz (vgl. zu einem Beispiel Abbildung 3.21).

Im Gegensatz zum Boston-Consulting-Portfolio sieht das Marktattraktivitäts-Wettbewerbsstärken-Portfolio eine Dreiteilung der beiden Dimensionen vor, sodass eine Neun-Felder-Matrix entsteht, der wiederum Normstrategien zugeordnet werden können (vgl. Abbildung 3.21).

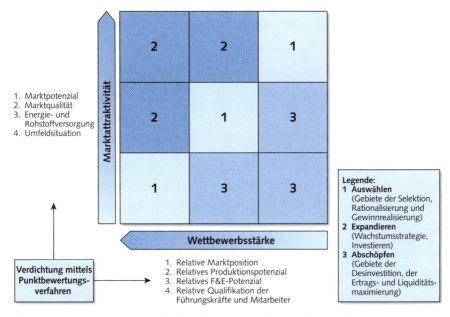

Abbildung 3.21: Marktattraktivitäts-Wettbewerbsstärken-Portfolio nach McKinsey (vgl. Baum/Coenenberg/Günther [Strategisches Controlling] 202 – m.w.N.)

Zwischenzeitlich sind zahlreiche weitere Portfolio-Ansätze entwickelt worden, die teilweise mehrstufig-zweidimensional ausgestaltet sind, wie das Geschäftsfeld-Ressourcen-Portfolio (vgl. Abbildung 3.22).

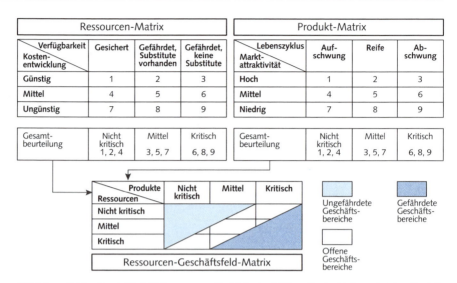

Abbildung 3.22: Geschäftsfeld-Ressourcen-Portfolio (vgl. Kilger [Industriebetriebslehre I] 158)

Dabei werden die für die aus neun Feldern bestehende Geschäftsfeld-Ressourcen-Matrix benötigten Klassen der jeweiligen Dimensionen auf Grundlage eigenständiger Neun-Felder-Matrizen abgeleitet. Die Ressourcenverfügbarkeit wird zweidimensional mit den Einflussgrößen Verfügbarkeit und Kostenentwicklung erfasst. Die Produkt-Matrix kennzeichnet das Geschäftsfeld im Hinblick auf die Dimensionen Marktattraktivität und Lebenszyklus (vgl. Kilger [Industriebetriebslehre I] 158 – m. w. N.).

Der Vorteil der ein- oder mehrstufig zweidimensionalen Portfolio-Technik besteht in der **Anschaulichkeit** und der **Wahrung der Gesamtsicht** der Unternehmung. Nachteilig sind (vgl. Kilger [Industriebetriebslehre I] 157 ff. – m. w. N.; vgl. auch Baum/Coenenberg/Günther [Strategisches Controlling] 207 ff.):

- Die Fokussierung auf zwei strategierelevante Einflussfaktoren: Hiermit resultieren **tendenziell einseitige Normstrategien**. Zudem können die realen strategischen Erfolgsfaktoren nicht vollständig und widerspruchsfrei abgebildet werden. Daraus resultieren Informationsverluste. Schließlich lassen sich weder Erfolgs- und Risikofaktoren immer eindeutig trennen noch Interdependenzen zwischen den SGEs abbilden.
- Die qualitative Bewertungstechnik zwingt zu einer **willkürlichen Klassenbildung** und Bepunktung und bewirkt so weitere Informationsverluste.
- Das **Ausgewogenheitspostulat** beschränkt die Anwendungsmöglichkeit der Portfoliotechnik. Es kann zum Beispiel für innovative Existenzgründer zu einer Ausgewogenheitsfalle werden (vgl. Baum/Coenenberg/Günther [Strategisches Controlling] 207).

- **Weitere implizite Prämissen**, wie Annahme identischer Lebenszyklen für alle SGEs, Risikoneutralität, Handlungsautonomie und Geltung der Prinzipien des vollkommen Marktes, wobei das Boston-I-Portfolio den Wettbewerb auf einen reinen Preis- bzw. Kostenwettbewerb reduziert.

(4) Angesichts dieser Kritikpunkte müssen Portfolio-Ansätze z. B. durch ein **mehrstufiges Planungsverfahren** verfeinert (vgl. Kilger [Industriebetriebslehre I] 159) und weitere Hilfsmittel im strategischen Planungsprozess, wie **Wettbewerbsmatrizen** (Baum/Coenenberg/Günther [Strategisches Controlling] 216 ff.) und **Scoring-Modelle**, genutzt werden. Scoring- oder Punktbewertungsmodelle bzw. Punktbewertungsverfahren sind wie die Portfolio-Analysen Entscheidungsunterstützungsverfahren, die zur Strukturierung des Entscheidungsproblems sowie in einem hohen Maße zur Transparenz im Entscheidungsprozess beitragen können.

Die **Vorgehensweise** im Rahmen **von Punktbewertungsmodellen** lässt sich als Abfolge folgender Schritte allgemein kennzeichnen (vgl. Hans/Warschburger [Controlling] 34; Littkemann [Unternehmenscontrolling] 603 ff.):

- Bestimmung der Alternativen – z. B. Standorte A, B, C,
- Festlegen der relevanten Entscheidungskriterien (Ziele) – z. B. Rendite, politische Stabilität, Währungsstabilität, Streiksituation, Lieferzuverlässigkeit,
- Festlegen der Gewichte für jedes Kriterium,
- Bewertung jeder Alternative für jedes Kriterium – z. B. Rendite von x % = y Punkte,
- Multiplikation von Punktzahl und Gewichtungsfaktor,
- Addition der gewichteten Punkte.

Dem Vorteil der Anschaulichkeit stehen **gravierende Kritikpunkte** entgegen:

- Subjektivität bei der Gewichtung und Bewertung,
- Informationsverlust durch die Verdichtung der Infos zu einem Nutzwert,
- Scheingenauigkeit bei der Berechnung des Nutzenwertes,
- Bei monetären Beurteilungsgrößen wird dem besten Ergebnis automatisch, ein Zielerreichungsgrad von 10 zugeordnet.

Ein **Anwendungsbeispiel** zu Punktbewertungsmodellen enthält die folgende Abbildung 3.23.

Ein Unternehmen möchte seinen Standort verlagern. In einer Vorauswahl wurden bereits drei mögliche neue Standorte (A, B, C) genauer untersucht. Durch eine Nutzwertanalyse sollen die bereits vorgenommenen Bewertungen der einzelnen Alternativen zusammengeführt werden. Führen Sie eine Nutzwertanalyse durch! Welchen Standort sollte das Unternehmen wählen?

Folgendes ist bekannt:

Kriterium	Gewichtung	Variante A	Variante B	Variante C	Referenzwerte min	max
Preis [T€]	25%	12.500	23.000	13.000		
Nutzungsmöglichkeiten	40%					
– Fläche [m²]	55%	15.000	10.000	25.000	5.000	25.000
– Deckenhöhe [m]	45%	6	7,9	10	4,8	10,2
Infrastruktur	35%					
– Entfernung Autobahn [km]	70%	10	2	20	20	1
– Entfernung Güterbahnhof [km]	30%	1,5	0,75	1	10	0,5

Formelsammlung:

Zielerreichungsgrade für …

- qualitative Ergebnisgrößen:

Sehr gut	+	fz = 10
	–	fz = 9
Gut	+	fz = 8
	–	fz = 7
Befriedigend	+	fz = 6
		fz = 5
	–	fz = 4
Ausreichend	+	fz = 3
	–	fz = 2
Mangelhaft	+	fz = 1
	–	fz = 0

- quantitative Ergebnisgrößen: $fz_x = \dfrac{fz_{max} - fz_{min}}{x_{max} - x_{min}}(x - x_{min})$ (Transformationsfunktion)
- monetäre Ergebnisgrößen:

    – Ausgabenbarwert: $fz(B_x) = 10 - \left(\dfrac{B_x}{B_{min}} - 1\right) \times 10$

    – Einnahmenbarwert: $fz(B_x) = 10 - \left(\dfrac{B_{max}}{B_x} - 1\right) \times 10$

Damit ergibt sich für die «Standortwahl» folgende Entscheidungsübersicht (Nutzenwerte):

Kriterium	Gewichtung	Variante A	Variante B	Variante C
Preis	25%	10,00	1,60	9,60
Nutzungsmöglichkeiten	40%			
– Fläche	55%	5,00	2,50	10,00
– Deckenhöhe	45%	2,22	5,74	9,63
Infrastruktur	35%			
– Entfernung Autobahn	70%	5,26	9,47	0,00
– Entfernung Güterbahnhof	30%	8,95	9,47	9,47
Nutzwert		6,23	5,33	7,33

Alle drei Standorte erfüllen sämtliche Referenzwerte und passen somit in das Anforderungsprofil des Unternehmens. Variante C hat mit 7,33 den höchsten Gesamtnutzenwert und ist damit am besten geeignet.

Abbildung 3.23: Punktbewertungsverfahren – ein Beispiel

Wie eingangs dieses Gliederungspunkts angegeben, werden weitere Instrumente des strategischen Controlling in anderen Kontexten dieses Beitrags, wie dem nachfolgenden zum bilanzorientierten Controlling, gekennzeichnet.

4 Bilanzorientiertes Controlling

4.1 Bilanzorientierte Controlling-Instrumente

Im Unterschied zur internen Unternehmensrechnung ist der Einbezug der externen Unternehmensrechnung in die Controllership nicht zwingend (vgl. oben unter 1.3). Andererseits haben die bisherigen Ausführungen unter anderem verdeutlicht, dass Bilanzen für die strategische Kontrolle und Früherkennung von Bedeutung sind. Darüber hinaus gibt es weitere Controlling-Instrumente, deren Dateninput (gegebenenfalls nach Modifikationen) der externen Unternehmensrechnung bzw. der Finanzberichterstattung entstammt. Wenn man den Bilanzbegriff – analog dem Bilanzanalysebegriff – weit fasst, kann vereinfachend von bilanzorientierten Controlling-Instrumenten gesprochen werden.

Das Controlling rekurriert auf Daten der Finanzberichterstattung insbesondere dann, wenn eine Harmonisierung von internem und externem Rechnungswesen angestrebt wird (vgl. hierzu Lorson/Melcher/Zündorf [BilMoG]; Männel/Küpper [Unternehmensrechnung]; Weber/Schäffer [Controlling] 119 ff). Darüber hinaus lassen sich insbesondere folgende Anwendungsfelder identifizieren:

- (Ressourcenorientierte) Bilanzplanung als Rahmen für die **strategische Unternehmensplanung**,
- proaktives **Bilanzstrukturmanagement**,
- Nutzung für **Benchmarking / Balanced Scorecard**,
- Substitution der Zielgröße Unternehmenswert auf Gesamtunternehmens- und Beteiligungsebene durch (aus Jahresabschlussdaten abgeleitete) **wertorientierte Periodenerfolgsgrößen**, wie Economic Value Added.

Bei diesen Instrumenten handelt es sich um operative und strategische Kennzahlen(systeme) zur Unternehmensanalyse und –steuerung. Sie werden in Bilanz- und unternehmenswertorientierte Kennzahlen(systeme) unterteilt.

4.2 Bilanzkennzahlen

Bilanzkennzahlen, die von der Öffentlichkeit viel beachtet werden und das Unternehmensimage prägen, sind das **Ergebnis je Aktie** sowie die **Earnings before Interest and Tax- (EBIT-) Kennzahlen** (vgl. insbesondere Heiden [Berichterstattung]). Bilanzinformationen werden auch für rentabilitätsorientierte Kennzahlensysteme, wie das DuPont-Kennzahlensystem, benötigt (vgl. insbesondere Staehle [Kennzahlen]). Schließlich wird im Rahmen der Bilanzanalyse eine Vielzahl von Kennzahlen gebildet, um die Bilanzstruktur vertikal, horizontal und unter Berücksichtigung des Cashflows einzuschätzen. Fasst man diese Analysebereiche zusammen, so entstehen Kennzahlenkombinationen (z. B. die sog. Bayer-Formel), die als **kombinierte finanzwirtschaftliche Ansätze** bezeichnet werden können und sich als Rahmen für die strategische Bilanzplanung bzw. das proaktive Bilanzstrukturmanagement eignen. Darüber hinaus werden im Rahmen der externen Bilanzanalyse auch Kennzahlen zur Analyse des Ergebnisses sowie der Aufwands- und Ertragsstruktur betrachtet und sind daher ebenfalls unternehmensintern zu überwachen.

In die **externe Bilanzanalyse** fließen die publizierten Daten der Finanzberichterstattung nach einer Aufbereitung ein. So werden

- die veröffentlichte Bilanz in eine **Strukturbilanz** transformiert und
- das veröffentlichte **Periodenergebnis** betragsmäßig korrigiert und **nach** betriebswirtschaftlich interpretierten **Erfolgsquellen** differenziert.

Aus den aufbereiteten Daten werden die bilanzanalytischen Kennzahlen gebildet. Eine wissenschaftlich haltbare Theorie der Bilanzanalyse, aus der Vorgaben für Kennzahlenwerte abgeleitet werden können oder von Kennzahlenausprägungen auf eine Insolvenz geschlossen werden kann, existiert nicht (vgl. Schneider [Bilanzanalyse] 633 ff.). **Aussagekraft** für die Vermögens-, Finanz- und Ertragslage gewinnen die Kennzahlenwerte im zeitlichen und zwischenbetrieblichen bzw. branchenbezogenen Vergleich.

Welche **Aufbereitungsmaßnahmen** zu ergreifen sind, um Informationen über die (künftige) Lage des Unternehmens zu gewinnen, ergibt sich im Grunde aus dem Ziel der Vergleichbarkeit. Der Bilanzanalyst ist bemüht, Informationsdefizite des Originalabschlusses zu beheben. Diese können auf Maßnahmen des Abschlusserstellers (Bilanzpolitik, z. B. durch Wahlrechtsausübung) oder auf die Abschlussnormen zurückzuführen sein (z. B. Ausweis des Bilanzgewinns im Eigenkapital).

Im Kern soll sich eine **Strukturbilanz** gegenüber der Originalbilanz dadurch auszeichnen, dass jeweils zwei reine Kategorien gebildet werden: Die Aktivseite ist in Umlaufvermögen sowie Anlagevermögen und die Passivseite in Eigenkapital und Fremdkapital zu untergliedern. Zudem sind insbesondere die Fristigkeiten von Umlaufvermögen und Fremdkapital deutlich zu machen. Im Kern soll sich eine **aufbereitete GuV** gegenüber der Original-GuV dadurch auszeichnen, dass nachhaltige und reine Teilergebnisse ausgewiesen werden. Insbesondere werden periodenfremde Ergebniskomponenten, wie Steuernachzahlungen, sowie nicht nachhaltige Ergebniskomponenten, wie Zuschreibungen oder außerplanmäßige Abschreibungen bzw. Auswirkungen von Bilanzierungs- und Bewertungsänderungen, aus dem ordentlichen Betriebsergebnis und dem ordentlichen Finanzergebnis eliminiert und einem betriebswirtschaftlich interpretierten außerordentlichen Ergebnis zugewiesen.

Die nachfolgenden Abbildungen deuten vereinfachend **mögliche Aufbereitungen** der Originalbilanz und einer Original-GuV nach dem Gesamtkostenverfahren für den Fall einer HGB-Bilanzierung in der Fassung des Bilanzrechtsmodernisierungsgesetzes (BilMoG) an. Die Strukturbilanz

- **korrigiert Wahlrechtsausübungen** (Aktivierung von selbst geschaffenen immateriellen Vermögensgegenständen des Anlagevermögens, Kürzung der Vorräte um erhaltene Anzahlungen auf Bestellungen, Aktivierung eines Disagios, Aktivierung von latenten Steuern, Passivierung von Pensionsverpflichtungen aus Altzusagen und mittelbarer Art),
- **eliminiert Vermögensgegenstände** von zweifelhaftem Gehalt (Anteile an verbundenen Unternehmen) inkl. der korrespondierenden Rücklage,
- setzt an **mit erheblichem Ermessen behafteten Posten** an (Qualifizierung von Deckungsvermögen),
- **korrigiert Eigenkapitalkomponenten** wegen fehlender Nachhaltigkeit (nicht werthaltige eingeforderte Einlagen) und materiellen Fremdkapitalcharakters (Bilanzgewinn bzw. Dividendenvorschlag),
- klassifiziert erfolgswirksam gebildetes **Fremdkapital als Eigenkapital** als spiegelbildliche Korrektur (passive latente Steuern).

Strukturbilanz – Aktiva
A. Bilanzanalytisches Anlagevermögen
  I. Immaterielle Vermögensgegenstände (./. Entwicklungskosten)
  II. Sachanlagen
  III. Finanzanlagen
  IV. Deckungsvermögen (brutto)
B. Bilanzanalytisches Umlaufvermögen
  I. Vorräte (ohne Kürzung um erhaltene Anzahlungen auf Bestellungen)
  II. Forderungen und sonstige Vermögensgegenstände
  III. Wertpapiere (./. Anteile an verbundenen Unternehmen)
  IV. Kassenbestand, Bundesbankguthaben, Guthaben bei Kreditinstituten und Schecks
  V. Rechnungsabgrenzungsposten (./. Disagio)

Strukturbilanz – Passiva
A. Bilanzanalytisches Eigenkapital
  gezeichnetes Kapital (./. eingeforderte Einlagen, deren Einzahlung gefährdet ist)
  + Kapitalrücklage
  + Gewinnrücklagen (./. Rücklage für Anteile an einem herrschenden oder mehrheitlich beteiligten Unternehmen)
  ./. Disagio
  ./. aktivische latente Steuern
  + passivische latente Steuern
  ./. aktivierte Entwicklungskosten
  ./. nicht ausgewiesene Rückstellungen für Pensionen und ähnliche Verpflichtungen
  Berücksichtigung der Gewinnverwendung:
    a) vor erfolgter Gewinnverwendung
    +/– Jahresüberschuss / Jahresfehlbetrag
    +/– Gewinnvortrag / Verlustvortrag
    ./. auszuschüttender Betrag
    b) nach teilweiser oder vollständiger Gewinnverwendung
    +/– Bilanzgewinn / Bilanzverlust
    ./. auszuschüttender Betrag
B. Bilanzanalytisches Fremdkapital
  + auszuschüttender Betrag
  + Rückstellungen (./. passivische latente Steuern + Deckungsvermögen max. i. H. d. Rückstellung für Pensionen und ähnl. Verpflichtungen)
  + nicht ausgewiesene Rückstellungen für Pensionen und ähnliche Verpflichtungen
  + Verbindlichkeiten (einschl. erhaltener Anzahlungen auf Bestellungen)
  + Rechnungsabgrenzungsposten

| kurzfristig = vor Ablauf eines Jahres fällig | mittelfristig = Fälligkeit zwischen einem und fünf Jahren | langfristig = nach Ablauf von fünf Jahren fällig |

Abbildung 3.24: Beispiel einer Strukturbilanz (vgl. Küting / Weber [Bilanzanalyse] 85 ff.)

Im Rahmen der betragsmäßigen Erfolgsanalyse wird aus Gründen der rechtsformübergreifenden und internationalen Vergleichbarkeit auf ein **Vorsteuer-Ergebnis** abgestellt. In einem **ersten Schritt** erfolgt eine Bereinigung um wahlweise gebildete **stille Reserven** (stille Lasten) durch Auswertung von Anhangangaben als

- positiver (negativer) Unterschiedsbetrag zwischen dem bilanzierten und dem alternativen Wert eines Aktivums bzw.
- negativer (positiver) Unterschiedsbetrag zwischen dem bilanzierten und dem alternativen Wert eines Passivums.

In einem **zweiten Schritt** werden **sonstige Tatbestände** bereinigt, die betragsmäßig bekannt sind. Im Fokus stehen hierbei Bilanzierungshilfen (Nichtvermögensgegenstände). Insofern könnte hier auch ein derivativer Geschäfts- oder Firmenwert Berücksichtigung finden, der nach dem Wortlaut des Gesetzes nur als Vermögensgegenstand gilt. Gegebenenfalls erfolgt als **dritter Schritt** noch eine Analyse der überwiegend angewandten Bilanzpolitik mittels einer **qualitativen Checkliste** (vgl. Küting/Weber [Bilanzanalyse] 232 f.). Stellt ein Abschluss das Unternehmen reicher (ärmer) dar, als es ist, kann schließlich ein bewerterermessensabhängiger Malus oder Bonus auf das Gesamturteil vorgenommen werden.

	Jahresüberschuss / Jahresfehlbetrag gem. § 275 Abs. 2 Nr. 20 HGB; § 275 Abs. 3 Nr. 19 HGB
+	Steuern vom Einkommen und vom Ertrag
+/−	Erhöhung / Verminderung der stillen Reserven aus der Änderung von Bilanzierungs- und Bewertungsmethoden (§ 284 Abs. 2 Nr. 3 HGB), soweit betragsmäßig angegeben
+/−	Erhöhung / Verminderung der stillen Reserven aus Bewertungsvereinfachungsverfahren bei Vorräten (§ 284 Abs. 2 Nr. 4 HGB), soweit betragsmäßig angegeben
+/−	Verminderung / Erhöhung der Unterdeckung bei den Pensionsrückstellungen gem. Art. 28 Abs. 1 EGHGB
=	**bereinigter Jahresüberschuss / -fehlbetrag I** (vor Steuern vom Einkommen und vom Ertrag)
+/−	Verminderung / Erhöhung eines aktivierten Disagios
+/−	Verminderung / Erhöhung aktivierter latenter Steuern
+/−	Verminderung / Erhöhung passiver latenter Steuern
=	**bereinigter Jahresüberschuss / -fehlbetrag II**

Abbildung 3.25: Beispiel einer betragsmäßigen Ergebnisanalyse (vgl. Küting/Weber [Bilanzanalyse] 228 ff.)

Schließlich wird ein externer Analyst eine **strukturelle betragsmäßige Ergebnisanalyse** vornehmen, um die nachhaltigen Erfolgsquellen zu identifizieren. Als nachhaltig (wiederkehrend) gilt das **Ergebnis der gewöhnlichen Geschäftstätigkeit**. Hierbei kommt dem Betriebsergebnis eine höhere Relevanz für eine Prognose des zukünftig zu erwartenden Periodenerfolgs zu als dem Finanzergebnis. Die nicht nachhaltigen, nicht wiederkehrenden, unregelmäßigen Ergebniskomponenten werden im **außerordentlichen Ergebnis** zusammengefasst. Damit folgt der Analyst grundsätzlich dem Gliederungsschema des § 275 Abs. 2 und 3 HGB. Allerdings wird das außerordentliche Ergebnis deutlich weiter gefasst. Es umfasst auch alle nicht nachhaltigen betrieblichen und betriebsfremden Ergebniskomponenten, die gemäß HGB im Ergebnis der gewöhnlichen Geschäftstätigkeit auszuweisen sind. Abbildung 3.26 veranschaulicht die Ableitung des nachhaltigen Betriebsergebnisses und des außerordentlichen Ergebnisses.

	Ermittlung des ordentlichen Betriebsergebnisses nach dem GKV
	Umsatzerlöse
+/–	Erhöhung oder Verminderung des Bestands an fertigen und unfertigen Erzeugnissen
+	andere aktivierte Eigenleistungen
+	sonstige betriebliche Erträge (./. Bewertungserfolge, Liquidationserfolge, andere periodenfremde Erfolge, sonstige nicht nachhaltige Erfolge)
./.	Materialaufwand
./.	Personalaufwand
./.	Abschreibungen auf immaterielle Vermögensgegenstände des Anlagevermögens und Sachanlagen (inkl. Entwicklungskosten) (./. außerplanmäßige Abschreibungen)
./.	sonstige betriebliche Aufwendungen (./. Bewertungserfolge, Liquidationserfolge, andere periodenfremde Erfolge, sonstige nicht nachhaltige Erfolge)
./.	sonstige Steuern (./. Steuernachzahlungen) (+ Steuererstattungen)
=	**ordentliches Betriebsergebnis**

	Ermittlung des außerordentlichen Ergebnisses
	unregelmäßige betriebliche Erträge
./.	unregelmäßige betriebliche Aufwendungen
(1) =	**nicht nachhaltiges betriebliches Ergebnis**
+	unregelmäßige betriebsfremde Erträge
./.	unregelmäßige betriebsfremde Aufwendungen
(2) =	**nicht nachhaltiges betriebsfremdes Ergebnis**
+	nicht nachhaltige unrealisierte Erträge
./.	nicht nachhaltige unrealisierte Aufwendungen
(3) =	**nicht nachhaltiges unrealisiertes Ergebnis**
	= außerordentliches Ergebnis (1+2+3)

Abbildung 3.26: Beispiel einer betragsmäßigen Ergebnisanalyse (vgl. Küting / Weber [Bilanzanalyse] 267 ff.)

Die **Analyse von Bilanz und GuV** bildet den Kern der externen Unternehmensbeurteilung im Rahmen von Bonitätsprüfungen bzw. von Rating-Verfahren. **Wesentliche Einzelkennzahlen** werden nachfolgend nach Analysebereichen benannt:

- **Vertikalanalyse** (Vermögensstrukturanalyse) ohne Vorgabe von Normwerten:
  - Anlagenintensität (Anlagevermögen ÷ Gesamtvermögen),
  - Umlaufintensität (Umlaufvermögen ÷ Gesamtvermögen),
  - Abnutzungsgrad bezogen auf das Sachanlagevermögen (SAV) (kumulierte Abschreibungen ÷ Sachanlagen zu Anschaffungs- oder Herstellungskosten (AHK)),
  - Investitionsquote in SAV (Nettoinvestitionen ÷ Sachanlagen zu AHK),
  - Wachstumsquote des SAVs (Nettoinvestitionen ÷ Abschreibungen des Geschäftsjahres (GJ)),
  - Kundenziel ([durchschnittlicher Forderungsbestand ÷ Umsatzerlöse des GJ] × 365 Tage),
  - Umschlagsdauer im Vorratsvermögen ([durchschnittlicher Bestand ÷ Umsatzerlöse des GJ] × 365 Tage),
  - Konzernverflechtung (Forderungen gegenüber Konzern- und Beteiligungsunternehmen ÷ Gesamtvermögen),
  - Eigenkapitalquote (Eigenkapital ÷ Gesamtkapital).
- **Horizontalstrukturanalyse** mit Normwerten von 100 %:
  - Goldene Finanzierungsregel (Langfristiges Vermögen ÷ langfristiges Kapital),
  - Deckungsgrad A (Eigenkapital ÷ Anlagevermögen),
  - Deckungsgrad B ([Eigenkapital + langfristiges Fremdkapital] ÷ Anlagevermögen),
  - Deckungsgrad C ([Eigenkapital + langfristiges Fremdkapital] ÷ [Anlagevermögen + langfristiges Umlaufvermögen]),
  - Liquidität 1. Grades (Zahlungsmittel ÷ kurzfristiges Fremdkapital),
  - Liquidität 2. Grades ([Zahlungsmittel + kurzfristige Forderungen] ÷ kurzfristiges Fremdkapital),
  - Liquidität 3. Grades ([kurzfristiges] Umlaufvermögen ÷ kurzfristiges Fremdkapital).
- **Cashflow-integrierende Kennzahlen** ohne Normwerte:
  - Netto-Investitionsdeckung (Cashflow ÷ Netto-Anlageinvestition),
  - Entschuldungsgrad (Cashflow ÷ Effektivverschuldung [z. B. bilanzielles und außerbilanzielles Fremdkapital – liquide Mittel – kurzfristige Forderungen – Kundenanzahlungen]),
  - Dynamischer Verschuldungsgrad (Kehrwert des Entschuldungsgrads).
- **Analyse der Aufwands- und Ertragsstruktur** ohne Normwerte:
  - Materialintensität (Materialaufwand ÷ Gesamtleistung [Umsatzerlöse ± Änderungen des Bestands an fertigen und unfertigen Erzeugnissen + andere aktivierte Eigenleistungen]),
  - Personalintensität (Personalaufwand ÷ Gesamtleistung),
  - Kapitalintensität (Abschreibungen des GJ ÷ Gesamtleistung).

Für Zwecke der **strategischen proaktiven Überwachung** der Bilanzstruktur sind aus der Vielzahl der Einzelkennzahlen kompakte Kennzahlenzusammenstellungen zu wählen und mit Planwerten zu belegen. Hierzu kann beispielsweise die BAV-Formel (vgl. Küting/Weber [Bilanzanalyse] 210) oder die Bayer-Formel (vgl. Küting/Weber [Bilanzanalyse] 211) genutzt werden:

- **BAV-Formel:**
  - Eigenkapital ≥ (Gesamtkapital ÷ 3),
  - Eigenkapital ≥ 0,8 × Anlagevermögen,
  - Langfristiges Kapital ≥ langfristiges Vermögen,
  - Effektivverschuldung ≤ 3,5 × Cashflow.
- **Bayer-Formel:**
  - Eigenkapital ≥ 0,7 × Anlagevermögen,
  - Eigenkapital + Langfristiges Fremdkapital ≥ Anlagevermögen,
  - Fremdkapital ≤ 3,5 × Cashflow.

Die nachfolgende Abbildung veranschaulicht **exemplarisch**, wie mittels der **BAV-Formel** (ohne die Kennzahl Eigenkapital ≥ 0,8 × Anlagevermögen) überprüft werden kann, ob ein Spielraum für zusätzliche Investitionen in das Anlage- und Umlaufvermögen besteht, ob eine Unter- oder Überdeckung des langfristigen Kapitals anzunehmen ist und welcher Mindestgewinn erzielt werden muss. Die drei Bilanzkennzahlen werden so zu einem System zusammengeführt. Darin integriert sind auch Überlegungen zu einer durch den externen Bilanzanalysten nicht korrigierbaren Bilanzpolitik. Insoweit kommt für Zwecke der Bilanzplanung eine Aktivierung selbst geschaffener immaterieller Vermögensgegenstände nicht in Betracht, weil die Mehrzahl der Analysten dazu tendiert, dies im Rahmen der Erstellung der Strukturbilanz zu eliminieren (siehe Abbildung 3.27).

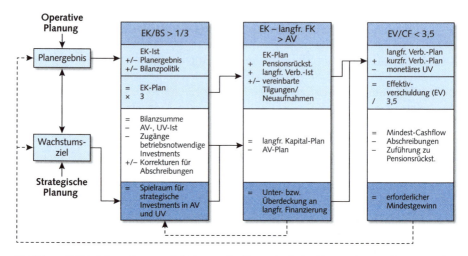

Abbildung 3.27: Bilanzplanung als Rahmen für die strategische Unternehmensplanung (vgl. Baum/Coenenberg/Günther [Strategisches Controlling] 326)

Controllingrelevanz besitzen integrierte **Bilanz-, GuV- sowie Kapitalflussrechnungs-Modelle** nicht nur für Zwecke der proaktiven Überwachung der Bilanzstruktur für Bonitäts- oder Machbarkeitsprüfungen. Vielmehr basieren hierauf auch Shareholder Value-Konzepte wie das von *Rappaport* (vgl. insbesondere Rappaport [Shareholder Value]).

4.3 Wertorientierte Kennzahlen(systeme)

4.3.1 Grundlagen

Ende der 1980er Jahre hat – ausgehend von den USA – in der Unternehmenspraxis eine Entwicklung eingesetzt, in deren Verlauf traditionelle Spitzenkennzahlen, wie Return-on-Investment (RoI), durch sog. wertorientierte Spitzenkennzahlen, wie Economic Value Added (EVA), abgelöst wurden. Als **Defizite der traditionellen bilanzgewinnorientierten Spitzenkennzahlen** werden insbesondere benannt (vgl. Lorson [Shareholder-Value] 77 ff.; Rappaport [Shareholder Value] 25 ff.):

- Fehlender Zusammenhang zwischen Kennzahlenausprägungen und der Entwicklung des Unternehmenswertes (Börsenkurses),
- Vergangenheits-, statt Zukunftsorientierung,
- Fehlende Berücksichtigung des Zeitwertes des Geldes, des Risikos des Investments sowie der Inflation,
- Verzerrungen durch bilanzielle Normensysteme:
  - Defizite in den Normen (z. B. Goodwill- und Leasingbilanzierung),
  - Manipulationsmöglichkeiten durch legale Bilanzpolitik,
  - Möglichkeit eines ökonomischen Verlustes trotz eines nichtnegativen bilanziellen Erfolgs (falsche Kalibrierung).

Die unternehmenswertorientierten Spitzenkennzahlen stehen grundsätzlich auf der Basis der **Investitions- und Kapitalmarkttheorie**. Bestimmte einperiodige Betrachtungen können sich zudem auf das sog. *Preinreich/Lücke*-Theorem (vgl. 4.3.3) berufen.

Die Schaffung und **Erhaltung des langfristigen Erfolgspotenzials** kann als Unternehmenswerterhöhung und -erhaltung interpretiert werden. Demnach ist eine langfristige Maximierung des Erfolgspotenzials (langfristige Gewinnmaximierung) mit einer Unternehmenswertmaximierung gleichzusetzen. Hierfür hat sich zwischenzeitlich die Bezeichnung (unternehmens-) **wertorientierte Unternehmenssteuerung** bzw. Shareholder Value-Maximierung etabliert. **Shareholder** sind die Anteilseigner einer Unternehmung. Der **Shareholder Value** ist der Wert der Unternehmung für die Anteilseigner. Er basiert bei rein monetärer Betrachtung aus dem zusätzlichen Einkommen, das ein Anteilseigner hieraus erzielt. Bei der Beteiligung an einer Unternehmung handelt es sich um eine Investition. Der Wert der Beteiligung (Eigenkapital) am Markt entspricht dem Barwert der künftigen Dividenden (**Marktwert** des Eigenkapitals). Die Summe der Dividenden entspricht über die Totalperiode den Einzahlungsüberschüssen der Unternehmung, die frei sind zur Ausschüttung an die Anteilseigner (Freie Cashflows), weil sie weder für Erhaltungs- noch für Erweiterungsinvestitionen noch zur Befriedigung der Ansprüche anderer Unternehmungsadressaten, wie Staat, Arbeitnehmer, Lieferanten, benötigt werden (Ausschüttungshypothese). Der Barwertkalkül impliziert eine Verzinsungserwartung der Anteilseigner, die als Kosten des Eigenkapitals bezeichnet wird. Der Unternehmenswert (Barwert der künftigen Entnahmen bzw. Barwert der künftigen freien Cashflows) steigt (bleibt gleich), wenn die Dividenden die absoluten Eigenkapitalkosten übersteigen (diesen entsprechen). Dies setzt voraus, dass die Unternehmung freie Cashflows aus Projekten erzielt, deren Rendite den Eigenkapitalkostensatz übersteigt (diesem entspricht). Determinanten des Unternehmenswertes sind also die Freien Cashflows und die Eigenkapitalkosten der Projekte. Bei den Projekten handelt es sich um SGEs bzw. die hierfür ausgewählten Planstrategien. Aus dieser Perspektive ergibt sich der Unternehmenswert als Summe der Barwerte der freien Cashflows der SGEs (Wertadditivitätstheorem). Abbildung 3.28 verdeutlicht diese Sichtweise:

- Der Marktwert des Eigenkapitals (Shareholder Value; SHV) ergibt sich indirekt als Marktwert des Gesamtkapitals gekürzt um den Marktwert des Fremdkapitals. Durch diese Vorgehensweise muss den einzelnen Gliedern des Gesamtunternehmens keine individuelle Kapitalstruktur zugewiesen werden.
- Der Marktwert des Gesamtkapitals wird berechnet als Summe der gesamtkapitalbezogenen Marktwerte der SGE A, B und C sowie der Konzernzentrale.
- Der Beitrag der SGE C zum Unternehmenswert ist negativ.
- Der Beitrag der Zentrale ist per Saldo ebenfalls negativ. Positive Beiträge zum Unternehmenswert können insbesondere steuer- und finanzierungspolitischer Natur sein.

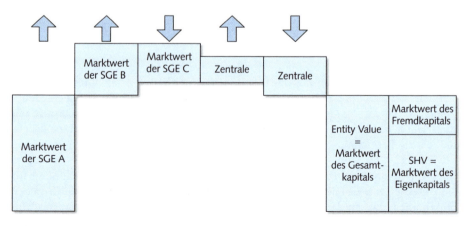

Abbildung 3.28: Additive Ermittlung des Shareholder Value auf indirektem Weg (vgl. Baum / Coenenberg / Günther [Strategisches Controlling] 287)

4.3.2 DCf-Verfahren nach Rappaport

Zur Ermittlung des Marktwertes des Eigenkapitals kann auf den Vorschlag von Rappaport zurückgegriffen werden. Dieser ist für die vereinfachte Ermittlung des Beitrags von Strategien zum Unternehmenswert konzipiert. Konkret wird ein Unternehmenswert unter Berücksichtigung einer Planstrategie (sog. nach-strategischer Shareholder Value; nsSV) und im Status Quo (sog. vor-strategischer Shareholder Value; vsSV) berechnet. Demnach ist eine Planstrategie ceteris paribus umso vorteilhafter, je größer der positive Saldo ist.

Die Bewertung vollzieht sich nach folgenden Grundsätzen:

- Getrennte Bewertung von betrieblichem Bereich und nichtbetriebsnotwendigem (neutralem) Vermögen,
- Bewertung des betrieblichen Bereichs mittels Diskontierung freier Cashflows (DCf-Verfahren),
- Differenzierung des Planungszeitraums (nsSV) in zwei Phasen: Detailplanungsphase und Restwertphase. Im Detailplanungszeitraum soll der Unternehmenswert aufgrund des durch die Planstrategie geschaffenen Wettbewerbsvorteils steigen. In der Restwertphase bleibt er nach Erosion des Wettbewerbsvorteils konstant. Mit anderen Worten: Die freien Cashflows nehmen im Detailplanungszeitraum zu und können in der Restwertphase als konstant – auf dem in der letzten Detailplanungsperiode erreichten Niveau (vor Erweiterungsinvestitionen) angenommen werden.
- Vereinfachte Ermittlung der freien Cashflows (FCf) mittels einer sog. Wertgeneratorenformel, wobei der Subtrahend in der Restwertphase und bei der Berechnung des vorstrategischen Shareholder Values entfällt:
    Free Cashflow =
    Vorjahresumsatz · (1 + Umsatzwachstum) · Umsatzrendite · (1 – Steuersatz)
    – Vorjahresumsatz · Umsatzwachstum · (Erweiterungsinvestitionsrate für Anlagevermögen [AV] und Working Capital [WC]).

Abbildung 3.29 enthält ein Anwendungsbeispiel. Darin wird die Unternehmenswertzunahme (Shareholder Value-Added) für eine Planstrategie berechnet. Diese generiert über fünf Perioden ein konstantes Umsatzwachstum in Höhe von 5 %, welches auf Erweiterungsinvestitionen ins Anlage- und Umlaufvermögen beruht. Ergänzend wird die durchschnittliche Wachstumsrate des Unternehmenswertes über den Fünf-Jahres-Zeitraum angenommen. Es handelt sich um ein geometrisches Mittel. Die fünfte Wurzel aus der Messziffer von nachstrategischem zu vorstrategischem Shareholder Value wird um Eins reduziert. Um die Profitabilität des Investments zu berechnen, könnte die Kapitalwertrate (Value Return on Investment; VRoI) als Quotient von SVA und dem Barwert der Erweiterungsinvestitionen (726.353,47 GE) bestimmt werden. Sie beträgt rund 150 %. Bezogen auf den Fünf-Jahres-Zeitraum entspricht dies einer durchschnittlichen Überrendite über die Kapitalkosten von circa 20,25 % (= $\sqrt[5]{1 + \frac{1.099.907}{726.353}} - 1$) (vgl. zum VRoI Küting/Weber [Bilanzanalyse] 475 f. – m. w. N.).

Daten:	Umsatzwachstumsrate			5%		neutrales Vermögen		600.000 GE
	Gewinn-Marge			20%		Marktwert Fremdkapital		4.000.000 GE
	Gewinn-Steuersatz			60%				
	Zusatzinvestitionsquote in AV und WC			35%				
	Kapitalkosten			10%				

	[GE]	[GE]	[GE]	[GE]	[GE]	[GE]	[GE]	[GE]
Periode	Umsatz	Gewinn	Gewinn nach Steuern	Umsatz-wachstum ggü. VJ	Zusatz-Inv. in AV + WC	FCf	disk. FCf	Restwert
0	10.000.000	2.000.000	800.000					8.000.000
1	10.500.000	2.100.000	840.000	500.000	-175.000	665.000	604.545	
2	11.025.000	2.205.000	882.000	525.000	-183.750	698.250	577.066	
3	11.576.250	2.315.250	926.100	551.250	-192.938	733.163	550.836	
4	12.155.063	2.431.013	972.405	578.813	-202.584	769.821	525.798	
5	12.762.816	2.552.563	1.021.025	607.753	-212.714	808.312	501.898	10.210.253

	Barwert der freien Cashflows		2.760.143
	Restwert (Ende des Detailplanungszeitraums)	10.210.253	
	+ Barwert des Restwerts (Beginn des Detailplanungszeitraums)		6.339.763
	+ Marktwert des neutralen Vermögens		600.000
	- Marktwert des Fremdkapitals		-4.000.000
(I)	= nach-strategischer Shareholder Value		5.699.907
	Barwert des Restwerts		8.000.000
	+ Marktwert des neutralen Vermögens		600.000
	- Marktwert des Fremdkapitals		-4.000.000
(II)	= vor-strategischer Shareholder Value		4.600.000
= (I) - (II)	Shareholder Value Added		1.099.907
	durchschnittliche Wertsteigerung		4,38% BW Zus.Inv.
	Value-Return-on-Investment		20,25% 726.353

Abbildung 3.29: Ermittlung des Shareholder Value Added nach Rappaport (vgl. Friedl [Controlling] 424 f.)

Der Vorschlag von *Rappaport* ist viel beachtet worden. Die vorgenommenen Vereinfachungen (z. B. Übereinstimmung von Abschreibungen und Erhaltungsinvestitionen, konstantes Umsatzwachstum, konstante Erweiterungsrate, Restwertermittlung, zeitgleiche Berücksichtigung von Erweiterungsinvestition und dadurch hervorgerufenem Umsatzwachstum) sind nicht ohne Kritik im Schrifttum geblieben. Diese sind grundsätzlich durch Verfeinerungen (z. B. Verzicht auf die Wertgeneratorenformel, Modellierung eines kontinuierlichen Übergangs von wachsenden zu stagnierenden freien Cashflows abdingbar (vgl. Lorson [Shareholder-Value] 259 – m. w. N.). So beträgt der Anteil des Restwerts an der Summe der diskontierten betrieblichen Cashflows im obigen Beispiel knapp 70 %. Die Praxis sieht hingegen vor allem die Anwendung der DCf-Methode als kritisch an. Sie gilt als kompliziert und manipulationsanfällig wegen des erheblichen Bewerterermessens – gerade auch in Verbindung mit der quantitativen Bedeutung des Restwertes.

Darüber hinaus sind Barwerte unter Steuerungsgesichtspunkten als Indikatoren des Beitrags eines Projekts bzw. einer Strategie zur Unternehmenswertentwicklung nicht unproblematisch. Ihr prospektiver Wert verändert sich kontinuierlich über die Projektlaufzeit, weil bisherige Planperioden zu Istperioden werden oder näher rücken und weil sich die Zinssätze ändern. Um diese Effekte zu vermeiden, müssen für Zwecke der Messung der Projekt-/Strategieperformance der zur Alternativenauswahl zugrunde liegende risikoadäquate Zins der SGE und der Diskontierungsfaktor beibehalten werden. Alternativ kann die Projektsteuerung (z. B. Soll-Ist- oder Soll-Plan-Vergleich) auf die nominalen Cashflows fokussieren.

Schließlich ist das zugrunde liegende – in der Praxis weit überwiegend angewandte – DCf-Verfahren nur scheinbar einfach in der Handhabung. Es handelt sich um das sog. Weighted Average Cost of Capital- (WACC-) Verfahren, wobei:

$$WACC = r_{EK} \frac{EK^{MW}}{GK^{MW}} + (1-s) \times r_{FK} \frac{FK^{MW}}{GK^{MW}}.$$

Hier tritt zunächst das Problem der Ermittlung risikoadäquater Eigenkapitalkosten (r_{EK}) auf. Dies hat das WACC-Verfahren mit allen DCf- bzw. Shareholder Value Verfahren gemeinsam (vgl. hierzu insgesamt nur IDW S1; Lorson [Shareholder Value-Ansätze]; Küting/Weber [Bilanzanalyse] 454 – jeweils mit weiteren Nachweisen). Gelöst wird dieses Problem zumeist durch Rückgriff auf das Capital Asset Pricing Model (CAPM), ggf. in der Variante des Tax-CAPM, obgleich dessen Anwendungsvoraussetzungen regelmäßig verletzt werden. Kritisch am WACC-Verfahren sind die Berücksichtigung der steuerlichen Abzugsfähigkeit der Fremdkapitalzinsen (sog. Steuerschild (Tax Shield) des Fremdkapitals) im Fremdkapitalkostensatz sowie die Ermittlung der für den Gesamtkapitalkostensatz benötigten Gewichte. Erforderlich ist der Anteil der Marktwerte des Eigenkapitals bzw. des Fremdkapitals an dem Marktwert des Gesamtkapitals, obwohl mittels des WACC der Marktwert des Eigenkapitals bestimmt werden soll. Zur Lösung dieses Zirkularitätsproblems werden Iterationsverfahren empfohlen. Wenn die Marktwertanteile in den Berechnungsperioden schwanken, sind periodenspezifische Gesamtkapitalkosten heranzuziehen. Alternativ kann eine die marktwertige Eigenkapitalquote konstant haltende Dividendenpolitik unterstellt werden. Durch die Berücksichtigung des Tax Shields im Fremdkapitalkostensatz müssen zusätzliche Annahmen über das Verhältnis zwischen den zu diskontierenden Cashflows und den steuerlichen Bemessungsgrenzen getroffen werden. Für die praktische Anwendung des WACC werden regelmäßig stark vereinfachte Prämissen angenommen. So wird eine Zielkapitalstruktur zur Gewichtung vorgegeben, eine hieran orientierte Dividendenpolitik unterstellt und vergangenheitsorientiert ein durchschnittlicher effektiver Cash-Gewinnsteuersatz ermittelt.

Insgesamt ist festzuhalten, dass die Unternehmenspraxis alternative Verfahren, die ebenfalls als unternehmenswertorientiert gelten, den DCf-Verfahren vorzieht. Empirischen Untersuchungen zufolge wenden von den Dax 100-Unternehmen in den Jahren 1999/2000 (2002/2003) nur 4 % (9 %) DCf-Verfahren an. Demgegenüber entfallen 2 % (5 %) auf Cashflow-Return on Investment- (CfRoI) bzw. 4 % (7 %) auf Cash Value Added- (CVA) und 39 % (54 %) auf Economic Value Added- (EVA) basierte Verfahren (vgl. KPMG [Value]; Aders/Hebertinger [Shareholder]).

4.3.3 Residualgewinnbasierte (Übergewinn-) Verfahren

Nach dem Preinreich-Lücke-Theorem (vgl. Lücke [Investitionsrechnung]; Preinreich [Valuation]) entspricht der Barwert von modifizierten Periodenerfolgen dem Barwert von Einzahlungsüberschüssen unter den folgenden Voraussetzungen:

- Im Betrachtungszeitraum stimmt die undiskontierte Summe der Periodenerfolge mit der Summe der undiskontierten Einzahlungsüberschüsse überein. Wenn durch Periodisierung die Höhe des Totalerfolgs nicht verändert wird, genügt die Periodisierungsvorschrift (das Normensystem der Bilanzierung) dem sog. Kongruenzprinzip – im Englischen als Clean Surplus Principle bezeichnet (vgl. Wagenhofer/Ewert [Unternehmensrechnung] 111 f.).
- Die Periodenerfolgsgröße wurde um eine kalkulatorische Verzinsung des zu Beginn der Periode gebundenen Kapitals mit dem Diskontierungssatz gemindert. Eine solche Periodenerfolgsgröße wird auch als Residualgewinn- bzw. Residualeinkommen (residual income) bezeichnet.

Aus dem Preinreich-Lücke-Theorem kann eine bedeutsame Schlussfolgerung für die Unternehmenssteuerung gezogen werden. Unter den genannten Prämissen ist die Zielsetzung der Unternehmenswertmaximierung äquivalent zu der Zielsetzung der Maximierung der (positiven) Residualeinkommen.

Abbildung 3.30 veranschaulicht die Barwertäquivalenz für den Zwei-Perioden-Fall. Zunächst wird im Beispiel ein Barwert von Einzahlungsüberschüssen bestimmt. Er stimmt mit dem ebenfalls ermittelten Barwert modifizierter Periodenerfolge in Höhe von 4,13 überein. Sowohl die Periodenerfolge vor Verzinsung des Kapitals als auch die Einzahlungsüberschüsse belaufen sich über den Betrachtungszeitraum auf 20 GE.

Ausgangsdaten:	Periode	0	1	2	
- Anschaffung einer Maschine	Investitionsbetrag	-100,00			
- Anschaffungskosten = 100 GE	Zahlungsstrom		60,00	60,00	DCf-Kalkül
- Einzahlungsüberschuss = 60 GE	diskontierter Zahlungsstrom	-100,00	54,55	49,59	
- Nutzungsdauer = 2 Jahre	Barwert	4,13			
- Abschreibung linear	Buchwert der Investition	100,00	50,00		
- Zins i = 10%	Abschreibung – linear – 2 Jahre		-50,00	-50,00	Kalkül auf Basis modifizierter Periodenerfolge
	operatives Ergebnis		10,00	10,00	
	Kapitalkosten auf Buchwert zu Periodenanfang		-10,00	-5,00	
	Residualgewinn		0,00	5,00	
	diskontierter Residualgewinn		0,00	4,13	
	Barwert	4,13			

Abbildung 3.30: Barwertäquivalenz für den Zwei-Perioden-Fall (vgl. Weißenberger [IFRS] 278)

Abbildung 3.31 enthält ein weiteres Beispiel. Dort verletzt das zugrunde liegende Normensystem (hier die International Financial Reporting Standards; IFRS) das Kongruenzprinzip. Diese Situation entsteht hier dadurch, dass wahlweise eine erfolgsneutrale Neubewertung der Maschine am Ende der ersten Periode um 10 GE vorgenommen wird und dieser Wert planmäßig erfolgswirksam in Periode 2 abgeschrieben werden muss. Da der Totalerfolg nach IFRS nur noch 10 GE beträgt, besteht keine Barwertäquivalenz mehr zu dem DCf-Kalkül.

Ausgangsdaten:	Periode	0	1	2
- Anschaffung einer Maschine	Investitionsbetrag	-100,00		
- Anschaffungskosten = 100 GE	Zahlungsstrom		60,00	60,00
- Einzahlungsüberschuss = 60 GE	diskontierter Zahlungsstrom	-100,00	54,55	49,59
- Nutzungsdauer = 2 Jahre	Barwert	4,13		
- Abschreibung linear	Buchwert der Investition	100,00	60,00	0
- Zins i = 10%	Abschreibung – linear – 2 Jahre		-50,00	-60,00
Modifikation:	operatives Ergebnis		10,00	0,00
Aus der Neubewertung am Ende	Kapitalkosten auf Buchwert zu Periodenanfang		-10,00	-6,00
von Periode 1 resultieren	Residualgewinn		0,00	-6,00
kumulierte Abschreibungen in	diskontierter Residualgewinn		0,00	-4,96
Höhe von 110 GE (davon 60 in Periode 2)	Barwert	-4,96		

Abbildung 3.31: Keine Barwertäquivalenz für den Zwei-Perioden-Fall (vgl. Weißenberger [IFRS] 278)

Als Residualeinkommen bezeichnet man in der Regel einen um die kalkulatorische Verzinsung gekürzten bilanziellen Periodenerfolg. Hiervon unterscheiden sich die im Folgenden zu betrachtenden Shareholder Value-Konzepte. Sie beinhalten über eine kalkulatorische Verzinsung des zu Beginn der Periode gebundenen Kapitals hinausgehende Abweichungen von den Bilanzierungsnormen. Es handelt sich um das EVA-Verfahren nach Stern/Stewart und das CVA- (bzw. CfRoI-) Verfahren der Boston Consulting Group bzw. nach Lewis bzw. Stelter. Beide Konzepte fokussieren auf spezielle Periodenerfolgsgrößen, deren Maximierung unter Geltung des Preinreich-Lücke-Theorems einer Unternehmenswertmaximierung gleichkommt.

Abbildung 3.32 zeigt, dass die Berechnungsformel von CVA und EVA jeweils in eine Überrenditenformel überführt werden kann. Zudem unterscheiden sich die Periodenerfolgsgrößen (Brutto-Cashflow versus Net Operating Profit after Tax) ebenso wie die hiermit verbundenen Kapitalbindungsgrößen (Brutto-Investitionsbasis versus Economic Book Value). Die Kapitalbindung wird einerseits zu Anschaffungs- oder Herstellungskosten (AHK; CVA) und andererseits zu Restbuchwerten (EVA) verzinst. Gleichwohl wird die Periodenerfolgsgröße auch beim CVA-Verfahren um eine Abschreibung gemindert. Es handelt sich jedoch nicht um die buchhalterische Abschreibung, wie beim EVA-Verfahren, sondern eine sog. ökonomische (finanzmathematisch gerechnete) Abschreibung.

Berechnungsformel (Grundform)	Spread- bzw. Überrenditeformel
CVA = Brutto-Cashflow – Brutto-Investitionsbasis (BIB zu AHK) × Zins – ökonomische Abschreibung (ök. AB.)	CVA = (CfRoI – Zins) × BIB = {[(Brutto – Cashflow – ök. Ab.)/BIB] – Zins} × BIB
EVA = Net Operating Profit after Tax (NOPAT) – Economic Book Value (EBV zu RBW × Zins)	EVA = (Stewart's R – Zins) × EBV = (NOPAT/EBV – Zins) × EBV

Abbildung 3.32: Alternative Berechnungsformeln von CVA und EVA – vereinfacht

Abbildung 3.33 illustriert, dass der CVA ein **besseres Maß für den Unternehmenswert** ist als der EVA. So bleibt der CVA – auch aufgrund der Bewertung des gebundenen Kapitals zu AHK – ceteris paribus konstant, während der EVA ansteigt, ohne dass sich der ursprüngliche Barwert des Projektes ändert.

$$\text{Ökonomische Abschreibung} = \frac{Zins}{(1 + Zins)^T - 1} \times \text{BIB zu AHK}$$

Ausgangsdaten:	Periode	0	1	2
- Anschaffung einer Maschine	Buchwert (EBV zu RBW)	100,00	50,00	0,00
- Anschaffungskosten = 100 GE	Einzahlungsüberschuss / Brutto Cashflow		60,00	60,00
- Einzahlungsüberschuss = 60 GE	Abschreibung (buchhalterisch)		-50,00	-50,00
- Nutzungsdauer = 2 Jahre	Kapitalkosten (EBV zu Restbuchwerten des Vorjahres × Zins)		-10,00	-5,00
- Abschreibung linear	**EVA**		**0,00**	**+5,00**
- Zins i = 10%				
	Buchwert (BIB zu AHK)	100,00	100,00	100,00
	Einzahlungsüberschuss / Brutto-Cashflow		60,00	60,00
	Abschreibung (ökonomisch)		-47,62	-47,62
	Kapitalkosten (BIB zu AHK × Zins)		-10,00	-10,00
	CVA		**2,38**	**2,38**

Abbildung 3.33: Zur Buchwertabhängigkeit des EVA im Vergleich zum CVA

Bevor auf Berechnungsdetails von CVA- und EVA-Verfahren eingegangen wird, sind vereinfachend die spezifischen **Interpretations- bzw. Nutzungsmöglichkeiten** der beiden Verfahren herauszustellen (vgl. Abbildung 3.34):

- Sind die als EVA bzw. CVA gemessenen Periodenerfolge negativ, wird **kein positiver Beitrag** zum Unternehmenswert geleistet.
- Der Unternehmenswert ist auch dann nicht gestiegen, wenn EVA bzw. CVA den Wert Null aufweisen. Dann werden gerade **nur die Kapitalkosten gedeckt**.
- Eine **Unternehmenswertsteigerung** kann nur für positive Werte von EVA bzw. CVA angenommen werden, sofern die Veränderung von EVA gegenüber der Vorperiode positiv ist. Denn bleibt ein positiver EVA/CVA-Wert konstant und wird eine unendliche Lebensdauer unterstellt, dann ändert sich der – als ewige nachschüssige Rente ermittelbare – Barwert der künftigen EVAs/CVAs ($= \frac{EVA \text{ bzw. } CVA}{WACC}$) nicht.

EVA/CVA-Kalküle können im Rahmen der Unternehmensplanung zur Ermittlung von Unternehmenswerten genutzt und mit der Kapitalmarktbewertung verglichen werden, um **Über- oder Unterbewertungen** durch den Markt bzw. **Über- oder Unterschätzungen** seitens des Managements transparent zu machen. Auch dies ist aus Abbildung 3.34 ersichtlich. Sie enthält zwei Gleichungen, um einen **Gesamtunternehmenswert (GUW bzw. GK^{MW})** zu bestimmen:

$$GK^{MW} = EK^{MW} + FK^{MW}$$

$$GK^{MW} = BW\ EVAs + EBV + neutrales\ Vermögen$$

bzw. $GK^{MW} = BW\ CVAs + BIB + neutrales\ Vermögen.$

Wenn die Erwartungen des Kapitalmarktes (Finanzanalysten) mit denen des Managements übereinstimmen, müssten die beiden Unternehmenswerte übereinstimmen. Gravierenden Abweichungen kann durch revidierte Planungsprämissen oder Kapitalmarktkommunikation (z. B. Analystengespräch) zum Zwecke einer sog. Gewinnwarnung bei Überbewertung von Marktchancen durch den Kapitalmarkt oder zur Beseitigung einer Unterbewertung bei Überbewertung von Marktrisiken durch den Kapitalmarkt begegnet werden.

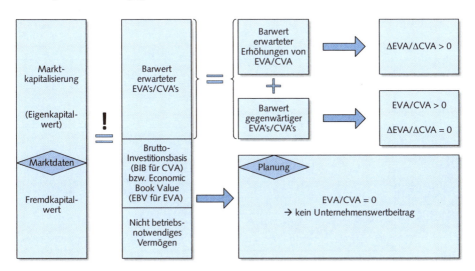

Abbildung 3.34: Ermittlung und Validierung von Unternehmenswerten im EVA-/CVA-Verfahren (vgl. Hostettler [Economic] 185)

Neben den bisher fokussierten grundsätzlichen Gemeinsamkeiten bestehen zwischen EVA- und CVA-Verfahren im Detail erhebliche Unterschiede in Bezug darauf, welche Modifikationen an der bilanziellen Basis über den Abzug der kalkulatorischen Zinsen hinaus vorzunehmen sind. Die Abbildungen 3.35 und 3.36 enthalten exemplarische Berechnungsschemata zu den spiegelbildlichen Korrekturen der jeweiligen Periodenerfolgs- und Kapitalbindungsgrößen, wobei jeweils auf einen gesamtkapitalbezogenen (Unternehmensbewertungs-)Ansatz (Entity-Konzept) fokussiert wird.

Im EVA-Konzept werden vier Klassen von Modifikationen unterschieden, die als sog. Conversions bezeichnet werden:

- Operating Conversions bezwecken die Ermittlung eines nachhaltigen Betriebsergebnisses. Hierzu zählen die Eliminierung nicht nachhaltiger (z. B. Zuschreibungen) und nicht betrieblicher (z. B. Finanzergebnis) Ergebniskomponenten.
- Shareholder Conversions sollen stille Reserven identifizieren. Z. B. erfolgt eine fiktive Aktivierung von Aufwendungen mit Investitionscharakter, die fiktiv über fünf Jahre linear abgeschrieben werden (z. B. Forschung und Entwicklung oder Markterschließungsaufwendungen).

- **Funding Conversions** haben zum Ziel alle Formen von Fremdfinanzierung zu eliminieren, sodass letztlich eine vollständige Eigenkapitalfinanzierung fingiert wird. Aus diesem Grund werden alle Miet- und Leasingaufwendungen fiktiv aktiviert und planmäßig abgeschrieben. Darüber hinaus wird das sog. Abzugskapital, das einer Unternehmung formal unverzinslich zur Verfügung steht (z. B. Lieferantenkredite) eliminiert.
- **Tax Conversions** dienen der Anpassung des Steueraufwands an die vorgenannten Anpassungen. Insbesondere werden aktive latente Steuern aus der Kapitalbindungsgröße eliminiert.

	Jahresüberschuss/-fehlbetrag laut GuV	Vermögen (Bilanzsumme)
Operating Conversions	+/– „Außerordentliche" / „ungewöhnliche" Aufwendungen / Erträge +/– Zinsaufwendungen / -erträge +/– Beteiligungsertrag / -aufwand + Zinsanteil der Pensionsrückstellungen + Abschreibungen auf aktiviertes nicht betriebsnotwendiges Vermögen	+/– Aktiviertes nicht betriebsnotwendiges Vermögen +/– „Außerordentliche" / „ungewöhnliche" Aufwendungen / Erträge
Shareholder Conversions	+ Aufwendungen mit Investitionscharakter – Abschreibungen auf Aufwendungen mit Investitionscharakter	+ Aktivierte Aufwendungen mit Investitionscharakter – Abschreibungen auf Aufwendungen mit Investitionscharakter
Funding Conversions	+ Miet- und Leasingaufwendungen – Abschreibungen auf Miet-/Leasingobjekte	– Unverzinsliche Verbindlichkeiten (Lieferantenkredite, Anzahlungen, kurzfristige Rückstellungen) + Aktivierung von Miet- / Leasingobjekten – Abschreibungen auf Miet- / Leasingobjekte
Tax Conversions	–/+ Steuererhöhung / -senkung aus den übrigen Conversions –/+ Steuererhöhung / -senkung aufgrund aktiver und passiver latenter Steuern	– Aktive latente Steuern
	= Net Operating Profit After Taxes (NOPAT)	= Invested Capital (Economic Book Value)

Abbildung 3.35: EVA-Verfahren – Exemplarische Berechnungsschemata (vgl. Weißenberger [IFRS] 264 ff.)

+/– „Außerordentliche" / „ungewöhnliche" Aufwendungen / Erträge +/– Zinsaufwendungen / -erträge –/+ Beteiligungsergebnis + Zinsanteil der Pensionsrückstellungen + Abschreibungen auf aktiviertes nicht betriebsnotwendiges Vermögen +/– Ertragsteueraufwendungen / -erträge laut GuV	+/– Aktiviertes nicht betriebsnotwendiges Vermögen, wie Kasse, Wertpapiere, Beteiligungen +/– „Außerordentliche" / „ungewöhnliche" Aufwendungen / Erträge – Unverzinsliche Verbindlichkeiten (Lieferantenkredite, Anzahlungen, kurzfristige Rückstellungen)
= Bereinigtes *operatives* Ergebnis vor Ertragssteuern und Zinszahlungen	= *Operatives* Netto-Vermögen zu Buchwerten
+ Abschreibungen +/– Zuführung zu / Auflösung von Pensionsrückstellungen + Miet-/Leasingaufwendungen + Aufwendungen mit Investitionscharakter –/+ Ertragsteuerzahlungen auf bereinigtes operatives Ergebnis vor Ertragsteuern und Zinszahlungen	+ Kumulierte Abschreibungen auf betriebsnotw. Vermögen wie Kasse, Wertpapiere, Beteiligungen +/– Inflationsanpassung + Aktivierte Miet-/Leasingobjekte zu AHK (d.h. inkl. kumulierter Abschreibungen) + Aktivierte Aufwendungen mit Investitionscharakter zu AHK (d.h. inkl. kumulierte Abschreibungen) – Aktive latente Steuern
= Brutto-Cashflow	= Brutto-Investitionsbasis

Abbildung 3.36: CVA-Verfahren – Exemplarische Berechnungsschemata (vgl. Weißenberger [IFRS] 287 f.)

Eine vergleichbare Systematisierung der im CVA-Konzept vorzunehmenden Bereinigungen existiert im Schrifttum nicht. Gleichwohl ist aus Abbildung 3.36 eine weitgehende Parallelität zum EVA-Verfahren ersichtlich. Auch beim CVA-Verfahren erfolgen:

- eine Konzentration auf das nachhaltige Betriebsergebnis,
- eine fiktive Aktivierung von Aufwendungen mit Investitionscharakter,
- eine fiktive Aktivierung aller Miet- und Leasingaufwendungen sowie eine Kürzung um das Abzugskapital,
- eine Anpassung des Steuersatzes.

Abweichend vom EVA-Konzept dürfen weder die Periodenerfolgsgröße (Brutto-Cashflow) noch die Kapitalbindungsgröße um Abschreibungen gemindert werden.

In der praktischen Anwendung nehmen Unternehmungen weit weniger Korrekturen vor, als im Schrifttum vorgeschlagen werden (vgl. Abbildung 3.37). Insbesondere werden Mietaufwendungen und Aufwendungen mit Investitionscharakter nur in Ausnahmefällen fiktiv aktiviert. Dies ist womöglich dem Umstand geschuldet, dass die unternehmenswertorientierten Kennzahlen auch zur anreizorientierten Vergütung genutzt werden und mit der Zahl der Abweichungen von der Finanzberichterstattung eine Intransparenz entsteht, die der Anreizwirkung entgegensteht.

Zinserträge	45 %	Pensionsrückstellungen	18 %
Restrukturierungsaufwand	37 %	Zinsen auf erhaltene Anzahlungen	16 %
Nicht betriebsnotwendiges Vermögen	34 %	Latente Steuern	13 %
Goodwill	34 %	Miete	11 %
Beteiligungen	26 %	Immobilienverkehrswerte	3 %
Sonderabschreibungen	25 %	Forschung und Entwicklung	0 %
Leasing	21 %	Marketingaufwand	0 %

Abbildung 3.37: Anpassungen bei Nutzung residualgewinnbasierter Verfahren bei DAX 100-Unternehmen (vgl. Weißenberger [IFRS] 270)

4.4 Weitere Anwendungsfelder

4.4.1 Wertlückenmanagement

Bilanzkennzahlen sowie deren bilanzanalytische und unternehmenswertorientierte Auswertung sind wie alle Kennzahlensysteme in Verbindung mit Zielsystemen Instrumente der führungsteilsystemübergreifenden Koordination. Miteinander verbundene Anwendungsfelder – über die vorgenannten hinaus – sind die Identifikation von Wertlücken, die Identifikation und Durchsetzung von unternehmenswertsteigernden Strategien mittels einer sog. Balanced Scorecard sowie Konzepte der anreizorientierten Vergütung.

Als (Unternehmens-) Wertlücke bezeichnet man den Unterschiedsbetrag zwischen dem aktuellen Unternehmenswert (Marktwert des Eigenkapitals) und einem potenziellen Unternehmenswert. Solche Unternehmenswertreserven können nach fünf Handlungsfeldern systematisiert werden:

- Investor Relations (Kapitalmarktkommunikation),
- Optimierung der Finanzen,

- strategische Ausrichtung (keine Wertvernichter),
- anreizorientierte Vergütung,
- aktives Management operativer Werttreiber.

Im Rahmen von Investor Relations soll im Dialog mit Finanzintermediären, Wirtschaftsjournalisten und Kapitalgebern ein Konsens über Chancen, Risiken, Stärken und Schwächen sowie die Unternehmensstrategie hergestellt werden. Ziel ist eine Minderung der Informationsasymmetrie zwischen Management und Kapitalmarktakteuren. Gelingt dies, kommt es zu einer Annäherung von externer und interner Unternehmenswerteinschätzung (vgl. oben Abbildung 3.34) und zu einer Verringerung des misstrauensbedingten Risikoabschlags vom Unternehmenswert. Darüber hinaus gibt es noch weitere Ansatzpunkte für die Unternehmens-/Konzernzentrale, um die Finanzierungsmöglichkeiten zu verbessern bzw. die Finanzströme besser zu nutzen, wie Cash Pooling und Steueroptimierung (siehe oben). Im Rahmen der strategischen Ausrichtung ist das Unternehmensportfolio um SGEs mit negativem Beitrag zum Marktwert des Eigenkapitals zu bereinigen. Mittels anreizorientierter Vergütung soll eine Zielkongruenz zwischen dezentralen und zentralen Managern sowie Eigenkapitalgebern erreicht werden. Schließlich trägt nicht nur strategisches Handeln zur Unternehmenswertsteigerung bei. Unternehmenswerttreiber können auch operativ beeinflusst werden, wie z. B. durch das Senken von Ausschuss und Nacharbeit. Dies verdeutlicht, dass langfristige Formalzielvorgaben auf die operative Ebene heruntergebrochen werden müssen. Abbildung 3.38 illustriert wie eine vorgegebene Rentabilität (z. B. RoI, CfRoI, Stewart's R) in eine Zielvorgabe für die Teilkostenrechnung übersetzt wird, die auf dem wertmäßigen Kostenbegriff basiert und Kostenträger nur mit variablen Kosten kalkuliert.

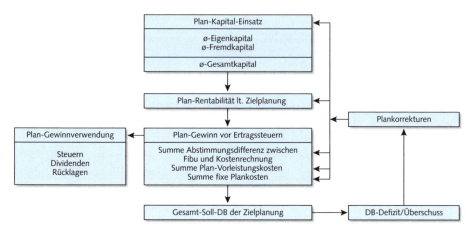

Abbildung 3.38: Abstimmung von kurz- und längerfristiger Planung durch Soll-Deckungsbeiträge (Soll-DB) (vgl. Lorson/Schweitzer [Kostenrechnung] 477 – m. w. N.)

Abbildung 3.39 schlägt den Bogen von strategischen Vorgaben bis hin zur Kostenrechnung durch die **Zuordnung von unternehmenswertorientierten Controllinginstrumenten** zu unterschiedlichen Ebenen. Angeführt werden Unternehmensbewertungsverfahren, wertorientierte Kennzahlen und Instrumente des Kosten- bzw. Prozessmanagements.

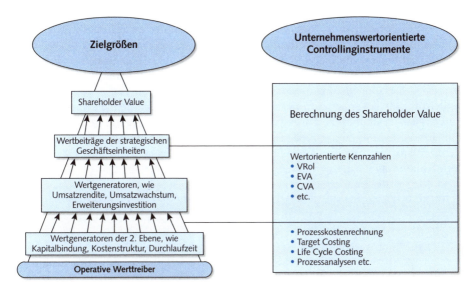

Abbildung 3.39: Von der strategischen zur operativen Unternehmenswertsteigerung (vgl. Baum/Coenenberg/Günther [Strategisches Controlling] 318)

Ein weiteres Instrument, mit dem strategische Zielvorgaben heruntergebrochen und operationalisiert werden können, ist die Balanced Scorecard.

4.4.2 Balanced Scorecard

Balanced Scorecard (BSC) bedeutet ausgewogener Berichtsbogen. Dieser besteht aus einem gemischt qualitativen und quantitativen **Kennzahlensystem**, das von *Norton/Kaplan* als ein **vierdimensionales Ordnungssystem** entwickelt wurde (vgl. Kaplan/Norton [Performance] 71 f.; vgl. zur Neuartigkeit nur Weber/Schäffer [Balanced Scorecard] 347 ff. m. w. N.). Die Kennzahlen unterschiedlicher Dimensionen sind nach bestehenden (plausibel vermuteten) finanziellen oder maßnahmenbezogenen Instrumentalrelationen so auszuwählen, dass dezentrale Entscheidungen im Einklang mit den verfolgten Strategien stehen.

Bei genauerer Betrachtung geht es um ein mehrstufiges System von BSCs zur zielkonformen und nachvollziehbaren Umsetzung unternehmenswertorientierter Strategien auf allen Unternehmensebenen durch eine **konsistente und mehrdimensionale Umsetzung der Unternehmensvision** über alle Planungs- und Organisationshierarchien hinweg.

BSCs werden nicht nur unternehmensintern genutzt. So hat z. B. die Deutsche Bank erstmals im Jahr 2000 eine BSC im Rahmen ihres Geschäftsberichts veröffentlicht, um ihre Strategie und ihr Performance-Konzept (Value Based Management-Konzept) unternehmensexternen Adressaten als Zusammenspiel von drei Perspektiven (Dreiklang) zu kommunizieren (vgl. Deutsche Bank [Geschäftsbericht] 12 ff.).

Kennzeichnend für jede BSC sind die vier Aufbauprinzipien Mehrdimensionalität, Strategieorientierung, Instrumentalprinzip und Ausgewogenheit (vgl. Friedl [Controlling] 430; Sure/Haselgruber [Scorecard] 4; vgl. im Folgenden auch Küting/Weber [Bilanzanalyse] 439 ff.). Die vier Perspektiven (Finanzen, Kunden, Lernen und Entwicklung sowie die Sicht auf die internen Geschäftsprozesse) sollen die Strategieumsetzung in operative Größen ermöglichen. Jede Perspektive kann als Teilleistung eines Verantwortungsbereichs aufgefasst werden. Jede Perspektive wird durch vier Parameterkategorien definiert: Zielkriterien, Ergebnisgrößen (Kennzahlen zur Messung dieser Zielkriterien), dem Verantwortungsbereich vorgegebene Kennzahlenwerte und Treibergrößen, mit denen die Zielerreichung zu gestalten ist (vgl. Abbildung 3.40).

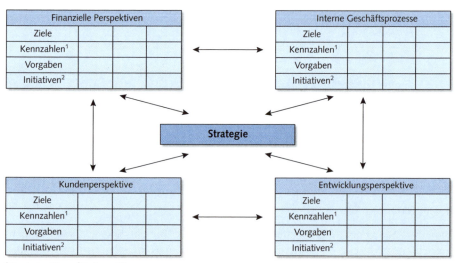

[1] Ergebnisgrößen   [2] Treibergrößen

Abbildung 3.40: Struktur einer Balanced Scorecard (vgl. Kaplan/Norton [Strategy] 9)

Im Zentrum des BSC-Ansatzes steht die finanzielle Perspektive. Sie spiegelt die Ergebnisse vergangener Leistungen (»lag indicators«) wider. Die übrigen Dimensionen reflektieren die Leistungstreiber zukünftiger Leistungen (»lead indicators«). Wenn jede Perspektive statt durch reine Ergebnisgrößen auch durch Einfluss- und Treibergrößen abgebildet wird, muss vorausgesetzt werden, dass zwischen diesen Kennzahlen maßnahmenbezogene Instrumentalrelationen bestehen. Die Auswahl ist so vorzunehmen, dass:

- zwischen Ergebnisgrößen aller Perspektiven und den finanziellen Zielen (zumindest vermutlich) ein kausaler Zusammenhang besteht,
- jede Messgröße die komplexen Ursache-Wirkungs-Beziehungen zwischen den Perspektiven verdeutlicht und in einem kausalen Zusammenhang zu den finanziellen Zielen steht (vgl. Kaplan/Norton [Strategien] 28 ff.).

Nicht ausreichend ist der Nachweis reiner Korrelationsbeziehungen (vgl. Schneiderman [Balanced] 10). Letztlich sind die Finanzziele die Endziele der in den anderen Perspektiven zu erreichenden Zwischenziele (vgl. Weber/Schäffer [Balanced Scorecard] 343). Dabei garantiert eine theoretisch fundierte Zielgrößenauswahl dann keinen Anwendungserfolg i. S. e. gesteigerten Unternehmensperformance (vgl. Kaplan/Norton [Performance] 77 f.), wenn z. B. eine ungünstige Unternehmensstrategie verfolgt wird.

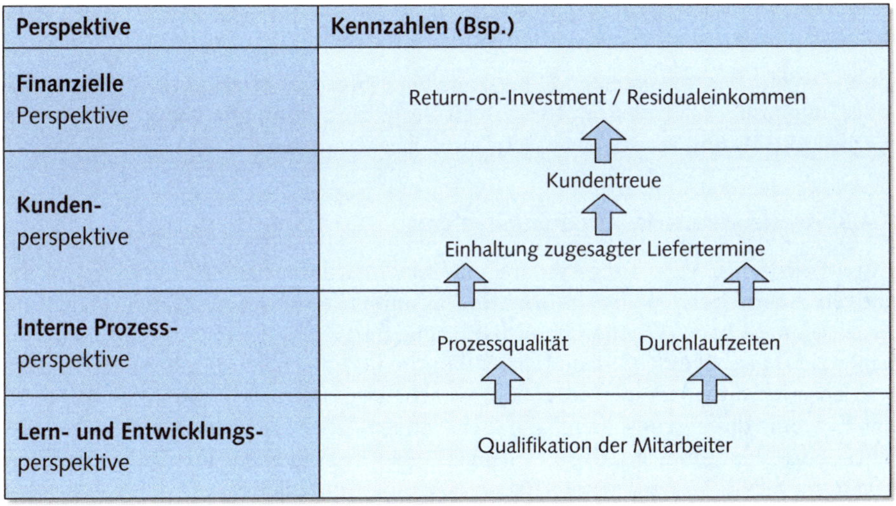

Perspektive	Kennzahlen (Bsp.)
Finanzielle Perspektive	Return-on-Investment / Residualeinkommen
Kunden- perspektive	Kundentreue Einhaltung zugesagter Liefertermine
Interne Prozess- perspektive	Prozessqualität Durchlaufzeiten
Lern- und Entwicklungs- perspektive	Qualifikation der Mitarbeiter

Abbildung 3.41: Instrumentalrelationen in einer BSC (vgl. Kaplan/Norton [Strategien] 31)

Aus Gründen der Übersichtlichkeit soll eine BSC nicht mehr als 20 Kennzahlen umfassen, die notwendig sind, die Zusammenhänge und Strategien ausgewogen zu beschreiben. Die Fragestellungen, welche die vier Dimensionen kennzeichnen sollen, und die etwaigen Kennzahlen veranschaulicht Abbildung 3.42 exemplarisch.

	Balanced Scorecard		
„Wie sollen wir gegenüber unseren Shareholdern auftreten, um entscheidend Erfolg zu haben?"	**Finanzwirtschaftliche Perspektiven** - Wachstum - Rentabilität - Unternehmenswert (DCf) - etc.	**Betriebsablaufinterne Perspektive** - Zykluszeiten - Qualitäten - Fertigungszeiten - Produktivität - etc.	„Welchen Geschäftsprozess müssen wir beherrschen, um unsere Shareholder zufrieden zu stellen?"
„Wie sollen wir gegenüber unseren Kunden auftreten, um unsere Vision zu erreichen?"	**Kundenperspektive** - Service - Qualität - Preis - etc.	**Innovations- und Wissensperspektive** - durchschnittliches Produktalter - anteiliger Umsatz der „jungen" Produkte - etc.	„Wie werden wir unsere Fähigkeiten zum Wandel und zur Verbesserung aufrechterhalten, um unsere Vision zu erreichen?"

Abbildung 3.42: Fragestellungen und Kennzahlen im Rahmen einer BSC (vgl. Küting / Weber [Bilanzanalyse] 441)

Zum Zwecke der konsistenten Umsetzung einer Strategie kann unter anderem eine Kopplung von Zielgrößen und variablen Vergütungskomponenten vorgenommen werden, die als anreizorientierte Vergütung bezeichnet wird.

4.4.3 Anreizorientierte Vergütungssysteme

Anreizorientierte Vergütungssysteme sind ein Instrument zur Minderung der negativen Auswirkungen der Informationsasymmetrie zwischen Management und Anteilseignern bzw. zwischen Bereichsführung und Zentrale. Hierdurch sollen Manager veranlasst werden, weder eine suboptimale Entscheidungsalternative auszuwählen noch unvollständig oder nicht wahrheitsgemäß zu berichten. Sie belohnen das Ergebnis des gewünschten Verhaltens eines Begünstigten, indem sie zumindest eines seiner Handlungsmotive befriedigen (vgl. im Folgenden Friedl [Controlling] 505 ff. m. w. N.). Es wird grundsätzlich Folgendes unterstellt:

- Die Bereichsführung besitzt Gestaltungsspielräume zur Beeinflussung von Zielvorgaben.
- Die Unternehmensführung kann deren Nutzung nicht beobachten.
- Die Entscheidungsträger der dezentralen Bereiche verfolgen eigene Ziele, die mit dem der Unternehmensführung zumindest partiell in Konflikt stehen.
- Die Bereichsführung hat Informationsvorteile bezüglich der erwarteten Ausprägung von Umweltzuständen, der Alternativen oder deren Zielwirkungen.

Damit eine (grundsätzliche) Zielkongruenz entsteht, ein Anreizsystem effektiv (es motiviert, wie beabsichtigt) und effizient (der Nutzen übersteigt die Kosten) sein kann, sind an die vier Basiselemente eines Anreizsystems bestimmte Anforderungen zu stellen: Die Belohnung sollte sich nach den Motiven des Begünstigten richten, wobei der Belohnung intrinsischer Motive enge Grenzen gesetzt sind. Die Bemessungsgrundlage des Belohnungssystems ist so auszuwählen, dass sie beeinflussbar ist

(Controllability), die Veränderung ihrer Ausprägung die Erreichung von Unternehmenszielen widerspiegelt, ohne große zeitliche Verzögerung reagiert, intersubjektiv nachprüfbar und nicht durch Absprachen zwischen den Begünstigten beeinflussbar ist (Absicherung gegen Kollusionen). Die **Belohnungsregel** muss für den Begünstigten transparent sein und entfaltet nur dann eine Verhaltenswirkung, wenn die Belohnung als wesentliche Bedürfnisbefriedigung wahrgenommen wird. Dies kann z. B. über das Verhältnis von (potenzieller) variabler und fixer Vergütung gesteuert werden. Der Zeitpunkt der Belohnung bestimmt sich nach der **Ausschüttungsregel**. Hierbei ist auf Aktualität und zugleich auf eine zeitliche Entscheidungsverbundenheit zu achten. Zwischen diesen beiden Anforderungen entsteht dann ein Konflikt, wenn die getroffene Entscheidung eine mehrperiodige Wirkung entfaltet. Ob etwa das Ziel, den Unternehmenswert in fünf Jahren zu verdoppeln, erreicht wird, kann nach Ablauf des Fünf-Jahreszeitraums ermittelt werden. Andererseits könnten die jährlichen Unternehmenswertänderungen vollständig oder teilweise zur Grundlage einer vorzeitigen Ausschüttung gemacht werden. Hierzu werden im Schrifttum sog. **Bonusbanksysteme** (vgl. Hostettler [Value Cockpit] 178 ff.) diskutiert, die Belohnungen zeitnah gutschreiben, die Ausschüttung aber zumindest teilweise verschieben, damit letztlich nur die Gesamtwirkung ausschüttungsrelevant wird. In aller Regel werden anreizorientierte Vergütungssysteme so konzipiert, dass **im Fall der Zielverfehlung** die variable Vergütung entfällt. Vor dem Hintergrund eines mehrperiodigen Unternehmenswertsteigerungsziels haben sich zwischenzeitlich in der Praxis effektive (**Stock Options**) (vgl. Kußmaul/Weißmann [Stock Option] 301; Weißenberger/Weber [Stock Option] 673) oder virtuelle Aktienoptionsprogramme (**Stock Appreciation Rights**) (vgl. Kußmaul/Weißmann [Stock Option] 302; Weißenberger/Weber [Stock Option] 673 f.) etabliert. Ein **Aktienoptionsprogramm** könnte im angesprochenen Fall wie folgt gestaltet sein:

- Die **Aktienoption** kann nach Ablauf von fünf Jahren (Sperrfrist) zum Börsenkurs im Zeitpunkt der Zusage ausgeübt werden (Ausübungspreis), wenn sich der Börsenkurs mindestens verdoppelt hat (Ausübungsbedingung).
- Liegt das Ende des möglichen **Ausübungszeitraums** mehrere Jahre nach dem Ende der **Sperrfrist**, kann davon ausgegangen werden, dass die Anreizwirkung bis zur Ausübung anhält.
- Wird eine – aus Sicht der Shareholder wünschenswerte – Verdopplung nicht erreicht, **verfällt** die **Option**, ohne dass Strafzahlungen fällig werden.

Eine solche Konzeption stellt primär auf **monetäre Motive** ab und ist vor allem für das **Top-Management** zu erwägen, das börsenkursrelevante Entscheidungen zu treffen hat. Gleichwohl kann es zu ungerechtfertigten Belohnungen oder Bestrafungen (Wegfall der Option) aufgrund von allgemeinen Kapitalmarktentwicklungen kommen. In aller Regel toleriert die Praxis im Fall einer Börsenhausse sog. **Windfall Profits**, passt aber das Vergütungsprogramm für den Fall einer Baisse an, indem z. B. eine Ausübung zu einem verminderten Ausübungspreis daran geknüpft wird, dass der individuelle Börsenkurs weniger stark sinkt als ein Branchenindex. Diese Praxis soll sowohl Verlässlichkeit signalisieren als auch, dass sich Anstrengung bei Entscheidungs- und Umsetzungsleistungen lohnt. Andererseits trägt sie zur **Absicherung eines Bonus** bei und schmälert so die **Akzeptanz** dieses Instruments bei den Anteilseignern ebenso wie die Verhaltenswirkung auf der Ebene des Managements.

Neben dem diskutierten Fall der **Motivation zur Leistungssteigerung** (Erreichung der Bereichsziele) können anreizorientierte Vergütungssysteme auch für die Fälle der **Motivation zur vollständigen und wahrheitsgemäßen Berichterstattung** genutzt werden. Für die konkreten Belohnungsfunktionen sind zwei Unterfälle zu unterscheiden:

- **Entscheidungen über Vorgaben** (Weitzmann- oder Osband/Reichelstein-Schema),
- **Entscheidungen über die Verteilung knapper Güter** (Profit-Sharing- oder Groves-Schema).

Beim **Weitzmann-Schema** soll der Agent im Rahmen der Planung zur **wahrheitsgemäßen Berichterstattung** motiviert werden. Es wird **angenommen**, dass die Bereichsführung das künftige Ergebnis kennt und die Zentrale es nach Ablauf der Periode beobachten kann. Die **Belohnungsregel** differenziert zwischen einem fixen und einem variablen Gehalt. Die variable Vergütung nimmt linear proportional mit dem berichteten Ergebnis zu. Zudem wird ein Korrekturfaktor eingeführt. Dabei handelt es sich um einen Malus, falls das berichtete Ergebnis nicht erreicht wird, bzw. um einen Bonus für das Übertreffen der Vorgabe, wobei die Beteiligung des Bereichsmanagers an der Zielübererfüllung prozentual niedriger ausfällt als der Anteil am berichteten Erfolg. Dadurch wird sichergestellt, dass der Bonus bei wahrheitsgemäßer Berichterstattung maximal wird. **Kritisch** hieran ist, dass der Manager das zu erwartende Ergebnis kennen muss und die bereichsbezogenen Handlungen ebenso negiert werden wie das Arbeitsleid (vgl. Friedl [Controlling] 526 ff.).

Die Prämisse der Sicherheit wird im **Anreizsystem von Osband/Reichelstein** aufgegeben. Auch hier richtet sich die variable Vergütung nach der Höhe des berichteten Ergebnisses sowie nach der Abweichung von realisiertem und berichtetem Ergebnis. Nun wird allerdings eine strikt **überlineare Belohnungsfunktion** angenommen: Je höher der berichtete Erfolg ist, umso höher ist die anteilige (prozentuale) Erfolgsbeteiligung. Durch Korrekturfaktoren für den Fall der Über- oder Untererfüllung der Vorgabe wird der Manager angeregt, ein möglichst hohes Ergebnis zu prognostizieren und zu erzielen. Auch dieses Anreizschema negiert die bereichsbezogenen Handlungen ebenso wie das Arbeitsleid. Gleiches gilt für die nachfolgend zu besprechenden Anreizschemata. Diese sind aber – anders als die vorgenannten – für den Fall bestehender Mittelinterdependenzen geeignet (vgl. Friedl [Controlling] 529 ff.).

Das **Profit-Sharing- und das Groves-Schema** unterstellen folgenden **Ablauf**: Die Bereichsführung übermittelt Investitionsalternativen und alternative Budgets und Erfolge an die Zentrale. Die Unternehmensführung wählt nach den Berichten die vorteilhaftesten Investitionsalternativen aus und gewährt den Bereichen die entsprechenden Budgets. Nach der Realisation werden die Belohnungen nach den realisierten Ergebnissen bemessen.

Durch die **Belohnungsfunktion beim Profit-Sharing** erhält die Bereichsleitung zusätzlich zu ihrem Festgehalt einen Anteil an dem Gesamtgewinn aller realisierten Investitionsalternativen. Dadurch hat sie einen Anreiz, ein möglichst hohes Ergebnis zu erzielen und zu berichten. **Nachteilig** hieran ist allein, dass die Bemessungsgrenze der Belohnung nur zu einem geringen Teil beeinflussbar ist (vgl. Friedl [Controlling] 523 ff.).

Die **Belohnungsfunktion beim Groves-Schema** bemisst die Prämie nach dem realisierten Erfolg des Bereichs, der Summe der berichteten Erfolge aller anderen Teilbereiche sowie einer Korrekturgröße. Die Korrekturgröße wirkt positiv, wenn der realisierte Erfolg den berichteten übertrifft. **Nachteilig** hieran ist wiederum, dass die Bemessungsgrenze nicht vollständig beeinflusst werden kann. Zudem besteht grundsätzlich die Möglichkeit, die Belohnung durch Absprachen (im Sinne einer zu optimistischen Berichterstattung) zu steigern, wenn hierdurch die Rangfolge der Investitionsprojekte nicht verändert wird. Schließlich muss die Transparenz des Anreizsystems in Zweifel gezogen werden, bis ein Lernprozess vollzogen wurde (vgl. Friedl [Controlling] 520 ff.).

Alle diskutierten Anreizsysteme leiden schließlich unter der **Annahme einer Risikoneutralität**. Auf hiervon abweichende Fälle sind sie nicht ohne Weiteres anwendbar.

Abbildung 3.43 gibt einen Überblick über die angesprochenen Anreizsysteme und konkretisiert die jeweilige Belohnungsfunktion.

	Weitzman-Schema	Osband-Reichelstein-Schema	Profit Sharing	Groves-Schema
Anwendungs-bereich	– Geeignet für die Koordination der Entscheidungen von unabhängigen Unternehmensbereichen		– Geeignet für die Koordination der Entscheidungen von unabhängigen und abhängigen Unternehmensbereichen – Abhängigkeiten zwischen den Bereichen: Handlungen bzw. Entscheidungen eines Bereiches wirken sich auch auf die anderen Bereiche aus	
Wesen	Dreistufiges Modell der Entlohnung: 1. Festlegung der fixen Basisvergütung S sowie der Entlohnungsparameter $\alpha_1 < \hat{\alpha} < \alpha_2$ 2. Agent berichtet dem Prinzipal sein erwartetes Ergebnis 3. Endgültige Vergütung richtet sich nach dem beobachteten Ergebnis – Maximum der Entlohnung bei $x = \hat{x}$ – Wahrheitsinduzierte Berichterstattung bei sicheren Erwartungen	– Basiert im Gegensatz zum Weitzman-Schema explizit auf einem unsicheren Berichtsergebnis – Grad der Beteiligung des Agenten am Unternehmensergebnis steigt mit zunehmender Ergebnisprognose, so dass hier der Anreiz für den Agenten steigt, ein höheres Ergebnis zum einen zu berichten und zum anderen später auch zu erzielen	– Gesamtergebnis des Unternehmens stellt Bemessungsgrundlage für die Entlohnung des Agenten dar → bestehend aus zwei Komponenten 1. Ergebnis aus potenziellen Finanzinvestitionen $i \times M$ 2. Summe der realisierten Ergebnisse aller Unternehmensbereiche bei den ihnen zugeteilten Investitionsbudgets Anteil des Agenten entspricht dem Partizipationsfaktor α	Wahrheitsinduzierte Berichterstattung wird erreicht, indem die Entlohnung an zwei Komponenten gekoppelt wird 1. Eigenes Bereichsergebnis 2. Bereichsergebnis der anderen Unternehmensbereiche, das aufgrund des zugeteilten Investitionsbudgets zu erwarten ist
Entlohnungs-formel	$s(x,\hat{x}) = \begin{cases} S + \hat{\alpha} \times \hat{x} + \alpha_1 \times (x-\hat{x}) & \text{für } x \geq \hat{x} \\ S + \hat{\alpha} \times \hat{x} + \alpha_2 \times (x-\hat{x}) & \text{für } x < \hat{x} \end{cases}$	$s(x,\hat{x}) = S + l(\hat{x}) + l'(\hat{x}) \times (x-\hat{x})$	$s_j = S + \alpha_j \times X$ $= S + \alpha_j \times \left[i \times M + \sum_{l=1}^{I} x_l(V_l) \right]$	$s_n = S + \alpha \times x_n$ $= S + \alpha \times \left[i \times M + x_n(V_n) + \sum_{\substack{l=1 \\ l \neq n}}^{I} \hat{x}_l(V_l) \right]$
Legende	$s(x,\hat{x})$ = Basisentlohnung S = Basisvergütung α_j = Entlohnungsparameter des Agenten $\hat{x}$ = berichtetes Bereichsergebnis an Prinzipal x = realisiertes Bereichsergebnis	$l(\cdot)$ = Funktion als Bestandteil der variablen Entlohnung	x_j, V_j = realisiertes Ergebnis des Unternehmensbereichs j unter Restriktion eines zugeteilten Investitionsbudgets	$x_n(V_n)$ = Anteil des realisierten Ergebnisses des Unternehmensbereichs n unter Restriktion eines zugeteilten Investitionsbudgets $\sum_{\substack{l=1 \\ l \neq n}}^{I} \hat{x}_l(V_l)$ = Summe der berichteten Ergebnisse der übrigen Unternehmensbereiche

Abbildung 3.43: Synoptischer Vergleich der Anreizschemata (vgl. Ossadnik [Controlling] 388)

5 Kostenrechnung und Kostenmanagement

5.1 Kostenrechnung

5.1.1 Plankostenrechnung

Die Kostenrechnung (Kosten- und Leistungs- bzw. Erlösrechnung) bildet einen **zentralen Baustein im Informationssystem**. Auf ihre Bedeutung als Instrument der planbasierten Budgetierung sowie für kurzfristig operative Entscheidungen wurde bereits hingewiesen.

Kostenrechnungssysteme bestehen aus drei Komponenten: Kostenartenrechnung (Erfassungssystematisierung), Kostenstellenrechnung (Gemeinkostenverteilungsrechnung) und Kostenträgerrechnung in der Ausprägung als Kostenträgerstückrechnung (Stückkostenberechnung bzw. Kalkulation) und als Kostenträgerzeitrechnung (Periodenerfolgsrechnung, kurzfristige Erfolgsrechnung, Betriebsergebnisrechnung).

In der **Kostenartenrechnung** werden die Kosten nach einem Primärkostencharakter aufgezeichnet. Zur Sicherstellung der geordneten Erfassung sind die Kostenarten überschneidungsfrei, vollständig und nachvollziehbar zu dokumentieren. Hieraus leiten sich drei präzisierende **Grundsätze für die Kostenartenrechnung** ab:

- **Reinheit:** Die Kostenartendefinitionen sind eindeutig.
- **Einheitlichkeit:** Gleiche Vorfälle werden gleich behandelt.
- **Neutralität:** Die Kostenarteneinteilung unterstützt die Verfolgung aller Rechnungsziele.

Wesentliche Bedeutung für die Weiterverrechnung kommt der **Klassifizierung von Kosten** als Einzel- und Gemeinkosten zu. Einer einzelnen Produktmengeneinheit direkt zurechenbare Einzelkosten (Gemeinkosten) werden unmittelbar in die Kostenträgerrechnung (Kostenstellenrechnung) übernommen.

Zweck der **Kostenstellenrechnung** ist die Bildung von Kalkulationssätzen, mit denen die Gemeinkosten den Kostenträgereinheiten zugerechnet werden können. **Kostenstellen** sind Abrechnungsbereiche, die drei **Grundsätzen** genügen müssen:

- Es handelt sich um selbstständige **Verantwortungsbereiche**.
- Es lassen sich eindeutige Maßgrößen der Kostenverursachung (sog. **Bezugsgrößen**) identifizieren (für Zwecke der Kalkulation und/oder Kostenkontrolle).
- Die Kostenartenbelege können den verursachenden Kostenstellen zugeordnet werden (**Kontierbarkeit**).

Im Rahmen der **Kostenträgerzeitrechnung** wird der übereinstimmende Periodenerfolg alternativ nach dem Umsatzkostenverfahren (UKV) oder dem Gesamtkostenverfahren (GKV) ermittelt. Das **UKV** weist als Absatzrechnung vom Grundsatz her nur die auf die abgesetzte Menge entfallenden Kosten in einer sekundären Kostengliederung nach den betrieblichen Funktionen Herstellung, Verwaltung und Vertrieb aus. Demgegenüber sind aus dem **GKV** alle in der Periode angefallenen Kosten in der Differenzierung nach primären Kostenarten, wie Material und Personal, ebenso ersichtlich, wie der Umstand, ob der in der Periode eingetretene Wertverzehr höher oder niedriger ist. Zusätzliche Wertverzehre gehen in Form des Subtrahenden ‹Minderung des Bestands an fertigen und unfertigen Erzeugnissen› (Bestandsminderungen) und geringere Wertverzehre in Form der Summanden ‹Bestandserhöhungen› oder ‹andere aktivierte Eigenleistungen› in die Rechnung ein. Diesen Einblick in die Periodisierung von Kosten bietet das UKV nicht.

Die **Kostenträgerstückrechnung** verwendet die Ergebnisse der Kostenartenrechnung (Einzelkosten) und der Kostenstellenrechnung (Kalkulationssätze für Gemeinkosten), um die Kosten einer Leistungsmengeneinheit (Produkteinheit) zu berechnen. Hierzu stehen **unterschiedliche Verfahren** zur Wahl (z. B. Divisions-, Äquivalenzziffern-, Zuschlags-, Maschinenstundensatz-, Bezugsgrößenkalkulation). Die Auswahl ist insbesondere in Abhängigkeit des Produktionsprozesses zu treffen. So sind bei einer Kuppelproduktion Verfahren der Kuppelkalkulation zu nutzen (vgl. Schweitzer/Küpper [Kosten- und Erlösrechnung] 179 ff.).

Spezifische Kostenrechnungssysteme können durch eine individuell abgestimmte Ausgestaltung dieser Komponenten (z. B. unter dem Aspekt der Inputdaten, wie Plankosten) gekennzeichnet werden. Systeme der **Plankostenrechnung** dienen der Kosten- und Ergebnisprognose. Dies erfordert in der Kostenartenrechnung Planpreise festzulegen sowie in der Kostenstellenrechnung zwischen variablen (leistungserstellungsprozessabhängigen) und fixen (periodenabhängigen) Kosten zu unterscheiden. Um Plankostencharakter im strengen Sinne zu haben, muss diese Kostenspaltung analytisch vorgenommen werden. Die Kostenstellenrechnung endet mit der Ermittlung von Plankostenverrechnungssätzen für die geplanten Gemeinkosten. Die Kostenträgerzeitrechnung enthält neben den Plankosten zusätzlich Planpreise für die abzusetzenden Erzeugnisse.

Plankostenrechnungssysteme werden nach dem Umfang der Kostenverrechnung auf die Kostenträger in **Vollkostenrechnungs- und Teilkostenrechnungssysteme** eingeteilt. Teilkostenrechnungssysteme verrechnen nicht nach dem Kostenüberwälzungsprinzip die vollen Periodenkosten auf die Kostenträger, sondern gemäß dem Verursachungsprinzip nur die (beschäftigungsabhängigen) variablen Kosten. Dieses Verrechnungsziel prägt die Ausgestaltung der Kostenstellenrechnung. Nach der Möglichkeit die geplanten Kosten für Zwecke der Abweichungsanalyse auf andere Beschäftigungssituationen umrechnen zu können, wird zudem zwischen **starren und flexiblen Plankostenrechnungssystemen** unterschieden. Letztere sind entsprechend der Anzahl der funktional berücksichtigten Kostenbestimmungsfaktoren einfach oder mehrfach flexibel. Praktisch relevant ist die **Unterscheidung zwischen**

- Starrer und flexibler Plankostenrechnung auf Basis von Vollkosten (**Vollplankostenrechnung**),
- Flexibler Plankostenrechnung auf Basis von Teilkosten bzw. Grenzkosten bzw. variablen Kosten (**Grenzplankostenrechnung**; GPKR).

Kostenrechnung und Kostenmanagement

Die Systeme unterscheiden sich nicht im Hinblick auf die Höhe der für die Planbeschäftigung budgetierten Kosten, sondern im Hinblick auf die Möglichkeiten, **Abweichungen zwischen Plan- und Istkosten** zu analysieren, wenn z. B. die Planbeschäftigung (wie die Ausbringungsmenge einer Periode) von der Istbeschäftigung abweicht. In diesem Fall weisen zudem Vollkostenrechnungssysteme andere Periodenerfolge aus als Teilkostenrechnungssysteme.

Abbildung 3.44 kennzeichnet die **Verfahren der Plankostenrechnung** (PKR) im Rahmen der Kostenstellenrechnung.

Starre PKR	Flexible PKR auf VK-Basis	Flexible PKR auf GK-Basis
• Planung eines Budgets (**volle Gesamtkosten**) für die Plan-Ausbringungsmenge	• Planung eines Budgets (**volle Gesamtkosten**) für die Plan-Ausbringungsmenge getrennt für variable und fixe Kosten (funktionale **Kostenspaltung**)	• Planung eines Budgets (**volle Gesamtkosten**) für die Plan-Ausbringungsmenge getrennt für variable und fixe Kosten (funktionale **Kostenspaltung**)
• Bildung eines Plan-Vollkostenverrechnungssatzes (**VK^{Plan} je ME**) für: - Stückkostenkalkulation - Erfolgsrechnung	• Bildung eines Plan-Vollkostenverrechnungssatzes (**VK^{Plan} je ME**) für: - Stückkostenkalkulation und - Erfolgsrechnung	• Bildung eines Plan-Grenzkostenverrechnungssatzes (**GK^{Plan} je ME**) für: - Stückkostenkalkulation - Erfolgsrechnung und - Kostenkontrolle der GK • Fixkosten: Übernahme in die Erfolgsrechnung
	• Kostenkontrolle innerhalb der Kostenstelle - Bildung eines Plan-Grenzkostenverrechnungssatzes (**GK^{Plan} je ME**) - Ermittlung einer Beschäftigungsabweichung	• Kostenkontrolle innerhalb der Kostenstelle - Bildung eines Plan-Grenzkostenverrechnungssatzes (**GK^{Plan} je ME**) - Fixkosten-Kontrolle durch Nutzkosten-Leerkostenanalyse

Abbildung 3.44: Formen der Plankostenrechnung

Abbildung 3.45 zeigt auf, welche **Abweichungen** bei den jeweiligen Verfahren der Plankostenrechnung (PKR) auftreten bzw. welche Analysen möglich sind.

- Bei der **starren Plankostenrechnung** lässt sich die Abweichung zwischen Istkosten und mittels des Plankostenverrechnungssatzes im Laufe der Periode in die Kostenträgerrechnung weiterverrechneten Kosten bestimmen, aber nicht interpretieren, weil eine Kostenauflösung für den Fall des Abweichens der Istbeschäftigung von der Planbeschäftigung nicht vorliegt.
- Im Fall der **flexiblen Plankostenrechnung** auf Vollkostenbasis liegt diese Information aber vor (Sollkosten), sodass der auf die unterschiedlichen Beschäftigungsgrade zurückzuführende Verrechnungsfehler durch die Proportionalisierung der fixen Kosten (Beschäftigungsabweichung) isoliert und die verbleibende Verbrauchsabweichung auf ihre Entstehungsursachen hin untersucht werden kann.
- Liegt eine **Grenzplankostenrechnung** vor, stimmen Soll- und verrechnete Kosten immer überein. Eine Beschäftigungsabweichung tritt nicht auf.

Im Fall der Grenzplankostenrechnung enthält die Grafik noch eine sog. **Nutzkosten-/Leerkostenanalyse**. Die Nutzkosten sind die Kosten der bei der Istbeschäftigung genutzten Kapazität. Sie betragen Null bei einer Istbeschäftigung von Null und entsprechen den Fixkosten, wenn die Istbeschäftigung gleich der Planbeschäftigung ist und die Planbeschäftigung den Fall der Vollbeschäftigung repräsentiert.

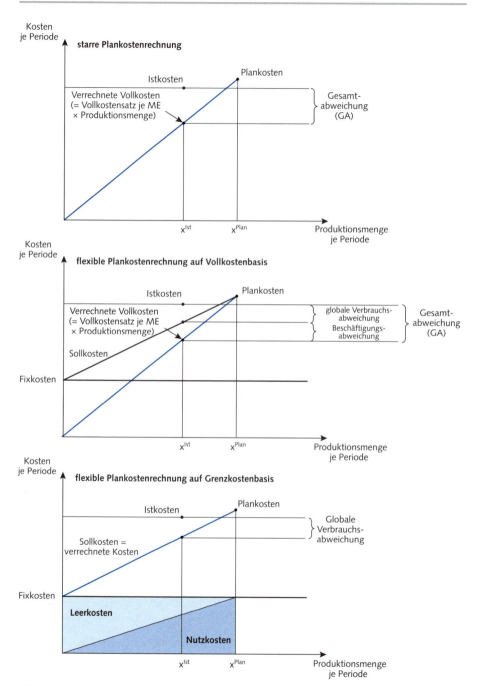

Abbildung 3.45: Mögliche Analyserahmen der Plankostenrechnung

Umgekehrt betragen die Kosten der ungenutzten Kapazität (Leerkosten) für den Planbeschäftigungsfall Null und entsprechen den Fixkosten, wenn die Istbeschäftigung Null beträgt. Eine Nutzkosten-/Leerkostenanalyse kann auch bei einer flexiblen Plankostenrechnung auf Vollkostenbasis vorgenommen werden.

Insgesamt wurden folgende Abweichungen aufgezeigt:

- **Gesamtabweichung** = Istkosten − Verrechnete Kosten,
- **Beschäftigungsabweichung** = Sollkosten − Verrechnete Kosten,
- **Globale Verbrauchsabweichung** = Istkosten − Sollkosten,
- **Nutzkosten** = Fixkosten × Istbeschäftigung/Planbeschäftigung
  = Fixkosten × Auslastungsgrad,
- **Leerkosten** = Fixkosten × (1− Auslastungsgrad).

Offen ist indes noch, welcher Teil der globalen Verbrauchsabweichung Unwirtschaftlichkeiten repräsentiert. Eine Preisabweichung (Planpreis ≠ Istpreis) scheidet aus, da diese im Vorfeld bereits isoliert wurde. Abbildung 3.46 deutet drei mögliche Ursachen an, die nicht ohne Weiteres als Unwirtschaftlichkeiten interpretiert werden können:

- **Ausbeuteabweichung:** Der Prozess (z. B. Produktion eines Liters Orangensaft) war weniger ergiebig als erwartet. Der Ausbeutekoeffizient (Deziliter je kg Orange) weicht vom Planwert ab.
- **Mixabweichung:** Der hergestellte Produktmix (z. B. Menge an Apfelsaft zu Menge an Orangensaft) unterscheidet sich vom Planmix.
- **Intensitätsabweichung:** Die Ausbringung pro Zeiteinheit (z. B. Flaschen pro Stunde) entspricht nicht dem Planwert. Unter Umständen wurde der Produktionsprozess wegen Absatzspitzen vorübergehend beschleunigt.

Erklären diese Ursachen die globale Verbrauchsabweichung nicht ohne Rest und sollen nach Rücksprache mit den Kostenstellenverantwortlichen keine weiteren analysiert werden, liegt eine Restabweichung vor, die als Unwirtschaftlichkeit bezeichnet werden kann. Indes lassen sich die einzelnen Teilabweichungen dann nicht so eindeutig bestimmen, wenn die Kostenbestimmungsfaktoren multiplikativ miteinander verknüpft sind (vgl. unter 3.46).

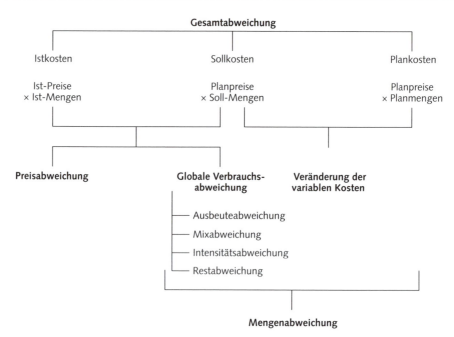

Abbildung 3.46: Systematisierung von Teilabweichungen (vgl. Coenenberg / Fischer / Günther [Kostenrechnung] 245)

Nachzutragen bleibt die **Auswirkung der (starren oder flexiblen) Vollkostenrechnung auf die Kostenträgerrechnung**. Die Produkte (Kalkulationsobjekte) werden im Rahmen der Kalkulation nicht nur mit variablen (Herstell- bzw. Selbst-) Kosten bewertet (Teilkostenrechnung), vielmehr werden ihnen auch die anteiligen Fixkosten ihrer Entstehungsperiode zugerechnet. Dies ist von Belang für die Periodenerfolgsrechnung. Unterschiede treten nicht zwischen den Verfahren der Erfolgsrechnung UKV oder GKV auf, aber der Periodenerfolg kann bei einer Teilkostenrechnung (TKR) anders sein als bei einer Vollkostenrechnung (VKR). Für die **VKR** gilt:

- Wenn die **Produktionsmenge der Absatzmenge entspricht**, kürzen alle Fixkosten der Periode den Periodenerfolg in Form von Umsatzkosten (UKV) oder weil die Bestandsänderungen mit Null bewertet werden (GKV).
- Wenn die **Produktionsmenge die Absatzmenge übersteigt** (Produktion auf Lager), wirkt der auf die Bestandserhöhung entfallende Teil der fixen Periodenkosten nicht erfolgsmindernd. Er ist nicht in den Umsatzkosten enthalten (UKV) bzw. wird durch den Summanden Bestandserhöhungen storniert (GKV).
- Wenn die **Produktionsmenge hinter der Absatzmenge zurückbleibt** (Verkauf vom Lager), wird auch der Abgang der in Vorperioden produzierten Erzeugnisse als Wertminderung (einschließlich der anteiligen Fixkosten ihrer Entstehungsperiode) erfasst. Sie sind in den Umsatzkosten (UKV) bzw. in den Bestandsminderungen (GKV) enthalten.

Demgegenüber gehen die (zeitraumbezogenen) fixen Kosten bei einer **TKR** immer in der Periode ihres Anfalls in die Erfolgsrechnung ein. Hieraus folgt im Verhältnis zur VKR:

- Der **Periodenerfolg** ist unabhängig vom Umfang der Kostenverrechnung auf die Kostenträgereinheit immer **gleich hoch**, wenn der Bestand an fertigen und unfertigen Erzeugnissen unverändert bleibt.
- Der **Erfolg ist bei VKR höher (niedriger) als bei TKR**, wenn der Bestand an fertigen und unfertigen Erzeugnissen steigt (abnimmt).

Schließlich ist der Erfolg in einer TKR davon unabhängig, ob der Fixkostenblock undifferenziert (**einstufige Deckungsbeitragsrechnung**) oder differenziert gemäß der Erzeugnisnähe – z. B. in Erzeugnis-, Erzeugnisgruppen-, Bereichs- und Unternehmens-Fixkosten – sukzessive in Abzug gebracht wird (**mehrstufige Deckungsbeitragsrechnung** bzw. stufenweise Fixkostendeckungsrechnung).

Bei der Entscheidung über die Ausgestaltung eines Plankostenrechnungssystems (starr versus flexibel; VKR vs. TKR) muss eine **Kosten-Nutzen-Abwägung** erfolgen (vgl. auch Abbildung 3.44). Unter dem Aspekt der direkten (laufenden) Kosten der Kostenrechnung ist eine starre Plankostenrechnung zu bevorzugen. Kommt der Möglichkeit der Kostenkontrolle ein hoher Stellenwert zu, kommen nur die flexiblen Plankostenrechnungssysteme in Betracht. Soll das Kostenrechnungssystem die dispositiven Aufgaben bestmöglich unterstützen, muss die Kostenrechnung als Grenzplankostenrechnung ausgestaltet sein. Denn im Fall einer flexiblen Plankostenrechnung auf Vollkostenbasis liegen variable Kosten nur auf Kostenstellenebene, nicht aber auf Produktebene vor. Nur bei einer Grenzplankostenrechnung kann eine Steuerung des optimalen Produktions- und Absatzprogramms über (relative) Deckungsbeiträge erfolgen. Aus Unternehmungssicht bedeutsam ist allerdings auch der **Nutzen der Kostenrechnung zur Erfüllung der externen Aufgaben**. Diesbezüglich sind mit Blick auf die Aktivierungsvorschriften zu Herstellungskosten (vgl. § 255 Abs. 2 HGB; IAS 2.12 ff.) Vollkostenrechnungssysteme zu bevorzugen. Um sowohl den dispositiven als auch den externen Aufgaben der Kostenrechnung bestmöglich gerecht zu werden, müssen eine flexible PKR auf Vollkosten- und Teilkostenbasis parallel betrieben werden. Dies entspricht zumindest bei Industrieunternehmen mit einem hohen Anteil an variablen Kosten der herrschenden Meinung. Für **Dienstleistungsunternehmen** und Industrieunternehmen mit einer abweichenden Kostenstruktur wird seit Anfang der 1990er Jahre die Implementierung einer sog. Prozesskostenrechnung intensiv diskutiert.

5.1.2 Prozesskostenrechnung

Die Prozesskostenrechnung (auch prozessorientierte Kostenrechnung; Activity based Costing) findet als **Budgetierungsverfahren für sichere Prozesse im Gemeinkostenbereich** Anwendung (vgl. Abbildung 3.48). Sie erhebt den Anspruch langfristig **verursachungsgerechtere Produktvollkosten** als eine Lohnzuschlagskalkulation zu ermitteln, wenn die Kosten in den sog. Gemeinkostenbereichen hoch sind. Die prozessorientierte Kalkulation wird auch als **Strategische Kalkulation** bezeichnet. Folgerichtig zählt die Prozesskostenrechnung zum Instrumentenkasten der Strategischen Kostenrechnung, wie z. B. Target Costing (vgl. zur Prozesskostenrechnung insgesamt nur: Arbeitskreis Mecklenburg-Vorpommern/Graßhoff [Prozesskostenrechnung]); Coenenberg/Fischer [Prozeßkostenrechnung] 21 ff.; Coenenberg/Fischer/Günther [Kostenrechnung] 144 ff.; Glaser [Prozeßkostenrechnung] 275 ff.; Küting/Lorson [Grenzplankostenrechnung] 1421 ff.; Lorson [Straffes Kostenmanagement] 212 ff. bzw. 314 ff.; Schweitzer/Küpper [Kosten- und Erlösrechnung] 352 ff.).

Diese **Kritik an der Zuschlagskalkulation** richtet sich grundsätzlich auch gegen die Produktkostenkalkulation im Rahmen einer Plankostenrechnung. Denn auch eine Bezugsgrößenkalkulation auf Vollkostenbasis kommt nicht ohne eine zuschlagsorientierte Verrechnung von Kosten der Gemeinkostenbereiche aus. Neben diesen Deckungsbezugsgrößen kommen in einer Flexiblen Plankostenrechnung auf Kostenstellenebene zum Zweck der Kostenkontrolle andere Bezugsgrößen zur Anwendung. Diese Bezugsgrößen werden im Rahmen einer Prozesskostenrechnung als **Kostentreiber** bezeichnet und auch zur Kalkulation von Produktvollkosten genutzt.

Im Gegensatz zur Plankostenrechnung werden die **Kostenstellenkosten** nicht nach Kostenarten, sondern **nach Tätigkeiten** systematisiert, die kostenstellenübergreifenden Charakter haben können. So kann etwa aus den Tätigkeiten (Teilprozesse oder Aktivitäten) der Kostenstellen Einkauf, Warenannahme, Qualitätssicherung und Lager ein Hauptprozess «Material beschaffen» gebildet werden, der aus den Teilprozessen «Material einkaufen», «Materiallieferung entgegennehmen», «Eingangsprüfung für Material durchführen» und «Material lagern» besteht (vgl. Coenenberg/Fischer/Günther [Kostenrechnung] 152 f.). Indem aus den plausiblen Kostenkontrollbezugsgrößen der Plankostenrechnung auf Kostenstellenebene – wie Anzahl Bestellungen, Anzahl Lieferungen, Anzahl Materialprüfungen, Anzahl Einlagerungsvorgänge – nun eine als Kostentreiber ausgewählt werden muss, um einen (konglomeraten, kostenstellenübergreifenden, prozessorientierten) Kostensatz zur Kalkulation der Kosten des Hauptprozesses Material zu bilden, wird die Vorgehensweise der Prozesskostenrechnung sehr angreifbar. Sie besteht im Grunde aus einer mehrfachen (bis zu siebenfachen) **Durchschnittskostenkalkulation** (vgl. Glaser [Prozeßkostenrechnung] 275 ff.).

Die Abbildungen 3.47 und 3.48 geben die unterschiedlichen Kostenausweise gemäß traditioneller und prozessorientierter Kostenrechnungssicht wieder. Aus Abbildung 3.48 ist ersichtlich, dass sich nicht alle Kosten langfristig proportional zur Prozessmenge (Arbeitspläne ändern und Fertigung betreuen) verhalten und deshalb als **leistungsmengeninduziert (lmi)** eingestuft werden. Vielmehr verhält sich ein Teil der Kosten **leistungsmengenneutral (lmn)** und geht weiterhin zuschlagsorientiert – bezogen auf die lmi-Kosten – in den Prozesskostensatz ein. Zudem lässt sich hieran die **mehrfache Durchschnittsbildung** veranschaulichen. Sie dient zunächst dazu, einen lmi-Prozesskostensatz von 2.000 EUR zu ermitteln. Um einen produktbezogenen Satz zu erhalten, muss eine Annahme über die (durchschnittliche) Produktionsmenge zwischen zwei Planänderungen getroffen werden. Werden z. B. 1.000 ME bis zur nächsten Änderung hergestellt, beträgt der lmi-Kostensatz 2 EUR je ME.

Kostenrechnung und Kostenmanagement 349

Kostenstelle: Fertigungsplan

Kostenart	Menge	Preis	proportional	fix	gesamt
Gehälter	22	50.000 €	-	1.100.000 €	1.100.000 €
Sozialaufwand	-	-	-	520.000 €	520.000 €
Büromaterial	-	-	100.000 €	-	100.000 €
Telefon	-	-	60.000 €	-	60.000 €
Kalkulatorische DV-Kosten	-	-	100.000 €	200.000 €	300.000 €
Kalkulatorische Raumkosten	800 qm	100 €	-	80.000 €	80.000 €
Kalkulatorische Abschreibung	-	-	-	40.000 €	40.000 €
Summe	-	-	260.000 €	1.940.000 €	**2.200.000 €**

Abbildung 3.47: Kostenstellenplan – traditionelle Kostenrechnungssicht

	Kostenstelle: Fertigungsplanung	
Teilprozesse	Arbeitspläne ändern	Fertigung betreuen
Maßgrößen (Anzahl)	Produktänderungen	Varianten
Menge	400	100
Preis	8 MJ	12 MJ
Prozesskosten		
leistungsmengeninduziert	800.000 €	1.200.000 €
leistungsmengenneutral	80.000 €	120.000 €
gesamt	880.000 €	1.320.000 €
Prozesskostensatz		
leistungsmengeninduziert	2.000 €	12.000 €
gesamt	2.200 €	13.200 €
Gesamte Kosten	2.200.000 €	
Umgelegte leistungsmengen-neutrale Kosten	Abteilung Leiten 2 MJ (Mannjahr); 200.000 €	

Abbildung 3.48: Kostenstellenplan – prozessorientierte Kostenrechnungssicht

Abbildung 3.49 konkretisiert die bisherigen Betrachtungen und stellt das gesamte Kostenrechnungssystem dar. Zunächst wird die Beschränkung auf eine kostenstellen- bzw. prozessorientierte Sicht aufgegeben. Die Erweiterung eines bestehenden traditionellen Kostenrechnungssystems um eine prozessorientierte Verrechnung der Kosten des Gemeinkostenbereichs mit repetitiven Charakter basiert auf **Interviews mit den Kostenstellenverantwortlichen** bezüglich der Tätigkeiten innerhalb der Kostenstelle sowie der hierauf insgesamt entfallenden zeitlichen Beanspruchung. Das Interviewergebnis dient dazu, ein **arbeitsplanähnliches Instrument** verfügbar zu haben. Dabei müssen letztlich drei Ausprägungen unterschieden werden: direkter Prozessbezug (lmi), indirekter Prozessbezug (lmn), prozessunabhängig (pua). In den Hauptprozesskostensatz gehen sie entweder mengenmäßig (lmi) oder wertmäßig (lmn, pua) ein. Insofern kommt auch eine Prozesskostenrechnung nicht ohne wertmäßige Zuschläge aus.

Indem die Interviewergebnisse die Rechnungsgrundlagen für die **lmi-Kosten** ergeben, wird fingiert, dass sich alle lmi-Kosten auf Basis der Arbeitszeitanteile proportionalisieren lassen. Alle **Proportionalisierungen** werden mit zwei Argumenten gerechtfertigt:

- Die **Personalkosten** repräsentieren mit circa 80 % die weit überwiegende Kostenart.
- Ohne **Einbezug von lmn- und pua-Kosten** würden diese einer strategischen Kostenkontrolle entzogen.

Indes greift das **Kostenkontrollargument** dann zu kurz, wenn linear-proportionale Beziehungen nur fingiert werden und wenn eine Kostenkontrolle nur mittels Selbstaufschreibungen erfolgen kann, weil automatisierte Betriebsdatenerfassungen in diesen Gemeinkostenbereichen nicht möglich sind. Beide Aspekte begrenzen die Möglichkeiten einer aussagefähigen Kostenkontrolle.

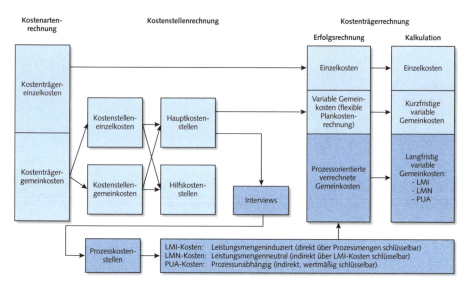

Abbildung 3.49: Einbettung der Prozesskostenrechnung in die Kostenrechnung (vgl. Lorson [Straffes Kostenmanagement] 265)

Prozessorientierte Produktvollkosten zeichnen sich durch **drei Effekte** gegenüber der Zuschlagskalkulation aus (vgl. Coenenberg/Fischer [Prozeßkostenrechnung] 31 ff.):

- **Allokationseffekt:** Die Kalkulationsergebnisse (volle Produktkosten) von Prozesskostenrechnung und Zuschlagskalkulation unterscheiden sich, weil die Gemeinkosten bei der Prozesskostenrechnung nach ihrer tatsächlichen Inanspruchnahme und nicht nach der wertmäßigen Höhe der Stückkosten, wie bei der Zuschlagskalkulation, verrechnet werden.
- **Komplexitätseffekt:** Produkte, die mehr Prozessarten oder mehr Prozessmengen in Anspruch nehmen als andere, gelten als komplexer in der Herstellung und werden mit höheren Produktkosten kalkuliert.
- **Degressionseffekt:** Wenn ein Prozess (z.B. Arbeitspläne ändern) auflagenfixe Kosten (z.B. in Höhe von 2.000 EUR) verursacht, nehmen die anteiligen auflagenfixen Kosten pro Produktmengeneinheit mit zunehmender Produktionsmenge ab. Solche auflagenfixen Kosten können auch variantenspezifisch sein (vgl. zur strategischen Variantenkalkulation Horváth/Mayer [Prozeßkostenrechnung] 214 ff.).

Alle Effekte können vor dem Hintergrund der **Kritik** an der Prozesskostenrechnung (wie Verzicht auf analytische Kostenplanung, mehrfache Durchschnittsbildungen, ein Kostentreiber je Hauptprozess, Verwandtschaft mit Normalkostenrechnung) kritisch hinterfragt werden. Dies gilt vor allem für den Allokationseffekt und die damit verbundene Gefahr, die Prozesskosten für kurzfristig-operative Entscheidungen zu nutzen. Potenziell strategisch relevante Kosten unterscheiden sich von kurzfristig relevanten (beeinflussbaren) Kosten, wobei die Höhe der variablen Kosten mit dem Fristigkeitsgrad der Kostenrechnung bzw. Kostenspaltung (z. B. drei, sechs oder zwölf Monate) divergieren (vgl. Kilger/Pampel/Vikas [Flexible Plankostenrechnung] 288 ff.). Demgegenüber ist der Hinweis auf die Existenz von Komplexitäts- und Degressionseffekten geeignet, ein Kostenbewusstsein zu schaffen und das Verhalten der Entscheidungsträger zu beeinflussen.

5.2 Abweichungsanalysen

5.2.1 Produktkostenabweichungen

Die **Steuerung des Betriebsergebnisses** basiert auf der Analyse etwaiger Abweichungen von Plan- (bzw. Soll-) und Ist-Ergebnis. Sie wird durch die Initiierung von nach Abweichungsursachen differenzierten Maßnahmen vollzogen. Abbildung 3.50 zeigt auf, dass eine Gewinnabweichung durch eine Umsatz- und/oder eine Kostenabweichung bedingt sein kann. **Kostenabweichungen** können bei variablen und fixen Kosten auftreten. Hierauf wurde bereits bei den Plankostenrechnungssystemen eingegangen (vgl. unter 5.1.1). Die offen gebliebenen Besonderheiten betreffen die multiplikative Verknüpfung von Kostenbestimmungsfaktoren sowie die Besonderheiten einer Kontrolle von Projektkosten. Zudem ist das Instrumentarium der Kostenabweichungsanalyse nicht ohne Weiteres auf **Umsatzabweichungen** übertragbar.

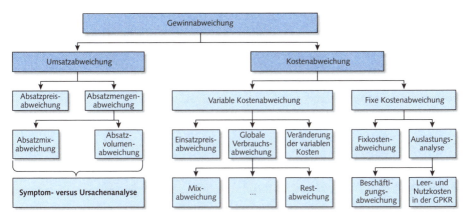

Abbildung 3.50: Systematik der Abweichungsanalyse (vgl. Coenenberg/Fischer/Günther [Kostenrechnung] 442)

Sind Kostenbestimmungsfaktoren multiplikativ miteinander verknüpft und verändern sich beide, so entstehen neben Abweichungen, die nur auf einen Kostenbestimmungsfaktor bezogen sind (**Primärabweichung**) auch Abweichungen aus den kombinierten Abweichungen dieser Größen. Diese werden als **Abweichungen höherer Ordnung** bezeichnet. Sekundärabweichungen enthalten als Faktoren Abweichungen von zwei Kostenbestimmungsfaktoren, Tertiärabweichungen von drei Kosteneinflussgrößen usw.

Ermitteln sich Kosten als Produkt aus **zwei Kostenbestimmungsfaktoren** KBF_1 und KBF_2, dann lässt sich die Abweichung (GA) zwischen Istkosten (gekennzeichnet mit dem Index i) und Plankosten (gekennzeichnet mit dem Index p) wie folgt beschreiben:

$$GA = KBF_1^i \times KBF_2^i - KBF_1^p \times KBF_2^p.$$

Ersetzt man die jeweiligen Istwerte durch $KBF^p + \Delta KBF$, resultiert:

$$GA = (KBF_1^p + \Delta KBF_1) \times (KBF_2^p + \Delta KBF_2) - KBF_1^p \times KBF_2^p.$$

Nach Ausmultiplikation erhält man:

$$GA = (KBF_2^p \times \Delta KBF_1) + (KBF_1^p \times \Delta KBF_2) + \Delta KBF_1 \times \Delta KBF_2.$$

Bei den ersten beiden Summanden handelt es sich um Primärabweichungen. Der letzte stellt eine Sekundärabweichung dar.

Verfährt man in gleicher Weise bei **drei Kosteneinflussgrößen**, so ergibt sich aus

$$\begin{aligned}GA &= KBF_1^i \times KBF_2^i \times KBF_3^i - KBF_1^p \times KBF_2^p \times KBF_3^p \\&= (KBF_3^p \times KBF_2^p \times \Delta KBF_1) + (KBF_3^p \times \Delta KBF_2 \times KBF_1^p) + (\Delta KBF_3 \\&\quad \times KBF_2^p \times KBF_1^p) + (KBF_3^p \times \Delta KBF_1 \times \Delta KBF_2) + (\Delta KBF_3 \times KBF_1^p \\&\quad \times \Delta KBF_2) + (\Delta KBF_3 \times \Delta KBF_1 \times KBF_2^p) + (\Delta KBF_3 \times \Delta KBF_1 \times \Delta KBF_2).\end{aligned}$$

Man erhält folglich drei Primär-, drei Sekundär und eine Tertiärabweichung.

Fraglich ist nun, wie mit den **Abweichungen höherer Ordnung** im Rahmen der Kostenabweichungsanalyse z. B. im Zwei-Kosteneinflussgrößen-Fall (Kosten = Preis × Menge bzw. $p \times m$) zu verfahren ist, wenn die Istwerte jedes Kostenbestimmungsfaktors dessen Planwert überschreiten. Im Schrifttum werden insbesondere **drei Vorgehensweisen** unterschieden:

- **Differenzierte Methode** (auch differenziert alternative Methode),
- **Alternative Methode** in den Varianten
  - auf Planbezugsbasis,
  - auf Istbezugsbasis,
- **Kumulative Methode**.

Bei **differenzierter (diff.) Kostenabweichungsanalyse** werden alle Kostenabweichungen separat bestimmt: zwei Primärabweichungen und eine Sekundärabweichung. Die zugehörige Kostenabweichung ($KA^{diff.}$) hat dasselbe Aussehen, wie die oben dargestellte Gesamtabweichung. Es handelt sich um die Summe aus Preisabweichung (Δp), Mengenabweichung (Δm) und Sekundärabweichung ($\Delta p \times \Delta m$).

$$KA^{diff.} = GA = m^p \times \Delta p + p^p \times \Delta m + \Delta p \times \Delta m.$$

Wird die Kostenabweichung nach der **alternativen Methode auf Planbezugsbasis** ($KA^{alt.\ PBB}$) ermittelt, werden nur die (reinen) Primärabweichungen errechnet. Die Veränderung jedes Kostenbestimmungsfaktors wird mit dem Planwert des jeweils anderen multipliziert.

$$KA^{alt.\ PBB} = m^p \times \Delta p + p^p \times \Delta m < GA.$$

Wählt man als Gewicht hingegen den Istwert der konstant gehaltenen Kosteneinflussgröße, enthält jeder Summand neben der Primärabweichung auch die gesamte Sekundärabweichung.

$$KA^{alt.\ IBB} = m^i \times \Delta p + p^i \times \Delta m > GA.$$

mit $\quad m^i = m^p + \Delta m \quad$ bzw. $\quad p^i = p^p + \Delta p.$

Demgegenüber zeichnet sich die in der Praxis präferierte **kumulative Kostenabweichungsanalyse** dadurch aus, dass die Sekundärabweichung bewusst dem weniger bedeutsamen Kostenbestimmungsfaktor zugeschlagen wird. Nur der wichtigere wird als reiner Effekt berechnet. Gewichtet man die Analyse der Preisabweichung höher als die der Mengenabweichung, hat die Formel folgende Gestalt:

$$KA^{kum.} = m^i \times \Delta p + p^p \times \Delta m = GA.$$

Anderenfalls ist folgendermaßen vorzugehen:

$$KA^{kum.} = p^i \times \Delta m + m^p \times \Delta p = GA.$$

In jedem Fall wird so sichergestellt, dass die **Kostenabweichung der Gesamtabweichung entspricht**. Um dieses zu erreichen, wird aber im Zwei-Kostenbestimmungsfaktoren-Fall immer die erste Kostenabweichung bewusst verzerrt ermittelt. Die Identität von Preisabweichung und Mengenabweichung mit der Gesamtabweichung ist deshalb bedeutsam, weil dadurch alle Istkostenkomponenten im Rahmen der Kostendurchsprachen mit den Kostenverantwortlichen (z. B. für Produktion in Bezug auf die Mengenabweichung bei Einsatzmaterial und für Beschaffung in Bezug auf die Einstandspreise) hinterfragt werden und somit die rechnerische Abstimmung von Ist- und Plankostenrechnung nachgehalten wird.

Dieses Ziel der Identität von Kostenabweichung und Gesamtabweichung kann auch dadurch erreicht werden, dass nach einer differenzierten Kostenabweichungsanalyse die **Sekundärabweichung** den beiden Primärabweichungen **proportional oder zu gleichen Teilen** (hälftig bzw. symmetrisch) zugeschlagen wird (vgl. hierzu sowie zur Min-Methode Coenenberg/Fischer/Günther [Kostenrechnung] 267f.). Hierdurch werden aber sowohl die Preisabweichung als auch die Mengenabweichung bewusst verzerrt ermittelt. Dies ist deshalb problematisch, weil die Kostenverantwortlichen wissen, dass sie für die jeweilige Abweichung nicht vollständig verantwortlich sind.

Abbildung 3.51 veranschaulicht die drei dargestellten Verfahren für den Zwei-Kostenbestimmungsfaktoren-Fall an einem **Zahlenbeispiel** grafisch.

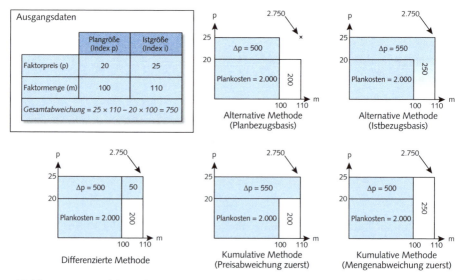

Abbildung 3.51: Verfahren der Kostenabweichungsanalyse im Vergleich

Zusammenfassend ist für den betrachteten Fall festzuhalten:

- Die **Summe aus Preis- und Mengenabweichung** ist bei differenzierter Abweichungsanalyse **kleiner** als die **Gesamtabweichung**. Die Abweichung höherer Ordnung wird separat ausgewiesen. Die Reihenfolge der Abweichungsberechnung hat keinen Einfluss auf die Höhe der Preis- oder Mengenabweichung.
- Die **Summe aus Preis- und Mengenabweichung** ist bei alternativer Abweichungsanalyse **kleiner** (Planbezugsbasis) oder **größer** (Istbezugsbasis) als die **Gesamtabweichung**. Die Abweichung höherer Ordnung wird nicht separat ausgewiesen. Die Reihenfolge der Abweichungsberechnung beeinflusst die Höhe der Preis- oder Mengenabweichung nicht.
- Die **Summe aus Preis- und Mengenabweichung entspricht** bei kumulativer Abweichungsanalyse der **Gesamtabweichung**. Die Abweichung höherer Ordnung wird nicht separat ausgewiesen. Die Reihenfolge der Abweichungsberechnung determiniert die Höhe der Preis- oder Mengenabweichung.

5.2.2 Projektkostenabweichungen

Ein **Projekt** ist eine Sonderaufgabe, deren Ziel innerhalb eines bestimmten Zeitraums mit einem spezifischen Bündel an Ressourcen (wie Geld) im Team in Teilschritten zu lösen ist. Die Erreichbarkeit der Projektaufgabe kann a priori unsicher sein (z. B. Entwicklungs-, Software-, Markteinführungsprojekte). Sie kann auch im Zeitablauf Modifikationen erfahren (z. B. bei Bauprojekten). Das Projektmanagement bedarf einer Ergänzung durch ein **Projektcontrolling** (vgl. hierzu insgesamt Friedl [Controlling] 80; Horváth [Controllinginstrumente] 671).

Die Projektaufgabe erfordert die Erstellung bestimmter (Teil-)Leistungen zu festgelegten Terminen unter Einhaltung des Budgets. Die Budgetvorgabe für bestimmte Zeiträume basiert auf Annahmen über den Leistungsfortschritt. Ein **operatives Projektcontrolling** erfordert daher eine Leistungs-, eine Termin- und eine Kostenkontrolle. Hinzu treten die Erfahrungssicherung und die Berichterstattung über das Projekt (vgl. Coenenberg/Fischer/Günther [Kostenrechnung] 482). Es gelangen zeitorientierte Instrumente, wie Netzplantechnik und Meilenstein-Trendanalyse, sowie kostenorientierte Instrumente zum Einsatz (vgl. Wurl [Controlling] 102 ff.).

Aus der Perspektive der Kostenabweichungsanalyse weist die **Budgetkontrolle** als kostenorientiertes Instrument **Besonderheiten** auf. Die zeitpunktbezogene Gegenüberstellung aus kumulierten Istkosten (IK) und Budgetkosten (BK) ist nach Isolation der bisher betrachteten Kostenbestimmungsfaktoren (insbesondere Preis- und Mengenabweichung) nicht eindeutig interpretierbar.

$$GA = IK - BK.$$

In einem ersten Schritt sind weitergehend sog. **Change-Order-Costs** zu isolieren. Dabei handelt es sich um nach Budgetfestlegung variierte Leistungsanforderungen an ein Projekt. Die weiteren Schritte (im Rahmen einer **Earned Value Analyse**) zur Schaffung interpretierbarer Datengrundlagen sind Gegenstand der nachfolgenden Ausführungen. Als mögliche Ursachen einer positiven Gesamtabweichung kommen nun noch in Betracht: Kostenüberschreitungen oder ein Leistungsvorsprung. Umgekehrt kann eine negative Gesamtabweichung auf Kosteneinsparungen oder einen Leistungsrückstand zurückzuführen sein.

Eine eindeutige Interpretation erfordert also eine Spaltung der Gesamtabweichung in eine **Leistungsabweichung** und eine **Kostenabweichung** – jeweils bezogen auf den Projektstand (Fertigstellungs-/Realisationsgrad des Projekts). Es werden drei Fragen beantwortet bzw. drei Kostenwerte bestimmt:

- **Istkosten:** Wie hoch sind die tatsächlich bei dem Ist-Projektstand angefallenen Kosten?
- **Sollkosten:** Wie hoch sind die geplanten Kosten für den Ist-Projektstand?
- **Budgetkosten:** Wie hoch sind die geplanten Kosten für den Plan-Projektstand?

Unter **Berücksichtigung von Sollkosten** (SK) stellt sich die Gesamtabweichung als Summe aus einer Kostenabweichung (auch Kostenvarianz; KV) und einer Zeit- bzw. Leistungsabweichung (auch Leistungsvarianz; LV) dar:

$$GA = IK - BK = (IK - SK) + (SK - BK) = KV + LV.$$

Die Kostenvarianz repräsentiert als Wirtschaftlichkeitsmaß einen Realisationsfehler, die Leistungsvarianz als relatives Projektvollzugsmaß gegenüber dem Plan einen Planungsfehler. Aussagekraft kann diese Aufspaltung nur während der Projektlaufzeit haben, weil die Sollkosten zum Endzeitpunkt den Budgetkosten entsprechen.

Abbildung 3.52 enthält drei Grafen: den kumulierten Verlauf der Ist-, der Soll- und der Budgetkosten. Darin werden zugleich die Gesamtabweichung sowie die Leistungs- und die Kostenvarianz aufgezeigt. Es ist deutlich erkennbar,

- dass der Projektfortschritt über den gesamten Betrachtungszeitraum hinter dem geplanten Ablauf zurückbleibt ($SK < BK$) und
- dass es nur in dem Zeitraum zwischen dem 7. und dem 10. Monat zu deutlichen Kostenüberschreitungen kommt ($IK > SK$).

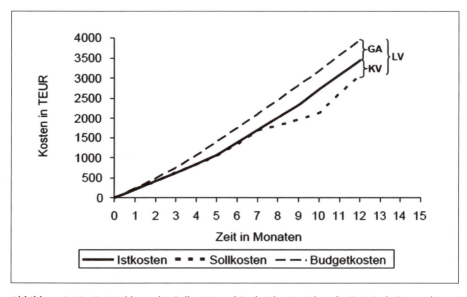

Abbildung 3.52: Entwicklung der Soll-, Ist- und Budgetkosten über die Zeit (vgl. Coenenberg/Fischer/Günther [Kostenrechnung] 499)

Bei der Earned Value Methode rückt zugleich die Messung des Projektfortschritts in den Mittelpunkt der Betrachtung. Hier stehen unterschiedliche Verfahrensweisen zur Auswahl (vgl. Coenenberg/Fischer/Günther [Kostenrechnung] 492). In der Praxis wird überwiegend eine Methode der mengen- und zeitunabhängigen Bestimmung des Realisierungsgrads bevorzugt. Sie basiert auf dem Konzept der Restkosten (RK) als zukünftig planmäßig zu erwartende Kosten:

$$RK = BK - SK.$$

Zu Beginn des Projekts entsprechen die **Restkosten** den Budgetkosten, nach Projektabschluss betragen sie Null. Hiermit verbunden ist also der Realisierungsgrad (RG). Es handelt sich um die auf die Budgetkosten bezogene Abweichung von Budget- und Restkosten. Er beträgt zu Projektbeginn Null und nach Abschluss 100 %.

$$RG = \frac{BK - RK}{BK}.$$

Es besteht ein enger **Zusammenhang** zwischen dem **Reagibilitätsgrad** und den **Sollkosten**. Dies unterstreichen die Berechnungsformeln für die kumulierten Sollkosten (SK) bzw. die auf eine Periode bezogenen Sollkosten (SK_t):

$$SK = BK \times RG \quad \text{bzw.} \quad SK_t = RK_{t-1} - RK_t.$$

Diese restkostenbasierte Verfahrensweise umgeht das **Problem der genauen Bestimmung eines Fertigstellungsgrads**. Sie unterstellt, dass Planungsfehler nur in Bezug auf die Auftragsfortschrittszeitpunkte erfolgen und dass sich die Kosten zeitproportional verhalten. Wenig verlässlich ist die Abbildung des Leistungsfortschrittes mittels Restkosten-Betrachtung dann, wenn der Anteil zugekaufter Leistungen hoch ist. Werden zu Auftragsbeginn Materialien zur Herstellung genutzt, deren Kostenanteil an den Gesamtkosten 50 % beträgt, entsteht der Eindruck, dass das Projekt bereits zur Hälfte vollendet sei. In solchen Fällen sind alternative Verfahren anzuwenden.

Abbildung 3.53 enthält ein **Anwendungsbeispiel** zur Projektkostenabweichungsanalyse (vgl. Coenenberg/Fischer/Günther [Kostenanalyse] 209 ff.).

Für ein umfangreiches Entwicklungsprojekt aus dem Pharmabereich steht ein Gesamtbudget von 3.200 TEUR zur Verfügung. Die Projektdauer ist auf 6 Monate angesetzt. Um Planung und Kontrolle des Vorhabens zu erleichtern, wurde das Projekt in 5 Arbeitspakete aufgespalten.

Die folgende Tabelle enthält die jeweils angesetzten Budgetkosten (BK) in TEUR je Monat und Arbeitspaket (AP):

	Monat						
	1	2	3	4	5	6	AP-Budget
AP 1	200,00	300,00	200,00				700,00
AP 2		200,00	500,00				700,00
AP 3			400,00	400,00	200,00		1.000,00
AP 4					300,00	300,00	600,00
AP 5						200,00	200,00
BK	200,00	500,00	1.100,00	400,00	500,00	500,00	
BK kumuliert	200,00	700,00	1.800,00	2.200,00	2.700,00	3.200,00	3.200,00

Bis zum 4. Monat ergaben sich die folgenden Ist-Kosten (IK) in TEUR je Monat und Arbeitspaket:

	Monat				
	1	2	3	4	AP-Istkosten
AP 1	300,00	400,00	100,00	100,00	900,00
AP 2		200,00	600,00		800,00
AP 3			300,00	300,00	600,00
AP 4					0,00
AP 5					0,00
IK	300,00	600,00	1.000,00	400,00	
IK kumuliert	300,00	900,00	1.900,00	2.300,00	2.300,00

Die Verantwortlichen für die jeweiligen Arbeitspakete rechneten in den Monaten 1 bis 4 noch mit den in der folgenden Übersicht zusammengestellten Restkosten (RK) in TEUR bis zum Abschluss des Entwicklungsvorhabens:

	Monat			
	1	2	3	4
AP 1	500,00	400,00	200,00	0,00
AP 2	700,00	600,00	0,00	0,00
AP 3	1.000,00	1.000,00	800,00	600,00
AP 4	600,00	600,00	600,00	600,00
AP 5	200,00	200,00	200,00	200,00
Summe RK	3.000,00	2.800,00	1.800,00	1.400,00

Bei Durchführung einer **isolierten Budgetanalyse** zum Ende des Monats 4 ergibt sich die Abweichung zwischen Plan- und Istkosten zum derzeitigen Projektstand wie folgt:
Gesamtabweichung = Istkosten – Budgetkosten = 2.300 TEUR – 2.200 TEUR = **100 TEUR**

Im Rahmen einer **Earned-Value-Analyse** lässt sich das Projekt wie folgt beurteilen:
Gesamtabweichung = (Istkosten – Sollkosten) + (Sollkosten – Budgetkosten)
oder
Gesamtabweichung = Kostenvarianz + Leistungsvarianz

Sollkosten = $\sum_{i=1}^{n}$ Budgetkosten$_i$ – Restkosten$_i$

Kostenvarianz = 2.300 TEUR – 1.800 TEUR = 500 TEUR
Leistungsvarianz = 1.800 TEUR – 2.200 TEUR = –400 TEUR
Gesamtabweichung = 100 TEUR

Die positive Kostenvarianz von 500 TEUR signalisiert, dass das Projekt aufgrund von Unwirtschaftlichkeiten teurer ist als ursprünglich für den aktuellen Projektstand geplant. Die negative Leistungsvarianz von –400 TEUR weist auf zeitliche Verzögerungen im Projektfortschritt hin. Erst durch die Aufspaltung der (relativ) kleinen Gesamtabweichung von 100 TEUR in eine Wertkomponente (Kostenvarianz) und eine Mengenkomponente (Leistungsvarianz) werden die Problembereiche des Projekts offensichtlich.

Abbildung 3.53: Projektkostenabweichungsanalyse – ein Beispiel

5.2.3 Erlösabweichungen

Die betrachteten Verfahren der Kostenabweichungsanalyse lassen sich auch zur **Kontrolle der Erlöse** anwenden. Die Feststellung von Erlösabweichungen und die Identifikation ihrer Ursachen unterscheiden sich indes von der Kostenabweichungsanalyse insbesondere in zwei Punkten:

- **Zentrale Einflussgrößen** sind **externer Natur**. Sie lassen sich nicht oder nur schwer von der Unternehmung beeinflussen.
- Die Anwendungsprämisse der betrachteten Verfahren ist verletzt. Die **Einflussgrößen** sind nicht (weitgehend) unabhängig voneinander, sondern **funktional miteinander verbunden**. Dies ist etwa für Absatzmenge und Absatzpreis anzunehmen.

Werden Umsatzabweichungen nach der differenzierten Methode der Kostenabweichungsanalyse bestimmt, spricht man von einer **Symptomanalyse**. Die Ursachen kann man nur durch eine Trennung von endogenen (internen) und exogenen (externen) Einflussfaktoren erkennen. Ein solcher Vorschlag geht auf *Albers* zurück (vgl. Abbildung 3.54 und Albers [Absatzreaktionsfunktion] 1235 ff.; Albers [Ist-Soll-Abweichungs-Ursachenanalyse] 637 ff.; Albers [Deckungsbeitragsabweichungen] 199 ff.).

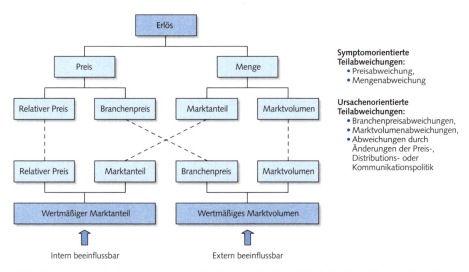

Abbildung 3.54: Erlöskomponenten nach Albers (vgl. Albers [Ist-Soll-Abweichungs-Ursachenanalyse] 642)

Die **Unterschiede zwischen Symptom- und Ursachenanalyse** sind nun herauszuarbeiten. Da der Umsatz (U) ein Produkt aus Preis (p) und Menge (x) ist, gilt:

$$U = p \times x.$$

Wendet man hierauf die Formel der **differenzierten Abweichungsanalyse** an, ergibt sich die **Umsatzabweichung** (ΔU) als Summe aus Preis-, Mengen- und Sekundärabweichung.

$$\Delta U = x^p \times \Delta p + p^p \times \Delta x + \Delta p \times \Delta x.$$

Angesichts der funktionalen Abhängigkeit von Preis und Menge ($p(x)$) ist – analog zur Projektkostenabweichungsanalyse – ein **Soll-Umsatz (SU)** zu berücksichtigen. Dieser Soll-Umsatz ergibt sich als Produkt aus dem Ist-Preis und der zugehörigen Menge laut Preisabsatzfunktion. Hieraus folgt für die Umsatzabweichung als Abweichung zwischen Ist- (IU) und Planumsatz (PU) vereinfachend ohne Ausweis einer Sekundärabweichung:

$$\Delta U = IU - PU = (IU - SU) + (SU - PU) = PA + MA.$$

Die Isolation der tatsächlichen Wirkung der Preis- (PA) und Mengenabweichung (MA) erlaubt es nun, die nicht durch die Preisänderung erklärte **Mengenabweichung** auf ihre **Ursachen**, wie die Marktentwicklung und den Einsatz absatzpolitischer Instrumente, zu untersuchen.

Formal ist der Sollumsatz durch Einführung einer Soll-Absatzmenge x^s zu bestimmen bzw. die Mengenabweichung in eine erwartete Mengenänderung $\Delta^p x$ und eine Restabweichung $\Delta^r x$ aufzuspalten (vgl. im Folgenden Friedl [Controlling] 387 f.):

$$(x^i - x^s) + (x^s - x^p) = \Delta^r x + \Delta^p x.$$

Hieraus folgt für die Gesamtabweichung:

$$\Delta U = p^i \times x^i - p^p \times x^p = (p^p + \Delta p) \times (x^p + \Delta^p x + \Delta^r x) - p^p \times x^p$$
$$= (\Delta p \times x^p + p^p \times \Delta^p x) + p^p \times \Delta^r x + (\Delta p \times \Delta^p x + \Delta p \times \Delta^r x).$$

Dadurch erhält man reine Terme in Bezug auf Preisabweichungen (erster Klammerausdruck) und Mengenabweichung sowie gemischte Terme (zweiter Klammerausdruck).

Wie eingangs dieses Abschnitts betont, ist im Rahmen der Umsatzabweichungsanalyse neben der funktionalen Abhängigkeit als weitere Besonderheit zu beachten, dass die Umsatzentwicklung von **exogenen Marktbedingungen** abhängig ist. Deren Wirkung kann durch eine weitergehende Trennung von **internen und externen Umsatzbestimmungsfaktoren** aufgedeckt werden.

Um die Gesamtabweichung in einen endogen beeinflussbaren wertmäßigen **Marktanteilseffekt** und einen exogenen beeinflussten wertmäßigen **Marktvolumeneffekt** zu spalten, wird die Bestimmungsgleichung für den Erlös modifiziert. Ersetzt man die Absatzmenge durch das Produkt aus Marktvolumen (x_m) und Marktanteil (x_r) und den Absatzpreis durch das Produkt aus Branchenpreis (p_m) und relativem Preis (p_r), stellt sich der **Umsatz** als Produkt aus wertmäßigem Marktanteil und wertmäßigem Marktvolumen dar:

$$U = p \times x = \frac{p}{p_m} \times p_m \times \frac{x}{x_m} \times x_m = p_r \times x_r \times p_m \times x_m.$$

Dementsprechend lässt sich die **Umsatzabweichung** darstellen und nach dem Verfahren der differenzierten Abweichungsanalyse in einen wertmäßigen Volumeneffekt und einen wertmäßigen Marktanteilseffekt aufteilen, wobei noch eine Sekundärabweichung auftritt.

$$\Delta U = p_r^i \times x_r^i \times p_m^i \times x_m^i - p_r^p \times x_r^p \times p_m^p \times x_m^p$$
$$= p_r^p \times x_r^p \times (p_m^i \times x_m^i - p_m^p \times x_m^p) + (p_r^i \times x_r^i - p_r^p \times x_r^p) \times p_m^p \times x_m^p$$
$$+ (p_r^i \times x_r^i - p_r^p \times x_r^p) \times (p_m^i \times x_m^i - p_m^p \times x_m^p).$$

Inhaltlich kann der **exogene** wertmäßige Marktvolumeneffekt durch eine Veränderung des Branchenpreises und des Marktvolumens verursacht sein und der **endogene** wertmäßige Marktanteilseffekt auf den veränderten Einsatz des absatzpolitischen Instrumentariums (Preis, Werbung, Distribution usw.) bzw. die veränderte Wirkung (Effektivität) dieser Maßnahmen zurückzuführen sein (vgl. Abbildung 3.55). Dementsprechend können die endogene Abweichung und die exogene Abweichung weiter aufgespalten werden. Beispielhaft lässt sich die **exogene Abweichung in drei Teilabweichungen** aufspalten:

$\Delta p_B = p_r^p \times x_r^p \times \Delta p_m \times x_m^p$ \quad (Branchenabweichung),

$\Delta x_m = p_r^p \times x_r^p \times p_m^p \times \Delta x_m$ \quad (Marktvolumenabweichung),

$\Delta U_{p_B, x_m} = p_r^p \times x^p \times \Delta p_m \times \Delta x_m$ \quad (Abweichung höherer Ordnung).

Für eine **Aufspaltung der endogenen Abweichung** bedarf es weitergehender Informationen zu einer Preisabsatzfunktion sowie zum Werbeeinsatz und Werbewirkungsannahmen.

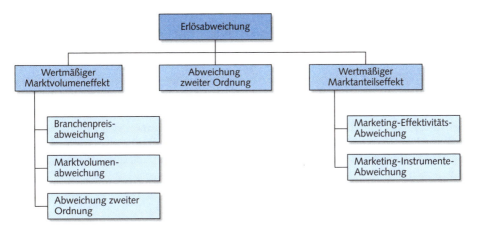

Abbildung 3.55: Erlösabweichung (vgl. Albers [Deckungsbeitragsabweichungen] 204)

5.2.4 Preisgrenzen

5.2.4.1 Absatzpreisuntergrenzen

Preisgrenzen sind kritische Werte, deren Unterschreiten (Preisuntergrenze) oder Überschreiten (Preisobergrenze) entscheidungsrelevant ist. Sie sind situationsbezogen zu bestimmen. Um Entscheidungen über das **Produktions- und Absatzprogramm** zu treffen, werden Preisuntergrenzen benötigt. Die Frage nach Preisobergrenzen betrifft hingegen **Beschaffungsgüter**. Wird die Preisuntergrenze (Preisobergrenze) unterschritten (überschritten), ist von einer Produktion (Beschaffung) abzusehen. Weitergehend sind insbesondere Unterscheidungen danach zu treffen, ob die **Kapazitäten** unverändert bleiben und ob eine **kurz- oder eine langfristige Perspektive** einzunehmen ist.

Bleiben die Kapazitäten unverändert, können vier Fälle unterschieden werden: kein Engpass, ein Engpass, mehrere Engpässe und langfristige Unternehmenssituation. Liegt **kein Engpass** vor, verursacht die Produktion einer zusätzlichen Produkteinheit in der Produktionsperiode einen Kostenanfall in Höhe der variablen Kosten. Diese künftigen Kosten bilden daher die Preisuntergrenze. Dem wertmäßigen Kostenbegriff folgend, sind die künftigen Wertverzehre von wiederzubeschaffenden (nicht wiederzubeschaffenden) Produktionsfaktoren mit Wiederbeschaffungskosten (historischen Zugangswerten) zu berücksichtigen. Dies gilt auch für die Annahme eines Zusatzauftrags. Beeinträchtigt dieser jedoch wegen **Absatzinterdependenzen** die Absatzmenge anderer Produkte, löst er zusätzliche Kosten in Form von Deckungsbeitragsrückgängen aus, die in die Preisuntergrenze des Zusatzauftrags einzurechnen sind. Damit liegt die Preisuntergrenze nicht mehr eindeutig fest, sondern ist von dem Umfang des Zusatzauftrags abhängig.

Vergleichbar stellt sich der **Ein-Engpass-Fall** dar. Der Engpass ist gewinn- bzw. deckungsbeitragsmaximal zu nutzen. Hierzu ist der relative Deckungsbeitrag je Engpasseinheit (z. B. Maschinenminute) zu betrachten. Die um die Engpasskapazität konkurrierenden Produkte sind gemäß dem abnehmenden relativen Deckungsbeitrag – beginnend mit dem höchsten – einzuplanen. Einen Zusatzauftrag sollte man in dieser Situation nur annehmen, wenn er je Engpasseinheit mindestens den übereinstimmenden relativen Deckungsbeitrag erzielt wie die zu verdrängenden Produkte. Wird nur ein Produkt verdrängt, errechnet sich die Preisuntergrenze als Summe aus den variablen Kosten des Zusatzauftrags sowie dem Produkt aus dem Produktionskoeffizienten des Zusatzauftrags und dem relativen Deckungsbeitrag des verdrängten Produkts. Wird mehr als ein Produkt verdrängt, ist im zweiten Summanden der gewogene relative Deckungsbeitrag der verdrängten Produkte zu berücksichtigen.

Liegen **mehrere Engpässe** vor, ist ein simultanes Modell – bestehend aus einer Zielfunktion und Nebenbedingungen – aufzustellen. Als Zielfunktion kommt die Maximierung des Deckungsbeitrags in Betracht. Als Nebenbedingungen sind Kapazitätsrestriktionen, Absatzrestriktionen sowie der Wertebereich der Variablen (z. B. in Form einer Nichtnegativitätsbedingung) zu berücksichtigen. Wenn nach erfolgter

Optimierung eine Entscheidung über einen Zusatzauftrag zu treffen ist, wird es regelmäßig geboten sein, eine erneute Optimierung durchzuführen (vgl. aber Coenenberg/Fischer/Günther [Kostenrechnung] 388), um die Preisuntergrenze zu bestimmen.

Im Mittelpunkt der bisherigen Betrachtungen stand die **kurzfristige Preisuntergrenze**. Die **langfristige Preisuntergrenze** liegt höher. Nunmehr müssen auch die fixen Kosten gedeckt werden. Allerdings lässt sich die langfristige Preisuntergrenze nicht eindeutig bestimmen. In einem Einproduktunternehmen ist die Summe aus variablen Stückkosten und den auf die Produktionsmenge bezogenen fixen Kosten zu bilden. In einem Mehrproduktunternehmen kann deshalb nicht so verfahren werden, weil die fixen Kosten nicht eindeutig den Produktarten (ohne Rest) zugerechnet werden können. Deshalb sind die kalkulierten Vollkosten pro Stück nicht maßgeblich für die langfristige Preisuntergrenze. Vielmehr ist darauf abzustellen, dass die gesamten Kosten gedeckt werden. Dies ist – entsprechend der Break-even-Gleichung – dann der Fall, wenn die Summe der Deckungsbeiträge aller Produkte mindestens den Fixkosten entspricht. Hierfür lassen sich unterschiedliche Kombinationen von Produktionsmengen angeben. *Kilger* spricht hier vom Prinzip des kalkulatorischen Ausgleichs (vgl. Kilger/Pampel/Vikas [Flexible Plankostenrechnung] 692 ff.). Diese Überlegung kann im Rahmen einer **stufenweisen Fixkostendeckungsrechnung** verfeinert werden. Demnach muss z. B. die langfristige Preisuntergrenze mindestens den variablen Kosten und den produktfixen Kosten je Mengeneinheit entsprechen.

Gibt man die Prämisse gegebener Kapazitäten auf, ist zwischen kurzfristigen und langfristigen Absatzrückgängen bzw. -steigerungen zu unterscheiden (vgl. im Folgenden insgesamt Kilger [Preisuntergrenzen] 162 ff., 219 ff.). Im Falle eines **vorübergehenden Absatzrückgangs** könnte eine vorübergehende Stilllegung erwogen werden. Wird in dem betrachteten Bereich nur ein Produkt hergestellt, liegt die Preisuntergrenze dort, wo der Deckungsbeitrag bei Nichtstilllegung der Kosteneinsparung durch vorübergehendes Stilllegen entspricht:

$$x \times (PUG - k_v) \geq \Delta F - \frac{K_w + k_w \times z}{z}.$$

Wobei: ΔF = bei vorübergehender Stilllegung einsparbare Fixkosten pro Monat (z. B. intervallfixe Personal- und Wartungskosten),

K_w = fixe Wiederanlaufkosten nach vorübergehender Stilllegung (z. B. Mieten eines Lagerraums),

k_w = Wiederanlaufkosten je Stilllegungsmonat (z. B. Einarbeitung neuen Personals, Durchführung von Reparaturen),

z = Stilllegungsdauer in Monaten.

Hieraus folgt für die **Bestimmungsgleichung der Preisuntergrenze**:

$$PUG = k_v + \frac{\Delta F}{x} - \frac{K_w + k_w \times z}{x \times z}.$$

Sie entspricht der Summe aus variablen Kosten und der um Wiederanlaufkosten gekürzten Einsparungen bei den Fixkosten.

Bei gegebenem Preis kann durch Umformen die **kritische Stillstandsdauer z*** bestimmt werden:

$$z^* = \frac{K_w}{-(p - k_v) \times x + \Delta F - k_w}.$$

Sollte der Absatzrückgang voraussichtlich mehr als z^* Monate betragen, ist eine vorübergehende Stilllegung der Weiterproduktion vorzuziehen.

Diese Überlegungen sind grundsätzlich auch auf den Mehrproduktfall übertragbar sowie auf den Fall, dass die Stilllegung die Folge eines angenommenen Zusatzauftrags ist. Für die **Preisuntergrenze des Zusatzauftrags ZA** gilt:

$$PUG_{ZA} = k_{vZA} - \frac{\Delta F}{x_{ZA}} + \frac{K_w + k_w \times z}{x_z \times z} + w_k \times b_{ZA}.$$

Wobei: w_k = relativer Deckungsbeitrag des verdrängten Produkts k,
            b_{ZA} = Produktionskoeffizient des Zusatzauftrags im Produktionsengpass.

Hier reduziert die **positive Nettoeinsparung** durch vorübergehende Stilllegung die Preisuntergrenze des Zusatzauftrags, weil der hieraus resultierende Nutzen nicht alternativ zur Annahme des Zusatzauftrags, sondern zusätzlich dazu eintritt. Für negative Werte bewirkt die Nettoeinsparung eine Erhöhung der Preisuntergrenze des Zusatzauftrags, weil diese Kosten durch die Annahme zusätzlich verursacht werden.

Wird nicht mit einem vorübergehenden, sondern mit einem **langfristigen Absatzrückgang** gerechnet, ist die Vorteilhaftigkeit einer endgültigen Stilllegung zu prüfen. Für derartige Entscheidungen ist der Horizont der Kostenrechnung zu kurz. Hierfür sind **investitionstheoretische Methoden** zu nutzen. Deshalb wird im Folgenden von zahlungswirksamen Kosten und Erlösen ausgegangen und unterstellt, dass die endgültig stillzulegenden Betriebsmittel veräußert werden. Unter diesen Voraussetzungen kommt die Nichtstilllegung dem Verzicht auf einen sofortigen Liquidationserlös in Verbindung damit, dass ein Wertverzehr in Form eines sinkenden Liquidationserlöses eintritt, gleich. Diese Ausgangssituation stellt sich wie folgt dar:

$$L_0 = \sum_{t=1}^{n} \frac{(p_t - k_{vt}) \times x_t - \Delta F_t}{(1+i)^t} + \frac{L_n}{(1+i)^n}$$

Wobei: L = Liquidationserlös im Zeitpunkt,
           t = Planungszeitraum von 1 bis n,
           P = Preis,
           k_v = variable Kosten,
           ΔF = abbaufähige fixe Kosten.

Demnach liegt der **kritische Wert** dort, wo der heutige Liquidationserlös der Summe aus dem Barwert der künftigen Deckungsbeiträge, vermindert um die abbaufähigen Fixkosten und dem abgezinsten Liquidationserlös im Stilllegungszeitpunkt, entspricht. Ist L_0 größer (kleiner), ist eine Stilllegung (Weiterproduktion) vorteilhaft.

Unter der Prämisse, dass alle zeitindizierten Variablen konstant sind, kann die Gleichung nach p aufgelöst werden:

$$PUG = k_v + \frac{\Delta F + (L_0 - L_n) \times k(i, n) + L_n \times i}{x}.$$

Wobei: $k(i, n)$ = Wiedergewinnungsfaktor.

Eine **Stilllegung** kommt nur in Betracht, wenn der Preis nicht mindestens der Summe aus den variablen Kosten sowie – jeweils bezogen auf die Produkteinheit – den abbaubaren Fixkosten, dem Kapitaldienst aus dem Liquidationserlösverzicht und der Verzinsung des Liquidationserlöses entspricht.

Übertragen auf den **Mehrproduktfall** müssen die Deckungsbeiträge mindestens den abbaubaren Fixkosten, dem Kapitaldienst aus dem Liquidationserlösverzicht und der Verzinsung des Liquidationserlöses entsprechen, damit eine Nichtstilllegung nicht nachteilig ist. Hierzu lassen sich **mehrere Kombinationen von Preisgrenzen** angeben:

$$\sum_{i=1}^{n} (p_i - k_{vi}) \times x_i \geq \Delta F + (L_0 - L_n) \times k(i, n) + L_n \times i.$$

Bisher wurde der Fall des Absatzrückgangs betrachtet. Umgekehrt können auch kurz- oder langfristige Absatzsteigerungen erwartet werden. Im Fall **kurzfristiger Absatzsteigerungen** kommt insbesondere eine zeitliche oder intensitätsmäßige Anpassung in Betracht. Mithin werden insbesondere die variablen Kosten steigen. Bei einem erwarteten **langfristigen Anstieg der Absatzmenge** ist die Vorteilhaftigkeit einer Erweiterungsinvestition zu prüfen. Nun muss der Barwert der Gewinne zuzüglich des abgezinsten Liquidationserlöses mindestens die Anschaffungsausgaben decken:

$$A_0 \leq \sum_{t=1}^{n} \frac{(p_t - k_{vt}) \times x_t - \Delta F_t}{(1 + i)^t} + \frac{L_n}{(1 + i)^n}.$$

Wobei: A_0 = Anschaffungsausgaben,
ΔF = zusätzliche Fixkosten.

Hält man wiederum alle zeitindizierten Variablen konstant, ergibt sie die **Preisuntergrenze im Ein-Produktfall**:

$$PUG = k_v + \frac{\left(A_0 - \frac{L_n}{(1 + i)^n}\right) \times k(i, n) + \Delta F}{x}.$$

Sollen auf der neuen Anlage **mehrere Produkte** gefertigt werden, müssen deren Deckungsbeiträge in der Summe mindestens dem Zähler in der vorstehenden Gleichung entsprechen. Dieser Forderung können wiederum unterschiedliche Kombinationen von Preisgrenzen genügen.

5.2.4.2 Beschaffungspreisobergrenzen

Die Bestimmung von Preisobergrenzen weist eine **Besonderheit** auf. Gesucht wird ein Beschaffungspreis, bei dem der Deckungsbeitrag des Endprodukts gerade Null wird. Für den Fall, dass **kein Engpass** vorliegt, stellt sich die Formel für die gesuchte Preisobergrenze (POG) wie folgt dar:

$$POG = \frac{p - (k_v - a)}{b}.$$

Wobei: p = Absatzpreis des Endprodukts, das aus dem Rohstoff gefertigt wird,
b = Rohstoffverbrauch je Einheit des Absatzprodukts,
a = bisherige Rohstoffkosten je Einheit des Absatzprodukts,
k_v = variable Stückkosten einschließlich der bisherigen Rohstoffkosten.

Diese grundlegende Überlegung lässt sich auf die anderen Fälle, die vorstehend im Zusammenhang mit Preisuntergrenzen betrachtet wurden, übertragen.

Anzumerken bleibt, dass die Rohstoffkosten pro Mengeneinheit des Endprodukts bekannt sein müssen. Deshalb lässt sich die **Berechnung eines kritischen Wertes** nicht für alle Beschaffungsgüter durchführen. Wird in der aktuellen Situation – wie bereits in den 1970er Jahren zu Zeiten des Ölpreisschocks – die Frage nach der Beschaffungspreisobergrenze für Energiekosten aufgeworfen, so kann diese Frage nur dann beantwortet werden, wenn die Energiekosten in allen Teilbereichen des Kostenrechnungssystems getrennt verrechnet werden. Werden die (wesentlichen) Primärkosten in der Kostenartenrechnung, der Kostenstellenrechnung und der Kostenträgerrechnung getrennt ausgewiesen, liegt eine sog. (partielle) **Primärkostenrechnung** vor (vgl. hierzu Ebbeken [Primärkostenrechnung]; Schubert [Kostenträgerstückrechnung] 358 ff.; Kilger/Pampel/Vikas [Flexible Plankostenrechnung] 346 ff.). Aus Wirtschaftlichkeitsgründen sind Primärkostenrechnungen wenig verbreitet.

5.3 Kostenmanagement

5.3.1 Gemeinkostenmanagement

5.3.1.1 Benchmarking

Unter **Kostenmanagement** versteht man alle Maßnahmen, Mittel und Wege zur zielgerichteten Beeinflussung von Höhe und Struktur des Kostenblocks. Voraussetzung hierfür ist im Allgemeinen die gezielte Aufdeckung aller Kostenbestimmungsfaktoren. Das Ergebnis des Kostenmanagements besteht in veränderten **Kostenvorgaben**. Die Kostenbeeinflussung erfolgt gemäß dem Wirtschaftlichkeitsziel (vgl. zu Definitionen und Konzeptionen des Kostenmanagements im Schrifttum Friedl [Kostenmanagement] 1 ff.).

Unter **Wirtschaftlichkeit** versteht man das Verhältnis aus einer Leistung und dem hierfür erforderlichen Mitteleinsatz. Eine Bewertung von Leistungen und Mitteleinsatz mit den Wertgrößen des Rechnungswesens kann in die wertmäßige Definition von Wirtschaftlichkeit als Verhältnis aus Erlösen und Kosten führen. Für die Problemstellung des Kostenmanagements ist es aus zwei Gründen zweckmäßig, diese Definition um **interne Leistungen** zu erweitern. Es gilt auch Leistungen zu betrachten, die nur mittelbar zur Marktleistung beitragen (wie z. B. Instandhaltungsprozesse) und daher nicht über die Ausbringungsmenge vollständig erfasst werden können. Unwirtschaftlichkeiten können auch bei einer guten Ertragslage existieren. Unter Berücksichtigung der internen Leistung ergibt sich folgende **Definition von Wirtschaftlichkeit**:

$$\text{Wirtschaftlichkeit} = \frac{\text{interne Leistung}}{\text{Mitteleinsatz}} \times \frac{\text{Marktleistung}}{\text{interne Leistung}}$$

bzw. Wirtschaftlichkeit = Effizienz × Effektivität.

Die **Effizienz** ist demnach ein inputbezogenes und die **Effektivität** ein outputbezogenes Maß (vgl. Friedl [Kostenmanagement] 5 f.).

Kostenmanagement kann ablauf-, verfahrens- oder produktbezogen erfolgen. Von besonderer Bedeutung sind **Verfahren der Kostenvorgaben** im Gemeinkostenbereich und Kostenvorgaben für Produkte. Im **Gemeinkostenbereich** können zur Prozessverbesserung (ablaufbezogenes Kostenmanagement) insbesondere die Gemeinkostenwertanalyse, das Zero-Base-Budgeting und das Benchmarking genutzt werden. Für **produktbezogene Kostenvorgaben** werden unter anderem das Target Costing und das Life Cycle Costing eingesetzt. In die beiden zuletzt genannten Verfahren sind zudem ablauf- und verfahrensbezogene Instrumente zu integrieren.

Ein wettbewerbsorientiertes Instrument des Kostenmanagements ist das **Benchmarking** (vgl. hierzu Friedl [Kostenmanagement] 245 ff. sowie Benkenstein/Uhrich [Marketing] 47 ff.; Küting/Lorson [Benchmarking]; Kairies [Benchmarking]; Herz/Kaldschmidt/Salonen [Benchmarking] und Zdrowomyslaw/Kasch [Benchmarking]). Der Begriff Benchmarking kommt aus dem Vermessungswesen. Es gilt sich an etwas zu messen, was sich zu messen lohnt. Benchmarking wurde ursprünglich für das Qualitätsmanagement entwickelt. Es handelt sich um einen systematischen **Vergleich** mit einem Leistungsführer mit dem Ziel, Maßnahmen zur Effizienz- und Effektivitätsverbesserung zu entwickeln, um selbst Leistungsführer zu werden. Ein Nachahmen ist nicht beabsichtigt, sondern eine **individuelle Lösung**, die das Best-Practice-Beispiel eventuell des Branchenführers oder des Weltbesten (sog. World Class Performer) übertrifft.

Nach der **Art der Datengewinnung** ist zunächst zwischen einseitigem und kooperativem Benchmarking zu unterscheiden. Beim **kooperativen Benchmarking** erfolgt ein gegenseitiger Austausch von Daten. Es kann sich um einen Vergleich zwischen einer Unternehmung und einem Leistungsführer handeln (wechselseitiges Benchmarking) oder darum, dass zwei oder mehr Unternehmungen ein Benchmarking durchführen (Gruppenbenchmarking). In beiden Fällen arbeiten die Benchmarkingpartner zusammen. Es finden auch gegenseitige Betriebsbesichtigungen statt.

Beim **einseitigen Benchmarking** erhebt die Unternehmung Daten beim Benchmarkingpartner ohne eigene preiszugeben. Erfolgt das Benchmarking mit direktem Kontakt zum Benchmarking-Partner, liegt ein offenes Benchmarking vor. Kommt es zu keinem Kontakt, wird das Benchmarking verdeckt z. B. über Verbände oder Agenturen durchgeführt. Hierbei kann die Datensammlung aus Datenbanken erfolgen (datenbankbezogenes Benchmarking) oder Beratern übertragen werden (indirektes Benchmarking). Gemeinsam ist beiden Formen des verdeckten Benchmarkings, dass die Datenquellen nicht offengelegt werden. Beim indirekten Benchmarking werden sie aber gezielt für den Auftraggeber erfasst. Gleichwohl ist in beiden Fällen nicht sichergestellt, dass die Terminologie und die Definition von Kennzahlen zwischen den Benchmarking-Partnern übereinstimmen.

Nach den **Benchmarking-Partnern** unterscheidet man zwischen unternehmensinternem, wettbewerbsorientiertem, funktionalem und generischem Benchmarking. Abbildung 3.56 enthält neben der Definition dieser **Benchmarking-Arten** auch die jeweiligen **Vor- und Nachteile**.

Verfahren	Definition (Benchmarking-Partner (BP), Objekt (O))	Beurteilung (Vorteile (V), Nachteile (N))
Unternehmensinternes Benchmarking	BP: Leistungsführer innerhalb der Unternehmung (verschiedene Standorte, Unternehmensbereiche) oder in einer assoziierten Unternehmung O: Prozesse	V: Einfache Informationsbeschaffung; Sammeln von Erfahrungen für ein Benchmarking mit einem externen BP; Übertragbarkeit der gefundenen Lösungen ist gegeben N: Es können keine innovativen Lösungen gefunden werden
Wettbewerbsorientiertes Benchmarking	BP: Direkter Wettbewerber; Leistungsführer innerhalb der Branche O: Produkte, Prozesse, Methoden	V: Hohe Vergleichbarkeit N: Wettbewerbsvorteile können kaum geschaffen werden; Beschränkungen der Informationsbeschaffung; Gefahr der Übernahme nicht optimaler Lösungen
Funktionales Benchmarking	BP: Branchenübergreifender Leistungsführer in Bezug auf eine bestimmte Funktion O: Prozesse, die es in unterschiedlichen Branchen gibt (z. B. Logistik)	V: Einfache Informationsbeschaffung; es können innovative Lösungen gefunden werden, da es eine größere Zahl potenzieller BP gibt und die betrachtete Funktion eine Kernkompetenz des BP ist; ermöglicht das Schaffen von Wettbewerbsvorteilen; höhere Akzeptanz der Lösungen N: Schwierigkeiten bei der Übertragung der gefundenen Lösungen

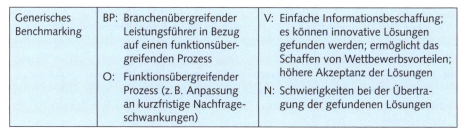

Abbildung 3.56: Arten des Benchmarking nach dem Benchmarking-Partner (vgl. Friedl [Kostenmanagement] 248)

Einen Sonderfall des Benchmarking stellt das sog. Cost Benchmarking dar. Hierbei handelt es sich um einen Stückkostenvergleich zwischen zwei Konkurrenzprodukten. Hierbei interessieren nicht nur die absoluten Stückkosten, sondern auch die Kosten der Teile sowie der Produktionsprozesse. Auch hierfür stehen grundsätzlich zwei Vorgehensweisen zur Wahl. Das Benchmarking kann von der Unternehmung selbst durchgeführt oder es können externe Dienstleister herangezogen werden. Im Mittelpunkt steht ein Reverse Engineering (vgl. Cooper/Slagmulder [Engineering] 340), das heißt das Zerlegen des Konkurrenzerzeugnisses in seine Einzelteile und deren detaillierte Analyse (z. B. in Bezug auf Materialien, Beschaffungsquellen, Oberflächen und Funktionen). Hieraus können Erkenntnisse zu technischen Lösungen (z. B. Schweißen oder Schrauben) sowie zum Verhältnis von fremdbezogenen Teilen zu selbst erstellten Teilen gezogen werden. Aus den gewonnenen Erkenntnissen und weiteren Recherchen zu Produktionsverfahren, Montageprozessen und Arbeitsorganisation wird dann eine Kostenschätzung vorgenommen.

Nicht unüblich sind Darstellungsweisen, die vom Produktpreis ausgehen und dem Modell der Wertkette von *Porter* folgen. Hierfür ist statt Cost Benchmarking auch der Begriff der Wertkettenanalyse gebräuchlich (vgl. nur Friedl [Kostenmanagement] 50 ff.). Das Ziel besteht darin, Maßnahmen zur Schaffung von Kostenvorteilen zu identifizieren und zu planen. Im Rahmen des Cost Benchmarking im Sinne einer Wertkettenanalyse wird zwischen primären und unterstützenden Wertaktivitäten unterschieden. Die primären Aktivitäten lassen sich aus der Marktaufgabe herleiten und dienen unmittelbar der Leistungserstellung sowie Leistungsverwertung (Eingangslogistik, Produktion, Marketing und Vertrieb, Ausgangslogistik, Kundendienst). Die unterstützenden Aktivitäten erbringen innerbetriebliche Dienstleistungen für primäre Aktivitäten oder für die Wertkette insgesamt (vgl. Porter [Wettbewerbsvorteile] 66 ff.).

5.3.1.2 Zero-Base-Budgeting

Ein Instrument des erfolgsorientierten Kostenmanagements bildet das Zero-Base Budgeting (ZBB; auch Null-Basis-Budgetierung). Das ZBB wurde von Texas Instruments Ende der 1960er Jahre entwickelt und wird vor allem von der Unternehmensberatungsgesellschaft A.T. Kearney propagiert (vgl. Jehle [Gemeinkostenmanagement] 1512). Es handelt sich um ein aperiodisch anwendbares deduktives **Verfahren zur outputbasierten Budgetierung von sicheren Prozessen im Gemeinkostenbereich** von produzierenden Unternehmen bzw. dem Verwaltungsbereich von Dienstleistungsunternehmen bzw. Verwaltungen. Die zu relativierende **Grundidee** besteht in der Disponierbarkeit aller Leistungen. Indem eine Neuplanung der Gemeinkostenbereiche «auf der grünen Wiese» angenommen wird, können effizienzsteigernde Maßnahmen ebenso Berücksichtigung finden, wie Ausweitungen oder Reduzierungen des Leistungsspektrums.

Im Rahmen einer **ZBB-Analyse** wird der Untersuchungsbereich in **Entscheidungseinheiten** aufgeteilt. Diese zeichnen sich durch eine Homogenität der hierin zusammengefassten Aktivitäten aus. Sie bilden jeweils ein Objekt der Analyse und Gestaltung. An Entscheidungseinheiten werden **drei Anforderungen** gestellt:

- Die Aufteilung erfolgt überschneidungsfrei dergestalt, dass über jede Entscheidungseinheit – bis hin zum Abbau – isoliert entschieden werden kann.
- Jeder Entscheidungseinheit können Kosten und Leistungen zugerechnet werden.
- Aktivitäten, die nicht entfallen könnten oder sollten, werden nicht betrachtet.

In jeder Entscheidungseinheit wird eine **Arbeitsgruppe** gebildet. Diese strukturiert die Leistungen und Kosten, generiert und bewertet Ideen für Maßnahmen zur Erhöhung der Effizienz der Leistungserstellung und definiert Ziele für die Entscheidungseinheit, die in einer Mittel-Zweck-Beziehung zu den zuvor in der Vorbereitungsphase definierten Zielen der ZBB stehen müssen.

Ausgehend von diesen Zielen werden von jeder Arbeitsgruppe einer Entscheidungseinheit **drei Entscheidungspakete auf unterschiedlichen Ergebnisniveaus** erarbeitet.

- Ergebnisniveau 1: Minimalniveau,
- Ergebnisniveau 2: Niveau im Status Quo,
- Ergebnisniveau 3: zur verbesserten Zielerreichung wünschenswertes Niveau.

Die Ergebnisniveaus werden anschließend zu **Entscheidungspaketen** erweitert. Dabei sind konkrete Angaben zu machen zu:

- den jeweiligen Aufgaben und Zielen,
- Vor- und Nachteilen des wirtschaftlichsten Verfahrens (z. B. zentrale oder dezentrale Ausführung),
- Folgen einer Ablehnung des Entscheidungspakets,
- Beziehungen zu anderen Entscheidungseinheiten,
- einmalig und laufend erforderlichen Mitteln en détail für das Ergebnisniveau 1 bzw. relativ zu dem nächstniedrigeren Ergebnisniveau.

Schließlich sind alle Entscheidungspakete zu bewerten und in eine **Rangordnung** zu bringen. Die Reihung beginnt auf der niedrigsten Führungsebene, wobei niedrigere Ergebnisniveaus stets eine höhere Priorität als höhere haben. Die übergeordnete Instanz prüft die Rangordnungen der untergeordneten Ebenen und fasst sie zu einer neuen umfangreicheren Reihung zusammen, bis – in der Regel nach drei Hierarchiestufen – eine vollständige Rangordnung aller Entscheidungspakete des Untersuchungsbereichs der ZBB erstellt ist. Dieser Prozess vollzieht sich partizipativ und diskursiv oder auf Basis von Nutzwertanalysen.

Hieran schließen die Budgetschnitte an. Zunächst werden die unverzichtbaren Entscheidungspakete identifiziert (minimaler Budgetschnitt). Anschließend wird ein maximaler Budgetschnitt bestimmt, der auch Entscheidungspakete umfasst, die entfallen könnten, wenn die finanziellen Mittel nicht zu ihrer Realisierung ausreichen. Die Unternehmensleitung kann sich dadurch auf die kritischen Entscheidungspakete konzentrieren, die zwischen dem minimalen und maximalen Budgetschnitt liegen.

Im weiteren Prozess erfolgen vorläufige Budgetschnitte. Sie werden so lange adjustiert, bis die vordefinierte Gemeinkosteneinsparung erreicht wird. An den endgültigen Budgetschnitt schließt sich die Realisationsphase an.

Als Vorteil der ZBB wird angeführt, dass neben Gemeinkostensenkungen eine veränderte Allokation der Ressourcen erfolgt und dadurch die mittel- bis langfristigen Unternehmungsziele besser erreicht werden können. Der Nachteil besteht in dem großen Aufwand dieses Verfahrens, das nach drei bis fünf Jahren wiederholt werden sollte. Kritisch ist auch, dass der Anspruch der Null-Basis-Budgetierung auf der grünen Wiese mehrfach zu relativieren ist. So sollen unverzichtbare Aktivitäten und Entscheidungspakete von Budgetkürzungen ausgenommen werden. Zudem müssen die Einsparpotenziale von jenem Personenkreis definiert werden, der von den Maßnahmen betroffen ist. Schließlich wird eine objektive unternehmensweite ordinale Rangfolge der Entscheidungspakete nicht möglich sein (vgl. zur Würdigung der ZBB Lorson [Straffes Kostenmanagement] 196 ff.; Friedl [Kostenmanagement] 233 ff.; Coenenberg/Fischer/Günther [Kostenrechnung] 893 ff.).

5.3.1.3 Gemeinkostenwertanalyse

Ein Instrument des traditionellen Kostenmanagements bildet die Gemeinkostenwertanalyse (GWA; Overhead Value Analysis (OVA)) (vgl. hierzu Jehle [Gemeinkostenmanagement] 1506 ff.; Friedl [Kostenmanagement] 227 ff.). Die GWA wurde in den 1970er Jahren von der Unternehmensberatungsgesellschaft McKinsey entwickelt. Es handelt sich um ein aperiodisch anwendbares deduktives Verfahren zur inputbasierten Budgetierung von sicheren Prozessen im Gemeinkostenbereich von produzierenden Unternehmen bzw. dem Verwaltungsbereich von Dienstleistungsunternehmen bzw. Verwaltungen. Die Grundidee besteht in dem Abbau nichtnotwendiger Leistungen und der Prozessverbesserung bei unverzichtbaren Leistungen, die so kostengünstig wie möglich erstellt werden sollen, um ein vorgegebenes Kosteneinsparungsziel von 20 bis 30 % zu erreichen.

Auch zur Durchführung einer GWA werden Untersuchungseinheiten gebildet. Dabei handelt es sich regelmäßig um Organisationseinheiten. Maximal drei Untersuchungseinheiten werden von einem der Projektleitung unterstellten Analyse-Team betreut. Die Analyseteams werten die Ergebnisse der **Arbeitsgruppen** aus. Die sind für die Dokumentation, die Berichterstattung an die GWA-Projektleitung und die Durchsetzung und Kontrolle der Maßnahmen zuständig. In jedem Untersuchungsbereich wird eine Arbeitsgruppe aus den darin beschäftigten Personen gebildet.

Die **Analyse** der Untersuchungseinheit vollzieht sich **in vier Schritten:**

- **Erfassung** und Strukturierung der Leistungen und Kosten (in Analogie zur Prozesskostenrechnung),
- **Entwicklung** von Einsparungsideen,
- **Bewertung** der Einsparungsideen,
- **Entscheidung** über die Einsparungsideen.

Den Arbeitsgruppen wird ein **Einsparungsziel von 40 %** vorgegeben, obwohl nur eine 20–30 %ige Gemeinkostenersparnis angestrebt wird. Dadurch soll eine hohe Intensität und Kreativität bei der Suche nach Rationalisierungspotenzialen sichergestellt werden, wie

- **Effektivitätssteigerungen** durch Leistungsabbau (z. B. Verringerungen von Funktionalität, Qualität und Häufigkeit von Prozessen),
- **Effizienzsteigerungen** (z. B. Änderung der organisatorischen Zuordnung, Outsourcing, Automatisierung, Straffung von Prozessen).

Die **Bewertung** der gefundenen Maßnahmen erfolgt nach den Kriterien Kosteneinsparung, Risiko (negative Konsequenzen, Bedeutung, Eintrittswahrscheinlichkeit) und Realisierbarkeit. Diese werden **drei Kategorien** zugeordnet:

- **A-Maßnahmen** versprechen akzeptable Kosteneinsparungen, die binnen zwei Jahren realisiert werden können.
- **B-Maßnahmen** sind eine Restkategorie, die zunächst zurückgestellt wird.
- **C-Maßnahmen** sind nicht realisierbar.

Auf dieser Grundlage werden **Aktionsprogramme** für A-Maßnahmen und zur Erreichung des Kostenziels notwendige B-Maßnahmen ausgearbeitet. Dabei kann das Analyseteam auch Maßnahmen verwerfen, neue hinzufügen oder neu von anderen Arbeitsgruppen bewerten lassen. Abgeschlossen wird eine GWA durch die Realisations- und Kontrollphase.

Mittels einer GWA können Effektivitäts- und Effizienzsteigerungen erreicht werden. **Problematisch** ist die reine Fokussierung auf die Kostensenkung. Ein Bezug zu den Zielen der Unternehmung sowie des Untersuchungsbereichs wird nicht hergestellt. Die Arbeitsgruppen können durch die Vorgabe des 40 %-Ziels demotiviert werden. Sie müssen Vorschläge entwickeln, die von ihnen umzusetzen sind. Sie müssen die Notwendigkeit ihrer eigenen Arbeit beurteilen und die Auswirkungen von Maßnahmen bewerten, obwohl kein Leistungsempfänger Mitglied in ihrer Arbeitsgruppe ist. Schließlich gelten die Kosteneinsparungen als nicht nachhaltig. Daher muss auch eine GWA alle drei bis fünf Jahre wiederholt werden.

Alle drei betrachteten Gemeinkostenmanagement-Verfahren (Benchmarking, ZBB und GWA) können ergänzend zur Fortschreibungsbudgetierung bei sicheren Prozessen des Gemeinkostenbereichs eingesetzt werden. Einen zusammenfassenden Vergleich enthält die Abbildung 3.57.

Verfahren Merkmale	GWA	ZBB	Benchmarking
Funktion	• Ideenfindung • Bewertung • Implementierung	• Bewertung • Implementierung	• Zielsetzung • Analyse • Ideenfindung • Implementierung
Ziel	Kostensenkung	Erreichung von mittel- und langfristigen Zielen	Erreichung von mittel- und langfristigen Zielen
Planung von Kostenvorgaben	Keine	Keine	Durch Vergleich mit einem Leistungsführer
Identifikation von Kostensenkungspotenzialen	Kosten-Nutzen-Analyse der Ist-Leistungen	Analyse des Beitrags aktueller und potenzieller Leistungen zur Zielerreichung	Durch Vergleich mit einem Leistungsführer
Ideengenerierung	• Kreativitätstechniken • 40 %-Einsparungshürde • Analyseteam aus Leistungserstellern und -empfängern	• Kreativitätstechniken • Hohe Einsparungshürde	Durch Vergleich mit einem Leistungsführer

Abbildung 3.57: Synoptischer Vergleich von GWA, ZBB und Benchmarking (vgl. Friedl [Kostenmanagement] 257)

5.3.2 Target Costing

Anfang der 1970er Jahre wurde eine Studie von British Aerospace veröffentlicht, wonach 80–90 % der Herstellkosten vor Beginn der eigentlichen Produktion festgelegt werden. Ein nach der Produktion des ersten Stücks einsetzendes Kostenmanagement kann hierauf keinen Einfluss mehr nehmen. Das Kostenmanagement muss also früher beginnen. Hier setzen zwei in jüngerer Zeit viel beachtete Konzepte, das Target und das Life Cycle Costing, an.

Im Rahmen von Target Costing wird zudem konsequent die Erkenntnis umgesetzt, dass Produkte marktgerecht sein müssen, um erfolgreich eingeführt zu werden. Dies betrifft auch die Preissetzung. Insofern wirkt Target Costing auch der Gefahr des «Sich aus dem Markt Kalkulierens» durch eine kostenorientierte Preisbildung nach dem Selbstkosten-Plus-Gewinnzuschlag-Prinzip entgegen (vgl. hierzu Lorson [Absatzcontrolling] 453; Kilger/Pampel/Vikas [Flexible Plankostenrechnung] 26 f.).

Die **Grundidee** des Target Costing kann für Deutschland bereits in den 1930er Jahren bei der Entwicklung des VW Käfers nachgewiesen werden. Das Target Costing heutiger Prägung wurde **1965 von Toyota** entwickelt und erfuhr in den 1970er Jahren breite Anwendung in der japanischen Industrie (jap. Mokuhuhyou Genkakeisan). Seit den 1990er Jahren wird es im Schrifttum intensiv diskutiert und weltweit angewandt (vgl. nur Franz [Target Costing] 124 ff.; Graßhoff/Arbeitskreis Mecklenburg-Vorpommern [Target Costing]); Horváth [Target Costing] 478 ff.; Seidenschwarz [Target Costing]).

Den **Anwendungsbereich** von Target Costing bilden Produktinnovationen von mehrteiligen, komplexen Produkten mit in der Regel längeren Marktzyklen. Hauptanwendungsbranchen sind der Fahrzeugbau, die Elektroindustrie und der (Präzisions-)Maschinenbau. **Grundlegende Merkmale** sind:

- Konsequente Kunden- und Marktorientierung,
- Beeinflussung der Kosten schwerpunktmäßig in der Entwicklungs- und Konstruktionsphase,
- Ganzheitliche Betrachtung eines Produkttyps während des gesamten Lebenszyklus.

Der Target Costing **Prozess** vollzieht sich in interdisziplinären Teams, deren Mitglieder sich aus nahezu allen Unternehmensbereichen rekrutieren. Schematisch kann die Vorgehensweise durch die **Abfolge von 10 Schritten** gekennzeichnet werden (vgl. Coenenberg/Fischer/Günther [Kostenrechnung] 545).

- Bestimmung der Funktions- und Eigenschaftsstruktur eines Produkts,
- Ermittlung der Preis-Absatz-Funktion,
- Ermittlung der allowable costs,
- Entwicklung eines Rohentwurfs für das Produkt,
- Kostenschätzung der Produktkomponenten (drifting costs),
- Gewichtung der Produktkomponenten,
- Berechnung des komponentenspezifischen Zielkostenindexes,
- Erstellung eines Zielkostenkontrolldiagramms auf Basis der drifting costs,
- Kostenmanagement und Festlegung der target costs,
- Erstellung eines Zielkostenkontrolldiagramms auf Basis der target costs.

Die **Preisabsatzfunktion** wird benötigt, um einen Marktpreis für die geplante Produktionsmenge zu finden. Von diesem Zielpreis wird zunächst der Zielgewinn in Abzug gebracht. Dieser kann auf Basis von Umsatz- oder Kapitalrenditen ermittelt werden oder durch Rückgriff auf das Shareholder Value Konzept. Damit stehen die sog. **allowable costs**, die vom Markt erlaubten Produktvollkosten, fest.

Darin enthalten sind Kosten, die nicht durch das Target Costing beeinflusst werden (vgl. Abbildung 3.58). Ihre Herausrechnung führt zu den **allowable costs II**, auf deren Basis eine etwaige Zielkostenlücke bestimmt werden kann. Sie wird berechnet als Differenz aus allowable costs und drifting costs. Bei strikter Anwendung von Target Costing werden die allowable costs zu **Zielkosten** (target costs) erhoben. Häufig ist jedoch zu beobachten, dass statt der allowable costs höhere Zielkosten vereinbart werden, was einem partiellen Verzicht auf den ursprünglichen Zielgewinn und einer Senkung der Markteintrittsbarriere für die künftigen Wettbewerber gleichkommt.

Drifting costs repräsentieren die geschätzten Produktkosten im Status Quo, das heißt insbesondere unter der Prämisse, dass die Herstellung mit der heutigen Technologie, den heutigen Baugruppen und Teilen sowie den heutigen Lieferanten erfolgt, wobei alle über den Lebenszyklus des Produktes anfallenden Kosten zu berücksichtigen sind. Der die allowable costs übersteigende Betrag der drifting costs wird als **Zielkostenlücke** bezeichnet. Sie legt den notwendigen Kostensenkungsbedarf fest. Hieran knüpft der Prozess des **Zielkostenmanagements** an, der aus **drei Komponenten** besteht:

- Kostenreduktion in der Phase der Produktentwicklung,
- Kostenreduktion durch funktionsbereichsbezogenes Kostenmanagement (z. B. durch GWA und ZBB),
- Kostenreduktion im Markt- und Nachsorgezyklus (z. B. im Sinne der Kostenerfahrungskurve).

Der Prozess des Zielkostenmanagements vollzieht sich **iterativ** mit dem Ziel, die drifting costs an die allowable costs anzugleichen.

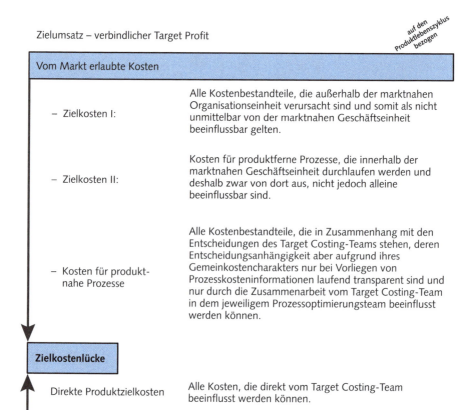

Abbildung 3.58: Ermittlung der Zielkostenlücke (vgl. Seidenschwarz / Huber / Niemand / Rauch [Target Costing] 135 ff.)

Zur Operationalisierung der allowable bzw. drifting costs wird eine Spaltung der Produktvollkosten nach einzelnen Produktfunktionen und Produktkomponenten erforderlich. Die Kostenschätzung erfolgt auf Basis der Produktkomponenten. Steht fest, in welchem Maße die Produktkomponenten zu den identifizierten Produktfunktionen beitragen, kann eine marktpreisabgeleitete Kostenvorgabe für die Produktfunktionen erfolgen. Hierzu wird der Nutzenanteil bestimmt, den die Kunden den jeweiligen Produktfunktionen beimessen, um hieraus den Nutzenanteil der Produktkomponenten zu bestimmen. Er entspricht einer relativen Kostenvorgabe und kann durch Multiplikation mit den allowable costs in eine komponentenspezifische Kostenvorgabe überführt werden.

Der nächste Schritt besteht in der Berechnung eines Zielkostenindexes je Produktkomponente als Quotient aus Nutzenanteil und Kostenanteil der Produktkomponente auf Basis der drifting costs. Er ist von zentraler Bedeutung für das Kostenmanagement. Er wird nach der Heuristik beurteilt, dass der Ressourceneinsatz dem Nutzen für die Kunden entsprechen soll. Dieser Vorgabe genügen Werte von 1. Liegt der Wert unter (über) 1, gilt die Komponente als zu teuer (preiswert).

Ob der produktkostenspezifische Zielkostenindex Anlass zum Kostenmanagement gibt, wird anhand eines Zielkostenkontrolldiagramms beurteilt (vgl. Abbildung 3.59). Liegt der Indexwert im unternehmensspezifisch zu definierenden Toleranzbereich (sog. Zielkostenzone), kann ein Kostenmanagement unterbleiben. *Tanaka* definiert die Zielkostenzone mittels der Funktionen $y = (x^2+q^2)^{0,5}$ und $y = (x^2-q^2)^{0,5}$ (vgl. Coenenberg/Fischer/Günther [Kostenrechnung] 557). Die Abbildung 3.59 veranschaulicht, dass der Toleranzbereich umso größer ist, je geringer der Nutzenanteil ausfällt.

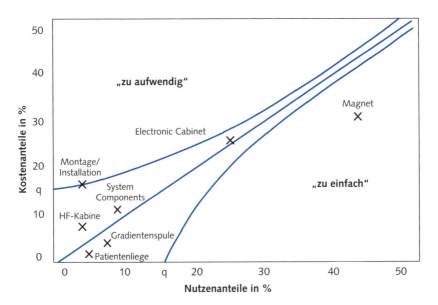

Abbildung 3.59: Zielkostenkontrolldiagramm (vgl. Coenenberg/Fischer/Günther [Kostenrechnung] 558)

Im Beispiel liegt der Zielkostenindex des Magneten nicht im Zielkostenkorridor, weshalb zu prüfen ist, ob die vorgesehene Qualität angesichts des übersteigenden Nutzens ausreicht. Erfolgen im Rahmen des Zielkostenmanagementprozesses Änderungen an den Produktkomponenten, so sind neue drifting costs zu schätzen. Selbst wenn dies nur bei einer Komponente der Fall ist, sind die Zielkostenindices aller Komponenten neu zu berechnen, weil die Änderung der Summe der drifting costs Auswirkungen auf alle Kostenanteile hat.

Nach der **Idealvorstellung des Target Costing** sind so lange Änderungen vorzunehmen, bis die Summe der drifting costs der Summe der allowable costs entspricht. Eine positive Zielkostenlücke bzw. ein nicht erfüllbarer Kostensenkungsbedarf zieht dabei den Verzicht auf die Entwicklung und Markteinführung des betrachteten Produkts nach sich.

Insgesamt wird deutlich, dass Target Costing, obgleich es auch als Zielkostenrechnung bezeichnet wird, **kein Kostenrechnungssystem** repräsentiert. Es kann nach mehreren Iterationen als **Entscheidungsrechnung** zur Beurteilung der Vorteilhaftigkeit einer Markteinführung ausgestaltet werden. Da in diese Rechnung durchschnittliche künftige Kosten eingehen, ist der Kostenbegriff nicht wertmäßig, sondern eher zahlungsstromorientiert – wie im Rahmen der Kostenerfahrungskurve – auszulegen.

Als Hauptanwendungsbranche wurde bereits die **Automobilindustrie** benannt. Angesichts der engen Verbindung zwischen Automobilherstellern und ihren Zulieferern ist deren Einbezug in Target Costing-Projekte und die Bildung **unternehmensübergreifender Projektteams** geboten (vgl. ausführlich Friedl [Kostenmanagement] 382 ff.).

Obgleich die Grundidee des Target Costing breite Zustimmung findet, können bedeutsame **Problemfelder** identifiziert werden. Angesichts des Ressourcenbedarfs ist die Durchführung von Target Costing auch unter **Wirtschaftlichkeitsgesichtspunkten** zu beurteilen. Daher wird Target Costing regelmäßig nicht für alle Produktvarianten, sondern nur für eine Basisvariante praktiziert. Selbst hierfür wird sich in der Marktphase kein einheitlicher Marktpreis etablieren. Der Marktpreis als Ausgangspunkt der Rechnung muss also ebenfalls ein durchschnittlich gewichteter über den gesamten Lebenszyklus unter Berücksichtigung aller Kundengruppen sein. Angesichts der funktionalen Abhängigkeit von Preis und Menge kommt nun der **Genauigkeit der Umsatzprognose** eine zentrale Bedeutung zu. Werden Preis oder Menge falsch prognostiziert, kann es zu Fehlsteuerungen kommen (vgl. Coenenberg/Fischer/Günther [Kostenrechnung] 565 ff.). Fehlprognosen sind indes nicht auszuschließen, weil die Preisschätzungen auf Kundenbefragungen zu einem Produkt basieren, das noch nicht existiert und das sich im Laufe des Target Costing-Projekts verändert.

Einen weiteren Problembereich bilden die **Verfahren zur Bestimmung des Zielgewinns**. Am einfachsten scheint die Verwendung der Umsatzrendite zu sein. Relevanter für die Unternehmenssteuerung ist jedoch eine Kapitalrendite oder ein anderes unternehmenswertorientiertes Maß. Die Kapitalrendite (z. B. Stewart's R im EVA-Konzept), die von der Umsatzrendite und vom Kapitalumschlag abhängig ist, muss mindestens den Kapitalkosten (z. B. WACC) entsprechen, damit EVA nicht negativ wird. Setzt man für Stewart's R diesen Mindestwert ein, erkennt man die Abhängigkeit der Umsatzrentabilität (NoPaT/Umsatz) vom Kapitalumschlag (vgl. Coenenberg/Fischer/Günther [Kostenrechnung] 567 ff.).

Stewart's R = NoPaT/EBV = NoPaT/Umsatz × Umsatz/EBV
 = Umsatzrentabilität × Kapitalumschlag = WACC

Eine zutreffende Schätzung des Zielgewinns setzt also in jedem Fall voraus, dass die **künftige Kapitalbindung** bekannt ist, obgleich weder das Working Capital dem Management abschließend bekannt ist noch die künftigen Betriebsmittel und Verfahren. Von einer der umsatzrenditebasierten Vorgehensweise ist daher abzuraten, weil die (latente) Gefahr besteht, dass deren Kapitalumschlagsabhängigkeit negiert wird.

Problematisiert wird auch die **Abschätzung der Produktstandardkosten** (drifting costs) bzw. der Kostensenkungen ausgehend vom Status Quo (vgl. Coenenberg/Fischer/Günther [Kostenmanagement] 569f.). Die zu berücksichtigenden **Unterschiede zwischen dem existierenden und dem künftigen Produkt** lassen sich grundsätzlich in **drei Maßnahmen** einteilen:

- Der Produktaufbau unterscheidet sich von existierenden Produkten.
- Existierende Verfahren und Betriebsmittel können (teilweise) wirtschaftlicher genutzt werden.
- Es gelangen (teilweise) andere Verfahren und Betriebsmittel zur Anwendung.

Die damit verbundenen Kostenänderungen sind entweder **produktgetrieben** (erster Aufzählungspunkt) oder **prozesstechnologiegetrieben**. Produktabhängige Kostentreiber sind z. B. Bestell-, Lagerungs-, Prüf- und Montagevorgänge. Technologiebezogen sind z. B. Rüst-, Transport- oder Wartungsvorgänge.

Das Kalkulationsverfahren zur Ermittlung der drifting costs in der Marktphase sollte daher diese **Kostentreiber** explizit im Rahmen einer Prozesskostenrechnung bzw. einer Grenzplankostenrechnung **berücksichtigen** und dabei im Rahmen der Kostenstellenrechnung Zielkosten als Plankosten verwenden.

Als **weitere Einwendungen** gegen das Target Costing werden z. B. benannt:

- Die dem Zielkostenindex innewohnende **Heuristik** wird kritisch beurteilt, weil eine exakte Schätzung des Kundennutzens und dessen Komposition nicht objektiv erfolgen können und weil es z. B. auch technisch intelligente Lösungen geben kann, bei denen die Kosten den Nutzen bei Weitem übersteigen.
- Der durch Target Costing beeinflussbare **Kostenblock** macht nur einen geringen Teil der Produktvollkosten aus. Ein größerer Anteil entfällt auf die produktfernen Kosten (vgl. oben Abbildung 3.58) und die Kosten von ebenfalls auszunehmenden Basisanforderungen an Produkte (z. B. Unfallprävention).
- Indem der **Sollgewinn** vorgegeben wird, besteht kein Anreiz zur Gewinnmaximierung über den Mindestgewinn hinaus.
- Neben der oben beschriebenen Form der **Zielkostengewinnung** aus dem Markt (sog. Market-into-Company) können Marktpreise auch mit anderen Verfahren (Out-of-Company-Ansatz, Into-and-out-of-Company-Ansatz, Out-of-Competitor-Ansatz) gewonnen werden. Hierdurch wird die Grundidee jedoch zunehmend verwässert.

Dem stehen aber auch **gewichtige Vorteile** gegenüber. Die intensive Einbindung von Mitarbeitern in interdisziplinäre Teams und von Kunden in den Prozess der Produktspezifikation und Nutzenbewertung fördert ein Marktbewusstsein und bewirkt eine Motivationssteigerung. Zudem ist davon auszugehen, dass ein konsequent ausgestaltetes Target Costing den Markterfolg von Produktinnovationen garantiert und somit dazu beiträgt, dass Produkte und Preise nicht am Markt vorbei entwickelt und festgesetzt werden.

Abbildung 3.60 gibt einen **Überblick über den Ablauf von Target Costing** und zeigt zugleich die Methoden auf, die in den jeweiligen Phasen zum Einsatz gelangen. Sie sind durch dunklere Unterlegungen gekennzeichnet. Darüber hinaus ist aus der Abbildung ersichtlich, dass der Target Costing-Prozess durch ein Product Life Cycle Costing zu begleiten ist.

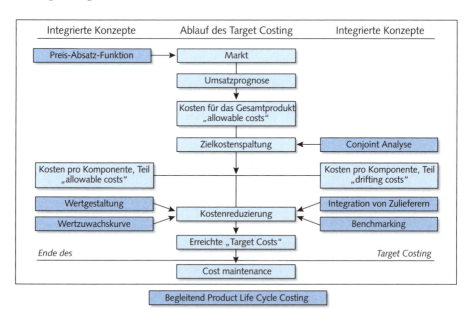

Abbildung 3.60: Target Costing und Product Life Cycle Costing als Instrumente des Kostenmanagements (vgl. Coenenberg / Fischer / Günther [Kostenrechnung] 585)

5.3.3 Life Cycle Costing (LCC)

5.3.3.1 Product Life Cycle Costing (Product LCC)

Der Begriff Life Cycle Costing bzw. **Lebenszykluskostenrechnung** wird als Oberbegriff vielfältig verwendet (vgl. hierzu Coenenberg/Fischer/Günther [Kostenrechnung] 583 ff.; Schweitzer/Küpper [Kosten- und Erlösrechnung] 217 ff.; Horváth [Controlling] 473 ff.). Er steht zum einen für die reine Betrachtung von Kosten und zum anderen für Ergebnisrechnungen. Dabei können

- **Produkte oder Kunden** im Mittelpunkt stehen,
- eine **Produzenten- oder eine Kundenperspektive** eingenommen werden sowie
- eine (statische) **Ein-Periodenrechnung** oder eine dynamische **Mehrperiodenbetrachtung** erfolgen.

Betrachtet man das Gesamtergebnis, das mit einem Kunden erzielt wird, über die Lebensdauer der Kundenbeziehung, so erhält man einen Kundenwert (sog. **Customer Life Time Value**; CLTV). Angesichts der Bedeutung von Kundenbeziehungen als **strategischer Erfolgsfaktor** kann hieran anknüpfend eine prospektive Abschätzung des kundenbezogenen Erfolgspotenzials vorgenommen werden. Der Versuch einer umfassenden Bewertung der Kundenbeziehungen als immateriellen Vermögensgegenstand mündet schließlich in die Ermittlung eines sog. **Customer Equity**. Das Customer Equity ist dabei ein Teil des sog. **Intellectual Capital** (auch Intellectual Property) als der Summe aller immateriellen Vermögenswerte, über die ein Unternehmen – ungeachtet ihrer bilanziellen Aktivierungsfähigkeit – verfügt.

Unter **Product Life Cycle Costing** (Product LCC) sind produzenten- und kundenbezogene Kosten- und Ergebnisrechnungen zu einem Erzeugnis über dessen Lebenszyklus zu verstehen. Aus **Produzentenperspektive** sind produktspezifische Ein- und Auszahlungen über den um einen Entstehungs- und Nachsorgezyklus erweiterten Marktzyklus des Produkts zu betrachten. Hieraus lassen sich prospektiv Maße zur Beurteilung der Vorteilhaftigkeit, wie Kapitalwert oder interner Zinsfuß, oder zur Beurteilung des Risikos, wie dynamische Amortisationsdauer, berechnen. Im Rahmen der Datenermittlung sind Annahmen über Wiederkaufraten des aus Kundensicht abnutzbaren oder zu konsumierenden Vermögensgegenstands (z. B. Tintenstrahldrucker) sowie der damit verbundenen Serviceleistungen (z. B. Nachfüllpatronen) zu treffen. Die Dauer einer Kundenbeziehung stellt also eine Determinante des Produkterfolgs aus Herstellersicht dar. Insofern ist die Frage nach dem Kundennutzen und nach der Vorteilhaftigkeit von Investitionen in Kunden zu stellen. Die Basis hierfür bildet ein Product LCC aus **Kundensicht**. Damit rücken die Kosten des Kunden über den Konsumentenzyklus in den Mittelpunkt der Betrachtung. Der Konsumentenzyklus beginnt mit dem Kauf und endet mit einem Verkauf, einer Stilllegung oder einer Entsorgung (vgl. Ewert/Wagenhofer [Interne] 298). Zu den Konsumentenkosten zählen daher auch Kosten für Instandhaltung und Wartung sowie Reparaturen und Entsorgung.

Kunden können **Privatpersonen oder Unternehmungen** sein. Unternehmungen, die ihre Investitionsentscheidung mittels einer **dynamischen Investitionsrechnung** treffen, betrachten alle von der Investition ausgelösten Zahlungsvorgänge. Hier kann Product LCC bei Investitionsgütern im Sinne einer Verwendungsanalyse zur Optimierung der Preisstruktur bzw. zur Preissetzung genutzt werden (vgl. Kilger/Pampel/Vikas [Flexible Plankostenrechnung] 26 f.). Dazu ist z. B. eine dynamische Investitionsrechnung zur Beurteilung des Rationalisierungspotenzials durchzuführen. Steht die Zahlungsreihe fest, erhält man nach Diskontierung mit dem der Investitionsrechnung des Kunden zugrunde liegenden Zins dessen **Beschaffungspreisobergrenze**.

Handelt es sich um eine **Privatperson**, sind die Möglichkeiten zur Optimierung der Preisstruktur vielfältiger. Privatpersonen haben individuelle Präferenzen hinsichtlich **Anschaffungsauszahlungen und Folgeauszahlungen**. Legen Kunden mehr Wert auf niedrige Anschaffungsauszahlungen, sind die Folgeauszahlungen weniger relevant für die Kaufentscheidung – und umgekehrt. Dies ist deshalb von Bedeutung, weil eine gegenläufige Entwicklung (ein sog. **Trade-off**) zwischen Anschaffungs- und Folgeauszahlungen besteht. **Schlussfolgerungen** hieraus sind insbesondere:

- Legen die Kunden überwiegend Wert auf **niedrige Anschaffungsauszahlungen**, sind Investitionen des Herstellers im Rahmen der Produktkonzeption, -konstruktion und -entwicklung mit Wirkung auf die Folgekosten weniger relevant.
- Legen die Kunden überwiegend Wert auf **niedrige Folgeauszahlungen**, sind Investitionen des Herstellers im Rahmen der Produktkonzeption, -konstruktion und -entwicklung mit Wirkung auf die Folgekosten sehr relevant und über höhere Anschaffungspreise zu rechtfertigen.
- Legt ein Hersteller Wert auf eine **hohe Qualität** seiner Produkte, sind die damit verbundenen Vorteile gegenüber Wettbewerbern dem Kunden – z. B. im Rahmen der Werbung oder eines Verkaufsgesprächs gezielt – zu kommunizieren.

Es gilt die **Faustregel**, dass die Erhöhung der angeführten Auszahlungskategorien um eine Geldeinheit im Entstehungszyklus später eine acht- bis zehnfache Ersparnis bei Produktions- und Vertriebskosten bewirkt (vgl. Coenenberg/Fischer/Günther [Kostenrechnung] 586). Dies unterstreicht die **Bedeutung des Entstehungszyklus** für die künftigen Selbstkosten des Herstellers. Demgegenüber profitiert der Hersteller nicht von allen Folgeauszahlungen des Kunden (z. B. Betriebsauszahlungen), zu deren Beeinflussung er im Entstehungszyklus Investitionen durchführt oder unterlässt und die durchschnittlichen Selbstkosten über den Lebenszyklus erhöhen. Deshalb ist die Betrachtung des Product LCC aus Konsumentenperspektive für Hersteller mit zunehmender Lebensdauer/Nutzungsdauer des Produkts von Bedeutung. Bei **langlebigeren Produkten** steigt der Anteil der Betriebskosten an den Gesamtkosten im Verhältnis zu den Instandhaltungskosten und zu den Anschaffungsauszahlungen mit zunehmender Lebensdauer. Bei **Konsumgütern** hingegen sind Instandhaltungs- und Betriebskosten des Kunden für die Kaufentscheidung irrelevant (vgl. Ehrenspiel et al. [Kostenmanagement] 129).

Der **Vorzug** einer ganzheitlichen Betrachtung über den Lebenszyklus eines Produktes besteht zusammenfassend darin, dass implizite Entscheidungsinterdependenzen sichtbar und Teiloptimierungen in einzelnen Lebenszyklusphasen vermieden werden können.

5.3.3.2 Customer Life Cycle Costing (Customer LCC)

Customer LCC ist ein Oberbegriff für Rechnungen zur Ermittlung der Kosten oder des **Erfolgs von Kundenbeziehungen**. Dabei können insbesondere Kundendeckungsbeiträge, Customer Lifetime Values und Kundenkapital (Customer Equity) im Mittelpunkt stehen.

Kundendeckungsbeitragsrechnungen sind statische Einperiodenrechnungen, bei denen kundenbezogenen Erlösen ein- oder mehrstufig kundenbezogene Kosten zur Deckung der kundenspezifischen Fixkosten gegenübergestellt werden. Eine solche Rechnung erfordert eine **kundenspezifische Kostenzurechnung** von variablen und fixen Kosten. Hierbei kann wiederum eine Reduktion des Umfangs zuschlagsorientierter Verrechnungen durch eine prozesskostenorientierte Vorgehensweise erfolgen. Abbildung 3.61 enthält ein Schema, mit dem ein Betriebsergebnis im Rahmen einer **mehrstufigen Deckungsbeitragsrechnung prozesskostenorientiert** abgeleitet werden kann. Es verdeutlicht zugleich den hierzu notwendigen Bezugsebenenwechsel und die dadurch erreichbare Transparenz der Ergebnissituation. Das kundenbezogene Erfolgspotenzial ist jedoch um eine dynamische Perspektive zu ergänzen.

	Erfolgskomponente	Bezugsebene
	BRUTTOUMSATZ − Erlösschmälerungen	Kunde
=	**NETTOUMSATZ** − Materialkosten − Kosten für Fremdleistungen − Fertigungskosten − Sondereinzelkosten der Fertigung	Produkt
=	**DB I (nach Grenzherstellkosten)** − Fixkosten der Fertigung	
=	**DB II (nach Prozesskosten der Fertigung)** − Prozesskosten Lager − Prozesskosten Kapital − Prozesskosten Disposition	
=	**DB III (nach vollen Herstellkosten)** − Prozesskosten Vertriebsaufträge − Prozesskosten Kundenbesuche − Prozesskosten Platzierung − Prozesskosten Versandaufträge	Kunde
=	**DB IV (nach Kundenprozesskosten)** − Gemeinkosten (u. a. Vorleistungen / Verwaltung)	Unternehmen
=	**BETRIEBSERGEBNIS**	

Abbildung 3.61: Kundenerfolgsrechnung statisch – Deckungsbeitragsschema (vgl. Bundschuh [Absatzkanalmanagement] 206)

Ein **dynamisches Maß des Kundenwertes** stellt der **Customer Lifetime Value** (CLV) dar, der in Analogie zum kundenspezifischen Deckungsbeitrag zu definieren ist. Es handelt sich um den **Kapitalwert der Kundenbeziehung**. Hierin fließen kundenspezifische Akquisitionsausgaben (A_0) und kundenspezifische Cashflows ein. Zusätzlich zu diesen auch für die statische Rechnung – ungeachtet der abweichenden

Wertgrößen des Rechnungswesens – relevanten Größen muss noch das kundenspezifische Risiko berücksichtigt werden.

$$CLV = -A_0 + \sum_{t=1}^{n} \frac{\text{kundenspezifischer Cashflow}_t}{(1+i)^t}$$

Alternativ können **Anpassungen der Zahlungsströme** oder des **Kapitalkostensatzes** (i) erfolgen. Bei der Kapitalkostensatzanpassung stehen wiederum grundsätzlich **zwei Verfahren** zur Wahl: die Anpassung mittels eines Scoring-Modells und die kapitalmarkttheoretische Anpassung in Analogie zum Capital Asset Pricing Model, indem ein Beta-Faktor für ein Portfolio von Kunden ermittelt wird (vgl. hierzu Coenenberg/Fischer/Günther [Kostenrechnung] 597 ff. – m. w. N.; vgl. zu Scoring-Modellen auch oben unter 3.3.).

Abbildung 3.62 illustriert die **Berechnung** des Customer Lifetime Values. Darin integriert ist die Betrachtung von Szenarien. Diese **Szenarienbildung** ist geboten, weil die eingehenden Daten nur geschätzt werden können.

Annahmen: - Dauer der Kundenbeziehung: t = 3 Jahre - Kundenspezifischer Kapitalkostensatz: i = 12 %							
Periode	Akquisitions-ausgaben (€)	Absatzmenge (St.)	Marge (€)	Umsatzein-zahlung (€)	Bindungs-ausgaben (€)	Nominalwert (€)	Barwert (€)
0	100	-	-	-	-	(100)	(100)
1	-	1.000	0,3	300	100	200	179
2	-	1.250	0,3	375	50	325	259
3	-	1.200	0,4	480	50	430	306
Summe		3.450				855	644

CLV_0 der Kundenbindung

Szenarien:
- Bei Steigerung der Absatzmenge um 50 in jeder Periode ergibt sich: CLV_0 = 683 €
- Eine Verbesserung der Marge um 0,10 in jeder Periode führt zu: CLV_0 = 918 €
- Ein Anstieg der Akquisitionsausgaben um 50 bewirkt: CLV_0 = 683 €

Abbildung 3.62: Kundenerfolgsrechnung dynamisch – Customer Lifetime Value (vgl. Coenenberg / Fischer / Günther [Kostenrechnung] 599)

Bestimmungsfaktoren des CLV sind:

- Akquisitionsausgaben
  - Einmalig (Kundengewinnung),
  - Laufend (Kundenbindung, Entwicklung),
- Kundenspezifische Preise (Marge) und Absatzmengen,
- Kapitalkostensatz und kundenspezifisches Risiko,
- Dauer der Geschäftsbeziehung.

Bei der Berechnung des CLV wurde bislang nur die unmittelbare Beziehung zwischen Kunden und Unternehmung berücksichtigt. Darüber hinaus kann der Begriff des Kundenwerts weiter gefasst und um die **Multiplikatorwirkung von Kunden** erweitert werden. Derartige (nichtmonetäre) Erweiterungen werden im Schrifttum unter dem Begriff des **Referenzwertes** diskutiert. Dabei wird der Referenzwert aus Referenzpotenzial und Referenzvolumen bestimmt. Das **Referenzpotenzial** ergibt sich aus der Häufigkeit und der Stärke, mit der positive oder negative Kaufempfehlungen ausgesprochen werden. Das **Referenzvolumen** wird als Produkt aus Kaufvolumen und der Referenzrate, d. h. dem Anteil der Käufe, die auf Empfehlungen beruhen, bestimmt. Werden die umfassenden Kundenwerte aktueller und potenzieller Kunden einzelkundenübergreifend aggregiert, dann erhält man das **Customer Equity** (Kundenkapital) (vgl. Abbildung 3.63).

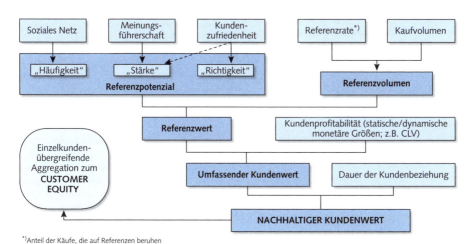

*)Anteil der Käufe, die auf Referenzen beruhen

Abbildung 3.63: Vom CLV zum Customer Equity (vgl. Coenenberg / Fischer / Günther [Kostenrechnung] 601 – m. w. N.)

Für Zwecke der **unternehmenswertorientierten Unternehmensführung** ist es hilfreich, eine Verbindung zwischen dem Customer Equity und dem Unternehmenswert herzustellen. Dabei wird der Unternehmenswert in das bilanzielle Vermögen (V_0), den kurzfristigen Geschäftswert (nachstehender Summenausdruck; Barwert der Residualgewinne (RG, wie EVA) bis zum Ende des Planungszeitraums) und einen langfristigen Geschäftswert (Restwert nach Ende des Planungszeitraums) zerlegt. Der langfristige Geschäfts- oder Firmenwert wird als **Intellectual Capital** bezeichnet. Dieses umfasst die Ressourcen, die zur künftigen Wertsteigerung des Unternehmenswertes beitragen können, die in der nachstehenden Formel durch $-g$ Berücksichtigung findet.

$$UW = V_0 + \sum_{t=1}^{n} \frac{RG_t}{(1 + WACC)^t} + \frac{\overline{RG}}{WACC - g} \times \frac{1}{(1 + WACC)^n}$$

Im Gegensatz zum langfristigen Geschäftswert umfasst der kurzfristige Geschäftswert bilanziell erfasste (konkretere) selbst geschaffene immaterielle Vermögensgegenstände, wie Patente. Das Intellectual Capital repräsentiert insbesondere das Human Capital und das Customer Capital (vgl. weitergehend Coenenberg/Fischer/Günther [Kostenrechnung] 604).

Durch die Verbindung von CLV, Customer Capital, (dessen Monetarisierung als) Customer Equity und dem Unternehmenswert wird eine systematische Auseinandersetzung mit Möglichkeiten zur Unternehmenswertsteigerung möglich, die den Fokus von den Produkten zu den Kunden lenkt.

Allerdings dürfen die Anwendungsprobleme dieses Konzepts nicht unterschätzt werden. Empirischen Untersuchungen zufolge ist die Berechnung von CLV, Customer Equity und Customer Capital in der Gesamtwirtschaft nicht sehr verbreitet. Vorherrschend sind hier ABC-Analysen von Kunden sowie statische Konzepte, wie kundenspezifische Kosten- und Erlösrechnungen. Dynamische Konzepte werden generell nur selten verwandt.

Literaturhinweise

Adam, Dietrich: [Planung] und Entscheidung. Modelle – Ziele – Methoden. 4. Aufl., Wiesbaden 1996.
Aders, Christian und Martin Hebertinger: [Shareholder] Value Konzepte: Eine Untersuchung der DAX 100-Unternehmen. In: Value Based Management. Hrsg. von Wolfgang Ballwieser und Peter Wesner. Frankfurt a.M. 2003.
Ahn, Heinz und Harald Dyckhoff: Zum [Kern] des Controllings: von der Rationalitätssicherung zur Effektivitäts- und Effizienzsicherung. In: Controlling: Theorien und Konzeptionen. Hrsg. von Ewald Scherm und Gotthard Pietsch. München 2004, S. 501–525.
Albers, Sönke: Der Wert einer [Absatzreaktionsfunktion] für das Erlös-Controlling. In: Zeitschrift für Betriebswirtschaft (59) 1989, S. 1235–1242.
Albers, Sönke: Ein System zur [Ist-Soll-Abweichungs-Ursachenanalyse] von Erlösen. In: Zeitschrift für Betriebswirtschaft (59) 1989, S. 637–654.
Albers, Sönke: Ursachenanalyse von marketingbedingten IST-SOLL-[Deckungsbeitragsabweichungen]. In: Zeitschrift für Betriebswirtschaft (62) 1992, S. 199–223.
Ansoff, Harry Igor: [Managing Surprise] and Discontinuity – Strategic Response to Weak Signals. In: Zeitschrift für betriebswirtschaftliche Forschung (28) 1976, S. 129–152.
Arbeitskreis Mecklenburg-Vorpommern und Jürgen Graßhoff: [Prozesskostenrechnung]. In: Controller-Statements. Hrsg. von Controller Verein e.V. Gauting/München 2001.
Baum, Heinz-Georg, Adolf G. Coenenberg und Thomas Günther: [Strategisches Controlling]. 4. Aufl., Stuttgart 2007.
Back-Hock, Andrea: [Produktlebenszyklusorientierte Ergebnisrechnung]. In: Handbuch Kostenrechnung. Hrsg. von Wolfgang Männel. Wiesbaden 1992, S. 703–714.
Benkenstein, Martin und Sebastian Uhrich: Strategisches [Marketing]. 3. Aufl., Stuttgart 2009.
Bundschuh, Bernd J.: Wertorientiertes [Absatzkanalmanagement] in der Konsumgüterindustrie. Wiesbaden 2005.
Brühl, Rolf: [Controlling]. 2. Aufl., München 2009.

Coenenberg, Adolf G. und Thomas M. Fischer: [Prozeßkostenrechnung] – Strategische Neuorientierung in der Kostenrechnung. In: Die Betriebswirtschaft (51) 1991, S. 21–38.
Coenenberg, Adolf G., Thomas M. Fischer und Thomas Günther: [Kostenrechnung] und Kostenanalyse. 7. Aufl., Stuttgart 2009.
Coenenberg, Adolf G.: Kostenrechnung und [Kostenanalyse]. Aufgaben und Lösungen. 3. Aufl., Stuttgart 2003.
Cooper, Robin und Regine Slagmulder: Target Costing and Value [Engineering]. Portland (Or.), Montvale (N.J.) 1997.
Deutsche Bank AG: Results 2000 [Geschäftsbericht]. Frankfurt a. M. 2001.
Ebbeken, Klaus: [Primärkostenrechnung]. Berlin 1973.
Ehrlenspiel, Klaus, Alfons Kiewert und Udo Lindemann: Kostengünstig Entwickeln und Konstruieren: [Kostenmanagement] bei integrierter Produktentwicklung. 6. Aufl., Berlin u.a. 2007.
Ewert, Ralf und Alfred Wagenhofer: [Interne] Unternehmensrechnung. 7. Aufl., Berlin u.a. 2008.
Franz, Klaus-Peter: [Target Costing]. Konzept und kritische Bereiche. In: Controlling (3) 1993, S. 124–130.
Freidank, Carl-Christian: [Corporate Governance und Controlling]. Heidelberg 2004.
Friedl, Birgit: [Controlling]. Stuttgart 2003.
Gälweiler, Aloys: [Unternehmenssicherung] und strategische Planung. In: Zeitschrift für betriebswirtschaftliche Forschung (28) 1976, S. 362–379.
Glaser, Horst: [Prozeßkostenrechnung] – Darstellung und Kritik. In: Zeitschrift für betriebswirtschaftliche Forschung (44) 1992, S. 275–288.
Graßhoff, Jürgen und Arbeitskreis Mecklenburg-Vorpommern: [Target Costing]. In: Controller-Statements. Hrsg. von Internationaler Controller Verein e.V. Gauting/München 2003.
Hans, Lothar und Volker Warschburger: [Controlling]. 3. Aufl., München 2009.
Heiden, Matthias: Pro-forma [Berichterstattung]. Berlin 2006.
Henderson, Bruce: Die [Erfahrungskurve] in der Unternehmensstrategie. Übersetzt und überarbeitet von Aloys Gälweiler. Frankfurt a. M. 1974.
Herz, Gerhard, Susanne Kaldschmidt und Lauri Salonen: Erfolgreiches [Benchmarking]. Berlin 2008.
Homburg, Christian und Harley Krohmer: Die Fliegenpatsche als Instrument des wissenschaftlichen Dialogs: Stellungnahme zum Beitrag von Alexander Nicolai und Alfred Kieser «Trotz eklatanter Erfolglosigkeit: die [Erfolgsfaktorenforschung] weiter auf Erfolgskurs». In: Die Betriebswirtschaft (62) 2002, S. 579–596.
Horváth, Péter: [Controllinginstrumente]. In: Handwörterbuch der Betriebswirtschaftslehre. Hrsg. von Waldemar Wittmann u.a. 5. Aufl., Stuttgart 1993, S. 669–680.
Horváth, Péter: [Target Costing]: marktorientierte Zielkosten in der deutschen Praxis. Stuttgart 1993.
Horváth, Péter: [Controlling]. 11. Aufl., München 2009.
Horváth, Péter und Reinhold Mayer: [Prozeßkostenrechnung]. Der neue Weg zu mehr Kostentransparenz und wirkungsvolleren Unternehmensstrategien. In: Controlling (1) 1989, S. 214–219.
Hostettler, Stephan: [Economic] Value Added. 2. Aufl., Bern u.a. 1997.
Hostettler, Stephan und Hermann J. Stern: Das [Value Cockpit]: sieben Schritte zur wertorientierten Führung für Entscheidungsträger. 2. Aufl., Bern u.a. 2007.
International Group of Controlling (IGC): [Controller]-Wörterbuch. 3. Aufl., Stuttgart 2005.
Internationaler Controller Verein (ICV): Was ist [Controlling]?. http://www.controllerverein.com/Was_ist_Controlling.50.html.

Jehle, Egon: [Gemeinkostenmanagement]. In: Handbuch Kostenrechnung. Hrsg. von Wolfgang Männel. Wiesbaden 1992, S. 1506–1523.
Kairies, Peter: So analysieren Sie Ihre Konkurrenz – Konkurrenzanalyse und [Benchmarking] in der Praxis. Renningen 2008.
Kaplan, Robert S. und David P. Norton: The Balanced Scorecard – Measures that Drive [Performance]. In: Harvard Business Review (70) 1992, Heft 1, S. 71–79.
Kaplan, Robert S. und David P. Norton: The Balanced Scorecard. Translating [Strategy] into Action. Boston (Mass.) 1996.
Kaplan, Robert S. und David P. Norton: Balanced Scorecard. [Strategien] erfolgreich umsetzen. Stuttgart 1997.
Kilger, Wolfgang: Bestimmung von [Preisuntergrenzen] (Teil I und II). In: Wirtschaftsstudium (11) 1982, S. 167–171, 219–222.
Kilger, Wolfgang: [Industriebetriebslehre I]. Wiesbaden 1986.
Kilger, Wolfgang, Jochen Pampel und Kurt Vikas: [Flexible Plankostenrechnung] und Deckungsbeitragsrechnung. 12. Aufl., Wiesbaden 2007.
KPMG: [Value] Based Management: Shareholder Value-Konzepte – Eine Untersuchung der DAX 100-Unternehmen. Frankfurt a. M. 2000.
Krystek, Ulrich: [Strategische Früherkennung]. In: Zeitschrift für Controlling und Management (51) 2007, S. 50–58.
Kußmaul, Heinz und Oliver Weißmann: [Stock Option] Plans und ihre gesellschaftsrechtlichen Voraussetzungen (Teil II). In: Der Steuerberater (52) 2001, S. 327–331.
Küpper, Hans-Ulrich: [Controlling]. Konzeption, Aufgaben, Instrumente. 5. Aufl., Stuttgart 2008.
Küting, Karlheinz und Claus-Peter Weber: Die [Bilanzanalyse]. 9. Aufl., Stuttgart 2009.
Küting, Karlheinz und Peter Lorson: [Benchmarking] von Geschäftsprozessen als Instrument der Geschäftsprozeßanalyse. In: Kostenorientiertes Geschäftsprozessmanagement. Hrsg. von Carsten Berkau und Petra Hirschmann. München 1996, S. 121–140.
Küting, Karlheinz und Peter Lorson: [Grenzplankostenrechnung] versus Prozeßkostenrechnung: Quo vadis Kostenrechnung?. In: Betriebs-Berater (46) 1991, S. 1421–1434.
Littkemann, Jörn: [Unternehmenscontrolling]: Konzepte, Instrumente, praktische Anwendungen mit durchgängiger Fallstudie. Herne 2006.
Lerbinger, Paul: Der Studentenberg als Hemmschuh der [Forschung]?. In: Zeitschrift für Betriebswirtschaft (55) 1985, S. 848–858.
Lorson, Peter: [Straffes Kostenmanagement] und neue Technologien. In: Rechnungs- und Prüfungswesen. Hrsg. von Karlheinz Küting und Claus-Peter Weber. Herne/Berlin 1993.
Lorson, Peter: Grundlagen des [Absatzcontrolling]: Ausgewählte operative und strategische Instrumente im Überblick (II). In: Betrieb und Wirtschaft (50) 1996, S. 449–453.
Lorson, Peter: [Shareholder Value-Ansätze]: Zweck, Konzepte und Entwicklungstendenzen. In: Der Betrieb (52) 1999, S. 1329–1339.
Lorson, Peter: Auswirkungen von [Shareholder-Value]-Konzepten auf die Bewertung und Steuerung ganzer Unternehmen. Hrsg. von Karlheinz Küting und Claus-Peter Weber. Herne/Berlin 2004.
Lorson, Peter, Winfried Melcher und Horst Zündorf: Leistet das [BilMoG] einen Beitrag zur Harmonisierung des internen und externen Rechnungswesens?. In: Rostocker Arbeitspapiere zu «Unternehmensrechnung und Controlling». Hrsg. von Lehrstuhl für ABWL: Unternehmensrechnung und Controlling. Rostock 2011.
Lorson, Peter und Marcus Schweitzer: [Kostenrechnung]. In: Saarbrücker Handbuch der betriebswirtschaftlichen Beratung. Hrsg. von Karlheinz Küting. 4. Aufl., Herne 2008, S. 343–510.

Lücke, Wolfgang: [Investitionsrechnung] auf der Grundlage von Ausgaben oder Kosten? In: Zeitschrift für betriebswirtschaftliche Forschung (7) 1955, S. 310–324.

Männel, Wolfgang und Hans-Ulrich Küpper: Integration der [Unternehmensrechnung]. Harmonisierung – Internationale Rechnungslegung – Shareholder Value – Investitionsrechnung. In: Kostenrechnungspraxis-Sonderheft 3/1999, S. 47–57.

Nicolai, Alexander und Alfred Kieser: Trotz eklatanter Erfolglosigkeit: Die [Erfolgsfaktorenforschung] weiter auf Erfolgskurs. In: Die Betriebswirtschaft (62) 2002, S. 579–596.

Ossadnik, Wolfgang: [Controlling]. 3. Aufl., München 2003.

Pohle, Klaus: [Controlling] und Organisation. In: Handwörterbuch der Betriebswirtschaft. Hrsg. von Waldemar Wittmann, Werner Kern, Richard Köhler, Hans-Ulrich Küpper und Klaus v. Wysocki. 5. Aufl., Stuttgart 1993, Sp. 661–669.

Porter, Michael E.: [Wettbewerbsvorteile]: Spitzenleistungen erreichen und behaupten. 3. Aufl., übersetzt v. Angelika Jaeger. Frankfurt a. M. u. a. 1992.

Preinreich, Gabriel: [Valuation] and Amortization. In: The Accounting Review (12) 1937, S. 209–226.

Rappaport, Alfred: [Shareholder Value]. Ein Handbuch für Manager und Investoren. 2. Aufl., Stuttgart 1999.

Rockart, John F.: [Chief executives] define their own data needs. In: Harvard Business Review (57) 1979, S. 81–92.

Schäffer, Utz (Hrsg.): [Budgetierung] im Umbruch? In: Zeitschrift für Controlling & Management-Sonderheft 1/2003.

Schneider, Dieter: Erste Schritte zu einer Theorie der Bilanzanalyse. In: Die Wirtschaftsprüfung, (42) 1989, S. 633–642.

Schneiderman, Arthur M.: Why [Balanced] Scorecards fail. In: Journal of Strategic Performance Measurement (3) 1999, S. 6–11.

Schweitzer, Marcell und Hans-Ullrich Küpper: Systeme der [Kosten- und Erlösrechnung]. 10. Aufl., München 2011.

Seidenschwarz, Werner: Entwicklung eines [Controllingkonzept]s für öffentliche Institutionen – dargestellt am Beispiel einer Universität. München 1992.

Seidenschwarz, Werner: [Target Costing]: marktorientiertes Zielkostenmanagement. München 1993.

Seidenschwarz, Werner, Joachim Esser, Stefan Niemand und Michael Rauch: [Target Costing]: Auf dem Weg zum marktorientierten Unternehmen. In: Kostenmanagement: Wettbewerbsvorteile durch systematische Kostensteuerung. Hrsg. von Klaus-Peter Franz. Stuttgart 1997, S. 101–126.

Staehle, Wolfgang: [Kennzahlen] und Kennzahlensysteme als Mittel der Organisation und Führung von Unternehmen. Wiesbaden 1969.

Sure, Matthias und Boris Haselgruber: Balanced [Scorecard] – ein strategisches Instrument zur Unternehmenssteuerung. In: Zeitschrift für Unternehmensentwicklung und Industrial Engineering (49) 1999, S. 4–7.

Szyperski, Norbert und Udo Winand: [Duale Organisation] – Ein Konzept zur organisatorischen Integration der strategischen Geschäftsplanung. In: Zeitschrift für betriebswirtschaftliche Forschung – Kontaktstudium (31) 1979, S. 195–205.

Trommsdorff, Volker: [Erfolgsfaktorenforschung], Produktinnovation und Schnittstelle Marketing – F&E. Diskussionspapier TU Berlin 143, Berlin 1990.

Wagenhofer, Alfred und Ralf Ewert: Externe [Unternehmensrechnung]. 2. Aufl., Berlin u. a. 2007.

Weber, Jürgen und Utz Schäffer: [Balanced Scorecard] – Gedanken zur Einordnung des Konzepts in das bisherige Controlling-Instrumentarium. In: Zeitschrift für Planung (9) 1998, S. 341–365.

Weber, Jürgen und Utz Schäffer: Einführung in das [Controlling]. 12. Aufl., Stuttgart 2008.

Weißenberger, Barbara: [IFRS] für Controller. München 2007.

Weißenberger, Barbara und Jürgen Weber: Anreizsysteme und finanzorientiertes Controlling: [Stock Option]-Pläne als Motivationsinstrument der Unternehmensleitung, In: Internationale Rechnungslegung. Festschrift für Claus-Peter Weber. Hrsg. von Karlheinz Küting und Günther Langenbucher. Stuttgart 1999, S. 671–696.

Wild, Jürgen: [Grundlagen] der Unternehmensplanung. 3. Aufl., Opladen 1981.

Wurl, Hans-Jürgen: [Controlling] für technische Führungskräfte: verstehen, kommunizieren, anwenden. Weinheim 2005.

Information

Führung, so haben wir in der Einleitung zu diesem Band festgestellt, ist zielorientierte Gestaltung. Um die mit diesem Gestaltungsprozess verbundenen Aktivitäten zu unterstützen und zu verbessern, steht eine Reihe von Führungsinstrumenten zur Verfügung. Wir gehen von folgender Einteilung aus:

- Planung und Steuerung (1. Kapitel)
- Organisation (2. Kapitel)
- Controlling (3. Kapitel)
- Information (4. Kapitel)

In diesem Kapitel wird die Information ausführlich erörtert. Dabei gehen wir in folgenden Schritten vor:

1. Beschaffung und Aufbereitung von Informationen
2. Informationstechnologie und Informationsmanagement
3. Rechnungswesen
    3.1 Rechnungswesen als Informationssystem
    3.2 Bilanzen
    3.3 Kostenrechnung
4. Prognosen

Die Beschaffung und Aufbereitung von Informationen ist heute ohne Einsatz computertechnischer Hilfsmittel nicht mehr vorstellbar. Es werden daher im Anschluss an die Beschreibung von Informationsquellen und Techniken der Informationsverarbeitung einzelne computergestützte Informationssysteme und die wesentlichen Inhalte des Informationsmanagements skizziert.

Der wesentliche Bestandteil eines betrieblichen Informationssystems ist das Rechnungswesen, das sich aus der Bilanzierung und der Kostenrechnung zusammensetzt. Mit diesem Thema werden wir uns ausführlich beschäftigen.

Unternehmensführung ist immer in die Zukunft gerichtet; es werden daher zukünftige Informationen benötigt. Sie werden durch Prognosen zur Verfügung gestellt.

1 Beschaffung und Aufbereitung von Informationen

Bernd Erichson und Peter Hammann

1.1 Begriff und Bedeutung der Information

Information spielt in unserer Zeit eine zunehmend wichtige Rolle in Wirtschaft und Gesellschaft. Das Informationsangebot ist in der jüngsten Vergangenheit gewaltig gestiegen und wird sicherlich noch weiter steigen. Aber auch der Informationsbedarf ist stark gestiegen, u. a. deshalb, weil die Umwelt komplexer und dynamischer geworden ist, weil Wissen schneller veraltet und weil sich die Bedürfnisse verändert haben. Wir stehen heute am Übergang von der Industriegesellschaft zur **Informationsgesellschaft**, in welcher die Fähigkeit zur Erschließung und Nutzung der Ressource Information zunehmend den Wohlstand bestimmt.

Ausgelöst und vorangetrieben wurde dieser strukturelle Wandel in Wirtschaft und Gesellschaft durch die Innovationen im Bereich der elektronischen Technologien bzw. Informationstechnologien (Computer, Speichermedien, Telekommunikation u. ä.), die treffend auch als **«digitale Revolution»** bezeichnet werden. Die neuen Informationstechnologien haben gewaltige Produktivitätssteigerungen ermöglicht, damit aber auch zahllose Arbeitsplätze vernichtet. Ihre Anwendung erschließt neue Möglichkeiten für Produktion und Logistik, Marktforschung, Werbung, Vertrieb und Service. Die Informationstechnologien selbst haben einen riesigen Markt eröffnet und sind zum größten Industriezweig der Welt angewachsen.

In vielen Branchen entwickeln sich die Informationstechnologien zur **«strategischen Waffe»** (Mertens/Plattfaut [Informationstechnologie]), deren Beherrschung möglicherweise das Überleben im Wettbewerbskampf entscheiden wird. Sie bergen damit gleichzeitig Chancen und Risiken. Dies gilt auch für jeden Einzelnen im Berufsleben. Durch den Einsatz neuer Informationstechnologien wurden vielfältige Änderungen der Arbeitsbedingungen bewirkt und Anforderungen geschaffen, die die Berufschancen determinieren. Wer in Zukunft nicht «online» ist, d. h. wer den Umgang mit PC und Internet nicht gelernt hat und dem damit der Zugang zum weltweiten Informationsangebot verschlossen bleibt, dem wird auch der Einstieg in viele Berufszweige verschlossen sein.

Bevor wir intensiver auf den Begriff der Information und damit verwandte Begriffe eingehen, wollen wir zunächst kurz den Zusammenhang zwischen Führung und Information sowie die Ursachen der zunehmenden Wichtigkeit von Information beleuchten.

1.1.1 Unternehmensführung und Information

Die Führung eines Unternehmens benötigt neben Know-how und Kreativität auch laufende Informationen über interne und externe Tatbestände und Entwicklungen. Diese werden insbesondere benötigt, um gute oder richtige Entscheidungen treffen zu können. Information ist eine unerlässliche Ressource, quasi ein Rohstoff für Entscheidungen.

Damit die Entscheidungen ausgeführt werden, muss die Führung eines Unternehmens die Mitarbeiter informieren und auch motivieren. Und sie muss auch Informationen nach außen richten, z. B. an Kunden, Lieferanten, Behörden, Verbände, Medien etc. Die Führung ist also eine Quelle vielfältiger Informationen. Um Entscheidungen zu treffen und Informationspflichten erfüllen zu können, ist die Führung auf einen ständigen Zufluss an Informationen angewiesen.

Mit der Gewinnung der notwendigen Informationen verbringt jeder Manager einen Großteil seiner Zeit. Er wird dabei durch die Führungsinstrumente **Planung** und **Kontrolle** unterstützt (vgl. Kapitel 1). Darüber hinaus aber muss er Informationen aus vielen anderen Quellen gewinnen, zu denen nicht zuletzt auch persönliche Gespräche und Beobachtungen gehören. Aber auch die Führungsinstrumente Planung und Kontrolle, die sich als informationsverarbeitende Prozesse begreifen lassen, sind auf die Zulieferung von Informationen aus anderen Quellen angewiesen. In Unternehmen existieren daher spezielle, organisatorisch verankerte Funktionen, die sich mit der Beschaffung und Bereitstellung von Informationen befassen. Dies sind insbesondere das **betriebliche Rechnungswesen** und die **Marktforschung**. Das betriebliche Rechnungswesen dient primär der Bereitstellung von Informationen über **unternehmensinterne Sachverhalte** (dies wird in Abschnitt 3 dieses Kapitels behandelt). Die Marktforschung dagegen dient der Bereitstellung von Informationen über **unternehmensexterne Sachverhalte**, insbesondere das Marktgeschehen, seine Einflussfaktoren und zukünftige Entwicklung. Dabei ist sie in starkem Maße auf externe Institutionen, die gewerbsmäßig Informationen anbieten, angewiesen. Hierauf wird in diesem Abschnitt noch näher eingegangen. In vielen Unternehmen bestehen darüber hinaus weitere Stellen oder Abteilungen, die sich mit der Gewinnung von Informationen, z. B. über technologische, volkswirtschaftliche oder juristische Sachverhalte, befassen.

1.1.2 Die zunehmende Bedeutung von Information

Wenngleich Information seit jeher unerlässlich für jegliche unternehmerische Tätigkeit und insbesondere für die Unternehmensführung war, so hat sie doch in der jüngeren Vergangenheit wesentlich an Bedeutung gewonnen. Dies ist insbesondere im Rahmen der zunehmend strategischen Ausrichtung des Managements, die mit Beginn der 80er Jahre einsetzte, erkannt und berücksichtigt wurden. Während früher primär der Bedarf und die Nutzung von Informationen für administrative Aufgaben und operative Entscheidungen betrachtet wurde, ist heute die Nutzung für strategische Entscheidungen in den Vordergrund gerückt.

Kern des strategischen Managements ist das Anstreben von **Wettbewerbsvorteilen**, die gegenüber der Konkurrenz eine günstigere Ausgangsposition für nachfolgende Entscheidungen und Handlungen verschaffen. Da letztlich der Kunde über den Erfolg eines Unternehmens entscheidet, müssen Wettbewerbsvorteile aus Kundensicht **wahrnehmbar** und **wichtig** sein. Und schließlich sollten sie **dauerhaft**, d. h. von der Konkurrenz nicht leicht einholbar sein (Simon [Preismanagement], S. 60). Notwendig wurde diese Sichtweise als Folge des intensivierten Wettbewerbs.

Um Wettbewerbsvorteile zu realisieren, bedarf es subtiler Kenntnisse der unternehmensinternen Leistungspotenziale und der unternehmensexternen Gegebenheiten und Entwicklungen, insbesondere die Kunden und die Konkurrenten betreffend. Die **Gewinnung geeigneter Informationen** wird so zu einer **Schlüsselfunktion** im Strategischen Management (Bea/Haas [Management], S. 292 ff.).

Nach *Picot/Maier* [Information] basieren Wettbewerbsvorteile weniger auf finanziellen und technologischen Potenzialen, sondern primär auf Wissens- und Informationsasymmetrien zwischen den Unternehmen. Die Unternehmen müssen folglich danach streben, diese systematisch zu erkennen und auszubauen. In einem sich verschärfenden Wettbewerb entwickelt sich somit Information zunehmend zu einem **zentralen strategischen Erfolgsfaktor**.

Die heutige strategische Ausrichtung des Managements mit der Erkenntnis, dass es für strategische Entscheidungen auch geeigneter Informationen bedarf, ist allerdings nur eine Ursache für die zunehmende Wichtigkeit von Information. In der Vergangenheit hat sich auch die Informationsintensität, d. h. der Bedarf und das genutzte Volumen an Informationen, drastisch erhöht und damit die strategische Bedeutung der Information verstärkt. Abb. 4.1.1 gibt einen Überblick über die verschiedenen **Ursachen** der zunehmenden Informationsbedeutung.

- **Strategische Ausrichtung** des Managements.
- **Komplexere Produkte und Produktionsprozesse** infolge technologischen Fortschritts.
- **Zunehmende Komplexität der Umwelt** durch ökologische Probleme sowie Konzentration, Globalisierung und Kooperation von Unternehmen.
- **Zunehmende Dynamik der Umwelt** durch verschärften Wettbewerb und technische Entwicklung: → kürzere Produktlebenszyklen, Veralterung von Wissen.
- **Entwicklung der IuK-Technologien:** Computer, Speichermedien, Telekommunikation
- **Individualisierungstrend** in Gesellschaft und Marketing (→ Database-Marketing).

Abbildung 4.1.1: Ursachen der zunehmenden Informationsbedeutung

Ursächlich für die zunehmende Informationsintensität sind insbesondere **komplexere Produkte und Produktionsprozesse** infolge technischen Fortschritts und weiterhin die zunehmende **Komplexität der Umwelt** infolge Wachstum der Unternehmen durch Konzentration, internationale oder weltweite Ausdehnung ihrer Aktivitäten (Globalisierung), Kooperationen mit anderen Unternehmen sowie durch die ökologische Problematik. Es ergibt sich dadurch eine zunehmend weltweite Vernetzung der Bedingungen und Auswirkungen wirtschaftlichen Handelns.

Weiterhin hat auch die **Dynamik der Umwelt** (z. B. Verkürzung von Produktlebenszyklen und Technologiezyklen) zugenommen, wodurch eine zunehmend schnellere Veralterung von Wissen bedingt ist. Für den Menschen kommt es daher in Zukunft weniger darauf an, was er einmal gelernt hat, als vielmehr auf seine Fähigkeit, Neues zu lernen. Information ist hierfür die notwendige Ressource. Die Fähigkeit des Managers, mit Information umzugehen, wird vermehrt zu einer Schlüsselqualifikation. Dabei kommt es nicht mehr nur darauf an, Information zu beschaffen, sondern zunehmend auch darauf, Informationsflut zu bewältigen.

Die Bewältigung des erhöhten Informationsaufkommens hat einerseits die **Entwicklung** und den **Einsatz** neuer **Informations- und Kommunikations-Technologien** (IuK) notwendig gemacht, andererseits haben die gigantischen Fortschritte im Bereich dieser Technologien ihrerseits das Informationsaufkommen und den Informationsbedarf drastisch erhöht. Ein Beispiel hierfür ist die Einführung des **Scanning** in Verbindung mit der EAN-Codierung von Produkten, die erst durch die Entwicklung elektronischer Technologien möglich wurde (Erichson [Panelforschung]). Hierdurch wird täglich ein ungeheurer Strom an Daten und Information erzeugt, auf dessen Nutzung heute weder Handel noch Industrie verzichten können.

Eine weitere Ursache bildet die **Individualisierung des Marketing**. Treibende Kräfte hierfür sind neben der Intensivierung des Wettbewerbs und gesellschaftlicher Trends wiederum technologische Entwicklungen. Erst die Fortschritte im Bereich der IuK-Technologien haben den kostengünstigen Aufbau riesiger Datenbanken möglich gemacht, in denen Unternehmen individuelle Daten über die Profile Tausender von Kunden sowie deren Aktionen und Reaktionen speichern können. Und sie ermöglichen in zunehmendem Maße die individuelle Ansprache von Kunden bis hin zur individuellen interaktiven Kommunikation über das Internet und/oder unternehmenseigene Intranets.

An drei kurzen **Beispielen** aus der Unternehmenspraxis soll die zunehmende Informationsbedeutung und -intensität näher illustriert werden.

Beispiele

(1) Die *Henkel KGaA*, die auf dem Waschmittelmarkt in intensivem Wettbewerb mit so kompetenten und schlagkräftigen Markenartiklern wie *Procter & Gamble*, *Unilever*, **Beiersdorf** und *Colgate Palmolive* steht, betreibt seit vielen Jahren und mit großem Aufwand den Ausbau eines **Management-Informationssystems** (Decision Support System) mit Namen IDIS (Integrated Detergent Information System). In diesem System werden die vielfältigen und kontinuierlich anfallenden Daten aus verschiedenartigen Quellen (Rechnungswesen, Vertrieb, Marktforschung) und zahlreichen Ländern zusammengeführt und systematisch aufbereitet. Sie werden dabei so harmonisiert, dass sie sich später beliebig kombinieren und mit einheitlichen Verfahren analysieren lassen.

Auf Basis dieser Daten werden laufend aktualisierte Berichte erstellt und an die Nutzergruppen (Top-Management, Marketing- und Vertriebsmanagement, Produktmanagement) im Inland wie auch in den ausländischen Tochterfirmen weitergeleitet (Push-Prinzip). Die Nutzer können aber auch jederzeit selber mittels PC und unter einer einheitlichen graphischen Oberfläche auf die Daten des Systems zugreifen (Pull-Prinzip), z. B. um Informationen über

- Umsätze, Marktanteile, Preise, Distributionsraten, Werbedaten etc. (**Fakten**)
- für bestimmte Produkte, Marken, Sorten oder Warengruppen (**Objekte**)
- in bestimmten Ländern, Regionen oder Vertriebskanälen (**Segmente**)
- über einen gewünschten Zeitraum (**Perioden**)

zu erhalten. Die so mittels obiger vier Dimensionen spezifizierten Daten werden vom System tabellarisch und / oder graphisch aufbereitet. Damit können z. B. Entwicklungen über die Zeit oder Unterschiede zwischen Segmenten deutlich gemacht werden.

Bei Bedarf können die Nutzer unter Verwendung der Methodenbank des Systems auch weitergehende Analysen durchführen, z. B. um Kausalitäten zu prüfen oder Prognosen zu erstellen. *Helmut Sihler*, der langjährige Vorstandsvorsitzende von Henkel, äußerte einmal: »Den Markterfolg der Firma Henkel verdanken wir in entscheidendem Maße der Marktforschung.«

(2) Um dem sich verschärfenden Wettbewerb im Luftverkehr begegnen zu können, begann die *Lufthansa AG* 1987 (in Kooperation mit *Air France*, *Iberia* und *SAS*) mit der Entwicklung von **AMADEUS**, einem computergestützten **Informations- und Reservierungssystem**. Hierzu wurde bei München eines der größten Rechenzentren der Welt errichtet, dessen Kosten inklusive Software-Entwicklung in Milliardenhöhe reichen. Über AMADEUS können Reisebüros wie auch Firmen und Privatreisende in aller Welt und rund um die Uhr Informationen über das Flugangebot erlangen und Buchungen tätigen. Neben den Vertriebsvorteilen, die ein derartiges System verschafft, liefert es wichtige Informationen für die Betreiber, mittels derer diese ihr Flugangebot und die Preise gewinnoptimal planen können.

(3) Die *Mercedes-Benz AG* wie auch die *VW AG* arbeiten zur Zeit intensiv an der Entwicklung von **Virtual-Reality-Technologien** (VR), um damit Kunden zu informieren und von diesen Informationen zu erlangen. Mit Hilfe dieser Technologien lassen sich realitätsnahe 3D-Darstellungen von Fahrzeugen in Originalgröße (inklusive Oberflächenspiegelungen und perspektivischer Veränderungen) erzeugen. Mit Hilfe eines Cyber-Handschuhs kann der Betrachter sogar die Türen oder die Motorhaube öffnen und den Wagen von innen betrachten. In sehr viel primitiverer Form finden sich diese Techniken heute in zahlreichen Computerspielen. Mittels VR können neue, noch in der Entwicklung befindliche Fahrzeuge den Kunden vorgeführt werden. Damit ergibt sich eine elegantere und flexiblere Möglichkeit zum Testen neuer Fahrzeuge, als es bislang mit den schwerfälligen «Car-Clinics» der Fall ist: Es muss kein manuell gefertigter Prototyp erstellt werden, es können mehrere alternative Entwürfe getestet werden und es können, da sich die Informationen schnell vervielfachen und übertragen lassen, Tests gleichzeitig in mehreren Ländern durchgeführt werden. Theoretisch wird es sogar möglich sein, den Kunden aktiv an der Produktgestaltung zu beteiligen, ihn

als Co-Produzenten zu integrieren. Auch im Vertrieb werden neue Möglichkeiten eröffnet. Der Kunde wird sich interaktiv am Bildschirm Autos mit unterschiedlichen Ausstattungsmerkmalen zusammenstellen und ansehen können. Akzeptiert er den ebenfalls angezeigten Preis, so kann er über das Internet seine Bestellung abschicken und seine Spezifikationen werden direkt in das computergestützte Produktionssystem des Herstellers eingespeist.

1.1.3 Information, Daten und Kommunikation

Information ist ein in der Umgangssprache sehr häufig gebrauchter und somit allgemein geläufiger Begriff. Eine wissenschaftliche Definition von Information ist dagegen sehr schwierig, da das Wesen der Information vielfältig und nur schwer fassbar ist.

Umgangssprachlich versteht man unter Information eine Nachricht, Auskunft, Mitteilung oder auch Belehrung. Diese Begriffe hängen eng mit dem Begriff der Information zusammen, sind aber nicht identisch mit ihm und klären nicht das Wesen der Information. Was ist z.B., wenn man die gleiche Nachricht ein zweites Mal erhält oder ihr Inhalt aus anderen Quellen bereits bekannt ist? Enthält oder liefert die Nachricht dann noch Information? Welcher Unterschied besteht zwischen Wissen und Information oder Daten und Information? Wie hängen die Begriffe Information und Kommunikation zusammen?

Um den besonderen, einzigartigen Charakter von Information zu verdeutlichen, definiert *Wiener* [Kybernetik]: «Information ist Information, weder Materie noch Energie.» Diese bewusst tautologische Aussage sagt nur, was Information nicht ist, nämlich weder Materie noch Energie. Allerdings ist die Übertragung und Speicherung von Information immer an physikalische Signale und damit an Materie und Energie gebunden. Information selbst aber ist immaterieller Natur. Sie betrifft den immateriellen Gehalt von Schriftstücken, Bildern, Filmen oder Tonträgern.

Dem Wesen der Information nähert man sich, wenn man auf den lateinischen Ursprung des Begriffes zurückgreift. Lateinisch «informare» heißt «eine Gestalt geben». Durch Information erhalten also Sachverhalte, die «im Dunkeln liegen, Gestalt», werden «erhellt», so wie Gegenstände in der Dunkelheit durch das Licht Gestalt annehmen. Information ist somit der immaterielle Gehalt jeglicher Abbildung von Sachverhalten (durch Schrift, Sprache, Bild oder sonstige Zeichen), der geeignet ist, Klarheit bzw. Wissen über diese Sachverhalte zu verschaffen oder zu erhöhen. Umgekehrt ausgedrückt wird durch Information Unklarheit bzw. Ungewissheit verringert oder beseitigt.

Wissen ist das Ergebnis psychischer Prozesse in den Köpfen der Menschen und kennzeichnet einen (an die menschliche Existenz gebundenen) Zustand. Information dagegen ist Zustrom von außen, Zustrom von externen Signalen, die über menschliche Wahrnehmung und Verarbeitung das Wissen erweitern können. Sie können durch Menschen, aber auch durch von Menschen geschaffene «Maschinen» (z. B. Computer, Messapparaturen) erzeugt werden. Aktuelle Beispiele sind Scanner-Einrichtungen oder Suchmaschinen im Internet.

Für wirtschaftliche Fragestellungen ist relevant, dass durch Informationen Entscheidungen unterstützt werden. Ohne Information bzw. daraus resultierendes Wissen sind zweckgerichtete Entscheidungen nicht möglich. Unter Entscheidung versteht man dabei die Auswahl einer Handlungsalternative unter mehreren möglichen Handlungsalternativen. Je vollständiger und genauer das Wissen über mögliche Handlungsalternativen und deren Konsequenzen ist, desto bessere Entscheidungen können getroffen werden. Im hier zu behandelnden Kontext definieren wir daher:

Information ist der Zuwachs an entscheidungsrelevantem Wissen.

Andere in der Literatur zu findende Definitionen lauten:

- Information ist der «Zuwachs an führungsrelevantem Wissen» (Bea/Haas [Management])
- Information ist «zweckorientiertes Wissen» (Kosiol [Aktionszentrum])
- Information ist ein «immaterielles Modell eines Originals für Zwecke eines Subjekts» (Steinmüller [Informationswissenschaft])

Gemeinsam ist diesen Definitionen der zweck- und subjektbezogene Charakter von Information.

Information besitzt Eigenschaften, die sie gegenüber allen anderen wirtschaftlichen Gütern bzw. Produktionsfaktoren unterscheidet:

- sie lässt sich sehr schnell und kostengünstig «transportieren»,
- sie lässt sich beliebig vervielfachen (und wird durch Nutzung nicht verbraucht).

Diese Eigenschaften sind durch Anwendung elektronischer Technologien noch enorm verbessert worden. Jegliche Information lässt sich heute nahezu mit Lichtgeschwindigkeit an jeden beliebigen Punkt der Erde senden. Die leichte Vervielfältigung von gedruckten oder elektronisch gespeicherten Informationen ist aber auch einer der Gründe für die heute allgemein beklagte Informationsüberlastung.

Der Begriff der Information ist eng verknüpft mit den Begriffen Daten und Kommunikation. Als Kommunikation bezeichnet man die Übertragung von Informationen zwischen zwei Stellen, Sender und Empfänger, wodurch diese gemeinsam der Information teilhaftig werden (lat. communis = gemeinsam). Der Begriff der Information lässt sich auch prozessbezogen definieren im Sinne von «informieren» bzw. «informiert werden». In diesem Fall impliziert er immer auch Kommunikation.

Die Kommunikation erfordert eine Codierung der Information mittels Zeichen (z. B. Ziffern, Buchstaben). Als Daten bezeichnet man Zeichen bzw. Mengen von Zeichen mit Bedeutungsgehalt (semantischem Gehalt), insbesondere mit Aussagegehalt über reale Sachverhalte. Daten sind damit potenzielle Träger von Information. Die Beschaffung und Aufbereitung von Informationen ist immer auch eine Beschaffung und Aufbereitung von Daten. Praktisch sind diese Begriffe untrennbar verknüpft und werden daher oft auch synonym verwendet. Wechselweise wird daher auch von Datenverarbeitung und Informationsverarbeitung gesprochen.

Zur Verdeutlichung der Unterscheidung von Daten und Information kann die **Semiotik** (Lehre von den sprachlichen Zeichen, Sprachtheorie) herangezogen werden. Die Semiotik unterscheidet die folgenden drei Ebenen:

- **Syntaktik:** betrifft die formalen Beziehungen (Ordnung) zwischen den Zeichen.
- **Semantik:** betrifft den Bedeutungsgehalt von Zeichen und Zeichenmengen und daraus resultierenden Aussagen.
- **Pragmatik:** betrifft den Zweck und die Wirkung von Aussagen und somit deren Handlungs- oder Verwendungsbezug.

Innerhalb dieses Schemas sind Daten der semantischen Ebene und Informationen der pragmatischen Ebene zuzuordnen (vgl. Abb. 4.1.2).

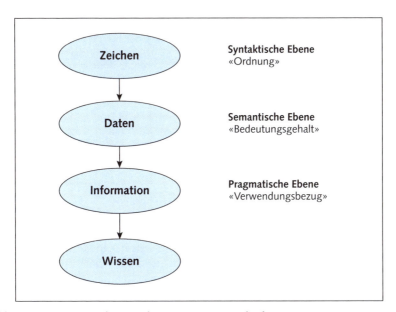

Abbildung 4.1.2: Semiotische Einordnung von Daten und Information

Wenngleich die Begriffe Daten und Information oft synonym verwendet werden, so ist doch streng zu trennen zwischen Datenmenge und Informationsmenge bzw. Informationsgehalt. Dieselbe Information kann durch unterschiedliche Daten repräsentiert werden. Ein einfaches Beispiel sind die Sätze «Dies ist ein Buch» und «This is a book». Sie bilden unterschiedliche Daten, beinhalten aber dieselbe Information.

Der Informationsgehalt dieser Daten hängt davon ab, ob (und inwieweit) sie einen Zuwachs an Wissen beim Empfänger bewirken können. Da die meisten Menschen ein Buch auch ohne zusätzliche Information als solches erkennen können, ist der Informationsgehalt obiger Daten möglicherweise gleich Null. Ein anderes Beispiel für die Diskrepanz zwischen Datenmenge und Informationsgehalt bilden die nutzlosen Datenbestände («Zahlenfriedhöfe»), die heute häufig unter Einsatz der elektronischen Datenverarbeitung produziert werden.

Datenmengen lassen sich recht einfach quantifizieren, der Informationsgehalt von Daten dagegen nur sehr schwer. Bei elektronischer Übertragung, Verarbeitung und Speicherung von Daten werden diese mittels Binärzeichen (Bits) verschlüsselt bzw. digitalisiert. Damit ergibt sich ein universelles Maß für die Quantität von Daten. Historisch bedingt verwendet man statt Bits meist Bytes als Maßeinheit (1 Byte = 8 Bits). Größere Datenmengen misst man in Kilobytes, Megabytes und Gigabytes (vgl. Abb. 4.1.3).

Buchseite 30 Zeilen a 66 Zeichen (Zeichen ≙ Byte)	2 KB
Buch mit 500 Seiten	1 MB
3 1/2″-Diskette	1,4 MB
CD-ROM	650 MB
Digital Video Disk (DVD)	4–17 GB
Festplatte	20–200 GB
Datenbanken	bis 1 PB

Es gilt:
1 Kilobyte (KB) = ca. 1 Tausend Bytes
1 Megabyte (MB) = ca. 1 Million Bytes
1 Gigabyte (GB) = ca. 1 Milliarde Bytes
1 Terabyte (GB) = ca. 1 Billion Bytes
1 Petabyte (GB) = ca. 1 Billiarde Bytes

Abbildung 4.1.3: Beispielhafte Datenmengen und Maßeinheiten

Informationsgehalt lässt sich nur unter einschränkenden Bedingungen quantifizieren, z.B. indem man die Wirkung von Information auf die Verringerung von Ungewissheit misst. Dabei wird vorausgesetzt, dass sich die Ungewissheit durch Wahrscheinlichkeiten ausdrücken lässt. Ein geeignetes Maß für Ungewissheit liefert in diesem Fall die Shannon'sche Formel (benannt nach dem Nachrichtentheoretiker C. E. *Shannon*). Es seien z.B. in einer Entscheidungssituation n alternative Umweltzustände möglich, deren Eintrittswahrscheinlichkeiten durch w_j (j = 1, ..., n) bezeichnet seien. Dann liefert die Shannon'sche Formel folgendes **Maß der Ungewissheit**:

$$H = - \sum_{j=1}^{n} w_j \cdot \operatorname{ld} w_j$$

Dabei bezeichnet ld den logarithmus dualis (Logarithmus zur Basis 2). Da der Logarithmus für Zahlen < 1 negativ ist, wird die Summe mit einem Minuszeichen versehen, damit H positiv wird. Je größer die Unsicherheit ist, desto größer ist H. Bei Sicherheit dagegen gilt H = 0. Von Shannon wurde diese Formel zur Messung des mittleren Informationsgehaltes von Zeichen entwickelt. Wegen der Ähnlichkeit zum Konzept der Entropie in der Thermodynamik wird auch H manchmal als **Entropie** (z. T. auch als Negentropie) bezeichnet.

Beispiel:

Umweltzustände j	1	2	3	$\sum$
Wahrscheinlichkeiten w_j	$\frac{1}{2}$	$\frac{1}{4}$	$\frac{1}{4}$	1
$-\text{ld}\, w_j$	1	2	2	
$-w\,\text{ld}\, w_j$	$\frac{1}{2} \cdot 1$	$\frac{1}{4} \cdot 2$	$\frac{1}{4} \cdot 2$	1,5

Maximale Ungewissheit (Entropie) besteht bei Gleichverteilung, d. h. wenn alle Zustände gleich wahrscheinlich sind und damit $w_j = \frac{1}{3}$ (j = 1, 2, 3) oder allgemein $w_j = \frac{1}{n}$ gilt. Hierfür ergibt sich im Beispiel H = 1,585. Bei Sicherheit dagegen, wenn $w_{j'} = 1$ für einen Zustand j' und $w_j = 0$ für alle übrigen Zustände gilt, ergibt sich H = 0.

Unter Anwendung des **Bayes-Theorems** (vgl. z. B. Hammann/Erichson [Marktforschung], S. 55 ff.) lassen sich nach Erhalt von Information aktualisierte Wahrscheinlichkeiten (sog. a-posteriori-Wahrscheinlichkeiten) bestimmen. Durch Erhalt von Information kann H nur abnehmen. Der Gehalt I der Information ergibt sich durch:

$$I = H_1 - H_2$$

wobei H_1 die Ungewissheit vor und H_2 nach Erhalt der Information kennzeichnet.

Bei Erhalt vollkommener Information wird $H_2 = 0$ und H_1 ist somit der **Gehalt der vollkommenen Information** in der betreffenden Ungewissheitssituation. Weiterführend lässt sich mit Hilfe der Bayes-Analyse u. U. auch der **monetäre Wert von Information** berechnen (siehe unten).

1.2 Entscheidung und Information

Wir haben oben verdeutlicht, dass Information eine notwendige Ressource für die Entscheidungsfindung ist, deren Bedeutung für wirtschaftliches Handeln infolge von aktuellen Änderungen in Wirtschaft und Umwelt in jüngster Zeit noch gestiegen ist. Nachfolgend wollen wir näher auf den Begriff der Entscheidung und die Struktur von Entscheidungsproblemen eingehen und daraus den Bedarf an verschiedenen Arten von Information ableiten.

> Unter **Entscheiden** versteht man die Auswahl einer Handlungsalternative unter mehreren möglichen Alternativen.

Entscheidungen sind nur möglich bzw. notwendig, wenn Alternativen bestehen. Fährt man z. B. auf der Autobahn, so braucht man keine Entscheidung über die Fahrtrichtung zu treffen, solange keine Ausfahrt oder Abzweigung in Sicht ist.

> **Rationales Entscheiden** bedeutet die zielgerichtete Auswahl einer Alternative, im Gegensatz zu Auswahlhandlungen, die durch Zufall, Emotion oder Intuition gelenkt werden.

Auf der Vorstellung der rationalen Entscheidung basiert die **normative Entscheidungstheorie**, die mit dem Grundmodell der Entscheidungstheorie ein nützliches Denkschema zur Unterstützung von Entscheidungen zur Verfügung stellt (vgl. die Ausführungen in Bd. 1, 4. Kapitel).

1.2.1 Das Grundmodell der Entscheidungstheorie

Das Grundmodell der Entscheidungstheorie dient der **Bewältigung komplexer Entscheidungen**, insbesondere um die hierfür notwendige Beschaffung und Verarbeitung von Information zu systematisieren.

Die Realität lässt sich als ein Komplex von zahllosen Variablen auffassen, die miteinander in Beziehung stehen. Bei der Behandlung eines Entscheidungsproblems kann immer nur ein sehr kleiner Ausschnitt der Realität mit wenigen dieser Variablen betrachtet werden. Dies macht zunächst eine Abgrenzung des Problems erforderlich. Von essentieller Bedeutung hierfür sowie für die weitere Strukturierung und gedankliche Durchdringung von Entscheidungsproblemen ist die Unterscheidung von **kontrollierten Variablen** (Aktionen, Alternativen, Handlungsmöglichkeiten) und **nichtkontrollierten Variablen** (Umwelteinflüssen, Umweltzuständen). Der Entscheider muss wissen, «an welchen Knöpfen er drehen» kann oder muss, um ein gewünschtes Ergebnis bzw. Ziel zu erreichen. Und er muss wissen, welche sonstigen Größen (Umweltzustände oder -einflüsse), die er selber nicht verändern oder beeinflussen kann, diese Zielerreichung beeinflussen.

1.2.1.1 Die Wirkungsfunktion

Kontrollierte und nichtkontrollierte Variablen gemeinsam bestimmen die **Ergebnisse**. Dieser Zusammenhang lässt sich formal durch eine Wirkungsfunktion ausdrücken.

Wirkungsfunktion

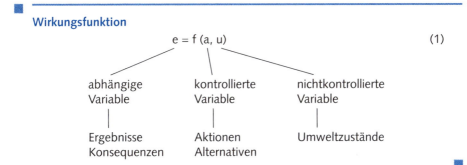

$$e = f(a, u) \tag{1}$$

- abhängige Variable | Ergebnisse Konsequenzen
- kontrollierte Variable | Aktionen Alternativen
- nichtkontrollierte Variable | Umweltzustände

Hinter dieser einfachen Darstellung können sich sehr komplexe Strukturen verbergen. Im Idealfall bildet die Wirkungsfunktion ein mathematisches Modell, insbesondere ein **Kausalmodell**. Oft aber existiert sie nur als mehr oder weniger vage Vorstellung im Kopf des Entscheiders. Liegen keinerlei Kenntnisse über den Wirkzusammenhang vor, so sind sinnvolle und zweckgerichtete Entscheidungen unmöglich. Das Hauptproblem vieler komplexer Entscheidungsprobleme betrifft daher die Ermittlung der Wirkungsfunktion.

1.2.1.2 Die Zielfunktion

Zur Auswahl einer Handlungsalternative muss der Entscheider eine Bewertung der Ergebnisse bzw. Handlungskonsequenzen vornehmen. Hierfür dient das Konzept der Zielfunktion.

Zielfunktion (Präferenz- oder Nutzenfunktion)

$$z = g(e) \qquad (z \in \mathbf{R}_1) \tag{2}$$

mit $e_1 > e_2$, wenn $z_1 > z_2$

Mittels der Zielfunktion lassen sich auch qualitative oder komplexe Ergebnisse in reellwertige Zielwerte transformieren (auf der Zahlengeraden abbilden) und es gilt: Ein Ergebnis e_1 wird gegenüber e_2 bevorzugt, wenn der zugehörige Zielwert z_1 größer als z_2 ist. Bei Gleichheit der Zielwerte besteht Indifferenz.

Als Zielgröße dient oft der Gewinn, der ja in Unternehmen (erwerbswirtschaftlichen Betrieben) eine dominierende Rolle spielt. Neben den Gewinn sind aber in der Vergangenheit vermehrt weitere Ziele gerückt, wie z. B. Marktführerschaft, Kundenzufriedenheit, Mitarbeiterzufriedenheit oder Umweltschonung. De facto existieren in Unternehmen zahlreiche Ziele, die durch vielfältige Beziehungen (Interdependenz-, Instrumental- oder Präferenzrelationen) miteinander verknüpft sind (vgl. Bd. 1, Kap. 4).

Die Existenz mehrfacher Ziele birgt immer das Problem, dass Ziele miteinander konkurrieren und somit **Zielkonflikte** auftreten können. Eine allumfassende Zielfunktion, mittels derer sich beliebige Ergebnisse zu einem Zielwert bündeln lassen, ist eine Idealvorstellung. Alternativ werden hierfür auch die Begriffe Präferenz- oder Nutzenfunktion verwendet, die den stark subjektiven Charakter einer derartigen «Oberzielfunktion» verdeutlichen und auf die Schwierigkeit ihrer Quantifizierung hinweisen. Auf das Problem der Lösung von Entscheidungsproblemen mit mehrfacher Zielsetzung gehen wir weiter unten ein.

1.2.1.3 Die Ergebnismatrix

Variable können stetig (kontinuierlich) oder diskret sein. Manchmal ist es zweckmäßig, stetige (oder nahezu stetige) Variable zu diskretisieren, um dadurch die Überschaubarkeit eines Problems zu erhöhen (z. B. niedriger, mittlerer, hoher Preis). Unter diskreter Betrachtung der Variablen ist es daher üblich, den durch die Wirkungsfunktion repräsentierten Zusammenhang durch eine sog. Ergebnismatrix darzustellen (Abb. 4.1.4).

Da häufig Ungewissheit bezüglich der Umweltzustände besteht, sind somit auch die Ergebnisse ungewiss. Die Ungewissheit des Entscheiders lässt sich durch Wahrscheinlichkeiten (w) ausdrücken, die ebenfalls in der Ergebnismatrix angeben werden.

Manchmal wird zwischen den Begriffen Ergebnismatrix und Entscheidungsmatrix unterschieden, wobei letztere die Ergebnisse nach Bewertung mit einer Zielfunktion enthält. Man kann aber auch die Ergebnisse als Ausprägungen einer ausgewählten Zielgröße auffassen, womit Ergebnismatrix und Entscheidungsmatrix identisch werden.

Aktionen \ Umweltzustände	u_1 w_1	...	u_j w_j	...	u_J w_J
a_1	e_{11}	...	e_{1j}	...	e_{1J}
⋮	⋮		⋮		⋮
a_i	e_{i1}	...	e_{ij}	...	e_{iJ}
⋮	⋮		⋮		⋮
a_I	e_{I1}	...	e_{Ij}	...	e_{IJ}

Abbildung 4.1.4: Ergebnismatrix

Beispiel:
Zur Veranschaulichung soll ein einfaches Beispiel dienen. Der Veranstalter eines Popkonzertes hat die Alternativen, dieses in der Halle oder als Freiluft-Veranstaltung durchzuführen. Der Erfolg wird sicherlich stark von Wetter abhängen. Die

primären Informationsprobleme, die der Konzertveranstalter zu lösen hat, betreffen die Ermittlung der Besucherzahlen und die Prognose der Umweltzustände (hier des Wetters). Die Besucherzahlen, die er mit Hilfe seiner «Wirkungsfunktion» geschätzt hat, zeigt Abb. 4.1.5. Mit 60 % Wahrscheinlichkeit erwartet er schönes Wetter und mit 40 % Regen.

Alternativen	Wetter	Schön 0,6	Regen 0,4
	Freiluft	10.000	0
	Halle	8.000	7.000

Abbildung 4.1.5: Ergebnismatrix für die Besucherzahlen

Unterstellt man, dass der Erlös / Person 10 € und die Durchführungskosten in der Halle 40.000 € und im Freien 20.000 € betragen, so erhält man die Ergebnismatrix bezüglich der Gewinne (in Tsd. €) in Abb. 4.1.6.

Alternativen	Wetter	Schön 0,6	Regen 0,4
	Freiluft	80	−20
	Halle	40	30

Abbildung 4.1.6: Ergebnismatrix für die Gewinne (Entscheidungsmatrix)

Die Entscheidung des Konzertveranstalters wird auch davon abhängen, welche Einstellung er zum Risiko hat. Zu deren Berücksichtigung bietet die normative Entscheidungstheorie eine Vielzahl von **Entscheidungsregeln** an (siehe unten).

Nachfolgend seien die **Strukturelemente des Grundmodells der Entscheidungstheorie** zusammengefasst:

Aktionen (Handlungsalternativen) $\quad a_i$ (i = 1, ..., I)
Umweltzustände (Umwelteinflüsse) $\quad u_j$ (j = 1, ..., J)
Wirkungsfunktion (Ergebnisfunktion) $\quad e = f(a, u)$
Wahrscheinlichkeiten für Umweltzustände $\quad w_j$ (j = 1, ..., J)
Zielfunktion (Präferenzfunktion) $\quad z = g(e) \quad (z \in \mathbf{R}_1)$

Die Strukturelemente des Grundmodells geben einen Überblick über die für die Entscheidungsfindung benötigten Informationen. Entscheidungsprobleme treten aber in äußerst vielfältiger Form auf, und glücklicherweise werden nicht immer über alle Strukturelemente zusätzliche Informationen erforderlich, da der Entscheider a priori immer Kenntnisse besitzt. So sind die Handlungsalternativen häufig durch die Problemstellung vorgegeben (wie im Beispiel des Konzertveranstalters). In anderen Fällen weiß der Entscheider aus Erfahrung, dass eine Änderung der

Umwelt vernachlässigt werden kann (z. B. bei der Festlegung einer Transportroute oder einer Maschinenbelegung). In diesem Fall kann er auf die Angabe von Wahrscheinlichkeiten für mögliche Umweltzustände verzichten.

1.2.1.4 Ungewissheitssituationen

Nach dem Kenntnis- oder Informationsstand des Entscheiders bezüglich der Umweltzustände lassen sich verschiedene Arten von Entscheidungen definieren (Abb. 4.1.7).

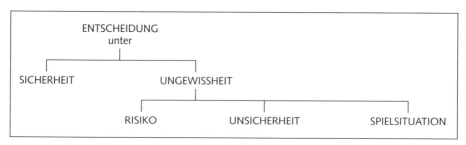

Abbildung 4.1.7: Arten von Entscheidungen

(1) Entscheidung unter Sicherheit (deterministischer Fall)
Hier hat der Entscheider Gewissheit (vollkommene Information) darüber, welcher Umweltzustand eintreten wird. Seine Ergebnismatrix reduziert sich bei Sicherheit auf eine Spalte und jeder Alternative kann damit genau ein Ergebnis zugeordnet werden.

(2) Entscheidung unter Ungewissheit
Der Entscheider muss in diesem Fall damit rechnen, dass unterschiedliche Umweltzustände eintreten können. Damit können auch den Handlungsalternativen nicht mehr eindeutig Ergebnisse zugeordnet werden. Vielmehr hängen deren Konsequenzen vom jeweils realisierten Umweltzustand ab.

Bei Ungewissheit wird weiter zwischen folgenden Fällen unterschieden:

a) Entscheidungen unter Risiko (stochastischer Fall)
   Den Umweltzuständen können Wahrscheinlichkeiten zugeordnet werden, die die Erwartungen über deren Eintreten und die darin liegende Ungewissheit ausdrücken.

b) Entscheidungen unter Unsicherheit (verteilungsfreier Fall)
   Es liegen keinerlei Informationen über die Eintrittswahrscheinlichkeiten der Umweltzustände vor. Dies ist gleichbedeutend mit der Annahme gleicher Wahrscheinlichkeiten für alle Zustände.

c) Spielsituation (rationaler Gegenspieler)
   In diesem Fall sind die Umweltzustände abhängig von den Aktionen bzw. Reaktionen eines rationalen Gegenspielers (z. B. des Konkurrenten oder der Konkurrenz).

Eigene Vorteile sind Nachteile des Gegners und umgekehrt (z. B. Änderungen des Marktanteils). Der Gegner wird daher oft auf die Handlungen des Entscheiders reagieren, und er muss dann mit dem ungünstigsten Zustand rechnen.

Die Entscheidungsfindung bei Sicherheit beinhaltet das Auffinden derjenigen Handlungsalternative, die das beste Ergebnis liefert, d. h. für die die Zielgröße den höchsten Wert aufweist. Diese wird als optimal bezeichnet.

Die Entscheidungsfindung bei Ungewissheit erfordert zusätzlich die Anwendung spezieller Kalküle, die die Sicherheitspräferenz bzw. Risikoaversion des Entscheiders zum Ausdruck bringen. Derartige Kalküle, die als Entscheidungsregeln bezeichnet werden, sind z. B. die Bayes-Regel oder die Minimax-Regel (vgl. Bd. 1, Kapitel 4). Das wohl wichtigste Kalkül, die Bayes-Regel, beinhaltet die Maximierung des Erwartungswertes der Ergebnisse und bringt damit Risikoneutralität zum Ausdruck. Da ihre Anwendung Wahrscheinlichkeiten erfordert, ist sie nur für die Risikosituation geeignet. Die Minimax-Regel dagegen kommt ohne Wahrscheinlichkeiten aus, ist aber, da sie extremen Pessimismus bzw. Risikoaversion zum Ausdruck bringt, eigentlich nur für die Spielsituation relevant.

Unter Anwendung der Bayes-Regel würde der Konzertveranstalter in obigem Beispiel ins Freie gehen, unter Anwendung der Minimax-Regel würde er dagegen, trotz höherer Wahrscheinlichkeit für schönes Wetter, in die Halle gehen.

1.2.2 Entscheidungsprozess und Informationsbedarf

Das Grundmodell der Entscheidungstheorie liefert ein nützliches Gerüst, um Entscheidungsprobleme zu strukturieren und die benötigten Informationen für die Entscheidungsfindung zu definieren. Darauf basierend kann der Entscheidungsprozess in folgende Stufen unterteilt werden:

Stufen des Entscheidungsprozesses:
(1) Formulierung des Entscheidungsproblems
(2) Festlegung der Zielgröße(n)
(3) Definition der Handlungsalternativen
(4) Definition der Umweltzustände
(5) Ermittlung der Handlungskonsequenzen
(6) Auffinden einer Lösung
(7) Umsetzung und Kontrolle

Die primären Informationsprobleme liegen i. d. R. auf den Stufen 3 bis 5. Nachfolgend wollen wir näher auf die benötigten Informationen eingehen.

1.2.2.1 Formulierung des Entscheidungsproblems

Die Problemformulierung sollte zunächst die Fragestellung klären, d. h. Anlass und Zielsetzung des Entscheidungsproblems verdeutlichen: Warum besteht Entscheidungsbedarf? Was soll erreicht werden?.

Zwecks Reduzierung der Komplexität ist häufig eine Abgrenzung des Entscheidungsproblems vorzunehmen oder ein komplexes Entscheidungsproblem ist in Teilprobleme zu zerlegen. So ergeben sich im Rahmen der Entscheidung über die Markteinführung eines neuen Produktes z. B. Teilprobleme bezüglich der Entscheidung über den Einführungszeitpunkt, die Preisstellung, die Vertriebswege, die Werbegestaltung oder die Werbestreuung.

Zur genaueren Formulierung des Entscheidungsproblem muss manchmal zunächst eine Situationsanalyse erfolgen, um Information über die Rahmenbedingungen und Notwendigkeit des Entscheidungsproblems zu erlangen. Hierzu sind Gespräche und Diskussionen mit sachkundigen Mitarbeitern und eventuelle weitere Untersuchungen erforderlich, die über Symptome, Ursachen und Auswirkungen des Problems Klarheit verschaffen. Ein Beispiel wäre eine beobachtete Zunahme der Kundenbeschwerden. Diese kann ein Indiz für gesunkene Qualität der Leistungen sein, die wiederum Unzufriedenheit der Kunden und damit Image- und Umsatzverluste zur Folge haben kann. Daraus könnte sich ein Entscheidungsproblem ergeben, welches die Durchführung von Maßnahmen zur Qualitätsverbesserung betrifft.

1.2.2.2 Festlegung der Zielgröße(n)

Damit ein Bezug zwischen Aktionen und Zielwerten hergestellt werden kann, sollte ein Ziel operational sein, d. h. es sollte

- in Handlungsnähe zum Entscheidungsproblem stehen
- und messbar sein.

Die Operationalität eines Zieles ist außer für die Entscheidungsfindung auch für die Kontrolle der Umsetzung von Entscheidungen von kritischer Wichtigkeit. Es müssen daher oft aus übergeordneten Zielen operationale Unterziele abgeleitet werden.

Aus diesem Grunde bestehen in Unternehmen z. T. tief untergliederte Zielhierarchien, wobei die Ziele niedriger Ebenen (Unterziele) Mittel zur Erreichung von Zielen höherer Ebenen (Oberzielen) bilden. So ist z. B. die Markenbekanntheit ein Mittel zur Erhöhung der Käuferzahl (Marktdurchdringung), und diese wiederum ein Mittel zur Erhöhung von Umsatz oder Marktanteil (vgl. Abb. 4.1.8). Die Festlegung der Zielgröße erfordert daher Kenntnis der übergeordneten Ziele. Ist eine Ableitung der Zielgröße aus übergeordneten Zielen nicht möglich, so entsteht ein gesondertes Entscheidungsproblem.

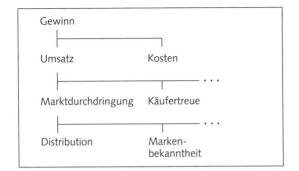

Abbildung 4.1.8:
Beispiel einer Zielhierarchie

Bei **mehrfacher Zielsetzung** erfordert die Lösung des Entscheidungsproblems Informationen über die Wichtigkeit der einzelnen Ziele, um mittels Gewichtung die Bildung einer «Gesamtzielgröße» zu ermöglichen (siehe unten).

1.2.2.3 Definition der Handlungsalternativen

Oft sind die möglichen Handlungsalternativen unmittelbar durch die Problemstellung gegeben. So z. B. wenn entschieden werden muss, ob eine geplante Investition durchgeführt werden soll oder nicht, oder wenn unter den Angeboten, die aufgrund einer Ausschreibung eingegangen sind, eines auszuwählen ist.

In anderen Fällen dagegen sind die Handlungsalternativen nicht oder nur z. T. bekannt und es werden diesbezügliche Informationen benötigt. Bei einem Beschaffungsproblem kann zunächst eine Suche nach Lieferanten und bei einer Geldanlage die Suche nach Investitionsalternativen erforderlich werden.

Wichtige Unternehmens- bzw. Wettbewerbsziele sind heute Kundenzufriedenheit sowie Markenimage und Markenpräferenz. Zwecks Auffindung von Einflussfaktoren (kontrollierten Variablen), mittels derer sich diese Zielgrößen verbessern lassen, werden in der Marketing-Forschung äußerst komplexe Wirkungsmodelle konstruiert und auf Basis umfangreicher Daten empirisch überprüft.

> Die **Suche nach Handlungsalternativen** erfordert neben **Informationen** oft auch **Methoden** zu ihrer Ermittlung und nicht zuletzt ein hohes Maß an **Kreativität**.

Letzteres ist z. B. der Fall, wenn Alternativen (Ideen) für ein neues Produkt, Maßnahmen zur Verbesserung von bestehenden Produkten oder Gestaltungsmöglichkeiten für eine Werbekampagne gefunden werden sollen.

Der materielle und zeitliche Aufwand, der für die Suche nach Alternativen betrieben wird, muss in sinnvollem Verhältnis zur Wichtigkeit und Dringlichkeit des Entscheidungsproblems stehen. Die Entscheidung hierüber kann ein gesondertes Entscheidungsproblem konstituieren.

1.2.2.4 Definition der Umweltzustände

Die Umweltzustände von Entscheidungsproblemen werden durch zahllose Umweltgrößen bedingt. Glücklicherweise sind davon die meisten nicht relevant, sei es, dass sie als konstant angenommen werden können, oder dass sie, falls sie sich ändern sollten, nur einen vernachlässigbar geringen Einfluss auf die Handlungsergebnisse haben. So ist das Ergebnis einer Produktionsmaßnahme immer auch durch den Zustand der Fabrikhalle und möglicherweise auch durch die Qualität des Kantinenessens bedingt; beides aber kann i. d. R. vernachlässigt werden.

Damit Entscheidungsprobleme lösbar werden, kommt es darauf an, die der Realität innewohnende Komplexität zu reduzieren.

Das Informationsproblem bezüglich der Umweltzustände umfasst zumindest folgende zwei Fragen:

- Welche Umweltgrößen sind relevant für das Entscheidungsproblem?
- Wie verändern sich die relevanten Umweltgrößen?

> Je größer die Zahl der relevanten Umweltgrößen ist und je dynamischer diese sich verändern, desto größer ist einerseits die mit dem Entscheidungsproblem verbundene Ungewissheit und andererseits der bestehende Informationsbedarf.

Insbesondere im Marketing-Bereich sind Entscheidungsprobleme durch eine relativ große Zahl von stark veränderlichen Umwelteinflüssen gekennzeichnet. So hängt die Absatzmenge eines Produktes nicht nur von den Marketing-Maßnahmen des Anbieters ab, sondern auch vom Verhalten der Nachfrager, den Aktivitäten der Konkurrenz und möglicherweise von der Konjunkturentwicklung, vom Wetter und anderen Einflüssen. Aus diesem Grund sind Marketing-Entscheidungen i. d. R. durch ein hohes Maß an Ungewissheit gekennzeichnet.

Das Problem der Ermittlung relevanter Umwelteinflüsse (nichtkontrollierter Variablen) ist dem oben geschilderten Problem der Ermittlung kontrollierbarer Einflussfaktoren ganz ähnlich und es werden hierfür z. T. dieselben kausalanalytischen Methoden verwendet. Im Unterschied zu kontrollierten Variablen können aber bei nichtkontrollierten Variablen zwangsläufig nur nichtexperimentelle Ansätze zwecks Aufdeckung von Kausalbeziehungen zur Anwendung kommen.

Die Einbeziehung nichtkontrollierter Variablen in die Entscheidungsfindung wirft immer noch ein weiteres Informationsproblem auf.

> Neben der Ermittlung relevanter Umweltgrößen ist für die Entscheidungsfindung immer auch eine Prognose dieser Umweltgrößen erforderlich.

Zur Erstellung von Prognosen werden neben Informationen wiederum auch Methoden benötigt (diese werden im 4. Abschnitt dieses Kapitels behandelt). Die Bereitstellung der benötigten Informationen bzw. Daten bildet einen Schwerpunkt der Marktforschung.

Jeder Prognose ist das Problem der Ungewissheit immanent. Diese Ungewissheit lässt sich berücksichtigen, indem anstelle eines einzigen prognostizierten Umweltzustandes alternative Umweltzustände in Erwägung gezogen werden (siehe Ergebnismatrix), deren Eintrittserwartung sich durch Wahrscheinlichkeiten quantifizieren lässt. Die Ermittlung von Wahrscheinlichkeiten ist prinzipiell auf drei Arten möglich, nämlich durch

- logische Ableitung unter Anwendung der Wahrscheinlichkeitstheorie
- statistische Ermittlung auf Basis von beobachteten Häufigkeiten
- subjektive Schätzung, die auf Erfahrung und Expertise gestützt sein sollte.

Eine logische Ableitung ist meist nur bei Glücksspielen (z.B. Roulett), also in konstruierten Entscheidungssituationen möglich. Die statistische Ermittlung erfordert geeignete Daten und ist nur bei sich wiederholenden Situationen (z.B. Wetteränderungen, Ausfall von Bauteilen oder Aggregaten, Absturz von Flugzeugen) möglich. Der Konzertveranstalter in obigem Beispiel hätte die Möglichkeit, aufgrund der Wetterstatistik der vergangenen Jahre relative Häufigkeiten der schönen und der schlechten Tage in der betreffenden Jahreszeit zu berechnen. Die so gewonnenen Wahrscheinlichkeiten von 0,6 und 0,4 zeigen aber, dass dabei ein hohes Maß an Ungewissheit bestehen bleibt. Wie oben gezeigt wurde, ist die Ungewissheit um so größer, je dichter die Wahrscheinlichkeiten beieinander liegen.

Ob eine bestimmte politische Entscheidung gefällt werden wird, wie die Konkurrenz reagieren wird oder welche Erfolgschancen ein neues Produkt haben wird, lässt sich weder logisch ableiten noch statistisch ermitteln. Praktisch verbleibt daher meist nur die dritte Möglichkeit der subjektiven Schätzung. Mit subjektiven Wahrscheinlichkeiten (Erwartungen) arbeitet implizit jeder Mensch (z.B. wenn er morgens überlegt, ob er einen Regenschirm mitnehmen soll). Selten aber werden diese Erwartungen quantifiziert. Die Verwendung von subjektiven Wahrscheinlichkeiten im Grundmodell der Entscheidungstheorie berücksichtigt die Erwartungen des Entscheiders (sein «Erwartungswissen») und macht sie intersubjektiv überprüfbar.

Es sind verschiedene Verfahren zur Ermittlung von subjektiven Wahrscheinlichkeiten entwickelt worden. Diese stützen sich z.T. auf Expertenurteile, wie es bei der Delphi-Methode (vgl. Abschnitt 4 dieses Kapitels) der Fall ist, oder auf Konsumentenurteile, die z.B. im Rahmen von Testmarktsimulationen eine wichtige Rolle spielen (vgl. Hammann/Erichson [Marktforschung]).

Unter Anwendung der Bayes-Analyse lassen sich Wahrscheinlichkeiten durch Einholung von Information aktualisieren und damit die Ungewissheit verringern (vgl. oben). Weiterführend lässt sich damit auch der Wert von Information ermitteln. Dazu ist unter Anwendung der Bayes-Regel das Ergebnis der optimalen Handlungsalternative vor und nach Erhalt der Information zu berechnen. Die Differenz ergibt dann den Wert der Information (a-posteriori-Analyse). Die sog. prae-posteriori-

Analyse ermöglicht es darüber hinaus, den Wert von Information auch vor deren Erhalt oder Beschaffung zu bestimmen und somit die Entscheidung über den Kauf von Information zu stützen (vgl. Hammann/Erichson [Marktforschung] 56 f.).

Die Einbeziehung von Wahrscheinlichkeiten bringt große Vorteile hinsichtlich Realitätsnähe und Informationsgewinn, stellt aber auch erhöhte Anforderungen an die Problemformulierung, Informationsbeschaffung und Problemlösung. Ob die bestehende Ungewissheit durch Wahrscheinlichkeiten berücksichtigt wird oder ob Sicherheit unterstellt wird, muss dagegen subjektiv durch den Entscheidungsträger entschieden werden.

1.2.2.5 Ermittlung der Handlungskonsequenzen

Ohne Kenntnisse über die Wirkungen bzw. Konsequenzen der Handlungsalternativen sind sinnvolle und zweckgerichtete Entscheidungen nicht möglich. Das Hauptproblem der meisten Entscheidungsprobleme besteht in der Ermittlung dieser Wirkungen. Hierzu wird eine Wirkungsfunktion gemäß (1) benötigt. Der Erstellung der Ergebnismatrix liegt implizit oder explizit immer eine solche Wirkungsfunktion zugrunde.

Die Wirkungsfunktion bildet ein Modell, d. h. eine vereinfachte, aber strukturähnliche Abbildung der Realität. Insbesondere handelt es sich hier um ein Kausalmodell. Kausalmodelle sind sowohl von großer praktischer wie auch wissenschaftlicher Bedeutung. Bei der Lösung der meisten Entscheidungsprobleme existieren solche Modelle sicherlich nur in den Köpfen der Entscheider (Erfahrungswissen). Ein Bestreben der Wissenschaft aber muss es sein, derartige Modelle mathematisch zu formulieren und empirisch zu validieren.

Wirkungsfunktionen können auch Bausteine eines komplexeren Entscheidungsmodells sein. In diesem Fall ist die abhängige Variable dieser Wirkungsfunktion nicht die Zielgröße des Modells. Vielmehr ergibt sich diese erst aus weiteren Beziehungen, in die eventuell noch andere Variable eingehen. Ein Kernelement vieler Entscheidungsmodelle bilden Wirkungsfunktionen, deren abhängige Variable eine Marktgröße bildet. Man spricht in diesem Fall auch von Marktreaktionsfunktion (MRF). Unter Einbeziehung des Zeitaspektes lässt sich eine MRF z. B. wie folgt formulieren:

Marktreaktionsfunktion:

$$y_t = f(M_t, K_t, U_t, t) + \varepsilon_t \tag{3}$$

mit
y = Marktvariable (z. B. Absatzmenge, Marktanteil)
M = Marketingvariablen, wie z. B. Preis, Werbung, Distribution (Marketing-Mix)
K = Marketingmaßnahmen der Konkurrenz
U = Umweltgrößen, wie z. B. Volkseinkommen, Zinsniveau oder Wetter.
t   = Zeitindex (Periode)
ε = Störgröße

Die unabhängigen Variablen dieses Modells setzen sich aus den kontrollierten Variablen (hier M) und den nichtkontrollierten Variablen (hier K, U und t) zusammen. Die Störgröße ε berücksichtigt, dass nie alle Einflussfaktoren der abhängigen Variablen y explizit einbezogen werden können.

Die praktische Anwendung erfordert eine weitergehende Modellspezifizierung. Ein einfaches Beispiel wäre die folgende Preisabsatzfunktion

$$y_t = b_0 - b_1 \cdot p_t + b_2 \cdot k_t + b_3 \cdot w_t + \varepsilon_t$$

wobei y die Absatzmenge, p den Preis des Anbieters, k den (mittleren) Preis der Konkurrenz und w einen Index für die allg. Wirtschaftsentwicklung bezeichnet. Die Modellparameter b_0, b_1, b_2 und b_3 müssen empirisch geschätzt werden. Hierzu werden Zeitreihendaten für die Modellvariablen und multivariate Analyseverfahren (in diesem Fall die Regressionsanalyse) benötigt. In Abschnitt 1.6 wird auf diese Punkte näher eingegangen.

Soll der Gewinn die Zielgröße sein, so ist eine weitere Modellierung vorzunehmen. Unter Berücksichtigung der Stückkosten c und der fixen Kosten K_f ergibt sich folgende Gewinnfunktion:

$$e = p \cdot y(p, k, w) - c \cdot y(p, k, w) - K_f$$

Die Marktreaktionsfunktion bildet meist das kritischte Element von Entscheidungsmodellen. Außer für die Entscheidungsfindung werden Marktreaktionsfunktionen auch zur Prognose benötigt. Ihre empirische Quantifizierung bzw. Schätzung bildet eines der wichtigsten Probleme der Marketingforschung.

Ob eine Variable einen relevanten Einfluss auf die abhängige Variable einer Wirkungsfunktion ausübt, ist oft nicht im vorhinein bekannt. Die Einbeziehung einer Variable in ein Wirkungsmodell hat daher zunächst oft nur hypothetischen Charakter. Insbesondere handelt es sich dabei um eine Kausalhypothese, d. h. eine Vermutung der Art «Wenn x sich ändert, dann ändert sich auch y». Zur Stützung von Entscheidungsproblemen müssen solche Hypothesen geprüft (validiert) werden.

> Die Überprüfung von Kausalhypothesen ist sowohl von großer praktischer Bedeutung (zur Vorbereitung von Entscheidungen) wie auch von eminenter wissenschaftlicher Bedeutung (zur Absicherung von Theorien).

Zur Überprüfung von Kausalhypothesen auf Basis empirischer Daten sind vielfältige statistische Verfahren entwickelt worden (vgl. Backhaus et al. [Multivariate Analysemethoden]). Die zuverlässigste Möglichkeit besteht, wenn die Daten durch experimentelle Untersuchungen gewonnen werden (vgl. Hammann/Erichson [Marktforschung] 475 ff.). Leider ist deren Anwendung aus technischen oder wirtschaftlichen Gründen nur relativ selten möglich.

1.2.2.6 Auffinden einer Lösung

Das Auffinden einer optimalen oder akzeptablen Lösung des Entscheidungsproblems ist weniger ein Problem der Informationsbeschaffung als der Informationsverarbeitung. In Fällen mit wenigen Handlungsalternativen kann dieses Problem trivial sein, wenn die Wirkungen der Handlungsalternativen bekannt sind.

In komplexen Fällen, wenn der Raum der Handlungsalternativen sehr groß ist, kann das Auffinden einer optimalen Lösung die Anwendung von mathematischen Optimierungsverfahren und Computer erfordern oder gar technisch unmöglich sein. Es kann aber auch aus Zeit- oder Kostengründen sinnvoll sein, sich mit einer suboptimalen Lösung zufriedenzugeben. Auch hier stellt sich wieder ein gesondertes Entscheidungsproblem bezüglich der Frage, wieviel Aufwand für die Lösung betrieben werden soll oder ob sich der Aufwand für das Auffinden einer verbesserten Lösung lohnt.

Zur Überprüfung der gefundenen Lösung empfiehlt sich die Durchführung einer Sensitivitätsanalyse. Hierbei wird die Empfindlichkeit der Lösung bzw. der Zielgröße gegenüber Änderungen von Umweltzuständen untersucht. Damit kann deutlich gemacht werden, wie stabil die Lösung und wie kritisch der Bedarf an weiterer Information ist. Erweist sich z. B. bei allen möglichen Umweltzuständen dieselbe Lösung als optimal, so spielt die Ungewissheit bezüglich der Umweltzustände keine Rolle. Mittels Sensitivitätsanalyse kann außerdem deutlich gemacht werden, in welchem Intervall sich die Ergebnisse einer bestimmten Lösung in Abhängigkeit von Änderungen der Umwelteinflüsse bewegen. Damit liefert sie Informationen über die Zuverlässigkeit der Ergebnisse bzw. das mit der Entscheidung verbundene Risiko.

Insbesondere beim Einsatz von Modellen sind Sensitivitätsanalysen nützlich. Prinzipiell ähnlich sind sog. What-if-Analysen (Simulationen), die aber mit anderer Zwecksetzung durchgeführt werden. Hier wird nicht die Stabilität einer Lösung untersucht, sondern vielmehr, wie sich die Änderungen von kontrollierten und/oder nichtkontrollierten Variablen auf die Zielgröße auswirken. Derartige Analysen werden z. B. bei komplexen Problemstellungen, die keine exakte Optimierung zulassen, zum Auffinden guter Lösungen angewendet. Sie sind aber auch von Wichtigkeit, da sie dem Benutzer ein «Gefühl für das Modell» vermitteln.

Zur Durchführung von What-if-Analysen eignen sich besonders «dialogfähige Modelle» im Sinne des Decision-Calculus-Konzeptes von J. D. Little [Calculus]. Unter Nutzung von Personal Computer und Software zur Tabellenkalkulation (z. B. Excel oder Lotus) lassen sich hierfür geeignete interaktive Programme heute leicht realisieren. Damit wird es dem Benutzer ermöglicht, über die Tastatur Änderungen von Variablen vorzunehmen und deren Auswirkungen auf dem Bildschirm zu verfolgen. Das Modell wird so zum Mittel der Informationsgewinnung wie auch zum «Denkverstärker».

1.2.2.7 Lösung bei mehrfacher Zielsetzung

Bei mehrfacher Zielsetzung erfordert das Auffinden einer optimalen Lösung die Bildung einer «Gesamtzielgröße». Unter Verwendung von Gewichten für die Ziele kann diese wie folgt aussehen:

Zielfunktion bei mehrfacher Zielsetzung:

$$z_i = g_1 e_{i1} + g_2 e_{i2} + \ldots + g_K e_{iK} \tag{4}$$

mit
z_i = Gesamtzielwert für Aktion (Alternative) i
e_{ik} = Ergebnis von Aktion i bezüglich Teilziel k (k = 1, ... K)
g_k = Gewicht von Ziel k

Um Vergleichbarkeit der Teilzielwerte e_{ik} zu erreichen und eine implizite Gewichtung zu vermeiden, sind diese zuvor mittels einer einheitlichen Skala in Punktwerte zu transformieren. Folglich bildet dann auch die resultierende Zielgröße einen (gewichteten) Punktwert. Derartige Lösungsverfahren werden daher auch als **Punktbewertungs-** oder **Scoring-Modelle** bezeichnet. (vgl. z. B. Diller [Nutzwertanalyse]). Sowohl die Festlegung der Gewichte wie auch die Durchführung der Punktvergabe sind immer mit einem gewissen Maß an Subjektivität behaftet.

Eine ganz analoge Problemstellung besteht bei sog. **Multi-Attribut-Entscheidungen**, die sowohl in der Wirtschaftspraxis wie im täglichen Leben ständig vorkommen. So muss z. B. der Käufer eines Autos die Alternativen hinsichtlich Eigenschaften wie Preis, Motorleistung, Sicherheit, Komfort etc. beurteilen und vergleichen. Zur Lösung derartiger Entscheidungsprobleme mittels eines Scoring-Modells sind in der Zielfunktion (4) die Ergebnisse durch Eigenschaftsausprägungen der Alternativen zu ersetzen. Bei derartigen Entscheidungen, die z. B. im industriellen Beschaffungsprozess laufend anfallen, entfällt meist das Problem der Ermittlung von Wirkungen oder Reduktion von Ungewissheit bezüglich variabler Umweltzustände. Vielmehr betrifft das Informationsproblem hier die Erlangung von Information über Eigenschaften der Alternativen und deren Bewertung (vgl. z. B. Green/Wind [Multiattribute Decisions]).

Infolge des Aufwandes, der mit der Anwendung von Scoring-Modellen verbunden ist, begnügt man sich häufig mit einfacheren, **suboptimalen Lösungsverfahren**. Diese erfordern, dass zumindest eine Rangreihung der Ziele (Attribute) nach ihrer Wichtigkeit vorgenommen und/oder Anspruchsniveaus formuliert werden können. Ein derartiges Verfahren ist z. B. die **lexikographische Regel** (vgl. Bd. 1, 4. Kapitel).

1.2.2.8 Umsetzung und Kontrolle

An die Lösung eines Entscheidungsproblems schließt sich deren Umsetzung an. Zur **Kontrolle** der Umsetzung ist die Vorgabe von Sollwerten und Messung von Istwerten der Zielgröße(n) erforderlich, um Zielabweichungen feststellen zu können (vgl. 1. Kapitel). Aufgrund dieser Information kann u. U. eine Revision und Modifikation der Entscheidung notwendig werden.

1.2.2.9 Zusammenfassung

Versucht man, die vorstehenden Ausführungen in wenigen Sätzen zusammenzufassen, so lässt sich folgendes sagen. Die wichtigsten Informationen zur Lösung von Entscheidungsproblemen betreffen die Reduzierung von Ungewissheit bzw. das Erlangen von Wissen über (a) Handlungsalternativen, (b) Umweltzustände und (c) Wirkungsfunktion. Punkt (a) dient zur Beantwortung der Frage, **was getan werden kann**, die Punkte (b) und (c) sind erforderlich zur Beantwortung der Frage, **was bewirkt werden wird**. Gemeinsam sind diese Informationen notwendig, um zu beantworten, **was getan werden soll**. Weitere Informationen werden u. U. zur Formulierung des Entscheidungsproblems, zur Auswahl von Zielen und zur Formulierung einer Zielfunktion, zum Auffinden einer optimalen Lösung und zur Kontrolle der Umsetzung einer Entscheidung benötigt.

Abschließend ist an dieser Stelle zu sagen, das der Aufwand für die Informationsbeschaffung in sinnvollem Verhältnis zur Komplexität, Wichtigkeit und Dringlichkeit des Entscheidungsproblems stehen muss. Bei der Lösung und Umsetzung von Entscheidungsproblemen spielt heute unter verschärften Wettbewerbsbedingungen der Zeitfaktor eine zunehmend wichtige Rolle. *Peters* und *Waterman* (Peters/Waterman [Excellence] 13f.) nennen in ihrer berühmten Studie über Erfolgsfaktoren von Unternehmen daher an erster Stelle den Faktor «Primat des Handelns» («A bias for action»). Erfolgreiche Unternehmen sind gemäß ihrer Studie zwar methodisch bzw. analytisch orientiert, lassen sich aber nicht durch zu ausgiebige Analysen behindern. Vielmehr streben sie knappe und präzise Analysen an, um schnell zu Entscheidungen zu gelangen. Die Devise heißt: «Keep things simple in a complex world!»

1.2.3 Strategische Entscheidungen und Situationsanalyse

Das Grundmodell der Entscheidungstheorie bildet ein äußerst nützliches Konzept zur Bearbeitung komplexer Entscheidungsprobleme. Allerdings sind seiner Anwendung auch Grenzen gesetzt. Im Rahmen der vorstehenden Ausführungen wurde deutlich gemacht, dass die Lösung eines Entscheidungsproblems unter Anwendung des Grundmodells der Entscheidungstheorie oft zahlreiche weitere Entscheidungsprobleme aufwirft, für deren Lösung es selbst nicht geeignet ist. Dies gilt z. B. für Entscheidungen der Art, ob ein Entscheidungsproblem behandelt werden soll oder welches von mehreren anstehenden Entscheidungsproblemen bei begrenzter Kapazität behandelt werden soll. Gleichfalls gilt dies für die Zielauswahl oder die Frage, wieviel Information beschafft werden soll.

Eine dominant wichtige Gruppe von Entscheidungsproblemen, die in der jüngeren Vergangenheit aufgrund des intensivierten Wettbewerbs und der gestiegenen Komplexität und Dynamik der Umwelt in den Vordergrund des Interesses der Betriebswirtschaft gerückt sind, bilden strategische Entscheidungen.

Strategische Entscheidungen betreffen wichtige Maßnahmen oder Vorgehensweisen, die eine günstige Ausgangsposition für nachfolgende operative Entscheidungen und Handlungen verschaffen.

In diesem Sinne kann z. B. die Beschaffung von Information, ohne dass hierfür ein konkreter Anlass vorliegt, eine strategische Entscheidung sein. Wenn ein dringendes Entscheidungsproblem auftaucht, ist es oft zu spät, die benötigte Information einzuholen. Deren vorherige Beschaffung aber verschafft die Möglichkeit, schnell zu reagieren bzw. schon im Vorfeld zu agieren. In jedem Fall ist der Aufbau eines Management-Informationssystems eine strategische Maßnahme, die gegenüber der Konkurrenz einen Wettbewerbsvorteil verschaffen kann.

Das Anstreben von **Wettbewerbsvorteilen,** die gegenüber der Konkurrenz eine günstigere Ausgangsposition für nachfolgende Entscheidungen und Handlungen verschaffen, hatten wir oben als Kern des strategischen Managements genannt. Strategische Entscheidungen sind insbesondere dadurch gekennzeichnet, dass sie **Potenziale schaffen** und eher **umfassend** und **langfristig** orientiert sind. Operative Entscheidungen sind demgegenüber auf die Nutzung dieser Potenziale ausgerichtet und eher spezifisch und kurzfristig orientiert. In Anlehnung an *P. Drucker* wird häufig gesagt, dass strategische Entscheidungen eher auf die Erzielung von Effektivität («Die richtigen Dinge tun») gerichtet sind, operative Entscheidungen dagegen auf die Erzielung von Effizienz («Die Dinge richtig tun»).

1.2.3.1 Strategische Planung

Im strategischen Planungsprozess ist die Strategieplanung der operativen Maßnahmenplanung vorgelagert (vgl. Abb. 4.1.9). Dieser wiederum sind Entscheidungen über die **Oberziele** der Unternehmung vorgelagert, die ebenfalls strategische Entscheidungen bilden. Nachfolgend seien einige Beispiele für Entscheidungen innerhalb dieser drei Kategorien genannt:

Oberziele der Unternehmung: Unternehmenszweck (Business Mission, Vision), Leitlinien des Unternehmens (z. B. Übernahme von gesellschaftlicher Verantwortung), Gewinnmaximierung oder Streben nach Marktführerschaft.

Strategiewahl: z. B. Auswahl von Geschäftsfeldern (z. B. Eintritt in einen Wachstumsmarkt), die Einführung neuer Produkte, die Festlegung einer Wettbewerbsstrategie (z. B. Kostenführerschaft vs. Präferenzstrategie, Imitations- vs. Innovationsstrategie), internationale Expansion oder Kooperationen mit anderen Unternehmen.

Operative Entscheidungen: z. B. Rationalisierungsmaßnahmen, Beschaffungsmaßnahmen, logistische Entscheidungen bezüglich Transport und Lagerung von Gütern oder Marketing-Mix-Entscheidungen bezüglich der Festlegung des Preises oder der Durchführung von Maßnahmen zur Verkaufsförderung.

Zur Unterstützung von strategischen Entscheidungen ist das Grundmodell der Entscheidungstheorie weniger geeignet als für operative Entscheidungen. Strategische Entscheidungen beziehen sich nicht auf konkrete Handlungen und haben somit auch nicht den direkten Ergebnisbezug, den erst die nachfolgenden operativen Maßnahmen haben (vgl. Böcker [Marketing-Kontrolle] 30f.). Das für das Grundmodell zentrale Konzept der Wirkungsfunktion, d.h. eines kausalen und zumindest potenziell empirisch überprüfbaren Zusammenhangs, ist hier also nicht gegeben. Dennoch sollte man bestrebt sein, unter Vorwegnahme nachfolgender Handlungen auch Aussagen über mögliche Ergebnisse zu treffen, wann immer dies möglich ist.

Der Übergang zwischen strategischen und operativen Entscheidungen ist überdies fließend und es sollte grundsätzlich zumindest angestrebt werden, auch strategische Entscheidungsprobleme gemäß dem Grundmodell der Entscheidungstheorie zu strukturieren. Auch bei strategischen Entscheidungen hat man es immer mit Alternativen (wenn auch nicht Handlungsalternativen) zu tun. Außerdem sind gerade strategische Entscheidungen durch ein hohes Maß an Ungewissheit gekennzeichnet und erfordern daher in besonderem Maße die Beachtung von Umweltzuständen und langfristigen Umweltentwicklungen.

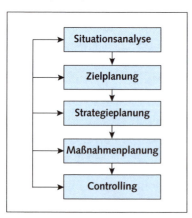

Abbildung 4.1.9:
Strategischer Planungsprozess

1.2.3.2 Situationsanalyse

Die Beschaffung der für strategische Entscheidungen notwendigen Informationen wird als strategische Situationsanalyse bezeichnet, die am Beginn des strategischen Planungsprozesses steht.

> Aufgabe der **strategischen Situationsanalyse** ist es, Klarheit über die derzeitigen und auch zukünftigen **internen und externen Rahmenbedingungen der Unternehmenstätigkeit** zu verschaffen.

Sie bildet die Basis, um Stärken und Schwächen des Unternehmens gegenüber seinen Wettbewerbern zu erkennen und daraus unter Berücksichtigung der Umweltbedingungen Chancen und Risiken für das Unternehmens abzuleiten. Einen Überblick über die Bereiche und Elemente der strategische Situationsanalyse gibt Abb. 4.1.10 (vgl. hierzu Bea/Haas [Management], Kreilkamp [Management]).

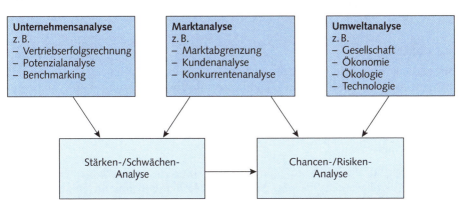

Abbildung 4.1.10: Strategische Situationsanalyse

Die strategische Situationsanalyse lässt sich in drei Bereiche der Informationsbeschaffung untergliedern:

- Unternehmensanalyse
- Marktanalyse
- Umweltanalyse (Makro-Umwelt).

Unternehmensanalyse

Die Unternehmensanalyse untersucht die internen Gegebenheiten eines Unternehmens, um den Erfolgsbeitrag einzelner Bereiche oder Tätigkeiten beurteilen zu können und um Potenziale sowie Stärken und Schwächen gegenüber der Konkurrenz deutlich zu machen.

Wichtige Informationen hierfür liefert die Kostenrechnung (siehe Abschnitt 3.3 dieses Kapitels). Darauf basierend werden in der Vertriebserfolgsrechnung den Kosten die Erlöse gegenübergestellt und so Deckungsbeiträge für Produkte oder Produktgruppen, Kunden(gruppen), Verkaufsgebiete oder Vertriebswege ermittelt.

Ein Instrument zur Potenzial-Analyse von Unternehmen bildet die Wertkette von Porter ([Wettbewerbsvorteile] 63 ff.). Es handelt sich dabei um eine Abbildung und Zerlegung des Leistungsprozesses einer Unternehmung in Wertaktivitäten (Bausteine, mittels derer ein Unternehmen ein für seine Abnehmer wertvolles Produkt schafft). Kann ein Unternehmen diese strategisch wichtigen Aktivitäten billiger oder besser als seine Konkurrenten erledigen, so verschafft es sich damit einen Wettbewerbsvorteil.

Benchmarking bedeutet, dass Unternehmen ihre Produkte, Dienstleistungen und Prozesse mit denen ihrer stärksten Mitbewerber vergleichen oder auch mit denen von Firmen anderer Branchen, die auf einem Gebiet führend sind. Benchmarks sind «best practices» (Bestleistungen, Weltklassestandards). Hierdurch sollen Potenziale und Wege zur Verbesserung der eigenen Leistungen aufgedeckt werden. Eines der ersten Unternehmen, die dieses Verfahren erfolgreich genutzt und weiterentwickelt haben, ist die Firma Xerox (Kotler [Marketing Management] 406 ff.).

Marktanalyse

Strategische Entscheidungen sind mehr auf die Erlösseite eines Unternehmens als auf dessen Kostenseite gerichtet. Die Potenziale zur Einsparung von Kosten sind eng begrenzt, die zur Erhöhung der Erlöse dagegen nahezu unendlich. Überdies entscheidet letztlich der Kunde über den Erfolg eines Unternehmens. Die Analyse des Absatzmarktes nimmt daher eine zentrale Stellung innerhalb der strategischen Situationsanalyse ein.

Grundlegend für die Bearbeitung und Analyse von Märkten ist die strategische **Abgrenzung des relevanten Marktes**, auf den die Marketing-Bemühungen ausgerichtet werden sollen. Diese sollte kundenorientiert und nicht technologieorientiert erfolgen. Bestehende Technologien können durch neue Technologien verdrängt werden, die Bedürfnisse und Probleme der Kunden dagegen bleiben bestehen. So hat sich z. B. das Bedürfnis, saubere Texte zu schreiben, nicht geändert, während die Schreibmaschine durch den PC verdrängt wurde. Dies ist manchem Schreibmaschinenhersteller, der seinen Markt technologieorientiert definiert hatte, zum Verhängnis geworden.

Um Wettbewerbsvorteile zu realisieren, die aus Kundensicht wahrnehmbar und wichtig sein sollen, bedarf es subtiler Kenntnisse der Kunden. Diese müssen mittels **Kundenanalyse** beschafft werden, die u. a. folgende Bereiche umfasst:

- Identifizierung der Kunden
- Kontinuierliche Erfassung des Kundenverhaltens
- Ermittlung von Markenbekanntheit, Image, Präferenzen, Zufriedenheit der Kunden
- Ermittlung von Bedürfnissen und Problemen der Kunden
- Positionierungsanalysen und Segmentierungsanalysen
- Marktpotenzialanalysen
- Prognose der Marktentwicklung.

Die Marktforschung hat hierfür ein umfangreiches Arsenal an Instrumenten entwickelt (vgl. z. B. Hammann/Erichson [Marktforschung], Weber [Marktforschung]).

Wettbewerbsvorteile existieren immer nur relativ zu den Leistungen der Konkurrenz. Die **Konkurrentenanalyse** bildet daher das zweite Standbein der Marktanalyse. Sie betrifft insbesondere folgende Aspekte:

- Aktivitäten der Konkurrenz (z. B. Produkte, Service, Preise, Werbung etc.)
- Strategien der Konkurrenz (Unternehmensstrategie, Wettbewerbsstrategie)

- Erfolge der Konkurrenz (z. B. Marktanteil, Gewinn, ROI).
- Stärken-/Schwächen-Analysen (bezüglich Potenzialen, Ressourcen, Marktposition).

Von besonderer Wichtigkeit sind auch hier Stärken-/Schwächen-Analysen aus Kundensicht, die auf Basis von Kundenbefragungen in Form von Einstellungs- bzw. Image-Profilen erstellt werden können.

Umweltanalyse (Makro-Umwelt)

Die Analyse der weiteren Umwelt (über die Marktumwelt hinaus) betrifft Entwicklungen in Gesellschaft, Ökonomie, Technologie, Politik oder Recht. Wichtige Fragen, die sich hier stellen, sind:

- Welche dieser Größen sind Determinanten oder Indikatoren für die Marktentwicklung?
- Wie entwickeln sich diese Größen in der Zukunft?

Wichtig ist es aus strategischer Sicht, Entwicklungstendenzen sowie eventuelle Trend- oder Niveauänderungen (Diskontinuitäten) in den Rahmenbedingungen möglichst frühzeitig zu erkennen, um so Zeit zum Reagieren zu gewinnen. Durch frühzeitiges und schnelles Reagieren können Wettbewerbsvorteile erzielt werden und Geschwindigkeit wird somit zum Wettbewerbsfaktor. Im strategischen Management wurden daher, zusätzlich zu den klassischen Prognoseverfahren, spezielle **Früherkennungssysteme** entwickelt. Da sich Diskontinuitäten mittels klassischer Verfahren der Zeitreihenanalyse nicht prognostizieren lassen, versucht man hier sog. «schwache Signale» aufzuspüren, durch die sich Diskontinuitäten oft frühzeitig ankündigen (siehe hierzu Bea/Haas [Management] 316 ff., Kreilkamp [Management] 245 ff.).

1.2.4 Qualität von Information

Die Beschaffung von Information ist immer mit dem Problem der **Beurteilung von Information** verbunden. Dieses Problem stellt sich auch angesichts der Informationsflut, durch die die heutige Informationsgesellschaft gekennzeichnet, und deren Bewältigung eine Selektion von Information erfordert. In beiden Fällen werden Kriterien zur Beurteilung der Qualität von Information benötigt.

Richtiger müsste man hier z. T. von der Qualität der Daten sprechen, die die potenziellen Träger der Information sind. Wendet man den Blick jedoch von der Verwendung auf die Entstehung von Information, so lässt sich kaum noch zwischen Information und Daten unterscheiden.

Information ist streng genommen, entsprechend unserer obigen Definition, eine quantitative Größe. Aus pragmatischen Gründen aber erscheint es gerechtfertigt, zur Beurteilung von Information sowohl quantitative wie auch qualitative Kriterien zu verwenden.

Maße für die Quantität von Information:

a) Informationsgehalt
Je nach Art bzw. Zweck der Information hängt der Informationsgehalt davon ab, inwieweit die Information in der Lage ist

- Kenntnis über die möglichen Handlungsalternativen zu verschaffen,
- Ungewissheit bezüglich relevanter Umweltzustände zu beseitigen,
- den Wirkungszusammenhang exakt zu erfassen.

Erfüllt eine Information eines dieser Kriterien, so ist sie als vollkommen zu bezeichnen. Der Informationsstand eines Entscheiders ist vollkommen, wenn alle Kriterien erfüllt sind.

b) Wert von Information
Der Wert von Information ergibt sich aus der Verbesserung des Ergebnisses bzw. der Zielgröße, die durch ihren Erhalt bewirkt wird.

Da diese Maße nur in Ausnahmefällen und auch dann nur mit großem Aufwand ermittelt werden können, sind Kriterien für die Qualität von Information von praktischer Relevanz.

Kriterien für die Qualität von Information:
- Gültigkeit (Validität)
  Entspricht die Information den Tatsachen oder ist sie falsch. Beispiel: Es wird ein unrichtiger Preis mitgeteilt oder der Wert eines Wirkungskoeffizienten ist falsch.
- Zuverlässigkeit (Reliabilität)
  Sie betrifft den Zufallsfehler einer Information, der sich bei wiederholter Informationsbeschaffung messen lässt. I. d. R. sind z. B. Informationen um so unzuverlässiger, je weiter sie in die Zukunft reichen.
- Präzision (Exaktheit)
  Sie betrifft das Messniveau. Beispiel: Die Information, dass die Temperatur morgen 26 °C betragen wird, ist präziser als die Information, dass es morgen warm wird.
- Vollständigkeit
  Sie betrifft die Frage, inwieweit durch die Information alle Aspekte (Strukturelemente) des Entscheidungsproblems abgedeckt werden oder ob einzelne Aspekte unberücksichtigt bleiben.
- Aktualität
  Sie betrifft den Verlust an Gültigkeit durch Veralterung, d. h. Informationen sind u. U. nicht mehr aktuell, weil sich die Sachverhalte geändert haben.
- Adäquanz
  Informationen sind oft für die zu behandelnde Problemstellung nur von geringer Brauchbarkeit, da sie für eine andere Problemstellung erstellt wurden. Dies betrifft auch die Generalisierbarkeit von Information. So wird z. B. eine gefundene Marktreaktionsfunktion niemals die für eine gesetzmäßige Wirkungsbeziehung

notwendige Unabhängigkeit von Raum und Zeit haben. Ähnliches gilt für Fallstudien, Einzelfallaussagen, Expertenurteile etc.

Die Kriterien sind nicht ganz frei von Redundanz, da sie z. T. gleiche Sachverhalte aus unterschiedlicher Perspektive betrachten. Problematischer erscheint, dass sich einige Kriterien, insbesondere Gültigkeit und Zuverlässigkeit, oft nicht oder zumindest nicht vor der Entscheidung feststellen lassen, da das hierfür notwendige Wissen fehlt. Hätte man dagegen dieses Wissen, so wäre die Information nutzlos bzw. keine Information mehr. Um aus diesem Dilemma der Beurteilung von Information herauszukommen, muss sich die Beurteilung nicht auf die Information selbst, sondern auf die Quelle der Information (Potenzialqualität) und den Prozess der Informationserstellung (Prozessqualität) richten. So gesehen sind z. B. die Informationen von bestimmten Medien, Markt- oder Meinungsforschungsinstituten als qualitativ höherwertig einzuschätzen als die Informationen von jeweils vergleichbaren anderen Institutionen.

1.3 Organisation des betrieblichen Informationswesens

Die Schaffung der organisatorischen Voraussetzungen für die Beschaffung, Verarbeitung und Bereitstellung von Informationen zählt zu den Grundproblemen der Unternehmensführung. Diese umfassen sowohl Fragen der Aufbau- wie auch der Ablauforganisation. Die Aufbauorganisation hat die Informationspflichten und -rechte im Unternehmen zu regeln, d. h. sie hat zu klären, welche Stellen welche Informationen beschaffen oder bereitstellen und welche Stellen welche Informationen erhalten sollen. Die Ablauforganisation dagegen dient der Erzielung eines möglichst effizienten Informationsflusses, d. h. sie hat zu erklären, wie und mit welchen Mitteln die jeweiligen Informationsarten zu beschaffen und zu verarbeiten sind.

Neben den organisierten Informationsbeziehungen in einem Unternehmen, dem sog. formalen Kommunikationssystem, besteht auch immer eine informale Kommunikation aufgrund persönlicher Kontakte zwischen den Stelleninhabern. Die Bedeutung der informalen Kommunikation ist (neben sozialen Aspekten) darin zu sehen, dass sie zur Verkürzung von Informationswegen oder zur Ergänzung des formalen Kommunikationssystems beitragen kann.

Die Vielfalt der in einem Unternehmen benötigten Informationsarten lässt sich nach der Herkunft der Informationen grob untergliedern in interne und externe Informationen. Interne Informationen werden innerhalb des Unternehmens gewonnen, während externe Informationen außerhalb des Unternehmens beschafft werden müssen.

Interne Informationen werden in allen Funktionalbereichen des Unternehmens (Beschaffung, Produktion, Absatz, Personal, Finanzen) gewonnen. Es handelt sich dabei z. B. um Informationen über Bestände und Kapazitäten, Verbrauchsmengen und -relationen, Kosten, Leistungen und Erträge. Die Sammlung, Verarbeitung und Bereitstellung dieser Informationen fällt zum großen Teil in die Bereiche des betrieblichen Rechnungswesens (Buchhaltung, Kosten-, Erlös- und Erfolgsrechnung) oder der Vertriebsstatistik.

Externe Informationen betreffen insbesondere die Beschaffungs- und Absatzmärkte eines Unternehmens (Anbieter, Konkurrenten, Käufer, Beschaffungs- und Vertriebskanäle), aber auch die ökonomische, politische, rechtliche, technologische und kulturelle Umwelt. Derartige Informationen müssen aus **unternehmungsexternen Quellen** beschafft (erhoben) werden.

> Wird bereits vorhandenes Datenmaterial ausgewertet, so spricht man von **Sekundärerhebung**, während man bei einer Neuerstellung des Datenmaterials von **Primärerhebung** spricht.

Quellen für Sekundärerhebungen sind z. B. Zeitungen und Zeitschriften sowie Publikationen von Behörden, Verbänden, Forschungsinstituten oder Banken. Bei Primärerhebungen werden die Daten mittels Befragung oder Beobachtung gewonnen (z. B. Konsumentenbefragungen, Verkaufsexperimente). Die Aufgaben der Datenbeschaffung wie auch der Datenanalyse können sowohl durch das Unternehmen selbst (Eigenforschung) wie auch im Auftrage des Unternehmens (Fremdforschung), z. B. durch Marktforschungsinstitute, durchgeführt werden. Die Durchführung von Eigenforschung erfordert entsprechende organisatorische Einrichtungen sowie einschlägiges Know-how.

Im folgenden wollen wir einige Grundaspekte der Aufbauorganisation aufgreifen.

An dieser Stelle interessieren hinsichtlich der Aufbauorganisation nur die Informationspflichten, also die Informationsbeschaffungs-, Informationsverarbeitungs- und Informationsbereitstellungsaufgaben. Infolge der Vielfalt der Informationsarten ist es nicht möglich, alle diese Aufgaben organisatorisch zu zentralisieren. Die Erfassung von internen Informationen erfolgt zwangsläufig in den betreffenden Funktionalbereichen, während eine weitgehende Zentralisierung der Verarbeitungs- und Bereitstellungsaufgaben i. d. R. vorteilhaft und bei Nutzung eines Großrechners sogar notwendig wird. Größerer organisatorischer Spielraum besteht hinsichtlich der Beschaffung von externen Informationen. Am Beispiel der Marktforschung sollen hier einige Aspekte beleuchtet werden.

Die betriebliche Marktforschung befasst sich mit der Beschaffung, Verarbeitung und Bereitstellung von Informationen, die für Marketingentscheidungen benötigt werden (siehe dazu z. B. Hammann/Erichson [Marktforschung], Schäfer/Knoblich [Grundlagen]). Da es sich hierbei primär um externe Informationen handelt, muss im Zusammenhang mit der organisatorischen Gestaltung und Eingliederung der Marktforschung entschieden werden, in welchem Umfang die erforderlichen Aufgaben durch Eigen- oder Fremdforschung erledigt werden sollen. Infolge von Rationalisierungseffekten können Marktforschungsinstitute viele Aufgaben, insbesondere im Bereich der Primärerhebung, kostengünstiger durchführen, als dies der betrieblichen Marktforschung möglich wäre. Der betrieblichen Marktforschung verbleibt jedoch immer die Aufgabe, derartige Fremdforschungstätigkeiten sachverständig zu beurteilen, sei es zum Zwecke der Auftragsvergabe und -kontrolle oder der Interpretation und Weiterverarbeitung von gelieferten Informationen.

Hinsichtlich der organisatorischen Eingliederung der betrieblichen Marktforschung lassen sich drei Grundformen unterscheiden:

1. Einrichtung eines funktionalen Informationsbereichs mit darunter angesiedelter Marktforschung
2. Einrichtung einer selbständigen Abteilung im Funktionalbereich Marketing
3. Einrichtung einer Stabsstelle
   - bei der Unternehmensleitung
   - bei der Marketingleitung.

(1) Die erste Alternative findet sich in solchen Unternehmen, die aufgrund des Arbeitsanfalls und der Notwendigkeit einer Koordination die Informationsplanungs-, -beschaffungs- und -verarbeitungsfunktionen für alle Unternehmensbereiche zentralisieren. Allerdings ist die Bildung eines solchen funktionalen Informationsbereichs an entsprechende technische Voraussetzungen und Kapazitäten geknüpft, wie sie etwa in einem Rechen- bzw. Datenverarbeitungszentrum gesehen werden können. Die funktionale Abteilung «Informationswesen» verfügt zudem über einen direkten Zugang zu allen im Betrieb vorhandenen Informationen und zu den technischen Einrichtungen.

(2) Die zweite Alternative setzt voraus, dass insbesondere die Beschaffungs- und Aufbereitungsarbeiten der Informationen einen entsprechenden Umfang und die Entscheidungsprozesse eine gewisse Verselbständigung erreicht haben. Gegebenenfalls können den selbständigen Abteilungen innerhalb des Funktionalbereiches noch Stäbe zugeordnet werden, deren Tätigkeit in der Bearbeitung von Teilaufgaben der Informationsverarbeitung und -verdichtung zu sehen ist.

(3) Die dritte Alternative eignet sich vornehmlich in solchen Fällen, wo die Marktforschungstätigkeit nur ein relativ geringes Ausmaß erreicht. Die Charakterisierung des Stabes neben der Geschäftsleitung bzw. der Leitung des Marketingbereichs entspricht ungefähr der eines speziellen Stabes einer Marktforschungsabteilung. Ein zusätzliches Gewicht erhalten derartige Stäbe durch die Aufgabe der Vorbereitung und Analyse von Marketingentscheidungen für die Unternehmensleitung bzw. die Marketingleitung. Sie stellen oft auch ein Verbindungsglied zu außerbetrieblichen Institutionen der Informationsbeschaffung dar, dessen Befugnisse sich allerdings auf Beratung und Kontakterhaltung beschränken. Die Bildung einschlägiger Stäbe bei der Geschäftsleitung erfolgt nur dann, wenn diese selbst unmittelbar mit der Informationsbeschaffung und den Entscheidungen darüber befasst bleiben will. Der Stabsstelle werden allgemeine Beratungsfunktionen zugewiesen, in deren Rahmen auch Informationsplanungs-, Beschaffungs- und Aufbereitungstätigkeiten mit zu erfüllen sind.

Strategische Marketingentscheidungsprobleme werden auch als Sonderprojekte mit spezieller **Matrix- oder Projektorganisation** durchgeführt. Den dazu gebildeten Teams gehören dann regelmäßig Informationssachverständige aus den relevanten Funktionalbereichen der Unternehmung an.

In der Praxis gibt es häufig **Mischformen** zwischen den beiden Alternativen (1) und (2). So wird die Informationsverwahrungs- bzw. -verarbeitungstätigkeit gerne einer zentralen Abteilung «Informationswesen» überlassen, während die Informationsbedarfs- und -beschaffungsplanung in den einzelnen funktionalen Bereichen (bzw. Sparten) des Unternehmens durchgeführt werden. Die Informationsbeschaffung (z. B. im Rahmen der Marktforschungstätigkeit) wird dann Institutionen außerhalb des Unternehmens überlassen.

1.4 Informationsentscheidungen

Wie in allen anderen Arbeitsbereichen von Unternehmen, so stellen sich auch auf dem Gebiet der Informationswirtschaft zahlreiche gewichtige, teilweise strategische Entscheidungsprobleme von großer Tragweite, deren Revision nur selten möglich ist. Hierzu zählen (vgl. Hammann/Erichson [Marktforschung] 53 ff.):

- Entscheidungen über den Informationsbedarf,
- Entscheidungen über die Informationsbeschaffung,
- Entscheidungen über das Informationsbudget.

Zur Analyse dieser Entscheidungsprobleme existieren quantitative Modelle und Methoden, auf die wir jedoch nur teilweise eingehen können.

1.4.1 Bedarfsentscheidungen

Zur Formulierung und Lösung von Entscheidungsproblemen bedarf es zunächst der Feststellung der **Informationskategorien**, die in einem vorgegebenen Planungszeitraum den Informationsbedarf konstituieren (z. B. Informationen zu den Wirkungen absatzpolitischer Instrumente).

Grundsätzlich leitet sich dieser Informationsbedarf aus den konkreten anstehenden (einmaligen oder wiederholten) Entscheidungsproblemen ab. Da jedoch nicht alle Informationsarten und diese auch nicht alle im erforderlichen Umfang bzw. von gleich hoher Qualität angesichts begrenzter Informationsbudgets beschafft werden können, muss sich die planende Instanz im Unternehmen auf eine bei vorgegebenen Kriterien **optimale Auswahl** unter den Kategorien von Informationen beschränken. Dieser Fall ähnelt analytisch den aus der Investitionstheorie geläufigen Problemen der Kapitalbewirtschaftung, bei welchen der Gesamtnutzen eines Projektpakets bei vorgegebenem Budget und anderen Restriktionen (bezüglich des Nutzens oder der Kosten der Projekte) optimiert werden soll. Diese Ansätze kann man vielfältig differenzieren.

In der Praxis vollzieht sich die Fragestellung des Informationsbedarfs oft nach **subjektivem Ermessen** der Entscheidungsträger. Dies wird vor allen Dingen dann nicht zu vermeiden sein, wenn einmalige (nicht wiederkehrende) Entscheidungen zur Lösung anstehen (z. B. eine Standortentscheidung). Art und Umfang der benötigten Informationen sind dort nicht verbindlich festlegbar. In erster Linie gilt dies für Informationen zur Formulierung von Entscheidungsproblemen. Stärker formalisierte Entscheidungsprozesse finden sich bei wiederkehrenden Entscheidungen (z. B. in der Fertigung) und auch bei der Fragestellung des Bedarfs an Informationen, die zur Lösung des Entscheidungsproblems unmittelbar benötigt werden.

1.4.2 Beschaffungsentscheidung

Die Beschaffungsentscheidung bezieht sich auf die Grundsatzfrage, ob für ein bestimmtes Problem überhaupt Information beschafft werden soll und, wenn ja, auf welche Weise. Der zweite Aspekt schließt weitere Fragen ein, so etwa diejenige nach dem Träger der Beschaffung oder nach der Beschaffungsmodalität. Zur Analyse der Grundsatzfrage kann man **Entscheidungsbaumverfahren** nutzen, nicht zuletzt, um die Unsicherheitsaspekte angemessen berücksichtigen zu können. Ein weiterer Vorteil dieser Methoden liegt in ihrer Verwendbarkeit für sukzessive und sequentielle Beschaffungsentscheidungsfälle. Von **sukzessiven** Entscheidungen spricht man, wenn sachlich verschiedene Entscheidungen in einer bestimmten, zeitlich festgelegten Reihenfolge zu fällen sind. **Sequentielle** Entscheidungen erfolgen gleichfalls in einer zeitlich festgelegten Reihenfolge; es handelt sich hier jedoch stets um denselben Entscheidungsgegenstand.

Bei jedem Informationsbeschaffungsakt sind **Wert und Kosten der Information** zu vergleichen. Während die Ermittlung von Kosten im allgemeinen geringere Probleme aufwirft, lässt sich der Wert der Information nicht ohne weiteres feststellen. Einen Ansatz hierzu liefert die sog. **Bayes-Analyse** (vgl. Hammann/Erichson [Marktforschung], S. 55 ff.). Insbesondere die Formen der **Prae-Posteriori-Analyse**, bei der der Entscheidungsträger die Wahrscheinlichkeiten des Eintritts einzelner Ergebnisse des Informationsbeschaffungsakts im voraus zu schätzen hat, stellen hohe Anforderungen an dessen Einfühlungsvermögen und setzen Erfahrung mit ähnlichen Fällen voraus. Allerdings wird dadurch eine Abschätzung des Wertes von Informationen noch vor der Informationsbeschaffung möglich.

Es sei angenommen, dass das Unternehmen eine **Teststudie** durchführen will, die darüber Aufschluss geben soll, ob ein neues Produkt eingeführt werden kann oder nicht. Als Entscheidungskriterium bei der Frage, ob eine zusätzliche Information beschafft (d. h. ein Markttest durchgeführt) werden soll oder nicht, möge der Erwartungswert des Gewinns (als Differenz von erwartetem Erlös und erwarteten Kosten) zur Anwendung kommen. Man stellt diesen Wert dem Erwartungswert des Gewinns gegenüber, den ein neues Produkt ohne zusätzliche Informationen erzielen würde. Im Falle der Testdurchführung wird der **Erwartungswert des Gewinns** um die Kosten des Tests gekürzt werden müssen.

Wendet man auf die Frage der Informationsbeschaffung das Verfahren der **Bayes-Analyse** an, so werden dabei a priori vorhandene Informationen über die unsichere Umwelt durch a posteriori (über einen Test) ermittelte Daten revidiert und so die Entscheidungsgrundlage verbessert. Da die Ergebnisse des Tests ihrerseits ungewiss sind, müssen sie durch subjektive Schätzungen prae posteriori vorgenommen werden, um den erwarteten Wert der Information ermitteln zu können (vgl. im einzelnen die ausführliche Darstellung dieses Beispiels bei Hammann/Erichson [Arbeitsbuch] 171 ff.).

Ist die Frage, ob überhaupt Informationen beschafft werden sollen, grundsätzlich geklärt, so bleibt die weitere Frage, ob die Informationsbeschaffungsaufgabe durch **Institutionen innerhalb oder außerhalb** des Unternehmens gelöst werden kann bzw. soll. Grundsätzlich lässt sich sagen, dass personalintensive Informationsbeschaffungs- und -verarbeitungsaktivitäten regelmäßig nach außerhalb vergeben werden, da in den meisten Unternehmen nicht die notwendigen Kapazitäten vorhanden sind. Dies schließt durchaus wichtige Vor- und Nacharbeiten im Unternehmen nicht aus. In diesem Zusammenhang sei nochmals auf die Notwendigkeit der **Informationsplanung** im Unternehmen hingewiesen. Umfangreiche Mitarbeiterstäbe können für Informationsbeschaffungs- und verarbeitungsaufgaben jedoch nur dann eingesetzt werden, wenn die Bedeutung der durchzuführenden Aufgaben für das Unternehmen außerordentlich groß ist bzw. wenn die Aufgaben laufend anstehen und ihr Umfang dies erfordert. Eine einfache Kostenvergleichsrechnung dürfte in Zweifelsfällen die Entscheidung vorbereiten helfen.

Da die Planung, Beschaffung und Aufbereitung von Informationen ihrerseits Forschungsaktivitäten im Unternehmen darstellen, erheben sich sowohl zahlreiche Vorteile wie Nachteile der Eigenforschung gegenüber der Fremdforschung. Hierzu sei auf die relevante Literatur verwiesen (vgl. u. a. Hammann/Erichson [Marktforschung] 73 f.).

1.4.3 Budgetentscheidung

Zu den am wenigsten befriedigend gelösten bzw. lösbaren Problemen der Betriebswirtschaftslehre zählt die Aufstellung von Budgets. Das gilt nicht zuletzt für den Bereich der **Informationsbudgets**, bei deren Aufstellung erheblich Ungewissheit über die ökonomischen Konsequenzen der Entscheidung auftritt. Für jedes Projekt der Planung, Beschaffung und Aufbereitung von Informationen ergibt sich Unsicherheit über die

- künftigen Erträge der Projekte,
- künftigen Aufwendungen für die Projekte,
- künftige Zusammensetzung der Projektliste,
- künftig verantwortlichen Instanzen,
- künftige Finanzlage der Unternehmung.

Die Budgetierung orientiert sich in der Praxis an den organisatorischen Gegebenheiten. Dies bestimmt letztlich auch die effektiven Kostenkategorien von Informationsbudgets. Typische Kategorien sind etwa: Gehälter, Raumkosten, Materialkosten, Reisekosten, Datenverarbeitungskosten, Abonnements, Mitgliedsbeiträge, Mietkosten, Kosten für Gutachten, Schulungskosten und spezifische Projekteinzelkosten neben allgemeinen Verwaltungskosten. Die Liste ist keineswegs erschöpfend. Bei Planung eines Informationsbudgets sind diese teils im Betrieb, teils außerhalb des Betriebes anfallenden Kostenarten zu berücksichtigen.

Die Planung eines Informationsbudgets, welches der jeweils zuständigen Stelle zur Entscheidung vorgelegt werden muss, vollzieht sich meist in fünf Schritten:

1. Überprüfung des Budgets der Vorperiode nach
   - Art und
   - Umfang der Positionen
   sowie im Hinblick auf die entstandenen positiven bzw. negativen Planabweichungen.
2. Übertrag noch offener bzw. nicht abgeschlossener Posten aus früheren und der laufenden Periode(n).
3. Ermittlung des allgemeinen und speziellen Finanzbedarfs für die nächste Periode (in Abstimmung mit den davon betroffenen Instanzen). Der Bedarf resultiert allgemein aus den zur Lösung anstehenden Entscheidungsproblemen, wobei hier jedoch im einzelnen Art und Umfang sowie Lieferant der benötigten laufenden oder einmaligen Informationen festzulegen sind. Die in den beiden vorausgegangenen Abschnitten hierzu angestellten Überlegungen fließen an dieser Stelle ein.
4. Überprüfung der Budgetveränderung gegenüber der Vorperiode und der laufenden Periode. Auftretende Abweichungen sind eingehend zu begründen.
5. Suche nach Einsparungsmöglichkeiten, die unabhängig von Budgetveränderungen im Hinblick auf unsichere Zukunftslagen eine gewisse finanzielle Flexibilität gewährleisten würden. Gerade angesichts der Informationsredundanz und der Veralterung von Modell- und Methodenbank kann dieser Rationalisierungsaspekt im Informationswesen nicht genug betont werden.

Die fünf Stufen verdeutlichen auch die Notwendigkeit einer laufenden internen Kontrolle der Budgetverwaltung.

Diese eher synthetisch geartete Budgetermittlung kann indessen auch analytisch abgestützt werden, wenn man sich wieder an die investitionstheoretischen Überlegungen aus Abschnitt 1.3.1 erinnert. Dort hatten wir Ansätze zur optimalen Budgetverwendung auf ein Projektpaket erwähnt, wobei das Investitionsbudget vorgegeben war. Man könnte für alternative Investitionsbudgets jeweils die optimale Budgetverwendung ermitteln und dann unter den errechneten Optima das günstigste auswählen. Dieses Verfahren setzt jedoch eine vorherige Festlegung alternativer Informationsbudgets voraus, wozu wiederum eine synthetisch geartete Budgetierung hilfreich sein kann.

1.5 Informationsbeschaffung

1.5.1 Primär- und Sekundärforschung

Wie wir gesehen haben, werden Informationen zum Zwecke

- der Formulierung von Entscheidungsproblemen sowie
- der Lösung von Entscheidungsproblemen

beschafft.

Hinsichtlich der Art der Informationsbeschaffung lässt sich, wie bereits erwähnt, zwischen Primärforschung (Primärerhebung) und Sekundärforschung (Sekundärerhebung) unterscheiden.

> Die **Sekundärforschung** betrifft die Sammlung und Analyse von Daten, die für andere Zwecke und zu früherem Zeitpunkt erhoben wurden.
> Im Falle der Erhebung und Analyse von neuen bzw. neuartigen Daten spricht man von **Primärforschung**.

Zur Erhöhung ihres Informationsgehaltes bedürfen Daten i. d. R. besonderer Verarbeitungsprozesse. Quellen für Daten bzw. Informationen finden sich sowohl innerhalb wie außerhalb des Unternehmens. Zu den **internen Quellen** gehören z. B.

- das betriebliche Rechnungswesen
- Absatz- und Lagerstatistiken
- Kunden- und Lieferantenkarteien
- Berichte des Außendienstes
- Datenmaterial aus früheren Primär- oder Sekundärerhebungen

Relevante **externe Quellen** sind z. B.

- Veröffentlichungen des Statistischen Bundesamtes und der statistischen Landesämter
- Veröffentlichungen sonstiger amtlicher Institutionen, wie Ministerien, Bundesbank oder Industrie- und Handelskammern
- Veröffentlichungen internationaler Institutionen, wie EG, OECD, UNI oder Weltbank
- Veröffentlichungen von wirtschaftswissenschaftlichen Instituten
- Veröffentlichungen von Wirtschaftsverbänden sowie Messeberichte
- Geschäftsberichte, Prospekte oder Kataloge einzelner Unternehmen
- Veröffentlichungen in Fachzeitschriften und Tagespresse
- Adress- und Handbücher

Im Rahmen der Sekundärforschung müssen die verschiedenen Informationsquellen überprüft werden. Da die Sekundärforschung gegenüber der Primärforschung meist erheblich weniger Zeit und Kosten erfordert, sollten ihre Möglichkeiten zunächst ausgeschöpft werden, bevor Primärforschung eingeleitet wird. Überdies lassen sich durch Sekundärforschung nützliche Informationen für Planung und Durchführung der Primärforschung gewinnen.

Die Entwicklung der neuen Informations- und Kommunikations-Technologien hat die Möglichkeiten der Sekundärforschung extrem erweitert. Von besonderer Bedeutung sind hier Online-Datenbanken sowie zunehmend auch das Internet.

In neuerer Zeit wurden zahlreiche **Online-Datenbanken**, d. h. elektronische Datenbanken geschaffen, deren Dienste öffentlich angeboten werden und auf die der Kunde mittels Datenfernübertragung (DFÜ) direkt (online) zugreifen kann. Technisch kann dies mit jedem PC und einem Modem (intern/extern) über Telefonleitungen erfolgen. Auf Basis eines Vertrages werden Zugangsrechte (und Passwort) vergeben und Gebühren berechnet, die neben den Telekommunikationskosten zusätzlich für die Online-Recherchen zu bezahlen sind. Vorteilhaft sind der schnelle Zugriff rund um die Uhr, die großen Speicherkapazitäten elektronischer Datenbanken, sowie die Möglichkeit, mittels spezieller Abfragesprachen große Datenmengen schnell nach gewünschten Informationen zu durchsuchen (recherchieren). Für wirtschaftliche Fragestellungen relevante Datenbanken sind z. B. Statis-Bund (vom Statistischen Bundesamt) und GENIOS (von der Verlagsgruppe Handelsblatt). Datenbanken der institutionellen Marktforschung sind z. B. INMARKT (GfK Gruppe Nürnberg) und INF*ACT (A.C. Nielsen, Frankfurt).

Das **Internet** hat in der jüngsten Zeit ein geradezu explosionsartiges Wachstum erfahren und für die Sekundärforschung eine inzwischen große Bedeutung erlangt. Durch dieses Netz (man nennt es auch das «Netz der Netze») werden weltweit mehr als 100 Mio. Computer, die Daten bzw. Informationen bereitstellen, über Datenleitungen miteinander verbunden. Es wird heute von zahllosen Institutionen, Firmen und Personen für Kommunikation und Information und zunehmend auch für Ein- und Verkauf von Waren genutzt. Das Internet umfasst mehrere Systeme (Dienste), unter denen heute das World-Wide-Web (WWW) die größte Bedeutung hat, da es eine graphische Oberfläche besitzt und die Übertragung multimedialer Informationen (Text, Bild, Ton) ermöglicht.

Der technische Zugang zum Internet erfolgt wiederum mit Hilfe eines PCs und eines Modems über Telefonleitungen, wobei der Nutzer außerdem noch die kostenpflichtigen Dienstleistungen eines Online-Dienstes oder eines (Netz-)Providers, der die Verbindung zwischen dem Telefon- und dem Datennetz herstellt, in Anspruch nehmen muss. Außerdem benötigt er noch spezielle Internet-Software, sog. Web-Browser, um die Seiten im Internet bzw. WWW lesen zu können (z. B. Navigator der Fa. Netscape oder Internet-Explorer der Fa. Microsoft).

Da sich das Informationsangebot in den Millionen von Computern ohne jegliche Systematik entwickelt hat und enorm schnell weiter wächst, stellt die Orientierung ein besonderes Problem dar. Das gezielte Auffinden von Information wäre unmöglich, wenn es hierfür keine Hilfsmittel gäbe. Derartige Hilfsmittel sind

- **Suchmaschinen**: Damit ist es möglich, das Internet nach einem beliebigen Stichwort zu durchsuchen.
- **Kataloge** (Informations-Plattformen): Hier wird menüartig ein Überblick über wichtige Informationsangebote gegeben und der Zugriff auf diese Angebote ermöglicht.

Jedes Informationsangebot (Web Site) hat eine Adresse, mittels derer man darauf zugreifen kann – sofern man die Adresse kennt. In Tabelle 4.1.1 sind einige für Informationsbeschaffung nützliche Adressen zusammengestellt, unter denen man vielfältige Informationen findet oder über die man zu weiteren Adressen gelangen kann.

1.5.2 Planung und Durchführung von Erhebungen

1.5.2.1 Begriff und Formen der Erhebung

> Unter **Erhebung** verstehen wir die systematischen und gezielten Aktivitäten zur Beschaffung von Informationen.

Die Erhebungsformen sind äußerst vielfältig. So unterscheidet man u. a.

(1) nach dem **Umfang** der jeweils untersuchten Menge von Erhebungseinheiten
- Vollerhebung
- Teilerhebung

(2) nach der **Häufigkeit der Durchführung** der Erhebungen
- einmalige Erhebungen
- mehrmalige Erhebungen.

Im letzteren Fall gibt es noch die Differenzierung in sukzessive Erhebungen (mit wechselnden Themen und/oder wechselnden Erhebungseinheiten) und sequenzielle Erhebungen (mit gleichbleibenden Themen und Erhebungsgesamtheiten).

(3) nach der **Zahl der** mit einer Erhebung verfolgten **Zwecke**
- Einzweckerhebung
- Mehrzweckerhebung

(4) nach der **Art des methodischen Vorgehens** bei der Informationsgewinnung
- Befragung
- Beobachtung

Auf diese beiden methodischen Vorgehensweisen wollen wir in Abschn. 1.5.2.3 und 1.5.2.4 noch gesondert eingehen.

Zahlreiche Erhebungen werden als Kombination von Befragung und Beobachtung angelegt und abgewickelt. Erhebungen können den Charakter von Experimenten tragen.

Tabelle 4.1.1: Internet-Adressen für Informationsbeschaffung

Informationsangebote im Internet	WWW-Adressen
Suchmaschinen:	
Google	http://www.google.de
Yahoo Deutschland	http://de.yahoo.com
Lycos Europe	http://www.lycos.de
DINO (Deutsches InterNet-Organisationssystem)	http://www.dino-online.de/suche.html
Microsoft Network Deutschland	http://search-msn.de
Alta Vista (Digital Equipment Corporation)	http://www.altavista.com
Web-Kataloge:	
DINO (Deutsches InterNet-Organisationssystem)	http://dino-online.de
SPIEGEL Online	http://www.spiegel.de
FOCUS Online	http://www.focus.msn.de
Yahoo! Deutschland	http://de.yahoo.com
Lycos Europe	http://www.lycos.de
Bundesregierung:	
Initiative Informationsgesellschaft Deutschland	http://www.iid.de
Statistisches Bundesamt	http://www.destatis.de
Buchrecherchen:	
Hochschulbibliothekszentrum Nordrhein-Westfalen: Deutsche Bibliotheken online	http://www.hbz-nrw.de
Verzeichnis lieferbarer Bücher (VLB)	http://www.buchhandel.de
Amazon (auch englische Bücher)	http://www.amazon.de
Informationen über das WWW:	
Deutsches Network Information Center	http://www.denic.de
Internet Society (ISOC)	http://www.isoc.org
Marketinginformationen im WWW:	
Absatzwirtschaft	http://www.absatzwirtschaft.de
ESOMAR (institutionelle Marktforschung)	http://www.esomar.org
GENIOS Web-Search (kostenpflichtig)	http://www.genios.de
HORIZONT.NET	http://www.horizont.net
Verlagsgruppe Handelsblatt	http://www.vhb.de
Wer liefert was?	http://www.wlw.de

> Unter einem **Experiment** verstehen wir eine Erhebung zwecks **Überprüfung einer Kausalhypothese**. I. d. R. handelt es sich um eine Teilerhebung.

Eine Kausalhypothese ist eine Aussage folgender Art: Eine Änderung der Variablen X bewirkt eine Änderung der Variablen Y. Die Änderung von X wird dabei als Ursache und die Änderung von Y als Wirkung bezeichnet. X heißt unabhängige, Y abhängige Variable.

Ein Experiment muss zweierlei leisten:

- Es muss Messwerte für X und Y liefern (durch Befragung oder durch Beobachtung, aufgrund derer sich zwischen X und Y eine Assoziation (gemeinsames Variieren von Variablen) statistisch nachweisen lässt.
- Es muss dem Untersucher die Gewissheit verschaffen, dass X unbeeinflusst von Y oder anderen Faktoren, die Y möglicherweise beeinflussen, variiert wurde.

Nur wenn letzteres gegeben ist, kann der Untersucher aus einer Assoziation zwischen X und Y auf eine kausale Beziehung zwischen X und Y schließen. Der Untersucher erlangt die erforderliche Gewissheit, indem er im Experiment die unabhängige Variable (den experimentellen Faktor) kontrolliert (variiert). Das Experiment ist also als besondere Erhebungsform dadurch gekennzeichnet, dass der Untersucher aktiv in den Entstehungsprozess der zu untersuchenden Daten eingreift.

Bei der Durchführung und Analyse von Experimenten ergeben sich Probleme der internen und Validität. Es handelt sich bei Experimenten vorwiegend nur um Teilerhebungen. Die aus dem Experiment gewonnenen Untersuchungsergebnisse müssen hinsichtlich der untersuchten Teilauswahl gültig sein (interne Validität). Zu diesem Zweck werden oft Laborexperimente unternommen, da im Labor eine bessere Kontrolle möglicher Einflussfaktoren auf die unabhängige Variable durchführbar ist. Die externe Validität betrifft die Frage, ob das in der Teilauswahl erzielte Untersuchungsergebnis auch für die Grundgesamtheit Gültigkeit besitzt (Inferenzschluss). Die externe Validität erfordert somit neben der Repräsentanz der untersuchten Teilauswahl für die Grundgesamtheit auch die Repräsentanz der Untersuchungsbedingungen.

Zur Planung und Analyse von Experimenten stehen spezielle Methoden zur Verfügung (vgl. Menges/Skala [Grundriss]). Zur Planung von Experimenten eignen sich die Methoden des Experimentaufbaus (Experimental Design). Zur Auswertung der Experimentergebnisse werden die statistischen Methoden der Varianz- und Kovarianzanalyse eingesetzt. Hierauf wird im Rahmen des Abschnitts 1.6.2 (Datenanalyse) noch einmal eingegangen.

1.5.2.2 Planung von Erhebungen

Die Planung von Erhebungen umfasst neben der Ermittlung der Kategorien von Informationen, die zur Formulierung bzw. Lösung eines Entscheidungsproblems zu beschaffen sind, die Festlegung folgender Erhebungsdetails:

- Ort der Erhebung
- Art der Erhebungselemente (z. B. Zielgruppe)
- Umfang der Erhebung nach
  - Zahl der Erhebungseinheiten (z. B. Versuchspersonen)
  - Zahl der Erhebungsgegenstände (Themen)
- Leitung der Erhebung
- Durchführung der Erhebung
- Dauer der Erhebung, differenziert nach
  - Länge der gesamten Erhebung
  - Länge der Erhebung pro Gegenstand
  - Länge der Erhebung pro Erhebungseinheit
- Methodische Vorgehensweise (Forschungsansatz) anhand einer detaillierten Beschreibung
- Übernahme von Schulungsaufgaben, die im Zusammenhang mit der Durchführung der Erhebung anfallen
- Maßnahmen zur Überprüfung der Effizienz des Forschungsansatzes (z. B. eine Vorlaufstudie)
- Möglichkeiten der Erhebungskontrolle

Im einzelnen muss hierzu auf die einschlägige Literatur verwiesen werden (siehe z. B. Hammann/Erichson [Marktforschung]).

Bei der Beschaffung von Informationen werden Erhebungen fast ausschließlich in Form von Teilerhebungen durchgeführt. Die Beschaffung von Informationen durch Vollerhebung ist in den meisten praktischen Fällen aus wirtschaftlichen, organisatorischen, zeitlichen oder technischen Gründen nicht zweckmäßig. Bei der Vollerhebung (Zensus) werden alle Untersuchungseinheiten erfasst, d. h. bei allen Untersuchungseinheiten wird festgestellt, ob bzw. in welcher Ausprägung sie ein bestimmtes Untersuchungsmerkmal aufweisen.

Bei einer Teilerhebung wird nur eine Teilmenge der Grundgesamtheit erfasst, mit dem Ziel, aufgrund einer Aussage über die Teilmenge auch eine Aussage über die Grundgesamtheit zu treffen.

> Der Schluss von der Teilmenge (der Erhebungsmenge) auf die Grundgesamtheit wird als Repräsentationsschluss bezeichnet.

Ein Schluss kann aber nur dann gerechtfertigt sein, wenn die Teilmenge hinsichtlich des Untersuchungsmerkmals ein getreues Abbild der Grundgesamtheit liefert. Eine Teilmenge, die diesen Anspruch erfüllt, bezeichnet man als repräsentativ. Die Gewinnung einer derart geeigneten Teilmenge heißt auch Teilauswahl.

Grundsätzlich kann man feststellen, dass jede Aussage, die im Rahmen einer Teilerhebung gewonnen wird, mit einem Fehler behaftet ist. Mit Hilfe der zur Verfügung stehenden Kenntnisse und Methoden kann man lediglich erreichen, dass der auftretende Fehler klein gehalten und sein Ausmaß abgeschätzt wird. Jeder Messfehler kann zumindest in zwei **Komponenten** aufgespalten werden:

- einen Zufallsfehler und
- einen systematischen Fehler.

Der **Zufallsfehler** (Stichprobenfehler) ist bei einer Teilerhebung unvermeidbar. Er kann aber verkleinert werden durch Vergrößerung der Teilerhebung. Seine Größe lässt sich statistisch schätzen. Dies geschieht mit Hilfe der der Statistik zugrunde liegenden Wahrscheinlichkeitstheorie unter der Voraussetzung, dass bei der Durchführung der Teilauswahl die Prämissen der Wahrscheinlichkeitstheorie erfüllt werden. D. h.: die Teilauswahl muss in Form einer Zufallsauswahl (Zufallsstichprobe) durchgeführt werden.

Der **systematische Fehler** kann nicht verkleinert und auch nicht im einzelnen abgeschätzt werden. Aber er ist vermeidbar. Ein systematischer Fehler ist eine Verzerrung der Ergebnisse durch nicht zufällige Einflussfaktoren. Sie können entstehen infolge von Erfassungsfehlern bei den einzelnen Untersuchungseinheiten. Eine Beeinträchtigung der Repräsentanz ergibt sich einmal durch Mängel bei der Teilauswahl (z. B. durch willkürliche Auswahl von Untersuchungseinheiten), durch Mängel der verwendeten Auswahlbasis (Grundgesamtheit bzw. eine geeignete Abbildung), durch Nichtbeantwortung bei Befragungen usw. Erfassungsfehler (Messfehler) treten auf, wenn die Datenerfassung durch Beobachtung erfolgt, durch Zählfehler oder ein fehlerhaftes Messinstrument oder, wenn die Datenerfassung durch Befragung erfolgt, durch falsche Aussagen der Befragten. Der systematische Fehler kann gleichermaßen bei Teil- und Vollerhebungen auftreten.

Neben diesen beiden Fehlern kann noch ein Fehler bei der Auswertung der Erhebungsergebnisse auftreten: der sog. **Interpretationsfehler**. Interpretationsfehler gehen zu Lasten des Analytikers. Die häufigste Ursache für das Auftreten von Interpretationsfehlern sind Überschätzungen der Ergiebigkeit des Erhebungsmaterials: es werden Aussagen aus dem Material abgeleitet, die durch die Ergebnisse der Erhebung nicht oder nur unzureichend gedeckt sind.

Zur Beurteilung der Güte von Messinstrumenten bzw. Messverfahren werden insbesondere die folgenden **Gütekriterien** herangezogen (vgl. Hammann/Erichson [Marktforschung], 92 ff.):

Validität (Gültigkeit)
Reliabilität (Zuverlässigkeit)
Praktikabilität (Durchführbarkeit)

Validität und Reliabilität beziehen sich auf die Fehler, mit denen jedes Messinstrument behaftet ist. Die Validität bezieht sich auf systematische (konstante) Fehler, die Reliabilität auf unsystematische (variable) Fehler. Die Begriffe lassen sich an einem simplen Messinstrument, wie dem Metermaß, veranschaulichen. Die Validität betrifft hier die richtige Länge (Eichung). Ist ein Metermaß falsch geeicht, so geht in jede Messung ein gleichbleibender (konstanter) Fehler ein. Ist das Metermaß aus einem Material gefertigt, welches seine Länge in Abhängigkeit von Umwelteinflüssen (Temperatur, Luftfeuchtigkeit) verändert, so entsteht außerdem ein Fehler, der bei verschiedenen Messungen variiert. Je kleiner dieser variable Fehler ist, desto größer ist die Reliabilität des Messinstrumentes. Ist der variable Fehler zufällig verteilt, so ist er (stochastisch) messbar und kann durch wiederholte Messungen verringert werden. Das Beispiel zeigt aber auch, dass genau genommen die Reliabilität eine notwendige Voraussetzung für Validität bildet, denn ein Metermaß, dessen Länge ständig variiert, lässt sich nicht exakt eichen.

Die Praktikabilität betrifft die Anwendbarkeit eines Messverfahrens für den Untersuchungszweck. Mit einem Zollstock lässt sich nicht die Höhe eines Berges oder die Wirksamkeit eines Werbespots messen. Unter wirtschaftlichen Gesichtspunkten wird sie weiterhin bestimmt durch die Kosten der Durchführung und den Zeitbedarf.

1.5.2.3 Befragung

Als **Befragung** bezeichnet man diejenigen Arten von Erhebungen, bei denen Personen sich zum Erhebungsgegenstand verbal, schriftlich oder durch direkte Eingabe ihrer Antwort in einen Computer äußern.

Man unterscheidet:

(1) **persönliche Befragung** (Interviews)
Bei ihr werden die Fragestellungen den Mitgliedern der Zielgruppe im Wege persönlicher Kommunikation von den die Erhebung durchführenden Personen (Interviewern) vorgetragen.

(2) **Nichtpersönliche Befragung** (i. d. R. schriftliche Befragungen)
Die Erhebung erfolgt durch nichtpersönliche Kommunikation (z. B. über Fragebögen oder Einsendekupons). Befragungen sind - unabhängig von der Art ihrer Durchführung (in persönlicher oder nichtpersönlicher Form) - grundsätzlich auf zweierlei Weise konzipierbar, wobei sich auch Kombinationen ergeben können: Direkte Befragungen sind die Regel, obwohl u. U. mit Nichtbeantwortung gerechnet werden muss, wenn tabuisierte Befragungsgegenstände berührt werden. Derartige psychische Barrieren können bei persönlicher Befragung oftmals abgebaut werden. Bei nichtpersönlichen Befragungen kann jedoch Verweigerung die Folge sein. Diese Gründe können eine **indirekte Befragung** (d. h. eine Beschreitung von Umwegen bei der Befragung) notwendig machen, wobei die Versuchspersonen lediglich tendenzielle Aussagen abzugeben haben, die jedoch Rückschlüsse auf eine eindeutige Einordnung in einen Katalog denkbarer Aussagen zulassen sollten. Der Spielraum für Tendenzaussagen wird u. a. dadurch gewonnen, dass man in der Frageentwicklung gedankliche Umwege beschreitet. Befragungsmethoden dieser Art bezeichnet

man auch als **psychotaktische Befragungen**. Neben diesen Methoden werden auch **psychologische Tests** eingesetzt, die nicht (nur) auf Fragen i. e. S. beruhen, sondern den Versuchspersonen eine Aufgabe (Problem) stellen. Sinn dieser Tests ist es, durch die Reaktion bzw. Problemlösung der Personen Rückschlüsse auf ihr Verhalten, ihre Persönlichkeitsstruktur, ihre Einstellung und Motive zu gewinnen (vgl. Behrens [Handbuch] oder Hüttner [Grundzüge]).

Die Vielfalt der **Arten von Fragen** zu erörtern, würde hier gleichfalls zu weit führen (vgl. Behrens [Handbuch] 94 ff., Hüttner [Grundzüge] 55 ff.). Daher seien nur die wichtigsten herausgestellt. Zunächst wird unterschieden in Fragen, die Versuchspersonen **mit oder ohne Vorlagen** gestellt werden. Vorlagen können begleitende Texte, Bilder oder Originalproben sein. Letztere werden vorgelegt, wenn bestimmte Objekte einer direkten Beurteilung durch die Versuchspersonen unterzogen werden sollen. Der Sinn von Vorlagen ist regelmäßig die Gedächtnisstützung der Probanden.

Eine weitere Einteilung berücksichtigt Fragen **mit und ohne Vorgabe von Antwortkategorien**. Werden keine Antwortkategorien vorgegeben, so spricht man von **offenen Fragen**. Andernfalls liegen **geschlossene Fragen** vor. Im ersten Fall überläßt man dem Beantworter die Formulierung der Antworten ganz oder teilweise, womit der persönlichen Entfaltung mehr Raum gegeben werden kann. Allerdings sind gewisse Nachteile (Beeinflussung durch Dritte, mangelnde Stichhaltigkeit, geringe Vergleichsmöglichkeit, ausufernde Antworten etc.) nicht zu vermeiden. Die Vorgabe von Antwortkategorien bei geschlossenen Fragen vermeidet diese Mängel großenteils.

Schriftliche Befragungen haben in der Praxis nach wie vor die größte Bedeutung. Obwohl die Probleme der niedrigen Rücklaufquote, nicht aufklärbarer Missverständnisse, ungleicher Erhebungsstichtage und der Beeinflussung durch Dritte nur zu gut bekannt sind, bewährt sich dieses Verfahren aufgrund seiner relativ geringen Kosten und der leichter zu realisierenden Repräsentanz. In neuerer Zeit hat die **telefonische Befragung** eine gewisse Bedeutung erlangt. Dies gilt insbesondere im Bereich von Industrie und Handel, weniger im Bereich der privaten Haushalte.

Die wenigsten **Vorbehalte methodischer Art** wird man gegen mündliche Befragungen erheben können. Zwar besteht die Möglichkeit (und zugleich Gefahr), dass der Interviewer die Auskünfte der Befragten bis zu einem gewissen Grade zu steuern bzw. zu beeinflussen vermag **(Intervieweffekt)**, aber diese Nachteile lassen sich durch den Einbau von Kontrollfragen usw. vermeiden. Auf die verschiedenen Formen von Interviews und den Aufbau von Fragebögen kann an dieser Stelle nicht im einzelnen eingegangen werden.

1.5.2.4 Beobachtung

Unter **Beobachtung** versteht man die visuelle oder instrumentelle Erhebung von Daten.

Die Beobachtung des Verhaltens von Personen lässt sich entweder offen oder verdeckt vornehmen. Da die aufschlussreichsten Beobachtungen dann erfolgen können, wenn sich die Versuchspersonen unbeobachtet glauben bzw. nicht mit einer Beobachtung rechnen und somit spontan handeln, werden **verdeckte Beobachtungen** bevorzugt. Stimmt eine Versuchsperson einer **offenen Beobachtung** zu, ist regelmäßig mit einer Verhaltensänderung zu rechnen (sog. **Beobachtungseffekt**).

Zu den Beobachtungsvorgängen zählt auch die Beobachtung von Objekten, Prozessabläufen und technischen Vorgängen anhand von Apparaturen bzw. speziellen Beobachtungseinrichtungen, die abgelesen werden müssen. Gerade viele innerbetriebliche Informationsbeschaffungsanträge (Arbeits- und Bewegungsstudien, Fließbandüberwachung, aber auch das gesamte Rechnungswesen) beruhen auf dem Prinzip der Beobachtung.

Verdeckte Beobachtungen von Personen unterliegen der **Kritik** im Hinblick auf mögliche Eingriffe in deren Persönlichkeitsrechte. Solange Beobachtungen anonym bleiben und sich nicht auf die isolierte Observierung von Einzelpersonen beziehen (wie z. B. bei Studien zum Wanderverhalten in Supermärkten), wird man derartige Bedenken nicht unbedingt teilen müssen. Die Grenzen können jedoch leicht überschritten werden, weshalb Zurückhaltung zweckmäßig ist.

Man unterscheidet grundsätzlich **zwei Arten** der Beobachtung:

- teilnehmende Beobachtung,
- nicht-teilnehmende Beobachtung.

Die **teilnehmende Beobachtung** ist relativ selten, da sie die aktive Teilnahme des Beobachters am Geschehen mit dem zu beobachtenden Element voraussetzt. Der Fall der **nicht-teilnehmenden Beobachtung** wird um der Objektivität willen bevorzugt, da der Beobachter nicht aktiv in das Geschehen einbezogen ist und er seine Wahrnehmungen unabhängig bzw. unbeeinflusst machen kann. Bezüglich weiterer Einzelheiten wird auf die Literatur verwiesen (siehe z. B. Schäfer/Knoblich [Grundlagen] 314 ff.).

1.6 Informationsverarbeitung

Die zur Formulierung bzw. Lösung von Entscheidungsproblemen benötigten Informationen fallen im allgemeinen nicht in der Weise an, dass sie unmittelbar im Entscheidungsprozess eingesetzt werden können. Dies macht eine **Aufbereitung** bzw. **Verarbeitung der Daten** erforderlich. Um insbesondere die bei Erhebungen anfallende Datenfülle transparent zu machen, um vorhandene Strukturen der Daten erkennen und interpretieren zu können, sind systematische Methoden der

- Datenreduktion, aber auch der
- Datenanalyse

erforderlich. Die Prinzipien dieser Methoden sollen im folgenden kurz aufgezeigt werden (vgl. die Darstellung bei Hammann/Erichson [Marktforschung] 249 ff. sowie Backhaus et al. [Analysemethoden]).

1.6.1 Datenreduktion

Durch eine Komprimierung von Daten lässt sich das Datenrohmaterial auf wenige überschaubare Größen reduzieren mit der Konsequenz einer Steigerung des Aussagewertes (Menges/Skala [Grundriss] Kap. 9). Jede Form der Komprimierung von Daten geht zwangsläufig mit einem objektiven Informationsverlust einher, jedoch wird der subjektive Informationsgehalt des Datenmaterials erhöht.

Maßnahmen zur Reduzierung von Daten sind in erster Linie in einer geeigneten Tabellierung zu sehen. Auf diese Weise werden Daten übersichtlich angeordnet und mit Hinweise auf den Inhalt der Daten sowie durch elementare Berechnungen (wie Summen- oder Mittelwertbildung) ergänzt. Zu den bei der Erstellung von Tabellen zu beachtenden Grundsätzen wird auf die Literatur verwiesen (siehe z. B. Kellerer [Statistik] 31 ff.).

Grundlegende Bedeutung für die Reduktion von Daten besitzen Maßzahlen.

> Eine **Maßzahl** ist eine reellwertige Funktion (Abbildung) einer Datenmenge. Es handelt sich also um eine reellwertige Zahl, durch die eine Vielzahl von Daten zusammengefasst werden kann.

Zu den wichtigsten Maßzahlen gehören:

- Verteilungsmaße, d. h. Maßzahlen, die der Beschreibung von Häufigkeitsverteilungen dienen. Hierzu zählen Lageparameter (z. B. Mittelwert), Streuungsparameter (z. B. Standardabweichung) und Konzentrationsmaße (z. B. Lorenz'sches Konzentrationsmaß).
- Verhältniszahlen, d. h. Quotienten von jeweils zwei Maßzahlen. In einer Verhältniszahl werden gleichartige oder verschiedenartige Maßzahlen zueinander in Beziehung gesetzt. Beispiele von Verhältniszahlen sind Quoten (Gliederungszahlen) oder Beziehungszahlen sowie Mess- und Indexzahlen.

Maßzahlen beziehen sich jeweils auf einzelne Merkmale von Untersuchungseinheiten. Will man eine Datenmenge reduzieren, die sich auf eine Merkmalsmenge einer Menge von Untersuchungseinheiten bezieht, so hat man multivariate Methoden der Datenreduktion anzuwenden.

Eine besonders effiziente Methode der Datenreduktion, die auch weitergehende Bedeutung für die Bildung und Prüfung von Hypothesen besitzt, ist die Faktorenanalyse.

> Mit Hilfe der **Faktorenanalyse** lässt sich eine Vielzahl von Variablen bei geringem Informationsverlust auf wenige Faktoren reduzieren.

Die Faktorenanalyse findet insbesondere dann Anwendung, wenn im Rahmen einer Erhebung eine Vielzahl von Variablen zu einer bestimmten Fragestellung erhoben wurde, und der Anwender nun an einer Reduktion bzw. Bündelung der Variablen interessiert ist. Von Bedeutung ist die Frage, ob sich möglicherweise sehr zahlreiche Merkmale, die zu einem bestimmten Sachverhalt erhoben wurden, auf einige wenige «zentrale Faktoren» zurückführen lassen. Ein einfaches Beispiel bildet die Verdichtung der zahlreichen technischen Eigenschaften von Kraftfahrzeugen auf wenige Dimensionen, wie Größe, Leistung und Sicherheit.

Einen wichtigen Anwendungsbereich der Faktorenanalyse bilden Positionierungsanalysen. Dabei werden die subjektiven Eigenschaftsbeurteilungen von Objekten (z. B. Produktmarken, Unternehmen oder Politiker) mit Hilfe der Faktorenanalyse auf zugrundeliegende Beurteilungsdimensionen verdichtet. Ist eine Verdichtung auf zwei oder drei Dimensionen möglich, so lassen sich die Objekte im Raum dieser Dimensionen graphisch darstellen. Im Unterschied zu anderen Formen der Positionierungsanalyse spricht man hier von faktorieller Positionierung.

Während die Faktorenanalyse eine Verdichtung oder Bündelung von Variablen vornimmt, wird mit der Clusteranalyse eine Bündelung von Objekten angestrebt.

> Mit Hilfe der **Cluster-Analyse** lassen sich Objekte so zu Gruppen (Clustern) zusammenfassen, dass die Objekte in einer Gruppe möglichst ähnlich und die Gruppen untereinander möglichst unähnlich sind.

Beispiele für die Anwendung der Cluster-Analyse sind die Bildung von Persönlichkeitstypologien auf Basis psychographischer Merkmale von Personen oder die Bildung von Marktsegmenten auf Basis nachfragerelevanter Merkmale von Konsumenten.

1.6.2 Analyse von Beziehungen

Der zweite große Bereich der Informationsaufbereitung bzw. -verarbeitung bezieht sich auf die **Analyse der Beziehungen zwischen Variablen** von Untersuchungseinheiten. Die mathematisch-statistischen Verfahren, mit denen simultan eine Mehrzahl von miteinander in Beziehung stehenden Variablen analysiert werden kann, werden als **multivariate Verfahren** bezeichnet. Je nachdem, ob vor Durchführung der Analyse eine Teilung der Variablen in abhängige und unabhängige Variable vorgenommen wird oder nicht, kann man Verfahren der

- Interdependenzanalyse (bei ungeteilter Variablenmenge) und

- Dependenzanalyse (bei geteilter Variablenmenge)

unterscheiden.

(1) Zu den Verfahren der Interdependenzanalyse zählen Faktorenanalyse und Cluster-Analyse.

(2) Zu den Verfahren der Dependenzanalyse rechnen

- Varianzanalyse,
- Regressionsanalyse,
- Diskriminanzanalyse,
- Kontingenzanalyse.

Die Verfahren der Dependenzanalyse werden üblicherweise dann angewendet, wenn das Vorhandensein bzw. die Stärkung einer assoziativen Beziehung zwischen einer abhängigen Variablen auf der einen und mehreren unabhängigen Variablen auf der anderen Seite untersucht werden soll - Beispiel: Abhängigkeit der Nachfrage eines Gutes von Preis, Haushaltseinkommen, Geschlecht und Alter der Nachfrager usw.

Der Begriff Dependenzanalyse bzw. die Bezeichnung der Variablen als abhängige und unabhängige Variablen suggeriert, dass die zu untersuchende Beziehung kausaler Art sei. Eine solche Vermutung beruht jedoch auf einem Missverständnis. Im Falle des Vorliegens einer assoziativen Beziehung kann (aber muss nicht) auch eine kausale Beziehung bestehen. Liegt unbestreitbar eine kausale Beziehung zwischen Variablen vor, so impliziert dies immer auch eine assoziative Beziehung. Um entscheiden zu können, ob eine mit Hilfe von Verfahren der Dependenzanalyse festgestellte Assoziation kausaler Natur ist und in welcher Richtung die kausale Abhängigkeit besteht, sind außerstatistische Informationen erforderlich. Auf empirischem Weg lassen sich solche Informationen beispielsweise durch Experimente gewinnen.

Allgemein verfolgt man neben der Zielsetzung einer Feststellung assoziativer Beziehungen und ihrer Stärke bzw. einer Überprüfung von Kausalhypothesen das Ziel der Prognose der abhängigen Variablen aufgrund von Informationen über die unabhängigen Variablen.

Allen Verfahren der Dependenzanalyse liegt das allgemeine lineare Modell zugrunde:

$$y = b_1 x_1 + b_2 x_2 + \ldots + b_J x_J + u$$

mit y: abhängige Variable,
   x_j: unabhängige Variablen (j = 1, ..., J),
   b_j: unbekannter Parameter (j = 1, ..., J) und
   u: Störgröße (Zufallsvariable).

Die Modellparameter b_j geben die Stärke der Dependenzbeziehung zwischen den assoziativen Variablen an. Kann man eine kausale Beziehung zwischen diesen Variablen unterstellen, so stellt b_j einen Wirkungskoeffizienten dar. Er sagt aus, um wie viel sich die abhängige Variable y ändert bei einer Änderung der unabhängigen Variablen x_j um eine Einheit. Aufgrund von empirischen Daten für die Variablen des Modells liefert eine Dependenzanalyse folgende Beziehung:

$$\hat{y} = \hat{b}_1 x_1 + \hat{b}_2 x_2 + \ldots + \hat{b}_J x_J$$

Die Koeffizienten $\hat{b}_j$ sind die Schätzwerte der unbekannten Wirkungskoeffizienten b_j.

Die Variablen des linearen Modells können metrisch (quantitativ) oder nominal (qualitativ) sein. Je nachdem, welches Skalenniveau die abhängigen und unabhängigen Variablen aufweisen, lassen sich verschiedene methodische Problemstellungen und entsprechende Analyseverfahren unterscheiden. Danach kann man wie folgt einteilen:

abhängige Variablen	unabhängige Variablen	
	metrisch	nominal
metrisch	Regressionsanalyse	Varianzanalyse
nominal	Diskriminanzanalyse	Kontingenzanalyse

Abbildung 4.1.11: Verfahren der Dependenzanalyse

Bei den Verfahren der Dependenzanalyse spricht man von **multivariaten Verfahren** i. e. S. nur dann, wenn wenigstens zwei unabhängige Variablen in das Modell einbezogen und damit simultan analysiert werden. Die Entscheidung, wie viele und welche unabhängigen Variablen in das Modell aufgenommen werden sollen, muss der Analytiker vor dem Hintergrund von Erfahrung und Problemkenntnis, aber letztlich subjektiv vornehmen.

Zur Untermauerung der Dependenzanalyse durch **stochastische** Annahmen sei auf die einschlägige Literatur verwiesen. Vielmehr wollen wir nur skizzieren, für welche Problemstellungen die einzelnen dependenzanalytischen Verfahren eingesetzt werden können:

(1) Verfahren der Regressionsanalyse werden i. d. R. dann eingesetzt, wenn die **Abhängigkeit einer metrischen Variablen** y von einer oder mehreren Variablen x_j (j = 1, ..., J) untersucht werden soll.

Ein typisches Beispiel liefert die Nachfrageanalyse. Hier wird die Nachfrage nach einem Gut in Abhängigkeit von einer Reihe die Nachfrage beeinflussenden Variablen (wie z. B. Einkommen, Alter der Käufer, Preis des Gutes) untersucht. Nachfragemenge, Einkommen, Alter, Preis des Gutes sind sämtlich metrische Variablen.

(2) Mit den Verfahren der Diskriminanzanalyse kann die **Abhängigkeit einer nominalen Variablen** y von zwei oder mehreren Variablen x_j (j = 1, ..., J) untersucht werden. Man kann die Problemstellung, für welche diskriminanzanalytische Verfahren angewendet werden, jedoch auch etwas anders formulieren. Entsprechend der jeweiligen Ausprägung der nominalen Variablen y lassen sich die Untersuchungsob-

jekte in Gruppen einteilen. Mit Hilfe der Diskriminanzanalyse kann man ermitteln, welche **diskriminatorische Bedeutung** die einzelnen Variablen x_j für die Unterscheidung der Gruppen besitzen. Zudem kann man ein Kriterium bestimmen, mit dessen Hilfe die unbekannte Gruppenzugehörigkeit neuer Untersuchungsobjekte geschätzt bzw. prognostiziert werden kann.

Beispiel für die Anwendung der Diskriminanzanalyse: Man kann Käufer entsprechend ihrer Produkt- oder Markenwahl in Gruppen einteilen und dann die Abhängigkeit der Markenwahl bzw. die Gruppenzugehörigkeit der Käufer z. B. von deren Alter und Einkommen untersuchen. Als Ergebnis der Analyse erhält man Aussagen über die unterschiedliche diskriminatorische Bedeutung der Variablen Einkommen und Alter der Käufer für die Marken- bzw. Produktwahl.

(3) Will man die Abhängigkeit einer metrischen Variablen y von einer oder mehreren **nominalen Variablen** x_j (j = 1, ..., J) untersuchen, so sind Methoden der **Varianzanalyse** anzuwenden. Auch hier kann man die Problemstellung der Varianzanalyse etwas anders formulieren. Entsprechend den Ausprägungen der Merkmalsvariablen x_j lassen sich die Untersuchungsobjekte in Gruppen einteilen. Man kann dann mit Hilfe von Methoden der Varianzanalyse untersuchen, ob zwischen diesen Gruppen **signifikante Unterschiede** hinsichtlich der Variablen y bestehen. Da man metrische Variablen unter Hinnahme eines gewissen Informationsverlustes immer in nominale Variablen transformieren kann, lässt sich ein Verfahren der Varianzanalyse grundsätzlich auch bei allen Problemstellungen der Regressionsanalyse anwenden. Die Aufgabenstellung der Varianzanalyse ist jedoch weniger anspruchsvoll als die der Regressionsanalyse, denn mit Hilfe der Varianzanalyse soll nicht die marginale Wirkung der unabhängigen Variablen auf die abhängige Variable gemessen werden, sondern man will lediglich feststellen, ob überhaupt eine Wirkung von der jeweiligen unabhängigen Variablen auf die abhängige Variable ausgeht. Da die Fragestellung der Varianzanalyse sehr allgemein ist, ergibt sich eine große Anwendungsbreite, vor allem im Zusammenhang mit der Analyse von Experimenten, d. h. bei der Überprüfung von Kausalhypothesen.

Als **Beispiel** wäre etwa ein Verpackungstest anzuführen. Hierbei soll in einem Experiment geprüft werden, welche Nachfragewirkung von diskreten Verpackungsvarianten ausgeht. Unter der Voraussetzung eines geeigneten Versuchsaufbaus wird die Nullhypothese geprüft, dass die Verpackung auf die Nachfrage keinen Einfluss hat. Widerspricht das Testergebnis dieser Hypothese und konnten weitere Einflüsse auf die Nachfrage im Experiment ausgeschaltet werden, so darf vermutet werden, dass tatsächlich von der Verpackung eines Gutes ein Einfluss auf die Nachfrage nach diesem Gut ausgeht. Die Entscheidung sollte dann zugunsten derjenigen Verpackungsvariante fallen, die den stärksten Einfluss auf die Nachfrage im Test ausgeübt hat. Auch hier liegt letztlich eine Gruppierung der Untersuchungsobjekte vor. Insofern besteht wiederum eine gewisse Ähnlichkeit zu den Problemstellungen, die mit Hilfe von Methoden der Diskriminanzanalyse untersucht werden.

(4) Soll eine Dependenzanalyse im Falle von nur **nominalen Variablen** durchgeführt werden, so bietet sich als Instrument ein Verfahren der **Kontingenzanalyse** an. Eine Unterscheidung der Variablen in abhängige und unabhängige Variablen ist hier nur für die Interpretation der Analyseergebnisse, nicht aber für die Analyse selbst von Belang.

Beispiel: Durch Kontingenzanalyse kann man untersuchen, ob bei einer Gruppe von Käufern eine Abhängigkeit zwischen Produkt- bzw. Markenwahl einerseits und Geschlecht der Käufer andererseits vorliegt. Im Test wird die Nullhypothese geprüft, dass keine derartige Abhängigkeit besteht. Wird diese Nullhypothese durch den Test widerlegt, muss die Alternativhypothese (dass eine Abhängigkeit vorliegt) angenommen werden.

Allgemein kann noch nachgetragen werden, dass alle Verfahren der Informationsverarbeitung den **Einsatz von Computern** erforderlich machen. Vor allen Dingen für die Regressionsanalyse und die Diskriminanzanalyse wird in der Praxis ein erheblicher Rechenaufwand zu erwarten sein. Dieser Rechenaufwand wächst ungefähr quadratisch mit der Anzahl der Variablen. Auf Probleme der Informationstechnologie wird im nächsten Abschnitt eingegangen.

1.7 Informationssynthese

Den Abschluss aller Informationsbeschaffungsaktivitäten bildet die Phase der Informationssynthese. In ihr vereinigen sich alle Aktivitäten, die auf die **Abstimmung, Zusammenführung und Präsentation** der aus vielfältigen Quellen beschafften und verarbeiteten Informationen gerichtet sind. Da selten nur eine einzige Informationsart zur Beschaffung ansteht und oftmals aus verschiedenen Quellen gewonnene Informationen widersprüchlich sind, ergibt sich die Notwendigkeit einer verwendungsorientierten Synthese bzw. Abstimmung zwingend. Auf die **psychologischen Probleme** einer überzeugenden Präsentation kann an dieser Stelle nur kursorisch hingewiesen werden. Planung, Beschaffung und Aufbereitung von Informationen für unternehmerische Entscheidungen sind nur dann wirklich entscheidungsrelevant, wenn sie trotz des verbleibenden Risikos glaubwürdig sind. Die **Glaubwürdigkeit der Information** ist nicht nur sachlich, sondern auch psychologisch begründet. Die Verwendung der Information, aber auch die Akzeptanz einer Problemlösung (im Wege der Implementierung bzw. Umsetzung) hängen in entscheidendem Maß von der Güte der Präsentation vor den Entscheidungsträgern ab. Die gewonnenen Informationen sind nutzlos, wenn sie nicht wieder in den Entscheidungsprozess eingespeist werden können. Der Informationsprozess wäre ohne eine Informationsverwendung unvollständig.

Kehren die Entscheidungsaufgaben periodisch oder aperiodisch wieder (mit verändertem Informationsbedarf oder nicht), so kann sich die Notwendigkeit ergeben, fallweise oder laufend die erforderlichen Informationen zu erneuern, zu selektieren oder qualitativ zu verbessern. Diesen Vorgang bezeichnet man als **Aufdatierung**. Die Relevanz der Information hängt in besonderem Maße davon ab, dass die Qualität der Information (im Wege der Aufdatierung) erhalten bleibt. Die Funktionsfähigkeit des Informationssystems ist nicht zuletzt an diese Voraussetzung gebunden.

Literaturhinweise

Aaker, D. A./G. S. Day: [Marketing Research], 6. Ed., New York u. a. 1998.
Bea, F. X./J. Haas: Strategisches[Management], 5. Aufl., Stuttgart 2009.
Backhaus, K./B. Erichson/W. Plinke/R. Weiber: Multivariate [Analysemethoden], 12. Auflage, Berlin u. a., 2008.
Bamberg, G./A. G. Coenenberg: Betriebswirtschaftliche [Entscheidungslehre], 12. überarb. Aufl., München 2004.
Behrens, K. C. (Hrsg.): Demoskopische [Marktforschung], 2. Aufl., Wiesbaden 1966.
Behrens, K. C. (Hrsg.): [Handbuch] der Marktforschung, Bd. 1, Wiesbaden 1974.
Böcker, F.: [Marketing-Kontrolle], Stuttgart u. a. 1988.
Böhler, H.: [Marktforschung], 3. Aufl., Stuttgart 2004.
Busse von Colbe, W./G. Laßmann: [Betriebswirtschaftstheorie], Bd. I, 5. Aufl., Berlin u. a. 1991.
Busse von Colbe, W./P. Hammann/G. Laßmann: [Betriebswirtschaftstheorie], Bd. 2: Absatztheorie, 4. Aufl., Berlin u. a. 1992.
Davidow, W. H./M. S. Malone: Das [virtuelle Unternehmen]: Der Kunde als Co- Produzent, 2. Aufl., Frankfurt u. a. 1997.
Dean, J.: [Capital Budgeting], 8. Ed., New York 1969.
Diller, H.: [Nutzwertanalyse], in: Diller, H. (Hrsg.): Marketingplanung, 2. vollst. neubearb. und ergänzte Aufl., München 1998.
Erichson, B.: Elektronische [Panelforschung], in: Hermanns, A./Flegel, V. (Hrsg.): Handbuch des Electronic Marketing, München 1992, S. 184–216.
Green, P. E./D. S. Tull: Methoden und Techniken der [Marketingforschung], 4. Aufl., Stuttgart 1982.
Green, P. E./Y. Wind: [Multiattribute Decisions] in Marketing: A Measurement Approach, Hinsdale 1973.
Grove, A. S.: Die Kunst des [Managements], München 1985.
Hammann, P./B. Erichson: [Marktforschung], 4. Aufl., Stuttgart u. a. 2000.
Hammann, P./B. Erichson: [Arbeitsbuch] zur Marktforschung, Stuttgart u. a. 1981.
Hax, H.: [Investitionstheorie], korr. Nachdruck der 5. bearb. Aufl., Würzburg; Wien 1993.
Hildebrand, K.: [Informationsmanagement], 2. erw. Aufl., München; Wien 2001.
Horváth, P.: [Controlling], 9. Aufl., München 2003.
Hüttner, M.: [Grundzüge] der Marktforschung, 7. überarb. Aufl., München 2002.
Hüttner, M. [Information] für Marketingentscheidungen, München 1979.
Kellerer, H.: [Statistik] im modernen Wirtschafts- und Sozialleben, 18. Aufl., Reinbeck b. Hamburg 1979.
Köhler, R.: Beiträge zum [Marketing-Management], 3.Aufl., Stuttgart 1993.
Kotler, Ph./F. Bliemel: [Marketing-Management], 10. überarb. und aktualis. Aufl., Stuttgart 2001.
Kotler, Ph./K. L. Keller/F. Bliemel: [Marketing-Management], 12. überarb. und aktualis. Aufl., München u. a. 2007.
Kosiol, E.: Die Unternehmung als wirtschaftliches [Aktionszentrum], 4. Aufl., Reinbek bei Hamburg 1972.

Krcmar, H.: [Informationsmanagement], 4. überarb. und erw. Aufl., Berlin u. a. 2005.
Kreilkamp, E.: Strategisches [Management] und Marketing, Berlin/NewYork 1987.
Little, J. D. C.: Models and Managers: The Concept of a Decision [Calculus], in: Management Science. 1970, S. B 466–485.
Mag, W.: [Entscheidung] und Information,1. Aufl., München 1977.
Meffert, H.: [Marketingforschung] und Käuferverhalten, 2. Aufl., Wiesbaden 1992.
Menges, G.: [Grundriss] der Statistik, Köln u. a. 1973.
Mertens, P./ E. Plattfaut: [Informationstechnik] als strategische Waffe, in: Information Management 1, 1986, 2, S. 6–17.
Peters, Th. J./R. H. Watermann: In Search of [Excellence], New York 1997.
Picot, H./M. Maier: [Information] als Wettbewerbsfaktor, in: Preßmar, D. B. (Hrsg.) Informationsmanagement. Wiesbaden 1993.
Porter, M. E./ V. E. Millar: [Wettbewerbsvorteile] durch Information, in: Harvardmanager, 1/1986, S. 26–35.
Porter, M. E.: [Wettbewerbsvorteile] (Competitive Advantage): Spitzenleistungen erreichen und behaupten, 5. Aufl., Frankfurt 2002.
Schäfer, E./H. Knoblich: [Grundlagen] der Marktforschung, 5. Aufl., Stuttgart 1978.
Schmitz, W./S. Müller: Wettbewerbsvorteile durch [Informationstechnik], in: Wist, 7/1990, S. 353–356.
Schneider, D.: Information und [Entscheidungstheorie], München 1995.
Schneider, D.: [Betriebswirtschaftslehre], Bd. 1: Grundlagen, 2. Aufl., München 1995.
Simon, H.: [Preismanagement], 2. Aufl., Wiesbaden 1992.
Steinmüller, W.: [Informationstechnologie] und Gesellschaft. Einführung in die Angewandte Informatik, Darmstadt 1993.
Steinmüller, W.: Eine sozialwissenschaftliche Konzeption der [Informationswissenschaft], in: Nachrichten für Dokumentation 23 (1981) 2, S. 69–80.
Weber, G.: Strategische [Marktforschung], München/Wien 1996.
Wiener, N.: [Kybernetik]: Regelung und Nachrichtenübertragung im Lebewesen und in der Maschine, Reinbek bei Hamburg 1992.

2 Informationstechnologie und Informationsmanagement

Hans-Georg Kemper, Heiner Lasi und Erich Zahn

2.1 Unternehmenserfolg und IT-Einsatz – eine Reflektion

«IT Doesn't Matter» ist ein von Nicholas G. Carr (Carr, [IT] 2003) im Jahre 2003 veröffentlichter, provokanter Artikel zum Themenbereich des strategischen Potenzials des Einsatzes von Informationstechnologie (IT) in Unternehmen. Carr stellte hierbei die provozierende These auf, dass der Wertbeitrag der IT völlig überschätzt wird. IT-Produkte sind – so Carr – eher Güter des täglichen Gebrauchs, die als sog. «Commodities» für jeden Marktteilnehmer leicht erwerbbar und einfach im Organisationskontext einsetzbar sind. Strategisch orientierte «Informationsmanager» sind daher seiner Meinung nach nicht in großem Maße erforderlich. Vielmehr täten Unternehmen gut daran,

- weniger in Informationstechnologie zu investieren,
- sich auf bewährte Basistechnologien zu beschränken und nicht im großen Stil als Pilotanwender von Schlüsseltechnologien am Markt aufzutreten sowie
- primär die Verlässlichkeit der IT-basierten Infrastruktur sicherzustellen und nicht nach IT-induzierten Wettbewerbsvorteilen zu suchen.

Wie zu erwarten, waren die weltweiten Reaktionen auf Carr's Beitrag durch heftigen Widerspruch gekennzeichnet, die aufgrund der Argumentationsmängel in weiten Teilen auch gerechtfertigt waren. Allerdings kann man Carr zugutehalten, dass er mit seiner Veröffentlichung einen wertvollen Beitrag zu der (wieder aufflammenden) Diskussion um den IT-Wertbeitrag lieferte. Zum Erscheinungszeitpunkt des Artikels waren seit dem Platzen der sog. «Dotcom-Blase» gerade einmal drei Jahre vergangen und die heute naiv anmutende «Internet»-Technikgläubigkeit der 90er Jahre war nicht selten umgeschlagen in Unsicherheit, die harte, betriebswirtschaftlich meist nicht fundierte Einschnitte im Bereich der IT-Budgetierung zur Folge hatte. Die einsetzende Erörterung des ökonomisch sinnvollen Einsatzes von IT führte zu begründbaren Neuorientierungen und trug erheblich zur Festigung des gegenwärtigen Meinungsbildes bei.

So existiert heute ein allgemeiner Konsens darüber, dass eine unreflektierte Investition in IT keinen Unternehmenswert generieren kann. Informationstechnologie ist somit kein Selbstzweck und größere IT-Investitionen führen daher nicht automatisch zu einem höheren Unternehmenserfolg (Brynjolfsson/Hitt, [Computation] 2000). Vielmehr stehen zurzeit vor allem die Abläufe in Unternehmen im Mittelpunkt der aktuellen Diskussionen. Sie determinieren als primäre, wertschöpfende und als sekundäre, unterstützende Geschäftsprozesse den ökonomischen Erfolg eines Unternehmens, wobei selbstverständlich der zielgerichtete Einsatz der IT einer der wesentlichen Schlüsselfaktoren ist.

Eine gelungene Zusammenfassung dieses Sachverhaltes liefern Wigand et al. mit der folgenden Abbildung (siehe Abbildung 4.2.1).

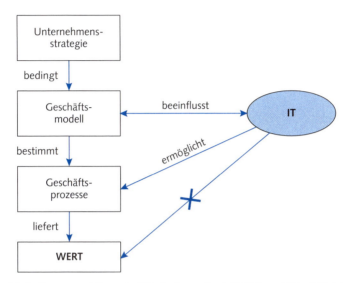

Abbildung 4.2.1: Zusammenhänge des Wertbeitrags durch IT (Wigand/Picot/Reichwald 1998, verändert übernommen aus Krcmar, [Informationsmanagement] S. 520)

Wie erkennbar, ist der Ausgangspunkt die Unternehmensstrategie. Diese determiniert die abzuleitenden Geschäftsmodelle. Gehört es beispielsweise zur Strategie eines Finanzdienstleisters, eine führende Position im europäischen Privatkundengeschäft einzunehmen, so sind seine Geschäftsmodelle auf dieses Klientel auszurichten. Das Geschäftsmodell (z.B. Direktbank) ist hierbei das Abbild des geplanten Geschäftes. Dieses konkretisiert den potenziellen Kundennutzen und beschreibt die Möglichkeiten der Wertschöpfung. Wie in Abbildung 4.2.1 dargestellt, existiert eine beidseitige Abhängigkeit zwischen den Geschäftsmodellen und der am Markt angebotenen IT-Lösungen. So konnten sich beispielsweise die heute üblichen Verfahren des Mobile-Banking erst auf der Basis der leistungsfähigen Funknetztechnologie (z.B. 3G-Technolgien wie UMTS) etablieren, wobei gleichzeitig das Geschäftsmodell auch Anforderungen an die IT stellt. Beispielsweise muss die Sicherheit bei der Funkübertragung für einen mobilen Zugriff stets gewährleistet sein.

Aus dem Geschäftsmodell werden die zugrundeliegenden wertschöpfenden Geschäftsprozesse abgeleitet, wobei – wie ersichtlich – die IT bewusst die Rolle eines «Enablers» einnimmt, ohne den der Geschäftsprozess nicht effektiv und effizient umsetzbar wäre. So könnte im Beispiel der Direktbank die konsistente Pflege von Kundenstammdaten (wie Name, Adresse, Alter) ohne die Existenz innovativer

Identity-Management-Ansätze nicht wirksam über alle verfügbaren Vertriebskanäle und Kundenkontaktpunkte (sog. Customer-Touch-Points) umgesetzt werden. Diese Stammdatenpflege ist jedoch erforderlich, um zeitkritische Kundenangebote erarbeiten und offerieren zu können. Eine adäquate Realisierung sichert dem Unternehmen wiederum wettbewerbliche Vorteile gegenüber Konkurrenten, die hier über keine zufriedenstellenden Lösungen verfügen. (Vgl. Kemper/Baars/Mehanna [Business Intelligence] S. 209 ff.)

Unternehmen stehen aus diesen Gründen heute vor der herausfordernden Aufgabe, die Ressource Informationstechnologie professionell und zielführend in ihren internen Prozessen einzusetzen. Der folgende Beitrag beschäftigt sich mit diesem Themengebiet. Er startet mit den Grundlagen der Informationstechnologie, wobei insbesondere moderne Rechner, systemnahe Software und Kommunikationsnetze im Mittelpunkt der Ausführungen stehen. Im weiteren Verlauf werden die wichtigsten unternehmerischen Anwendungs- und Informationssysteme vorgestellt und eingeordnet. Das folgende Kapitel ist den Ansätzen des Informationsmanagements gewidmet, mit deren Hilfe Unternehmen ein professionelles Bewirtschaften der Ressource «Information» sicherstellen können. Ohne Frage ist das Informationsmanagement heute, aufgrund neuer Technologien sowie innovativer Formen der Arbeitsteilung und Wertschöpfung, im Wandel begriffen. Diesem Themenkomplex ist der letzte Abschnitt des Beitrags gewidmet.

2.2 Technologische Rahmenbedingungen

Im folgenden Kapitel werden die technologischen Grundlagen moderner IT-Infrastrukturen erläutert. Hierzu gehören die Bereiche Rechnersysteme, Software und Netzinfrastrukturen.

2.2.1 Rechnersysteme

> **Rechnersysteme** – hier synonym auch als **Computersysteme** bezeichnet – sind frei programmierbare Maschinen, die Daten über Eingabeeinheiten (z. B. Tastatur, Touchscreen) von außen aufnehmen, diese Daten auf der Basis von Arbeitsvorschriften verarbeiten (z. B. berechnen, prüfen, sortieren) sowie zur (dauerhaften) Ablage speichern können und in der Lage sind, verarbeitete Daten über Ausgabeeinheiten (z. B. Bildschirm, Drucker) wieder nach außen abzugeben (Abts/Mülder, [Grundkurs] S. 23).

Die betriebliche Realität ist heute von einer Vielzahl verschiedenster Rechnersysteme gekennzeichnet, die – wie Abbildung 4.2.2 verdeutlicht – üblicherweise hinsichtlich der Leistungsfähigkeit und des Preises differenziert werden.

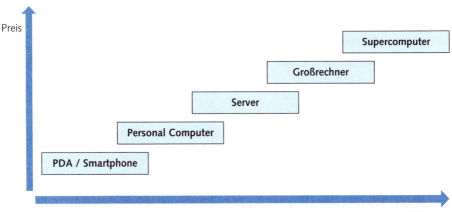

Abbildung 4.2.2: Rechnerkategorien (verändert übernommen aus Hansen / Neumann [Wirtschaftsinformatik] S. 85)

Unterschieden werden: (vgl. Hansen/Neumann [Wirtschaftsinformatik] S. 82 ff. und Abts/Mülder [Grundkurs] S. 45 ff.)

- **Personal Digital Assistants (PDA) und Smartphones** umfassen mobile Endgeräte zur individuellen, ortsungebundenen Unterstützung der Endbenutzer. Geräte dieser Kategorie verfügen über ausreichend Rechenleistung für Kommunikationsanwendungen (z. B. E-Mail, VoIP) sowie zum Ausführen einfacher Internetanwendungen. Der Preis für Geräte dieser Klasse liegt in der Regel unter dem für Personal Computer.
- **Personal Computer (PC)** sind typische Arbeitsplatzrechner, an denen ein Anwender gängige Softwareprogramme ausführt. Diese Kategorie ist gekennzeichnet durch eine für Office-Anwendungen ausreichende, moderate Rechnerleistung sowie einen günstigen Preis. Zu den Varianten, die dieser Kategorie zugeordnet werden, zählen Netbooks, Notebooks und Schreibtisch-PCs. Leistungsstarke Workstations, die in aller Regel für technisch-wissenschaftliche Anwendungen (z. B. CAD) eingesetzt werden, stellen, was den Preis und die Leistungsfähigkeit betrifft, das obere Ende dieser Kategorie dar.
- **Server** sind für kommerzielle Anwendungen mit begrenztem Umfang bestimmt. Hierzu gehören z. B. Fakturierungs- oder Finanzbuchhaltungsanwendungen für kleine bis mittelständische Unternehmen, bei denen diese Rechner zentrale Server-Dienste für die angeschlossenen Arbeitsplätze anbieten. Des Weiteren werden diese häufig auch zur Steuerung technischer Prozesse bzw. als dedizierte Server-Systeme (z. B. File-Server, Mail-Server) verwendet. Im Vergleich zu PCs weisen diese Computer eine höhere Rechenleistung und einen höheren Preis auf.

- **Großrechner** – sog. Mainframes – sind leistungsstarke, komplexe Systeme, die über eine umfassende Peripherie zur Unterstützung von Batch- und Dialogsystemen verfügen. Sie kommen in aller Regel in Großunternehmen zum Einsatz und können dort durchaus mehrere tausend Bildschirmarbeitsplätze unterstützen. Aufgrund ihrer häufig redundanten Auslegung technischer Komponenten (Prozessoren, Netzgeräte, Speicherplatten) sind sie robust und hochgradig ausfallsicher, wobei die erforderliche Wartung oder Aufrüstung sogar häufig im laufenden Betrieb erfolgt. Großrechner werden in der Regel in Rechenzentren von speziell ausgebildetem Personal betrieben. Die Anschaffung sowie der Betrieb entsprechender Geräte erfordern hohe Investitionen.
- **Supercomputer** sind Hochleistungsrechner, die meist als massiv-parallele Rechner tausende Prozessoren besitzen können und vorrangig bei sehr anspruchsvollen technisch-wissenschaftlichen Aufgabenstellungen – wie z. B. der Berechnung von Wettermodellen oder der Crash-Test-Simulation bei der PKW-Entwicklung – zur Anwendung kommen. Supercomputer sind sehr teuer. Daher gibt es nur wenige Supercomputer, die i. d. R. an Forschungszentren angegliedert sind und ausschließlich von Experten bedient werden.

Mit der Einführung preisgünstigerer PCs und der zeitgleich starken Verbreitung von lokalen Rechnernetzen auf dem TCP/IP-Standard setzte Ende der 1990er Jahre ein Trend zur **Dezentralisierung** der Datenverarbeitung ein. Informationssysteme wurden vermehrt auf Client-Server-Architekturen migriert, wobei anstelle von Großrechnern häufig mehrere kostengünstigere Server installiert wurden. Dies hat dazu geführt, dass in Unternehmen heute eine Vielzahl an heterogenen Rechnersystemen im Einsatz ist. Das Management dieser komplexen Systeme sowie die Migration zu effizienteren Strukturen stellt eine große Herausforderung für das Informationsmanagement dar.

2.2.2 Software

Rechnersysteme benötigen für den ordnungsgemäßen Einsatz Software.

> **Software** umfasst hierbei die Gesamtheit aller Programme und Daten, die zum Betrieb von Rechnersystemen und zur Erfüllung von Aufgaben erforderlich sind.

Hierbei kann im Wesentlichen zwischen **Systemsoftware / systemnaher Software** und **Anwendungssoftware** unterschieden werden.

2.2.2.1 Systemsoftware / systemnahe Software

Unter Systemsoftware / systemnaher Software werden Programme verstanden, die zum Betrieb von Anwendungssoftware auf Rechnersystemen notwendig sind (betriebsbezogene Software, auch Betriebssystem genannt). Sie vermitteln zwischen Anwendungssoftware und Rechnersystem. Das Betriebssystem stellt mittels sogenannter Treiber spezifische Hardwareressourcen für Anwendungssysteme zur Verfügung. Zu den weiteren Aufgaben von Betriebssystemen zählen die Verwaltung der Hardwareressourcen, das Datenmanagement (Dateisystem), die Benutzerverwaltung sowie die Zugriffssteuerung und -verwaltung.

Betriebssysteme lassen sich anhand der unterstützten Rechnersysteme in Mobile-, Client- und Serverbetriebssysteme unterteilen (vgl. Lassmann, [Wirtschaftsinformatik] S. 158 ff. und Abts/Mülder [Grundkurs] S. 41 f. und Tanenbaum, [Betriebssysteme] S. 712 ff.).

- Betriebssysteme für mobile Endgeräte sind auf Rechnersysteme mit geringer Leistungsfähigkeit ausgelegt und verfügen über intuitive Bedienkonzepte (z.B. Touchscreens). Sie unterstützen in der Regel nur die gleichzeitige Ausführung einer Anwendung (Betriebsart **Einprogrammbetrieb**) sowie die gleichzeitige Nutzung durch einen Nutzer (Nutzungsform **Einbenutzerbetrieb**).
- Client-Betriebssysteme unterstützen typische Rechnerkonfigurationen von PCs. Sie verfügen i. d. R. über benutzerfreundliche grafische Benutzeroberflächen und unterstützen die Betriebsart des **Mehrprogrammbetriebs**, bei dem die Ausführung mehrerer Anwendungsprogramme zeitgleich erfolgen kann (Multi-Tasking). Die Nutzungsform dieser Betriebssysteme ist gewöhnlich auf den **Einbenutzerbetrieb** beschränkt oder auf wenige Nutzer limitiert.
- Serverbetriebssysteme setzen häufig leistungsfähige Rechnersysteme voraus. Auf Basis dieser stellen sie vielen gleichzeitigen Nutzern (Nutzungsform **Mehrbenutzerbetrieb**) eine Vielzahl an zeitgleich ausgeführten Anwendungen (Betriebsart **Mehrprogrammbetrieb**) zur Verfügung. Der Zugriff auf die zentralen Serverressourcen und Anwendungen erfolgt hierbei in der Regel über Clients, die mit dem Server verbunden sind. Weitere Bestandteile dieser Betriebssysteme sind Funktionalitäten, die als Dienste einer gesamten Infrastruktur zur Verfügung gestellt werden. Hierzu zählen z.B. Verzeichnisdienste für eine zentrale Benutzer- und Ressourcenverwaltung, welche häufig Voraussetzungen für den Mehrbenutzerbetrieb darstellen.

Systemsoftware ist damit für Geräte aller Rechnerklassen eine unerlässliche Voraussetzung, um einen wirksamen Betrieb zu ermöglichen. Wichtige Kriterien bei der Auswahl von Systemsoftware sind der Grad der Hardwareunterstützung, die unterstützten Betriebsarten und Nutzungsformen, die (Betriebs-) Sicherheit (störungsfreier Betrieb, Sicherheit gegen Angriffe z.B. durch Schadsoftware, und Robustheit z.B. bei Bedienfehlern), der Umfang der enthaltenen Funktionalitäten sowie die (Lizenz-) Kosten (vgl. Stahlknecht/Hasenkamp, [Wirtschaftsinformatik] S. 66 ff. und Mertens et al., [Wirtschaftsinformatik] S. 22 ff.).

2.2.2.2 Anwendungssoftware

Bei Anwendungssoftware handelt es sich um problembezogene Software, da sie Funktionen zur Erfüllung bestimmter, z.B. betriebswirtschaftlicher oder technischer, Aufgaben bzw. Probleme ausführt. Anwendungssoftware wird umgangssprachlich auch als «Programm» bezeichnet. Ein wichtiges Unterscheidungskriterium von Anwendungssoftware ist der Grad der Individualisierung. Anwendungssoftware kann demnach in Standard- und Individualsoftware unterschieden werden.

Wird eine Anwendung für den Einsatz bei nur einem Kunden entwickelt, so handelt es sich um Individualsoftware. Diese individuellen Programme werden teilweise von Benutzern selbst oder von Softwarehäusern unternehmens- und problemspezifisch (z. B. für bestimmte Projekte oder Planungsaufgaben) entwickelt. Handelt es sich um ein Programm, das eine große Anzahl von Kunden erwerben und einsetzen können, so wird dies als Standardsoftware bezeichnet. Diese Standardprogramme beziehen sich i.d.R. auf Aufgaben, die in vielen Betrieben in mehr oder weniger gleichartiger Weise anfallen, beispielsweise im Rahmen der Lohnbuchhaltung, des Beschaffungswesens und der Lagerhaltung oder dem Einkauf. Sie werden als Softwarepakete angeboten und können entweder mit oder ohne kundenindividuellen Modifikationen eingesetzt werden. (Vgl. Abts/Mülder, [Masterkurs] S. 4 f., Heinrich/Heinzl/Roithmayr, [Wirtschaftsinformatik] S. 160)

Im Kontext betrieblicher Anwendungen besitzen vor allem Standardsoftwareprodukte eine hohe Relevanz. Ein wesentlicher Grund hierfür sind die Kosten, die für eine Anwendung über den gesamten Lebenszyklus hinweg entstehen. Wie empirische Untersuchungen bestätigen, entfallen ca. 2/3 der Lebenszykluskosten auf den Betrieb (Wartung und Pflege) und nur ca. 1/3 des Aufwandes auf die Anschaffung bzw. Entwicklung. Des Weiteren kann festgestellt werden, dass ein Zusammenhang zwischen dem Grad der Individualisierung und dem Aufwand für den Betrieb besteht, Standardsoftware verursacht in der Regel geringere Kosten als Individualsoftware. Aus diesem Grund werden in der Vergangenheit entstandene Individuallösungen zunehmend durch Standardsoftwareprodukte abgelöst. Der Einsatz adäquater Software zur Unterstützung betrieblicher Prozesse ist daher ein wesentlicher Bestandteil des Informationsmanagements.

2.2.3 Netzinfrastrukturen

In den Anfängen der IT-basierten Datenverarbeitung wurde im Unternehmenskontext jeweils ein Bündel bestehend aus einer Hardwareplattform und darauf ausführbarer Anwendungssoftware «installiert», um die Durchführung spezifischer Aufgaben, z. B. die Abrechnungen in der Personalbuchhaltung, zu unterstützen. Auf diesen dedizierten Systemen erfolgte die Eingabe, Verarbeitung, Speicherung und Ausgabe von Daten ausschließlich lokal, d. h. auf einem dafür vorgesehenen Rechnersystem. Heutzutage sind IT-Systeme keine autonomen Rechenmaschinen mit lokalen Anwendungen und Daten mehr. Vielmehr erfordert eine adäquate IT-Unterstützung die Anpassung an veränderte Rahmenbedingungen. Beispielsweise laufen Geschäftsprozesse im Zuge der Globalisierung über weltweit verteilte Standorte hinweg ab. Ebenso erfährt die Anbindung von Lieferanten und Kunden eine zunehmende Bedeutung. Daraus folgt, dass ein überwiegender Anteil der Datenverarbeitung über Standort- und Unternehmensgrenzen hinaus unter Verwendung vernetzter Hardware erfolgt, wobei leistungsfähige Übertragungsnetze den Austausch von immer umfangreicher werdenden Datenpaketen (Sprache, Text, Grafik, Video etc.) ermöglichen. Wirksame Netzinfrastrukturen stellen damit die Grundlage für die sogenannte verteilte Datenverarbeitung dar. Die verteilte Datenverarbeitung verfolgt fünf Ziele: (vgl. Scherff, [Computernetze] S. 34 ff. und Mertens et al., [Wirtschaftsinformatik] S. 37 ff.)

- **Lastverbund**
  Beim Lastverbund werden lokale Ressourcen (z. B. Prozessorleistung) in einem Netzwerk zur Verfügung gestellt, so dass sich die Auslastung innerhalb des Netzes auf unterschiedliche Ressourcen verteilen lässt. Damit kann ein sog. Rightsizing erfolgen: Ohne den Lastverbund müssten lokale Hardwaresysteme so ausgelegt sein, dass sie auch Spitzenlasten abarbeiten können (z. B. Buchungslauf beim Jahresabschluss) und wären deshalb im Normalbetrieb nur gering ausgelastet. Im Lastverbund können Spitzenlasten auf mehrere Rechnersysteme «verteilt» werden. Hierdurch lässt sich die Summe der vorgehaltenen Rechnersystemleistung deutlich reduzieren, was zu erheblichen ökonomischen und ökologischen Verbesserungen führt.
- **Sicherheitsverbund**
  Unter einem Sicherheitsverbund wird die Sicherstellung der Verfügbarkeit von Systemen verstanden. Dies erfolgt, indem der Ausfall einer Komponente durch andere im Verbund verfügbare Komponenten kompensiert wird. Aktuelle Technologien erlauben eine für Benutzer nicht sichtbare Verlagerung von Diensten und Daten auf andere Ressourcen im laufenden Betrieb, so dass z. B. bei einem Ausfall eines Rechnersystems die Aufgabe von einem anderen übernommen wird, ohne dass der Anwender Kenntnis darüber bekommt.
- **Funktionsverbund**
  Der Funktionsverbund dient dazu, dass lokale Funktionen im Verbund in Anspruch genommen werden können. Hierbei kann zwischen den Ausprägungen Funktionsverbund von Hardware und Funktionsverbund von Software unterschieden werden. Beim Funktionsverbund von Hardware werden Hardwarefunktionen (bspw. Farblaserdrucker) über das Netzwerk zur Verfügung gestellt. Werden Softwarefunktionen bereitgestellt (z. B. Zugriff auf eine Anwendung oder Hilfsprogramme) können sie über einen Verbund von mehreren Informationssystemen gemeinsam genutzt werden.
- **Datenverbund**
  Zweck des Datenverbunds ist der zentrale Zugriff auf verteilte Daten (Dateien, Datenbanken etc.) im Verbund. Hierdurch wird ein aus logischer Sicht zentraler Datenbestand ermöglicht, der Redundanzen verringert und den Zugriff vereinfacht.
- **Kommunikationsverbund**
  Der Austausch von Daten zwischen räumlich getrennten Rechnern zum Zwecke der Kommunikation wird als Kommunikationsverbund bezeichnet. Ein Kommunikationsverbund dient der effizienten Übermittlung von Informationen z. B. per Mail.

Die dargestellten Ziele der Rechnervernetzung sind komplementär und in der Unternehmenspraxis in unterschiedlichen Kombinationen zu finden. Hierdurch ergeben sich hohe Anforderungen an wirksame Netzinfrastrukturen, da diese z. B. eine hohe Bandbreite für den Datenverbund sowie kurze Zugriffszeiten für den Last- und Funktionsverbund aufweisen müssen. Des Weiteren sind innerhalb der Verbünde überwiegend heterogene Hardwarekomponenten und unterschiedliche Softwareprodukte über verschiedene Medien (Kupferkabel, Funk etc.) miteinander zu vernetzen. Auf Basis dieser Tatsache wurden Modelle entwickelt, die den Ablauf der Kommunikation abstrahieren und unterschiedliche Kommunikationsschritte in unterschiedliche Schichten spezifizieren (sog. Kommunikationsprotokolle). Für die Verbindung offener Systeme hat die ISO (International Standard Organisation) das theoretische Referenzmodell OSI (Open System Interconnection) entwickelt, das den Kommunikationsprozess in sieben hierarchische Schichten untergliedert und einen abstrakten Aufbau der Kommunikationsprotokolle generisch beschreibt. (Vgl. Schreiner, [Computernetzwerke] S. 3 ff. und Scherff, [Computernetze] S. 63 ff.)

Unter den in der Praxis in den 1970er Jahren und danach entstandenen Protokollfamilien hat sich bis heute das Transmission Control Protocol/Internet Protocol (**TCP/IP**) in der Unternehmenspraxis durchgesetzt und zum Quasi-Standard etabliert. Mit der Verbreitung des Internets, das letztendlich einer Kopplung von lokalen Netzen auf Basis von TCP/IP entspricht, hielt diese Protokollfamilie nach und nach Einzug in unternehmensinterne Netzwerke. TCP/IP ist damit eine betriebssystemunabhängige Protokollfamilie, die auf nahezu allen gängigen vernetzten Hardwareeinheiten funktioniert und in allen heute relevanten Betriebssystemen und somit auf allen Rechnersystemen implementiert ist (vom Mobiltelefon bis zum Supercomputer). (Vgl. Abts/Mülder, [Grundkurs] S. 116)

Ein wichtiges Kriterium zur Unterscheidung unterschiedlicher Netzwerkausprägungen ist, ob das Netzwerk privat oder öffentlich zugänglich ist. Hierbei sind folgende Ausprägungen von besonderer Relevanz: (vgl. Abts/Mülder, [Grundkurs] S. 131 und Scherff, [Computernetze] S. 355 ff.)

- **Internet**
  Das Internet stellt ein globales Netzwerk, d. h. ein Zusammenschluss einer Vielzahl an lokalen Netzen auf Basis des TCP/IP Protokollfamilie dar. Der Zugriff auf das Internet ist öffentlich, d. h. grundsätzlich besteht für jeden die Möglichkeit, sich mit diesem Netzwerk zu verbinden und Dienste/Informationen darüber auszutauschen. Damit ist das Internet ein universelles Netzwerk, über das private Teilnehmer, Unternehmen, Behörden und Organisationen miteinander verbunden sind. Aus technischer, geografischer und physischer Sicht ist das Internet ein heterogenes Gebilde, über das Informationen mit unterschiedlichsten Protokollen über verschiedene Standorte und Medien hinweg übertragen werden.

- **Intranet**
  Bei Intranets handelt es sich um einen Verbund von Netzwerkgeräten innerhalb einer Organisation oder Einheit (z. B. Unternehmen, Institutionen oder Heimnetzwerke). Zugriff auf darin enthaltene Ressourcen haben ausschließlich Mit-

glieder der Organisation bzw. Einheit. Intranets dienen z. B. dazu, innerhalb von Unternehmen gemeinsame Informationen und Ressourcen zur Verfügung zu stellen. Ein wichtiger Gesichtspunkt hierbei ist, dass die Abgrenzung auf einer logischen Sicht basiert. Bei einem Intranet kann es sich z. B. um ein logisch abgegrenztes Unternehmensnetzwerk handeln, das sich über mehrere Standorte (geografische Sicht) erstreckt und unterschiedliche Medien (physische Sicht) umfasst. In der Regel verfügen Intranets über eine Verbindung zum Internet. Hierbei ist der Zugriff so geregelt, dass nur Teilnehmer des Intranets auf Inhalte des Internets zugreifen können, jedoch nicht umgekehrt. Ein Zugriff aus dem Internet in das Intranet wird durch sog. Firewalls verhindert. Intranets basieren aus technischer Sicht i. d. R. auf denselben Standards und Technologien wie Extranets und das Internet.

- **Extranet**
  Extranets stellen Intranets dar, die einen Zugriff von außen für autorisierte Benutzer zulassen. In der Regel bestehen z. B. Unternehmensnetzwerke aus zwei durch Firewalls abgegrenzten Netzwerkbereichen. Der eine Bereich ist das o. g. Intranet, zu dem nur Mitglieder des Unternehmens einen Zugang haben. Ein anderer Bereich des Firmennetzwerkes wird z. B. für Geschäftspartner geöffnet. Damit haben autorisierte Benutzer außerhalb des Unternehmens die Möglichkeit, z. B. auf Lagerbestände oder das Bestellsystem zuzugreifen. Der Zugriff auf Extranets von außen erfolgt dabei i. d. R. über das Internet.

Unabhängig von der logischen Sicht und den eingesetzten Medien (physische Sicht) lassen sich Netzwerke anhand der geografischen Ausbreitung in folgende gängige Kategorien unterteilen: (vgl. Tanenbaum, [Computernetzwerke] S. 25 ff.)

- **LAN (Local Area Network)**
  Lokale Netze haben eine maximale geografische Ausdehnung von wenigen Kilometern. Sie verbinden überwiegend Systeme innerhalb eines Gebäudes oder eines Unternehmensstandorts. Lokale Netze sind dadurch charakterisiert, dass sie i. d. R. privat betrieben werden (z. B. von Privatpersonen, Behörden, Institutionen oder Unternehmen) und über eine hohe Bandbreite verfügen. Die Übertragungstechnik basiert überwiegend auf Kupferkabeln und dem Ethernet-Standard sowie zunehmend auf Funkverbindung und einem WLAN-Standard. Lokale Netze stellen meistens Intranets dar, die über eine Verbindung zum Internet verfügen. Diese Verbindung wird über sog. Router hergestellt. Das Betreiben von LANs mit Internetverbindung erfordert sowohl technische als auch organisatorische Vorkehrungen, um die IT-Sicherheit gewährleisten zu können. Hierzu werden als Koppelelemente Router mit sog. Firewall-Funktionalitäten eingesetzt. Diese ermöglichen die Filterung des Datenverkehrs zwischen den privaten LANs und dem öffentlichen Internet.
  Die Vernetzung von unterschiedlichen Standorten oder Unternehmen erfolgt meist mittels einer gesicherten Verbindung zwischen unterschiedlichen LANs über das Internet. Hierbei initiieren die jeweiligen Internetzugangspunkte (Router) sog. Virtuelle Private Netzwerke (VPN). Daten, die von einem LAN in ein

anderes LAN im selben Intranet gesendet werden sollen, werden dabei von dem Router des sendenden Netzwerks verschlüsselt und so über das Internet zum Router des Ziel-LANs gesendet. Dieser entschlüsselt die empfangenen Datenpakete und reicht diese ins Ziel-LAN weiter.
- **MAN (Metropolitan Area Network)**
  Netzwerke mit einer geografischen Ausbreitung oberhalb von LANs bis hin zu Städten oder Ballungsräumen werden als Stadtnetze oder MANs bezeichnet. Diese werden von LANs unterschieden, da sie i. d. R. auf anderen Übertragungsstandards basieren. MANs werden gewöhnlich von großen Telekommunikationsanbietern betrieben und deren zur Verfügung stehende Bandbreite wird an Kunden verkauft. Die bei MANs zum Einsatz kommenden Medien sind primär Kupferkabel und Lichtwellenleiter (LWL) sowie zunehmend auch Funkverbindungen.
- **WAN (Wide Area Network) / GAN (Global Area Network)**
  Netzwerke, die große räumliche Distanzen überwinden (bspw. länderübergreifende und interkontinentale Verbindungen), werden als WANs bzw. GANs bezeichnet. Eine Abgrenzung zwischen WANs und GANs erfolgt in der Literatur uneinheitlich, weshalb diese zunehmend synonym verwendet werden. Die Übertragung von Daten über große Distanzen z. B. von Europa nach Asien oder Amerika erfolgt via Satellit oder über Lichtwellenleiterleitungen, die z. B. über den Meeresgrund verlegt werden. Der Betrieb dieser Netzwerke erfolgt durch wenige große Provider, die die Übertragungskapazitäten an Telekommunikationsunternehmen verkaufen.

Die zunehmende Verteilung von Prozessen auf vernetzte IT-Systeme hat zu einem beinahe flächendeckenden Einsatz von Computernetzwerken geführt. Sowohl interne Geschäftsprozesse als auch die Online-Anbindung von Geschäftspartnern erfordern heutzutage eine permanente Verfügbarkeit der Netze. Störungen oder gar der Ausfall von Unternehmensnetzwerken stellen i. d. R. unternehmenskritische Vorgänge dar, die sehr schnell zu langfristigen, kostenintensiven Konsequenzen für Unternehmen führen können. In einigen Branchen wie z. B. bei Banken basieren wesentliche Geschäftsprozesse auf vernetzten Systemen und deren Erreichbarkeit, so dass ein Ausfall hier innerhalb kurzer Zeit verheerende Folgen haben könnte. Das Management von Netzwerken stellt daher einen wichtigen Teilbereich des IT-Managements dar.

2.3 Informationssystem

Unter dem Begriff **Informationssystem** wird ein umfassendes, sozio-technisches System verstanden, welches das gesamte informationsverarbeitende Teilsystem eines Betriebes darstellt (siehe Abbildung 4.2.3).

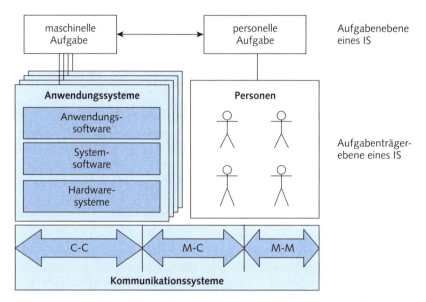

Abbildung 4.2.3: Betriebliches Informationssystem (in Anlehnung an Ferstl/Sinz, [Wirtschaftsinformatik] S. 4)

Das Ziel von Informationssystemen ist die Unterstützung der Leistungsprozesse in Betrieben sowie zwischen Betrieben und ihrer Umwelt. Dies geschieht durch eine nach wirtschaftlichen Kriterien optimale Befriedigung der Informationsbedürfnisse der Aufgabenträger. Erstellt der Betrieb Dienstleistungen in Form von Informationen, so ist das Informationssystem (zusätzlich) an der betrieblichen Leistungserstellung beteiligt (vgl. Biethahn/Muksch/Ruf, [Informationsmanagement] S. 3 ff. und Hansen/Neumann, [Wirtschaftsinformatik] S. 133 f.). Wie aus der Abbildung 4.2.3 ersichtlich, kann im Kontext von Informationssystemen zwischen maschinellen und personellen Aufgaben unterschieden werden. Diese Unterscheidung ergibt sich aus einer Zuordnung von Aufgaben zu den jeweiligen Aufgabenträgern, welche die Aufgaben ausführen. Aufgaben, die (teil-)automatisiert ablaufen können, werden von maschinellen Aufgabenträgern, insbesondere von Anwendungssystemen, bearbeitet; nicht automatisierbare Aufgaben hingegen von Personen. Die Gesamtheit an Aufgabenträgern eines Informationssystems bildet die Aufgabenträgerebene.

Informationssysteme bestehen aus den Teilsystemen Kommunikations- und Anwendungssystemen. Nachfolgend werden diese näher erläutert. (Vgl. Ferstl/Sinz, [Wirtschaftsinformatik] S. 3 f.)

2.3.1 Kommunikationssysteme

Zur Ausführung von Aufgaben, bei denen Informationsbeziehungen untereinander bestehen, diese aber unterschiedlichen Aufgabenträgern zugeordnet sind, werden Kommunikationssysteme benötigt.

Kommunikationssysteme haben die Funktion, den Prozess der Kommunikation, also die Bereitstellung von Informationen eines Aufgabenträgers an andere Aufgabenträger, zu unterstützen.

Kommunikationssysteme sind daher spezielle Aufgabenträger, die Nachrichten über einen Kommunikationskanal zu einem Empfänger senden. Der Begriff Kommunikationssystem umfasst somit *«die Gesamtheit aller Einrichtungen (Geräte, Netze, Übertragungsverfahren, Protokolle usw.), welche die Übertragung von Informationen ermöglichen»* (Stahlknecht/Hasenkamp, [Wirtschaftsinformatik] S. 85). Kommunikationssysteme verfügen über mindestens zwei Datenstationen, die an einen Datenübertragungsweg gekoppelt sind. Unter Datenstationen werden hierbei Geräte verstanden, die Nachrichten senden oder empfangen (z. B. Telefon, Fax, Computer).

Zu den Kommunikationssystemen für die Mensch-Mensch-Kommunikation zählen vor allem **voice-Systeme**, bei denen Sprache übertragen wird (z. B. klassisches Telefon), sowie E-Mail, Chat und Videokonferenzsysteme. Bei den letztgenannten Kommunikationssystemen handelt es sich um so genannte maschinenunterstützte Mensch-Mensch-Kommunikationssysteme, die in der Literatur auch als Mensch-Maschine-Mensch-Kommunikationssysteme bezeichnet werden. (Vgl. Stahlknecht/Hasenkamp, [Wirtschaftsinformatik] S. 85 f.)

Kommunikationssysteme für die Mensch-Computer-Kommunikation werden benötigt, wenn betriebliche Aufgaben durch Anwendungssysteme unterstützt werden. Diese Kommunikationssysteme befinden sich an den Schnittstellen, an denen Daten zwischen Benutzern und Anwendungssystemen ausgetauscht werden, d. h. eine Datenerfassung oder eine Datenausgabe stattfindet. Hierbei handelt es sich um klassische **non-voice-Systeme**. Relevante Formen des Nachrichtenaustausches sind in diesem Kontext die Daten-, Text- und Bildkommunikation. Aufgabe dieser Kommunikationssysteme ist es, den Nachrichtenaustausch aufgaben- und adressatengerecht zu unterstützen. (Vgl. Heinrich/Heinzl/Roithmayr [Wirtschaftsinformatik] S. 141)

Unter Kommunikationssystemen zwischen Maschinen (Computer-Computer) wird ein Komplex aus Netzstrukturen, Hardwarekomponenten, Übertragungswegen und Steuerungssoftware verstanden. In Betrieben, bei denen mehrere Anwendungssysteme im Einsatz sind, ergibt sich die Notwendigkeit des Nachrichtenaustausches zwischen den unterschiedlichen Anwendungssystemen. Maschine-Maschine-Kommunikationssysteme ermöglichen diesen Nachrichtenaustausch. Findet zwischen unterschiedlichen Anwendungssystemen ein Nachrichtenaustausch mittels C-C-Kommunikationssystemen statt, so handelt es sich um **integrierte Anwendungssysteme**. (Vgl. Heinrich/Heinzl/Roithmayr [Wirtschaftsinformatik] S. 141)

2.4 Anwendungssysteme

> Unter einem **Anwendungssystem** versteht man die Gesamtheit aller Programme (Anwendungssoftware), die zugehörigen Daten sowie die für die Nutzung der Anwendungssoftware benötigte Rechner und Systemsoftware, die für die Ausführung einer konkreten betrieblichen Aufgabe oder eines Aufgabenbereiches eingesetzt werden. (Vgl. Stahlknecht/Hasenkamp, [Wirtschaftsinformatik] S. 204 und S. 326)

Der Einsatz von Anwendungssystemen erfolgt heute in nahezu allen betrieblichen Arbeitsgebieten, in Unternehmen jeder Größe sowie in allen Branchen. Anwendungssysteme unterstützen dabei die primären Geschäftsprozesse, wie z.B. Produktion und Vertrieb, ebenso wie die sekundären Prozesse, wie z.B. die Finanzbuchhaltung.

Anwendungssysteme können in unternehmensinterne und außenwirksame Systeme untergliedert werden. Unternehmensinterne Anwendungssysteme unterstützen die innerbetrieblichen Aufgaben. Hierzu gehören z.B. Computer Aided Design (CAD)-Systeme in der Produktentwicklung. Bei Anwendungssystemen, die an den Unternehmensschnittstellen zu Lieferanten oder Kunden zum Einsatz kommen, gibt es die Tendenz, diese nach außen zu öffnen. Durch die Öffnung entstehen außenwirksame Anwendungssysteme, die die zwischenbetrieblichen Aufgaben unterstützen und sich an interne und externe Benutzer richten. (Vgl. Hansen/Neumann, [Wirtschaftsinformatik] S. 138 ff.)

Eine etablierte Einteilung von Anwendungssystemen kann nach dem Verwendungszweck, d.h. der auszuführenden (betriebswirtschaftlichen) Aufgabe vorgenommen werden (vgl. Mertens, [Informationsverarbeitung] S. 1 und Stahlknecht/Hasenkamp, [Wirtschaftsinformatik] S. 327). Hierbei wird unterschieden zwischen

- operativen Systemen (Administrations- und Dispositionssysteme),
- Querschnittssystemen und
- dispositiven Systemen (Business-Intelligence-Systeme).

2.4.1 Operative Systeme

> Zu den **operativen Systemen** gehören alle Systeme, die Prozesse, welche eng mit der Leistungserstellung verbunden sind, unterstützen.

Operative Systeme können in Administrations- und Dispositionssysteme unterschieden werden. Administrationssysteme unterstützen die operativen Prozesse in allen Bereichen eines Betriebes durch die rationelle Verarbeitung und Speicherung von Massendaten, wie z.B. bei der Auftragsabwicklung oder der Verwaltung von (mengenorientierten) Lagerbeständen. Das Ziel von Administrationssystemen ist die Rationalisierung der Massendatenverarbeitung.

Dispositionssysteme unterstützen die Entscheidungsfindung bei Routineentscheidungen wie z. B. der Bestelldisposition von Fremdgütern, der Festlegung von Losgrößen oder der Produktionsplanung. Bei gut strukturierten Abläufen können Dispositionssysteme automatisiert entscheiden und somit Prozesse automatisiert steuern. Ziel der Dispositionssysteme ist es, durch eine teilweise oder vollständige Automatisierung von Routineentscheidungen, die Entscheidungsprozesse zu rationalisieren. (Vgl. Stahlknecht/Hasenkamp, [Wirtschaftsinformatik] S. 328 f.)

Operative Systeme können weiter in branchenunabhängige und branchenspezifische Anwendungssysteme aufgeteilt werden. Zu den branchenunabhängigen Anwendungssystemen zählen vor allem Systeme für das Finanz- und Rechnungswesen, das Personalwesen sowie die Fakturierung und den Vertrieb. Branchenspezifische Anwendungssysteme werden überwiegend zur Unterstützung der je nach Wirtschaftsbereich unterschiedlichen Leistungserstellungsprozesse eingesetzt. Unterschieden wird daher häufig nach Systemen für Wirtschaftsbereiche wie Industrie, Handel, Banken und Versicherungen. (Vgl. Stahlknecht/Hasenkamp, [Wirtschaftsinformatik] S. 330 f.)

Anwendungssysteme sind, wie bereits dargestellt, **Aufgabenträger betrieblicher Aufgaben**. Beim Auftreten der **Elektronischen Datenverarbeitung** (EDV) in den 1950er Jahren war das organisatorische Gliederungsprinzip überwiegend funktionsorientiert. Dies hat dazu geführt, dass Anwendungssysteme als Aufgabenträger der funktionalen Organisation gefolgt sind. So entstanden Anwendungssysteme zur Unterstützung der Funktionsbereiche, wie z. B. der Personalbuchhaltung, des Rechnungswesens, der Produktion, der Beschaffung, des Vertriebs etc. (vgl. Abbildung 4.2.4).

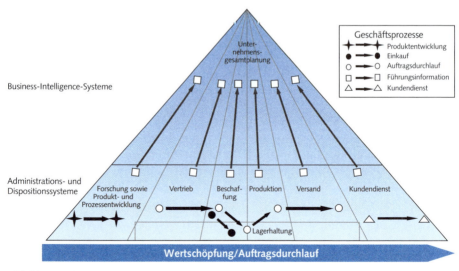

Abbildung 4.2.4: Informationssysteme und Geschäftsprozesse in Industrieunternehmen (in Anlehnung an Mertens, [Informationsverarbeitung] S. 6)

Seit den 1970er Jahren wird bereits die Integration von partiellen Anwendungssystemen zu größeren, integrierten Informationssystemen in der Wissenschaft und Praxis diskutiert. In dieser Zeit wurde schon der Ansatz zur Schaffung eines unternehmensweiten Informationssystems, das alle betrieblichen Funktionen und Prozesse sowie alle Ebenen der Unternehmenshierarchie umfasst, erörtert. Dieses Ziel gilt allerdings als zu aufwändig, umfangreich und komplex, dass es nach heutiger Sicht nicht mit einer betriebswirtschaftlich vertretbaren Aufwand-/Nutzenrelation erreicht werden kann.

Mit dem Aufkommen der prozessorientierten Sicht in den 1980er und 1990er Jahren wurde die horizontale Integration von operativen Anwendungssystemen zunehmend beachtet und vorangetrieben. Auf Grund stark unterschiedlicher Anforderungen bei der Durchführung von technischen Aufgaben (z. B. Konstruktion) und betriebswirtschaftlichen Aufgaben (z. B. Finanz- und Rechnungswesen) erfolgt dies vielfach getrennt für betriebswirtschaftliche und technische Anwendungssysteme. (Vgl. Vajna et al. [CAx] S. 11, Hesseler/Görtz, [ERP-Systeme] S. 5 und Hansen/Neumann, [Wirtschaftsinformatik] S. 135 f.)

Betriebswirtschaftliche Anwendungssysteme

Im operativen betriebswirtschaftlichen Bereich ist ein starker Trend zu komponentenbasierten, integrierten Enterprise Resource Planning-Anwendungssystemen (ERP-Systeme), die anhand einer zentralen Datenbasis die Unterstützung von Geschäftsprozessen ermöglichen, vorhanden. Der Ursprung von ERP-Systemen liegt in den Bereichen der mengenbezogenen Materialbedarfsplanung (MRP-Systeme) sowie der Fertigungsplanung und -steuerung (PPS-Systeme). Im Laufe der Zeit wurden weitere Unternehmensfunktionen wie die Beschaffung (Supply Chain Management (SCM) und E-Procurement), der Vertrieb sowie übergreifende Unternehmensfunktionen wie das Personal- und Finanz- und Rechnungswesen in ERP-Systeme integriert. Aktuelle ERP-Systeme decken damit weitgehend die kaufmännischen/betriebswirtschaftlichen Funktionen von Unternehmen ab. Dennoch werden in Unternehmen vielfach zusätzliche spezifische Anwendungssysteme in diesem Kontext eingesetzt. Ein Grund hierfür ist, dass ERP-Systeme zwar häufig einen Großteil der benötigten Funktionen adäquat abdecken, einige unternehmensspezifische Prozesse jedoch durch zusätzliche Anwendungssoftware besser unterstützt werden können. Beispielsweise nutzen industrielle Unternehmen vielfach eigenständige Kundenbeziehungsmanagement-Systeme (CRM-Systeme), um zusätzliche spezifische Funktionalitäten, wie die Verwaltung von Wartungsverträgen oder Maschinenkonfigurationen zu haben. Ein weiteres Beispiel ist der Einsatz von Manufacturing Execution Systemen (MES), die eine direkte Überwachung und Steuerung von Produktionsmaschinen (MES) ermöglichen. (Vgl. Gronau, [ERP] S. 5 f., Abts/Mülder, [Grundkurs] S. 163 ff., Hesseler/Görtz, [ERP-Systeme] S. 1 ff., Kletti, [MES-Systeme] S. 57 f.)

Technische Anwendungssysteme

Für die Unterstützung technischer Aufgaben, wie z. B. Konstruktion, Festigkeitsberechnung oder Maschinensteuerung, werden in industriellen Unternehmen operative technische Anwendungssysteme eingesetzt. Ausgehend von numerischen Systemen zur Lösung von komplexen mechanischen und physikalischen Problemen z. B. im Bereich der Festigkeitsberechnung entstanden ab den 1950er Jahren zunehmend sogenannte Numeric Control (NC)-Systeme zur Unterstützung technischer Aufgaben im Bereich der Produktentwicklung und Produktion. Hierzu gehören z. B. Computer Aided Design (CAD)-Systeme zum rechnergestützten Entwerfen und Konstruieren, Finite-Element-Methoden (FEM)-Systeme zur Durchführung von Festigkeitsberechnungen oder Computer Aided Manufacturing (CAM)-Systeme im Bereich der Fertigung. Analog zu den Integrationsbemühungen im betriebswirtschaftlichen Kontext ist auch im technischen Bereich ein starker Trend zu komponentenbasierten, integrierten Systemen vorhanden. Diese werden in der Regel als Produktdatenmanagement (PDM)-Systeme oder Engineering Data Management (EDM)-Systeme bezeichnet. Aufgrund der teils sehr komplexen Funktionen technischer Anwendungssysteme erfolgt die Integration mittels PDM/EDM-Systemen in der Regel auf Basis einer zentralen Datenbasis. Hierin werden die Artefakte unterschiedlicher Aufgaben im Produktentstehungsprozess wie z. B. Digitale Produktmodelle, Qualitätsberichte, Fertigungs- und Montageanweisungen oder Maschinensteuerungsprogramme zentral abgelegt und verwaltet. (Vgl. Vajna et al. [CAx] S. 6 f., S. 10, S. 423 f., Hansen/Neumann, [Wirtschaftsinformatik] S. 136 ff. und Mertens, [Informationsverarbeitung] S. 33 ff., S. 262 ff.)

2.4.2 Querschnittssysteme

Querschnittssysteme sind Anwendungssysteme, die unabhängig von der funktionalen und hierarchischen Einordnung an allen bzw. vielen betrieblichen Arbeitsplätzen eingesetzt werden.

Hierzu zählen **Bürosysteme, wissensbasierte Systeme** sowie **Portalsysteme** (vgl. Stahlknecht/Hasenkamp, [Wirtschaftsinformatik] S. 327 und Abts/Mülder, [Grundkurs] S. 195).

Bürosysteme

Zu den bedeutendsten Bürosystemen gehören Anwendungssysteme, welche die Erzeugung und Bearbeitung von Dokumenten unterstützen. Die wesentlichen Anwendungsbereiche sind die Textverarbeitung, die Tabellenkalkulation, das Desktop Publishing (DTP) sowie Grafik- und Präsentationsanwendungen.

Ein weiterer Anwendungsbereich von Bürosystemen ist die Verwaltung und Archivierung von Dokumenten. Systeme, die diese Aufgaben unterstützen, werden als Dokumentenmanagement-Systeme (DMS) bezeichnet.

Workflow-Management-Systeme (WMS) bilden eine dritte Gruppe innerhalb der Bürosysteme. Aufgabe dieser Systeme ist es, die Vorgangsbearbeitung routinemäßiger Geschäftsprozesse bzw. Vorgangsketten anhand von im System hinterlegter Regeln zu automatisieren. (Vgl. Stahlknecht/Hasenkamp, [Wirtschaftsinformatik] S. 415 ff. und Abts/Mülder, [Grundkurs] S. 202 ff.)

Wissensbasierte Systeme

Zu den wissensbasierten Systemen zählen vor allem die Wissensmanagementsysteme. Aufgabe solcher Systeme ist es, den gesamten Prozess der systematischen Gewinnung, Strukturierung, Darstellung, Verteilung, Suche und Speicherung von (Experten-)Wissen zu unterstützen. Das Ziel hierbei ist, das betriebliche Wissen für eine große Anzahl an Mitarbeitern nutzbar zu machen. Hierzu gehören z. B. Expertensysteme und Deduktionssysteme. (Vgl. Stahlknecht/Hasenkamp, [Wirtschaftsinformatik] S. 431 ff. und Abts/Mülder, [Grundkurs] S. 227 ff.)

Portalsysteme

Unter Portalsystemen werden Systeme verstanden, die Benutzern (Mitarbeitern oder Geschäftspartnern) einen personalisierten und individualisierten (rollenbezogenen) Zugang zu Informationen, Anwendungen und Diensten ermöglichen. Diese stellen die Schnittstelle zwischen den Prozessen und Systemen der täglichen Arbeit und dem Mitarbeiter dar. Innerhalb von Unternehmensportalen kommen häufig Content Management Systeme (CMS) zum Einsatz. Diese unterstützen das Erstellen, Pflegen und Archivieren von Inhalten z. B. auf Webseiten. (Vgl. Abts/Mülder, [Grundkurs] S. 231 f., S. 233 ff.)

2.4.3 Business Intelligence

Im Kontext der dispositiven Informationssysteme ist «Business Intelligence – BI» mittlerweile zu einem Kernthema herangereift. So ist das BI-Themengebiet im CIO-Panel der Gartner Group – einer jährlichen Befragungsreihe von Führungskräften internationaler Unternehmen – seit Jahren im oberen Bereich der wichtigsten Technologiethemen anzutreffen (vgl. Gartner [Survey]). Aufgrund der technischen Infrastrukturen, die für BI notwendig sind, und der Komplexität innovativer IT-Systeme zur Unterstützung des Managements lässt sich diese hohe Priorität leicht erklären.

> **Business Intelligence** bezeichnet heute üblicherweise «... einen integrierten, unternehmensspezifischen, IT-basierten Gesamtansatz zur betrieblichen Entscheidungsunterstützung» und umfasst somit den gesamten dispositiven (also planerischen) Bereich einer Organisation (vgl. Kemper/Baars/Mehanna, [Business Intelligence] S. 9).

Das Themengebiet ist daher weder vom Umfang noch von seiner Positionierung mit den historischen Ansätzen der IT-basierten Managementunterstützung vergleichbar, die seit den 80er Jahren unter dem Begriff Management Support Systems (MSS) zusammengefasst werden (Scott Morton, [Research]).

Das in Abbildung 4.2.5 dargestellte Rahmenkonzept bietet eine herstellerneutrale Übersicht über die zu koordinierenden Typen von Systemen bzw. Systemkomponenten. Die darin enthaltenen Abgrenzungen sind konzeptioneller Natur, konkrete Softwareprodukte decken z. T. die Funktionen mehrerer Komponenten ab und können mehrere Schichten umfassen.

Die operativen Quellsysteme sind dem BI-Ordnungsrahmen vorgelagert. Hierbei erhalten bei innovativen BI-Ansätzen der industriellen Unternehmen in jüngerer Zeit neben SCM-, E-Procurement-, ERP- und CRM-Systemen zusätzlich vermehrt Quellsysteme aus den Bereichen der Produktentwicklung und Produktion größerer Bedeutung. Hierzu zählen CAx-, PPS-, PDM/PLM-Systeme und MES. Zusätzlich können externe Daten z. B. von Lieferanten oder Geschäftsberichte aus dem Internet mit einbezogen werden.

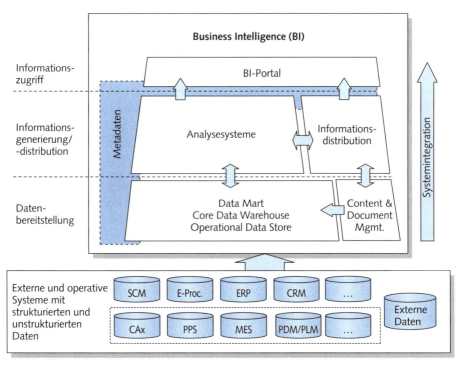

Abbildung 4.2.5: BI-Ordnungsrahmen (Kemper / Baars / Mehanna, [Business Intelligence] S. 11)

Datenbereitstellung

In der unteren Schicht des BI-Ordnungsrahmens – der Datenbereitstellung – sind aus diesen Quellsystemen konsistente, stimmige Daten zu generieren und adäquat abzulegen. In Wissenschaft und Praxis haben sich in diesem Bereich seit Jahren so genannte Data-Warehouse-Ansätze (DWH-Ansätze) etabliert. Sie verstehen sich als historien-speichernde, physikalisch von den operativen Datenbeständen getrennte, harmonisierte Datenreservoirs zur Unterstützung der dispositiven Informationssysteme einer Organisation (vgl. Inmon, [Data Warehouse] S. 31).

Die zurzeit gebräuchlichen Ansätze basieren hierbei auf sog. Core Data Warehouses, in denen die dispositiven Daten für ein Unternehmen, einen Unternehmensbereich oder eine unternehmerische Querschnittsfunktion (z. B. Rechnungswesen) vorgehalten werden.

In ihrer ursprünglichen Ausrichtung am Anfang der 90er Jahre weisen die DWHs in aller Regel ein überschaubares Datenvolumen auf. In Zeiten des internetbasierten E-Business verändern sich jedoch die Mengengerüste und die Ausrichtungen der BI-Systeme gravierend. So können beispielsweise kundenzentrierte Data Warehouses umsatzstarker Handelshäuser Größen bis zum zwei- oder dreistelligen Terabyte-Bereich – teilweise sogar bis in den Petabyte-Bereich – aufweisen.

Diese Core DWHs sind häufig nicht die direkte Quelle zur Versorgung der endbenutzerorientierten Systeme, sondern dienen meist der Belieferung sog. Data Marts.

Data Marts können als «kleinere DWHs» für dedizierte Anwendungsbereiche – z. B. für das Controlling, für den Vertrieb oder für das Marketing – aufgefasst werden. Sie sind somit auf bestimmte Klassen von Aufgaben ausgerichtet. Da in dieser Architektur die Data Marts ihre Daten aus dem Core DWH beziehen, wird dieses Konzept auch allgemein als Hub-and-Spoke-Ansatz bezeichnet.

Eine Erweiterung der Datenbereitstellung ist der Operational Data Store (ODS). Häufig wird er in der Praxis als integraler Bestandteil eines Data Warehouses aufgefasst, in der Wissenschaft meist jedoch aufgrund der unterschiedlichen Abgrenzung zum DWH als eigenständige Komponente behandelt. So verfügt ein ODS im Gegensatz zu einem DWH in aller Regel über keine aggregierten Daten und bietet auch keine längerfristige Historienbetrachtungen. Ein ODS ist somit im BI-Kontext lediglich für spezielle Anwendungsszenarien sinnvoll einsetzbar und dient als transaktionsnahe, harmonisierte Datenhaltung häufig als Vorstufe für die Datenversorgung herkömmlicher DWHs. Allerdings ist der ODS-Einsatz meist nicht ausschließlich auf den managementunterstützenden Kontext beschränkt. So liefern Operational Data Stores einen wertvollen Beitrag zur konsistenten Abbildung der Daten aus verschiedensten operativen Vorsystemen und unterstützen auf diese Weise den Betrieb neuer Anwendungssysteme, die z. B. stimmige kunden- oder geschäftsprozessorientierte Daten benötigen. So ist ein ODS häufig eine unverzichtbare Voraussetzung für den Einsatz von Anwendungen zur Gestaltung des Multi-Channel-Managements im Customer Relationship Management oder für den Betrieb anspruchsvoller Call-Center-Applikationen.

Informationsgenerierung / -distribution

Die Komponenten der zweiten Schicht – Informationsgenerierung / -distribution – bieten im Bereich der Analysesysteme Funktionen, mit denen die Inhalte aus der Datenbereitstellungsschicht zur Entscheidungsunterstützung zusammengestellt, analysiert und präsentiert werden können. Hierbei können **Basissysteme, konzeptorientierte Systeme** und deren jeweilige **Implementierungsansätze** unterschieden werden.

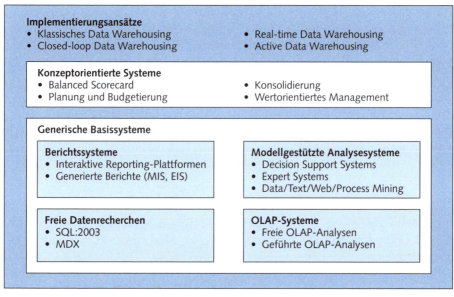

Abbildung 4.2.6: Analysesysteme für das Management (Kemper / Baars / Mehanna, [Business Intelligence] S. 90)

Als **Basissystem** wird ein BI-System bezeichnet, das – unabhängig von anwendungsspezifischen Konzepten – Funktionen zur Datenaufbereitung und -analyse bereitstellt. Zu dieser Kategorie gehören z. B. **OnLine-Analytical-Processing** (OLAP)- **Systeme** für die Navigation in aggregierten betriebswirtschaftlichen Kennziffern (z. B. Umsatz, Verkaufsmenge) auf Basis verschiedener Analysedimensionen (z. B. Region, Zeit, Produkt) oder **Data-Mining-Werkzeuge** für das Aufdecken komplexer Muster in umfangreichen Datenbeständen. Schließlich sind den Basissystemen auch die **berichtsorientierten Systeme** zuzuordnen, die je nach Adressatenkreis auch als Executive Information Systems (EIS) oder Management Information Systems (MIS) bezeichnet werden.

In Abgrenzung zu den Basissystemen sind **konzeptorientierte Systeme** auf die Umsetzung von Ansätzen für abgegrenzte betriebliche Aufgabengebiete ausgerichtet. Typische Vertreter dieser Kategorie sind Lösungen für Planung und Budgetierung, für das Risiko-Management oder für eine kennzahlen- und strategieorientierte Steuerung des Unternehmens (z. B. Lösungen für die Umsetzung einer Balanced Scorecard – BSC).

Die in der Abbildung 4.2.6 dargestellten Implementierungsansätze bezeichnen spezielle Formen der datenseitigen Anbindung von BI-Systemen. Beim **klassischen Data Warehousing** werden die Daten in periodischen Abständen gebündelt, transformiert und in das DWH geladen, wobei die Analysesysteme sich lediglich lesend dieser Datenbestände bedienen können. Anwendungsbeispiele hierfür sind Planungs- und Kontrollinstrumente mit kurz- bis mittelfristigem Entscheidungshorizont (Expost-Analysen). Im **Real-time Data Warehousing** wird der batchorientierte, periodische Extraktions-, Transformations- und Lade-(ETL)-Prozess teilweise oder ganz durch eine Integration von operativen Transaktionsdaten in Echtzeit ersetzt. Ein klassisches Beispiel für die Anwendung von Real-time Data Warehousing ist der Bereich des Wertpapierhandels, bei dem die sofortige Verfügbarkeit von entscheidungsrelevanten Informationen zwingend erforderlich ist. Indizes von Aktien und festverzinslichen Papieren, Währungskurse sowie zusätzliche Informationen müssen möglichst schnell integriert und dem Endbenutzer zur Verfügung gestellt werden. Bei **Closed-loop-Anwendungen** werden berechnete Analyseergebnisse in die operativen oder dispositiven Datenhaltungssysteme zurückgeschrieben. Typische Anwendungsfälle finden sich z. B. im Kampagnenmanagement, bei dem über Data-Mining-Verfahren ermittelte Kundensegmentierungen direkt zur Steuerung von Marketing-Maßnahmen herangezogen werden. Beim **Active Data Warehousing** starten definierte Datenkonstellationen automatisch Prozesse. Beispiele für Einsatzgebiete sind die Generierung von Ausnahmeberichten oder die Optimierung von Logistikprozessen durch das automatisierte Auslösen von Bestellprozessen oder die Ermittlung alternativer Lieferwege in Engpassfällen.

In jüngeren BI-Ansätzen erfolgt bewusst eine Ergänzung des Konzepts um Systeme zur **Informationsdistribution**. Sie stellen die Schnittstelle zwischen Business Intelligence und Ansätzen des betrieblichen Wissensmanagements dar. So soll durch diese Verbindung zum einen sichergestellt werden, dass das im BI-Kontext erzeugte kodifizierbare – also digital speicherungsfähige – Wissen archiviert und bei Bedarf anderen Entscheidungsträgern des Unternehmens zur Verfügung gestellt werden kann. Zum anderen können mit Hilfe dieser Systeme existierende unstrukturierte, qualitative Inhalte in BI-Analysen einbezogen werden und sie somit inhaltlich anreichern (Kemper/Baars/Mehanna [Business Intelligence] S. 12).

Informationszugriff

Die Schicht Informationszugriff steuert den Zugang zu den Systemen der **Informationsgenerierung/-distribution**. Dieser Zugriff erfolgt in der Regel mit Hilfe sog. Portale, die dem Benutzer über das Firmen-Intranet einen zentralen Einstiegspunkt für die verschiedenen Analyse- und Distributionssysteme bieten. Durch Verwendung des Single-Sign-On-Prinzips können hierbei mehrere Anmeldeprozeduren an verschiedenen Systemen durch ein komfortables, einmaliges Anmelden ersetzt werden. Des Weiteren werden mit Hilfe von Personalisierungstechniken benutzerspezifische und rollenorientierte Benutzungsoberflächen zur Verfügung gestellt.

2.5 Informationsmanagement

Nachdem in den vorhergehenden Kapiteln die technologischen Rahmenbedingungen und die grundlegenden Anwendungssysteme vorgestellt wurden, sind die folgenden Abschnitte dem Informationsmanagement gewidmet.

2.5.1 Historie

Der Begriff «Informationsmanagement (IM)» ist seit Jahrzehnten im Bereich der Wirtschaftsinformatik etabliert und vielfältig definiert worden. Einige der gängigen IM-Definitionen liefern z. B. Stahlknecht/Hasenkamp, die unter IM primär die Aufgabe verstehen, «... *den für das Unternehmen (nach Kapital und Arbeit) ‹dritten Produktionsfaktor› Information zu beschaffen und in einer geeigneten Informationsstruktur bereitzustellen, und davon ausgehend die Aufgabe, die dafür erforderliche IT-Infrastruktur, d. h. die informationstechnischen und personellen Ressourcen für die Informationsbereitstellung zu planen, beschaffen und einzusetzen*» *(Stahlknecht/Hasenkamp, [Wirtschaftsinformatik] S. 437).*

Heinrich und Stelzer sehen Informationsmanagement als «... *das Leitungshandeln (das Management) im Unternehmen in Bezug auf Information und Kommunikation*». Es beinhaltet nach ihrer Auffassung «*[...] alle Führungsaufgaben, die sich mit Information und Kommunikation [...] befassen*» und lässt sich nach Ansicht der Autoren in strategische, administrative und operative Aufgabenfelder aufteilen (Heinrich/Stelzer, [Informationsmanagement] S. 12).

Krcmar definiert: «*Informationsmanagement ist das Management der Informationswirtschaft, der Informationssysteme, der Informations- und Kommunikationstechniken sowie der übergreifenden Führungsaufgaben*» (Krcmar, [Informationsmanagement] S. 52).

> Wenngleich auch alle gebräuchlichen Definitionen verschiedene Facetten des Informationsmanagements fokussieren und primär von den zugrundeliegenden (meist autorenspezifischen) IM-Konzepten abhängen, kann festgehalten werden, dass die allgemein anerkannte Zielsetzung des **Informationsmanagements (IM)** darin besteht, den bestmöglichen Einsatz der Ressource Information im Hinblick auf die Unternehmensziele zu gewährleisten. (Laudon/Laudon/Schoder, [Wirtschaftsinformatik] S. 791)

Die Ursprünge der heutigen Ansätze lassen sich primär auf Überlegungen in den 70/80er Jahren des letzten Jahrhunderts zurückführen. Eine der grundlegenden Arbeiten lieferte hierbei Horton im Jahre 1981 mit der Vorstellung seines IM-Verständnisses, das er seinerzeit als «Information Resources Management» bezeichnete (Horton, [Workbook]). Erstmalig wurde mit diesem Konzept der Information der Stellenwert einer betrieblichen Ressource zuerkannt, die es – wie andere Ressourcen auch (z. B. Personal oder Finanzmittel) – professionell zu planen, zu überwachen und zu steuern gilt.

Ansätze vor dieser Zeit konzentrierten sich hingegen auf den technisch optimierten operativen Betrieb von IT-Infrastrukturen und hatten primär die Rationalisierung bestehender Abläufe zum Ziel. Eine Darstellung der Entwicklung vom DV-Management zum Informationsmanagement liefert Abbildung 4.2.7.

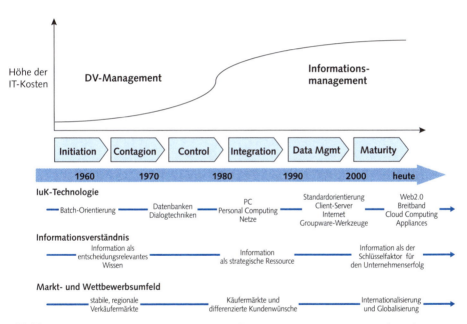

Abbildung 4.2.7: Vom DV-Management zum Informationsmanagement (verändert übernommen aus Ward / Peppard, [Strategic Planning] S. 10)

Abbildung 4.2.7 verdeutlicht eine an Nolan's klassische Entwicklungsstufen angelehnte Zuordnung der Epochen der letzten 60 Jahre (Nolan, [Managing]) vor dem Hintergrund sich verändernder Technologien, wechselnder Markt- und Wettbewerbsmechanismen sowie des sich entwickelnden Informationsverständnisses.

Wie ersichtlich, starteten viele Unternehmen in den 50er Jahren mit der kommerziellen Computernutzung **(Initiation)**. Die 60er Jahre waren durch einen starken Anstieg des Computereinsatzes und des damit einhergehenden Wildwuchses im Hard-

und Softwarebereich gekennzeichnet (Contagion). Erstmalig überstiegen aufgrund mangelnder standardisierter Verfahren, Methoden und Werkzeuge die Softwarekosten die Hardwarekosten und führten zu der sog. Softwarekrise. Gesteigertes Kostenbewusstsein und die damit einhergehende Einbindung von Planungs- und Kontrollmechanismen sowie die Etablierung des professionellen Software Engineerings (Control) charakterisieren die Epoche der 70er Jahre. Die 80er Jahre sind von einem veränderten IT-Verständnis geprägt: Das DV-Management weicht zunehmend IM-Ansätzen, die in ihrer ersten Phase (Integration) durch eine Optimierung des Zusammenspiels der Applikationen und einer beginnenden anwenderorientierten Serviceorientierung gekennzeichnet sind. Der Fokus auf die unternehmensweite Abstimmung, Harmonisierung und Integration von Daten- und Anwendungssystemlandschaften (Data Management) charakterisiert den Zeitabschnitt der 90er Jahre und führt über in die heutige Phase der konsequenten Ausrichtung aller IT-Aktivitäten an der Unternehmensstrategie – dem sog. IT-Alignment (Maturity).

Einen wegweisenden Klassiker im Bereich der IM-Konzepte, der auf Horton's Ressourcenansatz basiert, lieferte Wollnik im Jahre 1988. Dieser Ansatz, der das Management der Informationsfunktion in den Mittelpunkt stellte, wird auch heute vielfach zur Strukturierung des IM-Aufgabengebietes eingesetzt und wurde im Laufe der Jahre häufig als Basis erweiterter IM-Ansätze herangezogen (z. B. Voß/Gutenschwager, [Informationsmanagement], Krcmar, [Informationsmanagement], Stahlknecht/Hasenkamp [Wirtschaftsinformatik]).

Die folgende Abbildung verdeutlicht diesen Ansatz.

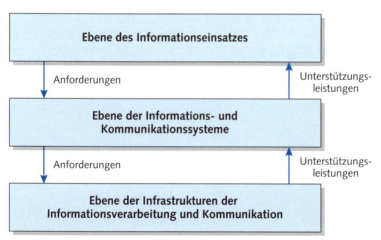

Abbildung 4.2.8: IM-Ebenen nach Wollnik (Wollnik, [Referenzmodell] S. 38)

Wie aus der Abbildung 4.2.8 ersichtlich, unterscheidet Wollnik die Ebenen Informationseinsatz, Informations- und Kommunikationssysteme sowie Infrastrukturen der Informationsverarbeitung und Kommunikation. Hierbei stellen die übergeordneten Ebenen Anforderungen an die jeweils untergeordneten und diese liefern ihnen Dienste in Form von Unterstützungsleistungen.

Die **Ebene des Informationseinsatzes** detailliert den IT-Gebrauch zur adäquaten Unterstützung der Unternehmensstrategie bezogen auf Geschäftsprozesse. Um die Aufgaben wirksam umsetzen zu können, stellt diese Ebene Anforderungen an die **Ebene der Informations- und Kommunikationssysteme**. In dieser Schicht sind somit sämtliche Strukturen für einen lebenszyklusorientierten Einsatz von IT-Systemen aufzubauen und die erforderlichen Ressourcen ergebnisorientiert zu planen, zu kontrollieren und zu steuern. Die unterste **Ebene der Infrastrukturen der Informationsverarbeitung und Kommunikation** akzentuiert die technischen Komponenten wie Rechnersysteme oder Netzwerke und die zu ihrer Betreibung erforderlichen Basisdienste.

Auf die vielfältigen IM-Ansätze, die heute als problemorientierte, aufgabenorientierte, ebenenorientierte und prozessorientierte Ansätze sowie Architekturmodelle konzipiert sind, wird im nächsten Kapitel eingegangen.

2.5.2 IM-Konzepte – Eine Einordnung

Es ist nicht leicht die heute gebräuchlichen Ansätze des Informationsmanagements trennscharf und eindeutig verschiedenen Konzeptkategorien zuzuordnen. Das liegt daran, dass diese Ansätze sich teilweise mit differenzierter Breite und Detaillierung des Gegenstandbereiches befassen, besondere Facetten des IM-Kontextes akzentuieren bzw. auf unterschiedlichen methodischen Grundlagen basieren. Eine in der Literatur gebräuchliche Form der Konzeptdifferenzierung, der hier gefolgt wird, ist die Einteilung in (vgl. Krcmar [Informationsmanagement] S. 31 ff., Abts/Mülder [Masterkurs] S. 326):

- problemorientierte,
- aufgabenorientierte,
- ebenenorientierte,
- prozessorientierte Ansätze sowie
- Architekturmodelle.

Problemorientierte Ansätze

Die problemorientierten Ansätze haben ihren Ursprung in der US-amerikanischen Forschung. Hier werden insbesondere die Themenbereiche identifiziert, denen sich ein Informationsmanager zu stellen hat. So werden bereits in dem klassischen IM-Ansatz von Applegate/McFarlan/McKenny aus den 80er Jahren des letzten Jahrhunderts das strategische Potenzial der IT **(strategic impact)**, die Entwicklung der Technologie **(changing technologies)**, die Entwicklung der Organisation **(organisational learning)**, die Art der Beschaffung **(sourcing policies)**, der Systemlebenszyklus **(application lifecycle)** und die Arbeitsteilung zwischen IT und Fachbereich **(power balance)** als relevante IM-Themengebiete identifiziert. Andere Ansätze – wie das

EWIN (Enterprise Wide IM) und das Organizational Fit Framework (Parker/Benson/Trainor sowie Earl zitiert nach Krcmar, [Informationsmanagement]) – gehen über die Identifikation der Themengebiete hinaus und erläutern kausale Abhängigkeiten und detaillieren das Zusammenspiel zwischen Organisation und IT (ausführlich in Krcmar, [Informationsmanagement] S. 32 ff.).

Aufgabenorientierte Ansätze

Aufgabenorientierte Ansätze identifizieren IM-Handlungsfelder, detaillieren diese wie eine Checkliste zu einzelnen Aufgabenfeldern und geben – soweit möglich – bereits Hinweise zum Einsatz geeigneter Methoden. Als klassischer Vertreter dieser Ansätze im deutschsprachigen Raum wird üblicherweise das IM-Konzept von Heinrich et al. herangezogen. Dieser Ansatz unterscheidet nach strategischen und administrativen Bereichen des Informationsmanagements, detailliert diese Bereiche in relevante Aufgabenfelder (z. B. strategische Situationsanalyse) und ordnet diesen Feldern geeignete Methoden zu (z. B. Erfolgsfaktorenanalyse) und liefert konkrete Hinweise zum Einsatz dieser Methoden. (Vgl. Heinrich/Stelzer, [Informationsmanagement])

Ebenenorientierte Ansätze

Der Klassiker der ebenenorientierten Ansätze ist das bereits oben beschriebene Schichtenmodell von Wollnik aus den 80er Jahren. Ein im deutschsprachigen Raum populärer Vertreter dieses Ansatzes ist das IM-Konzept nach Krcmar. Es basiert auf Wollnik's Ebenenmodell und unterscheidet die Themenbereiche Management der Informationswirtschaft, Management der Informationssysteme und Management der Informations- und Kommunikationstechnik. Diese drei Ebenen werden bei Krcmar um eine vierte Dimension erweitert, die als generelle Dimension ebenenübergreifend die Führungsaufgaben des Informationsmanagements beinhaltet. Hier werden die Bereiche IT-Governance, Strategie, IT-Prozess, IT-Personal, IT-Controlling und IT-Sicherheit behandelt (Krcmar, [Informationsmanagement] S. 50 ff.).

Prozessorientierte Ansätze

Bei prozessorientierten Ansätzen stehen die IM-Abläufe im Mittelpunkt des Interesses. CoBit und ITIL sind in dieser Kategorie die bekanntesten Vertreter.

CoBit (Control Objectives for Information and Related Technology) stellt hierbei ein Referenzmodell dar, das primär auf den ablauforganisatorischen Bereich der IT-Governance ausgerichtet ist. Hierbei wird unter IT- Governance ein Gestaltungsbereich verstanden, der sich mit der Führung, den Organisationsstrukturen und den Prozessen beschäftigt, die sicherstellen, dass die IT die Unternehmensstrategie und -ziele unterstützt. (Vgl. Weill/Ross, [Governance] S. 8 ff., IT-Governance Institute, [Governance] S. 11). CoBit bietet für diese Zwecke 34 kritische IT-Prozesse, zu denen jeweils weitere Aktivitäten und Geschäfts- sowie Kontrollziele definiert sind. (Vgl. Abts/Mülder, [Masterkurs] S. 354)

ITIL (IT Infrastructure Library) ist ein frei verfügbares Referenzmodell, das sich als de-facto-Standard für die Gestaltung eines leistungsfähigen IT-Service Managements flächendeckend etabliert hat. Es kann als Best-Practice-Framework bezeichnet werden und wurde ursprünglich Ende der 80er Jahre von der britischen Regierung initiiert, um den zweckmäßigen und wirtschaftlichen Einsatz von IT-Mitteln in den Ministerien und anderen Organisationen der britischen Regierung sicherzustellen. Die aktuelle Version ITIL V3 umfasst fünf Kernpublikationen zu den Bereichen Service Strategy, Service Design, Service Transition, Service Operation und Continual Service Improvement, wobei insgesamt 26 Prozesse von der strategischen Ausrichtung der IT bis zu laufenden Verbesserungsprozessen in der Serviceerstellung beschrieben werden. (Vgl. itSMF, [ITIL])

Architekturmodelle

Bei Architekturmodellen steht die Generierung eines unternehmensspezifischen umfassenden Ordnungsrahmens der IS-Anwendungen im Mittelpunkt. Ein früher Vertreter dieser Modelle aus den 80er Jahren des letzten Jahrhunderts ist das sog. Zachman-Framework, welches auf den IBM-Ansätzen der Information Systems Architecture (ISA) basiert. Dem Konzept liegt die Überlegung zugrunde, dass die Architektur von Informationssystemen mit Hilfe verschiedener Dimensionen – also aus verschiedenen Blickwinkeln – zu konkretisieren ist. Hierfür werden fünf Rollen abgegrenzt und zwar die Perspektive des Planers, des Eigentümers, des Designers, des Implementierers und des Benutzers. Für jede dieser fünf Rollen sind jeweils sechs charakteristische Perspektiven zu konkretisieren, die sich auf Daten, Aktivitäten, Lokationen, Mitarbeiter, Zeitdauer und Motivation beziehen. Der auf diese Weise generierbaren Matrix (Zeilen = Rollen, Spalten = Perspektiven) können anschließend in jeder Zelle der Tabelle relevante Objekte (z. B. Datenfluss-Diagramme, Organigramme, Datenbank-Schemata) zugeordnet werden. Das Zachman-Framework dient auf diese Weise der Transparenz und stellt sicher, dass bei der Systemplanung und -umsetzung alle beteiligten Rollen und sämtliche Perspektiven adäquat dokumentiert werden. (Vgl. Scheer, [ARIS] S. 142 f.)

Ein weiterer, populärer Vertreter der Architekturmodelle ist der ARIS-Ansatz. Das von Scheer entwickelte ARIS (Architektur integrierter Informationssysteme) ist im Bereich Geschäftsprozessmanagement verortet und basiert auf der Modellierung betrieblicher Vorgangsketten (Geschäftsprozesse). Bei dieser Modellierung werden fünf Beschreibungssichten unterschieden, und zwar die Organisations-, Daten-, Leistungs-, Funktions- und Steuerungssicht. Jede dieser Beschreibungssichten wird noch einmal in drei Beschreibungsebenen – das Fachkonzept, das IV-Konzept und die Implementierungsebene – unterteilt. ARIS ermöglicht auf diese Weise eine integrierte Modellierung aller Facetten der IT-basierten Geschäftsprozessentwicklung, wobei die modellbedingte Systematik die Priorität der betriebswirtschaftlich-fachlichen Modellierung sicherstellt. (Vgl. Scheer, [ARIS])

2.5.3 IM-Führungsaufgaben

Das Informationsmanagement hat die Aufgabe, den bestmöglichen Einsatz der Ressource Information im Unternehmenskontext zu gewährleisten. Die IT soll somit einen signifikanten Wertbeitrag zum Unternehmenserfolg leisten, wobei eine wirksame und wirtschaftliche Verwendung der erforderlichen Ressourcen sicherzustellen ist. Aufgrund der großen Umweltdynamik ist diese Aufgabenstellung sehr anspruchsvoll und verlangt nach effektiven Lösungen. Grundsätzlich ist zu klären, welche Leistungen von der IT erbracht werden sollen, wer diese Leistungen für das Unternehmen zu erbringen hat und wie sichergestellt werden kann, dass diese Leistungen in richtiger Art und Weise erbracht werden (Krcmar, [Informationsmanagement] S. 355 ff.). Da diese Themen in Forschung und Praxis allgemein unter dem Begriff IT-Governance diskutiert werden, starten die Ausführungen mit diesem Konzept.

IT-Governance ist eng verbunden mit der Corporate Governance. Die **Corporate Governance** befasst sich als Ordnungsrahmen mit der Gesamtheit der organisatorischen und inhaltlichen Ausgestaltung der Führung und Überwachung von Unternehmen. Sie ist demnach für den unternehmensspezifischen Aufbau und die Implementierung geeigneter Leitungs- und Kontrollstrukturen verantwortlich, die eine nachhaltige, an ethischen und kulturellen Werten orientierte Unternehmensführung sicherstellen soll (Lattemann, [Governance] S. 4 ff.).

Die **IT-Governance** ist – mit geringem Zeitverzug – in diesem Umfeld entstanden. Sie ist ein Bestandteil der Führungsaufgaben der Unternehmensleitung sowie des IT-Managements und ist für die Sicherstellung der unternehmensstrategiekonformen, wirksamen Steuerung und Nutzung der IT verantwortlich (Laudon / Laudon / Schoder, [Wirtschaftsinformatik] S. 819 und IT Governance Institute, [Governance] S. 10 ff.). IT-Governance beschäftigt sich mit der Gestaltung sowohl aufbau- als auch ablauforganisatorischer Rahmenbedingungen. Wichtige Fragestellungen, die im weiteren Verlauf behandelt werden, sind in diesem Zusammenhang:

- Wie kann die IT-Strategie bestimmt und mit der Unternehmensstrategie abgestimmt werden? **(IT-Strategie)**
- Wie ist Informationsmanagement aufbauorganisatorisch adäquat in die Unternehmensstruktur zu integrieren und ablauforganisatorisch umzusetzen? **(IT-Organisation)**
- Welche IT-Leistungen sollen selbst erstellt werden und welche Leistungen sind von Externen zu erbringen? **(IT-Sourcing Policies)**
- Wie ist das Informationsmanagement erfolgsorientiert und sicher zu planen, zu überwachen und zu steuern? **(IT-Controlling sowie IT-Risiko- und Sicherheitsmanagement)**

2.5.3.1 IT-Strategie

Unternehmensstrategie und IT-Strategie stehen in enger Beziehung zueinander und beeinflussen sich gegenseitig. So wird einerseits gefordert, dass sich die IT-Strategie der Unternehmensstrategie anzupassen hat. Diese Ausrichtung wird als IT-Business-Alignment bezeichnet. Andererseits ermöglicht in vielen Fällen erst der gezielte Einsatz der IT innovative strategische Optionen, wie z. B. neue Produkte, Services, Vertriebswege usw. In diesen Fällen besitzt die IT somit die Funktion eines Enablers.

Zur Vorbereitung der Implementierung einer IT-Strategie ist es sinnvoll, eine strategische Situationsanalyse durchzuführen, bei der zunächst das IT-Leistungspotenzial des Unternehmens bestimmt wird. Hierbei wird unter dem IT-Leistungspotenzial das Ausmaß der positiven Beeinflussung der Geschäftstätigkeit durch einen gezielten IT-Einsatz verstanden. Abbildung 4.2.9 verdeutlicht den Zusammenhang.

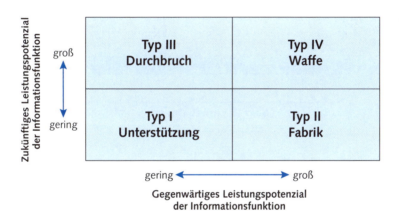

Abbildung 4.2.9: Bestimmung des IT-Leistungspotenzials (MacFarlan / McKenny, modifiziert von Heinrich / Stelzer, [Informationsmanagement] S. 101)

Wie erkennbar ist, werden im Rahmen der Unternehmenstypologie vier Kategorien differenziert, die aufgrund ihres aktuellen und zukünftig zu erwartenden IT-Leistungspotenzials eingeordnet werden können. Von der Einschätzung des Potenzials hängen grundlegende Entscheidungen für die Wahl einer geeigneten IT-Strategie ab. Wählbare Alternativen sind (vgl. Heinrich / Stelzer, [Informationsmanagement] S. 130):

- Aggressive Strategien, mit denen eine Führerschaft im Bereich des Technologieeinsatzes angestrebt wird.
- Moderate Strategien, die auf die Nachahmung erfolgreicher IT-Ansätze ausgerichtet sind.
- Defensive Strategien, die sich durch den Einsatz von IT-Standardlösungen auszeichnen.

Um eine bewusste Einbindung der IT in ihre Funktion als Enabler innovativer Unternehmensstrategien zu gewährleisten, bietet es sich an, eine konsequente Ausrichtung des gesamten Unternehmens auf die Geschäftsprozesse durchzuführen. Wie in Abbildung 4.2.10 deutlich wird, ist hierfür jedoch zunächst ein unternehmensspezifischer Gesamtansatz des Geschäftsprozessmanagements zu implementieren. Dieser Gesamtansatz stellt ein integriertes Konzept von Prozessführung, Prozessorganisation und Prozesscontrolling dar, das auf die Erfüllung der Bedürfnisse sämtlicher Kunden bzw. Stakeholder ausgerichtet ist. Es trägt auf diese Weise wesentlich dazu bei, die Strategie des Unternehmens umzusetzen bzw. neue Strategien zu generieren. Die Informationstechnologie spielt bei diesem Konzept eine herausragende Rolle. Wie in der Abbildung 4.2.10 an den Doppelpfeilen erkennbar, ist die IT zum einen für die Umsetzung zuständig. Zum anderen ermöglicht sie elementare Neugestaltungen der Prozesse und liefert somit als Enabler neue Strategieoptionen, wobei Hammer/Stanton als Verfechter eines radikalen Business Process-Reengineering-Ansatzes bereits im Jahre 1995 der Auffassung waren: «*Technology should not be adapted to processes, but processes must be totally reconfigured to exploit the full potential of technology.*» (Hammer/Stanton, [Reengineering] S. 172).

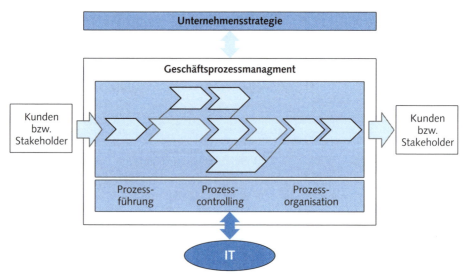

Abbildung 4.2.10: Strategisches und operatives Geschäftsprozessmanagement (modifiziert übernommen aus Schmelzer/Sesselmann, [Geschäftsprozessmanagement] S. 90)

2.5.3.2 IT-Organisation

Eine Herausforderung ist die sinnvolle aufbau- und ablauforganisatorische Einbindung des Informationsmanagements in den Unternehmenskontext. Hierbei gibt es im Rahmen der Aufbauorganisation (Strukturorganisation) zwei Gestaltungsbereiche: die aufbauorganisatorische Einbindung des IM-Kontextes in das Gesamtunternehmen sowie die aufbauorganisatorische Strukturierung des IM-Bereiches selbst.

Die **aufbauorganisatorische Einbindung** des IM-Bereiches ist selbstverständlich abhängig von der strategischen Relevanz der IT für das jeweilige Unternehmen. Sie ist daher von der Ausprägung des unternehmensspezifischen IT-Leistungspotenzials und der gewählten IT-Strategie zu bestimmen. So liegt es auf der Hand, dass mittelständische Maschinenbauunternehmen mit der IT-Potenzialeinschätzung «Typ 1 – Fabrik» (vgl. Abbildung 4.2.9) und einer gewählten «moderaten Strategie» eine andere Variante der IM-Integration wählen als Unternehmen, in denen die IT als «Waffe» eingeschätzt wird. Zu diesen gehören beispielsweise Unternehmen aus Branchen mit digitalisierbaren Produkten oder Dienstleistungen (wie etwa Banken oder Versicherungen), die aufgrund der hohen strategischen Relevanz die Führung dieser Bereiche in aller Regel auf Geschäftsführungs-/Vorstandsebene oder auf der direkt darunter liegenden Bereichsebene (zweite Führungsebene) implementieren.

Die Mehrzahl der Unternehmen stellt heute keine einfachen, monolithischen Gebilde mit einem Standort, einem Produkt und stabilen Liefer- und Kundenbeziehungen dar. Vielmehr sind moderne Unternehmen als vernetzte Strukturen durch eine Vielzahl von zwischenbetrieblichen Interaktionsbeziehungen gekennzeichnet und sind in sich komplex nach Sparten, Geschäftsbereichen und unterschiedlichen Produkt-/Marktkombinationen gegliedert. So besitzen beispielsweise große Konzerne meist mehrere Sparten und bestehen nicht selten aus hunderten Einzelunternehmen, die wiederum jeweils mehrere differenzierte **Geschäftseinheiten** (GE) aufweisen können. Diese GE lassen sich durch folgende Merkmale kennzeichnen (vgl. Schmelzer/Sesselmann, [Geschäftsprozessmanagement] S. 93):

- klarer Geschäftsauftrag,
- Herstellung und Vermarktung einer definierten Gruppe von Produkten und/oder Dienstleistungen,
- klar definierte Marktsegmente und Kundengruppen,
- klar definierte Wettbewerber und Wettbewerbsstrategie,
- klar definierte Technologien und Technologiestrategie,
- klar definierte Kernkompetenzen,
- eigene Ressourcen,
- relativ hohe Autonomie,
- eigenständige Führungsverantwortung für Planung und Umsetzung der Geschäftsstrategie und
- eigenständige Ergebnisrechnung, -steuerung und -verantwortung.

In solchen Konglomeraten stellt sich die Frage, welche Aufgabenbereiche und Entscheidungskompetenzen zentralen oder dezentralen Strukturen innerhalb des Unternehmensverbundes zuzuordnen sind und damit, wie das IM selbst aufbauorganisatorisch gegliedert sein sollte. Einen föderierten Lösungsansatz, der die Vorteile rein dezentraler und zentraler Einzelansätze zusammenführen soll, ist in der folgenden Abbildung 4.2.11 dargestellt.

Abbildung 4.2.11: Föderiertes Informationsmanagement (Ward / Peppard, [Strategic Planning] S. 351)

Der föderierte Ansatz ist eine Symbiose zentraler und dezentraler IM-Konzepte. Deutlich wird, dass für den Unternehmensverbund ein zentraler IM-Bereich zu implementieren ist, der für alle den Gesamtkonzern betreffenden IM-Aufgaben verantwortlich zeichnet. Hier sind Themen zugeordnet wie Aufbau/Pflege der IT-Vision/-Strategie, Entscheidungen über konzernübergreifende Standards, Methoden und Verfahren, IT-Wissensmanagement, Betrieb von Competence Center für konzernweite IT-Bereiche usw. Generell sollen hier also alle Aufgaben zusammengefasst werden, für die im Unternehmensverbund Skalenvorteile zu erwirtschaften sind, die eine Einhaltung konzernspezifischer Standards sicherstellen und die von dem kumulierten Know-How des Gesamtkonzern profitieren können. Dezentral – also in den Sparten, den Einzelunternehmen oder in den Geschäftseinheiten – sind zusätzlich IM-Einrichtungen zu implementieren, die Geschäftsnähe benötigen. Aufgaben dieser Bereiche sind somit die Bildung von IS-Portfolios, die Umsetzung des Qualitätsmanagements, die Ausrichtung der IM-Aktivitäten an der IT-Konzernstrategie usw.

Selbstverständlich ist durch organisatorische Maßnahmen sicherzustellen, dass zentrale und dezentrale IM-Einrichtungen wirksam zusammenarbeiten können. Hierfür werden häufig Ausschüsse und Komitees implementiert (z. B. in Form eines «IM-Round-Tables»), die in periodischen Abständen einberufen werden. Diese erarbeiten gemeinsame Lösungen in den Bereichen der IT-Strategieentwicklung, der Lösung von Strategiekonflikten, der Bildung von Produkt-/Verfahrensstandards oder der Generierung von Verhandlungsmaximen mit externen Service-Providern.

Neben der aufbauorganisatorischen Gestaltung des IM-Bereiches sind für die **ablauforganisatorischen** Herausforderungen unternehmensindividuelle Lösungen zu generieren. Hierbei haben sich insbesondere die beiden vorher erläuterten Referenzmodelle CobiT und ITIL etablieren können, die heute als de-facto-Standards für die prozessorientierte Ablaufstruktur des IM-Bereiches bezeichnet werden können.

2.5.3.3 IT-Sourcing Policies

Da die IT als wichtige Ressource maßgeblichen Einfluss auf die erfolgsorientierte Gestaltung des Unternehmens ausübt, ist die professionelle Planung, Entwicklung, Implementierung und der nachgelagerte Betrieb von IT-Lösungen von elementarer Bedeutung. Es liegt daher im Interesse der Unternehmen, in wettbewerbsrelevanten Bereichen leistungsfähigere IT-Lösungen aufzuweisen als die Konkurrenz. Selbstverständlich sind diese Lösungen nur mit hoher Professionalität zu generieren. Aus diesem Grund benötigen Unternehmen Experten- bzw. Spezialisten-Know-How, das jedoch aufgrund des Aufgabenumfangs und der Komplexität im Bereich der Informationstechnologie in aller Regel nicht durch unternehmensinterne personelle Ressourcen abgedeckt werden kann. Es steht daher heute außer Frage, dass Unternehmen IT-Dienstleistungen externer Anbieter beziehen und im Unternehmen integrieren.

Dieser Bereich wird häufig mit dem Kunstwort **Outsourcing** bezeichnet, was für «Outside Resource Using» steht. Outsourcing wird hierbei verstanden als mittel- bis langfristige, vertraglich fixierte Abgabe von IM-Aufgaben an rechtlich selbständige Unternehmen.

Chancen und Risiken, die üblicherweise mit Outsourcing diskutiert werden, zeigt Abbildung 4.2.12.

Chancen	Risiken

• Kostenreduktion
  – Skaleneffekte
  – Variabilisierung fixer Kosten
  – Kostenträgertransparenz
  – Liquiditäts- und Rentabilitätseffekte
  – Geringere Personalkosten des Outsourcing-Anbieters
• Konzentration auf das Kerngeschäft
  – Kernkompetenzen
  – Reduktion des Geschäftsrisikos
• Leistungsoptimierung
  – Erschließung von neuem Know-How
  – Flexibilisierung und definierte Service Levels
	• Abhängigkeitseffekte
	  – Bindung an den Outsourcing-Partner
	  – Verlust von Know-How
	  – Sicherheitsaspekte
	• Leistungs- und Qualitätsdefizite
	  – Einbußen durch Standardisierung
	  – Mangelnde Kommunikation
	• Kostensteigerungen
	  – Unterschätzung der Transaktionskosten
	  – Fehleinschätzung der direkten Kosten
	• Weiche Faktoren
	  – Angst vor Arbeitsplatzverlust
	  – Abgabe von Verantwortungsbereichen

Abbildung 4.2.12: Chancen und Risiken des Outsourcing (Hermes / Schwarz [Outsourcing] S. 19)

Aufgrund der Chancen und Risiken besteht für die Unternehmen die herausfordernde Aufgabe, den richtigen Umfang des Outsourcings für das eigene Unternehmen festzustellen und geeignete Kooperationsverbindungen einzugehen. Abbildung 4.2.13 veranschaulicht die Problematik der Implementierung einer geeigneten Sourcing Policy. So ist es einerseits möglich, lediglich einzelne Infrastrukturdienste extern erbringen zu lassen. Anderseits ist jedoch auch ein sog. **Total Outsourcing** umsetzbar, bei dem nahezu der gesamte IT-Komplex an ein rechtlich selbständiges Unternehmen abgegeben wird. Wie empirische Studien belegen, ist der Erfolg eines totalen Outsourcing – hier definiert als über 80 % Anteil der abgegebenen IT-Aktivitäten – in vielen Fällen nicht erfolgreich gewesen. Die überwiegende Mehrzahl der Unternehmen bevorzugt aus diesem Grund heute eher die Variante des «selektiven Sourcing», bei dem ein Teil der IT-Aufgabenbündel im eigenen Unternehmen verbleibt.

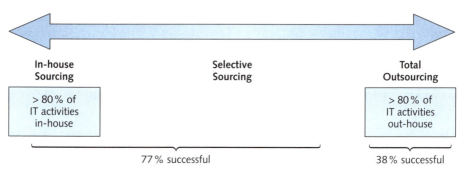

Abbildung 4.2.13: Varianten des Outsourcings (Ward / Peppard [Strategic Planning] S. 354)

Es ist eine der herausfordernden Aufgaben des Informationsmanagements, eine belastbare Sourcing Policy im Unternehmen zu implementieren und diese kontinuierlich zu überprüfen bzw. anzupassen. Wichtig sind hierbei folgende Fragestellungen:

- Welche der IM-Aufgaben sind zwingend im eigenen Unternehmen zu erhalten?
- Wie ist die Leistungserbringung sicherzustellen?
- Wie kann ein Mix aus strategischen und innovativen Servicepartnern sichergestellt werden?

Es steht heute außer Frage, dass nicht sämtliche IM-Themengebiete außer Haus gegeben werden können. So sind gerade die strategischen Aufgaben des Informationsmanagements aufgrund ihrer Relevanz für das Unternehmen nicht auslagerbar. Selbstverständlich können zwar bei Aufgaben wie der Entwicklung einer IT-Strategie, der Generierung einer unternehmensspezifischen IT-Architektur oder der Abgrenzung eines strategischen IT-Projektportfolios externe Leistungserbringer eingebunden werden, jedoch sollten die Verantwortung für diese Themengebiete und die Steuerung dieser Aktivitäten maßgeblich in der Hand interner Spezialisten bleiben. Operativ ausgerichtete Themengebiete können hingegen in aller Regel vollständig durch Service-Provider erbracht werden. Prädestiniert sind hierbei beispielsweise der Betrieb der technischen Infrastrukturen (Rechnersysteme, Netze), die Entwicklung und der Betrieb der Informationssysteme oder die Unterstützung der Endanwender durch geeignete User-Help-Desk-Konzepte.

Unabhängig davon, ob IT-Leistungen intern oder extern erbracht werden, ist zur Gestaltung und zum Controlling des Erstellungs- und Lieferprozesses eine benutzerorientierte Form der Leistungsbeschreibung erforderlich. Hierfür sind zunächst die Services abzugrenzen, die aus Sicht der Fachbereiche zu definieren sind, also auf betriebswirtschaftlichen Messgrößen basieren. Sie beziehen sich daher in aller Regel auf die Unterstützung von (Teil-)Geschäftsprozessen und bestehen aus einer Kombination von Personen, Prozessen und Technologien. Diese Services werden mit Hilfe sog. SLAs (Service Level Agreements) überwacht, die als vertragliche Konstrukte die Vereinbarungen dokumentieren und anhand von messbaren Größen (z. B. Dauer bis ein Fehler behoben wird) überprüfbar sind. So sind in SLAs die Inhalte und der Umfang der Leistungen definiert, die zwischen den Parteien vereinbarten Service Level exakt spezifiziert und die Sanktionen dokumentiert, die bei Nicht-Einhaltung der Service Level drohen. (Vgl. Burr, [Service-Level-Agreements] S. 227)

Um eine stabile, zukunftssichere und gleichzeitig innovative IT-Unterstützung sicherstellen zu können, kooperieren Unternehmen heute meist nicht ausschließlich mit einem Service Provider. Vielmehr wird häufig ein Mix von externen Partnern eingebunden, wobei zwischen strategischen Partnern und Innovationspartnern unterschieden werden kann. Strategische Partner stellen hierbei Unternehmen dar, die als solide Partner über Jahre im Unternehmen fest eingebunden werden und bei der Sicherstellung der IT-Infrastruktur und der verlässlichen Abwicklung der Basissysteme mitwirken. Innovative Partner sind nicht selten kleinere Unternehmen, die mit neuen Ideen und Ansätzen etablierte Strukturen in Frage stellen und auf diese Weise zur Erhöhung des unternehmensspezifischen Erfolgspotenzials der IT beitragen können.

2.5.3.4 IT-Controlling, IT-Sicherheitsmanagement

Es steht heute außer Frage, dass in Unternehmen leistungsfähige IT-Controlling-Ansätze zu implementieren sind. Hierbei liegt der Fokus der Aktivitäten auf der Planung, Steuerung und der Zielausrichtung der unternehmerischen IT-Aktivitäten. Dementsprechend kann nach Portfolio-, Projekt-, Produkt- und Infrastruktur-Controlling unterschieden werden.

Gegenstände des Portfolio-Controllings sind die geplanten und im Einsatz befindlichen Informationssysteme. Diese Informationssysteme sind anhand verschiedener Dimensionen zu bewerten, wie z. B. dem IS-Beitrag zur Umsetzung der Unternehmensstrategie, der Kosten und Risiken der IS-Entwicklung, der betriebswirtschaftlichen und technischen Komplexität der Systemintegration, der Existenz von spezifischem Know-How zur IS-Umsetzung. Auf dieser Basis werden anschließend Soll-/Ist-Portfolios erarbeitet, die dem Informationsmanagement Hilfen zur bedarfsangemessenen Ressourcenallokation geben und somit die Grundlage für Entscheidungen im Bereich der Projektpriorisierung sowie der Weiterführung/Einstellung bestehender Projekte sind.

Der Systementwicklungsprozess wird in aller Regel in Projektform durchgeführt. In diesem Abschnitt des Systemlebenszyklus hat das **Projekt-Controlling** die Aufgabe, den Prozess der Systementwicklung mit Methoden, Instrumenten und Informationen zu unterstützen, um Leistungs-, Kosten- und Zeitziele erreichen zu können.

Nach der Systementwicklung wird das Produkt in den Betrieb übernommen. Dieser Teil des Systemlebenszyklus ist in aller Regel wesentlich länger als der Entwicklungsabschnitt und häufig sehr kostenintensiv. Ein leistungsfähiges **Produkt-Controlling** hat daher für die Wirksamkeit und Wirtschaftlichkeit des Systemeinsatzes Sorge zu tragen, wobei neben der technischen vor allem organisatorische Rahmenbedingungen – etwa in Form von erforderlichen Geschäftsprozessveränderungen – zu berücksichtigen sind.

Das **Infrastruktur-Controlling** beschäftigt sich mit der Planung und dem Betrieb der IT-Infrastruktur sowie der verursachungsgerechten Abrechnung der Infrastrukturleistungen. Hierbei hat das Controlling die Aufgabe, den Einsatz eines leistungsfähigen Technologiemixes aus Basis- und Schlüsseltechnologien über den Zeitverlauf sicherzustellen und die Kosten der Inanspruchnahme der Infrastruktur über Verrechnungsstrukturen zu ermöglichen.

Neben dem Controlling kommt dem IT-Sicherheitsmanagement eine erhebliche Bedeutung zu. Hier hat das Informationsmanagement Sorge zu tragen, dass ein angemessener Schutz aller im Unternehmen verfügbaren Informationen ermöglicht werden kann. In diesem Zusammenhang sind Vertraulichkeit (kein Zugriff durch Unbefugte), Integrität (vollständige, unverfälschte und konsistente Informationen), Verfügbarkeit (die richtigen Informationen, am richtigen Ort, zur richtigen Zeit) und Zurechenbarkeit (Sicherstellung der Identität der Informationsquelle) zu gewährleisten.

Typische Bedrohungsszenarien ergeben sich in diesem Zusammenhang aus Hardware-, Software- und Anwenderfehlern, unberechtigten Programm- oder Datenänderungen, Diebstahl von Daten, Diensten und Ausrüstung sowie dem Einsatz schädlicher Software. Häufig haben sie ihre Ursachen in unzureichenden Sicherheitskonzepten, schlecht konfigurierten IT-Systemen, unsicherer Vernetzung und Internet-Anbindungen, unzureichender Wartung der Systeme und dem sorglosen Umgang mit Passwörtern (Laudon/Laudon/Schoder [Wirtschaftsinformatik] S. 1018 ff.).

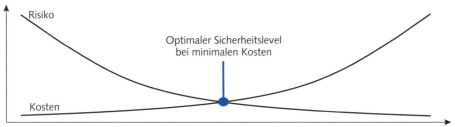

Abbildung **4.2.14**: Optimaler Sicherheitslevel (Laudon / Laudon / Schoder, [Wirtschaftsinformatik] S. 1047)

Wie Abbildung 4.2.14 verdeutlicht, kommt dem betrieblichen Sicherheitsmanagement die Aufgabe zu, einen für das Unternehmen betriebswirtschaftlich sinnvollen – also angemessenen – Schutz im Unternehmen zu implementieren. So ist stets unternehmensindividuell zu eruieren, inwieweit ein Risiko – also die Gefahr einer bewertbaren Zielabweichung – existiert und welche direkt oder indirekt messbaren monetären Konsequenzen mögliche Schäden beim Auftreten des Problems nach sich ziehen würden.

2.5.4 Unternehmerische Herausforderungen der Zukunft

Zweifellos stehen Unternehmen aufgrund gravierender globaler Veränderungen in ökonomischen, ökologischen und technischen Bereichen vor nie dagewesenen Herausforderungen.

Die ökonomischen Herausforderungen ergeben sich primär durch die Existenz des globalen Marktes, der durch eine weltweite enge Vernetzung von Wertschöpfungsketten, eine hohe Interaktionsdichte zwischen den Marktpartnern und eine bislang nicht gekannte Komplexität und Dynamik gekennzeichnet ist. Die globale Wirtschaftskrise, die in den Jahren 2007/2008 als Baufinanzierungskrise ihren Anfang in USA nahm und sich daraufhin als weltweite Banken-, Wirtschafts-, Konsum- und Arbeitsmarktkrise entwickelte, zeigt deutlich die enge Verwobenheit des wirtschaftlichen Handelns. Verschärft wird die Situation dadurch, dass sich neue, leistungsfähige Volkswirtschaften am Weltmarkt etablieren. In diesem Zusammenhang wird häufig auch von den sog. BRIC-Staaten gesprochen, wobei mit dieser Abkürzung die Länder Brasilien, Russland, Indien und China bezeichnen werden. Diese Staaten zeichnen sich durch überdurchschnittliches Wirtschaftswachstum aus, verfügen häufig über ein großes Vorkommen an Bodenschätzen und machen ca. 40 % der Weltbevölkerung aus. Sie sind im Begriff, den Weltmarkt entscheidend zu verändern, wobei sich hierbei für die etablierten entwickelten Industriestaaten ohne Zweifel sowohl Chancen als auch Gefahren ergeben werden.

Eng verbunden mit den ökonomischen Rahmenbedingungen sind die ökologischen Herausforderungen zu sehen. Es liegt auf der Hand, dass aufgrund der Bevölkerungsentwicklung und dem globalen Markteintritt bevölkerungsreicher Schwellenländer eine neue Form der wirtschaftlichen Entwicklung gefunden werden muss. Die Entwicklungspfade der alten Industriestaaten können aufgrund der Ressourcenknappheit, der Umweltkonsequenzen und der sozialen Implikationen nicht länger gegangen werden. Unternehmen haben sich aus diesem Grunde künftig vermehrt den Herausforderungen eines leistungsfähigen Nachhaltigkeitsmanagements zu stellen, bei dem ökologische, soziale und ökonomische Kriterien zu berücksichtigen sind.

Weitere unternehmerische Herausforderungen ergeben sich aufgrund innovativer Entwicklungen im Bereich der Informationstechnologie. Hier ist vor allem die heute global verfügbare leistungsfähige Vernetzung zu nennen, mit deren Hilfe weltweit neue Formen der Kommunikation/Kooperation ermöglicht werden. So bietet das sog. Cloud Computing eine vollständig neue Form der IT-Unterstützung. Hierbei können Unternehmen z. B. Rechnerleistung als Services externer Anbieter nutzen (Infrastructure as a Service – IaaS), Entwicklungs- und Laufzeitumgebungen als Dienst verwenden (Platform as a Service – PaaS) oder Softwaresysteme externer Anbieter direkt einbinden (Software as a Service – SaaS). Auch die sog. Web 2.0-Entwicklungen, bei denen eine veränderte Nutzung und Wahrnehmung des Internets im Mittelpunkt steht, ermöglicht neue Formen der Arbeitsteilung und Wertschöpfung. Ansätze in diesen Bereichen werden unter den Begriffen Open Innovation, Crowd Sourcing oder Commons-based Peer Production diskutiert.

Das Informationsmanagement hat sich konsequent den neuen Herausforderungen zu stellen. Die kontinuierliche Überprüfung/Harmonisierung von Unternehmens- und IT-Strategie, die Implementierung eines angemessenen IT-unterstützten Nachhaltigkeitsmanagements, die professionelle Bewirtschaftung der Ressource Information durch leistungsfähige Organisations- und Sourcing-Konzepte sowie die Schaffung erfolgsorientierter IT-Controllingansätze werden hierbei als IM-Kernaufgaben maßgeblich über Erfolg oder Misserfolg des Unternehmens entscheiden.

Literaturhinweise

Abts, D., W. Mülder: [Grundkurs] Wirtschaftsinformatik, 6. Auflage, Wiesbaden 2009.
Abts, D., W. Mülder: [Masterkurs] Wirtschaftsinformatik, Wiesbaden 2010.
Biethahn, J., H. Mucksch, W. Ruf: Ganzheitliches [Informationsmanagement], 6. Auflage, München 2004.
Brynjolfsson, E., L. Hitt: Beyond [Computation]: Information Technology, Organizational Transformation and Business Performance. In: *Journal of Economic Perspectives*, Vol. 14, No. 4, 2000, S. 23–48.
Burr, W.: [Service-Level-Agreements], in: Bernhard, M. G./Mann, H./Lewandowski, W./Schrey, J. (Hrsg.): Praxishandbuch Service-Level-Management: Die IT als Dienstleister organisieren, Düsseldorf 2006.
Carr, N. G.: [IT] doesn't Matter. In: Harvard Business Review, May 2003, S. 41–49.
Ferstl, O. K., E. J. Sinz: Grundlagen der [Wirtschaftsinformatik], 6. Auflage, München 2008.
Gartner Group: Gartner EXP Worldwide [Survey] of More than 1,500 CIOs Shows IT Spending to Be Flat in 2009. Veröffentlicht am 14.01.2009. URL: http://www.gartner.com/it/page.jsp?id=855612. Abgerufen am 23.07.2009.
Hansen, H. R., G. Neumann: [Wirtschaftsinformatik] 1, 10. Auflage, Stuttgart 2010.
Heinrich, L. J., A. Heinzl, F. Roithmayr: [Wirtschaftsinformatik], 3. Auflage, München 2007.
Heinrich, L. J., D. Stelzer: [Informationsmanagement], 9. Auflage, München 2009.
Hermes, H.-J., G. Schwarz (Hrsg.): [Outsourcing], München 2005.
Hesseler, M., M. Görtz: Basiswissen [ERP-Systeme], Witten 2008.
Hammer, M., S. A. Stanton: The [Reengineering] Revolution, New York 1995.
Horton, F. W.: The Information Management [Workbook]: IRM made simple, Washington DC 1981.
Inmon, W. H.: Building the [Data Warehouse], 4. Auflage, New York, Chichester et al. 2005.
IT Governance Institute: IT [Governance] für Geschäftsführer und Vorstände, 2. Auflage, 2003.
itSMF Deutschland: [ITIL], http://www.itsmf.de/itsm_itil.html, Website-Abruf am 4.8.2010.
Kemper, H.-G., H. Baars, W. Mehanna: [Business Intelligence] – Grundlagen und praktische Anwendungen, 3. Auflage, Wiesbaden 2010.
Kletti, J.: Konzeption und Einführung von [MES-Systemen], Berlin 2007.
Krcmar, H.: [Informationsmanagement], 5. Auflage, Heidelberg u. a. 2010.
Lassmann, W.: [Wirtschaftsinformatik], Nachschlagewerk für Studium und Praxis, Wiesbaden 2006.
Lattemann, C.: Corporate [Governance] im globalisierten Informationszeitalter, München 2010.
Laudon, K. C., J. P. Laudon, D. Schoder: [Wirtschaftsinformatik], 2. Auflage, München 2010.
Mertens, P., F. Bodendorf, W. König, P. Picot, M. Schumann, T. Hess: Grundzüge der [Wirtschaftsinformatik], 9. Auflage, Berlin u. a. 2005.
Mertens, P.: Integrierte [Informationsverarbeitung] 1, 17. Auflage, Wiesbaden 2009.
Nolan, R. L.: [Managing] the data resource function, 2. Auflage, St. Paul 1977.
Scheer, A.-W.: [ARIS] – vom Geschäftsprozess zum Anwendungssystem, 4. Auflage, Berlin 2002.
Scherff, J.: Grundkurs [Computernetze], Wiesbaden 2006.
Schmelzer, H. J., Sesselmann, W.: [Geschäftsprozessmanagement] in der Praxis, 6. Auflage, München 2008.
Schreiner, R.: [Computernetzwerke], München 2009.
Scott Morton, M. S.: State of the Art of [Research] in Management Support Systems, Vortrag im Rahmen des Colloquium on Information Systems, MIT, 10.–12. Juli, 1983.
Stahlknecht, P., U. Hasenkamp: Einführung in die [Wirtschaftsinformatik], 11. Auflage, Berlin u. a. 2005.
Tanenbaum, A. S.: [Computernetzwerke], 4. Auflage, München 2003.

Tanenbaum, A. S.: Moderne [Betriebssysteme], 3. Auflage, München 2009.
Vajna, S., Weber, C., Bley, H., Zeman, K.: [CAx] für Ingenieure, 2. Auflage, Berlin 2009.
Voß, S., K. Gutenschwager: [Informationsmanagement], Berlin 2001.
Ward, J., J. Peppard: [Strategic Planning] for Information Systems, New York 2003.
Weill, P., J. W. Ross: IT [Governance] – How Top Performers Manage IT Decision Rights for Superior Results, Boston 2004.
Wollnik, M.: Ein [Referenzmodell] des Informations-Management. In: Information Management, 3 (1988), S. 34–43.

3 Rechnungswesen

3.1 Rechnungswesen als Informationssystem

Wolfgang Eisele und Norbert Kratz

3.1.1 Abbildung des Unternehmensprozesses im betrieblichen Rechnungswesen

Das betriebliche Rechnungswesen ist zentraler Bestandteil des **Informationssystems** eines Unternehmens. Es ist daher institutionell in Form eines Subsystems in die Gesamtorganisation des Unternehmens eingebunden. Durch einen Komplex zahlreicher Abbildungsprozesse sollen die innerbetrieblichen ökonomischen Vorgänge und die wirtschaftlich relevanten Beziehungen des Unternehmens zu seiner Umwelt **erfasst, dokumentiert, aufbereitet** und **ausgewertet** werden. Die Qualität der daraus resultierenden Informationen ist von der Ausgestaltung des Rechnungswesens, insbesondere von der zweckmäßigen quantitativen Wiedergabe der Wirtschaftsabläufe und Wirtschaftstatbestände, abhängig.

> Das **Rechnungswesen** ist ein System, das in zweckdienlicher Form Informationen für Entscheidungsträger liefert.

Das Unternehmensgeschehen vollzieht sich in einer arbeitsteiligen Wirtschaft in Form eines verflochtenen, interdependenten **Umsatzprozesses**: Den güterwirtschaftlichen Beschaffungs-, Erzeugungs- und Absatzvorgängen stehen die Zahlungsströme aus dem Erwerb bzw. dem Verkauf der Güter gegenüber, sodass der Unternehmensprozess statt durch reale Güterströme auch durch dessen komplementäre monetäre Ströme abgebildet werden kann. Das Rechnungswesen ist jedoch nur dann in der Lage, das Unternehmensgeschehen realitätsgetreu zu erfassen, wenn es der zeitlichen und funktionalen **Struktur des Unternehmensprozesses**, also der Wertbewegung innerhalb jeder einzelnen Prozessphase, zu folgen vermag. Die grundsätzlichen Beziehungen zwischen den einzelnen **Prozessphasen** stellen sich wie folgt dar (vgl. auch Abb. 4.3.1):

- Phase 1: **Zahlungsmittelbeschaffung**

Ausstattung des Unternehmens mit Zahlungsmitteln über den Kapital- bzw. Geldmarkt: Die liquiden Mittel schlagen sich im Vermögen als konkreter Geldbetrag, im Kapital – entsprechend der zweifachen (doppischen) Erfassung der im Unternehmen eingesetzten Werte – als abstrakte Kontrollziffer nieder.

> **Finanzeinnahmen** stellen einen erfolgsunwirksamen, außenfinanzierten Zugang von Zahlungsmitteln dar, der im Rechnungswesen als Vermögens- und Kapitalmehrung erfasst wird.

- Phase 2: **Zahlungsmittelverwendung** (Investition)

Erwerb der zur Produktion erforderlichen Einsatzfaktoren über den Beschaffungsmarkt: Die durch Außenfinanzierung aufgebrachten Zahlungsmittel werden für Anlagen, Verbrauchsgüter und Dienstleistungen verwendet. Es handelt sich hierbei um eine Vermögensumschichtung: Dem Nominalgutabfluss steht der Zugang an Realgütern gegenüber.

> **Erfolgsausgaben** entstehen durch die Verwendung finanzieller Mittel zur Beschaffung von Produktionsfaktoren und finden als Vermögensumschichtung ihren rechnungstechnischen Niederschlag.

- Phase 3: **Transformationsprozess** (Wertschöpfung)

Einsatz der beschafften Produktionsfaktoren im betrieblichen Transformationsprozess zum Zwecke der Erstellung von überwiegend für den Absatz bestimmten Fertigerzeugnissen (Ertragsgüter). Die in dieser Prozessphase durch Realgüterbewegungen gekennzeichneten Transformationsvorgänge vollziehen sich weitgehend losgelöst von marktmäßigen Verflechtungen; die Prozessabbildung könnte demnach prinzipiell auch über rein technisch-physikalische Größen erfolgen. Dem steht jedoch die Notwendigkeit einer verursachungsgerechten Zurechnung der Einsatzfaktorverbräuche auf die Ertragsgüter entgegen: Diese erfordert eine einheitliche Recheneinheit, die über eine grundsätzlich marktorientierte Bewertung erreicht wird. Die Geldstromanalyse findet damit auch Eingang in den Innenbereich der Unternehmung.

> **Aufwand** bzw. **Kosten** kennzeichnen den monetär bewerteten Verbrauch von Gütern und Dienstleistungen.
> **Ertrag** bzw. **Leistung** kennzeichnen die monetär bewertete Erzeugung von Gütern und Dienstleistungen.
> Der im Rahmen des Transformationsprozesses erzielte Wertzuwachs
> (= Erlös ./. Vorleistungen) wird als **Wertschöpfung** bezeichnet.

Die jeweils korrespondierenden Rechnungsgrößen Aufwand/Kosten und Ertrag/Leistung können übereinstimmen oder auch Unterschiede aufweisen; sie bedürfen dann der eindeutigen, zweckorientierten gegenseitigen Abgrenzung (vgl. Eisele/Knobloch [Technik]).

- Phase 4: **Zahlungsmittelfreisetzung** (Desinvestition)
Verwertung der Ertragsgüter auf dem Absatzmarkt: Durch den realen Leistungsabgang, die Desinvestition, fließen dem Unternehmen liquide Mittel zu, die als Erfolgseinnahmen rechentechnisch zu erfassen sind. Diese Einnahmen werden zunächst zur Deckung des (Kosten-)Gütereinsatzes (Investitionsrückfluss) herangezogen; der übersteigende Teil entspricht dem Desinvestitionserfolg (Investitionsüberschuss), der dem Kapitalbereich als innenfinanzierter Verpflichtungszugang gegenüber den Eignern zuwächst. Zugleich wird über den Einnahmenzuteilungsvorgang die enge rückkoppelnde Verbindung zwischen der vierten und der zweiten Prozessphase hergestellt.

Erfolgseinnahmen sind innenfinanzierte, aus dem Umsatzprozess resultierende finanzielle Zuflüsse, die in einen zur Deckung des Produktionsfaktoreinsatzes dienenden Investitionsrückfluss und einen darüber hinausgehenden Desinvestitionserfolg differenziert werden können.

- Phase 5: **Ablösung der finanziellen Verpflichtungen**
Erschöpft sich die Unternehmenstätigkeit in einem einmaligen Ablauf des Unternehmensprozesses, so erfolgt die geldliche Abführung der über den Umsatzprozess erlangten Zuflüsse einschließlich der Erstfinanzierung an den Geld- bzw. Kapitalmarkt.

Finanzausgaben sind erfolgsunwirksame Abflüsse finanzieller Mittel an Fremdkapitalgeber (Rückzahlung) und Eigenkapitalgeber (Ausschüttung), die rechentechnisch als Vermögens- und Kapitalminderung erfasst werden.

Der Ablauf des Unternehmensprozesses ist also vornehmlich durch **zwei Nominal-Realgüter-Tauschakte** (Investition und Desinvestition) sowie **einen Transformationsprozess** gekennzeichnet. Darüber hinaus sind jedoch auch zwei isolierte, erfolgsunwirksame Nominalgüterbewegungen zu erfassen. Das gesamte Wirtschaftsgeschehen der Unternehmung kann daher mit Hilfe des Phasenschemas vollständig beschrieben und abrechnungstechnisch durch **fünf Verrechnungsbereiche** (Kontenreihen) abgebildet werden; das sind Verrechnungsstellen für:

1. das Kapital zur Abwicklung der Verpflichtungstatbestände;
2. die Zahlungsmittel, die erfolgswirksame Ausgaben und Einnahmen aus dem Umsatzprozess und erfolgsunwirksame Finanzausgaben und -einnahmen aus der Verbindung mit dem Kapitalbereich aufzeichnen;
3. die bestandsmäßige Registrierung der Beschaffungs- bzw. Investitionstätigkeit, differenziert nach Realvermögen und Forderungsvermögen;

4. den **Transformationsprozess** zur Erfassung des (Kosten-)Gütereinsatzes (Aufwand bzw. Kosten) und der (Ertrags-)Gütererstellung (wertmäßige Leistung bzw. Betriebsertrag);
5. die **Absatz**-bzw. **Desinvestitionstätigkeit** mit der Aufgabe der Erfolgsermittlung aus der Gegenüberstellung der Erfolgsquellen, insbesondere von Erlösen und Selbstkosten.

Da Unternehmen regelmäßig auf unbestimmte Zeit errichtet werden **(Going-Concern-Prinzip)**, ist die Realität durch eine kontinuierliche Wiederholung des Unternehmensprozesses gekennzeichnet, die die betriebliche Abrechnungstechnik erheblich kompliziert. Bei einer einmaligen Schlussrechnung am Ende der Unternehmenstätigkeit (Totalperiode) würde das Rechnungswesen seiner Funktion als **aktuelles** Informationsinstrument nicht gerecht werden können. Es sind daher **Teilperiodenrechnungen** durchzuführen, die dann zwangsläufig zu Überschneidungen und Überlappungen in der zeitlichen Struktur des betrieblichen Phasenschemas führen und damit erhebliche **Abgrenzungs-** und **Zuordnungsprobleme** aufwerfen.

3.1.2 Aufbau und Ziele des Rechnungswesens

3.1.2.1 Systematik des Rechnungswesens

Eine Vielzahl **interner** und **externer** Anlässe erzwingt die rechnerische Erfassung des Unternehmensprozesses. Der grundsätzliche Aufbau des Rechnungswesens mit den aufgezeigten fünf Verrechnungsbereichen des Unternehmensprozesses bleibt unabhängig davon erhalten, ob damit den Anforderungen an die gesetzlichen Rechnungslegungspflichten – und damit den Ansprüchen bestimmter **Rechnungslegungsadressaten** – oder aber dem **Eigeninteresse** der Unternehmensführung zur Erfüllung von Planungs-, Kontroll- und Steuerungsaufgaben entsprochen werden soll. Mit Abb. 4.3.1 werden die abrechnungstechnischen Zusammenhänge nochmals verdeutlicht, zugleich aber auch der Einfluss des betrieblichen Umsystems auf den Abrechnungsverlauf aufgezeigt. Lediglich der übersichtlichen Darstellung wegen sind die Verrechnungsstellen der Zahlungsmittel und des Kapitals doppelt aufgeführt (vgl. Eisele/Knobloch [Technik]).

Die Abbildung zeigt, dass offenbar nur ein Teil der betrieblichen Verrechnungsstellen in unmittelbarem Kontakt mit den Märkten (Umsystem) steht, auf denen das Unternehmen agiert. Diese Verrechnungsstellen gehören zum **Außenbereich** des Abrechnungssystems, das damit die Aufgaben der **externen Rechnungslegung** übernimmt. Diejenigen Verrechnungsstellen bzw. Seiten der Verrechnungsstellen, die demgegenüber keine oder keine direkte Marktverbindung aufweisen, bilden ausschließlich **betriebsinterne** Abläufe ab und sind daher dem **Innenbereich** des Abrechnungssystems zuzurechnen; sie haben demgemäß die der **internen Rechnungslegung** zugewiesenen Aufgaben zu erfüllen.

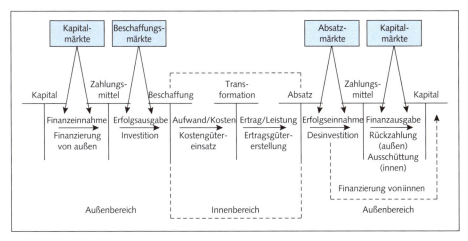

Abbildung 4.3.1: Abrechnungs- und Umsystem des Unternehmens

Aus der Sicht dieser Aufgabenverteilung bietet sich eine an der **Zielsetzung** der Rechnungszweige orientierte Gliederung des betrieblichen Rechnungswesens an. Ein entsprechender Systematisierungsansatz, der Rechnungszweck und Abrechnungsstruktur verbindet, ist Abb. 4.3.2 zu entnehmen.

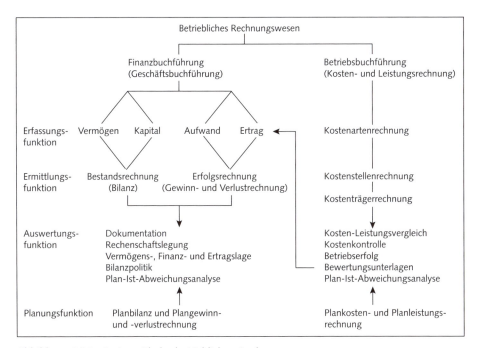

Abbildung 4.3.2: Systematik des betrieblichen Rechnungswesens

3.1.2.2 Finanzbuchführung

> Die **Außenbeziehungen** des Unternehmens werden auf den Kapital-, Vermögens-, Aufwands- und Ertragskonten der **Finanzbuchführung** erfasst und über einen regelmäßigen jährlichen Abschluss zur Bilanz und Gewinn- und Verlustrechnung verdichtet. Diese extern orientierten Rechenwerke bilden zusammen mit einem eventuell zu erstellenden Anhang (vgl. Abschn. 3.2.4.1.1.3) den **Jahresabschluss**.

Der Jahresabschluss einschließlich Nebenrechnungen und Erläuterungen (Geschäftsbericht) dient als Instrument externer, finanzieller **Rechnungslegung** zur Erfüllung der mit der Übernahme von Vermögensverwaltungsaufgaben durch die Unternehmensleitung begründeten **Rechenschaftspflicht** gegenüber außenstehenden **Adressaten** und als Grundlage für deren Entscheidungen. An den Jahresabschluss ist deshalb auch grundsätzlich die Forderung nach einer vom Ermessen des zur Rechnungslegung Verpflichteten weitestgehend **unabhängigen** Rechnung zu stellen. Obwohl die den Außenbereich betreffenden Geschäftsvorfälle im Wesentlichen auf marktmäßig objektivierten Zahlungsvorgängen beruhen, verbleiben **bilanzpolitische Aktionsräume** zwangsläufig immer dann, wenn Transformationsprozess und Abrechnungszeitraum auseinander fallen: Noch nicht verkauften Halb- und Fertigfabrikaten fehlt bislang die marktseitige Objektivierung; das verbliebene Nutzungspotenzial langfristiger Gebrauchsgüter bedarf der Schätzung. Der Vermögens- und Ertragsausweis kann daher häufig erst nach Rückgriff auf die Bewertungsunterlagen des Innenbereichs konkretisiert werden. Die Normen des **Handels-**und **Steuerrechts** geben die hierfür zulässigen Bilanzierungs- und Bewertungsspielräume vor.

3.1.2.3 Betriebsbuchführung

> Der **Innenbereich** des Transformationsprozesses wird durch die intern orientierte **Betriebsbuchführung** (Kosten- und Leistungsrechnung) rechnungsmäßig abgebildet.

Im Gegensatz zum extern orientierten Jahresabschluss kann die **Kosten-**und **Leistungsrechnung** weitgehend ohne gesetzliche Reglementierung nach betriebsindividuellen, zweckorientierten Erwägungen ausgestaltet werden. Die Aufzeichnung der Realgüterströme erfolgt dabei losgelöst von Zahlungsvorgängen. Gütereinsatz und Gütererstellung werden **wert**-und teilweise auch **mengenmäßig** erfasst. Es entsteht eine kalkulatorische Rechnung, deren Ergebniskomponenten die Kosten und Leistungen darstellen und deren Ergebnisrechnung den **Betriebserfolg** ermittelt. Die numerische Abbildung des Leistungserstellungsprozesses knüpft daher an den wertmäßig registrierten Verbrauch der Produktionsfaktoren (Kostenartenrechnung) an, der dann den Entstehungsorten (Kostenstellen) weiterbelastet und schließlich den produzierten Gütern oder Leistungen (Kostenträger) verursachungsgerecht zugeordnet wird. Unter

Einbeziehung der Leistungsseite stellt die Betriebsbuchführung das **Ergebnis des Produktionsprozesses** der Höhe nach fest und differenziert es nach Erfolgsquellen.

Die Tradition getrennt geführter externer und interner Rechnungslegung hat ab den neunziger Jahren eine breite und kontroverse Diskussion darüber ausgelöst, inwieweit diese Trennung nicht zugunsten einer **Konvergenz** mit dem letztendlichen Ziel einer **Integration** der beiden Rechnungskreise aufzugeben sei. Initiativ dafür waren sowohl die aus einer verstärkten Diskussion um geeignete Konzepte wertorientierter Unternehmensführung – betreffend vor allem den Ergebnisbereich, und hier Orientierungsgrößen wie: operatives Ergebnis, Ebit, Ebitda – als auch Vorstellungen der Praxis mit Blick auf Anforderungen, die sich aus der Einführung der IFRS für die internationale Konzernsteuerung ergeben, und die eine Neuordnung des Controlling in den betroffenen Firmen provozierten. So propagierte **Siemens** 1994 die strukturelle Angleichung von externer und interner Rechnungslegung, und gab die bis dahin eigenständige kalkulatorische Ergebnisrechnung zugunsten einer Übernahme der externen, nach dem sog. Umsatzkostenverfahren aufgemachten Gewinn- und Verlustrechnung (GuV) für interne Zwecke auf.

Als Ergebnis dieser Bestrebungen hat sich allerdings gezeigt, dass eine vollumfangliche Abdeckung der verschiedenen Rechenzwecke durch Vollintegration der beiden Rechnungssysteme wohl nicht angemessen realisierbar ist. Empirisch nachweisbar sind vielmehr **partielle** Integrationskonzepte, die sich als Kompromisslösung zwischen vollständiger Separation und totaler Integration ausweisen, wobei der jeweils festzustellende Grad der gewählten **Integrationsintensität** vor allem in Abhängigkeit zur betrieblichen Hierarchieebene (Konzern, Segment, Prozess, Produkt) zu beurteilen ist (vgl. Simons/Weißenberger [Konvergenz] 390 ff. u. 446 ff.).

3.1.2.4 Planungsrechnungen

Während im Rahmen der Ermittlungsfunktion des Rechnungswesens vornehmlich **retrospektive** Daten über vergangene Zustände und Ereignisse dokumentiert werden, benötigt die Unternehmensleitung zur effizienten Ausfüllung ihrer Steuerungs- und Kontrollfunktion auch **prospektive** Informationen über zukünftig erwartete Situationen und Entwicklungen. Diese zukunftsorientierten Daten werden mit Hilfe von Planungsrechnungen ermittelt und verarbeitet.

> **Planungsrechnungen** werden sowohl für die Entscheidungsfindung als auch für den Entscheidungsvollzug eingesetzt, indem sie die voraussichtlichen Zielwirkungen möglicher Alternativen prognostizieren, über eine Alternativenbewertung analysieren und später den Zielerreichungsgrad anhand von Zielvorgaben überwachen.

Die geplanten Außenbeziehungen des Unternehmens finden ihre Entsprechung in **Planbilanzen** und **Plan-Gewinn- und Verlustrechnungen**; die geplanten internen Vorgänge werden in **Plan-Kosten-und Leistungsrechnungen** berücksichtigt. Es ist der Zukunftsbezug, der die zentrale Bedeutung dieser Instrumente für das **entscheidungsorientierte** Rechnungswesen begründet. Die der Planungsrechnung zu entnehmenden Informationen stehen dabei überwiegend nur den unternehmensinternen Adressaten zur Verfügung.

3.1.3 Organisation des Rechnungswesens

Zur ordnungsmäßigen Erfassung und Verarbeitung der vielfältigen Daten bedürfen Außen- und Innenbereich des Rechnungswesens einer systematischen Ordnung, deren Grundlage der Kontenrahmen bildet.

> Ein **Kontenrahmen** vermittelt eine vollständige Übersicht der im betrieblichen Rechnungswesen möglicherweise auftretenden Konten; er stellt damit einen überbetrieblichen **Organisationsplan** des Rechnungswesens mit Empfehlungscharakter dar, der den unternehmensspezifischen Bedürfnissen anzupassen ist.

Die Grundstruktur **industrieller** Kontenrahmen folgt entweder den einzelnen Phasen des Unternehmensprozesses (**Prozessgliederungsprinzip**) oder dem rechentechnischen Ablauf bei der Erstellung des Jahresabschlusses (**Abschlussgliederungsprinzip**).

(1) Gemeinschaftskontenrahmen der Industrie (GKR)

Das Prozessgliederungsprinzip ist im **Gemeinschaftskontenrahmen der Industrie (GKR)** von 1951 verwirklicht, der eine von Kontenklasse zu Kontenklasse fortschreitende Abrechnungssystematik vorsieht, sodass Finanz- und Betriebsbuchführung fließend ineinander übergehen, also eine organisatorische Einheit (**Einkreissystem**) bilden. Im Einzelnen verfügt der Gemeinschaftskontenrahmen der Industrie über folgende zehn Kontenklassen:

Kontenklassen	Inhaltliche Ausgestaltung der Kontenklassen
0	Anlagevermögen und langfristiges Kapital
1	Finanz-Umlaufvermögen und kurzfristige Verbindlichkeiten
2	Neutrale Aufwendungen und Erträge
3	Stoffe und Bestände
4	Kostenarten
5/6	Kostenstellen (frei)
7	Kostenträger, Bestände an halbfertigen und fertigen Erzeugnissen
8	Kostenträger, Erträge
9	Abschluss

Abbildung 4.3.3: Gemeinschaftskontenrahmen der Industrie (GKR)

Deutlich tritt die Orientierung am Ablauf des Unternehmensprozesses hervor: Die Kontenklassen 0, 1 und 3 sind auf die Erfassung der Außenbeziehungen des Unternehmens mit den Beschaffungs- und Kapitalmärkten ausgerichtet; die Kontenklassen 4, 5, 6 und 7 dienen der Abbildung des betriebsinternen Leistungserstellungsprozesses, Kontenklasse 8 sorgt für die ertragsmäßige Verrechnung der dem Absatzmarkt zugeflossenen oder wieder in den Produktionsprozess einfließenden Leistungen (Halbfabrikate, Eigenleistungen). Über Kontenklasse 9 werden die Konten der laufenden Abrechnung einerseits eröffnet und andererseits ihrem Abschluss durch Bilanz und Gewinn- und Verlustrechnung zugeführt. Die Kontenklasse 2 steht demgegenüber außerhalb des eigentlichen Unternehmensprozesses und nimmt eine Sonderstellung ein. Die ihr zukommende materielle Aufgabe ist in der Abrechnungstechnik des Einkreissystems begründet: Sie sondert durch sachliche, zeitliche und kalkulatorische Abgrenzung diejenigen erfolgswirksamen Vorgänge aus, die in keinem unmittelbaren Zusammenhang mit der betrieblichen Leistungserstellung stehen und damit das Betriebsergebnis verfälschen würden.

Der Gemeinschaftskontenrahmen der Industrie bietet als Einkreissystem zwar den Vorteil, dass die Zahlen der Finanzbuchführung und der Betriebsbuchführung keiner besonderen Abstimmung bedürfen; demgegenüber ist das System wegen seiner Komplexität mit einer gewissen Schwerfälligkeit und Starrheit behaftet, da beide Rechnungszweige nur gemeinsam abgeschlossen werden können. So sind kurzfristige Abschlüsse zur Kontrolle und Steuerung des Innenbereichs stets zwangsläufig mit Abschlussbuchungen auch im Bereich der externen Rechnungslegung verbunden.

(2) **Industriekontenrahmen (IKR)**

Diese Mängel versucht der nach dem Abschlussgliederungsprinzip aufgebaute, 1971 veröffentlichte und 1986 entsprechend den Vorgaben des Bilanzrichtlinien-Gesetzes modifizierte **Industriekontenrahmen (IKR)** zu vermeiden, indem sowohl die Finanzbuchführung als auch die Kosten- und Leistungsrechnung über getrennte Kontenpläne und Abrechnungskreise (Zweikreissystem) verfügen. Die Rechnungskreise werden jedoch unterschiedlich stark durch den Kontenrahmeninhalt ausgefüllt (vgl. Abb. 4.3.4).

Kontenklassen	Inhaltliche Ausgestaltung der Kontenklassen
0	Immaterielle Vermögensgegenstände und Sachanlagen
1	Finanzanlagen
2	Umlaufvermögen und aktive Rechnungsabgrenzungsposten
3	Eigenkapital und Rückstellungen
4	Verbindlichkeiten und passive Rechnungsabgrenzungsposten
5	Erträge
6	Betriebliche Aufwendungen
7	Weitere Aufwendungen
8	Ergebnisrechnung
9	Kosten- und Leistungsrechnung

Abbildung 4.3.4: Industriekontenrahmen (IKR)

Im Industriekontenrahmen sind die Kontenklassen 0 bis 8 ausschließlich für die Durchführung der Finanzbuchführung belegt. Die Anordnung der Kontenklassen orientiert sich dabei an den nach dem Handelsgesetzbuch auszuweisenden Positionen der Bilanz und der Gewinn- und Verlustrechnung (§§ 266, 275 HGB; vgl. Gliederungsschemata 3.2.4.6 und 3.2.4.8.1).

Der Kosten- und Leistungsrechnung bleibt die Kontenklasse 9 vorbehalten: Ihre Untergliederung in zehn Kontengruppen ermöglicht die detaillierte Abwicklung einer auch kurzfristig isoliert abschlussfähigen Betriebsbuchführung. Der Kontenklasse 9 vorgeschaltete Übergangskonten übernehmen die Verbindung und die gegenseitige Abstimmung der beiden Abrechnungskreise (vgl. Eisele/Knobloch [Technik]). Um gegenüber betriebsindividuellen Bedürfnissen bei der organisatorischen Abwicklung der Betriebsbuchführung offen zu sein, verzichtet der Industriekontenrahmen auf eine inhaltliche Vorgabe dieser Kontenklasse.

(3) DATEV-Kontenrahmen

Die wahlweise dem Prozessgliederungsprinzip bzw. dem Abschlussgliederungsprinzip folgende Grundstruktur findet sich auch in den von der DATEV (Datenverarbeitungsorganisation des steuerberatenden Berufes in der Bundesrepublik Deutschland) herausgegebenen Standardkontenrahmen **SKR 03** (Prozessgliederungsprinzip) und **SKR 04** (Abschlussgliederungsprinzip). Die in der Praxis weit verbreiteten DATEV-Kontenrahmen zeichnen sich gegenüber dem GKR bzw. dem IKR insbesondere dadurch aus, dass sie auf die spezifischen Bedürfnisse einer **EDV-gestützten Buchhaltung** zugeschnitten sind. So finden der SKR 03 sowie der im Wesentlichen dem IKR folgende SKR 04 primär bei jenen Kaufleuten Anwendung, die ihre Buchhaltung bei ihrem Steuerberater auf Basis eines DATEV-Finanzbuchführungssystems mittels elektronischer Datenverarbeitung abwickeln lassen. Dabei können Standardlösungen für die betriebswirtschaftliche Auswertung und den Abschluss genutzt werden (vgl. Eisele/Knobloch [Technik]).

Durch das **Bilanzrechtsmodernisierungsgesetz** (BilMoG vom 25.5.2009) haben die Kontenrahmeninhalte im Detail vielfaltige Änderungen zum Jahreswechsel 2009/2010 erfahren. Der ab 2010 gültige DATEV-Kontenrahmen **SKR 04** weist nunmehr die folgende Kontenklasseneinteilung aus (vgl. Abb. 4.3.5):

Kontenklassen	Inhaltliche Ausgestaltung der Kontenklassen
0	Anlagevermögenskonten
1	Umlaufvermögenskonten
2	Eigenkapitalkonten / Fremdkapitalkonten
3	Fremdkapitalkonten
4	Betriebliche Erträge
5	Betriebliche Aufwendungen (Stoffe, Waren)
6	Betriebliche Aufwendungen (Personal, Abschreibungen, Sonstige)
7	Weitere Erträge und Aufwendungen
8	Frei für weitere Sonstige betriebliche Aufwendungen
9	Vortrags-, Kapital- und Statistische Konten

Abbildung 4.3.5: DATEV- Kontenrahmen nach dem BilMoG:
Standardkontenrahmen (SKR) 04 – Abschlussgliederungsprinzip, gültig ab 2010 (vgl. DATEV e.G.: [Kontenrahmenänderungen] 13–19).

Welche und wie viele Konten die Unternehmung in ihrer Finanzbuchhaltung tatsächlich einrichtet, bestimmt sich nach deren individuellen Bedürfnissen. Die **Kontenrahmen** entwickeln dazu lediglich Gestaltungsempfehlungen; die schließlich in einem Unternehmen konkret geführten Konten sind dagegen in einem bedarfsspezifischen **Kontenplan** zu dokumentieren.

Über seine rein organisatorisch-systematisierende Aufgabe hinausgehend verweist der funktionale Aufbau der Kontenrahmen auf die zentrale Bedeutung der Jahresabschlussrechnungen Bilanz und Erfolgsrechnung einerseits sowie der Kostenstellen- und Kostenträgerrechnung andererseits im Informationssystem des Unternehmens. Beide Rechnungszweige, **Jahresabschluss** und **Kostenrechnung**, werden im Folgenden vertieft behandelt (vgl. Abschn. 3.2 u. Abschn. 3.3).

3.2 Bilanzen*

Wolfgang Eisele und Norbert Kratz

3.2.1 Bilanzbegriff

Bilanzen sind wesentlicher Bestandteil des externen Rechnungswesens mit der Aufgabe, **nachprüfbares Wissen** über Stand und Entwicklung einer Wirtschaftseinheit an finanziell oder auf andere Weise mit ihr verbundene Adressaten zu liefern. Die Bilanz lässt sich sowohl formell als auch materiell interpretieren:

> Aus **formeller** Sicht ist die **Bilanz** eine zweiseitige, betragsmäßig ausgeglichene und nach bestimmten Kriterien gegliederte Gegenüberstellung nomineller und realer Vermögenswerte (Aktiva) und abstrakter Wertansprüche (Passiva).

Dieser Bilanzbegriff ist kompatibel mit der Ableitung des Wortes «Bilanz» von dem lateinischen Ausdruck «bilanx» (zwei Schüsseln, zwei Waagschalen) sowie von dem späteren italienischen Ausdruck «bilancia», was soviel bedeutet wie Waage bzw. Gleichgewicht. Die Vorstellung der gleichgewichtigen Waage lebt in der sog. **Bilanzgleichung** fort, deren Gültigkeit durch die gegenseitige Aufrechnung (Saldierung) der Bilanzseiten stets gewährleistet ist: Summe der Vermögenswerte (Aktiva) = Summe der Kapitalwerte (Passiva).

> Aus **materieller** Sicht ist die **Bilanz** ein Instrument zur wertmäßigen Abbildung und Abrechnung des betrieblichen Umsatzprozesses mit Informations- und Gestaltungsfunktion.

---

* Zu den Abkürzungen vgl. S. 689f.

Dieser Bilanzbegriff ist durch den **instrumentalen** Charakter dieses Rechenwerkes bestimmt und damit in Abhängigkeit vom konkreten Bilanzierungsanlass (Bilanzierungszweck) zu sehen. Der am jeweiligen Bilanzierungszweck orientierte Bilanzinhalt führt zur Unterscheidung verschiedener **Bilanzarten**, die hinsichtlich Gliederung und Bewertung differieren. Dieser materiellen Definition der Bilanz kommen die umgangssprachlichen Ausdrücke «Bilanz machen» und «Bilanz ziehen» inhaltlich nahe: Erfolg oder Misserfolg einer Handlungsweise werden durch Gegenüberstellung ihrer positiven und negativen Konsequenzen bestimmt.

> Der in der **Rechnungslegungspraxis** gebräuchliche, formell-orientierte Bilanzbegriff betrachtet die Bilanz als eine Gegenüberstellung der Aktiva und Passiva eines Unternehmens. Die **Aktiva** bringen die Vermögenswerte der Wirtschaftseinheit nach art- und wertmäßiger Zusammensetzung zum Ausdruck, die **Passiva** das zur Finanzierung der Vermögenswerte notwendige Kapital, unterteilt nach der Herkunft der Mittel in Eigenkapital und Fremdkapital.

Die Gesamtheit aller in einer Wirtschaftseinheit eingesetzten Werte schlägt sich somit in der Bilanz in zweifacher Weise nieder: Auf der **Kapitalseite**, wo die Summe der einer Wirtschaftseinheit von ihren Eigentümern und von Dritten zur Verfügung gestellten Mittel als abstrakte Kontrollziffer erscheint, und auf der **Vermögensseite**, wo die Verwendung der zur Verfügung gestellten Mittel aufgezeigt wird (vgl. Abb. 4.3.6).

Aktiva = Vermögen	Bilanz	Passiva = Kapital
Realvermögen – Grund und Boden – Geschäftsausstattung – Vorräte Nominalvermögen – Forderungen – Bankguthaben – Kasse		Inhaberkapital (= Eigenkapital) Gläubigerkapital (= Fremdkapital)

Abbildung 4.3.6: Grundstruktur der Bilanz

Das **Kapital** ist demnach nur der rechnerische Ausdruck dafür, wie viel Vermögen in das Unternehmen eingebracht worden ist; es stellt den abstrakten Ausdruck des konkreten Vermögens dar (vgl. Eisele [Kapital] 1063 ff.). Das Bilanzvermögen ist andererseits nicht mit dem Gesamtwert der Wirtschaftseinheit identisch: Dieses ist lediglich Ausdruck der Wertsumme aller bilanzierten Vermögensteile, während der **Gesamtwert eines Unternehmens** gewöhnlich als **Ertragswert** durch Diskontierung der zukünftig erwarteten Reinerträge (Einnahmenüberschüsse) bestimmt wird (vgl. dazu Abschn. 3.2.3.1.4).

Im Normalfall deckt das Bilanzvermögen in seiner Gesamtheit die Summe der Ansprüche von Eigentümern und Gläubigern an das Unternehmen. Eine direkte Beziehung zwischen einzelnen Vermögens- und Kapitalteilen lässt sich grundsätzlich nicht herstellen; sie ist nur in wenigen Ausnahmefällen, wie z. B. bei dinglich gesicherten Gläubigeransprüchen und bei Wertberichtigungen zu einzelnen Vermögenspositionen, möglich.

Der bisher erläuterte Bilanzbegriff entspricht weitgehend der oben gegebenen formellen Definition der Bilanz: Sie ermittelt ausgeglichene Wertbestände (Bilanzvermögen und Bilanzkapital) für einen bestimmten Zeitpunkt, den **Bilanzstichtag**. Bilanzen dieser Art, die ausschließlich Bestände ausweisen, werden im Folgenden als **Bilanzen im engeren Sinne** bezeichnet. Die Bestandsmessung erfolgt in Geldeinheiten; das Messergebnis repräsentiert ein stichtagsbezogenes Prozessvolumen.

Bilanzen im engeren Sinne weisen stichtagsbezogene Bestände an Vermögen und Kapital, nicht jedoch die den Beständen zugrunde liegenden Bewegungsvorgänge aus (**Stichtags-** oder **Beständebilanzen**).

Wird die Bilanz jedoch i. S. des materiellen Bilanzbegriffs als Instrument zur zahlenmäßigen Abbildung und Abrechnung des betrieblichen Umsatzprozesses verstanden, so ist ein umfassenderer Bilanzbegriff zu wählen, unter den sich auch sämtliche auf Zeitraumgrößen aufbauende Jahresabschlussrechnungen subsumieren lassen. **Bewegungsrechnungen**, wie Erfolgsrechnungen und Bewegungsbilanzen, dienen mehr noch als Bilanzen im engeren Sinne der Darstellung und Abrechnung der betrieblichen Vollzugsprozesse; ihre Dimension ist die der Zahlungsreihe bzw. des Zahlungsstromes (Geldeinheiten pro Zeiteinheit), ihr Messergebnis die Prozessgeschwindigkeit.

Bilanzen im weiteren Sinne umfassen neben Beständebilanzen auch Rechnungen, welche die Bewegungsvorgänge eines Abrechnungszeitraumes ausweisen (**Zeitraum-** oder **Bewegungsbilanzen**).

Bestandsrechnungen und Bewegungsrechnungen finden darüber hinaus ihre logische Ergänzung in Rechnungen der Bewegungsänderungen, die als **Intensitätsrechnungen** zu kennzeichnen sind. Intensitätsrechnungen erlauben die Erfassung und Abrechnung von Beschleunigungs- und Verzögerungsprozessen der Wachstums- und Schrumpfungsvorgänge, die in der Abrechnungsperiode stattgefunden haben. Die Messung in Geldeinheiten pro Zeiteinheit zum Quadrat zeigt an, dass mit Intensitätsrechnungen inhaltlich Geschwindigkeitsänderungen zum Ausdruck gebracht werden.

Bilanzen im weitesten Sinne umfassen neben Bestands- und Bewegungsbilanzen auch Rechnungen, die die Veränderungen der Wachstums- und Schrumpfungsvorgänge eines Abrechnungszeitraumes abbilden (**Intensitätsrechnungen**).

Abb. 4.3.7 macht diesen Zusammenhang im Überblick deutlich (im Einzelnen vgl. dazu Abschn. 3.2.3.4).

Form und Inhalt der Rechnung \ Art der Rechnung	Bestandsrechnungen	Bewegungsrechnungen	Intensitätsrechnungen
Erscheinungsform	Beständebilanzen	Erfolgsrechnungen Cashflow-Rechnungen Kapitalflussrechnungen	Erfolgsveränderungsrechnungen, Bewegungsdifferenzenrechnungen
Dimension	Prozessvolumen [GE]	Prozessgeschwindigkeit [GE/t]	Prozessbeschleunigung/ -verzögerung [GE/t²]
	Bilanzen im engeren Sinne		
	Bilanzen im weiteren Sinne		
	Bilanzen im weitesten Sinne		

Abbildung 4.3.7: Abgrenzung unterschiedlich weiter Bilanzbegriffe

Findet im Folgenden der Ausdruck «Bilanz» ohne weitere Zusätze Verwendung, so sind darunter stets Bilanzen im weiteren Sinne als Oberbegriff gebräuchlicher Jahresabschlussrechnungen zu verstehen.

3.2.2 Bilanzzwecke

3.2.2.1 Rechenschaft und Rechnungslegung

Die Erstellung von Bilanzen ist nicht Selbstzweck, sondern hat ausschließlich instrumentalen Charakter zur Erfüllung bestimmter Aufgaben, die sich aus den Anforderungen der Bilanzempfänger an die Bilanz herleiten. Inhalt und Form der Bilanz lassen sich daher nur in Einklang mit den verfolgten Bilanzzwecken (**Bilanzfunktionen**) bestimmen.

Zunächst werden Bilanzen aufgestellt, um über durchgeführte Aktionen Rechenschaft abzulegen. **Rechenschaft ablegen** beinhaltet generell die Verpflichtung eines im Interesse Dritter Handelnden, alle bei der Auftragsausführung anfallenden und dem Beauftragten zur Kenntnis gelangenden Informationen auch an den Auftraggeber zu vermitteln. Die **Rechenschaftslegung** stellt damit überhaupt erst die Voraussetzung für den zur Rechenschaft Berechtigten dar, eventuelle Ansprüche, aber auch Erwartungen gegenüber dem Beauftragten durchzusetzen bzw. durch Verhaltensänderungen zur Geltung zu bringen. Die Beurteilung des Handlungserfolgs liefert demgemäß zugleich die Dispositionsgrundlage für zukünftiges Handeln. Dies gilt gleichermaßen für die interne und die externe Verwertung von Informationen.

Die Rechenschaftslegung hat deshalb auch von der Einflussnahme durch den Rechenschaftsverpflichteten weitestgehend **unabhängige Informationen** zu liefern; sie zielt auf eine möglichst objektive Gesamtunterrichtung zum Zwecke der Gesamtbeurteilung der wirtschaftlichen Lage und der Tätigkeit des zur Rechenschaft Verpflichteten ab und verlangt deshalb mehr als eine geordnete, zahlenmäßige Zusammenstellung von Sachverhalten durch Instrumente der Rechnungslegung, wie sie vor allem durch Bilanzen repräsentiert sind.

Rechnungslegung als kalkülisierbare Verantwortung stellt somit ein bedeutendes Instrument der Rechenschaft dar; ihr obliegt der Nachweis und die Nachprüfbarkeit des zahlenmäßigen Niederschlags des Betriebsgeschehens.

Rechenschaftslegung durch Rechnungslegung bedeutet demgemäß **Informationsvermittlung durch geordnete und nachprüfbare Rechenwerke.** Als Geldrechnungen informieren Bilanzen über finanzwirtschaftliche Tatbestände; sie sind folglich Instrumente der **finanziellen** Rechnungslegung und haben als solche grundsätzlich **zwei (materiellen) Anforderungsmerkmalen** zu genügen (vgl. Schneider [Betriebswirtschaftslehre] 200 ff., Moxter [Bilanzlehre I] 81 ff., Egner [Bilanzen] 11 ff.):

(1) Erfüllung von **Informationsansprüchen** durch Unterrichtung aller Personen (Institutionen), die durch finanzielle Interessen mit einer Unternehmung verbunden sind, über deren **finanzielle Lage und Entwicklung**. Hierzu sind vor allem geeignete Maßstäbe zur **Liquiditäts-** und **Ertragsbeurteilung** erwünscht. Indem derartige Anforderungsmerkmale zugleich die Aktivierung des Kommunikationsprozesses zwischen Unternehmung und Bilanzempfänger zur Voraussetzung haben, kann der Informationszweck der Bilanz auch mit diesem Anspruch begründet werden (Kommunikationsaufgabe der Rechnungslegung).
(2) Bereitstellung von **Zahlungsbemessungskriterien** zur Wahrung der Interessen derjenigen Personen, die Anspruch auf Zahlungen durch eine Unternehmung haben, wobei sich die Interessen weniger auf die Zahlungen überhaupt, als vielmehr auf die Beeinflussung der Höhe dieser Zahlungen richten. Teilfunktionen sind die Ausschüttungssperre und die Sicherung einer **Mindestausschüttung** (zum Umfang der gesetzlichen Realisierung von Ausschüttungssperre und Mindestausschüttung vgl. auch Abschn. 3.2.4).

Informationsfunktion und **Zahlungs-** bzw. **Einkommensbemessungsfunktion** kennzeichnen die Aufgabe von Bilanzen als Instrumente der finanziellen Rechnungslegung.

Die Vielzahl unterschiedlicher Informations- und Zahlungsbemessungsinteressen der verschiedenen Bilanzadressaten macht eine Beschränkung der mit der Bilanz verfolgten Zwecke auf die wichtigsten bzw. die allen Unternehmensbeteiligten gemeinsamen

Zielsetzungen notwendig. Die **Verdichtung** der Bilanzzwecke auf lediglich zwei **Zielgrößen der finanziellen Rechnungslegung**, nämlich die Darstellung der gegenwärtigen und zukünftigen Liquiditäts-und Ertragslage sowie der Nachweis ergebnisabhängiger Einkommenszahlungen, ist demgemäß als Zusammenfassung der grundsätzlich vielschichtigen Adressateninteressen zu verstehen. Bei der Fixierung des Bilanzinhalts durch Rechnungslegungs- und Publizitätsvorschriften kann es sich deshalb auch nur um die Festlegung auf ein gemeinsames, den primären Zielvorstellungen der Bilanzadressaten entlehntes **Mindestinformationsprogramm** – aus Adressatensicht auch **Konfliktlösungsprogramm** – handeln. Dabei müssen die Bilanzempfänger auf die Einhaltung der durch den Gesetzgeber vorgegebenen Rechnungslegungsvorschriften und die Beachtung der jeweils vorgeschriebenen Publizitätsanforderungen vertrauen können (formeller Bilanzzweck i. S. der **Dokumentation**; vgl. Wöhe [Einführung] 718).

3.2.2.2 Informationszweck der Bilanz

Wird der Bilanz die Aufgabe übertragen, zu einem bestimmten Zeitpunkt bestimmte Personen über bestimmte Geschehnisse in einem Unternehmen zu unterrichten, dann sind Bilanzen Informationsinstrumente, die als Grundlage für Kontrollen und Dispositionen interner und externer Bilanzadressaten dienen können. Da es keinen Unternehmenszweck an sich gibt, sondern Unternehmen gegründet und betrieben werden, um die vorwiegend finanziellen Ziele der mit unterschiedlichen Interessenlagen ausgestatteten «Beteiligten» zu realisieren, stellen die Bilanzinformationen **Entscheidungshilfen** zur Verwirklichung dieser Ziele dar. Die Frage nach dem **«Wozu»** der Bilanzierung schließt daher die Frage nach dem **«Für wen»** der Bilanzierung ein. Folgende **«Beteiligte» mit Informationsinteressen** können unterschieden werden:

- Unternehmensführung,
- Anteilseigner,
- Gläubiger,
- Öffentlichkeit,
- Fiskus,
- Arbeitnehmer.

Aus den meist nicht übereinstimmenden Interessenlagen der Bilanzadressaten resultieren deren spezifische Informationswünsche, wobei sowohl innerhalb einzelner Gruppierungen als auch zwischen diesen Konflikte auftreten können. Bei möglichen Konflikten bezüglich der Informationsanforderungen **innerhalb** von Interessengruppen sind insbesondere die Gruppen der Gläubiger und der Anteilseigner zu nennen, die oft auf Grund eines unterschiedlichen Gewichts einzelner Gruppenmitglieder einen hohen Grad an Inhomogenität aufweisen. Inhomogenität kennzeichnet aber auch die nicht mit konkreten Informationsansprüchen ausgestattete (nicht organisierte) Öffentlichkeit, da es keinen konfliktfreien Gemeinwohlmaßstab, sondern nur situationsbedingt konfliktarme Kriterien für das geben kann, was im Interesse des Gemeinwohls ist.

Im Einzelnen lassen sich die Informationsinteressen der **Bilanzadressaten** auf das Wesentliche konzentriert wie folgt kennzeichnen:

(1) Unternehmensführung

Das auf die (externe) Bilanz gerichtete Informationsinteresse der **Unternehmensführung** erweist sich infolge ihres unbegrenzten Zugriffs auf interne und deshalb i. d. R. aktuellere und weniger aggregierte Rechenwerke von untergeordneter Bedeutung. Lediglich als Basis globaler Gestaltungsentscheidungen für die Folgeperiode(n) kann ihr eine dispositive Funktion beigemessen werden. Das gilt für **personenbezogene**, durch Personalunion von Gesellschafter- und Geschäftsführerfunktion gekennzeichnete Unternehmen ebenso wie für **firmenbezogene** Unternehmen, bei denen Leitungsaufgabe und Eigentümerstellung personell getrennt sind. Bei firmenbezogenen Unternehmen (Publikumsgesellschaften, die durch Organe wie Vorstände, Geschäftsführer geleitet werden) wachsen der Bilanz allerdings zwei wesentliche Informationsbedürfnisse in Gestalt von Regelungen zur **Selbstinformation im Drittinteresse** und in Form von **erfolgsausweisabhängigen Einkommensinteressen** des Managements zu (vgl. Egner [Bilanzen] 26 f.). Erstere ist für Kapitalgesellschaften sowie Genossenschaften vor allem in Verbindung mit bestimmten Sorgfalts und Handlungspflichten der Geschäftsführung zu sehen (§ 93 Abs. 1 AktG; § 43 Abs. 1 GmbHG; § 34 Abs. 1 GenG, § 15a InsO); letztere betreffen die vom gegenwärtigen und zukünftigen Gewinnausweis abhängigen persönlichen Managerbezüge.

(2) Anteilseigner

Die Begründung für den Anspruch der **Anteilseigner** auf Rechenschaft durch Rechnungslegung lässt sich direkt aus ihrer Beteiligung am Unternehmen ableiten. Diese verkörpert Mitgliedschafts- und Mitverwaltungsrechte an einer Organisation mit privatwirtschaftlicher Zielsetzung und charakterisiert den Anteilseigner als Organ der Gesellschaft. Als Voraussetzung für die von ihm in dieser Stellung erwarteten Entscheidungen muss er über Lage und Entwicklung der Gesellschaft in Kenntnis gesetzt werden. Im Mittelpunkt des Eigentümerinteresses steht demzufolge die **Information**svermittlung als Grundlage für seine Entscheidungen. Diese können grundsätzlich unterteilt werden in:

- **Anlage**-(Kauf-/Verkaufs-)**Entscheidungen**,
- **Einkommens**-(Gewinnverwendungs-)**Entscheidungen** und
- **Mitverwaltungs**-(Kontroll-)**Entscheidungen**.

Bezüglich der Informationsinteressen ist vor allem die Größe des gehaltenen Anteils Kriterium für die Anforderungen an Umfang und Inhalt der von der Unternehmensleitung zur Verfügung gestellten Informationen: **Groß(Mehrheits-)aktionäre** haben meist kein originäres Interesse an zu umfassender Unterrichtung der übrigen Aktionäre, da ihnen regelmäßig über Jahresabschlüsse hinausgehende Informationsquellen zur Verfügung stehen. Zudem findet bei Großaktionären eine unzutreffende Unterrichtung über die Vermögens- und Ertragslage infolge einer Politik der stillen Selbstfinanzierung weit mehr Verständnis als bei den (im Normalfall) an der Maximierung des Einkommensstroms aus ihrer Beteiligung interessierten **Klein(Minderheits-)aktionären**.

(3) Gläubiger

Spezifische Adressaten der Rechenschaftslegung sind auch die Gläubiger, zu denen neben den Darlehensgebern auch die Lieferanten zählen. Ihr Anspruch leitet sich aus dem überwiegend gesetzlich begründeten Gläubigerschutzgedanken her, der seine inhaltliche Präzisierung durch die beiden Komponenten des Gläubigerschutzes Haftung und Publizität erfährt. Das Haftungsprinzip sieht bestimmte Rechtsinstitute bzw. Rechtsfolgen zum Schutz des Gläubigers für den Fall des Eintretens gläubigergefährdender Sachverhalte vor (z. B. Mindesthaftung, Ausschüttungsregelung). Demgegenüber erweist sich die Information durch Publizität als die häufig einzige Möglichkeit, die Interessenlage des Gläubigers (Beurteilung der Kreditwürdigkeit des Schuldners nach Risikograd der Gläubigerforderung, Kreditsicherungsmöglichkeiten sowie Berichterstattung über Haftungsverhältnisse) mit der Situation der Gesellschaft zu vergleichen.

Da ähnlich den Eigentümerinteressen auch das Gläubigerinteresse auf Einkommens- und Vermögenserhaltung, insbesondere auf die Vermeidung von Vermögensverlusten, gerichtet ist, orientiert sich das Informationsinteresse der Gläubiger vor allem an einer nicht zu optimistischen Darstellung der Vermögens-, Ertrags- und Liquiditätslage sowie an Informationen über bevorrechtigte Zugriffsmöglichkeiten anderer Gläubiger im Insolvenzfall. Konflikte entstehen, wenn Qualität und Quantität des Informationszugangs mit der Höhe des jeweiligen Engagements und der daraus resultierenden Machtposition gegenüber dem Unternehmen variieren. Kleinere Gläubiger sind vorwiegend auf veröffentlichte Jahresabschlüsse angewiesen, während Großgläubigern i. d. R. auch andere, vor allem interne Informationsquellen zur Verfügung stehen.

(4) Öffentlichkeit

Neben den Anteilseignern und den Gläubigern kann die Öffentlichkeit i. S. der nicht organisierten Gesamtheit der Staatsbürger (Öffentlichkeit als Ganzes) zu den Adressaten der Rechenschaft gezählt werden. Auch wenn keine unmittelbaren rechtlichen oder geschäftlichen Beziehungen zu Unternehmen bestehen, muss die Frage, ob seitens der Öffentlichkeit ein eigenständiger Anspruch auf Rechenschaft besteht, zumindest dort bejaht werden, wo die Rechenschaftslegung in öffentlicher Form (Publizität) zu erfolgen hat. Da Publizität einen Wert nur in Bezug auf bestimmte Empfänger erfährt, erscheint auch die Öffentlichkeit selbst als anspruchsberechtigter Adressat mit eigener Interessenlage. Die Legalisierung des Publizitätsanspruchs der Öffentlichkeit durch im HGB, AktG, GenG und PublG niedergelegte und im öffentlichen Interesse zu erfüllende

- Offenlegungspflichten (§§ 325, 339, 340l, 341l HGB; §§ 9, 15 PublG),
- Mitteilungspflichten (z. B. §§ 20, 21 AktG),
- Berichterstattungspflichten (zwingende Natur der §§ 284, 285, 289 HGB und des § 160 AktG) sowie
- Prüfungspflichten (§§ 316, 340k, 341k HGB; § 53 GenG; §§ 6, 14 PublG)

dient letztlich dem generellen Schutzbedürfnis der Allgemeinheit bezüglich Einkommens-, Vermögens-, Arbeitsplatz- und Konsumsicherung. Obwohl infolge der heterogenen Zusammensetzung der Öffentlichkeit sowie deren fehlender finanzieller Beteiligung am Unternehmen keine konkreten Informationsansprüche hergeleitet werden können, erfüllt die Rechnungslegungspublizität doch eine wichtige Kontrollfunktion mit nicht zu unterschätzender regulativer Wirkung auf Bildung und Einfluss der öffentlichen Meinung.

(5) Fiskus

Die Informationsbedürfnisse des Fiskus sind von anderen Überlegungen als die der sonstigen Bilanzempfänger geprägt. Da die Besteuerung der tatsächlichen Leistungsfähigkeit eines Unternehmens angestrebt wird, richtet sich das Interesse auf einen weder nach oben noch nach unten manipulierten, möglichst zutreffenden Ausweis von Erfolg und Vermögen. Die zu diesem Zweck erforderliche Rechnungslegung erfolgt durch spezielle, nach Steuergesetzen erstellte Steuerbilanzen. Der Rechnungslegung mittels Steuerbilanzen wird eine wichtige Kontrollfunktion beigemessen: Es geht um die Einhaltung der steuerlichen Rechtsvorschriften und um die ordnungsmäßige Ermittlung der Steuerbemessungsgrundlagen. Im Vordergrund steht ein unmittelbar auf Zahlungsbemessung gerichtetes finanzielles (fiskalisches) Interesse (zum Steuersystem vgl. Bd. 1: Grundfragen, 10. Aufl., Abschn. 2.1.1 u. Abschn. 2.1.2).

(6) Arbeitnehmer

Nicht durch Bilanzrecht anerkannte Informationsinteressen besitzen die Arbeitnehmer (Belegschaft). Ihre finanziellen Informations- und Kontrollansprüche leiten sich weitgehend aus anderen gesetzlichen Regelungen ab, wie z. B. den §§ 43 Abs. 2, 80 Abs. 2, 106 Abs. 2 und 3, 108 Abs. 3–5, 110 Abs. 1 Betriebsverfassungsgesetz sowie §§ 90, 111 AktG i.V.m. § 7 Mitbestimmungsgesetz. Die vor allem aus dem Betriebsverfassungsgesetz den Arbeitnehmern (Betriebsrat) zustehenden eigenen Informationsansprüche gehen teilweise weit über den Informationsgehalt der externen Rechnungslegung hinaus (im Einzelnen vgl. hierzu Bd. 1: Grundfragen, 10. Aufl., Abschn. 3.5.2.2 u. Abschn. 3.5.2.3). Eine Begründung dafür ist darin zu sehen, dass neben einem finanziellen Informationsinteresse zur Geltendmachung von Einkommensansprüchen der Informationsbedarf der Arbeitnehmer vornehmlich durch ausgeprägte nichtfinanzielle Interessen bestimmt ist. Das ergibt sich aus dem direkten Einfluss bestimmter betrieblicher Entscheidungen, insbesondere solcher im Bereich von Programm-, Verfahrens- und Beschäftigungsänderungen, und den damit häufig verbundenen Konsequenzen bezüglich Umschulung, Arbeitsplatzwechsel oder vorzeitiger Pensionierung auf die Arbeits- und Existenzbedingungen der Belegschaft. Arbeitnehmerentscheidungen infolge solcher Anlässe benötigen nichtfinanzielle Informationen, die ein auf Zahlungsvorgängen begründetes Zahlenwerk, wie es die Bilanz darstellt, prinzipiell nicht liefern kann. Demzufolge besitzen auch die auf dieser Basis fakultativ erstellten Sozialbilanzen (vgl. hierzu Abschn. 3.2.3.7.1) nur begrenzten zusätzlichen Informationsgehalt. Auch dem Sozialbericht als Teil der gesetzlichen Lageberichterstattung im Rahmen des Geschäftsberichts kommt nur eine vergleichsweise geringe Bedeutung als Instrument zur Informationsvermittlung gegenüber Arbeitnehmern zu.

Hinsichtlich des **zwischen** den verschiedenen Interessengruppen bestehenden **Konfliktpotenzials** sei insbesondere auf die Interessengegensätze zwischen den Informationsgebern (Unternehmensleitungen, die gleichzeitig selbst Interessenten darstellen) und allen anderen Informationsempfängern bezüglich der **bilanzpolitischen** Möglichkeiten der Informationsbeeinflussung durch die Unternehmensleitung einerseits sowie auf die zwischen dem Fiskus und den übrigen Interessengruppen bestehenden Interessenkollisionen andererseits hingewiesen. So geraten die Informationsinteressen von **Unternehmensleitungen** in zwei Richtungen mit den Interessen anderer Gruppen in Konflikt: War im Abrechnungszeitraum eine negative Geschäftsentwicklung zu verzeichnen, besteht der Anreiz, durch die Abgabe nicht sachgerechter Informationen über die Vermögens- und Ertragslage die Ausübung von Eingriffsrechten durch die **Eigentümer** bzw. die Einleitung von Notmaßnahmen seitens der **Gläubiger** zu verhindern. Ebenso kann auf der anderen Seite eine außergewöhnlich positive Geschäftsentwicklung Unternehmensleitungen dazu veranlassen, die Vermögens- und Ertragslage schlechter als den Tatsachen entsprechend darzustellen, um z. B. anstehenden Lohnforderungen der **Arbeitnehmer** besser begegnen zu können bzw. eine Minderung der **Steuerlast** zu erreichen. Die Möglichkeiten und Maßnahmen der **Bilanzpolitik** erweisen sich demgemäß als unternehmenspolitisch einsetzbares Konfliktausgleichspotenzial in der Hand der Informationsgeber.

Als **Konfliktlösungsstrategie** kommt den Rechnungslegungsvorschriften die Aufgabe zu, eine Abwägung der verschiedenen Interessen der Bilanzadressaten zu gewährleisten. Das Instrument zur Sicherstellung der Ansprüche der einzelnen Interessengruppen ist eine entsprechende Normierung im Bilanzrecht. Dabei ist bezüglich des Informationsumfangs sowohl eine Abgrenzung nach unten (Mindestinformation) als auch nach oben (Mindestgeheimhaltung) zu berücksichtigen. Es ist darüber hinaus die Aufgabe der **Bilanzanalyse**, das vorhandene Informationsmaterial nach spezifischen Adressatenwünschen und entsprechend der konkreten Entscheidungssituation aufzubereiten und auszuwerten.

3.2.2.3 Zahlungsbemessungszweck der Bilanz

Die Bilanz ist Ausgangspunkt der Berechnung verschiedener, von einer Unternehmung zu leistender Zahlungen. Von Interesse sind dabei nur solche Zahlungsansprüche, die nicht bereits vertraglich fixiert, sondern **ergebnisabhängig** sind. Neben der Feststellung, ob und in welcher Höhe ein verteilungsfähiger Betrag entstanden ist (Gewinnermittlung, Gewinnausweis), muss deshalb über die **Verteilung** dieses Betrages an die verschiedenen Anspruchsberechtigten entschieden werden. Dabei sind stets die **Nebenbedingungen** der Fortführung des Unternehmens und der fristgemäßen Befriedigung der Gläubigeransprüche einzuhalten. Probleme bei der Bemessung der den einzelnen Anspruchsberechtigten zustehenden Zahlungen ergeben sich, weil

- der verteilungsfähige Betrag kein objektiv bestimmbarer Wert, sondern von subjektiven Zielsetzungen und Prämissen abhängig ist, und
- die verschiedenen Anspruchsberechtigten unterschiedliche, z. T. auch konfliktäre Interessen hinsichtlich der Verteilung dieses Betrages haben.

Sowohl die Ermittlung (= Bilanzierung dem Grunde und der Höhe nach) als auch die Kompetenz zur Verwendung (= Ausschüttung, Kapitalrückzahlung oder Thesaurierung) des verteilungsfähigen Betrages bedürfen daher einer Regelung.

Die Bilanzierung dem Grunde nach (was wird bilanziert) ist ebenso wie die Bilanzierung der Höhe nach (wie wird bilanziert) stets interessen- und situationsabhängig, d. h. die «richtige» Ermittlung des einem Gut zuzuordnenden Betrages (Bewertung) ist nur im Hinblick auf eine bestimmte Zielsetzung und Entscheidungssituation möglich. Eine so verstandene, entscheidungsorientierte Bilanzierung kann jedoch im HGB und AktG nicht gesetzlich fixiert werden, da sie individuell verschiedene Wertansätze, mithin unterschiedliche zu verteilende Beträge zur Folge hätte und somit den Grundsätzen der Nachprüfbarkeit widersprechen würde. Die Ansatz- und Bewertungsvorschriften gemäß HGB und AktG sind daher Konventionen, die sich grundsätzlich an vergangenheitsorientierten, am Markt realisierten und daher objektivierten Preisen orientieren (Anschaffungswertprinzip, Realisationsprinzip; vgl. Abschn. 3.2.4.1.2). Teilweise jedoch werden diese eher retrospektiv-orientierten Wertansätze zum Zweck des Gläubigerschutzes durch prospektive Schätzwerte ersetzt (Niederstwertprinzip, Imparitätsprinzip; vgl. dazu Abschn. 3.2.4.1.2). Mit dem In-Kraft-Treten des BilMoG am 29. 5. 2009 hat zudem eine verstärkte Zeitwertorientierung der Bewertung – sog. Fair Value Bewertung – Eingang in das HGB gefunden (vgl. die Abschnitte 3.2.4.3.5 und 3.2.4.1.1).

Nicht nur die Ermittlung, sondern insbesondere auch die Verwendung des verteilungsfähigen Betrages ist abhängig von der Interessenlage des zur Verteilung Berechtigten und bedarf daher einer spezifizierten Kompetenzregelung. Für den Fall einer Aktiengesellschaft sind dabei vor allem drei Konfliktbereiche hinsichtlich der Zahlungsbemessungsinteressen von Bedeutung (vgl. Abb. 4.3.8; Wagner [Gewinnverwendung] 490):

(1) Der Konflikt zwischen Aktionären und Gläubigern (Konfliktbereich K1) resultiert aus den sich konträr gegenüberstehenden Interessenlagen der Gläubiger nach Sicherung eines Haftungsvermögens und der Aktionäre nach möglichst hoher Ausschüttung. Dieser Konflikt kann nur dadurch geregelt werden, dass maximal der Teil des Vermögens als ausschüttungs- und verteilungsfähig gilt, der mindestens das Fremdkapital sowie zusätzlich ein gesetzlich fixiertes Haftungskapital übersteigt. Folglich muss, unabhängig von der Kompetenz zur Verwendung, ein Teil des Vermögens, nämlich in Höhe des gezeichneten Kapitals, der Kapitalrücklage, der gesetzlichen Rücklage, der Rücklage für Anteile an einem herrschenden oder mit Mehrheit beteiligten Unternehmen und des Fremdkapitals, von der Verteilung ausgeschlossen sein (Ausschüttungssperre; in Abb. 4.3.8 durch die doppelt umrahmte obere Fläche gekennzeichnet).

(2) Die Regelung zur Ausschüttungssperre lässt für den Konflikt zwischen **Aktionären und Verwaltung** (Konfliktbereich **K2**) einen begrenzten Lösungsraum offen, der sich auf die satzungsmäßigen Rücklagen, die anderen Gewinnrücklagen und den Jahresüberschuss erstreckt. Da der Bestand der ausschüttungsfähigen Teile der Gewinnrücklagen i. d. R. in die Kompetenz der **Unternehmensverwaltung** fällt (§ 172 AktG: Vorstand und Aufsichtsrat), kann der eigentliche Konfliktbereich indes auf die Verwendung des Jahresüberschusses eingegrenzt werden. Allerdings ist zu berücksichtigen, dass es sich hierbei um einen durch Verlustvortrag sowie um die Zuführung zu den gesetzlichen Rücklagen verminderten Jahresüberschuss handelt. Die Aufteilung dieses Konfliktpotenzials könnte grundsätzlich entweder vollständig den **Aktionären** (so tendenziell der Regierungsentwurf zu § 58 AktG 1965) oder vollständig der **Unternehmensleitung** (so im alten AktG von 1937 geregelt) überlassen werden. Der Gesetzgeber des AktG 1965 hat jedoch als dritte Lösungsmöglichkeit einen **Kompromiss** zwischen diesen beiden Alternativen realisiert, indem er die Gewinnverwendungskompetenz nach § 58 Abs. 2 Satz 1 AktG grundsätzlich je zur Hälfte auf Aktionäre und Unternehmensleitung übertragen hat (50 %-Regel).

Bilanzposten		Konfliktbereiche	Kompetenzbereich
Gezeichnetes Kapital			Kompetenzabgrenzung gemäß § 57 Abs. 1 Satz 1 AktG § 57 Abs. 3 AktG § 150 AktG § 272 Abs. 4 HGB
Kapitalrücklage			
Fremdkapital			
Bestand der Gewinnrücklagen	gesetzliche Rücklage	K 1	
	Rücklage für Anteile an einem herrschenden oder mehrheitlich beteiligten Unternehmen		
	satzungsmäßige Rücklagen		Kompetenz der Unternehmensleitung § 172 AktG § 58 Abs. 2 AktG § 58 Abs. 2a AktG
	andere Gewinnrücklagen		
Jahresüberschuss	Bildung von Gewinnrücklagen durch die Unternehmensleitung	K 2	
	Bilanzgewinn (ohne Auflösung von Gewinnrücklagen)	K 3	Kompetenz der Hauptversammlungsmehrheit § 58 Abs. 3 AktG § 174 Abs. 1 AktG
			Kompetenzabgrenzung aufgrund von § 254 AktG

Abbildung 4.3.8: Kompetenzregelung nach Aktien- und Handelsrecht

Damit sollte sowohl den Interessen der Aktionäre nach Ausschüttung als auch den Interessen der Unternehmensleitung nach Bildung von Haftungsvermögen Rechnung getragen werden. Per Satzung kann die Gewinnverwendungskompetenz der Unternehmensverwaltung allerdings weiter eingeschränkt werden (§ 58 Abs. 2 Satz 2 AktG). Durch Satzungsermächtigung kann andererseits aber auch die Verwaltung im Rahmen der dann zu beachtenden Gewinnthesaurierungsbeschränkung des § 58 Abs. 2 Satz 3 AktG über den vollen Jahresüberschuss verfügen und diesen in die anderen Gewinnrücklagen einstellen (BGH-Urteil v. 1.3.1971, II ZR 53/69).

(3) Für einen Konflikt zwischen **Mehrheits- und Minderheitsaktionären** (Konfliktbereich **K3**), dessen Ursachen in unterschiedlichen Konsumpräferenzen, Alternativanlagen, Planungszeiträumen oder Steuersätzen liegen können, verbleibt als Lösungsraum der der **Hauptversammlung** zur Beschlussfassung vorgelegte Bilanzgewinn (§ 174 AktG). Dieser Konflikt, der i.d.R. im Interesse nach Einbehaltung des zu verteilenden Bilanzgewinns einerseits und dem Interesse nach Ausschüttung dieses Betrages andererseits zum Ausdruck kommt, wird durch das Anfechtungsrecht des § 254 Abs. 1 AktG geregelt, das den Minderheitsaktionären das Recht auf eine **Mindestausschüttung** in Höhe von 4 % des Grundkapitals einräumt (in Abb. 4.3.8 durch die untere umrahmte Fläche gekennzeichnet).

Durch die gesetzliche Schlichtung der drei genannten Konflikte wird das Überleben der Institution «Unternehmen» nach allen Richtungen abgesichert: den Gläubiger- und Arbeitnehmerinteressen wird durch **Höchstgrenzen** der Ausschüttung, den Interessen der Minderheitsgesellschafter durch **Mindestausschüttungen** Rechnung getragen; die Verteilung des Jahresüberschusses wird durch die aktienrechtliche **Kompromisslösung** zu gleichen Teilen von Aktionärs- und Leitungsinteressen bestimmt.

Darüber hinaus sind die Zahlungsbemessungsinteressen des **Fiskus** zu berücksichtigen, deren Bemessungsgrundlage jedoch durch gesonderte Rechnungslegungsinstrumente, wie z.B. **Steuerbilanzen**, ermittelt wird. Da einziger Zweck von Steuerbilanzen die Bestimmung der für fiskalische Zahlungen maßgeblichen Bezugsgröße ist, bedarf diese Rechnung keiner Kompetenzregelung; vielmehr liegt der Schwerpunkt in der Bestimmung des als Besteuerungsgrundlage dienenden Betrages. Den Ausgangspunkt hierfür bildet gleichwohl die Handelsbilanz – sog. **Maßgeblichkeitsgrundsatz**, der allerdings durch steuerliche Ansatz- und Bewertungsvorbehalte durchbrochen wird (dazu im Einzelnen vgl. Abschn. 3.2.4.4.1).

3.2.3 Systematik der Bilanzen (Bilanzarten)

Kaufmännische Praxis und betriebswirtschaftliche Theorie haben in Abhängigkeit von den jeweils mit der Bilanz verfolgten Zielsetzungen (Zweckpluralismus der Bilanzierung) mannigfaltige Erscheinungsformen der Bilanz (**Bilanzarten**) entwickelt. Aus der materiellen Kennzeichnung der Bilanz (vgl. Abschn. 3.2.1) können im Prinzip ebenso viele Bilanzarten wie Bilanzierungszwecke abgeleitet werden. Abb. 4.3.9, vermittelt einen **Überblick** über die nach verschiedenen Unterscheidungsmerkmalen differenzierbaren Bilanzarten.

Die in der dargestellten Typologie aufgeführten Bilanzarten lassen sich im Rahmen dieser Einführung nicht alle umfassend beschreiben. Dennoch erlaubt die gewählte Systematik eine komprimierte Darstellung der wesentlichen Grundzüge auch jener Teilgebiete der Bilanzlehre, die wie die Bilanztheorie, die Sonderbilanzierung oder Probleme inflationsbereinigter und gesellschaftsbezogener Rechnungslegung traditionell jeweils eigene Kapitel beanspruchen. Der besonderen Bedeutung gesetzlich vorgeschriebener Bilanzen wegen werden allerdings Handelsbilanz und Steuerbilanz sowie die Konzernbilanz in Abschn. 3.2.4 und Abschn. 3.2.5 ausführlich behandelt.

3.2.3.1 Bilanzkonzeptionen

Unter einer **Bilanzkonzeption (Bilanztheorie, Bilanzauffassung)** sind alle Versuche zu verstehen, die darauf gerichtet sind, Bilanzinhalt und Wertansätze von Bilanzpositionen nach einem einheitlichen Prinzip zu deuten.

Jede Bilanzkonzeption ist dabei sowohl unter Berücksichtigung der jeweils geltenden gesetzlichen Vorschriften als auch im Spiegel des jeweils vorhandenen Erkenntnisstandes der betriebswirtschaftlichen Forschung, also ihres historischen Umfeldes, zu betrachten.

Der Versuch, bestimmte Entwicklungsstufen einer betriebswirtschaftlichen Bilanztheorie näher zu kennzeichnen (vgl. Schneider [Entwicklungsstufen] 158 ff.), erlaubt eine Unterscheidung nach drei Phasen:

(1) Grundsatzdiskussion (Ziel, Wesen, Inhalt der Bilanz) durch die sog. klassischen Bilanzauffassungen (1884–1930);
(2) Einzelproblemauseinandersetzung (Bilanzierungsgrundsätze, Teilwertdiskussion, Scheingewinn) mit Fragen der Bilanzierungspraxis (30er Jahre des letzten Jahrhunderts);
(3) Weiterentwicklung zur sog. neueren Bilanzdiskussion durch kapitaltheoretische und informationsbezogene Ansätze (ab Mitte der 60er Jahre des letzten Jahrhunderts).

Zu den klassischen Bilanzauffassungen werden insbesondere die als statisch, als dynamisch und als organisch bezeichneten Interpretationen des Bilanzinhalts gerechnet. Die geltende Rechnungslegungspraxis ist nahezu ausschließlich dem Gedankengut von statischer und dynamischer Bilanztheorie verpflichtet.

3.2.3.1.1 Vermögensausweisbilanzen (statische Bilanztheorie)

Statische Bilanzkonzeptionen stellen den Gesichtspunkt des «richtigen Vermögensausweises» bei der Bilanzaufstellung in den Vordergrund (Theorien der Vermögensausweisbilanzierung).

Bilanzarten 513

Unterscheidungs-merkmal	Bilanzarten (i.w.S.)							
Bilanz-konzeption	Vermögensausweis-bilanzen	Erfolgsausweis-bilanzen			Tageswert-bilanzen	Kapitaltheoretische Bilanzen		Informationsbezogene Konzepte
Bilanzierungs-häufigkeit	regelmäßig erstellte, ordentliche Bilanzen			unregelmäßig bzw. einmalig erstellte, außerordentliche Bilanzen (Sonderbilanzen)				
		Gründungs-bilanzen	Währungs-eröffnungs-bilanzen	Umwand-lungs-bilanzen	Auseinander-setzungs-bilanzen	Sanierungs-bilanzen	Vergleichs-bilanzen	Liquidations-bilanzen	Insolvenz-bilanzen
Bilanzierungs-zeitraum	Periodenbilanzen							Total-bilanzen
	Zwischenbilanzen				Jahresbilanzen			
	Tages-bilanzen	Wochen-bilanzen	Monats-bilanzen	Quartals-bilanzen	Halbjahres-bilanzen			
Zeitbezug der Bilanz	Retrospektive (Ist-) Bilanzen					Prospektive (Plan-) Bilanzen		
Bilanzinhalt und Zeitdimension der Bilanzierung	Bestände-bilanzen	Bewegungsrechnungen				Intensitätsrechnungen		
		Erfolgs-rechnungen	Cashflow-Rechnungen	Kapitalfluss-rechnungen		Erfolgsveränderungs-rechnungen	Bewegungsdiffe-renzenrechnungen	
Abrechnungs-kreis	Einzelbilanzen					zusammengefasste Bilanzen		
						Gemeinschaftsbilanzen	Konzernbilanzen	
Bilanzempfänger	externe Bilanzen						interne Bilanzen	
Bilanzierungsanlass	gesetzlich vorgeschrieben				vertraglich vereinbart		freiwillig erstellt	
	Handelsbilanzen	Steuerbilanzen		Vermögens-aufstellung	z. B. Kreditwürdig-keitsbilanzen, Liquiditätsbilanzen	Sozialbilanzen	Ökobilanzen	interne Bilanzen
		Ertragsteuer-bilanz						

Abbildung 4.3.9: Bilanzarten

Kennzeichnend für statische Bilanzauffassungen (Vertreter u.a.: *H. V. Simon* 1886, *H. Nicklisch* 1876–1946, *W. Le Coutre* 1885–1965) ist, dass Bestände an Vermögen und Schulden und das daraus resultierende Reinvermögen für einen Stichtag zu ermitteln und detailliert (insbesondere für bilanzanalytische Zwecke) auszuweisen sind. Die statische Bilanzlehre stellt daher einerseits eine Gliederungslehre der Bilanz dar. Anderseits wird der Fähigkeit des Vermögens, die Schulden zu decken – Vermögen gilt als «Schuldendeckungspotenzial» – Priorität zuerkannt. Für die Bewertung des Vermögens ist entscheidend, ob Zerschlagung oder Fortführung des Unternehmens unterstellt wird und somit Einzelveräußerungspreise oder Anschaffungspreise, evtl. vermindert um Abschreibungen, anzusetzen sind. Die von der statischen Bilanzauffassung überwiegend vertretene Erhaltungskonzeption ist die der nominalen (nominellen) Kapitalerhaltung.

> **Nominale Kapitalerhaltung** bedeutet die Erhaltung eines geldziffernmäßig bestimmten Ursprungskapitals unter der Berücksichtigung des Prinzips «Mark = Mark».

Die Erfolgsrechnung (Gewinn- und Verlustrechnung) in die statische Konzeption einzubeziehen, bereitet Schwierigkeiten: Ihr ist keine inhaltliche, sondern lediglich eine buchtechnische Beziehung zur Bilanz eigen. Die Erfolgsermittlung in der Gewinn- und Verlustrechnung erfolgt deshalb auch ausschließlich im Dienste der Reinvermögensermittlung: Gewinne stellen Reinvermögensmehrungen, Verluste Reinvermögensminderungen dar. Der vermögensrechnerische Aspekt der statischen Bilanzauffassungen ist Grundlage zentraler handelsrechtlicher Vorschriften zur Aufstellung von Inventar und Bilanz (vgl. bes. §§ 240, 242, 264 HGB). Über diese Generalnormen nimmt das Gedankengut der statischen Bilanzkonzeptionen aber auch überall dort auf den Einzelfall der Rechnungslegung Einfluss, wo es um die Beurteilung des «richtigeren» (einsichtigeren) Vermögensausweises geht. Darüber hinaus basieren Handels- und Steuerrecht auf dem Nominalwertprinzip.

3.2.3.1.2 Erfolgsausweisbilanzen (dynamische Bilanztheorie)

3.2.3.1.2.1 Dynamische Bilanz i.e.S.

Die dynamische Bilanztheorie ist von E. Schmalenbach (1873–1955) im Jahr 1919 durch seine Schrift: «Grundlagen dynamischer Bilanzlehre» begründet worden.

> Hauptanliegen der **dynamischen Bilanzkonzeption** ist die Ermittlung eines «vergleichbaren Periodenerfolges», der als Indikator von Auf- und Abwärtsentwicklungen eines Unternehmens der Betriebssteuerung dient (Theorie der Erfolgsausweisbilanzierung).

Entsprechend kommt der Gewinn- und Verlustrechnung bei der Bilanzaufstellung und dem Bewertungsaspekt die zentrale Bedeutung zu. In der Gewinn- und Verlustrechnung werden alle zahlungswirksamen Geschäftsvorfälle abgerechnet, die in der Abrechnungsperiode erfolgswirksam sind. Fallen Zahlungs- und Erfolgswirkung auseinander, entstehen «schwebende Posten», die solange in der dynamisch, durch die Komponenten der Wertbewegung (Ausgaben, Einnahmen, Aufwand, Ertrag bzw. Leistung) interpretierten Bilanz («Kräftespeicher der Unternehmung») ausgewiesen werden, bis sie durch die korrespondierenden Erfolgsvorgänge ausgelöst werden. Die Bilanz stellt sich demgemäß als ein umfassendes Konto der Rechnungsabgrenzung dar.

Die Bewertung hat stets so zu erfolgen, dass die «absolute» Richtigkeit der Bilanzansätze gegenüber der «relativen» Richtigkeit i.S. einer interperiodischen Vergleichbarkeit zurücktritt. Im Gegensatz zur statischen steht bei der dynamischen Bilanzlehre daher die Bewertungslehre im Vordergrund. Die Rechnung hat dabei den folgenden Prinzipien zu entsprechen:

- Kongruenz (Summe der Periodenerfolge = Totalerfolg),
- Methodenstetigkeit (prinzipielle Beibehaltung einmal vorgenommener Bilanzansätze bzw. Bewertungsverfahren),
- Sicherheit der Rechnung (Bevorzugung sicherer, aber weniger exakter Verfahren) und – obwohl aus «dynamischer» Sicht nicht systemgerecht, so doch pragmatisch notwendig –
- Vorsicht (Höhergewichtung der Verlustgefahr gegenüber der Gewinnchance).

Das von *Schmalenbach* vertretene Erhaltungskonzept ist das der realen, durch Kaufkraftindex korrigierten Kapitalerhaltung.

> Reale Kapitalerhaltung hat die Erhaltung eines geldziffernmäßig bestimmten Ursprungkapitals in Einheiten gleicher Kaufkraft zum Ziel.

Entscheidend weiterentwickelt wurde das *Schmalenbach*'sche Bilanzkonzept durch E. *Walb* (finanzwirtschaftliche Bilanz) und E. *Kosiol* (pagatorische Bilanz).

3.2.3.1.2.2 Finanzwirtschaftliche Bilanz

Walb (1880–1946) geht von der grundsätzlichen Erkenntnis aus, dass sich der Unternehmensprozess auf der Grundlage eines Leistungsstroms und eines diesem gegenläufigen Zahlungsstroms abwickelt, wobei jeder Leistung eine gleichzeitige oder zukünftige Zahlung entspricht. Folglich werden Konten der Leistungs- und der Zahlungsreihe unterschieden, sodass jeder Geschäftsvorfall zwei Buchungen entweder innerhalb einer Kontenreihe oder auf einem Leistungskonto und einem Zahlungskonto auslöst. Die Konten der Leistungsreihe werden auf das Gewinn- und Verlustkonto abgeschlossen, die Konten der Zahlungsreihe auf das Bilanzkonto, das im einfachsten Fall dem Kassenkonto entspricht. Bilanzposten entstehen durch

Rück- bzw. Nachverrechnung (System von Stornierungen), die notwendig werden, wenn Zahlungs- und Erfolgswirksamkeit von Vorfällen in verschiedenen Perioden liegen. Auch Walb ist Vertreter einer realen, kaufkraftmäßigen Kapitalerhaltung.

3.2.3.1.2.3 Pagatorische Bilanz

Kosiol (1899–1990) erweitert dieses Konzept durch Interpretation auch des Inhalts der *Walb*'schen Leistungsreihe mittels Zahlungsvorgängen. Damit lassen sich sämtliche betrieblichen Vorgänge der Systemidee des pagatorischen Erfolgs unterordnen. Der pagatorische Erfolg, definiert als Differenz zwischen Ertragseinnahmen und Aufwandsausgaben, bedarf allerdings einer Ausweitung des Zahlungsbegriffs über die Barzahlungen hinaus auch auf Verrechnungszahlungen (Vorverrechnung, Tilgungsverrechnung, Rückverrechnung, Nachverrechnung). Durch Ansatz des pagatorischen Wertes, der neben dem Anschaffungswert auch aus dem Markt abgeleitete (derivative) «Zahlungs»-Werte umfassen kann, kommt *Kosiol* zum Grundsatz der nominalen Kapitalerhaltung.

Insbesondere die dynamische Bilanzauffassung *Schmalenbachs* hat die geltenden Bilanzierungsvorschriften entscheidend mitgeprägt. Überall dort, wo es um Fragen der Periodisierung von Vermögensänderungen und damit um die Zurechnung von Erfolgsbestandteilen (Aufwand, Ertrag) auf bestimmte Rechnungsperioden geht, bildet dynamisches Gedankengut die Grundlage der praktischen Rechnungslegung. Die Posten der Rechnungsabgrenzung in der Bilanz (§ 250 HGB) vermitteln hierzu nur einen rudimentären Eindruck; es ist vor allem der gesamte Komplex der Bemessung und periodischen Verteilung der Abschreibungen von Anlage- und Umlaufvermögen (§ 253 Abs. 3 und 4 HGB), durch den die Konzeption der Erfolgsausweisbilanzierung in den gesetzlichen Vorschriften zur Rechnungslegung repräsentiert ist.

3.2.3.1.3 Tageswertbilanzen (organische Bilanztheorie)

Vermögensausweis- und Erfolgsausweisbilanzierung sind grundsätzlich durch ihren Monismus in der Aufgabenverfolgung gekennzeichnet. Eine den klassischen Bilanztheorien ebenfalls zuzurechnende, jedoch strukturell von den bisherigen Konzeptionen stark abweichende Bilanzauffassung ist die organische Bilanztheorie.

> Die organische Bilanztheorie stellt eine dem Zweckdualismus von richtiger Erfolgsermittlung und richtiger Vermögensfeststellung verpflichtete Theorie dar (Theorie der Tageswertbilanzierung).

Insbesondere die von *F. Schmidt* (1882–1950) in seinem Werk «Die organische Tageswertbilanz» vor dem Hintergrund der Geldwertschwankungen der zwanziger Jahre des 20. Jahrhunderts entwickelte «organische Tageswertbilanz» macht den Versuch, über eine substanzmäßige Betrachtung dieses doppelte Ziel zu realisieren. Voraussetzung dafür ist die Eliminierung aller Geldwertänderungen in der Bilanz mit Hilfe einer «richtigen» Bewertung. Als richtiger Wert i. S. dieser Theorie gilt der Wiederbeschaffungswert bzw. der Tageswert am Umsatztag. Die Tageswertrechnung hat die Aufgabe, den Umsatzerfolg aus der Geschäftstätigkeit vom preisänderungsbedingten Scheinerfolg zu trennen und erfolgsrechnerisch zu neutralisieren. Letzteres geschieht über ein bilanzielles Wertänderungskonto. Damit wird die Bilanz zum Spiegel der Marktpreise am Bilanzstichtag, und zwar der Tagespreise am Beschaffungsmarkt.

> Im Gegensatz zur realen Kapitalerhaltung finden hier betriebsindividuelle Preisindizes Verwendung, um das Ziel einer relativen, an der gesamtwirtschaftlichen Produktionsentwicklung orientierten Substanzerhaltung zu verwirklichen.

Die organische Bilanztheorie kann als Ausgangspunkt aller Bemühungen angesehen werden, die Rechnungslegung mit dem Ziel einer güterwirtschaftlichen Vermögenserhaltung von Kaufkraftschwankungen freizuhalten. Die unter das Stichwort inflationsbereinigte Rechnungslegung heute zu subsumierenden Konzeptionen der Rechnungslegungstheorie und -praxis stellen Bemühungen i. S. dieser Tageswertorientierung der Bilanzierung dar.

Die geltenden Rechnungslegungsvorschriften sind jedoch primär am Nominalwertprinzip orientiert, wonach der Bilanzierungspflichtige den Gewinn nicht nach den Grundsätzen der Tageswertbilanzierung berechnen darf, sondern diesen nach den Prinzipien der Anschaffungswertbilanzierung zu ermitteln hat. Von einem Zugeständnis gegenüber der Tageswertbilanzierung kann gleichwohl mit der zumindest partiellen Übernahme der international propagierten Fair-Value-Orientierung durch das HGB i. d. F. des BilMoG vom 25.5.2009 gesprochen werden: § 253 Abs. 1 HGB sieht für bestimmte Vermögensgegenstände i. V. m. Altersversorgungsverpflichtungen den Ansatz des «beizulegenden Zeitwertes» nach § 255 Abs. 4 HGB vor. Ebenso lassen sich einzelne steuerliche Bewertungszugeständnisse, wie die Reinvestitionsrücklage nach § 6b EStG oder die Rücklage für Ersatzbeschaffung gemäß Abschn. 6.6 EStR mit dem Gedanken der Tageswertbilanzierung in Verbindung bringen.

Ein grundsätzliches Bewertungswahlrecht für den Ansatz von Wiederbeschaffungswerten eröffnete bereits die 4. EG-Richtlinie vom [25.7.1978] (sog. Bilanzrichtlinie) den damaligen Mitgliedstaaten durch Art. 33. Dieses Wahlrecht wurde jedoch nicht in das deutsche Transformationsgesetz (Bilanzrichtliniengesetz: BiRiLiG vom 19.12.1985) und damit in das geltende Handelsrecht übernommen.

3.2.3.1.4 Kapitaltheoretische Bilanzen

Kapitaltheoretische Bilanzen sind der neueren Bilanzdiskussion zuzurechnen (*D. Schneider* 1963, 1968; *H. Münstermann* 1966; *G. Seicht* 1970). Charakteristisch für kapitaltheoretische Bilanzen ist deren Zukunftsbezogenheit und damit ihre investitionstheoretische, auf Zahlungs- bzw. Einkommensgrößen beruhende Grundlage.

> **Kapitaltheoretische Bilanzen** sind ihrer investitionstheoretischen Grundlage gemäß am **Zahlungsbemessungszweck** der Bilanz orientiert und untersuchen insbesondere die Frage, welcher Gewinn einem Unternehmen unter ökonomischen Gesichtspunkten in jeder Periode maximal entzogen werden kann (**ökonomischer Gewinn**).

Bezugsgröße der Unternehmenserhaltung ist bei dieser Bilanzauffassung weder die vergangenheitsorientierte (Einlagen-)Kapitalerhaltung noch die reinvestitionsorientierte Substanzerhaltung, sondern vielmehr der auf die Erhaltung des Unternehmensgesamtwerts gerichtete Ertragswert (Zukunftserfolgswert).

> **Ertragswert** ist der Barwert aller erwarteten zukünftigen Einnahmeüberschüsse der Unternehmung; das Ergebnis seiner Verzinsung entspricht dem **ökonomischen Gewinn**. Der ökonomische Gewinn ist demgemäß der entnahmefähige Betrag bei **Ertragswerterhaltung** (Erfolgskapitalerhaltung), entspricht er doch gerade der Änderung des Ertragswerts (Erfolgskapitals) während einer Abrechnungsperiode bzw. der Verzinsung des Ertragswerts zum Periodenbeginn mit dem Kalkulationszinsfuß.

Kapitaltheoretische Bilanzen lösen die **Zahlungsbemessungsaufgabe** des Jahresabschlusses in theoretisch plausibler Form. Demgegenüber werden die von der **Informationsfunktion** des Jahresabschlusses geforderten Aufgaben nur **unzureichend** erfüllt. Die stark subjektiven Elemente der Kalkulationszinsfußermittlung und die Zukunftsbezogenheit der ökonomischen Erfolgskonzeption lassen zudem den Schluss zu, dass kapitaltheoretische Bilanzen wenig geeignet sind, den nach GoB-Anforderungen (Realisationsprinzip, Objektivierungszwang, Nachprüfbarkeit) erstellten Jahresabschluss zu ersetzen.

3.2.3.1.5 Informationsbezogene Bilanzierungskonzepte

Neben den kapitaltheoretischen Ansätzen sind es die informationsbezogenen Bilanzierungskonzepte, welche die **neuere** Bilanzdiskussion begründen (*A. Moxter* 1966; *W. Busse von Colbe* 1966, 1968; *U. Leffson* 1968; *D. Schneider* 1968).

Ausgangspunkt aller Überlegungen dazu ist die Frage nach dem **Informationsgehalt** sowohl des jeweils geltenden, als auch eines um zusätzliche Rechnungslegungsinstrumente erweiterten Jahresabschlusses.

> **Informationsbezogene Bilanzierungskonzepte** analysieren den **Informationsgehalt** von Jahresabschlussdaten auf deren **Entscheidungsrelevanz** hin; sie stellen Untersuchungen zur Beurteilung und Verbesserung von Jahresabschlussinformationen dar.

Informationsbezogene Bilanzierungskonzepte verfolgen bei Erfüllung dieser Aufgabe eine **empirische** und eine **normative** Absicht:

- Die **empirischen** Ansätze fragen nach dem **tatsächlichen** Informationsgehalt publizierter Jahresabschlüsse. Gemessen werden soll der **Nutzen**, den dieser für die ökonomischen Entscheidungen der Bilanzadressaten zu leisten vermag. Dabei wird insbesondere die **Prognoseeignung** von Jahresabschlussinformationen als ein wesentliches Kriterium seiner Entscheidungstauglichkeit angesehen. Da die Messung der vom Jahresabschluss ausgehenden externen Wirkungen vor allem über die Transaktionsentscheidungen der Eigner börsennotierter Titel und folglich über die Aktienrendite plausibel erscheint, hat in den letzten Jahren der **kapitalmarktorientierte Ansatz** der empirischen Bilanzforschung eine größere Bedeutung erlangt.
- Die **normativen** Ansätze versuchen demgegenüber, zur **Verbesserung** des Informationsgehalts der externen Rechnungslegung beizutragen. Die dazu gemachten Vorschläge reichen von der Offenlegung der bei der Bilanzbewertung in Anspruch genommenen Manipulationsspielräume (D. *Schneider*) über betont auf Zahlungsströmen aufbauende Rechenwerke (A. *Moxter*) bis hin zu Forderungen, die eine Publizität von Investitions- und Finanzplaninformationen, z. B. im Rahmen prospektiver Kapitalflussrechnungen (W. *Busse von Colbe*) vorsehen. Grundlage dieser den Jahresabschluss wenn nicht ersetzenden **(Antibilanzkonzeptionen)**, so doch ergänzenden Konzepte ist die Überlegung, dass der mit Hilfe der traditionellen Bilanz ermittelte Periodengewinn als Indikator der wirtschaftlichen Lage einer Unternehmung untauglich ist, und sich die Bilanzadressaten vielmehr selbst anhand der zu publizierenden Zahlungsströme ein Bild von der Unternehmenssituation machen sollen.

Da den Jahresabschlussinformationen neben einem privaten auch ein **gesellschaftlicher** Nutzen beizumessen ist, werden die vielfältigen Ansätze zur informationsbezogenen Bilanzforschung auch als **Theorien der öffentlichen (externen) Rechnungslegung** bezeichnet (vgl. Coenenberg/Haller/Schultze [Jahresabschluss] 1266 ff.).

3.2.3.2 Bilanzierungshäufigkeit

Die Erstellung von Bilanzen wird überwiegend durch die Notwendigkeit veranlasst, in regelmäßigen Zeitabständen Erfolg und/oder Vermögen einer Wirtschaftseinheit zu ermitteln. Daneben können jedoch auch Anlässe mit außerordentlichem Charakter die Ermittlung von Erfolg und/oder Vermögen und damit die Erstellung einer Sonderbilanz bedingen, wenn die hierzu benötigten Informationen durch die periodische Bilanzierung nicht oder nicht rechtzeitig zur Verfügung stehen.

> **Ordentliche** (reguläre, laufende) **Bilanzen** werden auf Grund gesetzlicher Verpflichtungen (Jahresabschlüsse), vertraglicher Vereinbarungen (regelmäßige Vorlage von Zwischenbilanzen bei einem Kreditgeber) oder auf freiwilliger Basis (als Selbstinformation und Dispositionsgrundlage) in **regelmäßigen Abständen** aufgestellt.

Bei den auf Grund gesetzlicher Verpflichtungen aufzustellenden Bilanzen sind insbesondere die nach §§ 238–289a HGB aufzustellenden Handelsbilanzen und die Steuerbilanzen, die von allen nach §§ 140, 141 AO zur Buchführung verpflichteten Unternehmen erstellt werden müssen, zu unterscheiden (vgl. Abschn. 3.2.4).

> **Außerordentliche Bilanzen (Sonderbilanzen)** werden durch **einmalig oder unregelmäßig** auftretende Ereignisse veranlasst.

Hierzu gehören Anlässe wie die Gründung von Unternehmen, die bei Währungsumstellung zur Neubewertung üblicherweise erforderlichen Eröffnungsbilanzen, die Übertragung von Vermögen auf Unternehmen gleicher oder anderer Rechtsform (Umwandlung und Umgründung), das Ausscheiden eines Gesellschafters aus einer Personengesellschaft (Auseinandersetzung), die Neugestaltung der Finanzierungsgrundlagen (Sanierung) sowie die Auflösung von Unternehmen (Liquidation, Insolvenz mit einhergehender Zerschlagung) im Fall der Beendigung der Geschäftstätigkeit, wobei der Tatbestand der Fortführung oder Auflösung für die Höhe der Bilanzansätze von entscheidender Bedeutung ist (vgl. Eisele/Kühn [Sonderbilanzen] 269 ff.; Eisele/Knobloch [Technik]). Neben diesen einzelwirtschaftlich verursachten Ereignissen können auch gesamtwirtschaftliche, insbesondere außergewöhnliche währungspolitische Ereignisse Sonderbilanzen erforderlich machen (Goldmark-Eröffnungsbilanz 1924, DM-Eröffnungsbilanz 1948, D-Markeröffnungsbilanz 1990).

3.2.3.3 Zeiträume und Zeitbezug der Bilanzierung

Unter dem Bilanzierungszeitraum ist diejenige Periode zu verstehen, deren Geschäftsvorfälle als Grundlage für die Abbildung und Abrechnung in der betrachteten Bilanz dienen. Der Bilanzierungszeitraum wird nach oben durch die Lebensdauer der bilanzierenden Wirtschaftseinheit bzw. den Planungshorizont begrenzt, nach unten durch den verfolgten Bilanzzweck und die Forderung nach ökonomischer Abrechnung.

> **Totalbilanzen** legen die Gesamtlebensdauer eines Unternehmens zugrunde; sie geben das Ergebnis der wirtschaftlichen Betätigung für diese Totalperiode wieder.

Abgrenzungsprobleme hinsichtlich des Auseinanderfallens von Erfolgs- und Zahlungswirksamkeit von Geschäftsvorfällen treten nicht auf. Der Totalerfolg wird als Geldüberschuss oder Geldfehlbetrag ermittelt. Totalbilanzen dienen häufig der geschlossenen Abrechnung und zusammenfassenden Rechnungslegung über abgrenzbare Einzelobjekte oder über in Konsortialausführung übernommene Großaufträge.

> **Periodenbilanzen** rechnen über einen zeitlich begrenzten Abschnitt der Gesamtlebensdauer eines Unternehmens ab.

Fallen Zahlungs- und Erfolgswirksamkeit von Geschäftsvorfällen in verschiedene Teilperioden, so sind zur Herstellung der Vergleichbarkeit der Bilanzen, insbesondere jedoch zur Ermittlung eines vergleichbaren Periodenerfolges, Rechnungsabgrenzungen erforderlich. In der Praxis werden Jahres- und Zwischenbilanzen unterschieden, wobei Letztere täglich (z. B. bei Kreditinstituten) bis halbjährlich aufgestellt werden.

Bilanzen können vergangenheitsorientierten (retrospektiven) und zukunftsorientierten (prospektiven) Inhalt besitzen.

> **Retrospektive Bilanzen** rechnen im nachhinein (ex post) über die Unternehmensentwicklung in der vergangenen Periode (bzw. Totalperiode) ab.

Retrospektive Bilanzen sind daher quantitative Beschreibungs- bzw. Ermittlungsmodelle. Da jedoch nicht ausschließlich über abgewickelte Geschäftsvorfälle abgerechnet wird (wie etwa bei einer Liquidationsbilanz), muss auch bei der retrospektiven Bilanzierung ggf. die künftige Entwicklung in geeigneter Weise Berücksichtigung finden. Die dynamische Interpretation des Bilanzinhalts als Kräftereservoir des Unternehmens verdeutlicht dies: Bei der Bilanzierung einer Maschine entscheiden erst die in Zukunft verrechneten (und verdienten) Abschreibungen bzw. ein zukünftig erzielter Veräußerungserlös über die Angemessenheit des ursprünglichen Bilanzansatzes. Werden Forderungen bilanziert, bestätigt erst die in der Zukunft tatsächlich erfolgende Begleichung der Forderungen den Bilanzansatz. Damit kann auch die retrospektive Bilanz als Zukunftsrechnung interpretiert werden.

> **Prospektive** (Plan-, Zukunfts-, Ex ante-) **Bilanzen** legen entweder die Entwicklung eines Unternehmens normativ fest oder zeigen die bilanziellen Auswirkungen fortgeschriebener unternehmerischer Teilplanungen auf.

In beiden Fällen werden zukünftige und folglich mit Unsicherheit behaftete Größen zugrunde gelegt. Soweit prospektive Bilanzen lediglich die Auswirkungen fortgeschriebener unternehmerischer Teilplanungen aufzeigen und damit keine Dispositionswirkung auf die Gestaltung der in sie eingehenden Größen besitzen, haben sie Erklärungsmodellcharakter; sie werden auch als Bilanzprognosen oder **Prognosebilanzen** bezeichnet. Legen prospektive Bilanzen das zukünftige Bilanzbild einer Unternehmung normativ fest, so nehmen sie den Charakter von Entscheidungsmodellen an.

3.2.3.4 Bilanzinhalte

Bilanzen sind Geldrechnungen; sie können deshalb unmittelbar auch nur **finanzielle Maßgrößen** zum Ausdruck bringen. Die nach dem Unterscheidungsmerkmal «Bilanzinhalt» vorzunehmende Systematisierung erfolgt dementsprechend nach der der Bilanz zugrunde liegenden, an Zahlungsvorgängen orientierten **finanzwirtschaftlichen** Dimension. Der inhaltlichen Charakterisierung liegt damit zugleich die zeitliche Kennzeichnung der Bilanzierung zugrunde.

3.2.3.4.1 Beständebilanzen

> **Beständebilanzen** (Bilanzen im engeren Sinne) weisen das am Bilanzstichtag vorhandene Bilanzvermögen und Bilanzkapital in der Dimension Geldeinheiten aus.

Die Beständebilanz kann deshalb auch nur die Höhe des Bilanzvermögens und Bilanzkapitals am Stichtag, nicht jedoch deren Zustandekommen und die ihnen zugrunde liegenden Vorgänge zeigen. Gegenläufige Bewegungen sind in den Bestandsgrößen saldiert, sodass das Ausmaß und die zeitliche Struktur der vollzogenen Bewegungen verborgen bleiben.

Bei finanzwirtschaftlicher Erklärung des Bilanzinhalts lassen sich die Bestände jedoch auch als **Bewegungsresiduen**, als Ergebnis fortwährenden Umschlags, interpretieren. Hierzu wird die Vermögensseite der Bilanz in einen **Zahlungsbereich** und einen **Investitionsbereich** unterteilt. Die Kontengruppe des Zahlungsbereichs umfasst das Geldvermögen und die Kontengruppe des Investitionsbereichs das Realvermögen; diesen steht der Kapitalbereich als rechnerische Kontrollgröße gegenüber. Während die Aktivseite der Bilanz in der Geld-Gut-Beziehung den betrieblichen Umsatzprozess repräsentiert, wird der **Kapitalbereich** vom betrieblichen Umsatzprozess nur dann berührt, wenn von außen neue Mittel zufließen (**Außenfinanzierung**) oder Kapital zurückbezahlt wird bzw. wenn aus der betrieblichen Leistungserstellung ein Erfolg resultiert, der als Gewinn zu einer Mehrung und als Verlust zu einer Minderung des Eigenkapitals führt (**Innenfinanzierung** in Form der Selbstfinanzierung). Zahlungsbereich, Investitionsbereich und Kapitalbereich sind durch finanzwirtschaftliche Vorgänge verbunden: **Erfolgsunwirksame** Finanzeinnahmen und Finanzausgaben (Rückzahlungen bzw. Ausschüttungen) fungieren als Bindeglied zwischen Zahlungsbereich und Kapitalbereich; **erfolgswirksame** (Erfolgs-)Ausgaben (Investitionen) und (Erfolgs-)Einnahmen (Desinvestitionen) stellen die internen Wertbewegungen in Form von Tauschvorgängen zwischen Zahlungsbereich und Investitionsbereich dar. Aus dieser Sicht wird jeder Bestand in der Bilanz aus der zeitlichen Diskrepanz der jeweiligen bereichsspezifischen Zahlungsvorgänge erklärbar.

3.2.3.4.2 Bewegungsrechnungen

> **Bewegungsrechnungen** geben die wirtschaftlichen Wertbewegungen eines Abrechnungszeitraums in der Dimension Geldeinheiten je Zeiteinheit [GE/t] wieder.

(1) Erfolgsrechnung

Eine Ausprägung derartiger Bewegungsrechnungen stellt die **Erfolgsrechnung** dar, die über die Stromgrößen Aufwand und Ertrag während eines Abrechnungszeitraums Rechenschaft ablegt.

Der Inhalt der aus finanzwirtschaftlicher Sicht zu entwickelnden Erfolgsrechnung ist im Sinne einer **Desinvestitionsrechnung** zu interpretieren. Für die Totalperiode ergibt sich demnach der Erfolg aus der Differenz zwischen Desinvestition (= Einnahmen im Zahlungsbereich) und Investition (= Ausgaben im Zahlungsbereich). Bei den für die Teilperiode typischen zeitlichen Diskrepanzen zwischen Investition und Desinvestition (Ausgaben und Einnahmen) unterbrechen die Erfolgskonten des Kapitalbereichs die unmittelbare Verbindung zwischen Investitions- und Zahlungsbereich und zeichnen die konkreten erfolgswirksamen Vorgänge des Vermögensbereichs noch einmal abstrakt auf. Die Erfolgsrechnung als Desinvestitionsrechnung zeigt damit an, welche Investitionen in der Abrechnungsperiode zu Einnahmen geführt haben (vgl. Abb. 4.3.10).

Ertragsverteilung [GE/t]	Erfolgsrechnung als Desinvestitionsrechnung	Ertrag [GE/t]
Ausgaben früherer Perioden Ausgaben der laufenden Periode Desinvestitionserfolg	Einnahmen der laufenden Periode	

Abbildung 4.3.10: Finanzwirtschaftliche Erfolgsrechnung

(2) Cashflow-Rechnungen

Die Erfolgsrechnung ist auch Ausgangsinstrument der Cashflow-Ermittlung. Grundsätzlich handelt es sich bei der **Cashflow-Rechnung** um eine aus (Erfolgs-)Einnahmen und (Erfolgs-)Ausgaben abgeleitete Bewegungsrechnung.

> Der **Cashflow** stellt grundsätzlich den Teil des Nettozahlungsmittelzuflusses aus dem Umsatzprozess dar, der aus erfolgswirksamen Geschäftsvorfällen resultiert.

Die **Berechnung** des Cashflow kann dabei prinzipiell auf direktem oder indirektem Wege erfolgen. Bei der **direkten** Methode wird der Cashflow als Differenz aus den einnahmewirksamen Erträgen und den ausgabewirksamen Aufwendungen ermittelt:

$$\begin{aligned}&\text{einnahmewirksame Erträge (Ertragseinnahmen)}\\&\underline{-\ \text{ausgabewirksame Aufwendungen (Aufwandsausgaben)}}\\&=\text{Cashflow}\end{aligned}$$

Der Cashflow wird auf **indirekte** Weise bestimmt, wenn der Jahresüberschuss bzw. -fehlbetrag um nicht ausgabewirksame Aufwendungen und nicht einnahmewirksame Erträge korrigiert wird:

> Jahresüberschuss bzw. -fehlbetrag
> + nicht ausgabewirksame Aufwendungen (z. B. Abschreibungen, Aufwendungen für Rückstellungen)
> − nicht einnahmewirksame Erträge (z. B. Zuschreibungen)
>
> = Cashflow

Da bei externer Jahresabschlussanalyse eine Trennung von zahlungswirksamen und zahlungsunwirksamen Aufwendungen und Erträgen grundsätzlich nicht möglich ist, wird häufig auf folgende **vereinfachte indirekte** Berechnungsweise des Cashflow zurückgegriffen:

> Jahresüberschuss bzw. -fehlbetrag
> + Abschreibungen
> − Zuschreibungen
> + Erhöhung der Rückstellungen
> − Verminderung der Rückstellungen
>
> = Cashflow

Insbesondere das letzte Ermittlungsschema macht deutlich, dass der Jahresüberschuss bzw. -fehlbetrag nur bedingt für die Beurteilung des «tatsächlichen» Periodenerfolgs geeignet ist. Während der Jahresüberschuss bzw. -fehlbetrag beispielsweise durch eine bloße Veränderung der Abschreibungspolitik variiert werden kann, bleibt der Cashflow unverändert. Als bilanzpolitisch nur in geringem Umfang manipulierbare Größe bietet sich daher der Cashflow als zusätzlicher **Erfolgs- bzw. Ertragsindikator** an.

Wird der aus (Erfolgs-)Einnahmen und (Erfolgs-)Ausgaben abgeleitete Cashflow um nicht erfolgswirksame Finanzeinnahmen (z. B. erhaltene Anzahlungen auf Bestellungen) bzw. Finanzausgaben (z. B. geleistete Anzahlungen auf Bestellungen) erweitert, so erhält man den **monetären Überschuss**; ein solcher finanzwirtschaftlicher Überschuss, oft auch als «**finanzwirtschaftlicher Cashflow**» bezeichnet, dient als Indikator für die **Finanzierungskraft** eines Unternehmens und ist elementarer Bestandteil der Mittelherkunftseite der im folgenden Abschnitt behandelten Kapitalflussrechnung zur Analyse der betrieblichen Finanzpolitik.

(3) Kapitalflussrechnungen

Zu den Bewegungsrechnungen gehören auch die verschiedenen Arten der Kapitalflussrechnung.

Kapitalflussrechnungen verfolgen den Zweck, auf der Grundlage von Bilanzbestandsänderungen (Nettorechnungen) bzw. den diesen zugrunde liegenden Umsatzakten (Bruttorechnung) Zu- und Abfluss, Herkunft und Verwendung der Unternehmensmittel während des betrachteten Zeitraums abzubilden.

Hierzu gehört zunächst die Veränderungsbilanz (vgl. Abb. 4.3.11) als einfache Beständedifferenzbilanz; sie stellt Vermögens- und Kapitalbestandsdifferenzen einander gegenüber, wobei die ausgewiesenen Differenzen sowohl Mehrungen (positive Differenzen) als auch Minderungen (negative Differenzen) der entsprechenden Bestände zum Ausdruck bringen können. Damit werden Ausmaß und Richtung von Bestandsänderungen offen gelegt, ohne jedoch über die technische Aufbereitung des Bilanzmaterials hinaus gänzlich neue Erkenntnisse zu vermitteln.

Soll [GE/t]	Veränderungsbilanz	Haben [GE/t]
Vermögensmehrungen Vermögensminderungen		Kapitalmehrungen Kapitalminderungen

Abbildung 4.3.11: Veränderungsbilanz

Werden durch einen einfachen formalen Schritt die Beständeminderungen jeweils auf der Gegenseite eingestellt, entsteht aus der Veränderungsbilanz die Nettobewegungsbilanz (vgl. Abb. 4.3.12), deren Seiten als Mittelverwendung und Mittelherkunft interpretiert werden können.

Mittelverwendung [GE/t]	Nettobewegungsbilanz	Mittelherkunft [GE/t]
Vermögensmehrungen Kapitalminderungen		Kapitalmehrungen Vermögensminderungen

Abbildung 4.3.12: Nettobewegungsbilanz

Die durch Saldierung der Bestände zweier aufeinander folgender Stichtagsbilanzen gewonnene Nettobewegungsbilanz bildet die Grundlage für die Beurteilung der Finanzlage eines Unternehmens im Rahmen der externen Bilanzanalyse. Durch eine zweckentsprechende Gliederung der Nettobewegungsbilanz lässt sich der Informationsgehalt sowohl auf die Analyse der gesamten betrieblichen Finanzpolitik als auch spezifisch auf die Liquiditätsbeurteilung ausrichten. Während Aussagen zur Liquiditätssituation regelmäßig eine Gliederung nach der Fristigkeit der zugeflossenen und der Bindungsdauer der verwendeten Mittel erfordern, geht die Analyse der betrieblichen Finanzpolitik auf der Seite der Mittelherkunft überwiegend von den Finanzierungsformen, auf der Seite der Mittelverwendung von den unterschiedlichen Verwendungsarten aus.

Die auf den folgenden Seiten gezeigten, aus zwei Stichtagsbilanzen abgeleiteten **Darstellungen** von Nettobewegungsbilanzen, machen die beiden möglichen Zielsetzungen deutlich.

Die bei externer Analyse nur sehr begrenzt verfügbaren Zuordnungskriterien bezüglich **Bindungsdauer** bzw. **Fälligkeit** der Mittel lassen lediglich Pauschalurteile zur Liquiditätslage zu. Eine näherungsweise Zuordnung könnte an den folgenden Zeitspannen orientiert sein: kurzfristig ≤ 3 Monate, mittelfristig > 3 Monate und ≤ 12 Monate, langfristig > 12 Monate; diesbezüglich brauchbare Hinweise sind zumeist aus ergänzenden Jahresabschlussinformationen, insbesondere aus dem Anhang, zu gewinnen. Präzise Angaben zur Liquiditätsentwicklung sind allerdings nur bei Kenntnis detaillierter Fristangaben und demnach nur bei interner Sicht möglich.

Aktiva		Bilanz der Y&Co. zum 31.12.01		Passiva
I. Anlagevermögen		I. Eigenkapital		370
1. Grundstücke	200	II. Rückstellungen		50
2. Maschinen	140			
3. Finanzanlagen	90	II. Verbindlichkeiten		
II. Umlaufvermögen		1. Anleihen (Restlaufzeit über 5 Jahre)		130
1. Roh-, Hilfs- u. Betriebsstoffe	70	2. Verbindlichkeiten a.L.L.		125
2. Erzeugnisse	60	3. Verbindlichkeiten gegenüber Kreditinstituten		80
3. Forderungen a.L.L.	140			
4. Kasse/Bank	55			
	755			755

Aktiva		Bilanz der Y&Co. zum 31.12.02		Passiva
I. Anlagevermögen		I. Eigenkapital		450
1. Grundstücke	230	II. Rückstellungen		80
2. Maschinen	200			
3. Finanzanlagen	70	II. Verbindlichkeiten		
II. Umlaufvermögen		1. Anleihen (Restlaufzeit über 5 Jahre)		120
1. Roh-, Hilfs- u. Betriebsstoffe	100	2. Verbindlichkeiten a.L.L.		110
2. Erzeugnisse	70	3. Verbindlichkeiten gegenüber Kreditinstituten		100
3. Forderungen a.L.L.	110			
4. Kasse/Bank	80			
	860			860

Fristigkeit der Mittelverwendung	Nettobewegungsbilanz zur Analyse der **Liquiditätslage**			Fristigkeit der Mittelherkunft	
I. *Verwendung kuzfristiger Mittel*			I. *Herkunft kuzfristiger Mittel*		
Kasse/Bank	25		Forderungen a.L.L.		30
Verbindlichkeiten a.L.L.	15	40	II. *Herkunft mittelfristiger Mittel*		
II. *Verwendung mittelfristiger Mittel*			(Andere) Rückstellungen	20	
Erzeugnisse	10		Verbindlichkeiten gegenüber		
Roh-, Hilfs- u. Betriebsstoffe	30	40	Kreditinstituten	20	40
III. *Verwendung langfristiger Mittel*			III. *Herkunft langfristiger Mittel*		
Anleihen (Restlaufzeit über 5 Jahre)	10		(Pensions-) Rückstellungen	10	
			Finanzanlagen	20	
Maschinen	60		Eigenkapital	80	110
Grundstücke	30	100			
		180			180

Mittelverwendung	Nettobewegungsbilanz zur Analyse der betrieblichen **Finanzpolitik**			Mittelherkunft	
I. *Investitionen*			I. *Außenfinanzierung*		
Anlagevermögen			*Eigenfinanzierung*		
Grundstücke	30		Eigenkapital	80	
Maschinen	60		*Fremdfinanzierung*		
Umlaufvermögen			Verbindlichkeiten		
Erzeugnisse	10		geg. Kreditinstituten	20	100
Roh-, Hilfs- u. Betriebsstoffe	30		III. *Innenfinanzierung*		
			Ertragsverteilung		
II. *Schuldentilgung*			Rückstellungen	30	
Anleihen (Restlaufzeit über 5 Jahre)	10		*Vermögensumschichtung*		
Verbindlichkeiten a.L.L.	15		Finanzanlagen	20	
			Forderungen a.L.L.	30	80
III. *Erhöhung liquider Mittel*					
Bank/Kasse	25				
	180				180

Die reinen Beständedifferenzen sind jedoch nicht geeignet, das Finanzgebaren des Unternehmens vollständig offen zu legen. Dies wird besonders deutlich, wenn die Entwicklung des Maschinenbestandes in der vorhergehenden Darstellung näher untersucht wird. Dazu müssen die **Kontenumsätze** – wie aus folgendem Konto ersichtlich – bekannt sein.

S	Maschinen		H
Anfangsbestand	140	Abgänge	800
Zugänge	1200	Abschreibungen	340
		Endbestand	200
	1340		1340

Beständedifferenz = Endbestand − Anfangsbestand
    60   =   200   −   140
Umsatzdifferenz = Zugänge − Abgänge − Abschreibungen
    60   =   1200   −   800   −   340

Es wird deutlich, dass die Veränderung des Bestandes auch durch die zugrunde liegenden Umsatzakte beschrieben werden kann, die das wirkliche finanzielle Transaktionsvolumen zum Ausdruck bringen. Eine analoge Verbesserung des Informationsgehalts ist durch die Kenntnis der periodischen Zu- und Abnahmen bei Forderungen und Verbindlichkeiten zu erreichen.

Die Substitution von Beständedifferenzen durch Umsatzdifferenzen führt zur Bruttobewegungsbilanz. Dazu werden die Soll-Umsätze auf den Bestandskonten als Mittelverwendung, die Haben-Umsätze dagegen als Mittelherkunft interpretiert. Die Einbeziehung der Erfolgskonten (Aufwendungen = Mittelverwendung; Erträge = Mittelherkunft) eröffnet den vollständigen Einblick in die den Beständedifferenzen zugrunde liegenden Zahlungsvorgänge.

Die stromgrößenorientierte Bruttobewegungsbilanz stellt somit ein umfangreiches finanzielles Informationspotenzial zur Verfügung; sie bleibt dennoch überwiegend der internen Rechnungslegung vorbehalten, da dem externen Bilanzanalytiker die notwendigen Kontenumsätze nur bei Anwendung der Horizontalgliederungsvorschrift des § 268 Abs. 2 HGB (Anlagespiegel bzw. Anlagengitter, vgl. Abschn. 3.2.4.7.1.3) und nur die Posten des Anlagevermögens betreffend, zugänglich sind.

Eine in der Praxis der Rechnungslegung verbreitete Form der Bewegungsrechnung ist die Brutto- oder Nettorechnung mit Fondsausgliederung (vgl. auch Abschn. 3.2.5.10.2). Unter einem Fonds wird eine buchhalterische, zweckorientierte Gesamtheit von Aktivkonten (z. B. Geldfonds, Fonds der liquiden Mittel, Fonds des Geldvermögens, Fonds des kurzfristigen Umlaufvermögens) oder auch Aktiv-und Passivkonten (z. B. Fonds des Netto-Geldvermögens, Fonds des Netto-Umlaufvermögens) verstanden, wobei nur noch Ausmaß und Richtung der Änderung dieser Gesamtheit von Interesse sind. Die Fondsänderung ergibt sich im Rahmen des sog. Fondsnachweises aus den Beständeänderungen der Fondsgrößen. Die Ursachen der Fondsänderung werden in der sog. Gegenbestänerechnung und damit der eigentlichen Bewegungsbilanz aufgezeigt, wobei Änderungen von Gegenbeständen auch durch die sie verursachenden Umsatzakte ersetzt werden können. Diese auch als Kapitalflussrechnung ausgewiesene Ursachenrechnung gibt Auskunft darüber, welche Quellen zu einer Erhöhung des Fonds geführt haben und welcher Verwendung Fondsmittel zugeflossen sind (vgl. Abb. 4.3.13).

Abbildung 4.3.13: Bewegungsbilanz mit Fondsausgliederung

Als Grundlage der auf nachstehend abgebildeten Bewegungsbilanz mit Fondsausgliederung dienen die Bilanzen des obigen Beispiels zur Nettobewegungsbilanz. Berechnet werden soll der Fonds der «netto verfügbaren flüssigen Mittel». In diesen Fonds gehen damit als aktive Fondskonten die flüssigen Mittel, als passive Fondskonten die Verbindlichkeiten gegenüber Kreditinstituten ein.

Fondsmittelverwendung [GE/t]	Gegenbestände-rechnung	Fondsmittelherkunft [GE/t]	
Grundstücke	30	Eigenkapital	80
Maschinen	60	Rückstellungen	30
Roh-, Hilfs- und Betriebsstoffe	30	Finanzanlagen	20
Erzeugnisse	10	Forderungen a.L.L.	30
Anleihen (Restlaufzeit über 5 Jahre)	10		
Verbindlichkeiten a.L.L.	15		
Fondsmittelzunahme	5		
	160		160

[GE/t]	Fondsnachweis-rechnung		[GE/t]
Bank/Kasse	25	Verbindlichkeiten gegenüber Kreditinstituten	20
		Fondsmittelzunahme	5
	25		25

Aus finanzwirtschaftlicher Sicht hält die Bewegungsbilanz gleichsam die Mitte zwischen der letztlich als Investitionsrechnung zu verstehenden Bilanz und der als Desinvestitionsrechnung zu interpretierenden Erfolgsrechnung. Als Bruttorechnung aufgemacht bringt die Bewegungsbilanz Investitionen und Desinvestitionen in vollständiger und geschlossener Form zur Darstellung.

3.2.3.4.3 Intensitätsrechnungen

Die Erfassung der Prozessgeschwindigkeit durch Bewegungsrechnungen reicht nicht aus, um Wachstums- und Schrumpfungsphänomene in ihrer Dynamik umfassend darzustellen.

> **Intensitätsrechnungen** geben die Bewegungs**änderung** von Wachstums- und Schrumpfungsprozessen in der Dimension Geldeinheit je Zeiteinheit zum Quadrat [GE / t²] wieder.

Intensitätsrechnungen bringen sowohl Erfolgsveränderungen als Ergebnis von Investitionsbeschleunigungen bzw. -verzögerungen sowie Desinvestitionsbeschleunigungen bzw. -verzögerungen zum Ausdruck (Erfolgsveränderungsrechnung) als auch Bewegungsdifferenzen als Geschwindigkeitsänderungen (Beschleunigungen bzw. Verzögerungen) von Bestandsentwicklungen (Bewegungsdifferenzenrechnung).

Die **Erfolgsveränderungsrechnung** wird aus der Gegenüberstellung zweier Erfolgsrechnungen gewonnen. Damit soll ein Einblick in periodenbezogene Beschleunigungs- und Verzögerungseffekte (**Intensitätswirkungen**) bei den einzelnen Komponenten der Erfolgsrechnung erreicht werden; sie ist nach dem folgenden Grundmuster zu erstellen:

[GE/t²]	Erfolgsveränderungsrechnung	[GE/t²]
Aufwandszunahme Ertragsabnahme Gewinnzunahme bzw. Verlustabnahme		Ertragszunahme Aufwandsabnahme Verlustzunahme bzw. Gewinnabnahme

Abbildung 4.3.14: Erfolgsveränderungsrechnung

Die in der Erfolgsveränderungsrechnung im Soll ausgewiesenen Aufwandszunahmen und Ertragsabnahmen wirken erfolgsmindernd, die im Haben ausgewiesenen Ertragszunahmen und Aufwandsabnahmen haben hingegen eine erfolgserhöhende Wirkung. Je nachdem, welche der beiden Tendenzen überwiegt, ergibt sich als Saldogröße entweder eine Gewinnab- bzw. Verlustzunahme oder eine Gewinnzu- bzw. Verlustabnahme. Liegt eine **Gewinnab- bzw. Verlustzunahme** vor, so bedeutet dies bei Vorliegen eines **Gewinns** ein reduziertes Eigenkapitalwachstum und somit eine Verzögerung der positiven Eigenkapitalentwicklung bzw. bei Vorliegen eines **Ver-**

lustes eine zunehmende Eigenkapitalschrumpfung und damit eine Beschleunigung der negativen Eigenkapitalentwicklung. Im Falle einer **Gewinnzu- bzw. Verlustabnahme** ergibt sich umgekehrt bei Vorliegen eines **Gewinns** ein zunehmendes Eigenkapitalwachstum und somit eine Beschleunigung der positiven Eigenkapitalentwicklung bzw. bei Vorliegen eines **Verlustes** eine abnehmende Eigenkapitalschrumpfung und damit eine Verzögerung der negativen Eigenkapitalentwicklung.

Analog dazu sind auch **Bewegungsdifferenzenrechnungen** aufgebaut; sie werden auf Basis zweier Kapitalflussrechnungen (Bewegungsbilanzen) entwickelt. Die Bewegungsdifferenzenrechnung stellt eine Vergleichsrechnung dar, welche die unterschiedlichen Veränderungen der Wachstums- und Schrumpfungprozesse widerspiegelt und auf diese Weise die **Geschwindigkeit** der Bestandsänderungen bei den verschiedenen Positionen der Kapitalflussrechnungen zum Ausdruck bringt. Die Bewegungsdifferenzenrechnung zeigt somit das **Ausmaß der Veränderung** der betrieblichen Expansions- und Kontraktionsprozesse und damit die **Intensität** der betrieblichen Umsatzprozesse selbst. Die folgende vereinfachende Darstellung baut auf zwei, ausschließlich Positionen des Zahlungsbereichs der Unternehmung betreffenden Netto-Kapitalflussrechnungen auf.

Der Prozess der Liquidisierung hat sich im zugrunde liegenden Untersuchungszeitraum beschleunigt: Die Zunahme des Kassenwachstums (**Beschleunigung**) beträgt 10 (= [20 GE/t – 10 GE/t]/t = 10 GE/t^2). Der Finanzierungsbedarf der Forderungen hat nur verzögert zugenommen, die **Verzögerung** beträgt 5 (= [40 GE/t – 35 GE/t]/t = 5 GE/t^2). Demgegenüber hat sich auch der Abbau des Bankguthabens verlangsamt:

Mittelverwendung [GE/t]	Kapitalflussrechnung in 01		Mittelherkunft [GE/t]
Kasse	10	Besitzwechsel	15
Forderungen	40	Bankguthaben	35
	50		50

Mittelverwendung [GE/t]	Kapitalflussrechnung in 02		Mittelherkunft [GE/t]
Kasse	20	Besitzwechsel	29
Forderungen	35	Bankguthaben	26
	55		55

[GE/t^2]	Bewegungsdifferenzenrechnung		[GE/t^2]
Wachstumsprozess Beschleunigung:		**Wachstumsprozess** Verzögerung:	
Kasse	10	Forderungen	5
Schrumpfungsprozess Verzögerung:		**Schrumpfungsprozess** Beshleunigung:	
Bankguthaben	9	Besitzwechsel	14
	19		19

Abbildung 4.3.15: Bewegungsdifferenzenrechnung

Die Verzögerung beträgt 9 (= [35 GE/t − 26 GE/t]/t = 9 GE/t^2). Möglicherweise zu diesem Zweck sind die Besitzwechsel um 14 (= [29 GE/t − 15 GE/t]/t = 14 GE/t^2) beschleunigt abgebaut worden.

3.2.3.5 Abrechnungskreise

Nach dem Kriterium des Abrechnungsumfangs sind zu unterscheiden:

- Einzelbilanzen, die über rechtlich selbständige Wirtschaftseinheiten abrechnen, und
- zusammengefasste Bilanzen (Gesamtbilanzen), die über mehrere rechtlich selbständige Wirtschaftseinheiten abrechnen und sich wiederum in bloße Sammelbilanzen (Gemeinschaftsbilanzen) und konsolidierte Bilanzen (Konzernbilanzen) unterteilen lassen.

Die Einzelbilanzen rechtlich selbständiger Unternehmen büßen einen erheblichen Teil ihrer Aussagekraft über die wirtschaftliche Lage des Unternehmens ein, wenn dieses durch die Unterordnung unter die einheitliche Leitung einer Obergesellschaft zu einem Konzernunternehmen wird, das seine wirtschaftliche Selbständigkeit verliert. Der Einblick in die Vermögens-, Finanz- und Ertragslage der Wirtschaftseinheit Konzern wird jedoch korrekt nicht dadurch gewährleistet, dass mehrere Einzelbilanzen postenweise zu einer Sammel- bzw. Summenbilanz zusammengefasst werden, weil Verflechtungen der Unternehmen im Bereich des Kapitals, der Schulden und der Erlöse unweigerlich zu Doppelzählungen führen würden.

> Ein zutreffendes Bild der wirtschaftlichen Lage des Konzerns vermag nur eine konsolidierte Bilanz (Konzernbilanz) zu vermitteln, die unter der Fiktion der rechtlichen Einheit der vorhandenen Unternehmen (Einheitstheorie) die verflechtungsbedingten Verzerrungen eliminiert.

Dem Einblick in die Vermögenslage wird durch die Aufrechnung der Beteiligungen mit dem anteiligen Eigenkapital (Kapitalkonsolidierung) und durch die Verrechnung der konzerninternen Verbindlichkeiten und Forderungen (Schuldenkonsolidierung) Rechnung getragen.

Der Einblick in die Ertragslage wird dadurch erreicht, dass nur jener Gewinn zum Ausweis gelangt, der auch von einem einheitlichen Unternehmen, bei dem die Einzelunternehmen lediglich als unselbständige Betriebsteile fungieren, erzielt worden wäre (Zwischenerfolgseliminierung). Dazu gehört auch, dass konzerninterne Umsätze und damit in Zusammenhang stehende Aufwendungen eliminiert werden (Innenumsatzkonsolidierung).

Der Einblick in die Finanzlage wird im Wesentlichen durch die Schuldenkonsolidierung verbessert, mit der konzerninterne Schuldverhältnisse und die damit verbundenen Liquiditätsverlagerungen zwischen den Konzerngesellschaften eliminiert werden.

Der von der Obergesellschaft zu erstellende Konzernabschluss kann allerdings die Einzelabschlüsse der Konzerngesellschaften nur ergänzen, nicht jedoch ersetzen: Da die einzelnen Konzernunternehmen nach § 18 AktG rechtlich selbstständige Unternehmen sind, bleibt der Einzelabschluss bezüglich der Zahlungsbemessungsansprüche von Anteilseignern, Gläubigern und Fiskus maßgebend (zum Konzernabschluss vgl. ausführlich Abschn. 3.2.5).

3.2.3.6 Bilanzempfänger

Nach dem Standort der Adressaten von Bilanzen werden externe und interne Bilanzen unterschieden:

> **Externe Bilanzen** sind an außerhalb der abrechnenden Unternehmung stehende Personen bzw. Institutionen gerichtet, die ein gesetzliches oder vertragliches Recht auf Rechenschaftslegung haben oder beanspruchen (Eigentümer, Gläubiger, Fiskus, Mitarbeiter und Öffentlichkeit).

Externe Bilanzen dienen folglich der Unternehmung als Publizitätsinstrument und damit zur Verfolgung von Adressaten- aber auch von Managerzielen. Soweit bei der Festlegung des Inhalts externer Bilanzen – wie der Handels-und Steuerbilanz (vgl. dazu Abschn. 3.2.4) – Entscheidungsspielräume (Wahlrechte) vorliegen, wird häufig versucht, diese im Interesse des Bilanzaufstellers zu nutzen. Es ist die Aufgabe der Bilanzpolitik, das Konfliktpotenzial zwischen Bilanzersteller und Bilanzempfänger zu minimieren. Das gilt prinzipiell auch für freiwillig erstellte Sozial-und Ökobilanzen, soweit diese publiziert werden.

> **Interne Bilanzen** dienen der innerbetrieblichen Information, Planung und Disposition und sind Außenstehenden i. d. R. nicht zugänglich.

Im Gegensatz zur Publizitätsorientierung externer Bilanzen stellen interne Bilanzen ein Führungsinstrument der Unternehmung dar. Sie können aus Daten sowohl der Finanz- als auch der Betriebsbuchhaltung entwickelt werden und sind im Allgemeinen kurzfristiger Natur. Ihre Erstellung ist nicht notwendig an gesetzliche Vorschriften gebunden und deshalb uneingeschränkt in den Dienst einer unverschleierten Unterrichtung der Leitungsinstanzen über Stand und Entwicklung der Geschäftstätigkeit zu stellen. Internen Bilanzen ist somit Bilanzpolitik fremd; sie sind deshalb auch regelmäßig aussagefähiger als externe Bilanzen.

3.2.3.7 Bilanzierungsanlässe

Nach den unterschiedlichen Bilanzierungsanlässen lassen sich neben gesetzlich vorgeschriebenen Bilanzen, wie beispielsweise Handels- und Steuerbilanzen, sowie vertraglich vereinbarten Bilanzen (z. B. Kreditwürdigkeitsbilanzen) zudem freiwillig,

d. h. ohne gesetzlichen oder vertraglichen Zwang, erstellte Bilanzen unterscheiden. Zu den Letzteren zählen neben den zuvor beschriebenen internen Bilanzen vor allem auch die im Folgenden nur in ihren Grundzügen kurz vorgestellten Sozial- und Ökobilanzen.

3.2.3.7.1 Sozialbilanzen

> **Sozialbilanzen** sind der handelsrechtlichen Rechnungslegung nachempfundene Konzepte einer **gesellschaftsbezogenen Rechnungslegung**.

Sozialbilanzen zielen auf eine Dokumentation **(sozial reporting)** der gesamtgesellschaftlichen Auswirkungen (**sozialer Nutzen** und **soziale Kosten**) der Unternehmenstätigkeit ab. Gleichzeitig wird eine Rückkoppelung derart angestrebt, dass Unternehmen über die reine Berichtstätigkeit im Rahmen der gesellschaftsbezogenen Rechnungslegung hinaus ihrer gesellschaftlichen Verantwortung gerecht werden, indem sie bei ihren Entscheidungen neben rein erwerbswirtschaftlichen Motiven auch gesamtgesellschaftliche Zielsetzungen, wie die Sicherung von Arbeitsplätzen oder die Bestrebungen zur Humanisierung der Arbeitswelt, berücksichtigen.

Im Gegensatz zur kaufmännischen Bilanz und zu Vorgaben in anderen europäischen Ländern, wie Frankreich oder Dänemark, sind Inhalt und Struktur der Sozialbilanz in Deutschland nicht gesetzlich geregelt. Es liegt bis heute kein einheitliches Verständnis darüber vor, wie eine Sozialbilanz gegliedert, welche Inhalte sie abdecken und mit welcher Terminologie eine Einheitlichkeit der zu erfassenden Tatbestände erreicht werden soll. Entsprechend wurden in der Vergangenheit verschiedene Ansätze entwickelt, die sämtliche lediglich **Empfehlungscharakter** aufweisen.

Die in der Bundesrepublik Deutschland übliche Praxis der gesellschaftsbezogenen Rechnungslegung wird noch immer nachhaltig durch die Empfehlungen des Arbeitskreises **«Sozialbilanz-Praxis»** beeinflusst (vgl. Arbeitskreis Sozialbilanz-Praxis [Sozial-Bilanz heute] 1–12). Die bereits 1977 von zunächst sieben Firmen (BASF AG, Bertelsmann AG, Deutsche Shell AG, Pieroth GmbH, Rank Xerox GmbH, Saarbergwerke AG, Steag AG) vorgelegten «Rahmenempfehlungen», die als ein «operationales Konzept» zu verstehen sind, verzichten bewusst auf eine in der Praxis nicht exakt durchführbare Quantifizierung von sozialem Nutzen und sozialen Kosten. Die **«Sozial-Bilanz»** des Arbeitskreises besteht aus den drei Elementen:

- Sozialbericht,
- Wertschöpfungsrechnung und
- Sozialrechnung.

Der **Sozialbericht** ist primär auf das sog. **«innere Beziehungsfeld»** zwischen Unternehmung und seinen Mitarbeitern gerichtet. Diese zeitlich später auch unter dem Stichwort: **«human resource accounting»**, ausgeweiteten Inhalte betreffen die mit statistischem Material angereicherte verbale Darstellung der Ziele, Maßnahmen,

Leistungen und – soweit darstellbar – der durch die Leistungen erzielten Wirkungen (Output) gesellschaftsbezogener Aktivitäten in Unternehmen. Bestandteile eines solchen Sozialberichts sind beispielsweise Erläuterungen und Statistiken zur Personalstruktur und Personalentwicklung, zur Arbeitszeit, zur Altersversorgung, zur Aus- und Weiterbildung oder auch zur Informationspolitik des Unternehmens. Die **Wertschöpfungsrechnung** stellt den vom Unternehmen in einer bestimmten Periode geschaffenen Wertzuwachs (Beitrag des Unternehmens zum Sozialprodukt) in Entstehung und Verwendung dar. Die **Sozialrechnung** schließlich repräsentiert das sog. «**äußere Beziehungsfeld**» und erfasst die Beziehungen der Unternehmung zu einzelnen Gruppen von Unternehmensinteressenten (Kunden, Lieferanten, Konkurrenten) sowie gesellschaftlichen Institutionen (Staat, Gemeinde); sie weist zahlenmäßig alle quantifizierbaren gesellschaftsbezogenen Aufwendungen (z. B. Investitionen und Ausgaben für den Umweltschutz) eines Unternehmens im Berichtszeitraum sowie die betriebsindividuellen, direkt erfassbaren gesellschaftsbezogenen Erträge (z. B. Subventionen) aus.

Probleme bei der Aufstellung und Analyse von Instrumenten der gesellschaftsbezogenen Rechnungslegung bestehen vor allem in den Bereichen:

- Umfang der einzubeziehenden Vorgänge,
- Messung und Bewertung der einzelnen Vorgänge,
- Kontroll- und Prüfungsinstanzen sowie
- Schaffung von Maßstäben zur vergleichenden Beurteilung.

Die vor allem im Mess- und Bewertungsbereich begründeten Schwierigkeiten, die Jahresabschlussrechnung zu einer quantitativ unterlegten, monetär definierten **gesellschaftsbezogenen** Unternehmensrechnung fortzuentwickeln, deren Ergebnis schließlich in einen Saldo aus sozialen Kosten und sozialem Nutzen der Unternehmenstätigkeit hätte münden sollen, haben mittlerweile zu einem betont am **Mengengerüst** der Input-Output-Prozesse festmachenden gesellschaftsbezogen Reporting geführt, für das sich der Begriff **Ökobilanzierung** durchgesetzt hat.

3.2.3.7.2 Ökobilanzen

Aus dem Umfeld gesellschaftsorientierter Rechnungslegung sind in den 80er Jahren auf Grund der verschärften Umweltproblematik und des gestiegenen Umweltbewusstseins **Ökobilanzen** als eigenständige Bilanzierungssegmente entwickelt worden. Der Begriff «Ökobilanz» steht allerdings nicht für ein geschlossenes Konzept, sondern für eine Vielzahl unterschiedlicher Ansätze, die in der Regel auf der Basis von **Stoff-**und **Energiebilanzen** darauf abzielen, den **umweltbezogenen In- und Output** unternehmerischen Handelns aufzuzeigen und zu vergleichen. Zweck von Ökobilanzen ist neben der internen Steuerung und Kontrolle vor allem auch die **externe Information** zur Unterrichtung der Öffentlichkeit.

Den verschiedenen Ansätzen zur Ökobilanz ist gemeinsam, dass sie mit dem traditionellen betriebswirtschaftlichen Bilanzbegriff im Sinne einer zeitpunktbezogenen finanziellen Bestandsgrößenrechnung nichts gemein haben. Den verschiedenen Konzepten der Ökobilanzierung liegt nach heutigem Erkenntnisstand vielmehr ein stoffliches Mengengerüst zugrunde, das in physikalischen Größen gemessen und über einen bestimmten Zeitraum hinweg erfasst und dokumentiert wird.

> Ökobilanzen sind zeitraumbezogene, materielle Stromgrößenrechnungen zur Analyse und Auswertung von Umweltwirkungen mit Kontroll- und Informationsfunktion.

Anknüpfungstatbestände für die Erstellung einer Ökobilanz bilden einzelne Produktionsprozesse, Betriebe oder Produkte. Bei Produktionsprozess- bzw. Betriebsbilanzen wird ein einzelner Herstellungsvorgang bzw. der kumulierte Gesamtprozess der betrieblichen Leistungserstellung einer Input-Throughput-Output-Analyse unterzogen. Dabei wird der Input in Form von Energie-, Rohstoff- und Vorprodukteinsatz dem Output, d. h. den Produkten sowie den festen, flüssigen, gasförmigen und energetischen Emissionen in physikalischen Einheiten gegenübergestellt. Produkt- bzw. Produktlinienbilanzen sind von ihrem Ansatz her umfassender angelegt: Neben der Ebene der betrieblichen Leistungserstellung sind hier insbesondere auch die Vorprodukte, die Energie- und Rohstoffgewinnung sowie der spätere Gebrauch und die Entsorgung des betrachteten Produktes integraler Bestandteil der Untersuchung und Darstellung.

Die methodische Vorgehensweise bei der Erfassung der unternehmerischen Umweltrisiken, in deren Kontext die Ökobilanzierung ihrer produktbezogenen Gesamtlebenswegbetrachtung wegen begrifflich oft auch als Lebenszyklusanalyse oder Life Cycle Assessment (LCA) identifiziert wird, lässt sich in grundsätzlich vier Schritte unterteilen, wobei Aufbau und Anforderungen in den seit 1997 weltweit gültigen Normen ISO 14040 und – nach Zusammenfassung von ISO 14041 bis 14043 in einer zweiten Normenedition aus dem Jahr 2006 – ISO 14044 standardisiert sind und als DIN EN ISO in die deutsche Normung übernommen wurden (vgl. dazu: DIN: [Ökobilanz] 2006). Abb. 4.3.16 stellt die Strukturelemente einer Ökobilanz nach diesen Normvorgaben gegenüber, und weist zudem auf primäre Anwendungsbereiche hin.

Bilanzierungsziel und Untersuchungsrahmen zu definieren erfordert die Bestimmung und Abgrenzung des zu bilanzierenden Gegenstandes (z. B. Verpackung) bzw. Bereichs (z. B. Entsorgung) sowie die Festlegung des gewünschten Aussagezieles (z. B. das vergleichende Aufzeigen der ökologischen Vorteilhaftigkeit eines Produktes) und der weiteren Bilanzierungsmethodik. Der folgende Schritt führt zur Erstellung von Stoff-und Energiebilanzen bzw. Sachbilanzen, die Umfang und Volumen der mit dem Bilanzierungsgegenstand verbundenen quantitativen In- und Outputs (Stoffe, Energie, Produkte, Abfälle, Abwasser, Abluft usw.) ermitteln und auflisten. Ein weiterer Schritt dient der Aufstellung von Wirkungsbilanzen, in denen beschrieben bzw. quantifiziert wird, wie sich die zuvor erfassten In- und Outputs auf die natürliche Umwelt, z. B. in Form von Gewässerbelastung, Deponieintensität oder

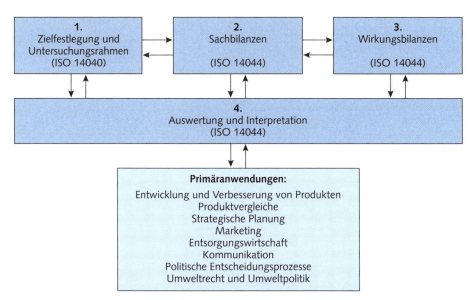

Abbildung 4.3.16: Elemente einer Ökobilanz nach ISO 14040 (1997 und 2006).
Die Pfeilverbindungen weisen sowohl auf die in der Norm 14044 ausdrücklich vorgesehenen *iterativen* Abstimmungsprozesse zwischen den Bilanzkomponenten selbst als auch auf notwendige Auswertungs- und Anwendungs-Rückkopplungen hin.
(vgl. BMU / UBA: [Umweltcontrolling], S. 300; und bei: Klöpfer / Grahl: [Ökobilanz] S. 12 f. mit entsprechenden Hinweisen auf den Seiten 27–52.)

Klimarelevanz auswirken. Darauf baut schließlich die Bilanzbewertung i. S. einer Erkenntnisauswertung auf, wobei die Ergebnisse von Sachbilanz und Wirkungsbilanz zu einer umweltbezogenen Gesamtbewertung zusammengefasst werden. Ein Beispiel aus dem Anwendungsfeld «Produktvergleich» – hier bei Lebensmittelverpackungen – zeigt Abb. 4.3.17.

Zentrales Problem beim Aufbau von Sach- und Wirkungsbilanzen, vor allem aber bei der Bilanzbewertung ist die Daten- und Informationsbeschaffung. Schwierigkeiten der Datenerfassung bereiten hierbei sowohl messtechnische Engpässe als auch das Fehlen technischer Standards oder die Unsicherheit ökologischer Grenzwerte (ökologische Wissenslücke). Zudem variiert das Ergebnis einer Ökobilanz mit zunehmender Analysetiefe und damit gestiegener Problemadäquanz. Diese informationsbedingten Schwachstellen haben in Verbindung mit den in der Praxis zu beobachtenden vielfältigen unternehmensspezifischen Besonderheiten der betrieblichen Input-Outputprozesse dazu geführt, dass sich bis heute keine einheitlichen Standards für die Bewertung bei ökologischer Bilanzierung herausgebildet haben.

Ökobilanzen entziehen sich demnach aus externer Adressatensicht weitgehend einer vergleichenden Analyse. Demgegenüber stellen umweltpolitische Kontrollsysteme (Öko-Controlling) Alternativen mit Standardisierungsabsicht dar, wie beispielsweise

538   Bilanzen

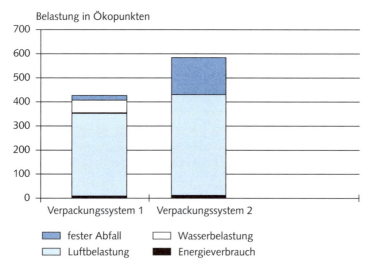

Abbildung 4.3.17: Relativer Vergleich von zwei unterschiedlichen Verpackungssystemen für Joghurt anhand ihrer Ökobilanz (vgl. Beck [Ökobilanzierung] 53).

durch die **EG-Öko-Verordnungen** vom [29.6.1993] (nach dem Akronym für: «Eco-Management and Audit Scheme» auch als EMAS I bezeichnet) und vom [19.3.2001] (EMAS II), sowie deren nationale Umsetzung durch das Umweltauditgesetz (UAG) vom 7.12.1995 bzw. in seiner Änderungsfassung vom 4.9.2002 mit den dazu erlassenen Verordnungen, angeregt. Dabei wird zwischen **externen** Öko-Audits und **betriebsinternen** Audits unterschieden. Beide Formen des Auditing sind fester Bestandteil der EG-Öko-Auditregelung. **Interne Öko-Audits** sehen die vom Management überwachte Durchführung systematischer und regelmäßiger interner Revisionsprogramme zur Überprüfung von Umsetzung und Realisierung betrieblicher Umweltpolitik vor. Analog dem Zweck einer Bilanz soll das Öko-Audit hier die betriebsinterne Rechenschaft über die Umweltleistungen durch Betriebsprüfung sicherstellen.

Ziel dieser Umweltschutz-Auditierung ist die **freiwillige** Implementierung eines **Öko-Audit-Systems**, das über das Anreizinstrument **Umweltzertifikat** (Gütezeichen) den Aufbau eines betrieblichen **Umweltmanagementsystems** anregen soll. Dadurch sollen Umweltziele, betriebliche Umweltpolitik und regelmäßige (max. 3 Jahre), durch unabhängige und amtlich zugelassene Umweltgutachter vorgenommene Umweltbetriebsprüfungen zum Bestandteil **dauerhafter** Unternehmenszielsetzung und -zielverfolgung gemacht werden. Ein entsprechend **nachhaltiges** Bekenntnis des Managements, Umwelt- und Sozialbelange freiwillig und über bestehende Gesetze sowie vertragliche Verpflichtungen hinaus in die unternehmerischen Entscheidungen mit einzubeziehen, wird heute mit dem Begriff **«Corporate Social Responsibility»** umschrieben (vgl. u.a.: Günther, E.: Ökologieorientiertes Management 52 ff.).

3.2.4 Jahresabschluss und Bilanzierung

3.2.4.1 Rechtliche Grundlagen der Bilanzierung

3.2.4.1.1 Handelsrechtliche Vorschriften

Gegenstand der Kapitel 3.2.4 und 3.2.5 ist die Erstellung handelsrechtlicher Jahres- und Konzernabschlüsse. Dabei bleiben Besonderheiten bestimmter Rechtsformen (z. B. Genossenschaften) sowie bestimmter Branchen (z. B. Kreditinstitute) unberücksichtigt.

3.2.4.1.1.1 Das Bilanzrechtsmodernisierungsgesetz (BilMoG)

Die zentrale Quelle für gesetzliche Bestimmungen zur Buchführung und Erstellung von Jahresabschlüssen ist das Handelsgesetzbuch (HGB). Dieses HGB hat, neben weiteren Gesetzen mit Rechnungslegungsrelevanz, im Jahr 2009 durch das **Bilanzrechtsmodernisierungsgesetz** (BilMoG) vom 25.05.2009 (BGBl I 2009, S. 1102) eine einschneidende Veränderung erfahren.

Gemäß dem Regierungsentwurf zum BilMoG (vgl. Bundestagsdrucksache 16/10067, S. 1) war es dabei vorrangiges Ziel des Gesetzgebers, «das bewährte HGB-Bilanzrecht zu einer dauerhaften und im Verhältnis zu den internationalen Rechnungslegungsstandards vollwertigen, aber kostengünstigeren und einfacheren Alternative weiter zu entwickeln, ohne die Eckpunkte des HGB-Bilanzrechts – die HGB-Bilanz bleibt Grundlage der Ausschüttungsbemessung und der steuerlichen Gewinnermittlung – und das System der Grundsätze ordnungsmäßiger Buchführung aufzugeben. Darüber hinaus sollen die Unternehmen – wo möglich – von unnötigen Kosten entlastet werden.»

Weiterhin hat der Gesetzgeber eine Stärkung der **Informationsfunktion** des HGB-Abschlusses u. a. durch die Einschränkung von Wahlrechten beabsichtigt. Schließlich werden im Rahmen der HGB-Modernisierung EU-Richtlinien in deutsches Recht umgesetzt.

Die neuen Vorschriften sind nicht durchgängig ab einem bestimmten Stichtag zwingend anzuwenden. Für die meisten Neuregelungen gilt jedoch eine verpflichtende Anwendung auf Jahres- und Konzernabschlüsse, die sich auf ein nach dem 31.12.2009 beginnendes Geschäftsjahr beziehen. Die für den Übergang vom alten auf das neue Recht relevanten Bestimmungen finden sich im Einführungsgesetz zum HGB in den Art. 66 und 67 EGHGB (vgl. im Detail Kessler [Einleitung] 57 ff.).

3.2.4.1.1.2 Buchführungspflicht, Inventur und Inventar

Grundsätzlich ist gem. §§ 238–241 HGB jeder Kaufmann zur Buchführung sowie zur jährlichen Erstellung eines Inventars verpflichtet. Das Inventar ist Ausgangspunkt für die Eröffnungsbilanz zu Beginn eines Handelsgewerbes und damit Grundlage für die doppelte Buchführung.

(1) Inventar

Das **Inventar** (§ 240 Abs. 1 HGB) ist ein unabhängig von der Buchführung zu erstellendes vollständiges, detailliertes art-, mengen- und wertmäßiges Verzeichnis aller Vermögensgegenstände und Schulden zu einem Stichtag.

Ein Inventar ist nicht nur zur Eröffnung der Buchführung, sondern auch zur Ableitung von Jahresabschlussbilanzen notwendig. Die Dauer des Geschäftsjahres, für dessen Schluss ein solches Inventar regelmäßig zu erstellen ist, darf 12 Monate nicht überschreiten, wobei Geschäftsjahr und Kalenderjahr nicht notwendigerweise übereinstimmen müssen (§ 240 Abs. 2 HGB).

(2) Inventur

Die Erstellung des Inventars wird als **Inventur** bezeichnet.

Mit der eigenständigen Erfassung sämtlicher Vermögensgegenstände und Schulden im Inventar wird eine wirksame Kontrolle der Buchführung durch einen Abgleich der Sollbestände der Buchführung mit den tatsächlichen Istbeständen des Inventars ermöglicht. Die Zwecke der Inventur und des Inventars sind deshalb primär in einer **Sicherungs-** und **Überwachungsfunktion** zu sehen. Darüber hinaus wird durch die Beeinflussung des Mitarbeiterbewusstseins in Richtung einer möglichst frühzeitigen Reaktion auf die Ursachen von Mengendifferenzen auch eine **Präventivfunktion** und im Hinblick auf die Veränderung der Vorgehensweise bei der buchhalterischen Erfassung von Geschäftsvorfällen eine **Initiatorfunktion** erreicht. Werden in der Bestandsbuchführung nur die Zugänge, nicht aber die Abgänge buchmäßig erfasst, was bei den Roh-, Hilfs- und Betriebsstoffen und zum Teil auch bei den Waren durchaus der Fall sein kann, so dient die Inventur nicht nur der Abstimmung von Soll- und Istbestand, sondern erweist sich als unumgängliches Hilfsmittel zur Feststellung des wertmäßigen Verbrauchs.

Bei der Planung, Vorbereitung, Durchführung und Auswertung der Inventur sowie bei Aufstellung des Inventars sind als zentrale Basis die **Grundsätze ordnungsmäßiger Buchführung**, kurz GoB (vgl. Abschn. 3.2.4.1.2) zu beachten. Durch die notwendige Operationalisierung der allgemein anerkannten GoB für die Zwecke der Inventur und des Inventars ergeben sich die folgenden verbindlichen **Grundsätze ordnungsmäßiger Inventur** (**GoI**, vgl. Eisele/Knobloch [Technik]):

- Der **Grundsatz der Vollständigkeit**: Dieser erfordert die Inventarisierung sämtlicher Vermögensgegenstände und Schulden.
- Der **Grundsatz der Richtigkeit**: Alle durch die Inventur ermittelten Angaben müssen sachlich zutreffen und mit den Tatsachen übereinstimmen. Zur Minimierung subjektiver Einflüsse ist hierbei der personenbezogene **Grundsatz der Willkürfreiheit** zu beachten, der zur sachgerechten Identifikation von Mengen-

nachweis und Bewertung neben dem Einsatz von zuverlässigen und gegebenenfalls verbindlichen Erfassungsmethoden auch die Bereitstellung aller vorhandenen und hierzu notwendigen Informationen fordern kann.
- Der Grundsatz der Klarheit: Die einzelnen Inventarposten sind eindeutig zu bezeichnen und gegenüber anderen Posten abzugrenzen.
- Der Grundsatz der Nachprüfbarkeit: Sämtliche Vermögensgegenstände und Schulden sind dergestalt zu verzeichnen, dass ein sachverständiger Dritter das Inventar sowie das Vorgehen bei der Inventur in angemessener Art und Weise überprüfen kann.
- Der Grundsatz der Einzelerfassung und Einzelbewertung: Demnach sind alle Vermögensgegenstände und Schulden nach Art, Menge und Beschaffenheit gesondert zu erfassen, einzeln zu bewerten und im Inventar aufzuführen.

Die Erstellung des Inventars kann auf der Grundlage unterschiedlicher Vorgehensweisen (Inventurformen) erfolgen, die durch folgende Merkmale gekennzeichnet sind:

(1) Art der Aufnahme

Bezüglich der Art der Aufnahme hat die Inventur grundsätzlich den Charakter einer körperlichen Bestandsaufnahme. Die Feststellung der Mengenkomponente erfolgt daher regelmäßig durch Zählen, Messen und bzw. oder Wiegen. Unkörperliche Wirtschaftsgüter (immaterielle Vermögensgegenstände, Forderungen, Schulden) werden anhand von Belegen bzw. Urkunden aufgenommen (Beleginventur). Vor allem bei Forderungen und Verbindlichkeiten und – als Ausnahme – bei Anlagegegenständen, die in speziellen Anlagekarteien erfasst sind, ist eine Buchinventur, d. h. eine Aufnahme durch Übernahme der Bestände aus Konten und Karteien, zulässig, sofern die Buchführung und die Anlagekarteien entsprechend ausgestaltet sind. Allerdings kann der eigentliche Nachweis über das Vorhandensein von Beständen, die mittels Buchinventur Aufnahme finden, auch nur über Belege (z. B. in Form von Saldenbestätigungen bei Forderungen) oder die Inaugenscheinnahme der körperlichen Vermögensgegenstände selbst erbracht werden.

(2) Zeitliche Anordnung der Bestandsaufnahme sowie des Inventar- und Bilanzstichtags

Entsprechend § 240 Abs. 1 u. 2 HGB ist das Inventar zu Beginn des Handelsgewerbes und zum Ende eines jeden Geschäftsjahres aufzustellen. Das Ende des Geschäftsjahres bezieht sich dabei auf den Bilanzstichtag, weshalb Inventar- und Bilanzstichtag grundsätzlich übereinstimmen müssen. Erfolgt die Bestandsaufnahme ebenfalls an diesem Tag, so spricht man von einer (klassischen) Stichtagsinventur. Bei der ausgeweiteten Stichtagsinventur wird nur eine zeitnahe Durchführung innerhalb einer Zehntagesfrist vor oder nach dem Bilanzstichtag verlangt (R 5.3 Abs. 1 EStR).

Eine weitere bzw. völlige Loslösung des Inventurstichtags vom Bilanzstichtag erfolgt bei der zeitlich verlegten Stichtagsinventur und der permanenten Inventur. Die **zeitlich verlegte Stichtagsinventur** (§ 241 Abs. 3 HGB) kann in einem Zeitraum von 3 Monaten vor oder 2 Monaten nach dem Bilanzstichtag erfolgen. Die erfassten Bestände sind nach Art, Menge und Wert in ein besonderes Inventar aufzunehmen, das lediglich wertmäßig auf den Bilanzstichtag fortzuschreiben bzw. rückzurechnen ist. Im Falle der **permanenten Inventur** verteilt sich die körperliche Bestandsaufnahme auf das ganze Jahr (§ 241 Abs. 2 HGB), so dass sich die Zeitpunkte mit den geringsten Beständen zur Erfassung anbieten. Die nach der Aufnahme erfolgten Zu- bzw. Abgänge sind in Lagerkarteien festzuhalten, mit deren Hilfe das Inventar mengen- und wertmäßig auf den Bilanzstichtag fortgeschrieben wird.

(3) Umfang der Aufnahme

Hinsichtlich des Umfangs der Aufnahme hat die Inventur grundsätzlich den Charakter einer jährlichen, **vollständigen Bestandsaufnahme** aller einzelnen Vermögensgegenstände und Schulden jeweils nach Art, Menge und Wert. Eine **Stichprobeninventur** ist nach § 241 Abs. 1 HGB zulässig, sofern der Aussagewert des auf diese Weise aufgestellten Inventars dem eines durch körperliche Bestandsaufnahme ermittelten Inventars gleichkommt. Darüber hinaus gestattet das Handelsgesetz zur Inventurvereinfachung eine Abweichung vom Einzelbewertungsgrundsatz in den abschließend geregelten Fällen der **Festbewertung** (§ 240 Abs. 3 HGB) und der **Gruppenbewertung** (§ 240 Abs. 4 HGB).

Als Ausnahmetatbestand sind solche Einzelkaufleute von der generellen Pflicht zur Buchführung und Inventarerstellung **befreit**, deren Umsatzerlöse 500.000 € und deren Jahresüberschuss 50.000 € an zwei aufeinander folgenden Bilanzstichtagen nicht überschreiten (§ 241a HGB). Diese Vorschrift wurde durch das BilMoG in das HGB eingefügt und dient dem Zweck, kleinen Einzelkaufleuten eine **Erleichterung** im Hinblick auf Rechnungslegungspflichten zu gewähren.

3.2.4.1.1.3 Strukturmerkmale der Rechnungslegung nach HGB und Publizitätsgesetz

Die für die Rechnungslegung relevanten Vorschriften des HGB befinden sich im dritten Buch, überschrieben mit «Handelsbücher». Das dritte Buch ist in einzelne Abschnitte unterteilt und diese wiederum in Unterabschnitte und Titel. Die folgende Übersicht zeigt die Abschnitte des dritten Buchs:

> **Struktur der Rechnungslegungsnormen des dritten Buches des HGB: Handelsbücher:**
>
> Erster Abschnitt:
> Vorschriften für alle Kaufleute (§§ 238–263)
>
> Zweiter Abschnitt:
> Ergänzende Vorschriften für Kapitalgesellschaften (Aktiengesellschaften, Kommanditgesellschaften auf Aktien und Gesellschaften mit beschränkter Haftung) sowie bestimmte Personenhandelsgesellschaften (§§ 264–335b)
>
> Dritter Abschnitt:
> Ergänzende Vorschriften für eingetragene Genossenschaften (§§ 336–339)
>
> Vierter Abschnitt:
> Ergänzende Vorschriften für Unternehmen bestimmter Geschäftszweige (§§ 340–341p)
>
> Fünfter Abschnitt:
> Privates Rechnungslegungsgremium; Rechnungslegungsbeirat (§§ 342–342a)
>
> Sechster Abschnitt:
> Prüfstelle für Rechnungslegung (§§ 342b–342e)

Der erste und der zweite Abschnitt beinhalten die allgemeinen Vorschriften zur Erstellung, Prüfung und Offenlegung von Jahresabschlüssen. Deren Struktur wird in folgender Übersicht dargestellt:

> **Untergliederung des ersten Abschnitts**
> §§ 238 – 241a Erster Unterabschnitt:
> Buchführung, Inventar
> §§ 242 – 256a Zweiter Unterabschnitt:
> Eröffnungsbilanz, Jahresabschluss
> §§ 257 – 261 Dritter Unterabschnitt:
> Aufbewahrung und Vorlage
> §§ 257 – 261 Vierter Unterabschnitt:
> Landesrecht
>
> **Untergliederung des zweiten Abschnitts**
> §§ 264 – 289a Erster Unterabschnitt:
> Jahresabschluss der Kapitalgesellschaft und Lagebericht
> §§ 290 – 315a Zweiter Unterabschnitt:
> Konzernabschluss und Konzernlagebericht
> §§ 316 – 324a Dritter Unterabschnitt:
> Prüfung
> §§ 325 – 329 Vierter Unterabschnitt:
> Offenlegung. Prüfung durch den Betreiber des elektronischen Bundesanzeigers
> §§ 330 Fünfter Unterabschnitt:
> Verordnungsermächtigung für Formblätter und andere Vorschriften
> §§ 331 – 335b Sechster Unterabschnitt:
> Straf- und Bußgeldvorschriften, Zwangsgelder

Die Struktur orientiert sich dabei an sachlogischen Abgrenzungsmerkmalen. Dies sind insbesondere

- die Rechtsform bzw. Branchenzugehörigkeit von Unternehmen als Anwendungsvoraussetzung für bestimmte Bilanzierungsregeln,
- die Unternehmensgröße als Differenzierungsmerkmal,
- die Unterscheidung von Einzel- und Konzernabschluss sowie
- die Differenzierung nach der Abfolge der für die Rechnungslegung notwendigen Phasen bzw. Ablaufschritte (Abschlusserstellung, Abschlussprüfung und -veröffentlichung).

Allgemeine Vorschriften der Bilanzierung, die von allen Kaufleute (vgl. §§ 1–7 HGB) anzuwenden sind, enthält das HGB in den §§ 238–263. Danach sind alle Kaufleute i. S. d. HGB u. a. verpflichtet:

- Geschäftsbücher nach den Grundsätzen ordnungsmäßiger Buchführung (GoB, vgl. Abschn. 3.2.4.1.2) zu führen, die die Lage ihres Vermögens und des Unternehmens ersichtlich machen (§ 238 HGB),
- für den Schluss jedes Geschäftsjahres ein Inventar (§ 240 Abs. 2 HGB) zu erstellen sowie
- einen auf Euro lautenden Jahresabschluss in deutscher Sprache (§ 244 HGB), bestehend aus einer Bilanz und einer Gewinn- und Verlustrechnung (§ 242 HGB), aufzustellen, in dem sämtliche Vermögensgegenstände, Schulden und Rechnungsabgrenzungsposten bzw. Aufwendungen und Erträge anzusetzen sind (§ 246 Abs. 1 HGB).

Als Folge der Befreiungsvorschrift des § 241a HGB (vgl. Abschn. 3.2.4.1.1.2) beinhaltet der § 242 Abs. 4 HGB folgerichtig eine Befreiung kleiner Einzelkaufleute von der Pflicht zur Aufstellung eines Jahresabschlusses.

Die Vorschriften für alle Kaufleute im Ersten Abschnitt des Dritten Buches des HGB (§§ 238–263) gelten als lex generalis für Unternehmen jeder Rechtsform, haben jedoch in Bezug auf Vorschriften für bestimmte Rechtsformen lediglich subsidiären Charakter, d. h. sie werden im Einzelfall durch abweichende Vorschriften eines lex specialis, insbesondere durch die für Kapitalgesellschaften und Personenhandelsgesellschaften i. S. d. § 264a HGB gültigen §§ 264–289a HGB, ersetzt.

Die Unterteilung im Dritten Buch des HGB in einen ersten Abschnitt mit Vorschriften für alle Kaufleute und einen zweiten Abschnitt mit Regelungen, die ausschließlich Kapitalgesellschaften und, durch das Kapitalgesellschaften- und Co-Richtlinie-Gesetz (KapCoRiLiG) vom 24.02.2000, auch bestimmte Personenhandelsgesellschaften nach § 264a HGB betreffen, verfolgt den Zweck, den bei den einzelnen Rechtsformen unterschiedlich ausgeprägten Schutzbedürfnissen der Gläubiger und Anteilseigner sowie Besonderheiten, insbesondere bezüglich der Haftung und des Gesellschafter-Gesellschafts-Verhältnisses, gerecht zu werden. Dies wird gerade auch am KapCoRiLiG deutlich, durch das offene Handelsgesellschaften und Kommanditgesellschaften, bei denen nicht mindestens eine natürliche Person als persönlich haftender Gesellschafter fungiert (§ 264a Abs. 1 HGB), unter Berücksichtigung der Sonderregelungen der §§ 264b und c HGB denselben handelsrechtlichen Rechnungslegungsregelungen unterliegen wie Kapitalgesellschaften. Bezüglich der handelsrechtlichen Regelungen der §§ 264–330 HGB steht der Begriff der Kapitalgesellschaft somit grundsätzlich auch für die unter § 264a HGB fallenden Personenhandelsgesellschaften. Nach § 264 Abs. 1 HGB tritt damit nicht nur für Kapitalgesellschaften in der Rechtsform der AG, KGaA, GmbH und eingetragenen Genossenschaft (eG), sondern auch für Unternehmen in der Rechtsform der GmbH & Co., AG & Co., Genossenschaft & Co. sowie Stiftung & Co. als Personenhandelsgesellschaften nach § 264a HGB, neben die Pflicht zur Aufstellung einer Bilanz und Gewinn- und Verlustrechnung die Verpflichtung zur Erstellung eines Anhangs und eines Lageberichts. Bei Vorliegen einer so genannten kapitalmarktorientierten Kapitalgesellschaft gem. § 264d HGB ist der Jahresabschluss darüber hinaus um eine Kapitalflussrechnung und einen Eigenkapitalspiegel zu erweitern (§ 264 Abs. 1 HGB). Auf freiwilliger Basis kann eine Segmentberichterstattung als Ergänzung hinzukommen. Weitere rechtsformabhängige Spezialregelungen ergeben sich aus dem Aktiengesetz (AktG), dem Gesetz betreffend die Gesellschaften mit beschränkter Haftung (GmbHG) sowie dem Gesetz betreffend die Erwerbs- und Wirtschaftsgenossenschaften (GenG).

Neben der rechtsformspezifischen Differenzierung erfolgt durch die Regelung des § 267 HGB für Kapitalgesellschaften und die Personenhandelsgesellschaften i. S. d. § 264a HGB auch eine größenabhängige Unterscheidung hinsichtlich des Umfanges der Rechnungslegungspflicht. Das HGB unterscheidet diesbezüglich in § 267 Abs. 1–3 HGB zwischen kleinen, mittelgroßen und großen Kapitalgesellschaften:

- Kleine Kapitalgesellschaften (§ 267 Abs. 1 HGB) liegen vor, wenn an zwei aufeinander folgenden Abschlussstichtagen mindestens zwei der drei folgenden Merkmale nicht überschritten werden:
  – Bilanzsumme: 4,84 Mio. €
  – Umsatzerlöse: 9,68 Mio. €
  – Arbeitnehmer: 50 im Jahresdurchschnitt;
- mittelgroß sind Kapitalgesellschaften nach § 267 Abs. 2 HGB, wenn sie an zwei aufeinander folgenden Abschlussstichtagen zwei der drei Merkmale für die kleine Kapitalgesellschaft überschreiten, jedoch bei mindestens zwei Merkmalen folgende Grenzen nicht überschreiten:
  – Bilanzsumme: 19,25 Mio. €
  – Umsatzerlöse: 38,5 Mio. €
  – Arbeitnehmer: 250 im Jahresdurchschnitt;
- große Kapitalgesellschaften sind solche, bei denen mindestens zwei der drei Merkmale die obigen Größenkriterien für mittelgroße Gesellschaften an zwei aufeinander folgenden Abschlussstichtagen übersteigen (§ 267 Abs. 3 HGB). Darüber hinaus gelten kapitalmarktorientierte Kapitalgesellschaften gem. § 264d HGB generell als große Kapitalgesellschaften (§ 267 Abs. 3 Satz 2 HGB).

Bei Umwandlung oder Neugründung ist zur erstmaligen Einstufung nach diesen Größenmerkmalen ausnahmsweise nur der erste Abschlussstichtag heranzuziehen (§ 267 Abs. 4 Satz 2 HGB).

Die Differenzierung nach den Größenkriterien verfolgt den Zweck, kleinen und mittelgroßen Kapitalgesellschaften aus wirtschaftlichen Gründen Erleichterungen bezüglich des Rechnungslegungsumfanges einzuräumen. Ein Überblick über die wichtigsten größenabhängigen Rechnungslegungspflichten für Kapitalgesellschaften findet sich in Abbildung 4.3.18.

Unternehmens-Kategorien	kleine Kapital-gesellschaft	mittelgroße Kapital-gesellschaft	große Kapital-gesellschaft
Abgrenzungs-merkmale			
• Bilanzsumme (BS)	BS ≤ 4,84	4,84 < BS ≤ 19,25	BS > 19,25
• Umsatzerlöse (UE)	UE ≤ 9,68	9,68 < UE ≤ 38,5	UE > 38,5
• Arbeitnehmer (AN)	AN ≤ 50	50 < AN ≤ 250	AN > 250
Rechnungslegungserfordernisse:			
Aufstellungspflichten:			
• Jahresabschluss			
Bilanz	verkürzte Form	ungekürzte Form	ungekürzte Form
GuV	verkürzte Form	verkürzte Form	ungekürzte Form
Anhang	verkürzte Form	teilweise verkürzte Form	ungekürzte Form
Eigenkapitalspiegel Kapitalflussrechnung	unter best. Voraussetzungen, falls kapitalmarktorientiert	unter best. Voraussetzungen, falls kapitalmarktorientiert	unter best. Voraussetzungen, falls kapitalmarktorientiert
• Lagebericht	keiner	ungekürzte Form	ungekürzte Form
• Aufstellungsfrist	max. 6 Monate	3 Monate	3 Monate
Prüfungspflicht:	keine	uneingeschränkt	uneingeschränkt
Offenlegungspflicht:			
• Bestandteile	Bilanz, Anhang, gekürzt um GuV-Angaben	gegenüber großer Kapitalgesellschaft teilweise verkürzt	Jahresabschluss, Lagebericht, Bericht des Aufsichtsrats, Erklärung gem. § 161 AktG, Gewinnverwendungsvorschlag und -beschluss
• Frist	12 Monate 4 Monate bei kapitalmarktorientierter Kapitalgesellschaft	12 Monate 4 Monate bei kapitalmarktorientierter Kapitalgesellschaft	12 Monate 4 Monate bei kapitalmarktorientierter Kapitalgesellschaft

Abbildung 4.3.18: Größenklassenabhängige Rechnungslegungspflichten der Kapitalgesellschaften

Über die allgemeinen sowie die rechtsform- und größenabhängigen Vorschriften hinaus begründen auch die Vorschriften des **Publizitätsgesetzes** (PublG, Gesetz über die Rechnungslegung von bestimmten Unternehmen und Konzernen vom 15.8.1969) die Pflicht zur Erstellung eines Jahresabschlusses nach handelsrechtlichen Regelungen für solche Unternehmen, bei denen an drei aufeinanderfolgenden Abschlussstichtagen mindestens zwei der drei Merkmale die nachstehenden Grenzen übersteigen (§ 1 Abs. 1 PublG):

- Bilanzsumme: 65 Mio. €

- Umsatzerlöse: 130 Mio. €
- Arbeitnehmer: 5.000 im Jahresdurchschnitt.

Die Rechnungslegungspflichten, die Unternehmen nach dem PublG auferlegt werden, entsprechen materiell im Wesentlichen denen für große Kapitalgesellschaften i. S. d. § 267 Abs. 3 HGB (vgl. Abbildung 4.3.18), wobei jedoch Einzelkaufleuten und Personenhandelsgesellschaften gewisse Erleichterungen eingeräumt werden (§§ 5 Abs. 2 u. 5 sowie 9 Abs. 2 u. 3 PublG).

Oberstes Ziel des handelsrechtlichen Jahresabschlusses von Kapitalgesellschaften ist es, unter Beachtung der Grundsätze ordnungsmäßiger Buchführung **ein den tatsächlichen Verhältnissen entsprechendes Bild (true and fair view) der Vermögens-, Finanz- und Ertragslage** der Gesellschaft zu vermitteln (so genannte **Generalnorm** des § 264 Abs. 2 HGB). Die Vorschriften des Handelsrechts dienen somit **Informationszwecken** mit dem Ziel, die Informationsinteressen der Unternehmensbeteiligten zu regeln. Die Befriedigung der spezifischen Informationsanforderungen erfüllt der handelsrechtliche Jahresabschluss durch

- Einzelfallregelungen zur Bilanzierung und Bewertung,
- Mindestgliederungsvorschriften für Bilanz und Gewinn- und Verlustrechnung sowie durch
- detaillierte Anforderungen an den Inhalt des Anhangs.

Als weitere Aufgabe des Jahresabschlusses tritt die Regelung von **Zahlungsbemessungsinteressen** hinzu, die auf die Ermittlung eines Gewinns als Grundlage für die an die Anteilseigner vorzunehmende Ausschüttung abzielt. Dabei kommt es bei den durch Haftungsbeschränkungen gekennzeichneten Rechtsformen darauf an, zu verhindern, dass durch die Ausschüttung das Vermögen der Gesellschaft in einem Umfang vermindert wird, dass die Gläubigeransprüche nicht mehr gedeckt sind. Aus der Beschränkung der Haftung bei der AG auf das Gesellschaftsvermögen und dem Gläubigerschutzgedanken folgt daher die Forderung nach einer **Ausschüttungssperre**, der u. a. durch eine Beschränkung der Ausschüttung auf den Bilanzgewinn (§ 57 Abs. 3 AktG) sowie durch Höchstwertvorschriften für Aktiva und Mindestwertvorschriften für Passiva entsprochen wird. Vor allem im Interesse des Minderheitenschutzes (Kleinaktionäre) enthält das AktG jedoch auch Vorschriften, die bestimmte **Mindestausschüttungen** sicherstellen sollen. So haben die Aktionäre Anspruch auf den Bilanzgewinn (§ 58 Abs. 4 AktG) und als Minderheit im Falle willkürlicher oder grob unbilliger Vorenthaltung einer angemessenen Ausschüttung ein Recht zur Anfechtung des Gewinnverwendungsbeschlusses der Hauptversammlung (§ 254 AktG). Das zur Anfechtung erforderliche Quorum beträgt 5 % der Anteile oder 0,5 Mio. € Grundkapitalanteil; der Ausschüttungsanspruch richtet sich auf mindestens 4 % des Grundkapitals abzüglich noch nicht eingeforderter Einlagen. Darüber hinaus können durch die Satzung sowie den Vorstand und Aufsichtsrat Rücklagen nur in bestimmten Grenzen gebildet werden (§ 58 Abs. 1 und 2 AktG), und es bestehen Mindestwertvorschriften für Aktiva und Höchstwertvorschriften für Passiva.

Zwischen den Informations- und Zahlungsbemessungsinteressen sowie den jeweiligen handelsrechtlichen Regelung können Widersprüche auftreten, deren Lösung im Einzelfall der Einigung auf eine bestimmte Zielhierarchie bedarf (Moxter [Bilanzlehre I] 156 ff.). Traditionell spielt aufgrund des in der deutschen Rechnungslegung stark ausgeprägten Gläubigerschutzgedankens die Zahlungsbemessungsfunktion bei der Ausgestaltung von Bilanzansatz- und Bilanzbewertungsregeln eine bedeutende Rolle.

3.2.4.1.2 Grundsätze ordnungsmäßiger Buchführung und Bilanzierung (GoB)

Die GoB ergänzen die gesetzlich fixierten Rechtsvorschriften mit der Funktion eines Orientierungs- und Wertmaßstabes und werden in den Fällen rechtsverbindlich, wo sie in Gesetzen oder Verordnungen niedergelegt sind (z. B. §§ 238 Abs. 1, 243 Abs. 1, 264 Abs. 2 HGB).

> Die **GoB** werden zur Schließung von Gesetzeslücken und zur Auslegung von Zweifelsfragen herangezogen; sie können induktiv und deduktiv ermittelt werden.

Bei induktiver Ableitung orientieren sich die GoB am geltenden Handelsbrauch und der Verkehrsauffassung, bei deduktiver Bestimmung knüpfen diese an den Funktionen der Rechnungslegung an. Da Handelsbrauch und Verkehrsauffassung durch spezifische Interessenvertreter geprägt werden und im Zeitablauf einem ständigen Wandel unterliegen, wird im Wesentlichen auf die deduktive Ableitungsmethode zurückgegriffen.

Die historische Entwicklung des HGB hat insbesondere durch das im Jahr 1985 verabschiedete Bilanzrichtliniengesetz dazu geführt, dass mittlerweile eine Reihe zentraler GoB im Gesetz ihren Niederschlag gefunden haben (§§ 243 Abs. 2 sowie 252 Abs. 1 HGB), jedoch ohne dass dort im Detail ausgeführt wird, was sich hieraus konkret für die praktische Bilanzierung ergibt. In Anlehnung an Schildbach, [Jahresabschluss] 87 ff., können die GoB folgendermaßen systematisiert werden:

1. Rahmengrundsätze
   - Grundsatz der Richtigkeit und Willkürfreiheit
   - Grundsatz der Klarheit
   - Grundsatz der Vollständigkeit
   - Grundsatz der Einzelbewertung

2. Abgrenzungsgrundsätze
   - Realisationsprinzip
   - Abgrenzung nach der Sache und nach der Zeit
   - Imparitätsprinzip
   - Grundsatz, wonach Aufwendungen und Erträge des Geschäftsjahres unabhängig von den Zeitpunkten der entsprechenden Zahlungen im Jahresabschluss zu berücksichtigen sind

3. ergänzende Grundsätze
   - Kontinuität
   - Grundsatz der Vorsicht
   - Grundsatz der Unternehmensfortführung (going concern Prinzip)
   - Grundsatz der Wesentlichkeit (Materiality)

4. Dokumentationsgrundsätze
   - Belegprinzip
   - Grundsatz des systematischen Aufbaus
   - Grundsatz der Sicherung der Vollständigkeit, Zuverlässigkeit und Ordnungsmäßigkeit des Rechnungswesens durch ein angemessenes internes Kontrollsystem
   - Grundsatz der verständlichen Aufzeichnung

Rahmengrundsätze beinhalten die Formulierung allgemeiner Postulate hinsichtlich der Präsentation der im Jahresabschluss enthaltenen Informationen.

Der **Grundsatz der Richtigkeit und Willkürfreiheit bzw. der Bilanzwahrheit** zielt auf die materielle Ordnungsmäßigkeit eines Jahresabschlusses ab und bezieht sich sowohl auf den Inhalt (Bilanzansatz) als auch auf den Wert (Willkürfreiheit) von einzelnen Bilanzpositionen.

Durch die Attribute «richtig» bzw. «wahr» kann dabei nur eine Bilanzierung entsprechend den geltenden Bilanzierungsregeln gefordert werden. Willkürfreiheit erfordert prinzipiell die Objektivierbarkeit von Wertansätzen, wobei allerdings teilweise Schätzungen und damit Bewertungsspielräume unvermeidlich sind (z.B. bei Rückstellungen) und insofern lediglich eingeschränkte Objektivierbarkeit vorliegt.

Nach dem **Grundsatz der Bilanzklarheit** (§ 243 Abs. 2 HGB; Bilanztransparenz) hat der Jahresabschluss bestimmten formalen (äußerlichen) Gliederungs- und Gestaltungsvorschriften zu genügen. Das Erfordernis der Klarheit erstreckt sich hierbei sowohl auf das Gesamtbild des Jahresabschlusses (Postulat der Übersichtlichkeit) als auch auf dessen Details.

Die mit diesem Grundsatz geforderte objektive Eindeutigkeit und Verständlichkeit der Bilanzaussage erstreckt sich sowohl auf die für Bilanz und GuV geforderte Mindestgliederung als auch auf eindeutige und überschneidungsfreie Postenbezeichnungen und -zuordnungen innerhalb der Bilanz sowie der GuV.

Im § 246 Abs. 1 Satz 1 HGB ist der **Vollständigkeitsgrundsatz** kodifiziert. Danach hat der Jahresabschluss sämtliche Vermögensgegenstände, Schulden, Rechnungsabgrenzungsposten sowie Aufwendungen und Erträge zu enthalten. Dies wiederum setzt voraus, dass sämtliche buchführungspflichtigen Geschäftsvorfälle innerhalb der Buchführung erfasst werden.

Dabei ist durch die im Rahmen der Inventur (vgl. Abschn. 3.2.4.1.1.2) gewonnenen Erkenntnisse sicherzustellen, dass nur die tatsächlich am Bilanzstichtag vorhandenen Bestände bilanziell erfasst werden. Der Grundsatz der Vollständigkeit erfordert darüber hinaus die Abschätzung von Risiken, z. B. im Hinblick auf die Bildung von Rückstellungen.

Ausfluss des Postulats der vollständigen Bilanzierung ist weiterhin, dass nicht das rechtliche Eigentum, sondern die **wirtschaftliche Zugehörigkeit** eines Vermögensgegenstandes über das «Wo» seiner Bilanzierung entscheidet. Danach regeln sich die Zuständigkeiten des Bilanzausweises z. B. bei schwebenden Geschäften, bei Miet-, Pacht- und Leasingverträgen, bei der Sicherungsübereignung und beim Eigentumsvorbehalt. Durch das BilMoG wurde diese wirtschaftliche Betrachtungsweise ausdrücklich in das HGB aufgenommen (§ 246 Abs. 1 Satz 2 HGB).

Ebenfalls Teilaspekt des Vollständigkeitsgrundsatzes ist die Unterscheidung von **Wertaufhellung** und **Wertbeeinflussung**. Wertaufhellung liegt vor, wenn Informationen über Sachverhalte, die schon vor dem Bilanzstichtag eingetreten waren und die zum Bilanzstichtag eindeutig hätten bekannt sein können, dem Unternehmen bis zum Tag der tatsächlichen Aufstellung des Jahresabschlusses zugehen (§ 252 Abs. 1 Nr. 4 HGB). Handelt es sich hingegen um Informationen über ein Ereignis nach dem Bilanzstichtag, so liegt Wertbeeinflussung vor, die im Jahresabschluss nicht zu berücksichtigen ist. Diese Unterscheidung ist die Konsequenz des Stichtagsprinzips.

> Der klaren und übersichtlichen Jahresabschlussaufstellung dient auch der **Grundsatz der Einzelbewertung** von Vermögensgegenständen und Schulden zum Abschlussstichtag (§ 252 Abs. 1 Nr. 3 HGB). Im Zusammenhang damit ist auch das Saldierungsverbot (Bruttoprinzip) gem. § 246 Abs. 2 HGB zu sehen.

Primärer Zweck des Einzelbewertungsgrundsatzes ist es, beispielsweise die bilanzielle **Kompensation** von Wertsteigerungen bei einem Vermögensgegenstand mit Wertminderungen bei einem anderen sollen zu verhindern. Dies ist vor allem bei asymmetrischer Behandlung von Wertsteigerungen (kein Ausweis unrealisierter Wertsteigerungsgewinne) und Wertminderungen (Ausweis auch nicht realisierter Wertminderungsverluste durch das Niederstwertprinzip) von großer Bedeutung. Vom Grundsatz der Einzelbewertung gibt es eine Reihe von Ausnahmen, z. B. die so genannten Bewertungsvereinfachungsverfahren (§ 240 i. V. m. § 256 HGB) oder die bilanzielle Abbildung von Risikomanagementstrategien durch die Bildung von Bewertungseinheiten (§ 254 HGB).

Durch Abgrenzungsgrundsätze wird geregelt, welchen Perioden jeweils Aufwendungen und Erträge zugeordnet werden. Um eine periodengerechte Erfolgsermittlung zu gewährleisten, verlangt der **Grundsatz der Aufwands- und Ertragsabgrenzung**, dass Aufwendungen und Erträge der Periode unabhängig von dem Zeitpunkt der korrespondierenden Auszahlungen bzw. Einzahlungen im Jahresabschluss zu erfassen sind (§ 252 Abs. 1 Nr. 5 HGB).

Die Abgrenzung kann «nach der Sache» bzw. «nach der Zeit» erfolgen (Schildbach [Jahresabschluss] 93): Im Rahmen der sachlichen Abgrenzung werden alle sachlich den Unternehmensleistungen zurechenbaren leistungsbezogenen Wertminderungen unabhängig vom Zeitpunkt der entsprechenden Zahlung der Periode zugeordnet, der die sachlich zugehörigen Erträge zugerechnet werden. Dies gilt z. B. für den Kauf von Rohstoffen: Erfolgt der Kauf und die Bezahlung in der Periode 01 und werden die Rohstoffe erst in der Folgeperiode 02 im Rahmen des Herstellungsprozesses verbraucht, so wird der Aufwand der Periode 02 zugeordnet, da in dieser Periode der Verbrauch mit der Erbringung von Unternehmensleistungen einhergeht. Die zeitliche Abgrenzung hingegen ermöglicht insbesondere die Periodenzuordnung von streng zeitraumbezogenen Wertsteigerungen (z. B. Zins- oder Mieterträge): Relevant ist die Periode, in der sie ursächlich durch entsprechende Überlassung von Finanzmitteln bzw. die Nutzungsüberlassung eines Mietgegenstands entstanden sind.

> Das **Realisationsprinzip** (§ 252 Abs. 1 Nr. 4 HGB) besagt, dass Gewinne und Verluste erst dann ausgewiesen werden dürfen, wenn sie durch den Umsatzprozess verwirklicht, also in Erscheinung getreten **(realisiert)** sind.

Der Zeitpunkt der Umsatz- und damit Gewinnrealisation beim **Verkauf von Produkten** des Unternehmens beispielsweise ist der Zeitpunkt, in dem das Unternehmen seine Leistung erbracht hat, also bei dem der Verkäufer alles in seiner Macht stehende getan hat, um dem Käufer das Eigentum an der gekauften Sache zu verschaffen.

> Das **Imparitätsprinzip** (Prinzip der Verlustantizipation, § 252 Abs. 1 Nr. 4 HGB) schränkt das Realisationsprinzip dahingehend ein, dass **absehbare**, jedoch **noch nicht realisierte Verluste** bereits als Aufwand im Jahresabschluss zu berücksichtigen sind.

Damit verhindert das Imparitätsprinzip einen **zu hohen Gewinnausweis** und damit einhergehend die Gefahr ungerechtfertigter Ausschüttung und Besteuerung. Es dient primär dem **Gläubigerschutz** und ist gesetzlich insbesondere im **Niederstwertprinzip** verankert (§ 253 Abs. 3 und 4 HGB).

> Das **Niederstwertprinzip** besagt, dass von zwei möglichen Wertansätzen (z. B. Anschaffungskosten oder Marktpreis) jeweils der niedrigere angesetzt werden muss (**strenges** Niederstwertprinzip) bzw. angesetzt werden darf (**gemildertes** Niederstwertprinzip).

Die Rahmen- sowie Abgrenzungsgrundsätze werden durch weitergehende Grundsätze ergänzt.

> Der **Grundsatz der Bilanzkontinuität** (Bilanzzusammenhang) regelt das Verhältnis aufeinander folgender Jahresabschlüsse zueinander in formeller und materieller Hinsicht mit dem Ziel, die Vergleichbarkeit zu gewährleisten.

Die **formelle** Bilanzkontinuität (Bilanzverknüpfung) hat die Forderungen nach

- **Bilanzidentität:** Übereinstimmung der Eröffnungsbilanz mit der Schlussbilanz der vorangehenden Periode (§ 252 Abs. 1 Nr. 1 HGB) sowie
- **Stichtagskontinuität:** Beibehaltung des Abschlussstichtages

zum Gegenstand. Die **materielle** Bilanzkontinuität fordert demgegenüber

- **Bewertungsstetigkeit:** Beibehaltung einmal gewählter Bewertungsgrundsätze (§ 252 Abs. 1 Nr. 6 HGB),
- **Stetigkeit der Ansatzmethoden,** (§ 246 Abs. 3 HGB) sowie
- **Darstellungsstetigkeit:** Beibehaltung der Gliederung der Bilanz (§ 265 Abs. 1 HGB)

vor allem im Hinblick auf die Sicherung der **intertemporale Vergleichbarkeit** des Erfolgsausweises. Bewertungskontinuität verlangt auch der **Grundsatz der Unternehmensfortführung** (**Going-Concern-Prinzip**, § 252 Abs. 1 Nr. 2 HGB).

> Mit dem **Grundsatz der Unternehmensfortführung** kommt grundsätzlich der Anschaffungswert bei der Bilanzierung zur Anwendung, während der Ansatz von Liquidationswerten in der regulären Jahresabschlussbilanz ausgeschlossen wird.

Als ein übergeordneter Grundsatz ordnungsmäßiger Buchführung und Bilanzierung gebietet der **Grundsatz der Vorsicht** (§ 252 Abs. 1 Nr. 4 HGB) eine zurückhaltende, d.h. insgesamt vorsichtige Abschätzung der mit der Geschäftstätigkeit verbundenen Chancen und Risiken.

> Gemäß dem **Vorsichtsprinzip** soll insbesondere die Gefahr eines zu hohen Erfolgsausweises dadurch vermieden werden, dass die Wertansätze im Bereich der Vermögensgegenstände tendenziell nach unten und die Wertansätze im Bereich der Schulden tendenziell nach oben korrigiert werden, um im Hinblick auf den Ausweis und die Ausschüttung des Gewinns einen hinreichenden **Gläubigerschutz** zu wahren.

Inhaltlich ist das Vorsichtsprinzip in Bezug auf das «Was» der Bilanzierung (Bilanzierung dem Grunde nach) an den Kriterien der marktmäßigen Objektivierung und Konkretisierung eines Vermögensgegenstands orientiert; in Bezug auf das «Wie» der Bilanzierung (Bilanzierung der Höhe nach) wird es insbesondere durch das Realisations- und das Imparitätsprinzip verwirklicht.

Entsprechend dem Grundsatz der Wesentlichkeit (Materiality) schließlich sind lediglich die für die Jahresabschlussadressaten bzw. die von diesen zu treffenden wirtschaftlichen Entscheidungen bedeutsamen Informationen in den Jahresabschluss aufzunehmen. Konkretisiert wird der Grundsatz der Wesentlichkeit beispielsweise durch den Verzicht auf den Ausweis von Centbeträgen in der Bilanz sowie den zulässigen Verzicht auf den Ausweis so genannter geringwertiger Gegenstände des Anlagevermögens. Die Dokumentationsgrundsätze schließlich betreffen die formelle Ordnungsmäßigkeit der Aufzeichnungen und der organisatorischen Ausgestaltung des Aufzeichnungs- und Rechnungslegungsprozesses.

3.2.4.1.3 Deutsche Rechnungslegungsstandards (DRS)

Mit dem «Gesetz zur Kontrolle und Transparenz im Unternehmensbereich» (KonTraG) vom 27.4.1998 hat der deutsche Gesetzgeber die Voraussetzungen für ein privates Rechnungslegungsgremium in Deutschland geschaffen. Damit wird dem Vorbild angelsächsischer Länder gefolgt, in denen private «Standard Setting Bodies» eine lange Tradition haben. Rechtliche Grundlage dieses privaten Rechnungslegungsgremiums ist § 342 HGB, der durch das KonTraG in das HGB eingefügt worden ist. Nach Abs. 1 dieser Regelung kann das Bundesministerium der Justiz (BMJ) ein privatrechtliches Rechnungslegungsgremium durch Vertrag anerkennen und diesem bestimmte Aufgaben auf dem Gebiet der Rechnungslegung übertragen.

Mit Vertrag vom 3. September 1998 wurde der Deutsche Standardisierungsrat (DSR) als privates Rechnungslegungsgremium durch das BMJ anerkannt. Hierunter ist ein mit unabhängigen Fachleuten besetztes Gremium zu verstehen, das eine größere Flexibilität bei der Weiterentwicklung der Rechnungslegung und somit eine kontinuierliche Anpassung an neue Erfordernisse gewährleisten soll. Organisatorisch ist der DSR ein zentrales Gremium des im März 1998 gegründeten Deutsche Rechnungslegungs Standards Committee e.V. (DRSC). Letzteres hat seinen Sitz in Berlin. Das DRSC hat den Standardisierungsvertrag mit dem BMJ zwischenzeitlich zum 31.12.2010 gekündigt. Es bleibt abzuwarten, ob und inwieweit es zu einer neuen Zuordnung der aus dem § 342 HGB resultierenden Kompetenzen kommt.

Die Aufgaben des DSR waren bis zum Auslaufen des Standardisierungsvertrags zum Ende des Jahres 2010 in § 342 Abs. 1 HGB festgelegt. Neben der Beratung des BMJ bei Gesetzgebungsvorhaben zur Rechnungslegung und der Vertretung Deutschlands in internationalen Standardisierungsgremien war es danach Aufgabe des DSR, Empfehlungen für eine ordnungsmäßige Konzernrechnungslegung in Form von Standards zu entwickeln sowie schließlich Interpretationen der internationalen Rechnungslegungsstandards i.S.d. § 315a Abs. 1 HGB zu erarbeiten.

> Die als Deutsche Rechnungslegungsstandards (DRS) bezeichneten Empfehlungen können gemäß 342 Abs. 2 HGB vom BMJ bekannt gemacht werden. Soweit die DRS vom BMJ bekannt gemacht worden sind, gilt die Vermutung, dass

ein unter Beachtung der DRS aufgestellter Konzernabschluss den **Grundsätzen ordnungsmäßiger Konzernrechnungslegung** entspricht.

Ihre Berechtigung hat die Aufgabe des DSR zur Erarbeitung von **Standards** auf Grund zahlreicher **Regelungslücken** bzw. nicht hinreichender inhaltlicher **Konkretisierung** von Regelungen innerhalb der durch das HGB kodifizierten Konzernrechnungslegung. Beispielsweise enthält das HGB keine Vorgaben zu Aufbau und Struktur einer Kapitalflussrechnung. Somit kommt dem DSR insbesondere die Aufgabe zu, Standards für die Bereiche der Konzernrechnungslegung zu entwickeln, die im HGB nicht oder nur sehr allgemein geregelt sind. Internationale Standards können dabei nur teilweise als Vorbild dienen, da nationalen Besonderheiten (bspw. Arbeits- und Sozialgesetzgebung) nicht durch allgemein gültige internationale Rechnungslegungsstandards Rechnung getragen werden kann.

Bisher sind die in Abbildung 4.3.19 aufgeführten DRS bzw. DRÄS **(Deutscher Rechnungslegungs Änderungsstandard)** vom DSR verabschiedet und vom BMJ bekannt gemacht worden.

DRS 1	Befreiender Konzernabschluss nach § 292a HGB **(aufgehoben)**
DRS 1a	Befreiender Konzernabschluss nach § 292a HGB – Konzernabschluss nach US-GAAP: Goodwill und andere immaterielle Vermögenswerte des Anlagevermögens **(aufgehoben)**
DRS 2	Kapitalflussrechnung
DRS 2–10	Kapitalflussrechnung von Kreditinstituten
DRS 2–20	Kapitalflussrechnung von Versicherungsunternehmen
DRS 3	Segmentberichterstattung
DRS 3–10	Segmentberichterstattung von Kreditinstituten
DRS 3–20	Segmentberichterstattung von Versicherungsunternehmen
DRS 4	Unternehmenserwerbe im Konzernabschluss
DRS 5	Risikoberichterstattung
DRS 5–10	Risikoberichterstattung von Kredit- und Finanzdienstleistungsinstituten
DRS 5–10	Risikoberichterstattung von Versicherungsunternehmen
DRS 6	Zwischenberichterstattung **(aufgehoben)**
DRS 7	Konzerneigenkapital und Konzerngesamtergebnis
DRS 8	Bilanzierung von Anteilen an assoziierten Unternehmen im Konzernabschluss
DRS 9	Bilanzierung von Anteilen an Gemeinschaftsunternehmen im Konzernabschluss

DRS 10	Latente Steuern im Konzernabschluss (aufgehoben)	
DRS 11	Berichterstattung über Beziehungen zu nahe stehenden Personen (aufgehoben)	
DRS 12	Immaterielle Vermögenswerte des Anlagevermögens (aufgehoben)	
DRS 13	Grundsatz der Stetigkeit und Berichtigung von Fehlern	
DRS 14	Währungsumrechnung (aufgehoben)	
DRS 15	Lageberichterstattung	
DRS 15a	Übernahmerechtliche Angaben und Erläuterungen im Konzernlagebericht (aufgehoben)	
DRS 16	Zwischenberichterstattung	
DRS 17	Berichterstattung über die Vergütung der Organmitglieder	
DRS 18	Latente Steuern	
DRS 19	Pflicht zur Konzernrechnungslegung und Abgrenzung des Konsolidierungskreises	
DRÄS 1	Deutscher Rechnungslegungs Änderungsstandard Nr. 1	
DRÄS 2	Aufhebung von DRS 1 und DRS 1a	
DRÄS 3	Änderungen in den Standards DRS 2 bis DRS 14	
DRÄS 4	Deutscher Rechnungslegungs Änderungsstandard Nr. 4	
DRÄS 5	Deutscher Rechnungslegungs Änderungsstandard Nr. 5	

Abbildung 4.3.19: Deutsche Rechnungslegungsstandards sowie Deutsche Rechnungslegungs Änderungsstandards (Stand Juni 2011)

Neben der Erarbeitung von Rechnungslegungsstandards durch den Deutschen Standardisierungsrat werden Interpretationen der internationalen Rechnungslegungsstandards i. S. d. § 315a Abs. 1 HGB durch das Rechnungslegungs Interpretations Committee (RIC) erarbeitet. Um zu gewährleisten, dass keine rein nationalen Interpretationen entstehen und sich daraus eine Gefährdung der internationalen Vergleichbarkeit von IFRS-Abschlüssen ergibt, erfolgt dies in Kooperation mit dem International Financial Reporting Interpretations Committee (IFRIC) des IASB sowie anderen nationalen Rechnungslegungsgremien.

3.2.4.1.4 Steuerrechtliche Vorschriften

Die handelsrechtliche Pflicht zur Buchführung bzw. Bilanzaufstellung wird im Steuerrecht um den Kreis der gewerblichen Unternehmer sowie der Land- und Forstwirte erweitert, deren Betriebe **eines** der folgenden **Größenmerkmale** erfüllen (§ 141 Abs. 1 AO, **originäre Steuerbilanz**):

- Gesamtumsatz im Kalenderjahr von mehr als 500.000 €;
- Selbstbewirtschaftete land- und forstwirtschaftliche Flächen mit einem Wirtschaftswert von mehr als 25.000 €);
- Gewinn aus Gewerbebetrieb von mehr als 50.000 € im Wirtschaftsjahr;
- Gewinn aus Land- und Forstwirtschaft von mehr als 50.000 € im Kalenderjahr.

Darüber hinaus sind alle Aufzeichnungen, die auf Grund anderer Gesetze vorzunehmen sind, auch für steuerliche Zwecke relevant (§ 140 AO, **derivative Steuerbilanz**).

Entsprechend der Zielsetzung einer gleichmäßigen Besteuerung wird in der **Steuerbilanz** die Ermittlung eines periodengerechten Gewinns angestrebt. Der Gewinn wird nach § 4 Abs. 1 Satz 1 EStG durch Vergleich des Betriebsvermögens (Reinvermögen) zu Beginn des Wirtschaftsjahres (= Schluss des vorangegangenen Wirtschaftsjahres) mit demjenigen am Ende des laufenden Wirtschaftsjahres ermittelt.

> Bei der Gewinnermittlung ist von dem nach **handelsrechtlichen** Grundsätzen ordnungsmäßiger Buchführung auszuweisenden Betriebsvermögen auszugehen, sofern es nicht durch die Ausübung steuerlicher Wahlrechte zu Abweichungen kommt (§ 5 Abs. 1 EStG). Insofern **ist die Handelsbilanz maßgeblich für die Steuerbilanz** (**Maßgeblichkeitsprinzip,** vgl. zum Verhältnis von Handels- und Steuerbilanz Abschn. 3.2.4.4).

3.2.4.1.5 Internationale Standards (IAS / IFRS)

3.2.4.1.5.1 Internationalisierungsprozess in Deutschland

Ausgangspunkt für den Beginn einer **Internationalisierung der Rechnungslegung** war die Existenz einer Vielzahl nationaler und zugleich höchst unterschiedlich ausgestalteter Rechnungslegungssysteme. Eine **Vergleichbarkeit** von Jahresabschlüssen von Unternehmen mit Sitz in unterschiedlichen Ländern war somit kaum gegeben. Ursächlich für die Unterschiedlichkeit der Entwicklung einzelner Rechnungslegungssysteme waren insbesondere nationale Unterschiede im Hinblick auf politische und kulturelle Aspekte, die Art der Unternehmensfinanzierung, das jeweilige Rechtssystem im allgemeinen sowie steuerrechtliche Gegebenheiten im besonderen (vgl. Pellens, Fülbier, Gassen, Sellhorn [Internationale] 33 ff.). Insbesondere die Internationalisierung der Marktaktivitäten sowie zunehmend international ausgerichtete Finanzierungsstrategien von Unternehmen bzw. Konzernen haben zu der Notwendigkeit geführt, diese Internationalisierung auch im Bereich des externen Rechnungswesens nachzuvollziehen. Es entwickelte sich ein erhöhter **Bedarf nach international einheitlichen bzw. vergleichbaren Rechnungslegungsnormen.**

Aus deutscher Sicht fand der Prozess der Internationalisierung der Rechnungslegung bis zu dem durch die Verabschiedung des BilMoG geprägten aktuellen Status Quo in mehreren Schritten statt (vgl. Küting [Bilanzrecht] 288 ff.). Ein erster Schritt bestand in der Verabschiedung des Bilanzrichtliniengesetzes (BiRiLiG) im Jahre 1985, durch das die 4., 7. und 8. EG-Richtlinie in deutsches Recht transformiert wurden. Ziel war die Schaffung von Vergleichbarkeit innerhalb der EG. Dieses Ziel wurde jedoch nicht in dem gewünschten Umfang erreicht.

Parallel dazu wuchs die Bedeutung der nationalen US-amerikanischen Rechnungslegung (US-GAAP) für solche Unternehmen, die den amerikanischen Kapitalmarkt als Finanzierungsquelle nutzen wollten. So wurde 1993 die Daimler Benz AG als erstes deutsches Unternehmen an der New Yorker Börse gelistet, womit die Notwendigkeit einherging, neben dem HGB-Abschluss eine **Reconciliation (Überleitungsrechnung)** auf US-amerikanische Rechnungslegungsregeln (US-GAAP) zu erstellen. Andererseits entwickelte sich, losgelöst von einzelstaatlichen Regelungen, ein System von internationalen Rechnungslegungsstandards, den so genannten **International Accounting Standards (IAS)**. Insbesondere solche Unternehmen, die keinen Börsengang an einer amerikanischen Börse anstrebten, aber dennoch auf freiwilliger Basis Abschlüsse nach international anerkannten Regeln publizieren wollten, wählten die IAS als Normensystem.

Für deutsche Unternehmen bedeutete dies jedoch, dass die gewünschten internationalen Abschlüsse zusätzlich zum HGB-Konzernabschluss erstellt werden mussten. Um den deutschen Unternehmen eine derartige «doppelte» Konzernrechnungslegung zu ersparen, wurden mit der Einführung des § 292 a HGB durch das sogenannte **Kapitalaufnahmeerleichterungsgesetz** (KapAEG) im Jahr 1998 gewährleistet, dass börsennotierte deutsche Mutterunternehmen unter bestimmten Voraussetzungen von der Pflicht zur Erstellung und Veröffentlichung eines dem HGB entsprechenden Konzernabschlusses befreit wurden, wenn sie alternativ dazu einen Konzernabschluss nach international anerkannten Regeln aufstellen und veröffentlichen. Weitere Einzelmaßnahmen zu einer partiellen Annäherung der HGB-Rechnungslegungsregeln an die internationalen Standards ergaben sich durch das **Gesetz zur Kontrolle und Transparenz im Unternehmensbereich** (KonTraG) aus dem Jahr 1998 sowie das **Transparenz- und Publizitätsgesetz** (TransPuG) von 2002. Dies betrifft vor allem die Einführung des Deutsches Rechnungslegungs Standards Committee (DRSC) durch den im Rahmen das KonTraG eingeführten § 342 HGB (vgl. Abschn. 3.2.4.1.3).

Ein Meilenstein von zentraler Bedeutung auf dem Weg zu einem System internationaler Rechnungslegungsnormen war die **Verordnung der EU 1606/2002 betreffend die Anwendung internationaler Rechnungslegungsstandards vom 19.07.2002** (kurz: IAS-Verordnung). Diese sieht seit 2005 die zwingende Anwendung der IAS/IFRS für kapitalmarktorientierte Unternehmen im Bereich des Konzernabschlusses vor, während für den Einzelabschluss sowie den Konzernabschluss nicht kapitalmarktorientierter Unternehmen für die Mitgliedstaaten ein Wahlrecht besteht, die IAS/IFRS zuzulassen oder vorzuschreiben. Die Umsetzung dieser EU-Vorgaben erfolgte in Deutschland im Rahmen des **Gesetzes zur Einführung in-**

ternationaler Rechnungslegungsstandards und zur Sicherung der Qualität der Abschlussprüfung (**Bilanzrechtsreformgesetz** – BilReG) vom 4. 12. 2004. Hierdurch wurden vor allem die Ausnahmen aufgrund des § 292a HGB aufgehoben und durch den neu geschaffenen § 315a HGB die Anwendung der IAS/IFRS geregelt (vgl. zu den Einzelheiten Abschn. 3.2.4.1.5.3).

Ein weiterer Schritt auf dem Weg hin zu weltweiter Akzeptanz der IAS/IFRS war die Entscheidung der US-amerikanischen Wertpapier- und Börsenaufsicht (**Securties and Exchange Commission**, SEC) vom 21. Dezember 2007, durch die Verabschiedung einer endgültigen Regelung (Release 33-8879) die Notwendigkeit für die Erstellung einer IFRS-Überleitungsrechnung auf die US-GAAP mit dem Inkrafttreten zum 3. März 2008 aufzuheben.

3.2.4.1.5.2 Strukturmerkmale der internationalen Rechnungslegungsstandards (IAS / IFRS)

Internationale Rechnungslegungsstandards sowie Interpretationen zu diesen Standards werden von speziellen Gremien unter dem Dach der **International Accounting Standards Committee Foundation** (IASC Fondation), einem privatrechtlichen Trägerverein, erarbeitet. Bis zum Jahr 2001 war das Gremium, welches die **International Accounting Standards** (IAS) erarbeitete und herausgab, das **International Accounting Standards Committee** (IASC). Nach einer grundlegenden Umstrukturierung im Jahr 2001 liegt diese Aufgabe nun beim **International Accounting Standards Board** (IASB), der das IASC hinsichtlich dieser Funktion abgelöst hat.

Entsprechend dem Vorwort zu den Standards ist es die Zielsetzung des IASB (vgl. Deloitte & Touche GmbH Wirtschaftsprüfungsgesellschaft: www.iasplus.de/standards/preface.php):

«(a) im öffentlichen Interesse einen einzigen Satz an hochwertigen, verständlichen und durchsetzbaren weltweiten Rechnungslegungsstandards zu entwickeln, die hochwertige, transparente und vergleichbare Informationen in Abschlüssen und sonstigen Rechnungslegungsinstrumenten erfordern, um die Teilnehmer an den verschiedenen weltweiten Kapitalmärkten und andere Informationsadressaten bei de Fällung wirtschaftlicher Entscheidungen zu unterstützen; und
(b) die Verwendung und strikte Anwendung dieser Standards zu fördern; und
(c) bei der Erfüllung der Zielsetzung im Zusammenhang mit (a) und (b) die besonderen Bedürfnisse kleiner und mittelgroßer Unternehmen sowie aufstrebender Volkswirtschaften zu berücksichtigen, sofern sachgerecht; sowie
(d) aktiv mit nationalen Standardsetzern zusammenzuarbeiten, um eine Konvergenz der nationalen Rechnungslegungsstandards und der IFRS hin zu hochwertigen Lösungen zu erreichen.»

Bislang sind vom IASC bzw. IASB die in Abbildung 4.3.20 aufgelisteten und noch in Kraft befindlichen Standards veröffentlicht worden.

Jahresabschluss und Bilanzierung

International Financial Reporting Standard	Titel	Titel (deutsch)
IFRS 1	First-time Adoption of International Financial Reporting Standards	Erstmalige Anwendung der International Financial Reporting Standards
IFRS 2	Share-based Payment	Aktienbasierte Vergütung
IFRS 3	Business Combinations	Unternehmenszusammenschlüsse
IFRS 4	Insurance Contracts	Versicherungsverträge
IFRS 5	Non-current Assets Held for Sale and Discontinued Operations	Zur Veräußerung gehaltene langfristige Vermögenswerte und aufgegebene Geschäftsbereiche
IFRS 6	Exploration for and Evaluation of Mineral Assets	Exploration und Evaluierung von mineralischen Ressourcen
IFRS 7	Financial Instruments: Disclosures	Finanzinstrumente: Angaben
IFRS 8	Operating Segments (wird IAS 14 ersetzen)	Geschäftssegmente
IFRS 9	Financial Instruments	Finanzinstrumente – Klassifizierung und Bewertung
IFRS for SMEs (für KMU)	IFRS for Small and Medium-Sized Entities	International Financial Reporting Standard für kleine und mittelgroße Unternehmen

International Accounting Standard	Titel	Titel (deutsch)
IAS 1	Presentation of Financial Statements	Darstellung des Abschlusses
IAS 2	Inventories	Vorräte
IAS 7	Cash Flow Statements	Kapitalflussrechnungen
IAS 8	Accounting Policies, Changes in Accounting Estimates and Errors	Bilanzierungs- und Bewertungsmethoden, Änderungen von Schätzungen und Fehler
IAS 10	Events After the Balance Sheet Date	Ereignisse nach dem Bilanzstichtag
IAS 11	Construction Contracts	Fertigungsaufträge
IAS 12	Income Taxes	Ertragsteuern
IAS 16	Property, Plant and Equipment	Sachanlagen
IAS 17	Leases	Leasingverhältnisse
IAS 18	Revenue	Erträge
IAS 19	Employee Benefits	Leistungen an Arbeitnehmer

IAS 20	Accounting for Government Grants and Disclosure of Government Assistance	Bilanzierung und Darstellung von Zuwendungen der öffentlichen Hand
IAS 21	The Effects of Changes in Foreign Exchange Rates	Auswirkungen von Änderungen der Wechselkurse
IAS 23	Borrowing Costs	Fremdkapitalkosten
IAS 24	Related Party Disclosures	Angaben über Beziehungen zu nahestehenden Unternehmen und Personen
IAS 26	Accounting and Reporting by Retirement Benefit Plans	Bilanzierung und Berichterstattung von Altersversorgungsplänen
IAS 27	Consolidated and Separate Financial Statements	Konzern- und separate Einzelabschlüsse
IAS 28	Investments in Associates	Anteile an Assoziierten Unternehmen
IAS 29	Financial Reporting in Hyperinflationary Economies	Rechnungslegung in Hochinflationsländern
IAS 31	Interests in Joint Ventures	Anteile an Joint Ventures
IAS 32	Financial Instruments: Presentation	Finanzinstrumente: Darstellung
IAS 33	Earnings per Share	Ergebnis je Aktie
IAS 34	Interim Financial Reporting	Zwischenberichterstattung
IAS 36	Impairment of Assets	Wertminderung von Vermögenswerten
IAS 37	Provisions, Contingent Liabilities and Contingent Assets	Rückstellungen, Eventualschulden und Eventualforderungen
IAS 38	Intangible Assets	Immaterielle Vermögenswerte
IAS 39	Financial Instruments: Recognition and Measurement	Finanzinstrumente: Ansatz und Bewertung
IAS 40	Investment Property	Als Finanzinvestition gehaltene Immobilien
IAS 41	Agriculture	Landwirtschaft

Abbildung 4.3.20: Übersicht über bestehende IFRS und IAS (Stand Juni 2011)

Des Weiteren hat das IASB ein **Framework** (**Rahmenkonzept**) verabschiedet, das die Grundlage für die Entwicklung und Interpretation der IFRS bildet, jedoch nicht als unmittelbarer Bestandteil der IFRS anzusehen ist. Es dient vor allem dem konzeptionellen Verständnis und der Auslegung von Einzelstandards sowie der systematischen Lösung von offenen Rechnungslegungsproblemen.

Um einen IFRS-konformen Abschluss zu erstellen, sind neben den eigentlichen Standards auch die im Hinblick auf die Auslegung von Zweifelsfragen bestehenden Interpretationen des IFRIC (International Financial Reporting Interpretations Committee) zu beachten. Bis zur organisatorischen Umgestaltung im Jahr 2001 wurde das für die Erarbeitung von Interpretationen zuständige Gremium SIC (Standing Interpretations Committee) genannt. Wie die Standards selbst werden die Interpretationen chronologisch mit laufenden Nummern versehen, so dass mittlerweile die Interpretationen SIC 7 bis SIC 32 sowie IFRIC 1 bis IFRIC 19 existieren.

3.2.4.1.5.3 Verpflichtung zur Anwendung der internationalen Standards für deutsche Unternehmen

Mit dem Bilanzrechtsreformgesetz vom 4.12.2004 (ausführlich: Gesetz zur Einführung internationaler Rechnungslegungsstandards und zur Sicherung der Qualität der Abschlussprüfung) wurde der § 315a in das HGB eingefügt, der nunmehr als Zehnter Titel die Einzelregelungen zu Konzernabschluss und Konzernlagebericht beschließt und den von vornherein bis zum 31.12. 2004 befristeten § 292a HGB ablöst. Der § 315a HGB verkörpert die Umsetzung der Verordnung der EU 1606/2002 betreffend die Anwendung internationaler Rechnungslegungsstandards vom 19.07.2002 (kurz: IAS-Verordnung) in deutsches Recht.

Ausgehend von dem in Art. 4 der IAS-Verordnung enthaltenen Grundsatz, dass **kapitalmarktorientierte** Unternehmen in der EU von 2005 an Konzernabschlüsse nach den internationalen Rechnungslegungsstandards (IFRS/IAS) aufzustellen haben, erlaubt die IAS-Verordnung zugleich den Mitgliedstaaten, für Erweiterungen des Pflichtanwendungsbereichs bei der IAS/IFRS-Bilanzierung zu optieren. So steht es nach Art. 5 der Verordnung den Mitgliedstaaten grundsätzlich frei, die Anwendung der IAS/IFRS sowohl auf solche Konzernunternehmen auszuweiten, die keine Wertpapiere ausgegeben haben, als auch dieselben für den Einzelabschluss zuzulassen, und zwar für Kapitalmarktunternehmen wie für sonstige Unternehmen in der Rechtsform der Kapitalgesellschaft. Alternativ kann die Anwendung für diese Unternehmen auch als Wahlrecht ausgestaltet sein oder gänzlich untersagt bleiben.

Im Hinblick auf die **deutsche Umsetzung der IAS-Verordnung** erstreckt sich die verpflichtende oder wahlweise Anwendung der IAS/IFRS an Stelle der HGB-Rechnungslegung ausschließlich auf den **Konzernabschluss**. Es werden gemäß § 315a HGB hinsichtlich der Anwendung der IAS/IFRS drei Kategorien von Mutterunternehmen unterschieden:

- § 315a **Abs. 1** HGB betrifft Unternehmen, die nach den §§ 290 bis 293 HGB zur Erstellung von Konzernabschlüssen verpflichtet sind und gleichzeitig nach Art. 4 der IAS-Verordnung verpflichtet sind, ihren Konzernabschluss nach den internationalen Standards aufzustellen. Diese Verpflichtung besteht dann, wenn deren Wertpapiere an einem geregelten Markt in der EU zugelassen sind. In diesen Fällen ist der Konzernabschluss zwingend gemäß den IAS/IFRS aufzustellen und ersetzt den HGB-Konzernabschluss.

- § 315a **Abs. 2** HGB betrifft Mutterunternehmen, die bis zum Bilanzstichtag die Zulassung eines Wertpapiers im Sinne des § 2 Abs. 1 S. 1 WpHG zum Handel am inländischen amtlichen oder geregelten Markt (organisierter Markt im Sinne des § 2 Abs. 5 des WpHG) beantragt haben. In diesen Fällen gilt ebenfalls, dass der Konzernabschluss zwingend gemäß den IAS/IFRS aufzustellen ist und den HGB-Konzernabschluss ersetzt.
- § 315a **Abs. 3** HGB gewährt den nicht unter Abs. 1 bzw. 2 fallenden Unternehmen das Wahlrecht, die Aufstellung des Konzernabschlusses statt nach den Vorschriften des HGB nach denen der IAS/IFRS vorzunehmen. Die Ausübung dieses Wahlrechts zugunsten einer IAS/IFRS-Bilanzierung hat dann aber die vollständige Befolgung der gemäß § 315a Abs. 1 HGB geforderten Bestimmungen zur Konsequenz.

Die IAS-Verordnung sieht in Art. 5 Mitgliedstaatenwahlrechte auch für eine Anwendung der IAS/IFRS-Bilanzierung im Einzelabschluss vor, und zwar ohne Rücksicht auf eine bestehende Kapitalmarktorientierung. Bei großen bzw. mittelgroßen Kapitalgesellschaften kann gemäß § 325 Abs. 2a und 2b HGB die Erstellung von IAS/IFRS-Einzelabschlüssen an die Stelle des traditionellen HGB-Abschlusses treten, jedoch nur im Hinblick auf die Pflichtveröffentlichung (Publizität, vgl. Abschn. 3.2.6.2). Die Zulassung von IAS/IFRS im Einzelabschluss ist demnach ausschließlich informationsfunktionell begründet: Unternehmen sollen die Möglichkeit erhalten, auf freiwilliger Basis den Informationsbedürfnissen von Investoren, Kreditgebern bzw. Geschäftspartnern durch die Veröffentlichung eines international lesbaren Abschlusses Rechnung tragen zu können. Das entbindet jedoch nicht von der Erstellung eines zusätzlichen, eine doppelte Bilanzierung verursachenden HGB-Jahresabschlusses, der den weiteren Zwecken des Jahresabschlusses, wie sie sich aus Gesellschafts- und Steuerrecht (Ausschüttungs- bzw. Steuerbemessungsfunktion) ergeben, zu entsprechen hat.

Werden Einzel- und bzw. oder Konzernabschlüsse nach den internationalen Standards (IAS/IFRS) erstellt, so bedeutet dies nicht, dass hierbei automatisch die vom IASB erlassenen Standards und die bestehenden Interpretationen zu den Standards verpflichtend anzuwenden sind. Voraussetzung hierfür ist, dass die Standards ein in der IAS-Verordnung festgelegtes Anerkennungsverfahren seitens der EU durchlaufen haben. Der Abschluss hat sich dann an den Standards auszurichten, die durch Rechtssetzungsakt auf EU-Ebene legitimiert worden sind (sog. Endorsement- mit Komitologieverfahren, vgl. im einzelnen Grünberger [IFRS] 15 ff.). Dies kann in Ausnahmefällen dazu führen, dass es zu Abweichungen zwischen den «EU-IAS/IFRS» und den «Original-IAS/IFRS» kommt.

Zusammenfassend kann die folgende Vier-Felder-Matrix den Überblick zur Anwendung nationaler bzw. internationaler Rechnungslegungsanforderungen bewahren helfen:

	Einzelabschluss	Konzernabschluss
Kapitalmarktorientierte Unternehmen	HGB verbindlich (§§ 242 und 264 Abs. 1 HGB) Für Veröffentlichungszwecke können große und mittelgroße Kapitalgesellschaften einen IFRS-Abschluss an Stelle des HGB-Abschlusses verwenden (§ 325 Abs 2a und 2b HGB)	IAS/IFRS verbindlich (§ 315a Abs. 1 und 2 HGB)
Nicht kapitalmarktorientierte Unternehmen	HGB verbindlich (§§ 242 und 264 Abs. 1 HGB) Für Veröffentlichungszwecke können große und mittelgroße Kapitalgesellschaften einen IFRS-Abschluss an Stelle des HGB-Abschlusses verwenden (§ 325 Abs 2a und 2b HGB)	IAS/IFRS oder HGB (Wahlrecht) (§ 315a Abs. 3 HGB)

Abbildung 4.3.21: Anwendung der IAS/IFRS in Einzel- sowie Konzernabschlüssen

3.2.4.2 Bilanzansatz

Die Logik jeder Bilanzierungsentscheidung vollzieht sich in drei Schritten: **Bilanzansatz**, **Bilanzbewertung** und **Bilanzausweis**. Demzufolge ist zunächst zu klären, welche Objekte oder Vorgänge in der Bilanz angesetzt werden können bzw. müssen (**Bilanzansatz bzw. Bilanzierung dem Grunde nach**).

3.2.4.2.1 Bilanzierungsfähigkeit

> Unter **Bilanzierungsfähigkeit** ist die Eignung eines Objektes oder eines Vorgangs zu verstehen, als Aktivposten (Aktivierungsfähigkeit) bzw. Passivposten (Passivierungsfähigkeit) in die Bilanz aufgenommen zu werden.

(1) Abstrakte Bilanzierungsfähigkeit

Zunächst ist zu prüfen, ob **abstrakte Bilanzierungsfähigkeit** gegeben ist. Legt man eine abstrakte, d.h. eine von den konkreten Umständen des Einzelfalls losgelöste Betrachtungsweise zugrunde, so dürfen in die Handelsbilanz grundsätzlich nur Vermögensgegenstände, Schulden und Eigenkapital sowie Rechnungsabgrenzungsposten und Sonderposten aufgenommen werden.

Abgesehen von den explizit geregelten aktiven Rechnungsabgrenzungsposten (§ 250 Abs. 1 und 3 HGB) und Sonderposten (z. B. § 274 HGB, aktive latente Steuern) ist ein Gut demnach handelsrechtlich nur dann als Aktivposten bilanzierungsfähig

(= **aktivierungsfähig**), wenn es sich um einen **Vermögensgegenstand** handelt. Eine im Gesetz verankerte Definition des Begriffs «Vermögensgegenstand» existiert nicht; vielmehr ist eine solche aus den Grundsätzen ordnungsmäßiger Buchführung abzuleiten. Danach liegt ein Vermögensgegenstand vor, wenn eine Sache oder ein Recht **selbständig bewertbar** und zugleich **selbständig veräußerbar** bzw. **verwertbar** ist.

Als «Schulden» **passivierungsfähig** sind einerseits sicher feststehende Verpflichtungen (= **Verbindlichkeiten**), andererseits aber auch wohl dem Grunde nach zumeist feststehende, hinsichtlich Höhe und/oder Fälligkeit aber ungewisse Verpflichtungen (= Rückstellungen).

Schulden können definiert werden als bestehende rechtliche oder faktische **Verpflichtung** zur Leistungserbringung, durch die eine **wirtschaftliche Belastung** des Unternehmens begründet wird und die **quantifizierbar** (bewertbar) ist (vgl. Hoffmann/Lüdenbach [NWB Kommentar] § 246, Rz. 51).

Neben den Schulden und dem **Eigenkapital**, das sich als Differenz aus den Aktiva und den übrigen Passiva ergibt, gelten zudem passivische Rechnungsabgrenzungsposten (§ 250 Abs. 2 HGB) sowie passive latente Steuern als Sonderposten (§ 274 HGB) als passivierungsfähig. Wird die abstrakte Bilanzierungsfähigkeit bejaht, liegt also ein Vermögensgegenstand, eine Schuld, Eigenkapital, ein Rechnungsabgrenzungsposten oder ein Sonderposten vor, so ist in einem zweiten Schritt die **konkrete Bilanzierungsfähigkeit** zu untersuchen.

(2) Konkrete Bilanzierungsfähigkeit

Konkrete Bilanzierungsfähigkeit liegt vor, wenn ein Bilanzierungsobjekt dem (**Betriebs-**) Vermögen (und nicht dem Privatvermögen) des Bilanzierenden zuzurechnen ist (**Zurechenbarkeit**) und der Bilanzierungsfähigkeit **kein** ausdrückliches **Bilanzierungsverbot** entgegensteht.

Maßgeblich für die **Zuordnung** eines Objektes zum Bilanzvermögen ist nicht das rechtliche Eigentum, sondern die **wirtschaftliche Zugehörigkeit** (§ 246 Abs. 1 Satz 2 HGB). Ist die Person des juristischen Eigentümers nicht mit der des wirtschaftlichen Eigentümers identisch, betrifft die Frage der konkreten Bilanzierungsfähigkeit also stets den wirtschaftlichen Eigentümer, der den juristischen Eigentümer auf Dauer von der tatsächlichen Herrschaft über ein Gut ausschließen kann. So sind beispielsweise unter Eigentumsvorbehalt gelieferte Waren i.d.R. beim Käufer und nicht beim Verkäufer (= juristischer Eigentümer), sicherungsübereignete Anlagegüter beim nutzungsberechtigten Sicherungsgeber und nicht beim Sicherungsnehmer (= juristischer Eigentümer) zu bilanzieren.

Sofern der Bilanzierung ein explizites **Bilanzierungsverbot** entgegensteht, kann ein Recht oder eine Sache zwar als abstrakt, nicht jedoch als konkret bilanzierungsfähig gelten. Ein solches Bilanzierungsverbot besteht etwa hinsichtlich der Aufwendungen für die Unternehmensgründung und die Eigenkapitalbeschaffung (§ 248 Abs. 1 HGB). Insgesamt liegt **Bilanzierungsfähigkeit** also nur dann vor, wenn sowohl die abstrakte als auch die konkrete Bilanzierungsfähigkeit gegeben ist. Folglich muss es sich bei einem Bilanzierungsobjekt entweder um einen Vermögensgegenstand, einen Rechnungsabgrenzungsposten, eine Schuld, einen Sonderposten oder Eigenkapital handeln (= abstrakte Bilanzierungsfähigkeit); zudem muss dieses Bilanzierungsobjekt im konkreten Fall dem Vermögen des Bilanzierenden wirtschaftlich zuzurechnen sein und darf keinem Bilanzierungsverbot unterliegen (= konkrete Bilanzierungsfähigkeit).

3.2.4.2.2 Bilanzierungswahlrecht und Bilanzierungspflicht

> Aus dem Grundsatz der Vollständigkeit (§ 246 Abs. 1 HGB), der unter Beachtung der wirtschaftliche Betrachtungsweise des § 246 Abs. 1 Satz 2 HGB den Ansatz **sämtlicher** Vermögensgegenstände, Schulden und Rechnungsabgrenzungsposten in der Bilanz fordert, lässt sich eine **grundsätzliche** handelsrechtliche **Bilanzierungspflicht** für bilanzierungsfähige Posten herleiten: Aktivierungsfähige Posten sind grundsätzlich zu aktivieren, passivierungsfähige Posten grundsätzlich zu passivieren.

Von dieser grundsätzlichen Bilanzierungspflicht hat der Gesetzgeber im Handelsrecht bestimmte bilanzierungsfähige Posten, ausgenommen, indem er dem Bilanzierenden bewusst ein **Bilanzierungswahlrecht** bzw. Ansatzwahlrecht (Aktivierungs- oder Passivierungswahlrecht) einräumt. So bestehen Aktivierungswahlrechte beispielsweise für das Disagio (§ 250 Abs. 3 HGB) sowie selbst geschaffene immaterielle Vermögensgegenstände des Anlagevermögens (§ 248 Abs. 2 HGB).

An die Stelle der Begriffe «Vermögensgegenstand», «Schulden» und «Eigenkapital» treten in der **Steuerbilanz** die Bezeichnungen «positives (= aktives) **Wirtschaftsgut**», «negatives (= passives) Wirtschaftsgut» sowie «**Betriebsvermögen**» (§ 4 Abs. 1 EStG). Über das Maßgeblichkeitsprinzip (§ 5 Abs. 1 EStG) ist die Steuerbilanz grundsätzlich an die Handelsbilanz gebunden, jedoch können steuerliche Bilanzierungspflichten und -wahlrechte von handelsrechtlichen abweichen (vgl. im einzelnen Abschn. 3.2.4.4).

Einen zusammenfassenden Überblick über die sich aus abstrakter und konkreter Bilanzierungsfähigkeit, Bilanzierungswahlrecht und Bilanzierungspflicht ergebende handelsrechtliche Bilanzansatz-Entscheidung gibt die Abbildung 4.3.22.

3.2.4.2.3 Aktivierung und Ausschüttungssperre

Mit der Frage der Aktivierung oder Nichtaktivierung gehen Gewinnauswirkungen einher: Werden beispielsweise Entwicklungskosten als selbst erstellte immaterielle Vermögensgegenstände des Anlagevermögens aktiviert, so kommt es zu einer Erhöhung der Erträge in der Gewinn- und Verlustrechnung. Hierdurch wiederum kann es zu Ausschüttungen kommen, die möglicherweise mit dem Gläubigerschutzgedanken in Konflikt stehen (vgl. hierzu Abschn. 3.2.2.3).

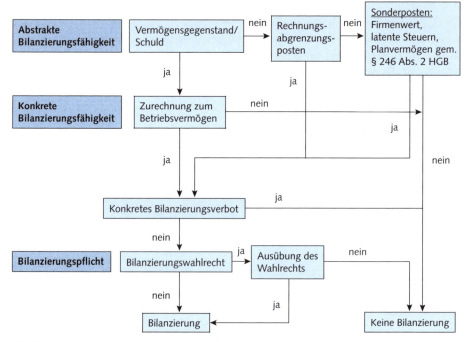

Abbildung 4.3.22: Entscheidung über den handelsrechtlichen Bilanzansatz

§ 268 Abs. 8 HGB sieht daher zur **Aufrechterhaltung des Gläubigerschutzgedankens** bei Kapitalgesellschaften bzw. diesen gleichgestellten Personengesellschaften vor, dass Ausschüttungen nur in dem Maße erfolgen dürfen, welches sich ohne die Aktivierung der folgenden drei Aktivpositionen ergeben würde (vgl. zu Einzelheiten der Ermittlung des ausschüttungsgesperrten Betrags sowie zur Kritik an dieser Regelung Hoffmann/Lüdenbach [NWB Kommentar] § 268, Rz. 124 ff.):

- Aktivüberhang beim Planvermögen im Zusammenhang mit Pensionsverpflichtungen,
- selbst erstellte immaterielle Vermögensgegenstände des Anlagevermögens sowie
- in Ausübung des Aktivierungswahlrechts bilanzierter Aktivüberhang aus der Ermittlung latenter Steuern.

3.2.4.3 Bewertungsmaßstäbe im Rahmen der Handels- und Steuerbilanz

3.2.4.3.1 Überblick über Bewertungsprinzipien und Wertmaßstäbe der Bilanzierung

Die Bewertung (Bilanzierung der Höhe nach) stellt im Hinblick auf den Aussagegehalt des Jahresabschlusses einen besonders wichtigen Parameter der Bilanzierung dar. Wertansätze für Bilanzpositionen können grundsätzlich nicht auf Grund von objektiven, sondern nur nach subjektiven Maßstäben ermittelt werden. Die Grundlagen des Bewertungsgerüsts sind sowohl durch spezielle gesetzliche Regelungen als auch durch die in § 252 HGB für alle Kaufleute kodifizierten GoB bestimmt. Dazu gehören die folgenden, für die Bewertung wesentlichen Prinzipien (vgl. Abschn. 3.2.4.1.2 zu den GoB):

- Prinzip der Einzelbewertung (§ 252 Abs. 1 Nr. 3 HGB),
- Prinzip der Vorsicht (§ 252 Abs. 1 Nr. 4 HGB),
- Prinzip der Fortführung der Unternehmenstätigkeit (Going-Concern-Prinzip; § 252 Abs. 1 Nr. 2 HGB),
- Prinzip der periodengerechten Abgrenzung der Aufwendungen und Erträge (§ 252 Abs. 1 Nr. 5 HGB) sowie die
- Prinzipien der Stetigkeit und Kontinuität (§ 252 Abs. 1 Nr. 1 und 6 HGB).

Diese allgemeinen Grundsätze treten jedoch stets hinter vorhandene spezielle gesetzliche Regelungen zurück.

Für die Bewertung der einzelnen Bilanzpositionen stehen folgende grundlegende Wertmaßstäbe zur Verfügung (§ 253 HGB):
- Anschaffungskosten,
- Herstellungskosten,
- Erfüllungsbetrag (Verbindlichkeiten),
- Nach vernünftiger kaufmännischer Beurteilung notwendiger Erfüllungsbetrag (Rückstellungen),
- beizulegender Zeitwert (bestimmte Altersversorgungsverpflichtungen sowie nach § 246 Abs. 2 Satz 2 zu verrechnende Vermögensgegenstände),
- durch Abzinsung ermittelter Barwert (bestimmte Rückstellungen und Verbindlichkeiten),
- niedrigerer beizulegender Wert,
- sich aus einem Börsen- oder Marktpreis ergebender Wert.

3.2.4.3.2 Anschaffungskosten

Werden Vermögensgegenstände erworben, also nicht selbst hergestellt, so erfolgt die Zugangsbewertung mit den Anschaffungskosten gem. § 255 Abs. 1 HGB.

Anschaffungskosten sind sämtliche Aufwendungen, die geleistet werden, um einen Vermögensgegenstand zu erwerben und ihn in einen betriebsbereiten Zustand zu versetzen, soweit sie dem Vermögensgegenstand einzeln zugeordnet werden können.

Die **Anschaffungskosten** setzen sich zusammen aus dem Anschaffungspreis (mit dem Lieferanten vereinbartes Entgelt), den nachträglichen Anschaffungskosten (z. B. auf Grund von Um- oder Ausbauarbeiten) und den Anschaffungsnebenkosten (z. B. Transport-, Montagekosten), die zusätzlich aufgewendet werden müssen, um das Gut seiner betrieblichen Verwendung zuzuführen, abzüglich aller Anschaffungskostenminderungen (z. B. Rabatte, Skonti, Boni); es gilt demnach grundsätzlich folgende Beziehung:

	Anschaffungspreis
+	nachträgliche Anschaffungskosten
+	Anschaffungsnebenkosten
−	Anschaffungskostenminderungen
=	handels- und steuerrechtliche Anschaffungskosten

Voraussetzung für die Aktivierung von **Anschaffungsnebenkosten** ist, dass die Aufwendungen dem Vermögensgegenstand *einzeln* und nicht nur anteilig oder pauschal zugerechnet werden können. Grundsätzlich nicht zu den Anschaffungsnebenkosten und damit auch nicht zu den Anschaffungskosten gehören jedoch im Rechnungsbetrag enthaltene **Vorsteuerbeträge** oder Aufwendungen für den Einkauf und die Kapitalbeschaffung. **Fortgeführte Anschaffungskosten** sind die um planmäßige oder auch außerplanmäßige Abschreibungen sowie gegebenenfalls Zuschreibungen korrigierten Anschaffungskosten.

3.2.4.3.3 Herstellungskosten

Werden Vermögensgegenstände im eigenen Unternehmen erstellt oder bearbeitet, sind im Rahmen der **Zugangsbewertung** mit ihren Herstellungskosten anzusetzen. Eine Definition der Herstellungskosten findet sich in § 255 Abs. 2 und 3 HGB.

> **Herstellungskosten** sind alle Aufwendungen, die durch den Verbrauch von Gütern und die Inanspruchnahme von Diensten für die Herstellung eines Vermögensgegenstandes, seine Erweiterung oder für eine über seinen ursprünglichen Zustand hinausgehende wesentliche Verbesserung entstehen.

Die **Ermittlung** der Herstellungskosten erweist sich im Vergleich zu den Anschaffungskosten insofern als schwieriger, als überwiegend keine externen Belegunterlagen (Rechnungen) vorliegen. Ausgangsgröße für die Ermittlung der Herstellungskosten sind die **Einzelkosten der Kostenrechnung**, wobei die darin enthaltenen Kostenarten (Material- und Fertigungskosten) bilanziell nur angesetzt werden können, soweit ihnen handelsrechtlich anerkannte **Aufwendungen** (aufwandsgleiche Kosten) entsprechen. Für die Herstellungskosten gilt demnach wie für die Anschaffungskosten, dass nur solche Beträge dazugehören, welche das Unternehmen tatsächlich aufgewendet hat: Zusatzkosten (z. B. kalkulatorischer Unternehmerlohn, kalkulatorische Eigenkapitalzinsen) dürfen somit nicht und Anderskosten (z. B. kalkulatorische Abschreibungen) dürfen nur in Höhe des tatsächlichen Zweckaufwandes berücksichtigt werden. Demgemäß weichen die **bilanziellen Herstellungskosten** von den **Herstellkosten der Kostenrechnung** immer dann ab, wenn den kalkulatorischen Kosten keine entsprechenden Aufwendungen gegenüberstehen.

Auf Grund der bestehenden **Ansatzwahlrechte** im Bereich der Gemeinkosten (§ 255 Abs. 2 und 3 HGB) ist für die bilanziellen Herstellungskosten eine **Wertuntergrenze** und eine **Wertobergrenze** gegeben; der dadurch gegebene Bewertungsspielraum kann bilanzpolitisch genutzt werden. Diesen Spielraum zeigt Abbildung 4.3.23.

Kostenarten	Einbeziehung in die bilanziellen Herstellungskosten
Einzelkosten	
Materialeinzelkosten	Pflicht
Fertigungseinzelkosten	Pflicht
Sondereinzelkosten der Fertigung	Pflicht
Gemeinkosten	
Materialgemeinkosten	Pflicht
Fertigungsgemeinkosten	Pflicht
Werteverzehr des fertigungsbedingten Anlagevermögens	Pflicht
Verwaltungskosten des Material- und Fertigungsbereichs	Pflicht
Wertuntergrenze	
Allgemeine Verwaltungskosten	Wahlrecht
Aufwendungen für freiwillige Sozialleistungen	Wahlrecht
Aufwendungen für soziale Einrichtungen des Betriebs	Wahlrecht
Aufwendungen für betriebliche Altersversorgung	Wahlrecht
Fremdkapitalzinsen	Wahlrecht, sofern sachlich und zeitlich dem Herstellungsprozess zurechenbar
Wertobergrenze	
Vertriebskosten	Verbot
Forschungskosten	Verbot

Abbildung 4.3.23: Ermittlung der Herstellungskosten innerhalb der Handelsbilanz gem. § 255 Abs. 2 und 3 HGB

Im Hinblick auf die Einbeziehung von Gemeinkosten ist zu beachten, dass lediglich angemessene Teile der Gemeinkosten in die Herstellungskosten einbezogen werden dürfen. Somit wird es als nicht zulässig angesehen, so genannte Leerkosten in die Herstellungskosten einzubeziehen (IDW [Herstellungskosten] 312). Bei Leerkosten handelt es sich um Kosten, die nicht produktionsnotwendig, sondern das Resultat einer Unterauslastung bestehender Produktionskapazitäten sind.

Steuerrechtlich liegt eine Definition der Herstellungskosten durch R 6.3 EStR vor, die inhaltlich der Abgrenzung gem. § 255 HGB entspricht. Dies gilt auch für die Wahlrechtsbestandteile der Herstellungskosten, nämlich allgemeine Verwaltungskosten, Aufwendungen für soziale Einrichtungen des Betriebs, Aufwendungen für freiwillige Sozialleistungen, Aufwendungen für betriebliche Altersversorgung sowie auf die Herstellung entfallende Fremdkapitalzinsen.

Entsprechend einem BMF-Schreiben vom 12. März 2010 (IV C 6 – S 2133/09/10001) zur Maßgeblichkeit der handelsrechtlichen Grundsätze ordnungsmäßiger Buchführung für die steuerliche Gewinnermittlung wird dies jedoch offensichtlich durch die Finanzverwaltung anders gesehen. In dem genannten BMF-Schreiben wird in Tz. 8 im Gegensatz zu R 6.3 EStR eine **Verpflichtung** zur Einbeziehung von allgemeinen Verwaltungskosten, Aufwendungen für soziale Einrichtungen des Betriebs, Aufwendungen für freiwillige Sozialleistungen sowie Aufwendungen für die betriebliche Altersversorgung postuliert. Bezüglich der Fremdkapitalzinsen wird in der Tz. 6 die Einbeziehung von der Handhabung in der Handelsbilanz abhängig gemacht (Maßgeblichkeitsprinzip, vgl. Abschn. 3.2.4.4). Ergänzend hierzu wird durch das BMF-Schreiben vom 22.06.2010 (IV C 6 – S 2133/09/10001) zur Maßgeblichkeit der handelsrechtlichen Grundsätze ordnungsmäßiger Buchführung für die steuerliche Gewinnermittlung klargestellt, dass eine Anwendung der Regelung der R 6.3 EStR für Wirtschaftsjahre, die vor der Veröffentlichung einer geänderten Richtlinienfassung enden, nicht zu beanstanden ist.

Fortgeführte Herstellungskosten sind die um planmäßige oder auch außerplanmäßige Abschreibungen sowie gegebenenfalls Zuschreibungen korrigierten Herstellungskosten.

3.2.4.3.4 Erfüllungsbetrag

Sowohl im Rahmen der Zugangs- als auch der Folgebewertung von Verbindlichkeiten und Rückstellungen kommt der so genannte Erfüllungsbetrag gem. § 253 Abs. 1 Satz 2 HGB zur Anwendung.

> **Erfüllungsbetrag** ist derjenige Betrag, den ein Schuldner (voraussichtlich) in Zukunft aufwenden muss, um sich der jeweiligen Schuld zu entledigen.

Im Fall von Darlehensverbindlichkeiten entspricht der Erfüllungsbetrag dem jeweiligen Rückzahlungsbetrag. Die den Rückstellungen innewohnende Unsicherheit bezüglich Existenz und Höhe einer künftigen Verpflichtung bewirkt, dass im Hinblick auf die Bewertung von Rückstellungen von dem «nach vernünftiger kaufmännischer Beurteilung **notwendigen** Erfüllungsbetrag» gesprochen wird. Hierdurch soll deutlich gemacht werden, dass bei der Bewertung von Rückstellungen **Schätzungen** unumgänglich sind.

3.2.4.3.5 Tageswerte

Im Rahmen der Folgebewertung werden die gegebenenfalls durch planmäßige Abschreibungen fortgeführten Wertmaßstäbe aus der Zugangsbewertung, also vor allem die Anschaffungs- bzw. Herstellungskosten, mit im § 253 HGB genauer umschriebenen Tageswerten verglichen. Dieser Wertvergleich dient vor allem der Umsetzung des Niederstwertprinzips (vgl. Abschn. 3.2.4.1.2). Ist der Vergleichswert auf Tageswertbasis niedriger als der (Rest-) Buchwert, so wird eine außerplanmäßige Abschreibung erforderlich bzw. wahlweise möglich. Dies gilt nicht in denjenigen Fällen, in denen eine Bewertung mit dem beizulegenden Zeitwert (Fair Value) vorgeschrieben ist (§ 253 Abs. 1 Satz 3 und 4 HGB). In diesen Fällen sind nicht nur Wertminderungen, sondern auch Werterhöhungen bilanziell zu erfassen.

> **Tageswerte** werden grundsätzlich von Preisen abgeleitet, die auf einem Markt (im weitesten Sinne) am Bilanzstichtag zu erzielen bzw. zu bezahlen sind.

Zu unterscheiden sind Börsenpreis, Marktpreis, beizulegender Wert und beizulegender Zeitwert am Abschlussstichtag. Der **Börsenpreis** ist der an einer amtlich anerkannten Börse (oder ggf. im geregelten Freiverkehr) für Gegenstände oder Wertpapiere gezahlte Preis. Als **Marktpreis** gilt der Preis, der auf einem Markt für Waren bestimmter Gattung von durchschnittlicher Qualität am Bilanzstichtag durchschnittlich bezahlt wird. Für die Bilanzierung ist aber nicht der Börsen- oder Marktpreis selbst, sondern der daraus abgeleitete Wert relevant. Zu dessen Ermittlung muss der Börsen- oder Marktpreis, je nachdem ob der Beschaffungs- oder Absatzmarkt für die Bewertung relevant ist, ggf. um Anschaffungsnebenkosten erhöht bzw. um Veräußerungskosten vermindert werden.

Bei Gütern, die weder markt- noch börsengängig sind (i. d. R. Anlagevermögen, aber auch z. B. unfertige Erzeugnisse), ist hingegen der am Abschlussstichtag beizulegende Wert zu ermitteln, der entweder dem Wiederbeschaffungs- bzw. Reproduktionskostenwert oder dem Einzelveräußerungspreis abzüglich der gegebenenfalls bis dahin noch anfallenden Aufwendungen entspricht (vgl. zum Prinzip der verlustfreien Bewertung Abschn. 3.2.4.7.2). In bestimmten Fällen (z. B. Beteiligungen und Patente) wird der beizulegende Wert unter Umständen auch aus dem Ertragswert als finanzmathematisch ermittelter Barwert künftiger Einzahlungsüberschüsse abgeleitet.

Der beizulegende Zeitwert ist gemäß § 255 Abs. 4 HGB grundsätzlich ein Marktpreis. Ist ein solcher nicht bestimmbar, weil für das betreffende Gut kein aktiver Markt existiert, kommen ersatzweise gemäß § 255 Abs. 4 Satz 2 HGB «allgemein anerkannte Bewertungsmethoden» in Betracht. Dies sind beispielsweise kapitalmarkttheoretische Barwertmodelle wie das Ertragswertmodell oder das Discounted-Cash-Flow-Modell.

Im Zusammenhang mit der Vornahme außerplanmäßiger Abschreibungen aufgrund des Niederstwertprinzips ist zu beachten, dass der Fall eintreten kann, dass der

Grund für eine in der Vergangenheit liegende außerplanmäßiger Abschreibungen nachträglich wegfällt. In einer solchen Situation sieht das HGB im § 253 Abs. 5 Satz 2 ein grundsätzliches **Wertaufholungsgebot** und damit eine Pflicht zur Vornahme einer **Zuschreibung** vor, wodurch die in der Vergangenheit liegende Abschreibung quasi rückgängig gemacht wird.

3.2.4.3.6 Steuerlicher Teilwert

Der **steuerliche Teilwert** hat, ausgehend von den Zielen der Ertrags- und Substanzbesteuerung, die Aufgabe, eine objektivierte Wertuntergrenze (niedrigerer Teilwert) für alle Gegenstände anzugeben, deren Wert unter die Anschaffungs- bzw. Herstellungskosten gesunken ist. Der steuerliche Teilwert ist somit gewissermaßen das steuerrechtliche Pendant zu den handelsrechtlichen Begriffen «niedrigerer, aus dem Börsen- oder Marktpreis abgeleiteter Wert» und «niedrigerer beizulegender Wert».

> Der **Teilwert** ist der Betrag, den ein Erwerber des ganzen Betriebs im Rahmen des Gesamtkaufpreises für das einzelne Wirtschaftsgut ansetzen würde; dabei ist davon auszugehen, dass der Erwerber den Betrieb fortführt (§ 6 Abs. 1 Nr. 1 Satz 3 EStG).

Diese gesetzliche **Definition** erwies sich in der Praxis als **nicht operational**; eine Präzisierung erfolgte deshalb über so genannte **Teilwertvermutungen**, die ihren Niederschlag in den Einkommensteuerrichtlinien bzw. Einkommensteuerhinweisen der Finanzverwaltung gefunden haben (vgl. R 6.7 EStR sowie H 6.7 EStH). Diese Vermutungen gelten so lange, wie sie vom Steuerpflichtigen nicht widerlegt werden. Im Einzelnen bedeutet dies für die Wertfindung und den Wertansatz Folgendes:

- Im Zeitpunkt der Anschaffung oder Herstellung ist der Teilwert gleich den Anschaffungs- oder Herstellungskosten.
- Im nicht abnutzbaren Anlagevermögen ist der Teilwert auch für spätere Stichtage gleich den Anschaffungs- bzw. Herstellungskosten, während er im abnutzbaren Anlagevermögen den um planmäßige lineare Abschreibungen verminderten Anschaffungs- bzw. Herstellungskosten entspricht.
- Im Umlaufvermögen stimmt der Teilwert i. d. R. mit dem Börsen- oder Marktpreis bzw. den Wiederbeschaffungskosten überein.
- Die Wiederbeschaffungs- bzw. Wiederherstellungskosten bilden stets die Obergrenze, der Einzelveräußerungspreis stets die Untergrenze des Teilwerts.

3.2.4.3.7 Abweichung vom Einzelbewertungsgrundsatz durch die Bildung von Bewertungseinheiten

Durch das BilMoG wurde mit dem neu gefassten § 254 HGB im deutschen Bilanzrecht erstmals eine gesetzliche Grundlage für die bilanzielle Abbildung moderner **Risikomanagementstrategien** geschaffen. So kann beispielsweise ein Unternehmer das Fremdwährungsforderungen innewohnende Wechselkursrisiko durch den Abschluss so genannter Termingeschäfte verringern oder sogar vollständig beseitigen (**Hedging** von Fremdwährungsrisiken).

§ 254 HGB erlaubt nun entgegen dem Einzelbewertungsgrundsatz die Bildung von so genannten Bewertungseinheiten zur Abbildung von Geschäften zur Absicherung von Risiken (Bilanzierung von Sicherungsbeziehungen, hedge accounting).

Die **risikompensierende** Wirkung von Absicherungsgeschäften, z. B. eines **Terminverkaufs** von Fremdwährungsforderungen, soll bilanziell dadurch Berücksichtigung finden, dass entsprechende gegenläufige Wertveränderungen der betreffenden Finanztitel nicht **imparitätisch**, sondern **kompensierend** eben durch die Bildung einer Bewertungseinheit erfasst werden. Dies stellt eine partielle Abweichung von grundlegenden Bewertungsbestimmungen des HGB dar. Deshalb sieht der § 254 HGB die Außerkraftsetzung entsprechender Bewertungsvorschriften vor, um die Bildung von Bewertungseinheiten zu ermöglichen.

3.2.4.4 Der Zusammenhang zwischen Handels- und Steuerbilanz

3.2.4.4.1 Maßgeblichkeit der Handels- für die Steuerbilanz

Handels- und (Ertrag-)Steuerbilanz können nicht unabhängig voneinander erstellt werden. Sie sind aufgrund des in der Vorschrift des § 5 Abs. 1 EStG formulierten **Maßgeblichkeitsprinzips** aneinander gekoppelt.

> Danach ist «für den Schluss des Wirtschaftsjahres das Betriebsvermögen anzusetzen (§ 4 Abs. 1 Satz 1), das nach den **handelsrechtlichen Grundsätzen ordnungsmäßiger Buchführung** auszuweisen ist, es sei denn, im Rahmen der Ausübung eines steuerlichen Wahlrechts wird oder wurde ein anderer Ansatz gewählt» (§ 5 Abs. 1 Satz 1 EStG).

Der Ursprung des Maßgeblichkeitsprinzips liegt in dem Bestreben, aufgrund von **Wirtschaftlichkeitserwägungen** es den Unternehmen zu ermöglichen, mit einer einzigen Bilanz sowohl den steuerrechtlichen als auch den handelsrechtlichen Anforderungen gerecht zu werden (so genannte **Einheitsbilanz**). Die Maßgeblichkeit der Handels- für die Steuerbilanz lässt sich in die **materielle** (die Maßgeblichkeit der handelsrechtlichen GoB für die Steuerbilanz) und die **formelle** Maßgeblichkeit (die Maßgeblichkeit konkret in der Handelsbilanz gewählter GoB-konformer Werte für die Steuerbilanz) untergliedern (vgl. Schildbach [Jahresabschluss] 102 ff.).

Materielle Maßgeblichkeit bedeutet, dass grundsätzlich sämtliche handelsrechtlichen **Ansatz- und Bewertungsbestimmungen** (zwingende Wertansätze oder Wahlrechte) in analoger Form bei der Erstellung der Steuerbilanz zu gelten, es sei denn, dass zwingende **steuerliche Vorschriften** dem entgegenstehen (**Durchbrechung** der Maßgeblichkeit). Im Rahmen der materiellen Maßgeblichkeit sind über diesen Grundsatz hinaus die folgenden **speziellen Konstellationen** denkbar:

1. Handelsrechtliche Aktivierungsregeln:
   Bei handelsrechtlichen **Aktivierungswahlrechten** kommt es aufgrund von BFH-Rechtsprechung und entsprechend dem BMF-Schreiben vom 12. März 2010 (IV C 6 – S 2133/09/10001) zur Maßgeblichkeit der handelsrechtlichen Grundsätze ordnungsmäßiger Buchführung für die steuerliche Gewinnermittlung, Tz. 3, zu **Aktivierungsgeboten** in der Steuerbilanz.
2. Handelsrechtliche Passivierungsregeln:
   Bei handelsrechtlichen **Passivierungswahlrechten** kommt es aufgrund von BFH-Rechtsprechung und entsprechend dem BMF-Schreiben vom 12. März 2010 (IV C 6 – S 2133/09/10001) zur Maßgeblichkeit der handelsrechtlichen Grundsätze ordnungsmäßiger Buchführung für die steuerliche Gewinnermittlung, Tz. 4, zu **Passivierungsverboten** in der Steuerbilanz.

Als Beispiel für die Implikationen der materiellen Maßgeblichkeit können die Regelungen zu den zulässigen Verfahren der planmäßigen Abschreibung dienen. Der diesbezügliche Spielraum ist im Handelsrecht umfangreicher als im Steuerrecht (vgl. Abschn. 3.2.4.7.1.2), wie im Folgenden schematisch dargestellt.

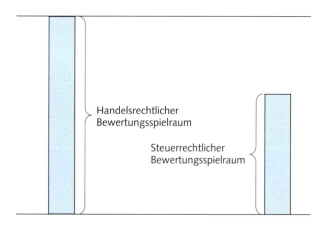

Als Folge kann die materielle Maßgeblichkeit keine Wirkung entfalten: Der im Vergleich zur steuerrechtlichen Regelung umfangreichere handelsrechtliche Spielraum kann aufgrund des enger abgegrenzten steuerlichen Spielraums nicht auf die Steuerbilanz übertragen werden (Durchbrechung der materiellen Maßgeblichkeit).

Wäre hingegen eine Situation gegeben, in der der steuerrechtliche Spielraum umfangreicher als derjenige im Handelsrecht ist, so müsste entsprechend der materiellen Maßgeblichkeit der weniger umfangreiche Bewertungsspielraum auf die Steuerbilanz übertragen werden. Aufgrund der Vorschrift des § 5 Abs. 1 Satz 1 zweiter Halbsatz EStG können steuerliche Wahlrechte jedoch, folgt man der Auffassung der Finanzverwaltung, uneingeschränkt unabhängig von der handelsrechtlichen Vorgehensweise ausgeübt werden (vgl. BMF-Schreiben vom 12. März 2010

(IV C 6 – S 2133/09/10001) zur Maßgeblichkeit der handelsrechtlichen Grundsätze ordnungsmäßiger Buchführung für die steuerliche Gewinnermittlung, Tz. 13). Insofern kann auch hier die materielle Maßgeblichkeit nicht greifen. Dies zeigt die folgende schematische Darstellung:

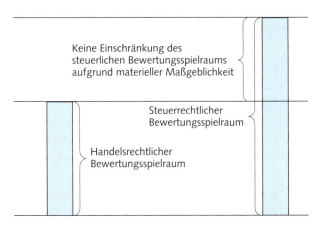

In diesem Zusammenhang ist die Frage zu stellen, ob der Auffassung der Finanzverwaltung zwingend zu folgen ist oder nicht. Aufgrund der historischen Entwicklung des Bilanzrechts geht die Literatur zum Teil eher von einer eingeschränkten Bedeutung des § 5 Abs. 1 Satz 1, 2. Halbs. EStG aus: «Für das Zusammenspiel des neuen Wahlrechtsvorbehalts gemäß § 5 Abs. 1 Satz 1, 2. Halbs. EStG mit dem Grundsatz der materiellen Maßgeblichkeit gemäß § 5 Abs. 1 Satz 1, 1. Halbs. EStG gilt, dass steuerliche Wahlrechte i. S. des § 5 Abs. 1 Satz 1, 2. Halbs. EStG (entgegen einer im Vordringen befindlichen Meinung) nicht sämtliche Wahlrechte der Steuergesetze sind, sondern nur Steuervergünstigungswahlrechte, die niedrigere Wertansätze erlauben als nach den handelsrechtlichen GoB zulässig» (Hennrichs [Neufassung] 543).

Die formelle Maßgeblichkeit bezieht sich auf Situationen, in denen sowohl in der Handels- als auch in der Steuerbilanz jeweils ein Bewertungsspielraum besteht und die Bewertungsspielräume nicht überschneidungsfrei sind. So muss dem zu Folge ein handelsbilanziell gewählter konkreter Wertansatz, sofern auch steuerrechtlich zulässig, in der Steuerbilanz angesetzt werden.

Zur Illustration der Implikationen der formellen Maßgeblichkeit wird auf die Definition des Herstellungskostenbegriffs zurückgegriffen (vgl. Abschn. 3.2.4.3.3). Akzeptiert man R 6.3 EStR, obwohl es sich lediglich um eine Verwaltungsanweisung handelt, als steuerrechtliche Norm zur Definition von Herstellungskosten, so liegen handelsrechtlich und steuerrechtlich identische Bewertungsspielräume vor. Die formelle Maßgeblichkeit bewirkt nun, dass ein in der Handelsbilanz gewählter konkreter Wertansatz zwingend in die Steuerbilanz übernommen werden muss (s. folgende schematische Darstellung).

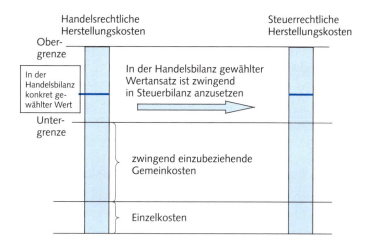

Folgt man indes der Auffassung der Finanzverwaltung (BMF-Schreiben vom 12. März 2010 (IV C 6 – S 2133/09/10001) zur Maßgeblichkeit der handelsrechtlichen Grundsätze ordnungsmäßiger Buchführung für die steuerliche Gewinnermittlung), so kann die formelle Maßgeblichkeit nicht greifen: Die Finanzverwaltung geht in der Tz. 13 von einer uneingeschränkten Unabhängigkeit der Ausübung steuerlicher Wahlrechte aus. Im Hinblick auf die formelle Maßgeblichkeit kommt Herzig [BilMoG] 3, daher zum Ergebnis, dass entsprechend dem durch das BilMoG neu gefassten Wortlaut des § 5 Abs. 1 EStG die formelle Maßgeblichkeit abgeschafft worden ist. Darüber hinaus wird die Existenz des steuerlichen Bewertungswahlrechts in der Tz. 8, entgegen der Regelung von R 6.3 EStR, grundsätzlich verneint.

3.2.4.4.2 Grundzüge latenter Steuern

In engem Zusammenhang mit dem Maßgeblichkeitsgrundsatz steht die Bildung so genannter **latenter Steuern** in der Handelsbilanz. Latente Steuern resultieren aus rechtlich erzwungenen oder aber aus solchen Bewertungsunterschieden zwischen Handels- und Steuerbilanz, die auf unterschiedliche Wahlrechtsausübung zurückzuführen sind. Während vor der Verabschiedung des BilMoG der handelsrechtlichen Regelung zur Bildung latenter Steuern das GuV-orientierte **Timing-Konzept** zugrunde lag, hat das BilMoG durch den Übergang zum so genannten **Temporary-Konzept** diesbezüglich zu einer Anpassung an internationale Standards geführt (vgl. u. a. bei Wöhe [Einführung] 779–784).

Latente Steuern nach dem **bilanzorientierten Temporary-Konzept** dienen dem Zweck, **künftige Steuerbe- oder Steuerentlastungen** in der Handelsbilanz zu berücksichtigen.

Auslöser für die Bildung latenter Steuern sind **temporäre** Bewertungsunterschiede zwischen Handels- und Steuerbilanz. Lantente Steuern entstehen nicht aufgrund von **permanenten** Differenzen, die beispielsweise aus handelsrechtlichen Aufwendungen resultieren, die steuerlich nicht als Betriebsausgaben anerkannt werden.

Es kommt zu **passiven** latenten Steuern, wenn:
- Wert Aktivposition in der Steuerbilanz < Wert Aktivposition in der Handelsbilanz bzw.
- Wert Passivposition in der Steuerbilanz > Wert Passivposition in der Handelsbilanz.

Umgekehrt kommt es zu **aktiven** latenten Steuern, wenn:
- Wert Aktivposition in der Steuerbilanz > Wert Aktivposition in der Handelsbilanz bzw.
- Wert Passivposition in der Steuerbilanz < Wert Passivposition in der Handelsbilanz.

Ein Beispiel für einen temporären Bewertungsunterschied, der zur Bildung einer **aktiven** latenten Steuer führt, ist die Bildung einer **Rückstellung für drohende Verluste aus schwebenden Geschäften** gem. § 249 Abs. 1 Satz 1 HGB. In der Steuerbilanz besteht ein Passivierungsverbot für Drohverlustrückstellungen (§ 5 Abs. 4a EStG). Es liegt somit eine Situation vor, in der ein Passivposition in der Steuerbilanz einen geringeren Betrag (nämlich null) aufweist als der entsprechende Passivposition in der Handelsbilanz. Diese Wertdifferenz ist temporärer Natur, da in der (Folge-)Periode, in der der Verlust tatsächlich eintritt, die Wertdifferenz aufgrund der Auflösung der Rückstellung verschwindet und der entsprechende Aufwand steuerlich gewissermaßen «nachgeholt» wird. Die handelsrechtliche Drohverlustrückstellung «birgt» somit eine **künftige Steuerentlastung**, was durch die Bildung einer aktiven latenten Steuer zum Ausdruck gebracht wird.

Spiegelbildlich führt beispielsweise der Ansatz **selbst erstellter immaterieller Vermögensgegenstände des Anlagevermögens** gem. § 248 Abs. 2 HGB (aktivierte Entwicklungskosten) zu einer temporären Differenz zwischen Handels- und Steuerbilanz, bei der der Wert der Aktivposition in der Steuerbilanz kleiner ist als der Wert der Aktivposition in der Handelsbilanz. Dies resultiert aus dem steuerrechtlichen Aktivierungsverbot für selbst erstellte immaterielle Vermögensgegenstände des Anlagevermögens. Der Bewertungsunterschied ist temporärer Natur, da in den Folgejahren der handelsrechtlich aktivierte Betrag abgeschrieben wird, während steuerrechtlich eine solche Abschreibung natürlich nicht existiert. Die handelsrechtliche Aktivposition «birgt» gewissermaßen eine **künftige Steuerbelastung**. Es kommt somit zur Bildung einer **passiven** latenten Steuer.

Die Vorschrift des § 274 Abs. 1 HGB sieht für eine sich insgesamt ergebende Steuerbelastung eine **Passivierungspflicht** für latente Steuern vor. Im Fall einer sich insgesamt ergebenden Steuerentlastung besteht ein **Aktivierungswahlrecht**. Aktive und passive latente Steuern dürfen allerdings auch unsaldiert ausgewiesen werden (§ 274

Abs. 1 Satz 4 HGB). § 274 Abs. 1 Satz 4 HGB sieht ausdrücklich die Berücksichtigung von steuerlichen Verlustvorträgen bei der Ermittlung latenter Steuern vor.

Gem. § 274 a Nr. 5 HGB sind kleine Kapitalgesellschaften bzw. diesen gleich gestellte Personenhandelsgesellschaften von der Pflicht zur Bildung latenter Steuern befreit. Trotz der Befreiung sind die allgemeinen Regeln für Steuerrückstellungen gem. § 249 Abs. 1 Satz 1 HGB zu berücksichtigen.

3.2.4.5 (Fremd-)Währungsumrechnung im Einzelabschluss

Durch das BilMoG wurde mit § 256a HGB erstmals eine gesetzliche Regelung zur Währungsumrechnung in das HGB eingeführt. Danach sind Vermögensgegenstände und Verbindlichkeiten grundsätzlich zum Devisenkassamittelkurs am Abschlussstichtag umzurechnen.

Da sich § 256a HGB auf die Bewertung der jeweiligen Bilanzposition am Bilanzstichtag bezieht, liefert das Gesetz somit keine Vorgabe für die Umrechnung im Zugangszeitpunkt. Als GoB-konform kann allerdings eine Umrechnung mit dem im Zugangszeitpunkt gültigen Kurs (vgl. Hoffmann/Lüdenbach [NWB Kommentar] § 256a, Rz. 8) angesehen werden.

Im Rahmen der Folgebewertung an dem bzw. den folgenden Bilanzstichtagen ist zu berücksichtigen, dass sich im Zeitablauf Veränderungen hinsichtlich des Wechselkurses ergeben können. Derartige Wechselkursänderungen machen aufgrund der Vorgabe des § 256a HGB, die betreffenden Bilanzpositionen jeweils zum Stichtagskurs umzurechnen, Bewertungsanpassungen erforderlich. Diese Vorgabe gilt jedoch nicht uneingeschränkt: § 256a Satz 2 HGB legt fest, dass bei einer Restlaufzeit von einem Jahr oder weniger das Anschaffungskosten- und Niederstwertprinzip (§ 253 Abs. 1 Satz 1 HGB) und das Realisationsprinzip (§ 252 Abs. 1 Nr. 4 Halbsatz 2 HGB) außer Kraft gesetzt werden. Dies bedeutet im Umkehrschluss, dass bei Restlaufzeiten, die ein Jahr überschreiten, die genannten Prinzipien ihre Gültigkeit behalten. Die folgende Übersicht, entnommen aus Hoffmann/Lüdenbach [NWB Kommentar] § 256a, Rz. 14, illustriert die Vorgehensweise.

	Betrag US-$	Kurs bei Entstehung €/US-$	Betrag in € bei Entstehung	Stichtagskurs €/US-$	Betrag in € bei Umrechnung zum Stichtagskurs	in Bilanz anzusetzen
Ausleihung Restlaufzeit > 1 Jahr	10 Mio.	1,0 / 1,0	10 Mio.	0,7 / 1,0	7 Mio.	7 Mio.
Anleiheverbindlichkeit Restlaufzeit > 1 Jahr	10 Mio.	1,0 / 1,0	10 Mio.	0,7 / 1,0	7 Mio.	**10 Mio.**
Bankguthaben Restlaufzeit ≤ 1 Jahr	10 Mio.	1,0 / 1,0	10 Mio.	0,7 / 1,0	7 Mio.	7 Mio.
Bankverbindlichkeit Restlaufzeit ≤ 1 Jahr	10 Mio.	1,0 / 1,0	10 Mio.	0,7 / 1,0	7 Mio.	7 Mio.

In obiger Tabelle führt die Wechselkursveränderung gegenüber dem Entstehungszeitpunkt der Forderungen bzw. Verbindlichkeiten zu einem im Vergleich zum Entstehungszeitpunkt geringeren Euro-Betrag auf Stichtagskursbasis. Lediglich im Fall der Verbindlichkeit mit einer Restlaufzeit, die ein Jahr überschreitet, kommt es aufgrund des Imparitätsprinzips zu keiner Wertanpassung. In den anderen Fällen erfolgt eine entsprechende Wertanpassung, die erfolgswirksam verbucht wird.

Hätte der Wechselkurs sich anders entwickelt, beispielsweise durch eine Abwertung des Euro auf 1,5 €/US-$, so käme es auf der Aktivseite bei Umrechnung zum Stichtagskurs zu Wertsteigerungsgewinnen. Im Hinblick auf die Ausleihung mit einer Restlaufzeit von über einem Jahr käme es zu keiner Wertanpassung von 10 auf 15 Mio. €, da aufgrund der Laufzeit, die ein Jahr übersteigt, das Anschaffungskosten- und Realisationsprinzip nicht außer Kraft gesetzt werden.

3.2.4.6 Formalaufbau der Bilanz (Bilanzgliederung)

Für Einzelkaufleute und grundsätzlich auch für Personenhandelsgesellschaften verlangt das HGB in § 247 Abs. 1 zunächst lediglich einen gesonderten Ausweis und eine hinreichende Aufgliederung für das Anlage- und Umlaufvermögen, das Eigenkapital, die Schulden sowie die Rechnungsabgrenzungsposten. Der im Rahmen der GoB verankerte Grundsatz der Bilanzklarheit (§ 243 Abs. 2 HGB; vgl. Abschn. 3.2.4.1.2) ist als Maßstab für eine Auslegung des unbestimmten Rechtsbegriffes «hinreichende Aufgliederung» heranzuziehen. Welche Mindestgliederung jedoch letztlich für einen Einzelkaufmann oder eine Personenhandelsgesellschaft als »hinreichend« anzusehen ist, hängt vom konkreten Einzelfall ab. Eine sicherere Grundlage für die Bestimmung der notwendigen Gliederungstiefe bietet im Normalfall die Anlehnung an die für Kapitalgesellschaften und Personenhandelsgesellschaften i. S. d. § 264a HGB explizit vorgeschriebene Gliederung der Bilanz nach § 266 HGB. Sofern die Zugehörigkeit zu einem bestimmten Geschäftszweig nicht eine von § 266 HGB abweichende Gliederung erforderlich macht (z. B. bei Versicherungen, Kreditinstituten und Finanzdienstleistungsinstituten), ist für mittelgroße und große Kapitalgesellschaften i. S. d. Größenkriterien des § 267 Abs. 2 u. 3 HGB die in § 266 Abs. 2 u. 3 HGB vorgeschriebene Bilanzgliederung (vgl. Abbildung 4.3.24) verbindlich.

Kleine Kapitalgesellschaften i. S. d. § 267 Abs. 1 HGB brauchen hingegen nur eine verkürzte Bilanz aufzustellen, in die allein die mit Buchstaben und römischen Zahlen bezeichneten Posten gesondert aufgenommen werden müssen (§ 266 Abs. 1 HGB). Darüber hinaus bestehen für bestimmte Rechtsformen, wie die AG, die GmbH und die Personenhandelsgesellschaften i. S. d. § 264a HGB, weitergehende spezifische Ausweisregelungen bezüglich des Eigenkapitals (vgl. § 264c Abs. 2 HGB sowie §§ 150 u. 152 AktG und § 42 Abs. 1 u. 2 GmbHG).

Gliederung der Bilanz gemäß § 266 HGB	
Aktiva	Passiva
A. Anlagevermögen: 　I. Immaterielle Vermögensgegenstände: 　　1. Selbst geschaffene gewerbliche Schutzrechte und ähnliche Rechte und Werte; 　　2. entgeltlich erworbene Konzessionen, gewerbliche Schutzrechte und ähnliche Rechte und Werte sowie Lizenzen an solchen Rechten und Werten; 　　3. Geschäfts- oder Firmenwert; 　　4. geleistete Anzahlungen; 　II. Sachanlagen: 　　1. Grundstücke, grundstücksgleiche Rechte und Bauten einschließlich der Bauten auf fremden Grundstücken; 　　2. technische Anlagen und Maschinen; 　　3. andere Anlagen, Betriebs- und Geschäftsausstattung; 　　4. geleistete Anzahlungen und Anlagen im Bau; 　III. Finanzanlagen: 　　1. Anteile an verbundenen Unternehmen; 　　2. Ausleihungen an verbundene Unternehmen; 　　3. Beteiligungen; 　　4. Ausleihungen an Unternehmen, mit denen ein Beteiligungsverhältnis besteht; 　　5. Wertpapiere des Anlagevermögens; 　　6. sonstige Ausleihungen. B. Umlaufvermögen: 　I. Vorräte: 　　1. Roh-, Hilfs- und Betriebsstoffe; 　　2. unfertige Erzeugnisse, unfertige Leistungen; 　　3. fertige Erzeugnisse und Waren; 　　4. geleistete Anzahlungen; 　II. Forderungen und sonstige Vermögensgegenstände: 　　1. Forderungen aus Lieferungen und Leistungen; 　　2. Forderungen gegen verbundene Unternehmen; 　　3. Forderungen gegen Unternehmen, mit denen ein Beteiligungsverhältnis besteht; 　　4. sonstige Vermögensgegenstände; 　III. Wertpapiere: 　　1. Anteile an verbundenen Unternehmen; 　　2. sonstige Wertpapiere; 　IV. Kassenbestand, Bundesbankguthaben, Guthaben bei Kreditinstituten und Schecks. C. Rechnungsabgrenzungsposten. D. Aktive latente Steuern. E. Aktiver Unterschiedsbetrag aus der Vermögensverrechnung.	A. Eigenkapital: 　I. Gezeichnetes Kapital; 　II. Kapitalrücklage; 　III. Gewinnrücklagen: 　　1. gesetzliche Rücklage; 　　2. Rücklage für Anteile an einem herrschenden oder mehrheitlich beteiligten Unternehmen; 　　3. satzungsmäßige Rücklagen; 　　4. andere Gewinnrücklagen; 　IV. Gewinnvortrag / Verlustvortrag; 　V. Jahresüberschuss / Jahresfehlbetrag. B. Rückstellungen: 　1. Rückstellungen für Pensionen und ähnliche Verpflichtungen; 　2. Steuerrückstellungen; 　3. sonstige Rückstellungen. C. Verbindlichkeiten: 　1. Anleihen 　　davon konvertibel; 　2. Verbindlichkeiten gegenüber Kreditinstituten; 　3. erhaltene Anzahlungen auf Bestellungen; 　4. Verbindlichkeiten aus Lieferungen und Leistungen; 　5. Verbindlichkeiten aus der Annahme gezogener Wechsel und der Ausstellung eigener Wechsel; 　6. Verbindlichkeiten gegenüber verbundenen Unternehmen; 　7. Verbindlichkeiten gegenüber Unternehmen, mit denen ein Beteiligungsverhältnis besteht; 　8. sonstige Verbindlichkeiten, davon aus Steuern, davon im Rahmen der sozialen Sicherheit. D. Rechnungsabgrenzungsposten. E. Passive latente Steuern.

Abbildung 4.3.24: Bilanzgliederungsschema nach § 266 Abs. 2 und 3 HGB

3.2.4.7 Bilanzierung und Bewertung ausgewählter Bilanzpositionen

In den vorhergehenden Abschnitten zu Bilanzansatz, Bilanzbewertung und Bilanzgliederung wurden die allgemeinen Grundlagen der handelsrechtlichen Bilanzierung sowie der Verknüpfung des handelsrechtlichen Jahresabschlusses mit der Steuerbilanz gelegt. Im Folgenden wird auf die Bilanzierung ausgewählter, wichtiger Einzelpositionen der Bilanz näher eingegangen.

3.2.4.7.1 Anlagevermögen

3.2.4.7.1.1 Begriff und Ansatz

> Nach § 247 Abs. 2 HGB sind dem **Anlagevermögen** alle Gegenstände zuzuordnen, die am Abschlussstichtag bestimmt sind, **dauernd** dem Geschäftsbetrieb der Gesellschaft zu dienen; dazu gehören **immaterielle Vermögensgegenstände**, **Sachanlagen** und **Finanzanlagen**.

Nach § 266 Abs. 2 HGB ist das Anlagevermögen in drei Hauptpositionen untergliedert: Immaterielle Vermögensgegenstände, Sachanlagen und Finanzanlagen. Bei den **immateriellen Vermögensgegenständen** handelt es sich nicht um körperliche Gegenstände, sondern um selbständig bewertbare betriebliche Vorteile, die die Kriterien von Vermögensgegenständen erfüllen. Das Gesetz schreibt eine Aktivierung von Konzessionen, gewerblichen Schutzrechten und ähnlichen Rechten sowie Lizenzen an solchen Rechten und Werten vor, sofern diese immateriellen Vermögensgegenstände **entgeltlich** erworben wurden (§ 266 Abs. 2 i. V. m. dem Vollständigkeitsgebot des § 246 Abs. 1 HGB). Demzufolge muss beispielsweise ein von einem Dritten erworbenes Patent aktiviert werden.

Für **selbst geschaffene immaterielle Vermögensgegenstände** des Anlagevermögens sieht der durch das BilMoG neu gefasste § 248 Abs. 2 HGB erstmals ein **Aktivierungswahlrecht** vor. Damit besteht nun die Möglichkeit, **Entwicklungskosten**, deren Ermittlung und Abgrenzung von grundsätzlich nicht aktivierbaren **Forschungskosten** im § 255 Abs. 2a HGB geregelt ist, bilanziell auszuweisen (Darstellung der Vermögenslage) und überdies den Jahreserfolg zu erhöhen. Ausdrücklich ausgenommen von diesem Aktivierungswahlrecht sind gem. § 255 Abs. 2a Satz 2 HGB selbst geschaffene Marken, Drucktitel, Verlagsrechte, Kundenlisten oder vergleichbare immaterielle Vermögensgegenstände des Anlagevermögens.

Der **derivative Geschäfts- oder Firmenwert** (Goodwill) ist der Betrag, um den die für die Übernahme eines Unternehmens entrichtete Gegenleistung den Wert der einzelnen Vermögensgegenstände des Unternehmens abzüglich der Schulden zum Zeitpunkt der Übernahme (Reinvermögen des Unternehmens) übersteigt. Er gilt als abnutzbarer Vermögensgegenstand und ist **zwingend** anzusetzen (§ 246 Abs. 1 Satz 4 HGB). Für einen selbst geschaffenen (**originären**) Firmenwert besteht dagegen aus Objektivierungsgründen ein Aktivierungsverbot.

Entsprechend dem Grundsatz der Wesentlichkeit kommt es im Hinblick auf die Bilanzierung so genannter **geringwertiger Vermögensgegenstände des Anlagevermögens**, bei denen die Anwendung entsprechender steuerrechtlicher Regeln zulässig ist, zu einer Abweichung vom Vollständigkeitsgrundsatz. Danach besteht gem. § 6 Abs. 2 EStG ein Wahlrecht, die Anschaffungs- bzw. Herstellungskosten von Vermögensgegenständen bis zu einem Wert von 410 € sofort und vollständig als Aufwand zu verrechnen (keine Aktivierung). Alternativ zu § 6 Abs. 2 EStG können gem. § 6 Abs. 2a EStG die Anschaffungs- bzw. Herstellungskosten von Vermögensgegenständen bis zu einem Wert von 150 € sofort als Aufwand verrechnet werden, während für Vermögensgegenstände mit Anschaffungs- bzw. Herstellungskosten zwischen 150 und 1.000 € Sammelposten gebildet werden kann, der dann über fünf Jahre linear abzuschreiben ist.

3.2.4.7.1.2 Bewertung

Hinsichtlich der Bewertung von Gegenständen des Anlagevermögens wird grundsätzlich von den Anschaffungs- oder Herstellungskosten ausgegangen. Dabei ist der Einzelbewertungsgrundsatz zu beachten (§ 252 Abs. 1 Nr. 3 HGB). Eine Ausnahme stellen Kollektive beweglicher Anlagegegenstände dar, wenn sie die Voraussetzungen des § 240 Abs. 3 HGB erfüllen und dementsprechend mit einem so genannten **Festwert** gemäß § 256 i. V. m. § 240 Abs. 3 HGB angesetzt werden können.

Für die Bewertung des Anlagevermögens von Bedeutung ist die Unterteilung in
- **nicht abnutzbares** Anlagevermögen (z. B. Grundstücke, soweit nicht substanzgenutzt, Anlagen im Bau sowie Beteiligungen), das mit den Anschaffungs- bzw. Herstellungskosten anzusetzen ist (§ 253 Abs. 1 Satz 1 HGB) und
- **abnutzbares** Anlagevermögen (z. B. Gebäude, Maschinen sowie immaterielle Anlagewerte), das über einen zumeist längeren Zeitraum (Nutzungsdauer) hinweg zur betrieblichen Nutzung (Durchführung der Leistungserstellung) zur Verfügung steht, wobei es das in ihm vorrätige Nutzungspotenzial allmählich abgibt und seine Nutzung somit zeitlich begrenzt ist.

Über **Abschreibungen** wird die periodische, technisch (z. B. durch Verschleiß), wirtschaftlich (z. B. durch Nachfrageverschiebungen) oder zeitlich (z. B. infolge Konzessionsablauf) bedingte Wertminderung von Anlagegütern als Aufwand erfasst.

Es werden planmäßige und außerplanmäßige Abschreibungen unterschieden:

(a) Planmäßige Abschreibungen

Planmäßige Abschreibungen sind nach § 253 Abs. 3 HGB bei den Gegenständen des abnutzbaren Anlagevermögens vorzunehmen; sie finden im Steuerrecht ihr Äquivalent in den Absetzungen für Abnutzung (AfA) bzw. den Absetzungen für Substanzverringerung (AfS) nach § 7 EStG.

Der Begriff **planmäßige Abschreibung** stellt auf die Verwendung eines Abschreibungsplans ab, der die Anschaffungs- oder Herstellungskosten nach einer den GoB entsprechenden Abschreibungsmethode auf die Geschäftsjahre verteilt, in denen der Gegenstand voraussichtlich genutzt werden kann.

Der **Abschreibungsplan** muss Angaben enthalten über:
- die zu verteilenden Anschaffungs- oder Herstellungskosten,
- einen nach Außerbetriebsetzung evtl. noch erzielbaren Restverkaufserlös,
- die voraussichtliche Nutzungsdauer des Gegenstandes und
- die gewählte Abschreibungsmethode.

Die Bedeutung des Abschreibungsplanes und der daraus resultierenden Abschreibungsbeträge liegt darin, dass die periodischen Abschreibungen einen wesentlichen Teil des Gesamtaufwandes einer Periode ausmachen und daher durch zu hohe oder zu niedrige Abschreibungsverrechnungen die Höhe des Periodenerfolgs entscheidend beeinflusst werden kann. Um derartige Manipulationen weitgehend auszuschalten, wurden vor allem für steuerliche Zwecke Vorschriften erlassen, die die voraussichtliche Nutzungsdauer eines Anlagegegenstandes festlegen und über die Zulässigkeit verschiedener Abschreibungsverfahren befinden. Für die in der Steuerbilanz zulässige **Nutzungsdauer** hat die Finanzverwaltung Tabellenwerke (so genannte **AfA-Tabellen**) entwickelt, in denen die «betriebsgewöhnliche Nutzungsdauer von Anlagegütern» auf Grund von Erfahrungswerten und Schätzungen festgelegt ist. Eine Abweichung von der in den AfA-Tabellen vorgesehenen Nutzungsdauer ist innerhalb der Steuerbilanz nur in begründeten Ausnahmefällen möglich. In der Praxis werden die AfA-Tabellen auch handelsrechtlich verwendet.

Folgende Verfahren der planmäßigen Abschreibung können grundsätzlich unterschieden werden:
- die lineare Abschreibung,
- die degressive Abschreibung,
- die progressive Abschreibung sowie
- die Leistungsabschreibung.

Lineare Abschreibung (Abschreibung in gleichbleibenden Jahresbeträgen): Die Anschaffungs- bzw. Herstellungskosten werden gleichmäßig über die Nutzungsdauer als Aufwand verrechnet. Bei der linearen Abschreibung bleibt sowohl der auf die Anschaffungs- bzw. Herstellungskosten bezogene Abschreibungssatz, als auch der jährliche Abschreibungsbetrag konstant.

Das Verfahren ist handels- und steuerrechtlich (§ 7 Abs. 1 EStG) für alle abnutzbaren Vermögensgegenstände bzw. Wirtschaftsgüter des Anlagevermögens zulässig und als Normalfall der Abschreibung zu betrachten.

> **Degressive** Abschreibung (Abschreibung in fallenden Jahresbeträgen): In den ersten Nutzungsjahren eines Anlagegegenstandes werden höhere Aufwandsbeträge verrechnet als in späteren Jahren.

Obwohl nicht bestimmte Verfahren degressiver Abschreibung vorgeschrieben sind, wird gleichwohl zwischen der geometrisch-degressiven und der arithmetisch-degressiven Vorgehensweise unterschieden.

Beim **geometrisch-degressiven** Verfahren wird der jährliche Abschreibungsbetrag durch Anwendung eines festen Prozentsatzes (Abschreibungssatz) auf den letzten Restbuchwert errechnet (Restwert-, **Buchwertabschreibung**). Das Verfahren ist handelsrechtlich zulässig, soweit nicht gegen GoB verstoßen wird. Steuerrechtlich ist es gem. § 7 Abs. 2 EStG aktuell anwendbar nur für bewegliche abnutzbare Wirtschaftsgüter des Anlagevermögens, die in den Jahren 2009 bzw. 2010 angeschafft oder hergestellt wurden bzw. werden. Der Abschreibungssatz darf höchstens das Zweieinhalbfache des bei der linearen Abschreibung in Betracht kommenden Prozentsatzes betragen und 25 % nicht übersteigen. An steuerliche Höchstsätze ist die degressive Abschreibung in der Handelsbilanz nicht gebunden: Methodenwahl, Methodenwechsel und Methodenkombination unterliegen weitgehender handelsrechtlicher Ermessensfreiheit; den Zulässigkeitsrahmen dafür geben allerdings die GoB vor.

Beim **arithmetisch-degressiven** Verfahren vermindern sich die jährlichen Abschreibungsbeträge jeweils um den gleichen Betrag. Wird dabei auf einen Restbuchwert von Null am Ende der Nutzungsdauer abgeschrieben, spricht man von digitaler Abschreibung. Das arithmetisch-degressive Verfahren kann handelsrechtlich angewandt werden, sofern kein Verstoß gegen die GoB vorliegt; steuerrechtlich ist dieses Abschreibungsverfahren dagegen schon seit dem Veranlagungszeitraum 1985 nicht mehr zulässig.

Neben der geometrisch- und der arithmetisch-degressiven Abschreibung gehört auch die Abschreibung in **fallenden Staffelsätzen** zu den degressiven Abschreibungsverfahren. Bei ihr werden feste Abschreibungssätze vorgegeben, die mit steigender Nutzungsdauer in bestimmten Intervallen degressiv fallen. Dieses Abschreibungsverfahren ist steuerrechtlich gem. § 7 Abs. 5 EStG bei bestimmten Wohngebäude zulässig.

Ein Wechsel zwischen den zulässigen degressiven Absetzungsmethoden ist steuerlich nicht statthaft. Zulässig ist jedoch der Übergang von der geometrisch-degressiven Absetzungsmethode nach § 7 Abs. 2 EStG auf die lineare Absetzungsmethode. Die Abschreibungsbeträge bemessen sich dann na**ch dem noch vorhandenen Restwert und der Restnutzungsdauer des Wirtschaftsguts** (§ 7 Abs. 3 EStG). Das folgende Beispiel illustriert diesen Übergang. Dabei wird davon ausgegangen, dass bilanzpolitisch ein möglichst hohes Abschreibungsvolumen in frühen Jahren der Nutzungsdauer angestrebt wird. Die Anschaffung eines Anlagegegenstands erfolgt zu Beginn des Jahres 2009. Die Anschaffungskosten betragen 70.000 €, die Nutzungsdauer

7 Jahre und ein Restwert am Ende der Nutzungsdauerexistiert nicht. Die Tabelle zeigt den Abschreibungsverlauf für den Fall einer sofortigen linearen Abschreibung, für den Fall einer geometrisch-degressiven Abschreibung und schließlich für den Fall eines kombinierten Abschreibungsverlaufs. Im Jahr 2012 führen lineare und geometrisch-degressive Abschreibung zum jeweils gleichen Abschreibungsbetrag. Ab dem Jahr 2013 ist bei entsprechender bilanzpolitischer Zielsetzung der Übergang zur linearen Abschreibung sinnvoll.

Ende des Geschäfts-jahres	Lineare Abschreibung		Geometrisch-degressive Abschreibung 25 %		Übergang zu linearer Abschreibung ab 2013	
	Abschrei-bungsbe-trag	Restbuch-wert	Abschrei-bungsbe-trag	Restbuch-wert	Abschrei-bungsbetrag	Restbuch-wert
2009	10.000,00	60.000,00	17.500,00	52.500,00	10.000,00	52.500,00
2010	10.000,00	50.000,00	13.125,00	39.375,00	8.750,00	39.375,00
2011	10.000,00	40.000,00	9.843,75	29.531,25	7.875,00	29.531,25
2012	10.000,00	30.000,00	7.382,81	22.148,44	7.382,81	22.148,44
2013	10.000,00	20.000,00	**5.537,11**	16.611,33	**7.382,81**	14.765,63
2014	10.000,00	10.000,00	4.152,83	12.458,50	**7.382,81**	7.382,81
2015	10.000,00	0,00	3.114,62	9.343,87	**7.382,81**	0,00

Progressive Abschreibung (Abschreibung mit zunehmenden Jahresbeträgen): Zu Beginn der Nutzung einer Anlage wird weniger Aufwand verrechnet als am Ende der Nutzungsdauer.

Analog der degressiven Methode kann auch sie als **geometrisch-** oder **arithmetisch-progressives** Verfahren konzipiert sein; es gelten deshalb dieselben Berechnungsansätze, jedoch mit einer Umkehr der Abschreibungsverläufe. Soweit nicht gegen GoB verstoßen wird, ist die progressive Abschreibung handelsrechtlich zulässig; sie ist im Steuerrecht nicht explizit vorgesehen und daher nur bei nutzungskonformem Verlauf anwendbar.

Leistungsabschreibung (Abschreibung nach Leistung und Inanspruchnahme): Im Gegensatz zu den bisher behandelten zeitabhängigen Abschreibungsmethoden berechnet dieses Verfahren leistungsabhängige Abschreibungsbeträge und kommt dadurch dem tatsächlichen technischen Wertminderungsverlauf am nächsten.

586 Bilanzen

Abschreibungsverfahren	Zeitabhängige			
	linear	geometrisch-degressiv	degressiv	
			arithmetisch-degressiv	
Abschreibungsbetrag	gleich bleibend	in geometrischer Reihe fallend	in arithmetischer Reihe fallend	
Abschreibungsbasis	Anschaffungs- bzw. Herstellungskosten	Restbuchwert	Anschaffungs- bzw. Herstellungskosten	
Formeln zur Ermittlung des Abschreibungsbetrags	$a_t = \dfrac{R_0 - R_n}{n}$	$a_t = q \cdot R_{t-1}$	arithm.-degr. $a_1 = \dfrac{R_0 - R_n}{n} + \dfrac{(n-1)}{2} \cdot D,$ $a_t = a_{t-1} - D,$ $t = 2, \ldots, n.$	digital $a_1 = n \cdot D,$ $a_t = a_{t-1} - D,$ $t = 2, \ldots, n.$ oder $a_t = (R_0 - R_n) q_t,$ $t = 1, \ldots, n.$
Abschreibungssatzes in %	$q = \dfrac{1}{n} \cdot \dfrac{R_0 - R_n}{R_0} \cdot 100$	$q = 100 \left(1 - \sqrt[n]{\dfrac{R_n}{R_0}}\right)$		$q_t = \dfrac{b_t}{\dfrac{n(n+1)}{2}} \cdot 100,$ $t = 1, \ldots, n.$
Degressionsbetrags			$D = \dfrac{R_0 - R_0 + a_1 \cdot n}{\dfrac{n(n+1)}{2} - n}$	$D = \dfrac{R_0 - R_n}{\dfrac{n(n+1)}{2}}$ $D = a_n = R_{n-1}$
Zulässigkeit: 1. Steuerrecht	§ 7 Abs. 1 EStG Zulässig für alle abnutzbaren Wirtschaftsgüter des Anlagevermögens.	§ 7 Abs. 2 EStG Zulässig nur für bewegliche abnutzbare Wirtschaftsgüter des Anlagevermögens bei Anschaffung in 2009 oder 2010. **Bedingungen:** 1.) $q^{degr} \leq 2{,}5 \cdot q^{lin}$ 2.) $q \leq 25\%$	nicht zulässig	
2. Handelsrecht	Abschreibungsverfahren sind zulässig, sofern sie			
Graphische Darstellung des Abschreibungsverlaufs	Bw, R_0 ↘ n t	Bw, R_0, R_n ↘ n t	Bw, R_0 ↘ n t	

Abkürzungen: a_t = Abscheibungsbetrag im Jahr t Bw = Buchwert
b_t = verbleibende Nutzungsdauer vom D = Degressionsbetrag
Jahreanfang gerechnet i = Staffelindex

Abbildung 4.3.25: Übersicht über die Abschreibungsverfahren

	Zeitabhängige			Nach Leistung und Inanspruchnahme
degressiv		progressiv		
in fallenden Staffelsätzen	geometrisch-progressiv		arithmetisch-progressiv	
in Staffeln (zeitlichen Abschnitten) fallend	in geometrischer Reihe steigend		in arithmetischer Reihe steigend	variabel
Anschaffungs- bzw. Herstellungs-kosten	Restbuchwert		Anschaffungs- bzw. Herstellungs-kosten	Anschaffungs- bzw. Herstellungskosten
$a_t = (R_0 - R_n) q_{it}$ $i = 1, ..., z;$ $t = 1, ..., n.$	Ermittlung analog der geometrisch-degressiven Methode. Der Abschreibungs-verlauf wird nur umgedreht.		Ermittlung analog der arithmetisch-degressiven Methode. Der Abschreibungs-verlauf wird nur umgedreht.	$a_t = (R_0 - R_n) \dfrac{L_t}{\sum_{t=1}^{n} L_t}$ $t = 1, ..., n.$
Der Abschreibungs-satz qit wird bei der Gebäude-AfAin § 7 Abs. 5 EStG vorge-geben				
§ 7 Abs. 5 EStG Sonderregelung für Absetzungen bei Gebäuden. **Bedingung:** Bauherr oder Erwerb im Jahr der Fertigstellung.	Im Einkommensteuergesetz wird die progressive Abschribung nicht erwähnt. Sie ist nur möglich, wenn der Verlauf der Leistung entspricht.			§ 7 Abs. 1 Satz 6 EStG Zulässig nur für bewegliche abnutz-bare Wirtschaftsgüter des Anlage-vermögens **Bedingungen:** 1. Das Verfahren muss wirtschaftlich begründet sein. 2. Der Umfang der Leistung muss nachgewiesen werden.
den Grundsätzen ordnungsmäßiger Buchführung entsprechen.				

L_t = Leistung bzw. Inanspruchnahme im Jahr t
n = Nutzungsdauer in Jahren
q = Abaschreibungssatz
R_0 = Anschaffungs- bzw. Herstellungskosten
R_{t-1} = Restbuchwert vom vorangegangenen Periodenende
R_n = Restbuchwert am Ende der Nutzungsdauer bzw. Schrottwert
t = Periodenindex
z = Anzahl der Staffeln

Die Abschreibung nach der Leistung ist in der Handelsbilanz zulässig, soweit nicht gegen GoB verstoßen wird. In der Steuerbilanz trifft dies unter zwei Bedingungen (§ 7 Abs. 1 Satz 6 EStG) und nur für bewegliche abnutzbare Wirtschaftsgüter des Anlagevermögens zu:

- Die Leistungsabschreibung ist wirtschaftlich begründet (z. B. bei erheblichen Schwankungen in der Leistungsabgabe).
- Der jährliche Umfang der Leistungsabgabe muss nachweisbar sein (z. B. durch Kilometerzähler, Fahrtenschreiber oder Zählwerk).

Über die Leistungsabschreibung kann es damit auch zur Verrechnung progressiver Abschreibungsbeträge in der Steuerbilanz kommen, wenn die tatsächliche Inanspruchnahme im Zeitablauf zunimmt und in ihrer Höhe nachweisbar ist.

Abbildung 4.3.25 gibt einen zusammenfassenden Überblick über die Abschreibungsverfahren.

(b) Außerplanmäßige Abschreibungen

Treten Wertminderungen auf, die bei Aufstellung des Abschreibungsplans nicht vorhersehbar waren, besteht die Möglichkeit bzw. die Pflicht, außerplanmäßige Abschreibungen vorzunehmen.

> **Außerplanmäßige Abschreibungen** erfassen außergewöhnliche, über die planmäßige Abschreibung hinausgehende Wertminderungen infolge technischer (z. B. durch Unfall), wirtschaftlicher (z. B. infolge Nachfragerückgang) oder marktmäßiger (z. B. Sinken der Wiederbeschaffungskosten) Ursachen.

Scheint die Wertminderung von Dauer zu sein, so ist die Vornahme von außerplanmäßigen Abschreibungen zwingend (strenges Niederstwertprinzip nach § 253 Abs. 3 Satz 3 HGB); ist sie lediglich vorübergehend, so besteht ausschließlich für Finanzanlagen ein Wahlrecht bezüglich der Abschreibungsvornahme (gemildertes Niederstwertprinzip nach § 253 Abs. 3 Satz 4 HGB).

Im Steuerrecht finden außerplanmäßige Abschreibungen Berücksichtigung in den Absetzungen für außergewöhnliche technische und wirtschaftliche Abnutzung (AfaA; § 7 Abs. 1 Satz 7 EStG) sowie in den sog. Teilwertabschreibungen (§ 6 Abs. 1 u. 2 EStG), die vorgenommen werden dürfen, wenn der Teilwert auf Grund einer voraussichtlich dauerhaften Wertminderung niedriger ist als der ansonsten angesetzte Buchwert. Teilwertabschreibungen sind somit nur bei nachhaltigen Wertminderungen zulässig (objektive Anzeichen). Nach Durchführung einer außerplanmäßigen Abschreibung ist ein neuer Abschreibungsplan aufzustellen, der den verbleibenden Buchwert auf die restliche Nutzungsdauer verteilt.

Gemäß § 253 Abs. 5 HGB dürfen niedrigere Wertansätze aufgrund von vorgenommenen außerplanmäßigen Abschreibungen nicht beibehalten werden, wenn in einer späteren Periode der Grund für die außerplanmäßige Abschreibung wegfällt. Es wird somit eine Zuschreibung erforderlich. Dies gilt ausdrücklich nicht für einen entgeltlich erworbener Geschäfts- oder Firmenwert (§ 253 Abs. 5 Satz 2 HGB). Auch steuerrechtlich sind Wertaufholungen grundsätzlich zwingend, wenn der Grund für eine zuvor vorgenommene Teilwertabschreibung wegfällt.

Zuschreibungen sind **Wertaufholungen**, die der Korrektur von in früheren Perioden vorgenommenen und aus heutiger Sicht unbegründeten außerplanmäßigen Abschreibungen dienen.

Die folgende Übersicht fasst die wesentlichen handelsrechtlichen Bewertungsregeln für das Anlagevermögen zusammen:

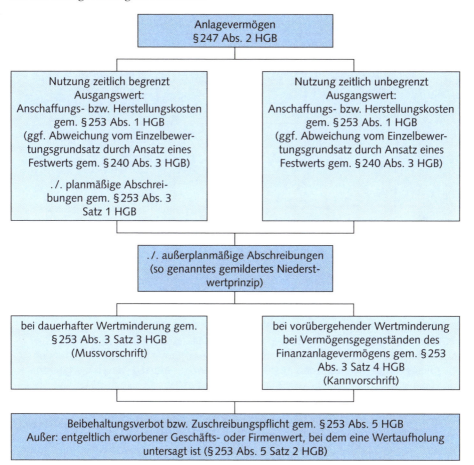

Abbildung 4.3.26: Übersicht über die Bewertungsbestimmungen im Anlagevermögen

3.2.4.7.1.3 Spezieller Ausweisaspekt: der Anlagespiegel

Gemäß § 268 Abs. 2 i. V. m. § 274a Nr. 1 HGB haben große und mittelgroße Kapitalgesellschaften in der Bilanz oder im Anhang zusätzlich eine (horizontale) Gliederung des Anlagevermögens vorzunehmen. Diese erfolgt im so genannten Anlagespiegel bzw. Anlagegitter (vgl. Abbildung 4.3.27). Ausgehend von den ursprünglichen Anschaffungs- oder Herstellungskosten werden zunächst Zu- und Abgänge erfasst; hierauf folgen Umbuchungen, mit deren Hilfe Positionsveränderungen innerhalb des Anlagegitters berücksichtigt werden. Anschließend kommen die Zuschreibungen der Periode und die aufsummierten, d. h. kumulierten, Abschreibungen zum Ausweis. Als Ergebnis leitet sich der Buchwert der Periode ab, der um die Angabe des Vorjahreswertes zu erweitern ist. Darüber hinaus müssen die Abschreibungen des Geschäftsjahres angegeben werden, es sei denn, sie werden gesondert in der Bilanz bei dem betreffenden Posten ausgewiesen (§ 268 Abs. 2 Satz 3 HGB).

Bilanzpositionen \ Entwicklung	Gesamte Anschaffungs-/ Herstellungskosten	Zugänge (+)	Abgänge (./.)	Umbuchungen (+/./.)	Zuschreibungen (+)	Abschreibungen kumuliert (./.)	Buchwert 31.12. Abschlussjahr	Buchwert 31.12. Vorjahr	Abschreibungen Abschlussjahr
Einzelne Posten des Anlagevermögens									

Abbildung 4.3.27: Anlagespiegel nach § 268 Abs. 2 HGB

3.2.4.7.2 Umlaufvermögen

(1) Begriff

Dem **Umlaufvermögen** sind alle Vermögensteile zuzurechnen, die eine relativ kurzfristige Bindungsdauer aufweisen und die – negativ abgegrenzt – weder dem Anlagevermögen noch den Rechnungsabgrenzungsposten bzw. den latenten Steuern zugehörig sind.

Das Umlaufvermögen wird im Gesetz durch die Bilanzgliederung des § 266 Abs. 2 HGB enumerativ, d. h. durch Aufzählung bestimmt: Dazu gehören insbesondere die Vorräte (Roh-, Hilfs- und Betriebsstoffe, fertige und unfertige Erzeugnisse, Waren sowie ggf. geleistete Anzahlungen) und das monetäre Umlaufvermögen (Forderungen, Wertpapiere und Zahlungsmittel).

(2) Bewertung

Ausgangspunkt der Bewertung des Umlaufvermögen sind die **Anschaffungs- bzw. Herstellungskosten** (§ 253 Abs. 1 Satz 1 HGB). Werden diese von dem aus dem Börsen- oder Marktpreis abgeleiteten Wert oder vom beizulegenden Wert am Abschlussstichtag unterschritten, so ist der niedrigste dieser drei Wertansätze für die Bilanzierung heranzuziehen (**strenges Niederstwertprinzip** nach § 253 Abs. 4 HGB).

> **Beispiel**
> **Niederstwertprinzip und verlustfreie Bewertung**
> Das Vorratsvermögen der Y-AG setzt sich am Jahresende zusammen aus:
> - 100 Einheiten Rohstoffe zum Anschaffungspreis von 1.000 € / Einheit,
> - 50 Einheiten Halbfabrikate zu bisherigen Herstellungskosten von 6.000 € / Einheit.
>
> Auf dem Beschaffungsmarkt werden die Rohstoffe mit 900 € / Einheit gehandelt. Die Halbfabrikate sind nicht absetzbar.
> Während die Rohstoffe entsprechend dem Niederstwertprinzip mit 90.000 € bilanziert werden, muss bei den Halbfabrikaten, da für sie kein Marktpreis existiert, der beizulegende Wert nach dem **Prinzip der verlustfreien Bewertung** durch Abschläge vom Marktpreis der Fertigerzeugnisse **retrograd** ermittelt werden:
>
> | | Verkaufserlös der Fertigfabrikate | 8.000 € / Einheit |
> |---|---|---|
> | − | Materialkosten bis zur Fertigstellung | 1.000 € / Einheit |
> | − | Lohnkosten bis zur Fertigstellung | 700 € / Einheit |
> | − | Verpackungs-, Vertriebskosten | 500 € / Einheit |
> | − | Verwaltungskosten bis zur Fertigstellung | 100 € / Einheit |
> | = | Wertansatz bei verlustfreier Bewertung | 5.700 € / Einheit |
>
> Die Halbfabrikate sind daher nur mit einem Wert von 285.000 € (= 50 Einheiten × 5.700 € / Einheit) anzusetzen.

Grundsätzlich gilt auch für Gegenstände des Vorratsvermögens das **Prinzip der Einzelbewertung** des § 252 Abs. 1 Nr. 3 HGB. Einzelne Mengen eines bestimmten Bestandes des Vorratsvermögens, denen verschiedene Anschaffungs- bzw. Herstellungskosten oder sonstige Werte zugemessen werden, sind separat zu bewerten.

Aus Gründen der Wirtschaftlichkeit bei der Bestandsaufnahme (Inventur) und der bilanziellen Bestandsbewertung sowie Verbrauchsermittlung (Aufwand) gestatten § 240 Abs. 3 u. 4 HGB sowie § 256 HGB jedoch vom Prinzip der Einzelbewertung abweichende **Vereinfachungen**. Diese bestehen zum einen darin, dass Gütergruppen gebildet werden können, die summarisch statt einzeln bewertet werden. Zum anderen besteht die Möglichkeit, statt einer genauen Aufzeichnung über den Abgang von Vorratsgütern, eine bestimmte Verbrauchsfolgeunterstellung vorzunehmen. Ein nach diesen Verfahren bestimmter Wertansatz ist allerdings nur zulässig, soweit er nicht gegen das **strenge Niederstwertprinzip** verstößt. Zu unterscheiden sind folgende **Bewertungsvereinfachungsverfahren**:

- Gruppenbewertung sowie Durchschnittsbewertung,
- Festbewertung und
- Verbrauchsfolgeverfahren.

Gruppenbewertung: Soweit es den Grundsätzen ordnungsmäßiger Buchführung entspricht, können nach § 240 Abs. 4 HGB i. V. m. § 256 HGB bewegliche Vermögensgegenstände zum Zwecke der Bewertung zu einer Gruppe zusammengefasst und mit dem **gewogenen Durchschnittswert** angesetzt werden, wenn sie
- gleichartig oder
- annähernd gleichwertig sind.

Für das Vorratsvermögen ist ausschließlich die Gleichartigkeit maßgebliches Kriterium.

Annähernd **gleichwertig** sind Vermögensgegenstände, wenn ihre Preise nicht wesentlich voneinander abweichen. Bei geringem Einzelwert kann eine Abweichung von maximal 20 % des höchsten vom niedrigsten Wert als nicht wesentlich angesehen werden; mit steigendem Einzelwert vermindert sich diese Spanne. Als Kriterium für die **Gleichartigkeit** ist die, entsprechend den kaufmännischen Gepflogenheiten bestimmte, Artverwandtschaft, z. B. die Zugehörigkeit zu einem bestimmten Sortiment, heranzuziehen. Sind bei gleichartigen Gegenständen unterschiedliche Werte vorhanden, so ist ein gewogener Durchschnittswert zu bilden. Die steuerliche Zulässigkeit der Gruppenbewertung ergibt sich aus R 6.8 Abs. 4 EStR.

Bei der **gewogenen Durchschnittsmethode** werden die durchschnittlichen Anschaffungs- bzw. Herstellungskosten einer Periode als gewogenes arithmetisches Mittel aus allen Zugängen und dem Anfangsbestand einer Materialart errechnet.

Dabei müssen die entsprechenden Vorräte im Wesentlichen gleichartig (vertretbare Vermögensgegenstände, die nach Maß, Zahl oder Gewicht bestimmt werden) sein und ungefähr die gleiche Preislage haben. Sowohl zur Bewertung des Verbrauchs als auch des Endbestands für den Bilanzausweis werden dann die so ermittelten durchschnittlichen Anschaffungs- bzw. Herstellungskosten herangezogen. Das Verfahren ist sowohl steuerlich als auch handelsrechtlich zulässig (§ 240 Abs. 4 i. V. m. § 256 Satz 2 HGB sowie R 6.8 Abs. 3 EStR).

Beispiel
Gewogene Durchschnittsmethode
Ermittlung des Durchschnittspreises:
Anfangsbestand   100 Einheiten à 10,– € =   1.000 €
Zugang   40 Einheiten à 9,– € =   360 €
Zugang   90 Einheiten à 11,– € =   990 €

```
Durchschnittswert     230 Einheiten à 10,22 € =  2.350 €
Bewertung des Verbrauchs und des Endbestandes:
Verbrauch             130 Einheiten à 10,22 € =  1.328 €
Endbestand            100 Einheiten à 10,22 € =  1.022 €
```

Diese Bewertungsmethode lässt sich verfeinern, indem statt des **gewogenen** Durchschnittspreises ein **gleitender** Durchschnittspreis errechnet und demgemäß der Wertansatz der einzelnen Verbräuche nach dem jeweils zuletzt errechneten Durchschnittspreis ermittelt wird.

Festbewertung: Nach § 240 Abs. 3 HGB i. V. m. § 256 HGB können Roh-, Hilfs- und Betriebsstoffe des Vorratsvermögens mit einer gleichbleibenden Menge und mit einem gleichbleibenden Wert (Festwert) angesetzt werden, wenn ihr Bestand in seiner Größe, seinem Wert und seiner Zusammensetzung nur geringen Veränderungen unterliegt und soweit damit keine Grundsätze ordnungsmäßiger Buchführung verletzt werden.

Dieser gleichbleibende Wert, auch Festwert genannt, ist i. d. R. **alle drei Jahre** durch Inventur zu überprüfen. Für die dem Festwert zugrundeliegende Gütermenge wird unterstellt, dass sich Verbrauch und Neuzugänge mengen- und wertmäßig in etwa entsprechen. Aus letzterem folgt, dass der Ansatz eines Festwertes nicht dem Ausgleich von Preisschwankungen dienen darf, sondern lediglich der Vereinfachung und Wirtschaftlichkeit der Vorratsbewertung. Die Zugänge zu einem mit einem Festwert bewerteten Bestand werden sofort als Aufwand verbucht. Ändert sich der Wert des Bestandes wesentlich, d. h. ist der tatsächliche Wert des zum Festwert zusammengefassten Bestandes um mehr als 10 % gestiegen, so ist eine Fortschreibung des Festwertes vorzunehmen. Die Zulässigkeit der Festbewertung für die Steuerbilanz ergibt sich aus H 6.8 EStH.

Verbrauchsfolgeverfahren: Für die Bewertung des Materialverbrauchs und des Materialbestands (gleichartige Vermögensgegenstände des Vorratsvermögens) können bestimmte Annahmen über Verbrauchsfolgen unterstellt werden **(Verbrauchsfolgefiktion)**.

Gemäß § 256 HGB kommen dabei die Fifo-Methode sowie die Lifo-Methode in Frage. Beide Verbrauchsfolgefiktionen sind handelsrechtlich zulässig, soweit sie den GoB entsprechen, d. h. soweit die unterstellte Verbrauchsfolge nicht in krassem Widerspruch zur Realität steht oder aus technischen Gründen von vornherein nicht in Frage kommt (z. B. Bewertung von leicht verderblichen Waren nach der Lifo-Methode). Die steuerliche Zulässigkeit ist auf die Anwendung der Lifo-Fiktion beschränkt (§ 6 Abs. 1 Nr. 2a EStG sowie R 6.9 EStR). Nach überwiegender Auffassung des Schrifttums sind jedoch beide Verbrauchsfolgeunterstellungen bezüglich der zeitlichen Reihenfolge der Anschaffung oder Herstellung steuerlich zulässig, wenn die fiktive Verbrauchsfolge dem tatsächlichen Verbrauch entspricht.

- Die **Fifo-Methode** (first in – first out) unterstellt, dass die zeitlich zuerst beschafften Waren oder Bestände als Erste verbraucht oder verkauft werden.

Somit wird der Verbrauch mit den Anschaffungskosten des Anfangsbestands und der ersten Lieferungen, der Endbestand mit dem Preis der letzten Lieferungen bewertet.

- Die **Lifo-Methode** (last in – first out) unterstellt, dass die zeitlich zuletzt beschafften Waren oder Bestände als Erste verbraucht oder verkauft werden.

Abrechnungstechnisch ist zwischen zwei Formen der Lifo-Methode zu differenzieren, dem permanenten Lifo und dem Perioden-Lifo. Während beim **permanenten Lifo-Verfahren** jeder Verbrauch unmittelbar erfasst und mit dem Anschaffungspreis der letzten Lieferungen angesetzt wird, erfolgt die gesamte Verbrauchsfeststellung beim gebräuchlicheren **Perioden-Lifo** erst mit der Bewertung des verbliebenen Restbestandes einmalig am Ende des Geschäftsjahres.

Beispiel
Verbrauchsfolgeunterstellungen bei unterschiedlicher Preisentwicklung

Ausgangsdaten: Anfangsbestand (AB)   3.000 kg Silberbarren
                Zugänge   (ZG) 55.000 kg Silberbarren
                Endbestand   (EB) 10.000 kg Silberbarren

Die Zugangszeitpunkte und die Anschaffungswerte sind der folgenden Tabelle zu entnehmen. Dabei wird bei Variante a eine **monoton steigende,** bei Variante b eine **monoton fallende** und bei Variante c eine **schwankende** Preistendenz unterstellt.

Datum	Bestands- und Zugangsmengen in kg		Anschaffungswerte in €/kg Silberbarren			Anschaffungswerte in Mio. €		
			a	b	c	a	b	c
1.1.	(AB)	3.000	230	230	230	0,69	0,69	0,69
5.1.	(ZG)	17.000	240	220	250	4,08	3,74	4,25
3.3.	(ZG)	10.000	250	210	240	2,50	2,10	2,40
5.6.	(ZG)	8.000	260	200	200	2,08	1,60	1,60
4.9.	(ZG)	20.000	270	190	210	5,40	3,80	4,20
31.12.	(EB)	10.000						
			Summe der Anschaffungswerte			14,75	11,93	13,14

Die Wertansätze für die Bilanz und GuV sollen exemplarisch an der **Perioden-Lifo-**Methode unter Berücksichtigung der Variante a demonstriert werden. Der Wertansatz des Silberbarrenbestands von 10.000 kg setzt sich aus dem Anfangsbestand und dem bzw. den ersten Zugängen zusammen. So ergibt sich aus 3.000 kg Silberbarren des Anfangsbestands à 230 €/kg zuzüglich 7.000 kg Silberbarren des ersten Zugangs à 240 €/kg ein Endbestand in Höhe von 2,37 Mio. €. Der Verbrauch von 12,38 Mio. € bestimmt sich dann aus der Differenz zwischen der Summe der Anschaffungswerte und dem Endbestandswert. Die Wertansätze für die Silberbarrenverbräuche und -bestände sind in der folgenden Tabelle zusammengestellt:

Bewertungs-methode	Bewertung des Silberbarrenbestandes in Mio. €			Bewertung des Silberbarrenverbrauchs in Mio. €		
	a	b	c	a	b	c
Lifo	2,37	2,23	2,44	12,38	9,70	10,70
Fifo	2,70	1,90	2,10	12,05	10,03	11,04

Die weitgehend in das Ermessen des Bilanzierenden gestellte Möglichkeit, die Anschaffungs- bzw. Herstellungskosten eines Vorratsbestands nach einem der vorstehenden, vom Grundsatz der Einzelbewertung abweichenden Verfahren zu bestimmen, wird begrenzt durch die Geltung des **strengen Niederstwertprinzips** beim Umlaufvermögen: In allen Fällen eines niedrigeren Markt- oder Börsenpreises oder beizulegenden Wertes am Bilanzstichtag ist dieser niedrigere Wert anzusetzen.

Werden aufgrund des strengen Niederstwertprinzips außerplanmäßige Abschreibungen vorgenommen und fällt der Grund für die Abschreibung in einer späteren Periode weg, so ist gem. § 253 Abs. 5 HGB zwingend eine Wertaufholung vorzunehmen (ebenso in der Steuerbilanz). Die folgende Abbildung 4.3.28 illustriert noch einmal die Grundstruktur der handelsrechtlichen Bewertungsentscheidung im Umlaufvermögen.

Abbildung 4.3.28: Übersicht über die Bewertungsbestimmungen bezüglich des Umlaufvermögens

3.2.4.7.3 Eigenkapital

> Die der Unternehmung von ihren Eigentümern bzw. Anteilseignern ohne zeitliche Begrenzung zur Verfügung gestellten finanziellen Mittel werden bilanziell als **Eigenkapital** ausgewiesen.

Das Eigenkapital (im Steuerrecht als **bilanzielles Reinvermögen** bezeichnet) ergibt sich dabei rechnerisch als Differenz von Gesamtvermögen (positive Wirtschaftsgüter) und Gesamtschulden (negative Wirtschaftsgüter).

Während **Einzelkaufleute und Personenhandelsgesellschaften** grundsätzlich **variable** Eigenkapitalkonten führen (Gewinn und Verlust werden direkt dem Eigenkapitalkonto zugewiesen), besitzen **Kapitalgesellschaften** ein nominell fest vorgegebenes (konstantes) Kapitalkonto, das bei der GmbH als Stammkapital und bei der AG als Grundkapital bezeichnet wird.

(1) Gezeichnetes Kapital

Das Grundkapital bzw. das Stammkapital wird in der Bilanz als **gezeichnetes Kapital** ausgewiesen; es kennzeichnet das Kapital, auf das die Haftung der Gesellschafter für die Verbindlichkeiten der Kapitalgesellschaft gegenüber den Gläubigern beschränkt ist (§ 272 Abs. 1 Satz 1 HGB).

> Das **Grundkapital** einer AG (§§ 6 bis 9 AktG) entspricht der Summe der Nennbeträge (bzw. bei Stückaktien der Summe der auf die einzelnen Aktien entfallenden anteiligen Beträge des Grundkapitals) aller ausgegebenen Aktien; das **Stammkapital** einer GmbH (§ 5 GmbHG) ergibt sich als Summe der Nennbeträge aller vertraglich vereinbarten Gesellschaftereinlagen.

Das gezeichnete Kapital ist grundsätzlich mit dem **Nennbetrag** anzusetzen (§ 272 Abs. 1 Satz 2 HGB). Soweit das Grund- bzw. Stammkapital noch nicht voll eingezahlt ist, ist eine Unterscheidung der **eingeforderten ausstehenden Einlagen** von den **nicht eingeforderten ausstehenden Einlagen** erforderlich.

Die nicht eingeforderten ausstehenden Einlagen sind gem. § 272 Abs. 1 Satz 3 HGB offen vom Posten »Gezeichnetes Kapital« abzusetzen; sie werden gewissermaßen als nicht existentes Eigenkapital angesehen. Der verbleibende Betrag (die eingeforderten ausstehenden Einlagen) ist dann als Posten «Eingefordertes Kapital» in der Hauptspalte der Passivseite auszuweisen. Außerdem ist der eingeforderte, aber noch nicht eingezahlte Betrag unter den Forderungen gesondert auszuweisen und entsprechend zu bezeichnen (§ 272 Abs. 1 Satz 3 Halbsatz 2 HGB).

Erwirbt beispielsweise eine Aktiengesellschaft **eigene Anteile**, so wird ein solcher Vorgang bilanziell wie eine **Kapitalrückzahlung** behandelt. Damit werden eigene Anteile nicht als Vermögensgegenstände angesehen und somit auch nicht aktiviert.

Stattdessen erfolgt eine Verrechnung des Wertes eigener Anteile mit dem Eigenkapital, und zwar in Höhe des Nennbetrags mit dem gezeichneten Kapital (offene Absetzung) und darüber hinaus mit frei verfügbaren Rücklagen (§ 272 Abs. 1a Satz 1 und 2 HGB). Erwerbsnebenkosten werden gem. § 272 Abs. 1a Satz 3 HGB als Aufwand verbucht.

(2) Rücklagen

> Der Ausweis von Eigenkapital, das über das nominelle Haftungskapital hinausgeht, erfolgt bei Kapitalgesellschaften in Form so genannter offener Rücklagen als Kapitalrücklage oder als Gewinnrücklagen.

Einbehaltene Gewinne (Gewinnthesaurierungen) und über die Nominalbeträge hinausgehende Kapitalzuführungen der Anteilseigner (z. B. Agio-Beträge bei Aktienemissionen) sind daher in den entsprechenden Rücklagekonten zu erfassen. Ein Agio (Aufgeld) ist die Differenz zwischen Ausgabekurs und Nennwert. Eine Ausgabe von Aktien mit Disagio (Ausgabekurs ist kleiner als Nennwert) ist verboten (§ 9 Abs. 1 AktG).

Im Rahmen des Eigenkapitalausweises sind bei Kapitalgesellschaften prinzipiell zwei Rücklagearten zu unterscheiden:

- Kapitalrücklage und
- Gewinnrücklagen.

(a) Kapitalrücklage

Als Kapitalrücklage sind gemäß § 272 Abs. 2 HGB auszuweisen: Agio-Beträge, die bei der Ausgabe von Anteilen eingehen; der Betrag, der bei der Ausgabe von Wandel- und Optionsschuldverschreibungen für Wandlungsrechte und Optionsrechte zum Erwerb von Anteilen erzielt wird sowie Zuzahlungsbeträge durch die Gesellschafter. Damit umfasst die Kapitalrücklage alle Mittel, die der Gesellschaft über das gezeichnete Kapital hinaus von außen als Eigenkapital zugeführt wurden.

Die Kapitalrücklage darf nur zum Ausgleich eines Jahresfehlbetrages oder eines Verlustvortrages verwendet werden (§ 150 Abs. 3 AktG). Sofern die Kapitalrücklage zusammen mit der gesetzlichen Rücklage 10 % des Grundkapitals übersteigt, kann sie auch zur Umwandlung in Grundkapital gegen Gewährung von Berichtigungsaktien durch eine Kapitalerhöhung aus Gesellschaftsmitteln (§§ 207 bis 220 AktG) Verwendung finden (§ 150 Abs. 4 Nr. 3 AktG). Dividendenausschüttungen aus der Kapitalrücklage sind aber grundsätzlich nicht zulässig, so dass diese Rücklage zum gesetzlich fixierten Haftungskapital gehört (Ausschüttungssperre, vgl. Abschn. 3.2.2.3).

(b) Gewinnrücklagen

Die Gewinnrücklagen setzen sich nach § 266 Abs. 3 HGB aus der gesetzlichen Rücklage, der Rücklage für eigene Anteile, den satzungsmäßigen Rücklagen und den anderen Gewinnrücklagen zusammen. Die Gewinnrücklagen werden alle aus dem versteuerten Jahresüberschuss gebildet, so dass sie das durch Innenfinanzierung erwirtschaftete Kapital darstellen.

- In die gesetzliche Rücklage sind 5 % des um einen Verlustvortrag geminderten Jahresüberschusses einzustellen, bis die gesetzliche Rücklage und die Kapitalrücklage zusammen 10 % des Grundkapitals erreicht haben (§ 150 Abs. 2 AktG). Wie die Kapitalrücklage darf die gesetzliche Rücklage nur zum Ausgleich eines Jahresfehlbetrages oder eines Verlustvortrages verwendet werden und für den Fall, dass sie mit der Kapitalrücklage zusammen 10 % des Grundkapitals übersteigt, zu einer Kapitalerhöhung aus Gesellschaftsmitteln herangezogen werden (§ 150 Abs. 3 und 4 AktG). Die gesetzliche Rücklage bildet damit ebenfalls einen Bestandteil des nicht ausschüttbaren gesetzlich fixierten Haftungskapitals (vgl. Abschn. 3.2.2.3).
- Die Rücklage für Anteile an einem herrschenden oder mit Mehrheit beteiligten Unternehmen ist in Höhe des Betrages zu bilden, der den auf der Aktivseite der Bilanz ausgewiesenen Anteilen entspricht (§ 272 Abs. 4 Satz 1 und 2 HGB). Die Bildung erfolgt durch Umbuchung aus den frei verfügbaren Rücklagen.
- Die Bildung und Verwendung satzungsmäßiger Rücklagen muss zwingend durch die jeweilige Satzung der Gesellschaft vorgeschrieben sein (z. B. Verwendung bestimmter Teile des Gewinnes für soziale Zwecke). Die Satzung kann allerdings auch vorsehen, dass über die Bestimmungen des Gesetzes hinaus Beträge in die gesetzliche Rücklage einzustellen sind (§ 150 Abs. 2 AktG); deren Auflösung richtet sich dann dem entsprechend nach den Vorschriften für die gesetzliche Rücklage.
- Die anderen Gewinnrücklagen werden in erster Linie durch Vorstand und Aufsichtsrat gebildet, der maximal 50 % des Jahresüberschusses (eventuell vermindert um einen Verlustvortrag und die Zuführung zur gesetzlichen Rücklage) in diese Rücklagenart einstellen kann (§ 58 Abs. 2 AktG; zur satzungsmäßigen Einschränkung der Gewinnverwendungskompetenz vgl. Abschn. 3.2.2.3). Ferner können Vorstand und Aufsichtsrat (bzw. GmbH-Geschäftsführer mit Zustimmung des Aufsichtsrates oder der Gesellschafter) den Eigenkapitalanteil von Wertaufholungen den anderen Gewinnrücklagen zuweisen (§ 58 Abs. 2a AktG; § 29 Abs. 4 GmbHG). Die Anteilseigner können darüber hinaus beim Beschluss über die Gewinnverwendung (Ausschüttungsentscheidung) weitere Beträge in die anderen Gewinnrücklagen einstellen oder als Gewinn vortragen (§ 58 Abs. 3 AktG, § 29 Abs. 2 GmbHG). Die anderen Gewinnrücklagen sind noch vor der gesetzlichen Rücklage und der Kapitalrücklage zum Ausgleich eines Jahresfehlbetrages bzw. Verlustvortrages heranzuziehen (§ 150 Abs. 3 AktG). Sie können des Weiteren – im Gegensatz zur Kapitalrücklage und zur gesetzlichen Rücklage – auch für Ausschüttungszwecke verwendet werden.

Einbehaltene Gewinne (Gewinnthesaurierungen) werden im Fall konstanter Kapitalkonten (Kapitalgesellschaften) somit grundsätzlich nicht dem Grund- bzw. Stammkapital, sondern den Gewinnrücklagen oder dem Gewinnvortrag zugewiesen. Gewinnrücklagen sind grundsätzlich aus bereits versteuertem Gewinn zu bilden, d. h. Gewinne, die zur Bildung von Gewinnrücklagen verwendet werden, sind zuvor steuerpflichtig. Das bilanziell ausgewiesene Eigenkapital einer Kapitalgesellschaft wird nach folgendem Schema ermittelt:

      Gezeichnetes Kapital
+ Kapitalrücklage
+ Gewinnrücklagen
+ Jahresüberschuss des Geschäftsjahres
(− Jahresfehlbetrag des Geschäftsjahres)
+ Gewinnvortrag
(− Verlustvortrag)

= bilanziell ausgewiesenes Eigenkapital

Addiert man zum bilanziell ausgewiesenen Eigenkapital die in der Bilanz nicht ausgewiesenen stillen Reserven (stillen Rücklagen), so erhält man das effektive Eigenkapital.

> **Stille Reserven** werden durch Unterbewertung von Aktiva bzw. durch Überwertung von Passiva gebildet und sind daher aus der Bilanz nicht ersichtlich.

Die Bildung stiller Reserven kann unabhängig von der jeweiligen Rechtsform durch folgende bilanzielle Maßnahmen erfolgen:

1. Unterbewertung von Vermögensgegenständen; z. B. Verrechnung zu hoher Abschreibungsbeträge, Anwendung spezifischer Bewertungsverfahren wie Lifo- oder Fifo-Methode bei entsprechender Preisentwicklung, Ansatz zu geringer Herstellungskosten von Halb- oder Fertigfabrikaten durch Nichtaktivierung von Gemeinkosten.
2. Nichtaktivierung von Vermögensgegenständen; z. B. Sofortabschreibung geringwertiger Wirtschaftsgüter gemäß § 6 Abs. 2 EStG.
3. Überbewertung von Verbindlichkeiten; z. B. überhöhter Ansatz von Rückstellungen.

Im Gegensatz zu den Kapital- und Gewinnrücklagen, die nur durch eine bewusste Entscheidung der Unternehmensleitung aufgelöst werden können, lösen sich stille Reserven durch den Unternehmensprozess i. d. R. automatisch auf. Beispiele: Unterbewertete Vermögensgegenstände werden verkauft oder überbewertete Rückstellungen mit tatsächlich eingetretenem Aufwand verrechnet. Stille Reserven besitzen daher in der Regel nur einen temporären Charakter (Ausnahme: z. B. stille Reserven in betriebsnotwendigen Grundstücken).

Infolge der Tatsache, dass die Bewertung in vielen Fällen ein subjektgebundener Prozess der Wertzumessung bzw. Schätzung ist (z. B. Ermittlung der Wertminderung, Berechnung von Rückstellungen), kann auch die Höhe der stillen Reserven nur durch Schätzung festgestellt werden. Die «richtige» Höhe stiller Reserven könnte nur dann exakt festgestellt werden, wenn es einen «richtigen», ermessensfreien Bewertungsmaßstab gäbe.

Entsprechend dem Verhältnis zu den bei der Bewertung zugrunde liegenden gesetzlichen Vorschriften lassen sich vier verschiedene Arten stiller Reserven unterscheiden:

1. Zwangsreserven sind die automatische Folge einer zwingenden Beachtung gesetzlicher Bewertungsvorschriften, z. B. Ansatz von Anschaffungs- oder Herstellungskosten auch bei gestiegenen Wiederbeschaffungskosten.
2. Schätzungsreserven entstehen i. d. R. zwangsläufig, wenn der Wert eines Vermögens- oder Schuldpostens nur im Wege der Schätzung festgestellt werden kann; z. B. Bemessung von Abschreibungen oder Rückstellungen.
3. Ermessensreserven liegen dann vor, wenn der Bilanzierende von zwei oder mehreren zulässigen Wertansätzen den niedrigeren wählt; z. B. Ermittlung der Herstellungskosten oder Vorratsbewertung.
4. Willkürreserven entstehen durch bewusste, bilanzpolitisch motivierte Entscheidungen bzw. absichtliche Fehlschätzungen; z. B. willkürliche Unterschreitung des bekannten bzw. durch Schätzung ermittelten Wertes eines Wirtschaftsgutes.

Grundsätzlich verhindert die Bildung stiller Reserven durch Unterbewertung von Aktiva und/oder Überbewertung von Passiva bzw. Erhöhung des Periodenaufwands und/oder Verminderung des Periodenertrags den in § 264 Abs. 2 HGB geforderten möglichst sicheren Einblick in die Vermögens-, Finanz- und Ertragslage, was einen Verstoß gegen die GoB bedeutet. Im Sinne des Gläubigerschutzes sind aber entsprechend dem Vorsichtsprinzip zum Zwecke der Objektivierung der Rechnungslegung bestimmte Zwangsreserven notwendig (Realisationsprinzip) bzw. spezifische Schätzungsreserven zwangsläufig mit jeder Bewertung verbunden. Die Bildung stiller Reserven ist daher, sofern sie nicht zum Zweck bewusster Gewinnmanipulation und gezielter Fehlinformation erfolgt, durchaus zulässig.

3.2.4.7.4 Verbindlichkeiten

(1) Begriff

> Verbindlichkeiten sind die am Bilanzstichtag hinsichtlich Höhe und Fälligkeit feststehenden Verpflichtungen.

Verbindlichkeiten werden auf der Passivseite der Bilanz nach den Rückstellungen ausgewiesen. Große und mittelgroße Kapitalgesellschaften haben dabei eine dem nachstehenden Gliederungsschema des § 266 Abs. 3 C. HGB folgende Aufteilung nach Arten von Verbindlichkeiten vorzunehmen:

1. Anleihen, davon konvertibel;
2. Verbindlichkeiten gegenüber Kreditinstituten;
3. erhaltene Anzahlungen auf Bestellungen;
4. Verbindlichkeiten aus Lieferungen und Leistungen;
5. Verbindlichkeiten aus der Annahme gezogener Wechsel und der Ausstellung eigener Wechsel;
6. Verbindlichkeiten gegenüber verbundenen Unternehmen;
7. Verbindlichkeiten gegenüber Unternehmen, mit denen ein Beteiligungsverhältnis besteht;
8. sonstige Verbindlichkeiten, davon aus Steuern, davon im Rahmen der sozialen Sicherheit.

Kapitalgesellschaften sind zudem verpflichtet, in Bilanz (§ 268 Abs. 5 HGB) und Anhang (§ 285 Nr. 1a) HGB) zusätzliche Angaben bezüglich der **Fristigkeit** nach **Restlaufzeiten** der Verbindlichkeiten zu machen. Zu unterscheiden sind hiernach Restlaufzeiten bis zu einem Jahr und über fünf Jahre, wodurch sich indirekt auch die Verbindlichkeiten mit einer Restlaufzeit von über einem und bis zu fünf Jahren ergeben.

(2) Bewertung

Nach § 253 Abs. 1 Satz 2 HGB sind **Verbindlichkeiten** mit ihrem **Erfüllungsbetrag** und **Rentenverpflichtungen**, soweit für sie keine Gegenleistung mehr zu erwarten ist und ihre Restlaufzeit größer als ein Jahr, mit ihrem **Barwert** anzusetzen (§ 253 Abs. 2 Satz 3 HGB).

Der Erfüllungsbetrag, also derjenige Betrag, den der Schuldner für die Begleichung der Schuld aufwenden muss, entspricht bei auf einen Geldbetrag lautenden Verpflichtungen dem Rückzahlungsbetrag. Für die Ermittlung des Barwerts (= Gegenwartswert aller zukünftigen Zahlungen) ist ein von der **Deutschen Bundesbank festgelegter und regelmäßig veröffentlichter Zinssatz**, der die Fristigkeit der Rentenzahlungen berücksichtigt, zu verwenden. Im Gegensatz dazu sieht das Steuerrecht im § 6 Abs. 1 Nr. 3 EStG **generell** eine Abzinsung mit einem Zinssatz von 5,5 Prozent vor. Ausgenommen hiervon sind Verbindlichkeiten, deren Restlaufzeit am Bilanzstichtag weniger als ein Jahr beträgt, und Verbindlichkeiten, die verzinslich sind oder auf einer Anzahlung oder Vorleistung beruhen.

Insbesondere bei Verbindlichkeiten gegenüber Kreditinstituten und bei sonstigen Darlehen können Differenzen zwischen dem Ausgabebetrag (= tatsächlich zufließender Betrag, Verfügungsbetrag) und dem Rückzahlungsbetrag auftreten. Übersteigt der Rückzahlungsbetrag den Ausgabebetrag, so kann diese Differenz, die als **Disagio** oder **Damnum** bezeichnet wird, im **handelsrechtlichen** Jahresabschluss gemäß § 250 Abs. 3 HGB entweder als aktiver Rechnungsabgrenzungsposten (vgl. Abschn. 3.2.4.7.6) in der Handelsbilanz ausgewiesen (**Aktivierungswahlrecht**) oder sofort als Aufwand verbucht werden. Im Falle der Aktivierung ist der Betrag gesondert auszuweisen und durch planmäßige Abschreibungen bis zum Ende der Laufzeit zu tilgen (§ 250 Abs. 3 Satz 2 HGB). Steuerlich besteht für das Disagio eine Aktivierungspflicht (H 6.10 EStH).

Für Valutaverbindlichkeiten, d. h. Verbindlichkeiten in ausländischer Währung, gilt der § 256a HGB (vgl. Abschn. 3.2.4.5). Entsprechend dem Niederstwertprinzip bei Vermögensgegenständen resultiert aus dem Imparitätsprinzip (§ 252 Abs. 1 Nr. 4 HGB) ein Höchstwertprinzip, so dass für den Fall, dass der Stichtagswert einer Verbindlichkeit den Erfüllungsbetrag überschreitet, der damit einhergehende Verlust zu berücksichtigen ist (vgl. Kessler [Verbindlichkeiten] 325).

3.2.4.7.5 Rückstellungen

> Rückstellungen dienen der Erfassung von am Bilanzstichtag nicht exakt bestimmbaren Verpflichtungen bzw. Aufwendungen, die dem Grunde nach üblicherweise bekannt und der abgelaufenen oder einer früheren Periode zuzurechnen sind und bzw. oder deren Fälligkeit bzw. betragsmäßige Höhe noch abschließend festliegt, also der Schätzung bedarf. Ihre Bildung ist grundsätzlich erfolgswirksam.

In § 249 HGB werden die Sachverhalte, die zur Bildung von Rückstellungen führen, abschließend aufgezählt.

1. Rückstellungen für ungewisse Verbindlichkeiten (z. B. Garantiezusagen, Prozessrisiko, Tantiemezusagen, Provisionen, abzugsfähige Steuern, Pensionszusagen) setzen eine bestehende Verpflichtung gegenüber Dritten voraus. Steuerrechtlich gilt für Rückstellungen mit Schuldcharakter, wie z. B. Garantierückstellungen, gleichermaßen eine Passivierungspflicht. Zu den Rückstellungen für ungewisse Verbindlichkeiten gehören auch die Rückstellungen für Gewährleistungen, die ohne rechtliche Verpflichtung erbracht werden. Für derartige Gewährleistungen (sog. Kulanzleistungen) ergibt sich handelsrechtlich aus § 249 Abs. 1 Satz 2 Nr. 2 HGB eine ausdrückliche Passivierungspflicht. Auch steuerrechtlich besteht, soweit eine sittliche oder wirtschaftliche Verpflichtung zur Erbringung der Kulanzleistung vorliegt, denen sich der Unternehmer nicht entziehen kann, diesbezüglich eine Ansatzpflicht.
2. Neben der Pflicht zur Passivierung von Rückstellungen für ungewisse Verbindlichkeiten besteht im Handelsrecht nach § 249 Abs. 1 HGB entsprechend dem Imparitätsprinzip auch für drohende Verluste aus schwebenden Geschäften die Verpflichtung zur Bildung einer Rückstellung. Dieser handelsrechtlichen Passivierungspflicht steht in der Steuerbilanz jedoch durch § 5 Abs. 4a EStG ein explizites Passivierungsverbot gegenüber. Bezüglich der Bildung von Drohverlustrückstellungen in der Handelsbilanz ist zu beachten, dass bei Vorhandensein von Vermögensgegenständen, die in unmittelbarem Zusammenhang mit einem schwebenden Geschäft stehen (z.B. bei einem Kaufvertrag), die Vornahme einer außerplanmäßigen Abschreibung der betreffenden Vermögensgegenstände Vorrang vor der Bildung einer Drohverlustrückstellung hat (IDW [Drohverlustrückstellungen] 300 f.).

3. Bei Rückstellungen für **Aufwendungen für unterlassene Instandhaltung und Abraumbeseitigung** fehlt der Verpflichtungstatbestand gegenüber Dritten; es besteht nur eine Verpflichtung gegenüber sich selbst. Der Ansatz solcher sog. **Aufwandsrückstellungen** beruht auf der dynamischen Bilanzauffassung (vgl. Abschn. 3.2.3.1.2), nach der auch Rückstellungen angesetzt werden, die der periodengerechten Aufwandsabgrenzung dienen. Der Gesetzgeber sieht in § 249 Abs. 1 Satz 2 Nr. 1 HGB für **unterlassene Instandhaltungen** eine Passivierungspflicht vor, wenn die Nachholung innerhalb der ersten drei Monate des neuen Geschäftsjahres vorgenommen wird. Im Fall unterlassener Aufwendungen für **Abraumbeseitigungen** besteht eine Passivierungspflicht, sofern sie im folgenden Geschäftsjahr nachgeholt werden.

Darüber hinausgehende Sachverhalte dürfen **nicht** zur Bildung von Rückstellungen führen (§ 249 Abs. 2 Satz 1 HGB). Die im § 249 Abs. 1 HGB aufgeführten Sachverhalte sehen jeweils eine **zwingende** Rückstellungsbildung vor; Ansatzwahlrechte existieren nicht. Hinsichtlich des Ausweises differenziert § 266 Abs. 3 HGB:

1. Rückstellungen für Pensionen und ähnliche Verpflichtungen;
2. Steuerrückstellungen;
3. sonstige Rückstellungen.

Rückstellungen werden mit dem **nach vernünftiger kaufmännischer Beurteilung notwendigen Erfüllungsbetrag** bewertet (§ 253 Abs. 1 Satz 2 HGB). Im Rahmen der Schätzung des künftig notwendigen Erfüllungsbetrags sind **künftige Preis- und Kostensteigerungen** zu berücksichtigen. Bei einer Restlaufzeit von mehr als einem Jahr hat eine Abzinsung zu erfolgen, wobei in Analogie zur Bewertung von Verbindlichkeiten für die Barwertberechnung ein von der Deutschen Bundesbank festgelegter und regelmäßig veröffentlichter Zinssatz zu verwenden ist. **Steuerrechtlich** sind Rückstellungen Verpflichtungen grundsätzlich **abzuzinsen**: Der hierbei anzuwendende Zinssatz beträgt, mit Ausnahme der mit 6 Prozent abzudiskontierenden Pensionsrückstellungen, einheitlich 5,5 Prozent (§§ 6 Abs. 1 Nr. 3a e) u. 6a Abs. 3 EStG). Aufgrund des Stichtagsprinzips dürfen künftige Preis- und Kostensteigerungen dürfen nicht berücksichtigt werden.

Werden Rückstellungen in Höhe des Bilanzansatzes in Anspruch genommen, erfolgt ihre Ausbuchung erfolgsneutral; entfällt dagegen die Ursache, die zur Rückstellungsbildung geführt hat, so sind die entsprechenden Beträge erfolgswirksam über die Gewinn- und Verlustrechnung aufzulösen.

3.2.4.7.6 Rechnungsabgrenzungsposten

Rechnungsabgrenzungsposten sind ein rechentechnisches Instrument zur periodengerechten Erfolgsermittlung. Sie sind regelmäßig dann zu bilden, wenn am Abschlussstichtag **zeitliche Diskrepanzen** zwischen Ausgaben und Aufwendungen bzw. Einnahmen und Erträgen vorliegen.

Rechnungsabgrenzungsposten lassen sich danach unterscheiden, ob die Erfolgswirksamkeit von Ausgaben bzw. Einnahmen in spätere Perioden hineinreicht oder ob in späteren Perioden anfallende Ausgaben bzw. Einnahmen erfolgsmäßig der Abrechnungsperiode zuzurechnen sind. Dementsprechend handelt es sich um transitorische (Zahlungsvorgang vor Erfolgswirkung) oder um antizipative (Zahlungsvorgang nach Erfolgswirkung) Rechnungsabgrenzungsposten (vgl. Abbildung 4.3.29).

	Aktive Abgrenzung (Gewinnerhöhung in der abzurechnenden Periode)	**Passive Abgrenzung** (Gewinnminderung in der abzurechnenden Periode)
transitorisch, d.h. der Zahlungsvorgang liegt **vor** dem Abschlusszeitpunkt (Beleg alte Periode)	Ausgabe vor dem Abschlusszeitpunkt, Aufwand nach dem Abschlusszeitpunkt. Beispiel: **im Voraus bezahlte** Versicherungsprämien Bilanzposten: Aktiver Rechnungsabgrenzungsposten (Transitorisches Aktivum)	Einnahme vor dem Abschlusszeitpunkt, Ertrag nach dem Abschlusszeitpunkt. Beispiel: **vorschüssig erhaltene** Lizenzgebühren Bilanzposten: Passiver Rechnungsabgrenzungsposten (Transitorisches Passivum)
antizipativ, d.h. der Zahlungsvorgang liegt **nach** dem Abschlusszeitpunkt (Beleg neue Periode)	Einnahme nach dem Abschlusszeitpunkt, Ertrag vor dem Abschlusszeitpunkt. Beispiel: **noch zu erhaltende** Miete Bilanzposten: Sonstige Vermögensgegenstände (Antizipatives Aktivum)	Ausgabe nach dem Abschlusszeitpunkt, Aufwand vor dem Abschlusszeitpunkt. Beispiel: **nachschüssig zu zahlende** Zinsen Bilanzposten: Sonstige Verbindlichkeiten (Antizipatives Passivum)

Abbildung 4.3.29: Unterscheidungsmerkmale der Rechnungsabgrenzungsposten

Gemäß § 250 HGB dürfen allerdings unter der Bilanzposition «Rechnungsabgrenzungsposten» grundsätzlich nur transitorische Rechnungsabgrenzungsposten ausgewiesen werden. Antizipative Vorgänge sind dagegen als «Sonstige Vermögensgegenstände» bzw. «Sonstige Verbindlichkeiten» zu bilanzieren, da sie den Charakter noch nicht fälliger Forderungen bzw. Verbindlichkeiten besitzen.

Für Rechnungsabgrenzungsposten besteht nach dem Grundsatz der Vollständigkeit eine prinzipielle Bilanzierungspflicht (Ausnahme: Disagio gemäß § 250 Abs. 3 HGB). Rechnungsabgrenzungsposten dürfen jedoch nur gebildet werden, wenn es sich um Ausgaben bzw. Einnahmen handelt, deren Erfolgswirksamkeit sich auf eine bestimmte Zeit nach dem Abschlussstichtag erstreckt. Typische Beispiele transitorischer Rechnungsabgrenzungsposten sind deshalb Vorauszahlungen von Kfz-Steuer, Miete, Pacht, Versicherungsprämien, Zinsen, Honoraren, Löhnen und Gehältern sowie Provisionen. Die grundsätzliche Aktivierungspflicht gilt auch steuerrechtlich (§ 5 Abs. 5 Satz 1 EStG).

Steuerrechtlich führen gem. § 5 Abs. 5 Satz 2 EStG neben den dargestellten transitorischen Sachverhalten zusätzlich als Aufwand berücksichtigte Zölle und Verbrauchsteuern, soweit sie auf am Abschlussstichtag auszuweisende Vermögensgegenstände des Vorratsvermögens entfallen, und für als Aufwand berücksichtigte Umsatzsteuer auf am Abschlussstichtag auszuweisende Anzahlungen zwingend zur Bildung von Rechnungsabgrenzungsposten.

Ebenfalls unter die aktiven Rechnungsabgrenzungsposten können innerhalb der Handelsbilanz Disagiobeträge aufgenommen werden, für die handelsrechtlich nach § 250 Abs. 3 HGB ein Aktivierungswahlrecht und steuerrechtlich entsprechend H 6.10 EStR eine Aktivierungspflicht besteht. Das Disagio, d. h. der Unterschiedsbetrag zwischen Rückzahlungsbetrag und Ausgabebetrag einer Verbindlichkeit, muss im Falle einer Aktivierung planmäßig abgeschrieben werden. Handelsrechtlich kann es, steuerrechtlich hingegen muss es über die gesamte Laufzeit der Verbindlichkeit verteilt werden (§ 250 Abs. 3 HGB u. H 6.10 EStH).

3.2.4.8 Gewinn- und Verlustrechnung

> Die **Gewinn- und Verlustrechnung (GuV)** ermittelt als **Erfolgsrechnung** den Periodenerfolg des Unternehmens durch Abschluss der Aufwands- und Ertragskonten, wobei GuV und Bilanz durch das doppische Prinzip der Buchhaltung miteinander verknüpft sind.

Während sich der Erfolg in der Bilanz durch Gegenüberstellung der Reinvermögensbestände zweier aufeinanderfolgender Bilanzstichtage ergibt, ermittelt die GuV diesen durch die **Saldierung von Aufwendungen und Erträgen einer Abrechnungsperiode**. Die Erfolgsrechnung ergänzt daher die Bilanz, indem sie über den Einblick in die Vermögenslage und die rechnerische Ermittlung des Erfolgssaldos hinaus detaillierte Einblicke in die **Höhe und Struktur der Erfolgsquellen** erlaubt.

3.2.4.8.1 Formalaufbau der Gewinn- und Verlustrechnung

Analog zur Bilanz gelten die GoB auch für die GuV (vgl. Abschn. 3.2.4.1.2): Diese hat daher vor allem den Grundsätzen der Wahrheit und Übersichtlichkeit zu entsprechen, was durch eine ausführliche formale Gliederung der Aufwands- und Ertragspositionen erreicht werden kann. § 275 Abs. 1 Satz 1 HGB schreibt für **Kapitalgesellschaften** und **Personenhandelsgesellschaften i. S. d. § 264a HGB** die **Staffelform** der Gewinn- und Verlustrechnung vor und ermöglicht deren Aufstellung nach dem **Gesamtkostenverfahren** (§ 275 Abs. 2 HGB) oder nach dem **Umsatzkostenverfahren** (§ 275 Abs. 3 HGB). Für große Kapitalgesellschaften i. S. d. § 267 Abs. 3 HGB stellen die in Abbildung 4.3.30 dargestellten Schemata die verbindliche **Mindestgliederung der Erfolgsrechnung** dar.

GuV nach Gesamtkostenverfahren

Betriebsertrag
(durch Investitionen im
Unternehmen erzielt)
{
1. Umsatzerlöse
2. Erhöhung oder Verminderung des Bestands an fertigen und unfertigen Erzeugnissen
3. andere aktivierte Eigenleistungen
4. sonstige betriebliche Erträge
}

./.

Betriebsaufwand (durch Investitionen im Unternehmen verursacht)
{
5. Materialaufwand:
   a) Aufwendungen für Roh-, Hilfs- und Betriebsstoffe und für bezogene Waren
   b) Aufwendungen für bezogene Leistungen
6. Personalaufwand:
   a) Löhne und Gehälter
   b) soziale Abgaben und Aufwendungen für Altersversorgung und für Unterstützung, davon für Altersversorgung
7. Abschreibungen:
   a) auf immaterielle Vermögensgegenstände des Anlagevermögens und Sachanlagen
   b) auf Vermögensgegenstände des Umlaufvermögens, soweit diese die in der Kapitalgesellschaft üblichen Abschreibungen überschreiten
8. sonstige betriebliche Aufwendungen
}

+
Finanzertrag
(durch Investitionen außerhalb des Unternehmens erzielt)
{
9. Erträge aus Beteiligungen, davon aus verbundenen Unternehmen
10. Erträge aus anderen Wertpapieren und Ausleihungen des Finanzanlagevermögens, davon aus verbundenen Unternehmen
11. sonstige Zinsen und ähnliche Erträge, davon aus verbundenen Unternehmen
}

./.
Finanzaufwand
(durch Investitionen außerhalb des Unternehmens und Investitionen Unternehmensfremder im Unternehmen verursacht)
{
12. Abschreibungen auf Finanzanlagen und auf Wertpapiere des Umlaufvermögens
13. Zinsen und ähnliche Aufwendungen, davon an verbundene Unternehmen
}

=
Betriebs- + Finanzergebnis

+ / ./.
außerhalb der üblichen Geschäftstätigkeit erzieltes Ergebnis
{
14. Ergebnis der gewöhnlichen Geschäftstätigkeit
15. außerordentliche Erträge
16. außerordentliche Aufwendungen
17. außerordentliches Ergebnis
}

./.
Steueraufwand
{
18. Steuern vom Einkommen und vom Ertrag
19. sonstige Steuern
}

=
Periodenergebnis

20. Jahresüberschuss/Jahresfehlbetrag

GuV nach Umsatzkostenverfahren

1. Umsatzerlöse	⎫ Rohertrag
2. Herstellungskosten der zur Erzielung der Umsatzerlöse erbrachten Leistungen	⎬ ./. Rohaufwand (primäre Kosten)
3. Bruttoergebnis vom Umsatz	= Rohgewinn(-verlust)
	+
4. Vertriebskosten	⎫
5. Allgemeine Verwaltungskosten	⎬ sekundäre Erträge
	./.
6. sonstige betriebliche Erträge	⎫
7. sonstige betriebliche Aufwendungen	⎬ sekundäre Kosten
	+
8. Erträge aus Beteiligungen, davon aus verbundenen Unternehmen	⎫
9. Erträge aus anderen Wertpapieren und Ausleihungen des Finanzanlagevermögens, davon aus verbundenen Unternehmen	⎬ Finanzertrag (durch Investitionen außerhalb des Unternehmens erzielt)
10. sonstige Zinsen und ähnliche Erträge, davon aus verbundenen Unternehmen	
	./.
11. Abschreibungen auf Finanzanlagen und auf Wertpapiere des Umlaufvermögens	⎫ Finanzaufwand (durch Investitionen außerhalb des Unternehmens und Investitionen Unternehmensfremder im Unternehmen verursacht)
12. Zinsen und ähnliche Aufwendungen, davon an verbundene Unternehmen	
	=
13. Ergebnis der gewöhnlichen Geschäftstätigkeit	Betriebs- + Finanzergebnis
	+ / ./.
14. außerordentliche Erträge	⎫ außerhalb der üblichen Geschäftstätigkeit erzieltes Ergebnis
15. außerordentliche Aufwendungen	
16. außerordentliches Ergebnis	
17. Steuern vom Einkommen und vom Ertrag	⎫ ./. Steueraufwand
18. sonstige Steuern	
	=
19. Jahresüberschuss/Jahresfehlbetrag	Periodenergebnis

Abbildung 4.3.30: Gliederung der GuV nach dem Gesamtkosten- bzw. Umsatzkostenverfahren gemäß §275 Abs. 2 u. 3 HGB

Veränderungen der Kapital- und Gewinnrücklagen dürfen in der Gewinn- und Verlustrechnung erst nach dem Posten Jahresüberschuss bzw. Jahresfehlbetrag ausgewiesen werden (§ 275 Abs. 4 HGB). Dementsprechend haben Aktiengesellschaften gemäß § 158 Abs. 1 AktG die Gewinn- und Verlustrechnung anschließend an den Jahresüberschuss/Jahresfehlbetrag um eine Gewinnverwendungsrechnung mit folgendem Aussehen zu erweitern:

+/./. 1. Gewinnvortrag/Verlustvortrag aus dem Vorjahr

+ 2. Entnahmen aus der Kapitalrücklage

+ 3. Entnahmen aus Gewinnrücklagen
  a) aus der gesetzlichen Rücklage
  b) aus der Rücklage für Anteile an einem herrschenden oder mehrheitlich beteiligten Unternehmen
  c) aus satzungsmäßigen Rücklagen
  d) aus anderen Gewinnrücklagen

./. 4. Einstellungen in Gewinnrücklagen
  a) in die gesetzliche Rücklage
  b) in die Rücklage für Anteile an einem herrschenden oder mehrheitlich beteiligten Unternehmen
  c) in satzungsmäßige Rücklagen
  d) in andere Gewinnrücklagen

= 5. Bilanzgewinn/Bilanzverlust.

Aus dem Grundsatz der Klarheit und Übersichtlichkeit folgt für die Erfolgsrechnung zwingend, dass sämtliche Aufwendungen und Erträge unsaldiert einander gegenüberzustellen sind (Bruttoprinzip). Nur durch den unsaldierten Ausweis aller GuV-Positionen kann gewährleistet werden, dass ein detaillierter Einblick in die Zusammensetzung des Erfolges möglich ist. Die kleinen und mittelgroßen Kapitalgesellschaften nach § 276 HGB bei der GuV-Aufstellung zugestandene Postenzusammenfassung (GKV 1 bis 5, UKV 1 bis 3 und 6) zum so genannten Rohergebnis konterkariert allerdings diesen Analyseanspruch.

Der Übersichtlichkeit und Aussagefähigkeit der GuV-Rechnung dient auch der formale Aufbau als Staffelrechnung. Gegenüber der Kontoform besitzt diese Gliederung den Vorzug, dass die Bildung von Zwischensummen ermöglicht wird und damit eine aggregierte Interpretation der als Kennzahlen (z. B. Ergebnis der gewöhnlichen Geschäftstätigkeit, außerordentliches Ergebnis, Jahresüberschuss) fungierenden Positionen gewährleistet wird.

Da Produktion und Absatz einer Periode i. d. R. nicht synchron verlaufen, so dass Lagerbestände an Halb- und Fertigfabrikaten auf- bzw. abgebaut werden, kann die Ermittlung des Betriebserfolges in der GuV grundsätzlich auf zwei Weisen erfolgen:

1. Sämtliche Aufwendungen der Periode werden sämtlichen Erträgen der Periode (einschließlich der noch nicht abgesetzten Leistungen) gegenübergestellt (**Produktionsrechnung, Gesamtkostenverfahren**).
2. Nur die zur Produktion der abgesetzten Leistungen notwendigen Aufwendungen werden den in der Periode erzielten Umsatzerlösen gegenübergestellt (**Umsatzrechnung, Umsatzkostenverfahren**).

Im Ergebnis (Ergebnis der gewöhnlichen Geschäftstätigkeit bzw. Jahresüberschuss/ Jahresfehlbetrag) stimmen Gesamtkostenverfahren (GKV) und Umsatzkostenverfahren (UKV) stets dann überein, wenn Erzeugnisbestände und aktivierte Eigenleistungen keine unterschiedliche Bewertung erfahren. Die folgende Darstellung illustriert diesen Sachverhalt, wobei die Abbildung ausschließlich die auf die Herstellung und den Absatz von Erzeugnissen bezogenen Aufwendungen und Erträge beinhaltet.

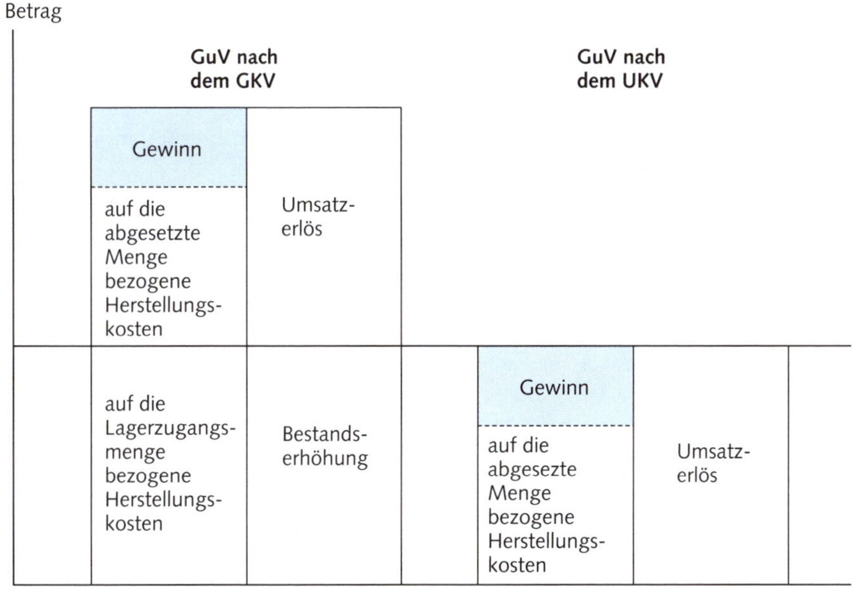

Abbildung 4.3.31: Schematische Gegenüberstellung von Gesamtkostenverfahren (GKV) und Umsatzkostenverfahren (UKV)

3.2.4.8.2 Erläuterungen zu ausgewählten Positionen der Gewinn- und Verlustrechnung

3.2.4.8.2.1 Ergebnis der gewöhnlichen Geschäftstätigkeit und außerordentliches Ergebnis

Die externe Jahresabschlussanalyse geht bei der Unterteilung der Aufwands- und Ertragsgrößen von den Kriterien der Nachhaltigkeit und der Betriebsbezogenheit aus. Demgemäß erfolgt die Differenzierung nach ordentlichen und außerordentlichen sowie nach betrieblichen und betriebs- bzw. unternehmensfremden Ergebnisbestandteilen. Die nachstehende Übersicht zeigt diese Art der **betriebswirtschaftlichen Erfolgsspaltung**:

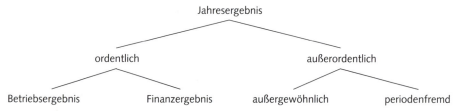

Abbildung 4.3.32: Konzept der betriebswirtschaftlichen Erfolgsspaltung

Die im Rahmen des **handelsrechtlichen** Jahresabschlusses nach § 275 Abs. 2 oder Abs. 3 HGB aufzustellende Gewinn- und Verlustrechnung greift diese Form der Erfolgsspaltung zwar insofern auf, als das «Ergebnis der gewöhnlichen Geschäftstätigkeit» (Positionen 14 bzw. 13) getrennt von dem «außerordentlichen Ergebnis» (Positionen 17 bzw. 16) auszuweisen ist, allerdings werden hierbei die obigen Abgrenzungskriterien nicht beibehalten.

> Das **Ergebnis der gewöhnlichen Geschäftstätigkeit** fasst das für den Geschäftsbereich der Unternehmung typische Betriebs- und Finanzergebnis zusammen und stellt eine Art ordentliches Ergebnis dar. Unter das **Betriebsergebnis** fallen alle Erfolgsbestandteile, die den Leistungserstellungs- und Leistungsverwertungsprozess betreffen. Dem **Finanzergebnis** zuzurechnen sind dagegen sämtliche erfolgswirksamen finanziellen Transaktionen, wie sie aus unternehmenstypischen Finanzanlage- und Finanzaufbringungsgeschäften sowie aus Konzernbeziehungen resultieren.

Das **handelsrechtliche Betriebsergebnis** ist gegenüber dem betriebswirtschaftlichen inhaltlich **weiter gefasst**: Es bezieht auch sonstige, nicht betriebszwecktypische Aufwendungen und Erträge mit ein, soweit diese der gewöhnlichen Geschäftstätigkeit zuzuordnen sind und nicht in den Bereich der finanziellen Unternehmenssphäre gehören. So sind betriebswirtschaftlich als außerordentlich einzustufende Liquidationserfolge (z. B. aus dem Abgang von Vermögensgegenständen) und Bewertungsergebnisse (z. B. Zuschreibungserträge) nach HGB grundsätzlich dem Ergebnis der gewöhnlichen Geschäftstätigkeit zuzurechnen. **Insoweit** weist der handelsrechtliche Ergebnisausweis eine **geringere Aussagekraft** auf, da nicht mehr auf die Nachhaltigkeit (Regelmäßigkeit) seiner Erzielung geschlossen werden kann. **Zweck** der handelsrechtlichen Zusammenfassung von Betriebs- und Finanzergebnis zum Ergebnis der gewöhnlichen Geschäftstätigkeit ist es, alle diejenigen Erfolgskomponenten in einer Position zusammenzufassen, die – ohne Rücksicht darauf, ob es sich dabei um nachhaltige oder unregelmäßige bzw. um betriebliche oder betriebsfremde Bestandteile handelt – in der «normalen» (unternehmenstypischen) Geschäftstätigkeit ihre Ursache haben. Der

Ausweis dieser Position soll zu einer Verbesserung der Erfolgsaussage, insbesondere bei Zeit- und zwischenbetrieblichen Vergleichen, beitragen. Darüber hinaus kann das Ergebnis der gewöhnlichen Geschäftstätigkeit in Verbindung mit den Informationen des Anhangs eine erhöhte Transparenz der zukünftigen Ertragsentwicklung liefern.

> Das **außerordentliche Ergebnis** fasst die erfolgswirksamen Vorgänge zusammen, die hinsichtlich ihrer Art selten und hinsichtlich ihrer Höhe ungewöhnlich sind; ihnen liegt stets eine wesentliche Abweichung gegenüber der gewöhnlichen Geschäftstätigkeit zugrunde.

Im Unterschied zum betriebswirtschaftlichen Konzept erfährt der Begriff «außerordentlich» nach HGB eine erhebliche Einschränkung: Er umfasst nicht sämtliche außergewöhnlichen und periodenfremden Aufwendungen und Erträge, sondern nur jene Erfolgskomponenten, die betriebs- bzw. unternehmensfremd sind, also nicht im Rahmen der gewöhnlichen Geschäftstätigkeit anfallen, und die als solche entweder außergewöhnlicher oder periodenfremder Natur sind. Die Frage also, ob auftretende Liquidations- bzw. Bewertungserfolge unter die Position «Sonstige betriebliche Erträge» (§ 275 Abs. 2 Nr. 4 bzw. Abs. 3 Nr. 6 HGB) bzw. «Sonstige betriebliche Aufwendungen» (§ 275 Abs. 2 Nr. 8 bzw. Abs. 3 Nr. 7 HGB) fallen und damit in das Ergebnis der gewöhnlichen Geschäftstätigkeit eingehen oder ob solche Erfolge das außerordentliche Ergebnis beeinflussen, muss jeweils nach unternehmensindividueller Beurteilung entschieden werden. Aperiodische Geschäftsvorfälle ziehen in keinem Fall einen gesonderten Ausweis in der Gewinn- und Verlustrechnung nach sich.

Alle außerordentlichen Aufwendungen und Erträge sind nach § 277 Abs. 4 HGB hinsichtlich ihres Betrages und ihrer Art im Anhang zu erläutern, sofern sie für die Beurteilung der Ertragslage nicht nur untergeordnete Bedeutung haben.

Die handelsrechtliche Erfolgsspaltung kann zusammenfassend wie folgt dargestellt werden:

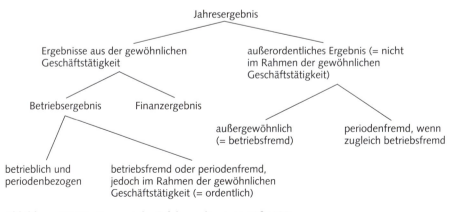

Abbildung 4.3.33: Konzept der Erfolgsspaltung gemäß HGB

3.2.4.8.2.2 Jahresüberschuss / Jahresfehlbetrag

Wird zum Ergebnis der gewöhnlichen Geschäftstätigkeit das außerordentliche Ergebnis hinzugefügt und der Steueraufwand abgesetzt, so ergibt sich der Jahresüberschuss bzw. der Jahresfehlbetrag (Position 20 bzw. 19 der GuV-Rechnung).

> Der **Jahresüberschuss / Jahresfehlbetrag** spiegelt als Ergebnis der Erfolgsermittlung den für ein Geschäftsjahr ausgewiesenen Gewinn bzw. Verlust der Unternehmung wider.

Der Jahresüberschuss ist nicht identisch mit dem in einer Abrechnungsperiode erwirtschafteten **Reingewinn** einer Unternehmung, da der Jahresüberschuss einerseits bereits um Teile, die Gewinnverwendung darstellen (z. B. Steuern vom Einkommen und Ertrag, Gewinnabführung), gekürzt und andererseits um Gewinnteile früherer Perioden (z. B. Steuererstattung) oder anderer Unternehmungen (z. B. Gewinngemeinschaft) erweitert ist. Darüber hinaus verhindern stille Reserven (vgl. Abschn. 3.2.4.7.3) den tieferen Einblick in die Ertragslage der Unternehmung, so dass der effektive Periodengewinn einer Unternehmung nur mit Hilfe zusätzlicher Nebenrechnungen näherungsweise ermittelt werden kann.

3.2.4.8.2.3 Bilanzgewinn / Bilanzverlust

Wird ein Jahresüberschuss (Jahresfehlbetrag) in der Gewinnverwendungsrechnung um einen Gewinnvortrag aus dem Vorjahr und um Entnahmen aus der Kapitalrücklage und den Gewinnrücklagen erhöht (vermindert) bzw. um einen Verlustvortrag aus dem Vorjahr und um Einstellungen in Gewinnrücklagen vermindert (erhöht), so erhält man bei positivem Saldo den **Bilanzgewinn** und bei negativem Saldo den **Bilanzverlust** (§ 158 Abs. 1 AktG).

> Der **Bilanzgewinn / Bilanzverlust** ist der um einen aus dem Vorjahr stammenden Gewinn- oder Verlustvortrag sowie um Veränderungen der Rücklagen modifizierte Jahresüberschuss / Jahresfehlbetrag.

Der **Bilanzgewinn** stellt den verteilungsfähigen Restbetrag dar, der für die Anteilseigner als Ausschüttungspotenzial zur Disposition steht. Er kann daher von der Hauptversammlung zur Einstellung in die anderen Gewinnrücklagen, zur Dividendenausschüttung oder zur Dotierung eines Gewinnvortrages verwendet werden (§ 58 Abs. 3 AktG; vgl. Abschn. 3.2.2.3.). Dem **Bilanzverlust** entspricht demgegenüber eine Reduzierung des Eigenkapitals. Er wird als Korrekturposten auf der Passivseite mit negativem Vorzeichen ausgewiesen und als Verlustvortrag der nachfolgenden Periode behandelt.

Für den Fall, dass die Handelsbilanz bereits unter Berücksichtigung der teilweisen Ergebnisverwendung aufgestellt wird, ist der Bilanzgewinn bzw. Bilanzverlust unter die Eigenkapitalpositionen der Bilanz aufzunehmen. Er ersetzt dann dort die Positionen Jahresüberschuss/Jahresfehlbetrag und Gewinnvortrag/Verlustvortrag (§ 268 Abs. 1 HGB).

3.2.4.9 Der Anhang sowie weitere Bestandteile des Jahresabschlusses

Kapitalgesellschaften sowie diesen gleichgestellte Personenhandelsgesellschaften gem. § 264a Abs. 1 HGB haben den Jahresabschluss um einen Anhang zu erweitern (§ 264 Abs. 1 HGB). Dies gilt gem. § 5 Abs. 2 PublG analog für Unternehmen i. S. d. § 1 Abs. 1 PublG.

> Der Anhang bildet neben Bilanz und Gewinn- und Verlustrechnung den dritten Bestandteil des Jahresabschlusses und hat die Aufgabe, die Bilanz und die Gewinn- und Verlustrechnung zu ergänzen und zu erläutern.

Der Anhang wird primär in den §§ 284 bis 288 HGB geregelt. Darüber hinaus resultieren Pflichten zur Vermittlung von Informationen im Anhang aber auch aus den allgemeinen Bilanzierungsvorschriften (beispielsweise § 264 Abs. 2 Satz 2 HGB) sowie aus rechtsformspezifischen Gesetzen (beispielsweise dem AktG). Der Anhang ergänzt die Bilanz und die Gewinn- und Verlustrechnung durch Angaben, für die ein Ausweiswahlrecht zwischen Bilanz bzw. Gewinn- und Verlustrechnung und Anhang besteht und die nicht in die Bilanz bzw. Gewinn- und Verlustrechnung aufgenommen wurden (Entlastungsfunktion). Beispiele hierfür sind der gesonderte Ausweis eines aktivierten Disagios (§ 268 Abs. 6 HGB) oder der Anlagespiegel (§ 268 Abs. 2 HGB; vgl. Abschn. 3.2.4.7.1.3), die entweder direkt in der Bilanz oder im Anhang ausgewiesen bzw. dargestellt werden können.

Entsprechend § 284 Abs. 2 HGB müssen im Anhang unter anderem die angewandten Bilanzierungs- und Bewertungsmethoden (§ 284 Abs. 2 Nr. 1 HGB), die Grundlagen der Währungsumrechnung (§ 284 Abs. 2 Nr. 2 HGB), sowie der Umfang der Einbeziehung von Fremdkapitalzinsen in die Herstellungskosten (§ 284 Abs. 2 Nr. 5 HGB) erläutert werden. Hierdurch wird das Zustandekommen der Zahlen im Jahresabschluss für den Bilanzadressaten transparenter gemacht (Interpretations- bzw. Erläuterungsfunktion).

Darüber hinaus sind Abweichungen von Bilanzierungs- und Bewertungsmethoden gegenüber dem Vorjahr sowie deren Einfluss auf die Vermögens-, Finanz- und Ertragslage darzustellen (§ 284 Abs. 2 Nr. 3 HGB) und gemäß § 284 Abs. 2 Nr. 4 HGB auch eine Wertdifferenz zwischen einem aktuellen Marktwert und einem aus der Anwendung von Bewertungsvereinfachungsverfahren resultierenden Wert ausweisen, sofern die Wertdifferenz von Relevanz ist. Dem Anhang kommt damit eine Korrekturfunktion zu. Eine besondere Ergänzungsfunktion erhält der Anhang zudem dort, wo weder Bilanzierungsfähigkeit noch Bilanzangabepflicht gewährleistet sind. Das trifft z. B. für bestimmte finanzielle Verpflichtungen zu, wie sie aus Finanzderivaten oder Leasingverbindlichkeiten resultieren können (§ 285 Abs. 1 Nr. 3a HGB).

Darüber hinaus enthält § 285 HGB eine Auflistung von insgesamt 29 angabe- bzw. erläuterungspflichtigen Einzelsachverhalten. Die Angaben sind sehr heterogener Natur und reichen von Angaben über die Fristenstruktur von Verbindlichkeiten bis hin zu Angaben über Managementvergütungen.

Angaben im Anhang haben zu unterbleiben, sofern es für das Wohl der Bundesrepublik Deutschland oder eines ihrer Länder erforderlich ist (z. B. Angaben zum Umfang von Lieferungen an das Militär oder an die Polizei; § 286 Abs. 1 HGB). Des Weiteren können bestimmte Angaben unter bestimmten Voraussetzungen unterlassen werden, z. B. wenn die Berichterstattung geeignet ist, der Kapitalgesellschaft oder einem Unternehmen, an dem diese mindestens 20 % der Anteile besitzt, einen erheblichen Nachteil zuzufügen (§ 286 Abs. 2 HGB). Für kleine und mittelgroße Kapitalgesellschaften sieht § 288 HGB Erleichterungen vor, die in der Unterlassung bestimmter Anhangangaben bestehen.

Gemäß § 264 Abs. 1 HGB ist der Jahresabschluss (Bilanz, GuV sowie Anhang) bei einer kapitalmarktorientierten Kapitalgesellschaft (§ 264d HGB), die nicht zur Aufstellung eines Konzernabschlusses verpflichtet ist, um eine Kapitalflussrechnung und einen Eigenkapitalspiegel zu erweitern, die mit der Bilanz, Gewinn- und Verlustrechnung und dem Anhang eine Einheit bilden. Darüber hinaus kann eine Segmentberichterstattung auf freiwilliger Basis hinzutreten. Das HGB regelt zwar die Pflicht bzw. das Wahlrecht zur Erstellung von Kapitalflussrechnung, Eigenkapitalspiegel und Segmentberichterstattung, jedoch nicht Struktur und Inhalt dieser Rechnungslegungsinstrumente. Dies ist Gegenstand der DRS 2, 3 und 7 (vgl. zu diesen Bestandteilen im einzelnen Abschn. 3.2.5.10.2 bis 3.2.5.10.4).

3.2.4.10 Lagebericht

Kapitalgesellschaften sowie diesen gleichgestellte Personenhandelsgesellschaften gem. § 264a Abs. 1 HGB und Unternehmen i. S. d. § 1 Abs. 1 PublG haben aufgrund von § 264 Abs. 1 HGB bzw. § 5 Abs. 2 PublG neben dem Jahresabschluss auch einen Lagebericht zu erstellen, der somit formal nicht Bestandteil des Jahresabschlusses ist. Kleine Kapitalgesellschaften sind von der Pflicht zur Aufstellung eines Lageberichts befreit (§ 264 Abs. 1 Satz 3 HGB).

Dem Lagebericht kommt, ähnlich wie dem Anhang, eine unmittelbare Informationsfunktion zu: Insbesondere durch zukunftsorientierte Angaben sollen die Adressaten der Rechnungslegung in die Lage versetzt werden, die weitere voraussichtliche Entwicklung der Unternehmung zutreffend einzuschätzen. Da der Lagebericht nicht Bestandteil des Jahresabschlusses ist, unterliegt er auch nicht dessen Konventionen, wenngleich seine Aufstellung die Beachtung der GoB, wie Vollständigkeit, Verlässlichkeit, Klarheit und Übersichtlichkeit, verlangt. Zukunftsbezug und der überwiegend verbale Charakter von Lageberichtinformationen bedingen, dass der Lagebericht nicht in gleichem Maße standardisierbar und objektivierbar ist wie der Jahresabschluss.

> Im Lagebericht sind gemäß §289 Abs.1 HGB der Geschäftsverlauf, das Geschäftsergebnis und die Lage der Gesellschaft so darzustellen, dass ein den tatsächlichen Verhältnissen entsprechendes Bild vermittelt wird; dabei ist insbesondere auf die wesentlichen Chancen und Risiken der künftigen Entwicklung (Prognosebericht) einzugehen.

Damit soll der Lagebericht ein umfassendes Bild über die wirtschaftliche Situation und Entwicklung der Gesellschaft vermitteln, was aus den vergangenheitsbezogenen sowie ausschließlich quantitativ orientierten Rechenwerken der Bilanz und der Erfolgsrechnung nur eingeschränkt ersichtlich ist. Dies wird insbesondere erreicht durch Informationen, welche die Lage und künftige Entwicklung des Unternehmens innerhalb der Branche, der Wirtschaftsregion oder der konjunkturellen Entwicklung wiedergeben, z.B. durch Auskünfte über Änderungen des Produktionsprogramms, der Produktionsverfahren oder der Organisation, durch Analyse der für die Geschäftstätigkeit bedeutsamsten finanziellen Leistungsindikatoren, wie Ergebnisentwicklung und Ergebniskomponenten, Liquidität und Kapitalausstattung, die Gründung von Zweigbetrieben oder den Erwerb von Beteiligungen etc.

Bei großen Kapitalgesellschaften i. S. d. §267 Abs. 3 HGB hat sich die Analyse des Geschäftsverlaufs der Gesellschaft zudem auch auf für die Lagebeurteilung bedeutsame nichtfinanzielle Leistungsindikatoren zu erstrecken; §289 Abs. 3 HGB verweist dazu beispielhaft auf Informationen zu Umwelt- und Arbeitnehmerbelangen. Erstere ließen sich wirksam durch Ökobilanzen (vgl. Abschn. 3.2.3.7.2), letztere durch Instrumente der Sozialbilanzierung (vgl. Abschn. 3.2.3.7.1) bzw. Sozialberichterstattung abbilden, welche die sozialen Verhältnisse und Leistungen der Gesellschaft z.B. durch Angaben über Zahl und Zusammensetzung der Belegschaft, Entlohnungs-, Arbeitszeit- und Freizeitregelungen, Fürsorgemaßnahmen etc. einbeziehen.

Die Vertreter der Kapitalgesellschaft haben zu versichern, dass die von ihnen gemachten Angaben nach bestem Wissen den im §289 Abs.1 HGB formulierten Anforderungen gerecht wird (§289 Abs.1 Satz 5 HGB). Weiterhin soll der Lagebericht gemäß §289 Abs. 2 HGB auch berichten über:

1. Vorgänge von besonderer Bedeutung, die nach dem Schluss des Geschäftsjahres eingetreten sind (Wertaufhellung; Nachtragsbericht),
2. Ziele und Methoden des Risikomanagements einschließlich konkreter Einzelrisiken der Gesellschaft (Risikobericht),
3. den Bereich Forschung und Entwicklung (Forschungs- und Entwicklungsbericht),

4. bestehende Zweigniederlassungen der Gesellschaft (Zweigniederlassungsbericht) sowie
5. bei börsennotierten Aktiengesellschaften die Grundzüge des Vergütungssystems der Gesellschaft.

Börsennotierte Aktiengesellschaften oder Kommanditgesellschaften auf Aktien können Objekt von geplanten Unternehmensübernahmen sein. Um einem Unternehmen mit Übernahmeabsicht die Möglichkeit zu geben, ein möglicherweise auf unterschiedliche Aktiengattungen bezogenes fundiertes Übernahmeangebot machen zu können, schreibt § 289 Abs. 4 HGB vor, dass im Lagebericht auch Informationen über die Struktur des gezeichneten Kapitals, die Rechte, die mit den Aktien verknüpft sind, sowie Möglichkeiten und Grenzen eines möglicherweise mit einer Übernahme einhergehenden personellen Wechsels in der Führungsspitze des Unternehmens zu geben sind.

Für kapitalmarktorientierte Kapitalgesellschaften im Sinne des § 264d HGB wurde durch das BilMoG im § 289 Abs. 5 HGB eine Pflicht zur Beschreibung des internen Kontroll- und Risikomanagementsystems im Hinblick auf den Rechnungslegungsprozess in das HGB aufgenommen. Ebenfalls durch das BilMoG eingeführt wurde § 289a HGB, der insbesondere für börsennotierte Aktiengesellschaften die Pflicht vorsieht, ihren Lagebericht um eine Erklärung zur Unternehmensführung zu erweitern. Zum Inhalt dieser Erklärung gehören

- Die Erklärung nach § 161 AktG (Einhaltung des Corporate Governance Kodex),
- relevante Angaben zu Unternehmensführungspraktiken sowie
- eine Beschreibung der Arbeitsweise von Vorstand und Aufsichtsrat sowie der Zusammensetzung und Arbeitsweise von Ausschüssen.

3.2.4.11 Vergleichende Gegenüberstellung der wesentlichen Rechnungslegungsregeln nach HGB und IAS/IFRS zur Erstellung von Jahresabschlüssen

In der folgenden tabellarischen Übersicht werden wichtige Elemente der HGB-Rechnungslegung einerseits und der IAS/IFRS-Rechnungslegung andererseits vergleichend gegenübergestellt (vgl. dazu auch: Wöhe [Einführung] 825–872). Dabei werden Aspekte der Konzernrechnungslegung nicht mit einbezogen; diese sind unter Abschn. 3.2.5.11 gesondert dargestellt.

Die einzelnen Standards (IAS 1–41, IFRS 1–9 sowie IFRS for SME) sowie das Rahmenkonzept des IASB (Framework) sind in Paragraphen unterteilt. Diese wiederum werden gegebenenfalls weitergehend in Buchstaben und Absätze untergliedert. In der folgenden Tabelle wird für Quellenangaben hinsichtlich der Standards bzw. des Rahmenkonzepts die übliche Kurzzitierweise verwendet: z. B. IAS 1.25 für IAS 1, Paragraph 25, bzw. F 9 für Rahmenkonzept, Paragraph 9.

Jahresabschluss und Bilanzierung 617

	HGB	IAS/IFRS
I. Grundlagen		
dominierender Rechnungslegungs-zweck	Gläubigerschutz und Kapitalerhaltung, zentrale Bedeutung des Vorsichtsprinzips **(§ 252 Abs. 1 Nr. 4 HGB)**	**F 12–14** Vermittlung von Informationen für wirtschaftliche Entscheidungen Rechenschaft des Managements im Hinblick auf das ihm anvertraute Vermögen
Adressaten	Gesellschafter, schutzwürdige Dritte, insbesondere Gläubiger	**F 9–11** primär: aktuelle und potenzielle Investoren sekundär: Gläubiger, Arbeitnehmer, Lieferanten, Kunden, Staat und seine Behörden (ohne Fiskus), Öffentlichkeit
Umfang und Verbindlichkeit der Normen	Kodifiziertes Bilanzrecht: HGB, PublG, AktG, GmbHG DRS; grundsätzlicher Empfehlungscharakter, nach Bekanntmachung der DRS durch BMJ gilt die GoB-Vermutung	Empfehlungen seitens des IASB, grundsätzlich ohne Rechtskraft Verbindlichkeit der seitens der EU übernommenen IAS/IFRS innerhalb der EU durch die so genannte IAS-Verordnung, speziell in Deutschland aufgrund von § 315a HGB
Einfluss des Steuerrechts auf die Bilanzierung	**§§ 247 Abs. 3, 254, 273 HGB** Aufgrund der Abschaffung der umgekehrten Maßgeblichkeit (§ 5 Abs. 1 Satz 2 EStG a. F.) durch das BilMoG kein direkter Einfluss, ggf. indirekter Einfluss bei angestrebter Einheitsbilanz	generell kein Einfluss

Pflichtbestandteile der finanziellen Rechnungslegung	**§ 242 Abs. 3 HGB** für Nicht-Kapitalgesellschaften: • Bilanz • Gewinn- und Verlustrechnung **§§ 264 Abs. 1, 264a HGB** für Kapitalgesellschaften sowie diesen gleichgestellte Personenhandelsgesellschaften: • Bilanz • Gewinn- und Verlustrechnung • Anhang • Lagebericht Bei kapitalmarktorientierten Unternehmen zusätzlich: • Kapitalflussrechnung • Eigenkapitalspiegel **§§ 290 Abs. 1, 297 Abs. 1 HGB** für Konzernmutterunternehmen: • Konzernbilanz • Konzerngewinn- und Verlustrechnung • Konzernanhang • Konzernkapitalflussrechnung • Konzerneigenkapitalspiegel • Konzernlagebericht	Ein vollständiger Abschluss gem. **IAS 1.10** umfasst: • eine Bilanz zum Abschlussstichtag, • eine Gesamtergebnisrechnung für die Periode, • eine Eigenkapitalveränderungsrechnung für die Periode, • eine Kapitalflussrechnung für die Periode, • den Anhang, der eine zusammenfassende Darstellung der wesentlichen Rechnungslegungsmethoden und sonstige Erläuterungen enthält sowie • eine Bilanz der frühestmöglichen Vergleichsperiode, wenn ein Unternehmen eine Rechnungslegungsmethode rückwirkend anwendet oder Posten im Jahresabschluss rückwirkend anpasst oder umgliedert.
Gliederungsvorschriften	**§§ 266, 266a, 275 HGB** für Kapitalgesellschaften sowie diesen gleichgestellte Personenhandelsgesellschaften liegen detaillierte Gliederungsschemata für Bilanz und GuV vor	keine Pflichtgliederung, lediglich Aufzählung von Mindestbestandteilen

Jahresabschluss und Bilanzierung 619

II. Rechnungslegungsgrundsätze

1. Konzeptionelle Grundlagen

Generalnorm	§§ 264 Abs. 2 Satz 1, 297 Abs. 2 Satz 2 HGB True and Fair-View (subsidiäre Anwendung gegenüber Einzelvorschriften)	F 46, IAS 1.15 True and Fair-View/Fair Presentation (subsidiäre Anwendung gegenüber Einzelvorschriften)
Auslegung des Realisationsprinzips	§ 252 Abs. 1 Nr. 4 HGB Ableitung aus dem Vorsichtsprinzip: Umsatzvorgang als Voraussetzung für die Erfolgswirksamkeit unter Berücksichtigung des Imparitätsprinzips	F 89-98, IAS 18 Ableitung aus dem Grundsatz der periodengerechten Gewinnermittlung: Realisierbarkeit am Bilanzstichtag ausreichend für Erfolgswirksamkeit, sichtbar insbesondere bei Teilgewinnrealisierung im Rahmen von Fertigungsaufträgen **(IAS 11)**
langfristige Auftragsfertigung	§ 252 Abs. 1 Nr. 4 HGB Completed-Contract-Methode, Gewinnrealisation bei Lieferung bzw. Abnahme	IAS 11 Percentage-of-Completion-Methode, Gewinnrealisation nach Auftragsfortschritt bei Unmöglichkeit zuverlässiger Ertragsermittlungen: Ertragsrealisation in Höhe der entstandenen erstattungsfähigen Aufwendungen

2. Bilanzansatz

Vermögensgegenstände bzw. Vermögenswerte	Begriff des Vermögens**gegenstands**, Betonung der Einzelverwertbarkeit	Begriff des Vermögens**werts**, Betonung der Eigenschaft, eine wirtschaftliche Ressource zu sein und damit des künftigen Nutzenzuflusses **(F 49)**

Immaterielle Vermögensgegenstände bzw. Vermögenswerte des Anlagevermögens • entgeltlich erworben • selbsterstellt (Entwicklungskosten)	§ 246 Abs. 1 HGB Aktivierungspflicht § 248 Abs. 2 HGB Aktivierungswahlrecht	IAS 38.27 Aktivierungspflicht IAS 38.57 Aktivierungs**pflicht**, soweit zusätzliche Kriterien erfüllt werden
Geschäfts- oder Firmenwert originärer derivativer	§ 248 Abs. 2 HGB Aktivierungsverbot bzw. kein Vorliegen eines Vermögensgegenstands § 246 Abs. 1 Satz 4 HGB Aktivierungspflicht	IAS 38.48 Aktivierungsverbot IFRS 3.32 Aktivierungspflicht
Gründungsaufwendungen	§ 248 Abs. 1 HGB Aktivierungsverbot	IAS 38.69 Aktivierungsverbot
Rückstellungen für Außenverpflichtungen	§ 249 Abs. 1 HGB Es sind Rückstellungen zu bilden für: ungewisse Verbindlichkeiten drohende Verluste aus schwebenden Geschäften Gewährleistungen	IAS 37 Passivierungspflicht
für Innenverpflichtungen (Aufwandsrückstellungen)	§ 249 Abs. 1 Satz 2 Nr. 1 HGB Es sind Rückstellungen zu bilden für unterlassene, fristgerecht nachzuholende Instandhaltung (drei Monate) sowie Abraumbeseitigung (ein Jahr)	IAS 37.20 Passivierungsverbot Ausnahme: IAS 37.70 ff. Es besteht Passivierungspflicht für detailliert geplante und mit hoher Wahrscheinlichkeit durchzuführende Umstrukturierungsmaßnahmen

3. Bewertung		
Bewertungsobergrenze	§ 253 Abs. 1 HGB AHK-Prinzip	z.B. IAS 2, IAS 16, IAS 39, IAS 40 Grundsatz: AHK-Prinzip aber zahlreiche Ausnahmen aufgrund möglicher oder vorgeschriebener Fair-Value-Bewertung (Neubewertungsmethode)
Anschaffungskosten	§ 255 Abs. 1 HGB sämtliche Aufwendungen, die angefallen sind, um den VG in verkaufs- bzw. betriebsbereiten Zustand zu versetzen (= Listenpreis zzgl. Anschaffungsnebenkosten abzgl. Preisminderungen zzgl. nachträgliche AK)	IAS 2.10–22, IAS 16.15–28 sämtliche Aufwendungen, die angefallen sind, um das Asset in verkaufs- bzw. betriebsbereiten Zustand zu versetzen und an den bestimmten Ort zu bringen (= Listenpreis zzgl. Anschaffungsnebenkosten abzgl. Preisminderungen zzgl. nachträgliche AK) FK-Zinsen s. unten!
Herstellungskosten	§ 255 Abs. 2 und 3 HGB Wahlrecht im Hinblick auf bestimmte Gemeinkostenkategorien	IAS 2.10–22, IAS 16.15–28 Vollkosten (produktionsbezogen)
Fremdkapitalzinsen	§ 255 Abs. 3 HGB Aktivierungswahlrecht im Fall der sachlichen und zeitlichen Zurechnung zur Herstellung eines Vermögensgegenstands	IAS 23 Aktivierungspflicht für Vermögensgegenstände, deren Verkaufs- oder Nutzungsfähigkeit erst nach einer geraumen Zeit gegeben ist (so genannte qualifying assets)

Sachanlagevermögen	**§§ 253 Abs. 3 HGB** planmäßige Abschreibungen bei abnutzbarem Sachanlagevermögen keine außerplanmäßige Abschreibung bei voraussichtlich vorübergehender Wertminderung, Abschreibungspflicht bei voraussichtlich dauerhafter Wertminderung, unabhängig davon, ob abnutzbares oder nicht abnutzbares Sachanlagevermögen vorliegt	**IAS 16, IAS 36** betriebsnotwendiges Sachanlagevermögen (Property, Plant, Equipment): • max. fortgeführte AHK bzw. • Neubewertung (Fair-Value-Bewertung) der Sachanlagen mit Bildung einer Neubewertungsrücklage, sofern der beizulegende Zeitwert verlässlich ermittelt werden kann Niederstwertprinzip **IAS 40, IAS 36** als Finanzinvestitionen gehaltene Immobilien Wahlrecht: • Zeitwert-Modell (Fair-Value-Bewertung): Bewertung zum Zeitwert; Wertänderungen erfolgswirksam • AHK-Modell: max. fortgeführte AHK Niederstwertprinzip (IAS 36)
Immaterielle Vermögensgegenstände bzw. Vermögenswerte des Anlagevermögens • entgeltlich erworben • selbsterstellt (Entwicklungskosten)	**§ 253 Abs. 1 und 3 HGB** Fortgeführte Anschaffungskosten **§ 253 Abs. 1 und 3 HGB** sowie **§ 255 Abs. 2a HGB** Fortgeführte Herstellungskosten	**IAS 38.24** Zugangsbewertung zu AHK **IAS 38.72** Wahlrecht zwischen Anschaffungskosten- und Neubewertungsmodell
Vorräte	**§ 253 Abs. 4 HGB** AHK und strenges Niederstwertprinzip **§§ 240 Abs. 2 u. 3, 256 HGB** Bewertungsvereinfachungsverfahren: Fifo, Lifo, Durchschnittsverfahren	**IAS 2.6, 2.9** Grundsätzlich Bewertung mit den AHK Abschreibung auf den Nettoveräußerungswert, falls dieser niedriger ist als die AHK Niederstwertprinzip **IAS 2.23–27** Bewertungsvereinfachungsverfahren: Fifo, Durchschnittsverfahren

Wertpapiere	**§ 253 Abs. 1 und 3 HGB** Anlagevermögen: max. AK gemildertes Niederstwertprinzip (Wahlrecht zur Vornahme einer außerplanmäßigen Abschreibung bei voraussichtlich vorübergehender Wertminderung, Abschreibungspflicht bei voraussichtlich dauerhafter Wertminderung **§ 253 Abs. 1 und 4 HGB** Umlaufvermögen: max. AK strenges Niederstwertprinzip	**IAS 39** Unterscheidung folgender Kategorien (**IAS 39.9**): Wertpapiere, die erfolgswirksam zum beizulegenden Zeitwert bewertet werden (at fair value through profit or loss): beizulegender Zeitwert, ergebniswirksame Zu- und Abschreibungen der unrealisierten Gewinne und Verluste Held-to-Maturity Securities: feste Laufzeit: fortgeführte AK mit der Effektivzinsmethode, erfolgswirksame Erfassung von Wertminderungen (Impairment) Available-for-Sale Securities: beizulegender Zeitwert, ergebnisneutrale Verbuchung von Wertänderungen in Neubewertungsrücklage, erfolgswirksame Auflösung der Neubewertungsrücklage bei Abgang des Vermögenswerts durch Abgang oder Tilgung
Forderungen kurzfristige langfristige	**§ 253 Abs. 1 Satz 1 HGB** AK (= Nominalbetrag) abzgl. Einzel- oder Pauschalwertberichtigung AK bzw. Barwert, soweit der vereinbarte Zinssatz unter dem Marktzinssatz liegt	**IAS 39. 45–46** Loans and Receivables: Darlehen und Forderungen werden mit den Anschaffungskosten auf der Grundlage der Effektivzinsmethode bewertet
Wertaufholung	**§ 253 Abs. 5 HGB** generelles Wertaufholungsgebot	**IAS 36.109 ff.** Pflicht (max. Zuschreibung auf fortgeführte AHK)

Bewertung von Verbindlichkeiten	§ 253 Abs. 1 HGB kurzfristige: Erfüllungsbetrag langfristige: Erfüllungsbetrag, Abzinsung bei Restlaufzeit größer als ein Jahr	IAS 39.43, 47ff. so genannte finanzielle Schulden Financial Liabilities at Amortized Cost: bei erstmaligem Ansatz: beizulegender Zeitwert nach erstmaligem Ansatz: Anwendung der Effektivzinsmethode Financial Liabilities at Fair Value through Profit or Loss: Generelle Bewertung auf der Grundlage des jeweils aktuellen Marktwerts (fair value), Wertänderungen werden grundsätzlich erfolgswirksam erfasst
Disagio	§ 250 Abs. 3 HGB Wahlrecht: Sofortabschreibung oder Aktivierung als aktiver RAP und Abschreibung über die Laufzeit	IAS 39.43, 47, 9 Behandlung entsprechend der Effektivzinsmethode
Bewertung von Rückstellungen	§ 253 Abs. 1 Satz 2 und Abs. 2 HGB Ansatz mit dem nach kaufmännischer Beurteilung notwendigen Erfüllungsbetrag, gegebenenfalls abgezinst, falls die Restlaufzeit größer als ein Jahr ist im Fall mehrerer wahrscheinlicher Werte unter angemessener Berücksichtigung des Vorsichtsprinzips	IAS 37.36ff. Bemessung der Rückstellungshöhe mit dem wahrscheinlichsten Schätzbetrag im Fall mehrerer gleichwahrscheinlicher Werte mindestens mit dem niedrigsten Wert

3.2.5 Konzernrechnungslegung

3.2.5.1 Konzernbegriff

> Ein **Konzern** ist ein
> - Zusammenschluss mehrerer rechtlich selbstständiger Unternehmen zu einer **wirtschaftlichen** Einheit, wobei
> - der Konzern keine **rechtliche** Einheit bildet (er verfügt nicht über eine eigene Rechtspersönlichkeit).

Konzerngebilde entstehen in erster Linie durch den Erwerb von Mehrheitsbeteiligungen, die das Potenzial zur Beherrschung von Tochterunternehmen durch ein Mutterunternehmen beinhalten. Die folgende Darstellung zeigt exemplarisch einen zweistufigen Konzern, wobei die Prozentsätze Beteiligungsquoten repräsentieren.

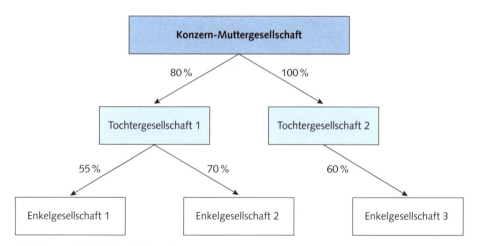

Abbildung 4.3.34: Zweistufiger Konzern

Das Gesellschaftsrecht einerseits und das Bilanzrecht andererseits gehen von unterschiedlichen Konzernbegriffen aus: Das Aktienrecht ordnet den Konzern in die Systematik der verbundenen Unternehmen (§§ 15–19 AktG) ein. Gemäß § 18 AktG liegt ein Konzern dann vor, wenn mehrere rechtlich selbstständige Unternehmen unter **einheitlicher Leitung** zusammengefasst sind.

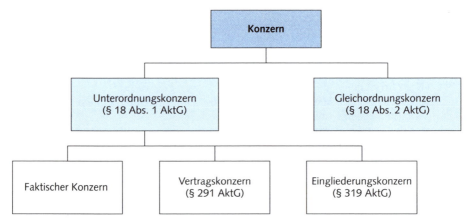

Abbildung 4.3.35: Aktienrechtliche Konzerntypen

Wird die einheitliche Leitung auf Grund faktischer, d. h. mittels Kapital- und damit einhergehender Stimmrechtsmehrheit (faktischer Konzern), durch vertragliche Beherrschungsmacht (Vertragskonzern, § 291 AktG) oder auf Grund einer der Verschmelzung nahe kommenden Eingliederung (§ 319 AktG) ausgeübt, handelt es sich um einen Subordinations- bzw. Unterordnungskonzern (§ 18 Abs. 1 AktG). Kommt die einheitliche Leitung dagegen dadurch zustande, dass sich voneinander unabhängige Unternehmen zur Durchsetzung gemeinsamer Interessen einem Koordinationsorgan unterwerfen, so liegt ein Gleichordnungskonzern vor (§ 18 Abs. 2 AktG).

Die gesellschaftsrechtlichen Rechtsfolgen eines bestehenden Konzernverhältnisses bestehen insbesondere darin, dass schädigungsgefährdete Minderheitsgesellschafter und Gläubiger von Tochterunternehmen geschützt werden: So sieht beispielsweise der § 311 AktG bei Vorliegen eines faktischen Konzernverhältnisses vor, dass das herrschende Unternehmen seinen Einfluss auf das Tochterunternehmen nicht dazu benutzen darf, dieses zu veranlassen, ein nachteiliges Rechtsgeschäft vorzunehmen oder Maßnahmen zu treffen oder zu unterlassen, die sich nachteilig auswirken, es sei denn, entstehende Nachteile werden ausgeglichen.

Im Unterschied zum Aktienrecht findet sich in dem für die Erstellung von Konzernabschlüssen relevanten HGB keine originäre Konzerndefinition. In § 290 HGB wird jedoch festgelegt, dass immer dann, wenn ein Unternehmen auf ein anderes Unternehmen einen beherrschenden Einflusses ausüben kann, ein Mutter-Tochter-Verhältnis gegeben ist. Im Gegensatz zum aktienrechtlichen Konzept der tatsächlich ausgeübten einheitlichen Leitung stellt das HGB somit auf eine bestehende Beherrschungsmöglichkeit ab, die durch die Auflistung von Einzelsachverhalten konkretisiert wird (§ 290 Abs. 2 HGB). Es liegt damit eine indirekte Umschreibung dessen vor, was im handelsrechtlichen Sinne unter einem Konzern zu verstehen ist. Der § 290 HGB liefert zugleich eine Konkretisierung des handelsrechtlichen Begriffs der verbundenen Unternehmen (§ 271 Abs. 2 HGB).

Die Rechtsfolge der Existenz eines Mutter-Tochter-Verhältnisses (Konzernverhältnis) ist die grundsätzliche Pflicht zu Erstellung eines Konzernabschlusses (vgl. Abschn. 3.2.5.4.3). Ein Konzernabschluss besteht gemäß § 297 Abs. 1 HGB aus der Konzernbilanz, der Konzern-Gewinn- und Verlustrechnung, dem Konzernanhang, der Kapitalflussrechnung sowie dem Eigenkapitalspiegel. Er kann um eine Segmentberichterstattung erweitert werden.

3.2.5.2 Notwendigkeit der Vermeidung von Doppelzählungen durch Konsolidierung

Schließen sich zwei oder mehrere rechtlich selbständige Unternehmen zu einem Konzern zusammen, so können die Einzelabschlüsse der Konzerngesellschaften die wirtschaftliche Lage des Konzerns nicht mehr den tatsächlichen Verhältnissen entsprechend widerspiegeln. Durch die Einflussnahme der Muttergesellschaft auf die Unternehmenspolitik der Tochtergesellschaften verlieren diese ihre wirtschaftliche Selbständigkeit. Der Einzelabschluss der Mutter- bzw. der jeweiligen Tochtergesellschaft kann die Auswirkungen dieser Einbindung in einen Konzernverbund nicht in adäquater Weise zum Ausdruck bringen.

> Um ein zutreffendes Bild der Vermögens-, Finanz- und Ertragslage des Konzerns zu vermitteln, bedarf es eines Jahresabschlusses der wirtschaftlichen Einheit Konzern.

Der Erfüllung dieser Informationsfunktion dient die Erstellung von Konzernabschlüssen. Der Generalnorm des § 297 Abs. 2 Satz 2 HGB entsprechend hat der Konzernabschluss «unter Beachtung der Grundsätze ordnungsmäßiger Buchführung ein den tatsächlichen Verhältnissen entsprechendes Bild der Vermögens-, Finanz- und Ertragslage zu vermitteln». Was dabei unter der Vermögens-, Finanz- und Ertragslage des Konzerns zu verstehen ist, wird durch § 297 Abs. 3 Satz 1 HGB konkretisiert: Da der Konzern als wirtschaftliche Einheit anzusehen ist, ist die Vermögens-, Finanz- und Ertragslage so darzustellen, als ob die Gesamtheit der einbezogenen Unternehmen ein einziges Unternehmen wäre (Fiktion der rechtlichen Einheit).

> Die Erstellung des Konzernabschlusses kann sich deshalb nicht auf eine bloße Zusammenfassung der Einzelabschlüsse zu einem Summenabschluss beschränken, sondern erfordert zusätzlich Aufrechnungen und Eliminierungen, um Doppelzählungen zu vermeiden.

Im Rahmen der Kapitalkonsolidierung erfolgt daher eine Aufrechnung der Beteiligungen mit dem anteiligen Eigenkapital, da sonst Vermögensgegenstände und Kapital doppelt in die Konzernbilanz eingehen würden. Forderungen und Verbindlichkeiten zwischen Konzerngesellschaften werden durch die **Schuldenkonsolidierung** gegeneinander aufgerechnet. Die **Zwischenerfolgseliminierung** sorgt dafür, dass Gewinne bzw. Verluste aus konzerninternen Lieferungen und Leistungen nicht die Darstellung der Vermögens- und Ertragslage des Konzerns verzerren. Schließlich erfordert die Darstellung der Ertragslage des Konzerns die **Konsolidierung von Aufwendungen und Erträgen**, die aus konzerninternen Geschäftsvorfällen resultieren. Kapital- und Schuldenkonsolidierung sowie die Zwischenerfolgseliminierung sind die sowohl im Rahmen der Konzernbilanzerstellung als auch der Erstellung der Konzern-Gewinn- und Verlustrechnung notwendigen Konsolidierungsschritte, während die Aufwands- und Ertragskonsolidierung ausschließlich die Konzern-Gewinn- und Verlustrechnung betrifft.

> **Beispiel**
> **Eliminierung von Doppelzählungen im Rahmen einer vereinfachten Kapitalkonsolidierung**
> Die M-AG erwirbt am 31.12.01 eine 100 %-ige Beteiligung an der T-AG zu einem Preis von 3.600. Die verkürzten Einzelbilanzen beider Unternehmen weisen am Erwerbstag folgende Positionen aus:

A	M-AG		P
Beteiligung T-AG	3.600	Gezeichnetes Kapital	4.500
Diverse Aktiva	9.000	Rücklagen	3.000
		Jahresüberschuss	1.500
		Fremdkapital	3.600
	12.600		12.600

A	T-AG		P
Maschinen	4.500	Gezeichnetes Kapital	2.700
Diverse Aktiva	1.500	Rücklagen	600
		Jahresüberschuss	300
		Fremdkapital	2.400
	6.000		6.000

Die additive Zusammenfassung der beiden Einzelbilanzen führt zu einer so genannten **Summenbilanz**.

Bilanzpositionen	M-AG	T-AG	Summenbilanz zum 31.12.01
Maschinen	–	4.500	4.500
Beteiligung	3.600	–	3.600
Diverse Aktiva	9.000	1.500	10.500
Bilanzsumme	12.600	6.000	18.600

Gezeichnetes Kapital	4.500	2.700	7.200
Rücklagen	3.000	600	3.600
Jahresüberschuss	1.500	300	1.800
Fremdkapital	3.600	2.400	6.000
Bilanzsumme	12.600	6.000	18.600

Eine solche Summenbilanz beinhaltet **Doppelzählungen**: Auf der Aktivseite wird die Beteiligung der Mutter- an der Tochtergesellschaft ausgewiesen. Diese Beteiligung repräsentiert jedoch 100 % des Eigenkapitals der Tochtergesellschaft und somit Mittelherkunft im Hinblick auf die Aktiva der Tochtergesellschaft. Das mit der Kapitalverflechtung einhergehende Beteiligungsvermögen ist daher nicht als Vermögen der wirtschaftlichen Einheit Konzern anzusehen.

Auf der Passivseite wird das Eigenkapital der Tochtergesellschaft ausgewiesen, welches aus der Sicht des Konzerns als wirtschaftlicher Einheit keine originäre Mittelherkunft darstellen kann, weil dieses Eigenkapital konzernintern der Muttergesellschaft zuzurechnen ist und das die Beteiligung repräsentierende Beteiligungsvermögen letztlich von den Aktionären und Gläubigern der Muttergesellschaft finanziert wurde.

Um zu einer Konzernbilanz zu gelangen, die die wirtschaftliche Einheit Konzern korrekt widerspiegelt, sind diese Doppelzählungen durch **Aufrechnung des Beteiligungsbuchwerts mit dem in diesem Fall vollständigen Eigenkapital der T-AG** zu verrechnen. Dies erfolgt durch eine Kapitalkonsolidierungsbuchung in dem folgenden **Konsolidierungsschema**.

Bilanzpositionen	M-AG	T-AG	Summenbilanz zum 31.12.01	Kapitalkonsolidierung		Konzernbilanz zum 31.12.01
				Soll	Haben	
Maschinen	–	4.500	4.500			4.500
Beteiligung	3.600	–	3.600		3.600	0
Diverse Aktiva	9.000	1.500	10.500			10.500
Bilanzsumme	12.600	6.000	18.600			15.000
Gezeichnetes Kapital	4.500	2.700	7.200	2.700		4.500
Rücklagen	3.000	600	3.600	600		3.000
Jahresüberschuss	1.500	300	1.800	300		1.500
Fremdkapital	3.600	2.400	6.000			6.000
Bilanzsumme	12.600	6.000	18.600			15.000

Das Resultat ist eine Bilanz, die auf der Passivseite das **originäre Konzernkapital** (Mittelherkunft des Konzerns) beinhaltet. Dieses ist das von den Aktionären der M-AG bereitgestellte Eigenkapital sowie das von den Gläubigern der M-AG und der T-AG bereitgestellte Fremdkapital. Auf der Aktivseite wird das **originäre Konzernvermögen** und damit die Verwendung des Konzernkapitals ausgewiesen.

Dieses Ergebnis wird dadurch erzielt, dass im Rahmen der Kapitalkonsolidierung der Beteiligungsbuchwert in der Bilanz des Mutterunternehmens durch die Vermögensgegenstände und Schulden des Tochterunternehmens ersetzt wird, da das Beteiligungsvermögen aus Konzernsicht nicht mehr als ein vorläufiger (und zu beseitigender) Stellvertreter für die durch den Beteiligungsbuchwert repräsentierten indirekten Ansprüche der Gesamtheit der Kapitalgeber des Mutterunternehmens an das Vermögen des Tochterunternehmens sein kann (vgl. Eisele / Kratz [Ausweis] 292).

3.2.5.3 Theoretische Einordnung der Minderheitsgesellschafter

Innerhalb des Beispiels im vorigen Abschn. 3.2.5.2 repräsentierte die Beteiligung der M-AG an der T-AG 100 % der Anteile an der T-AG. Wird das Beispiel nun dahingehend modifiziert, dass die erworbene Beteiligung lediglich einen Anteil in Höhe von 60 % am Eigenkapital der T-AG darstellt, so ergeben sich Fragen im Hinblick auf den Minderheitsgesellschaftern zuzurechnenden Anteil in Höhe von 40 %. Es können diesbezüglich zwei grundlegend unterschiedliche Sichtweisen eingenommen werden.

Die so genannte Einheitstheorie basiert auf der Annahme, dass der Konzernabschluss die wirtschaftliche Einheit so abbilden soll, dass die Existenz eines einzigen «Konzernunternehmens» fingiert wird (Fiktion der rechtlichen Einheit). Es wird eine homogene Interessenlage sämtlicher Konzerneigenkapitalgeber unterstellt, unabhängig davon, ob es sich um Anteilseigner der Muttergesellschaft oder Minderheitsgesellschafter der Tochtergesellschaft handelt. Die Anteilseigner der Muttergesellschaft sowie die Minderheitsgesellschafter der Tochtergesellschaft werden demnach als gleichberechtigte Anteilseigner des Konzerns angesehen mit der Folge, dass die Anteile der Minderheitsgesellschafter in der Konzernbilanz im Konzerneigenkapital ausgewiesen werden.

Das Gegenstück zur Einheitstheorie ist die Interessentheorie, die die Perspektive der Anteilseigner der Muttergesellschaft in den Mittelpunkt rückt und von einem bestehenden Interessengegensatz zwischen den Anteilseignern der Muttergesellschaft sowie den Minderheitsgesellschaftern ausgeht. Die Minderheitsgesellschafter verfügen über kein Einflusspotenzial hinsichtlich der Steuerung des Konzerns. Der Konzernabschluss bekommt den Charakter eines erweiterten Abschlusses der Muttergesellschaft. Dies kann zum einen dazu führen, dass die Vermögensgegenstände nach wie vor vollständig in die Konzernbilanz übernommen werden, die Minderheitenanteile jedoch anstatt im Eigenkapital jetzt im Fremdkapital ausgewiesen werden (Vollkonsolidierung mit Ausweis der Minderheitenanteile im Fremdkapital des Konzerns). Zum anderen kann man dem Grundgedanken des erweiterten Abschlusses der Muttergesellschaft dadurch Rechnung tragen, dass der Beteiligungsbuchwert in der Bilanz der Muttergesellschaft lediglich durch die anteiligen Vermögensgegenstände und Schulden der Tochtergesellschaft ersetzt wird.

Dies führt zur **partiellen bzw. Quotenkonsolidierung,** bei der es zu keinem Ausweis der Minderheitenanteile kommt. Die folgende Abbildung stellt die beiden Konzeptionen einander gegenüber.

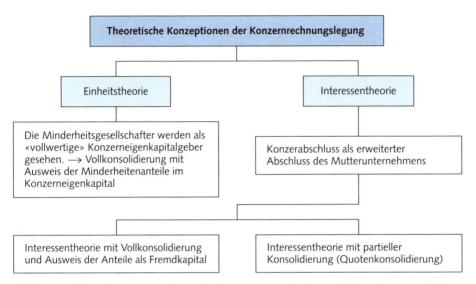

Abbildung 4.3.36: Gegenüberstellung der Konzeptionen der konzernbilanziellen Darstellung von Minderheitenanteilen

3.2.5.4 Rechtliche Grundlagen der Konzernrechnungslegung

3.2.5.4.1 Relevantes Normensystem

Die grundsätzliche Pflicht zur Erstellung von Konzernabschlüssen ergibt sich für Kapitalgesellschaften sowie diesen gleichgestellte Personenhandelsgesellschaften (vgl. § 264a HGB) aus § 290 HGB. Dies bedeutet jedoch nicht, dass grundsätzlich zur Erstellung von Konzernabschlüssen verpflichtete deutsche Unternehmen diese Abschlüsse auch zwingend nach den Regeln des HGB zu erstellen haben. Wie im Abschn. Abschn. 3.2.4.1.5.3 im Einzelnen dargelegt, schreibt § 315a HGB kapitalmarktorientierten Konzernmutterunternehmen die Erstellung von IAS/IFRS-Konzernabschlüssen vor. Dabei ergibt sich auch bei denjenigen Unternehmen, die zur Erstellung von IAS/IFRS-Konzernabschlüssen verpflichtet sind, die Konzernrechnungslegungspflicht als solche aus § 290 HGB. Lediglich im Hinblick auf die technischen Schritte, die zum Konzernabschluss führen, sind die Regeln der IAS/IFRS und nicht die des HGB relevant.

Im Rahmen der folgenden Abschnitte wird der Konzernabschluss auf der Grundlage des HGB behandelt. Eine synoptische Gegenüberstellung der handelsrechtlichen Bestimmungen zur Konzernrechnungslegung und der Regeln der IAS/IFRS erfolgt im Abschn. 3.2.5.11. Die Regelungen für den handelsrechtlichen Konzernabschluss finden sich im zweiten Unterabschnitt des zweiten Abschnitts des dritten Buchs des HGB (Konzernabschluss und Konzernlagebericht) in den §§ 290–315a HGB. Die folgende Tabelle stellt die Struktur der handelsrechtlichen Bestimmungen zur Konzernrechnungslegung dar.

Titel innerhalb des zweiten Unterabschnitts	Regelungsinhalt	Paragraphen
Erster Titel	Anwendungsbereich	§§ 290 bis 293 HGB
Zweiter Titel	Konsolidierungskreis	§§ 294 bis 296 HGB
Dritter Titel	Inhalt und Form des Konzernabschlusses	§§ 297 bis 299 HGB
Vierter Titel	Vollkonsolidierung	§§ 300 bis 307 HGB
Fünfter Titel	Bewertungsvorschriften	§§ 308 bis 309 HGB
Sechster Titel	Anteilmäßige Konsolidierung	§ 310 HGB
Siebenter Titel	Assoziierte Unternehmen	§§ 311 bis 312 HGB
Achter Titel	Konzernanhang	§§ 313 bis 314 HGB
Neunter Titel	Konzernlagebericht	§ 315 HGB
Zehnter Titel	Konzernabschluss nach internationalen Standards	§§ 315a HGB

Wird ein Konzernabschluss gemäß HGB erstellt, so ist sind zusätzlich zu den konkreten gesetzlichen Bestimmungen die Standards des DSR zu beachten (vgl. Abschn. 3.2.4.1.3).

3.2.5.4.2 Grundsätze der Konzernrechnungslegung

Zur Aufstellung des Konzernabschlusses genügt es nicht, die Positionen der Jahresabschlüsse der rechtlich selbständigen Unternehmen zu einem Summenabschluss zusammenzufassen; vielmehr sind **gegenseitige Aufrechnungen** vorzunehmen, um verflechtungsbedingte Doppelzählungen rückgängig zu machen (vgl. Abschn. 3.2.5.2). Es sind darüber hinaus **vorbereitende Maßnahmen** durchzuführen, um zu gewährleisten, dass der Konzernabschluss den Anforderungen der Generalnorm des § 297 Abs. 2 Satz 1 HGB gerecht werden kann. Bei der Durchführung sämtlicher Arbeitsschritte zur Erstellung eines Konzernabschlusses sind bestimmte Grundsätze zu beachten.

(1) Einheitsgrundsatz

Dieser Grundsatz trägt der wirtschaftlichen Einheit des Konzerns Rechnung, indem der Konzernabschluss entsprechend der **Fiktion der rechtlichen Einheit** des Konzerns (§ 297 Abs. 3 HGB) zu entwickeln ist. Damit nehmen die selbständigen Konzernunternehmen den Charakter von unselbständigen Betriebsteilen an. Die Fiktion der rechtlichen Einheit konkretisiert im Hinblick auf die Erfüllung der

Generalnorm des § 297 Abs. 2 Satz 2 HGB, was unter einem «den tatsächlichen Verhältnissen entsprechenden Bild der Vermögens-, Finanz- und Ertragslage des Konzerns» zu verstehen ist (vgl. Abschn. 3.2.5.2).

(2) Vereinheitlichung der Einzelabschlüsse im Rahmen der Erstellung einer Handelsbilanz II

Da insbesondere bei internationalen Konzernen die Einzelanschlüsse der in den Konzernabschluss einzubeziehenden Tochterunternehmen möglicherweise in fremder Währung und nach Regeln erstellt werden, die von den für die Muttergesellschaft geltenden Regeln abweichen, würde eine bloße Zusammenfassung und Konsolidierung der Jahresabschlüsse der Konzernunternehmen (Handelsbilanzen I) zu keinem sinnvollen Ergebnis führen. Um der Informationsfunktion des Konzernabschlusses sowie der grundlegenden Fiktion der rechtlichen Einheit des Konzerns gerecht werden zu können, müssen die in den Konzernabschluss einbezogenen Einzelabschlüsse im Hinblick auf den Bilanzstichtag (§ 299 Abs. 2 HGB), Ansatz- und Bewertungsregeln (§§ 300 und 308 HGB) sowie Ausweis und Währung (§ 308a HGB) vereinheitlicht werden (vgl. Baetge/Kirsch/Thiele [Konzernbilanzen] 68 ff.).

Ausschlaggebend, insbesondere im Hinblick auf Ansatz und Bewertung, ist das für das Mutterunternehmen geltende Recht. Die nach dem Recht des Mutterunternehmens zulässigen Ansatz- bzw. Bewertungswahlrechte können dabei im Konzernabschluss unabhängig von ihrer Ausübung in den Einzelabschlüssen der in den Konzernabschluss einbezogenen Unternehmen neu ausgeübt werden. Die Vereinheitlichung erfolgt im Rahmen der Erstellung einer so genannten Handelsbilanz II, die dann wiederum die Grundlage für die Konsolidierung ist.

(3) Vollständigkeitsgrundsatz (§ 294 Abs. 1 HGB)

Die wirtschaftlichen Verhältnisse des Konzerns lassen sich nur dann zutreffend erfassen, wenn alle Konzernunternehmen in den Abschluss einbezogen werden, um auf diese Weise sämtliche konzerninternen Beziehungen der Konsolidierung zu unterwerfen. Dies betrifft nicht nur inländische, sondern auch ausländische Konzernunternehmen. Man spricht daher auch vom so genannten Weltabschlussprinzip.

(4) Konsolidierungsstetigkeitsgrundsatz (§ 297 Abs. 3 Satz 2 HGB)

Um die Vergleichbarkeit von zeitlich aufeinanderfolgenden Konzernabschlüssen zu wahren, ist bei der Auswahl der Konsolidierungsmethoden nach dem Stetigkeitsgrundsatz zu verfahren. Nur sachliche, keinesfalls bilanzpolitische Kriterien dürfen zu einer Durchbrechung des Kontinuitätsprinzips führen. Die Vergleichbarkeit ist dann mit Hilfe von Erläuterungen im Konzernanhang wiederherzustellen.

(5) Äquivalenzgrundsatz

Bei Konsolidierungsproblemen, die nach dem Einheitsgrundsatz nicht eindeutig gelöst werden können, ist eine möglichst weitreichende Äquivalenz zwischen Einzel- und Konzernabschluss anzustreben. So findet die übliche Verrechnung erfolgswirksamer Konsolidierungsdifferenzen aus Vorjahren mit dem Konzerngewinnvortrag z. B. deshalb keine Zustimmung, weil damit die Position Gewinnvortrag im Konzernabschluss eine unterschiedliche Aussagefähigkeit gegenüber dem Einzelabschluss erfährt. Generell stößt die geforderte Äquivalenz zwischen Einzel- und Konzernabschluss dort an ihre Grenzen, wo die tatsächlich nicht gegebene rechtliche Einheit eine solche Äquivalenz verhindert. Dies ist auch und vor allem im Bereich der Darstellung der Gewinnverwendung der Fall, weil es auf Konzernebene keine Gewinnverwendungsentscheidung geben kann.

(6) Wirtschaftlichkeitsgrundsatz

Obwohl grundsätzlich eine vollständige Ausschaltung konzerninterner Beziehungen zu befürworten ist, müssen die damit verbundenen Kosten in einem **angemessenen Verhältnis** zu dem daraus erzielten **Informationszuwachs** stehen. Wenngleich dieser Grundsatz im Gesetz nirgendwo ausdrücklich formuliert ist, findet er seinen Niederschlag in diversen **Vereinfachungsregeln** innerhalb des HGB. So brauchen z. B. Konzerntochterunternehmen von nur geringer Bedeutung für den Konzernabschluss nicht konsolidiert zu werden (§ 296 Abs. 2 HGB). Auch darf die Durchführung der Schuldenkonsolidierung, der Zwischenergebniseliminierung sowie der Aufwands- und Ertragskonsolidierung unterbleiben, sofern diese Konsolidierungsschritte für die Erfüllung der Informationsfunktion des Konzernabschlusses von untergeordneter Bedeutung sind (§§ 303 Abs. 2, 304 Abs. 2 sowie 305 Abs. 2 HGB).

3.2.5.4.3 Pflicht zur Erstellung eines Konzernabschlusses

> Gemäß § 290 Abs. 1 HGB sind Mutterunternehmen in der Rechtsform einer inländischen Kapitalgesellschaft bzw. einer dieser gleichgestellten Personenhandelsgesellschaft (vgl. § 264a HGB) zur Konzernrechnungslegung verpflichtet, wenn sie einen **beherrschenden Einfluss** auf ein oder mehrere andere Unternehmen (Tochterunternehmen) ausüben können.

Von einem derartigen Beherrschungspotenzial ist gem. § 290 Abs. 2 Nr. 1–4 HGB immer dann auszugehen, wenn das Mutterunternehmen

- über die **Mehrheit der Stimmrechte** des anderen Unternehmens verfügt,
- Gesellschafter des anderen Unternehmens ist und über das Recht verfügt, die **Mehrheit der Mitglieder** des Verwaltungs-, Leitungs- oder Aufsichtsorgans zu bestellen oder abzuberufen,
- das Recht hat, auf Grund eines Beherrschungsvertrages oder einer Satzungsbestimmung einen **beherrschenden Einfluss** auf das Tochterunternehmen auszuüben oder
- bei wirtschaftlicher Betrachtung Träger der Mehrheit der Chancen und Risiken einer **Zweckgesellschaft** ist.

Für Mutterunternehmen eines Konzerns, die nicht in der Rechtsform einer Kapitalgesellschaft bzw. Personenhandelsgesellschaft i. S. d. 264a HGB organisiert sind, resultiert die Pflicht zur Erstellung eines Konzernabschlusses aus § 11 PublG, sofern mindestens zwei der drei dort aufgeführten Größenkriterien (Konzernbilanzsumme, Umsatzerlöse der Konzern-GuV sowie Konzernarbeitnehmerzahl) an drei aufeinander folgenden Konzernabschlussstichtagen überschritten werden. Die Grundstruktur der für die Aufstellungspflicht geltenden Regeln wird in folgender Übersicht noch einmal dargestellt.

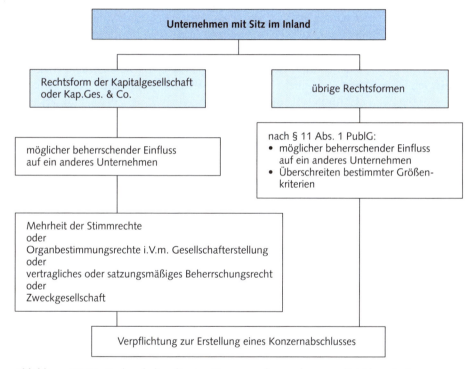

Abbildung 4.3.37: Sachverhalte, die eine Konzernrechnungslegungspflicht begründen

Bei der Prüfung der Frage, ob ein Mutter-Tochter-Verhältnis vorliegt, sind auch indirekte Beteiligungen zu berücksichtigen: So werden gem. § 290 Abs. 3 HGB dem Mutterunternehmen beispielsweise auch die Rechte zugerechnet, die einem Tochterunternehmen zustehen.

Bei Vorliegen einer indirekten Beteiligung der Mutter- an der Enkelgesellschaft (vgl. Abbildung 4.3.38) führt dies dazu, dass ein Mutter-Tochter-Verhältnis zwischen der Tochter- und der Enkelgesellschaft gegeben ist, ein weiteres Mutter-Tochter-Verhältnis zwischen der Mutter- und der Tochtergesellschaft besteht und schließlich auch ein Mutter-Tochter-Verhältnis zwischen der Mutter- und der Enkelgesellschaft existiert. Daraus resultiert die Pflicht der Muttergesellschaft, gem. § 290 HGB einen

Konzernabschluss aufzustellen, in den dann die Tochter- und die Enkelgesellschaft einbezogen werden müssen. Aber auch die Tochtergesellschaft ist zur Aufstellung eines Konzernabschlusses verpflichtet, da sie gegenüber der Enkelgesellschaft als Muttergesellschaft fungiert. Diese Rechtsfolge einer prinzipiellen Konzernrechnungslegungspflicht auf mehreren Konzernstufen wird als Tannenbaumprinzip bezeichnet.

Grundsätzlich müssten somit auf jeder Stufe des Konzerns Teilkonzernabschlüsse erstellt werden Ein solcher Teilkonzernabschluss braucht jedoch dann nicht aufgestellt zu werden, wenn das betreffende Tochterunternehmen in einen übergeordneten Konzernabschluss einbezogen wird, der die in den §§ 291 bzw. 292 HGB aufgeführten qualitativen Anforderungen erfüllt. Ein solcher übergeordneter Konzernabschluss hat dann befreiende Wirkung (befreiender Konzernabschluss). Diese Aufhebung des Tannenbaumprinzips ist das Ergebnis von Wirtschaftlichkeitsüberlegungen: So erscheint es fraglich, ob durch die Pflicht zur Erstellung von Teilkonzernabschlüssen auf sämtlichen Konzernstufen ein die mit der Aufstellung verbundenen Kosten mehr als kompensierender Informationsnutzen generiert wird.

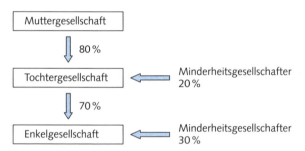

Abbildung 4.3.38: Indirekte Beteiligung der Mutter- an der Enkelgesellschaft

Die im HGB kodifizierte Konzernrechnungslegungspflicht erstreckt sich grundsätzlich auf alle Mutterunternehmen in der Rechtsform der AG, KGaA, GmbH sowie auf Personenhandelsgesellschaften i. S. d. § 264a HGB. Neben den Befreiungstatbeständen der §§ 291 und 292 HGB wird ein Mutterunternehmen darüber hinaus entsprechend dem Bilanzierungsgrundsatz der Wesentlichkeit von der Pflicht zur Erstellung eines Konzernabschlusses befreit, wenn entweder die Einzelabschlüsse der einzubeziehenden Konzernunternehmen in ihrer bloßen Addition (Bruttomethode) oder ein vorab erstellter (Probe-)Konzernabschluss (Nettomethode) bestimmte Größenkriterien (Bilanzsumme Umsatzerlöse Zahl der Arbeitnehmer) erfüllt (größenabhängige Befreiung nach § 293 Abs. 1 Nr. 1 HGB).

Eine größenabhängige Befreiung kommt demgegenüber nach § 293 Abs. 5 i. V. m. § 264d HGB dann nicht in Betracht, wenn das Mutterunternehmen oder ein in den Konzernabschluss einbezogenes Tochterunternehmen am Abschlussstichtag einen organisierten Markt i. S. d. § 2 Abs. 5 Wertpapierhandelsgesetz (WpHG) durch von ihm ausgegebene Wertpapiere i. S. d. § 2 Abs. 1 Satz 1 WpHG in Anspruch nimmt oder die Zulassung zum Handel an einem organisierten Markt beantragt worden ist (**kapitalmarktorientiertes Unternehmen** gem. § 264d HGB).

3.2.5.4.4 Abgrenzung des Konsolidierungskreises

Gemäß § 294 Abs. 1 HGB sind in den Konzernabschluss das Mutterunternehmen sowie grundsätzlich sämtliche in- und ausländischen Tochterunternehmen einzubeziehen, d. h. es ist ein **Weltabschluss** zu erstellen.

> Der Weltabschluss umfasst grundsätzlich alle Konzernunternehmen unabhängig von ihrem Sitz.

Ausnahmen von dieser umfassenden Einbeziehungspflicht sind im § 296 HGB in Form von ausdrücklichen **Einbeziehungswahlrechten** geregelt: Sofern die Rechte des Mutterunternehmens in Bezug auf das Vermögen oder die Geschäftsführung eines Tochterunternehmens nachhaltig beschränkt sind (§ 296 Abs. 1 Nr. 1 HGB), die Aufnahme eines Unternehmens in den Konzernabschluss mit unverhältnismäßig hohen Kosten oder zeitlichen Verzögerungen verbunden wäre (§ 296 Abs. 1 Nr. 2 HGB), die Anteile an dem Tochterunternehmen ausschließlich zum Zwecke der Weiterveräußerung gehalten werden (§ 296 Abs. 1 Nr. 3 HGB) oder ein Unternehmen für den Konzern nur von untergeordneter Bedeutung ist (§ 296 Abs. 2 HGB), besteht ein Einbeziehungswahlrecht.

Zum Konsolidierungskreis im weiteren Sinne gehören darüber hinaus **Gemeinschaftsunternehmen** (§ 310 HGB) und **assoziierte Unternehmen** (§ 311 HGB), die sich von Tochterunternehmen durch einen geringeren Grad der Einflussnahme des Konzerns unterscheiden (vgl. zum so genannten Stufenkonzept Abschn. 3.2.5.6).

3.2.5.5 Vollkonsolidierung

> Im Rahmen der Vollkonsolidierung werden die Vermögensgegenstände, Schulden, Rechnungsabgrenzungsposten und Sonderposten des Mutter- sowie der einzubeziehenden Tochterunternehmen **vollständig** in die Konzernbilanz übernommen (vgl. Abschn. 3.2.5.3).

Die Konzernbilanz ist eine Bilanz der wirtschaftlichen Einheit Konzern, die durch additive Zusammenfassung der Einzelbilanzen der zum Konzern gehörenden Unternehmen zu einer Summenbilanz und anschließende Bereinigung um innerkonzernliche Beziehungen (Konsolidierung) erstellt wird. Analoges gilt für die Konzern-Gewinn- und Verlustrechnung.

3.2.5.5.1 Kapitalkonsolidierung

3.2.5.5.1.1 Vollkonsolidierung mit Minderheitenausweis im einstufigen Konzern

Ein einstufiger Konzern ist dadurch gekennzeichnet, dass das Mutterunternehmen lediglich unmittelbare Beteiligungen an dem bzw. den Tochterunternehmen hält. Am Beispiel des einstufigen Konzerns wird im Folgenden die Vorgehensweise der Kapitalkonsolidierung gem. § 301 HGB erläutert.

> Im Rahmen der Kapitalkonsolidierung wird der Buchwert der Beteiligung des Mutterunternehmens mit dem anteiligen Betrag des Eigenkapitals des Tochterunternehmens verrechnet.

Der Durchführung der Kapitalkonsolidierung gem. § 301 HGB liegt die so genannte Erwerbsmethode (Purchase-Methode) zu Grunde. Charakteristisch hierfür ist die Einzelerwerbsfiktion: Es wird so getan, als ob das Mutterunternehmen die einzelnen Vermögensgegenstände und Schulden des Tochterunternehmens anteilig erworben hätte. Dies wiederum bedingt eine konsequente Unterscheidung von Erst- und Folgekonsolidierung. Gemäß § 301 HGB erfolgt die Kapitalkonsolidierung grundsätzlich nach der so genannten Neubewertungsmethode. Das folgende Beispiel illustriert die Vorgehensweise. Dabei werden in den Konsolidierungsschemata die Summenbilanzspalten (vgl. Abschn. 3.2.5.2) vereinfachend weggelassen.

> **Beispiel**
> **Kapitalkonsolidierung nach § 301 HGB (Neubewertungsmethode)**
> Die M-AG erwirbt am 31.12.01 eine 70 %-ige Beteiligung an der T-AG zu einem Preis von 1.000, Anschaffungsnebenkosten fallen nicht an. Die verkürzten Einzelbilanzen weisen am 31.12.01 folgende Positionen aus:

A	M-AG		P
Beteiligung T-AG	1.000	Gezeichnetes Kapital	1.500
Diverse Aktiva	3.000	Rücklagen	800
		Jahresüberschuss	500
		Fremdkapital	1.200
	4.000		4.000

A	T-AG		P
Maschinen	1.500	Gezeichnetes Kapital	900
Diverse Aktiva	500	Rücklagen	200
		Jahresüberschuss	100
		Fremdkapital	800
	2.000		2.000

Der Zeitwert der in der Bilanz der T-AG enthaltenen Maschinen betrage 1.600, so dass sich stille Reserven in Höhe von 100 ergeben. Die (Rest-)Nutzungsdauer betrage 5 Jahre (lineare Abschreibung); der Geschäfts- oder Firmenwert werde linear zu einem Drittel, beginnend mit dem Folgejahr, abgeschrieben.

(a) Konsolidierung zum 31.12.01 (Erstkonsolidierung)

Bilanzpositionen	M-AG	T-AG (HB III)	Konsolidierung		Konzernbilanz zum 31.12.01
			Soll	Haben	
Geschäftswert			1) 90		90
Maschinen		1.600			1.600
Beteiligung	1.000			1) 1.000	0
Diverse Aktiva	3.000	500			3.500
Bilanzsumme	4.000	2.100			5.190
Gezeichnetes Kapital	1.500	900	1) 630 2) 270		1.500
Rücklagen	800	200	1) 140 2) 60		800
Jahresüberschuss	500	100	1) 70 2) 30		500
Neubewertungs-Rücklage		100	1) 70 2) 30		0
Anteile in Fremdbesitz				2) 390	390
Fremdkapital	1.200	800			2.000
Bilanzsumme	4.000	2.100			5.190

Im Rahmen der **Neubewertungsmethode** sind die in den Konzernabschluss aufzunehmenden Vermögensgegenstände, Schulden etc. mit dem beizulegenden Zeitwert zum Erwerbs- oder Erstkonsolidierungszeitpunkt anzusetzen (§ 301 Abs. 1 Satz 2 HGB). Die Aufdeckung stiller Reserven und bzw. oder stiller Lasten erfolgt im Rahmen der Erstellung einer so genannten Handelsbilanz III (HB III, vgl. zur HB II Abschn. 3.2.5.4.2). Die Aufdeckung der im Beispiel vorhandenen stillen Reserven macht die Bildung einer Neubewertungsrücklage auf der Passivseite innerhalb der HB III erforderlich. Die Durchführung der **Erstkonsolidierung**, also der erstmaligen Einbeziehung der T-AG in den Konzernabschluss, erfordert die folgenden, in dem obigen Konsolidierungsschema enthaltenen Konsolidierungsschritte:

In Buchung 1) erfolgt die Aufrechnung der Beteiligung an der T-AG mit dem anteiligen konsolidierungspflichtigen Eigenkapital, zu dem auch die durch die Neubewertung aufgedeckten stillen Reserven der Tochtergesellschaft zu rechnen sind (§ 301 Abs. 1 Satz 1 HGB).

Gezeichnetes Kapital	900		
Rücklagen	200		
Jahresüberschuss	100		
Neubewertungs-Rücklage	100	Buchwert der Beteiligung	1.000
neubewertetes Eigen- kapital T-AG	1.300 →	– anteiliges Eigenkapital (70 % von 1.300)	910
		Konzern-Geschäftswert	90

Im vorliegenden Beispiel übersteigt der Beteiligungsbuchwert das konsolidierungspflichtige Eigenkapital. Es ergibt sich aus der Aufrechnung ein **aktivischer Unterschiedsbetrag** (Beteiligungsbuchwert > anteiliges Eigenkapital). Dieser Unterschiedsbetrag wird als Geschäfts- oder Firmenwert in der Konzernbilanz ausgewiesen (§ 301 Abs. 3 HGB). Hätte sich bei der Aufrechnung des Beteiligungsbuchwertes mit dem anteiligen konsolidierungspflichtigen Eigenkapital dagegen eine **passivische Differenz** (Beteiligungsbuchwert < anteiliges Eigenkapital) ergeben, so wäre der entsprechende Betrag als «Unterschiedsbetrag aus der Kapitalkonsolidierung» auf der Passivseite der Konzernbilanz auszuweisen.

An der Tochtergesellschaft sind **Minderheitsgesellschafter** mit einem Anteil von 30 % beteiligt. Deren Anteil am konsolidierungspflichtigen Eigenkapital nach Neubewertung (0,3 × 1.300 = 390) wird entsprechend der Einheitstheorie (vgl. Abschn. 3.2.5.3) gesondert in einem Ausgleichsposten innerhalb des Eigenkapitals ausgewiesen (§ 307 HGB). Der Ausgleichsposten beinhaltet auch die auf die Minderheitsgesellschafter entfallenden und aufgelösten stillen Reserven. Dies erfolgt durch Buchung 2):

Gezeichnetes Kapital	0,3*900 = 270			
Rücklagen	0,3*200 = 60			
Jahresüberschuss	0,3*100 = 30			
Neubewertungs-Rücklage	0,3*100 = 30	an	Anteile in Fremdbesitz	390

Durch zeilenweise Addition der Einzelabschlusswerte unter Berücksichtigung der Korrekturbuchungen ergibt sich schließlich die Konzernbilanz.

(b) Konsolidierung zum 31.12.02 (Folgekonsolidierung)

Im Folgejahr 02 wie auch in den darauf folgenden Jahren während der Konzernzugehörigkeit der T-AG muss die Kapitalkonsolidierung jeweils erneut durchgeführt werden **(Folgekonsolidierung)**. Es ist dabei allerdings nicht mit einer identischen Wiederholung der Erstkonsolidierungsbuchungen getan, sondern es kommt darüber hinaus zu weitergehenden **erfolgswirksamen Korrekturen**.

Innerhalb des Zahlenbeispiels verändern sich die Einzelbilanzen der Folgeperiode 02 gegenüber dem Vorjahr folgendermaßen: Die M-AG erzielt im Folgejahr erneut einen Jahresüberschuss von 500, der Jahresüberschuss der Periode 01 wurde vollständig ausgeschüttet. Bei der T-AG werden die Maschinen um 300 (1/5 von 1.500) abgeschrieben. Die diversen Aktiva erhöhen sich um 300. Die

T-AG erwirtschaftet keinen Jahresüberschuss, während der Jahresüberschuss der Vorperiode in die Rücklagen eingestellt wurde.

Bilanzpositionen	M-AG	T-AG (HB III)	Konsolidierung Soll	Konsolidierung Haben	Konzernbilanz zum 31.12.02
Geschäftswert			1) 90	5) 30	60
Maschinen		1.300		4) 20	1.280
Beteiligung	1.000			1) 1.000	0
Diverse Aktiva	3.000	800			3.800
Bilanzsumme	4.000	2.100			5.140
Gezeichnetes Kapital	1.500	900	1) 630 2) 270		1.500
Rücklagen	800	300	1) 140 2) 90 3) 70		800
Jahresüberschuss	500		1) 70 4) 14 5) 30	3) 70	456
Neubewertungs-Rücklage		100	1) 70 2) 30		0
Anteile in Fremdbesitz			4) 6	2) 390	384
Fremdkapital	1.200	800			2.000
Bilanzsumme	4.000	2.100			5.140

Im Rahmen der Erstellung der HB III der T-AG werden die stillen Reserven in dem Ausmaß, in dem sie im Erstkonsolidierungszeitpunkt existierten, aufgedeckt. Es kommt erneut zur Bildung einer Neubewertungsrücklage in Höhe von 100.

Konsolidierungsschritt 1) entspricht der Erstkonsolidierung. Somit werden in Bezug auf die Beteiligung der M-AG die Wertverhältnisse aus dem Zeitpunkt der Erstkonsolidierung wieder hergestellt.

Der Ausweis der Fremdanteile (Konsolidierungsschritt 2)) ändert sich nur durch die Gewinnthesaurierung der T-AG, so dass im Ergebnis 30 % des aktuell ausgewiesenen Eigenkapitals der T-AG in die Position «Anteile in Fremdbesitz» umgebucht werden.

Gezeichnetes Kapital	0,3*900 = 270		
Rücklagen	0,3*200 = 90		
Neubewertungs-Rücklage	0,3*100 = 30	an Anteile in Fremdbesitz	390

Mit Konsolidierungsschritt 3) wird eine doppelte Korrektur des Jahresüberschusses durch die Erstkonsolidierung vermieden. Dies ist erforderlich, da der von der T-AG im Jahr 02 erwirtschaftete Erfolg nicht zum erworbenen, sondern zum vom Konzern erwirtschafteten Eigenkapital gehört und eine Einbeziehung dieses Betrags in die Aufrechnung den Ausweis des Konzernerfolgs verfälschen würde (vgl. Küting / Weber [Konzernabschluss] 218). Die Korrektur der Rücklagen ist plausibel, da aufgrund der Thesaurierung seitens des Tochterunternehmens der entsprechende Jahresüberschuss aus der Periode 01 auf der Ebene des Tochterunternehmens tatsächlich in die Gewinnrücklagen eingestellt wurde.

Rücklagen	70	an	Jahresüberschuss	70

Die Abschreibungen auf die aufgelösten stillen Reserven (1/5 von 100 entsprechend der Restnutzungsdauer der Maschinen) und den Geschäftswert (1/3 von 90 entsprechend der Nutzungsdauer von drei Jahren) werden mit den Konsolidierungsschritten 4) und 5) vorgenommen. Hierdurch kommt der **erfolgswirksame Charakter** der Erwerbsmethode zum Ausdruck.

Als logische Konsequenz der vollständigen Aufdeckung der stillen Reserven, die z. T. den außenstehenden Aktionären zuzurechnen sind, bedarf es im Konsolidierungsschritt 4) einer Aufspaltung des Abschreibungsbetrags: Dieser wird zu 70 % (14) gegen den Konzernjahresüberschuss verrechnet, während in Höhe von 6 eine Korrektur des Ausweises der Anteile in Fremdbesitz erforderlich ist.

Jahresüberschuss	14			
Anteile in Fremdbesitz	6	an	Maschinen	20

Generell gilt: Die aufgedeckten stillen Reserven bzw. stillen Lasten teilen das Schicksal der Vermögensgegenstände bzw. Schulden, bei denen sie aufgedeckt werden.

Die planmäßige Abschreibung des Geschäfts- oder Firmenwerts im Buchungssatz 5) ergibt sich aus § 309 Abs. 1 HGB i. V. m. § 246 Abs. 1 und § 253 Abs. 3 HGB. Eine Zerlegung des Abschreibungsbetrags in Analogie zur Vorgehensweise im Rahmen der Abschreibung der aufgedeckten stillen Reserven kommt nicht in Betracht, da es sich bei dem Betrag in Höhe von 90 um den **anteiligen** Geschäfts- oder Firmenwert handelt (Residuum aus der Verrechnung des Buchwerts der 70 %igen Beteiligung mit dem anteiligen Eigenkapital).

Jahresüberschuss	30	an	Geschäftswert	30

Ein Unterschiedsbetrag aus der Kapitalkonsolidierung auf der Passivseite kann nur erfolgswirksam aufgelöst werden, wenn entweder die im Erwerbszeitpunkt erwarteten künftigen Verluste eintreten oder am Abschlussstichtag feststeht, dass es sich um einen Gelegenheitskauf (so genannter Lucky Buy) handelt (§ 309 Abs. 2 HGB).

An der grundsätzlichen Vorgehensweise im Rahmen der Folgekonsolidierung ändert sich auch in den folgenden Jahren nichts. Allerdings ist folgender Aspekt zu berücksichtigen: Da es im Rahmen einer Folgekonsolidierung immer zur Wiederherstellung der Wertverhältnisse aus dem Zeitpunkt der Erstkonsolidierung kommt, müssen im Hinblick auf eine korrekte Darstellung der noch auszuweisenden stillen

Reserven sowie des noch auszuweisenden Geschäfts- oder Firmenwerts die jeweiligen Abschreibungen über die Jahre seit der Erstkonsolidierung kumuliert vorgenommen werden. Jedoch darf es nicht zu einer zwei- oder mehrfachen Aufwandsberücksichtigung kommen.

So wäre beispielsweise in der Periode 03 der aus der Buchung 1) resultierende Geschäfts- oder Firmenwerts in Höhe von 90 auf einen Restbuchwert von 30 abzuschreiben. Die Wertdifferenz von 60 ist im Jahr 03 jedoch nur zur Hälfte erfolgswirksam, da die übrigen 30 bereits im Jahr 02 den Jahresüberschuss gemindert haben. Also wird die erforderliche Wertkorrektur in Höhe von 30 erfolgswirksam gebucht und die restlichen 30 erfolgsneutral gegen das Eigenkapital gebucht. Innerhalb des Eigenkapitals kommt hierfür beispielsweise der Ergebnisvortrag in Betracht.

Das obige Beispiel basierte auf der Anwendung der Neubewertungsmethode. Bis zur Reformierung des HGB durch das BilMoG war alternativ zur Neubewertungsmethode die Anwendung der so genannten Buchwertmethode zulässig. Bei dieser erfolgt die Aufdeckung stiller Reserven und bzw. oder stiller Lasten nicht im Rahmen einer HB III, sondern innerhalb der Konsolidierung. Übersteigt beispielsweise der Beteiligungsbuchwert das Eigenkapital des Tochterunternehmens auf Buchwertbasis, so ergibt sich aus der Aufrechnung ein aktivischer Unterschiedsbetrag. Dieser wird auf seine Ursachen hin untersucht und sodann den annahmegemäß in der Bilanz der Tochtergesellschaft vorhandenen stillen Reserven anteilig zugeordnet, d. h. direkt bei den entsprechenden Vermögensgegenständen und Schuldpositionen verbucht. Ein nach der Auflösung der stillen Reserven verbleibender Restbetrag wird ebenso wie eine Aufrechnungsdifferenz bei der Neubewertungsmethode als Geschäfts- oder Firmenwert in der Konzernbilanz ausgewiesen.

Materiell unterscheiden sich Buchwert- und Neubewertungsmethode hinsichtlich des Ausweises der auf die Minderheitsgesellschafter entfallenden stillen Reserven. Während die Buchwertmethode diesen Teil der stillen Reserven in der Konzernbilanz nicht auflöst, erhöht die Neubewertungsmethode den Ausgleichsposten für Anteile in Fremdbesitz um den entsprechenden Betrag und behandelt insofern Konzernanteilseigner und Minderheitsgesellschafter als Eigenkapitalgeber des Konzerns gleich. Die Buchwertmethode wird aufgrund der Verabschiedung des BilMoG zukünftig nur noch im Rahmen der Übergangsregeln des EGHGB zur Anwendung kommen.

Es ist schließlich darauf hinzuweisen, dass bei der Durchführung der Kapitalkonsolidierung in den Perioden nach der Erstkonsolidierung, wie gezeigt, erfolgswirksame Konsolidierungsbuchungen erforderlich werden. Diese schlagen sich natürlich auch in der Konzern-Gewinn- und Verlustrechnung nieder, was hier aufgrund der isolierten Betrachtung der Konzernbilanz vernachlässigt wurde.

Mit Bezug auf Artikel 20 der 7. EG-Richtlinie wurde durch das Bilanzrichtliniengesetz vom 18.12.1985 neben der Erwerbsmethode nach § 301 HGB eine weitere, erfolgsneutrale Variante der Kapitalkonsolidierung in das deutsche Recht eingeführt, die als Kapitalkonsolidierung bei Interessenzusammenführung, so genannte Interessenzusammenführungsmethode, oder auch als Pooling-of-Interests-Methode gekennzeichnet, in § 302 HGB geregelt war. Der Grundkonzeption dieser Methode lag der Fall eines gleichberechtigten Zusammenschlusses zweier oder mehrerer Unternehmen zugrunde, bei dem keine Kaufpreiszahlung, sondern ein Anteilstausch beabsichtigt war. Diese nur unter bestimmten Voraussetzungen zulässige Methode ist mit dem Inkrafttreten des BilMoG am 29.5.2009 durch Streichung des § 302 HGB nicht mehr anwendbar.

3.2.5.5.1.2 Besonderheiten der Vollkonsolidierung mit Minderheitenausweis im mehrstufigen Konzern

Im vorigen Abschnitt wurde unterstellt, dass zum Konzern lediglich eine Mutter- und eine Tochtergesellschaft gehören, zwischen denen ein Beteiligungsverhältnis besteht. In der Realität liegen jedoch in den meisten Fällen sehr viel komplexere, **verschachtelte Konzernstrukturen** vor (vgl. Fischer [Konzern] 15 ff.). Ein Charakteristikum verschachtelter Konzerne ist die Mehrstufigkeit: Von einem **mehrstufigen Konzern** wird dann gesprochen, wenn Tochtergesellschaften der Muttergesellschaft zugleich als Muttergesellschaft untergeordneter Tochterunternehmen fungieren (Zwischengesellschaft). Ein einfach strukturierter zweistufiger Konzern lässt sich somit z. B. folgendermaßen darstellen, wobei die Pfeile Beteiligungen repräsentieren:

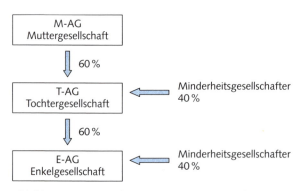

Abbildung 4.3.39: Einfach strukturierter zweistufiger Konzern

Darüber hinaus können bei verschachtelten Konzernen auf den einzelnen Konzernstufen unterhalb der Muttergesellschaft jeweils mehrere Unternehmen auftreten, die innerhalb der jeweiligen Konzernstufe **Querbeteiligungen** und zwischen den einzelnen Konzernstufen zusätzlich **Rückbeteiligungen** von untergeordneten an übergeordneten Konzernunternehmen aufweisen. Schließlich können unmittelbare Beteiligungen über mehrere Stufen hinweg vorliegen.

> Ein **verschachtelter Konzern** liegt dann vor, wenn er eine mehrstufige Struktur aufweist und zwischen den einzelnen Konzerngesellschaften auf einer bzw. auf unterschiedlichen Konzernstufen **Quer- und Rückbeteiligungen** auftreten.

Grundsätzlich existieren bei Vorliegen verschachtelter Konzerne zwei alternative Vorgehensweisen der Kapitalkonsolidierung:

1. die schrittweise Konsolidierung von Stufe zu Stufe (Kettenkonsolidierung), bei der ausgehend von der untersten Konzernstufe unter Einbeziehung der Zwischengesellschaft auf der nächsthöheren Stufe ein Teilkonzernabschluss erstellt wird, der dann wiederum in die Konsolidierung der nächsthöheren Stufe eingeht, bis auf diese Weise ein Konzernabschluss für den gesamten Konzern entsteht;
2. die Konsolidierung in einem Schritt (Simultankonsolidierung), bei der die Kapitalkonsolidierung auf der Grundlage der Lösung eines linearen Gleichungssystems in einem einzigen Schritt erfolgen kann und somit die Aufstellung von Teilkonzernabschlüssen entfällt.

Die Anwendung der Verfahren der Simultankonsolidierung ist nach Umsetzung der 7. EG-Richtlinie problematisch, da diese Verfahren keine Unterscheidung von Erst- und Folgekonsolidierung erlauben und darüber hinaus aktivische und passivische Unterschiedsbeträge saldiert werden (Baetge/Kirsch/Thiele [Konzernbilanzen] 380 ff.). Im Folgenden wird daher lediglich auf die Kettenkonsolidierung vertiefend eingegangen.

Beispiel
Kettenkonsolidierung im Rahmen der Kapitalkonsolidierung nach § 301 HGB (Erstkonslidierung)
Die M-AG erwirbt am 31.12.01 eine 60 %-ige Beteiligung an der T-AG zu einem Preis von 1.750. Am gleichen Tag erwirbt die T-AG wiederum eine ebenfalls 60 %-ige Beteiligung an der E-AG. Die Anschaffungskosten betragen hierbei 650. Dem Beispiel liegt somit die in Abbildung 4.3.39 dargestellte Konzernstruktur zu Grunde. Die verkürzten Einzelbilanzen der drei Gesellschaften haben folgendes Aussehen:

A	M-AG		P
Beteiligung T-AG	1.750	Eigenkapital	2.000
Diverse Aktiva	2.000	Fremdkapital	1.750
	3.750		3.750

A	T-AG		P
Beteiligung E-AG	700	Eigenkapital	1.500
Maschinen	1.000	Fremdkapital	1.050
Diverse Aktiva	850		
	2.550		2.550

A	E-AG		P
Maschinen	600	Eigenkapital	500
Diverse Aktiva	400	Fremdkapital	500
	1.000		1.000

Die in der Bilanz der E-AG ausgewiesenen Maschinen enthalten stille Reserven in Höhe von 600, während die in der Bilanz der T-AG ausgewiesenen Maschinen stille Reserven von 900 enthalten.

(1) Erstellung des Teilkonzernabschlusses zum 31.12.01

Bilanzpositionen	T-AG	E-AG (HB III)	Konsolidierung		Teilkonzernbilanz zum 31.12.01
			Soll	Haben	
Geschäftswert			1) 40		40
Maschinen	1.000	1.200			2.200
Beteiligung E-AG	700			1) 700	0
Diverse Aktiva	850	400			1.250
Bilanzsumme	2.550	1.600			3.490
Sonstiges Eigenkapital	1.500	500	1) 300 2) 200		1.500
Neubewertungs-Rücklage		600	1) 360 2) 240		0
Anteile in Fremdbesitz				2) 440	440
Fremdkapital	1.050	500			1.550
Bilanzsumme	2.550	1.600			3.490

Im ersten Schritt kommt es zur Aufdeckung der vorhandenen stillen Reserven in der Bilanz der E-AG in der Position Maschinen (600) und zur Bildung einer Neubewertungs-Rücklage in Höhe von 600. Das Resultat ist die HB III der E-AG. Im Rahmen der Konsolidierungsbuchung 1) erfolgt dann die Aufrechnung der Beteiligung an der E-AG mit dem anteiligen Eigenkapital der E-AG nach Neubewertung. Es ergibt sich ein Geschäftswert von 40:

Sonstiges Eigenkapital	500		Buchwert der Beteiligung	700
Neubewertungs-Rücklage	600	→	– anteiliges Eigenkapital	
neubewertetes Eigenkapital E-AG	1.100		(60 % von 1.100)	660
			Geschäftswert	40

Durch Buchungssatz 2) wird der korrekte Ausweis der Anteile in Fremdbesitz in Höhe von 40 % des Eigenkapitals der E-AG (0,4 × 1.100 = 440) sichergestellt:

Sonstiges Eigenkapital	0,4*500 = 200			
Neubewertungs-Rücklage	0,4*600 = 240	an	Anteile in Fremdbesitz	440

Es ergibt sich aus den Konsolidierungsschritten eine Bilanz für den Teilkonzern T/E.

(2) Erstellung des Konzernabschlusses

Um zu einem Gesamtkonzernabschluss zu gelangen, sind nun der erstellte Teilkonzernabschluss und der Jahresabschluss der M-AG zusammenzufassen und durch Konsolidierung an die Konzerngegebenheiten anzupassen.

Dazu ist zunächst die HB III für den Teilkonzern durch Aufdeckung der in der Position Maschinen der T-AG enthaltenen stillen Reserven sowie die korrespondierende Bildung einer Neubewertungs-Rücklage in Höhe von 900 zu erstellen.

Bilanzpositionen	M-AG	Teilkonzern (HB III)	Konsolidierung		Konzernbilanz zum 31.12.01
			Soll	Haben	
Geschäftswert		40	1) 310		350
Maschinen		3.100			3.100
Beteiligung T-AG	1.750	0		1) 1.750	0
Diverse Aktiva	2.000	1.250			3.250
Bilanzsumme	3.750	4.390			6.700
Sonstiges Eigenkapital	2.000	1.500	1) 900 2) 600		2.000
Neubewertungs-Rücklage		900	1) 540 2) 360		0
Anteile in Fremdbesitz		440		2) 960	1.400
Fremdkapital	1.750	1.550			3.300
Bilanzsumme	2.550	4.390			6.700

Die Durchführung der Kapitalkonsolidierung erfolgt durch Aufrechnung der Beteiligung an der T-AG mit dem anteiligen Eigenkapital aus dem Teilkonzernabschluss nach Neubewertung (Buchungssatz 1)). Der aktive Unterschiedsbetrag in Höhe von 310 verkörpert den Geschäftswert:

Sonstiges Eigenkapital	1.500			
Neubewertungs-Rücklage	900		Buchwert der Beteiligung	1.750
neubewertetes Eigenkapital T-AG	2.400	→	− anteiliges Eigenkapital (60 % von 2.400)	1.440
			(zusätzlicher) Geschäftswert	310

Buchungssatz 2) führt zum Ausweis der Anteile in Fremdbesitz in Höhe von 40 % des Eigenkapitals der T-AG ($0{,}4 \times 2.400 = 960$):

```
Sonstiges Eigenkapital      0,4*1.500 = 600
Neubewertungs-Rücklage  0,4*900 = 360    an    Anteile in Fremdbesitz    960
```

Bei der hier dargestellten Vorgehensweise der Kettenkonsolidierung wurden so genannte **additive Beteiligungsquoten** verwendet. Dabei liegen der Konsolidierung die unmittelbaren Beteiligungsquoten am Eigenkapital der E-AG zugrunde, also 60 % als Konzernanteil und 40 % als Minderheitenanteil. Im Gegensatz hierzu wird vielfach die Ansicht vertreten, dass im Rahmen der Kapitalkonsolidierung im mehrstufigen Konzern **indirekte Beteiligungsverhältnisse** explizit zu berücksichtigen sind (vgl. z. B. Adler / Düring / Schmaltz [Rechnungslegung] § 301 Tz. 227 ff.). Dies wird durch die Verwendung so genannter **multiplikativ ermittelter Beteiligungsquoten** erreicht, die durch multiplikative Verknüpfung der Beteiligungsquoten über mehrere Konzernstufen hinweg rechnerisch ermittelt werden. Im vorliegenden Beispiel werden somit den Minderheiten 64 % am Eigenkapital der E-AG zugerechnet (0,4 × 100 + 0,4 × 0,6 × 100 = 64 %). Entsprechend werden dem Konzern 36 % am Eigenkapital der E-AG zugerechnet (0,6 × 0,6 × 100 = 36 %).

Für die Durchführung der Kapitalkonsolidierung auf der Basis multiplikativ ermittelter Beteiligungsquoten ergibt sich in Abänderung des obigen Beispiels folgende modifizierte Vorgehensweise:

(1) Erstellung des Teilkonzernabschlusses

Bilanzpositionen	T-AG	E-AG (HB III)	Konsolidierung Soll	Konsolidierung Haben	Teilkonzern-bilanz zum 31.12.01
Geschäftswert			2) 24		24
Maschinen	1.000	1.200			2.200
Beteiligung E-AG	700			2) 420 3) 280	0
Diverse Aktiva	850	400			1.250
Bilanzsumme	2.550	1.600			3.474
Sonstiges Eigenkapital	1.500	500	1) 320 2) 180		1.500
Neubewertungs-Rücklage		600	1) 384 2) 216		0
Anteile in Fremdbesitz			3) 280	1) 704	424
Fremdkapital	1.050	500			1.550
Bilanzsumme	2.550	1.600			3.474

Auch bei Verwendung multiplikativ ermittelter Beteiligungsquoten ist zunächst die Erstellung einer HB III der E-AG durch die Aufdeckung der stillen Reserven erforderlich.

Im Gegensatz zur Verwendung additiver Beteiligungsquoten werden aber nun im Buchungssatz 1) 64 % des neubewerteten Eigenkapitals der E-AG (0,4 × 1.100 + 0,4 × 0,6 × 1.100 = 704) als **vorläufige** Anteile in Fremdbesitz ausgewiesen:

Sonstiges Eigenkapital 0,64*500 = 320			
Neubewertungs-Rücklage 0,64*600 = 384	an	Anteile in Fremdbesitz	704

Erst im nächsten Schritt erfolgt die für die Kapitalkonsolidierung charakteristische Aufrechnung des Beteiligungsbuchwerts mit dem anteiligen neubewerteten Eigenkapital (Buchungssatz 2)). Allerdings ist dabei zu berücksichtigen, dass in diese Aufrechnung lediglich der anteilige Beteiligungsbuchwert in Höhe von 420 (60 % von 700) einbezogen wird:

Sonstiges Eigenkapital	500			
Neubewertungs-Rücklage	600		anteiliger Buchwert der Beteiligung (60 % von 700)	420
neubewertetes Eigenkapital T-AG	1.100	→	− anteiliges Eigenkapital (36 % von 1.100)	396
			Geschäftswert	24

Im Buchungssatz 3) schließlich erfolgt eine Korrektur des vorläufigen Ausweises der Anteile in Fremdbesitz in Höhe von 64 % des Eigenkapitals der E-AG um die anteilige Beteiligung aus der Sicht der außenstehenden Gesellschafter (0,4 × 700 = 280):

Anteile in Fremdbesitz	280	an Buchwert der Beteiligung	280

(2) Erstellung des Konzernabschlusses

Bilanzpositionen	M-AG	Teilkonzern (HB III)	Konsolidierung		Konzernbilanz zum 31.12.01
			Soll	Haben	
Geschäftswert		24	1) 310		334
Maschinen		3.100			3.100
Beteiligung T-AG	1.750	0		1) 1.750	0
Diverse Aktiva	2.000	1.250			3.250
Bilanzsumme	3.750	4.374			6.684
Sonstiges Eigenkapital	2.000	1.500	1) 900 2) 600		2.000
Neubewertungs-Rücklage		900	1) 540 2) 360		0
Anteile in Fremdbesitz		424		2) 960	1.384
Fremdkapital	1.750	1.550			3.300
Bilanzsumme	2.550	4.374			6.684

Die Erstellung des Gesamtkonzernabschlusses entspricht der Vorgehensweise, welche im Rahmen der Verwendung additiver Beteiligungsquoten zur Anwendung kommt. Nach der Erstellung der HB III für den Teilkonzern durch Auflösung stiller Reserven erfolgen die Aufrechnung des Beteiligungsbuchwerts mit dem anteiligen Eigenkapital sowie das Umbuchen der Minderheitenanteile in die Position «Anteile in Fremdbesitz». Die Buchungen 1) und 2) sind mit denen bei Verwendung additiver Beteiligungsquoten identisch.

Die Kettenkonsolidierung auf der Grundlage multiplikativ ermittelter Beteiligungsquoten weicht also von der Vorgehensweise unter Verwendung additiver Beteiligungsquoten ab. Die Differenz zwischen der Konzernbilanz bei Anwendung der additiven Methode und der Konzernbilanz bei Verwendung multiplikativer Beteiligungsquoten im Hinblick auf den Ausweis des Geschäftswertes sowie den Ausweis der Anteile im Fremdbesitz jeweils in Höhe von 16 entspricht dem Anteil der Minderheiten der T-AG am Geschäftswert der E-AG (vgl. Baetge/Kirsch/Thiele [Konzernbilanzen] 369): Bei additiven Beteiligungsquoten ergibt sich für die Position «Anteile im Fremdbesitz» ein Betrag von 0,4*1.100 + 0,4*2.400 = 1.400, während bei Verwendung multiplikativ ermittelter Beteiligungsquoten 0,4*1.100 + 0,4*0,6*1.100 − 0,4*700 + 0,4*2.400 = 1.384 als «Anteile im Fremdbesitz» ausgewiesen werden.

3.2.5.5.1.3 Spezielle Aspekte der Erwerbsmethode im Zusammenhang mit Veränderungen der Beteiligungsquote

Im Rahmen der bisherigen Ausführungen wurde lediglich die grundlegende Struktur der Kapitalkonsolidierung gem. § 301 HGB für die Zeitpunkte der Erst- sowie der Folgekonsolidierung dargestellt. Grundlegende methodische Basis hierfür ist die Erwerbsmethode, deren Konzeption auch bei Veränderungen der Beteiligungsquote durch den Erwerb weiterer Anteile oder durch die Veräußerung von Anteilen an der Tochtergesellschaft beibehalten werden muss. Wird beispielsweise die Beteiligung an einer Tochtergesellschaft vollständig veräußert, so ist in Analogie zur Einzelerwerbsfiktion im Erstkonsolidierungszeitpunkt von einer Einzelveräußerungsfiktion im Zeitpunkt der Beteiligungsveräußerung auszugehen.

Die konzernbilanzielle Abbildung des Ausscheidens eines Tochterunternehmens aus dem Konzernverbund erfolgt durch eine so genannte Endkonsolidierung.

Im Kern geht es bei der Durchführung der Endkonsolidierung um die Ermittlung des korrekten Konzernerfolgs aus dem Abgang des Tochterunternehmens. Der Abgangswert aus Konzernsicht unterscheidet sich dabei grundlegend vom Abgangswert aus der Sicht des die Beteiligung veräußernden Einzelunternehmens: Aus Sicht des Einzelunternehmens entspricht der Abgangswert dem Beteiligungsbuchwert und somit den Anschaffungskosten, es sei denn, es wurden außerplanmäßige Abschreibungen vorgenommen. Aus Konzernsicht entspricht der Abgangswert entsprechend der Einzelveräußerungsfiktion der Summe der Buchwerte der Vermögensgegenstände abzüglich der Summe der Buchwerte der Schulden **in der auf den Abgangszeitpunkt aufgestellten Konzernbilanz**. Somit sind Teile der der Anschaffungskosten der Beteiligung auf Konzernebene bereits aufwandswirksam verbucht worden (Abschreibungen auf aufgedeckte stille Reserven sowie einen Geschäftswert) und von dem Tochterunternehmen erwirtschaftete anteilige Erfolge auf Konzernebene bereits erfolgswirksam vereinnahmt worden. Im Endeffekt kommt es also zu **unterschiedlichen Erfolgen** aus der Veräußerung der Anteile an einem Tochterunternehmen.

3.2.5.5.2 Schuldenkonsolidierung

> Gemäß § 303 Abs. 1 HGB sind bei Erstellung des Konzernabschlusses Ausleihungen und andere Forderungen, Rückstellungen und Verbindlichkeiten zwischen Unternehmen, die in den Konzernabschluss einbezogen sind, sowie entsprechende Rechnungsabgrenzungsposten wegzulassen **(Schuldenkonsolidierung)**.

Die Pflicht zur Durchführung der Schuldenkonsolidierung ist notwendige Konsequenz des Einheitsgrundsatzes. Gemäß der **Fiktion der rechtlichen Einheit** (§ 297 Abs. 3 HGB) können zwischen den einzelnen Konzerngliedern keine Forderungen und Schulden existieren. Die im § 303 Abs. 1 HGB aufgeführten Begriffe: Ausleihungen und andere Forderungen, Rückstellungen und Verbindlichkeiten, bedürfen einer weiten Auslegung. Es sind **alle** Bilanzpositionen in die Konsolidierung einzubeziehen, die **ihrem Charakter nach Forderungen oder Verbindlichkeiten** darstellen. Allerdings brauchen gemäß dem Grundsatz der **Wesentlichkeit** Forderungen und Verbindlichkeiten zwischen Konzernunternehmen nicht aufgerechnet zu werden, wenn die wegzulassenden Beträge nur von untergeordneter Bedeutung sind (§ 303 Abs. 2 HGB).

Der Begriff «weglassen» im Wortlaut des § 303 Abs. 1 HGB bedeutet, dass eine entsprechende Konsolidierungsbuchung, also eine Aufrechnung einer Forderung mit einer dieser gegenüberstehenden Schuldposition, vorzunehmen ist. Im einfachsten Fall weisen Forderung und Verbindlichkeit identische Beträge auf. Dann kann sich aus der Aufrechnung keine **Aufrechnungsdifferenz** ergeben und es kommt zu einer **erfolgsneutralen Schuldenkonsolidierung**.

Stehen sich Forderungen und Verbindlichkeiten nicht in gleicher Höhe gegenüber, reicht ein «Weglassen» konzerninterner Forderungen und Schulden nicht aus, da sich aus der Aufrechnung Differenzen ergeben (Aufrechnungsdifferenzen). Ursächlich für derartige Differenzen sind, von fehlerhaften Buchungen oder zeitlichen Buchungsunterschieden abgesehen **(unechte Aufrechnungsdifferenzen)**, verschieden hohe Wertansätze von Forderungen und Schulden in den jeweiligen Einzelbilanzen (echte Aufrechnungsdifferenzen). Auf Grund des Vorsichtsprinzips wird dabei im Regelfall der Wert der Schuldposition höher sein als der Wert der Forderungen. Beispielsweise sind folgende Ursachen denkbar:

- Abzinsung oder Abschreibung einer Forderung und Ansatz der korrespondierenden Verbindlichkeit zum Nominalwert,
- Verzicht auf die Aktivierung eines Disagios bei konzerninterner Darlehensgewährung,
- Bildung von Rückstellungen für konzerninterne ungewisse Verpflichtungen, denen keine entsprechenden Aktivposten gegenüberstehen,
- Umrechnung von Fremdwährungsforderungen und -verpflichtungen mit differierenden Kursen entsprechend § 256a HGB.

Bei Vorliegen echter Aufrechnungsdifferenzen wird eine **erfolgswirksame Schuldenkonsolidierung** erforderlich.

Beispiel
Schuldenkonsolidierung
Die M-AG hat an das Konzernunternehmen T-AG zu Beginn des Geschäftsjahrs 01 ein Darlehen von 90 gewährt, das eine Laufzeit von drei Jahren hat. Das Darlehen wird mit einem Disagio von 10 % ausgezahlt, das die T-AG sofort als Aufwand verrechnet, während die M-AG das Disagio über die Laufzeit als Ertrag vereinnahmt. Dabei wird davon ausgegangen, dass die Darlehensforderung nicht zu ihrem Nennwert, sondern zum Nennwert abzüglich des noch nicht ertragswirksam vereinnahmten Teils des Disagio aktiviert wird (vgl. hierzu Hoffmann / Lüdenbach [NWB Kommentar] § 255, Rz. 125, § 250, Rz. 47 sowie § 303, Rz. 15). Die folgende Übersicht zeigt die Entwicklung der Buchwerte in den Einzelbilanzen, der jeweiligen Auswirkung auf den Erfolg und die Entwicklung der Aufrechnungsdifferenzen über die drei Jahre hinweg.

Bilanzpositionen	31.12.01				31.12.02				31.12.03			
	M-AG		T-AG		M-AG		T-AG		M-AG		T-AG	
	A	P	A	P	A	P	A	P	A	P	A	P
Darlehensforderung Darlehensverbindlichkeit Erfolgswirksame Veränderung des Ergebnisses	84	3		90 9	87	3		90		3		
Aufrechnungsdifferenz	90 – 84 6				90 – 87 3				0			
Änderung der Aufrechnungsdifferenz	+ 6				– 3				– 3			

Das Beispiel verdeutlicht, dass aufgrund der Existenz von Aufrechnungsdifferenzen der Erfolg aus **einheitstheoretischer Sicht** durch die konzerninternen Schuldverhältnisse verzerrt wird. Als Konsequenz ergeben sich für die Jahre 01 bis

03 die folgenden Konsolidierungsbuchungen im Rahmen der erfolgswirksamen Schuldenkonsolidierung, wobei wie bereits im Rahmen der Behandlung der Kapitalkonsolidierung die Konzernbilanz isoliert betrachtet wird, ohne die Auswirkungen auf die Konzern-Gewinn- und Verlustrechnung mit einzubeziehen.

Konsolidierungsbuchung im Jahr 01:

Verbindlichkeiten gegenüber verbundenen Unternehmen	90	an	Forderungen gegen verbundene Unternehmen Jahresüberschuss	84 6

Konsolidierungsbuchung im Jahr 02:

Verbindlichkeiten gegenüber verbundenen Unternehmen Jahresüberschuss	90 3	an	Forderungen gegen verbundene Unternehmen Ergebnisvortrag	87 6

Die im Jahr 1 erfolgswirksam gebuchte Aufrechnungsdifferenz in Höhe von 6 wird nun in der Periode 2 erfolgsneutral im Eigenkapital gebucht. Als Eigenkapitalposition kommt beispielsweise der Ergebnisvortrag in Frage. Zugleich ist aber zu berücksichtigen, dass sich die Aufrechnungsdifferenz aus dem Vorjahr aufgrund des Disagioertrags in Höhe von 3 verringert hat. Dieser Ertrag existiert aus Konzernsicht (Fiktion der rechtlichen Einheit) nicht und muss eliminiert werden. Dies erfolgt durch eine Reduktion des Jahresüberschusses.

Zu beachten ist, dass eine Korrektur der zusammengefassten Einzelergebnisse nur in Höhe der **Veränderung der Aufrechnungsdifferenz zum Vorjahr** vorgenommen werden darf (erfolgswirksame Schuldenkonsolidierung). Der Betrag der Aufrechnungsdifferenz im Vorjahr ist erfolgsneutral zu behandeln, indem er in den Gewinn- oder Verlustvortrag eingestellt, als gesonderte Position in der Konzernbilanz ausgewiesen oder, da das Bilanzrichtlinien-Gesetz auch einen Ausweis des Eigenkapitals vor Gewinnverwendung gestattet, mit den anderen Gewinnrücklagen verrechnet wird.

Konsolidierungsbuchung im Jahr 03:

Verbindlichkeiten gegenüber verbundenen Unternehmen Jahresüberschuss	– 3	an	Forderungen gegen verbundene Unternehmen Ergebnisvortrag	– 3

Der Disagioertrag in Höhe von 3 entspricht der Reduktion der Aufrechnungsdifferenz aus dem Vorjahr und wird eliminiert durch Buchung gegen den Ergebnisvortrag.

Insgesamt zeigt sich, dass in der Summenbilanz der Erfolg des Jahres 01 um die Änderung der Aufrechnungsdifferenz in Höhe von 6 zu niedrig ist, während die Erfolge der Jahre 02 und 03 jeweils in Höhe von 3 zu hoch ausgewiesen sind.

Ein zutreffender Einblick in die **Ertragslage** des Konzerns verlangt daher eine erfolgswirksame Schuldenkonsolidierung, wobei der Erfolg des Jahres 01 um 6 zu erhöhen und die Erfolge der Jahre 02 und 03 um jeweils 3 zu vermindern sind. Darüber hinaus müssen in den Jahren 02 und 03 in Höhe der jeweiligen Aufrechnungsdifferenzen aus dem Vorjahr erfolgsneutrale Anpassungsbuchungen im Eigenkapital vorgenommen werden. Im Beispielsfall wird daher für das Jahr 02 ein Gewinnvortrag in Höhe von 6 und für das Jahr 03 in Höhe von 3 gebildet. Die zeitliche Entwicklung dieser Parameter wird in nachfolgender Tabelle noch einmal zusammenfassend dargestellt:

Jahr	Erfolg der Einzelbilanzen	Erfolgswirksame Schuldenkonsolidierung	Konzernerfolg	Aufrechnungsdifferenz	Gewinnvortrag
01	./. 6	6	0	6	0
02	3	./. 3	0	3	6
03	3	./. 3	0	0	3

3.2.5.5.3 Zwischenerfolgseliminierung

Erfolge aus Lieferungen und Leistungen zwischen den in den Konzernabschluss einbezogenen Unternehmen sind aus der Sicht des Konzerns als einer Einheit erst dann als realisiert anzusehen, wenn an Unternehmen außerhalb des Konsolidierungskreises geliefert oder geleistet wurde. Da sich diese innerkonzernlichen Erfolge jedoch in den Einzelabschlüssen der Konzernunternehmen niederschlagen, würde eine bloße Summation der Einzelabschlüsse zu einem falschen Konzernabschluss führen. Deshalb schreibt § 304 Abs. 1 HGB vor, dass Vermögensgegenstände im Konzernabschluss, die aus konzerninternen Lieferungen und Leistungen stammen, nur mit dem Wert anzusetzen sind, zu dem sie auch der Konzern als ein einziges Unternehmen ansetzen könnte (Fiktion der rechtlichen Einheit). Die Bezugnahme des § 304 Abs. 1 HGB auf die Existenz von Vermögensgegenständen, die aus konzerninternen Lieferungen und Leistungen resultieren und die noch im Konzern vorhanden sind, macht deutlich, dass es sich bei der Zwischenerfolgseliminierung primär um ein Bewertungsproblem handelt. § 304 Abs. 1 HGB sieht die Eliminierung von Zwischengewinnen und von Zwischenverlusten gleichermaßen vor.

> **Zwischengewinn** ist die Differenz zwischen höherem Wertansatz in der Einzelbilanz und den Konzernanschaffungs- oder Konzernherstellungskosten; **Zwischenverlust** ist die Differenz zwischen Konzernanschaffungs- bzw. Konzernherstellungskosten und niedrigerem Wertansatz in der Einzelbilanz.

Wird ein Vermögensgegenstand von einem Konzernunternehmen erworben und an ein anderes Konzernunternehmen weiterveräußert, so ist dieser Vermögensgegenstand mit den so genannten Konzernanschaffungskosten in der Konzernbilanz anzusetzen. Für den Fall, dass der betreffende Vermögensgegenstand innerhalb des Konzerns hergestellt worden ist, stellen die so genannten **Konzernherstellungskosten** den relevanten Bewertungsmaßstab dar.

Beispiel
Ermittlung der Konzernherstellungskosten
Die M-AG liefert an die T-AG Fertigerzeugnisse zum Preis von 500, die am Abschlussstichtag bei der T-AG lagern.

	Aktivierungspflichtige Herstellungskosten der M-AG	200
+	zusätzlich aktivierungsfähige Herstellungskosten	150
=	Herstellungskosten der M-AG	350
–	Aus der Sicht des Konzerns nicht aktivierungsfähige Herstellungskostenanteile (z. B. konzerninterne Lizenzgebühr als Sonderkosten der Fertigung), so genannte **Konzernherstellungskostenminderungen**	10
–	Aus der Sicht des Konzerns zusätzlich aktivierungspflichtige Herstellungskostenanteile (z. B. Aufwendungen für den Transport der Güter), so genannte **Konzernherstellungskostenmehrungen** Diese stellen Vertriebsgemeinkosten aus Sicht der M-AG das, sind jedoch Herstellungskosten (Fertigungskosten) aus der Sicht des Konzerns, da aus Konzernsicht ein Vertrieb nicht stattgefunden hat.	30

Ermittlung der Obergrenze der Konzernherstellungskosten:

	Herstellungskosten der M-AG	350
–	aus der Sicht des Konzerns nicht aktivierungsfähige Herstellungskostenanteile	10
+	aus der Sicht des Konzerns zusätzlich aktivierungspflichtige Herstellungskostenanteile	30
=	Obergrenze der Konzernherstellungskosten	370

Ermittlung der Untergrenze der Konzernherstellungskosten:

	Aktivierungspflichtige Herstellungskosten der M-AG	200
–	aus der Sicht des Konzerns nicht aktivierungsfähige Herstellungskostenanteile	10
+	aus der Sicht des Konzerns zusätzlich aktivierungspflichtige Herstellungskostenanteile	30
=	Untergrenze der Konzernherstellungskosten	220

Bei der Differenz in Höhe von 130 zwischen dem Wertansatz in der Einzelbilanz der T-AG von 500 (Anschaffungskosten von T) und der Obergrenze der Konzernherstellungskosten in Höhe von 370 handelt es sich um einen **eliminierungspflichtigen** Zwischengewinn, während der Differenzbetrag zwischen Ober- und Untergrenze der Konzernherstellungskosten einen **eliminierungsfähigen** Zwischengewinn in Höhe von 150 darstellt.

Der eliminierungsfähige Zwischenerfolg ergibt sich auf Grund des Bewertungswahlrechtes, das der Konzern hätte, wenn er auch rechtlich ein einziges Unternehmen bilden würde. Analog treffen diese Ausführungen auch für die Eliminierung von **Zwischenverlusten** zu; dabei bildet der Konzernmindestwert die Bewertungsuntergrenze, deren Unterschreiten zu einem eliminierungspflichtigen Zwischenverlust führt. Die folgende Abbildung stellt den Bewertungsspielraum und den damit einhergehenden **Spielraum bezüglich des Umfangs der Zwischenerfolgseliminierung** für den Fall der Existenz eines Zwischengewinns schematisch dar:

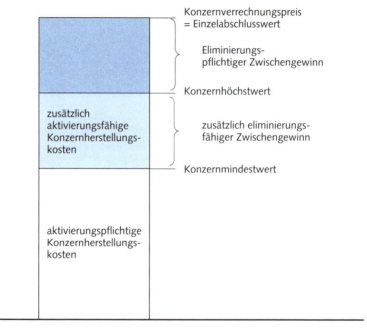

Abbildung 4.3.40: Eliminierungspflichtiger und eliminierungsfähiger Zwischengewinn

Die Technik der Zwischenerfolgseliminierung entspricht grundsätzlich derjenigen der erfolgswirksamen Schuldenkonsolidierung. Die **Veränderung** des Zwischenerfolgs gegenüber dem Vorjahr wird **erfolgswirksam** behandelt, während der **Bestand** der Zwischenerfolge am Ende des Vorjahres erfolgsneutral in den Gewinn- bzw. Verlustvortrag eingestellt oder als gesonderte Position innerhalb des Eigenkapitals in der Konzernbilanz ausgewiesen wird. Das folgende Beispiel illustriert diese Vorgehensweise in Bezug auf die im Rahmen der Konzernbilanzerstellung erforderlichen Konsolidierungsbuchungen (keine Berücksichtigung der Auswirkungen auf die Konzern-Gewinn- und Verlustrechnung).

Beispiel
Durchführung der Zwischenerfolgseliminierung
Ein Konzernmutterunternehmen stellt in der Periode 01 Erzeugnisse her. Dabei fallen Herstellungskosten in Höhe von 100 an. Diese Herstellungskosten des Mutterunternehmens seien mit den Konzernherstellungskosten identisch. Die Erzeugnisse werden in der Periode 01 zum Preis von 120 an ein Tochterunternehmen geliefert und sind dort am Bilanzstichtag 01 als Lagerbestände vorhanden. Im Einzelabschluss des Mutterunternehmens ergibt sich ein Gewinn in Höhe von 20. In der Einzelbilanz des Tochterunternehmens sind die Vermögensgegenstände mit den Anschaffungskosten in Höhe von 120 anzusetzen. Mit diesem Wert gehen sie auch in die Summenbilanz ein.

Die konzernintern gelieferten und am Bilanzstichtag noch auf Lager befindlichen Vermögensgegenstände sind in der Konzernbilanz mit den Konzernherstellungskosten in Höhe von 100 anzusetzen. Der aus Konzernsicht nicht als realisiert zu betrachtende Zwischengewinn in Höhe von 20 ist zu eliminieren:

Konsolidierungsbuchung im Jahr 01:

Jahresüberschuss	20	an	Vorratsvermögen	20

Durch diese Buchung wird sichergestellt, dass die aus der konzerninternen Lieferung stammenden Vorratsbestände mit dem aus Konzernsicht korrekten Wert angesetzt werden und gleichzeitig der aus Konzernsicht nicht als realisiert zu betrachtende Gewinn in Höhe von 20 eliminiert wird.

In der Periode 02 befinden sich die in Periode 01 gelieferten Vermögensgegenstände annahmegemäß nach wie vor beim Tochterunternehmen auf Lager. Es ist wieder eine Wertkorrektur im Vorratsvermögen erforderlich. Allerdings darf die Gegenbuchung nicht beim Jahresüberschuss erfolgen, sondern wird im Ergebnisvortrag vorgenommen:

Konsolidierungsbuchung im Jahr 02:

Ergebnisvortrag	20	an	Vorratsvermögen	20

Schließlich veräußert das Tochterunternehmen die Vermögensgegenstände in Periode 03 an ein konzernfremdes Unternehmen zum Preis von 140. Ein im Hinblick auf den bilanziellen Wert zu korrigierender Bestand ist somit nicht mehr vorhanden. Der Zwischengewinn aus der Periode 01 ist nun aus Konzernsicht als realisiert anzusehen. Der Konzern hat in dieser Periode einen Erfolg in Höhe von 40 (Veräußerungserlös 140 abzüglich Konzernherstellungskosten 100). Aus der Summenbilanz resultiert jedoch lediglich ein Erfolg in Höhe von 20 (Veräußerungserlös 140 abzüglich Anschaffungskosten des Tochterunternehmens 120).

In Höhe der Veränderung des Zwischengewinnbestands von 20 am Ende der Vorperiode auf einen Betrag von 0 am Ende der aktuellen Periode ist daher der Jahresüberschuss zu erhöhen. Die Gegenbuchung erfolgt beim Ergebnisvortrag, so dass das Konzerneigenkapital insgesamt keine Veränderung aufweist.

Konsolidierungsbuchung im Jahr 03:

| Ergebnisvortrag | 20 | an | Jahresüberschuss | 20 |

Entsprechend dem Grundsatz der Wirtschaftlichkeit kann die Eliminierung von Zwischenerfolgen unterbleiben, wenn ihre Durchführung im Hinblick auf die Vermittlung eines den tatsächlichen Verhältnissen entsprechenden Bildes der Vermögens-, Finanz- und Ertragslage des Konzerns nur von untergeordneter Bedeutung ist (§ 304 Abs. 2 HGB).

3.2.5.5.4 Latente Steuern im Konzernabschluss

Wie im Jahresabschluss von Unternehmen liegt auch im Konzernabschluss der Bildung latenter Steuern das Temporary-Konzept zu Grunde (vgl. Abschn. 3.2.4.4). Latente Steuern innerhalb des Konzernabschlusses haben die Funktion, durch die Bildung aktiver oder passiver latenter Steuern temporäre Bewertungsdifferenzen zwischen Konzern- und Steuerbilanz und damit einhergehende künftige Steuerentlastungen bzw. Steuerbelastungen bilanziell zu berücksichtigen.

Die rechtliche Grundlage für latente Steuern im Konzernabschluss sind die §§ 274 sowie 306 HGB i. V. m. § 298 Abs. 1 HGB. Bezüglich der Bilanzierung latenter Steuern im Konzernabschluss ist zu unterscheiden zwischen latenten Steuern, die sich aus der Anwendung des § 274 HGB (vgl. hierzu Abschn. 3.2.4.4) ergeben, und solchen, die gemäß der konzernspezifischen Vorschrift des § 306 HGB zu bilden sind.

Die Bestimmungen des § 274 HGB sind sowohl für solche Bewertungsdifferenzen relevant, die sich zwischen den Einzelabschlüssen (HB I) und den jeweiligen Steuerbilanzen der in den Konzernabschluss einbezogenen Unternehmen ergeben, als auch für Bewertungsdifferenzen als Folge des eventuell erforderlichen Übergangs zu einer HB II: Im Rahmen der Konzernabschlusserstellung kann es daher zum Ansatz latenter Steuern gemäß § 274 HGB kommen, wenn es auf Grund von der HB I abweichender Ausübung von Ansatz- und Bewertungswahlrechten oder zwingender Anpassungen nach den §§ 300 Abs. 2 und 308 HGB im Rahmen des Übergangs zur HB II zu temporären Bewertungsdifferenzen zwischen dem Jahresabschluss eines Konzernunternehmens (HB I) und dessen Handelsbilanz II kommt.

Die darüber hinaus gehende Bildung latenter Steuern nach § 306 HGB wird dann erforderlich, wenn aufgrund von Maßnahmen der Vollkonsolidierung (Kapitalkonsolidierung, Schuldenkonsolidierung sowie Zwischenerfolgseliminierung) temporäre Bewertungsdifferenzen zwischen dem Wertansatz in der Konzernbilanz und der jeweiligen Handelsbilanz II entstehen. Durch latente Steuern im Konzernabschluss wird die Fiktion der rechtlichen Einheit um die Fiktion des Konzerns als Steuersubjekt ergänzt.

Beispiel
Bildung latenter Steuern im Konzern als Folge der Zwischengewinneliminierung
Die M-AG liefert ihrer Tochtergesellschaft, der T-AG, im Jahr 01 Fertigprodukte, die bei der T-AG in das Vorratsvermögen eingehen. Hierbei entsteht ein Zwischengewinn von 400, der zu einer temporären Differenz zwischen dem Wertansatz der Fertigprodukte in der Konzernbilanz einerseits und dem Wertansatz der Fertigprodukte in der Steuerbilanz der erwerbenden T-AG. Es sei dabei angenommen, dass der Wertansatz in der Steuerbilanz den Wertansätzen in der HB I sowie der HB II entspricht. Die Differenz resultiert aus dem Auseinanderfallen der Anschaffungskosten der T-AG und der Konzernherstellungskosten. Der steuerrechtliche Wertansatz (Anschaffungskosten der T-AG) übersteigt den handelsrechtlichen Wertansatz in der Konzernbilanz um 400. Der Ertragsteuersatz beträgt 30 %.

Daraus ergeben sich für das Jahr 01 folgende Korrekturbuchungen:
- Es ist zunächst der Zwischengewinn in Höhe von 400 zu eliminieren.
- Im nächsten Schritt sind aktive latente Steuern für erwartete künftige Steuerentlastungen in Höhe von 120 (= 0,3 × 400; Anwendung des Steuersatzes auf den zu eliminierenden Zwischengewinn) anzusetzen. Die Bildung der aktiven latenten Steuer ist erfolgswirksam und führt zu einer Reduktion des Steueraufwands in der Konzern-Gewinn- und Verlustrechnung.

Die T-AG veräußert die Vorräte im Jahr 02 an ein konzernfremdes Unternehmen (Realisierung des Zwischengewinns). Somit tritt die Steuerentlastung im Jahr 02 nun tatsächlich ein, da aufgrund des höheren Wertansatzes in der Steuerbilanz im Jahr 01 der nun realisierte Zwischengewinn tatsächlich bereits versteuert worden ist.

Daraus ergeben sich für das Jahr 02 folgende Korrekturbuchungen:
- Es ist der inzwischen realisierte Zwischengewinn in Höhe von 400 gewinnerhöhend zu verbuchen.
- Die im Jahr 01 gebildete aktive latente Steuer ist erfolgswirksam aufzulösen (höherer Steueraufwand in der Konzern-Gewinn- und Verlustrechnung).

Die Wertdifferenzen, die angesprochen wurden, sind durchweg so genannte «inside basis differences», also Unterschiede zwischen handelsrechtlichen und steuerrechtlichen Wertansätzen von Vermögensgegenständen und Schulden. Davon zu unterscheiden sind so genannte «outside basis differences», bei denen es sich um Differenzen zwischen dem in die Konzernbilanz übernommenen Nettovermögen des Tochterunternehmens und dem Beteiligungsbuchwert in der Steuerbilanz des beteiligten Unternehmens handelt. Letztere führen gem. § 306 Satz 4 HGB nicht zur Bildung latenter Steuern im Konzernabschluss.

3.2.5.5.5 Aufwands- und Ertragskonsolidierung

> Die **Konzern-Gewinn- und Verlustrechnung** ergibt sich durch die additive Zusammenfassung der Gewinn- und Verlustrechnungen der einbezogenen Unternehmen zu einer Summen-Gewinn- und Verlustrechnung, wobei bestimmte **Aufrechnungen** und **Umgliederungen** vorzunehmen sind.

Die rechtliche Grundlage für die Durchführung der Aufwands- und Ertragskonsolidierung ist § 305 HGB. Gemäß dieser Vorschrift sind bei Erstellung der Konzern-Gewinn- und Verlustrechnung alle konzerninternen Aufwendungen und Erträge gegeneinander aufzurechnen oder auf Positionen umzugliedern, die auch ein rechtlich selbständiges Unternehmen ausweisen würde. **Innenumsatzerlöse** aus Lieferungen und Leistungen werden mit den auf sie entfallenden Aufwendungen verrechnet, soweit sie nicht zum Ausweis einer Bestandsänderung oder anderer aktivierter Eigenleistungen führen (§ 305 Abs. 1 Nr. 1 HGB). Ebenso sind nach § 305 Abs. 1 Nr. 2 HGB **andere Erträge** aus konzerninternen Lieferungen und Leistungen mit den entsprechenden Aufwendungen zu verrechnen, sofern nicht ein Ausweis als andere aktivierte Eigenleistung vorzunehmen ist.

Die Formulierung des Gesetzgebers (Bestandsänderung, andere aktivierte Eigenleistungen) macht deutlich, dass dieser offenbar von einer Gewinn- und Verlustrechnung nach dem Gesamtkostenverfahren ausgegangen ist. Daraus resultiert jedoch keine Einschränkung für das Wahlrecht des § 275 HGB, die Gewinn- und Verlustrechnung nach dem Umsatzkostenverfahren zu erstellen. Dieses Wahlrecht gilt gem. § 298 Abs. 1 HGB ebenso für die Konzern-Gewinn- und Verlustrechnung.

Weiterhin sind im Hinblick auf die Erstellung der Konzern-Gewinn- und Verlustrechnung zwei Sachverhalte zu unterscheiden:
1. Die Auswirkungen aus erfolgswirksamen Konsolidierungsbuchungen der Kapital- bzw. Schuldenkonsolidierung sowie der Zwischenerfolgseliminierung sowie
2. Die Durchführung der (reinen) Aufwands- und Ertragskonsolidierung.

Beide Sachverhalte, nämlich die Aufwands- und Ertragskonsolidierung in Kombination mit den GuV-Auswirkungen der Zwischenerfolgseliminierung, sind in das folgende Beispiel integriert. Wie bereits in den Beispielen zur Kapitalkonsolidierung wird hier auf die Darstellung einer separaten Spalte für die Summen-Gewinn- und Verlustrechnung verzichtet. Darüber hinaus wird von der Anwendung des Gesamtkostenverfahrens ausgegangen.

> **Beispiel**
> **Erstellung einer Konzern-Gewinn- und Verlustrechnung**
> Die M-AG liefert im Geschäftsjahr 01 Handelswaren an die T1-AG zum Preis von 120, für die die M-AG ursprünglich Anschaffungsausgaben in Höhe von 80 verauslagte. Die T1-AG veräußert die Handelswaren noch in der gleichen Periode an Konzernfremde zum Preis von 140.

Ebenfalls im Geschäftsjahr 01 verkauft die T1-AG in der gleichen Periode erstellte Produkte, die Konzernherstellungskosten von 250 verursachten, zum Preis von 280 an die T2-AG. Auf der Ebene der T2-AG werden jetzt unterschiedliche Verwendungen für die gelieferten Produkte vorgesehen:
1) Die T2-AG verkauft ein Viertel der Produkte zum Preis von 200 an Konzernfremde.
2) Ein weiteres Viertel der Produkte wird in das Anlagevermögen der T2-AG eingebracht.
3) Wiederum ein Viertel der Produkte wird weiterverarbeitet und auf Lager genommen. Dabei fallen zusätzliche Personalaufwendungen in Höhe von 50 an.
4) Der Rest befindet sich unbearbeitet auf Lager.

Schließlich muss die T2-AG für die Inanspruchnahme einer Lagerhalle der T1-AG Miete in Höhe von 80 entrichten. Alle anderen Geschäfte werden mit Konzernfremden abgewickelt.

Konsolidierung der Innenumsatzerlöse (Buchungssätze 1) und 2))
Die Lieferung der M-AG an die T1-AG und der Weiterverkauf an Konzernfremde löst in der GuV der M-AG Umsatzerlösbuchungen und in der GuV der T1-AG Materialaufwandbuchungen in Höhe von 120 aus, die aufzurechnen sind (Eliminierung des Innenumsatzerlöses). Entsprechend der Fiktion der rechtlichen Einheit hat es weder den Umsatzerlös gegeben, da dieser innerhalb des Konzerns stattgefunden hat, noch hat es den Materialaufwand von 120 gegeben. Aus Konzernsicht hat ein Einkauf (80) sowie ein Weiterverkauf (140) stattgefunden. Der Zwischengewinn in Höhe von 40 ist als realisiert anzusehen.

Der Innenumsatz durch die Lieferung der T1-AG an die T2-AG in Höhe von 280 ist ebenfalls zu eliminieren. Er ist im Hinblick auf die Teillieferungen 1) und 3) aufzurechnen gegen den Materialaufwand (70 Umsatz an Konzernfremde, 70 Verbrauch von Material zur Weiterverarbeitung). Weiterhin kommt es zu einer Umgliederung des auf die zweite Teillieferung entfallenden Innenumsatzes in die anderen aktivierten Eigenleistungen (70 Zugang im Anlagevermögen), da aus Konzernsicht die Herstellung eines Anlagegenstands stattgefunden hat (von der Notwendigkeit zu Verrechnung planmäßiger Abschreibungen in der betrachteten Periode sei hier abgesehen). Im Hinblick auf die vierte Teillieferung kommt es in analoger Weise zur Umgliederung des entsprechenden (Teil-)Umsatzerlöses in die Position Bestandsveränderungen, denn aus Konzernsicht hat eine Produktion auf Lager stattgefunden.

Zwischengewinneliminierung (Buchungssatz 3))
In den Bestandsänderungen (vierte Teillieferung) sind jedoch Zwischengewinne enthalten, die eliminiert werden müssen. Dazu werden 7,50 gegen den Jahresüberschuss verrechnet. Aber auch in den weiterverarbeiteten Produkten (dritte Teillieferung), die in der GuV der T2-AG mit 120 (70 Materialaufwand, 50 Lohnaufwand) bei den Bestandsänderungen angesetzt wurden, sind Zwischengewinne in Höhe von 7,50 enthalten, die gegen den Jahresüberschuss aufgerechnet werden müssen. Schließlich enthalten auch die anderen aktivierten Eigenleistungen (zweite Teillieferung) einen Zwischengewinn in Höhe von 7,50,

der zu eliminieren ist. Lediglich hinsichtlich der ersten Teillieferung kommt eine Zwischengewinnerliminierung nicht in Betracht, da die entsprechenden Vermögensgegenstände den Konzernkreis bereits verlassen haben.

Konsolidierung der anderen Aufwendungen und Erträge (Buchungssatz 4))
Der Mietertrag und der Mietaufwand sind gegeneinander aufzurechnen. Sie stellen eine Aufblähung der Gewinn- und Verlustrechnung dar. Aus Konzernsicht hat es weder einen Mietaufwand noch einen Mietertrag gegeben.

Die hier dargestellten Buchungen sind in dem folgenden Konsolidierungsschema enthalten:

GuV-Positionen	M-AG	T1-AG	T2-AG	Konsolidierung		Konzern-GuV zum 31.12.01
				Aufwand	Ertrag	
Umsatzerlöse	2.500	1.200	1.500	1) 120 2) 280		4.800
Bestandsänderungen	+30	–120	+120	3) 7,5 3) 7,5	2) 70	+85
Andere aktivierte Eigenleistungen	40	20		3) 7,5	2) 70	122,50
Gesamtleistung	2.570	1.100	1.620			5.007,50
Materialaufwand	500	350	570		1) 120 2) 70 2) 70	1.160
Lohnaufwand	200	170	300			670
Mietaufwand			80		4) 80	–
Mietertrag		80		4) 80		–
diverse Aufwendungen	470	85	45			600
Jahresüberschuss	1.400	575	625		3) 22,5	2.577,50

Auf die Verrechnung bzw. Umgliederung der Innenumsatzerlöse und anderen Erträge kann verzichtet werden, wenn die Beträge für ein den tatsächlichen Verhältnissen entsprechendes Bild der Vermögens-, Finanz- und Ertragslage nur von untergeordneter Bedeutung sind (§ 305 Abs. 2 HGB).

3.2.5.6 Das Stufenkonzept des HGB

Innerhalb der bisherigen Abschnitte zur Konzernrechnungslegung wurden Maßnahmen der Vollkonsolidierung behandelt. Die Vollkonsolidierung wird bei der Zusammenfassung von Abschlüssen des Mutter- und des bzw. der Tochterunternehmen zu einem Konzernabschluss angewendet, wobei die Vermögensgegenstände und Schulden der Tochterunternehmen vollständig in den Konzernabschluss übernommen werden.

Mutter- und Tochterunternehmen gem. § 290 HGB bilden den engen Konsolidierungskreis. Dieser wird erweitert durch die zusätzliche Definition und konsolidierungstechnische Behandlung von Anteilen an Gemeinschaftsunternehmen (§ 310 HGB) sowie assoziierten Unternehmen (§ 311 HGB).

Von einem Gemeinschaftsunternehmen gem. § 310 HGB wird gesprochen, wenn ein anderes Unternehmen gemeinsam mit einem oder mehreren nicht in den Konzernabschluss einbezogenen Unternehmen geleitet wird (Joint Venture). Das Vorliegen eines assoziierten Unternehmens gem. § 311 HGB setzt die Existenz einer Beteiligung nach § 271 Abs. 1 HGB sowie die tatsächliche Ausübung eines maßgeblichen Einflusses auf die Geschäfts- und Finanzpolitik des Unternehmens, an dem die Beteiligung besteht, voraus.

Entscheidendes Kriterium für die Differenzierung der Ebenen bzw. Stufen der Abgrenzung des Konsolidierungskreises ist der mit dem Beteiligungsbesitz einhergehende Grad des Einflussnahmepotenzials. Dies zeigt die folgende Abbildung:

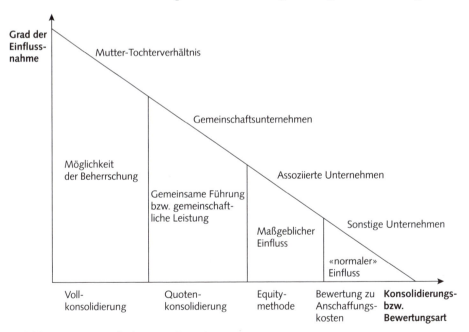

Abbildung 4.3.41: Stufenkonzept des HGB

Für die in den folgenden Abschnitten zu behandelnden Vorgehensweisen im Rahmen der Quotenkonsolidierung und Equitymethode sollen die spezifischen Aspekte der Kapitalkonsolidierung dargestellt werden. Besonderheiten gegenüber der Vollkonsolidierung, die sich im Hinblick auf die Schuldenkonsolidierung, die Zwischenerfolgseliminierung sowie die Aufwands- und Ertragskonsolidierung ergeben, bleiben unberücksichtigt.

3.2.5.7 Quotenkonsolidierung

Für Gemeinschaftsunternehmen (Joint Ventures) kann gemäß § 310 HGB die Quotenkonsolidierung angewendet werden. Voraussetzung dafür ist, dass das in den Konzernabschluss einzubeziehende Unternehmen gemeinsam von einer Konzerngesellschaft und mindestens einem nicht in den Konzernabschluss einzubeziehenden Unternehmen geführt wird.

Bei der Quotenkonsolidierung werden die jeweiligen Positionen der Bilanz der Tochtergesellschaft **nur anteilmäßig** in die Summenbilanz übernommen. Die anteiligen Eigenkapitalpositionen werden dann im Rahmen der Kapitalkonsolidierung in Analogie zur Vorgehensweise nach § 301 HGB, also entsprechend der Erwerbsmethode, gegen den Beteiligungsbuchwert aufgerechnet. Die Auflösung der stillen Reserven erfolgt allerdings naturgemäß nur quotal. Trotz der Überlegungen im Abschn. 3.2.5.3 liegt kein Widerspruch zur Einheitstheorie vor, da es sich bei dem bzw. den Unternehmen, mit dem bzw. denen die gemeinsame Führung ausgeübt wird, nicht um Minderheitsgesellschafter handelt.

Die Quotenkonsolidierung bewirkt auf Grund der Tatsache, dass vor allem im Vergleich zu der im folgenden Abschnitt zu behandelnden Equitymethode der globale Beteiligungsbuchwert durch Einzelpositionen ersetzt wird, eine Erhöhung des Informationsgehalts von Konzernabschlüssen (Eisele/Rentschler [Gemeinschaftsunternehmen] 318 ff.). Das folgende Beispiel, basierend auf Eisele/Rentschler [Gemeinschaftsunternehmen] 315 ff., illustriert die Vorgehensweise.

> **Beispiel**
> **Durchführung der Kapitalkonsolidierung im Rahmen der Quotenkonsolidierung**
> Ein Konzernunternehmen (KU) erwirbt zum 31.12.01 eine 50 %-ige Beteiligung an einem Unternehmen, welches gemeinsam mit einem weiteren, nicht in den Konzernabschluss einbezogenen Unternehmen geführt wird. Es liegt somit ein Gemeinschaftsunternehmen (GU) vor. Die Anschaffungskosten der Beteiligung betragen 600.
>
> Im Einzelabschluss des Gemeinschaftsunternehmens sind stille Reserven vorhanden:
> - 200 beim abnutzbaren Anlagevermögen (Restnutzungsdauer 5 Jahre, lineare Abschreibung) sowie
> - 180 beim nicht abnutzbaren Anlagevermögen.
>
> Geschäfts- oder Firmenwerte werden innerhalb des Konzerns generell über vier Jahre abgeschrieben.

Der vom Gemeinschaftsunternehmen in Periode 01 ausgewiesene Jahresüberschuss in Höhe von 100 wird zur Hälfte thesauriert und zur Hälfte in der Periode 02 an die Anteilseigner ausgeschüttet. Die verkürzten Einzelbilanzen der beiden Unternehmen (HB I = HB II) zum 31.12.01 haben folgendes Aussehen:

A		KU	P
Beteiligung am GU	600	Gezeichnetes Kapital	1.000
sonstiges nicht abnutzbares		Kapitalrücklage	500
Anlagevermögen	3.200	Gewinnrücklagen	2.000
abnutzbares Anlagevermögen	2.200	Jahresüberschuss	800
Umlaufvermögen	1.000	Fremdkapital	2.700
Bilanzsumme	7.000	Bilanzsumme	7.000

A		GU	P
sonstiges nicht abnutzbares		Gezeichnetes Kapital	160
Anlagevermögen	800	Kapitalrücklagen	80
abnutzbares Anlagevermögen	500	Gewinnrücklagen	400
Umlaufvermögen	300	Jahresüberschuss	100
		Fremdkapital	860
Bilanzsumme	1.600	Bilanzsumme	1.600

(a) Konsolidierung zum 31.12.01 (Erstkonsolidierung)

Bilanzpositionen	KU	GU HB I = HB II (100%)	GU HB III (50%)	Kapitalkonsolidierung Soll	Kapitalkonsolidierung Haben	Konzernbilanz zum 31.12.01
Firmenwert				1) 40		40
Beteiligung	600	–	–		1) 600	–
sonstiges nicht-abnutzbares AV	3.200	800	490			3.690
abnutzbares AV	2.200	500	350			2.550
UV	1.000	300	150			1.150
Bilanzsumme	7.000	1.600	990			7.430
Gezeichnetes Kapital	1.000	160	80	1) 80		1.000
Kapitalrücklage	500	80	40	1) 40		500
Gewinnrücklagen	2.000	400	200	1) 200		2.000
Jahresüberschuss	800	100	50	1) 50		800
Neubewertungs-Rücklage	–	–	190	1) 190		–
Fremdkapital	2.700	860	430			3.130
Bilanzsumme	7.000	1.600	990			7.430

Da § 310 HGB u. a. auf den § 301 HGB verweist, ist die **Neubewertungsmethode** entsprechend anzuwenden. Dabei sind die quotal in den Konzernabschluss aufzunehmenden Vermögensgegenstände, Schulden etc. mit dem beizulegenden Zeitwert zum Erstkonsolidierungszeitpunkt anzusetzen. Die Aufdeckung der anteiligen stillen Reserven (100 beim abnutzbaren Anlagevermögen sowie 90 beim nicht abnutzbaren Anlagevermögen) erfolgt im Rahmen der Erstellung der quotalen Handelsbilanz III (HB III (50%) in obigem Konsolidierungsschema). Diese ist Gegenstand der durchzuführenden Kapitalkonsolidierung **(Erstkonsolidierung)**.

In Buchung 1) erfolgt die Aufrechnung der Beteiligung an dem Gemeinschaftsunternehmen mit dem anteiligen konsolidierungspflichtigen Eigenkapital, zu dem auch die durch die Neubewertung aufgedeckten stillen Reserven des Gemeinschaftsunternehmens zu rechnen sind. Der Beteiligungsbuchwert übersteigt das konsolidierungspflichtige Eigenkapital. Es ergibt sich aus der Aufrechnung ein **aktivischer Unterschiedsbetrag** (Beteiligungsbuchwert > anteiliges Eigenkapital) in Höhe von 40, der als Geschäfts- oder Firmenwert in der Konzernbilanz ausgewiesen wird. Weitere Konsolidierungsbuchungen fallen nicht an, da es im Rahmen der Quotenkonsolidierung definitionsgemäß nicht zu einem Ausweis von Minderheitenanteilen kommen kann.

Durch zeilenweise Addition der Einzelabschlusswerte unter Berücksichtigung der Korrekturbuchungen ergibt sich schließlich die Konzernbilanz.

(b) Konsolidierung zum 31.12.02 (Folgekonsolidierung)

Bilanzpositionen	KU	GU HB I = HB II (100%)	GU HB III (50%)	Kapitalkonsolidierung Soll	Kapitalkonsolidierung Haben	Konzernbilanz zum 31.12.02
Firmenwert				1) 40	4) 10	30
Beteiligung	600				1) 600	–
sonstiges nicht-						
abnutzbares AV	3.200	800	490			3.690
abnutzbares AV	2.200	440	320		3) 20	2.500
UV	1.250	570	285			1.535
Bilanzsumme	**7.250**	**1.810**	**1.095**			**7.755**
Gezeichnetes Kapital	1.000	160	80	1) 80		1.000
Kapitalrücklage	500	80	40	1) 40		500
Gewinnrücklagen	2.800	450	225	1) 200 2) 50	5) 25	2.800
Jahresüberschuss	200	160	80	1) 50 3) 20 4) 10 5) 25	2) 50	225
Neubewertungs-Rücklage	–	–	190	1) 190		–
Fremdkapital	2.750	960	480			3.230
Bilanzsumme	**7.250**	**1.810**	**1.095**			**7.755**

In den ersten beiden Spalten des Konsolidierungsschemas sind die veränderten Einzelbilanzen der beiden Unternehmen (HB I = HB II) zum 31.12.02 wiedergegeben. Die Aufdeckung der stillen Reserven sowie die Durchführung der Konsolidierungsbuchung 1) entsprechen der Erstkonsolidierung.

Konsolidierungsbuchung 2) stellt sicher, dass im Jahr 02 der Jahresüberschuss nicht noch einmal durch die Aufrechnung des Beteiligungsbuchwerts mit dem anteiligen Eigenkapital gekürzt werden darf. Obwohl das Gemeinschaftsunternehmen nur die Hälfte des vorjährigen Jahresüberschusses in die Gewinnrücklagen eingestellt hat, wird der anteilig auf das Konzernunternehmen entfallende Jahresüberschuss vollständig durch Buchung 2) den Gewinnrücklagen zugewiesen (zur Rechtfertigung siehe Buchung 5)). Durch die Konsolidierungsbuchungen 3) und 4) werden die stillen Reserven sowie der Geschäfts- oder Firmenwert abgeschrieben.

Darüber hinaus muss berücksichtigt werden, dass der ausgeschüttete Teil des anteilig dem Konzernunternehmen zuzurechnenden Jahresüberschusses des Gemeinschaftsunternehmens aus dem Jahr 01 beim Konzernunternehmen im Jahr 02 als Beteiligungsertrag und damit jahresüberschusserhöhend ausgewiesen wird. Buchungssatz 5) stellt daher die Eliminierung konzerninterner Gewinnausschüttungen dar, da das Konzernunternehmen einen Beteiligungsertrag vereinnahme hat, den es aus der Sicht des Konzerns als fiktiver rechtlicher Einheit nicht gibt. Der Jahresüberschuss wird durch Buchungssatz 5) um den Ausschüttungsbetrag von 25 reduziert und dieser Betrag wird in die Gewinnrücklagen eingestellt.

Zugleich wird dadurch sichergestellt, dass auch die Buchung 2) ihre Berechtigung hat: Durch Buchung 5) werden die Gewinnrücklagen um den ausgeschütteten Teil des Jahresüberschusses aus dem Jahr 01 erhöht, so dass zusammen mit dem thesaurierten Teil des Jahresüberschusses aus Periode 01 das Rücklagenpotenzial für die Buchung 2) gegeben ist, ohne mehr Gewinnrücklagen durch Buchung 2) heraus zu konsolidieren, als vorhanden sind.

3.2.5.8 Equity-Methode

In § 311 HGB sieht der Gesetzgeber die Equity-Methode als Verfahren zur Konsolidierung von Unternehmen vor, auf die ein in den Konzernabschluss einbezogenes Unternehmen **maßgeblichen Einfluss** ausübt (**assoziierte Unternehmen**).

Dieser maßgebliche Einfluss wird bei einer Beteiligung von mindestens 20 % vermutet (§ 311 Abs. 1 Satz 2 HGB). Deshalb ist die Equity-Methode grundsätzlich auch auf nicht quotenkonsolidierte Gemeinschaftsunternehmen sowie, auf Grund des § 296 HGB, nicht vollkonsolidierte Tochterunternehmen anzuwenden. Das zentrale Charakteristikum der Equity-Methode deren Vorgehensweise in § 312 HGB geregelt ist, besteht darin, dass es nicht zu einem für die Kapitalkonsolidierung typischen Ersatz des Beteiligungsbuchwerts durch die Vermögensgegenstände und Schulden des assoziierten Unternehmens kommt. Stattdessen wird der Beteiligungsbuchwert im Zeitablauf fortgeschrieben, d. h. Eigenkapitalerhöhungen bzw. -minderungen führen zu einer Erhöhung bzw. Herabsetzung des Wertansatzes der Beteiligung in der Konzernbilanz. Damit gewährleistet die Equity-Methode eine zeitkongruente Vereinnahmung von Beteiligungserträgen und verhindert die Bildung stiller Reserven im Beteiligungsbuchwert durch die Thesaurierung von Gewinnen bei der Tochtergesellschaft. Im Idealfall wird der Beteiligungsbuchwert zum Spiegelbild des anteiligen Eigenkapitals des assoziierten Unternehmens.

Darüber hinaus hat die Equity-Methode durchaus Züge der Kapitalkonsolidierung nach der Erwerbsmethode (vgl. Abschn. 3.2.5.5.1). So findet in einer **separaten Nebenrechnung** wie im Rahmen der Kapitalkonsolidierung eine Ermittlung eines Unterschiedsbetrags aus der Aufrechnung von Beteiligungsbuchwert und anteiligem Eigenkapital des assoziierten Unternehmens statt. Da aber nicht die einzelnen Vermögensgegenstände und Schulden in die Konzernbilanz übernommen werden, wirken die Aufrechnungen unmittelbar auf den Beteiligungsbuchwert **(One-Line-Consolidation)**. Seit der Reform des Bilanzrechts durch das BilMoG ist lediglich die so genannte **Buchwertmethode** (§ 312 Abs. 1 Satz 2 HGB) zulässig, während vorher die so genannte Kapitalanteilsmethode wahlweise erlaubt war. Im Rahmen der Buchwertmethode erfolgt die Ermittlung eines Unterschiedsbetrags unter Einbeziehung des anteiligen Eigenkapitals des assoziierten Unternehmens auf Buchwertbasis, also ohne vorherige Aufdeckung stiller Reserven bzw. Lasten.

In den Folgeperioden nach der erstmaligen Anwendung der Equity-Methode auf ein assoziiertes Unternehmen erfolgt eine Fortschreibung des anteiligen Eigenkapitals des assoziierten Unternehmens und des Unterschiedsbetrages. Der Eigenkapitalanteil wird hierbei entsprechend der erzielten Gewinne/Verluste und der Ausschüttungen des assoziierten Unternehmens fortgeschrieben (§ 312 Abs. 4 HGB). Hingegen ist der Unterschiedsbetrag in der Nebenrechnung in die aufgedeckten stillen Reserven/Lasten einerseits und den Geschäfts- oder Firmenwert andererseits aufzuteilen (§ 312 Abs. 2 Satz 1 HGB). Während die aufgedeckten stillen Reserven/Lasten das Schicksal der Vermögensgegenstände und Schulden im Jahresabschluss des assoziierten Unternehmens teilen (§ 312 Abs. 2 Satz 2 HGB), ist der Geschäfts- oder Firmenwert gemäß § 312 Abs. 2 Satz 3 HGB i. V. m. § 309 HGB, d. h. entsprechend der Kapitalkonsolidierung nach § 301 HGB, zu behandeln.

Beispiel
Equity-Methode
Ein Mutterunternehmen erwirbt zum 31.12.01 eine 20%-ige Beteiligung zu einem Preis von 2.000. Das Eigenkapital des als assoziiert einzustufenden Unternehmens beträgt 8.000; im abnutzbaren Anlagevermögen mit einer Restnutzungsdauer von 10 Jahren sind stille Reserven in Höhe von 500 enthalten.

a) Erstmalige Anwendung der Equity-Methode zum 31.12.01

Gemäß §312 HGB wird die Beteiligung im Konzernabschluss grundsätzlich mit dem Buchwert (2.000), wie er sich aus der Einzelbilanz des beteiligten Unternehmens ergibt, bewertet. Im Hinblick auf die Konzernbilanz ist daher eine Umgliederung aus der Position «Beteiligungen» in die speziell zu bildende Position «Anteile an assoziierten Unternehmen» erforderlich.

Ein Unterschiedsbetrag aus der Aufrechnung von Beteiligungsbuchwert und anteiligem Eigenkapital sowie ein darin enthaltener Geschäfts- oder Firmenwert oder passiver Unterschiedsbetrag sind im Anhang anzugeben. Es ergibt sich ein Unterschiedsbetrag von 400 (2.000 − 0,2 × 8.000 = 400), der sich in Höhe von 100 (0,2 × 500) aus anteiligen stillen Reserven und in Höhe von 300 (400 − 100) aus einem Geschäfts- bzw. Firmenwert zusammensetzt.

b) Anwendung der Equity-Methode zum 31.12.02

Erwirtschaftet das assoziierte Unternehmen in der Folgeperiode einen Jahresüberschuss von 100 und wird der die anteiligen stillen Reserven übersteigende Teil des Unterschiedsbetrages (Geschäfts- oder Firmenwert) zu 25 % abgeschrieben, so ergibt sich folgende Fortschreibung der Anteile an assoziierten Unternehmen:

	Buchwert der Anteile an assoziierten Unternehmen am 31.12.01	2.000
+	anteiliger Jahresüberschuss des assoziierten Unternehmens	20
−	Abschreibung auf anteilige stille Reserven	10
−	Abschreibung auf den Geschäfts-oder Firmenwert	75
=	Buchwert der Anteile an assoziierten Unternehmen am 31.12.02	1.935

In der Konzernbilanz zum 31.12.02 wird die Beteiligung an dem assoziierten Unternehmen im Ergebnis mit einem Betrag von 1.935 ausgewiesen. Die Wertänderung gegenüber dem Vorjahr ist erfolgswirksam und innerhalb der Konzern-Gewinn- und Verlustrechnung unter einer hierfür gesondert zu bildenden Position auszuweisen (§312 Abs. 4 Satz 2 HGB).

In vereinfachter Form gilt somit grundsätzlich folgende rechnerische Vorgehensweise zur Ermittlung des jeweiligen Beteiligungsbuchwertes in der Konzernbilanz:

	Anschaffungskosten der Beteiligung
+	anteilige Gewinne des assoziierten Unternehmens
−	anteilige Verluste des assoziierten Unternehmens
−	vereinnahmte Gewinnausschüttungen des assoziierten Unternehmens
−	Abschreibung zuordnungsfähiger Unterschiedsbeträge
−	Abschreibung eines sich evtl. ergebenden Geschäfts- oder Firmenwertes
−	evtl. erforderliche außerplanmäßige Abschreibungen auf die Beteiligung
=	Wertansatz der Beteiligung

3.2.5.9 Umrechnung von Fremdwährungsabschlüssen

Auf Grund des im § 294 Abs. 1 HGB kodifizierten Weltabschlussprinzips und der Bestimmung, dass der Konzernabschluss in Euro aufzustellen ist (§ 298 Abs. 1 i. V. m. § 244 HGB), ergibt sich die Notwendigkeit, die in Landeswährung aufgestellten Einzelabschlüsse ausländischer Tochterunternehmen außerhalb des Euroraums in Euro umzurechnen (vgl. Abschn. 3.2.4.5 zur Umrechnung von auf fremde Währung lautenden Vermögensgegenständen und Verbindlichkeiten im Einzelabschluss).

> **Währungsumrechnung** innerhalb der Konzernabschlusserstellung ist die Transformation der Fremdwährungsabschlüsse ausländischer Tochterunternehmen in die Berichtswährung der Konzernmuttergesellschaft. Gem. § 298 Abs. 1 i. V. m. § 244 HGB ist dies im Falle einer deutschen Konzernmuttergesellschaft der Euro.

Bevor die Umrechnung eines in ausländischer Währung aufgestellten Jahresabschlusses in € erfolgen kann, ist die Festlegung der zur Anwendung kommenden Umrechnungskurse erforderlich. Hierbei ist zunächst zu klären, welche Art von Kurs für die Umrechnung herangezogen werden soll, da zu einem Zeitpunkt verschiedene Kurse nebeneinander gelten. In Frage kommen insbesondere der Geldkurs, der Briefkurs oder der Mittelkurs der betreffenden Währung.

Weiterhin ist festzulegen, auf welchen Zeitpunkt bzw. Zeitraum sich der zu verwendende Kurs beziehen soll. Hierbei kann es sich um den Kurs am Bilanzstichtag (Stichtagskurs), um den Kurs an demjenigen Tag, an dem eine Transaktion durchgeführt wurde (z. B. Tätigung eines Umsatzes oder Erwerb eines Vermögensgegenstandes; historischer Kurs) oder aber um den Durchschnittswert der Kurse eines Zeitraumes, beispielsweise eines Geschäftsjahres oder eines Monats (Durchschnittskurs), handeln.

Je nachdem, welche Kurse im Rahmen der Umrechnung ausländischer Jahresabschlüsse zur Anwendung kommen, werden unterschiedliche Methoden der Währungsumrechnung unterschieden, wobei von wesentlicher Bedeutung insbesondere die so genannte Stichtagskursmethode und die Zeitbezugsmethode sind. Die reine Stichtagskursmethode (Closing Rate-Method) rechnet sämtliche Positionen der Bilanz und der GuV einheitlich mit dem jeweiligen Stichtagskurs in die Währung der Konzernmuttergesellschaft um. Bei der Zeitbezugsmethode (Temporal-Method) werden dagegen die einzelnen Jahresabschlusspositionen mit denjenigen Kursen umgerechnet, die dem gesetzlich vorgeschriebenen Bewertungsmaßstab in € entsprechen: So sind beispielsweise Vermögensgegenstände, die mit ihren Anschaffungs- oder Herstellungskosten zu bewerten sind, mit dem auf den Zeitpunkt der Anschaffung bzw. Herstellung bezogenen historischen Kurs umzurechnen, während andererseits Vorräte, die auf Grund des Niederstwertprinzips mit dem am Bilanzstichtag gültigen Börsen- oder Marktpreis bewertet werden, mit dem Stichtagskurs umzurechnen sind. Durch diese Vorgehensweise soll erreicht werden, dass die Beträge der umgerechneten Jahresabschlusspositionen so interpretiert werden können, als wären die einzelnen Geschäftsvorfälle unmittelbar in € verbucht worden.

Durch das BilMoG ist mit dem § 308a HGB erstmals eine konkrete Vorschrift zur Umrechnung von Fremdwährungsabschlüssen in das HGB aufgenommen worden. Danach ist grundsätzlich die so genannte **modifizierte Stichtagskursmethode** anzuwenden, bei der im Hinblick auf die Umrechnung der Bilanz außer dem Eigenkapital sämtliche Aktiva und Passiva mit dem **Devisenkassamittelkurs am Abschlussstichtag** umgerechnet werden, während das Eigenkapital mit dem historischen Kurs umgerechnet wird. Die Aufwendungen und Erträge innerhalb der Fremdwährungs-GuV sind mit dem **Durchschnittskurs** umzurechnen. Der Jahresüberschuss ergibt sich als Saldo der umgerechneten Aufwendungen und Erträge. Sich ergebende **Umrechnungsdifferenzen** werden erfolgsneutral in eine spezielle Position «Eigenkapitaldifferenz aus Währungsumrechnung» eingestellt bzw. mit dieser verrechnet (§ 308a Satz 3 HGB).

3.2.5.10 Weitere Bestandteile der Konzern-Finanzberichterstattung

Gemäß § 297 Abs. 1 HGB besteht der Konzernabschluss neben der Konzernbilanz und der Konzern-Gewinn- und Verlustrechnung aus dem Konzernanhang, der Kapitalflussrechnung sowie dem Eigenkapitalspiegel. Wahlweise kann der Konzernabschluss um eine Segmentberichterstattung ergänzt werden. Als weiteres Element der Konzern-Finanzberichterstattung tritt der Konzernlagebericht hinzu.

3.2.5.10.1 Konzernanhang

Die Angabepflichten im Konzernanhang ergeben sich zunächst aus den §§ 313, 314 HGB, dann aber auch aus den konzernspezifischen Vorschriften der §§ 290–312 HGB sowie aus den nach § 298 Abs. 1 HGB für den Konzernabschluss geltenden Vorschriften zum Einzelabschluss. Darüber hinaus sind Angabepflichten zu beachten, die sich aus den DRS ergeben. Die dem Konzernanhang beizumessenden Funktionen sind analog zu Abschn. 3.2.4.9 zu sehen.

> Der **Konzernanhang** besteht grundsätzlich aus zwei Komponenten:
> - dem Bericht über den Umfang des Konzerns und die Abgrenzung des Konsolidierungskreises sowie
> - dem Konzernerläuterungsbericht.

Der Bericht über den Umfang des Konzerns und die Abgrenzung des Konsolidierungskreises enthält Angaben zu den in den Konzernabschluss **einbezogenen** Unternehmen und zu den **nicht einbezogenen** Unternehmen, insbesondere auch die Gründe für die Nichteinbeziehung. Weiter müssen Angaben zu **assoziierten** Unternehmen, zu **quotenkonsolidierten** Unternehmen und zu anderen Unternehmen, an denen eine **Beteiligung** von mindestens 20 % besteht, gemacht werden. Darüber hinaus sind sämtliche Beteiligungen an großen Kapitalgesellschaften anzugeben, von denen von oder für Rechnung eines börsennotierten Konzernunternehmens mehr als 5 % der Stimmrechte gehalten werden und die ansonsten nicht in den Konzernabschluss eingehen (§ 313 Abs. 2 HGB). Der Konzernerläuterungsbericht umfasst Angaben zu den Konsolidierungsgrundsätzen, den Bilanzierungs- und Bewertungsmethoden, zu den einzelnen Posten der Konzernbilanz und der Konzern-GuV sowie zur Währungsumrechnung (§ 313 Abs. 1 HGB).

§ 314 HGB enthält eine Vielzahl «sonstiger Pflichtangaben». Hinzu kommen Angaben, die sich über den § 298 Abs. 1 Satz 1 HGB aus den Vorschriften der §§ 264 ff. ergeben, sowie Angaben aufgrund der Bestimmungen der §§ 290–312 HGB. Darüber hinaus kann der Konzernanhang zudem für freiwillige Angaben genutzt werden. Hierzu zählen Zusatzrechnungen, wie Wertschöpfungsrechnungen, Sozialbilanzen, Ökobilanzen oder Kapital- und Substanzerhaltungsrechnungen. Diese dürfen allerdings die nach § 297 Abs. 2 HGB geforderte Generalnorm – «ein den tatsächlichen Verhältnissen entsprechendes Bild der Vermögens-, Finanz- und Ertragslage des Konzerns zu vermitteln» – nicht beeinträchtigen.

Konzernanhang und Anhang des Jahresabschlusses der Muttergesellschaft dürfen unter der Voraussetzung gemeinsamer Offenlegung zusammengefasst werden (§ 298 Abs. 3 HGB). In einem solchen zusammengefassten Anhang müssen dann die auf den Konzern und die nur auf das Mutterunternehmen bezogenen Angaben als solche klar erkennbar sein.

3.2.5.10.2 Kapitalflussrechnung

Obwohl § 297 Abs. 1 HGB die Erstellung einer Kapitalflussrechnung als Bestandteil des Konzernabschlusses vorschreibt, enthält das HGB keine Vorgaben über Inhalt und Struktur einer solchen Rechnung. Entsprechende Inhaltsbestimmungen ergeben sich aus dem DRS 2, der aufgrund seiner Bekanntmachung durch das BMJ als Bestandteil der Grundsätze ordnungsmäßiger Konzernrechnungslegung anzusehen ist (vgl. Abschn. 3.2.4.1.3).

Ausgehend von der Zielsetzung, durch eine Kapitalflussrechnung die Finanzlage eines Unternehmens bzw. Konzerns besser beurteilen zu können, sind in einer nach DRS 2 zu erstellenden Kapitalflussrechnung die Zahlungsströme der Teilbereiche laufende Geschäftstätigkeit, Investitions- und Finanzierungstätigkeit gesondert auszuweisen, wobei für jeden Teilbereich der Cashflow anzugeben ist. Die Summe der Cashflows aus diesen drei Tätigkeitsbereichen entspricht dann, abgesehen von wechselkursbedingten oder sonstigen Änderungen, der Veränderung des Finanzmittelfonds in der Berichtsperiode (DRS 2 Tz. 1 und 7).

Der Cashflow aus dem Bereich der laufenden Geschäftstätigkeit kann dabei auf zwei verschiedene Weisen ermittelt werden. Bei der sog. direkten Ermittlung werden Ein- und Auszahlungen unmittelbar als solche ausgewiesen. Demgegenüber erfolgt bei der indirekten Ermittlung eine Überleitungsrechnung vom Periodenergebnis, das um zahlungsunwirksame Aufwendungen und Erträge, Posten des Nettoumlaufsvermögens (ohne Finanzmittelfonds) und um alle Posten, die Cashflows aus der Investitions- oder Finanzierungstätigkeit sind, korrigiert wird (DRS 2 Tz. 24).

In den **Finanzmittelfonds** sind dabei grundsätzlich nur Zahlungsmittel und Zahlungsmitteläquivalente einzubeziehen. Jederzeit fällige Bankverbindlichkeiten, soweit sie zur Disposition der liquiden Mittel gehören, dürfen darüber hinaus ebenfalls in den Finanzmittelfonds einbezogen werden (DRS 2 Tz. 16 ff.).

Ausgangspunkt einer nach DRS 2 erstellten Kapitalflussrechnung sind grundsätzlich die Zahlen des Rechnungswesens oder eine nach nationalen oder internationalen Grundsätzen abgeleitete Bilanz oder Gewinn- und Verlustrechnung. Hieraus wird eine Konzernkapitalflussrechnung entweder aus der Konzernbilanz sowie Konzerngewinn- und Verlustrechnung unter Verwendung zusätzlicher Informationen **oder** durch Konsolidierung der Kapitalflussrechnungen der einbezogenen Unternehmen ermittelt. Dabei werden alle in den Konzernabschluss einbezogenen Unternehmen entsprechend der angewandten Konsolidierungsmethode berücksichtigt, was bspw. bedeutet, dass Zahlungen eines quotenkonsolidierten Unternehmens entsprechend der Konsolidierungsquote im Konzernabschluss in die Kapitalflussrechnung zu übernehmen sind (DRS 2 Tz. 11 ff.).

Ergänzt wird die Kapitalflussrechnung grundsätzlich durch **Angaben** zum Finanzmittelfonds, zu bedeutenden zahlungsunwirksamen Investitions- und Finanzierungsvorgängen sowie Geschäftsvorfällen und Angaben zum Erwerb und Verkauf von Unternehmen und sonstigen Geschäftseinheiten (DRS 2 Tz. 52).

Eine dem Standard entsprechende Mindestgliederung für die Fälle der direkten und indirekten Ermittlung des Cashflows aus laufender Geschäftstätigkeit kann Abbildung 4.3.42 entnommen werden.

3.2.5.10.3 Konzerneigenkapitalspiegel

Mangels konkreter Regelungen innerhalb des HGB hinsichtlich der Ausgestaltung eines Eigenkapitalspiegels ist diesbezüglich auf **DRS 7** zurückzugreifen.

> Der **Konzerneigenkapitalspiegel** liefert den Bilanzadressaten Erkenntnisse über die bei der Konzernabschlusserstellung erfolgswirksam oder erfolgsneutral erfassten Vorgänge, die innerhalb der Betrachtungsperiode zu Veränderungen der einzelnen Positionen des Eigenkapitals hinsichtlich seiner Zusammensetzung und Höhe geführt haben.

Abbildung 4.3.43 zeigt das DRS-7-Gliederungsschema für den Konzerneigenkapitalspiegel, wobei die aufgrund des BilMoG erforderlichen Anpassungen enthalten sind (vgl. Hoffmann/Lüdenbach [NWB Kommentar] § 297 Rz 93 f.). Ziel des Konzerneigenkapitalspiegels ist es, die Entwicklung des Eigenkapitals des Mutterunternehmens einerseits und vorhandener Minderheitsgesellschafter andererseits abzubilden.

Direkte Methode		Indirekte Methode	
1.	Einzahlungen von Kunden für den Verkauf von Erzeugnissen, Waren und Dienstleistungen	1.	Periodenergebnis (einschließlich Ergebnisanteilen von Minderheitsgesellschaftern) vor außerordentlichen Posten
2. –	Auszahlungen an Lieferanten und Beschäftigte	2. +/–	Abschreibungen / Zuschreibungen auf Gegenstände des Anlagevermögens
3. +	Sonstige Einzahlungen, die nicht der Investitions- oder Finanzierungstätigkeit zuzuordnen sind	3. +/–	Zunahme / Abnahme der Rückstellungen
4. –	Sonstige Auszahlungen, die nicht der Investitions- oder Finanzierungstätigkeit zuzuordnen sind	4. +/–	Sonstige zahlungsunwirksame Aufwendungen / Erträge (bspw. Abschreibungen auf ein aktiviertes Disagio)
5. +/–	Ein- und Auszahlungen aus außerordentlichen Posten	5. +/–	Gewinn / Verlust aus dem Abgang von Gegenständen des AV
		6. +/–	Zunahme / Abnahme der Vorräte, der Forderungen aus L. u. L. sowie anderer Aktiva, die nicht der Investitions- oder Finanzierungstätigkeit zuzuordnen sind
		7. +/–	Zunahme / Abnahme der Verbindlichkeiten aus L. u. L. sowie anderer Passiva, die nicht der Investitions- oder Finanzierungstätigkeit zuzuordnen sind
		8. +/–	Ein- und Auszahlungen aus außerordentlichen Posten
6. =	**Cashflow aus der laufenden Geschäftstätigkeit**	9. =	**Cashflow aus der laufenden Geschäftstätigkeit**
7.	Einzahlungen aus Abgängen von Gegenständen des Sachanlagevermögens	10.	Einzahlungen aus Abgängen von Gegenständen des Sachanlagevermögens
8. –	Auszahlungen für Investitionen in das Sachanlagevermögen	11. –	Auszahlungen für Investitionen in das Sachanlagevermögen
9. +	Einzahlungen aus Abgängen von Gegenständen des immateriellen Anlagevermögens	12. +	Einzahlungen aus Abgängen von Gegenständen des immateriellen Anlagevermögens
10. –	Auszahlungen für Investitionen in das immaterielle Anlagevermögen	13. –	Auszahlungen für Investitionen in das immaterielle Anlagevermögen
11. +	Einzahlungen aus Abgängen von Gegenständen des Finanzanlagevermögens	14. +	Einzahlungen aus Abgängen von Gegenständen des Finanzanlagevermögens
12. –	Auszahlungen für Investitionen in das Finanzanlagevermögen	15. –	Auszahlungen für Investitionen in das Finanzanlagevermögen

13.	+	Einzahlungen aus dem Verkauf von konsolidierten Unternehmen und sonstigen Geschäftseinheiten		16.	+	Einzahlungen aus dem Verkauf von konsolidierten Unternehmen und sonstigen Geschäftseinheiten
14.	−	Auszahlungen aus dem Erwerb von konsolidierten Unternehmen und sonstigen Geschäftseinheiten		17.	−	Auszahlungen aus dem Erwerb von konsolidierten Unternehmen und sonstigen Geschäftseinheiten
15.	+	Einzahlungen aufgrund von Finanzmittelanlagen im Rahmen der kurzfristigen Finanzdisposition		18.	+	Einzahlungen aufgrund von Finanzmittelanlagen im Rahmen der kurzfristigen Finanzdisposition
16.	−	Auszahlungen aufgrund von Finanzmittelanlagen im Rahmen der kurzfristigen Finanzdisposition		19.	−	Auszahlungen aufgrund von Finanzmittelanlagen im Rahmen der kurzfristigen Finanzdisposition
17.	=	Cashflow aus der Investitionstätigkeit		20.	=	Cashflow aus der Investitionstätigkeit
18.	+	Einzahlungen aus Eigenkapitalzuführungen (Kapitalerhöhungen, Verkauf eigener Anteile, etc.)		21.	+	Einzahlungen aus Eigenkapitalzuführungen (Kapitalerhöhungen, Verkauf eigener Anteile, etc.)
19.	−	Auszahlungen an Unternehmenseigner und Minderheitsgesellschafter (Dividenden, Erwerb eigener Anteile, Eigenkapitalrückzahlungen, andere Ausschüttungen)		22.	−	Auszahlungen an Unternehmenseigner und Minderheitsgesellschafter (Dividenden, Erwerb eigener Anteile, Eigenkapitalrückzahlungen, andere Ausschüttungen)
20.	+	Einzahlungen aus der Begebung von Anleihen und der Aufnahme von (Finanz-)Krediten		23.	+	Einzahlungen aus der Begebung von Anleihen und der Aufnahme von (Finanz-)Krediten
21.	−	Auszahlungen aus der Tilgung von Anleihen und (Finanz-)Krediten		24.	−	Auszahlungen aus der Tilgung von Anleihen und (Finanz-)Krediten
22.	=	Cashflow aus der Finanzierungstätigkeit		25.	=	Cashflow aus der Finanzierungstätigkeit
23.		Zahlungswirksame Veränderungen des Finanzmittelbestands (Summe aus Zf. 6, 17, 22)		26.		Zahlungswirksame Veränderungen des Finanzmittelbestands (Summe aus Zf. 9, 20, 25)
24.	+/−	Wechselkurs-, konsolidierungskreis- und bewertungsbedingte Änderungen des Finanzmittelfonds		27.	+/−	Wechselkurs-, konsolidierungskreis- und bewertungsbedingte Änderungen des Finanzmittelfonds
25.	+	Finanzmittelfonds am Anfang der Periode		28.	+	Finanzmittelfonds am Anfang der Periode
26.	=	Finanzmittelfonds am Ende der Periode		29.	=	Finanzmittelfonds am Ende der Periode

Abbildung 4.3.42: Gliederungsschemata der Kaptitalflussrechnung nach DRS 2

676 Bilanzen

	Mutterunternehmen								Minderheitsgesellschafter				Konzern-eigen-kapital
	Gezeichnetes Kapital		Nicht einge- forderte ausste- hende Einlagen	Kapi- tal- rück- lage	Erwirt- schafte- tes Konzern- eigen- kapital	Eigene Anteile	Kumuliertes übriges Konzernergebnis		Eigen- kapital	Minder- heiten- kapital	Kumuliertes übriges Konzernergebnis		Eigen- kapital	
	Stamm- aktien	Vor- zugs- aktien					Ausgleichs- posten aus der Fremd- währungs- umrech- nung	andere neutrale Trans- aktio- nen			Ausgleichs- posten aus der Fremd- währungs- umrech- nung	andere neutrale Trans- aktio- nen		
Stand am 31.12.01														
Ausgabe von Anteilen														
Erwerb/Ein- ziehung eigener Anteile														
Gezahlte Dividenden														
Änderung des Konsoli- dierungs- kreises														
Übrige Veränderun- gen														
Konzern- Jahresüber- schuss/-fehl- betrag														
Übriges Konzern- ergebnis														
Konzern- gesamt- ergebnis														
Stand am 31.12.02														

Abbildung 4.3.43: Konzerneigenkapitalspiegel nach DRS 7

3.2.5.10.4 Segmentberichterstattung des Konzerns

Die Geschäftsbereiche diversifizierter Unternehmen bzw. Konzerne weisen i.d.R. unterschiedliche Rentabilitäten, Wachstums- und Zukunftsaussichten auf und sind durch spezifische Chancen und Risiken geprägt. Ein aggregierter Abschluss ist demnach nicht in der Lage die Informationen zur Beurteilung der Erfolgsaussichten der unterschiedlichen Aktivitäten zu liefern, zumal sich positive und negative Entwicklungen in einzelnen Geschäftsbereichen ausgleichen können.

Dementsprechend haben Kapitalgesellschaften sowie Personenhandelsgesellschaften im Sinne des § 264a HGB im Anhang nach § 285 Nr. 4 HGB, Konzernunternehmen im Konzernanhang gemäß § 314 Abs. 1 Nr. 3 HGB, ihre Umsatzerlöse nach Tätigkeitsbereichen und geographischen Märkten aufzugliedern. Demgegenüber ist die Segmentberichterstattung nach neuer Rechtslage für alle Mutterunternehmen gemäß § 297 Abs. 1 S. 1 HGB optional: Der Konzernabschluss «kann» um eine solche erweitert werden, und befreit bejahendenfalls folgerichtig von der Angabepflicht nach § 314 Abs. 1 Nr. 3 HGB (§ 314 Abs. 2 HGB). Der Gesetzgeber hat dazu allerdings weder zur Form der Segmentbildung noch zu entsprechenden Angabeerfordernissen konkrete Vorgaben bestimmt. Mit dem DRS 3 hat deshalb das DRSC einen Standard zur Segmentberichterstattung verabschiedet, dem GoB-Charakter zukommt.

> Ziel der Segmentberichterstattung nach DRS 3 ist es, Informationen über wesentliche Geschäftsfelder eines Unternehmens bzw. Konzerns zu geben. Sie soll den Einblick in die Vermögens-, Finanz- und Ertragslage sowie die Einschätzung der Chancen und Risiken der einzelnen Geschäftsfelder verbessern (DRS 3.2).

Entsprechend erfolgt eine Segmentierung nach so genannten operativen Segmenten. Diese sind aus der internen Organisations- und Berichtsstruktur des Unternehmens abzuleiten, wobei implizit unterstellt wird, dass die interne Strukturierung entsprechend den unterschiedlichen Chancen und Risiken der Unternehmensaktivitäten erfolgt. Demzufolge wird ein operatives Segment als Teil eines Unternehmens definiert,

- der geschäftliche Tätigkeiten entfaltet, die potenziell oder tatsächlich zu externen bzw. intersegmentären Umsatzerlösen führen und
- der regelmäßig von der Unternehmensleitung überwacht wird, um seine wirtschaftliche Lage zu beurteilen (DRS 3.8).

Danach werden sich i.d.R. produktorientierte und/oder geographische Segmente ergeben. Bestehen innerhalb einer Unternehmung mehrere Segmentierungen, hat die Unternehmensleitung sich für die Segmentierung zu entscheiden, die die Chancen und Risiken am besten widerspiegelt (DRS 3.11). Segmente mit homogenen Chancen und Risiken dürfen zusammengefasst werden (DRS 3.13). Anzugeben ist ein operatives Segment zudem grundsätzlich nur, wenn folgende Wesentlichkeitskriterien überschritten werden:

- die externen und intersegmentären Umsatzerlöse betragen mindestens 10 % der gesamten externen und intersegmentären Umsatzerlöse oder
- das Segmentergebnis entspricht mindestens 10 % der zusammengefassten Ergebnisse aller Segmente mit positivem oder aller Segmente mit negativem Ergebnis (wobei der jeweils größere Betrag zugrunde zu legen ist) oder
- das Segmentvermögen macht mindestens 10 % des gesamten operativen Segmentvermögens aus (DRS 3.15).

Zusätzlich zu beachten ist, dass operative Segmente als anzugebende Segmente zu bestimmen sind, bis mindestens 75 % der gesamten konsoliderten Umsatzerlöse durch die angegebenen Segmente erreicht sind (DRS 3.12). Unabhängig hiervon kann ein operatives Segment angegeben werden, wenn hierdurch die Klarheit und Übersichtlichkeit der Segmentberichterstattung nicht leidet (DRS 3.16).

Die offenzulegenden Segmentdaten sind dabei in Übereinstimmung mit den Bilanzansätzen- und Bewertungsmethoden des zugrundeliegenden Abschlusses zu ermitteln. Maßgeblich sind grundsätzlich die Beträge vor Konsolidierungsmaßnahmen; innerhalb eines anzugebenden Segments sind jedoch Konsolidierungen vorzunehmen (DRS 3.19). Neben Angaben zur Segmentabgrenzung sind für jedes Segment

- die Umsatzerlöse unterteilt nach Umsatzerlösen mit Dritten und mit anderen Segmenten,
- das Segmentergebnis mit dem Ausweis folgender Positionen:
  - Abschreibungen,
  - andere nicht zahlungswirksame Posten,
  - Ergebnis aus Beteiligungen an assoziierten Unternehmen sowie
  - Erträge aus sonstigen Beteiligungen;
- das Vermögen einschließlich der Beteiligungen,
- die Investitionen in das langfristige Vermögen sowie
- die Schulden anzugeben (DRS 3.25 und 31).

3.2.5.10.5 Konzernlagebericht

Die mit der Umsetzung der sog. Modernisierungs- und Fair-Value-Richtlinie der EU in das HGB erfolgte Erweiterung und Präzisierung der Vorschriften für die Lageberichterstattung gilt für Kapitalgesellschaften und Konzernmutterunternehmen sinngemäß. Der nach § 290 Abs. 1 HGB von Konzernunternehmen zu erstellende Konzernlagebericht hat somit entsprechend § 315 Abs. 1 u. 2 HGB denselben Berichtspflichten zu genügen, wie für den Einzelabschluss bereits in Abschn. 3.2.4.10 dargelegt. Lediglich mit Bezug auf die nichtfinanziellen Leistungsindikatoren besteht ein Unterschied in der Angabepflicht insoweit, als der Konzernlagebericht im Gegensatz zu § 289 Abs. 3 HGB keine Möglichkeit zur Beschränkung auf große Gesellschaften bzw. Konzerne vorsieht.

Der **Konzernlagebericht** hat die Aufgabe, den Konzernabschluss mit Blick auf die **Gesamtlage** der wirtschaftlichen Einheit «Konzern» hinsichtlich seiner Erfolgsfaktoren in sachlicher und hinsichtlich seiner Prognosequalität in zeitlicher Perspektive zu ergänzen.

Auch im Konzernlagebericht gilt, dass der Geschäftsverlauf und die wirtschaftliche Lage des Konzerns grundsätzlich ohne Rückgriff auf die Angaben im Konzernabschluss verständlich sein müssen, obgleich Bezugnahmen auf diesen zur Vermeidung von Doppelangaben zulässig sind (§ 315 Abs. 1 S. 3 HGB). Analog zur Anhangregelung kann eine **Zusammenfassung** von Konzernlagebericht und Lagebericht des Mutterunternehmens unter der Voraussetzung erfolgen, dass eine gemeinsame Offenlegung von Konzernabschluss und Jahresabschluss der Muttergesellschaft erfolgt (§ 315 Abs. 3 i.V. m. § 298 Abs. 3 HGB). Mit dem am 7. 12. 2004 verabschiedeten DRS 15 trägt zudem ein Standard des DRSC zur weiteren Vereinheitlichung und besseren Vergleichbarkeit der Konzernlageberichterstattung bei.

3.2.5.11 Vergleichende Gegenüberstellung der wesentlichen Rechnungslegungsregeln nach HGB und IAS/IFRS zur Erstellung von Konzernabschlüssen

In der folgenden tabellarischen Übersicht werden die wesentlichen Schritte zur Erstellung von Konzernabschlüssen gem. HGB den Regeln der internationalen Standards gegenübergestellt. Die relevanten IAS bzw. IFRS sind IFRS 3, IAS 27, IAS 28 sowie IAS 31.

	HGB	IAS/IFRS
Betrachtung des Konzerns als Einheit	Fiktion der rechtlichen Einheit festgelegt in § 297 Abs. 3 Satz 1 HGB	Fiktion der rechtlichen Einheit festgelegt in IAS 27.4
Bestandteile der Konzern-Finanzberichterstattung	Konzernabschluss, bestehend aus Konzernbilanz, Konzerngewinn- und Verlustrechnung, Konzernanhang, Kapitalflussrechnung sowie Eigenkapitalspiegel Konzernlagebericht	Vollständiger Abschluss gem. IAS 1
Aufstellungspflicht	Mutterunternehmen gem. § 290 HGB Ausnahmen gem. §§ 291–293 HGB	Mutterunternehmen gem. IAS 27.9-11
Konsolidierungskreis	Sämtliche Tochterunternehmen (Weltabschlussprinzip) gem. § 294 HGB, ggf. Ausnahmen (Wahlrechte) gem. § 296 HGB	Sämtliche Tochterunternehmen (Weltabschlussprinzip) gem. IAS 27.12 Besonderheiten aufgrund von IFRS 5 sowie bei unwesentlichen Beteiligungen

vorbereitende Maßnahmen im Hinblick auf die Durchführung der Konsolidierung	einheitlicher Bilanzstichtag (§ 299 Abs. 2 HGB), ggf. Pflicht zur Erstellung eines Zwischenabschlusses Vereinheitlichung von Bilanzansatz und -bewertung gem. §§ 300 und 308 HGB Währungsumrechnung von Fremdwährungsabschlüssen gem. § 308a HGB nach der modifizierten Stichtagskursmethode	einheitlicher Bilanzstichtag gem. IAS 27.22, ggf. Pflicht zur Erstellung eines Zwischenabschlusses Vereinheitlichung von Bilanzansatz und -bewertung gem IAS 27.24-25 Währungsumrechnung von Fremdwährungsabschlüssen gem. dem Konzept der funktionalen Währung (IAS 21)
Kapitalkonsolidierung (Vollkonsolidierung) • zulässige Methoden	§§ 301, 307 und 309 HGB Erwerbsmethode in Form der Neubewertungsmethode gem. § 301 HGB (Buchwertmethode nicht mehr zulässig, aber Übergangsregelung)	IAS 27 sowie IFRS 3 IFRS 3.4 Erwerbsmethode in Form der Neubewertungsmethode
• Ausweis und Behandlung eines Geschäfts- oder Firmenwerts (Goodwill)	Ausweis gem. § 301 Abs. 3 HGB Planmäßige Abschreibung gem. § 309 Abs. 1 HGB i. V. m. § 246 Abs. 1 HGB	IFRS 3.19, IFRS 3.32-40 Full Godwill-Methode zulässig (Wahlrecht) Impairment-only-Approach (IAS 36), keine planmäßige Abschreibung
• passiver Unterschiedsbetrag	Ausweis als passiver Unterschiedsbetrag, ergebniswirksame Auflösung in den Fällen des § 309 Abs. 2 HGB	Bei Entstehung eines passiven Unterschiedsbetrags sofortige Verbuchung als Ertrag IFRS 3.32 und .34
Ausweis der Anteile von Minderheitsgesellschaftern	Separater Ausweis in Höhe des prozentualen Anteils am Eigenkapital nach Neubewertung innerhalb des Konzerneigenkapitals gem. § 307 HGB (keine Full Goodwill-Methode)	Separater Ausweis im Konzerneigenkapital gem. IAS 27.27 Full Goodwill-Methode nach IFRS 3 zulässig: Bewertung mit dem Fair Value oder mit dem Betrag der anteiligen Fair Values der Vermögenswerte und Schulden des Tochterunternehmens (IFRS 3.19)
Schuldenkonsolidierung (Vollkonsolidierung)	Aufrechnung konzerninterner Forderungen und Schulden gem. § 303 HGB	Vorgehensweise entspricht prinzipiell der des HGB, s. IAS 27.20
Zwischenerfolgseliminierung (Vollkonsolidierung)	Bewertung von Vermögensgegenständen, die aus konzerninternen Lieferungen bzw. Leistungen stammen, mit den Konzernanschaffungs- bzw. Konzernherstellungskosten und Eliminierung der entsprechenden Zwischenerfolge gem. § 304 HGB	Vorgehensweise entspricht prinzipiell der des HGB, s. IAS 27.20 und IAS 27.21

Aufwands- und Ertragskonsolidierung (Vollkonsolidierung)	Aufrechnung der Aufwendungen und Erträge, soweit sie aus konzerninternen Transaktionen resultieren (§ 305 HGB)	Vorgehensweise entspricht prinzipiell der des HGB, s. IAS 27.20 und IAS 27.21 IAS 27.24
Latente Steuern aufgrund von Maßnahmen der Vollkonsolidierung	Gemäß dem Temporary-Konzept § 306 HGB Keine latenten Steuern aufgrund der Entstehung eines Geschäfts- oder Firmenwerts im Rahmen der Kapitalkonsolidierung	Gemäß dem Temporary-Konzept IAS 12 Keine latenten Steuern aufgrund der Entstehung eines Geschäfts- oder Firmenwerts im Rahmen der Kapitalkonsolidierung
Behandlung von Gemeinschaftsunternehmen (Kriterium der gemeinsamen Führung eines Unternehmens)	Quotale Konsolidierung gem. § 310 HGB (Wahlrecht), bei Nichtausübung des Wahlrechts kommt die Equity-Methode in Betracht	Bilanzielle Erfassung gemäß der Quotenkonsolidierung oder der Equity-Methode, Wahlrecht gem. IAS 31
Behandlung von assoziierten Unternehmen (Vorliegen eines maßgeblichen Einflusses)	Bewertung nach der Equity-Methode gem. §§ 311 und 312 HGB entsprechend der Buchwertmethode Vermutung des Vorliegens eines maßgeblichen Einflusses bei einer Beteiligungsquote von mindestens 20 %	Bewertung nach der Equity-Methode gem. IAS 28 entsprechend der Buchwertmethode Vermutung des Vorliegens eines maßgeblichen Einflusses bei einer Beteiligungsquote von mindestens 20 %

3.2.6 Prüfung, Offenlegung und Enforcement

3.2.6.1 Prüfung der Rechnungslegung

Die Aufgabe, **Rechenschaft** über Stand und Entwicklung einer Wirtschaftseinheit an direkt oder indirekt beteiligte Adressaten zu liefern (vgl. Abschn. 3.2.2), kann der Jahresabschluss nur dann erfüllen, wenn die dadurch vermittelten Informationen durch gesetzliche Vorschriften weitestgehend normiert und damit **nachprüfbar** sind. Die Bilanzempfänger können dabei auf die Einhaltung der durch den Gesetzgeber vorgegebenen Rechnungslegungsvorschriften insbesondere dann vertrauen, wenn dies durch unabhängige Dritte überprüft und bestätigt wird. Demzufolge ist gem. § 316 Abs. 1 HGB der Jahresabschluss sowie der Lagebericht von **großen und mittelgroßen** Kapitalgesellschaften und Personenhandelsgesellschaften i. S. d. § 264a HGB von einem **Abschlussprüfer** zu prüfen. Analoges gilt für den **Konzernabschluss sowie den Konzernlagebericht**.

Personenhandelsgesellschaften (außer solchen i. S. d. § 264a HGB) und Einzelkaufleute unterliegen dann der Prüfungspflicht, wenn sie unter die Regelung des Publizitätsgesetzes fallen (§§ 6 Abs. 1, 14 Abs. 1 i. V. m. §§ 1 Abs. 1, 3 Abs. 1 PublG). Der

Jahresabschluss prüfungspflichtiger Unternehmen kann daher nur dann festgestellt werden, wenn er von einem Abschlussprüfer geprüft wurde.

3.2.6.1.1 Gegenstand und Umfang der Prüfung

Die Prüfung des Jahresabschlusses setzt zunächst eine Kontrolle der ihm zugrunde liegenden Buchführung voraus (§ 317 Abs. 1 Satz 1 HGB). Die Finanzbuchhaltung wird daher daraufhin geprüft, ob ihre Organisation die chronologische und systematische Erfassung aller Geschäftsvorfälle innerhalb einer Abrechnungsperiode sicherstellt. Dabei ist beispielsweise zu prüfen, ob die Kontenführung sachlich richtig erfolgte und das Belegwesen ordnungsmäßig abgewickelt wurde.

Der Jahresabschluss, der gem. § 264 Abs. 1 HGB aus der Bilanz, der Gewinn- und Verlustrechnung, dem Anhang sowie gegebenenfalls aus den zusätzlichen Komponenten Kapitalflussrechnung, Eigenkapitalspiegel und Segmentberichterstattung besteht, muss darüber hinaus darauf geprüft werden, ob die gesetzlichen Vorschriften und sie ergänzende Vorschriften des Gesellschaftsvertrages oder der Satzung beachtet worden sind (§ 317 Abs. 1 Satz 2 HGB). Insbesondere der Prüfung von Bilanz und Gewinn- und Verlustrechnung kommt die Aufgabe zu, festzustellen, ob das Vermögen und die Schulden, die Aufwendungen und die Erträge sowie das Ergebnis der Abrechnungsperiode im Rahmen der gesetzlichen und satzungsmäßigen Vorschriften vollständig, mit den zutreffenden Werten und unter den vorgeschriebenen Bezeichnungen ausgewiesen wurden.

Die Prüfung ist dabei generell so anzulegen, dass Unrichtigkeiten und Verstöße gegen die gesetzlichen Vorschriften und die ergänzenden Bestimmungen des Gesellschaftsvertrages oder der Satzung, die wesentliche Auswirkungen auf die Darstellung des sich nach § 264 Abs. 2 HGB ergebenden Bildes der Vermögens-, Finanz- und Ertragslage des Unternehmens zur Folge haben, bei gewissenhafter Berufsausübung erkannt werden (§ 317 Abs. 1 Satz 3 HGB). Darüber hinaus ist gemäß § 317 Abs. 4 HGB auch ggf. ein nach § 91 Abs. 2 AktG vom Vorstand einzurichtendes Risikofrüherkennungssystem zu prüfen.

Grundsätzlich hat die Prüfung des Konzernabschlusses den gleichen Anforderungen wie die Prüfung des Einzelabschlusses zu genügen (§ 317 Abs. 1 Satz 2 HGB). Des Weiteren sind aber auch die im Konzernabschluss zusammengefassten Jahresabschlüsse zu prüfen und dabei namentlich die konsolidierungsbedingten Anpassungen nachzuvollziehen und ihre Vollständigkeit zu kontrollieren (§ 317 Abs. 3 Satz 1 HGB).

Lage- bzw. Konzernlagebericht sind nach § 317 Abs. 2 HGB daraufhin zu prüfen, ob sie mit dem Jahresabschluss, gegebenenfalls mit dem für die Offenlegung gewählten, nach internationalen Standards erstellten Einzelabschluss (§ 325 Abs. 2a HGB), bzw. mit dem Konzernabschluss und den bei der Prüfung gewonnenen Erkenntnissen des Abschlussprüfers in Einklang stehen und eine zutreffende Vorstellung von der Lage des Unternehmens bzw. des Konzerns vermitteln. Weiter hat die Prüfung auch die Darstellung der Chancen und Risiken der zukünftigen Entwicklung zu umfassen (§ 317 Abs. 2 Satz 2 HGB). Da es sich bei der Darstellung der Chancen und Risiken der zukünftigen Entwicklung aber um Prognosen und Einschätzungen der Geschäftsleitung handelt, kann diesbezüglich lediglich nachvollzogen werden, ob die Geschäftsführung alle verfügbaren Informationen verwendet hat, von realistischen und in sich widerspruchsfreien Annahmen ausgegangen ist und die Prognoseverfahren richtig gehandhabt hat. Die Angaben gem. § 289a HGB (Erklärung zur Unternehmensführung) sind nicht Gegenstand der Prüfung (§ 317 Abs. 2 Satz 3 HGB).

Im Rahmen seiner Prüfung kann der Abschlussprüfer jederzeit die Bücher und Schriften des Unternehmens einsehen. Darüber hinaus hat er nicht nur das Recht, die Vermögensgegenstände und Schulden, insbesondere die Kasse sowie die Wertpapier- und Warenbestände, zu kontrollieren, sondern er kann auch von den gesetzlichen Vertretern der zu prüfenden Gesellschaft alle für eine sorgfältige Prüfung notwendigen Aufklärungen und Nachweise verlangen (§ 320 HGB).

3.2.6.1.2 Prüfungsbericht und Bestätigungsvermerk

Gemäß § 321 HGB ist über Art, Umfang und Ergebnis der Abschlussprüfung schriftlich zu berichten. Im Unterschied zu den grundsätzlich offen zu legenden Einzel- und Konzernabschlüssen sowie (Konzern-)Lageberichten, hat der Prüfungsbericht vertraulichen Charakter (§ 321 Abs. 5 HGB). Lediglich in den besonderen Fällen (z. B. Insolvenzverfahren) des im Jahr 2004 durch das BilReG eingefügten § 321a HGB können Gläubiger oder Gesellschafter Einsichtsrechte gegenüber den Prüfungsberichten der letzten drei Geschäftsjahre geltend machen.

> Die Aufgabe des Prüfungsberichts ist es in erster Linie, den für die Überwachung zuständigen Kontrollorganen sachverständige und von den gesetzlichen Vertretern des Unternehmens unabhängige Informationen zu liefern.

Inhalt und Aufbau des Prüfungsberichts sind detailliert gesetzlich geregelt. In einem einleitenden Abschnitt sind vorweg zu besonders wichtigen Aspekten der Prüfung Feststellungen zu treffen (§ 321 Abs. 1 Satz 2 HGB). Hierbei hat der Abschlussprüfer zunächst zur Lagebeurteilung des Unternehmens oder des Konzerns durch dessen gesetzliche Vertreter Stellung zu nehmen, wobei er insbesondere auf die Beurteilung des Fortbestandes und der zukünftigen Entwicklung des Unternehmens oder Konzerns unter Berücksichtigung des (Konzern-) Lageberichts einzugehen hat. Weiter ist in der «Vorweg»-Berichterstattung darzustellen, ob bei der Prüfung

- Unrichtigkeiten und Verstöße gegen gesetzliche Vorschriften sowie
- Tatsachen festgestellt worden sind, die den Bestand des geprüften Unternehmens/Konzerns gefährden oder seine Entwicklung wesentlich beeinträchtigen können bzw. ob

- schwerwiegende Verstöße der gesetzlichen Vertreter oder von Arbeitnehmern gegen Gesetz, Gesellschaftsvertrag oder die Satzung vorliegen (§ 321 Abs. 2 Satz 3 HGB).

Im Hauptteil des Prüfungsberichts (§ 321 Abs. 2 HGB) ist dann darzustellen, ob die Buchführung, der Jahres- oder Konzernabschluss und der (Konzern-) Lagebericht sowie weitere geprüfte Unterlagen den gesetzlichen Vorschriften und den Bestimmungen des Gesellschaftsvertrages und der Satzung entsprechen und die gesetzlichen Vertreter die verlangten Aufklärungen und Nachweise erbracht haben. Explizit wird vom Abschlussprüfer gefordert, im Prüfungsbericht darzulegen, ob der Abschluss insgesamt unter Beachtung der GoB oder sonstiger maßgeblicher Rechnungslegungsgrundsätze ein den tatsächlichen Verhältnissen entsprechendes Bild der Vermögens-, Finanz- und Ertragslage vermittelt. Da insoweit eine begründete Beurteilung gefordert ist, hat der Prüfungsbericht insbesondere auch auf den Einfluss bilanzpolitischer Wahlrechtsausübung auf die Postulate der Generalnorm einzugehen. Demgegenüber ist eine Aufgliederung und Erläuterung einzelner Posten des Jahres- bzw. Konzernabschlusses nur erforderlich, soweit diese Angaben im Anhang nicht enthalten sind (§ 321 Abs. 2 Satz 5 HGB).

Um die Tätigkeit des Abschlussprüfers besser beurteilen zu können, müssen in jeweils gesonderten Abschnitten Gegenstand, Art und Umfang der Prüfung erläutert, angewandte Rechnungslegungs- und Prüfungsgrundsätze dargelegt und das Ergebnis einer nach § 317 Abs. 4 HGB erfolgten Prüfung des einzurichtenden Risikomanagement- und internen Überwachungssystems dargestellt werden (§ 321 Abs. 3 und 4 HGB). Ebenfalls in den Prüfungsbericht aufzunehmen ist der so genannte Bestätigungsvermerk bzw. der Vermerk über seine Versagung (§ 322 HGB).

> Im Bestätigungsvermerk werden die Ergebnisse der durchgeführten Abschlussprüfung, die im Prüfungsbericht im Einzelnen erläutert und dargestellt werden, zusammengefasst. Insoweit gibt der Bestätigungsvermerk das Gesamturteil des Prüfers, das dieser sich im Rahmen der Abschlussprüfung gebildet hat, wieder.

Der Bestätigungsvermerk wird zusammen mit dem Jahres- bzw. Konzernabschluss offengelegt (§ 325 Abs. 1 HGB) und hat somit für die externen Abschlussadressaten eine besondere Bedeutung, da diese weder Einblick in das dem Jahresabschluss zugrunde liegende Zahlenwerk noch in den Prüfungsbericht haben. Er hat gemäß § 322 Abs. 1 Satz 2 HGB eine Beschreibung von Gegenstand, Art und Umfang der Prüfung unter Angabe der dabei angewandten Rechnungslegungs- und Prüfungsgrundsätze sowie eine Beurteilung des Prüfungsergebnisses zu beinhalten.

Hat der Prüfer keine Einwände zu erheben, liegt folglich ein uneingeschränkter Bestätigungsvermerk vor, muss dieser erklären, dass

- die von ihm nach § 317 HGB vorgenommene Prüfung zu keinen Einwendungen geführt hat und

- der von den gesetzlichen Vertretern der Gesellschaft aufgestellte Jahres- bzw. Konzernabschluss auf Grund der bei der Prüfung gewonnenen Erkenntnisse des Abschlussprüfers nach seiner Beurteilung unter Beachtung der Grundsätze ordnungsmäßiger Buchführung ein den **tatsächlichen Verhältnissen entsprechendes Bild der Vermögens-, Finanz- und Ertragslage** des Unternehmens bzw. Konzerns vermittelt (§ 322 Abs. 3 HGB).

Die nach § 322 Abs. 2 HGB vorzunehmende **Beurteilung** des Prüfungsergebnisses wird darüber hinaus dahingehend spezifiziert, dass sie **allgemein verständlich, problemorientiert** und unter Berücksichtigung der Tatsache, dass die gesetzlichen Vertreter den Abschluss zu verantworten haben, erfolgen soll. Daneben ist auf **bestandsgefährdende Risiken** gesondert einzugehen (§ 322 Abs. 2 HGB). Gemäß § 322 Abs. 6 HGB muss der Abschlussprüfer auch darauf eingehen, ob der (Konzern-)Lagebericht die Lage des Unternehmens oder Konzerns zutreffend wiedergibt und ob die **Chancen und Risiken der zukünftigen Entwicklung** zutreffend dargestellt werden.

Der Abschlussprüfer hat den Bestätigungsvermerk gemäß § 322 Abs. 4 HGB **einzuschränken oder zu versagen**, wenn er Einwendungen vorzubringen hat. Die Einschränkung oder Versagung ist dabei so zu begründen, dass deren Tragweite ersichtlich wird (§ 322 Abs. 4 HGB). Darüber hinaus ist der Bestätigungsvermerk zu versagen, wenn der Abschlussprüfer trotz Ausschöpfung seiner Möglichkeiten zur Durchführung der Prüfung nicht in der Lage ist, ein Prüfungsurteil abzugeben (§ 322 Abs. 5 HGB).

Die die Prüfung betreffenden Vorschriften der §§ 316 bis 324 HGB sind entsprechend auf den gemäß § 325 Abs. 2a HGB nach internationalen Rechnungslegungsstandards aufgestellten, freiwillig offen gelegten IAS-Einzelabschluss anzuwenden (§ 324a Abs. 1 HGB). Da dieser wie der Konzernabschluss ausschließlich Informationszwecken dient, bedarf der **IAS-Einzelabschluss** vor Offenlegung nicht der aktienrechtlichen Feststellung, sondern nur der Billigung durch den Aufsichtsrat (§ 324a Abs. 1 S. 2 HGB i.V. m. § 171 Abs. 4 AktG). Als Abschlussprüfer des Einzelabschlusses gilt der für die Prüfung des Jahresabschlusses nominierte Prüfer als bestellt (§ 324a Abs. 2 S. 1 HGB). Anlog der Regelungen bei Anhang und Lagebericht können auch die Prüfungsberichte von Einzel- und Jahresabschluss zusammengefasst werden (§ 324a Abs. 2 S. 2 HGB).

Die Vorschriften zur **Bestellung, Abberufung und Auswahl** des Abschlussprüfers, sowie die Gründe, die zu seinem **Ausschluss** von der Abschlussprüfung führen können, sind in den §§ 318, 319, 319a und 319b HGB kodifiziert. Sie haben in zentraler Weise die Konkretisierung der für die wirtschaftliche Bedeutung der Abschlussprüfung so wichtigen **Unabhängigkeitsregelungen** für Abschlussprüfer zum Gegenstand.

3.2.6.2 Offenlegung

Rechenschaftslegung kann ihre Funktionen (vgl. Abschn. 3.2.2) nur erfüllen, wenn die entsprechenden Informationen den jeweiligen Adressaten ohne große Mühe zugänglich sind. Rechenschaft durch Rechnungslegung bedingt daher regelmäßig, dass Rechnungslegungsinformationen so offenzulegen sind, dass jeder Interessierte davon Kenntnis nehmen kann. Da der Kreis der Bilanzadressaten je nach Wirtschaftseinheit recht unterschiedlich ist, hängt die gesetzliche Regelung bezüglich des Umfangs der offen zu legenden Rechnungslegungsunterlagen von der Rechtsform, von der Größe und schließlich von dem Vorliegen einer Kapitalmarktorientierung des jeweiligen Unternehmens ab (vgl. Abbildung 4.3.18 im Abschn. 3.2.4.1.1.3). Die gesetzlichen Regelungen zur Offenlegung finden ihren Niederschlag in den §§ 325 bis 329 HGB.

Die gesetzlichen Vertreter von Kapitalgesellschaften bzw. Personenhandelsgesellschaften im Sinne des § 264a HGB haben grundsätzlich den Jahres- bzw. Konzernabschluss, den Lagebericht, den Bestätigungsvermerk, den Bericht des Aufsichtsrates, die nach § 161 AktG vorgeschriebene so genannte Compliance-Erklärung und – sofern nicht aus dem Jahresabschluss ersichtlich – den Vorschlag und den Beschluss über die Verwendung des Jahresergebnisses zum elektronischen Bundesanzeiger einzureichen und bekannt machen zu lassen (§ 325 Abs. 1 bis 3 HGB). Die Offenlegungspflicht erstreckt sich gem. § 325a HGB auch auf Zweigniederlassungen ausländischer Kapitalgesellschaften.

Für mittelgroße und große Kapitalgesellschaften i. S. d. § 267 Abs. 2 und 3 HGB und gleichgestellte Personenhandelsgesellschaften eröffnen die Abs. 2a und 2b des § 325 HGB die Möglichkeit, einen Abschluss auch nach den IAS/IFRS aufzustellen und zum Gegenstand der Pflichtveröffentlichung im Bundesanzeiger zu machen. Da die Aufstellung eines befreienden Einzelabschlusses die Verpflichtung zur Aufstellung eines Lageberichts (§ 325 Abs. 2a Satz 4 HGB) und die Prüfungspflicht (§ 325 Abs. 2b Nr. 1 HGB) voraussetzt, kommt ein befreiender Einzelabschluss für kleine Kapitalgesellschaften nicht in Betracht.

Dieser als «Einzelabschluss nach § 325 Abs. 2a HGB» bezeichnete, vollständig nach den internationalen Rechnungslegungsstandards erstellte Abschluss, befreit unter ergänzender Berücksichtigung der in Abs. 2a S. 3 genannten HGB-Vorschriften und unter den Voraussetzungen des Abs. 2b zugleich von der Verpflichtung, den (HGB)-Jahresabschluss im elektronischen Bundesanzeiger bekannt machen zu müssen. Somit eröffnet die Option des § 325 Abs. 2a HGB die Möglichkeit, den Einzelabschluss an den Bedürfnissen der Informationsfunktion auszurichten, um damit u. a. Börsengänge vorzubereiten oder das Interesse ausländischer Geschäftspartner zu befriedigen. Der begrifflich für den Einzelabschluss nach HGB reservierte «Jahresabschluss» behält weiterhin seine Bedeutung in gesellschafts-, steuer- und aufsichtsrechtlichen Zusammenhängen und ist deshalb wie bisher nach den Vorschriften des HGB aufzustellen.

Kleine Kapitalgesellschaften i. S. d. § 267 Abs. 1 HGB haben lediglich eine nach § 266 Abs. 1 Satz 3 HGB verkürzte Bilanz und einen nach § 326 HGB um die Angaben zur GuV gekürzten Anhang zum elektronischen Bundesanzeiger einzureichen. **Mittelgroße Kapitalgesellschaften** i. S. d. § 267 Abs. 2 HGB haben nur die für kleine Kapitalgesellschaften vorgeschriebene, verkürzte Bilanz zum elektronischen Bundesanzeiger einzureichen. Unter Inanspruchnahme des Ausweiswahlrechts nach § 327 Abs. 1 Nr. 1 HGB müssen sie jedoch in der Bilanz oder im Anhang die dort abschließend aufgeführten Bilanzposten zusätzlich gesondert angeben.

Die Fristen für die Einreichung zum elektronischen Handelsregister sind nicht größendifferenziert: Die gesetzlichen Vertreter haben dieses unverzüglich nach Vorlage der Unterlagen gegenüber den Gesellschaftern zu besorgen, spätestens jedoch vor Ablauf des zwölften Monats des dem Abschlussstichtag nachfolgenden Geschäftsjahres (§ 325 Abs. 1 u. 3 HGB). Lediglich bei kapitalmarktorientierten Kapitalgesellschaft im Sinn des § 264d HGB, die nicht unter die Sonderregelung des § 327a HGB fällt, verkürzt sich die Frist auf vier Monate. Offenlegungserleichterungen bei verbundener Berichterstattung von Konzernabschluss und Jahresabschluss des Mutterunternehmens oder des von diesem aufgestellten Einzelabschlusses nach § 325 Abs. 2a HGB, fasst § 325 Abs. 3a HGB zusammen.

Offenlegungspflichten für Einzelkaufleute und Personenhandelsgesellschaften, die gemäß § 1 bzw. § 11 unter das sog. Publizitätsgesetz fallen, ergeben sich aus den §§ 9 bzw. 15 PublG. Die Offenlegung von Abschlüssen hat dabei in sinngemäßer Anwendung der entsprechenden handelsrechtlichen Vorschriften, insbesondere des § 325 HGB zu erfolgen.

3.2.6.3 Enforcement

Im Zuge der Umsetzung der IAS-Verordnung in Deutschland (vgl. Abschn. 3.2.4.1.5.1) ergab sich die Notwendigkeit, ein Kontrollsystem für die Einhaltung von Rechnungslegungsregeln in Deutschland zu installieren. Dies erfolgte durch das so genannte Bilanzkontrollgesetz (BilKoG) vom 15. 12. 2004 durch die Einrichtung eines zweistufigen Kontrollmechanismus.

> Das Enforcement-Verfahren dient dem Zweck, im Rahmen eines zweistufigen und über die Abschlussprüfung gem. § 316 HGB hinausreichenden Prüfungsverfahrens die regelkonforme Qualität der Informationen, die von solchen Unternehmen veröffentlicht werden, die den deutschen Kapitalmarkt in Anspruch nehmen, sicherzustellen.

Aufgrund dieses Kapitalmarktbezugs unterliegen der Prüfung im Rahmen des Enforcement die Abschlüsse und Lageberichte solcher Unternehmen, deren Wertpapiere im Sinne des § 2 Abs. 1 S. 1 des Wertpapierhandelsgesetzes (WpHG) an einer Wertpapierbörse zum Handel im regulierten Markt zugelassen sind (§ 342b

Abs. 2 HGB). Gegenstand der Prüfung im Rahmen des Enforcement-Verfahrens sind jeweils insbesondere der zuletzt festgestellte Jahresabschluss und der Lagebericht bzw. der zuletzt gebilligte Konzernabschluss und der Konzernlagebericht eines Unternehmens sowie darüber hinaus der zuletzt veröffentlichte verkürzte Abschluss (Halbjahresfinanzbericht) und der zugehörige Zwischenlagebericht (§ 342b Abs. 2 HGB).

Die Durchführung der Prüfung obliegt auf der **ersten Ebene** der Deutschen Prüfstelle für Rechnungslegung (DPR, § 342b HGB). Hierbei handelt es sich um eine privatrechtliche Institution, die die Kooperation der Unternehmen im Hinblick auf die Durchführung von Prüfungen nicht erzwingen kann. Ist ein Unternehmen jedoch zur Zusammenarbeit mit der DPR bereit, so ist es verpflichtet, der DPR richtige und vollständige Auskünfte zu erteilen und richtige und vollständige Unterlagen zukommen zu lassen (§ 342b Abs. 4 HGB).

Die DPR leitet eine Prüfung gem. § 342b Abs. 2 Satz 3 HGB dann ein, wenn

1. konkrete Anhaltspunkte für einen Verstoß gegen Rechnungslegungsvorschriften vorliegen,
2. auf Verlangen der Bundesanstalt für Finanzdienstleistungsaufsicht (BaFin) oder
3. ohne besonderen Anlass im Rahmen einer stichprobenartigen Prüfung.

Werden als Resultat der Prüfung keine Mängel festgestellt, so berichtet die DPR an die BaFin und das Verfahren ist abgeschlossen. Andernfalls werden festgestellte Mängel, sofern das Unternehmen diese anerkennt, entsprechend einer Anordnung der BaFin veröffentlicht (§ 37q Abs. 2 Satz 1 WpHG). Erkennt das Unternehmen die festgestellten Fehler innerhalb der Rechnungslegung nicht an, so wird das Verfahren an die BaFin übertragen.

Auf der **zweiten Ebene** des Enforcement-Verfahrens agiert die Bundesanstalt für Finanzdienstleistungsaufsicht (BaFin), der die DPR über ihre Prüfungsaktivitäten berichtet. Die Bafin ist mit umfangreichen Kontroll- und Sanktionierungsmöglichkeiten ausgestattet und kann so, beispielsweise im Fall einer Weigerung eines Unternehmens, mit der DPR zusammenzuarbeiten, oder bei Nichtanerkennung von durch die DPR festgestellten Rechnungslegungsmängeln, eigenständige Prüfungshandlungen einleiten und gegebenenfalls vorliegendes Fehlverhalten mit Geldbußen ahnden (§ 342e HGB).

Ergibt die Prüfung durch die BaFin, dass die Rechnungslegung des geprüften Unternehmens nicht fehlerhaft ist, so ist das Verfahren abgeschlossen. Bei festgestellter Fehlerhaftigkeit kommt es zu einer Veröffentlichung des Fehlers, sofern das betreffende Unternehmen dies akzeptiert. Wird die Fehlerhaftigkeit bzw. die Veröffentlichung des Fehlers nicht akzeptiert, so kommt es zu einem gerichtlichen Verfahren.

Abkürzungsverzeichnis

a. F.	alte Fassung		DSR	Deutscher Standardisierungsrat
AfA	Absetzung für Abnutzung		DStR	Deutsches Steuerrecht
AfaA	Absetzung für außergewöhnliche technische oder wirtschaftliche Abnutzung		Ebit	Earnings before interest and taxes
AfS	Absetzung für Substanzverringerung		Ebitda	Earnings before interest, taxes, depreciation and amortisation
AG	Aktiengesellschaft		ED	Exposure Draft
AHK	Anschaffungs- und/oder Herstellungskosten		EG	Europäische Gemeinschaft
			EGHGB	Einführungsgesetz zum Handelsgesetzbuch
AK	Anschaffungskosten			
AktG	Aktiengesetz		EK	Eigenkapital
AO	Abgabenordnung		EMAS	Eco-Management and Audit Scheme
BaFin	Bundesanstalt für Finanzdienstleistungsaufsicht		EN	Europäische Norm – Norme Européenne
BFH	Bundesfinanzhof		EStG	Einkommensteuergesetz
BFuP	Betriebswirtschaftliche Forschung und Praxis		EStH	Einkommensteuerhinweise
			EStR	Einkommensteuerrichtlinien
BGH	Bundesgerichtshof		EU	Europäische Union
BilKoG	Bilanzkontrollgesetz		EWR	Europäischer Wirtschaftsraum
BilMoG	Gesetz zur Modernisierung des Bilanzrechts (Bilanzrechtsmodernisierungsgesetz)		F	Framework
			Fifo	First-in-first-out
BilReG	Bilanzrechtsreformgesetz		F&E	Forschung und Entwicklung
BMJ	Bundesministerium der Justiz			
BMU	Bundesumweltministerium		GAAP	Generally Accepted Accounting Principles
BiRiLiG	Bilanzrichtliniengesetz			
			GenG	Genossenschaftsgesetz
CSR	Corporate Social Responsibility		GewStG	Gewerbesteuergesetz
			GKR	Gemeinschaftskontenrahmen
DATEV	Datenverarbeitungsorganisation des steuerberatenden Berufes in der Bundesrepublik Deutschland		GKV	Gesamtkostenverfahren
			GmbH	Gesellschaft mit beschränkter Haftung
DIN	Deutsche Institut für Normung e. V.		GmbHG	Gesetz für Gesellschaften mit beschränkter Haftung
DPR	Deutsche Prüfstelle für Rechnungslegung		GoB	Grundsätze ordnungsmäßiger Buchführung
DRÄS	Deutscher Rechnungslegungs-Änderungsstandard		GuV	Gewinn- und Verlustrechnung
DRS	Deutscher Rechnungslegungs Standard		H	Hinweis
			HB	Handelsbilanz
DRSC	Deutsches Rechnungslegungs Standards Committee e. V.		HGB	Handelsgesetzbuch
			HK	Herstellungskosten

IAS	International Accounting Standards	OHG	Offene Handelsgesellschaft
IASB	International Accounting Standards Board	PublG	Publizitätsgesetz
IASC	International Accounting Standards Committee	R	Richtlinie
		RIC	Rechnungslegungs Interpretations Committee
IASCF	International Accounting Standards Foundation	RL	Rechnungslegung
i.d.F	In der Fassung	RSTL	Rückstellung(en)
IDW	Institut der Wirtschaftsprüfer in Deutschland e.V.	SEC	Securities and Exchange Commission
IFRIC	International Financial Reporting Interpretations Committee	SIC	Standing Interpretations Committee
IFRS	International Financial Reporting Standards	SKR	Spezialkontenrahmen
IG	Implementation Guidance	StEntlG	Steuerentlastungsgesetz
IKR	Industriekontenrahmen	StEuglG	Steuer-Euroglättungsgesetz
InsO	Insolvenzordnung		
IOSCO	International Organization of Securities Commissions	UBA	Umweltbundesamt
		Ubg	Die Unternehmensbesteuerung
ISO	International Organization for Standardization	UKV	Umsatzkostenverfahren
		US-GAAP	United States Generally Accepted Accounting Principles
KapAEG	Kapitalaufnahmeerleichterungsgesetz	VBLK	Verbindlichkeiten
KG	Kommanditgesellschaft	VG	Vermögensgegenstand
KGaA	Kommanditgesellschaft auf Aktien	WiSt	Wirtschaftswissenschaftliches Studium
KonTraG	Gesetz zur Kontrolle und Transparenz im Unternehmensbereich	WPg	Die Wirtschaftsprüfung
KStG	Körperschaftssteuergesetz	WpHG	Wertpapierhandelsgesetz
LCA	Life Cycle Assessment	ZfB	Zeitschrift für Betriebswirtschaft
Lifo	Last-in-first-out	ZfbF	Zeitschrift für betriebswirtschaftliche Forschung

Literaturhinweise zu 3.1 und 3.2

Adler, H., W. Düring, K. Schmaltz: [Rechnungslegung] und Prüfung der Unternehmen, Kommentar zum HGB, AktG, GmbHG, PublG nach den Vorschriften des Bilanzrichtlinien-Gesetzes, bearb. von Karl-Heinz Forster u. a., Bd. 1–8 u. Erg.-Bd., 6. Aufl., Stuttgart 1994–2000.
Arbeitskreis Sozialbilanz-Praxis: Sozial-Bilanz heute, 1977, S. 1–12.
Baetge, J., H.-J. Kirsch, S. Thiele: [Übungsbuch] Bilanzen und Bilanzanalyse, 3. Aufl., Düsseldorf 2007.
Baetge, J., H.-J. Kirsch, S. Thiele: [Bilanzen], 11. Aufl., Düsseldorf 2011.
Baetge, J., H.-J. Kirsch, S. Thiele: [Konzernbilanzen], 9. Aufl., Düsseldorf 2011.
Baetge, J., S. Matena: [Exkurs]: Erstmalige Anwendung der IFRS. In: Bilanzrecht, Handelsrecht mit Steuerrecht und den Regelungen des IASB, Kommentar, hrsg. von Baetge/Kirsch/Thiele, 3. Erg.-Lfg. 2004, S. 1–16.
Ballwieser, W.: [IFRS-Rechnungslegung]: Konzept, Regeln und Wirkungen, 2. Aufl., München, 2009.
Beck, M. (Hrsg.): [Ökobilanzierung] im betrieblichen Management, Würzburg 1993.
Beck'scher Bilanz-Kommentar: Handels- und Steuerbilanz; §§ 238 bis 339, 342 bis 342e HGB mit IFRS-Abweichungen, hrsg. von Helmut Ellrott u. a., 7. Aufl., München 2010.
Bieg, H.: [Bilanzrechtsmodernisierungsgesetz]: Bilanzierung, Berichterstattung und Prüfung nach dem BilMoG, mit Praxistipps und Beispielen, München 2009.
Bundesministerium der Finanzen: BMF-Schreiben vom 12. März 2010 (IV C 6 – S 2133/09/10001) zur Maßgeblichkeit der handelsrechtlichen Grundsätze ordnungsmäßiger Buchführung für die steuerliche Gewinnermittlung; Änderung des § 5 Abs. l EStG durch das Gesetz zur Modernisierung des Bilanzrechts (Bilanzrechtsmodernisierungsgesetz – BilMoG) vom 15. Mai 2009
Bundesministerium der Finanzen: BMF-Schreiben vom 22. Juni 2010 (IV C 6 – S 2133/09/10001) zur Maßgeblichkeit der handelsrechtlichen Grundsätze ordnungsmäßiger Buchführung für die steuerliche Gewinnermittlung (Ergänzung zum BMF-Schreiben vom 10. März 2010 (IV C 6 – S 2133/09/10001).
Bundessteuerberaterkammer Körperschaft des öffentlichen Rechts (BStBK), Deutscher Steuerberaterverband e. V. (DStV) (Hrsg.): [BilMoG]: Bilanzrechtsmodernisierungsgesetz-Praxiskommentar für Steuerberater, Berlin 2009.
Bundesumweltministerium/Umweltbundesamt (Hrsg.): Handbuch Umweltcontrolling, 2. Aufl., München 2001, S. 199–215, S. 297–318.
Busse von Colbe, W., D. Ordelheide, G. Gebhardt, B. Pellens: [Konzernabschlüsse], 9. Aufl., Wiesbaden 2010.
Coenenberg, A. G., A. Haller, W. Schultze: [Jahresabschluss] und Jahresabschlussanalyse, 21. Aufl., Stuttgart 2009.
DATEV e. G.: Kontenrahmenänderungen 2009/2010, Wegweiser Finanzbuchfuhrung, Aufl. 12/09, Nürnberg 2009.
Deloitte & Touche GmbH Wirtschaftsprüfungsgesellschaft: Vorwort zu den International Financial Reporting Standards. In: www.iasplus.de/standards/prefacc.php.
Deutsches Institut für Normung e. V. (DIN): Umweltmanagement-Ökobilanz-Grundsätze und Rahmenbedingungen (ISO 14040), Berlin 2006, Ausgabe 2009-11.
DRSC (Hrsg.): Deutsche Rechnungslegungs [Standards], Loseblattsammlung, Stuttgart, Stand: April 2011.
Egner, H.: [Bilanzen], München 1974.
Eisele, W.: Bilanzen, [Systematik] der. In: E. Kosiol, K. Chmielewicz, M. Schweitzer (Hrsg.): Handwörterbuch des Rechnungswesens, 2. Aufl., Stuttgart 1981, Sp. 205–215.
Eisele, W.: [Kapital]. In: K. Chmielewicz, M. Schweitzer (Hrsg.): Handwörterbuch des Rechnungswesens, 3. Aufl., Stuttgart 1993, Sp. 1063–1074.

Eisele, W., A. Knobloch: [Technik] des betrieblichen Rechnungswesens: Buchführung und Bilanzierung, Kosten- und Leistungsrechnung, Sonderbilanzen, 8. Aufl., München 2011.

Eisele, W., M. Kühn: Bilanzierungskriterien bei [Sonderbilanzen]. In: WiSt, 13. Jg. (1984), S. 269–277.

Eisele, W., R. Rentschler: [Gemeinschaftsunternehmen] im Konzernabschluss. In: BFuP, 41. Jg. (1989), S. 309–324.

Eisele, W., N. Kratz: Der Ausweis von Anteilen außenstehender Gesellschafter im mehrstufigen [Konzern]. In: ZfbF, 49. Jg. (1997), S. 291–310.

Eisele, W., M. Mühlberger: Latente Steuern bei Kapitalkonsolidierung nach IFRS, HGB und DRS. In: Spezialisierung und Internationalisierung - Entwicklungstendenzen der deutschen Betriebswirtschaftslehre, Festschrift für G. Wöhe, hrsg. von U. Döring und H. Kußmaul, München 2004, S. 401-426.

Europäische Gemeinschaften: Vierte Richtlinie des Rates vom [25.7.1978] über den Jahresabschluss von Gesellschaften bestimmter Rechtsformen 78/660/ EWG. In: ABl. EG Nr. L 222, 21. Jg. (1978), S. 11–31.

Europäische Gemeinschaften: Siebente Richtlinie des Rates vom [13.7.1983] über den konsolidierten Abschluss 83/349/EWG. In: ABl. EG Nr. L 193, 26. Jg. (1983), S. 1–17.

Europäische Gemeinschaften: Verordnung Nr. 1836 vom [29.6.1993] über die freiwillige Beteiligung gewerblicher Unternehmen an einem Gemeinschaftssystem für das Umweltmanagement und die Umweltbetriebsprüfung. In: ABl. EG Nr. L 168, 36. Jg. (1993), S. 1–18.

Europäische Gemeinschaften: Verordnung Nr. 761/2001 des Europäischen Parlaments und des Rates vom [19.3.2001] über die freiwillige Beteiligung von Organisationen an einem Gemeinschaftssystem für das Umweltmanagement und die Umweltbetriebsprüfung (EMAS). In: ABl. EG Nr. L 114/1, S. 1–38.

Europäische Gemeinschaften: Richtlinie 2001/65/EG des Europäischen Parlaments und des Rates vom [27.9.2001]. In: ABl. EG Nr. L 283 S. 28–32 (sog. **Fair-Value-Richtlinie**).

Europäische Gemeinschaften: Verordnung Nr. 1606/2002 des Europäischen Parlaments und des Rates vom [19.7.2002] betreffend die Anwendung internationaler Rechnungslegungsstandards. In: ABl. EG Nr. L 243 S. 1–4 (sog. **IAS-Verordnung**).

Europäische Gemeinschaften: Verordnung Nr. 1725/2003 der Kommission vom [29.9.2003] betreffend die Übernahme bestimmter internationaler Rechnungslegungsstandards in Übereinstimmung mit der Verordnung (EG) Nr. 1606/2002 des Europäischen Parlaments und des Rates. In: ABl. EG Nr. L 261 S. 1–420.

Europäische Gemeinschaften: Richtlinie 2003/38/EG des Rates vom [13.5.2003] zur Änderung der Richtlinie 78/660/EWG über den Jahresabschluss von Gesellschaften bestimmter Rechtsformen hinsichtlich der in EURO ausgedrückten Beträge. In: ABl. EU Nr. L 120 S. 22–23 (sog. **Schwellenwertrichtlinie**).

Europäische Gemeinschaften: Richtlinie 2003/51/EG des Europäischen Parlaments und des Rates vom [18.6.2003] zur Änderung der Richtlinien 78/660/EWG, 83/349/EWG, 86/635/ EWG und 91/674/EWG über den Jahresabschluss und den konsolidierten Abschluss von Gesellschaften bestimmter Rechtsformen, von Banken und anderen Finanzinstituten sowie von Versicherungsunternehmen. In: ABl. EU Nr. L 178 S. 16–22 (sog. **Modernisierungsrichtlinie**).

Europäische Gemeinschaften: Vorschlag der Kommission für eine Richtlinie des Europäischen Parlaments und des Rates über die Prüfung des Jahresabschlusses und des konsolidierten Abschlusses und zur Änderung der Richtlinien 78/660/EWG und 83/349/EWG-Kom (2004) 177 endg. (sog. **Abschlussprüferrichtlinie**).

Federmann, R.: Bilanzierung nach [Handelsrecht], Steuerrecht und IAS/IFRS – Gemeinsamkeiten, Unterschiede und Abhängigkeiten, 12. Aufl., Berlin 2010.

Fischer, H. E.: Die Kapitalstruktur im verschachtelten [Konzern]: Eine Analyse ihrer Bestimmungsfaktoren sowie ihrer Abbildung in konsolidierten Bilanzen, München 1989.

Grünberger, D.: [IFRS] 2011: Ein systematischer Praxis-Leitfaden, Stand: 1.8.2010, 9. Aufl., Herne, Berlin 2011.
Günther, E: [Ökologieorientiertes Management], Stuttgart 2008.
Hachmeister, D.: Verbindlichkeiten nach IFRS. Bilanzierung von kurz- und langfristigen Verbindlichkeiten, Rückstellungen und Eventualschulden, München 2006.
Hachmeister, D.: Kapitalkonsolidierung nach der Erwerbsmethode: Regelungen nach IFRS und US-GAAP (C402). In: Beck'sches Handbuch der Rechnungslegung, hrsg. v. E. Castan u.a., Loseblattsamlung, München 2006.
Harms, J. E., F. J. Marx: [Bilanzrecht] in Fällen, 9. Aufl. 2008.
Hayn, S., G. Graf Waldersee: IFRS/US-GAAP/HGB im [Vergleich]. Synoptische Darstellung mit Bilanzrechtsmodernisierungsgesetz, 7. Aufl., Stuttgart 2008.
Heinen, E.: [Handelsbilanzen], 12. Aufl., Wiesbaden 1986.
Hennrichs, J.: [Neufassung] der Maßgeblichkeit gem. § 5 Abs. 1 EStG nach dem BilMoG. In: Ubg – Die Unternehmensbesteuerung, 2009, S. 533–543.
Herzig, N.: Das Ende der [Einheitsbilanz]. In: Der Betrieb, 62. Jg., 2009, S. 1–11.
Herzig, N.: [BilMoG], Tax Accounting und Corporate Governance-Aspekte. In: Der Betrieb, 63. Jg., 2010, S. 1–8.
Hoffmann, W.-D., N. Lüdenbach: [NWB Kommentar] Bilanzierung – Handels- und Steuerrecht, 2. Aufl., Herne, 2011.
Hommel, M., J. Wüstemann: [Konzernbilanzierung] case by case, Lösungen nach HGB und IAS/IFRS, Heidelberg 2004
IDW: IDW Stellungnahme zur Rechnungslegung: Aktivierung von [Herstellungskosten] (IDW RS HFA 31). In: IDW Fachnachrichten 2010, S. 312–313.
IDW: IDW Stellungnahme zur Rechnungslegung: Zweifelsfragen zum Ansatz und zur Bewertung von [Drohverlustrückstellungen] (IDW RS HFA 4). In: IDW Fachnachrichten 2010, S. 298–304.
Kahle, H., A, Dahlke, R. Heinstein: Das Sachanlagevermögen. In: K. Wysocki, J. Schulze-Osterloh, J. Hennrichs, J. C. Kuhner (Hrsg.): Handbuch des Jahresabschlusses, Abt. II/2, Köln 2007, Überarbeitung 2010.
Kessler, H: [Einleitung]. In: Kessler, H., Leinen, M., Strickmann, M. (Hrsg.): Handbuch Bilanzrechtsmodernisierungsgesetz – Die Reform der Handelsbilanz, Freiburg, Berlin München, 2009, S. 45–68.
Kessler, H: [Verbindlichkeiten]. In: Kessler, H., Leinen, M., Strickmann, M. (Hrsg.): Handbuch Bilanzrechtsmodernisierungsgesetz – Die Reform der Handelsbilanz, Freiburg, Berlin München, 2009, S. 323–335.
Kessler, H., M. Leinen., M. Strickmann (Hrsg.): Handbuch [Bilanzrechtsmodernisierungsgesetz] Die Reform der Handelsbilanz, Freiburg, Berlin München, 2009.
Klöpfer, W., B. Grahl: [Ökobilanz] (LCA). Ein Leitfaden für Ausbildung und Beruf, Weinheim 2009.
Küting, K., N. Pfitzer, C.-P. Weber: Das neue deutsche Bilanzrecht. Handbuch zur Anwendung des Bilanzrechtsmodernisierungsgesetzes (BilMoG), 2. Aufl., Stuttgart 2009.
Küting, K., C.-P. Weber: Der [Konzernabschluss] Praxis der Konzernrechnungslegung nach HGB und IFRS, 10. Aufl., Stuttgart 2010.
Küting, K.: Das deutsche [Bilanzrecht] im Spiegel der Zeiten – Zugleich eine Einordnung des Bilanzrechtsmodernisierungsgesetzes in das aktuelle und historische Bilanzrecht. In: DStR, 47. Jg. 2009, S. 288–294.
Küting, K., Chr. Seel: Das neue deutsche [Konzernbilanzrecht] – Änderungen der Konzernrechnungslegung durch das Bilanzrechtsmodernisierungsgesetz. In: Beihefter zu DStR 26, 2009, S. 37–59.
Leffson, U.: Die [Grundsätze] ordnungsmäßiger Buchführung, 7. Aufl., Düsseldorf 1987.

Lüdenbach, N., W.-D. Hoffmann (Hrsg.): Haufe IFRS-Kommentar, 8. Aufl., Freiburg 2010.
Lüdenbach, N., W.-D. Hoffmann: Die wichtigsten Änderungen der HGB-Rechnungslegung durch das BilMoG. in: StuB, 1. Jg. (2009), S. 287–316.
Meyer, C.: Bilanzierung nach Handels- und Steuerrecht unter Einschluss der Konzernrechnungslegung und der internationalen Rechnungslegung, 21. Aufl., Herne 2010.
Moxter, A.: [Bilanzlehre I], Band I: Einführung in die Bilanztheorie, 3. Aufl., Wiesbaden 1984.
Moxter, A.: [Bilanzlehre II], Band II: Einführung in das neue Bilanzrecht, 3. Aufl., Wiesbaden 1990.
Pellens, B., R. U. Fülbier, J. Gassen, T. Sellhorn: [Internationale] Rechnungslegung, 8. Auflage, Stuttgart 2011.
Petersen, K., C. Zwirner (Hrsg.): [Bilanzrechtsmodernisierungsgesetz] BilMoG – Gesetze, Materialien, Erläuterungen, München 2009.
Ruchti, H.: [Erfolgsermittlung] und Bewegungsbilanz. In: Zeitschrift für handelswissenschaftliche Forschung, 7. Jg. (1955), S. 499–520.
Rückle, D.: [Bilanztheorie]. In: K. Chmielewicz u.a. (Hrsg.): Handwörterbuch des Rechnungswesens, 3. Aufl., Stuttgart 1993, Sp. 249–261.
Schellhorn, M.: Umweltrechnungslegung: Instrumente der Rechenschaft über die Inanspruchnahme der natürlichen Umwelt, Wiesbaden 1995.
Schildbach, T.: Der [Konzernabschluss] nach HGB, IAS und US-GAAP, 7. Aufl., München/Wien 2008.
Schildbach, T.: Der handelsrechtliche [Jahresabschluss], 9. Aufl., Herne, Berlin 2009.
Schmalenbach, E.: [Dynamische Bilanz], 13. Aufl., Köln/Opladen 1962.
Schmidt, F.: Die organische [Tageswertbilanz], 4. Aufl., Wiesbaden 1969.
Schneider, D.: Ausschüttungsfähiger [Gewinn] und das Minimum an Selbstfinanzierung. In: ZfbF, 20. Jg. (1968), S. 1–29.
Schneider, D.: [Entwicklungsstufen] der Bilanztheorie. In: WiSt, 3. Jg. (1974), S. 158–164.
Schneider, D.: [Bilanztheorien], neuere Ansätze. In: E. Kosiol (Hrsg.): Handwörterbuch des Rechnungswesens, Stuttgart 1970, Sp. 260–270.
Schneider, D.: [Betriebswirtschaftslehre], 2. Aufl., Band 2: Rechnungswesen, München 1997.
Schweitzer, M.: [Struktur] und Funktion der Bilanz. Berlin 1972.
Simons, D., B. E. Weißenberger: «Different costs for different purposes» vs. «one version of the truth»? Zur [Konvergenz] von externer und interner Rechnungslegung im deutschsprachigen Raum (Teil l und Teil 2). In: WiSt, 38 Jg. (2010), S. 390–395 und S. 446–451.
Stützel, W.: Bemerkungen zur [Bilanztheorie]. In: ZfB, 37. Jg. (1967), S. 314–340.
Troßmann, E.: Quotenkonsolidierung im internen Rechnungswesen des Konzerns. In: A. P. Knobloch, N. Kratz (Hrsg.): Neuere Finanzprodukte. Anwendung, Bewertung, Bilanzierung. Festschrift für Wolfgang Eisele zum 65. Geburtstag, München 2003, S. 121–153.
Wagenhofer, A.: Internationale Rechnungslegungsstandards – IAS/IFRS: Grundkonzepte, Bilanzierung, Bewertung, Angaben; Umstellung und Analyse, 6. Aufl., Wien 2009.
Wagner, F. W.: Substanzerhaltung und [Gewinnverwendung] bei Publikumsaktiengesellschaften. In: WPg, 29. Jg. (1976), S. 487–494.
Wehrheim, M., A. Renz: Die Handels- und Steuerbilanz: Bilanzierung, Bewertung und Gewinnermittlung, 2. Aufl., München 2009.
Wöhe, G.: [Einführung] in die Allgemeine Betriebswirtschaftslehre, bearbeitet von U. Döring, 24. Aufl., München 2010.
Wöhe, G.: Bilanzierung und Bilanzpolitik – Betriebswirtschaftliche, handels- und steuerrechtliche Grundlagen, bearbeitet von U. Döring; G. Schneider; M. Diller; U. Stefanie, 10. Aufl., München 2010.

3.3 Kostenrechnung

Gerhard Scherrer

3.3.1 Grundlagen

Die Kostenrechnung stellt – wie in Abschn. 3.1 ausgeführt – neben der Finanzbuchführung ein zentrales Gebiet des betrieblichen Rechnungswesens dar.

Sie ist eine Erfolgsrechnung mit den Wert- bzw. Rechengrößen Kosten und Leistung, die im Gegensatz zur Investitionsrechnung als einperiodische kurzfristige Rechnung ausgestaltet ist. Die Kostenrechnung ist anders als die Finanzrechnung eine kalkulatorische Rechnung. Im Zusammenhang mit den Überlegungen zum Einsatz des internen Rechnungswesens und der externen Rechnungslegung zur Steuerung von Unternehmen hat sich eine Präferenz für die Kostenrechnung als pagatorische Rechnung herausgebildet.

Für die Durchführung der Kostenrechnung in einem Unternehmen kommen mehrere Verfahren in Betracht. Im Allgemeinen wird zwischen kontenmäßiger (buchhalterischer) und statistisch-tabellarischer Form der Kostenrechnung unterschieden. Bei ersterer wird die Erfassung von Kostenrechnungsvorgängen und ihre Weiterverrechnung ähnlich wie bei der Finanzbuchführung auf Konten vorgenommen. Bei letzterer erfolgt die Erfassung und Verrechnung der Kostenrechnungsdaten außerhalb des Kontenkreises in Tabellen.

Vor der Darstellung der unterschiedlichen Ausgestaltungsmöglichkeiten (Systeme) der Kostenrechnung und der zentralen Kostenrechnungsbereiche sind die mit der Kostenrechnung zu erfüllenden Aufgaben aufzuzeigen und die grundlegenden Begriffe festzulegen.

3.3.1.1 Aufgaben der Kostenrechnung

Die Aufgaben (Zwecke, Rechnungsziele) der Kostenrechnung werden je nach der Funktion, die der Kostenrechnung im betrieblichen Rechnungswesen beigemessen wird, verschieden umschrieben. Man unterscheidet die folgenden Funktionen:

- Lenkung,
- Dokumentation,
- Kontrolle.

Die Lenkungsfunktion ist von zentraler Bedeutung im entscheidungsorientierten Rechnungswesen. Sie verlangt die Ermittlung von Kostenrechnungsdaten als Basis für rationale unternehmerische Entscheidungen vor allem über das Produktionsprogramm und das Produktionsverfahren.

Die Dokumentationsfunktion besteht darin, die entstandenen Kosten und ihre Zuordnung zu den in Frage kommenden Bezugsobjekten, insbesondere den hergestellten und auf Lager produzierten oder verkauften Produkten, zu erfassen und aufzubereiten.

Die Kontrollfunktion dient der vor allem der Kostenstellen- und der Kostenträgerkosten sowie des Betriebsergebnisses. Dabei richtet sich die Kontrolle auf den Vergleich der tatsächlich entstandenen Kosten mit vorgegebenen Plan- oder Sollkosten. Kostenabweichungen sind auf ihre Ursachen hin zu untersuchen.

3.3.1.1.1 Kostenrechnung als Lenkungsrechnung

Die Aufgabe der Kostenrechnung als Lenkungsrechnung besteht in der Ermittlung von Kostenrechnungsdaten als Grundlage für unternehmerische Entscheidungen (Ewert/Wagenhofer [Unternehmensrechnung] 25 ff., 90 ff. ausführlich zu Entscheidungsrechnungen). Da die Entscheidungen immer zukünftige Zeitbereiche betreffen, kann die Erfüllung der Lenkungsaufgabe nur im Rahmen einer Planungsrechnung erfolgen. Dabei sind die kostenmäßigen Auswirkungen der in Betracht gezogenen unternehmerischen Entscheidungen festzustellen.

Maßgebliche Entscheidungen, deren Wirkungen im Rahmen der Lenkungsaufgabe der Kostenrechnung zu erfassen sind, betreffen

- den Beschaffungsbereich,
- den Produktionsbereich,
- den Absatzbereich.

(1) Im Rahmen der Lenkungsaufgabe für den Beschaffungsbereich sind u.a. die Preisobergrenzen für den Einkauf von Produktionsfaktoren zu bestimmen. Dabei geht es um die Ermittlung des Betrages, den das Unternehmen maximal für die Beschaffung eines Produktionsfaktors aufwenden darf, um bei gegebenem Produktionsverfahren und Absatzpreis mit der Herstellung des Produktes noch einen positiven Deckungsbeitrag oder Gewinn zu erzielen.

(2) Im Produktionsbereich erstreckt sich die Lenkungsaufgabe der Kostenrechnung u.a. auf die folgenden Sachverhalte:
- Festlegung der Losgröße in der Fertigung,
- Bestimmung der Intensität der Betriebsmittel,
- Wahl des Fertigungsverfahrens,
- Bestimmung der Reihenfolge der Auftragsabwicklung,
- Entscheidung über Eigenfertigung oder Fremdbezug von Teilen eines herzustellenden Produktes.

(3) Die Lenkungsaufgabe im Absatzbereich betrifft die Festlegung von Preisuntergrenzen. Dabei ist derjenige Produktpreis zu ermitteln, bei dem das Unternehmen bei gegebenen Produktionsfaktorpreisen und gegebenen Produktionsverfahren gerade einen zur Fixkostendeckung ausreichenden Deckungsbeitrag oder einen Gewinn von Null erzielt. Damit kann gleichzeitig die Frage beantwortet werden, ob das Unternehmen bei der Hereinnahme eines Zusatzauftrages zu

einem bestimmten Preis einen positiven Deckungsbeitrag bzw. einen Gewinn oder Verlust erzielt wird.

3.3.1.1.2 Kostenrechnung als Dokumentationsrechnung

Mit der Erfassung und Aufbereitung der Kosten im Rahmen der Dokumentationsrechnung dient der

- Bestandsbewertung nach Handels- und Steuerrecht,
- Kalkulation bei öffentlichen Aufträgen,
- Erfassung von Istkosten bei einem Vergleich mit vorgegebenen Sollkosten.

(1) Bestandsbewertung

Die Verpflichtung zur Bestandsbewertung ergibt sich handelsrechtlich aus §§ 253, 255 HGB, steuerrechtlich aus § 6 EStG. Danach sind die selbsterstellten Gegenstände des Sachanlagevermögens und die Vorräte als unfertige Erzeugnisse und als Fertigerzeugnisse mit den Herstellungskosten zu bewerten. Zur Ableitung der Herstellungskosten dient, wie im Einzelnen noch zu zeigen sein wird, die Kostenrechnung im Rahmen ihrer Dokumentationsaufgabe.

(2) Kalkulation öffentlicher Aufträge

Die Leitsätze für die Preisermittlung auf Grund von Selbstkosten (LSP) sehen vor, dass bei bestimmten öffentlichen Aufträgen Selbstkostenpreise vereinbart werden dürfen. Es handelt sich dabei um solche Aufträge, die nicht marktgängig sind, und für die keine staatlich festgesetzten Preise existieren, sowie um Leistungen, für die ein Marktengpass besteht, oder für die der Angebotswettbewerb beschränkt ist und dadurch die Marktpreise nicht nur unerheblich beeinflusst werden. Die Ermittlung der Selbstkostenpreise ist in den LSP im Einzelnen geregelt. Sie erfolgt auf der Basis der im Rahmen der Dokumentationsaufgabe der Kostenrechnung ermittelten vollen Selbstkosten unter Zuordnung eines Gewinnzuschlags.

(3) Erfassung von Istkosten

Ist in einem Unternehmen eine Plankostenrechnung eingerichtet, so werden vor Beginn einer Planungsperiode bzw. vor Beginn der Herstellung eines geplanten Produktes Plankosten ermittelt. Die Dokumentationsaufgabe der Kostenrechnung besteht in diesem Zusammenhang darin, während des Ablaufs der Planungsperiode die tatsächlich anfallenden Istkosten zum Zweck der Verrechnung über die Kostenstellen und auf die Produkte zu erfassen. Nach Abschluss der Periode können dann die Plankosten bei Istproduktion (Sollkosten) und die Istkosten miteinander verglichen werden. Die Dokumentation als Erfassung der Istkosten hat insoweit die Aufgabe, die Voraussetzungen für einen Soll-Ist-Vergleich zu liefern.

3.3.1.1.3 Kostenrechnung als Kontrollrechnung

Die Kontrollaufgabe der Kostenrechnung besteht in der Ermittlung und Analyse von Kostenabweichungen zwischen den vorgegebenen Sollkosten und den im Rahmen der Dokumentation ermittelten Istkosten. Dabei liegt der Schwerpunkt der Kontrollrechnung in der Analyse der festgestellten Kostenabweichungen.

Die Ermittlung von Kostenabweichungen ist für ein Unternehmen nur dann von Interesse, wenn sich aus der Analyse der Kostenabweichungen Folgerungen für zukünftige Perioden ziehen lassen. Die Folgerungen erstrecken sich auf einen möglichen Abbau von entstandenen Kostenüberschreitungen in einzelnen Bereichen. Um zu den gewünschten Folgerungen zu kommen ist es erforderlich, die Kostenabweichungen nach Verantwortungsbereichen und Entstehungsursachen aufzuspalten. Die aufgespalteten Kostenüberschreitungen sind dann entsprechend den Ursachen für das Entstehen der Kostenabweichungen näher zu untersuchen, und zu interpretieren.

Kostenkontrollen können sich erstrecken auf

- die Preise der Produktionsfaktoren,
- die Mengen der Produktionsfaktoren.

Der Schwerpunkt der Analyse der Kostenabweichungen betrifft die Kostenüberschreitungen auf Grund des Mehrverbrauchs von Produktionsfaktormengen. Dabei ist festzustellen, ob die Mengenüberschreitungen bei den Produktionsfaktoren

- unvermeidbar waren auf Grund von äußeren Einflüssen (Maschinenausfall, Stromausfall, Streik, Katastrophen) oder
- vermeidbar waren und entstanden sind z. B. durch Überschreitung vorgegebener Arbeitszeiten, Mehrverbrauch an Material, erhöhten Abfall und/oder erhöhten Ausschuss.

3.3.1.2 Grundbegriffe der Kostenrechnung

3.3.1.2.1 Kostenbegriff

Der Umfang dessen, was als Kosten in das Rechnungswesen eines Unternehmens eingeht, wird von der verwendeten Begriffsfassung bestimmt. Die verschiedenen in der Betriebswirtschaftslehre bestehenden Fassungen des Begriffs Kosten basieren auf einer unterschiedlichen Interpretation der Merkmale, die den allgemeinen Kostenbegriff bestimmen (Schweitzer/Küpper [Systeme] 12 ff.).

Merkmale des Kostenbegriffs
1. Verbrauch von Produktionsfaktoren,
2. Leistungsbezogenheit des Produktionsfaktorverbrauchs,
3. Bewertung des Produktionsfaktorverbrauchs.

Man unterscheidet insbesondere zwischen den folgenden Kostenbegriffen:

- **Entscheidungsorientierter** Kostenbegriff: «Kosten sind die durch die Entscheidung über das betrachtete Objekt ausgelösten zusätzlichen – nicht kompensierten – Ausgaben (Auszahlungen)» (Riebel [Deckungsbeitragsrechnung] 427).
- **Wertmäßiger** Kostenbegriff: Kosten sind die auf Basis individueller, subjektiver Nutzenvorstellungen bewerteten Verbrauchsmengen der zur Leistungserstellung eingesetzten Produktionsfaktoren.
- **Pagatorischer** Kostenbegriff: Kosten sind die mit Herstellung und Absatz einer Erzeugniseinheit bzw. mit einer Periode verbundenen ‹nicht kompensierten› Ausgaben. Sie umfassen alle diejenigen betrieblichen Ausgaben, die nicht als Tilgungsausgaben oder Kreditgewährungsausgaben durch entsprechende Einnahmen aus einer Kreditinanspruchnahme oder Rückempfang eines gewährten Krediteskompensiert werden.

Ohne dass auf die unterschiedlichen Begriffsfassungen näher eingegangen wird, sei in Anlehnung an die herrschende Auffassung definiert:

> **Kosten** sind der bewertete Verbrauch von Produktionsfaktoren zur Erstellung und zum Absatz der betrieblichen Leistung und zur Aufrechterhaltung der Betriebsbereitschaft.

Kosten sind gegenüber den Rechnungsgrößen Ausgaben und Aufwand abzugrenzen.

3.3.1.2.2 Kosten und Ausgaben

Der Begriff «Ausgaben» wird im Folgenden mit dem Begriff «Auszahlung» gleich gesetzt. Zutreffenderweise wird zwischen den beiden Begriffen insoweit differenziert, als **Auszahlungen** einen Geldabfluss (z. B. Barkauf), **Ausgaben** einen Geldabfluss oder das Entstehen einer Verpflichtung (z. B. Barkauf oder Kreditkauf) umschreiben sollen. Bei Betrachtung von Ausgaben und Auszahlungen als synonymen Begriff für einen Zahlungsstrom gilt Folgendes:

> **Ausgaben** stellen einen negativen Zahlungsstrom im Sinne des Abflusses von Geld dar.

Bei der vorgegebenen Begriffsfassung können Kosten und Ausgaben übereinstimmen, aber auch differieren, wobei die auftretenden Unterschiede zeitlicher und/oder sachlicher Art sein können.

Zeitliche Unterschiede liegen in der Zuordnung von Ausgaben und Kosten zu unterschiedlichen Rechnungsperioden. Die Zuordnung der Ausgaben richtet sich nach dem Zahlungszeitpunkt, die Zuordnung der Kosten nach dem Zeitpunkt des Produktionsfaktorverbrauchs.

Sachliche Unterschiede können in unterschiedlichen Wertansätzen für Ausgaben und Kosten und in fehlender Leistungsbezogenheit von Ausgaben bzw. im fehlenden Ausgabencharakter von Kosten begründet sein. Wertunterschiede können sowohl darin bestehen, dass die Ausgaben entsprechend der vielfach auftretenden Praxis die anzusetzenden Kosten übersteigen, als auch darin, dass die Kosten höher sind als die Ausgaben, so z.B. bei der Bewertung des Produktionsfaktorverbrauchs zu Wiederbeschaffungskosten.

Die folgende Darstellung zeigt die in Betracht kommenden Beziehungen zwischen Ausgaben und Kosten auf.

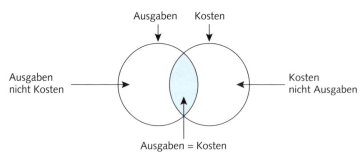

Abbildung ´4.3.44: Abgrenzung zwischen Ausgaben und Kosten

Beispiele
Ausgaben nicht Kosten:
- Rückzahlung von Darlehen, Privatentnahmen;
- Zahlung von Rohstoffen, die in der Periode nicht verarbeitet werden;
- Zahlung von Löhnen für vorangegangene oder nachfolgende Perioden.

Kosten nicht Ausgaben:
- Kalkulatorische Kosten, soweit für sie kein Geldabfluss entsteht, wie kalkulatorischer Unternehmerlohn bei der Nichtkapitalgesellschaft, kalkulatorische Miete für die Benutzung von Räumen, die zum Privatvermögen des Unternehmers gehören, kalkulatorische Zinsen auf das Eigenkapital;
- Verarbeitung früher bezahlter Rohstoffe;
- Einsatz von Personal bei Zahlung der entsprechenden Löhne in früheren oder späteren Perioden.

Ausgaben gleich Kosten:
- Zahlung von Roh-, Hilfs- und Betriebsstoffen, die in der Periode verarbeitet werden;
- Zahlung von Löhnen und Gehältern für den Personaleinsatz in der Periode;
- Zahlung von Werkzeug, das in der Periode eingesetzt wird;
- Zahlung von Verpackungsmaterial, Fracht und Vertreterprovision, die für die Periode angefallen sind;
- Zahlung von Wartungs- und Reparaturkosten, die die Periode betreffen;
- Zahlung von Fremdkapitalzinsen, die die Periode betreffen.

3.3.1.2.3 Kosten und Aufwand

Aufwand ist im Unterschied zu Kosten, die als negative Erfolgskomponente in die Betriebsergebnisrechnung eingehen, eine negative Erfolgskomponente in der bilanziellen (handelsbilanziellen, steuerbilanziellen) Erfolgsrechnung. Er lässt sich wie folgt definieren:

> **Aufwand** ist der periodisierte, erfolgswirksame, unter Beachtung der maßgeblichen Rechnungslegungsvorschriften bewertete Verbrauch von Produktionsfaktoren.

Bei der vorgegebenen Begriffsfassung können Kosten und Aufwand übereinstimmen, aber auch differieren, wobei die auftretenden Unterschiede weitgehend sachlicher Art sind. Unterschiede zwischen Kosten und Aufwand können namentlich auf drei Ursachen beruhen:

1. **Unterschiedliche Wertansätze.** Wertunterschiede sind darin begründet, dass der nach den maßgeblichen Rechnungslegungsvorschriften anzusetzende oder ansetzbare Aufwand auf Zahlungsgrößen zurückgeführt wird, d. h. pagatorischer Natur ist; die in der Kostenrechnung eines Unternehmens anzusetzenden Kosten werden demgegenüber von der Art des Kostenrechnungssystems bestimmt (Vollkosten, Teilkosten) und sind nicht notwendigerweise auf Zahlungsgrößen zurückzuführen, da sie neben pagatorischer auch kalkulatorischer Natur sein können.
2. **Fehlender Aufwandscharakter** der Kosten. Einer Reihe von in der Kostenrechnung verrechneten Kosten kalkulatorischer Art steht keinerlei Aufwand gegenüber (z. B. kalkulatorische Wagnisse, kalkulatorischer Unternehmerlohn bei der Einzelunternehmung und der Personenhandelsgesellschaft). Derartige Kosten, die nicht zugleich Aufwand sind, nennt man Zusatzkosten.
3. **Fehlender Leistungsbezug** des Aufwands. In diesen Fällen ist zwar Aufwand der Periode durch den Verbrauch von Produktionsfaktoren entstanden; dem Verbrauch fehlt jedoch der Bezug zur Leistungserstellung. Er kann auftreten als
   - betriebsfremder Aufwand (Aufwand, der nicht die betriebliche Leistungserstellung betrifft),
   - periodenfremder Aufwand (Aufwand, der nicht die Betrachtungsperiode betrifft),
   - außerordentlicher Aufwand (Aufwand, der zwar die betriebliche Leistungserstellung und die Betrachtungsperiode betrifft, jedoch in seiner Höhe ungewöhnlich ist, z. B. Aufwand bei Naturkatastrophen).

Derartigen Aufwand, der nicht zugleich zu Kosten führt, nennt man neutralen Aufwand.

Soweit sich Kosten und Aufwand entsprechen, spricht man von Grundkosten und Zweckaufwand.

Die folgende Darstellung soll den Sachverhalt verdeutlichen.

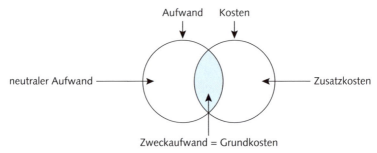

Abbildung ´4.3.45: Abgrenzung zwischen Aufwand und Kosten

Beispiele
Neutraler Aufwand:
- Betriebsfremder Aufwand, wie Reparatur an nicht betriebsnotwendigen Vermögensgegenständen, Spenden;
- Periodenfremder Aufwand, wie Nachzahlung von Kostensteuern (z. B. Vermögensteuer, Grundsteuer, Gewerbesteuer, Kraftfahrzeugsteuer);
- Außerordentlicher Aufwand, wie Reparatur von Katastrophenschäden.

Zusatzkosten:
Kalkulatorische Kosten, soweit ihnen der Art, der Menge oder dem Wert nach keine entsprechenden Aufwendungen gegenüberstehen:
- Kalkulatorische Kosten, denen der Art nach keine Aufwendungen gegenüberstehen, sind der kalkulatorische Unternehmerlohn bei der Nichtkapitalgesellschaft, die kalkulatorische Miete für die Benutzung von Räumen, die zu dem Privatvermögen des Unternehmers gehören, kalkulatorische Zinsen auf das Eigenkapital;
- Kalkulatorische Kosten, denen der Menge nach keine Aufwendungen gegenüberstehen, sind z. B. kalkulatorische Abschreibungen auf Gegenstände des Anlagevermögens, die nach den Rechnungslegungsvorschriften bereits voll abgeschrieben sind;
- Kalkulatorische Kosten, denen in der Höhe keine entsprechenden Aufwendungen gegenüberstehen, können sein kalkulatorischer Unternehmerlohn, kalkulatorische Miete, kalkulatorische Zinsen, kalkulatorische Abschreibungen.

Zweckaufwand gleich Grundkosten:
- Gleiche Behandlung von Personalaufwand in der GuV und Personalkosten in der Kostenrechnung;
- Gleiche Behandlung von Materialaufwand in der GuV und Materialkosten in der Kostenrechnung;
- Gleiche Behandlung von Abschreibungen in der GuV und in der Kostenrechnung;
- Gleiche Behandlung von sonstigen Aufwendungen in der GuV und sonstigen Kosten in der Kostenrechnung.

3.3.1.2.4 Leistung, Einnahmen und Ertrag

Den Begriffen «Kosten, Ausgaben, Aufwand» werden die Begriffe «Leistung (Betriebsertrag), Einnahmen, Ertrag» gegenübergestellt.

Wie der Kostenbegriff ist auch der Leistungsbegriff durch drei Merkmale gekennzeichnet:

1. Herstellung von Produkten,
2. Sachzielbezogenheit der hergestellten Produkte,
3. Bewertung der hergestellten Produkte.

3.3.1.3 Gliederung der Kosten

Die Durchführung der Kostenrechnung erfordert weitere Abgrenzungen des Kostenbegriffs und die Gliederung der Kosten nach mehreren Merkmalen. Gliederungsmerkmale sind:

- die Verrechenbarkeit der Kosten auf einen Kostenträger (Produkt, Produktgruppe, Auftrag);
- die Abhängigkeit der Kosten von dem Kostenbestimmungsfaktor «Beschäftigung»;
- der Zeitbezug der Kosten.

3.3.1.3.1 Einzelkosten und Gemeinkosten

Die Gliederung der Kosten in Einzelkosten und Gemeinkosten erfolgt im Allgemeinen nach dem Merkmal der Kostenverrechnung auf den Kostenträger (Produkt, Produktgruppe, Auftrag). Dabei ist vielfach die Verwendung der Begriffe «Einzelkosten, Gemeinkosten» unpräzise. Zur Präzisierung ist eine weitere Kennzeichnung der Kosten in dem Sinne notwendig, dass der jeweilige Kostenbegriff das entsprechende Bezugsobjekt einschließt. Insoweit wäre z. B. von Kostenträgereinzelkosten oder von Kostenträgergemeinkosten zu sprechen.

(1) Einzelkosten

Man definiert in Bezug auf den Kostenträger:

> Einzelkosten (Kostenträgereinzelkosten) sind die einem Kostenträger (Produkt, Produktgruppe, Auftrag) direkt zurechenbaren Kosten.

Kosten sind dann direkt zurechenbar, wenn die Zurechnung ohne die Heranziehung von Hilfsgrößen (Schlüssel) erfolgen kann. Vielfach wird die direkte Zurechnung dadurch gekennzeichnet, dass die entsprechenden Kosten (Kostenträgereinzelkosten) den Kostenträgern unmittelbar aus der Kostenartenrechnung zugerechnet werden. Letzteres ist keine notwendige Voraussetzung für das Vorliegen von Einzelkosten. Diese können auch dann gegeben sein, wenn die Kosten – etwa zum Zwecke der Kostenkontrolle – aus der Kostenartenrechnung über die Kostenstellenrechnung auf den Kostenträger verrechnet werden.

Typische Kostenträgereinzelkosten sind die Materialkosten (Kosten für Rohstoffe) des Kostenträgers (Produkt, Produktgruppe, Auftrag). Für die Zurechnung der Materialkosten werden keine Hilfsgrößen benötigt. Sie lassen sich anhand der Stücklisten (Aufstellungen über Art und Menge der Materialien pro Kostenträgereinheit) dem Kostenträger zurechnen.

(2) Gemeinkosten

Man definiert in Bezug auf den Kostenträger:

> Gemeinkosten (Kostenträgergemeinkosten) sind die einem Kostenträger (Produkt, Produktgruppe, Auftrag) nicht direkt, sondern über Hilfsgrößen zurechenbaren Kosten.

Vielfach wird die indirekte Zurechnung damit gekennzeichnet, dass die entsprechenden Kosten (Kostenträgergemeinkosten) mittelbar über die Verrechnung der Kosten aus der Kostenartenrechnung über die Kostenstellenrechnung anhand von Kalkulationszuschlagssätzen den Kostenträgern zugerechnet werden. Als Merkmal der Kostenträgergemeinkosten wird dabei angesehen, dass sie nicht alleine für den einzelnen Kostenträger, sondern für ein übergeordnetes Bezugsobjekt, z. B. für eine Kostenstelle oder einen Betriebsbereich, anfallen.

Typische Kostenträgergemeinkosten sind Gehälter, Abschreibungen auf Gebäude, auf technische Anlagen und Maschinen, Betriebsstoffe und Energiekosten, Mietkosten und Versicherungen. Für ihre Zurechnung auf den Kostenträger werden Hilfsgrößen (z. B. Maschinenzeiten, Fertigungszeiten, Durchsatzgewichte) benötigt, die es erlauben, den Mengenverbrauch der angesprochenen Produktionsfaktoren nach der verwendeten Zurechnungsregel den Kostenträgern zuzuordnen. Bei Multiplikation des Mengenverbrauchs mit den entsprechenden Produktionsfaktorpreisen gelangt man zu den Kostenträgergemeinkosten.

(3) Relative Einzelkosten

Einzelkosten als relative Einzelkosten werden im System der Einzelkosten- und Deckungsbeitragsrechnung (Riebel ([Deckungsbeitragsrechnung] 762) folgendermaßen definiert:

> Relative Einzelkosten sind Kosten, die einem sachlich oder zeitlich genau abzugrenzenden Bezugsobjekt eindeutig zurechenbar sind, weil sowohl die Kosten als auch das Bezugsobjekt auf einen gemeinsamen dispositiven Ursprung zurückgehen.

Die Begriffsfassung beinhaltet neben der Erweiterung der Einzelkosten auf alle in Betracht kommenden Bezugsobjekte gegenüber der traditionellen Kostenrechnung eine Besonderheit insoweit, als Kosten nur dann als Einzelkosten definiert werden, wenn sie mit dem Bezugsobjekt einen gemeinsamen dispositiven Ursprung haben, d. h., Bezugsobjekt und Kosten müssen auf die gleiche Entscheidung zurückgehen.

3.3.1.3.2 Variable und fixe Kosten

Die Gliederung der Kosten in variable und fixe Kosten erfolgt im Allgemeinen nach dem Merkmal der Abhängigkeit von der Beschäftigung (Produktmenge, Ausbringungsmenge). Ebenso wie die Begriffe «Einzelkosten, Gemeinkosten» ist auch die Verwendung der Begriffe «variable Kosten, fixe Kosten» vielfach unpräzise. Zur Präzisierung des Begriffspaares ist eine weitere Kennzeichnung in dem Sinne notwendig, dass explizit die Bezugsgröße angegeben wird, gegenüber der sich Kosten variabel oder fix verhalten.

(1) Variable Kosten

Man definiert in Bezug auf die Beschäftigung:

> **Variable Kosten** (beschäftigungsvariable Kosten) sind die von der Beschäftigung abhängigen Kosten.

Die Feststellung der Abhängigkeit der Kosten von der Beschäftigung sagt in dieser Form lediglich aus, dass die beschäftigungsvariablen Kosten im Allgemeinen mit Zunahme der Beschäftigung gleichfalls zunehmen und vice versa. Der Grad der Kostenzunahme kann verschieden sein. Entsprechend der obigen Feststellung lassen sich proportionale, progressive und degressive beschäftigungsvariable Kosten unterscheiden:

- Proportionale Kosten verändern sich in gleichem Verhältnis (gleicher Proportion) wie die Beschäftigung. Bei linearem Verlauf der Gesamtkostenkurve entsprechen den proportionalen Kosten die Grenzkosten.
- Progressive Kosten erhöhen sich bei steigender Beschäftigung in stärkerem Maße als die Beschäftigung; bei abnehmender Beschäftigung nehmen sie in stärkerem Maße ab als die Beschäftigung.
- Degressive Kosten erhöhen sich bei steigender Beschäftigung in geringerem Maße als die Beschäftigung; bei abnehmender Beschäftigung nehmen sie in geringerem Maße ab als die Beschäftigung.

(2) Fixe Kosten

Man definiert in Bezug auf die Beschäftigung:

> **Fixe Kosten** (beschäftigungsfixe Kosten) sind die bei gegebener Kapazität von der Beschäftigung unabhängigen Kosten.

Die Feststellung der Unabhängigkeit der Kosten von der Beschäftigung besagt lediglich, dass bei gegebenem Bedingungsrahmen (z. B. bei gegebener Kapazität im Sinne eines gegebenen Betriebsmittelbestandes, eines gegebenen Personalbestandes, einer gegebenen Betrachtungsperiode) die beschäftigungsfixen Kosten von dem Ausmaß der Beschäftigung (hergestellte Produktmenge) unabhängig sind.

Bei Änderung des Bedingungsrahmens (z. B. bei Veränderung der Kapazität im Sinne einer Verminderung des Betriebsmittelbestandes, einer Verminderung des Personalbestandes oder einer Ausweitung der Betrachtungsperiode) können sich die fixen Kosten (beschäftigungsfixe Kosten) durchaus verändern. Beschäftigungsfix bedeutet insoweit nicht, dass in ihrer Höhe absolut unveränderliche Kosten vorliegen, sondern lediglich, dass bei gegebenem Bedingungsrahmen die Kosten nicht von der Beschäftigung (hergestellten Produktmenge) abhängig sind.

3.3.1.3.3 Vollkosten und Teilkosten

Die Gliederung der Kosten in Vollkosten und Teilkosten erfolgt nach dem Merkmal des Ausmaßes der Kostenverrechnung auf das in Frage stehende Bezugsobjekt (Produkt, Produktgruppe, Auftrag, Kostenstelle, Betriebsbereich). Zur Präzisierung der Kosten ist es erforderlich, die angeführten Kostenkategorien jeweils mit dem entsprechenden Bezugsobjekt zu kennzeichnen (z. B. volle Produktkosten, volle Auftragskosten).

(1) Vollkosten

Man definiert für ein Bezugsobjekt:

> Vollkosten sind die einem Bezugsobjekt (Produkt, Produktgruppe, Auftrag, Kostenstelle, Betriebsbereich) zugerechneten gesamten beschäftigungsvariablen und beschäftigungsfixen Kosten.

Die Verrechnung der Vollkosten erfolgt in der Vollkostenrechnung auf allen Stufen der Kostenrechnung, d. h. bei der

- Verrechnung der Kostenarten (z. B. Material, Lohn, Abschreibungen) auf die Kostenstellen,
- innerbetrieblichen Leistungsverrechnung von einer Hilfskostenstelle (z. B. Stromkostenstelle) auf die Hauptkostenstelle (z. B. Fertigungshauptkostenstelle),
- Bildung von Kalkulationssätzen in den Hauptkostenstellen,
- Verrechnung der Kosten der Hauptkostenstellen auf die Kostenträger (Produkt, Produktgruppe, Auftrag),
- kurzfristigen Erfolgsrechnung.

(2) Teilkosten

Man definiert für ein Bezugsobjekt:

> **Teilkosten** sind die einem Bezugsobjekt (Produkt, Produktgruppe, Auftrag, Kostenstelle, Betriebsbereich) zurechenbaren, nach bestimmten Merkmalen abgegrenzten Teile der Kosten, i. d. R. die beschäftigungsvariablen Kosten.

Der Begriff der Teilkosten besagt in seiner allgemeinen Form nur, dass nicht die gesamten Kosten dem Bezugsobjekt zugerechnet werden. Teilkosten können neben den angeführten beschäftigungsvariablen Kosten insbesondere die Einzelkosten eines Bezugsobjektes (Kostenträgereinzelkosten, Kostenstelleneinzelkosten) sein.

Die Verrechnung der Teilkosten erfolgt in der Teilkostenrechnung auf allen Stufen der Kostenrechnung, d. h. bei der

- Verrechnung der Kostenarten (z. B. Material, Lohn, Abschreibungen) auf die Kostenstellen,
- innerbetrieblichen Leistungsverrechnung von den Hilfskostenstellen auf die Hauptkostenstellen,
- Bildung von Kalkulationssätzen in den Hauptkostenstellen,
- Verrechnung der Kosten der Hauptkostenstellen auf die Kostenträger (Produkt, Produktgruppe, Auftrag),
- kurzfristigen Erfolgsrechnung.

3.3.1.3.4 Istkosten und Plankosten

Die Gliederung der Kosten in Istkosten und Plankosten erfolgt nach dem Merkmal des Zeitbezugs (Vergangenheitsbezug, Zukunftsbezug) der Kosten. Vergangenheitsbezogene Kosten sind neben den Istkosten die Normalkosten. Zukunftsbezogene Kosten sind neben den Plankosten die Sollkosten.

(1) Istkosten und Normalkosten

Man definiert für ein Bezugsobjekt (Kostenträger, Kostenstelle, Periode):

> **Istkosten** sind die für ein Bezugsobjekt in der Betrachtungsperiode auf der Basis der Istbeschäftigung tatsächlich anfallenden Kosten als Produkt der Istverbrauchsmengen und der Istpreise der Produktionsfaktoren.

Da Kosten als bewerteter Verbrauch von Produktionsfaktoren zur Erstellung der betrieblichen Leistung definiert sind, stellt bei den Istkosten sowohl der Produktionsfaktorverbrauch wie auch der Produktionsfaktorpreis eine Istgröße dar. Wird aus Vereinfachungsgründen auf eine Indizierung nach Produktionsfaktorarten verzichtet, so ergeben sich die Istkosten K^i bei einem Istverbrauch von r^i in Abhängigkeit von der Istbeschäftigung b^i und einem Produktionsfaktorpreis von q^i mit

$$K^i(b^i) = r^i(b^i)\, q^i.$$

Eine Alternative zu den Istkosten sind die durch Normalisierung der Produktionsfaktorpreise bestimmbaren vergangenheitsbezogenen Kosten. Man definiert für ein Bezugsobjekt (Kostenträger, Kostenstelle, Periode):

> **Normalkosten** sind die für ein Bezugsobjekt in der Betrachtungsperiode bei Istbeschäftigung angenommenen normalisierten Kosten als Produkt der Istverbrauchsmenge und der Normalpreise der Produktionsfaktoren.

Normalpreise sind aus vorangegangenen Betrachtungsperioden im Wege der Durchschnittsbildung abgeleitete Produktionsfaktorpreise. Als Verfahren der Bestimmung normalisierter Produktionsfaktorpreise wird vielfach die Methode der gleitenden Durchschnittsbildung verwendet. Man stellt z. B. auf den Durchschnitt aus den Preisen eines Produktionsfaktors der letzten zwölf Perioden (Monate) ab.

Die Normalkosten K^n für einen Produktionsfaktor ergeben sich bei einer von der Istbeschäftigung b^i abhängigen Verbrauchsmenge r^i und einem normalisierten Produktionsfaktorpreis q^n mit

$$K^n(b^i) = r^i(b^i)\,q^n.$$

(2) Plankosten und Sollkosten

Man definiert für ein Bezugsobjekt (Kostenträger, Kostenstelle, Periode):

> **Plankosten** sind die für ein Bezugsobjekt in der Betrachtungsperiode bei geplantem Produktionsprogramm und Produktionsverfahren auf der Basis der Planbeschäftigung geplanten Kosten als Produkt der Planverbrauchsmengen und der Planpreise der Produktionsfaktoren.

Die Planung der in Betracht kommenden Produktionsfaktormengen und der Produktionsfaktorpreise erfolgt im voraus für die Planungsperiode (Betrachtungsperiode) unter Berücksichtigung der geplanten Beschäftigung (Planproduktmengen, Planausbringungsmengen). Insoweit kann man die oben definierten Kosten auch als ex ante Plankosten bezeichnen.

Wird auch hier aus Vereinfachungsgründen auf eine Indizierung verzichtet, so ergeben sich die Plankosten K^p bei einem Planverbrauch r^p in Abhängigkeit von der Planbeschäftigung b^p und einem Planproduktionsfaktorpreis q^p mit

$$K^p(b^p) = r^p(b^p)\,q^p.$$

Vielfach treten im Ist Abweichungen gegenüber der im Plan festgelegten Beschäftigung eines betrieblichen Teilbereichs (Kostenstelle, Betriebsbereich) auf. Um einen Maßstab für die Beurteilung der tatsächlich angefallenen Istkosten des betrieblichen Teilbereichs zu erhalten, sind die ex ante auf der Basis der Planbeschäftigung festgelegten Kosten des betrieblichen Teilbereichs an die Istbeschäftigung anzupassen. Diese Anpassung führt zu den Sollkosten. Man definiert für ein Bezugsobjekt (Kostenträger, Kostenstelle, Periode):

> **Sollkosten** sind die für ein Bezugsobjekt in der Betrachtungsperiode geplanten Kosten als Produkt der Planverbrauchsmengen auf der Basis der Istbeschäftigung und der Planpreise der Produktionsfaktoren.

Die Planung der in Betracht kommenden Produktionsfaktormengen erfolgt im nachhinein nach Abschluss der Planungsperiode (Betrachtungsperiode) unter Berücksichtigung der tatsächlichen Beschäftigung (Istproduktmengen, Istausbringungsmengen). Insoweit kann man die oben definierten Sollkosten als **ex post Plankosten** bezeichnen.

Die Sollkosten K^s ergeben sich bei einem Planverbrauch r^p in Abhängigkeit von der Istbeschäftigung b^i und einem Planproduktionsfaktorpreis q^p mit

$$K^s(b^i) = r^p(b^i)\,q^p.$$

3.3.1.3.5 Opportunitätskosten

Opportunitätskosten (opportunity costs) entstehen bei knappen Produktionsfaktoren (Engpässen). Der Begriff lässt sich wie folgt definieren:

> **Opportunitätskosten** sind der Nutzenentgang (Gewinnentgang), der daraus resultiert, dass ein knapper Produktionsfaktor in einer bestimmten Weise eingesetzt wird und er dadurch für einen anderen möglichen nutzenstiftenden (gewinnerzielenden) Einsatz nicht mehr zur Verfügung steht.

Bestehen mehr als zwei Einsatzalternativen für den knappen Produktionsfaktor, so sind die Opportunitätskosten der entgangene Nutzen für die bestmögliche, nicht mehr realisierte Handlungsalternative.

3.3.2 Systeme der Kostenrechnung

> Unter einem **Kostenrechnungssystem** versteht man eine spezifische Ausgestaltungsform der Kostenrechnung, die an den Zwecken der Kostenrechnung als einem internen Rechnungsinstrument auszurichten ist.

Die speziellen Aufgaben der Kostenrechnung werden von den unterschiedlichen Kostenrechnungssystemen nicht in gleicher Weise erfüllt. Dies wird bei einer Gegenüberstellung unterschiedlicher Kostenrechnungssysteme deutlich.

Die im Schrifttum diskutierten und in der Praxis eingesetzten Kostenrechnungssysteme lassen sich nach mehreren Merkmalen gliedern (Schweitzer/Küpper [Systeme] 268 ff. zur Gliederung der Systeme der Plankostenrechnung). Die wichtigsten Gliederungsmerkmale sind

- die zeitliche Ausrichtung eines Kostenrechnungssystems,
- der Umfang der in einem Kostenrechnungssystem auf die Kostenträger verrechneten Kosten.

Nach den angeführten Gliederungsmerkmalen kann man unterscheiden zwischen
- vergangenheits- und zukunftsbezogenen Kostenrechnungssystemen,
- Voll- und Teilkostenrechnungssystemen.

3.3.2.1 Vergangenheitsbezogene Kostenrechnungssysteme

Vergangenheitsbezogene Kostenrechnungssysteme sind dadurch charakterisiert, dass die von der Kostenartenrechnung über die Kostenstellen auf die Kostenträger verrechneten Kosten die tatsächlich entstandenen Kosten einer oder mehrerer Abrechnungsperioden der Vergangenheit sind.

Die vergangenheitsbezogenen Kostenrechnungssysteme lassen sich schematisch wie folgt darstellen:

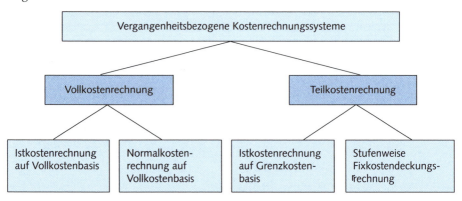

3.3.2.1.1 Vergangenheitsbezogene Vollkostenrechnungssysteme

Vergangenheitsbezogene Vollkostenrechnungssysteme sind dadurch gekennzeichnet, dass sie die gesamten (vollen) Kosten der abgelaufenen Abrechnungsperiode auf die in der Periode hergestellten bzw. abgesetzten Kostenträger verteilen. Ein Kostenträger dabei ein Produkt, eine Produktgruppe oder ein Auftrag sein.

3.3.2.1.1.1 Istkostenrechnung auf Vollkostenbasis

Die Istkostenrechnung auf Vollkostenbasis ist dadurch charakterisiert, dass sie die gesamten tatsächlich angefallenen Kosten erfasst und auf die Produkte verrechnet.

Bezeichnet man die Istverbrauchsmenge des Produktionsfaktors i (i = 1, 2, ... m) mit r_i^i, den Istproduktionsfaktorpreis des Faktors i mit q_i^i, so lassen sich die gesamten Istkosten K^i als Summe der mit den Istpreisen bewerteten Istverbrauchsmengen der Produktionsfaktoren darstellen mit

$$K^i = \sum_{i=1}^{m} r_i^i q_i^i.$$

Für den Fall, dass die Einsatzmenge eines jeden Produktionsfaktors eindeutig die Mengen der übrigen Produktionsfaktoren und die Produktmenge bestimmt, ist die Produktmenge eine eindeutige Funktion jeder Faktoreinsatzmenge (Limitationalität von Produktionsfaktoren).

Bezeichnet man die Istmenge des Produktes j (j = 1,2 ..., n) mit x_j^i, die Istkosten pro Einheit des Produktes j mit k_j^i, so ergeben sich die gesamten Istkosten auch mit

$$K^i = \sum_{j=1}^{n} k_j^i x_j^i.$$

Als Hauptaufgabe der Istkostenrechnung wird die Überwälzung der Istkosten auf die Kostenträger angesehen. Mit dem Istkostenrechnungssystem auf Vollkostenbasis sollen die tatsächlich angefallenen Kosten möglichst lückenlos auf die Produkte verrechnet werden. Den Schwerpunkt der Rechnung bildet die Nachkalkulation.

Die Istkostenrechnung als Vollkostenrechnung gilt als veraltet. Gegen sie wird eine Reihe von Einwendungen erhoben:

1. Die Zielsetzung richtet sich auf die Nachkalkulation. Die Istkostenrechnung will ermitteln, was in der Abrechnungsperiode die einzelnen Produkte effektiv gekostet haben. Damit ist die Istkostenrechnung als Lenkungsinstrument, das auf zukunftsbezogene Entscheidungen gerichtet ist, ungeeignet.
2. Mit der Erfassung der Istkosten wird die Dokumentationsfunktion der Kostenrechnung erfüllt. Allerdings ist das Verfahren als rechentechnisch schwerfällig einzustufen. Dies ist im Wesentlichen darin begründet, dass jede einzelne verbrauchte Produktionsfaktormenge mit dem zugehörigen Produktionsfaktorpreis zu bewerten ist.
3. Der Haupteinwand gegen die Istkostenrechnung besteht in der fehlenden Möglichkeit der laufenden Kostenkontrolle. Letztere setzt voraus, dass die entstandenen Istkosten an vorgegebenen Sollkosten gemessen werden. Hinzu kommt, dass die Istkosten das Ergebnis des Zusammenwirkens aller Kostenbestimmungsfaktoren darstellen. Es wirken Einflüsse von Beschäftigungsschwankungen, Kapazitätsveränderungen, Lohn- und Preisbewegungen, unterschiedlichen Auftragszusammensetzungen und Unwirtschaftlichkeiten im Betrieb. Das Hauptziel der Kostenrechnung, nämlich die Kontrolle der Wirtschaftlichkeit, ist somit mit der Istkostenrechnung nicht erreichbar.

3.3.2.1.1.2 Normalkostenrechnung auf Vollkostenbasis

Die Normalkostenrechnung auf Vollkostenbasis will einen Teil der genannten Mängel der Istkostenrechnung beseitigen. Hierzu werden die Verrechnungssätze für innerbetriebliche Leistungen und die Kalkulationszuschlagssätze normalisiert. Dies erfolgt in der Weise, dass die Sätze nicht auf der Basis von Istwerten, sondern aus den statistischen oder den aktualisierten Mittelwerten der Istkosten früherer Perioden gebildet werden. Während die Einzelkosten in der Ist- und Normalkostenrechnung übereinstimmen können, bestehen Unterschiede insbesondere bei den Gemeinkosten.

Wie die Istkostenrechnung gliedert sich auch die Normalkostenrechnung in die Teilbereiche «Kostenarten-, Kostenstellen-, Kostenträgerrechnung.» Die Verwendung von normalisierten Verrechnungssätzen führt nur in der Kostenstellenrechnung zu Abweichungen zwischen den Istgemeinkosten (hier vereinfacht mit K^i bezeichnet), mit denen eine Kostenstelle belastet wird, und den weiterverrechneten Normalgemeinkosten (hier vereinfacht mit K^n bezeichnet). Diese Abweichungen werden als Unter- bzw. Überdeckungen bezeichnet. Die Ermittlung der Normalgemeinkosten erfolgt, ebenso wie die der Istgemeinkosten, auf der Basis der Istbeschäftigung der Kostenstelle. Die Unter- bzw. Überdeckungen resultieren aus der Unterschiedlichkeit der Gemeinkostenzuschlagssätze, d.h. der Unterschiedlichkeit von Istgemeinkostensatz k^i und Normalgemeinkostensatz k^n pro Istbeschäftigungseinheit.

Die Normalgemeinkosten ergeben sich mit

$$K^n = k^n b^i,$$

wobei b^i die Istbeschäftigung einer Kostenstelle bezeichnet. Die Istbeschäftigung kann durch die hergestellte Produktmenge x^i, die Fertigungsstunden t^i oder durch andere Maßgrößen bestimmt werden. Die Gemeinkostendifferenz D (vgl. Abb. 4.3.46) errechnet man mit

$$D = K^i - K^n = (k^i - k^n) b^i.$$

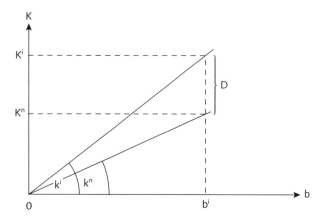

Abbildung 4.3.46: Gemeinkostendifferenz Normalkostenberechnung

Es lassen sich drei Situationen unterscheiden:

1. Für $k^i > k^n$, die Situation in Abb. 4.3.46 ergeben sich Unterdeckungen, d. h., es werden nicht die gesamten tatsächlich entstandenen Kosten weiterverrechnet.
2. Für $k^i < k^n$ ergeben sich Überdeckungen, d. h., es werden mehr als die tatsächlich entstandenen Kosten weiterverrechnet.
3. Für $k^i = k^n$ ist die Gemeinkostendifferenz Null, d. h., es werden genau die Istkosten weiterverrechnet.

Beispiel
In einer Kostenstelle ergeben sich für einen bestimmten Abrechnungszeitraum (Monat) folgende Daten:
- Istfertigungsstunden (b^i)   1.560 €
- Istgemeinkosten (K^i)   49.750 €
- Istgemeinkostensatz pro Fertigungsstunde (k^i)   31,891 €
- Normalgemeinkostensatz pro Fertigungsstunde (k^n)   25 €
- Verrechnete Normalgemeinkosten (K^n)   39.000 €

Die Gemeinkostendifferenz erhält man als Unterdeckung mit
$D = (49.750 - 39.000)\ € = (31{,}891 - 25)\ €/FStd \cdot 1.560\ FStd = 10.750\ €.$

Die Normalkostenrechnung führt durch die Verwendung normalisierter, über mehrere Abrechnungsperioden konstanter Verrechnungssätze zu einer verfahrenstechnischen Vereinfachung gegenüber der Istkostenrechnung.

In Bezug auf die Aufgaben der Kostenrechnung ist die Normalkostenrechnung wie folgt zu beurteilen:

1. Ebenso wie die Istkostenrechnung liefert die Normalkostenrechnung auf Grund ihres Vergangenheitsbezugs keine entscheidungsrelevanten Daten und erfüllt damit nicht die Lenkungsfunktion.
2. Die Normalkostenrechnung erfüllt auf Grund der Erfassung von Istkosten der vergangenen Abrechnungsperiode die Dokumentationsfunktion der Kostenrechnung. Gegenüber der Istkostenrechnung führt sie zu einer Vereinfachung bei der innerbetrieblichen Leistungsverrechnung. Sie verzichtet darauf, jeden einzelnen Produktionsfaktorverbrauch mit dem zugehörigen Istpreis zu bewerten. Statt dessen verwendet die Normalkostenrechnung feste Verrechnungspreise für innerbetriebliche Leistungen.
3. Eine wirksame Kostenkontrolle wird mit der Normalkostenrechnung nicht erreicht. Es werden zwar Unter- bzw. Überdeckungen zwischen Ist- und Normalkosten ermittelt. Diese Differenzen sind jedoch zur Beurteilung der Wirtschaftlichkeit des Betriebs nicht geeignet, da beide Vergleichsgrößen auf Vergangenheitswerten beruhen. Die Normalkosten stellen keinen geeigneten Messwert für die entstandenen Istkosten dar, sodass sich die Wirkungen der unterschiedlichen Kostenbestimmungsfaktoren, insbesondere die Wirkungen von Unwirtschaftlichkeiten im Betrieb, nicht feststellen lassen.

Einen Ansatz zur Kostenkontrolle bietet die Normalkostenrechnung in einer speziellen Ausgestaltung, die dadurch charakterisiert ist, dass die Gemeinkostendifferenzen aufgespalten werden in

- Gemeinkostendifferenzen, die auf Veränderungen der Beschäftigung zurückzuführen sind (Beschäftigungsabweichungen) und
- restliche Gemeinkostendifferenzen (sonstige Abweichungen).

Die Aufspaltung wird dadurch erreicht, dass bei der Bildung des Gemeinkostenzuschlagssatzes die von der Beschäftigung unabhängigen fixen Kostenbestandteile abgetrennt werden. Auf der Basis der fixen Istgemeinkosten der Vorperioden werden die (fixen) Normalgemeinkosten ermittelt. Die verbleibenden variablen Istgemeinkosten der Vorperioden bilden die Grundlage für die Ermittlung der proportionalen Normalgemeinkostensätze. Bei Multiplikation mit der relevanten Istbezugsgröße erhält man die proportionalen Normalgemeinkosten. Die sich durch Addition von fixen und proportionalen Normalgemeinkosten ergebenden Normalgemeinkosten werden als Normkosten bezeichnet.

3.3.2.1.2 Vergangenheitsbezogene Teilkostenrechnungssysteme

Teilkostenrechnungen sind dadurch charakterisiert, dass sie den in der Periode hergestellten bzw. abgesetzten Kostenträgern nur einen Teil der Kosten, vor allem die variablen Kosten, zurechnen.

Da für den in der Kostenrechnung i. d. R. unterstellten linearen Verlauf der Gesamtkostenkurve die variablen Kosten gleich den Grenzkosten sind, spricht man auch von Grenzkostenrechnung. Es werden auch die Bezeichnungen Deckungsbeitragsrechnung, Bruttogewinnrechnung, direct costing, variable costing und marginal costing verwendet.

Unterschiede zwischen den angeführten Verfahren bestehen darin, dass sich das Schwergewicht der Betrachtung

- einerseits auf die verrechneten Kostenteile (direct costing),
- andererseits auf die Differenz zwischen den Erlösen und den verrechneten Kostenteilen, d.h. auf die Deckungsbeiträge,

richtet.

Teilkostenrechnungen können sich bezüglich der Kostenauflösung (Kostenaufspaltung, Kostenzerlegung) in der Kostenartenrechnung, der Kostenverrechnung in der Kostenstellenrechnung, der Kalkulation und der kurzfristigen Erfolgsrechnung unterscheiden. Wesentliches Merkmal der Teilkostenrechnung ist die Zurechnung nur bestimmter Teile der Kosten auf die Produkte und die globale Übernahme der nicht zugerechneten Kosten in die kurzfristige Erfolgsrechnung.

3.3.2.1.2.1 Istkostenrechnung auf Grenzkostenbasis

Bei der Istkostenrechnung auf Grenzkostenbasis werden sämtliche tatsächlich angefallenen Kosten in von der Istbeschäftigung abhängige (variable) Kosten $K^{(v)}$ und von der Istbeschäftigung unabhängige (fixe) Kosten $K^{(f)}$ aufgelöst (**Kostenauflösung**, Kostenspaltung, Kostenzerlegung).

> Bei der **Istkostenrechnung auf Grenzkostenbasis** werden nur die variablen Kosten auf die hergestellten Produkte verrechnet.

Es bezeichne i (i = 1, 2 ..., m) die beschäftigungsvariablen Produktionsfaktoren eines Unternehmens. Sind die variablen Istkosten $K^{i(v)}$ einer Kostenstelle für alle beschäftigungsvariablen Produktionsfaktoren als lineare Funktion der Istbeschäftigung b^i darstellbar, so sind die durchschnittlichen variablen Kosten pro Einheit des Produktionsfaktors i, also $k_i^{i(v)}$, konstant. Für die gesamten Istkosten der Kostenstelle bei Kostenauflösung gilt dann

$$K^i(b^i) = \sum_{i=1}^{m} k_i^{i(v)} b^i + K^{i(f)}.$$

Die Festlegung der Verrechnungssätze für innerbetriebliche Leistungen in der Kostenstellenrechnung und der Kalkulationssätze in der Kostenträgerrechnung basiert in der Grenzkostenrechnung **ausschließlich auf variablen Kosten**. Für eine Kostenstelle ergibt sich der beschäftigungsvariable Istkostenverrechnungssatz $k^{i(v)}$ durch Division der variablen Kosten der Kostenstelle durch die Istbeschäftigung b^i. Die **Fixkosten $K^{i(f)}$** der Kostenstelle **gehen nicht in die Istkostenverrechnungssätze ein**, d. h., es erfolgt keine Weiterverrechnung der Fixkosten einer Kostenstelle auf andere Kostenstellen oder Kostenträger (Produkte). Der Ausgleich der Kostenstellenkonten erfolgt, wie angeführt, durch **globale Übernahme der Fixkosten in die kurzfristige Erfolgsrechnung**.

Wird als Maßstab für die Istbeschäftigung b^i die erstellte Produktmenge x^i verwendet und bezeichnet $k_j^{i(v)}$ die variablen Istkosten pro Einheit des Produktes j (j = 1, 2, ..., n), so lassen sich die Istkosten bei der Erstellung der Istproduktmenge x_j^i darstellen mit

$$K^i = \sum_{j=1}^{n} x_j^i k_j^{i(v)} + K^{i(f)}.$$

Der **Betriebserfolg** (Betriebsergebnis) auf der Basis der Istkosten wird durch Gegenüberstellung von Leistung und Kosten ermittelt. Sind die Istproduktmengen x_j^i zu einem konstanten Produktpreis p_j^i innerhalb der Abrechnungsperiode veräußert worden, und kann der Produktpreis als Kriterium für die Wertzuordnung verwendet werden, so lässt sich die Istleistung L^i bestimmen mit

$$L^i = \sum_{j=1}^{n} x_j^i p_j^i.$$

Der Betriebserfolg G^i ergibt sich als Differenz zwischen der Istleistung und den gesamten Istkosten mit

$$G^i = \sum_{j=1}^{n} x_j^i (p_j^i - k_j^{i(v)}) - K^{i(f)}.$$

Die in Klammern ausgewiesene Differenz bezeichnet man als Stückdeckungsbeitrag. Er wird auch als Bruttogewinn, marginal income und contribution margin bezeichnet.

Der **Stückdeckungsbeitrag** ist die Differenz zwischen dem Preis für ein Produkt und den variablen Stückkosten dieses Produktes.

Bei Multiplikation der Stückdeckungsbeiträge mit den entsprechenden Produktmengen ergeben sich die Gesamtdeckungsbeiträge für die einzelnen Produkte als Beiträge zur Fixkostendeckung und zur Gewinnerzielung (vgl. Abb. 4.3.47).

Bei der Beschäftigung b_o^i liegt die Gewinnschwelle (break even point). Hier ist die Leistung (Erlöse) gerade so groß wie die gesamten Kosten.

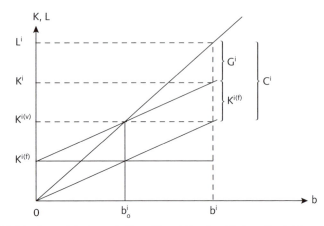

Abbildung ´4.3.47: Gesamtdeckungsbeitrag C^i und Gewinn G^i eines Produktes

Beispiel
Für die Produkte j = 1, 2, 3, 4 gelten als Istdaten:

Produkt j	Produkt- menge x_j^i	Produkt- preis € p_j^i	Variable Stück- kosten € $k_j^{i(v)}$	Stück- deckungs- beitrag € c_j^i	Gesamt- deckungs- beitrag € G_j^i
1	3.000	180	125,60	54,40	163.200
2	12.800	75	71,50	3,50	44.800
3	5.700	250	129,80	120,20	685.140
4	8.300	142	120,70	21,30	176.790
					1.069.930

Bei angenommenen Fixkosten von $K^{i(f)}$ = 680.000 € ergibt sich der Betriebserfolg mit
  G^i = 1.069.930 € − 680.000 € = 389.930 €.

Die Grenzkostenrechnung auf Istkostenbasis lässt sich bei Ersatz der Istkosten und Istleistungswerte durch vergangenheitsbezogene Durchschnittswerte leicht in eine Grenzkostenrechnung auf Normalkostenbasis überführen.

3.3.2.1.2.2 Stufenweise Fixkostendeckungsrechnung

Eine Erweiterung der Grenzkostenrechnung in Bezug auf die Verrechnung der Fixkosten stellt die stufenweise Fixkostendeckungsrechnung als Istkostenrechnung dar.

Der stufenweisen Fixkostendeckungsrechnung liegt der Gedanke zugrunde, die Fixkosten unter dem Aspekt der Zurechenbarkeit auf bestimmte Bezugsobjekte (Produktarten, Produktgruppen, Betriebsbereiche, Unternehmen) aufzuspalten.

Wie das oben dargestellte Verfahren der Istkostenrechnung auf Grenzkostenbasis zeigt, werden die fixen Kosten (im Beispiel 680.000 €) dem Gesamtdeckungsbeitrag (im Beispiel 1.069.930 €) global, d. h. in einem Betrag, gegenübergestellt. Bei dem Verfahren der stufenweisen Fixkostendeckungsrechnung erfolgt demgegenüber eine möglichst weitgehende Aufspaltung des gesamten Fixkostenblocks in verschiedene Schichten von Fixkosten, die sich durch ihre unterschiedliche Produktnähe unterscheiden:

- Erzeugnisfixkosten (z. B. Spezialanlagen für die Fertigung eines bestimmten Produktes) lassen sich dem Produkt direkt zurechnen.
- Erzeugnisgruppenfixkosten (z. B. Kosten für Gebäude, in denen mehrere Produktarten hergestellt werden) lassen sich den entsprechenden Produktgruppen direkt zurechnen.

- **Bereichsfixkosten** (z. B. Kosten für spezielle Produktionsbereiche, wie Fertigungsbereiche für bestimmte Produkte, oder selbständige Werke) lassen sich den entsprechenden Fertigungsbereichen direkt zurechnen.
- **Unternehmensfixkosten** stellen bei der stufenweisen Fixkostenzurechnung diejenigen Fixkostenanteile dar, die nicht den einzelnen Produkten, Produktgruppen oder Betriebsbereichen oder Werken, sondern nur dem gesamten Unternehmen zugerechnet werden können.

Die Durchführung der stufenweisen Fixkostendeckungsrechnung erfolgt in der Weise, dass man von den Erzeugnisdeckungsbeiträgen der einzelnen Produkte zunächst die Erzeugnisfixkosten der entsprechenden Produkte subtrahiert werden. Die verbleibenden Restdeckungsbeiträge werden zu Produktgruppenbeiträgen zusammengefasst. Von diesen werden die Erzeugnisgruppenfixkosten subtrahiert, sodass man die Restdeckungsbeiträge für die einzelnen Produktgruppen erhält. Die Restdeckungsbeiträge der Produktgruppen werden zu Bereichsdeckungsbeiträgen zusammengefasst, von denen die Bereichsfixkosten subtrahiert werden. Schließlich werden die sich ergebenden Restdeckungsbeiträge für die einzelnen Betriebsbereiche addiert und von ihnen die Unternehmensfixkosten subtrahiert. Als Ergebnis erhält man den Nettoerfolg (Betriebserfolg) für den Abrechnungszeitraum.

Die stufenweise Fixkostendeckungsrechnung will zeigen, dass die Beurteilung der Deckungsbeiträge für die einzelnen Produkte bei nichtdifferenzierter Fixkostenverrechnung zu einer falschen Einschätzung führt. In der Tat zeigt sich, dass für das Beispiel auf der nächsten Seite, in dem die Produkte 1 und 2 sowie die Produkte 3 und 4 jeweils eine Produktgruppe bilden, die erstgenannte Gruppe einen negativen Deckungsbeitrag erzielt.

Die stufenweise Fixkostendeckungsrechnung lässt sich auch zu einem zukunftsbezogenen System ausbauen. Hierzu ist es erforderlich, die gesamte Rechnung auf der Grundlage von

- Planwerten und
- Istwerten

vorzunehmen. Bei Durchführung der Rechnung auf Planwertbasis erhält man nach Verrechnung der Planerzeugnisfixkosten, Planerzeugnisgruppenfixkosten, Planbereichsfixkosten, Planunternehmensfixkosten die entsprechenden Planrestdeckungsbeiträge als

- Planproduktdeckungsbeiträge,
- Planproduktgruppendeckungsbeiträge,
- Planbereichsdeckungsbeiträge,
- Planergebnis für die Betrachtungsperiode.

Beispiel

		Produkte			
		1	2	3	4
Produktmenge		3.000	12.800	5.700	8.300
Produktpreis pro Einheit	€	180	75	250	142
Bruttoerlös	€	540.000	960.000	1.425.000	1.178.600
Direkte Vertriebskosten	€	6.000	12.800	17.100	16.600
Nettoerlös	€	534.000	947.200	1.407.900	1.162.000
Direkte Fertigungskosten	€	376.800	915.200	739.860	1.001.810
Erzeugnisdeckungsbeitrag	€	157.200	32.000	668.040	160.190
Erzeugnisfixkosten (z. B. Spezialanlagen)	€	30.000	–	100.000	50.000
Restdeckungsbeitrag	€	127.200	32.000	568.040	110.190
	€	159.200		678.230	
Erzeugnisgruppenfixkosten (z. B. Gebäude)	€	80.000		60.000	
Restdeckungsbeitrag	€	79.200		618.230	
Bereichsfixkosten (z. B. Werksleitung)	€	80.000		90.000	
Restdeckungsbeitrag	€	–800		528.230	
	€		527.430		
Unternehmensfixkosten (z. B. Unternehmensleitung)	€		137.500		
Nettoerfolg	€		389.930		

Den Planwerten sind in einer zweiten Rechnung die Istwerte gegenüberzustellen. Aus einem Vergleich von Plan- und Istwerten gelangt man zu den sich aus der stufenweisen Fixkostendeckungsrechnung ergebenden Abweichungen, d. h. zu

- den Produktdeckungsbeitragsabweichungen,
- den Produktgruppendeckungsbeitragsabweichungen,
- den Bereichsdeckungsbeitragsabweichungen,
- der Betriebserfolgsabweichung.

3.3.2.2 Zukunftsbezogene Kostenrechnungssysteme

Zukunftsbezogene Kostenrechnungssysteme sind dadurch charakterisiert, dass unabhängig von den Istkosten vergangener Perioden für die Planungsperiode geplante Kosten (Plankosten, Standardkosten, Richtkosten, Budgetkosten) festgelegt werden. Den Plankosten kommt die Funktion der Sollgröße als Beurteilungsmaßstab für die in der Planungsperiode tatsächlich entstandenen Istkosten zu.

Die zukunftsbezogenen Kostenrechnungssysteme lassen sich schematisch wie folgt darstellen:

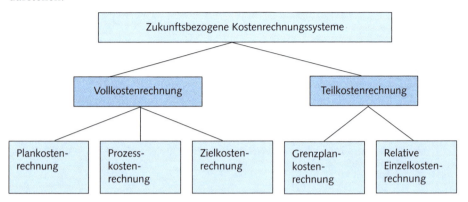

3.3.2.2.1 Zukunftsbezogene Vollkostenrechnungssysteme

Zukunftsbezogene Vollkostenrechnungssysteme sind dadurch gekennzeichnet, dass sie die gesamten (vollen) Kosten der Planungsperiode auf die in der Periode herzustellenden bzw. abzusetzenden Kostenträger verteilen. Ein Kostenträger kann ein Produkt, eine Produktgruppe oder ein Auftrag sein.

Bei den Verfahren der Plankostenrechnung auf Vollkostenbasis unterscheidet man zwischen starrer Plankostenrechnung und flexibler Plankostenrechnung.

3.3.2.2.1.1 Starre Plankostenrechnung

Die **starre Plankostenrechnung** ist dadurch gekennzeichnet, dass die Kostenplanung für eine einzige Beschäftigung, nämlich die voraussichtliche Planbeschäftigung, erfolgt.

Das System erlaubt keine Anpassung an alternative, von der Planbeschäftigung abweichende Beschäftigungen, d. h. es ist in Bezug auf die Vorgabe von Plankosten für die Betrachtungsperiode starr.

Die Planung der Kosten erstreckt sich auf alle Kosteneinflussgrößen. Bei geplanten Preisen q_i^p und Mengen r_i^p des Produktionsfaktors i (i = 1, 2, ..., m) und der Planbezugsgröße b^p (z. B. Planproduktmenge x^p oder Planfertigungszeit t^p) sind die **Plankosten** einer Kostenstelle

$$K^p = \sum_{i=1}^{m} q_i^p r_i^p = k^p b^p.$$

Der **Plankostensatz** pro Planbezugsgrößeneinheit ist

$$k^p = \frac{K^p}{b^p}.$$

Da der Plankostensatz k^p der Verrechnung der Kosten zugrunde gelegt wird, führt dies dazu, dass bei Planbeschäftigung die gesamten Plankosten der Kostenstelle verrechnet werden.

Nach Abschluss der Periode werden die tatsächlich entstandenen Kosten mit den Plankosten verglichen. Auftretende Differenzen **(Kostenabweichungen)** werden in zwei Teile aufgespalten:

Den ersten Teil bilden die Abweichungen, die sich als Differenz zwischen Istkosten K^i und Plankosten K^p bei Zugrundelegung der geplanten Beschäftigung b^p ergeben. Für die entsprechenden Kostenabweichungen gilt

$$\Delta K^{i-p} = k^i b^i - k^p b^p.$$

Den zweiten Teil bilden die Abweichungen zwischen den Istkosten und den bei der tatsächlichen Beschäftigung verrechneten Plankosten.

Für die Kostenabweichung gilt

$$\Delta K^{i-vp} = k^i b^i - k^p b^i.$$

Die folgende Abb. 4.3.48 enthält den Graphen der Funktion der verrechneten Plankosten K^{vp}, die Plankosten K^p, die Istkosten K^i sowie die Planbeschäftigung b^p und die Istbeschäftigung b^i für die Kostenstelle.

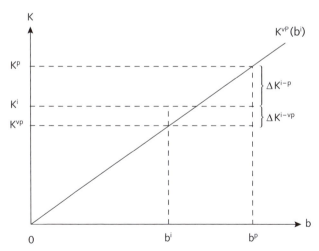

Abbildung 4.3.48: Kostenabweichungen in der starren Plankostenrechnung

Beispiel
Der geplante Verrechnungssatz (Plankostensatz) pro Bezugsgrößeneinheit Fertigungsminute betrage als Vollkostensatz 4,15 €. Damit sind die Plankosten für die Kostenstelle
$$K^p = 4{,}15 \text{ €/Fmin} \cdot 240.000 \text{ Fmin} = 996.000 \text{ €.}$$
Die auf der Basis der Istbeschäftigung verrechneten Plankosten der Kostenstelle ergeben sich mit
$$K^{vp} = 4{,}15 \text{ €/Fmin} \cdot 197.700 \text{ Fmin} = 820.455 \text{ €.}$$

Produkt	Produktmenge		Bezugsgröße (Fertigungsmin. pro Produkteinheit)		Bezugsgröße (Fertigungsmin.)	
	Plan	Ist	Plan	Ist	Plan	Ist
j	x_j^p	x_j^i	β_j^p	β_j^i	b_j^p	b_j^i
1	5.000	3.000	10	10	50.000	30.000
2	12.000	12.800	5	5	60.000	64.000
3	10.000	5.700	7	8	70.000	45.600
4	10.000	8.300	6	7	60.000	58.100
					240.000	197.700

Die tatsächlich in der Kostenstelle entstandenen Istkosten seien 915.351 €. Es ergibt sich ein **Istkostenverrechnungssatz** von
$$k^i = \frac{915.351 \text{ €}}{197.700 \text{ Fmin}} = 4{,}63 \text{ €/Fmin.}$$
Das bedeutet, die Istkosten wurden bei Zugrundelegung des geplanten Vollkostensatzes von 4,15 € nicht in vollem Umfang auf die Produkte verrechnet.
Die **Kostenabweichungen** sind
$$\Delta K^{i-p} = 915.351 \text{ €} - 996.000 \text{ €} = -80.649 \text{ €,}$$
$$\Delta K^{i-vp} = 915.351 \text{ €} - 820.455 \text{ €} = 94.896 \text{ €.}$$
Die ermittelten Abweichungen sind für Zwecke der Kostenkontrolle ungeeignet, da die Istbezugsgröße (197.700 Fmin) von der Planbezugsgröße (240.000 Fmin) abweicht. Zur **Kostenkontrolle** müssen diejenigen Plankosten bekannt sein, die bei der tatsächlichen Beschäftigung angefallen wären, nämlich die **Sollkosten** (Kilger [Plankostenrechnung] 38 f.). Das setzt die Anwendung der flexiblen Plankostenrechnung voraus.

3.3.2.2.1.2 Flexible Plankostenrechnung

Die **flexible Plankostenrechnung** ist dadurch gekennzeichnet, dass die Kostenplanung zwar für eine bestimmte Beschäftigung, nämlich die voraussichtliche Planbeschäftigung, erfolgt; der konzeptionelle Aufbau des Systems erlaubt es jedoch, für jede von der Planbeschäftigung abweichende Beschäftigung Plankosten zu bestimmen.

Das System ist bezüglich der Anpassung der Plankosten an die tatsächliche Beschäftigung in der Betrachtungsperiode flexibel.

Zur Ermittlung der Sollkosten im Rahmen der flexiblen Plankostenrechnung ist es erforderlich, die Kosten durch Kostenauflösung in fixe und variable Kostenbestandteile zu zerlegen. Damit wird es möglich, die Kostenvorgabe an der Istbezugsgröße auszurichten. Statt fester Kostenbeiträge werden den Kostenstellen Kostenfunktionen vorgegeben, die die Beziehungen zwischen Veränderungen der Beschäftigung und der planmäßigen Veränderung der Kosten angeben und die die abgespaltenen fixen Plankosten als Konstante einschließen. Für die Planbeschäftigung errechnen sich die Plankosten einer Kostenstelle mit

$$K^p = k^{p(v)} b^p + K^{p(f)}.$$

Der Plankostenverrechnungssatz der Kostenstelle pro Bezugsgrößeneinheit ist

$$k^p = k^{p(v)} + K^{p(f)} / b^p.$$

Anders als die Plankosten, die nur für die Planbeschäftigung gelten, sind die Sollkosten eine Funktion der Beschäftigung, genauer der Istbeschäftigung. Gilt speziell Linearität der Kostenfunktion, so erhält man die Sollkosten K^s als Funktion der Istbeschäftigung b^i der Kostenstelle mit

$$K^s(b^i) = k^{p(v)} b^i + K^{p(f)}.$$

Nach Abschluss der Periode werden die tatsächlich entstandenen Istkosten mit den Sollkosten verglichen.

Auftretende Differenzen (Kostenabweichungen) werden in zwei Teile aufgespalten, nämlich in
- die Verbrauchsabweichung und
- die Beschäftigungsabweichung.

Den ersten Teil bilden die Abweichungen, die sich als Differenzen zwischen Istkosten und Sollkosten ergeben (Verbrauchsabweichung). Für sie gilt

$$\Delta K^{i-s} = k^i b^i - (k^{p(v)} b^i + K^{p(f)}).$$

Den zweiten Teil bilden die Abweichungen zwischen Sollkosten und verrechneten Plankosten. Die Ermittlung der Abweichungen erfolgt jeweils auf der Basis der Istbezugsgröße b^i der Kostenstelle (Beschäftigungsabweichung). Für sie gilt

$$\Delta K^{s-vp} = (k^{p(v)} b^i + K^{p(f)}) - k^p b^i.$$

Die Abb. 4.3.49 enthält die Graphen der Funktion der Sollkosten und der verrechneten Plankosten, die Plankosten, die Istkosten, die Sollkosten, die verrechneten Plankosten sowie die Plan- und Istbeschäftigung der Kostenstelle.

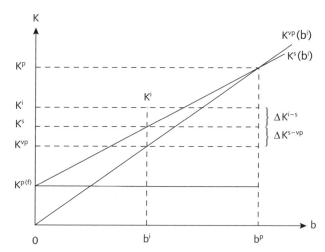

Abbildung 4.3.49: Kostenabweichungen in der flexiblen Plankostenrechnung auf Vollkostenbasis

Beispiel
Es seien die oben bei der starren Plankostenrechnung angeführten Daten gegeben. Im Rahmen der Kostenauflösung seien die fixen Kostenbestandteile für die Kostenstelle mit 228.000 € ermittelt. Dann errechnet sich der variable Plankostenverrechnungssatz pro Bezugsgrößeneinheit mit

$k^{p(v)}$ = 4,15 €/Fmin − 228.000 €/240.000 Fmin =
= 4,15 €/Fmin − 0,95 €/Fmin = 3,20 €/Fmin

Die Sollkosten der Kostenstelle ergeben sich mit
K^s = 3,20 €/Fmin · 197.700 Fmin + 228.000 €
= 860.640 €

Die **Verbrauchsabweichung** ist dann
ΔK^{i-s} = 915.351 € − 860.640 € = 54.711 €,

und die **Beschäftigungsabweichung** ist
ΔK^{s-vp} = 860.640 € − 820.455 € = 40.185 €.

Die aufgezeigten Abweichungen sind für Zwecke der Kostenkontrolle geeignet:

- Die Beschäftigungsabweichung ist darauf zurückzuführen, dass im Plankostenverrechnungssatz die Fixkostenteile auf der Basis der Planbeschäftigung verrechnet werden. Der Plankostenverrechnungssatz ist ein Vollkostensatz. Er führt jedoch nur dann zu einer vollen Verrechnung der Fixkosten, wenn die Istbeschäftigung der Planbeschäftigung entspricht. Ist die Istbeschäftigung geringer als die Planbeschäftigung, wie im obigen Beispiel, so wird ein Teil der Fixkosten nicht auf die Kostenträger verrechnet.

- Die Verbrauchsabweichung ist darauf zurückzuführen, dass auf der Grundlage der Istbeschäftigung, gemessen an der Kostenplanung, zu viele Produktionsfaktoren verbraucht wurden.

Nach dem Verfahren der flexiblen Plankostenrechnung werden vor Ermittlung der Verbrauchsabweichung die Kostenabweichungen eliminiert, die auf Veränderungen der Produktionsfaktorpreise im Ist gegenüber dem Plan zurückgehen (Preisabweichungen).

Im Gegensatz zur Kostenkontrolle erfüllen die Verfahren der Plankostenrechnung auf Vollkostenbasis nicht die Aufgabe, Informationen für kurzfristig unternehmerische Entscheidungen zu liefern. Dies ist in der falschen Behandlung der Fixkosten begründet. Wie die Funktion der verrechneten Plankosten zeigt, werden die Fixkosten nach den gleichen Bezugsgrößen auf die Kostenträger verrechnet wie die variablen Kosten, obwohl sie unabhängig von der Bezugsgröße entstehen. Die den Kostenträgern zurechenbaren variablen Kostenbestandteile werden so von fixen Kostenbestandteilen überlagert und verlieren ihren entscheidungsrelevanten Informationswert (Kilger [Plankostenrechnung] 48 ff.). Diesen Fehler vermeidet die unter 3.3.2.2.2.1 dargestellte Grenzplankostenrechnung.

3.3.2.2.1.3 Prozesskostenrechnung

(1) Begriff

> Die Prozesskostenrechnung (Activity-based costing) ist dadurch gekennzeichnet, dass die Zurechnung der Produktgemeinkosten der indirekten Leistungsbereiche auf die hergestellten Produkte nicht unter Zugrundelegung von wertmäßigen Bezugsgrößen (Materialeinzelkosten, Fertigungslohn, Herstellkosten) erfolgt, sondern entsprechend der im Zusammenhang mit der Herstellung notwendigen Tätigkeiten (Prozesse, Aktivitäten) unter Berücksichtigung der die Prozesse beeinflussenden Bezugsgrößen (cost-drivers).

Je mehr Prozesse auf einen Kostenträger entfallen und je mehr Bezugsgrößeneinheiten (z. B. Zeiteinheiten) die Prozesse in Anspruch nehmen, desto mehr Gemeinkosten werden dem Kostenträger zugerechnet.

Die indirekten Leistungsbereiche, die die betrachteten Prozesse betreffen, sind namentlich die Bereiche der Forschung und Entwicklung, der Konstruktion, der Beschaffung, der Materialwirtschaft, der Logistik, der Produktionsplanung und Produktionssteuerung, der Instandhaltung, der Qualitätssicherung und des Vertriebs. Ihnen kommt infolge technologischer Änderungen der industriellen Fertigungsprozesse mit zunehmender Automatisierung und Mechanisierung wachsende Bedeutung in der Praxis zu.

Das Konzept des Activity-based Costing, die Kosten der indirekten Leistungsbereiche abweichend von der traditionellen Standardkostenrechnung auf der Grundlage der Tätigkeiten den verursachenden Kostenträgern zuzurechnen, wurde im US-amerikanischen Schrifttum entwickelt und ist dort weit verbreitet (Hammer/Carter/Usry [Accounting] 364 ff.; Kaplan/Atkinson [Accounting] 97 ff.; Horngren/Datar/Foster [Accounting] 135 ff.).

Die Prozesskostenrechnung gliedert die im Zusammenhang mit der Herstellung von Produkten notwendigen Prozesse im Rahmen einer Prozesshierarchie in Prozessbereiche, Hauptprozesse und Teilprozesse. So lässt sich z. B. der Prozessbereich «Fertigungsaufträge abwickeln» in die Hauptprozesse «Vorfertigungsaufträge abwickeln» und «Aufträge in Werkstatt bearbeiten» einteilen. Weiterhin kann z. B. der Hauptprozess «Vorfertigungsaufträge abwickeln» in die Teilprozesse «Fertigungsunterlagen erstellen und bereitstellen; Material abrufen, auslagern und bereitstellen; Fertigungsablauf überwachen; Mängel beseitigen» gegliedert werden.

(2) Aufgaben

Hauptaufgaben der Prozesskostenrechnung sind:

- Durchführung einer prozessorientierten Kontrolle der Kosten in den oben angeführten indirekten Leistungsbereichen und
- Vornahme einer prozessorientierten Kalkulation (Plankalkulation).

Vielfach wird die Aufgabe der Prozesskostenrechnung weiter gefasst. Sie soll die Kostentransparenz in den indirekten Leistungsbereichen erhöhen, einen effizienten Ressourcenverbrauch sicherstellen, die Kapazitätsauslastung aufzeigen, die Produktkalkulation verbessern und damit strategische Fehlentscheidungen vermeiden (Horváth/Mayer [Prozesskostenrechnung] 216).

(3) Aufbau

Für den Aufbau der Prozesskostenrechnung lassen sich mehrere Schritte unterscheiden. Sie betreffen
- die Bestimmung von Prozessen (Prozessanalyse),
- die Ermittlung von Bezugsgrößen und
- die von Planprozesskosten.

(a) Die Prozessanalyse (Tätigkeitsanalyse) betrifft die Zerlegung der von den Kostenstellen in den indirekten Leistungsbereichen zu verrichtenden Aufgaben (Teilprozesse). Im Wesentlichen handelt es sich dabei um Vorgänge der Planung, der Steuerung und der Überwachung. Das Ergebnis der Prozessanalyse ist eine für die betrachteten indirekten Leistungsbereiche aufgestellte Prozessliste (Tätigkeitsliste). Sie könnte sich für die Kostenstelle «Einkauf» aus den folgenden Teilprozessen zusammensetzen: Angebote einholen, Bestellungen aufgeben, Reklamationen bearbeiten, Abteilung leiten.

Nach der Festlegung der in einer Kostenstelle des indirekten Leistungsbereichs anfallenden Prozesse wird festgestellt, ob sich die einzelnen Prozesse in Abhängigkeit vom Leistungsvolumen der Kostenstelle jeweils mengenvariabel oder mengenfix verhalten. Entsprechend wird eine Unterscheidung in leistungsmengeninduzierte und leistungsmengenneutrale Prozesse vorgenommen (Horváth/Mayer [Prozesskostenrechnung] 216). Für die oben angeführte Kostenstelle «Einkauf» werden die Prozesse «Angebote einholen; Bestellungen aufgeben; Reklamationen bearbeiten» als leistungsmengeninduzierte Prozesse eingestuft, während der Prozess «Abteilung leiten» als leistungsmengenneutraler Prozess ausgewiesen wird.

(b) Die Bezugsgrößenwahl legt für die leistungsmengeninduzierten Prozesse zur Messung (Quantifizierung) des jeweiligen Prozessumfangs Maßgrößen (Prozessgrößen) fest. Die Prozessgrößen (cost-drivers) werden als maßgebliche Kostenbestimmungsfaktoren interpretiert und entsprechend als Bezugsgrößen für die Verrechnung der Gemeinkosten der indirekten Leistungsbereiche verwendet. Für die oben angeführte Kostenstelle «Einkauf» könnten als cost-driver verwendet werden die Anzahl der eingeholten Angebote, die Anzahl der Bestellungen oder die Anzahl der bearbeiteten Reklamationen.

(c) Zur Bestimmung der Planprozesskosten ist für jede festgelegte Bezugsgröße ein Planwert (Planprozessmenge) festzulegen. Grundlage für die Ermittlung der Planprozessmengen für die einzelne Bezugsgröße könnte die Produktionsprogrammplanung sein (Kaplan/Atkinson [Accounting] 104 ff.). Für die oben angeführten leistungsmengeninduzierten Prozesse der Kostenstelle «Einkauf» wäre danach für den Planungszeitraum (Jahr, Monat) festzulegen, wie viele Angebote eingeholt, wie viele Bestellungen aufgegeben und wie viele Reklamationen planmäßig bearbeitet werden sollen.

Im Rahmen der Festlegung der Planprozesskosten sind den Planprozessmengen der leistungsmengeninduzierten Prozesse Planprozesskosten zuzuordnen. Als wesentliche Kostenarten werden Personal-, Raum-, Energie- und Büromaterialkosten angesehen. Die Festlegung der Plankosten erfolgt über die Verfahren

- der analytischen Kostenplanung und
- der Schlüsselung des Kostenstellenbudgets bzw. der Verwendung normalisierter Stellenkosten (Horváth/Mayer [Prozesskostenrechnung] 217).

Im zweitgenannten Fall wird anhand von Interviews mit dem Kostenstellenverantwortlichen festgestellt, welche Personalmengeneinheiten (Mannstunden) und welche Sachmittel zur Durchführung der Prozesse benötigt werden. Als Ergebnis der Interviews wird eine Prozessübersicht erstellt, in der eine Zuordnung der Personalkosten auf die Prozessarten erfolgt.

Werden die einem leistungsmengeninduzierten Prozess zugeordneten Kosten (Plankosten) durch die zugehörige Prozessmenge (Planprozessmenge) dividiert, so erhält man den jeweiligen Prozesskostensatz (Planprozesskostensatz). Der Prozesskostensatz enthält die Kosten der einmaligen Durchführung eines leistungsmengeninduzierten Prozesses der betrachteten Prozessart. Nicht berücksichtigt sind die Prozesskosten (Planprozesskosten) der leistungsmengenneutralen Prozesse. Um auch diese Kosten den leistungsmengeninduzierten Prozessen zuzurechnen, erfolgt eine **Umlage** der **Kosten** der **leistungsmengenneutralen Prozesse** im Verhältnis zu den Prozesskosten der leistungsmengeninduzierten Prozesse. Die Ermittlung des leistungsmengeninduzierten, des leistungsmengenneutralen und des vollen Plankostensatzes wird im Folgenden für den indirekten Leistungsbereich Einkauf verdeutlicht.

Beispiel

Für den indirekten Leistungsbereich Einkauf seien die im Folgenden angeführten vier Teilprozesse zu unterscheiden. Als cost-driver werden für die Teilprozesse 1 bis 3 jeweils Mengengrößen (Angebote, Bestellungen, Reklamationen) festgelegt. Die Planteilprozessmengen und die (gesamten) Planprozesskosten seien auf Grund der Produktionsprogrammplanung bzw. der Schlüsselung des Budgets des indirekten Leistungsbereichs Einkauf wie im Folgenden angeführt ermittelt worden.

t	Teilprozess Bezeichnung	Bezugsgröße der leistungsmengen-induzierten Prozesse (cost-driver)	Planteil-prozess-menge	Plan-prozess-kosten K_t^p €
1	Angebote einholen	Anzahl der Angebote	800	150.000
2	Bestellungen aufgeben	Anzahl der Bestellungen	1.600	100.000
3	Reklamationen bearbeiten	Anzahl der Reklamationen	75	30.000
4	Abteilung leiten	–	–	20.000

Den leistungsmengeninduzierten Prozesskostensatz der Teilprozesse 1 bis 3 erhält man durch Division der jeweiligen Planprozesskosten durch die entsprechenden Planteilprozessmengen.

Zur Ermittlung des leistungsmengenneutralen Planprozesskostensatzes, der sich aus der Umlage der Planprozesskosten für den Teilprozess 4 «Abteilung leiten» ergibt, ist zunächst der Zuschlagsatz z zu ermitteln. Für ihn gilt

$$z = \frac{20.000\ €}{280.000\ €} = 0{,}07143.$$

Bei Multiplikation des Zuschlagsatzes mit den jeweiligen leistungsmengeninduzierten Planprozesskostensätzen der Teilprozesse 1 bis 3 erhält man die entsprechenden leistungsmengenneutralen Plankostensätze.

Der **volle Plankostensatz** eines Teilprozesses ergibt sich durch Addition des leistungsmengeninduzierten und des leistungsmengenneutralen Plankostensatzes. Die Ergebnisse stellen sich für die Teilprozesse wie folgt dar:

t	Teilprozess Bezeichnung	leistungsmengen-induzierter («variabler») Planprozess-kostensatz K_{tv}^p €	leistungsmengen-neutraler Planprozess-kostensatz K_{tf}^p €	«voller» Planprozess-kostensatz K_t^p €
1	Angebote einholen	187,50	13,39	200,89
2	Bestellungen aufgeben	62,50	4,46	66,96
3	Reklamationen bearbeiten	400,00	28,57	428,57

(4) Beurteilung

In Bezug auf die Aufgaben der Kostenrechnung lässt sich die Prozesskostenrechnung wie folgt beurteilen:

- Die Prozesskostenrechnung weist bezüglich der traditionellen Kostenrechnungssysteme auf Vollkostenbasis keine prinzipiellen Unterschiede auf. Sie gliedert sich wie die traditionelle Kostenrechnung in Kostenarten-, Kostenstellen- und Kostenträgerrechnung. Daraus folgt, dass sie ebenso wie andere Vollkostenrechnungssysteme die Lenkungsfunktion der Kostenrechnung nicht erfüllt. Dies ist im Wesentlichen darin begründet, dass die Prozesskostenrechnung mehrfache Schlüsselungen von Kostenträgergemeinkosten und eine Proportionalisierung beschäftigungsfixer Kosten vornimmt (Glaser [Prozesskostenrechnung] 287 f.).
- Die oben vorgenommene Darstellung der flexiblen Plankostenrechnung hat gezeigt, dass eine aussagefähige Kostenkontrolle die Ermittlung und Analyse von Verbrauchsabweichungen zum Inhalt hat. Voraussetzung hierfür ist die Kenntnis der kurzfristigen beschäftigungsvariablen Kosten. Soweit sich die Prozesskostenrechnung auf die Planung und Analyse von Prozesskosten indirekter Leistungsbereiche erstreckt, kann sie die Kontrollfunktion der Kostenrechnung im Sinne der Ermittlung und Analyse von Verbrauchsabweichungen nur bedingt erfüllen. Kostenkontrollen in den direkten Leistungsbereichen können dagegen auch in der Prozesskostenrechnung vorgenommen werden. Darüber hinaus besteht eine Überlegenheit der Prozesskostenrechnung gegenüber den Verfahren der traditionellen Plankostenrechnung insoweit, als sie durch die Verwendung der angeführten Bezugsgrößen eine Auslastungskontrolle der indirekten Leistungsbereiche ermöglicht (Kaplan/Atkinson [Accounting], 112).
- Schließlich erfüllt die Prozesskostenrechnung die Dokumentationsfunktion der Kostenrechnung. Sowohl die gesetzlichen Vorschriften für die Bestandsbewertung als auch die Leitsätze für die Preisermittlung auf Grund von Selbstkosten erlauben eine Proportionalisierung beschäftigungsfixer Kostenträgergemeinkos-

ten, ohne dass sie eine Vorgabe in Bezug auf die zu verwendenden Bezugsgrößen enthalten. Dabei kommt auch eine Zurechnung der beschäftigungsfixen Kosten auf die Kostenträger nach dem Verfahren der Prozesskostenrechnung in Betracht.

3.3.2.2.1.4 Zielkostenrechnung

(1) Begriff

Die **Zielkostenrechnung (Target Costing)** stellt eine kunden- bzw. marktorientierte Kostenbestimmung dar, die nicht von einem gegebenen Produktionsprogramm und Produktionsverfahren ausgeht, bei der vielmehr alle Kosteneinflussgrößen, wie Produkteigenschaften, Produktionsverfahren, Standort, als Variable betrachtet werden. Dabei sollen Produktionsfaktoren nur dort eingesetzt werden, wo diese vom Kunden bzw. vom Markt vergütet werden.

Das System der Zielkostenrechnung ist in den siebziger Jahren in Japan zur Bewältigung der Energiekostensteigerungen als Folge der ersten Ölkrise entwickelt und in den achtziger Jahren breit diskutiert worden. Dabei sind die Darstellungsschwerpunkte des Target Costing nicht einheitlich. Es wird unterschieden zwischen dem marktorientierten Target Costing (Hiromoto [Edge] 22 ff.), dem ingenieurorientierten Target Costing (Sakurai [Costing] 39ff) und dem produktionsorientierten Target Costing (Tanaka [Planning] 49 ff.).

(2) Aufgaben

Die Zielkostenrechnung geht gegenüber der traditionellen Auffassung von einer **veränderten Fragestellung** aus. Während nach Letzterer für ein ingenieurmäßigtechnisch konzipiertes Produkt bei gegebenen Produktionsverfahren die Kosten festzustellen sind (Fragestellung: Wie hoch sind die Kosten eines gegebenen Produktes), ermittelt die Zielkostenrechnung zunächst die vom Kunden/Markt gewünschten Produkteigenschaften und bestimmt die Kosten, die der Kunde/Markt maximal bereit ist, für das Produkt und für bestimmte Produkteigenschaften zu vergüten (Fragestellung: Was darf ein zu entwickelndes Produkt bei bestimmten Produkteigenschaften kosten).

Die Zielkostenrechnung orientiert sich anders als die traditionelle Kostenrechnung nicht am fertigen, in seinen technischen Eigenschaften und dem gegebenen Herstellungsverfahren festgelegten Produkt, sondern an dem vom Markt gewünschten Produkt, insbesondere an den gewünschten Produkteigenschaften und an dem Produktpreis, den die potenziellen Käufer bereit sind, für das Produkt zu zahlen; sh. Target Costing for Target Pricing (Horngren/Datar/Forster [Accounting] 415 ff.; Horngren/Bhimani/Datar/Foster [Management] 372 ff.). Sie geht von der Überlegung aus, dass Kosteneinsparungen weniger bei der Herstellung eines entwickelten

Produktes, sondern weitgehend bei der Produktentwicklung entstehen (Atkinson/Banker/Kaplan/Young [Management] 373.

(3) Aufbau

Für die Zielkostenrechnung lassen sich **drei Phasen** unterscheiden. Sie betreffen
- die Zielkostenfindung (Zielkostenplanung),
- die Zielkostenspaltung (Dekomposition) und
- die Zielkostenerreichung.

(a) Für die **Zielkostenfindung** werden mehrere **Ansätze** diskutiert, von denen der im Folgenden zuerst genannte der Konzeption der Zielkostenrechnung einer marktorientierten Produktplanung, Produkterstellung und Preisfestlegung am meisten entspricht.

- **Market into Company Konzept:** Die Zielkosten werden als Differenz zwischen dem am Markt erzielbaren Preis und dem geplanten Produktgewinn ermittelt. Diese vom Markt erlaubten Kosten **(allowable costs)** bilden die Grundlage für die Zielkostenspaltung und für die Kostenvorgabe an die einzelnen Leistungsbereiche im Unternehmen. Allowable costs sind vielfach sehr niedrig, sodass sich große Unterschiede zwischen den unter gegebenen Produktionsverhältnissen entstehenden Kosten für die Herstellung eines Produktes und den Zielkosten ergeben können. In der Nichterreichbarkeit der allowable costs wird die Gefahr negativer Motivationswirkungen bei den Mitarbeitern des Unternehmens gesehen. Dessen ungeachtet erfolgt bei dem Konzept die Zielkostenvorgabe (target Costs) mit den allowable costs, zumindest jedoch mit einem Betrag, der nahe bei den allowable costs liegt.
- **Out of Company Konzept:** Die Zielkosten werden aus dem Unternehmen bei Zugrundelegung gegebener konstruktionstechnischer Faktoren (Produktart) sowie fertigungstechnischer Faktoren (gegebenes Produktionsverfahren) und unter Berücksichtigung der Fähigkeiten und Fertigkeiten der Mitarbeiter bestimmt.
- **Into and out of Company Konzept:** Das Verfahren stellt eine Kombination der Zielkostenfindung nach dem Market into Company Konzept und dem Out of Company Konzept dar. Wegen der bei dem Market into Company Konzept möglichen extrem niedrigen Zielkostenvorgaben und ihrer negativen Wirkungen auf die Motivation der Mitarbeiter wird die Frage diskutiert, ob den allowable costs die Plankosten (standard costs) bei gegebenem Produktionsprogramm und Produktionsverfahren gegenübergestellt werden sollen. Die bei aktueller Fertigungstechnologie und bei eingesetzten Fertigungspraktiken entstehenden Standardkosten werden als **drifting costs** bezeichnet; sie liegen in aller Regel mehr oder weniger weit über den allowable costs. Unter Berücksichtigung der drifting costs werden als Kostenvorgabe (target costs) mehrere, subjektiv festzulegende Werte zwischen allowable costs und drifting costs diskutiert.

- **Out of Competitor Konzept:** Die Ableitung der Zielkosten orientiert sich bei dem Konzept an den Produktmerkmalen und den Produktkosten der Konkurrenz. Das Verfahren birgt Probleme und auch Gefahren. Erstere bestehen in dem vielfach nicht möglichen Zugang zu Informationen über die Produktkosten der Konkurrenz, Letztere in der Übernahme von Fehlern, sofern die Konkurrenz die Produkterstellung und die Zielkostenvorgabe nicht kunden- bzw. marktorientiert vornimmt.
- **Out of Standard Costs Konzept:** Die Zielkosten werden aus den Plankosten des Unternehmens abgeleitet, wobei von den ermittelten Plankosten (Standardkosten) Abschläge vorgenommen werden. Das Verfahren löst sich weitgehend von der Idee einer marktorientierten Unternehmenssteuerung, die der Zielkostenrechnung zu Grunde liegt. Zudem stellt sich die Frage nach der Höhe der mehr oder weniger willkürlich vorzunehmenden Plankostenminderungen.

Über den Umfang der Zielkosten bzw. der in diese einzubeziehenden Kostenkategorien besteht Unklarheit. Aus der Definition der Zielkosten als Produktpreise abzüglich Gewinnmarge ergibt sich indessen eindeutig, dass target costs Vollkosten darstellen. Das Problem der Kosteneinbeziehung betrifft dann die Behandlung der (beschäftigungsfixen) Gemeinkosten.

Unstreitig sind Einzelkosten Gegenstand der Zielkosten. Dies gilt für die Materialkosten und Fertigungslöhne. In gleicher Weise sind beschäftigungsvariable Gemeinkosten, wie sie im Beschaffungs- und im Fertigungsbereich entstehen, einzubeziehen. Fraglich ist die Behandlung der beschäftigungsfixen Gemeinkosten. Im Schrifttum wird zwischen produktnahen und produktfernen Gemeinkosten unterschieden. Erstere sind solche des Material- und Fertigungsbereichs, letztere sind Kosten der allgemeinen Verwaltung.

Die produktnahen, beschäftigungsfixen Produktgemeinkosten werden in der Zielkostenrechnung nach Kostenanlastungsprinzipien auf der Basis der Produkteinzelkosten (Materialeinzelkosten, Fertigungseinzelkosten) auf die Produkteinheiten verrechnet. In gleicher Weise erfolgt die Verrechnung der produktfernen Gemeinkosten der allgemeinen Verwaltung. Zuschlagsbasis sind die Produktherstellkosten. Unklar ist allerdings, ob der Zuschlag auf der Basis der Einzel-, der variablen oder der gesamten Herstellkosten erfolgt.

Aus der Skizzierung der Kostenverrechnung ergibt sich, dass die Zielkostenrechnung in Bezug auf die Verrechnung der produktnahen und der produktfernen, beschäftigungsfixen Produktgemeinkosten der traditionellen Auffassung über die Kostenverrechnung folgt. Dies gilt für die Schlüsselung der allgemeinen Verwaltungsgemeinkosten. Um der herstellkostenproportionalen Verrechnung der allgemeinen Verwaltungsgemeinkosten entgegenzuwirken, wird vorgeschlagen, die Zielkostenrechnung mit der Prozesskostenrechnung zu kombinieren und die Verrechnung der Verwaltungsgemeinkosten unter Anwendung der Prozesskostenrechnung vorzunehmen (Horngren/Foster/Datar [Accounting] 435 ff.).

(b) Erfolgt in der Zielkostenrechnung, wie dies im Allgemeinen als zweckmäßig angesehen wird, die Zielkostenfindung durch die Anwendung des Market into Company Konzeptes, so stellen die Zielkosten einen Gesamtbetrag dar, der maximal bei der Herstellung eines Produktes entstehen darf, sofern der geplante Gewinn erreicht werden soll. Aus dieser Globalfestlegung der Zielkosten stellt sich die Frage nach der Zielkostenspaltung (Dekomposition). Sie nimmt eine Zerlegung der Zielkosten in Produktmerkmale bzw. in Produktteile/Produktkomponenten in der Weise vor, dass die Kostenanteile der einzelnen Produktkomponenten den Gewichten der Produktfunktionen entsprechen.

Für die Zielkostenspaltung werden verschiedene Ebenen unterschieden. Auf der Ebene der Produktmerkmale, die physische Eigenschaften eines Produktes darstellen, werden die Kosten der speziellen Merkmale analysiert. Hierunter rechnen Eigenschaften wie Leistungsfähigkeit, Verschleiß oder Energieverbrauch eines Produktes. Auf der Ebene der Produktkomponenten erfolgt die Zielkostenspaltung in die wesentlichen Bestandteile eines Produktes. Dabei wird festgelegt, wie hoch unter Einhaltung der Zielkosten die Kosten der einzelnen Produktkomponenten sein dürfen.

Zielkosten sind weitgehend bestimmt von Produktmerkmalen. Diese werden in der Zielkostenrechnung nicht von dem Unternehmen, sondern vom Markt festgelegt. Es werden Produkte mit solchen Eigenschaften hergestellt, die der Markt wünscht, nicht mit Eigenschaften, die das Unternehmen als zweckmäßig bzw. die Ingenieure als innovativ betrachten. Damit stellt sich vor der Konstruktion eines Produktes die Frage nach den vom Markt gewünschten Eigenschaften eines Produktes. Ihre Beantwortung erfolgt im Rahmen von Befragungen über alternative Merkmalskombinationen eines Produktes. Die einzelnen Produktmerkmale werden dann nach Teilnutzen, die ihnen vom Markt zugeordnet werden, in einer Rangfolge geordnet und soweit wie möglich im Produkt verwirklicht. Ein Verfahren zur Ermittlung der vom Markt präferierten Produktmerkmale und der mit ihnen verbundene Kundennutzen ist die Conjoint-Analyse. Sie geht der Bestimmung der Festlegung der Merkmale eines herzustellenden Produktes voraus und klärt gleichzeitig die Frage, was der Markt bereit ist, für ein bestimmtes Produktmerkmal zu vergüten. Die vom Markt präferierten Produktmerkmale bilden gleichzeitig einen Anhaltspunkt für die Zielkostenspaltung.

Nach erfolgter Conjoint-Analyse lassen sich zur Durchführung der Zielkostenspaltung die folgenden Verfahrensschritte unterscheiden:

- Bestimmung der Produktfunktionen unter Berücksichtigung der Markterfordernisse;
- Gewichtung der Produktfunktionen entsprechend den Kundenwünschen;
- Grobentwurf des Produktes;
- Kostenschätzung der Produktkomponenten;
- Gewichtung der Produktkomponenten;

- Bestimmung der Zielkostenindizes der Produktkomponenten, wobei sich der Zielkostenindex einer Produktkomponente j aus dem Quotienten des Teilgewichtes und des Kostenanteils der Produktkomponente j ergibt;
- Kontrolle des Zielkostenindex unter Anwendung eines Kostenkontrolldiagrammes;
- Kostensenkung bei den Produktkomponenten, deren Kostenanteile über ihren relativen Teilgewichten liegen.

(c) Die letztgenannten Verfahrensschritte zielen bereits auf die Zielkostenerreichung ab. Dem dienen auch weitere, im Zusammenhang mit der Zielkostenspaltung angeführte Instrumente wie das Kostentableau, das Zielkostenkontrolldiagramm und die Einbeziehung der Zulieferer.

Das Kostentableau soll die Kostenwirkungen alternativer Vorgehensweisen in Bezug auf das eingesetzte Material und den Fertigungsprozess zeigen. Dabei sind die alternativen Kostenwerte bei Einsatz unterschiedlicher Materialien und unterschiedlicher Fertigungsprozesse zu ermitteln. In dem Kostentableau können damit die Produktkosten in Abhängigkeit von den einzelnen gestaltbaren Größen (unterschiedliche Materialien, unterschiedliche Fertigungsprozesse) ermittelt werden. Grundlage sollen die Standardkosten bei gegebenen Fertigungsprozessen sein. Sie werden im Rahmen der Zielkostenrechnung darauf geprüft, ob durch Veränderung der Materialien, die in das Produkt eingehen, bzw. durch Veränderung des Fertigungsprozesses eine Kostensenkung erreichbar ist.

Ausgangspunkt für das Zielkostenkontrolldiagramm ist die Bestimmung der Funktionsstruktur eines Produktes, die Gewichtung der einzelnen Produktfunktionen, die Bestimmung der Komponenten des Produktes und die Schätzung des Anteils der Komponenten an der Produktfunktion. Das Zielkostenkontrolldiagramm wird im Allgemeinen im Rahmen einer Graphik dargestellt, bei der auf der Ordinate der Funktionskostenanteil, auf der Abszisse die Funktionsteilgewichtung abgetragen wird. Man ermittelt dann so genannte Zielkostenzonen mit oberen und unteren Begrenzungen. Die Breite der Zielkostenzonen bestimmt sich nach dem Unterschied zwischen den (höheren) Standardkosten und den (geringeren) Zielkosten. Je größer das Zielerreichungspotenzial in einem Unternehmen ist, umso enger ist die Zielkostenzone, d. h. die Bandbreite für die Zielkosten. Im Grunde wird mit dem Zielkostenkontrolldiagramm versucht, bei gegebenen (zu hohen) Standardkosten eine Anpassung an die Zielkosten zu erreichen.

Im Zusammenhang mit der Beantwortung der Frage nach der Zielkostenerreichung ist zu prüfen, welche Teile eines Produktes von Zulieferern fremd zu beziehen sind und welche Kosten maximal für die fremdbezogenen Teile dem Zulieferer vergütet werden können. Im Rahmen der Zielkostenrechnung wird indessen die Frage nicht in der Weise beantwortet, dass zunächst ein Produkt mit seinen Produktmerkmalen und Produktkomponenten festgelegt wird und sodann zur Feststellung des niedrigsten Preises für den Fremdbezug eines Produktteiles eine Ausschreibung erfolgt. Es werden vielmehr in Betracht kommende Zulieferer in die

Produktgestaltung einbezogen, sodass das durch alternative Produktgestaltung mögliche Kostensenkungspotenzial bei dem Zulieferer und damit die Kostensenkung für den Fremdbezug bereits in der Produktplanung berücksichtigt werden kann.

Die Zielkostenerreichung soll mit Blick auf die in Betracht gezogenen Kostensenkungspotenziale durch Kostensenkungen namentlich in den Bereichen

- Produktentwicklung und
- Gemeinkosten

erfolgen. Für beide Bereiche werden die Kostenbeeinflussungsmöglichkeiten und damit die Kostensenkungspotenziale als groß eingeschätzt.

Darüber hinaus können auch Kostensenkungen bei gegebenem Produktionsprogramm und Produktionsverfahren im Rahmen einer Optimierung der Produktion der Zielkostenerreichung dienen. Allerdings wird das dabei bestehende Kostensenkungspotenzial als vergleichsweise gering angesehen.

Beispiel
Für ein zu entwickelndes Rennrad werden auf der Grundlage der Erkenntnisse der Conjoint-Analyse die Produktmerkmale «Geschwindigkeit, Laufruhe, Bremsverhalten» festgelegt; die Gewichtungsfaktoren der Produktmerkmale seien 0,5; 0,3 und 0,2.
Als Produktkomponenten, die für die angeführten Produktmerkmale maßgebend sind, werden angesehen
   (1) Rahmen / Sattel,
   (2) Räder,
   (3) Tretlager / Kette,
   (4) Schaltung,
   (5) Bremssystem.
Die vollen Plankosten für die angeführten Produktkomponenten seien bei Zugrundelegung der Standardkostenrechnung ermittelt mit 1.200, 400, 300, 500 und 450 €. Die Gewichtung der Produktkomponenten für die Produktmerkmale wird wie folgt festgelegt:

Produktkomponente	Produktmerkmal		
	Geschwindigkeit	Laufruhe	Bremsverhalten
Rahmen / Sattel	0,3	0,5	0,3
Räder	0,4	0,3	0,1
Tretlager / Kette	0,2	0,1	–
Schaltung	0,1	0,1	–
Bremssystem	–	–	0,6

Der Kostenanteil für eine Produktkomponente errechnet sich aus dem Quotienten der vollen Plankosten der Produktkomponente und der vollen Plankosten für das Produkt. Es ergibt sich:

Produktkomponente	Kostenanteil
Rahmen / Sattel	0,42
Räder	0,14
Tretlager / Kette	0,105
Schaltung	0,176
Bremssystem	0,16

Das **Teilgewicht** einer Produktkomponente ergibt sich als Summe der Produkte aus den Gewichtungsfaktoren der Produktkomponenten für das Produktmerkmal und den Gewichtungsfaktoren der Produktmerkmale. Das Teilgewicht g der Produktkomponente Rahmen / Sattel errechnet sich mit

$$g = 0{,}5 \cdot 0{,}3 + 0{,}3 \cdot 0{,}5 + 0{,}2 \cdot 0{,}3 = 0{,}36.$$

Für die Teilgewichte der Produktkomponenten gilt unter Anwendung der angeführten Regel:

Produktkomponente	Teilgewicht
Rahmen / Sattel	0,36
Räder	0,31
Tretlager / Kette	0,13
Schaltung	0,08
Bremssystem	0,12

Der **Zielkostenindex** für eine Produktkomponente ergibt sich aus dem Quotienten von Teilgewicht und Kostenanteil der Produktkomponente. Für die Zielkostenindizes der für das Rennrad maßgebenden Produktkomponenten gilt:

Produktkomponente	Zielkostenindex
Rahmen / Sattel	0,86
Räder	2,21
Tretlager / Kette	1,24
Schaltung	0,46
Bremssystem	0,75

Zielkostenindizes von >1 zeigen die aus Sicht des Target Costing günstigen Produktkomponenten, Zielkostenindizes von <1 die ungünstigen, d. h. zu teueren, Produktkomponenten. Im vorliegenden Beispiel sind die Produktkomponenten «Schaltung» mit einem Zielkostenindex von 0,46, «Bremssystem» mit einem Zielkostenindex von 0,75 und «Rahmen / Sattel» mit einem Zielkostenindex von 0,86 zu teuer und damit die ersten Ansatzpunkte für eine Kostenreduzierung.

Wird für das Rennrad der voraussichtliche Preis mit 3.000 € festgelegt und ein Gewinn einschließlich der Verwaltungsgemeinkosten von 20 % des Produktpreises geplant, so sind die Allowable Costs für das Rennrad 2.400 €. Diesen stehen Plankosten als Standardkosten von 2.850 € gegenüber. Zur Erreichung der Target Costs müssen die Plankosten um die Differenz zwischen Standardkosten und Allowable Costs, d. h. um 450 €, gesenkt werden. Bezüglich der Wege zur Kostensenkung wird auf Monden [Kostensenkung] 25 ff. verwiesen. Ansatzpunkte für die Kostensenkungsmaßnahmen sind die zu teueren Produktkomponenten «Schaltung, Bremssystem, Rahmen/Sattel». Die Kosten dieser Komponenten sind dafür verantwortlich, dass die Allowable Costs nicht erreicht werden.

(4) Beurteilung

Die Zielkostenrechnung ist bezüglich der ihr zugrundeliegenden Idee und Konzeption als das innovativste Kostenrechnungssystem der letzten Jahre anzusehen. Die Marktorientierung der Kostenbestimmung, die Einbeziehung der Kostenrechnung in die Produktplanung und Produktentwicklung sowie die ständige kostenmäßige Verbesserung während des Lebenszyklus eines Produktes stellen einen gegenüber der traditionellen Kostenrechnung erheblich erweiterten Ansatz dar. Dessen ungeachtet weist auch das Target Costing kritische Bereiche auf. Sie betreffen die sich aus der Zielkostenrechnung als einem Vollkostenrechnungssystem ergebende nicht willkürfreie Verrechnung beschäftigungsfixer Produktgemeinkosten, die Einbeziehung von Zulieferern in die Produktentwicklung und Kostenplanung sowie die Zielkostenspaltung (Dekomposition), die sich als ein außerordentlich aufwendiges und zeitbeanspruchendes Verfahren darstellt, das nur bei beachtlichem Umsatzvolumen des entsprechenden Produktes gerechtfertigt ist (Franz [Costing] 127–129).

In Bezug auf die Aufgaben der Kostenrechnung ist die Zielkostenrechnung wie folgt zu **beurteilen:**

- Das Target Costing ist trotz seiner grundsätzlich vollkostenbezogenen Ausrichtung zur Erfüllung der **Lenkungsfunktion** der Kostenrechnung im Sinne der Bereitstellung von Kostendaten als Information für kurz- und langfristige unternehmerische Entscheidungen geeignet (Listl [Preisuntergrenze] 43 ff.). Wegen der Anknüpfung an die Produktplanung und Produktentwicklung ist die Zielkostenrechnung eher die Grundlage für langfristige unternehmerische Entscheidungen.
- Die Zielkostenrechnung ermittelt neben den Zielkosten auch die Istkosten für die Betrachtungsperiode. Damit erfüllt sie die für die Bestimmung der handels- und steuerrechtlichen Herstellungskosten für unfertige und fertige Erzeugnisse sowie für andere aktivierte Eigenleistungen notwendige **Dokumentationsfunktion.**
- Im Rahmen des Soll-Ist-Kostenvergleichs erfüllt die Zielkostenrechnung grundsätzliche **Kontrollfunktion** der Kostenrechnung. Dies gilt jedenfalls für die Kostenstellen des Herstell- und Vertriebsbereichs.

3.3.2.2.2 Zukunftsbezogene Teilkostenrechnungssysteme

Bei der Plankostenrechnung auf Teilkostenbasis werden zwar die gesamten, d. h. die beschäftigungsvariablen Kosten und die beschäftigungsfixen Kosten für die Betrachtungsperiode geplant, jedoch nur die **beschäftigungsvariablen** Plankosten den der Planung zu Grunde gelegten Kostenträgern zugerechnet.

3.3.2.2.2.1 Grenzplankostenrechnung

Der Aufbau der Grenzplankostenrechnung entspricht weitgehend dem unter 3.3.2.2.2.1 dargestellten System der Plankostenrechnung auf Vollkostenbasis (Ewert/Wagenhofer [Unternehmensrechnung] 637 ff. ausführlich zur Preis- und Mengenplanung). Der wesentliche Unterschied besteht im angewandten Plankostenverrechnungssatz für die innerbetriebliche Leistungsverrechnung zwischen den Kostenstellen und für die Plankalkulation.

> Während bei der Plankostenrechnung auf Vollkostenbasis in den Plankostenverrechnungssatz die Fixkosten eingehen, enthält der Plankostenverrechnungssatz bei der Grenzplankostenrechnung nur die variablen Kosten. Damit stimmen die verrechneten Plankosten immer mit den Sollkosten überein.

Die Beschäftigungsabweichungen ΔK^{s-vp} sind in der Grenzplankostenrechnung immer Null; es entstehen nur noch die Verbrauchsabweichungen. Für sie gilt

$$\Delta K^{i-s} = (k^{i(v)} - k^{p(v)}) b^i.$$

Abb. 4.3.50, die die Graphen der Funktion der Sollkosten und der verrechneten Plankosten, die Plankosten, die Istkosten, die Sollkosten sowie die Plan- und Istbeschäftigung enthält, verdeutlicht den Zusammenhang.

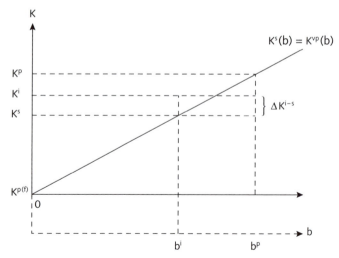

Abbildung 4.3.50: Kostenabweichungen in der Grenzplankostenrechnung

> **Beispiel**
> Es seien wiederum die oben bei der starren Plankostenrechnung angeführten Daten gegeben, ebenso die fixen Kostenbestandteile für eine Kostenstelle mit 228.000 €. Der variable Plankostenverrechnungssatz, der hier sowohl der Ermittlung der proportionalen Sollkosten wie der verrechneten Grenzplankosten dient, sei 3,20 €/Fmin.
> Die proportionalen Sollkosten und die verrechneten Grenzplankosten der Kostenstelle ergeben sich mit
> $$K^{s(v)} = K^{vp(v)} = 3{,}20 \text{ €}/\text{Fmin} \cdot 197.700 \text{ Fmin} = 632.640 \text{ €}.$$
> Bei Unterstellung gleicher Fixkostenbestandteile im Plan und Ist sind die variablen Istkosten
> $$K^{i(v)} = 915.351 \text{ €} - 228.000 \text{ €} = 687.351 \text{ €}.$$
> Die **Verbrauchsabweichung** als einzige hier entstehende Kostenabweichung ist dann
> $$\Delta K^{i(v)-s(v)} = 687.351 \text{ €} - 632.640 \text{ €} = 54.711 \text{ €}.$$

Das Verfahren ist sowohl für Zwecke der Kostenkontrolle wie auch zur Gewinnung von Informationen für kurzfristige unternehmerische Entscheidungen geeignet.

Die Kontrollfunktion wird von der Grenzplankostenrechnung insoweit erfüllt, als das Verfahren in der Lage ist, die Verbrauchsabweichung in den einzelnen Kostenstellen zu ermitteln, und es damit die Grundlage bildet für die Feststellung von Unwirtschaftlichkeiten in den einzelnen Kostenstellen. Gegenüber der Plankostenrechnung auf Vollkostenbasis führt das Verfahren insoweit zu Verbesserungen, als

- die Probleme bei der sonst erforderlichen Bestimmung der Planbeschäftigung nicht auftreten,
- die Kostenstellen ihre Sollkosten vergleichsweise einfach selbst bestimmen können,
- die Durchführung des periodenmäßigen, kostenartenweisen Soll-Istkostenvergleichs erleichtert wird.

Die Lenkungsfunktion wird von der Grenzplankostenrechnung insoweit erfüllt, als das Verfahren relevante Informationen für absatzpolitische und sonstige kurzfristige Entscheidungen liefert. In Betracht kommen Entscheidungen über

- die Eigenfertigung bzw. den Fremdbezug von Produktionsfaktoren,
- die Festlegung kurzfristiger Preisuntergrenzen.

3.3.2.2.2.2 Einzelkosten- und Deckungsbeitragsrechnung

Die Zuordnung von Kostenrechnungssystemen nach dem Kriterium der Vergangenheits- oder Zukunftsorientierung ist dann nicht möglich, wenn die Systeme in Bezug auf die zeitliche Ausrichtung grundsätzlich offen sind. Diese Orientierungsoffenheit besteht namentlich bei einer Reihe von Teilkostenrechnungssystemen, wie dem direct costing und der Einzelkosten- und Deckungsbeitragsrechnung. Da das direct costing weitgehend aus Elementen der oben dargestellten vergangenheits- und zukunftsorientierten Teilkostenrechnungssysteme besteht, beschränken sich die folgenden Ausführungen auf die Einzelkosten- und Deckungsbeitragsrechnung (Riebel [Deckungsbeitragsrechnung]).

> Die Einzelkosten- und Deckungsbeitragsrechnung ist an der Hauptaufgabe des Rechnungswesens ausgerichtet, der Vorbereitung von unternehmerischen Entscheidungen zu dienen.

Die aus der Kostenrechnung ableitbaren Informationen über Wirkungen von Entscheidungsalternativen und getroffenen Maßnahmen müssen danach von einer unverzerrten Abbildung der Vergangenheit und der für die Zukunft erwarteten Wirklichkeit ausgehen, d. h., es wird eine weitgehende Objektivierung in Bezug auf die dargestellten Sachverhalte verlangt. Zur objektiven Abbildung sind nur Realgütermengen, Zahlungsmittelmengen und Entgelte geeignet. Wertmäßige Kosten und Leistungen werden als Fiktionen abgelehnt. Zurechnung wird als eindeutig zwingende Gegenüberstellung zweier Größen (z. B. Ausgaben und bestimmte Maßnahmen) verstanden. Daraus wird der entscheidungsorientierte Kosten- und Leistungsbegriff abgeleitet. Kosten sind die durch die Entscheidung über das betrachtete Objekt ausgelösten zusätzlichen – nicht kompensierten – Ausgaben.

Aus der Sicht der entscheidungsorientierten Kostenrechnung sind zwei Größen dann einander zurechenbar, wenn sie durch dieselbe Entscheidung ausgelöst werden. Dieses Zurechnungsprinzip wird als Identitätsprinzip bezeichnet.

Die Einzelkosten- und Deckungsbeitragsrechnung ist kein vorgefertigtes System, sondern eine bestimmte Denkweise, für deren Realisierung nur allgemeine Grundsätze aufgestellt wurden. Bei Anwendung des Systems in einem Unternehmen müssen die speziellen betrieblichen Eigenschaften des Unternehmens berücksichtigt werden.

Zur Realisierung der Einzelkosten- und Deckungsbeitragsrechnung wird ein System zweckneutraler, objektiver Grundrechnungen eingerichtet, das vergangenheits- oder zukunftsbezogen sein kann. Sie enthalten die entscheidungsorientierten Kosten und Leistungen, Einnahmen und Ausgaben, Ein- und Auszahlungen, Einsatz- und Ausbringungsmengen sowie die Nutzungspotenziale. Die Grundrechnungen lassen sich vieldimensional gliedern, je nachdem, welcher Zweck mit der Rechnung verfolgt werden soll. Ebenso können alle denkbaren Bezugsobjekte, Handlungsparameter, Einflussgrößen und Abhängigkeitsbeziehungen berücksichtigt werden (Riebel [Deckungsbeitragsrechnung] 430 ff., 444 ff.). Die Grundrechnungen können als Datenbanken verstanden werden.

Die Grundrechnungen werden ergänzt durch standardisierte Zweckrechnungen und individuelle Sonderrechnungen. Über diese Ergänzungsrechnungen ist es möglich, die für die individuelle Entscheidung erforderlichen Informationen abzuleiten. Zentrale ableitbare Informationen sind **Deckungsbeiträge**. Dabei wird der Begriff des Deckungsbeitrages weit gefasst. Er bezeichnet jede Differenz zwischen dem Erlös und bestimmten Kosten. Diese Differenz ist nicht auf die Produkteinheit und die Stückkosten beschränkt, sondern kann sich auf Zeitabschnitte, Leistungseinheiten, Einheiten eingesetzter Produktionsfaktoren, Grenzkosten, mit Ausgaben verbundene Kosten und auf andere Bezugsgrößen richten.

Die Deckungsbeiträge sollen die **Erfolgsänderungen** aufzeigen, die durch getroffene Entscheidungen entstanden oder durch zu treffende Entscheidungen zu erwarten sind. Durch Zusammenfassen der Deckungsbeiträge entsprechend dem anstehenden Entscheidungsproblem können die Erfolgsquellen aufgezeigt und es kann ihre Beeinflussung durch die Entscheidung offengelegt werden.

Die Einzelkosten- und Deckungsbeitragsrechnung beschränkt sich indessen nicht nur auf die Planung und Kontrolle von Einzeldeckungsbeiträgen. Es werden für die einzelnen betrieblichen Teilbereiche und für das Gesamtunternehmen **Deckungsbudgets** aufgestellt. Diese umfassen neben dem direkten Deckungsbedarf der Periode einen Teil der Periodengemeinausgaben als Deckungslast, deren Erwirtschaftung in der Budgetperiode angestrebt wird. Die Gegenüberstellung der erwirtschafteten Auftragsbeiträge und der Deckungsbudgets soll eine kontinuierliche Erfolgsrechnung innerhalb der Budgetperiode ermöglichen.

3.3.3 Teilgebiete der Kostenrechnung

Die Kostenrechnung gliedert sich nach klassischer Auffassung in die Teilgebiete

- **Kostenartenrechnung,**
- **Kostenstellenrechnung,**
- **Kostenträgerrechnung.**

Zur Erfüllung der oben genannten Aufgaben (vgl. 3.3.1.1) ist die Kostenrechnung um die Teilgebiete

- kurzfristige Erfolgsrechnung und
- Entscheidungsrechnung

zu erweitern.

Wie bei der Darstellung der Systeme der Kostenrechnung unter 3.3.2 gezeigt wurde, lässt sich in Bezug auf die Ausgestaltung der Kostenrechnung in einem Unternehmen insbesondere zwischen vergangenheits- und zukunftsbezogener Kostenrechnung unterscheiden. Viele Aufgaben lassen sich nur bei zukunftsbezogener Ausgestaltung der Kostenrechnung lösen. Grundlage jeder Form der Kostenrechnung ist die vergangenheitsbezogene Dokumentationsrechnung. Sie ist in aller Regel auch der erste Schritt bei der Einführung der Kostenrechnung in einem Unternehmen. Die folgenden Ausführungen beziehen sich auf die Darstellung dieser vergangenheitsbezogenen Grundform der Kostenrechnung.

3.3.3.1 Kostenartenrechnung

In der **Kostenartenrechnung** werden die in der Abrechnungsperiode geplanten und entstandenen Kosten erfasst und nach Kostenarten gegliedert.

Bei vergangenheitsbezogener Ausrichtung der Kostenrechnung im Sinne einer Ist- oder Normalkostenrechnung ist die Kostenartenrechnung dem Aufwandsbereich einer Gewinn- und Verlustrechnung vergleichbar.

Anders als die Gewinn- und Verlustrechnung ist die Kostenartenrechnung eine kurzfristige Rechnung. Als Rechnungsperiode wird vielfach der Kalendermonat verwendet. Neuere Kostenrechnungsverfahren stellen auf noch kürzere Rechnungsperioden, wie auf die Woche, ab.

Was im Rahmen der Kostenartenrechnung als Kosten erfasst wird, ist – anders, als dies für die Gewinn- und Verlustrechnung im Rahmen der Erfassung der Aufwendungen gilt – **gesetzlich nicht vorgegeben**. Maßgeblich ist der der Rechnung zu Grunde gelegte Kostenbegriff. Es wurde oben gezeigt, dass eine Reihe unterschiedlicher Kostenbegriffe existiert, die auch unterschiedliche Größen als Kosten erfassen.

3.3.3.1.1 Kostenarten

Die Erfassung der in der Abrechnungsperiode entstandenen Kosten erfolgt anhand von Belegen. Dabei sind die **Belege** so auszugestalten, dass sie alle notwendigen Daten für die Erfassung der Kosten und ihrer Verrechnung beinhalten. Wichtigstes Datum ist aus der Sicht der Kostenerfassung die jeweilige Kostenart.

Die **Gliederung** der Kosten nach Kostenarten erfolgt zweckmäßigerweise nach der Art der verbrauchten **Produktionsfaktoren**, wie z. B.

- Rohstoffkosten,
- Hilfsstoffkosten,
- Betriebsstoffkosten,
- Kosten für Fremdteile,
- Löhne,
- Gehälter,
- gesetzlicher Sozialaufwand,
- Energiekosten.
- Reparaturkosten,
- Mieten,
- Kraftfahrzeugkosten,
- Bürokosten,
- Zinsen,
- Abschreibungen,
- Steuern,

Zum Zwecke der **Verrechnung** der Kosten von den Kostenartenkonten auf die Kostenstellenkonten oder auf die Produkte ist es notwendig, dass eine weitere Aufteilung der angefallenen Kosten erfolgt, und zwar nach **Einzelkosten** und **Gemeinkosten** im Sinne von Produkteinzelkosten bzw. Produktgemeinkosten. Dabei werden auf den Belegen die als Einzelkosten zu erfassenden Kostenarten mit den Produkten gekennzeichnet, denen sie zuzurechnen sind.

Die Verrechnung der Produkteinzelkosten kann dann in der Weise erfolgen, dass die Kostenartenkonten entlastet und die Kostenträgerkonten (Produktkonten) belastet werden. In zunehmendem Maße erfolgt aber auch eine Verrechnung der Produkteinzelkosten über die Kostenstellen. Die Verrechnung erfolgt in zwei Schritten, nämlich

- Belastung der Kostenstellen, in denen die entsprechenden Produkte be- oder verarbeitet werden, und Entlastung der Kostenartenkonten,
- Belastung der Kostenträgerkonten (Produktkonten) und Entlastung der Kostenstellenkonten.

Die als Gemeinkosten gekennzeichneten Kostenarten werden als primäre Stellenkosten den verbrauchenden Kostenstellen zugeordnet.

3.3.3.1.2 Erfassung und Verrechnung einzelner Kostenarten

Die Gliederung der Kostenarten nach einzelnen Produktionsfaktoren ist von der Art und der realen Situation eines Betriebes abhängig. Eine generell zweckmäßige Kostenartengliederung kann im vorhinein nicht angegeben werden. Trotzdem lassen sich einzelne wesentliche Kostenartengruppen unterscheiden, denen in den meisten Unternehmen große Bedeutung zukommt. Zu nennen sind

- Materialkosten,
- Personalkosten,
- Betriebsmittelkosten.

Bei der Erfassung und Verrechnung der einzelnen Kostenarten ist grundsätzlich zu unterscheiden zwischen der Mengenwirkung auf die Kosten (Verbrauch) und der Preiswirkung auf die Kosten (Bewertung). Im Folgenden wird das Verfahren der Erfassung und Verrechnung für die angeführten Kostenarten kurz dargestellt.

(1) Materialkosten

Die Materialabrechnung setzt voraus, dass die eingesetzten Materialarten ausreichend tief gegliedert sind. Eine Gliederung erfolgt zunächst anhand der Materialgruppen Rohstoffe, Hilfsstoffe, Betriebsstoffe, fremdbezogene Teile und Handelswaren. Die Materialgruppen werden i. d. R. nach betriebsindividuellen Besonderheiten weiter untergliedert. Bei vorliegender Lagerbuchführung kann die Untergliederung bis zu der einzelnen Materialart gehen.

Die Materialverbrauchsmengen der einzelnen Materialarten können mit unterschiedlichen Verfahren ermittelt werden. Man unterscheidet das

- Inventurverfahren,
- Retrograde Verfahren und
- Skontrationsverfahren.

(a) Inventurverfahren (Befundrechnung)

Bei dem Inventurverfahren wird die Materialverbrauchsmenge aus den Bestandsveränderungen und dem Zugang ermittelt. Der Materialverbrauchergibt sich aus Anfangsbestand plus Zugang minus Endbestand. Es gilt:

Anfangsbestand + Zugang – Endbestand = Verbrauch

Das Verfahren hat den Nachteil, dass es für jede Abrechnungsperiode (Monat) eine Inventur erforderlich macht und dass sich die ermittelten Verbrauchsmengen wegen Schwund und anderer Fehlmengenursachen nicht unmittelbar dem tatsächlichen Verbrauch und wegen fehlender Verbrauchsbeziehung auch nicht den Kostenstellen zuordnen lassen.

(b) Retrogrades Verfahren (Rückrechnung)

Beim retrograden Verfahren wird der Materialverbrauch in der Weise ermittelt, dass ausgehend von den erstellten Produktmengen die hierzu erforderlichen Materialmengen ermittelt werden und rückschreitend Mengenzuschläge für Abfall und Ausschuss erfolgen. Damit ergibt sich die Materialverbrauchsmenge aus der Istproduktion multipliziert mit dem Planverbrauch pro Produkteinheit. Es gilt:

Istproduktmenge · Verbrauch pro Produkteinheit
+ Zuschlag für Abfall
+ Zuschlag für Ausschuss
= Verbrauch

Das Verfahren hat den Nachteil, dass nicht die Ist-, sondern die Sollverbrauchsmengen ermittelt werden. Da man die Istverbrauchsmengen nicht kennt, ist das Verfahren für Soll-Ist-Kostenvergleiche ungeeignet.

(c) Skontrationsverfahren (Fortschreibung)

Beim Skontrationsverfahren wird der Materialverbrauch durch Addition der Istmengen aus den Materialentnahmescheinen ermittelt. Die Materialverbrauchsmenge ergibt sich aus den Entnahmemengen. Es gilt:

Istverbrauch laut Materialentnahmescheinen
= Verbrauch

Das Verfahren erlaubt es, zum einen den tatsächlichen Materialverbrauch zu ermitteln, zum anderen den Materialverbrauch den verbrauchenden Kostenstellen oder den Produkten zuzurechnen.

Die **Bewertung der Materialverbrauchsmengen** für die einzelnen Materialarten erfolgt in der Istkostenrechnung durch Heranziehung der Istpreise bzw. in der Normalkostenrechnung durch Verwendung von Normalpreisen für die Produktionsfaktoren. Treten Materialpreisänderungen während der Betrachtungsperiode auf, was vielfach die Regel in der Praxis darstellt, so lassen sich verschiedene Verfahren der Preisermittlung verwenden, z. B. das Durchschnittsverfahren oder Verbrauchsfolgeverfahren wie das Lifo- oder Fifoverfahren.

Wie die Bewertung der Materialmengen im Einzelnen erfolgt, hängt von dem verwendeten Kostenbegriff ab. Bei Zugrundelegung eines wertmäßigen Kostenbegriffs wird zu den Wiederbeschaffungskosten bewertet.

(2) Personalkosten

Die Erfassung der Personalkosten wird im Wesentlichen durch die in dem Betrieb bestehenden **Formen der Entlohnung** der Beschäftigten bestimmt. Sie erfordert zunächst eine Gliederung in die Kostenartengruppen «Löhne, Gehälter, betrieblicher Sozialaufwand». Darüber hinaus können die Löhne und Gehälter nach weiteren Merkmalen untergliedert werden, z. B. nach Abteilungen, Kostenstellen oder Betriebsbereichen.

Als **Mengengröße** der Personalkosten kann die Arbeitszeit (Zeitlohn, Gehalt) oder die bearbeitete Produktmenge (Stücklohn) der Beschäftigten in Betracht kommen. Die Mengenkomponente der Personalkosten ist jeweils belegmäßig zu erfassen.

Beim **Zeitlohn** wird die tatsächlich geleistete Arbeitszeit mit Hilfe von Zeitlohnscheinen, in denen die Arbeitszeit der betroffenen Kostenstellen und Kostenträger (Produkte) zugeordnet wird, erfasst.

Beim **Akkordlohn** wird nicht die tatsächlich geleistete Arbeitszeit, sondern die den bearbeiteten Produkten entsprechende Vorgabezeit als Mengengerüst der Personalkosten mit Hilfe von Akkordlohnscheinen festgehalten.

Eine Mischform von Zeit- und Akkordlohn stellen die vielfältigen Formen des Prämienlohns dar. Die Erfassung des **Prämienlohns** erfolgt gleichfalls mit Hilfe von Lohnscheinen, die eine Zuordnung auf Kostenstellen und Produkte ermöglichen.

Die **Bewertung** der Arbeitszeiten und der Akkordleistungen erfolgt in der Istkostenrechnung mit den tatsächlichen Lohnsätzen bzw. Akkordlohnsätzen. Bei Anwendung der Normalkostenrechnung werden Durchschnittssätze aus vorangegangenen Abrechnungsperioden der Bewertung der Arbeitszeiten zu Grunde gelegt.

Maßgeblich ist der **Bruttolohn** der sich errechnet aus dem Tariflohn zuzüglich aller gesetzlichen Zulagen, des gesetzlichen Sozialaufwands sowie der Zuschläge und Prämien. Ob freiwillige Sozialleistungen oder freiwillige Zulagen als Bewertungsgröße für die Personalkosten in Betracht kommen, ist umstritten. Im Rahmen der Ermittlung der Herstellungskosten nach § 255 Abs. 2 HGB sind jedenfalls die Kosten für soziale Einrichtungen des Betriebes, für freiwillige soziale Leistungen und für die betriebliche Altersversorgung nicht direkt den Personalkosten zuzurechnen.

Sie können getrennt im Rahmen der Verrechnung der allgemeinen Verwaltungskosten den hergestellten Produkten belastet werden.

Die Gehaltskosten sind kalenderzeitbedingt. Sie werden in Gehaltslisten erfasst und den Kostenstellen, in denen die Beschäftigten während der Abrechnungsperiode eingesetzt waren, zugeordnet. Auch hier werden gesetzliche Sozialaufwendungen soweit wie möglich zusammen mit den Gehaltskosten verrechnet.

(3) Betriebsmittelkosten

Zu den Betriebsmitteln werden im Allgemeinen Gebäude, technische Anlagen und Maschinen, Transportmittel, Transportanlagen sowie Einrichtungsgegenstände gerechnet. Die Abrechnung der Betriebsmittelkosten weist insoweit eine Besonderheit auf, als die Betriebsmittel in der Abrechnungsperiode im Gegensatz zu den Material- und Personalkosten nicht verbraucht werden. Sie geben vielmehr mit der Inanspruchnahme Nutzungen ab, die zu einem Werteverzehr der Betriebsmittel (Verschleiß) führen.

(a) Abschreibungen

Grundlage für die Erfassung des Werteverzehrs der Betriebsmittel ist die Anlagenkartei. Sie muss bei zweckgerechter Ausgestaltung nicht nur die für die Bilanz interessierenden Daten enthalten, sondern darüber hinausgehende für die Kostenrechnung notwendige Daten. Als solche kommen insbesondere in Betracht das Leistungspotenzial der Betriebsmittel, d.h. der Nutzungsvorrat und Angaben über die zeitlichen Nutzungsmöglichkeiten.

Die Erfassung der Mengenkomponente der Betriebsmittelkosten erfolgt in Abhängigkeit von der Verschleißart.

Beim Gebrauchsverschleiß wird die Mengenkomponente durch Messung und Aufzeichnen der in der Abrechnungsperiode bei den einzelnen Betriebsmitteln in Anspruch genommenen Leistungseinheiten erfasst.

Beim Zeitverschleiß wird die Mengenkomponente als Verhältnis des Abrechnungszeitraums zum Gesamtnutzungszeitraum des Betriebsmittels bestimmt.

Bei der Erfassung der Wertkomponente der Betriebsmittelkosten besteht anders als bei der bilanziellen Abschreibung keine Bindung an das Anschaffungskostenprinzip, d.h., als Basis für die Erfassung der Wertkomponente können neben den Anschaffungskosten auch andere Größen, wie die Wiederbeschaffungskosten der Betriebsmittel, in Betracht kommen. Auf der Basis von Anschaffungs- bzw. Wiederbeschaffungskosten bestimmen sich dann die kalkulatorischen Abschreibungen für das Betriebsmittel unter Zugrundelegung der geschätzten Nutzungsdauer und der in Betracht kommenden Abschreibungsmethode.

(b) Zinsen

Ein weiteres Element der Betriebsmittelkosten sind die Zinsen für die Kapitalbindung der Betriebsmittel. Die Zinsen werden in der Kostenrechnung i.d.R. als kalkulatorische Kosten verrechnet. In Betracht kommen zwei Verfahren, nämlich

- das Restwertverfahren, bei dem die kalkulatorischen Zinsen nach dem jeweiligen Restwert eines Betriebsmittels am Ende der Abrechnungsperiode errechnet werden. Die kalkulatorischen Zinsen nehmen also im Laufe der Betriebsmittelnutzung ständig ab;
- das Durchschnittsverfahren, bei dem die kalkulatorischen Zinsen nach dem durchschnittlichen Wert des Betriebsmittels während seiner Nutzungsdauer errechnet werden. Die kalkulatorischen Zinsen bleiben während der Nutzungszeit des Betriebsmittels konstant, sodass die Fertigungskosten von dem Alter des Betriebsmittels unabhängig sind.

(c) Reparatur- und Instandhaltungskosten

Ein letzter Bestandteil der Betriebsmittelkosten sind die Reparatur- und Instandhaltungskosten für Betriebsmittel. Da die Reparatur- und Instandhaltungskosten in unregelmäßigen Abständen anfallen, führt die Umlage der tatsächlich in einer Abrechnungsperiode entstandenen Reparatur- und Instandhaltungskosten auf die in dieser Periode erstellten Produkte zu Verzerrungen. Eine Möglichkeit zur Vermeidung dieser Verzerrungen besteht in der Kostenglättung. Sie wird dadurch erreicht, dass die geschätzten, während der Betriebsmittelnutzung, voraussichtlich anfallenden Reparatur- und Instandhaltungskosten gleichmäßig auf die entsprechenden Abrechnungsperioden verteilt werden.

(4) Sonstige Kosten

Als Sonstige Kosten werden die in einem Unternehmen entstehenden Kostenarten zusammengefasst, die nicht zu den angeführten Kostenarten der Material-, Personal- und Betriebsmittelkosten zählen. Die Sonstigen Kosten können eine große Zahl von Kostenarten beinhalten, die je nach dem Wirtschaftszweig oder dem Gegenstand des Unternehmens von mehr oder weniger großer Bedeutung für die Kostenrechnung, d.h. hier für die Erfassung der Kostenarten, sein können.

Man kann die Sonstigen Kosten gliedern in Sonstige pagatorische Kosten und Sonstige kalkulatorische Kosten.

(a) Sonstige pagatorische Kosten

Zu den Sonstigen Kosten mit pagatorischem Charakter zählen:
- Werkzeugkosten,
- Energiekosten,
- Kostensteuern (z.B. Grund-, Kraftfahrzeugsteuer),
- Gebühren, Beiträge, Versicherungen,
- Miet- und Pachtkosten,
- Kommunikationskosten (Porto-, Telefon- und Telefaxkosten),
- Büromaterial, Fachliteratur und Fachzeitschriften,
- Reisekosten,
- Werbungskosten,

- Verkaufsprovision,
- Verpackungs- und Frachtkosten.

Die Erfassung der angeführten Sonstigen Kosten erfolgt in gleicher Weise wie die oben dargestellte Erfassung der Materialkosten. Als Unterlagen für die Erfassung der Mengen- und Wertkomponente der Sonstigen Kosten kommen Verbrauchsaufzeichnungen, Lieferscheine, Eingangsrechnungen, Zahlungsbescheide, Abrechnungen und Zahlungsbelege in Betracht.

(b) Sonstige kalkulatorische Kosten

Zu den Sonstigen Kosten mit kalkulatorischem Charakter zählen

- Unternehmerlohn,
- Wagniskosten.

(aa) Kalkulatorischer Unternehmerlohn kommt für den Inhaber einer Einzelfirma oder die Gesellschafter einer Personenhandelsgesellschaft in Betracht, sofern der Inhaber oder die Gesellschafter in ihrem Unternehmen tätig sind. Nach der gesetzlichen Regelung besteht in diesen Fällen das Entgelt für die Tätigkeit des Geschäftsführers, der gleichzeitig Gesellschafter ist, nicht in einem Gehalt, sondern in Teilen des Unternehmensgewinns.

Der kalkulatorische Unternehmenlohn führt zu einer Erfassung von Kosten, denen keine Ausgaben gegenüberstehen. Erfassungsunterlagen können damit nicht die für pagatorische Kosten maßgebenden Rechnungen, Bescheide oder Zahlungsbelege sein. Die Erfassung muss vielmehr auf der Grundlage intern erstellter Belege erfolgen. Sie müssen neben den personellen, betragsmäßigen und bereichsmäßigen Daten auch die Berechnungsmethode des kalkulatorischen Unternehmerlohns aufzeigen.

(bb) Mit dem Ansatz der kalkulatorischen Wagniskosten sollen mögliche abgrenzbare ökonomische Nachteile für das Unternehmen in der Kostenrechnung erfasst werden. Unzulässig ist der Ansatz eines allgemeinen Unternehmerrisikos; bei den Wagniskosten muss es sich also um Einzelwagnisse handeln. In Betracht kommen z. B. fertigungsbedingte Wagnisse für Wasser-, Luftverschmutzung, Bergschäden oder Mängel an hergestellten Produkten, die sich nicht in Garantie-, Produkthaftungs- oder Kulanzverpflichtungen niederschlagen.

Die kalkulatorischen Wagnisse führen gleichfalls zu einer Erfassung von Zusatzkosten. Als Erfassungsunterlagen kommen nicht pagatorische Belastungsanzeigen, z. B. Zahlungsbelege, in Betracht. Die Erfassung muss vielmehr auf der Grundlage interner Berechnungsunterlagen erfolgen, in denen die kalkulatorischen Wagnisse den Kostenträgern (Produkte, Aufträge) oder den Betriebsbereichen (Profit Center) zugerechnet werden. Die Unterlagen müssen sowohl das Verfahren der Ermittlung der kalkulatorischen Wagnisse als auch die Aufteilung der für einen längeren Zeitraum (Jahr) ermittelten Kosten auf die Perioden (Monate) aufzeigen.

3.3.3.2 Kostenstellenrechnung

Kostenstellen entstehen dadurch, dass ein Betrieb nach bestimmten Merkmalen in Teilbereiche gegliedert wird.

> Die **Kostenstellenrechnung** dient dazu, die Kosten auf diejenigen betrieblichen Teilbereiche (Kostenstellen) zu verteilen, in denen sie entstanden sind. Die Verteilung erfolgt mit Hilfe des Betriebsabrechnungsbogens.

Auf der Basis der verteilten Kosten können **Kalkulationssätze** für die Kostenstellen festgelegt werden. Die Kalkulationssätze bilden die Grundlage für die Umlage der Gemeinkosten auf die in den Kostenstellen hergestellten Produkte.

3.3.3.2.1 Kostenstellenbildung

(1) Grundsätze der Kostenstellenbildung

Für die Bildung von Kostenstellen sind als **Grundsätze** zu beachten:

- Möglichkeit der **Kostenzuordnung**. Die entstandenen Kostenarten müssen sich über Kostenbelege den gebildeten Kostenstellen eindeutig zuordnen lassen. So müssen Kostenstellen so gebildet werden, dass sich die Lohnkosten den einzelnen Kostenstellen ohne willkürliche Aufteilung zurechnen lassen.
- Vorliegen eindeutiger **Bezugsgrößen**. Als Bezugsgrößen bezeichnet man Maßgrößen der Kostenverursachung. Sie sind die Voraussetzung für die Ermittlung genauer Kostensätze für die innerbetriebliche Leistungsverrechnung und die Kalkulation. Bezugsgrößen für die Kostenverursachung können sein die Fertigungszeit oder die Maschinenzeit. Danach lassen sich bestimmte Kostenarten wie Energiekosten entsprechend der Maschinenzeit der Kostenstelle zuordnen.
- Abgrenzung selbständiger **Verantwortungsbereiche**. Das Bestehen selbständiger Verantwortungsbereiche ist dann notwendig, wenn die Kostenrechnung auch der Kostenkontrolle dienen soll. Sind z. B. in einer Kostenstelle im Ist Kostenüberschreitungen gegenüber den Planvorgaben entstanden, so muss es möglich sein, die Kostenüberschreitungen einem Mitarbeiter (Kostenstellenleiter) persönlich zuzuordnen. Das bedeutet, dass der entsprechende Mitarbeiter für die Einhaltung von Vorgabegrößen verantwortlich ist.

(2) Arten von Kostenstellen

Die **Gliederung der Kostenstellen** erfolgt nach funktionalen und abrechnungstechnischen Merkmalen:

(a) Nach **funktionalen Merkmalen** unterscheidet man zwischen Beschaffungs-, Fertigungs-, Verwaltungs-, Vertriebs- sowie Forschungs- und Entwicklungskostenstellen.

(b) Nach abrechnungstechnischen Merkmalen unterscheidet man zwischen Haupt- und Hilfskostenstellen.

(aa) Die den Hauptkostenstellen (z. B. Fertigungskostenstellen) belasteten Kosten werden direkt auf die Kostenträger verrechnet. Die Verrechnung erfolgt kostenstellenweise unter Anwendung von Zuschlagssätzen (Kalkulationssätzen). Der Zuschlagssatz für eine Hauptkostenstelle ergibt sich aus dem Quotienten der Kostenstellenkosten und der für die Umlage der Kosten relevanten Bezugsgröße. Werden als Bezugsgröße die Produkteinzelkosten verwendet, so werden die Kostenstellenkosten proportional zu den Produkteinzelkosten auf die Kostenträger verrechnet. Als Zuschlagsbasis für die Verrechnung der Kostenstellenkosten werden insbesondere die Materialeinzelkosten, die Fertigungslöhne und die Herstellkosten herangezogen.

(bb) Die den Hilfskostenstellen (allgemeine Kostenstellen, die Leistungen für den ganzen Betrieb erbringen, z. B. Wasserversorgung und Kraftzentrale) belasteten Kosten werden auf andere Kostenstellen und damit indirekt auf die Kostenträger verrechnet. Die Verrechnung erfolgt in der Weise, dass die Kosten der Hilfskostenstellen über die innerbetriebliche Leistungsverrechnung auf die Hauptkostenstellen verteilt und dort unter Verwendung von Zuschlagssätzen auf die Kostenträger verrechnet werden. Maßgebend für die Verrechnung der Kostenstellenkosten der Hilfskostenstellen sind die innerbetrieblichen Leistungen, die von einer Hilfskostenstelle an eine Hauptkostenstelle erbracht werden.

Aus der Unterscheidung folgt, dass Hilfskostenstellen mit Kostensätzen für innerbetriebliche Leistungen, Hauptkostenstellen mit Kalkulationssätzen abrechnen (vgl. Abb. 3.3.29).

3.3.3.2.2 Kostenverrechnungsprinzipien

Die Kostenverrechnung führt immer dann zu Problemen, wenn die Kosten nicht direkt einem Produkt zugerechnet werden können, also Gemeinkosten sind. Für die Verrechnung der variablen, insbesondere aber der fixen Gemeinkosten ist eine große Zahl von Kostenverrechnungsprinzipien im Schrifttum entwickelt worden, die nach bestimmten Grundsätzen die angefallenen Kosten den hergestellten Produkten zurechnen.

Kostenverrechnungsprinzipien
- Verursachungsprinzip
- Proportionalitätsprinzip
- Leistungsentsprechungsprinzip
- Durchschnittsprinzip
- Belastungsäquivalenzprinzip
- Tragfähigkeitsprinzip
- Identitätsprinzip

Die Kostenverrechnungsprinzipien dienen der Kostenverteilung. Dabei versteht man unter Kostenverteilung die nach bestimmten Regeln vorgenommene Verteilung von Kostenbeträgen, die nach Kostenarten erfasst werden, auf bestimmte Bezugsobjekte. Bezugsobjekte können die Kostenstellen aber auch die Kostenträger sein.

Je nach dem der Kostenverrechnung zu Grunde gelegten Prinzip werden die angefallenen Kosten in unterschiedlicher Weise auf die in der Periode erstellten Produkte verrechnet. Das bedeutet, es kommt abhängig von dem verwendeten Kostenverrechnungsprinzip zu Verschiebungen der Kosten auf die in der Periode hergestellten Produkte.

(1) Verursachungsprinzip

Vielfach wird das Kostenverursachungsprinzip als Fundamentalprinzip der Kostenverrechnung (Kostenverursachungsprinzip) angesehen. Es besagt, dass die einzelnen Kostenarten nur denjenigen Kostenstellen den Kostenträgern zugerechnet werden dürfen, die sie verursacht haben. Zur Messung der Kostenverursachung ist die Festlegung von Maßgrößen der Kostenverursachung (Bezugsgrößen) erforderlich.

Ein weithin anerkanntes Verfahren der Verrechnung von Gemeinkosten auf die Produkte ist die Kostenverrechnung unter Verwendung von Bezugsgrößen der Kostenverursachung. Dabei bezeichnen Bezugsgrößen Hilfsgrößen, z. B. Maschinenzeiten, Fertigungszeiten, Durchsatzgewichte, Arbeitsverrichtungen oder bearbeitete Produktmengen. Verhalten sich die gesamten Kosten einer Kostenstelle proportional zu einer einzigen Bezugsgröße, so können die Kosten in entsprechender Weise den in der Kostenstelle hergestellten Produkten zugerechnet werden. Man spricht von homogener Kostenverursachung. In diesem Fall führt z. B. die Erhöhung der Beschäftigung in einer Kostenstelle um 10 % gleichfalls zu einer 10 %igen Erhöhung der in Betracht gezogenen Kosten der Kostenstelle.

Die Kostenzurechnung auf die Kostenstelle erfolgt über die entsprechende Bezugsgröße. Sind in der Kostenstelle mehrere Bezugsgrößen vorhanden, zu denen sich die gesamten Kosten der Kostenstelle proportional verhalten, so können die Bezugsgrößen gegeneinander ausgetauscht werden. Verhalten sich demgegenüber einzelne Teile der Kosten einer Kostenstelle proportional zu verschiedenen Bezugsgrößen, so spricht man von heterogener Kostenverursachung. Sie erfordert die Verwendung mehrerer Bezugsgrößen in einer Kostenstelle (Kilger [Plankostenrechnung] 141 f. und 315 ff.).

(2) Proportionalitätsprinzip

Wegen der häufig der Kostenrechnung zu Grunde liegenden Annahmen der Limitationalität und der Linearität bestehen zwischen den Kosten und den Maßgrößen proportionale Beziehungen. Diesen Beziehungen entspricht eine auf Proportionalität eingeengte Form des Kostenverursachungsprinzips, das man entsprechend als Proportionalitätsprinzip bezeichnet. Es besagt, dass die einzelnen Kostenarten proportional zu bestimmten Bezugsgrößen auf die Kostenstellen und/oder auf die Kostenträger zu verteilen sind.

(3) Leistungsentsprechungsprinzip

Nach dem Leistungsentsprechungsprinzip werden die gesamten Kosten nach Maßgabe der wertmäßigen Größenrelationen der Produkte verteilt. Die Kostenverteilung erfolgt in der Weise, dass die Gesamtheit der während der Abrechnungsperiode erstellten Produkte in einem einheitlichen Maß gemessen wird. Jedem Produkt wird sodann derjenige Teil der Gesamtkosten zugeordnet, der seinem relativen Anteil an der Gesamtleistung entspricht. Das Prinzip dient weniger der Umlage der einzelnen Kostenarten auf die Kostenstellen als der den Umsatzerlösen entsprechenden Verteilung der Kostenstellenkosten auf die Kostenträger.

(4) Durchschnittsprinzip

Bei Anwendung des Durchschnittsprinzips werden die Kosten durch zuvor bestimmte Bezugsgrößen dividiert, sodass sich ein Durchschnittssatz pro Bezugsgrößeneinheit ergibt. Als Bezugsgrößen kommen sowohl Wertgrößen (Einzelmaterialkosten, Einzellohn, Herstellkosten) als auch Mengengrößen (Fertigungszeit, Maschinenzeit) in Betracht. Die Kostenverteilung erfolgt entsprechend der in einem Abrechnungszeitraum in Anspruch genommenen Bezugsgrößeneinheiten. Auf diese Weise werden z. B. die Stromkosten entsprechend der verbrauchten Stromeinheiten auf die Kostenstellen verrechnet.

(5) Belastungsäquivalenzprinzip

Das Belastungsäquivalenzprinzip bewirkt eine Kostenschlüsselung nach der Inanspruchnahme der Potenzialfaktoren (Maschinen, maschinelle Anlagen, Gebäude). Maßgebend für die Kostenverteilung sind Mengengrößen, z. B. die zeitliche Inanspruchnahme (Maschinenstunden) oder die flächenmäßige Inanspruchnahme (die von einer Kostenstelle belegten Quadratmeter der Gesamtfläche eines Gebäudes) von Potenzialfaktoren für die Herstellung eines Produktes.

(6) Tragfähigkeitsprinzip

Nach dem Tragfähigkeitsprinzip werden die Kosten proportional zu dem Bruttogewinn (Deckungsbeitrag) der Produkte verteilt. Erfolgträchtige Produkte werden stärker belastet als Produkte mit geringem Bruttogewinn. Das Tragfähigkeitsprinzip dient in erster Linie der Verteilung der Kostenstellenkosten auf die Kostenträger.

(7) Identitätsprinzip

Das Identitätsprinzip geht davon aus, dass die Zuordenbarkeit als eine Gegenüberstellung eindeutig zusammengehörender Größen aufzufassen ist. Eindeutig zusammengehörende Größen sind verzehrte Kostengüter (Produktionsfaktoren) und entstehende Leistungsgüter (Produkte). Kosten sind nach dem Identitätsprinzip einem Bezugsobjekt nur dann eindeutig und zwingend zuordenbar, wenn die Existenz dieses Bezugsobjektes durch dieselbe Disposition ausgelöst worden ist, die auch zu dem Werteverzehr, d. h. zur Kostenentstehung, geführt hat. Das Identitätsprinzip ist nach der Einzel- und Deckungsbeitragsrechnung (Riebel [Deckungsbeitragsrechnung] 765) logisch zwingendes Kriterium für die Kostenverrechnung (Kostenzurechnung).

3.3.3.2.3 Aufbau des Betriebsabrechnungsbogens

Die Kostenstellenrechnung kann auf verschiedene Art durchgeführt werden. Man unterscheidet zwischen der kontenmäßigen und der statistisch-tabellarischen Betriebsabrechnung. Beide Formen der Betriebsabrechnung können manuell oder mit Hilfe von EDV-Anlagen erfolgen.

Bei der **kontenmäßigen Betriebsabrechnung** wird für jede Kostenstelle ein Konto geführt, auf dem die der Kostenstelle zuzurechnenden Kostenarten (Kostenstellenkosten) erfasst werden. Diese Erfassung erfolgt sowohl für die primären als auch für die sekundären Kostenstellenkosten.

> **Primäre** Kostenstellenkosten werden direkt aus der Kostenartenrechnung übernommen.
> **Sekundäre** Kostenstellenkosten werden im Rahmen der innerbetrieblichen Leistungsverrechnung einer Kostenstelle zugerechnet.

Die Entlastung der Konten erfolgt durch Verrechnung auf andere Kostenstellen oder auf die Kostenträger.

Vgl. zur kontenmäßigen Betriebsabrechnung das auf S. 684 angeführte Beispiel über die Be- und Entlastung des Kontos der Fertigungshauptkostenstelle I.

Aufgrund des großen Buchungsaufwandes, der geringen Flexibilität und der geringen Übersichtlichkeit der kontenmäßigen Betriebsabrechnung wird in der Praxis die Betriebsabrechnung ganz überwiegend in **statistisch-tabellarischer Form** vorgenommen. Die in der Periode anfallenden Kosten, d.h. im Wesentlichen die Kostenträgergemeinkosten, werden außerhalb der Finanzbuchhaltung statistisch im **Betriebsabrechnungsbogen (BAB)** für die einzelnen Kostenstellen erfasst und verrechnet. Die Erfassung und Verrechnung der Kostenstellenkosten entsprechend der Kostenverursachung setzen voraus, dass der BAB sowohl in Bezug auf die Kostenarten als auch in Bezug auf die Kostenstellen eine zweckgerechte, d.h. weitgehende, Differenzierung aufweist.

> Der **BAB** ist zeilenweise nach **Kostenarten** und spaltenweise nach **Kostenstellen** gegliedert.

> **Beispiel**
> Be- und Entlastung des Kontos der Fertigungshauptkostenstelle I (Beträge in €).

Kostenartenkosten		Fertigungshauptkostenstelle I	Kostenträgerkosten	
aus Kostenartenrechnung		in Kostenträgerrechnung		
Hilfslöhne	2.576	Produkt 1 (3.000 Stück)	6.267
Gehälter	5.289	Produkt 2 (12.800 Stück)	26.740
Gesetzliche Sozialleistungen	784	Produkt 3 (5.700 Stück)	11.907
Hilfs- und Betriebsstoffe	843	Produkt 4 (8.300 Stück)	17.339
Werkzeuge und Geräte	2.473		
Instandhaltung	879		
Steuern, Gebühren, Versicherungen	1.205		
Verschiedene Gemeinkosten	1.416		
Kalkulatorische Abschreibungen	10.500		
Kalkulatorische Zinsen	8.455		
Umlage Allgemeine Hilfskostenstelle 1	3.764		
Umlage Allgemeine Hilfskostenstelle 2	12.613		
Umlage Fertigungshilfskostenstelle	11.456		
	62.253		62.253

Die Gliederung der Kostenstellen erfolgt nach funktionalen und abrechnungstechnischen Merkmalen. Jede Kostenstelle erhält eine Kostenstellennummer und eine Kostenstellenbezeichnung. Die Kostenstelleneinteilung wird nach den speziellen Gegebenheiten eines Unternehmens vorgenommen und kann entsprechend von Unternehmen zu Unternehmen sehr unterschiedlich sein. Als Kostenstellenbereiche, die vielfach eine weitere Untergliederung erfahren, kann man unabhängig von unternehmensspezifischen Gegebenheiten unterscheiden:

Hauptkostenstellen
- Materialkostenstellen
- Fertigungskostenstellen
- Verwaltungskostenstellen
- Vertriebskostenstellen

Hilfskostenstellen
- Raumkostenstellen
- Energiekostenstellen
- Transportkostenstellen
- Sozialkostenstellen
- Instandhaltungs- und Betriebshandwerkskostenstellen

Unabhängig von der speziellen Kostenarten- und Kostenstellengliederung wird der BAB in folgende Aufgabenbereiche gegliedert:

1. Erfassung und Verteilung der den Kostenträgern nicht direkt zurechenbaren Kostenarten (Kostenträgergemeinkosten)als primäre Kostenstellenkosten,

2. Verteilung der Kostenstellenkosten der Hilfskostenstellen auf die Hauptkostenstellen als sekundäre Kostenstellenkosten im Rahmen der innerbetrieblichen Leistungsverrechnung,
3. Bildung von Kalkulationszuschlagssätzen zum Zwecke der Verrechnung der Kostenstellenkosten der Hauptkostenstellen auf die Kostenträger,
4. Kostenkontrolle in der Normalkostenrechnung in Form der Ermittlung von Kostenüber- und Kostenunterdeckungen.

Die folgende Graphik (Abb. 4.3.51) veranschaulicht die Kostenverrechnung im BAB, wobei PStK die primären Kostenstellenkosten, SStK die sekundären Kostenstellenkosten und KTGK die auf der Basis der Kalkulationssätze auf die Kostenträger (Produkte) verrechneten Kostenträgergemeinkosten bezeichnen.

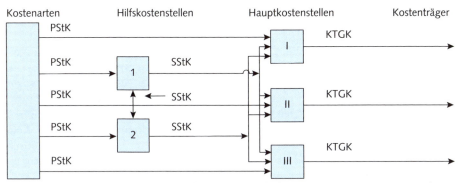

Abbildung 4.3.51: Kostenverrechnung im BAB

Beispiel
Dem auf S. 750f. beschriebenen Beispiel eines einfachen BAB (Abb. 4.3.52) liegen die angeführten Daten zu Grunde.
Für ein Unternehmen seien für eine Abrechnungsperiode (Monat) die folgenden Kosten gegeben:

Materialeinzelkosten	320.480 €
Fertigungslöhne	228.019 €
Hilfslöhne	49.876 €
Gehälter	113.245 €
Gesetzliche Sozialleistungen	16.397 €
Hilfs- und Betriebsstoffe	7.318 €
Werkzeuge und Geräte	14.645 €
Instandhaltung	5.380 €
Heiz-, Brennstoffe, Energie	29.456 €
Steuern, Gebühren, Versicherungen	23.609 €
Verschiedene Gemeinkosten	19.972 €
Kalkulatorische Abschreibungen	65.800 €
Kalkulatorische Zinsen	46.370 €
	940.567 €

In dem Unternehmen seien die folgenden Kostenstellen eingerichtet:
1. Hilfskostenstellen:
   Wasserversorgung
   Kraftzentrale
   Lohnbüro
2. Hauptkostenstellen:
   Materialkostenstelle
   Fertigungshauptkostenstelle I
   Fertigungshauptkostenstelle II
   Fertigungshauptkostenstelle III
   Verwaltungskostenstelle
   Vertriebskostenstelle

3.3.3.2.4 Verrechnung der primären Kostenstellenkosten

Die den Kostenträgern (Produkt, Produktgruppe, Auftrag) nicht als Kostenträgereinzelkosten direkt zurechenbaren Kosten, d. h. die Kostenträgergemeinkosten, werden auf die in der Betrachtungsperiode (Monat) hergestellten Kostenträger indirekt über die Kostenstellen verrechnet. Nach den obigen Ausführungen zur statistisch-tabellarischen Betriebsabrechnung wird die Verrechnung in mehreren Schritten vorgenommen. Der erste Schritt stellt die Zuordnung der primären Kostenstellenkosten auf die verursachenden Kostenstellen dar. Abrechnungstechnisch geschieht dies in der Weise, dass die Kostenbelege mit den Nummern der verursachenden Kostenstellen kontiert werden, auf die die Kosten zu verrechnen sind.

Primäre Kostenstellenkosten sind die auf die Kostenstellen zu verrechnenden originären Kostenarten, die nicht im Rahmen der Umlage der Kosten anderer Kostenstellen (Hilfskostenstellen) auf die Kostenstellen verrechnet werden.

Man unterscheidet zwischen primären Kostenstelleneinzelkosten und primären Kostenstellengemeinkosten.

(1) Primäre Kostenstelleneinzelkosten

Bei den primären Kostenstelleneinzelkosten handelt es sich um Kosten, die im Rahmen der Leistungserstellung in jeweils einem einzelnen als Kostenstelle abgegrenzten betrieblichen Teilbereich entstanden sind. Sie lassen sich der entsprechenden Kostenstelle eindeutig zuordnen.

Als primäre Kostenstelleneinzelkosten kommen die Kostenarten Personal-, Betriebsmittel- und Werkzeugkosten in Betracht.

Zur Vermeidung der Aufteilung primärer Kostenstellenkosten auf mehrere verursachende Kostenstellen wird es als notwendig angesehen, die Kostenstellengliederung so vorzunehmen, dass möglichst viele primäre Kostenstellenkosten als Kostenstelleneinzelkosten verrechnet werden können.

Kostenstellen →			Zahlen der Kostenartenrechnung	Hilfskostenstellen				Hauptkostenstellen					
Kostenarten ↓				Allgemeine Kostenstellen		Fertigungshilfskostenstelle	Materialkostenstelle	Fertigungshauptkostenstellen			Verwaltungskostenstelle	Vertriebskostenstelle
				1 Wasserversorgung	2 Kraftzentrale	Lohnbüro	Lager	I	II	III		
Kontonr.	Bezeichnung		€	€	€	€	€	€	€	€	€	€
	1. Erfassung der primären Kostenstellenkosten											
1	432	Hilfslöhne	49.876	4.763	5.839	9.377	5.844	2.576	3.123	2.987	8.976	6.391
2	435	Gehälter	113.245	5.310	2.985	4.213	14.390	5.289	4.890	6.055	45.825	24.288
3	438	Gesetzliche Sozialleistungen	16.397	1.017	891	1.379	2.070	784	809	935	5.434	3.078
4	412	Hilfs- und Betriebsstoffe	7.318	783	956	1.038	819	843	918	966	195	800
5	413	Werkzeuge und Geräte	14.645	1.485	1.691	843	748	2.473	3.504	1.976	412	1.513
6	450	Instandhaltung	5.380	512	648	876	173	879	213	1.348	310	421
7	420	Heiz-, Brennstoffe, Energie	29.456	–	20.718	–	505	–	–	–	2.885	5.348
8	460	Steuern, Gebühren, Versicherungen	23.609	783	211	3.128	924	1.205	735	1.878	10.925	6.948
9	490	Verschiedene Gemeinkosten	19.972	1.815	2.079	3.128	1.695	1.416	2.347	1.208	3.465	2.819
10	481	Kalkulatorische Abschreibungen	65.800	5.800	8.500	6000	4.900	10.500	13.800	6.200	5.500	4.600
11	482	Kalkulatorische Zinsen	46.370	3.980	6.105	4.280	2.990	8.455	5.395	4.435	6.750	3.980

Kostenrechnung

12	Summe der primären Kostenstellenkosten	392.068	26.248	50.623	31.134	35.058	34.420	35.734	27.988	90.677	60.186
	2. Verteilung der sekundären Kostenstellenkosten										
13	Umlage Allgemeine Hilfskostenstelle 1		./.26.248	3.056	2.819	1.758	3.764	6.317	3.672	1.548	3.314
14	Umlage Allgemeine Hilfskostenstelle 2			./.53.679	4.957	3.148	12.613	19.224	7.568	4.052	2.117
15	Umlage Fertigungshilfskostenstelle				./.38.910	–	11.456	18.961	8.493	–	–
16	Gesamtkosten der Hauptkostenstellen	392.068	–	–	–	39.964	62.253	80.236	47.721	96.277	65.617
	3. Bildung von Kalkulationszuschlagssätzen[1]										
17	Zuschlagsbasis Materialeinzelkosten	320.480				320.480					
18	Zuschlagbasis Fertigungslöhne	228.019					95.568	86.433	46.018		
19	Zuschlagsbasis Herstellungskosten									778.673	778.673
20	Kalkulationszuschlagssätze					12,47%	65,14%	92,83%	103,7%	12,3642%	8,4268%

[1] Zur Ermittlung der Kalkulationszuschlagssätze vgl. den Abschnitt 3.3.3.3.2.2 über Zuschlagskalkulation S. 763

Abbildung '4.3.52: Beispiel eines Betriebsabrechnungsbogens

(2) Primäre Kostenstellengemeinkosten

Bei den primären Kostenstellengemeinkosten handelt es sich um Kosten, die sich bei der gegebenen Kostenstellengliederung und den angewandten Kostenerfassungstechniken nicht einer einzelnen Kostenstelle, sondern nur einer Mehrheit von Kostenstellen zuordnen lassen. Sie entstehen im Rahmen der Leistungserstellung für mehrere Kostenstellen gemeinsam.

Die für mehrere Kostenstellen gemeinsam angefallenen primären Kostenstellengemeinkosten werden unter Anwendung der Aufteilungskriterien den einzelnen Kostenstellen zugerechnet. Dies gilt z. B.

- für die Aufteilung des Gehalts eines Maschinenüberwachers, der in mehreren Kostenstellen tätig ist. Die Aufteilung des Gehalts lässt sich entsprechend der Tätigkeitszeit des Maschinenüberwachers in den einzelnen Kostenstellen vornehmen und diesen Kostenstellen als primäre Kostenstellengemeinkosten zurechnen;
- für die Aufteilung der Raumkosten (Miete, Gebäudeabschreibung, Heizungskosten) für eine Fertigungshalle, die mehreren Kostenstellen als Fertigungsstätte dient. Die Aufteilung der Raumkosten lässt sich entsprechend der in Anspruch genommenen Fläche der einzelnen Kostenstellen vornehmen und diesen Kostenstellen als primäre Kostenstellengemeinkosten zurechnen.

3.3.3.2.5 Verrechnung innerbetrieblicher Leistungen

Nach Abschluss der Verrechnung der primären Kostenstellenkosten sind die in dem Betrachtungszeitraum (Monat) tatsächlich entstandenen Kosten aus der Kostenartenrechnung in die Kostenstellenrechnung übernommen. Damit sind die Kostenartenkonten entlastet und die Kostenstellenkonten belastet. Die Belastung mit primären Kostenstellenkosten erfolgt sowohl für die Hauptkostenstelle als auch für die Hilfskostenstellen. Im Gegensatz zu den Hauptkostenstellen, die ihre Kosten auf die hergestellten Kostenträger weiterverrechnen, nehmen die leistende Hilfskostenstellen eine Weiterverrechnung ihrer Kosten auf andere empfangend Kostenstellen vor. Die von den Hilfskostenstellen weiterverrechneten Kosten sind aus der Sicht der belasteten(empfangenden) Kostenstellen sekundäre Kostenstellenkosten.

> Sekundäre Kostenstellenkosten sind die im Rahmen der Umlage der Kosten einer (leistenden) Hilfskostenstelle auf andere (empfangende) Kostenstellen zu verrechnenden Kosten.

Der Zweck der Weiterverrechnung der Kostenstellenkosten der Hilfskostenstelle auf andere Kostenstellen ist im Ergebnis die Kostenumlage auf die in den Hauptkostenstellen gefertigten Kostenträger (Produkte, Produktgruppen, Aufträge). Die Kosten der Hilfskostenstellen können nicht direkt auf die Kostenträger verrechnet werden. Die Verrechnung erfolgt vielmehr in der Weise, dass die Kosten der Hilfskostenstellen über die innerbetriebliche Leistungsverrechnung im Ergebnis auf die Hauptkostenstellen verteilt und dort anhand von Zuschlagssätzen auf die in den Hauptkostenstellen gefertigten Kostenträger verrechnet werden.

Maßgebend für die Verrechnung der sekundären Kostenstellenkosten sind die **innerbetrieblichen Leistungen**, die von einer (leistenden) Hilfskostenstelle an andere (empfangende) Kostenstellen erbracht werden. Innerbetriebliche Leistungen werden auch als **Wiedereinsatzleistungen** bezeichnet. Sie sind dadurch charakterisiert, dass sie von den empfangenden Kostenstellen im Verlauf der Fertigung der Kostenträger verbraucht werden.

Organisatorisch wird die **Verrechnung** der sekundären Kostenstellenkosten im BAB vorgenommen.

Nach den zwischen den Kostenstellen eines Unternehmens bestehenden Leistungsbeziehungen lassen sich die Verfahren der **innerbetrieblichen Leistungsverrechnung** danach unterscheiden, ob

- einseitige Leistungsbeziehungen oder
- gegenseitige Leistungsbeziehungen

bestehen.

Bei **einseitigen Leistungsbeziehungen** zwischen den Kostenstellen lassen sich die Kostenstellen in der Weise anordnen, dass immer nur nachgeordnete Kostenstellen von den vorgeordneten Kostenstellen Leistungen empfangen. Einseitige Leistungsbeziehungen können unter Anwendung **sukzessiver** Verrechnungsverfahren erfasst werden.

Bei **gegenseitigen Leistungsbeziehungen** zwischen den Kostenstellen ist eine Anordnung der Kostenstellen entsprechend dem Leistungsempfang der Kostenstellen nicht möglich. Die Interdependenz der innerbetrieblichen Leistungen bewirkt, dass gegenseitige Leistungsbeziehungen nur mit **simultanen** Verrechnungsverfahren erfasst werden können.

Als **sukzessive** Verfahren der Verrechnung sekundärer Kostenstellenkosten (Kosten innerbetrieblicher Leistungen) werden unterschieden das

- Kostenartenverfahren,
- Kostenstellenumlageverfahren,
- Kostenstellenausgleichsverfahren,
- Kostenträgerverfahren.

Die folgenden Ausführungen beschränken sich auf die Darstellung der vielfach angewandten Verfahrensvarianten des Kostenstellenumlageverfahrens und des Simultanverfahrens.

Die Varianten des **Kostenstellenumlageverfahrens** sind

- Anbauverfahren,

- Stufenverfahren,
- Sprungverfahren.

(1) Anbauverfahren

Das **Anbauverfahren** berücksichtigt bei der Verrechnung der sekundären Kostenstellenkosten lediglich die Leistungsbeziehungen zwischen den sekundären Kostenstellen und den primären Kostenstellen. Innerbetriebliche Leistungen zwischen den sekundären Kostenstellen werden ebenso vernachlässigt wie der Eigenverbrauch der leistenden sekundären Kostenstelle.

Graphisch lässt sich das wie folgt darstellen (Abb. 4.3.53):

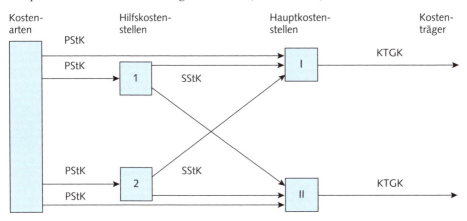

Abbildung 4.3.53: Anbauverfahren

Beispiel

Es bestehen folgende Leistungsbeziehungen zwischen den Hilfskostenstellen H1 und H2 sowie den beiden Hauptkostenstellen HI und HII in Leistungseinheiten:

Leistende Kostenstelle	Empfangende Kostenstelle				Σ
	H 1	H 2	H I	H II	
H 1	25	75	180	245	525
H 2	10.000	52.500	100.000	165.000	337.500
H I	–	–	10	20	
H II	–	–	30	25	
Primäre Kostenstellenkosten €	26.248	50.623			

Beim Anbauverfahren werden nur die Leistungsbeziehungen zwischen den Hilfskostenstellen und den Hauptkostenstellen berücksichtigt. Die Verrechnungspreise der Hilfskostenstellen pro Leistungseinheit ergeben sich mit

$$q_1 = \frac{26.248 \text{ €}}{425 \text{ €}} = 61{,}76 \text{ €,}$$

$$q_2 = \frac{50.623 \text{ €}}{265.000 \text{ €}} = 0{,}19103 \text{ €.}$$

Die den Hauptkostenstellen I und II belasteten sekundären Kostenstellenkosten sind dann:
- für die Hauptkostenstelle I
  K = 180 · 61,76 € + 100.000 · 0,19103 € = 30.220 €,
- für die Hauptkostenstelle II
  K = 245 · 61,76 € + 165.000 · 0,19103 € = 46.651 €.

(2) Stufenverfahren

Das Stufenverfahren berücksichtigt bei der Verrechnung der sekundären Kostenstellenkosten sowohl die Leistungsbeziehungen zwischen den Hilfskostenstellen und den Hauptkostenstellen als auch einseitige innerbetriebliche Leistungsbeziehungen bei den Hilfskostenstellen entsprechend ihrer Anordnung bei der Kostenverrechnung.

Graphisch lässt sich das wie folgt darstellen (Abb. 4.3.54):

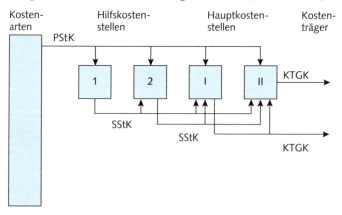

Abbildung 4.3.54: Stufenverfahren

Beispiel

Es bestehen die bei der Darstellung des Anbauverfahrens angeführten Leistungsbeziehungen. Beim Stufenverfahren werden die Leistungsbeziehungen zwischen den Hilfskostenstellen und den Hauptkostenstellen sowie zwischen den Hilfskostenstellen entsprechend der Anordnungsbeziehung berücksichtigt. Die Verrechnungspreise der Hilfskostenstellen pro Leistungseinheit ergeben sich für die oben angeführten Daten mit

$$q_1 = \frac{26.248 \text{ €}}{525 - 25} = 52{,}496 \text{ €,}$$

$$q_2 = \frac{50.623\ € + 75 \cdot 52{,}496\ €}{337.500 - (20.000 + 52.500)} = 0{,}20589\ €.$$

Die den Hauptkostenstellen I und II belasteten sekundären Kostenstellenkosten sind dann:
- für die Hauptkostenstelle I
  K = 180 · 52,496 € + 100.000 · 0,20589 € = 30.038 €,
- für die Hauptkostenstelle II
  K = 245 · 52,496 € + 165.000 · 0,20589 € = 46.833 €.

(3) Sprungverfahren

Das Sprungverfahren berücksichtigt bei der innerbetrieblichen Leistungsverrechnung sowohl die **Leistungsbeziehungen** zwischen den **Hilfskostenstellen** und den **Hauptkostenstellen** als auch einseitige innerbetriebliche Leistungsbeziehungen zwischen den **Hilfskostenstellen entsprechend** ihrer **Anordnung** bei der Kostenverrechnung. Es stellt eine Kombination des Anbauverfahrens und des Stufenverfahrens dar.

Das Sprungverfahren erlaubt ebenso wie das Stufenverfahren eine **direkte Verrechnung** der innerbetrieblichen Leistungen auf die **Hauptkostenstellen**. Die Verrechnung erfolgt anhand festgelegter **Anteilsätze** der von den Hilfskostenstellen an die Hauptkostenstellen erbrachten innerbetrieblichen Leistungen. Die Anteilsätze werden unter Zugrundelegung des Stufenverfahrens ermittelt. Liegen die Anteilsätze für die Hilfskostenstellen vor, so kann die innerbetriebliche Leistungsverrechnung für alle Hilfskostenstellen (im Sprung) direkt auf die Hauptkostenstellen erfolgen.

Liegen die Anteilsätze für die Verrechnung der Kosten der Hilfskostenstellen fest, so ist das Sprungverfahren äußerst einfach zu handhaben. Es erfolgt lediglich eine Multiplikation des Anteilsatzes einer Hilfskostenstelle mit den Kostenstellenkosten der Hilfskostenstelle.

Beispiel
In einem Unternehmen bestehen die im obigen Beispiel zum Anbauverfahren angeführten Leistungsbeziehungen.
Die Leistungen der Hilfskostenstelle 1 an die nachgelagerte Hilfskostenstelle 2 und die Hauptkostenstellen I und II stellen sich wie folgt dar:

Leistende Kostenstelle	Empfangende Kostenstelle			Σ
	2	I	II	
1	75	180	245	500
Anteilsatz (2, I, II)	0,15	0,36	0,49	1
Anteilsatz (I, II)	–	0,4235	0,5765	1

Maßgebend für die Verrechnung der Kosten der Hilfskostenstelle 1 auf die Hauptkostenstellen I und II sind die zuletzt angeführten Anteilsätze. In entsprechender Weise lassen sich die Anteilsätze der Hilfskostenstelle 2 angeben:

Leistende Kostenstelle	Empfangende Kostenstelle		Σ
	I	II	
2	100.000	165.000	265.000
Anteilsatz (I, II)	0,3774	0,6226	1

Die den Hauptkostenstellen I und II belasteten sekundären Kostenstellenkosten sind dann:
- für die Hauptkostenstelle I
  K = 26.248 € · 0,4235 + 50.623 € · 0,3774 = 30.221 €,
- für die Hauptkostenstelle II
  K = 26.248 € · 0,5765 + 50.623 € · 0,6226 = 46.650 €.

(4) Simultanverfahren

Bestehen gegenseitige Leistungsbeziehungen zwischen den Hilfskostenstellen, so entsprechen die genannten Verfahren der Verrechnung sekundärer Gemeinkosten nicht dem Kostenverursachungsprinzip. Eine verursachungsgerechte Kostenverrechnung erfordert die Anwendung des Simultanverfahrens. Bei dem Verfahren werden sowohl die gegenseitigen Leistungsbeziehungen zwischen den Hilfskostenstellen als auch deren Eigenverbrauch berücksichtigt.

Graphisch lässt sich das wie folgt darstellen (Abb. 4.3.55):

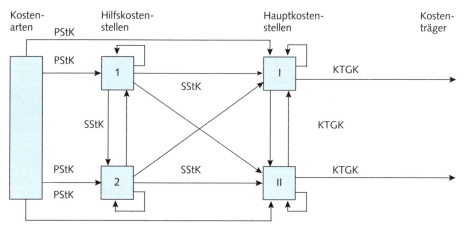

Abbildung 4.3.55: Simultanverfahren

Beispiel
Es bestehen wiederum die oben angeführten Leistungsbeziehungen. Sie werden beim Simultanverfahren vollständig berücksichtigt. Die Verrechnungspreise der Hilfskostenstellen pro Leistungseinheit ergeben sich für die angeführten Daten mit

$$q_1 = \frac{26.248\ € + 25\ q_1 + 20.000\ q_2}{525}$$

$$q_2 = \frac{50.623\ € + 75\ q_1 + 52.500\ q_2}{337.500}$$

$$\Rightarrow q_1 = 60{,}235\ €;\quad q_2 = 0{,}1934759\ €.$$

Die den Hauptkostenstellen belasteten sekundären Kostenstellenkosten sind dann:
- für die Hauptkostenstelle I
  K = 180 · 60,235 € + 100.000 · 0,1934759 € = 30.190 €,
- für die Hauptkostenstelle II
  K = 245 · 60,235 € + 165.000 · 0,1934759 € = 46.681 €.

Nach Durchführung der innerbetrieblichen Leistungsverrechnung sind die primären und sekundären Kostenstellenkosten den Hauptkostenstellen belastet. Die Bildung der Kalkulationssätze zur Weiterverrechnung der Kostenträgergemeinkosten auf die Kostenträger erfolgt in der Weise, dass zunächst durch die Bildung des Quotienten aus gesamten Gemeinkosten und Bezugsgröße der Kostenstelle der Gemeinkostensatz pro Bezugsgrößeneinheit ermittelt wird. Durch Multiplikation der von den Kostenträgern in Anspruch genommenen Bezugsgrößeneinheiten ergeben sich die den Kostenträgern zu belastenden Gemeinkosten.

3.3.3.3 Kostenträgerrechnung

In der Kostenträgerrechnung werden die Kosten für die Leistungseinheit ermittelt. Als Leistungseinheit versteht man überwiegend die Einheit der hergestellten oder verkauften Produkte. Als Kosten für die Leistungseinheit können auch die pro Auftrag oder pro Serie angefallenen Kosten verstanden werden.

3.3.3.3.1 Aufgaben der Kostenträgerrechnung

Die Ermittlung der den Kostenträgern zuzurechnenden Kosten kann unterschiedlichen Aufgaben dienen. Zu nennen sind:
- Preisfestsetzung der Produkte,
- Bewertung der Bestände an Halb- und Fertigprodukten.

(1) Die Ermittlung der Kostenträgerkosten zum Zwecke der Preisfestsetzung der Produkte wird als wichtigste Zielsetzung der Kalkulation angesehen. Den Überlegungen liegt dabei die Vorstellung zu Grunde, dass die Angebotspreise der Produkte in der Weise ermittelt werden, dass die mit der Kalkulation errechneten Selbstkosten pro Produkteinheit um einen Gewinnzuschlag erhöht werden (Kostenpreis).

Diese Auffassung steht im Widerspruch zu preistheoretischen Erkenntnissen, nach denen die Angebotsfunktion aus der Grenzkostenfunktion abzuleiten ist und der Marktgleichgewichtspreis durch den Verlauf der Marktangebots- und Nachfragefunktion bestimmt wird. Allerdings entbehrt dieser generelle Einwand gegen die Bestimmung eines Kostenpreises der Grundlage, wenn die der Preistheorie zu Grunde liegenden Prämissen nicht gegeben sind. Dafür lassen sich namentlich die folgenden Situationen anführen:

- Die Nachfrager akzeptieren auf Grund persönlicher, sachlicher oder räumlicher Präferenzen bzw. wegen fehlender Markttransparenz den auf der Basis von Selbstkosten und Gewinnzuschlag festgelegten Angebotspreis;
- Es bestehen vertragliche Vereinbarungen über die Festsetzung des Angebotspreises auf Kosten- und Gewinnzuschlagsbasis
- Der Angebots- und Nachfragemechanismus auf einem Markt wird durch gesetzliche Regelungen zugunsten einer Kostenpreisfestsetzung außer Kraft gesetzt.

Für die beiden letztgenannten Situationen ist anzugeben, nach welchen Verfahren die Selbstkosten zu ermitteln sind und welche Gewinnzuschläge maximal verrechnet werden dürfen. Solche Verfahrensvorschriften erhalten die Leitsätze für die Preisermittlung auf Grund von Selbstkosten (LSP), die auf Grund der Verordnung PR 30/53 des Bundesministers für Wirtschaft über Preise bei öffentlichen Aufträgen (VPöA) gelten.

(2) Die Notwendigkeit zur Ermittlung der Kostenträgerkosten zum Zwecke der Bestandsbewertung für Halb- und Fertigprodukte ergibt sich aus handels- und steuerrechtlichen Bilanzierungs- und Bewertungsvorschriften (§§ 252–256 HGB, § 6 EStG). Danach sind die selbsterstellten Betriebsmittel sowie Halb- und Fertigprodukte mit den Herstellungskosten zu bewerten. Die Herstellungskosten unterscheiden sich wesentlich von den in der Kostenträgerrechnung ermittelten Herstellkosten durch

- ihren Charakter als pagatorische, aufwandsbezogene Größe,
- ihre Ausrichtung an Istgrößen,
- die Ermessensfreiheit bezüglich der Einrechnung angemessener Teile der notwendigen Materialgemeinkosten, der notwendigen Fertigungsgemeinkosten und des Werteverzehrs des Anlagevermögens, soweit er durch die Fertigung veranlasst ist, sowie die Ermessensfreiheit in Bezug auf die Einrechnung der Kosten der allgemeinen Verwaltung, der Aufwendungen für soziale Einrichtungen des Betriebs, der Aufwendungen für freiwillige soziale Leistungen und der Aufwendungen für betriebliche Altersversorgung.

Die in der Kostenträgerrechnung ermittelten Herstellkosten für die Halb- und Fertigprodukte sind für den Ansatz in der Handels- und Steuerbilanz in entsprechender Weise zu korrigieren.

3.3.3.3.2 Kalkulationsverfahren

Zur Verrechnung der Kosten auf den Kostenträger wird eine Vielzahl von Verfahren diskutiert und in der Praxis angewandt. Sämtliche Kalkulationsverfahren sind rechentechnische Kostenzuordnungsverfahren, die nichts über den Inhalt der auf einen Kostenträger verrechneten Kosten aussagen. Sie sind unabhängig davon anwendbar, ob es sich bei den verrechneten Kosten um vergangenheits- oder zukunftsbezogene Kosten bzw. um Kostenträgervollkosten oder Kostenträgerteilkosten handelt.

Die Tauglichkeit eines bestimmten Kostenverrechnungsverfahrens für ein Unternehmen wird von mehreren Faktoren bzw. Sachverhalten bestimmt. Als solche kommen u. a. in Betracht:

- die Anzahl der hergestellten Kostenträgerarten (Einproduktfertigung, Mehrproduktfertigung),
- die Art der Herstellung der Kostenträger (Einfachproduktion, Kuppelproduktion),
- die Anzahl der abzurechnenden Kostenstellen (Einkostenstellenbetrieb, Mehrkostenstellenbetrieb),
- die Behandlung verrechnungstechnisch verschiedener Kosten (Kostenträgereinzelkosten, Kostenträgergemeinkosten),
- die Behandlung funktionsbezogen unterschiedlicher Kosten (Material-, Fertigungs-, Verwaltungs-, Vertriebskosten).

Abhängig von den angeführten Faktoren und Sachverhalten lassen sich die Verfahren der Kostenverrechnung auf den Kostenträger gliedern in Verfahren der

- Divisionskalkulation,
- Zuschlagskalkulation,
- Kuppelproduktkalkulation.

3.3.3.3.2.1 Divisionskalkulation

Die Verfahren der Divisionskalkulation sind dadurch gekennzeichnet, dass die für eine Betrachtungsperiode angefallenen Kosten durch die in der Periode hergestellten bzw. abgesetzten Kostenträger oder Leistungseinheiten dividiert werden.

Bei der Divisionskalkulation erfolgt keine Trennung in Kostenträgereinzelkosten und Kostenträgergemeinkosten, ebenso wenig eine differenzierte Zurechnung einzelner Kostenarten auf die Kostenträger.

Alternative Formen der Divisionskalkulation sind die

- summarische Divisionskalkulation,
- differenzierte Divisionskalkulation,
- Äquivalenzziffern-Divisionskalkulation.

Die Kosten pro Einheit des Kostenträgers werden mit den einzelnen Verfahren wie folgt ermittelt:

(1) Summarische (kumulative, einstufige) Divisionskalkulation

Wird nur ein Produkt mit der Fertigungsmenge x erstellt, so ergeben sich die **Stückkosten** k aus der Division der Gesamtkosten K durch die Fertigungsmenge mit

$$k = \frac{K}{x}.$$

Beispiel
Vereinfachend werden die oben im BAB angeführten Kostenarten zu drei Kostenarten zusammengefasst. Die Fertigungsmenge betrage 29.800 Stück

Kostenarten	Gesamtkosten €	Stückkosten €
Materialeinzelkosten	320.480	10,7544
Fertigungslöhne	228.019	7,6516
Kostenträgergemeinkosten	392.068	13,1566
	940.567	31,5626

Die Stückkosten ergeben sich mit

$$k = \frac{940.567\ €}{29.800} = 31{,}5626\ €.$$

(2) Differenzierte (elektive, mehrstufige) Divisionskalkulation

Sollen die Kosten des einzigen Produktes auf verschiedenen Produktions- und Absatzstufen des Betriebes ermittelt werden, z. B. zur Feststellung der Kosten des Halbfertigproduktes, so bedarf es eines differenzierten Kalkulationsverfahrens. Wird eine Untergliederung des Betriebes in l Kostenstellen vorgenommen und werden die Kosten K einer Kostenstelle auf diejenigen Produktmengen verteilt, die die Kostenstelle in Anspruch genommen haben, so gilt für die Stückkosten der Kostenstelle gleichfalls k = K / x.

Je nach Fertigungszustand des Produktes werden die Kosten für die Kostenstellen h (h = 1, 2, ..., l), die das Produkt durchlaufen hat, summiert. Bei Inanspruchnahme aller Kostenstellen ergeben sich die Stückkosten mit

$$k = \sum_{h=1}^{l} K_h / x_h.$$

Beispiel
Vereinfachend werden die oben im BAB angeführten Kostenarten wiederum zu drei Kostenarten zusammengefasst, allerdings differenziert nach Kostenstellen.

Kostenarten		Kostenstellen					
		Material	Fertigung			Verwaltung	Vertrieb
			I	II	III		
Material-einzelkosten	€	320.480	–	–	–	–	–
Fertigungs-löhne	€	–	95.568	86.433	46.018	–	–
Gemein-kosten	€	39.964	62.253	80.236	47.721	96.277	65.617
		360.444	157.821	166.669	93.739	96.277	65.617
Produktmenge		29.800	29.800	25.400	20.600	29.800	18.500
Stückkosten je Kostenstelle	€	12,0954	5,296	6,5618	4,5504	3,2308	3,5469

Die Stückkosten (für das verkaufte Fertigprodukt) ergeben sich aus der Addition der Stückkosten je Kostenstelle mit k = 35,2813 €.

(3) Äquivalenzziffernkalkulation

Werden mehrere Produkte der Menge x_j hergestellt, die in Bezug auf das Fertigungsverfahren, die Fertigungszeit und die eingesetzten Produktionsfaktoren verwandt und vergleichbar sind, z. B. unterschiedliche Biersorten, so lassen sich die Mengen der unterschiedlichen Produkte mit Hilfe der Äquivalenzziffern α_j in Mengen eines fiktiven Einheitsproduktes x_e umrechnen mit

$$k = \sum_{j=1}^{n} x_j \alpha_j.$$

Unter Verwendung der Äquivalenzziffern und der Stückkosten $k_e = K/x_e$ des fiktiven Einheitsproduktes lassen sich die Stückkosten der effektiven Produkte j (j = 1, 2, ..., n) ermitteln mit

$$k_j = k_e \alpha_j.$$

Beispiel
In einem Mehrproduktbetrieb bestehe Sortenfertigung, wobei die Sorten 1 bis 4 eines ähnlichen Produktes, z. B. Bier, hergestellt werden. Sorte 1 verursache 100 %, Sorte 3 dagegen 70 % und Sorte 4 schließlich 120 % höhere Kosten als Sorte 2.

Sorte j	Äquivalenzziffer α_j	Produktmenge x_j	Einheitsproduktmenge x_e
1	2,0	3.000	6.000
2	1,0	12.800	12.800
3	1,7	5.700	9.690
4	2,2	8.300	18.260
			46.750

Bei Gesamtkosten von 940.567 € ergeben sich die Stückkosten des Einheitsproduktes, die gleich den Stückkosten der Sorte 2 sind, mit

$$k_e = k_2 = \frac{940.567\ €}{46.750} = 20{,}11908\ €.$$

Die Stückkosten der Sorten 1, 3 und 4 sind dann
$k_1 = 40{,}23816$ €; $k_3 = 34{,}202436$ €; $k_4 = 44{,}261976$ €.

3.3.3.3.2.2 Zuschlagskalkulation

Die Verfahren der Zuschlagskalkulation sind dadurch gekennzeichnet, dass bei der Verrechnung der Kosten auf die Kostenträger eine Trennung in Kostenträgereinzelkosten und Kostenträgergemeinkosten vorgenommen wird. Die Kostenträgereinzelkosten werden den Kostenträgern direkt zugerechnet, die Zurechnung der Kostenträgergemeinkosten erfolgt indirekt mit Hilfe von Zuschlagssätzen.

Die Kostenverrechnung auf die Kostenträger unter Anwendung der Verfahren der Zuschlagskalkulation ist erforderlich, wenn die Voraussetzungen für die Anwendbarkeit der Verfahren der Divisionskalkulation nicht gegeben sind. Dies gilt immer dann, wenn das Produktionsprogramm eines Unternehmens aus Kostenträgern (Produkten) besteht, die sich in Bezug auf

- die anzuwendenden Produktionsverfahren,
- die Fertigungs- oder Maschinenzeit für die Herstellung,
- die einzusetzenden Produktionsfaktoren

wesentlich unterscheiden (z.B. Einzel- und Auftragsfertigung oder Serienfertigung wesentlich unterschiedlicher Produkte).

Als Verfahren der Zuschlagskalkulation unterscheidet man insbesondere

- die summarische Zuschlagskalkulation und
- die differenzierte Zuschlagskalkulation.

(1) Summarische Zuschlagskalkulation

Bei der summarischen Zuschlagskalkulation werden die Kosten pro Produkteinheit j ermittelt nach dem Schema

Materialeinzelkosten
+ Lohneinzelkosten (Fertigungslöhne)
+ Sondereinzelkosten der Fertigung
= Einzelkosten
+ summarische Gemeinkosten
= **Selbstkosten**

Formal ergeben sich die Einzelkosten k_{Ej} pro Produkteinheit j als Summe der Einzelkostenarten i.

Sämtliche nicht als Einzelkosten zurechenbare Kosten werden addiert. Sie ergeben die insgesamt entstandenen Gemeinkosten K_G.

Wird nur eine einzige Bezugsgröße b verwendet, so ergeben sich bei dem summarischen Zuschlagssatz $z_G = K_G/b$ die Stückkosten k_j für das Produkt j mit

$$k_j = k_{Ej} + \beta_j z_G,$$

mit β_j als Bezugsgröße pro Einheit des Produktes j.

Sind speziell die Einzelkosten die einzige Bezugsgröße, so gilt für die Stückkosten k_j des Produktes j

$$k_j = k_{Ej} + k_{Ej} z_G = k_{Ej}(1 + z_G).$$

Beispiel
Die Einzelkosten pro Einheit eines Produktes seien 25,55 €. Die gesamten Gemeinkosten des Unternehmens betragen 448.319 €. Die gesamten Einzelkosten, die als Bezugsgröße für die Verrechnung der Gemeinkosten verwendet werden, seien für alle Produkte zusammen 876.650 €.
Es ergibt sich ein summarischer Gemeinkostenzuschlagssatz von

$$z_G = \frac{448.319 \,€}{876.650 \,€} = 0{,}5114.$$

Die Stückkosten pro Einheit des Produktes betragen
k = 25,55 € (1 + 0,5114) = 38,61627 €.

(2) Differenzierte Zuschlagskalkulation
Bei der differenzierten Zuschlagskalkulation werden die Kosten pro Produkteinheit ermittelt nach dem Schema

	Materialeinzelkosten
+	Materialgemeinkosten
=	**Materialkosten**
+	Lohneinzelkosten (Fertigungslöhne)
+	Fertigungsgemeinkosten
+	Sondereinzelkosten der Fertigung
=	**Fertigungskosten**
=	**Herstellkosten**
+	Verwaltungsgemeinkosten
+	Vertriebsgemeinkosten
+	Sondereinzelkosten des Vertriebs
=	**Selbstkosten**

Die Einzelkosten k_{Ej} pro Produkteinheit j ermittelt man in gleicher Weise wie bei der summarischen Zuschlagskalkulation.

Der wesentliche Unterschied zu den Verfahren der summarischen Zuschlagskalkulation besteht bei der Verrechnung der Gemeinkosten. Sie werden bei der differenzierten Zuschlagskalkulation nicht über einen einheitlichen Zuschlagssatz, sondern differenziert nach Kostenstellenzuschlagssätzen $z_{Gh} = K_{Gh}/b_h$ mit h = (1, 2,..., l den Produkten zugerechnet.

Als **Bezugsgröße** b_h werden vielfach verwendet:

- für die Verrechnung der Materialgemeinkosten die Materialeinzelkosten k_M als Bezugsgröße
- für die Verrechnung der Fertigungsgemeinkosten die Lohneinzelkosten (Fertigungslöhne) k_L
- für die Verrechnung der Verwaltungs- und Vertriebsgemeinkosten die Herstellkosten k_H.

> Im BAB der Abb. 3.3.27 betragen die Materialeinzelkosten 320.480 €; Bei Materialgemeinkosten in Höhe von 39.964 € wird ein Kalkulationszuschlagssatz von 12,47 % errechnet. Nach demselben Verfahren werden die Sätze für die anderen Hauptkostenstellen ermittelt.

Bezeichnet man die entsprechenden Gemeinkostenzuschlagssätze mit z_M für Materialgemeinkostsen und z_L für Lohngemeinkosten sowie z_V, so ergeben sich die Gemeinkosten für das Produkt j im Herstellbereich mit

$$k_{GHj} = k_{Mj} z_M + k_{Lj} z_L.$$

Bei Einbeziehung der Einzelkosten für das Produkt j im Herstellbereich k_{Hj} ergeben sich die **Herstellkosten** für das Produkt j mit

$$k_{Hj} = k_{EHj} + k_{GHj}.$$

Unter Berücksichtigung des Gemeinkostenzuschlags k_V sowie der Einzelkosten k_{Vj} für das Produkt j im Verwaltungs- und Vertriebsbereich ergeben sich die **Selbstkosten** für das Produkt mit

$$k_{Sj} = k_{Hj}(1 + z_V) + k_{Vj}.$$

Die Ermittlung der vollen und der variablen Selbstkosten des Produktes j kann grundsätzlich mit dem gleichen Verfahren erfolgen. Im ersten Fall beinhalten die Zuschlagssätze Vollkostensätze, im zweiten Teilkostensätze, die einer Verrechnung der variablen Gemeinkosten dienen.

Beispiel
Die Materialeinzelkosten pro Einheit eines Produktes seien 9,70 €, die Fertigungslöhne in den Kostenstellen I bis III pro Produkteinheit seien 7,40 €, 4,80 € und 3,65 €. Bei Anwendung der im oben angeführten BAB ermittelten Zuschlagssätze errechnen sich die Selbstkosten pro Einheit des Produktes wie folgt:

Materialeinzelkosten		9,7000 €
darauf Materialgemeinkosten 12,47 %		1,2096 €
Materialkosten		10,9096 €
Fertigungslöhne H I	7,40 €	
darauf Fertigungsgemeinkosten 65,14 %	4,8204 €	
Fertigungslöhne H II	4,80 €	
darauf Fertigungsgemeinkosten 92,83 %	4,4558 €	
Fertigungslöhne H III	3,65 €	
darauf Fertigungsgemeinkosten 103,7 %	3,7851 €	28,9113 €
Herstellkosten		39,8209 €
darauf Verwaltungskosten 12,3642 %		4,9235 €
Vertriebskosten 8,4268 %		3,3556 €
Selbstkosten		48,1000 €

3.3.3.3.2.3 Kuppelproduktkalkulation

Die Kuppelproduktkalkulation (Kalkulation bei verbundener Produktion) ist bei Fertigungsprozessen anzuwenden, bei denen auf Grund technologischer Bedingungen des Produktionsprozesses zwangsläufig in einem Arbeitsgang **gleichzeitig** mehrere Kostenträger (Produkte) unterschiedlicher Art entstehen.

Die bei der Kuppelproduktion zwangsläufig entstehenden unterschiedlichen Produktarten (Kuppelprodukte) können in festen Mengenrelationen zueinander stehen oder innerhalb vorgegebener enger Intervalle variieren.

Beispiele für das Vorliegen einer Kuppelproduktion sind die Fertigung bei

- Hochöfen, bei denen in einem Fertigungsprozess die Produktarten «Roheisen, Schlacke, und Gas» gleichzeitig erzeugt werden oder

- Raffinerien, bei denen in einem Fertigungsprozess die Produktarten «Schweröl, Leichtöl, Benzin, und Gas» gleichzeitig hergestellt werden.

Für die Kuppelproduktkalkulation sind mehrere Verfahren entwickelt worden; die bekanntesten sind

- die Restwertkalkulation und
- die Verteilungskalkulation.

(1) Restwertkalkulation

Das Verfahren der Kalkulation als Restwertkalkulation (Subtraktionsverfahren) wird angewendet, wenn sich die Kuppelprodukte eines Kuppelproduktpäckchens in ein Hauptprodukt und ein oder mehrere Neben- oder Abfallprodukte einteilen lassen. Als Hauptprodukt wird die Produktart aufgefasst, die in ihrer ökonomischen Bedeutung weit über den anderen Produkten des Kuppelproduktpäckchens liegt und den Hauptgegenstand der Kalkulation bildet, z. B. die Produktart «Roheisen beim Hochofenprozess».

Die Kalkulation als Restwertkalkulation stellt auf die Herstellkosten bzw. auf die Selbstkosten für eine Einheit des Hauptproduktes ab. Die Ermittlung der Hauptproduktkosten erfolgt unter Anwendung der Divisionskalkulation. Die Divisionskalkulation ermittelt die Kosten für einen Kostenträger durch Division der der Kostenträgerart zuzuordnenden Gesamtkosten durch die Anzahl der hergestellten bzw. abgesetzten Kostenträgereinheiten des Hauptproduktes.

Das Verfahren der Restwertkalkulation lässt sich nach dem folgenden Schema durchführen:

Kuppelproduktgesamtkosten
− Nettoerlöse Neben-/Abfallprodukte
= Restwert
: Hauptproduktmenge
= Restwert pro Hauptprodukteinheit
+ Sondereinzelkosten des Vertriebs pro Hauptprodukteinheit
= Selbstkosten pro Hauptprodukteinheit

Für die formale Darstellung seien die folgenden Annahmen getroffen. Es bezeichnet

$$G_N = \sum_{j=2}^{n} (p_j - k_{Vj}) x_j$$

die Nettoerlöse für die Neben- und Abfallprodukte. Dabei bezeichnet p_j den Produktpreis, k_{Vj} die Sondereinzelkosten des Vertriebs und x_j die Produkt- bzw. Absatzmenge des Neben- oder Abfallproduktes j (j = 2, 3, ..., n).

Gibt K die Plankuppelproduktgesamtkosten ausschließlich der den einzelnen Produkten direkt zurechenbaren Kosten, x die hergestellte bzw. abgesetzte Hauptproduktmenge und k_V die Sondereinzelkosten des Vertriebs für das Hauptprodukt an, so lässt sich die Bestimmungsgleichung für die Selbstkosten k_S pro Einheit des Hauptproduktes angeben mit

$$k_S = \frac{K - G_N}{x} + k_V.$$

■
Beispiel
Die Gesamtkosten in einem Unternehmen, das die Produkte 1, 2, 3 und 4 in einem Kuppelprozess herstellt, betragen für die Betrachtungsperiode 1.019.500 €. Die den einzelnen Kuppelproduktarten direkt zurechenbaren Sondereinzelkosten des Vertriebs sind zusammen 78.900 €. Darüber hinaus werden für das Hauptprodukt (Produkt 1) und die Neben- oder Abfallprodukte 2, 3 und 4 die folgenden Daten ermittelt:

Produkt	Produktmenge	Produktpreis	Sondereinzelkosten des Vertriebs
		€	€
1	3.000	–	5,8
2	2.800	22	2
3	5.700	37	3,4
4	8.300	45	4,4

Die Selbstkosten pro Einheit des Hauptproduktes errechnen sich wie folgt:
- Die Gesamtkosten des Kuppelproduktionsprozesses sind 940.600 €.
- Die Nettoerlöse für die Neben- und Abfallprodukte 2, 3 und 4 errechnen sich mit 584.500 €.
- Man erhält den Restwert als Differenz mit 356.100 €. Der Restwert pro Hauptprodukteinheit ergibt sich mit 118,70 €.
- Für die Selbstkosten pro Hauptprodukteinheit gilt schließlich k_S = 124,50 €.

Die Selbstkosten für die Neben- und Abfallprodukte 2, 3 und 4 entsprechen nach der dem Verfahren immanenten Unterstellung den Produktpreisen und ergeben sich entsprechend mit
k_{S2} = 22 €,
k_{S3} = 37 €,
k_{S4} = 45 €.
■

(2) Verteilungskalkulation

Das Verfahren der Kalkulation als Verteilungskalkulation (Schlüsselverfahren) wird angewendet, wenn die Kuppelprodukte eines Kuppelproduktpäckchens Hauptprodukte sind, d. h., wenn der Produktionsprozess zur gleichzeitigen Herstellung mehrerer in ihrer ökonomischen Bedeutung gleichwertiger Produkte führt z. B. die Produktarten «Heizöl, Benzin beim Erdölraffinerieprozess».

Die Ermittlung der Kosten des Kuppelproduktprozesses von gleichgewichtigen Produkten (Hauptprodukten) wird unter Verwendung von Verteilungsschlüsseln durchgeführt. Ziel ist die Ermittlung der Herstellkosten bzw. der Selbstkosten pro Einheit der einzelnen Produkte (Hauptprodukte).

Das zentrale Problem der Kostenermittlung unter Verwendung der Verteilungskalkulation ist die Festlegung des maßgeblichen Verteilungsschlüssels. Es werden unterschiedliche Größen diskutiert und in der Praxis angewendet. Als solche gelten insbesondere

- Mengenanteile,
- physikalische Eigenschaften,
- Marktpreise,
- Verwertungsüberschüsse.

Bei Zugrundelegung der Marktpreise der einzelnen Kuppelprodukte als Verteilungsschlüssel für die Kosten der Kuppelproduktion ergeben sich die Selbstkosten für das Kuppelprodukt j (j = 1, 2, ..., n) durch Multiplikation des Produktpreises p_j für das Kuppelprodukt j mit der durchschnittlichen Kostenquote. Letztere erhält man als Quotient aus den Gesamtkosten der Kuppelproduktion und dem Gesamtumsatz.

Formal ergeben sich die Selbstkosten k_{Sj} pro Einheit des Kuppelproduktes j (j = 1, 2, ..., n) mit

$$k_{Sj} = \frac{K}{\sum_j p_j x_j} p_j.$$

Beispiel
Für ein Unternehmen seien die Daten des obigen Beispiels bei der Restwertkalkulation gegeben. Produktspezifische Sondereinzelkosten des Vertriebs seien nicht angefallen. Zusätzlich wird der Produktpreis für das Produkt 1 mit 200 € angenommen. Die Selbstkosten pro Einheit der Kuppelprodukte 1, 2, 3 und 4 errechnen sich wie folgt:
- Die Gesamtkosten der Kuppelproduktion sind 940.600 €.
- Der Gesamtumsatz für die Kuppelprodukte 1 bis 4 beträgt 1.246.000 €.
- Die durchschnittliche Kostenquote errechnet sich aus dem Quotienten der gesamten Kosten und des gesamten Umsatzes mit 0,7549.
- Die Selbstkosten pro Einheit des Produktes 1 sind dann
  k_{S1} = 150,80 €.

In entsprechender Weise errechnen sich die Selbstkosten für die Kuppelprodukte 2, 3 und 4 mit
k_{S2} = 16,61 €,
k_{S3} = 27,93 €,
k_{S4} = 33,97 €.

Ein Vergleich mit den Ergebnissen des Beispiels zur Kalkulation als Restwertkalkulation bei Einbeziehung der Sondereinzelkosten des Vertriebs zeigt eine erhebliche Kostenverlagerung zu Lasten des Kuppelproduktes 1 und zugunsten der Kuppelprodukte 2, 3 und 4.

3.3.3.4 Kurzfristige Erfolgsrechnung

Die kurzfristige Erfolgsrechnung (Betriebsergebnisrechnung, Kostenträgerzeitrechnung) dient der Ermittlung und Analyse des Betriebserfolgs i. S. des Periodenerfolgs für den kurzen Abrechnungszeitraum. Der Betriebserfolg ergibt sich als die Differenz zwischen der Summe der in Geld ausgedrückten Leistungen und den gesamten Kosten des Abrechnungszeitraums.

3.3.3.4.1 Aufgaben der kurzfristigen Erfolgsrechnung

Während in der traditionellen Kostenrechnung in erster Linie Produktgewinne als Differenz zwischen Erlösen und Kosten pro Produkteinheit ermittelt wurden, wird in neueren Verfahren der Kostenrechnung dem Periodenerfolg entscheidende Bedeutung für die Beurteilung eines Unternehmens beigemessen (Kaplan/Atkinson [Accounting] 442ff., Aktinson/Banker/Kaplan/Young [Management] 48 ff., Horngren/Bhimani/Datar/Foster [Management] 636 ff.). Der Periodenerfolg gilt insbesondere als Steuerungsinstrument in Bezug auf das Produktionsprogramm, den Produktionsfaktoreinsatz und die Festlegung von Preisgrenzen im Produktionsfaktorbereich und im Fertigproduktbereich.

Im Rahmen der kurzfristigen Erfolgsrechnung wird der Erfolg eines Unternehmens für möglichst kurze Zeiträume (Perioden) ermittelt und nach unterschiedlichen Bezugsobjekten aufgegliedert. Betrachtungsperiode der kurzfristigen Erfolgsrechnung ist in der Regel der Monat. In Betracht kommen aber auch kürzere Zeiträume, z. B. die Woche oder die der operationalen Kontrolle zugrundeliegenden Zeiträume Tag oder Schicht.

Bezugsobjekte, nach denen der Erfolg in der kurzfristigen Erfolgsrechnung gegliedert wird, sind insbesondere Kostenträger (Produkte, Produktgruppen, Aufträge), Abnehmer (Großabnehmer, Kleinabnehmer), Absatzgebiete (Inland, EU-Ausland, andere Industrieländer, Entwicklungsländer) oder betriebliche Erfolgsbereiche (profit center).

Aufgaben der kurzfristigen Erfolgsrechnung sind u. a. Informationsgewinnung als Grundlage

- zur Beseitigung von Mängeln und Fehlentwicklungen im Fertigungsprozess und zur Anpassung an nicht planbare exogene Kosteneinflussfaktoren;
- zur Revision der Produktions- und Kostenplanung.

3.3.3.4.2 Erfolgsgliederung und Bestimmung von Deckungsbeiträgen

Die Gliederung des globalen Erfolgs eines Unternehmens für den kurzfristigen Betrachtungszeitraum (Periodenerfolg) ist ein wesentliches Merkmal der kurzfristigen Erfolgsrechnung. Primäres Gliederungskriterium für den Erfolg ist der Kostenträger, das Produkt und die Produktgruppe.

> **Erfolg** ist die Differenz zwischen Leistung und Kosten oder die Differenz zwischen Erlösen und Kosten.

Entsprechend ist Voraussetzung für die Erfolgsgliederung nach dem Kostenträger, dass in der kurzfristigen Erfolgsrechnung sowohl die Leistung bzw. die Erlöse wie auch die Kosten nach Kostenträgern gegliedert sind. Eine **kostenträgerbezogene Gliederung** der Erlöse und der Kosten weist die unten unter 3.3.3.4.3(2) dargestellte kurzfristige Erfolgsrechnung in Form des Umsatzkostenverfahrens aus.

Auf der Grundlage des primären Gliederungskriteriums für den Erfolg wird eine **weitere Erfolgsgliederung** vorgenommen, indem der Kostenträgererfolg nach wichtigen Absatzgebieten und/oder nach wichtigen Abnehmern differenziert wird.

Sind die Voraussetzungen für die Erfolgsgliederung gegeben, d.h., besteht die Möglichkeit, sowohl Kosten wie auch Leistung (Erlös) nach dem gleichen Bezugsobjekt (Produkt) zu gliedern, so kann die kurzfristige Erfolgsrechnung in der Form des **Umsatzkostenverfahrens** in zwei verschiedenen Ausgestaltungen durchgeführt werden.

- Werden die Erlöse und alle Kosten der Betrachtungsperiode dem Bezugsobjekt (Produkt) zugeordnet, so liegt eine kurzfristige Erfolgsrechnung in Form des **Umsatzkostenverfahrens** auf **Vollkostenbasis** vor. Die Differenz zwischen den Erlösen und den Kosten für das einzelne Bezugsobjekt stellt den Erfolg des Bezugsobjektes in der Betrachtungsperiode dar.
- Werden die Erlöse und die beschäftigungsvariablen Kosten der Betrachtungsperiode dem Bezugsobjekt zugeordnet und werden die dem Bezugsobjekt nicht zuordenbaren beschäftigungsfixen Kosten als Kostenblock behandelt, so liegt eine kurzfristige Erfolgsrechnung in Form des **Umsatzkostenverfahrens** auf **Teilkostenbasis** (Grenzkostenbasis) vor. Die Differenz zwischen den Erlösen und den beschäftigungsvariablen Kosten für ein Bezugsobjekt stellt den Deckungsbeitrag des Bezugsobjektes in der Betrachtungsperiode dar.

3.3.3.4.3 Verfahren der kurzfristigen Erfolgsrechnung

Der Erfolg (Betriebserfolg) eines Unternehmens für den kurzen Betrachtungszeitraum kann im Rahmen der kurzfristigen Erfolgsrechnung mit unterschiedlichen Verfahren ermittelt werden. Zu unterscheiden sind

- das Gesamtkostenverfahren und
- das Umsatzkostenverfahren,

mit unterschiedlichen Ausgestaltungen als Vollkosten- oder Teil-(Grenz)kostenverfahren.

(1) Gesamtkostenverfahren

Die Bezeichnung «Gesamtkostenverfahren» für eine spezielle Ausgestaltung der kurzfristigen Erfolgsrechnung geht auf folgenden Sachverhalt zurück: In dem Betriebsergebniskonto, das eine Gegenüberstellung der Leistung und der Kosten für die Betrachtungsperiode beinhaltet, werden auf der Sollseite die gesamten Kosten der Betrachtungsperiode ausgewiesen, d. h. sowohl die Kosten für die abgesetzten Kostenträger als auch die Kosten für die hergestellten, aber nicht abgesetzten Kostenträger (Lagerproduktion).

Das Gesamtkostenverfahren ist dadurch charakterisiert, dass die Gesamtkosten im Betriebsergebniskonto nach Kostenarten gegliedert sind, während eine Gliederung der Leistungen nach Kostenträgern erfolgt.

Das Verfahren entspricht insoweit im Aufbau der Gewinn- und Verlustrechnung nach § 275 Abs. 2 HGB. Die Leistungen setzen sich zusammen aus den mit den Verkaufspreisen p_j bewerteten Mengen der abgesetzten Produkte y_j und den Lagerbestandsveränderungen der Produkte, die mit den Herstellkosten k_{Hj} bewertet werden. Nach dem Gesamtkostenverfahren ergibt sich der Betriebserfolg mit

$$G = \sum_{j=1}^{n} (y_j p_j + (x_j - y_j) k_{Hj}) - \sum_{i=1}^{m} K_i.$$

Beispiel
Es seien die im oben angeführten BAB ausgewiesenen Kostenarten gegeben. Darüber hinaus gelten folgende Daten:

Produkt	Produktions-menge	Absatz-menge	Produkt-preis €	Herstell-kosten €	Erlöse €	Bestands-erhöhungen €
j	x_j	y_j	p_j	k_{Hj}		
1	3.000	2.850	45	33,31	128.250	4.996,50
2	12.800	10.980	24	16,66	263.520	30.321,20
3	5.700	5.485	36	28,32	197.460	6.088,80
4	8.300	7.840	48	36,64	376.320	16.854,40
					965.550	58.260,90

Im Betriebsergebniskonto werden zur Ermittlung des Betriebserfolgs bei Anwendung des Gesamtkostenverfahren die Kostenarten den Kostenträgererlösen gegenübergestellt.

Kosten		Betriebsergebniskonto €		Leistung
Materialeinzelkosten	320.480	Erlöse Produkt 1		128.250
Fertigungslöhne	22.8019	Produkt 2		263.520
Hilfslöhne	49.876	Produkt 3		197.460
Gehälter	113.245	Produkt 4		376.320
Gesetzliche Sozialleistungen	16.397	Bestandserhöhungen		
Hilfs- und Betriebsstoffe	7.318	Produkt 1		4.996,50
Werkzeuge und Geräte	14.645	Produkt 2		30.321,20
Instandhaltung	5.380	Produkt 3		6.088,80
Heiz-, Brennstoffe, Energie	29.456	Produkt 4		16.854,40
Steuern, Gebühren, Vers.	23.609			
Verschiedene Gemeinkosten	19.972			
Kalk. Abschreibungen	65.800			
Kalk. Zinsen	46.370			
Betriebserfolg	83.243,90			
	1.023.810,90			1.023.810,90

Der Betriebserfolg ergibt sich nach dem Gesamtkostenverfahren bei Zusammenfassung der Erlöse Bestandsveränderungen und Kostenarten mit

$$G = (965.550 + 58.260{,}90)\ € - 940.567\ € = 83.243{,}90\ €.$$

Das Verfahren weist einen schwer wiegenden Nachteil auf: Es erlaubt nicht festzustellen, welchen Beitrag die Produkte oder Produktgruppen zum Betriebserfolg geleistet haben.

Das Gesamtkostenverfahren liefert weder entscheidungsrelevante Daten, noch ermöglicht es eine Kontrolle der Betriebserfolgsbeiträge der einzelnen Produkte. Dies ist im Wesentlichen darin begründet, dass die Kosten einer Abrechnungsperiode und die ihnen entsprechenden Erlöse und Bestandserhöhungen nach unterschiedlichen Kriterien gegliedert werden. Während bei den Kosten eine Gliederung nach Kostenarten erfolgt, wird die Gliederung der Erlöse nach Produktarten vorgenommen. Bei dieser Gliederung der erfassten Kosten einerseits und der Erlöse sowie der Bestandserhöhungen andererseits ist es nicht möglich, den Nettogewinn bzw. den Deckungsbeitrag der einzelnen Produkte in der Abrechnungsperiode festzustellen.

(2) Umsatzkostenverfahren

Die Bezeichnung «Umsatzkostenverfahren» für eine spezielle Ausgestaltung der kurzfristigen Erfolgsrechnung geht auf den Sachverhalt zurück, dass bei dem Verfahren auf der Sollseite des Betriebsergebniskontos nicht die gesamten Kosten der Betrachtungsperiode, sondern nur die Kosten der umgesetzten (abgesetzten) Kostenträger ausgewiesen werden. Bei dem Kostenausweis für die abgesetzten Kostenträger kann es sich um Vollkosten oder um Teilkosten (Grenzkosten) handeln. Entsprechend unterscheidet man

- das Umsatzkostenverfahren auf Vollkostenbasis und
- das Umsatzkostenverfahren auf Teilkostenbasis (Grenzkostenbasis).

(a) Umsatzkostenverfahren auf Vollkostenbasis

Das **Umsatzkostenverfahren auf Vollkostenbasis** gliedert die vollen Kosten der abgesetzten Produkte im Betriebsergebniskonto ebenso wie die entsprechenden Leistungen nach **Kostenträgern (Produkten)**.

Die hergestellten, nicht abgesetzten Produkte werden ergebnisneutral mit den Herstellkosten bewertet; den abgesetzten Produkten werden die gesamten Verwaltungs- und Vertriebskosten zugeordnet. Bezeichnet k_{Vj} die Verwaltungs- und Vertriebskosten und k_{Sj} die Selbstkosten pro Einheit des Produktes j, so kann die Gleichung für den Betriebserfolg nach dem Umsatzkostenverfahren auf Vollkostenbasis aus der Betriebserfolgsgleichung des Gesamtkostenverfahrens abgeleitet werden.

$$G = \sum_{j=1}^{n} (y_j p_j + (x_j - y_j) k_{Hj}) - \sum_{j=1}^{n} (y_j k_{Vj} + x_j k_{Hj}).$$

Dies führt wegen $k_{Hj} + k_{Vj} = k_{Sj}$ zu

$$G = \sum_{j=1}^{n} y_j (p_j - k_{Sj}).$$

Beispiel
Es seien die oben angeführten Daten sowie die Verwaltungs- und Vertriebskosten wie folgt gegeben:

Produkt	Absatz-menge	Herstell-kosten €	Verwaltungs- und Vertriebs-kosten €	Selbstkosten der abgesetzten Produkte €
j	y_j	k_{Hj}	K_{Vj}	
1	2.850	33,31	21.375,–	116.308,50
2	10.980	16,66	41.065,20	223.992,–
3	5.485	28,32	34.889,60	190.224,80
4	7.840	36,64	64.523,20	351.780,80
				882.306,10

Im Betriebsergebniskonto werden zur Ermittlung des Betriebserfolgs beim Umsatzkostenverfahren auf Vollkostenbasis die Kostenträgerselbstkosten den Kostenträgererlösen gegenübergestellt.

Kosten	Betriebsergebniskonto €		Leistung
Selbstkosten		Erlöse	
– Produkt 1	116.308,50	– Produkt 1	128.250
– Produkt 2	223.992	– Produkt 2	263.520
– Produkt 3	190.224,80	– Produkt 3	197.460
– Produkt 4	351.780,80	– Produkt 4	376.320
Betriebserfolg	83.243,90		
	965.550		965.550

Der Betriebserfolg ergibt sich nach dem Umsatzkostenverfahren auf Vollkostenbasis als Summe der Erfolgsbeiträge der einzelnen Kostenträger mit

G = (11.941,50 + 39.528 + 7.235,20 + 24.539,20) € =
= 83.243,90 €.

Das Verfahren weist gegenüber dem Gesamtkostenverfahren den Vorteil der **Kostenträgerorientierung** auf. Die damit mögliche Aussagefähigkeit bezüglich der Betriebsergebnisbeiträge der einzelnen Produkte oder Produktgruppen wird jedoch durch die nicht dem Kostenverursachungsprinzip entsprechende Verteilung der fixen Gemeinkosten auf die Kostenträger stark beeinträchtigt.

(b) Umsatzkostenverfahren auf Teilkostenbasis

Das **Umsatzkostenverfahren auf Teilkostenbasis** gliedert die Teilkosten der abgesetzten Produkte im Betriebsergebniskonto nach **Kostenträgern** ebenso die entsprechenden Leistungen

Werden als Teilkosten die variablen Kosten verrechnet, so entsprechen diese bei linearer Kostenfunktion den Grenzkosten. Die nicht auf die Produkte verteilten fixen Gemeinkosten werden gesondert ausgewiesen. Bezeichnet $k_{Sj}^{(v)}$ die auf die Einheit des abgesetzten Produktes j verrechneten Grenzselbstkosten und $K^{(f)}$ die fixen Gemeinkosten, so ist der Betriebserfolg nach dem Umsatzkostenverfahren auf Grenzkostenbasis

$$G = \sum_{j=1}^{n} y_j (p_j - k_{Sj}^{(v)}) - K^{(f)}.$$

Dabei bezeichnet der Ausdruck in der Klammer den Deckungsbeitrag pro Einheit des Produktes j und der erste Summand auf der rechten Seite der Gleichung den Deckungsbeitrag aller Produkte.

Beispiel
In einem Unternehmen seien für den Betrachtungszeitraum die im obigen Beispiel zum Gesamtkostenverfahren angeführten Daten gegeben.
Zusätzlich stellen sich die Grenzherstellkosten und die Grenzselbstkosten für die Produkte 1 bis 4 wie folgt dar:

Produkt	Absatz-menge	Produktpreis €	Grenz-herstell-kosten €	Grenz-selbst-kosten €	Grenzselbst-kosten der abgesetzten Produkte €
1	2.850	45	20,96	22,46	64.011,–
2	10.980	24	10,20	10,90	119.682,–
3	5.485	36	18,45	19,75	108.328,75
4	7.840	48	22,42	24,12	189.100,80
					481.122,55

Das Betriebsergebniskonto beim Umsatzkostenverfahren auf Teilkostenbasis stellt sich dann als Gegenüberstellung der nach Produkten gegliederten Erlöse und Grenzselbstkosten wie folgt dar:

Kosten	Betriebsergebniskonto €		Leistung
Grenzselbstkosten		Erlöse	
– Produkt 1	64.011,–	– Produkt 1	128.250,–
– Produkt 2	119.682,–	– Produkt 2	263.520,–
– Produkt 3	108.328,75	– Produkt 3	197.460,–
– Produkt 4	189.100,80	– Produkt 4	376.320,–
Fixkosten	423.456,50		
Betriebserfolg	60.970,95		
	965.550,–		965.550,–

Der Betriebserfolg ergibt sich nach dem Umsatzkostenverfahren auf Teilkostenbasis als Summe der Produktdeckungsbeiträge abzüglich der beschäftigungsfixen Kosten mit

$$G = (64.239 + 143.838 + 89.131{,}25 + 187.219{,}20) \, € - 423.456{,}50 \, €$$
$$= 60.970{,}95 \, €.$$

Das Verfahren führt nur dann zu dem gleichen Betriebserfolg wie das Umsatzkostenverfahren auf Vollkostenbasis, wenn keine Bestandsveränderungen der Halb- und Fertigprodukte eingetreten sind. Haben sich dagegen die Bestände der Halb- und Fertigprodukte erhöht, so führen das Umsatzkostenverfahren auf Vollkostenbasis ebenso wie das Gesamtkostenverfahren zu einem höheren Betriebserfolg als das Umsatzkostenverfahren auf Grenzkostenbasis. Dies ist darin begründet, dass bei den erstgenannten Verfahren ein Teil der fixen Gemeinkosten des Herstellbereichs in die Bestände eingeht und nicht wie bei dem Grenzkostenverfahren den Betriebserfolg negativ beeinflusst. Umgekehrtes gilt bei Bestandsverminderungen.

Literaturhinweise

Atkinson, A. A., R. D. Banker, R. S. Kaplan, S. M. Young: [Management] Accounting, 3rd ed., Upper Saddle River 2001
Ewert, R., A. Wagenhofer: Interne [Unternehmensrechnung]. 5. Aufl., Berlin, Heidelberg, New York 2003.
Franz, K.-P.: Target [Costing], Konzepte und kritische Bereiche. In: Controlling, 5. Jg. (1993), S. 124–130.
Glaser, H.: [Prozeßkostenrechnung] – Darstellung und Kritik. In: Zeitschrift für betriebswirtschaftliche Forschung, 44. Jg. (1992), S. 275–288.
Hammer, L. H., W. K. Carter, M. F. Usry: Cost [Accounting]. 11th ed., Cincinnati Ohio 1994.
Hiromoto, T.: Another Hidden [Edge] – Japanese Management Accounting. In: Harvard Business Review, 10. Jg. (1988), S. 22–26.
Horngren, Ch. T., S. M. Datar, G. Foster, M. Rayan, Ch. Ittmer: Cost [Accounting], A Managerial Emphasis. 13th ed., Upper Saddle River 2009.
Horváth, P., R. Mayer: [Prozeßkostenrechnung]. Der neue Weg zu mehr Kostentransparenz und wirkungsvolleren Unternehmensstrategien. In: Controlling, 1. Jg. (1989), S. 214–219.
Kaplan, R. S., A. A. Atkinson: Advanced Management [Accounting]. 3rd ed., Upper Saddle River, New Jersey 1998.
Kilger, W.: Flexible [Plankostenrechnung] und Deckungsbeitragsrechnung. Bearb. durch Kurt Vikas, 10. Aufl., Wiesbaden 1993.
Listl, A.: Target Costing zur Ermittlung der [Preisuntergrenze]. Frankfurt am Main u. a. 1998.
Monden, Y.: Wege zur [Kostensenkung]. München 1999.
Riebel, P.: Einzelkosten- und [Deckungsbeitragsrechnung]. 7. Aufl., Wiesbaden 1994.
Sakurai, M.: Target [Costing] and how to use it. In: Journal of Cost Management, 1989, 2, S. 39–50.
Scherrer, G.: [Kostenrechnung]. 3. Aufl., Stuttgart u. New York 1999.
Schweitzer, M., H.-U.Küpper: [Systeme] der Kosten- und Erlösrechnung. 8. Aufl., München 2003.
Tanaka, M.: Cost [Planning] and Control System in the Design Phase of a New Product. In: Japanese Management Accounting, hrsg. von Y. Monden, M. Sakurai, Cambridge, Massachusetts 1989, S. 49–71.

4 Prognosen

Klaus Brockhoff

4.1 Begriff und Typen der Prognose

4.1.1 Begriff

Im Kapitel 1 über Planung und Steuerung wurde gezeigt, dass Prognosen in einer der Alternativensuche folgenden und der Alternativenbewertung sowie Entscheidung vorausgehenden Phase des Planungsprozesses erforderlich sind. Sie dienen der Gewinnung derjenigen zukunftsorientierten Information, die eine Bewertung der Alternativen erst ermöglichen.

> **Prognosen** sind
> - **Wahrscheinlichkeitsurteile** über das Auftreten eines oder mehrerer Ereignisse in einem Zeitraum der Zukunft,
> - die auf **Beobachtungen der Vergangenheit**
> - einer möglicherweise nur wenig ausgearbeiteten **Theorie über die Erklärung dieser Beobachtungen** sowie einer
> - Annahme über die **Fortgeltung der Erklärung** in der Zukunft beruhen.

Einzelne Komponenten dieser Definition erfordern genauere Erläuterungen (vgl. im Folgenden Brockhoff [Prognoseverfahren]):

(1) Prognosen können nicht mit Sicherheit abgegeben werden, weil der Gegenstand der Aussage erst in der Zukunft realisiert werden kann. Der Gegenstand darf natürlich nicht so bestimmt werden, dass er mit allen möglichen Zuständen der Welt identisch ist, also Fehlurteile ausgeschlossen sind (z. B.: «Der Schlusskurs der BASF Aktie in Frankfurt am ersten Börsenhandelstag 2016 ist entweder kleiner als 45 €, gleich 45 € oder größer als 45 €, oder die Aktie wird nicht gehandelt»).

Aus demselben Grunde kann der Gegenstand weder in sachlicher noch in zeitlicher Hinsicht streng «punktweise» bestimmt werden. Hierfür wäre die Eintreffenswahrscheinlichkeit Null.

Wenn z. B. ein Kurs von genau 50 € für die genannte Aktie prognostiziert wird, meint dies punktweise Bestimmung in sachlicher Hinsicht; statt dessen müsste ein Intervall für den erwarteten Kurs angegeben werden, wenn dieses auch beliebig klein sein kann. Wenn der Kurs für den ersten Börsenhandelstag 2016 prognostiziert wird, so bleibt offen, wann innerhalb dieser 24 Stunden die Feststellung des

Kurses erfolgt. Je mehr dieses Intervall eingeengt wird, z. B. auf die Zeit zwischen 13.40 Uhr und 14.00 Uhr, um so geringer wird die Wahrscheinlichkeit, dass in dem Intervall ein Kurs festgestellt wird, bis diese für einen Zeitpunkt auf Null sinkt. Beide Gesichtspunkte sind gemeinsam zu beachten.

Am Beispiel der Aktienanleihe kann man gut erkennen, dass es keine Punktprognosen gibt. Beispielsweise wird auf eine bestimmte Aktie mit ihrem Schlusskurs am Ausgabetag eine bestimmte Verzinsung nach 12 Monaten versprochen. Wenn der Kurs dieser Aktien am Fälligkeitstag (oder in der gesamten Laufzeit) einen Wert nicht unterschreitet, der x % des Wertes am Ausgabetag ausmacht, wird der Anleihebetrag zurückgezahlt, wenn er tieferliegt, erfolgt eine Rückzahlung mit Aktien. Ihre Anzahl bestimmt sich durch die am Ausgabetag mit dem Zeichnungsbetrag zu erwerbende Stückzahl von Aktien. Der Anleger macht beim Erwerb keine Punktprognose, sondern bildet ein Wahrscheinlichkeitsurteil darüber, ob der Aktienkurs am Fälligkeitstag über einer bestimmten Schwelle liegt oder nicht.

(2) Sind mehrere Ereignisse Gegenstand der Prognose, so sind zu unterscheiden: gemeinsames Auftreten (konjunktive Verknüpfung) und gegenseitiger Ausschluss (disjunktive Verknüpfung). Beides stellen Extremfälle dar. Bei Unabhängigkeit kann jedes Ereignis separat behandelt werden.

In der Szenario-Analyse, bei der es um die Darstellung möglichst widerspruchsfreier Konstellationen künftiger Umweltzustände geht, stellt man in einem frühen Verfahrensschritt fest, in wieweit sich einzelne Prognosegegenstände wechselseitig beeinflussen. Die Stärke der Einflüsse wird in einer «Wechselwirkungs-Matrix» («cross impact matrix») erfasst. So kann etwa berücksichtigt werden, dass hohe Rohölpreise nicht nur den Benzinabsatz dämpfen, sondern auch die Nachfrage nach PKW mit hohen Verbrauchswerten. Man sollte daher diese Ereignisse nicht unabhängig voneinander prognostizieren.

(3) Durch das Erfordernis einer theoretischen Grundlage werden Randbedingungen für die Gültigkeit prognostischer Aussagen gesetzt. Das ist das erste Erfordernis für die Herstellung hoher Prognosequalität. Die Prognose hat um so höhere Qualität, je weniger einschränkenden Bedingungen sie unterliegt. Die Qualitätssteigerung ist natürlich nicht dadurch zu erreichen, dass man bestehende Bedingungen vergisst, verdrängt oder aus sonstigen Gründen vernachlässigt.

Ein zweites Qualitätsmerkmal wird aus dem Allgemeinheitsgrad des Prognosegegenstandes abgeleitet: «Singuläre Aussagen beziehen sich auf einen einzelnen spezifischen Sachverhalt. Partikuläre Aussagen haben die Struktur eines «Es gibt»-Satzes, und generelle Aussagen stellen All-Sätze dar, deren Behauptung sich auf alle Sachverhalte eines bestimmten Bereichs bezieht» (Wild [Unternehmungsplanung] 124).

An dritter Stelle hängt die Qualität einer Prognose von der Güte ihrer empirischen Begründung, ab. Dieses Gütemaß hat zwei zusammengesetzte Dimensionen:

- Erstens sind der Umfang und die fehlerfreie Ermittlung der Vergangenheitsbeobachtungen hierunter zu fassen. Die Beobachtungen betreffen den Prognosegegenstand und alle Größen, von denen vermutlich ein Einfluss auf diesen Gegenstand ausgeht. Dieses Einflussmuster wird durch ein Erklärungsmodell abgebildet. Dieses Modell kann allein Ergebnis der Bildung subjektiver Erfahrungen sein oder auf der systematischen Überprüfung quantitativ formulierter funktionaler Zusammenhänge beruhen, die selbst auf Hypothesen oder Theorien gründen und sich am Beobachtungsmaterial der Vergangenheit bewährt haben. Ein theoretisch begründetes Modell ist vorzuziehen.
- Zweitens ist hierunter die Vermutung zu fassen, dass ein in der Vergangenheit beobachtetes Erklärungsmuster des Prognosegegenstandes auch in Zukunft wirksam sein wird (zeitliche Stabilität des Erklärungsmodells). Für diese allen Prognosen innewohnende Unterstellung kann es keinen Beweis geben. Immer wieder kann die Vermutung bestätigt, aber auch umgestoßen werden. Deutliche Strukturbrüche ergaben sich beispielsweise aus der Vereinigung der beiden deutschen Staaten. Die Finanz- und Wirtschaftskrise der Jahre nach 2007 ist hinsichtlich vieler Aspekte singulär und stellt so einen Strukturbruch dar, der in Prognosemodellen aufgrund vorher gesammelter Daten und ihrer theoretischen Interpretation nicht berücksichtigt werden konnte.

Schließlich können Prognosen zu Entscheidungen führen, die im Extremfall ihr Eintreten verhindern (Selbstzerstörung) oder praktisch sichern (Selbstbestätigung). Dies wird im folgenden Abschnitt genauer behandelt.

(4) Aussagen über zukünftige Ereignisse, die obiger Definition nicht entsprechen, werden als Projektionen oder Prophezeiungen (Betz [Prediction]) bezeichnet. Werner von Siemens hat etwa 1883 folgende Prophezeiung gemacht: «Es gehört kein allzugroßer Flug der Phantasie dazu, um sich eine Zukunft auzumalen, in der die Menschheit die lebendige Kraft, welche die Sonnenstrahlen der Erde in ungemessenem Betrage zuführen, mit Hilfe des elektrischen Stromes verwendet und die für ihre Kindheit von der Natur vorsichtig aufgestapelten Kohlenlager ohne Nachteil entbehren kann» (zitiert nach W. Berdrow, Buch der Erfindungen, Leipzig o. J.). Hier fehlen Rahmenbedingungen, Zeitintervall, Wahrscheinlichkeitsangabe, kurz alle wesentlichen Elemente einer Prognose. Aus der Perspektive des Prognosezeitpunkts ist deshalb daraus keine objektivierbare Entscheidungsgrundlage abzuleiten.

Wenn unter Prognosebedingungen zur Prüfung der Bewährung eines Erklärungs- und Prognosemodells eine Aussage über eine Entwicklung der Vergangenheit gemacht wird, spricht man von ex post-Prognosen (im Gegensatz zu ex ante-Prognosen). Z.B. wird im Januar 2012 ein Erklärungsmodell für den Marktanteil eines Unternehmens und seine Entwicklung von 2001 bis 2010 entwickelt. Dann werden die Marktanteile 2011 «prognostiziert», obwohl hierfür schon Beobachtungen vorliegen. Diese «ex post-Prognose» dient der Modellüberprüfung. Anschließend werden die noch unbekannten Werte 2012 bis 2015 «ex ante» prognostiziert.

Prognosequalität hängt ab
- vom **Umfang der Bedingungen**, unter denen die Prognoseaussage gelten soll,
- von der **Allgemeinheit dieser Aussage oder des Prognosegegenstandes** (Theorieauswahl),
- von der **Güte des Erklärungsmodells** (Diagnosefehler),
- von der Fehlerfreiheit der darin **benutzten Daten** und
- von der **zeitlichen Stabilität** des Erklärungsmodells,
- von der Berücksichtigung der **Selbstzerstörung oder Selbstbestätigung** der Prognose.

Dem Begriff «Prognose» wird «Prognostik» zur Seite gestellt. Damit ist die «systematische Erarbeitung von Prognosen in Vorbereitungsphase, Ausführungsphase und Beurteilungsphase» gemeint (Weber [Wirtschaftsprognostik] 6 ff.). Umfangreiche Hand- und Lehrbücher informieren über Prognoseverfahren, ihre Entwicklung und Anwendungserfahrungen (Elliott, Granger, Timmermann [Handbook]; Mertens, Rässler [Prognoserechnung]).

4.1.2 Typen

Es gibt eine Fülle von Kriterien, die zur **Bildung verschiedener Typen** von Prognosen herangezogen werden. Wir nennen vier besonders wichtige **Kriterien**:

- den **Zeitraum**, auf den sich Prognosen beziehen,
- den **Gegenstand**, auf den sich Prognosen richten,
- die **Art der Wirkung** einer Prognose,
- den **Aufbau des Prognosemodells**.

(1) Nach dem **Zeitraum**, auf den sich Prognosen beziehen, unterscheidet man **kurz-**, **mittel-** und **langfristige** Prognosen. Die in der Praxis hierfür gebräuchlichen Zeitabgrenzungen weisen große Unterschiede auf. Generell soll der Zeitraum höchstens so weit in die Zukunft reichen, wie die Prognosequalität ausreicht, um die prognostizierten Ereignisse für die Auswahl einer optimalen Handlungsalternative im Zeitpunkt der Planung von Bedeutung erscheinen zu lassen oder – schwächer formuliert – die Rangfolge der Handlungsalternativen im Planungszeitpunkt noch zu beeinflussen. So wird klar, dass Entscheidungen über Aufnahme und Einstellung von Geschäftsbereichen langfristige Prognosezeiträume erfordern, Sachanlageinvestitionen in bekannten Geschäftsbereichen mittelfristige Prognosezeiträume und preispolitische Entscheidungen über einen Sonderverkauf oder tägliche Logistikdispositionen kurzfristige Prognosezeiträume, weil jeweils Vorbereitung, Durchführung und Auswirkung der Aktionen entsprechend unterschiedlich lange Zeiträume beanspruchen.

(2) Nach dem **Gegenstand**, auf den sich Prognosen richten, ist die Unterscheidung **wirtschaftlicher** und **technologischer** Prognosen bedeutend. Erstere machen Aussa-

gen über wirtschaftliche Tatbestände, letztere über die Verfügbarkeit neuer Technologien.

In wissenschaftstheoretischer Sicht wird der Begriff «technologische Prognose» aber anders verwendet. Darunter werden dann Prognosen verstanden, die über Veränderungen der Randbedingungen die Realisierung der Prognoseergebnisse beeinflussen (Albert [Theoriebildung] 62).

Darüber hinaus kann menschliches Individual- und Gruppenverhalten Gegenstand sozialwissenschaftlicher Prognosen sein. Das ist zum Beispiel für die Gestaltung von Marketingmaßnahmen oder Anreiz-Systemen interessant.

(3) Prognosen haben die direkte Wirkung, zur Auswahl einer Handlungsalternative beizutragen. Darüber hinaus können indirekte Wirkungen auftreten. Diese indirekten Wirkungen bestehen darin, dass die Prognoseergebnisse Handlungen auslösen, die den Eintritt der Prognoseergebnisse herbeiführen oder verhindern. Wird ein Ergebnis herbeigeführt, so spricht man von selbst bestätigenden (selbst erfüllenden) Prognosen. Wird ein Ergebnis verhindert, so liegt eine selbst widerlegende (selbst zerstörende) Prognose vor. Zur Feststellung dieser Effekte sind verschiedene Maße vorgeschlagen worden (Brockhoff [Prognoseverfahren] 44). Die Ansicht, dass bei Existenz sich selbst widerlegender Prognosen niemals ein zutreffendes Prognoseergebnis erreicht werden könne, ist nicht generell richtig .

Das erkennt man aus Folgendem:

Nehmen wir an, es werde eine Prognose $\hat{y}$ über ein Ereignis y veröffentlicht. Eine zutreffende Prognose erfüllt $\hat{y} = y$. Nehmen wir weiter an, dass die indirekten Prognosewirkungen durch die Reaktionsfunktion $\hat{y} = f(y)$ beschrieben werden können. Wenn es einen Schnittpunkt der Reaktionsfunktion mit der 45°-Linie im y, $\hat{y}$-Koordinatensystem gibt, so ist damit die Prognose mit zutreffendem Prognosewert gefunden (vgl. Abb. 4.4.1).

Schwierigkeiten bereitet natürlich die Bestimmung der Reaktionsfunktion, über die bisher nur empirische Vermutungen vorliegen. So erhebt sich z. B. vor Wahlen regelmäßig die Frage, welchen Einfluss Befragungsergebnisse über die Wahlabsichten auf das Wählerverhalten haben; die Antworten fallen ohne Kenntnis einer Reaktionsfunktion unterschiedlich aus.

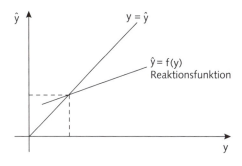

Abbildung 4.4.1:
Zutreffende Prognose trotz indirekter Prognosewirkungen

(4) Schließlich kann das Kriterium des Prognosemodellaufbaus zur Unterscheidung von Prognosetypen herangezogen werden. Im allgemeinen Falle nehmen wir an, dass Prognosen über die Ereignisse y_i, i = 1,2, ..., n, abzugeben seien. Für diese Ereignisse könne im Prognosemodell formuliert werden:

$$y_1 = f_1(x_1, x_2, ..., x_m, y_2, y_3, ..., y_n) + \varepsilon_1$$
$$y_2 = f_2(x_1, x_2, ..., x_m, y_1, y_3, ..., y_n) + \varepsilon_2$$
$$...$$
$$y_n = f_n(x_1, x_2, ..., x_m, y_1, y_2, ..., y_{n-1}) + \varepsilon_n.$$

(a) In jeder einzelnen Gleichung stehen auf der linken Seite die erklärte Variable (z. B. y_n), auf der rechten Seite in der Funktionenklammer die erklärenden Variablen (z. B. $x_1, x_2, ..., x_m, y_1, ..., y_{n-1}$) und schließlich die Zufallsvariable (z. B. ε_n), die nicht beobachtete Einflüsse oder Störeinflüsse aufnimmt. Wird nur eine erklärende Variable berücksichtigt, spricht man von monovariaten Modellen. Sind es mehrere Variablen, liegen multivariate Modelle vor. Im ganzen Modell werden $x_1, x_2, ..., x_m$ die exogenen Variablen genannt; $y_1, y_2, ..., y_n$ heißen endogene Variablen. In beiden Gruppen von Variablen kann sich eine Teilmenge auf diejenige Periode beziehen, für die die Prognoseaussage gelten soll; eine andere Teilmenge kann sich auf die vorausgehenden Perioden beziehen. In diesem Fall wird die zeitliche Differenz als Lag (Verzögerung) aus der Sicht jener Periode bezeichnet, für die die Prognoseaussage gelten soll. Die Berücksichtigung von Variablen mit unterschiedlichen Periodenindizes lässt ein dynamisches Modell entstehen, im anderen Falle liegt ein statisches Modell vor. Die Menge der verzögerten Variablen und der unverzögerten exogenen Variablen nennt man vorherbestimmte oder prädeterminierte Variablen.

Für Prognosen sind Modelle besonders interessant, in denen alle erklärenden Variablen bereits eingetretene Ereignisse abbilden, die zeitverzögert sind. Nur dann kann aus vorliegenden Beobachtungen auf Grund des Modells auf die Zukunft geschlossen werden. Sind die Variablen nicht zeitverzögert, so müssen die Werte der unverzögerten Variablen zunächst vorherbestimmt werden, indem man für sie eine besondere Prognose vornimmt.

In einer großen Zahl von Fällen ist es ausreichend, wenn die Funktionen $f_i(\cdot)$, i = 1, 2, ..., n, als linear angenommen werden. Nichtlineare Funktionen wird man zunächst in lineare Funktionen umzuwandeln versuchen. Kommt z. B. eine potenzierte Variable z^b mit *vorgegebenem* Exponenten b in einer Summe vor, so kann $x_j := z_j^b$ diese Variable ersetzen. Soweit dies nicht möglich ist, können erhebliche Schwierigkeiten bei der Schätzung der unbekannten Parameter des nicht-linearen Erklärungsmodells auftreten.

(b) Nehmen wir an, dass die oben eingeführten Funktionen $f_i(x_1, x_2, ..., x_m, y_1, y_2, ..., y_{i-1}, y_{i+1}, ..., y_n)$, i = 1, 2, ..., n, linear seien. Für n = 1 spricht man von Ein-Gleichungsmodellen, in denen die endogenen Variablen nicht auftreten. Für n > 1 spricht man von Mehr-Gleichungsmodellen. Für die Schätzung unbekannter Parameter im linearen Ein-Gleichungsmodell steht das Standard-Verfahren der

Kleinste-Quadrate-Schätzung zur Verfügung (Backhaus et al. [Analysemethoden]). Das bedeutet die Minimierung der Summe des Quadrats der Fehler:

$$\min \sum_{t=1}^{T} \hat{\varepsilon}_{it}^2,$$

wobei $t = 1, 2, ..., T$ die Beobachtungsperioden und $\hat{\varepsilon}$ die nach Schätzung realisierten Werte von ε sind. Damit wird die geschätzte Funktion durch die Punktewolke der Beobachtungen hindurch gelegt. Alternativ kann gefordert werden, dass sich die geschätzte Funktion an einen Rand der Beobachtungen anpasst. Das wird z.B. bei der Bestimmung von Produktionsfunktionen oft verlangt, weil diese nur effiziente Produktionsmöglichkeiten abbilden sollen. Dabei ist dann die Minimierung absoluter Abweichungen zwischen Funktion und Beobachtungen nötig, die aber nur in einer Richtung von der Funktion abweichen dürfen. Solche Funktionsschätzungen sind z.B. durch lineare Programmierung möglich. Allgemein gesprochen, wird hierbei das Verfahren der «data envelopment analysis» (DEA) eingesetzt (Vgl. Anwendungen bei Brockhoff [Abschätzung] und Grupp [Messung] 226 ff.).

Die Schätzverfahren können nicht generell auf jede einzelne Gleichung eines Mehr-Gleichungsmodells angewendet werden (hierauf ist z.B. eine mehrstufige Kleinste-Quadrate-Schätzung anzuwenden). Eine Ausnahme können sog. rekursive Modelle oder Kausalketten-Modelle bieten. In diesen Ansätzen hängen die endogenen Variablen nur in der Form $y_i = f_i(x_1, x_2, ..., x_m, (y_j | j > i))$ voneinander ab. Darauf kommen wir im Abschnitt 4.4.5.2 zurück.

Unabhängig vom Fehlermaß ist es erforderlich, sich über die Berücksichtigung oder den Ausschluss einzelner Beobachtungen Klarheit zu verschaffen, die als «outliers» (**Ausreißerwerte**) auf Grund ihrer starken Abweichung vom Rest der Beobachtungen zu bezeichnen sind. Das ist nicht allein auf Grund statistischer Kriterien möglich. Vielmehr sind *solche* «outlier» zu identifizieren, die sich systematisch oder strukturell von der Masse der Beobachtungen unterscheiden. Dies ist mit erheblichen Schwierigkeiten verbunden (Schewe [Strategie]).

(c) Betrachten wir kurz den Spezialfall des monovariablen (manchmal auch univariablen) Modells:

$$y = f(x) + \varepsilon.$$

In Prognosen hat es insbesondere als zeitabhängiges Modell Bedeutung, bei dem dann die unabhängige Variable durch die Kalenderzeit gebildet wird. Man spricht dann auch von einem **Entwicklungsmodell** der Prognose im Unterschied zu den in (a) dargestellten **Wirkungsmodellen**.

Ein Modellbeispiel ist der sog. Lebenszyklus von Produkten:

$$y(t) = b_0 t^{b_1} e^{-b_2 t} \cdot \varepsilon_t$$

worin $y(t)$ den Absatz in der Zeitperiode t, $t > 0$, bedeutet und b_0, b_1, b_2 positive, unbekannte Parameter sind, die durch Schätzung zu bestimmen sind. (Dieses

Lebenszyklus-Modell kann nicht zu einem linearen Ansatz transformiert werden.) Der Absatz ist allein von einer Variablen, der Kalenderzeit, abhängig. Sie wird als eine Sammelgröße für nicht näher spezifizierte, im Laufe der Zeit auftretende Einflüsse auf den Absatz angesehen.

(d) Die Beobachtungsperioden sind nicht natürlich gegeben, sondern werden durch den Prognostiker gewählt, wobei die jeweilige Aufgabenstellung zu berücksichtigen ist. Am Beispiel von Auftragseingängen kann man sich verdeutlichen, dass bei der Auswahl sehr kurzer Beobachtungsperioden in vielen dieser Perioden gar keine Beobachtungen vorliegen, während sie in anderen massiert auftreten. Bei Wahl längerer Perioden würden sich solche Effekte stärker ausgleichen. Liegt die Beobachtungsperiode fest, können also unter Umständen die Beobachtungen nur sporadisch oder unregelmäßig auftreten. Ein Indiz dafür ist, wenn die Beobachtungen relativ zu ihrem Mittelwert stark streuen. Dann sind Verfahren gefragt, die die Wahrscheinlichkeit des Auftretens einer Beobachtung und ihrer Ausprägung in einer künftigen Beobachtungsperiode prognostizieren. Darauf wird nicht weiter eingegangen (Nowack [Prognose]).

4.2 Prognose und Entscheidung

4.2.1 Typen von Unternehmensrechnungen

Wir nehmen an, dass Prognoseaussagen quantitativ gefasst werden können und auf Grund explizit formulierter Erklärungsmodelle abgeleitet werden. Während Letzteres eine starke Einschränkung darstellt, indem z. B. alle nur subjektiv begründeten und nur individuell bekannten Erfahrungsaussagen ausgeschlossen werden, stellt das erstere keine Einschränkung dar. Auch die «qualitative» Existenzaussage («Im Jahre T wird es y geben.») kann genauer als Wahrscheinlichkeitsaussage gefasst werden («Die Wahrscheinlichkeit des Auftretens von y im Jahre T beträgt $p_T(y)$.»). Schließt man einen konsumtiven Nutzen von Prognosen aus (Selbstzweck: Es erscheint interessant zu wissen, dass die Vermutung $p_T(y)$ über y besteht.), so sollen Prognosen Planungen unterstützen und Entscheidungen ermöglichen (vgl. 1. Kap., S. 16 ff.). Damit stellen Prognosen Voraussetzungen für den Einsatz von Instrumenten der Unternehmensführung dar.

Da Prognosen auf Beobachtungen aus der Vergangenheit aufbauen, müssen die benötigten Daten durch Dokumentationsrechnungen innerhalb des Unternehmens (z. B. Kostenrechnung) oder außerhalb des Unternehmens (z. B. Einkommensstatistik, Baugenehmigungen) bereitgestellt werden. Auf Entscheidungen hin können Kontrollrechnungen durchgeführt werden, die vor allem Planwerte und Istwerte vergleichen sowie eine Analyse von Abweichungsursachen zum Gegenstand haben. Damit beruhen sie direkt auf den Dokumentationsrechnungen für die Feststellung der Istergebnisse und indirekt (über die Planungsrechnungen) auf den Prognoserechnungen für die Verfolgung der Planungsergebnisse. Soweit bildet Abb. 4.4.2

die Zusammenhänge ab. Ausgelassen sind dabei vor allem die Rückwirkungen der Ergebnisse von Kontrollrechnungen auf die übrigen Rechnungsarten.

Auch innerhalb der einzelnen Rechnungsarten wird eine laufende Ergebnisverbesserung angestrebt. Das ist durch eine Rückflussschleife bei den Planungsrechnungen in Abb. 4.4.2 angedeutet. Für die Prognoserechnungen wird dieser Zusammenhang im Folgenden verdeutlicht.

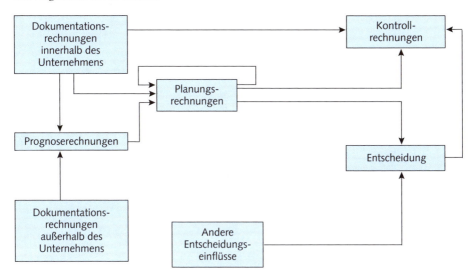

Abbildung 4.4.2: Zusammenhänge zwischen Typen der Unternehmensrechnung und Entscheidung, ohne Berücksichtigung aller Rückflusszyklen (feedbacks)

4.2.2 Hauptschritte zur Abwicklung einer Prognose

Eine Prognoseaufgabe durchläuft im Wesentlichen die in Abb. 4.4.3 dargestellten Schritte. Inwieweit die Organisations- und Kontrollfunktionen routinisiert werden sollen, ist davon abhängig, wie häufig die Prognoseaufgabe identisch zu wiederholen ist. So wird man bei der täglichen Artikelüberwachung am Lager andere organisatorische Maßnahmen und kontrollierende Regeln anwenden als bei der prognostischen Identifikation eines neuen Geschäftsfeldes im Rahmen langfristiger Planungen.

Vor der Überprüfung der prognostischen Qualität des Erklärungsmodells (Abb. 4.4.3) ist ein Prognoseverfahren auszuwählen. Hierfür ist eine Vielzahl von Überlegungen heranzuziehen. In Frage kommen:

- Heuristische Merkmale; sie werden wesentlich durch das Prognoseproblem selbst bestimmt.
- Statistische Merkmale; sie werden aus früheren Anwendungen, also ex post, festgestellt.

- **Ökonomische Merkmale**; sie betreffen die Wirtschaftlichkeit des Verfahrenseinsatzes.

Diese Merkmale werden im folgenden Abschnitt erläutert.

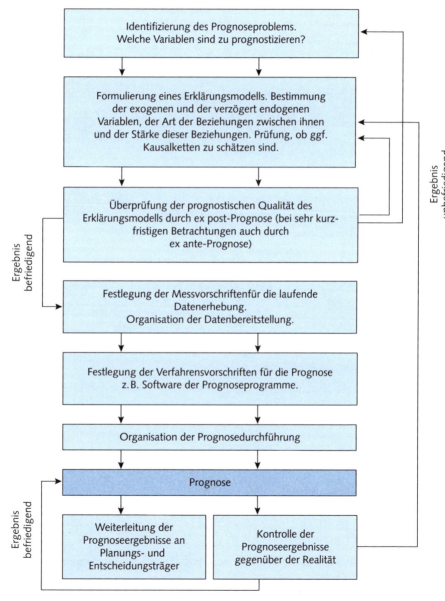

Abbildung 4.4.3: Wesentliche Schritte bei Abwicklung von Prognoseaufgaben

4.3 Merkmale der Verfahrenswahl

4.3.1 Heuristische Merkmale

Die heuristischen Merkmale der Verfahrenswahl knüpfen an Vermutungen und Erfahrungen der Verfahrenseignung für bestimmte Prognoseaufgaben und die verfügbaren Daten an. Aus der Prognoseaufgabe werden abgeleitet:

(1) Art und Detaillierungsgrad der notwendigen Daten;
(2) Prognosehorizont (Tage, Wochen, Monate, Jahre, Jahrzehnte);
(3) vermutetes Muster der zu prognostizierenden Daten (z. B. trendförmige Entwicklungen oder zyklenförmige Entwicklungen wie bei Saisoneinflüssen);
(4) Anzahl der notwendigen und der verfügbaren Beobachtungen;
(5) zeitlicher Abstand, in dem dieselbe Prognoseaufgabe wiederholt werden soll;
(6) Verfügbarkeit anwendungsreifer Prognosetechniken (z. B. als Standardsoftware) und Methodenkenntnis der Anwender (bei Unkenntnis können nicht nur Ausbildungsaufwendungen nötig sein, sondern auch Widerstände gegen die Einführung der Verfahren wirksam werden);
(7) Sensitivität der vorzubereitenden Sachentscheidungen bezüglich der Prognoseergebnisse (Wie groß dürfen Ergebnisschwankungen sein, ohne eine neue Auswahl von Handlungsalternativen zu erfordern?);
(8) Sensitivität des Unternehmenszieles bezüglich der Sachentscheidungen (Steht ein «bedeutendes» Sachproblem zur Entscheidung an oder nicht?).

Die Erfüllung des Merkmals (1) wird schon mit der Aufstellung des Erklärungsmodells geprüft werden können. Dabei ist auf die Kosten der Datenbeschaffung zu achten. Durch die Kriterien (5) und (6) werden neben (1) bis (4) potenzielle Prognosekostenwirkungen abgeschätzt; die Kriterien (7) und (8) erlauben Hinweise auf potenzielle Prognoseertragswirkungen.

Wenn Menschen individuell Prognosen abgeben, können diese auf systematisch geordneten kognitiven Prozessen beruhen. Das umfasst beispielsweise die Identifizierung der zu berücksichtigenden Daten und der Zusammenhänge zwischen erklärenden und erklärten Variablen. Das dabei gewählte Vorgehen kann protokolliert und wie in einem Drehbuch (,script') festgehalten werden (Holton Wilson, Keating [Business] 12; Brockhoff [Delphi-Prognosen]). Das erleichtert eine Objektivierung.

4.3.2 Ex post feststellbare statistische Merkmale

Nach statistischen Kriterien können Prognosemodelle vor ihrem Einsatz (ex ante) und nach ihrem Einsatz (ex post) beurteilt werden. Die Beurteilung vor dem Einsatz bezieht sich auf die möglichen Fehler bei der Aufstellung des Erklärungsmodells, bei der Annahme über die zeitliche Gültigkeit des Erklärungsmodells, bei der Schätzung unbekannter Modellparameter und auf die «Verschmutzung» der benutzten Daten. Über die Folgen und die Kontrolle solcher Fehler gibt die ökonometrische

Literatur Auskunft (z. B. Schönfeld [Ökonometrie]). **Ex post-Beurteilungen** beruhen i. d. R. auf **Vergleichen zwischen den tatsächlich eingetretenen Entwicklungen** (y_t) **und den prognostizierten Entwicklungen** ($\hat{y}_t$). Wir wollen annehmen, dass t = 1, 2, ..., T Werte zu prognostizieren waren. Es läge nun nahe, die Summe einfacher Abweichungen $\sum_{t=1}^{T} (\hat{y}_t - y_t)$ als Fehlermaß zu benutzen. Das ist aber nicht sinnvoll, weil sich positive und negative Abweichungen beliebiger Höhe dann kompensieren könnten. Deshalb kommen als **Fehlermaße** unterschiedliche Ausprägungen der sog. Metrik $\left(\sum_{t=1}^{T} S_t |\hat{y}_t - y_t|^m \right)^{\frac{1}{m}}$ vor, wie sie in der folgenden Tabelle 4.4.1 zusammengestellt sind.

Tabelle 4.4.1: Gebräuchliche Maße für die Beurteilung von Prognosefehlern

	$S_t = \frac{1}{T}$	$S_t = \frac{1}{y_t}$
m = 1	$F_1 = \frac{1}{T} \sum_{t=1}^{T} |\hat{y}_t - y_t|$. (1) Mittlere absolute Abweichung	$F_2 = \sum_{t=1}^{T} \frac{|\hat{y}_t - y_t|}{y_t}$. (2) Relative absolute Abweichung
m = 2	$F_3 = \sqrt{\frac{1}{T} \sum_{t=1}^{T} (\hat{y}_t - y_t)^2}$. (3) «Root Mean Square Error»	$F_4 = \sqrt{\left[\sum_{t=1}^{T} (\hat{y}_t - y_t)^2 / \sum_{t=1}^{T} y_t^2 \right]}$ (4) U-Koeffizient
m = ∞	(5) Ungebräuchlich	$F_6 = \max_t [|\hat{y}_t - y_t|/y_t]$ (6) Maximale relative Abweichung

Die Fehlermaße (1), (2) und (3) finden besonders häufige Anwendung. Statt (3) wird auch das Quadrat des Fehlers F_3 unter der Bezeichnung **mittlere quadratische Abweichung** verwendet. Entsprechend ist das Quadrat von F_4 die relative quadratische Abweichung. Der U-Koeffizient kann auf mehrere, aber zu unterschiedlichen Ergebnissen führende Weisen berechnet werden. Die mittlere relative absolute Abweichung wird ermittelt, indem das Maß (2) durch T dividiert wird.

Wenig sinnvoll ist es, den Erwartungswert der Störvariablen ε_t des Prognosemodells als Fehlermaß zu verwenden. Er sollte bei richtiger Spezifikation des Modells nicht mehr als zufällig von Null abweichen. Ungünstig ist auch die Benutzung von Korrelationskoeffizienten als Fehlermaß zur Beurteilung linearer Prognosemodelle, da sie jeden straffen linearen Zusammenhang zwischen $\hat{y}_t$, und y_t mit demselben Wert versehen, wie den allein interessierenden Zusammenhang auf der 45°-Linie des $y_t, \hat{y}_t$-Koordinatensystems (Linie der exakten Prognose).

Deshalb hat Theil ([Forecasts] 27f.) den U-Koeffizienten F_4 als Fehlermaß vorgeschlagen. Da sich gleiche absolute Veränderungen von $\hat{y}_t$ und y_t nur in seinem Nenner auswirken, er damit also beeinflusst werden kann, schlägt Schwarze ([Fehlermessung] 556) ein Verhältnis von mittlerem quadratischem Fehler zur prognostizierten Varianz für diesen Zweck vor.

Die Linie der exakten Prognose hat Theil ([Forecasts] 19ff.) zu einer interessanten Fehlerklassifikation verwendet. Je nachdem, ob die Prognose sich auf Niveaugrößen $\hat{y}_t$ oder auf Änderungsgrößen ($\hat{y}_t := \Delta\hat{y}_t$) bezieht, sind verschiedene Interpretationen in den Feldern angebracht, die sich zwischen den Koordinatenachsen eines $y_t, \hat{y}_t$-Koordinatensystems und der Linie der exakten Prognose ergeben (vgl. Abb. 4.4.4 und Tab. 4.4.2).

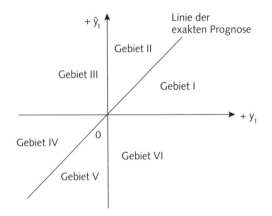

Abbildung 4.4.4: Klassifikation von ex post-beurteilten Prognosefehlern

Tabelle 4.4.2: Gebräuchliche Maße für die Beurteilung von Prognosefehlern

	Charakter der Variablen y_t	
	Niveauprognose $\hat{y}_t$	Prognose einer Änderung ($\hat{y}_t \triangleq \Delta\hat{y}_t$)
Fehlerhafte Prognose einer Tendenzumkehr	nicht feststellbar	III, VI
Überschätzung der Variablen	II, III, IV	II, V
Unterschätzung der Variablen	I, V, VI	I, IV

Die dargestellten Fehlermaße wählen als impliziten Vergleichsstandard die fehlerfreie Prognose. Statt dessen kann aber auch ein Vergleich zwischen den Fehlern durchgeführt werden, die mit verschiedenen Verfahren erzielt werden. Das die Bezugsgrundlage bildende Verfahren nennt man den Vergleichsstandard (base line).

Wiederum eine andere Fragestellung liegt vor, wenn die Verfahrensgüte an der Fähigkeit zur zutreffenden Prognose von Trendumkehrpunkten (Vorzeichenwechsel im Steigungsmaß der $\hat{y}_t$ verbindenden Kurve) gemessen wird. Zur Beurteilung eines Verfahrens legt man eine Tabelle (wie Tab. 4.4.3) an und trägt die beobachteten Häufigkeiten in die Felder A bis D ein.

Tabelle 4.4.3: Klassifikation von «Wendepunkt»-Prognosen

		Prognoseaussage	
		«Wendepunkt»	«kein Wendepunkt»
Realität:	«Wendepunkt»	A	B
	«kein Wendepunkt»	C	D

Der Anteil der exakten Prognosen wird durch $(A + D)/(A + B + C + D)$ gegeben. Der Anteil verpasster Wendepunktprognosen wird durch $B/(A + B)$, der Anteil fehlgemeldeter Wendepunktprognosen durch $C/(A + C)$ gemessen. Diese Maße liefern Werte zwischen Null (exakte Wendepunktvoraussage) und Eins (unexakte Wendepunktvoraussage) (Zarnowitz [Appraisal] 52 f.).

Ein Anwendungsbeispiel wird im Abschnitt 4.4 dieses Kapitels gegeben.

4.3.3 Ökonomische Merkmale

Über die ungenauen Andeutungen ökonomischer Einflüsse auf die Auswahl von Prognoseverfahren bei den heuristischen Merkmalen hinaus können auch exaktere Bewertungen versucht werden. Man kann drei Ansätze unterscheiden:

(1) Gewichtung der Prognosefehler $(\hat{y}_t - y_t)$ mit ökonomisch begründeten Faktoren (Theil [Forecasts] 15 ff.). Hierbei treten aber Schwierigkeiten bei der Bestimmung der Faktorgewichte auf. Man müsste nämlich die Folgen eines Prognosefehlers dafür kennen.

(2) Bewertung der Prognose mit den Zielabweichungen zwischen einer Planung bei zutreffender Prognose und der Planung mit der tatsächlich ermittelten Prognose. Dies setzt ein möglichst überschaubares Planungsmodell voraus, das zugleich die Elimination der durch die Prognosefehler beeinflussten Zielabweichungen erlaubt.

(3) Ein besonders häufig empfohlener Ansatz beruht auf dem Theorem von Bayes.

> Durch eine der Logik der Wahrscheinlichkeitsgesetze entsprechende Verarbeitung zusätzlicher Information erlaubt es das Theorem von Bayes, den Wert der Prognose zu bestimmen.

Das Grundmodell geht auf Überlegungen von J. Marschak ([Problems]) zurück. Es unterstellt einen Entscheidungsträger, der eine Maximierung erwarteter Gewinne anstrebt.

Dieser Entscheidungsträger sollte berücksichtigen, dass ein Prognoseverfahren
- seine ursprünglichen Vorstellungen über das Eintreffen von unterschiedlichen Umweltzuständen verändern kann und
- sich deshalb auch seine optimale Handlungsalternative im Vergleich zur Situation ohne Prognose ändert.

Allerdings stellen Prognoseverfahren keine vollkommenen Informationen zur Verfügung, durch die ein künftiger Umweltzustand präzise identifiziert wird, sondern nur unvollkommene Information.

Ein **Prognoseverfahren** sollte eingesetzt werden, wenn sein **Aufwand** den erwarteten **Wert** der von ihm erbrachten unvollkommenen Information **nicht übersteigt**. Andernfalls ist auf seinen Einsatz zu verzichten. Der Wert der unvollkommenen Information wird durch das Theorem von Bayes ermittelt.

Zwischen mehreren Prognoseverfahren ist nach dem Kriterium der maximalen positiven Differenz zwischen den jeweiligen Werten und den jeweiligen Aufwendungen auszuwählen.

4.4 Ausgewählte Prognoseverfahren

4.4.1 Überblick

Prognoseverfahren werden häufig für spezifische Anwendungszwecke entwickelt. Es ist deshalb praktisch unmöglich, einen Überblick über alle Verfahren zu geben. Häufig eingesetzte Standardverfahren sind z. T. von so kompliziertem Aufbau, dass die genaue Schilderung auch nur eines der Verfahren, seiner Voraussetzungen, der bevorzugten Anwendungsbereiche und der besonderen Anwendungsschwierigkeiten weit mehr Raum erfordert, als in dieser Einführung zur Verfügung steht. Die folgenden Ausführungen können deshalb nur Hinweise auf die Verfahrensvielfalt geben. Sie können aber nicht die systematische Einzeldarstellung der Verfahren und die Einübung ihrer Anwendung ersetzen. (Überblicksdarstellungen mit Weiterentwicklungen der Prognosetechniken bieten z. B.: Bruckmann [Prognosen]; Elliott, Granger, Timmermann [Handbook]; Holton Wilson, Keating [Business]; Makridakis, Wheelwright [Interactive Forecasting]; Mertens, Rässler [Prognoserechnung]; Scott Armstrong [Principles].)

Wir skizzieren folgende **Verfahren**
4.4.2 Prognosen aus Befragungen
- Repräsentativbefragungen
- Expertenbefragungen
- Prognosen aus Märkten

4.4.3 Leitindikatoren

4.4.4 Zeitreihenanalysen
- Exponentielle Glättung
- Box/Jenkins-Verfahren
- Neuronale Netze

4.4.5 Regressionsmodelle
- Ein-Gleichungs-Modelle
- Mehr-Gleichungs-Modelle

4.4.2 Prognosen aus Befragungen

4.4.2.1 Repräsentativbefragungen

Bei **Repräsentativbefragungen** werden die Grundgesamtheit repräsentierende Stichproben von Verbrauchern, Unternehmern, Haushalten, Telefonbesitzern usw. gezogen, um diese über geplante Verhaltensweisen zu befragen.

Geeignet ist dieses Verfahren dort, wo

(1) die Abweichungen zwischen geplantem und realisiertem Verhalten sich über alle Befragten gesehen ausgleichen oder doch zumindest kalkulieren lassen,
(2) die Einzelentscheidungen der Befragten relativ unabhängig von den Entscheidungen anderer Befragter sind,
(3) der zeitliche Vorlauf der Entscheidungsabsichten vor den tatsächlich interessierenden Entscheidungen größer ist als die für Befragungen, Befragungsauswertung und Reaktion auf die Auswertungen nötige Zeitspanne,
(4) Bereitschaft zu unverzerrten Antworten besteht oder Verzerrungen wenigstens abgeschätzt und korrigiert werden können,
(5) das Interesse an den geplanten Entscheidungen größer ist als das Interesse an den Bestimmungsgründen der Entscheidungen, weil zu deren Feststellung häufig andere Befragungstechniken als die auf breiter Basis anwendbaren Techniken eingesetzt werden müssen.

Die Qualität der Prognosen auf Grund von Befragungen hängt auch davon ab, in welcher Form die Fragestellung erfolgt, ob eine repräsentative Befragtenauswahl gelingt und ob der Rückschluss von der Stichprobe auf die Gesamtheit nach statistischen Gesichtspunkten kontrollierbar ist. In wirtschaftlicher Betrachtung sind Prognosekosten und Varianz der Beobachtungen zwei gegeneinander abzuwägende Komponenten bei der Bestimmung einer optimalen Befragung.

Prognosen aus Befragungen bieten zwar keine allgemeine Lösung von Prognoseproblemen, sie scheinen aber einer einfachen linearen Fortsetzung beobachteter Zeitreihen überlegen zu sein. In letzter Zeit wird deshalb mehrfach versucht,

Befragungsdaten in quantitative, multivariate Prognosemodelle als exogene Variablen einzusetzen, um deren Ergebnisse zu verbessern und eine größere Zahl anderer Variablen zu ersetzen.

Repräsentative Erhebungen gegenwärtiger Konsumgewohnheiten und von künftigen Kaufabsichten stellen Beispiele für den hier besprochenen Typ dar. Werden die Erhebungen mit grundsätzlich denselben Antwortenden wiederholt durchgeführt, so spricht man von Panelerhebung. Sie stellt zugleich Zeitreihen- und Querschnittsdaten zur Verfügung. Damit sind dann auch Kausalannahmen im Modell zu erfassen.

4.4.2.2 Expertenbefragungen

> Expertenbefragungen zeichnen sich durch den Versuch aus, die fehlende Repräsentativität der Befragtenauswahl durch eine besonders hoch entwickelte Sachkunde über den Befragungsgegenstand zu kompensieren.

Ein Grundproblem liegt in der vorausschauenden Identifikation von «Experten». Die Unmöglichkeit von Zufallsauswahlen von Experten aus einer Grundgesamtheit verhindert einen statistisch kontrollierten Rückschluss von den Befragungsergebnissen auf eine Gesamtheit. Um die Träger von Expertise (Sachwissen) vor der Befragung als solche zu erkennen, verlässt man sich entweder auf Selbsteinschätzungen, bereits bestehende Einschätzungen oder man muss den vorgesehenen Befragungsteilnehmern Testaufgaben mit bekannten Antworten zur Lösung vorlegen; von der Qualität der Lösungen hängen dann die Beurteilung der Sachkunde und die Verwendung als Experte ab. Insbesondere hinsichtlich neuer Fragen und langfristiger Entwicklungsbeurteilungen ist es aber schwer, Aufgaben zu finden, die die Experteneigenschaften ausreichend zuverlässig erkennen lassen. Expertenbefragungen sind den alternativ eingesetzten mathematisch-statistischen Verfahren meist unterlegen. Allerdings erfordern sie nur eine weniger stringente Strukturierung des Prognoseproblems, was sie für schwach-strukturierte Problemstellungen attraktiv macht.

Ein spezieller Typ der Expertenbefragungen stellt die Erstellung von «foresigths» (Vorhersagen) dar. Durch extern moderierte Interaktion von Experten sollen belastbare Aussagen insbesondere über künftige technologische Entwicklungen («Prospektion der Forschung») gewonnen werden. In Deutschland hat beispielsweise der Wissenschaftsrat 1998 (Drucksache 3387/98) den Versuch unternommen, durch einen solchen Prozess die Entwicklung auf den Gebieten der molekularen Architektur, der Molekular- und Bioelektronik sowie der durch innere Grenzflächen bestimmten Materialien (Materialwissenschaft) zu erkennen.

Besonders wichtige Gesichtspunkte bei der Durchführung von Expertenbefragungen sind die Art der Äußerung und der Kombination von Urteilen. Wegen der Möglichkeit gegenseitiger Urteilsbeeinflussung bei Diskussionen und Abstimmungen im Kreis von Experten sollte man jeweils andere Ergebnisse erwarten, wenn

(1) die Äußerungen anonym, ohne Absprache mit anderen Befragten, abgegeben werden oder diese Bedingung nicht gilt,
(2) die Kombination von Urteilen nach statistischen Verfahren (Mittelwertbildung) erfolgt oder nach verschiedenen Abstimmungsverfahren (z. B. nach einer Mehrheitsregel).

Die gegenseitige Beeinflussung von Experten bei der Urteilsabgabe ist unerwünscht, soweit sich sachfremde Effekte in ihr niederschlagen. Es sind verschiedene Muster der Organisation von Expertengruppen vorgeschlagen worden, um solche unerwünschten Effekte zurückzuhalten und die erwünschten Effekte zu fördern. Zu diesem Zweck ist auch die sog. Delphi-Methode konzipiert worden.

> Die vielfach abgewandelte **Grundstruktur der Delphi-Methode** besteht aus den **folgenden Schritten**:
> 1. Es werden Experten gesucht.
> 2. Jedem Experten wird dieselbe Frage vorgelegt.
> 3. Die Experten erarbeiten ohne Kontakt mit anderen befragten Experten ihre Antworten.
> 4. Die Antworten werden gesammelt und meist statistisch gemittelt.
> 5. An Experten, deren Antworten stark vom Mittelwert abweichen, ergeht eine Aufforderung zur Begründung ihrer Antworten nach Bekanntgabe des Mittelwerts.
> 6. Die Experten erarbeiten Begründungen und reichen diese ein.
> 7. Mittelwert und Begründungen werden allen Experten zugestellt. Das Verfahren wiederholt sich in den Schritten (2) bis (7) etwa drei- bis viermal.

Im 6. Schritt wird die erwünschte Wissensvermittlung betrieben. Durch den Verzicht auf direkten Kontakt mit anderen Experten sollen unerwünschte Einflüsse ausgeschaltet werden. Mit dieser Methode sind besonders langfristige Vorhersagen erarbeitet worden. In kontrollierten Experimenten mit kurzfristigen Vorhersagen zeigt sich eine Neigung zur linearen Verlängerung bestehender Zeitreihenentwicklungen bei den Experten, allerdings mit gewissen Korrekturen, die ihre Antworten einfachen statistischen Zeitreihenextrapolationen gegenüber überlegen erscheinen lassen. Von einigen als prognostisches Allheilmittel genutzt, von anderen als völlig unbrauchbar zurückgewiesen (Sackmann [Delphi]), deutet sich in den Ergebnissen eine Prognosequalität an, die zwischen der Qualität der einfachen und der komplizierten Verfahren der Zeitreihenanalyse liegt.

Wie bei den Repräsentativbefragungen wird in letzter Zeit über Ansätze berichtet, in denen Ergebnisse aus Delphi-Prognosen mit anderen Aussagen zu neuen Prognosen im Rahmen mathematisch-statistischer Prognosemodelle kombiniert werden. Sarin [Approach] hat z. B. gezeigt, wie eine solche Kombination für die langfristige

Vorhersage der Anwendung von Solarenergieanlagen genutzt werden kann. Ein weiteres Beispiel für Delphi-Studien ist die viele Technikfelder abdeckende und in mehreren Ländern durchgeführte Ermittlung des Zeitraumes, der Dringlichkeit, der Urteilszuverlässigkeit neuer Technologien (ISI [Delphi]).

Um das Delphi-Verfahren zu demonstrieren, ziehen wir ein Beispiel der Zinsprognose heran, das wegen seiner guten Kontrollierbarkeit durch statistische Prognoseverfahren für die praktische Anwendung des Verfahrens untypisch ist. Die Eigenheiten werden gleichwohl erkennbar. Es handelt sich um die Prognose von Zinssätzen für drei und sechs Monate durch Expertengruppen, die drei verschiedenen Berufen nachgehen (Brockhoff [Delphi-Prognosen]). In Abb. 4.4.5 sehen wir, dass mit zunehmender Zahl der Wiederholungen der Befragung die Spannweite der Urteile sinkt. Dies ist die konsens-erzeugende Funktion der Delphi-Methode. Das bedeutet aber nicht, dass gleichzeitig auch der Prognose-Fehler F_2, die relative absolute Abweichung (Tab. 4.4.1), sinkt. Man sieht in Abb. 4.4.6, dass dies nicht generell der Fall ist. Zumindest in der Gruppe W ist es zu einer Fehlererhöhung gekommen, die kräftig auf das Gesamtergebnis durchschlägt. Aus der Kenntnis der Gruppen liegt es nahe zu vermuten, dass steigende Unsicherheit der «Experten» bezüglich des Prognosegegenstandes eher ein Verhalten erkennen lässt, das dem der Gruppe W entspricht, steigende Sicherheit aber ein Verhalten auslöst, bei dem die

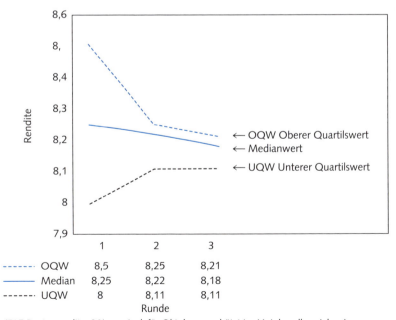

(FAZ Rentenrendite, 8% nominal, für Oktober, geschätzt im Mai desselben Jahres)

Abbildung 4.4.5: Konsensbildung über drei Runden in einem Prognoseexperiment nach der Delphi-Methode

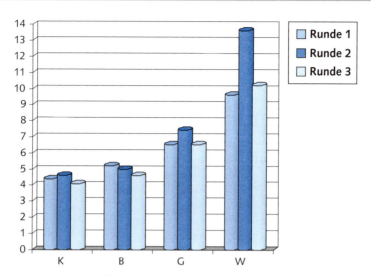

Abbildung 4.4.6: Durchschnittlicher Gruppenfehler F_2 in drei Runden einer Serie von Delphi-Experimenten bei drei Teilnehmergruppen (K, B, W) und insgesamt (G)

Prognosefehler sich eher wie bei Gruppe K verhalten. Je mehr Sicherheit aber die Experten haben, umso eher kann auch ein statistisches Prognosemodell konzipiert werden. Seine Anwendung würde es erlauben, fehlerhafte Bewertungen, Schlussweisen und Rechenoperationen der Experten zu vermeiden. Solche Effekte sind vielfach belegt worden.

4.4.2.3 Prognosen aus Märkten

Relativ neu ist der Ansatz, **Prognosen aus Märkten (prediction markets oder information markets)** (Hahn, Tetlock [Markets]; Wolfers, Zitzewitz [Prediction]) abzuleiten. Eine Gruppe von Personen kann dabei virtuelle «Aktien» handeln und so ihre Preise bestimmen. Die Aktien stellen eine Wette auf ein künftiges Ergebnis dar, beispielsweise den Umsatz eines neuen Produkts. Es kann damit die Wahrscheinlichkeit des Auftretens eines künftigen Ereignisses, der Mittelwert oder der Median eines Ereignisses prognostiziert werden. Werden künftige Ereignisse in mehreren «Aktien» abgebildet, zum Beispiel Umsatzniveaus von 100 bis 150 Geldeinheiten, von 151 bis 200 Geldeinheiten und von 201 bis 150 Geldeinheiten, so können über die Aktienpreise auch Wahrscheinlichkeitsverteilungen für die Ereignisse dargestellt werden. Der Wert der Aktien ist dem künftigen Ergebnis proportional, weil die ausgezahlte Dividende an das realisierte Ereignis gekoppelt ist. Der Marktmechanismus aggregiert die Vorstellungen der einzelnen Marktteilnehmer, die durch richtige Prognosen den Wert ihrer «Aktien» maximieren können. Darin wird ein höherer Anreiz zur richtigen Prognose gesehen als in der ökonomisch unverbindlichen Urteilsabgabe bei Befragungen.

Prognosen aus Märkten haben zu geringeren Fehlern geführt als Mittelwerte von Expertenbefragungen (Spann, Skiera [Stock]; Ortner [Aktienmärkte]). Spann, Skiera [Stock] haben beispielsweise die zukünftigen Zuschauerzahlen noch nicht in den Kinos angelaufener Filme aus einem virtuellen Markt heraus prognostiziert. Allerdings wirken sich auch in den virtuellen Märkten psychologisch bedingte Urteilsverzerrungen aus. Das betrifft beispielsweise die Überbewertung sehr kleiner Eintrittswahrscheinlichkeiten, die Unkontrollierbarkeit spekulativer Blasen durch den Ansatz selbst oder Verzerrungen durch Wunschdenken. Marktmanipulationen sind aber bisher nicht wirksam geworden. Die Grundvoraussetzung für die Existenz von Märkten ist natürlich, dass die Urteile der Marktteilnehmer über die künftigen Ereignisse unterschiedlich sind. Wichtig ist es, einen der jeweiligen Fragestellung adäquaten Aufbau der Prognosemärkte zu wählen. Vorteilhaft ist, dass offenbar auch schon relativ kleine Anzahlen von Marktteilnehmern funktionsfähige Märkte ermöglichen.

4.4.3 Leitindikatoren

Unter einem **Leitindikator** versteht man eine oder mehrere Beobachtungen, die mit ausreichender Regelmäßigkeit Rückschlüsse auf die Wertausprägung einer anderen Variablen in einer späteren Periode zulassen.

Etwas genauer formalisiert, kann man dies so ausdrücken:

Es seien x_t, ein Vektor von Beobachtungen in der Periode t und $y_{t+\tau}$, $\tau > 0$, eine Realisation einer Variablen y in der Periode $t + \tau$. Wenn eine Funktion $f(x_t)$ existiert, sodass $\hat{y}_{t+\tau} = E(y_{t+\tau}) = f(x_t)$, wobei $E(\cdot)$ einen Erwartungswert bezeichnet, so nennen wir x_t einen Vektor von **vorauseilenden** oder **Leitindikatoren**. Der Vektor kann natürlich nur ein Element enthalten, es können aber auch mehrere Elemente zu einem sog. **Diffusionsindex** (composite index; in empirischer Forschung spricht man auch von Konstrukten, die sich auf items stützen) zusammengefasst sein. Gegenüber dieser Definition können verschiedene Abweichungen zweckmäßig sein, z. B. die Zulassung unterschiedlicher Bezugsperioden für die Vektorelemente, wenn diese nur vor $t + \tau$ liegen.

Schnelle Verfügbarkeit von Leitindikatoren und möglichst **exakte Ermittlung**, die spätere Revisionen unnötig machen, sind Vorbedingungen für ihre Verwendung.

Ein **Beispiel** für einen vorauseilenden Indikator bildet in Unternehmen der Investitionsgüterindustrie der Anteil der Auftragseingänge am Umsatz der Industrie in der Bundesrepublik Deutschland.

Diese Aussagen regen zu einer Reihe **kritischer Fragen** hinsichtlich der Verwendung von Indikatoren an:

(1) Muss die prognostische Qualität von Leitindikatoren nicht nur hinsichtlich ihrer durchschnittlichen Vorauseilung, sondern auch hinsichtlich der Streuung dieser Vorauseilung beurteilt werden?
(2) Wie groß ist die zeitliche Stabilität der Vorauseilung, d. h. insbesondere: hat sie möglicherweise einen Trend? (Innovationen in Produktionsverfahren könnten z. B. den Vorlauf der Auftragseingänge vor dem Umsatz systematisch verändern.) Zerstört die allgemeine Verbreitung der Kenntnis von einem Leitindikator dessen prognostische Eigenschaften? Was wäre zu erwarten, wenn jemand einen Leitindikator für Börsenkursentwicklungen entdecken würde und sich diese Entdeckung allgemein verbreiten würde?
(3) Können kontinuierliche Strukturveränderungen durch funktional abhängige Parameter in der Funktion $f(\cdot)$ erfasst werden, statt der herkömmlichen, über die Zeit konstanten Parameter? Tsay, Wu [Indicators] können durch zeitvariable Parameter wesentliche Verbesserung der Prognose beispielsweise von Arbeitslosendaten erzielen.
(4) Wie können Leitindikatoren entdeckt werden? Wenn dazu und zu ihrer periodischen Kontrolle statistische Verfahren notwendig sind, könnte der Vorteil von Indikatoren nur in ihrer leichten Verwendbarkeit liegen.
(5) Nach welchen Regeln sollen Diffusionsindizes gebildet werden? Offenbar zeigen gelegentlich vorgenommene Entrümpelungsaktionen von Diffusionsindizes mit einer großen Zahl von Einzelindizes, dass nur wenige, voneinander unabhängige Einzelindizes in ihrer prognostischen Qualität umfangreicheren Listen kaum nachstehen.

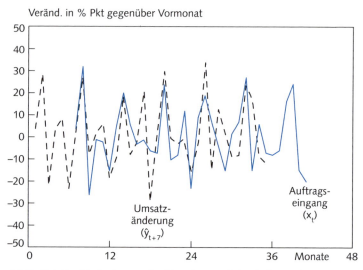

Abbildung 4.4.7: Relative Veränderung des Umsatzes und des Auftragseingangs im Verarbeitenden Gewerbe. Vorlauf des Auftragseingangs: sieben Monate

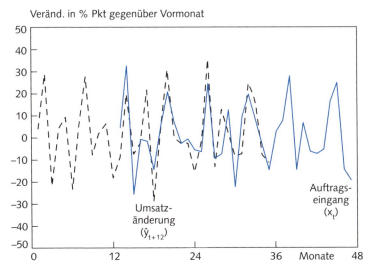

Abbildung 4.4.8: Relative Veränderung des Umsatzes und des Auftragseingangs im Verarbeitenden Gewerbe. Vorlauf des Auftragseingangs: zwölf Monate

Ein **Beispiel** für Leitindikatoren zeigen die Abb. 4.4.7 und 4.4.8. Der gestrichelte Linienzug stellt die relative Umsatzänderung im Verarbeitenden Gewerbe der Bundesrepublik Deutschland über 36 Monate dar. Mit einer zeitlichen Verschiebung von sieben (Abb. 4.4.7) und zwölf Monaten (Abb. 4.4.8) ist ihm der durchgezogene Kurvenzug überlagert. Er stellt die relative Veränderung der Auftragseingänge dar.

Beim Vergleich der Abb. 4.4.7 und 4.4.8 sieht man leicht, wie die Kurve der Auftragseingänge um fünf Monate nach rechts verschoben wird. Nach der Klassifikationstabelle (Tab. 4.4.3) ergibt sich hier:

Tabelle 4.4.4: Klassifikation von Wendepunkten nach dem Beispiel der Abb. 4.4.8

		Prognoseaussage	
		«Wendepunkt»	«kein Wendepunkt»
Realität:	«Wendepunkt»	11	3
	«kein Wendepunkt»	3	6

Anteil exakter Wendepunktprognosen: $\dfrac{(11+6)}{23} = 0{,}739;$

Anteile verpasster Wendepunktprognosen: $\dfrac{3}{14} = 0{,}214;$

Anteile fehlgemeldeter Wendepunktprognosen: $\dfrac{3}{14} = 0{,}214.$

Die starke Ausprägung einer stabilen Saisonfigur in den beiden Zeitreihen erklärt diesen hohen Anteil exakter Wendepunktprognosen.

4.4.4 Zeitreihenanalysen

4.4.4.1 Begriff

In der **Zeitreihenanalyse** wird der Versuch gemacht, aus Beobachtungen y_t, $y_{t+1}, \ldots, y_{t+\tau-l}$ eine Prognose $\hat{y}_{t+\tau}$ abzuleiten: $\hat{y}_{t+\tau} = f(y_t, y_{t+1}, \ldots, y_{t+\tau-l})$, $\tau > 0$.

Im Unterschied zu den Leitindikatoren wird also jeweils **dieselbe Variable** betrachtet. Das beruht auf der Annahme, dass gewisse Regelmäßigkeiten in der Entwicklung der Zeitreihe für ihre Prognose genutzt werden können.

Der oben dargestellte Fall wird als **multivariable Zeitreihenanalyse** bezeichnet. Es ist darin grundsätzlich beliebig, wie viele Variablen mit unterschiedlichem zeitlichem Vorlauf vor $\hat{y}_{t+\tau}$ betrachtet werden. Wird nur eine Variable betrachtet, so spricht man von **univariabler Zeitreihenanalyse**.

Während die ältere Zeitreihenanalyse auf dem Versuch aufbaut, die Regelmäßigkeiten in der Zeitreihe als Trendkomponente und als Saisonkomponente vorweg zu bestimmen und daraus additiv oder multiplikativ die Zeitreihe zusammenzusetzen, fasst die jüngere Zeitreihenanalyse die **Zeitreihe als einen besonderen Zufallsprozess** auf, der auf gewisse Regelmäßigkeiten hin zu analysieren ist.

Es gibt eine große Vielzahl von Methoden der zeitreihenanalytischen Prognostik. Sie sind in erster Linie entwickelt worden, um unterschiedlichen Mustern der prognostizierten Daten zu entsprechen (vgl. 4.3.1). In zweiter Linie sind die notwendigen Datenmengen und der Berechnungsaufwand relevant. Als **Beispiele** für die musterorientierte Verfahrensauswahl werden in Abb. 4.4.9 einige bekannte Verfahren den

Datenmuster	Verfahren	
Multiplikativer Einfluss eines Zyklus (z.B. Saisoneffekte) auf einen Trend	Harrison (1967) ⇓ Winters (1960)	
ohne Zyklus mit gedämpftem Trend	⇓	Gardner (1985) Weber (1991)
ohne Zyklus mit ungedämpftem Trend	Holt (1960) ⇓	↵
mit linearem Trend	Brown (1969) Exp. Glättung 2. Ordnung ⇓	
ohne Trend	Exp. Glättung 1. Ordnung	

Abbildung 4.4.9: Beispielhafte Zuordnung von Datenmustern und Verfahren (A ⇒ B bedeutet: B ist ein Spezialfall von A)

jeweiligen Mustern zugeordnet. Die genannten Verfahren werden in der speziellen Literatur erläutert (z. B. Box, Jenkins [Time Series]; Schröder [Einführung]).

Um die Musterauswahl zu erleichtern, bedient man sich der **Autokorrelationsanalyse**. Diese gibt Aufschluss darüber, ob in einer Zeitreihe von Beobachtungen ein Trend und eine Saisonfigur erkennbar sind. Je nach diesen Erkenntnissen wird die Auswahl geeigneter Prognoseverfahren (oder sogar Modelle) gesteuert.

Die Autokorrelationsanalyse baut auf **Korrelationskoeffizienten** auf. Sie werden errechnet zwischen einer möglichst großen Zahl von Beobachtungen einer Zeitreihe und den um 1, 2, 3, …, Perioden verzögerten Beobachtungen derselben Zeitreihe. Hohe, signifikant von Null verschiedene positive Autokorrelationskoeffizienten bei kleinen Verzögerungen deuten auf einen Trend in der Zeitreihe hin. Treten solche positiven oder negativen Koeffizienten mit größeren Verzögerungen auf, so deuten sie auf Saisoneinflüsse hin (z. B. bei sechs- oder zwölf-periodigen Verzögerungen, wenn Monatswerte beobachtet wurden).

Um zeitabhängige Prognoseverfahren zu demonstrieren, skizzieren wir nur zwei Ansätze

- die **exponentielle Glättung** und
- das **Box-Jenkins-Verfahren**.

4.4.4.2 Exponentielle Glättung

Beim **Verfahren der exponentiellen Glättung** (exponential smoothing) geht man davon aus, dass regelmäßig Prognosen $\hat{y}_t^{t+\tau}$, $\tau = 1, 2, \ldots$, abgegeben werden, wobei der tiefgestellte Index den Zeitpunkt der Prognose und der hochgestellte Index den Zeitraum angibt, auf den sich die Prognoseaussage bezieht. Außerdem werden Realisationen y_t beobachtet. Grundsätzlich wird angenommen, die Zeitreihe sei stationär, habe also keinen Trend. Dann wird angenommen:

$$\hat{y}_t^{t+\tau} - \hat{y}_{t-\tau}^t = \alpha(y_t - \hat{y}_{t-\tau}^t),$$

worin $0 < \alpha < 1$ die **Glättungskonstante** ist. I. d. R. ist $\tau = 1$. Daraus erhält man

$$\hat{y}_t^{t+1} = \alpha \cdot y_t + (1 - \alpha)\,\hat{y}_{t-1}^t.$$

In dieser exponentiellen Glättung erster Ordnung kann auf der rechten Seite $\hat{y}_{t-1}^t$ durch fortgesetztes Einsetzen substituiert werden:

$$\hat{y}_t^{t+1} = \alpha \sum_{k=0}^{t-1} (1-\alpha)^k y_{t-k} + (1-\alpha)^t \hat{y}_0^t$$

Wegen $\lim(1-\alpha)^t = 0$, $t \to \infty$, ist darin $\hat{y}_0^t$ häufig praktisch ohne Bedeutung. Die Prognose erfolgt dann also allein aus der Zeitreihe der Beobachtungen heraus. Je weiter die Beobachtungen zurückliegen, um so geringer gewichtet gehen sie in die Prognose ein. Das Verfahren ist einfach anzuwenden und erfordert nur die Bestimmung eines einzigen Parameters.

Die **Glättungskonstante** α hat folgende Wirkung: Je kleiner der Wert von α, um so stärker glättet er die Zeitreihe, je größer, um so weniger stark ist der Glättungseffekt. Im ersten Falle hat nämlich die tatsächliche Entwicklung y_t ein sehr kleines, im letzten Fall ein großes Gewicht bei der Bestimmung von $\hat{y}_t^{t+\tau}$.

In der folgenden Abb. 4.4.10 wird dieser Effekt gezeigt. Es handelt sich bei der durchgezogenen Linie um den Absatz eines Konsumgutes. Von der Periode 24 an werden mit τ = 1 jeweils ex post-Prognosen erstellt, wobei drei unterschiedliche Werte für die Glättungskonstante verwendet werden. Der Glättungseffekt ist deutlich zu erkennen. Die Wirkung der Parametervariation auf die Prognosequalität kann nach den oben genannten Fehlermaßen und dem Theil'schen U-Koeffizienten beurteilt werden (siehe Tab. 4.4.1, oben). In den Spalten der Tab. 4.4.5 sind die Maße angegeben. Durchgängig ergeben sich hier die besten Werte für α = 0,8.

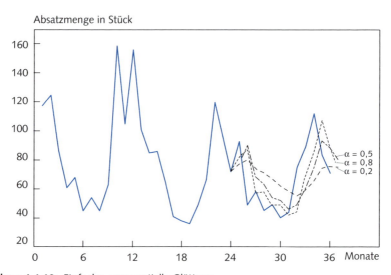

Abbildung 4.4.10: Einfache exponentielle Glättung

Tabelle 4.4.5: Statistische Kennzahlen der ex post-Prognose bei exponentieller Glättung

	Einfache exponentielle Glättung		
	α = 0.2	α = 0.5	α = 0.8
F1: Mittl. abs. Abweichung	20.58	19.98	19.67
F2: Rel. abs. Abweichung	4.40	4.26	4.15
Mittl. quadr. Abweichung	557.46	532.20	509.66
Rel. quadr. Abweichung	0.11	0.11	0.11
F3: Root mean square error	23.61	23.07	22.58
F4: U-Koeffizient	0.33	0.33	0.32

Wegen der **Einfachheit des Verfahrens** sind die Prognosen häufig unbefriedigend. Es hat deshalb eine Fülle von Verfahrensverbesserungen gegeben, von denen – um die Richtung der Arbeiten anzudeuten – nur einige genannt seien:

(a) **Adaptive**, d. h. mit jeder Beobachtung erneute optimale **Bestimmung des Parameters** α, wobei an der Annahme festgehalten wird, dass die Zeitreihe grundsätzlich «stationär» sei;
(b) Berücksichtigung von **Saisonkomponenten** in der Glättung;
(c) exponentielle Glättung höherer Ordnung nach dem sog. Fundamentaltheorem der exponentiellen Glättung, um **Trendeffekte** in der Zeitreihe erfassen zu können;
(d) **Kombination** der Berücksichtigung von Trend- und Saisoneffekten in der Zeitreihe.

Diese Andeutungen sollen allein der Vermutung entgegentreten, dass die exponentielle Glättung keine brauchbare Grundlage für Prognoseverfahren abgeben könne. Tatsächlich wird das Verfahren häufig dort eingesetzt, wo eine große Zahl von kurzfristigen Prognosen mit im Einzelnen geringer Bedeutung für das Unternehmensergebnis abzugeben ist, z. B. bei Artikeldispositionen im Lager.

In der Abb. 4.4.11 wird noch einmal der Absatz des Konsumgutes gezeigt, der schon in der vorausgehenden Abb. 4.4.10 dargestellt wurde. Außerdem sind Prognosen nach verschiedenen erweiterten Verfahren der exponentiellen Glättung eingezeichnet.

Die exponentielle Glättung (EXPO) «erster Ordnung» ist das oben dargestellte Verfahren der einfachen exponentiellen Glättung. Hier werden Prognoseergebnisse für $\alpha = 0{,}5$ dargestellt. Die adaptive exponentielle Glättung entspricht einem Verfahren

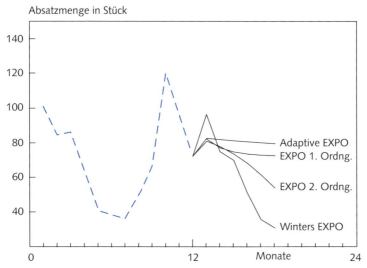

Abbildung 4.4.11: Exponentielle Glättungsverfahren

von *Trigg, Leach*. Die exponentielle Glättung «zweiter Ordnung» unterstellt der Zeitreihe einen quadratischen Trend, vermeidet also die Annahme, dass die Zeitreihe stationär sei. Die gemeinsame Berücksichtigung von Trend- und Saisonkomponenten wird durch das Verfahren von *Winters* ermöglicht.

Eine **Beurteilung der Prognosen** nach den oben eingeführten Fehlermaßen zeigt Tab. 4.4.6. Wir vergleichen sie jeweils mit den Fehlern der einfachen exponentiellen Glättung für $\alpha = 0{,}5$.

Tabelle 4.4.6: Statistische Kennzahlen der ex post-Prognose verschiedener Glättungsverfahren

	EXPO 1. Ordnung $\alpha = 0.5$	Adaptive EXPO	Winters EXPO $\alpha = 0.2, b = 0.3, y = 0.1$	EXPO 2. Ordnung $\alpha = 0.42$
F1: Mittl. abs. Abweichung	27.13	28.61	11.52	14.15
F2: Rel. abs. Abweichung	3.41	3.57	1.40	1.62
Mittl. quadr. Abweichung	871.04	907.73	184.39	250.56
Rel. quadr. Abweichung	0.26	0.27	0.05	0.07
F3: Root mean square error	29.51	30.13	13.58	16.83
F4: U-Koeffizient	0.51	0.52	0.23	0.27

Überraschend ist zunächst, dass die adaptive Glättung keine geringeren Fehler aufweist, obwohl in ihr α den Prognosefehlern entsprechend laufend angepasst wird. Abgesehen davon, dass die beiden bisher hinsichtlich ihrer Fehler betrachteten Verfahren nur für stationäre Zeitreihen geeignet sind, ist hier ein zweiter fehlererzeugender Einfluss wirksam. Die adaptive exponentielle Glättung benutzt neben α einen weiteren Parameter, der i. d. R. vorgegeben wird (hier $\beta = 0{,}3$). Er wird nicht mit α angepasst. Deshalb können von dieser Größe Störungen ausgehen. Versucht man nun aber in ex post-Prognosen auch β durch Variation der Werte möglichst gut zu bestimmen, wird der Verfahrensvorteil wenig aufwendiger, automatischer Bestimmung von α wieder kompensiert.

Wesentlich geringere Fehler als die beiden betrachteten Verfahren verursachen die exponentielle Glättung zweiter Ordnung und das Verfahren von *Winters*. Beide Vorgehensweisen erfassen einen Trend in der Zeitreihe. Die Berücksichtigung von Saisonschwankungen im Verfahren von *Winters* vermeidet insbesondere das Auftreten besonders starker Ausreißerwerte, wie der Vergleich der Fehlermaße F1 mit der mittleren quadratischen Abweichung (MQA) oder F2 mit der relativen quadratischen Abweichung (RQA) deutlich macht.

Die bisher behandelten, einfachen Verfahren der Zeitreihenanalyse werden für massenhafte Anwendungen bei kurzen Prognosehorizonten empfohlen. Im Handel sind beispielsweise wöchentliche Verkaufsprognosen für viele Tausend Artikel als Grundlage für die Einkaufsplanung oder den Einsatz von Marketinginstrumenten, wie Sonderverkäufen, vorzunehmen. Das kann mit den genannten Methoden erfolgen.

4.4.4.3 Box / Jenkins-Verfahren

Weit verbreitet ist das Verfahren von Box, Jenkins [Time Series]. Der Standardfall seiner Darstellung geht von Prognoseaufgaben in einem stationären Zufallsprozess aus. (Das ist ein Prozess, bei dem sich die Verteilung der Zufallsvariablen im Zeitablauf nicht ändert, insbesondere also ihr Mittelwert und ihre Streuung gleich bleiben.) Diese starke Einschränkung kann in entwickelteren Verfahrensvarianten überwunden werden, z. B. dadurch, dass statt Niveauprognosen $\hat{y}_t$ Prognosen von Niveauänderungen $\Delta \hat{y}_t$ vorgenommen werden. Ausgangspunkte der Überlegungen sind zwei **Modelldarstellungen stationärer Zeitreihen**:

(a) Der **autoregressive Prozess** (AR) J-ter Ordnung

$$\hat{y}_t = \sum_{j=1}^{J} a_j y_{t-j} + \varepsilon_t,$$

wobei a_j, $j = 1, 2, \ldots, J$, Parameter und ε_t, $t = 1, 2, \ldots$, Störvariablen sind.

(b) Der **Gleitende-Durchschnitts-Prozess** (MA) K-ter Ordnung

$$\hat{y}_t = \sum_{k=1}^{K} b_k \varepsilon_{t-k} + \varepsilon_t,$$

wobei b_k, $k = 1, 2\ldots, K$, Parameter sind.

Beide Darstellungen sind für sich genommen unbefriedigend, weil eine ausreichende Genauigkeit der Prognose unter Umständen für J und K sehr hohe Werte erfordert. Um eine möglichst sparsame Parameterverwendung zu ermöglichen, liegt eine Kombination der beiden Prozesse im **ARMA-Modell** (Box-Jenkins-Verfahren) nahe:

$$\hat{y}_t = \sum_{j=1}^{J^*} a_j y_{t-j} + \sum_{k=1}^{K^*} b_k \varepsilon_{t-k} + \varepsilon_t.$$

Hierin sind i. d. R. $J^* < J$ und $K^* < K$.

Bei der Prognose um eine Periode wird nach der Bestimmung der Parameter (durch maximum likelihood-Schätzung) zunächst $\hat{y}_t$ ermittelt. Ein Startwert ε_0 kann gleich Null gesetzt werden, was mit zunehmender Zahl der Beobachtungen immer weniger Verzerrungen verursacht. Mehrperiodige Prognosen werden durch sukzessives Einsetzen aus einperiodigen Prognosen entwickelt, bieten dann aber keine unverzerrten Schätzungen der unbekannten Parameter mehr.

In Abb. 4.4.12 zeigen wir die Prognose des schon früher betrachteten Absatzes eines Konsumguts nach dem **Box-Jenkins-Verfahren** (ausgezogene Linie). Dabei ist mit der Annahme einer zwölfmonatigen Saisonfigur gearbeitet worden und $J^* = K^* = 1$. Auf eine Berechnung der Fehlermaße musste hier verzichtet werden, um alle verfügbaren Beobachtungen für die Prognose zu verwenden.

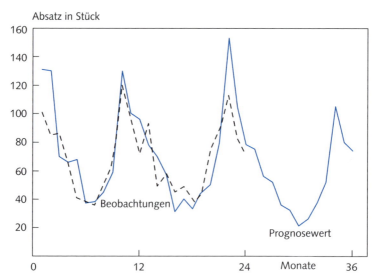

Abbildung 4.4.12: Box-Jenkins Prognoseverfahren: ARMA (1,1) Modell, Saisonal in MA

Im Vergleich zur exponentiellen Glättung ist das Box-Jenkins-Verfahren in der Anwendung wesentlich aufwendiger. Auch die Angabe, dass es nur mit 40 bis 150 Beobachtungen zufriedenstellende Ergebnisse liefere, lässt es für Prognosen mit kurzen Beobachtungsreihen, z.B. Absatzprognosen, wenig geeignet erscheinen. Allerdings sind die generellen Angaben wenig aufschlussreich, da es wesentlich auf die von der Zeitreihenstruktur her bestimmte Parameterzahl ankommt, wie viele Beobachtungen zur Schätzung heranzuziehen sind. Diese Überlegungen werden durch Analysen von Korrelogrammen gestützt, das sind Abbilder von Korrelationskoeffizienten zwischen den Störvariablenwerten ε_t und $\varepsilon_{t-\tau}$ für $\tau = 1, 2, \ldots$ Erste Ansätze, von dieser subjektiven Beurteilungsgrundlage abzugehen, hat Parzen [Forecasting] entwickelt.

4.4.4.4 Künstliche neuronale Netze

Die Zeitreihenanalyse ist der Versuch, bestimmte wiederkehrende Muster in den Beobachtungswerten zu erkennen, funktional zu beschreiben und zu prognostizieren. Dieser Grundgedanke liegt auch den neuronalen Netzen zugrunde. In ihnen werden durch Rechenverfahren Vorgänge der Informationsverarbeitung im Gehirn analog vollzogen. Angaben über bestimmte Funktionentypen oder Gewichtungsfaktoren für die erklärenden Variablen sind dabei nicht erforderlich, sondern werden durch das Verfahren erarbeitet, das dabei das Ziel verfolgt, den Prognosefehler zu verringern. Daher sind neuronale Netze sehr breit anwendbar, wenn zu ihrem «Training» eine ausreichende Zahl von Beobachtungen vorliegt. Wo Vergleiche mit herkömmlichen Methoden möglich sind, zeigen neuronale Netze sich nicht immer als signifikant überlegen (Janetzke, Falk [Beitrag]). Ihre Leistungsfähigkeit im Vergleich zu herkömmlichen Methoden wird u. a. vom Muster der Beobachtungen bestimmt. Als Nachteil wird angesehen, dass die komplexen, nichtlinearen Funktionen, die das Netz erzeugt, schwer theoretisch interpretierbar sind und bisher auch keine Signifikanztests für die Funktionen bekannt sind (Gorr [Research]; Hill et al. [Network]).

4.4.5 Regressionsmodelle

4.4.5.1 Ein-Gleichungs-Modelle

In der Produktionstheorie wird erwartet, dass der Output einer t-ten Periode (O_t) durch die Inputfaktoren Arbeit (A_t) und Kapitaleinsatz (K_t) nach der Formel

$$O_t = a_o A_t^{a_1} K_t^{a_2} \varepsilon_t$$

(mit der Störvariablen ε_t und den unbekannten Parametern a_o, a_1, a_2) zu erklären ist, wenn die Inputfaktoren zumindest partiell substituierbar sind. Sobald man die Parameter und die Inputmengen kennt, können die Outputmengen errechnet werden. Es wäre vorstellbar, das dargestellte Modell der sog. **Cobb-Douglas-Produktionsfunktion** zunächst in eine lineare Beziehung zu verwandeln:

$$\ln O_t = \ln a_o + a_1 \ln A_t + a_2 \ln K_t + \ln \varepsilon_t.$$

Falls man genügend Daten zur Messung der Variablen kennt und diese bestimmte statistische Eigenschaften aufweisen, können die unbekannten Parameter nach der «Methode der kleinsten Quadrate» geschätzt werden. Dazu wäre hier

$$\min \sum_t (\ln \varepsilon_t)^2$$

zu bestimmen. Zusammen mit beliebigen positiven Werten für A_t und K_t können (insbesondere vorausgesetzt, dass die Zeitreihen dieser beiden Variablen nicht miteinander korreliert sind) dann die erwarteten Outputs O_t ermittelt werden. Dieses Beispiel zeigt Grundlagen der Schätzung von Ein-Gleichungs-Modellen durch Regressionsrechnung. Wir wollen es nun verallgemeinern.

Wir nehmen an, dass auf Grund einer Theorie

$$y_t = a_0 + \sum_{l=1}^{L} a_l x_{tl} + \varepsilon_t$$

mit unabhängigen Variablen x_{tl}, $l = 1, 2, ..., L$; $t = 1, 2, ...$, abhängigen Variablen y_t, Parametern $a_o, a_1, ..., a_L$ und Störvariablen ε_t postuliert wird. Der Zusammenhang soll auch zur Prognose verwendet werden. Im Unterschied zur Zeitreihenanalyse werden die y_t und die x_{tl} jeweils inhaltlich unterschiedlich interpretiert. Für Prognosen ist es natürlich erforderlich, dass x_{tl} vor der Realisierung der y_t bekannt werden. Es könnte sich hierbei z. B. um Beobachtungen früherer Perioden handeln, was durch Einsetzen in der Form

$$x_{tl} \equiv x_{t-1, l}$$
$$x_{t, l+1} \equiv x_{t-2, l} \ldots$$

unmittelbar zu erreichen wäre. Man spricht in einem solchen Fall von **Lag-Modellen** mit zeitlich verzögerten Variablen. Die Schätzung der unbekannten Parameter der Modelle erfolgt nach der Methode der kleinsten Quadrate oder nach der **maximum-likelihood-Methode**. Werden geschätzte Parameter mit dem Symbol ˆ bezeichnet, so ergibt sich die Prognose aus:

$$\hat{y}_t = \hat{a}_0 + \sum_{l=1}^{L} \hat{a}_1 x_{tl}.$$

Bei Lag-Modellen treten allerdings wegen der häufig hohen Korrelationen zwischen den unabhängigen Variablen (**Multikollinearität**) besondere Probleme bei der Schätzung der Parameter auf. Sie können z.B. dadurch überwunden werden, dass vorweg eine Lagstruktur bestimmt wird. Sie legt die relative Bedeutung der einzelnen Parameter der verzögerten Variablen fest und muss nur noch durch einzelne Stützwerte numerisch bestimmt werden.

Will man z.B. die **Wirkung der Werbeaufwendungen** eines Unternehmens in den Perioden $(t - l)$, $l = 1, 2, \ldots$, die mit dem Symbol x_{t-l} bezeichnet werden, auf den Absatz y_t messen, so könnte man ein Modell der Form

$$y_t = a_0 + a_1 x_{t-1} + a_2 x_{t-2} + \ldots$$

aufstellen. Nun werden die Werbeaufwendungen vermutlich hoch miteinander korrelieren. Weiß man aber, dass die Werbung von einer Periode zur folgenden Periode zu einem Anteilssatz von c behalten wird (1 − c wird vergessen), so ist $a_2 = a_1 c$, $a_3 = a_2 c = a_1 c^2$ usw. Darin kommt die zeitliche Verzögerungswirkung (allgemein: **Lagstruktur**) zum Ausdruck. Man kann nun zeigen, dass statt des ursprünglichen Modells eine identische Formulierung, nämlich

$$y_t = a_0 (1 - c) + a_1 x_{t-1} + c y_{t-1}$$

verwendet werden kann. Dadurch können einige Schätzprobleme vermieden werden.

Wir betrachten nun den Spezialfall, dass die Beziehung

$$\hat{y}_t = \hat{a}_0 + \hat{a}_1 x_{t-1}$$

geschätzt worden wäre. Für einen beliebigen Wert x_p kann dann die Prognose $\hat{y}_p = \hat{a}_0 + \hat{a}_1 x_p$ abgegeben werden. Dies ist ein Erwartungswert, um den die tatsächlichen Realisationen in einem **Mutungsintervall** streuen, das bei vorgegebenem Sicherheitsniveau mit zunehmendem Abstand $(x_p - \bar{x})$, wobei $\bar{x}$ der Mittelwert der Beobachtungen von x_t ist, zunimmt (vgl. Abb. 4.4.13).

Ein sehr einfaches **Beispiel** zeigt die Prognose des Marktanteils eines Artikels in Abb. 4.4.14. Man erkennt die um die Trendgerade verteilte tatsächliche Entwicklung. Am rechten Bildrand ist das Mutungsintervall gezeigt, in welches 95 % der tatsächlichen Ergebnisse fallen werden, wenn die Verhältnisse fortbestehen, die zur Entwicklung der Vergangenheit führten. Die Regressionsgleichung hat die folgenden Werte:

$$\hat{a}_0 = 22{,}03 \ (0{,}23)$$
$$\hat{a}_1 = 0{,}28 \ (0{,}03)$$

Ausgewählte Prognoseverfahren 817

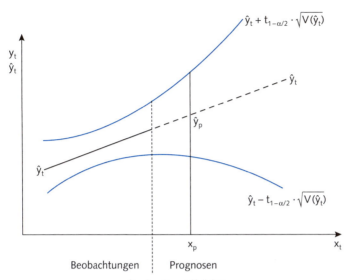

Abbildung 4.4.13: Das Mutungsintervall bei zeitabhängiger Prognose

für den Spezialfall $f(t) = x_t$
(sonst ist eine entsprechende Aufteilung der Abszisse nicht möglich)

$V(\cdot)$ = Varianz; $t_{1-\alpha/2}$: = Abszissenwert der t-Verteilung beim zugehörigen Sicherheitsniveau von $\alpha/100\,\%$.

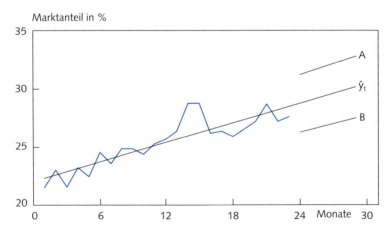

Abbildung 4.4.14: Regressionsanalyse (Trendextrapolation) mit Obergrenze (A) und Untergrenze (B) des Mutungsintervalls für 95 % Sicherheit

In Klammern ist die Standardabweichung dieser Schätzungen angegeben. Sie kann benutzt werden, um die **Wahrscheinlichkeit einer zufälligen Abweichung der Ergebnisse von einem vorgegebenen Wert** (insbesondere die Abweichung von Null) zu testen, indem empirische t-Werte (22,03 : 0,23 bzw. 0,28 : 0,03) errechnet werden, die mit tabellierten Werten bei der entsprechenden Zahl von Freiheitsgraden (bei T = 23 Beobachtungen (T − 2) = 21 Freiheitsgrade) zu vergleichen sind. Liegt der empirische Wert über dem tabellierten Wert, so kann angenommen werden, dass der zugehörige Parameter mit einer Wahrscheinlichkeit, die nicht kleiner ist als w, nicht zufällig von Null verschieden ist. Hier sind beide Parameter mit hoher Wahrscheinlichkeit (w > 0,99) von Null verschieden. Die Straffheit des Zusammenhangs zwischen den Beobachtungen und dem Zeitablauf ist mit dem Bestimmtheitsmaß (Quadrat des Korrelationskoeffizienten) von 0,87 bei 23 Beobachtungen ebenfalls signifikant von Null verschieden (w > 0,99).

Problematisch ist an dieser Schätzung, dass eine lineare Beziehung zwischen Marktanteil und Zeitablauf eine Ursachenanalyse nicht zulässt und nicht beliebig in die Zukunft verlängert werden kann, weil beim Überschreiten der 100 % (0 %)-Grenze logische Widersprüche auftreten und weil die Konkurrenzreaktionen der Vergangenheit sich dann vermutlich nicht in der bisherigen Intensität fortsetzen. Es gibt spezielle Ansätze, die insbesondere das logische Problem lösen können (**Logit- und Probit-Modelle**, in denen die nicht zu verletzenden Grenzen beispielsweise durch eine s-förmige Kurve beliebig nahe angenähert werden können). Die Sachprobleme können nur durch einen anderen, nicht allein zeitreihenbezogenen Ansatz gelöst werden. Bei den unabhängigen oder den abhängigen Variablen können gegenüber den ursprünglichen Beobachtungen transformierte Werte benutzt werden. Beispielsweise sollte nach der Seerechtskonvention der Vereinten Nationen die Regression zwischen dem Logarithmus des Nickelverbrauchs und der Zeit über die aktuellsten 15 Jahre bestimmt werden, um eine Produktionsgrenze für den Tiefseebergbau festzulegen.

4.4.5.2 Mehr-Gleichungs-Modelle

Mehr-Gleichungs-Modelle wurden allgemein im Abschnitt 4.1.2 dargestellt. Sie bieten wegen der Interdependenz der endogenen Variablen besondere Probleme der Schätzung, dürfen also auf keinen Fall generell wie Ein-Gleichungs-Modelle behandelt werden (zur Schätzung z. B. Malinvaud [Econometrics]). Ausnahmen bilden die rekursiven Modelle. (Das sind Mehr-Gleichungs-Modelle, die durch fortgesetztes Einsetzen auf ein Ein-Gleichungs-Modell zurückzuführen sind. Zum Beispiel wird aus

$$y_1 = a_{0,1} + a_{1,1}x_1 + a_{2,1}x_2 + y_2 + \varepsilon_1$$
$$y_2 = a_{0,2} + a_{1,2}x_1 + a_{2,2}x_2 + \varepsilon_1$$

die Gleichung

$$y_1 = a_{0,1} + a_{0,2} + (a_{1,1} + a_{1,2})x_1 + (a_{2,1} + a_{2,2})x_2 + (\varepsilon_1 + \varepsilon_2),$$

deren unbekannte Parameter auf normalem Wege geschätzt werden können. In diese Klasse können grundsätzlich auch diejenigen Probleme eingeordnet werden, bei denen neben einer Erklärungsgleichung eine weitere Gleichung als Nebenbedingung zu berücksichtigen ist. Dieser Fall tritt z. B. bei der Schätzung von Marktanteilen aller Wettbewerber eines Marktes auf, die sich zu Eins ergänzen müssen.)

Häufig trifft man auf die Meinung, dass interdependente Mehr-Gleichungs-Modelle wegen der makroökonomischen Kreislaufbeziehungen für Volkswirte von größerem Interesse seien als für Betriebswirte. Diese Ansicht trifft nicht zu. Die linearen Input-Output-Produktionssysteme bieten ein erstes Anwendungsbeispiel, die Feststellung von Kostenabweichungen im Entwicklungsbereich ein zweites, die Erklärung von Marktanteilen aus den Preisen von Anbietern im Dyopol ein drittes. Da die Liste verlängert werden kann, lohnt sich die intensive Beschäftigung mit Mehr-Gleichungs-Prognosemodellen auch für Betriebswirte (vgl. Zschocke [Betriebsökonometrie]). Dies gilt umso mehr, je häufiger Unternehmen in miteinander vernetzte Systeme eingebunden sind, wie beispielsweise in Beschaffungs- und Logistik-Systeme (supply chains).

Die Einzeldarstellung von Prognoseverfahren sollte nicht zu dem Schluss führen, dass Prognoseprobleme nur jeweils durch *ein* ausgewähltes Verfahren zu behandeln seien. Nimmt man realistischerweise an, dass nicht jedes Prognosemodell vollständig mathematisch zu beschreiben ist, die fehlenden Elemente aber z. B. durch Experten in ihren prognostischen Äußerungen berücksichtigt werden, so kann die Kombination von Prognosen zu überlegenen Ergebnissen führen. Im Prinzip sind zwei Arten von Kombinationen möglich. Erstens können exogene Variablen (vgl. 4.1.2) nach unterschiedlichen Prognoseverfahren gewonnen werden. Zweitens können Ergebnisse von Prognoseverfahren gleich oder unterschiedlich gewichtet in eine «übergeordnete» Prognose eingehen (Clemen [Review]). Delphi-Prognosen (vgl. 4.4.2.2) sind in diesem Sinne Kombinationen der Prognosen einzelner Experten. Bezieht man die beiden Kombinationsmöglichkeiten auf die Aussagen zur Prognosequalität (4.1.1), so stellt der erste Fall einen Beitrag zur Reduzierung der Fehlerhaftigkeit der benutzten Daten dar, und der zweite Fall will die Güte des Erklärungsmodells verbessern.

Bei der Kombination von Prognoseergebnissen ist über ihre Gewichtung zu entscheiden. Überzeugend ist es, die Gewichtung umgekehrt proportional zum Prognosefehler von ex post-Prognosen festzulegen (zusammenfassend: Weber [Wirtschaftsprognostik] 520 ff.).

4.5 Prognosen und elektronische Datenverarbeitung

Die grundsätzlichen Einsatzmöglichkeiten der elektronischen Datenverarbeitung im Rahmen der Informationswirtschaft wurden in Abschnitt 2 beschrieben. Im Rahmen dieses Abschnitts wird angesprochen, dass die EDV speziell die Erarbeitung von Prognosen in sehr vielfältiger Weise unterstützen kann. Im Einzelnen kann sie folgende Funktionen übernehmen:

(1) Die elektronische Datenverarbeitung stellt große, wenig aufwendige und leicht zugängliche Datenspeicher bereit. Diese Funktion wird durch die Möglichkeit des gegenseitigen Zugriffs auf öffentliche und private Datenbanken dauernd quantitativ erweitert. Eine qualitative Erweiterung liegt in den Möglichkeiten, die sich aus der Erfassung von Daten an ihrem Entstehungsort und zu ihrem Entstehungszeitpunkt ergeben. Als Beispiel seien die Führung von Verkaufsstatistiken, die Aufstellung eines täglichen Finanzstatus und die Automatisierung des Bestellwesens in Abhängigkeit von den durch Verkaufskassen automatisch registrierten Verkäufen (scanner) genannt. In «data warehouses» werden die Daten eines Unternehmens zusammengeführt. WalMart beispielsweise soll 7,5 Trillionen bytes in seinem «data warehouse» gespeichert haben (Stand 2003). Die RFID-Technik, bei der jede Ware durch einen Chip mit eigener Sendekapazität eindeutig identifizierbar und automatisch erfassbar ist, bietet weitere Automatisierungsmöglichkeiten der Datenerfassung. Auch die internet-basierte Datenerhebung von Befragungsdaten eröffnet neue, effiziente Wege.

(2) Die elektronische Datenverarbeitung dient als Vermittlungs-, Auswahl- und Steuerungsinstrument für Kommunikationsprozesse. Prognoseverfahren, die auf Expertenbefragungen beruhen oder zur Ergebnisbeurteilung Expertenbeurteilungen erfordern, können über interaktive Systeme oder das Internet geführt werden. Dabei können Experten mit anderen Experten ebenso in Kommunikation treten, wie – unter Ausnutzung der unter (1) und (3) genannten Funktionen – mit den gespeicherten Daten und Programmen (Brockhoff [Delphi-Prognosen]). Insbesondere die internet-basierten Kommunikationstechniken (e-mail) erleichtern die Prognosetätigkeit, erweitern den Zugang zu Experten und beschleunigen die Verfahrensabwicklung.

Die in 4.4.2.3 erwähnten Prognosemärkte können auch als virtuelle Märkte eingerichtet und der Handel über das Internet abgewickelt werden. Unternehmensinterne Anwendungen sind ebenso bekannt (Wolfers, Zitzewitz [Prediction]) wie Prognosen wirtschaftlicher Daten oder technologischer Erfolgsaussichten (www.economicderivatives.com; www.newfutures.com; www.ideosphere.com).

(3) Die elektronische Datenverarbeitung übernimmt Rechenfunktionen. Anlagenhersteller und Programmentwickler boten ursprünglich einzelne Prognoseprogramme an, die in Stapelverarbeitung eingesetzt wurden. Der Benutzer hatte die Daten vorzubereiten, die Auswahl des Verfahrens zu treffen, es gegebenenfalls zu testen und dann einzusetzen. Inzwischen werden praktisch alle bekannten Prognosetechniken im Rahmen von Programmpaketen angeboten. Dies sind erstens solche Pakete, in denen bestimmte Prognoseverfahren mit bestimmten Planungs- und Entscheidungsverfahren aufgabenspezifisch kombiniert sind: z.B. exponentielle Glättung zur Bestandsprognose von Lagerbeständen und Ermittlung optimaler Bestellungen nach einer Bestellmengenformel. Zweitens kann es sich um Pakete von Prognoseprogrammen handeln, die für beliebige Aufgaben einsetzbar sind. «Dabei

wird deutlich der Weg von der bloßen Methodensammlung zu einer Daten- und Methodenbank beschritten, in der das Programm für den eigentlichen Prognosealgorithmus nur ein verhältnismäßig kleiner Teil ist, während vor allem der Analyse der Daten viel Raum gegeben wird» (Mertens/Backert [Vergleich]). Diese Analysen werden nach Kriterien teils automatisch, teils im Mensch-Maschine-Dialog gesteuert. Die Kriterien entsprechen den im Abschnitt 4.3 genannten.

Schnelle Rechner erlauben es, die bestmöglichen ex post-Prognosen nach einer Mehrzahl von Kriterien zu bestimmen und so die Verfahrensauswahl zu unterstützen oder auf der Grundlage einer Auswahlregel zu übernehmen.

Eine Vielzahl der ursprünglich für die Benutzung auf Großrechnern entwickelten Prognoseprogramme konnte mit zunehmender Leistungsfähigkeit der PC auch auf diese übertragen werden. So steht etwa das im wissenschaftlichen Bereich weit verbreitete SPSS (Statistical Package for the Social Sciences) in einer «PC-Version» zur Verfügung. Speziell zur Bearbeitung von Aufgaben der Datenanalyse und -prognose ist z. B. RATS geeignet. Einen nach Leistungskriterien gegliederten Überblick über 51 Softwareangebote gibt Rycroft [Software] und über 27 Programmpakete informiert Yurkiewicz [Software].

Vor dem Einsatz solcher Systeme und bei der Übernahme der von ihnen erstellten Ergebnisse in Entscheidungen sollte man kritisch prüfen, ob das Skalenniveau der Daten und ihre Struktur den Einsatz des jeweiligen Verfahrens überhaupt gestatten. Die Programme sind im Bestreben, ein Höchstmaß an Benutzerfreundlichkeit zu bieten, oft so geschrieben, dass sie auch dann Daten verarbeiten und Ergebnisse ausweisen, wenn dies nach theoretischen Überlegungen unzulässig ist.

(4) Die elektronische Datenverarbeitung übernimmt auf der **Grundlage von Analysefunktionen** schließlich **Ausbildungsfunktionen**. Im Punkt (3) wird angedeutet, wie sich die Entwicklung von Rechenfunktionen mit Analysearbeiten des Benutzers zu kombinierten Rechen- und Analysefunktionen bei der EDV-Anlage entwickelt. Zunächst kann damit eine Entlastung des Benutzers eintreten. Er kann sich z. B. vermehrt der Ergebnisinterpretation zuwenden oder nach neueren Verfahren suchen. Länger bekannte Beispiele dafür sind:

- «Integriertes Analyse- und Prognose-System» (Mertens/Backert [Vergleich]), in dem die Auswahl von Prognoseverfahren unter Zuhilfenahme der in einer Entscheidungstabelle normierten heuristischen Kriterien der Verfahrenswahl erfolgt, zum Beispiel dem Muster der Beobachtungen, dem Zeithorizont der Prognose, der Anzahl der Beobachtungen; solche Ansätze werden auch als **regelbasierte Systeme** bezeichnet (rule based systems: Collopy, Armstrong [Forecasting]), die bis zu Expertensystemen zur Kombination von Prognoseverfahren ausgebaut wurden;
- «SYBIL-RUNNER»-System (Makridakis, Wheelwright [Interactive Forecasting]), dessen erstes Teilsystem die Datenanalyse übernimmt, das zweite die Rechnungen nach einem der in der Analysephase als geeignet erkannten Programme;

- «AUTOPROG» für drei Verfahren der Zeitreihenprognose (Hüttner, Bednarzik [Selektion]).

Sobald in die Analysephasen der Programme auch Prüfungen eingeschaltet werden, die als ex ante feststellbare statistische Merkmale zur Beurteilung der Prognoseaufgabe bezeichnet werden können (vgl. Brockhoff [Prognoseverfahren] 52 ff.), übernehmen die interaktiven Verfahren auch eine Ausbildungsfunktion. Dafür wurde schon früh Interactive Data Analysis (Ling, Roberts [Approach]) angeboten. Im Dialog mit dem Rechner beschreibt der Benutzer seine Daten, kann sie einlesen und analysieren. Sobald der Benutzer Methodenschritte unternehmen will, die mit den gegebenen Daten unverträglich sind oder zumindest fehlerhafte Ergebnisse hervorrufen könnten, werden ihm Warnungen erteilt.

Er hat dann die Möglichkeit, den Grund für die Warnungen festzustellen und gegebenenfalls für Abhilfe zu sorgen, sei dies durch Datentransformation (z.B. Bildung von ersten Differenzen zwischen Beobachtungen statt Benutzung der Beobachtungen selbst zur Vermeidung von Multikollinearität von unabhängigen Variablen, beispielsweise in Cobb-Douglas-Produktionsfunktionen, siehe 4.4.5.1) oder durch Wechsel in der Methodenauswahl. Es ist möglich, auch hierfür Vorschläge durch das Programmsystem des Rechners bereitzustellen. Ihre verständige Interpretation setzt aber weiter die intensive Erarbeitung von Methodenkenntnissen und Anwendungserfahrungen beim Benutzer voraus, sei dies nun mit oder ohne Rechnerunterstützung.

Solche Ansätze sind zu «Expertensystemen» ausgebaut worden, in denen nicht nur das Methodenwissen integriert ist, sondern auch spezifische Anwenderbeobachtungen oder -erfahrungen berücksichtigt werden können (Janetzke, Falk [Beitrag]). Diese Berücksichtigung ist allerdings nicht unproblematisch, weil sie Möglichkeiten zur schwer kontrollierbaren Manipulation von Prognosen eröffnet. Automatisierte Prognosesysteme weisen Vorteile durch die Bereitstellung einer Vielzahl von Methoden auf, haben aber Nachteile, wenn die Hilfe methodisch wenig geschulter Anwender bei der Bereitstellung von Daten, der Einbeziehung von Variablen oder der Ergebnisinterpretation erforderlich ist (Tashman, Leach [Forecasting]). Auf den Erwerb entsprechender Kenntnisse ist deshalb weder für Methodenentwickler noch für Anwender zu verzichten, wenn auch die Tiefe der Kenntnisse im zweiten Falle deutlich geringer sein kann.

Trotz der technischen und methodischen Unterstützung von Prognosen durch PC oder Großrechner, sind quantitative Verfahren in der Unternehmenspraxis noch wenig verbreitet (Sanders/Manrodt [Software]), wenn auch die Zahl der Großunternehmen mit Prognosestäben zuzunehmen scheint (Jain [Business]). Strukturbrüche, wie beispielsweise eine tiefgreifende Finanz- und Wirtschaftskrise oder eine technische Revolution in einer etablierten Branche, tragen dazu bei, dass der Wert von Prognosen bezweifelt wird. Das sind aber eben nicht die regelmäßig oder ständig auftretenden Situationen. Hier helfen interaktive Verfahren oder Entscheidungsbäume, jeweils an der Prognoseaufgabe und der Datenbeschaffenheit anknüpfend, bei der Verfahrensauswahl (Armstrong [Introduction]) geeigneter Verfahren. Ein Beispiel für einen solchen Entscheidungsbaum gibt die folgende Abbildung 4.4.15.

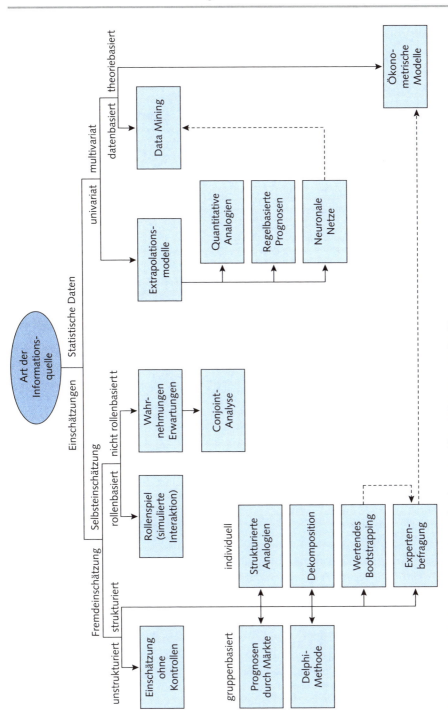

Abbildung 4.4.15: Entscheidungsbaum für die Auswahl einer Prognosemethodik

Literaturhinweise

Albert, H.: Probleme der [Theoriebildung]. In: H. Albert (Hrsg.): Theorie und Realität. Tübingen 1964, S. 3–70.
Armstrong, J. S.: [Introduction]. In: J. S. Armstrong (Hrsg.): Principles of Forecasting. Boston et al., S. 1–12.
Backhaus, K. et al.: Multivariate [Analysemethoden], 12. Aufl., Berlin. Heidelberg 2008.
Betz, G.: [Predicition] or Prophecy? The Boundaries of Economic Foreknowledge and their Socio-Political Consequences. Wiesbaden 2004.
Box, G. E., G. M. Jenkins: [Times Series] Analysis for Forecasting and Control. San Francisco 1976.
Brockhoff, K.: Ein Ansatz zur [Abschätzung] des Forschungserfolges, Zeitschrift für betriebswirtschaftliche Forschung, 24. Jg., 1972, S. 709–723.
Brockhoff, K.: [Delphi-Prognosen] im Computerdialog. Tübingen 1979.
Brockhoff, K.: [Prognoseverfahren] für die Unternehmensplanung. Wiesbaden 1977.
Bruckmann, G.: Langfristige [Prognosen]. Würzburg u. Wien 1977.
Clement, R. T.: Combining Forecasts: [Review] and Annotated Bibliography, International Journal of Forecasting, Vol. 5, 1989, S. 559–583.
Collopy, F., I. S. Armstong: Rule-based [Forecasting]: Development and Validation of an Expert System Approach to Combining Time Series Extrapolations, Management Science, Vol. 38, 1992, S. 1394–1414.
Elliott, G., C. Granger, A. Timermann: [Handbook] of Economic Forecasting, 1, Amsterdam et al. 2006.
Gorr, W. L.: [Research] perspecitve on neural network forecasting, International Journal of Forecasting, Vol. 10, 1994, S. 1–4.
Grupp, H.: [Messung] und Erklärung des Technischen Wandels, Berlin et al. 1997.
Hahn, R. W., P. C. Tetlock (Hrsg.): Information [Markets]. A New Way of Making Decisions. Washington/D.C. 2006.
Hill, T. et al.: Artificial neural [Network] models for forecasting and decision making, International Journal of Forecasting, Vol. 10, 1994, S. 5–15.
Holton Wilson, J., B. Keating: [Business] Forecasting, with accompanying Excel-Based ForecastX™ Software, 4. A., Boston et al. 2002.
Hüttner, M., U. Bednarzik: [Selektion] und Kombination von Prognoseverfahren – Das System AUTOPROG. In: Jahrbuch für Absatz- und Verbrauchsforschung, Bd. 36, 1990, S. 103–115.
ISI (Institut für Systemtechnik und Innovationsforschung): Studie zur globalen Entwicklung von Wissenschaft und Technik [Delphi] '98, Bundesministerium für Bildung, Wissenschaft, Forschung und Technologie, Bonn 1998.
Jain, C. L.: [Business] Forecasting in the 21st Century. In: Journal of Business Forecasting, Fall 2003, S. 3–6.
Janetzke, P., J. Falk: Der [Beitrag] der künstlichen Intelligenz zur betrieblichen Prognose, in: Mertens, P., S. Rässler [Prognoserechnung], S. 305–334.
Ling, R. F., H. V. Roberts: IDA: An [Approach] to Interactive Data Analysis in Teaching and Research. In: Journal of Business, Vol. 48 (1975), S. 411–451.
Makridakis, S., S. C. Wheelwright: [Interactive Forecasting]. San Francisco 1978.
Makridakis, S.: The Art and Science of Forecasting. An Assessment. In: International Journal of Forecasting, Vol. 2 (1986), S. 15–39.
Malinvaud, E.: Statistical Methods of [Econometrics]. Amsterdam, London u. New York 1970.
Marschak, J.: [Problems] in Information Economics. In: C. P. Bonini, R. Jaedicke, R. K. Wagner, M. Harvey (Hrsg.): Management Controls: New Directions in Basis Research. New York, San Francisco, Toronto u. London 1964, S. 38–14.

Mertens, P., S. Rässler (Hrsg.): [Prognoserechnung]. 6. Aufl., Heidelberg 2005.
Mertens, P., K. Backert: [Vergleich] und Auswahl von Prognoseverfahren für betriebswirtschaftliche Zwecke. In: Zeitschrift für Operations Research, 24. Jg. (1980), S. B 1–B 27.
Nerb, G.: [Konjunkturprognose] mit Hilfe von Urteilen und Erwartungen der Konsumenten und der Unternehmer, Berlin u. München 1975.
Nowack, A.: [Prognose] bei unregelmäßigem Bedarf? in: Mertens,P., S. Rässler, [Prognoserechnung], S. 61–72.
Ortner, G.: [Aktienmärkte] als industrielles Vorhersagemodell. In: Zeitschrift für Betriebswirtschaft, Ergh .1, Bd. 70, 2000, S. 115–125.
Parzen, E.: [Forecasting] and Whitening Filter Estimation. In: S. Makridakis u. S. C. Wheelwright (Hrsg.): Forecasting. Amsterdam, New York u. Oxford 1979, S. 149–166.
Rycroft, R. S.: Microcomputer [Software] of interest to Forecasters in Comparative Review: updated again. In: International Journal of Forecasting, Vol. 15 (1999), S. 93–120.
Sackmann, H.: [Delphi] Critique. Lexington 1975.
Sanders, N. R., K. B. Manrodt: Forecasting [Software] in Practice: Use, Satisfaction, and Performance. In: Interfaces, Vol. 33, 2003, 5/S. 90–93.
Sarin, R. K.: An [Approach] for Long Term Forecasting with an Application to Solar Electric Energy. In: Management Science, Vol. 25 (1979), S. 543–554.
Schewe, G.: [Strategie] und Struktur, Tübingen 1998.
Schönfeld, P.: Methoden der [Ökonometrie] I. Berlin 1969.
Schröder, M.: [Einführung] in die kurzfristige Zeitreihenprognose und Vergleich der einzelnen Verfahren, in: Mertens, P., S. Rässler [Prognoserechnung], S. 7–38.
Schwarze, J.: Probleme der [Fehlermessung] bei quantitativen ökonomischen Prognosen. In: Zeitschrift für die gesamte Staatswissenschaft, 129. Bd. (1973), S. 535–558.
Scott Armstrong, J.: [Principles] of Forecasting, 2001 (www.forecastingprinciples.com)
Spann, M., B. Skiera: Internet-Based Virtual [Stock] Markets for Business Forecasting. In: Management Science, Vol. 49, 2003, S. 1310–1326.
Tashman, L. I., M. L. Leach: Automatic [Forecasting] Software: A survey and evaluation. In: International Journal of Forecasting, Vol. 7, 1991, S. 209–230.
Theil, H.: Economic [Forecasts] and Policy. Amsterdam 1965.
Tsay, R. S., Wu, C.-S.: Forecasting with Leading [Indicaors] Revisited. In: Journal of Forecasting, Vol. 22, 2003, S. 603–617.
Weber, K.: [Wirtschaftsprognostik], München 1990.
Weber, R.: Prognosemodelle zur Vorhersage der Fernsehnutzung: neuronale Netze, Tree-Modelle und klassische Statistik im Vergleich, München 2000.
Wild, J.: Grundlagen der [Unternehmungsplanung]. 3. Aufl., Opladen 1981.
Wolfers, J., E. Zitzewitz: [Prediction] Markets. In: Journal of Economic Perspectives, Vol. 18, 2004, S. 107–126.
Yurkiewicz, J.: Forecasting [Software] Survey. In: OR/MS Today, Feb. 2003 (www.lionhrtpub.com/orms/orms-2-03/survey.html)
Zarnowitz, V.: An [Appraisal] of Short-Term Economic Forecasts. New York 1967.
Zschocke, D.: [Betriebsökonometrie]. Würzburg u. Wien 1974.

Spezialzeitschriften (Auswahl)
International Journal of Forecasting
Journal of Business Forecasting
Journal of Forecasting

Stichwortverzeichnis für Band 2 der ABWL

Hinweis: Band 1 enthält ein vollständiges Stichwortverzeichnis für alle drei Bände der Allgemeinen Betriebswirtschaftslehre. Seitenhinweise beziehen sich stets auf Band 2. Verweise auf die Bände 1 und 3 erfolgen durch die römischen Ziffern I bzw. III. Hinweise auf eine ausführliche Behandlung des jeweiligen Stichworts sind fett gedruckt. Die Stichwörter werden alphabetisch nach ihrer invertierten Form (z. B. «Bereich, zulässiger» unter dem Buchstaben «B») und nicht nach der mechanischen Wortfolge (z. B. «zulässiger Bereich» unter dem Buchstaben «Z») eingeordnet.

A
ABC-Analyse III
Abgrenzungen 274
Ablauforganisation 182
Absatz III
Abschlussgliederungsprinzip 496
Abschreibungen, allgemein 582 ff.
–, außerplanmäßige 588 f.
–, degressive 584 ff.
–, lineare 583 f.
–, nach Leistungen 585
–, planmäßige 582 ff.
–, progressive 585
Abschreibungsmethode 583 ff., 586 f.
Abschreibungsplan 583
Abteilung 207 f.
Abweichungsanalyse 100, 351 ff.
Activity-based costing 725 ff.
Advanced Budgeting 295
Advanced Planning and Scheduling Systems 114 ff.
AfA-Tabellen 583
Agio 597
Akkordlohn III
Aktiengesellschaft I, III
Aktiva 500, 580
Aktivierung 574
Allowable Costs 730 ff.
Alternative 77 ff.
Alternativenbewertung 81 ff.
Alternativensuche 77 ff.
Anbauverfahren 761 f.
Anhang 613 f.

Anlagenkartei 746
Anlagespiegel 590
Anlagevermögen, allgemein 580, **581 ff.**
–, abnutzbares 582
–, Bewertung des 582 ff.
–, nicht abnutzbares 582
Annuität III
Ansätze 24 ff.
Anschaffungskosten 567
Anwendungssoftware 453 ff.
Äquivalenzziffernkalkulation 769 f.
Arbeit III
Arbeitsbewertung III
Arbeitsgemeinschaft I
Arbeitsgruppen 208 f.
Arbeitsteilung 188 ff.
Auditing 98
Aufbauorganisation 182, **230 ff.**
Aufgabe, allgemein 182 f.
Aufgabenanalyse 182, 266
Aufwand 701 ff.
–, neutraler 702
Aufwands- und Ertragskonsolidierung 660 ff.
Aufwandsrückstellungen 603
Ausgaben 699 ff.
Ausgleichsgesetz der Planung 62
Ausschüsse 210
Ausschüttungssperre 509 f., 547, 565
Außenfinanzierung III
Ausstehende Einlagen 596
Auszahlung 699
Autokorrelationsanalyse 809

B

Balanced Scorecard 333
Barwert III
Bayes-Analyse 798
Befragung, allgemein 437 ff.
–, persönliche 437
–, nichtpersönliche 437
Beibehaltungswahlrecht 588 ff.
Belastungsäquivalenzprinzip 752
Benchmarking 367
Beobachtung, allgemein 438 f.
–, nicht-teilnehmende 439
–, teilnehmende 439
Bereich, zulässiger 78
Berichtswesen 283 ff.
Beschäftigungsabweichung 723 f.
Beschaffung III
Beschaffungsmarketing III
Beständebilanzen 522
Bestätigungsvermerk 683
Bestellmenge III
Besteuerung I
Beteiligungsfinanzierung III
Betrieb I
Betrieb, öffentlicher I
Betriebsabrechnungsbogen 753 ff.
Betriebsarten I
Betriebsbuchführung 494 f.
Betriebsergebnis 610
Betriebsergebnisrechnung,
  s. Erfolgsrechnung, kurzfristige
Betriebsmittelkosten 746 ff.
Betriebsrat I
Betriebssystem 452 ff.
Betriebsverfassungsgesetz I
Betriebswirtschaftslehre I
Better Budgeting 295
Bewegungsbilanzen 522 ff.
Bewegungsrechnungen 522 ff.
Bewertung 582 ff.
–, verlustfreie 591
Bewertungsprinzipien (-grundsätze) 566
Beyond Budgeting 295
Bezugsrecht III
Bilanz, allgemein 499 ff.
–, Arten der 511 ff.
–, außerordentliche 520

–, Begriff der 499 ff.
–, Bewertung in der 581 ff., 591 ff.
–, dynamische 514 f.
–, externe 533
–, finanzwirtschaftliche 515
–, interne 533
–, konsolidierte 532
–, ordentliche 519
–, organische 516 f.
–, pagatorische 516
–, prospektive 521
–, Prüfung von 621 ff.
–, retrospektive 521
–, statische 512 f.
–, Zahlungsbemessungszweck der 508 ff.
Bilanzadressaten 505 ff.
Bilanzanalyse 314
Bilanzansatz 563 ff.
Bilanzarten 511 ff.
Bilanzbegriff 499 ff.
Bilanzbewertung 581 ff., 591 ff.
Bilanzempfänger 533 f.
Bilanzgewinn 612 f.
Bilanzgleichung 499
Bilanzgliederung 579 f.
Bilanzidentität 552
Bilanzierung
–, handelsrechtliche Vorschriften
  der 539 ff.
–, steuerrechtliche Vorschriften
  der 555 ff.
Bilanzierungsfähigkeit 563 ff.
–, abstrakte 563 f.
–, konkrete 564
Bilanzierungsgrundsätze 548 ff.
Bilanzierungspflicht 565 f.
Bilanzierungswahlrecht 565 f.
Bilanzierungszeiträume 520 f.
Bilanzinhalte 521 ff.
Bilanzkennzahlen 314 ff.
Bilanzklarheit, Grundsatz der 549
Bilanzkontinuität, Grundsatz der 552
Bilanzkonzeption, allgemein 512 ff.
–, dynamische 514 f.
–, finanzwirtschaftliche 515
–, informationsbezogene 518 f.
–, kapitaltheoretische 517

–, organische 516 f.
–, pagatorische 516
–, statische 512 f.
Bilanzrechtsmodernisierungsgesetz (BilMoG) 539
Bilanzrichtliniengesetz 548
Bilanztheorie,
  s. Bilanzkonzeption
Bilanzverlust 612 f.
Bilanzwahrheit, Grundsatz der 549
Bilanzzwecke 502 ff.
Börsenpreis 571
Bottom-Up-Planung 63 f.
Box-Jenkins Prognoseverfahren 813 ff.
Break-even-point 716
Buchführung 494 ff.
Budget 49 f., **286 f.**
Budgetierung 286 f.
Budgetierungstechniken 288 f.
Budgetierungsverfahren 290
Business Intelligence (BI) 465 ff.
Business Reengineering 215

C
CAD 464
CAM 464
Capital Asset Pricing Model 325
Cash-Flow 523
Cash-Flow-Rechnung 523 f.
Center-Organisation 240 ff.
CfRoI 327
Cluster-Analyse 441
Community of Practice 212
Computer 450 ff.
Conjoint-Analyse 733 ff.
Controller 270 ff.
Controlling 270 ff.
Controllingkonzeptionen 271 f.
Controllingorganisation 277 ff.
Controllership 270 ff.
Cost Center 242
Cost driver 725
Customer Relationship-Management 214 f., 463
CVA 327

D
Damnum,
  s. Disagio
Data Warehouse 467, 469
Daten 398 ff.
Datenbank 467 ff.
Datenreduktion 440 f.
Datenverarbeitung,
  s. Informationsmanagement
DATEV-Kontenrahmen 498 f.
Deckungsbeitrag 716
Deckungsbeitragsrechnung 714 ff., 739 ff.
Delegation 197 f.
Delphi-Methode 802 ff.
Dependenzanalyse 441 ff.
Deutsche Rechnungslegungsstandards (DRS) 553 f.
Deutscher Standardisierungsrat (DSR) 553 f.
Dezentralisation 198, 234 ff.
Dienstleistungsstelle 211 ff.
Direct-Costing 739 ff.
Disagio 542, 601, 604
Discounted Cash Flow 323
Diskontierung III
Diskriminanzanalyse 442 f.
Disposition 183
Distributionspolitik III
Divisionale Organisation 233 ff.
Divisionskalkulation, allgemein 767 ff.
–, einstufige 768
–, mehrstufige 768 f.
Dotted Line-Prinzip 279
Durchschnittsmethode 592
Durchschnittsprinzip 752
Durchsetzung 93 f.

E
Earned Value Analyse 335
Eigenfinanzierung III
Eigenkapital 580, 596 f., III
Eigenkapitalspiegel 673 f.
Einheit der Auftragserteilung (Fayol) 197
Einkommensteuer I
Einkreissystem 496
Einliniensystem 197 f.

Einnahmen 491 f.
Einzelbewertung, Prinzip der 567
Einzelbilanzen 532
Einzelkosten 703 f.
–, relative 704 f.
Einzelkostenrechnung 739 ff.
Einzelunternehmen I
Elektronische Datenverarbeitung (EDV),
 s. Informationstechnologie
Enforcement 687 ff.
Entkonsolidierung 560
Entlohnung III
Entscheidung, allgemein 81 ff., 401 ff., I
–, konstitutive I
Entscheidungsalternativen,
 s. Alternative
Entscheidungsbaum I
Entscheidungsmodell I
Entscheidungsproblem I
Entscheidungsregel I
Entscheidungstheorie 402 ff., I
Entscheidungsunterstützungssystem
 (EUS) 465
Equity-Methode 667 ff.
Ergebnismatrix I
Erfolg 778
Erfolgsausgaben 490
Erfolgsausweisbilanzen 514 ff.
Erfolgseinnahmen 491
Erfolgsfaktorenforschung 299
Erfolgsrechnung 523 f., 605 ff.
Erfolgsrechnung, kurzfristige 777 ff.
–, Aufgaben der 777
–, Verfahren der 778 ff.
Erfolgsspaltung 610
Erfüllungsbetrag 570 f.
Ergebnis, außerordentliches 611
Ergebniskontrolle 97 f.
Erhebungen 432 ff.
Erkenntnisgegenstand I
Erlös 607
Ermessensreserven 600
Ertrag 490
Ertragswert 518
Erwartungswert I
Ethik I
EVA 327

Experiment 434
Expertenbefragung 801 ff.
Exponentielle Glättung 809 ff.

F
fair value 517
fair view 547
Faktorenanalyse 441
Feed back 72
Fehler, systematische 436
Fehlermaße 796
Fertigung III
Fertigungskosten 772
Festbewertung 593
Fifo-Methode 594
Finanzanlagen 580
Finanzausgaben 491
Finanzbuchführung 494
Finanzeinnahmen 490
Finanzergebnis 610
Finanzholding 243 ff.
Finanzierung III
Finanzierungsformen III
Finanzplan III
Firmenwert 581 f.
–, derivativer 581
–, originärer 581
Fixkosten,
 s. Kosten, fixe
Fixkostendeckungsrechnung,
 stufenweise 717 ff.
Fremdfinanzierung III
Frühaufklärung 301
Frühwarnung 43
Führung
–, allgemein 23 ff.
–, Begriff der 23
–, Funktionen der 26 ff.
–, Instrumente der 24, 35 ff.
–, Modelle der 29 ff.
–, Theorien der 24 ff.
Führungsgrundsätze 29
Führungsinstrumente 24, 35 ff.
Führungskonzeption 29 ff.
Führungsmodelle 29 ff.
Führungsstile, allgemein 29 ff.

–, autoritärer 29
–, kooperativer 29
Führungstheorien 24 ff.
Funktionale Organisation 230 ff.
Funktionsmeisterprinzip 197, 237

G
Gap (Problemlücke) 76
Gegenstromplanung 64
Gemeinkosten 704
Gemeinkostenwertanalyse 371
Gemeinschaftskontenrahmen der Industrie (GKR) 496 f.
Genossenschaft I
Gesamtdeckungsbeitrag 716
Gesamtkostenverfahren 609, 779 ff.
Geschäftsbereiche 233
Geschäftsfeld-Ressourcen-Portfolio 309
Gesellschaftsbezogene Rechnungslegung 535 f.
Gewerbesteuer I
Gewerkschaften I
Gewinn 605 ff.
–, ökonomischer 518
Gewinnrücklagen 598 ff.
Gewinnschwelle 716
Gewinn- und Verlustrechnung 605 ff.
–, Formalaufbau der 605 f.
Gewinnverwendung 608
Gewinnvortrag 580, 612
Gewöhnliche Geschäftstätigkeit 609
Gezeichnetes Kapital 580, 596
Glättungskonstante 809
Gläubigerschutz 506
Globalisierung I
GmbH I
GoB 548 ff.
Going-concern-Grundsatz 492, 552
Goodwill 581
Gremien 210
Grenzkostenrechnung 714 ff.
Grenzplankostenrechnung 738 ff.
Grobplanung 71
Größenklassen 545 f.
Groves-Schema 338 ff.
Grundkapital 596, I

Grundkosten 701
Grundrechnungen 740
Grundsätze ordnungsmäßiger Buchführung und Bilanzierung (GoB) 548 ff.
Gruppen 208 f.
Gruppenbewertung 592
Gruppenkonzept von Likert 34

H
Handel III
Handelsbilanz, s. Bilanz
Hardware 450 ff.
Harzburger Führungsmodell 33
Hauptkostenstellen 750, 754
Haushalt I
Herstellkosten 568 f., 772
Herstellungskosten 568 f.
Heuristiken I
HGB 542 ff., 616 ff.
Hierarchie 195 ff.
Hilfskostenstellen 750, 754
Holding I, 243 f.
Humanisierung der Arbeit III
Human Resource Accounting 534

I
IAS/IFRS 558 ff., 616 ff.
IASB 558
Identitätsprinzip 752
Imparitätsprinzip 551
Improvisation 183
Industriekontenrahmen (IKR) 497
Informale Regelungen 184
Information 392 ff., 448 f.
Informationsbedarf 426 ff.
Informationsbeschaffung 430 ff.
Informationsbudget 428 f.
Informationsentscheidungen 426 ff.
Informationsmanagement 448 ff., 470 ff.
Informationssystem, allgemein 458 ff.
–, computergestütztes 458 ff.
Informationstechnologie 448 ff.
Informationsverarbeitung 439 ff.
Informationswirtschaft 392 ff., 448 ff.

Innenfinanzierung III
Innerbetriebliche Leistungen, Verrechnung der 759 ff.
Innovationsmanagement III
Inside-Out-Planung 58 f.
Insourcing 225 ff.
Instanz 194 f.
Intensitätsrechnung 530 ff.
Interdependenzanalyse 441 f.
Interessentheorie 630
International Accounting Standards (IAS) 558 ff.
International Financial Reporting Standards (IFRS) 558 ff.
Internationale Standards (IAS/IFRS) 556 ff.
Internationalisierung der Rechnungslegung 556 ff.
Internet 456
Intranet 456
Inventar 540
Inventur
–, allgemein 540 f.
–, Grundsätze ordnungsmäßiger 540 f.
Investition III
Investitionsmodelle III
Investitionstheorie III
Investment Center 242
Istkosten 707 f.
Istkostenrechnung auf Grenzkostenbasis 715 ff.
Istkostenrechnung auf Vollkostenbasis 711 f.
IT-Governance 476
IT-Organisation 478 f.
IT-Strategie 477 f.

J

Jahresabschluss 539 ff.
–, Prüfung des 681 ff.
Jahresüberschuss 612
Job Enlargement 189 f.
Job Enrichment 189 f.

K

Kalkulationsverfahren 767 ff.
Kapital 500
–, gezeichnetes 580, 596
Kapitalerhaltung
–, nominale 514
–, reale 515
Kapitalflussrechnung 524 ff., 672 ff.
Kapitalkonsolidierung 638 ff.
Kapitalrücklage 597 f.
Kapitalgesellschaften I
–, Größenklassen von 545 f.
Kapitalwert III
Kapitalwertrate 323
Kartell I
Kennzahlen I, 314 ff.
Kollegien 210
Kommission 210
Kommunikation 398
Kommunikationspolitik III
Kommunikationssysteme 459 f.
Kompetenz 193 ff.
Kompetenzregelung 510
Konfiguration 196 ff.
Kongruenzprinzip 194
Konsolidierung 627 ff.
Konsolidierungsgrundsätze 630 ff.
Konsolidierungskreis 637 ff.
Konsolidierungspflicht 637 ff.
Kontenplan 496 f.
Kontenrahmen 496
Kontingenzanalyse 442 f.
Kontingenztheoretischer Ansatz 25 ff.
Kontrolle, allgemein 95 ff.
–, Arten der 96 ff.
–, Aufgaben der 95 ff.
Kontrollbericht 102 f.
Konzern, allgemein 625, I
–, Prüfung und Offenlegung 681 ff.
–, Rechnungslegung des 631 ff.
Konzernabschluss 631 ff.
Konzernabschluss (international) 679 ff.
Konzernanhang 671
Konzernbilanz 625 ff.
Konzerneigenkapitalspiegel 673 f.
Konzernerläuterungsbericht 671
Konzernorganisation 243 ff.

Konzerngewinn- und Verlustrechnung 660 ff.
Konzernlagebericht 678 f.
Konzernrechnungslegung 625 ff.
–, Grundsätze der 612 ff.
Körperschaftsteuer I
Koordination, allgemein 60 ff.
–, hierarchische 63 ff.
–, sachliche 61 ff.
–, zeitliche 61
Korrelationskoeffizient 809
Kosten, allgemein 695 ff.
–, degressive 705
–, fixe 705 f.
–, kalkulatorische 700, 748
–, progressive 705
–, proportionale 705
–, variable 705
Kostenabweichungen 723 ff.
Kostenarten 742 ff.
Kostenartenrechnung 742 ff.
Kostenauflösung 723
Kostenbegriff, allgemein 798 f.
–, entscheidungsorientierter 799
–, pagatorischer 799
–, wertmäßiger 799
Kostenerfahrungskurve 304
Kostenfunktion III
Kostenkontrolle 698
Kostenmanagement 366 ff.
Kostenrechnung, allgemein 695 ff.
–, Aufgaben der 695 ff.
–, Grundbegriffe der 699 ff.
–, Systeme der 709 ff.
Kostenrechnungssysteme 709 ff.
Kostenstelle, Allgemeine 749
Kostenstellen 749 ff.
Kostenstellenkosten
–, sekundäre 753, 759
–, primäre 753, 756
Kostenstellenrechnung 749 ff.
Kostenstellenumlageverfahren 760 ff.
Kostentheorie III
Kostenträger 765
Kostenträgerrechnung 765 ff.
Kostenträgerverfahren 760
Kostenverlauf III

Kostenverrechnungsprinzipien 750 ff.
Kostenverursachungsprinzip 751 f.
Kultur 228
Kuppelproduktkalkulation 773 ff.
Kybernetik I

L
Laborexperiment 434
Lagebericht 614 f.
Lagerhaltung III
LAN 457
Latente Steuern 576 ff., 658 ff.
Lean Management 202 f.
Leasing III
Lebenszyklusanalyse 536
Lebenszykluskonzept 302
Leistung 490
Leistungsabschreibung 585
Leistungscenter 242
Leistungsbewertung III
Leistungsentsprechungsprinzip 752
Leitindikatoren 805 ff.
Leitung 28
Leitungsspanne 196
Leitungstiefe 197
Lenkungsausschuss 260
Life Cycle Assessment (LCA) 536
Life Cycle Costing 380
Lifo-Methode 594
Likert, Gruppenkonzept 34
Lineare Programmierung I
Linking Pin 34
Liquidität III
Lofo-Methode 594 f.
Logistik III
Lohn III
Lohnformen III
LSP 697, 766

M
MAN 458
Management 28
Management by Decision Rules 32
Management by Delegation 31
Management by Exception 31

Management by Objectives 32
Management by Results 32
Managementholding I, 243 ff.
Management-Informations-Systeme
  (MIS) 461 ff.
Managementunterstützungssysteme 461 ff.
Marginal Costing 714 ff.
Market into Company 731
Marketing III
Marktanteils-Marktwachstums-Portfolio 306
Marktattraktivität-Wettbewerbsvorteil-Matrix 138 f., 308
Marktformen III
Marktpreis 571
Marktwirtschaft I
Maßgeblichkeitsprinzip 573
–, Umkehrung des 573
Material III
Materialkosten 743 ff.
Matrixorganisation 237 ff.
Maximum Likelihood-Methode 816
Mehrliniensystem 197 f.
Methode der kleinsten Quadrate 815
Mindestausschüttung 511, 547
Minimalkostenkombination III
Mitbestimmung I
Modelle I
multivariate Verfahren 441

N

Netzinfrastrukturen 454 ff.
Netzwerke 205 ff.
Neuronale Netze 814 f.
Niederstwertprinzip, allgemein 551, 591
–, gemildertes 551
–, strenges 551
Nominale Kapitalerhaltung 515
Nominalvermögen 500
Nominalwertprinzip 517
Normalkosten 707
Normalkostenrechnung auf Vollkostenbasis 712 ff.
Normstrategien 140 ff.
Nutzwertanalyse I

O

Objektmodell 233 ff.
Objektorganisation 233 ff.
Offenlegung,
  s. Publizität
Ökobilanzen 535 ff.
Öko-Audit 538
Ökocontrolling 537
Ökologische Wissenslücke 537
Operative Planung 57 f., 148 ff.
Operative Systeme 461 ff.
Opportunitätskosten 709
Organigramm 196
Organisation 178 ff.
–, Anforderungen 187 f.
–, Begriff der 181 ff.
–, divisionale 233 ff.
–, funktionale 230 ff.
-, Gestaltung 199 ff.
–, theoretische Grundlagen 179 ff.
Organisationsentwicklung 248 ff.
Organisationsmodell, allgemein 230 ff.
–, divisionales 233 ff.
–, funktionales 230 ff.
Organisationsstrukturen 230 ff.
Organisationstechniken 264 ff.
Organisationstheorie 179 ff.
Organisationswandel 199 ff.
Osband/Reichelstein-Schema 338
Outside-In-Planung 58 f.
Outsourcing 225 ff.

P

Partizipation 197 f.
Passiva 500, 580
Pensionsrückstellungen 603
Periodenbilanz 520 f.
Personal III
Personalbedarf III
Personalcomputer 450 f.
Personalführung 23 f., III
Personalkosten 745
Personalplanung III
Personalwirtschaft III
Personengesellschaften I
Plan 40

–, Bestandteile des -s 40 ff.
Planbilanzen 495
Planfortschrittskontrolle 97
Plankosten 708 f., 720 ff.
Plankostenrechnung
–, auf Teilkostenbasis 738 f.
–, auf Vollkostenbasis 720 ff.
–, flexible 722 ff.
–, starre 720 ff.
Planung 38 ff.
–, Arten der 56 ff.
–, Ausgleichsgesetz der 62
–, Begriff der 40
–, Bottom-Up 63 f.
–, flexible 69 f.
–, nicht-rollende 70 f.
–, operative 57 f., 148 ff.
–, progressive 63 ff.
–, retrograde 63 ff.
–, rollende 70 f.
–, simultane 61 ff.
–, starre 69 f.
–, strategische 57 f., 131 ff.
–, sukzessive 61 ff.
–, taktische 57 f., 143 ff.
–, Top-Down 64 ff.
–, zirkuläre 63 ff.
–, Zwecke der 42 ff.
Planungsmodelle 55
Planungsphasen 71 ff.
Planungsprobleme
–, defekte 54 ff.
–, wohlstrukturierte 54
Planungsprozess 45 ff.
–, Phasen des -es 45 ff., 72 ff.
Planungsrechnung 495
Planungssystem, allgemein 105 ff.
–, Eigenschaften von -en 123 ff.
–, Wirtschaftlichkeit von -en 127 ff.
Planungstechniken 84 ff.
Portfolioanalyse 139 ff.
Prämissenkontrolle 98
Praktikabilität 436
Preinreich-Lücke-Theorem 326
Preisabsatzfunktion III
Preisdifferenzierung III
Preispolitik III

Preisobergrenze 366
Preisuntergrenze 362
Primärerhebung 424
Primärforschung 430 ff.
Primärkoordination 273
Primärorganisation 206 ff.
Prinzip der Einzelbewertung 567
Prinzip der Fortführung der
 Unternehmenstätigkeit 567
Prinzip der periodengerechten
 Abgrenzung 567
Prinzip der Kontinuität 567
Prinzip der Stetigkeit 567
Prinzip der Vorsicht 567
Problemfeststellung 75 ff.
Problemlücke 76
Produktion III
Produktionsfaktoren I, III
Produktionsfunktionen III
Produktionstheorie III
Produktlebenszyklus III
Produktpolitik III
Profit-Center 242
Profit-Sharing-Schema 338
Prognose, allgemein 79 ff., 785 ff.
–, Begriff der 785 ff.
–, ex post 787
–, kurzfristige 788
–, langfristige 788
–, mittelfristige 788
–, selbst bestätigende 788
–, technologische 788 f.
–, Typen von -n 788 ff.
–, wirtschaftliche 788 f.
Prognosefehler 795 ff.
Prognosequalität 788
Prognoseverfahren 795 ff., 799
Programme 452 ff.
Projektcontrolling 355 f.
Projektmanagement 250 ff.
Projektorganisation 259 ff.
Proportionalitätsprinzip 751
Prozentgliederungsprinzip 496
Prozessanalyse 218 ff., 726 f.
Prozesse
–, leistungsmengeninduzierte 727
–, leistungsmengenneutrale 727

Prozesskostenrechnung 725 ff.
Prozesskostensatz 727 ff.
Prozessorganisation 213 ff.
Prüfung des Jahresabschlusses 681 ff.
Prüfungsbericht 683
Publizität 686 ff.
Publizitätsgesetz 542 ff.
Purchase-Methode 638

Q
Quotenkonsolidierung 664 ff.

R
Reale Kapitalerhaltung 515
Realisationsprinzip 551
Realvermögen 550
Rechenschaft 502
Rechenschaftslegung 502 ff.
Rechner 450 ff.
Rechnernetz 454 f.
Rechnerverbund 455 ff.
Rechnungsabgrenzungsposten 480, 603 ff.
Rechnungslegung, allgemein 539 ff.
–, Internationalisierung der 556 ff.
–, Prüfung der 681 ff.
Rechnungslegungsadressaten 505 ff.
Rechnungslegungsvorschriften 539 ff.
Rechnungswesen, allgemein 489 ff.
–, Systematik des -s 492 ff.
Rechtsformen I
Rechtsformentscheidung I
Regelungen 181 ff.
Regionalorganisation 233 f.
Regressionsanalyse 442 f.
Regressionsmodelle 815 ff.
Relative Einzelkosten 704
Relative Einzelkostenrechnung 739 ff.
Reliabilität 436
Repräsentationsschluss 435
Repräsentativbefragung 800 f.
Reserven, stille 599 ff.
Restwertkalkulation 774 f.
Revision 98
Risiko, allgemein 52 f., I

–, Entscheidung unter 406 f.
–, Entscheidungsregeln I
Rückkopplung 72
Rücklagen, allgemein 597 ff.
–, gesetzliche 580, 597
–, offene 597 ff.
–, satzungsmäßige 580, 598
Rückstellungen 580, 602 f.

S
Sachanlagen 580
St. Galler Managementmodell 33 f.
Schätzungsreserven 600
Scheinerfolg 517
Schuldenkonsolidierung 651 ff.
SEC 558
Segmentberichterstattung 677 ff.
Sekundärerhebung 424
Sekundärforschung 430 ff.
Sekundärkoordination 272 ff.
Sekundärorganisation 206 f.
Selbstkosten 771 f.
Selbstfinanzierung III
Semantik 399
Semiotik 399
Sensitivitätsanalyse 414
Server 451
Shareholder Value 321 ff.
Sicherung 103 f.
Simulation I
Simultanverfahren 764 f.
Situationstheoretischer Ansatz 25 ff.
Software 452 ff.
Soll-Ist-Vergleich 97 f.
Sollkosten 709, 723
Sonderbilanzen 520
Sozialbericht 534
Sozialbilanzen 534 f., I
Sozialrechnung 535
Span of Control 196
Sparten 233
Spieltheorie I, 406 f.
Sprungverfahren 763 f.
Stabsstelle 210 f.
Stammhauskonzern 244
Stammkapital I

Standardprogramme 454
Standortentscheidung I
Stelle 191 ff.
Stellenbildung 191 ff.
Stellenmehrheit 207 ff.
Steuerbilanz 555 f.
Steuern I
Steuern, latente 576 ff., 658 ff.
Steuerrechtliche Vorschriften der Bilanzierung 555 ff.
Steuersystem I
Steuerung 42 ff., 88 ff.
Steuerungsarten 89 ff.
Steuerungsphasen 93 ff.
Stille Reserven 599 ff.
Strategien 140 ff.
Strategische Planung 57 f., **131 ff.**, 417
Strategischer Erfolgsfaktor 134
Strategisches Controlling 295 ff.
Strukturbilanz 314 ff.
Strukturtechnischer Ansatz 180
Stückdeckungsbeitrag 716
Stückkosten 765 ff.
Stufenverfahren 762
Substanzerhaltung 517
Supply Chain Management 214
SWOT-Analyse 299 ff.
Syntaktik 399
Systeme der Kostenrechnung 709 ff.
Systemsoftware 452 f.
Systemtheorie I, 179
Systemverbund 454 ff.
Szenario-Analyse 786

T

Tageswertbilanzen 516 ff.
Tageswerte 571 f.
Taktische Planung 57, 143 ff.
Target Costing 730 ff.
Task Force 210
Taylorismus 189 f.
Team 209 f.
Teilerhebung 432 f.
Teilkosten 706 f.
Teilkostenrechnungssysteme
–, vergangenheitsbezogene 714 ff.

–, zukunftsbezogene 737 ff.
Teilwert 572
Tensororganisation 237 ff.
Tools 264 f.
Top-Down-Planung 63 ff.
Totalbilanzen 520
Tragfähigkeitsprinzip 752
Trendextrapolation 817
true and fair view 547

U

Umlaufvermögen, allgemein 580, 590 ff.
–, Bewertung des 591 ff.
Umsatzerlöse 607
Umsatzkostenverfahren 609, 780 ff.
Umsatzsteuer I
Umweltanalyse 134
Umweltbilanzierung, s. Öko-Bilanz
Umweltschutz I
Umwelt 410 ff.
Ungewissheit, allgemein 406 ff.
–, Entscheidung unter 406 f.
Unsicherheit, allgemein 52 f., I
–, Entscheidung unter 406 f.
Unternehmen I
Unternehmensanalyse 134
Unternehmensethik I
Unternehmensfortführung, Grundsatz der 552
Unternehmensführung 23
Unternehmenskultur 228
Unternehmensordnung I
Unternehmensverbände I
Unternehmensziele, s. Zielbildung
Unternehmenszusammenschlüsse I
Unternehmerlohn, kalk. 748
US-GAAP 557

V

Validität 436
Varianzanalyse 442 f.
Verantwortung 193 ff.
Verbindlichkeiten 580, 600 ff.

Verbraucherverbände   I
Verbrauchsabweichung   723 f., 738
Verbrauchsfolgeverfahren   593 ff.
Verbundsysteme   455 f.
Vergütungssysteme   336 ff.
Verlust   612
Verlustvortrag   599, 613
Vermögen   581 ff.
Vermögensausweisbilanzen   512 f.
Vermögensendwert   III
Vermögensgegenstände, immaterielle   581
Verrechnung der innerbetrieblichen
    Leistungen   759 ff.
Verrichtungsmodell   230 ff.
Verteilungskalkulation   775 f.
Verursachungsprinzip   751
Vollerhebung   432
Vollkonsolidierung   737 ff.
Vollkosten   706 f.
Vollkostenrechnungssysteme
–, vergangenheitsbezogene   710 ff.
–, zukunftsbezogene   720 ff.
Vorkopplung   72
Vorräte   580, 590 ff.
Vorratsvermögen, allgemein   590 ff.
–, Bewertung im   590 ff.
Vorsicht, Grundsatz der   552, 567

W
WACC   325
Wachstum   I
Wagniskosten, kalk.   748
WAN   458
Weitzman-Schema   338
Weltabschluss   637
Werbung   III
Wert, beizulegender   571
Wertanalyse   III
Wertansätze, steuerliche   572
Wertaufholung   589
Wertkettenanalyse   369
Wertlücke   331
Wertmaßstäbe   566 ff.

Wertorientierte Kennzahlen-
    systeme   321 ff.
Wertschöpfung   490
Wertschöpfungskette   219 ff.
Wertschöpfungsrechnung   534
What-if-Analysen   414
Wiederbeschaffungswert   517
Willkürrücklagen   600
Wirkungsbilanz   536
Wirtschaften   I
Wirtschaftsethik   I
Wirtschaftsgüter, geringwertige   582
Wirtschaftsordnung   I
Wissenschaftsprogramme   I
Wissenschaftsziele   I
Workshop   212

Z
Zeitlohn   III
Zeitreihenanalyse   408 f.
Zentralbereiche   234
Zentralisation   198
Zero-Based-Budgeting   369
Zielbildung   71 ff.
Ziele   I
Zielkostenerreichung   734 ff.
Zielkostenfindung   731 ff.
Zielkostenkontrolldiagramm   734
Zielkostenrechnung   730 ff.
Zielkostenspaltung   733
Zinsen   746 f.
Zinssatz, interner   III
Zuschlagskalkulation   770 ff.
–, differenzierte   771 f.
–, summarische   770 f.
Zuschreibung   589
Zusatzkosten   709
Zwangsreserven   600
Zweckaufwand   701
Zweikreissystem   497
Zwischenerfolgseliminierung   654 ff.
Zwischengewinn   654
Zwischenverlust   654

Meilenstein

Franz Xaver Bea,
Steffen Scheurer,
Sabine Hesselmann
Projektmanagement
2. Aufl. 2011, ca. 756 Seiten, 241 Abb.
ISBN 978-3-8252-2388-5
ca. € (D) 29,90 / € (A) 30,80 / SFr 41,90

Die Darstellung folgt den drei Entwicklungsschritten des Projektmanagements:

- Management von Projekten,
- Management durch Projekte,
- Projektorientiertes Unternehmen.

Die Autoren stellen in übersichtlicher Form fundiert den »State of the Art« des Projektmanagements dar und setzen zudem innovative Impulse zur Weiterentwicklung des Projektmanagements.

Fragen und Hinweise zu deren Beantwortung erleichtern die Verständniskontrolle.

Das Buch ist für Studenten, Praktiker und Forscher geeignet.

»*Das Buch ist ein Meilenstein in der Entwicklung der Lehre vom Projektmanagement.*«
Prof. Dr. Heinz Schelle,
Ehrenvorsitzender der GPM
Deutsche Gesellschaft für Projektmanagement

www.uvk-lucius.de

UVK Lucius

UVK: Weiterlesen bei UTB

Grundwissen der Ökonomik BWL
Herausgegeben von Franz X. Bea und Marcell Schweitzer

Bea/Göbel
Organisation
4. A. 2010, UTB 2077

Bea/Helm/Schweitzer
BWL-Lexikon
2009, UTB 8395

Bea/Schweitzer
Allgemeine BWL
Band 1: Grundfragen
10. A. 2009, UTB 1081

Band 2: Führung
10. A. 2011, UTB 1082

**Band 3:
Leistungsprozess**
9. A. 2006, UTB 1083

Bea/Haas
**Strategisches
Management**
5. A. 2009, UTB 1458

Bea/Scheurer/
Hesselmann
Projektmanagement
2. A. 2011, UTB 2388

Büschgen/Börner
Bankbetriebslehre
4. A. 2003, UTB 917

Drukarczyk
Finanzierung
10. A. 2008, UTB 1229

Fantapié Altobelli/
Hoffmann
**Grundlagen der
Marktforschung**
2011, UTB 3466

Friedl
Kostenmanagement
2009, UTB 2706

Göbel
**Neue
Institutionenökonomik**
2002, UTB 2235

Göbel
Unternehmensethik
2. A. 2010, UTB 2797

Hansen/Neumann
Wirtschaftsinformatik 1
Grundlagen und
Anwendungen
10. A. 2009, UTB 2669

Hansen/Neumann
Wirtschaftsinformatik 2
Informationstechnik
9. A. 2005, UTB 2670

Hansen/Neumann
**Arbeitsbuch
Wirtschaftsinformatik**
7. A. 2007, UTB 1281

Heinhold
**Kosten- und
Erfolgsrechnung**
5. A. 2010, UTB 1974

Helm
Marketing
8. A. 2009, UTB 919

Helm/Gierl
Marketing Arbeitsbuch
4. A. 2005, UTB 1801

Heyd
**Internationale
Rechnungslegung**
2003, UTB 2451

Klimecki/Gmür
Personalmanagement
3. A. 2005, UTB 2025

Kuß/Tomczak
Käuferverhalten
4. A. 2007, UTB 1604

Pechtl
Preispolitik
2005, UTB 2643

Perlitz
**Internationales
Management**
6. A. 2011, UTB 1560

Schünemann
Wirtschaftsprivatrecht
6. A. 2011, UTB 1584

Schwarz/Gebicke
**Wörterbuch Wirtschaft
für Studium und Praxis**
Dt.-Russ./Russ.-Dt.
2004, UTB 2624

Schweiger/
Schrattenecker
Werbung
7. A. 2009, UTB 1370

Spremann/Gantenbein
Kapitalmärkte
2005, UTB 2517

Troßmann/Werkmeister
Arbeitsbuch Investition
2001, UTB 2205

Klicken + Blättern

Leseproben und Inhaltsverzeichnisse unter

www.uvk.de

Erhältlich auch in Ihrer Buchhandlung.

Verfahren und Methoden

Claudia Fantapié Altobelli,
Sascha Hoffmann
Grundlagen der Marktforschung
1. Aufl. 2011, 384 Seiten, 145 Abb.
ISBN 978-3-8252-3466-9
ca. € (D) 29,90 / € (A) 30,80 / SFr 41,90

Das Buch ist eine kompakte Einführung in die Markt- und Sozialforschung. Sämtliche Verfahren sowie die wichtigsten Methoden und Anwendungsgebiete der Marktforschungspraxis werden durch anschauliche Beispiele erläutert.

Lernziele und Wiederholungsfragen bieten den Studierenden eine optimale Vorbereitung auf ihre Prüfungen.

Claudia Fantapié Altobelli ist Professorin für Betriebswirtschaftslehre, insbesondere Marketing an der Helmut Schmidt Universität in Hamburg. Sascha Hoffmann ist dort Lehrbeauftragter.

Das Buch richtet sich neben Studierenden und Dozenten der Wirtschaftswissenschaften auch an Praktiker.

www.uvk-lucius.de